广西工商行政管理志

（1992—2018）

广西壮族自治区市场监督管理局　编

广西人民出版社

图书在版编目（CIP）数据

广西工商行政管理志：1992—2018 / 广西壮族自治区市场监督管理局编 . — 南宁：广西人民出版社，2023.10
ISBN 978-7-219-11161-1

Ⅰ. ①广… Ⅱ. ①广… Ⅲ. ①工商行政管理—概况—广西—1992-2018 Ⅳ. ① F203.9

中国版本图书馆 CIP 数据核字（2021）第 035545 号

GUANGXI GONGSHANG XINGZHENG GUANLI ZHI（1992—2018）
广西工商行政管理志（1992—2018）
广西壮族自治区市场监督管理局 编

责任编辑 何彩秋 黄 玮
责任校对 杨 苑 黄篆兰
装帧设计 李彦媛

出版发行 广西人民出版社
社 址 广西南宁市桂春路 6 号
邮 编 530021
印 刷 广西民族印刷包装集团有限公司
开 本 889mm × 1194mm 1 / 16
印 张 47.25
字 数 1200 千字
版 次 2023 年 10 月 第 1 版
印 次 2023 年 10 月 第 1 次印刷
书 号 ISBN 978-7-219-11161-1
定 价 380.00 元

《广西工商行政管理志(1992—2018)》编纂领导小组

组　　长：冯学军

副 组 长：闭俊东　许灌江　毛任建　易安辉　刘　军

成　　员：刘玉曼　刘　云　温日林　李　毅　何春雷　陆丽洁　彭　鹰
林　燕　李金健　陶耀锋　冯　阳　吴　映　柯武林　骆佳生
何　静　车亚焕　汪品霞　黄　萍　傅　岸　罗立宏　韦方奎
陈继辉　黄海宁　张锦奎　蒋相之

《广西工商行政管理志(1992—2018)》编纂人员

主　　编：刘　军（兼）

副 主 编：蒋相之（兼）

编　　校：钟汝银　陈延平　韦淑贞　黄仁琰　李冬文　黄　倩　兰海英

主要撰稿人：任凤芝　高雪君　杨镇火　覃志婷　林建超　姚　显　韦　言
王小霞　唐　莹

编辑说明

一、本志以马克思列宁主义、毛泽东思想、邓小平理论、“三个代表”重要思想、科学发展观、习近平新时代中国特色社会主义思想为指导，本着详今略古的原则，记述广西工商行政管理的历史和现状。

二、本志志首设图片专辑、概述，正文分市场主体准入，市场监督管理，消费者权益保护，法治建设，基础建设与经费资产管理，机构队伍、机关党建、社会团体等6篇，后设大事纪略、附录、索引、后记。

三、本志为第一本广西工商行政管理志续志，上限为1992年，下限至2018年，止于2018年11月19日广西壮族自治区工商行政管理局摘牌。

四、本志所用的材料，包括图片和数据等，主要由自治区工商行政管理局资料室、部分由局各专业处、室提供，经过核对考证后采用。

五、历史资料的计量单位，一般按当时的记载，未进行折合。

六、本志出现的机关单位名称和法律法规名称在第一次出现时使用全称，之后则使用简称。如“国家工商行政管理总局”简称“国家工商总局”，“广西壮族自治区工商行政管理局”简称“自治区工商局”。

七、本志索引检索范围为全志正文部分。

领导关怀

1994 年 12 月，自治区副主席雷宇（前左二）参加广西工商学校建校 10 周年庆祝活动

1996 年 11 月，自治区创建文明市场活动汇报会在柳州召开。图为自治区党委副书记杨基常（前右一）在现场接受柳州市工商局宣传科工作人员的采访

1998 年 6 月 2 日，自治区副主席张文学（前左二）在桂林国际旅游商品批发城考察

2004 年 3 月 13 日，自治区副主席杨道喜（中）参加纪念“3 · 15”消费者权益日宣传活动，给现场的消费者散发“3 · 15”年主题消费维权宣传册

2007 年 3 月 19 日至 24 日，国家工商总局副局长李东生（前右三）一行，先后到自治区工商局和广西南宁、柳州、桂林等地考察。图为李东生带队在桂林市永福县罗汉果生产基地考察（李占平 / 摄）

2008 年 4 月 13 日至 14 日，国家工商总局局长周伯华（前左三）先后到广西防城港、东兴和百色等地开展工商调研。图为周伯华在东兴调研（李占平 / 摄）

2008 年 11 月，广西工商行政管理恢复建制 30 周年，自治区主席陆兵题词——风雨兼程三十年　红盾铸就新辉煌

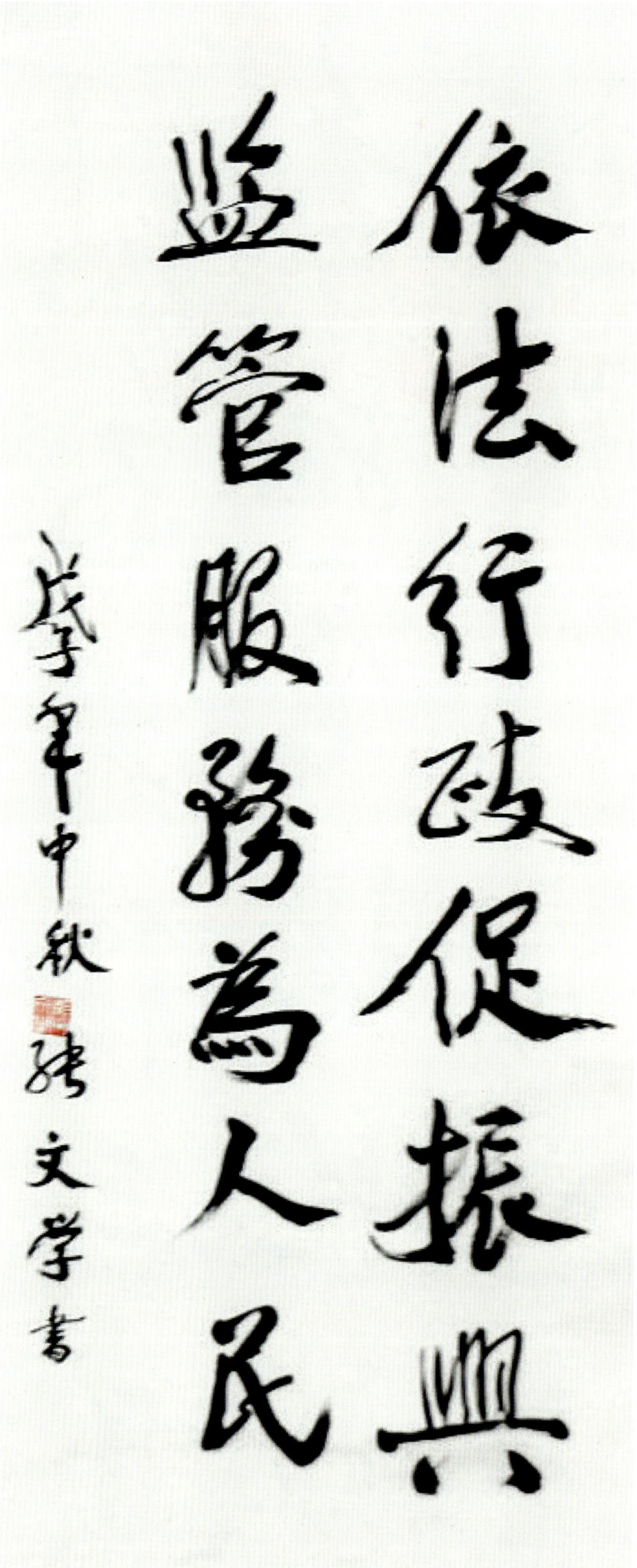

2008 年 11 月，广西工商行政管理恢复建制 30 周年，自治区副主席张文学题词——依法行政促振兴　监管服务为人民

2008 年 11 月，广西工商行政管理恢复建制 30 周年，自治区政协副主席潘琦题词——经济卫士击邪扬正　春华秋实再创辉煌

2011 年 11 月 14 日，全国政协常委、经济委员会副主任（国家工商总局原党组书记、局长）王众孚（左三），到恭城瑶族自治县工商局嘉会工商所调研（唐艳华 / 摄）

2013 年 11 月 22 日，国家工商总局纪检组组长何昕（左二）参观广西工商文化展厅

2014 年 2 月 26 日，自治区副主席蓝天立（前右三）到玉林市工商注册大厅调研

2014 年 2 月 26 日至 27 日，国家工商总局局长张茅（前左三），先后到广西百色和南宁两地考察工作。图为张茅在广西政务服务中心工商登记窗口了解企业、个体工商户登记情况（宋科宇 / 摄）

2015 年 6 月 2 日，自治区党委常委、常务副主席唐仁健（右排前左一）到广西政务服务中心调研（杨彪 / 摄）

2015 年 6 月 29 日，自治区高级人民检察院检察长崔智友（正面左三）带队到自治区工商局开展督查工作（杨彪 / 摄）

2015 年 10 月 9 日，国家工商总局副局长甘霖（前右二）到南宁市广告产业园调研（杨彪 / 摄）

2015 年 12 月 6 日，国家工商总局党组副书记、副局长刘玉亭（左二）到自治区工商局调研

2016 年 2 月 24 日，国家工商总局副局长马正其（左三）在北海银滩消费维权站调研

2016 年 3 月 18 日，自治区副主席黄日波（中）到自治区工商局参加互联网+市场监管指挥中心平台启用仪式（杨彪 / 摄）

2016 年 9 月 13 日至 14 日，国家工商总局副局长刘俊臣（右三）分别到北海和防城港调研。图为刘俊臣一行在北海市政服务中心“六证合一、一照一码”登记窗口了解工商登记制度改革情况（牟熹 / 摄）

2017 年 7 月 5 日，国家工商总局副局长唐军（右四）在田阳县那满镇露美村调研消费维权进乡村工作

2017 年 8 月 28 日，自治区党委常委、政法委书记黄世勇（前右三）观摩南宁市打击传销信息管理系统演示

2018 年 2 月 22 日，自治区党委常委、常务副主席秦如培（左二）到广西政务服务中心工商窗口调研

2018 年 4 月 2 日，自治区副主席李彬（左二）到南宁市广告产业园进行调研

班子掠影

1992 年，自治区工商局党组书记、局长李元熙（正面左二）在南宁检查市场

1995 年，自治区工商局党组书记、局长陈章进（前右二）在贵港市检查粮食市场

1998 年 11 月，自治区工商局党组书记、局长蔡永伦（左三）到地处中越边境的东兴市浙江商业城向外地客商了解经营情况

2006 年 11 月 30 日，自治区工商局纪检组组长刘之（右一）带队先后到南宁市工商局、武鸣县工商局检查工商廉政建设开展情况。图为刘之在参观南宁市工商局工商廉政文化成果展览（李占平 / 摄）

2007 年 1 月 31 日，自治区工商局副局长江建伟（右三）带队检查桂林农贸市场食品安全工作落实情况

2007 年 3 月，自治区工商局副局长王世光（前右三）带队检查南宁周边农贸市场（李占平 / 摄）

2012 年 4 月，自治区工商局党组书记、局长朱军（前左一）为聘请的食品安全工作专家颁发聘书（李占平 / 摄）

2014 年 1 月 18 日，自治区工商局副局长廖和明（左四）带队到三江侗族自治县开展对口帮扶活动。图为廖和明深入农村与村民交谈

2014 年 2 月 21 日，自治区工商局副局长廖斌（正面右）参加广西电视台《凡是说理》访谈节目（杨彪 / 摄）

2014 年 5 月 28 日，自治区工商局副局长王其贵（左）参加贵港市工商局“关爱儿童”消费维权主题教育进校园活动（杨彪 / 摄）

2015 年 3 月 17 日，自治区工商局副局长苏建荣（右三）带队参加广西人民广播电台《阳光在线》访谈节目

2016 年 4 月 18 日，自治区工商局纪检组组长许灌江（前右二）在百色市工商局政务服务窗口调研

2017 年 2 月 6 日至 7 日，自治区工商局党组书记、局长张虹（左一）到百色市田阳县那满工商所担任“第一所长”。图为张虹在认真记录巡查情况

2017 年 6 月 29 日，自治区工商局副巡视员罗凤鸣（左二）在田阳古城“诚信经营　放心消费”示范街调研（催兵 / 摄）

2018 年 3 月 22 日，自治区工商局副局长闭俊东（右二）到南宁市海湾农贸市场检查指导工作（甘孝雷 / 摄）

2018 年 6 月 29 日，自治区工商局副局长易安辉（前左三）带队到南宁广告产业园调研

2018 年 7 月 18 日，自治区工商局党组书记、局长冯学军（前左二）到东兴调研外国籍自然人登记管理改革工作

2018 年 9 月 12 日，自治区工商局与京东集团联合举办“自治区工商局京东集团战略合作框架协议”签约仪式。自治区工商局副局长毛任建（签约台右）代表自治区工商局与京东集团代表签约（杨彪 / 摄）

2018 年 10 月 18 日，自治区工商局副巡视员刘军（正面右二）带队到柳城县古砦仫佬族乡独山村督导集体经济发展情况

队伍建设

1994年12月，广西工商学校学生进行计算机操作实习

1996年，全区工商系统纪检监察工作座谈会在南宁召开

1997年，合浦县工商局举办培训中心成立暨开学庆典

1999 年，自治区工商局召开全区工商行政管理体制改革暨工作会议

2005 年 2 月 25 日，自治区工商局机关全体党员到百色开展先进性教育主题活动（李占平 / 摄）

2006 年 5 月 21 日，自治区工商局组织全区工商系统新录用公务员，在南宁南湖公园烈士纪念碑前举行宣誓活动（李占平 / 摄）

2008 年 12 月，全区工商行政管理系统纪念工商行政管理机关恢复建制 30 周年暨全区工商行政管理工作会议在南宁召开（李占平 / 摄）

着第一代工商男式制服的工作人员

着第二代工商男式制服的工作人员

着第三代工商女式夏装制服的工作人员

着第四代工商女式制服的工作人员

着第五代工商制服的公务员（李占平 / 摄）

2010 年 11 月 18 日，来自全区各地的 1600 名工商干部职工、135 辆工商执法专用车组成 16 个徒步方队、15 个汽车方队，以整齐的队列、饱满的精神和高昂的斗志向领导嘉宾进行了军训成果汇报表演（李占平 / 摄）

2012 年 2 月 21 日，自治区工商局在南宁召开全区工商行政管理系统党风廉政建设工作会议（李占平 / 摄）

2012 年 8 月 2 日，自治区工商局召开全区工商行政管理系统机构改革总结视频会议（李占平 / 摄）

2013 年 6 月 13 日，自治区工商局对公开遴选的公务员进行面试

2013 年 7 月 11 日，自治区工商局召开党的群众路线教育实践活动动员会

2013 年 11 月 7 日，自治区工商局召开广西工商系统停止新建楼堂馆所和办公用房清理工作视频会议（杨彪 / 摄）

2014 年 1 月 6 日，自治区工商局召开局机关及直属事业单位部分处级领导职位竞争上岗动员大会（蒋建平 / 摄）

2014 年 1 月 7 日，自治区工商局召开领导班子和领导干部 2013 年度考核暨“一报告两评议”会议（杨彪 / 摄）

2014 年 1 月 15 日，自治区工商局举行广西壮族自治区工商行政管理局机场分局揭牌仪式（蒋建平 / 摄）

2014 年 9 月 28 日，自治区工商局召开局机关党委、纪委换届选举党员大会（蒋建平 / 摄）

2014 年 9 月 30 日，自治区工商局在百色起义烈士纪念碑前举行烈士纪念日公祭活动（蒋建平 / 摄）

2015 年 8 月 21 日，自治区工商局工会配合相关医务人员，为局机关在职干部职工和离退休老干部进行心血管疾病筛查体检（杨彪 / 摄）

2015 年 11 月 4 日，自治区党委第八巡视组专项巡视自治区工商局工作动员会在南宁召开（杨彪 / 摄）

2015 年 12 月 4 日，全国工商系统推进非公有制经济组织党建工作经验交流会在南宁召开（杨彪 / 摄）

2015 年 12 月 10 日，自治区工商局领导和局机关各处室、单位主要领导，参观了在自治区博物馆举办的反渗透、反策反、反窃密的“三反”教育展览（杨彪 / 摄）

2016 年 1 月 20 日，自治区工商局领导为荣获全区工商系统岗位技能竞赛第一名的获奖代表颁奖

2016 年 5 月 13 日，凝聚家校合力　共建和谐教育——2016 年南宁市第十四中学“两学一做”学习教育暨走进“工商系统”集体家访活动，在自治区工商局举办（杨彪 / 摄）

2017 年 3 月 2 日，自治区工商局召开局机关工会换届选举大会（杨彪 / 摄）

2017 年 3 月 2 日，自治区工商局召开局机关妇委会换届选举大会（杨彪 / 摄）

2017 年 3 月 8 日，自治区工商局举办 2017 年第 3 期道德讲堂（杨彪 / 摄）

2017 年 5 月 4 日，自治区工商局举办庆祝五四青年节“为党旗增辉　为红盾添彩　青春献事业　共筑中国梦”经典诵读会（杨彪 / 摄）

2017 年 6 月 18 日，自治区工商局进行录用公务员面试（杨彪 / 摄）

2017 年 11 月 15 日，自治区工商局在南宁召开共青团广西壮族自治区工商行政管理局直属机关第四次代表大会（杨彪 / 摄）

2018 年 1 月 4 日，自治区工商局举办“自治区工商局最美工商所长事迹报告会暨第四期道德讲堂”。会上，来自全区工商系统最美工商所长代表分别作了先进事迹报告（杨彪 / 摄）

市场监管

1998 年 1 月 23 日，自治区文明办、自治区工商局在南宁市交易场联合召开创建文明市场活动座谈会

全州县工商局销毁依法查获的假冒伪劣商品

全国文明市场——北流市铜州市场

全国文明市场——横县茉莉花市场

全国文明市场——玉林市工业品服装市场

全国文明市场——柳江县新城市场

全国文明市场——桂林国际旅游商品批发城

中南地区最大的干海货交易市场——北海水产市场

自治区文明市场——陆川县九洲市场

全国文明市场——东兴国贸市场

2011 年 3 月 14 日，钦州市工商局钦南分局组织开展食品安全宣传进校园活动（庞则亮 / 摄）

2011 年 8 月 13 日，“人人关心食品安全　家家享受健康生活”2011 年全区食品安全宣传周活动启动仪式在南宁金湖广场举行（李占平 / 摄）

2014 年 1 月 1 日，崇左市工商局执法人员检查凭祥浦寨边贸市场上的商品

2014 年 5 月 29 日，阳朔县工商局执法人员调查了解洋酒店的销售情况

2014 年 6 月 23 日，梧州市工商局执法人员要求店方对每一辆疑似助力车的两轮车提供唯一对应的机动车整车出厂合格证和车辆一致性证书（李珊 / 摄）

2014 年 12 月 19 日，自治区工商局举办假冒伪劣及禁限用高毒农药销毁活动（文莉 / 摄）

2015 年 3 月 10 日，桂林市工商局工作人员到阳朔县金宝乡马鞍村开展“红盾护农保春耕”活动（韦冬宜 / 摄）

2015 年 4 月 28 日，桂林市工商执法人员开展烟草市场执法检查行动（韦冬宜 / 摄）

2015 年 5 月 29 日，桂林市工商执法人员在中国—东盟博览会旅游展现场进行执法检查（王建明 / 摄）

2015 年 6 月 9 日，南宁市工商执法人员清点涉嫌假冒铝型材（何正君 / 摄）

2015 年 6 月 16 日，2015 年全国食品安全宣传周广西活动启动仪式暨第三届广西食品安全论坛在南宁举办（杨彪 / 摄）

2015 年 6 月 17 日，柳城县工商局、柳州市质监局执法人员查封市场上销售的涉嫌假冒伪劣小家电（潘柳平 / 摄）

2015 年 12 月 8 日，柳州市工商局执法人员查验服装市场经营户的登记台账（潘柳平 / 摄）

2016 年 1 月 22 日，北海市工商局海城分局执法人员检查水产市场上的干海味产品（薛恺 / 摄）

2016 年 5 月 24 日，桂林市工商局执法人员在“六一”儿童节前夕，对辖区范围内各大商场销售的儿童服装、儿童玩具等商品进行质量抽检（余田、李喆 / 摄）

2016 年 6 月 7 日，藤县工商局执法人员检查经营者办理营业执照情况（柒宇宙、李迪舒 / 摄）

2016 年 9 月 26 日，梧州市工商局、市消防支队、市卫计委等部门联合开展“双随机”检查（陆宏敏 / 摄）

2017 年 2 月 17 日，全区打击传销工作电视电话会议召开（杨彪 / 摄）

2017 年 9 月 12 日，梧州市工商局开展公用企业专项执法检查，促进行业规范，营造公平、公正的市场环境（陆宏敏 / 摄）

2018 年 3 月 22 日，自治区工商局会同多家单位，在南宁市举办 2018 年农资打假专项整治暨“红盾护农 · 助推脱贫”活动启动仪式

2018 年 9 月 17 日，自治区工商局举办“双随机、一公开”检查对象抽取仪式（杨彪 / 摄）

2018 年 11 月 9 日，自治区工商局召开广西 2018 年网络集中促销期电商企业座谈会（杨彪 / 摄）

消费维权

1997 年 3 月 15 日，自治区工商局会同南宁市工商局开展“消费者权益保护”活动

1998 年 8 月 23 日，自治区工商局在南宁朝阳广场举办消费维权咨询活动

1999 年，临桂县工商局工作人员开展工商法律法规宣传活动

2000 年，陆川县工商局开展“3 · 15”宣传活动，为群众讲授真假商品识别方法

2000 年 1 月 1 日，桂林市工商执法人员正在为消费者讲解如何识别假冒伪劣商品

2006 年 1 月 16 日，广西消费者协会推荐 2006 年度消费者信得过商品颁证授匾大会在玉林召开（杨彪 / 摄）

2006年3月11日，自治区工商局举办以“消费与环境”为主题的纪念2006年“3·15”国际消费者权益日宣传咨询活动（李占平/摄）

2013年11月19日，桂林市叠彩区工商局执法人员向经营户讲解新的《中华人民共和国消费者权益保护法》

2013年12月4日，防城港市工商局消费维权宣传教育工作进乡村（廖开军/摄）

2014年2月24日，百色市右江区工商局组织工作人员到中小学校开展青少年消费维权教育宣传活动，帮助青少年树立正确的消费观念，相互传播维权知识，参与维权实践，提高维权能力，推动“小手拉大手”的社会效应（崔彬、刘维涛/摄）

2014 年 3 月 15 日，自治区工商局、南宁市工商局联合举办 2014 年 "3 · 15" 消费维权领导大接访活动（杨彪 / 摄）

2014 年 3 月 15 日，自治区工商局联合广西人民广播电台举办 "阳光护航新消费" 新闻 910《阳光在线》"3 · 15" 大型户外直播活动（杨彪 / 摄）

2014 年 5 月 28 日，贵港市工商局开展 "关爱儿童" 消费维权主题教育进校园活动（杨彪 / 摄）

2014年8月18日，河池市消委会、市工商局、市人民法院联合举办消费纠纷巡回法庭，积极探索行政调解与司法调解新模式。图为河池市工商局执法人员、法院工作人员联合调解消费纠纷，降低调解成本（兰华/摄）

2015年3月13日，贺州市工商局公开销毁一批假冒伪劣商品（和平/摄）

2015年3月15日，自治区工商局、广西消委会会同南宁市工商局、南宁市消委会，举办广西艺术家走进“3·15“国际消费者权益日系列纪念活动（杨彪/摄）

2015 年 3 月 15 日，桂林市工商局工作人员在市中心广场举办宣传咨询活动，现场受理解决消费者投诉（余田 / 摄）

2015 年 5 月 29 日，南宁市工商局“12315”指挥中心工作人员走进南宁市滨湖路小学，开展“红盾护蕾”消费维权进校园活动（何正君 / 摄）

2015 年 8 月 6 日，为更好地保护两广六市广大消费者的合法权益，建立高效的消费纠纷联合解决机制和消费维权长效合作机制，广东省湛江市、茂名市、肇庆市、云浮市和广西梧州市、玉林市的消费者组织，在梧州市工商局共同签署《两广六市消费者组织跨区域消费维权合作协议》（陈洪波 / 摄）

2015 年 8 月 12 日，贵港市工商局成功调解一起消费纠纷，为瓜农挽回经济损失 20 万元（陈秋娟 / 摄）

2016 年 3 月 11 日，工商工作人员在街头闹市摆起宣传长廊，向老年消费者宣传消费维权知识（韦波 / 摄）

2016 年 3 月 15 日，自治区工商局会同广西消委会在三江侗族自治县举办"新消费、我做主""消费维权乡村行"暨"扶贫攻坚党旗红志愿结对帮扶"活动仪式（杨彪 / 摄）

2016 年 3 月 15 日，崇左市工商局开展纪念"3 · 15"国际消费者权益日宣传活动

2016 年 3 月 16 日，崇左市工商局通过举办"走进乡村课堂"的形式向农民消费者宣传消费维权知识

2016 年 5 月 31 日，南宁市工商局 12315 指挥中心工作人员走进江南小学，开展“红盾护蕾”消费维权进校园活动。通过播放视频短片、有奖问答等形式，现场为小学生讲解识假辨假等消费维权知识（何正君 / 摄）

2016 年 5 月 31 日，合浦县工商局工作人员在“六一”儿童节前夕走进石湾镇大田村希望小学，给孩子们上了一堂别开生面的消费维权知识普及课，为革命老区的孩子送上一份特殊的“六一”儿童节礼物（宋霞 / 摄）

2016 年 6 月 17 日，《广西壮族自治区消费者权益保护条例（修正草案）》立法听证会在自治区工商局召开（杨彪 / 摄）

2016 年 6 月 21 日，南宁市工商局“12315”指挥中心工作人员调解消费纠纷案件

2016 年 9 月 8 日，广西工商系统“诚信经营　放心消费”宣传月活动暨南宁市示范点揭牌仪式在南宁万象城举行（杨彪 / 摄）

2016 年 10 月 17 日，梧州市工商局联合市政局对房地产中介机构进行检查（陆宏敏 / 摄）

2017 年 2 月 22 日，广西消费者权益保护工作厅际联席会第一次会议暨消费维权工作座谈会召开（杨彪 / 摄）

2017 年 3 月 3 日，自治区工商局"红盾志愿者"开展便民服务活动（杨彪 / 摄）

2017 年 3 月 15 日，广西电子商务南宁 12315 投诉维权中心揭牌仪式在南宁举行

2017 年 4 月 28 日，自治区工商局分别在南宁和防城港召开了两场全区工商系统"诚信经营　放心消费"创建工作现场会

2018 年 1 月 9 日，自治区工商局举办新修订的《广西消保条例》专题讲座（杨彪 / 摄）

2018 年 3 月 6 日，自治区工商局举办广西工商系统 2018 年第一季度新闻发布会，发布消费维权工作情况（甘孝雷 / 摄）

服务经济

梧州市工商局工作人员到梧州瑞祥药业有限公司了解生产经营情况

南宁市工商局高新区分局领导将重合同守信用企业牌匾送上门

1998 年 2 月 19 日，全区对外开放、发展个体私营经济工作会议在南宁召开

在南宁市工商局的倡导下，南宁市和平商场个体工商户与下岗职工举行“一帮一”签约仪式

全州县工商局工作人员为申请者办理注册登记手续

2002 年 2 月，自治区工商局、广西个体劳动者协会、广西私营企业协会和南宁市工商局联合召开全区发展个体私营经济宣传大会。图为宣传大会文艺演出现场（李占平 / 摄）

2006 年 2 月 20 日，自治区工商局召开广西企业荣获中国驰名商标授匾大会

2009 年 9 月 16 日至 17 日，以“合作　交流　服务　发展”为主题的第五届泛珠三角区域工商行政管理部门高层联席会议在南宁召开（李占平 / 摄）

2012 年 4 月，南宁市服务非公经济发展宣传月启动暨微型企业扶持资金、贷款发放及融资、帮扶签约仪式和工商行政管理部门与微型企业帮扶签约仪式、民生银行与微型企业融资签约仪式在南宁金湖广场举行（李占平 / 摄）

2014 年，首届中国—东盟工商论坛在南宁举行

2015 年 5 月 1 日起，桂林市工商局在广西率先推行企业登记业务“全城通、就近办”的工商注册登记新模式。图为秀峰区工商局领导发放首张跨区通办营业执照（王建明 / 摄）

从 2015 年 6 月 1 日起，贺州市工商局实施“全城通、就近办”登记制度改革，打破地域限制，极大便利了前来办事的企业和群众（和平 / 摄）

2015 年 8 月 3 日，贺州市工商局发出首张“三证合一”营业执照，积极推进商事登记制度改革，服务于大众创业、万众创新（和平 / 摄）

2015 年 9 月 15 日，桂林市工商局、桂林市消费者协会为首批 18 家被评为桂林市旅游服务行业消费诚信“A 级”企业授牌，大力倡导诚信守法经营，营造和谐消费环境（韦冬宜 / 摄）

2015 年 9 月 29 日，广西商事制度改革工作研究会在自治区工商局召开（杨彪 / 摄）

2015 年 12 月 8 日，自治区工商局在桂林召开全区推进“全城通、就近办”企业登记制度改革现场会

2016 年 9 月 12 日，第 2 届中国—东盟工商论坛在南宁举行（杨彪 / 摄）

2016 年 9 月 30 日，广西全面实施“六证合一、一照一码”登记制度改革启动仪式在南宁举行（杨彪 / 摄）

2016年11月28日，全区推进“双随机、一公开”监管工作暨商事制度改革部门联席电视电话会召开（杨彪/摄）

2017年6月2日，崇左市工商局为企业颁发崇左市首张“49证合一、一照一码”营业执照（廖娜娜/摄）

2017 年 8 月 19 日，“遍行天下　心仪广西”广西品牌神州行活动启动仪式在北京举办（杨彪 / 摄）

2017 年 9 月 3 日，2017 中国国际商标品牌节工商局长论坛在桂林举行

2017 年 9 月 14 日，自治区工商局工作人员到第 14 届中国—东盟博览会展会现场服务企业

2018 年 9 月 13 日，中国—东盟商标品牌论坛在南宁举办

2018 年 9 月 13 日，中国—东盟商标品牌战略与经济发展研讨会上，与会嘉宾围绕企业实施商标国际化战略研究为主题开展研讨

精神文明

1998 年，自治区工商局与广西军区机关联合举办迎新春军民联欢晚会

2002 年 1 月，自治区工商局机关举办拔河比赛（李占平 / 摄）

2002 年 2 月，自治区工商局机关举办迎新春歌咏比赛（李占平 / 摄）

2003 年 5 月，自治区工商局机关干部积极参加青秀区金湖社区组织的爱国卫生运动（李占平 / 摄）

2003 年 7 月，自治区工商局机关组织开展“红盾少年”夏令营活动

2004 年 7 月，全区工商系统基层一线执法干部集中进行军事训练（李占平 / 摄）

2004 年 11 月，自治区工商局文艺代表队参加全区法制文艺会演，参赛节目获一等奖（李占平 / 摄）

2006 年 2 月 20 日，自治区工商局召开老干部迎春茶话会和老干部迎春书画展（李占平 / 摄）

2006 年 6 月 24 日，自治区工商局机关羽毛球代表队参加由中国建设银行广西分行举办的“建行杯”第二届银企羽毛球邀请赛（李占平 / 摄）

2006 年 9 月 17 日，自治区工商局在北海举办“虎踞龙盘燃红盾之火　龙腾虎跃创八桂辉煌”全区工商系统“红盾体育运动会”（李占平 / 摄）

2006 年 10 月 22 日，自治区工商局公务礼仪代表队参加全区公务礼仪文明风采大赛。自治区工商局代表队获二等奖，自治区工商局机关党委获优秀组织奖（李占平 / 摄）

2006 年 12 月 5 日，由南宁市工商局、南宁市个体劳动者协会和南宁市私营企业协会联合举办的“构建和谐南宁　营造‘洁齐美’——南宁市个体、私营经营者‘城乡清洁工程’主题宣传活动”正式启动（李占平 / 摄）

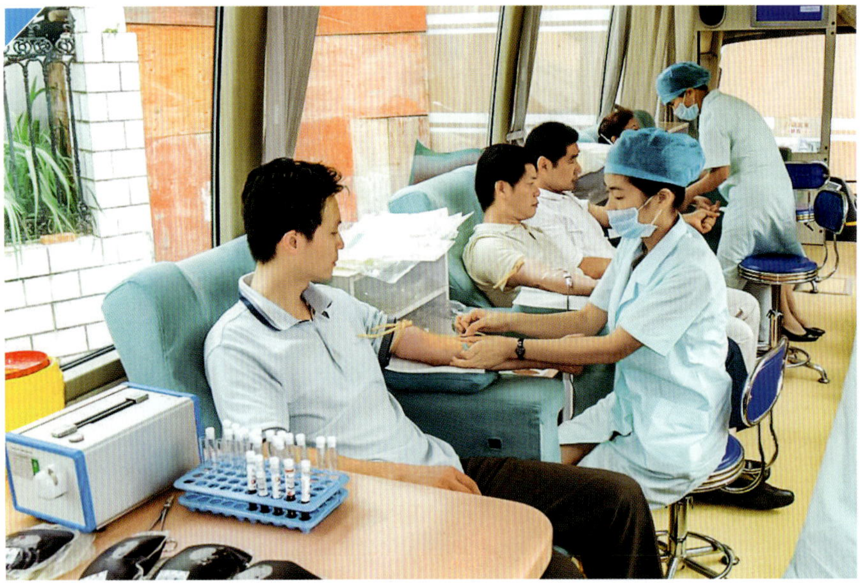

2007 年 7 月 13 日，自治区工商局机关党员干部踊跃参加义务献血活动（李占平 / 摄）

2007 年 9 月 28 日，玉林市召开非公有制经济工作会议。会上，组织了玉林市非公有制业主代表参与“城乡清洁工程”“文明市民，现在行动”千人签字仪式（李占平 / 摄）

2011 年 7 月，自治区工商局举办局机关庆祝中国共产党建党 90 周年“颂歌献给党”红歌会（李占平 / 摄）

2015 年 2 月 2 日，自治区工商局到三江侗族自治县开展“扶贫攻坚党旗红”——春节“送文化、送祝福、送爱心”慰问活动

2015年3月5日，自治区工商局召开创建"最美家庭"争做"最美工商人"活动启动会议（杨彪/摄）

2015年3月24日，自治区工商局举办局机关夜校第一次活动（书法培训课）

2016年6月28日，自治区工商局参加广西区直机关"知党恩 跟党走"纪念建党95周年歌咏比赛决赛（杨彪/摄）

2017年3月8日，自治区工商局举办2017年"三八"国际劳动妇女节插花艺术专题培训班（杨彪/摄）

2017 年 8 月 15 日，自治区工商局举办纪念建军 90 周年国防教育主题演讲比赛（杨彪 / 摄）

2018 年 9 月 1 日，自治区工商局机关组队参加自治区直属机关工委、自治区体育局联合举办的“喜迎改革开放 40 周年和广西壮族自治区成立 60 周年广西区直机关第八届职工运动会”八段锦比赛（杨彪 / 摄）

2018 年 11 月 13 日，自治区工商局举办“迈进新时代　迎接新辉煌”全区工商和市场监管系统庆祝改革开放 40 周年暨自治区成立 60 周年书画摄影展（杨彪 / 摄）

表彰奖励

1998 年 1 月，全区外商投资企业年检工作暨外商投资企业登记管理先进单位表彰会议在南宁召开

1998 年 4 月，自治区法制办、自治区工商局在南宁联合举办广西个体劳动者、私营企业经营者法律知识竞赛

1998 年 10 月 13 日，自治区人事厅、自治区工商局热烈欢送全国“人民满意的公务员集体”代表——桂平市工商局局长茹弈城（前右三）赴京参加表彰大会

1998 年，全区广告监管工作先进单位代表集体合影

1999 年，自治区工商局召开局机关处级干部“三讲”教育总结、1999 年度“双先”表彰大会

2006 年 3 月 20 日，广西消费者协会成立 20 周年纪念表彰大会在南宁召开（李占平 / 摄）

2007 年 9 月 11 日，2006 年广西 50 强私营企业、50 强个体工商户表彰大会在自治区工商局召开（李占平 / 摄）

2008 年 2 月 28 日，钦州市钦南区那丽镇三多竹村农民黄能升（右）向钦州市工商局公平交易与消费者权益保护科赠送锦旗（李占平 / 摄）

2008 年 7 月，中国通信服务广西公司、广西电信实业集团有限公司为自治区工商局企业登记注册分局送来了感谢信和锦旗（李占平 / 摄）

2008 年 9 月 25 日，自治区市场监管局参加国家工商总局召开的全国工商行政管理系统纪念改革开放 30 周年和工商行政管理机关恢复建制 30 周年暨“双先”表彰电视电话会议（李占平 / 摄）

2009 年 9 月，广东加多宝饮料食品有限公司为自治区工商局送来了感谢信和锦旗（李占平 / 摄）

2013 年 2 月 25 日，广西龙滩水电开发有限公司为自治区工商局送来了感谢信和锦旗（杨彪 / 摄）

2014 年 3 月 4 日，自治区工商局经济检查总队接受法国轩尼诗公司赠送的“品牌卫士　维权先锋”牌匾

2015 年 7 月 9 日，梧州“醒醒田螺”负责人向梧州市工商局赠送感谢信和锦旗（陆宏敏 / 摄）

2015 年 12 月 18 日，“市场卫士　红盾增辉——广西首届‘红盾之星’颁奖典礼”在广西电视台演播厅举行

2017 年 1 月 20 日，自治区工商局召开局机关 2016 年度先进集体、先进个人表彰大会（杨彪 / 摄）

2017 年 6 月 16 日，自治区妇联主席刘咏梅（前排左）到广西政务服务中心，为工商登记窗口送来中华全国妇女联合会颁发的“巾帼文明岗”牌匾（杨彪 / 摄）

2018 年 1 月 4 日，自治区工商局在南宁召开“全区先进个体工商户小微企业暨工商系统记二等功集体和个人表彰大会”（杨彪 / 摄）

目　录

概　述……1

第一篇　市场主体准入

第一章　内资企业登记管理……14
第一节　登记注册……14
第二节　监督管理……23
第三节　支持国有集体企业改革……32
第二章　外商投资企业登记管理……35
第一节　登记注册……35
第二节　监督管理……40
第三节　服务外商投资企业……48
第三章　个体私营经济监督管理……55
第一节　登记注册……55
第二节　监督管理……70
第三节　服务个体私营经济……82
第四节　“小个专”党建……88
第四章　商事制度改革……92
第一节　注册资本登记制度改革……93
第二节　证照改革……99
第三节　全程电子化登记和电子营业执照改革……107
第四节　市场主体信息公示……111
第五节　“双随机、一公开”监管……115
第六节　企业信用监管……120

第二篇　市场监督管理

第一章　市场规范管理 …… 128
第一节　市场规范管理沿革 …… 128
第二节　商品交易市场规划与建设 …… 134
第三节　重点市场规范管理 …… 137
第四节　经纪人监督管理 …… 154
第五节　诚信市场创建活动 …… 157
第二章　合同监督管理 …… 160
第一节　合同监督管理沿革 …… 160
第二节　指导服务 …… 162
第三章　商标监督管理 …… 165
第一节　商标管理沿革 …… 165
第二节　商标注册与印制管理 …… 168
第三节　商标专用权保护 …… 172
第四节　商标品牌强桂战略 …… 179
第四章　广告监督管理 …… 190
第一节　广告业的发展 …… 190
第二节　监督管理 …… 193
第三节　南宁广告产业园 …… 198
第五章　公平交易执法 …… 202
第一节　制止不正当竞争行为 …… 202
第二节　打击传销和规范直销 …… 206
第三节　打击制售假冒伪劣商品行为 …… 216
第四节　打击投机倒把行为 …… 220
第五节　打击走私贩私行为 …… 222
第六节　治理商业贿赂 …… 226
第六章　流通领域食品安全监管 …… 228
第一节　日常监管 …… 228
第二节　专项整治 …… 237
第七章　网络交易市场监督管理 …… 246
第一节　第三方网络交易平台、网站管理 …… 247

第二节　网络市场监管专项行动……248
第三节　网络促销行为监管……250
第四节　营业执照电子链接标识……251

第三篇　消费者权益保护

第一章　流通领域商品质量监管……258
第一节　商品质量监督管理……258
第二节　重点商品和重点领域专项整治……261
第二章　12315 体系建设……266
第一节　12315 网络建设……266
第二节　“一会两站”和“五进”……271
第三节　部门协作工作机制……275
第三章　放心消费创建和教育引导……279
第一节　放心消费创建……279
第二节　法律法规宣传……282
第三节　消费教育引导……287
第四章　投诉受理与行政执法……292
第一节　受理消费者投诉举报和咨询……292
第二节　查处侵害消费者权益违法行为……312

第四篇　法治建设

第一章　法规创制……322
第一节　参与地方法规和政府规章制定……323
第二节　法制工作制度创新……333
第三节　法规清理……337
第四节　权力清单制度改革……340
第五节　普法宣传教育……342
第二章　行政执法监督……349
第一节　建立健全行政执法资格制度……349
第二节　推行行政执法责任制……352

第三节　行政执法评议考核机制 …… 358
第三章　行政处罚案件的核审与听证 …… 362
第一节　案件核审 …… 362
第二节　案件听证 …… 367
第四章　行政复议与应诉 …… 368
第一节　行政复议 …… 368
第二节　行政应诉 …… 371
第五章　行政监察 …… 374
第一节　政务公开 …… 374
第二节　行政效能监察 …… 380
第三节　信访举报及案件查办 …… 383

第五篇　基础建设与经费资产管理

第一章　信息化建设 …… 390
第一节　基础设施建设 …… 391
第二节　信息系统建设 …… 394
第三节　数据管理与服务 …… 404
第二章　基层建设 …… 412
第一节　基层基础设施建设 …… 412
第二节　基层管理 …… 429
第三章　经费资产管理 …… 431
第一节　行政事业性收费 …… 431
第二节　财务收支与经费保障 …… 443
第三节　资产管理 …… 449
第四节　审计监督与票据管理 …… 453

第六篇　机构队伍　机关党建　社会团体

第一章　机　构 …… 462
第一节　自治区工商行政管理局 …… 462
第二节　市级机构 …… 469

第三节　县级机构……473
第四节　自治区级直属事业单位……476
第五节　机构管理体制……483
第二章　队伍建设……486
第一节　人事制度……486
第二节　教育培训……488
第三节　公务员队伍……493
第四节　表彰先进……495
第三章　机关党建……507
第一节　组织建设……507
第二节　思想建设……509
第三节　作风建设……511
第四节　廉政建设……515
第五节　制度建设……517
第四章　宣传与精神文明建设……519
第一节　宣　传……519
第二节　精神文明建设……524
第五章　理论研究与社会团体……529
第一节　理论研究……529
第二节　社会团体……536

大事纪略

大事纪略……545

附　录

附　录……605
索　引……667
后　记……669

概 述

1992—2018 年，是广西市场经济繁荣发展的重要时期，广西工商行政管理得以迅猛发展。在 27 年的运营中，广西工商系统综合能力显著提高，登记注册、市场监管、执法力量不断加强，切实为广西市场经济正常运行保驾护航。

在这一历史进程中，广西工商行政管理大致经历三个发展阶段：1992—2001 年的市场规范监督阶段；2002—2011 年的市场监管稳步发展阶段；2012—2018 年的市场监管职能转变、深化改革阶段。

一、市场规范监督阶段（1992—2001 年）

规范监督市场阶段的标志是 1995 年“管办脱钩”和 1998 年取消市场培育建设职能以及 1993 年公司法、反不正当竞争法和消费者权益保护法正式实施背景下的职能调整。

1992 年，中共十四大提出建立社会主义市场经济体制的目标和框架，强调加强市场监管，建立有权威的市场执法和监督机构。工商行政管理加大向市场监管转变的力度，完成集贸市场的“管办分离”。

同年，广西工商行政管理局内设 11 个处室，3 个直属事业单位。全自治区 8 个地区、5 个市、防城港管理区、86 个县（自治县、市）都设立了工商行政管理局。广西工商行政管理系统有协（学）会 5 种：广西个体劳动者协会、广西私营企业协会、广西消费者协会、广西广告协会、广西工商行政管理学会。广西各级工商机关主要做好市场“管办脱钩”工作，开展集贸市场整顿及畜禽疫病防控、清查毒鼠强等专项整治行动，加强对商品交易市场的日常规范化管理及农资、粮食、机动车、成品油等重要商品市场的管理，开展经纪人管理和商标管理，探索完善“五制一化”（市场准入制度、市场巡查制度、市场预警制度、市场属地监管责任制度、市场信用管理制度、流通现代化）长效监管机制，维护市场经济秩序，促进地方经济发展。

1993 年 11 月，中共十四届三中全会通过的《中共中央关于建立社会主义市场经济体制若干问题的决定》提出，市场管理和监督的概念标志着市场培育阶段的结束。同年，国家工商行政管理局撤销合同司，广西壮族自治区工商行政管理局（以下简称自治区工商局）保留合同管理机构。在《中华人民共和国消费者权益保护法》颁布后，各地经济检查、商标广告监管部门加强了对消费者权益的保护，通过开展打击制售假冒伪劣商品行为、查处违法广告、查处商标侵权行为等专项行动，保护消费者的合法权益。1993 年广西实有外商投资企业 4368 户，是 1992 年的 2.28 倍。

1994年1月，国务院办公厅印发国家工商行政管理局“三定”方案（国办发〔1994〕4号）明确国家工商行政管理局是国务院直属机构，其性质是国务院主管市场监督管理和行政执法的职能部门。同年，国家工商行政管理局提出“三度”思路，即拓宽监督管理的广度，增加监督管理的深度，强化监督管理的力度，在确立市场监督管理主管地位的基础上，探索对整个市场体系的监督管理。这是工商行政管理发展历史上的标志性阶段，开始从工商行政管理转向市场监督管理。

1994年，广西工商行政管理系统有各级机构1655个，工作人员18412人。工商行政管理系统的机构、人员主要集中在基层。县级局占机构总数的90%。广西实有外商投资企业4997户，外商投资企业的发展达到历史最高峰。

1995年7月3日，国务院办公厅下发《国务院办公厅转发国家工商行政管理局关于工商行政管理机关与所办市场尽快脱钩意见的通知》；同年7月6日，在全国工商行政管理局长会议上，局长王众孚宣布：作为主管市场监督管理和行政执法的国务院直属职能部门，为适应建立社会主义市场经济体制的需要，完成“管办脱钩”是时代赋予这一代工商干部的历史使命。

1996年后，为适应建立社会主义市场经济体制的需要，促进工商行政管理市场监管职能到位，各级工商行政管理机关按照与所办市场在机构、人员、财务、职责“四分离”和“人随市场走，债随市场移”的原则，进行市场“管办脱钩”工作。到2001年底，自治区工商行政管理机关自办、联办市场2159个完成全部脱钩。其中，通过股权转让、拍卖、组建有限公司等形式进行改制，实现脱钩的市场64个，市场资产2.54亿元；通过市、县工商行政管理局将代管的市场开发服务中心成建制移交给当地政府或政府指定的国有资产经营管理公司，实现脱钩的市场2095个，整体移交市场资产28.34亿元。

1997年，南宁、柳州、桂林、北海四市工商行政管理局率先组建消费者投诉（后改称“申诉”）举报指挥中心，开通尾数为315的消费者投诉服务电话。

1995年12月，国务院批准中编办《关于审定基层工商所人员编制的报告》，将工商所改为行政编制。至1998年，全自治区基层工商所原使用的事业编制一律核销，重新核定工商所编制为行政编制，实行公务员管理。同年成立广西商标协会。全自治区共有消费者协会157个，为历年最多；共有7个工商行政管理学会。与此同时，《广西工商行政管理年鉴》1998年卷（创刊号）正式出版发行，开全国工商行政管理系统省级地方性部门年鉴之先河。

1998年11月24日，国务院批转《国家工商行政管理局工商行政管理体制改革方案》，实行省以下工商行政管理机关垂直领导，理顺和完善工商行政管理体制，建立办事高效、运转协调、执法统一、与社会主义市场经济相适应的工商行政管理新体制。

1998年12月底，全自治区工商系统完成向公务员过渡的工作，核定全自治区工商系统共有公务员1.08万名。同年，实行垂直管理前主要是财政拨入预算内经费，各地上缴规费提成款、财政回拨本级的行政性收费、收取各地的服装管理费以及所属单位上缴管理费等预算外资金收入。

1998—1999年，自治区工商局结合广西实际，以精简、统一、效能为原则，制订《广西工商行政管理体制改革实施方案》，经自治区人民政府批准后，下发各地、市、县贯彻执行；并会同自治区组织、人事、机构编制和财政等部门，制定一系列配套文件。在改革过程中，认真做好干部管理、机构设置、人员编制、经费保障等方面的落实工作；妥善解决改革中人员分流等方面的困难和问题，确保体制改革的顺利进行。经过1999年上半年的改革，实现自治区级以下工商行政管理机关人、财、物的垂直管理。

1999 年，自治区工商行政管理系统首次进行录用国家公务员的考试。7 月 1 日，广西各地、县（市）工商行政管理局（城区局）设立“12315”消费者投诉举报电话，是全国第二个县以上工商机关开通“12315”电话的省（自治区）；同时，还相应成立了“12315”投诉举报指挥中心，及时受理消费者投诉。广西的 12315 体系建设由电话投诉逐渐扩宽到网络投诉。7 月 12 日，在全自治区范围内开通了“12315”消费者投诉服务专用电话，及时受理消费者投诉，切实保护消费者权益；同时，组建全自治区“打假维权”网络，加大了打假和维护消费者权益的力度。当年全年受理申诉 901 件，共为消费者挽回经济损失 123 万元。申诉内容以质量为主，共 558 件，占投诉总数的 73.04%。查处的侵害消费者权益的案件共 586 起，案值 294 万元。

2000 年，按照中共中央、国务院和自治区党委、自治区人民政府的部署，自治区工商局机关进行机构改革，局机关内设机构由原来的 11 个减少到 10 个，行政人员编制精简为 68 人，精简 39%，人员结构进一步优化，处级领导干部平均年龄由原来的 48.9 岁降到 43.4 岁，本科学历呈逐年上升趋势，大专学历呈逐年下降趋势，干部交流面达 36.7%，其中处级干部交流换岗达 47.8%。

2001 年 8 月 7 日，国务院发布《关于印发国家工商行政管理总局职能配置内设机构和人员编制规定的通知》，把技术监督管理部门在流通领域对商品质量的监管职能划归工商行政管理部门。同年全自治区工商行政管理系统共有 139 个工商所推行了所长竞争上岗，768 个工商所成立党支部。广西各地依托乡镇政府、街道办事处和工商所建立乡镇、街道消费者协会分会，以行政村和社区为单位建立消费者投诉站和 12315 联络站（以下简称一会两站）。同年，彻底实现市场“管办脱钩”，实现“运动员”与“裁判员”分离。

二、市场监管稳步发展阶段（2002—2011 年）

2002 年 11 月，中共十六大报告将“市场监管”职能作为政府四项职能之一提出，标志着工商行政管理进入监管市场阶段。同年，广西进行地、市、县工商行政管理局机关机构改革，全自治区市级工商行政管理局合同科与市场管理科合并，县级工商行政管理局合同科（股）全部与市场、商标、广告等科（股）室合并，共精简分流人员 2300 多人，各地、市工商行政管理局机关内设机构由过去的 12 个精简为 8 个，县级工商行政管理局机关内设机构精简为 6 个。

2002 年起，自治区工商局开始履行对流通领域商品质量监管的职责，因受执法力量薄弱、检测经费不足和设备不完备等条件的限制，人力物力主要集中加强对食品、农资等与人民群众人身、财产安全和生产安全密切相关商品的监管，在一定程度上制约工商部门对流通领域商品质量监管的力度和质量。

2003 年，以南宁市工商行政管理局 12315 中心为试点单位，开展网上申诉举报试点工作，实现了消费者在互联网上进行申诉、举报和咨询。当年，全自治区处理消费者申诉 20821 件，调解成功率为 94.44%，为消费者挽回经济损失 1463.32 万元。

2004 年，国务院发布《关于进一步加强食品安全工作的决定》，对食品安全监管体制再次做出重大调整，实行“分段管理”体制。其中，工商行政管理部门负责食品流通环节的监管。推进流通领域商品质量监管“关口前移”是国家工商行政管理总局（以下简称国家工商总局）2004 年在全国工商行政管理系统推行的两项重要改革之一。为稳步推进广西商品质量监管“关口前移”工作，探索“关口前移”的监管模式，自治区工商局成立商品质量监管“关口前移”领导小组，制订工作方案，明确了“关口前移”的重点工作、重点市场和重点商品。

同年，消费者权益保护工作按照“两整顿”、创“双优”的工作目标及“突出重点、强化监管、完善制度、推进维权”的工作思路，围绕总局提出的“六查六看”和“两抓五落实”，以推进商品质量监管“关口前移”，全面加强流通领域商品质量监督管理为重点，依托12315消费者申诉举报网络，加强市场监管的前瞻性，实现市场监管的效能性，从源头上加大治理制售假冒伪劣商品违法行为的力度，努力营造安全放心的消费环境。与此同时，自治区工商局制定和实施《2004—2006年基本建设规划》，加强基层基础设施建设，为基层工商所配备监管执法仪器、办公电脑、执法车辆等执法装备。开辟了“红盾护农”、部门服务三农、推进新农村建设的新局面。

2005年，自治区工商局经济信息中心从办公室独立出来，各地也相继成立信息中心或由市工商行政管理局办公室统一管理。制定并大力实施《全自治区工商行政管理系统信息化建设实施方案(2005—2007)》，由此，全自治区工商系统计算机信息网络建设得到快速发展。从1999年以来，相继投入3000多万元，用于计算机信息网络工程建设，初步建成了技术体系统一、上通下联的计算机信息网络，实现了网上查询、网上年检、网上投诉举报、网上传输公文，较好地满足市场监管执法的需要。

2003—2007年，广西工商行政管理机关以深入开展产品质量和食品安全专项整治为重点，进一步强化食品安全监管工作。各级工商行政管理机关扎实开展了一系列专项整治行动。一是开展元旦、春节期间食品市场专项整治，确保节日食品安全。加强对食品等涉及人民群众身体健康和生命安全的重要商品的质量监测，不断完善节日期间食品安全、市场安全紧急突发事件预警和应急处置机制，及时妥善处置突发事件；进一步完善12315“一个中心、分级执法”消费维权的行政执法网络建设，认真做好节日期间12315消费者申诉举报中心值班工作，积极受理和处理消费者的申诉、举报。二是开展食品批发市场专项整治行动，从源头上遏制制售假冒伪劣食品行为。三是开展肉类食品专项执法检查。四是开展儿童食品市场专项执法检查。五是开展花生油市场专项检查行动。此外，还开展移动电话机专项执法检查和房地产市场专项整治，各级工商行政管理机关从商品房恶意炒作以及广告、销售合同、房地产经纪人违法违规等方面入手，重点查处房地产开发经营企业发布虚假信息等侵害消费者权益的行为。消费维权方面，进一步完善消费维权法规体系，强化消费维权工作。自治区各级消费者权益保护机构和组织认真受理消费者投诉，积极解决消费纠纷，化解社会矛盾，维护社会稳定。

截至2008年6月，全自治区工商系统共有44个单位、56人次受到人事部、国家工商总局表彰；有48个工商所、61名优秀工商行政管理人员受到国家工商总局表彰。其中，桂平市工商行政管理局被人事部评为“人民满意的公务员集体”；桂林市工商行政管理局“3·15”巡查大队被团中央授予“全国青年文明号”称号；桂林市工商行政管理局连续五次、南宁市工商行政管理局连续四次被国家工商总局评为“全国工商行政管理系统先进单位”；自治区工商局先后获得国家经济贸易委员会、国家工商总局、国家技术监督局授予的“全国打击生产和经销假冒伪劣商品违法行为先进集体”，中共中央宣传部、司法部授予的“2001—2005年全国法制宣传教育先进单位”，自治区精神文明建设委员会授予的“全自治区文明机关”等多项称号。

2008年，全自治区工商系统核定机构总数为2222个，其中自治区级工商行政管理局1个，市级工商行政管理局14个，县级工商行政管理局76个；内设机构自治区级局12个，市级局9个，县级局6个；分局39个，工商所1408个，经济检查队90个。全自治区工商系统核定编制总数为10955人，其中机关1982人，占核定总数的18.09%；分局383人，占核定总数的3.50%；工商所8590人，占核定总数的78.41%。全自治区工商系统实有机构数为2078个，主要是年内增设的外商投资企业注册登记管理科以及企业登记注册分局；在职公务员数为10014人。广西各级工商行政管理机关在这年为社会做贡献，如为抗击严重低温雨雪冰冻灾害和洪涝灾害付出了艰辛努力，为四川汶川特大地震的抗震救灾提供了大力支援，为成功举办北京奥运会、残奥会、中国—东盟博览会以及庆祝改革开放30周年、自治区成立50周年等重大活动作好工作，为处置三鹿婴幼儿奶粉突发重大食品安全事故、落实停征“两费”重大改革措施开展了大量工作，在维护社会稳定、应对国际金融危机、促进经济平稳较快发展方面发挥职能作用，在创新体制机制、加强队伍建设上迈出新的步伐，各项工作取得显著成绩。

2008年7月23日，自治区工商局出台“消费者权益保护工作‘四化建设’三项工作举措”，这是全国工商系统最早出台的一项指导消保工作的四化措施，用以规范、指导广西消费者权益保护的各项工作。同时，按照国家工商总局《工商行政管理执法证管理办法》的要求，全自治区工商系统统一换发中华人民共和国工商行政管理执法证；与此同时，工商行政管理职能发生变化，不再参与有形的市场建设和经营。2008年9月1日起，全面停止“两费”征收工作，取消市场管理费和个体工商户管理费，2011年开始暂停收取企业登记注册费、个体工商户登记费、合同管理费。11月11日，《中国工商报》第1版刊登了《畅通复议渠道提高行政效能　广西首次开通网上申请行政复议程序》的新闻报道。

2008—2009年，广西各级工商行政管理机关积极推进12315行政执法体系建设，建立健全消费维权机制，受理消费者申诉举报，有效地维护消费者的合法权益。为了拓展消费维权网络建设，自治区工商局与广西消费者权益保护委员会联合在中国电信、电力等16个大中型企业建立了消费维权联系点，推动消费维权社会化进程，提高企业自律能力，促进依法经营，使企业切实承担起维护消费者权益的社会责任。

2009—2011年，广西各级工商行政管理机关坚持把保增长、扩内需，保持经济平稳较快发展作为经济工作的首要任务，全面实施应对国际金融危机、促进全民创业、服务北部湾经济区开发建设的各类专项政策；以维护市场经济秩序为重点，开展了严厉打击传销百日联合执法行动，大力加强流通领域食品安全监管和各类市场监管；以加强规范化建设为抓手，扎实推进政务服务规范化、基层基础设施建设规范化、内务管理规范化、目标职责规范化、干部行为规范化、信息化建设规范化、设施装备标识规范化等工作，切实加强干部队伍建设，树立了工商行政管理良好形象。

2011年，自治区工商局设立信息化管理处，为内设机构，负责全自治区工商系统信息化建设和管理工作，各市工商行政管理局也挂牌成立信息科。初步建立自治区、市两级12315数据库和数据分析中心平台，联通自治区、市、县、工商所基础网络。建立健全自治区、市、县（分）、所四级联动网络、部门执法维权协作网络、社会维权服务网络，完善执法监督机制、指挥调度快速处置和分析发布机制、12315数据分析机制，全面提升消费维权工作能力和水平。联合公安、物价、质量技术监督、卫生、文化、旅游等职能部门，组成“12315”执法维权协作网，互通信息，凝聚合力，建立协作关系，基本形成12315执法维权横向协作网络。

这一阶段，由于机构、人员、经费等多种限制，对商品质量监测的重点多数在食品质量抽检方面，对涉及民生的钢材、建材、手机等商品质量的监测投入不足。

三、市场监管职能转变、深化改革阶段(2012—2018年)

2012年以后，市场监管进入以工商登记制度改革以及在实践中推行商事制度改革为标志的市场监管职能转变和深化改革阶段。同年，自治区工商局为贯彻实施《国家工商行政管理总局关于推进广告战略实施的意见》，印发《关于成立自治区工商行政管理局广告战略实施领导小组的通知》，开始实施广西的广告战略。

2013年，广西共建立各类消费教育基地2595个，各级工商行政管理机关以互联网和红盾网站平台为依托，充分发挥12315消费者申诉举报中心、“一会两站”、12315维权服务网络，以及消费者权益保护组织的职责功能，建立科学消费指导中心，开辟科学消费教育指导园地，开通消费指导热线，为消费者提供消费咨询信息服务。2月，自治区工商局、自治区高级人民法院、广西消委会联合印发《关于建立消费纠纷行政调解与司法调解衔接机制的意见》（桂工商发〔2013〕6号），在全自治区推进建立行政与司法调解衔接机制。至年底，全自治区14个市109个县（区）工商行政管理局、消委会与当地人民法院联合制定了建立消费纠纷行政调解与司法调解衔接机制的实施方案，人民法院在市、县工商行政管理机关或消委会设立消费纠纷流动法庭59个。3月，自治区工商行政管理局12315消费者投诉举报指挥中心正式挂牌成立，至此，自治区及14个市123个县(区)工商行政管理局建立了12315消费者申诉举报中心，1078个基层工商所均建立了消费者申诉举报站。这标志着广西工商行政管理机关依托“12315”建立的“一个中心、三级执法、四级联动”行政执法体系进一步完善。

2014年，是广西工商行政管理机关全面改革年，自治区党委、自治区人民政府明确由工商行政管理部门牵头实施的6项改革任务基本完成。在全国率先开展住所登记制度改革，“先照后证”等3项改革做到与全国同步实施。商事制度改革作为全自治区深化改革的重大成效写入2015年自治区政府工作报告。完成流通环节食品安全监管职能划转任务。共划转673名公务员和255名行政编制到各级食品药品监管部门，划转比例为全自治区工商行政管理系统行政总编制数的8.5%。

根据国家大部制改革方案，流通领域食品安全监管职能由工商行政管理机构划转食品药品监督管理机构。2014年3月1日，广西正式启动注册资本登记制度改革，实行注册资本认缴登记制，放宽注册资本登记条件，简化登记事项和文书，不再收取验资报告，启用新版营业执照，全面停止企业年检。改革首月，在经济下行压力比较大的形势下，全自治区新登记企业7861户，同比增长40.53%；新登记企业注册资本373.09亿元，同比增长249.47%；新登记企业户数和注册资本增幅均为广西历年来最高。8月1日，正式实施《广西壮族自治区企业住所和经营场所登记管理办法》，这是全国注册资本登记制度改革以来首个以地方政府规章出现的法律文件，为广西注册资本登记制度改革提供了有力的法律保障，促进了广西改革的纵深发展。8月4日，自治区工商行政管理局下发《关于调整企业登记管辖范围的通知》，大幅下放登记权限。将注册资本5000万元以下一般性企业的登记权限下放至企业所在地工商登记机关。这是自治区工商行政管理局有史以来企业登记管辖范围最大的一次调整，也是登记权限下放力度最大的一次，进一步方便企业就近办理工商注册，有力地促进工商登记注册便利化，也为“宽进”后的“严管”打下坚实基础。

注册资本登记制度改革实施以后，全自治区企业数量显著增长，产业结构持续优化，社会投资创业热情被进一步激发，呈现企业数量与资本规模快速增长的良好局面。3月1日—12月20日，全自治区实有企业户数438118户，同比增长18.75%；共为全自治区新增的72964户企业节省验资费用约4370多万元；按每户企业带动15个就业岗位计算，增加就业岗位109万多个。

2014年9月，自治区工商局在中国—东盟博览会框架下成功承办首届中国—东盟工商论坛，东盟8个国家的部级官员7人、国内省部级领导3人以及200多名正式代表，100多名列席代表参加了论坛，提升了工商行政管理部门在国际市场规则制定中的话语权和影响力。11月，自治区人民政府办公厅印发《广西壮族自治区工商行政管理局主要职责内设机构和人员编制规定的通知》，明确将流通环节食品安全监督管理职责划入自治区食品药品监督管理局。

2014年12月，自治区工商局成立网监处，南宁、柳州、北海、防城港、玉林等5个市工商行政管理局通过新"三定方案"设立了网监机构。

2015年1月29日，自治区人民政府办公厅印发《广西壮族自治区工商行政管理体制调整实施方案》，将现行工商行政管理体制由自治区以下垂直管理调整为市、县人民政府分级管理，业务接受上一级工商行政管理部门的指导和监督。这标志着工商部门实行16年的垂直管理体制从此改变。根据方案要求，市、县工商行政管理部门为同级人民政府的工作部门，直接受同级人民政府领导。市开发区（高新区）类工商行政管理分局为市工商行政管理局的派出机构；原则上，城区工商行政管理机构也应作为市工商行政管理局的派出机构设置，更名为城区工商行政管理分局，由市工商行政管理局统一管理。工商行政管理所为县（市、区）工商行政管理（分）局的派出机构，由县（市、区）工商行政管理（分）局统一管理。市、县工商行政管理局现有编制、人员，随机构成建制下划市、县人民政府管理。

2015年3月26日，广西举办设区市工商行政管理局处级干部档案集中移交仪式，将141件处级干部（在职101人，离退休40人）档案全部移交地方党委，并要求各市工商行政管理局按照干部管理权限，及时将人事档案进行移交。至年底，全自治区工商系统体制调整工作全部完成，实现了平稳顺利过渡。自治区人民政府办公厅以桂政办发〔2015〕108号文印发自治区工商行政管理局新"三定方案"，确定自治区工商局内设15个处室（含离退休人员工作处）和机关党委，以及企业登记注册分局等4个直属行政机构。

在工商行政管理机关实行分级管理后，全自治区工商行政管理机构发生了很大变化，各地负有市场监管职责的部门又陆续向地方法制部门申领了广西壮族自治区行政执法证。

2015年，全自治区开展"12315消费争议企业直通车"创建活动，由参与活动的企业直接与消费者自行化解消费纠纷，强化经营者主体责任和社会诚信，把消费纠纷化解在源头，解决在现场，有力地推进消费维权社会协同共治。2月，广西12315指挥中心平台正式上线运行。该平台实现了投诉举报数据大集中、多渠道受理、统一指挥调度、远程音视频互动、实时统计分析、绩效考评等多项功能，并新增短信平台、微信投诉举报、来电呼叫转移功能，不断提升消费维权工作效能。建立自治区和市12315指挥中心互联互通互动例会制度，定期组织召开例会，通报消费维权工作情况，分析消费投诉热点，交流消费维权工作经验。3月，广西新闻网、人民网作《广西工商系统发布2014年十大典型合同违法案例》的新闻报道。9月，全国工商系统拉开开展放心消费创建活动的帷幕。

2015—2016年，广西商事制度改革推进顺利，取得阶段性成效。与广东同步实施"三证合一、一照一码"登记改革，成为全国两个全面实施"一照一码"登记模式的省（自治区）

之一，比国家规定时间（10 月 1 日）提前 1 个月。首创“全城通、就近办”企业注册登记新模式，即实行“一个窗口对外、一个标准办事、一套机制管理、一套流程监管”，得到了创业者的广泛好评。在国家“五证合一、一照一码”的基本要求下，广西创新性地纳入公安部门印章准刻证，实现“六证合一、一照一码”，是全国五个全面实施“六证合一”的省（自治区）之一。

2016 年，广西各级工商行政管理机关在“放管服”方面取得显著成效，降低创业门槛，优化营商环境，有力推动大众创业、万众创新。同时，广西将放心消费创建工作写入政府工作报告，纳入自治区“十三五”规划和政府财政预算保障以及绩效考评体系。年内，全自治区新设立市场主体 43.9 万户，平均每个工作日“诞生”市场主体 1720 个；全系统共查处经济违法违章案 1.38 万件，案值 2.51 亿元，罚没金额 1.53 亿元。在年度自治区直属机关绩效考评中，自治区工商行政管理局获一等奖。至 12 月，自治区党委全面深化改革领导小组办公室组织对商事制度改革进行第三方评估以及满意度调查。调查结果显示，全自治区商事制度改革满意度为 86.98%。

2017 年，广西工商行政管理系统在“放管服”改革中，商事制度改革、市场监管、执法维权、服务经济等各项工作取得新成绩。自治区工商行政管理局获第五届“全国文明单位”称号，是广西唯一获此称号的自治区直属机关；广西合同格式条款查阅系统、“诚信经营放心消费”创建、“双随机、一公开”和“小个专”党建等工作得到国家工商总局肯定，在全国工商系统推介和宣传；同时，广西广告协会与广西工商行政管理局完成各项脱钩工作。年内，自治区党委书记彭清华、自治区主席陈武、国家工商总局局长张茅等领导作出指示 30 余次，充分肯定广西工商工作，是获得领导批示最多的一年。

2017—2018 年，广西商事制度改革进入深水期，广西高效推动“多证合一”改革试点工作，防城港市“34 证合一”、崇左市“49 证合一”、北海市“53 证合一”，三次刷新全国纪录。自治区工商行政管理局牵头组织全自治区符合条件的 7 个园区启动“证照分离”改革，成为全国由工商部门牵头推进改革的 3 个省（自治区）之一。据 2018 年国务院大督查全国营商环境报告显示，在国家营商环境 7 项指标综合排名中，广西“企业开办”排名全国第八，在 7 项指标中排名广西第一。至 2018 年底，广西市场主体登记数为 2722992 户，其中企业登记总数为 752145 户，个体工商户 1916401 户，农民专业合作社 54446 户。与 2013 年相比，市场主体增加 1111968 户，年均增长 13.80%。

2018 年底，新的一轮国家机构改革开始，由工商、质监、食药、物价合并组建市场监督管理局，为自治区人民政府直属机构。至 2018 年 10 月机构改革前，广西工商行政管理有自治区工商行政管理局 1 个，地级市工商行政管理局 14 个，县（市、城区）工商行政管理局 111 个，工商所 1237 个，经济检查队 112 个。全系统在职公务员 9029 人。广西工商行政管理系统有广西消费者权益保护委员会（消费者协会）、广西工商学会。在建的信息化系统有广西工商数据平台、国家法人单位信息库广西项目、移动 OA 系统建设项目、放心消费管理系统项目、市场年报管理系统项目。全自治区共受理消费者诉求 164933 件，同比增长 7.27%。其中咨询 124701 件，投诉 32507 件，举报 7725 件，为消费者挽回经济损失 5986.69 万元；商品类消费投诉 21888 件，占投诉总量的 67.33%；服务类消费投诉 10619 件，占 32.67%；查处侵害消费者权益的消费案件为 958 件，案值 450.39 万元。广西网络经营者达 382730 家，比上年增长 12.02%。商品交易规模为 338.89 亿元，同比增长 13.52%。9 月，自治区工商局网络交易监督管理处自行开发完成目标任务管理系统，建立电子工作台账，形成“以制度管人、流程管事”的内部管理工作机制。

1992—2018 年，合同管理的方式和内容随着时间的推移不断发生变化。从管理经济合同拓展到其他各类合同；从监督检查经济合同的订立履行，鉴证合同，推行合同示范文本，确认无效合同，查处违法合同，调解、仲裁合同纠纷，开展“守合同重信用”活动，发展到对企业抵押物登记、拍卖活动监管和探索企业信用管理等。全自治区商标注册制度经历由核转制向直接申请和代理制的转变。随着全社会商标意识的提升和商标代理制度的确立、发展，广西商标事业发展迅速，商标申请量和注册量逐年增长；全自治区商标战略工作逐步推进，引导、扶持和培育广西知名商标企业争创广西著名商标、中国驰名商标和地理标志证明商标的机制不断完善，先后涌现“金鸡”“柳工”“百色芒果”“容县沙田柚”等一大批在国际国内享有盛誉的驰名、著名商标、地理标志证明商标；商标使用管理不断规范，商标违法案件查处力度不断强化，全自治区工商系统先后开展一系列商标使用管理专项行动和保护注册商标专用权专项行动。

1992—2018年，广西工商行政管理系统在自治区党委、自治区人民政府的领导下，围绕全党、全国的工作大局，充分发挥职能作用，维护社会主义市场秩序，为发展广西的经济作出了应有的贡献。

2018年11月19日，自治区市场监督管理局正式挂牌成立，开启了大市场、大监管、大融合的历史征程。自治区市场监督管理局作为自治区政府的直属机构，整合了原自治区工商行政管理局、自治区质量技术监督局、自治区食品药品监督管理局的职责，以及自治区发展和改革委员会的价格监督检查与反垄断执法职责，自治区商务厅的经营者集中反垄断执法以及自治区科技厅的知识产权保护职责。

第一篇

市场主体准入

20 世纪 90 年代，全自治区企业登记注册的重点转移到依法确认市场主体资格、规范和监督管理市场行为的轨道上来，企业登记的范围拓宽、责任加大。随着改革开放的不断深入和社会主义市场经济体制的建立与完善，全自治区工商行政管理机关一方面认真贯彻执行国家的法律、法规和政策，规范完善注册登记程序，严格依法登记，强化监督管理，规范市场主体行为，把好市场主体准入关。另一方面，充分发挥登记管理职能作用，支持国有、集体企业改革发展，制定一系列支持企业搞活经营和深化改革的政策措施；支持企业拓宽经营范围和方式，开办市场；指导企业进行规范的公司制改革、发展企业集团以及采取改组、联合、兼并、租赁、承包经营和股份合作制、出售等多种形式改制企业；制定优惠政策，鼓励、支持、引导、扶持个体私营经济快速、健康发展。

1984 年，北海市工商局被授予外商投资企业核准权，到 1996 年 13 年中，广西先后有 9 个工商局被授权，即自治区工商局、南宁市工商局、柳州市工商局、桂林市工商局、北海市工商局、梧州市工商局、防城港市工商局、玉林市工商局、钦州市工商局。其间，随着广西经济的发展，对外开放的深入，全自治区外商投资企业不断壮大。尤其 1992—1994 年是广西外商投资企业快速发展的阶段。1992 年，广西实有外商投资企业 1915 户，是 1991 年实有外商投资企业 175 户的 10.94 倍；1993 年广西实有外商投资企业 4368 户，是 1992 年的 2.28 倍；1994 年广西实有外商投资企业 4997 户，外商投资企业的发展达到历史最高峰。此后至 2009 年，外商投资企业发展经历了 15 年的调整期，广西外商投资企业逐年下降，至 2003 年降到最低点（2311 户）后开始逐步向上回升，至 2009 年基本达到 1994 年水平。2010 年广西实有外商投资企业达到 5327 户，刷新历史峰值。2011—2013 年广西外商投资企业进入平稳发展阶段，户数增减幅度较小。2014—2018 年，广西商事制度改革“红利”进一步释放，外商投资企业主体逐年递增，至 2018 年再次刷新历史峰值，达到 5333 户。

2000 年以后，自治区企业登记管理不断强化依法管理、规范管理。企业法人登记制度、公司登记制度的建立，为企业登记管理工作打下良好的制度基础。这一时期，以实施行政许可法和修改公司法为契机，改革企业登记制度。立足企业登记管理职能，把好市场主体准入关，强化市场监管。特别是中共十八大以来，按照中共十八大和十八届二中、三中全会精神，自治区逐步推进工商登记制度改革，推进工商注册制度便利化。全自治区工商行政管理机关进一步改革审批制度，创新监管方式，降低准入门槛，简化登记手续，促进各类市场主体健康快速发展，为促进经济社会快速、健康发展做出了积极贡献。各级工商行政管理机关从个体工商户、私营企业登记管理职能出发，坚持管理与服务并重，降低个体私营企业市场准入门槛、提高登记管理效率、维护个体私营企业合法权益等政策措施，大力支持个体私营经济发展；实施“品牌战略”“走百访千”“红盾护农”“维权解忧”“市场准入绿色通道”五大措施，促进个体私营经济快速发展。

2014—2018 年，广西全面实施商事制度改革，重点实施注册资本由实缴改为认缴，由先证后照改为先照后证，企业年检改年报公示，放宽企业经营场所及住所限制，“三证合一”“六证合一”“多证合一”登记制度改革，全程电子化登记和电子营业执照改革，“双随机、一公开”监管、企业信用信息公示系统建设等多项改革措施，在激发市场活力、优化营商环境、推进创新创业、促进就业税收等方面取得显著成效。

第一章　内资企业登记管理

20世纪90年代初期，自治区工商局出台了一系列改革企业登记管理制度和促进各类企业发展的改革措施。先后下发《关于加强企业登记管理工作促进企业转换经营机制有关问题的通知》等一系列改革企业登记管理制度、支持搞活国有企业的文件。通过减少企业前置审批环节，放宽企业经营方式和注册资金起点，简化办事程序等，促进国有企业转换经营机制，提高经济效益。1994年《中华人民共和国公司法》施行后，全自治区各级工商机关开始依据公司法及《中华人民共和国公司登记管理条例》（以下简称《公司登记管理条例》），从投资主体资格、注册资本、公司章程及公司董事、监事与经理的任职资格等四个方面把关，开展内资企业（国有企业、集体企业、公司等）注册登记；企业登记制度从计划经济体制时代的层层审批、严格审查、多头登记等不健全的登记制度向直接登记为主、审批设立为辅的企业登记制度新框架过渡。积极支持企业改革，引导各类企业建立现代企业制度，规范企业组织形式，促进了公司制企业发展。这一时期，自治区工商行政管理机关依据《企业法人登记管理条例》《企业法人登记管理条例施行细则》《公司登记管理条例》等法律法规对企业进行年检以及不定期检查等监督管理。进入21世纪后，自治区优化市场准入环境，为经济社会又好又快发展服务。行政许可法颁布后，自治区精简行政审批手续，进一步改革登记管理制度，为市场主体服务。此外，全自治区各级工商行政管理机关建立和完善企业监督管理制度，清理无资金、无场地、无组织机构的"三无"企业，严把市场准入关；推进年检制度改革，实行委托年检，强化企业属地管理，加强对市场主体合法性的检查，打击违法违章经营；实施企业信用分类监管，利用市场主体准入、经营行为和退出全过程中形成的信息，将企业分为守信、警示、失信、严重失信四个不同的管理类别，实行分类监管，提高执法效能；通过企业登记把关，支持淘汰低水平的经营项目，取缔技术落后、质量低劣、污染环境、浪费资源的企业，促进了企业稳步健康发展。至2018年底，全自治区共有内资企业7.29万户，登记注册资本达12941.79亿元。其中，国有企业1.10万户，注册资本为385.73亿元；集体企业1.35万户，注册资本为91.26亿元；公司4.48万户，注册资本为12354.47亿元；其他企业3505户，资金数额110.33亿元。

第一节　登记注册

1992—2018年，自治区内资企业登记注册管理依据国家工商总局有关文件，坚持依法核准，贯彻执行国家方针政策的原则，出台了一系列规范企业登记管理政策，坚持内资企业登记管理规范化，核定自治区内资企业经营资格，为社会主义市场经济不断输送合格的市场主体。20世纪90年代，根据建立现代企业制度和转换经营机制的要求，自治区对一些集体企业进行关、停、并、转，组建了一批股份合作企业，对有些中小国有企业进行关、停、并，有的通过改制组建了有限公司。同时，国家加强宏观调控和产业政策指导，力戒盲目立项，重复建设，采取高度从紧的财政货币政策，限制新办企业的发展。因此，一些企业因经营管理不善，被注销、吊销数量增加。内资企业注册登记经历了数量增速逐步变缓，而企业质量逐步得到提升的过程。从2000年起，自治区工商行政管理机关围绕整顿和规范市场经济秩序的专项整治工作，发挥企业登记管理的职能作用，积极支持企业改革和发展，促进广西企业的稳定、健康发展。随着经济体制改革和企业改制不断深化，加强和鼓励对基础行业的投资，国有企业逐渐从某些行业退出，不同类型企业结构继续趋向平衡。在市场竞争中，注销企业增多。国有、集体企业所占比重继续下降，公司制企业比重上升，但企业资本构成日趋合理，经济实力逐步增强。

1992年，全自治区各级工商行政管理机关依据《中华人民共和国企业法人登记管理条例》管理内资企业开业登记或变更登记。在企业登记方面，放宽注册资金起点，放宽企业经营范围和经营方式，简化审批手续，及时办理企业变更事项，支持国有大中型企业转换经营机制，支持农村组建服务实体，支持乡镇集体企业发展，支持党政机关安排富余人员兴办经济实体。至年末，全自治区实有登记注册的内资企业13.46万户，从业人员335万人，注册资金500亿元。

1993年，自治区对内资企业登记管理工作进行改革，内容涉及审批制度、登记程序、登记条件、登记事项等。自治区工商行政管理局推出放宽内资企业登记、简化审批程序等15条措施。在企业前置审批制度上，将179种许可证和专项审批减少到60多种；对特殊情况，予以变通，先发执照，后补有关手续。在审批程序上，除金融、进出口贸易、房地产、旅游、医药、建筑和集团公司、股份制企业按现行审批程序，全民所有制企业法人的由政府授权部门审批外，其他由举办单位的上一级法人批准；非法人企业，不用主管部门审批，可由企业提出申请，或由事业单位提出申请；社会集资企业，由出资人直接提出申请；联营及股份制企业的设立，不再要求出资人的主管部门予以批准。下放企业名称、汽车（不含小轿车）经营的审批权。申请登记的企业，主要证件材料齐全，3～4天便可以领到执照。放宽内资企业经营范围、经营方式和注册资金起点，对77种计划商品、重要工业品、生产资料，除国家明令限制的少数品种外，全部放开经营；允许外贸企业经营内贸企业业务，内贸企业经批准也可以经营外贸企业业务。对注册资金，一般企业达到规定限额的70%，直接为农业生产服务的达到50%，边远山区的第三产业企业达到1万元，可以登记注册。是年，发布《广西壮族自治区工商行政管理局关于冠广西的企业名称登记管理的补充通知》，对冠“广西”并挂企业所在地名的企业名称，授权由企业所在工商行政管理局核准登记。加强对企业名称的登记管理，保护企业名称权，纠正不规范的企业名称和越权核准的企业名称，取缔非法企业名称，不断完善企业核准制度。至年末，全自治区实有登记注册的内资企业17.07万户，从业人员395.38万人，注册资金830.47亿元。

1994年，自治区贯彻《中华人民共和国公司法》《公司登记管理条例》《企业名称登记管理规定》《企业法人法定代表人登记管理规定》《公司注册资本登记管理规定》《企业咨询代理机构登记管理办法》等企业登记管理规范规章，对企业登记体制、登记注册事项、登记程序等作了重要改革，促使企业建立健全现代企业制度。在登记机关内部推行“一审一核”制度，简化并规范登记操作程序。同时，积极参加国务院组织的现代企业制度试点工作，参与制订百家企业现代企业制度试点方案。执行公司法和《公司登记管理条例》，严格规范公司的登记审查，不具备条件的老公司，通过重新登记，转为非公司企业或被注销。协同自治区经贸委、体改委实施中办、国办《关于党政机关与所办经济实体脱钩的规定》，对党政机关所办经济实体进行了清理。至年末，全自治区实有内资企业18.6万户，从业人员437.8万人，注册资金1041.7亿元。

1995年，《广西壮族自治区企业法人登记管理条例》经自治区人大常委会审议通过，并颁布实施。自治区进一步规范公司登记注册工作，做好原有公司的规范和重新登记工作，搞好建立现代企业制度试点。改革企业登记管理体制，对具备条件的地区工商局，由自治区工商局授权办理地区直属企业的登记注册；改变企业登记管理中的“多轨制”，对公司以外的内资企业登记，推行“一审一核”制度，规范非公司企业法人的登记。全自治区内资企业增长速度回落，新开办企业持续减少，注册资金投入保持稳定。在企业发展速度回落的情况下，部分企业重新评估核定资产，资产升值而增加了注册资金；企业为适应市场经济，转换经营机制而注入新的注册资本；新登记注册企业，特别是新登记公司的资本投入，注册资金投入仍保持比较稳定，增长速度比企业发展速度高10个百分点。至年末，全自治区实有登记注册的内资企业18.79万户，注册资金1154.87亿元。

1996年，自治区实行地区工商行政管理局对地区所属企业直接办理登记注册政策。按照集约型经济

1995 年 8 月 24 日，自治区人大法委、自治区工商局在南宁联合召开实施《广西壮族自治区企业法人登记管理条例》新闻发布会

增长方式要求，对结构优化型、规模经济型、科技型、外向型及改制型企业优先登记，防止盲目开办企业。对乡镇集体企业适当放宽登记条件，实行倾斜政策。内资企业登记管理工作主要支持建立现代企业制度，支持企业改制、改造、改组，配合有关部门搞好试点，规范企业组织形式，推动企业扩大规模，提高档次。至年末，全自治区实有登记注册的内资企业 18.2 万户，注册资金 1248 亿元。

1997 年，自治区推进企业登记管理制度的两个转变，审查重点由机关批文转向企业章程，注重确认登记事项由企业经营范围转向企业投资主体资格能力、产权关系，促进现代企业制度的建立，支持国有企业改革增效。严格市场主体准入资格的审批，重点检查虚假验资和企业登记中的欺诈行为，促进内资企业质量的提高和规模的扩大。是年，自治区工商局、自治区邮电管理局联合以桂工商企字〔1997〕316 号文发布《关于广西邮电通信企业登记注册工作的通知》。通知就广西邮电通信企业登记注册问题强调：广西邮政电信局在自治区工商局进行企业法人登记，按照有关要求提交规定文件；各地、市、县邮电局均为广西邮政电信局的分支机构，以现用名称办理营业登记；营业登记的经营范围参照国家工商局、邮电部的工商工企字〔1997〕95 号文件第五条填报；各地、市、县邮电局按广西邮政电信局所属分支机构办理营业登记缴纳登记费。自治区内资企业持续减少，公司增长速度较去年增长速度下降了 63 个百分点，公司的发展从单纯追求调整的增长转变为在不断提高效益的前提下保持适度增长。至年末，全自治区实有登记注册内资企业有 15.37 万户，注册资金有 1517.9 亿元。

1998 年，自治区工商行政管理局印发《关于发挥企业登记管理职能作用支持改革的意见》，提出改进企业设立审批登记程序、放宽企业登记注册事项的若干措施。各级工商行政管理机关按照要求，建立和完善企业集团设立、变更、终止的登记管理制度，支持企业组建集团和有限责任公司，实行转产或内部租赁、承包经营。是年，配合粮食流通体制改革，做好粮食经营主体资格审核工作，全年为 2063 家粮食经营企业办理重新登记注册，其中储备粮管理公司 49 家，粮食收储企业 916 家，粮食附营企业 1098 家。加强对进口酒类经营等重要行业企业及市场中介组织的登记管理，支持、配合军队、武警部队和政法机关做好与所办经营性企业脱钩及交接工作。自治区内资企业数量继续下降，由于国家采取的适度从紧的宏观调控政策，建立和完善企业经营机制，企业在改革过程中改制、兼并、重组，以及“三无”企业、军队办企业的清理整顿等原因，同时加大执法力度，市场主体得到净化。自治区内资企业质量上，有明显提高。在内资企业户数下降的情况下，注册资金比上年增长 25.86%，企业整体实力有所提高，自治区内资企业向良性循环方面发展。至年末,全自治区实有登记注册的内资企业 14.90 万户,注册资金 1910.5 亿元。

1999 年,公司法实施前登记的公司规范工作基本结束;一部分自然人设立的有限公司划归私营口登记;部分市、县为完成上级规定任务发展了一批村镇办的有限公司,实际上没有开展经营活动,办理注销或吊销;自治区各级工商行政机关强化监管力度对抽逃资金、不参加年检的公司办理注销或吊销登记。公司登记的发展日趋合理化及规范化,自治区公司注册登记第一次呈下降趋势。自治区内资企业数量继续下降,企业户数减少。新开业企业户数减少,注销企业户增多。全年注销企业户数比 1998 年上升了 16 个百分点,新开业企业户数比 1998 年下降 9 个百分点。至年末,全自治区实有登记注册的内资企业 12.97 万户,注册资金 1453.02 亿元。

2000 年,自治区工商局根据国家工商行政管理局下发的《关于企业登记公告有关问题的通知》,规范企业登记公告工作,加强对企业登记公告工作的管理。同年,印发《关于改革和规范全区企业注册管理制度的通知》。通知要求:统一企业名称审核,实行分级管辖管理;理顺企业注册关系,实行分级登记注册;改革企业管理方式方法,实行属地管理;做好移交和衔接工作,保证平稳过渡。是年,工商行政管理机关做好资产重组企业的登记工作,加强和规范债权转股权的登记管理,及时为关停并转企业办理登记注册、注销手续;做好企业注册管理工作,完善"经济户口"管理,建立健全企业登记管理制度。此外,通过对有关行业的专项清理整顿,自治区内资企业发展从以往追求数量向注重质量有序的良性循环上发展。至年末,全自治区实有登记注册的内资企业 12.2 万户,注册资金 1494.9 亿元。

2001 年,自治区根据国家工商总局发布的《关于加强企业登记审查工作的通知》,要求严格依法做好企业登记工作,加强对企业登记材料的审查,进一步规范企业登记注册和变更注销程序,严格各类市场主体准入。登记工作切实做到"三严格三禁止",即严格执行登记管辖权限,禁止越权登记;严格执行登记管理的条件和程序,禁止随意降低法定条件,减少登记程序;严格执行法律法规规定的审批制度,禁止随意减少法律法规规定的专项审批或随意增加不必要的审批。同时,进一步规范已准入的市场主体,依照现行法律法规,凡应办理前置审批而未办理或前置审批已超过有效期限的企业,督促其限期补办有关手续,逾期未办的,责令其变更登记或办理注销登记。登记机关管理与工商所"经济户口"管理并重,实行登记机关与工商所上下联动的监管模式,用两年左右的时间在基层工商所全面建立企业"经济户口"。是年,开展企业"经济户口"的全面审查工作,为在工商所建立辖区内企业"经济户口"管理档案,摸清底数,掌握企业的基本情况,做好基础性工作。逐步建立分级登记管理与属地监督管理相结合的联动机制。凡是有条件的工商所,都要通过计算机与登记机关联网;尚不具备计算机联网条件的地方,登记机关要与工商所建立企业登记与监督管理情况的交流和信息反馈制度,加强对企业的日常监管。8 月,自治区人民政府批转《自治区工商局关于发挥登记职能作用支持企业发展促进西部大开发的若干意见》,对企业的注册登记进行重大改革,放宽登记注册条件。结合行政审批改革,清理前置审批项目,简化办事程序,改善了投资环境。按照产业结构调整的要求,支持企业通过兼并、联合、重组等形式实行优胜劣汰,有进有退的调整,特别是支持发展主业突出、管理水平高、核心能力强的大公司和大型企业集团。11 月,自治区工商行政管理局制定了《关于发挥企业登记职能作用支持企业发展促进西部大开发的若干意见实施办法》,落实有关企业登记的优惠政策。公司注册户数达 16728 户,占总户数的 15%;注册资本达 801.8 亿元,一跃超过国有企业和集体企业的注册资本,首次占据广西内资企业总注册资本的 50% 份额。这是广西国有企业和集体企业改革在新世纪第一年取得重大成效的阶段性标志。自治区内资企业总户数延续 6 年来持续下降趋势;企业经济实力提高,在内资企业户数持续下降的情况下,内资企业注册资本却加速增长,达 1591.4 亿元,增长 6.45%,反映广西内资企业实力进一步提高。至年末,全自治区实有登记注册的内资企业 11.28 万户,注册资本 1591.4 亿元。

2002 年,自治区加强企业登记管理工作规范化、信息化、制度化建设,进一步规范注册工作,发挥企业登记管理职能。自治区工商局根据《关于发挥企业登记职能作用支持企业发展促进西部大开发若干意见的通知》,制定具体实施办法,进一步推进企业注册登记制度改革,精简审批事项,简化办事程序;放宽企业集团登记注册条件，支持企业走内外联合、集约发展的路子，扶持发展大型企业集团；放宽对高新技术成果作价出资比例的限制，对技术密集型企业，及时受理，优先登记，支持发展高新技术产业。至年末，全自治区实有登记注册的内资企业 10.85 万户，注册资本 1964.2 亿元。

2003 年，自治区工商行政管理部门制定《广西壮族自治区企业登记中介服务管理办法》《广西工商行政管理机关企业登记管理首办责任制度》，规范并公开企业注册的办事流程、办事制度及设立企业的条件，为社会公众和企业申请注册提供方便。结合行政审批制度改革，改进登记注册工作，对已经取消的 1195 项前置审批项目，不再要求经营者提交；允许没有取得前置审批的投资项目法人先行办理登记注册，发给筹建执照，为企业快速进入市场创造条件。全面实施首办责任制，逐步推行“一审一核”制度，推进企业登记前置审批和互联审批制度改革，提高登记注册效率。自治区工商行政管理机关依法严把市场主体准入关，内资企业总户数延续 8 年来持续下降趋势。至年末，自治区实有内资企业 10.73 万户，注册资本 2000.4 亿元。是年，自治区工商局发布《关于商品交易市场登记管理有关问题的通知》，取消市场登记职能，将商品交易市场准入统一纳入企业登记管理范畴，使市场准入行为法定化，停止核发市场登记证。

2004 年，《中华人民共和国行政许可法》颁布，国家工商总局制定并修改了《企业登记程序规定》《企业名称登记管理实施办法》《公司注册资本登记管理规定》《企业经营范围登记管理规定》等规章，制定下发《企业登记申请材料及格式规范》，进一步完善企业登记管理法律制度。全自治区依法狠抓企业登记程序、登记标准、登记要求的“三统一”，全面推进“四项制度”建设。按照一次告知制度要求，编制了登记注册指南，对申请人提交材料不齐全或不符合要求的，采用书面形式及时告知，保证登记注册“一纸清”“一口清”；按照限时办结制度规定，推行企业注册“一审一核”“审核合一”，下放审批权限，减少审批环节，对符合法定形式、不需实质审查的申请事项，做到了当场受理，确保在承诺时限内办结登记事项；按照政务公开制度规范，全面公开企业登记需要提交的材料目录及办理结果等，实现了“阳光操作，规范审批”；按照绩效考评制度要求，建立健全窗口评价体系、工作人员评议评判和效能建设举报投诉机制，通过在登记窗口设立服务质量评价系统、电子监察系统，让监察部门和接受服务的企业和群众广泛参与监督，有力地推动了企业登记工作规范化建设。与此同时，登记窗口普遍采取延时服务、预约服务、定向服务等举措，对改制企业和招商引资项目企业开辟绿色通道，实行首问负责制和向社会公开承诺；探索以行政提醒、行政预警和行政建议为主要内容的行政指导制度，建立投诉当场解决机制；建立和完善企业登记网站，公布和宣传登记管理法规、办事指南，提供各类申请书格式文本网上下载，开通企业查询、年检等业务的网上受理功能，改善服务手段，提高工作效率。自治区工商局逐步健全首办责任制、限时办结制、失职追究制、服务承诺制、企业登记注册人员言行规范等 20 多项工作制度。各地工商行政管理机关在登记注册中推行延时服务、即时服务、回访服务等制度，创新服务手段和方式，提高服务水平。宜州市工商局在河池市工商系统首先推行办照“一审一核”制度。是年，《广西壮族自治区商品交易市场管理条例》重新修订发布实施，自治区工商局执行该条例，布置取消市场登记证后的市场监管后续工作，对投资建设和经营服务管理商品交易市场的市场开办者实行企业注册登记制度，依法核发营业执照。至年末，全自治区实有内资企业 9.58 万户，注册资金 2076.5 亿元。

2005 年，自治区工商行政管理机关依据国家工商总局制定的《内资企业登记表格和内资企业登记申请提交材料规范》进行内资企业注册登记。是年，自治区工商局出台《关于进一步完善企业登记注册服务工作的通知》等文件，深化企业登记制度改革，进一步放宽市场准入条件。全自治区企业登记机关建立和完善政务公开、首办负责、限时办结、延时服务、一站式服务、“一审一核”互联审批等制度，全面推行文明优质服务，规范服务行为，提高服务质量，为企业快速进入市场创造良好条件。自治区内资企业户数继续延续 10 年来的下降趋势。至年末，自治区实有内资企业 8.96 万户，注册资金 2203.15 亿元。

2006 年，自治区推行企业注册登记“一审一核”制。根据国家工商总局《关于对公司注册登记启用〈企业法人营业执照〉等四种新版证照的通知》，广西从 2006 年 1 月 1 日起，办理公司设立登记的，一律核发新版执照；同时，原有的公司也将在规定时限内换发新的营业执照。自治区工商局进一步完善服务机制，改善市场主体准入环境，积极消除市场障碍，提供统一、规范的服务。公司法和《公司登记管理条例》自1月1日实施后，工商部门等及时出台优化企业服务的系列举措，依法进一步放宽投资者范围、降低了最低注册资本限额、实行公司注册资本分期到位制、取消了对外投资比例限制，使投资者优先选择公司制的组织形式。至年末，自治区实有内资企业8.51万户，注册资金2313.27亿元。

是年，自治区工商局下发《自治区工商行政管理局关于授权地级市工商行政管理局办理煤矿企业注册登记的通知》，授予地级市工商局对煤矿企业的登记管理权。加强登记和政策引导，积极支持各类企业投资基础设施建设、公用事业、农副产品加工运销、社区服务等国家、自治区鼓励发展的产业；结合贯彻公司法，改革和完善企业登记管理制度，规范企业登记管理行为；强化服务措施，对区外重点优势企业来广西投资的，采取提前介入、指定服务窗口、指定专人负责、提供快速通道服务等措施，积极协调解决涉及企业登记注册方面的问题；实行优惠政策，支持区外重点优势企业直冠"广西"名称，区外具备条件的企业在广西设立分支机构，允许其直冠"广西"名称。同年，下发《关于严格执行企业登记管理有关纪律规定的通知》，严禁企业登记管理机关及工作人员与中介机构有任何形式的利益联系；自治区企业登记管理人员要按照"五个严禁"的要求，严格执行廉政纪律守则；认真落实行政许可法规定的审批时限和"当场登记"的要求，切实提高工作效率；加强责任监督，完善考评机制。

2007年，成立自治区工商局企业登记注册分局，将分散在各职能部门的行政审批事项集中办理，统一审批，从源头上解决中间环节过多，审批监管交叉、审批效率低下的问题。自治区工商局统一编制企业登记管理相关审批事项的操作规范和审批流程图，对现有的企业登记管理事项分门别类，明确依据、程序、提交材料及示范文本，落实受理方式、登记审查方式、登记格式文本"三个规范"，实现了登记标准、登记程序和登记要求的"三统一"。同时，对相关行政许可和非行政许可审批事项进行全面清理，将19项行政许可项目、6项非行政许可审批项目分别清理精简为17项和4项。取消了发放企业法定代表人证书项目。同年，北海市工商局企业登记科成建制整体搬进市行政政务服务大厅，为群众提供一站式企业登记服务，此举在全自治区工商系统中属首创。至年末，自治区实有内资企业8.09万户，注册资本2558.82亿元。

是年，自治区工商局下发《关于印发〈广西壮族自治区工商行政管理局企业登记审批办法〉的通知》，决定简化企业登记环节，放宽自治区工商局登记企业审批权限，使登记工作进一步提速。除注册资本5000万元以上以及部分特种行业企业设立登记仍然实行"三级核准"外，其余企业的设立登记由原来的局领导审批改为业务部门负责人审查批准；企业名称预先核准、企业年检、企业变更登记(法定代表人、注册资本、经济性质、股权变更登记除外)则由窗口经办人员直接审查核准。同年，下发《关于调整内资企业登记管辖范围的通知》，对自治区工商局登记的内资企业的管辖范围进行调整。

2008年，自治区工商局在企业登记管理工作中，狠抓登记程序、登记标准、登记要求的"三统一"，对企业登记事项的设定、实施主体、实施程序、监督检查和法律责任作了全面规范，完善了首问负责制度、限时办结制度、政务公开制度、绩效考评制度等制度规范企业登记管理。自治区工商局对本级登记的内资企业管辖范围进行调整，将自然人投资设立的注册资本1000万元以下的公司，以及住所地不在南宁市的股份有限公司移交给企业所在地的市工商局登记管辖，部分市工商局也相应下放了登记权限。是年，企业类型统计口径进行调整自治区从2008年下半年开始启用新升级的红盾软件，企业类型代码根据国家工商总局制订的标准进行了调整，一部分原来作为内资企业统计的有限责任公司划转到了私营企业报表当中进行统计，致使内资企业的统计数据有所减少。至年末，全自治区实有内资企业7.06万户，注册资本3161.98亿元。

2009年，自治区执行国家工商总局新修订的内资企业登记提交材料规范和文书规范，对"一审一核""授权登记""首办责任""限时办结"等制度进行了深化和落实，从规范登记审查、登记程序、登记权限、登记行为、政务公开五个方面，不断完善市场主体准入机制，规范企业登记行为。开展企业登记档案管理工作督查，落实《企业法人登记档案管理办法》，配置、完善企业登记档案管理硬件设施；建立健全企业登记档案管理制度；加强企业登记档案电子化建设；完善企业登记档案查询及信息提供工作，规范公开企业登记信息、企业良好信用记录信息、违法记录信息等。企业登记服务方面，为企业搭建创业服务平台，搭建网上服务平台，开放式服务平台。各级工商行政管理机关把招商引资和重大投资项目纳入绿色通道办理，实行专设窗口、专人负责、专项研究、专门指导，加强对接，全程服务，帮助制定和完善相关的登记文件。对涉及重大项目的企业登记事项，申请材料齐全、符合法定形式的，当场予以受理，在不违反国家产业政策和法律法规的前提下，尽快办理登记手续，促进项目早开工、早投产、早受益。全自治区共设立绿色通道 548 条，通过绿色通道办理重大投资项目 738 次。此外，通过开通网上申请平台，推行网上受理、网上审查等措施，为企业办照办事提供方便，使符合条件的企业通过网上完成年检、企业名称核准等事项。自治区工商局向 14 个地级市工商局开放了企业名称数据库，授权其通过网上查询，核准直冠“广西”区划的企业名称，使企业在当地即可申请冠名“广西”。至年末，自治区实有内资企业 6.89 万户，内资企业注册资本（金）3527.19 亿元。

2010 年，自治区执行国家、自治区关于淘汰落后产能的政策措施，做好淘汰落后产能转产企业的登记注册工作；对未按规定淘汰落后产能、被地方政府责令关闭或撤销的重点行业企业，责令限期办理变更登记、注销登记，或者依法吊销营业执照。是年，自治区工商局出台《关于广西壮族自治区小额贷款公司登记管理的意见》，指导各级工商行政管理机关规范小额贷款公司的登记管理，引导、支持符合条件的企业和社会群众设立小额贷款公司，拓宽了中小企业的融资渠道。全自治区共登记设立小额贷款公司 65 家，注册资本 20.4 亿元。至年末，自治区实有国有、集体、股份合作等性质的内资企业及分支机构 6.68 万户，非私营控股企业实有注册资本（金）3929.25 亿元。

2011 年，自治区工商局进一步下放企业登记审批权限，制定《下放企业登记审批权限实施方案》，报请自治区人民政府批准，赋予市、县工商机关行使自治区的部分企业登记权，共下放包括企业名称预先核准、公司和非公司企业法人登记、分公司和分支机构登记、煤矿企业登记、企业集团登记在内的 5 大类 10 项登记权。实行“五放宽、一简化”政策，即放宽注册资本限制、放宽投资主体条件、放宽经营范围核定、放宽名称核准、放宽经营场所条件、简化登记程序。至年末，自治区实有国有、集体、股份合作性质的内资企业（不含私营企业）6.63 万户，注册资本（金）4921.55 亿元。

2012 年，自治区各级工商行政管理机关继续深入推行“首问负责制、限时办结制、责任追究制”，切实规范登记窗口服务工作；继续推行预约服务、网上服务、绿色通道服务等措施，为市场主体提供高效、便捷服务。重点是服务文化体制改革，促进产业结构调整优化。自治区工商局出台《关于支持文化体制改革和文化产业发展的意见》，制定 18 条政策措施，指导全系统积极完善政策保障机制，支持经营性文化单位改革；完善市场准入机制，支持文化产业加快发展；完善公共文化服务体系，支持城乡文化一体化发展。自治区完成各市、县共 94 家新华书店整合重组的新华书店公司化改革注册登记。广西新华书店集团股份有限公司是自治区政府直属的国有控股大型文化企业。至年末，全自治区实有国有、集体、股份合作性质的内资企业及分支机构（不含私营企业）6.65 万户，注册资本（金）5369.81 亿元。

2013 年，自治区工商局印发《关于市场准入五放宽两下放的意见》（桂工商发〔2013〕57 号），进一步明确：根据就近登记的原则，将自治区本级登记的异地内资企业，下放至设区的市级工商局登记机关登记；允许设区的市工商局授权县级工商登记机关核准直冠市级行政区划的名称；指导各市工商局将个人独资企业、合伙企业及其分支机构的名称核准、设立、变更、注销登记，年度检验，非登记事项的备案委托下放给基层工商部门；允许有条件的工商局授权工商所办理个人独资企业、合伙企业（普通合伙）的设立、变更、注销登记。自治区工商局进一步授予地级市工商局对属地外商投资企业的登记管辖权限，将原经自治区有关部门批准，并由自治区工商局本级登记的外商投资“股份”和“集团”有限公司，调整由企业所在地的地级市工商局登记管辖。自治区工商局注册分局成立重大项目建设服务小组，深入开展重大项目登记前的行政指导工作，在龙滩水电开发有限公司企业合并分立、北部湾财产保险股份有限公司设立登记等重大、复杂的注册登记工作中，开辟绿色通道。“五放宽、两下放”政策实施，内资企业户数增长微量。至年末，全自治区实有国有、集体、股份合作性质的内资企业（不含私营企业）6.69 万户，注册资本（金）5573.00 亿元。

2014 年，全自治区各级工商行政管理机关积极推进注册资本登记制度改革、“先照后证”等多项改革。贯彻实施国务院批准的《注册资本登记制度改革方案》，公司登记管理制度、体系的不断完善，推动了公司制企业的发展，公司制企业呈明显上升趋势。至年末，全自治区实有内资企业（不含私营）6.70 万户，注册资本 6571.69 亿元。

2015 年，自治区工商行政管理机关全面深入推行“先照后证”改革工作，认真贯彻落实全国人大和国务院明确的 148 项、自治区地方性法规设置的 30 项工商登记前置审批事项改为后置审批，市场主体在申请设立登记时需要提交的前置审批文件较改革前减少了 85%。自治区工商局制定《广西电子营业执照系统建设技术方案》《广西壮族自治区电子营业执照和全程电子化登记管理工作实施方案》。自治区工商局牵头在广西新闻中心召开了广西壮族自治区全面实施“三证合一、一照一码”登记制度改革启动仪式新闻发布会，会上发出广西第一张加载“全国统一社会信用代码”的营业执照。与广东省同一天全面实施“一照一码”营业执照，成为全国最早全面启动“一照一码”营业执照的省（自治区）。5 月，自治区工商局指导桂林市工商局推行“全城通、就近办”企业注册登记新模式，开启全程电子化登记管理试点工作，实行“一个窗口对外、一个标准办事、一套机制管理、一套流程监管”，探索登记区域无限制、服务区域全覆盖的工商登记新模式。7 月，出台《广西工商系统推行“全城通就近办”企业登记制度改革实施方案（试行）》。7 月 15 日，在广西防城港市举行电子营业执照和登记全程电子化工作启动仪式，标志着广西电子营业执照及登记全程电子化试点工作正式开始实行。至年末，已在南宁、桂林、北海市扩大推行试点。12 月，在桂林市工商局召开全系统推行“全城通就近办”登记模式改革现场会，会后扩大试点范围。至年末，柳州、北海、防城港、玉林、贵港等市已先后实施“全城通就近办”登记模式。由于实行了一系列重大改革，内资企业户数减少。至年末，全自治区实有内资企业 6.61 万户，注册资本（金）7687.07 亿元。

2014 年 9 月 1 日，自治区工商局在广西政务服务中心工商登记窗口，专门设立了国务院决定改为后置审批的工商登记前置审批事项 31 条解答台

2016 年，自治区级工商行政管理机关全面落实“先照后证”，巩固和扩大“三证合一、一照一码”改革成果，自治区工商、质监、税务等部门联合出台《广西“三证合一、一照一码”登记数据交换方案》，在此基础上，整合社保部门的社会保险登记证、统计部门的统计登记证和公安部门的企业印章准刻证，由工商行政管理部门核发加载法人和其他组织统一社会信用代码（以下简称“统一代码”）的营业执照，实现“六证合一、一照一码”。随着商事制度改革的不断深入，政府简政放权力度的不断加强，“一照一码、三证合一”“先照后证”等工商登记注册措施不断推出，自治区内资企业更加规范，登记数量有所减少。至年末，全自治区实有内资企业 6.47 万户，注册资本金 8749.96 亿元。

2017 年，企业群众在办理登记时需要提交的前置审批文件，较改革前减少了 85%，全程电子化登记系统在全自治区范围内开通网上登记，系统功能已实现全程无纸化登记，给投资创业者设立市场主体提供更多的便利和选择途径。至年末，全自治区实有内资企业 6.72 万户，注册资本 9966.40 亿元。

2018 年，自治区工商行政管理机关持续推进“多证合一”登记制度改革，在推行全国统一“24 证合一”的基础上，自治区坚持“国家规定动作”与“广西自选动作”相融合，调整《广西推进全国统一“多证合一”改革事项目录》，形成独具特色的广西“多证合一”新模式即“39 证合一”；全面落实“先照后证”改革，动态管理《广西工商登记后置审批事项目录》(227项)，指导全自治区各级登记机关落实“双告知”职责，开通向市县级审批部门推送的功能，开设账户近3000个，基本满足基层“双告知”工作推送的需求；深入推行电子营业执照和全程电子化登记管理，建立企业名称行业表述规范字典，提升登记数据的标准化程度，使登记信息在跨系统跨部门的应用更加便利。广西成为全国实现无纸全程电子化的省区之一；全面推行企业简易注销登记改革，出台《广西企业简易注销登记暂行办法》，联合自治区税务部门印发了加强信息共享的通知，并从10月起取消对申请人提交清税证明的要求，为企业节约注销公告费超2000万元；推进企业名称登记管理改革，制定《广西企业名称自主申报登记管理试行办法》，在南宁、贵港等八市开展企业名称自主申报登记试点，全国19个企业名称自主申报改革试点省区之一。开展“审核合一、一人通办”登记改革试点。在本级机关直属单位、南宁、玉林等单位开展试点，推行“进一扇门、去一个窗口、交一套材料、经一人审核、上一网办通”的“审核合一”商事登记改革，提高登记效率。至年末，全自治区实有内资企业7.29万户，注册资本12941.79亿元。

表1-1-1　2018年全自治区内资（不含私营）企业地域分布统计表

单位：户

登记单位	按经济类型划分					
	国有	集体	公司	其他	企业小计	企业小计比重（%）
	1	2	3	4	=1+2+3+4	
合计	11018	13528	44842	3505	72893	100.00
南宁市	1390	1601	10941	899	14831	20.35
桂林市	1343	957	6627	410	9337	12.81
玉林市	1118	3322	3725	323	8488	11.64
柳州市	722	679	5318	247	6966	9.56
百色市	1297	1113	2116	539	5065	6.95
河池市	878	757	2344	246	4225	5.80
梧州市	675	937	2431	55	4098	5.62
贵港市	538	1396	1739	201	3874	5.31
钦州市	470	883	2132	122	3607	4.95
防城港市	585	506	1264	106	2461	3.38
崇左市	529	403	1246	56	2234	3.06
北海市	494	438	1147	126	2205	3.02
贺州市	362	193	1484	68	2107	2.89
来宾市	382	318	1221	102	2023	2.78
注册分局	235	25	1069	5	1334	1.83
机场分局	0	0	25	0	25	0.03
保税港分局	0	0	13	0	13	0.02

表 1-1-2　1992—2018 年自治区内资企业情况表

年份	企业总数（万户）	注册资金总额（亿元）
1992	13.46	500.00
1993	17.07	830.47
1994	18.60	1041.7
1995	18.79	1154.87
1996	18.20	1248.00
1997	15.37	1517.90
1998	14.90	1910.50
1999	12.97	1453.02
2000	12.20	1494.90
2001	11.28	1591.40
2002	10.85	1964.20
2003	10.73	2000.40
2004	9.58	2076.50
2005	8.96	2203.15
2006	8.51	2313.27
2007	8.09	2558.82
2008	7.06	3161.98
2009	6.89	3527.19
2010	6.68	3929.25
2011	6.63	4921.55
2012	6.65	5369.81
2013	6.69	5573.00
2014	6.70	6571.69
2015	6.61	7687.07
2016	6.47	8749.96
2017	6.72	9966.40
2018	7.29	12941.79

第二节　监督管理

1992—2018 年，自治区工商行政管理机关对内资企业的登记事项及生产经营活动实行监督管理，对发现的问题认真纠正，依法查处。根据国家赋予的职权，依据国家有关企业登记法规规定的四项内容进行监督管理，监督企业法人按规定办理开业、变更、注销登记；监督企业法人按照登记注册事项和章程、合同从事经营活动；监督企业法人和法定代表人遵守国家法律、法规、政策；制止和查处企业法人的违法经营活动。自治区各级工商行政机关对内资企业实施经常性、分散式的监督管理，一方面是进行年检，另一方面是根据企业登记管理方面的法律法规和规定，对辖区内的企业经营情况依法进行不定期检查、督查以及对新设立企业进行定期回查。企业年检和日常监督管理互为补充，构成企业监督管理体系。

1992 年，自治区工商局积极宣传政策法规，搞好企业年检，保护合法经营，取缔非法经营，促进工商企业发展。

1993 年，自治区工商行政管理机关结合企业年检，进行动态跟踪管理，及时查处违法违章行为，清理“三无”企业。自治区工商局通过召开研讨会、派出调查组、总结推行典型经验等办法，加强对全自治区企业年检工作的指导。

1994 年，公司法和《公司登记管理条例》颁布后，对国有集体企业、公司及其他类型的企业实施年度检验，依据的主要法规、规章是《企业法人登记管理条例》《企业法人登记管理条例施行细则》《公司登记管理条例》。全自治区工商行政管理机关结合贯彻《公司法》，统一年检的程序、内容、报表及标识，明确年检目的主要是确认企业的继续经营资格。全自治区共查处违章违法企业 2476 户次，罚款 57 万元，为企业在市场上开展公平竞争创造良好的外部环境。在企业年检工作中，自治区工商局采取加强宣传工作、召开会议进行专题研究、派出工作组指导帮助、制发年检进度通报、委托地区工商局和工商所分别对内资企业进行年检初审、对企业进行回访和重点检查、制发企业年检实施细则等办法。各地工商局认真查处违反企业登记管理法规的行为，认真做好房地产经营企业、石油经营企业、煤气经营企业、供水企业等几类企业清理整顿后的重新登记工作，规范了市场主体。

1995 年，自治区工商行政管理机关加强以年检为重点的企业监督管理，强化市场主体进入的监督管理。在年检工作中，各地工商局重点检查公司注册资本到位情况及登记事项变动情况，清理无资金、无场地、无组织机构的“三无”企业。还配合有关部门，对典当行业强化管理，查处违法经营期货业务的公司。是年，查处企业违章违法活动 5058 户次，吊销 3184 户企业，罚款 145 万元；全自治区清理“三无”企业 6227 户，有档无户企业 3128 户，注销 1700 户，吊销 3088 户，占全年注销户数的 25.88%。

1996 年，自治区工商行政管理机关加强企业尤其是特殊行业企业的复查、年检及经常监督管理；进行动态跟踪管理，及时查处违法违章行为；研究企业违法规律及其特点，加以防范。12 月 13 日国家工商局颁布并于次年 1 月 1 日起施行的《企业年度检验办法》（以下简称《年检办法》）。

1997 年，自治区实施《年检办法》的第一年，各级工商行政管理机关按照《年检办法》的规定，普遍加大年检力度，对不合格企业依法吊销其营业执照。贯彻实施《年检办法》，严格市场主体准入资格的审批，重点检查虚假验资和企业登记中的欺诈行为。加强企业注册后的监督管理，建立健全企业回访制度和新办企业定期检查制度，提高年检质量，防止“三无”企业产生。

1998 年，自治区工商行政管理机关严把市场准入关，强化企业监督管理，规范登记行为。12 月 3 日，国家工商局对《年检办法》作了修改。按照《年检办法》的规定，企业年检报告书格式、年检标识样式、年检戳记样式以及其他有关年检的重要文书表式，由国家工商局统一制定。公司适用于粉红色年检报告书，非公司企业法人适用于蓝色年检报告书，分支机构和经营单位适用于黄色年检报告书。全自治区企业年检率 93.2%，注册资本（金）到位率 98.9%。结合年检和日常监督检查，查处虚假出资、抽逃资金及擅自变更登记注册事项的行为，促进企业质量提高；对“三无”企业进行了清理，支持军队、武警部队和政法机关所办企业办理脱钩手续，对粮食企业、银行企业进行了整顿。全年共查处违法企业 10534 户次，罚款 1577 万元，进一步规范了市场主体行为，为投资者创造了一个良好的经营环境。加强对进口酒类经营等重要行业企业及市场中介组织的登记管理，支持、配合军队、武警部队和政法机关做好与所办经营性企业脱钩及交接工作。

1999 年，自治区工商行政管理部门加强对企业的监督管理，重点检查企业注册资金到位率，清理“三无”企业和查处抽逃出资、虚假出资等行为，共查处“三无”企业 682 户；认真做好军队、政法机关所办经济实体整顿工作，经过整顿，保留 152 户，注销 667 户，吊销 152 户；配合有关部门查处非法从事境外证券、期货经营的公司；对煤炭、印刷、期货等企业进行清理整顿，促进了企业的健康发展。通过年检，落实国家关于军队、武警部队、政法机关、党政机关与所办企业脱钩的政策。属军队、武警部队所办企业，在参加年检时一律提交军队企业证书或武警企业证书，否则不予通过年检，并限期办理注销登记。逾期不办的，按规定予以处理。对党政机关所办企业，必须提交有效的脱钩文件，否则不予通过年检。清理“小煤矿、小炼油、小水泥、小玻璃、小火电”等“五小”企业，对此类企业不再办理年检手续，督促其限期办理注销登记。逾期不办的，吊销营业执照。年度内资企业年检情况，全自治区应检 12.97 万户（法人 5.49 万户，营业 7.48 万户），实检 12.35 万户（法人 5.14 万户，营业 7.21 万户），年检期间办理注销 6451 户，吊销 445 户，未参检 6159 户，企业参检率 95.25%，合格率 98.81%。

2000 年，自治区各级工商行政管理机关贯彻《国务院办公厅关于切实加强安全生产工作有关问题的紧急通知》精神，结合“整顿市场秩序，整顿队伍作风”，深入清理和取缔违法违章生产经营活动，严格审批登记程序，取缔不符合安全生产条件和证照不全的企业，重点整治烟花爆竹、雷管、炸药和压力容器等易燃易爆物品的生产、储存和销售企业，共清理无前置审批证件的企业 5635 户。会同公安、文化部门，开展加强娱乐服务场所管理，打击社会丑恶现象专项行动，集中清理整顿游戏机室和营业性的歌舞厅、夜总会、音乐茶座等娱乐场所以及美容美发、按摩、洗浴场所，重新核发营业执照，共清理检查娱乐服务场所 3.3 万家，取缔无证经营 4396 家，吊销证照 4025 家，停业整顿 2609 家；清理整顿后，重新审核登记娱乐服务场所 2.2 万家，压减 1.1 万家，压缩率达 33.5%。是年，全自治区查处违反企业登记法规 6436 户次，吊销执照 5487 户，罚没款 154.2 万元。规范了市场主体资格，净化了经营环境，保护了企业的合法利益。从年检中反映的情况看，盈利企业 2.84 万户，盈利额 127.24 亿元，比上年度盈利额增加 50.1%。加大执法力度，对企业进行定期回访以及强化监督管理，吊销历年来不参加年检企业 5262 户，占全自治区注销总数的 35.1%；认真清理挂靠集体企业，共清理挂靠集体企业 2667 户，注销 356 户，吊销 632 户，改制 362 户。

2001 年，自治区工商行政管理机关搞好年检与日常动态监管并重，取缔“黑户”，查处打击违法经营。加大年检工作力度，增加实地检查的比例，取缔一批不具备经营资格条件的企业。加强对股东、出资人出资行为的监督检查、严厉查处虚假出资、抽逃出资的行为。加大对中介机构的监管力度，对在企业登记和年检中弄虚作假、欺骗登记机关的资产评估机构、验资审计机构和咨询代理机构，要予以处罚，情节严重的依法吊销其营业执照。坚决取缔“三无”企业，严厉查处无照经营活动。规范企业登记代理行为，加强对企业登记代理机构的监督检查，严厉查处非法代理行为和不规范代理行为。强化监管手段，依法规范市场主体经营行为。清查企业前置审批项目，对需要前置审批但又无法提交相关许可证和审批文件的企业，责令其办理经营范围变更登记或者注销登记手续。全自治区共清理前置审批企业 4.45 万户，清理过程中发现，没有提交前置批准证件的 1.11 万户，证件过期的 6362 户。清理期间补交有关证件的企业 2.31 万户，补交有关证件 4.17 万份；无法提交证件而办理变更登记的企业 9729 户，停业整顿 675 户，限期补办证件 7116 户。清理“三无”企业。全自治区共清理“三无”企业 4650 户，注销 2551 户，吊销 1661 户，待处理 438 户。其中，作为全国清理“三无”企业重点地区的玉林市，共清理“三无”企业 715 户，已对 600 户“三无”企业依法办理了吊销手续。清理“五小”企业。各地认真贯彻落实国家产业结构调整政策，做好小煤矿、小煤油、小水泥、小玻璃、小火电的清理工作。全自治区查处违章违法企业 6378 户，吊销企业 4426 户，罚没款 190 万元。是年，柳州市工商局根据《国家工商行政管理总局治理整顿“三无”企业和无照经营专项行动方案》的部署和自治区工商局的通知精神，在柳州市范围内对“三无”企业和无照经营进行一次专项治理、整顿，重点打击以下行为：提交虚假证明文件或者弄虚作假，采取其他欺骗手段，骗取企业登记或通过年检的。虚假出货或抽逃出资的。企业改变住所或经营场所，未按规定办理变更登记的。中介机构代垫出资后抽逃或出具虚假验资报告，造成企业注册资本全部或部分不实的。国家明令禁止或者被关闭后又在死灰复燃的小煤矿、小炼油、小造纸、小水泥、小化肥、小钢铁、小制糖、小玻璃等生产加工点。涉及从事危及人民群众身体健康和生命财产安全的危险品、化学品、食品、饮料、酒类、餐饮、药品、医疗器械、烟花爆竹、液化气、汽车摩托车零配件销售等无照经营和超范围经营行为。影响精神文明建设、危害社会公共安全的歌舞厅、卡拉 OK 厅、夜总会、电子游戏网吧、录像放映、桑拿按摩、美容美发等文化娱乐服务场所以及旅馆、印刷、图书音像等无照经营活动。

2002年，自治区工商行政管理机关加大了年检工作力度，推行企业属地管理，进一步规范市场主体行为。重点清查企业前置审批项目，对需要前置审批但又无法提交相关许可证和审批文件的企业，责令其办理经营范围变更登记或者注销登记手续。共责令1.1万户企业限期补办前置审批手续，对无法办理前置审批的6680户企业，进行了变更登记；加强对重点行业的监管，集中开展了印制、化工、易燃易爆物品、成品油等行业以及互联网上网服务经营场所的专项整顿，清理取缔了一批不符合法定条件的企业；加强对投资主体的出资审查，查处涉嫌虚假出资、抽逃出资的企业101家，清理无资金、无场地、无机构的企业317家，“假集体”企业598家。加强企业登记管理工作规范化、信息化、制度化建设，改革传统的年检方式，推行了企业网上年检。进一步规范注册工作，发挥企业登记管理职能，支持淘汰低水平的经营项目，配合有关部门对“五小”企业实施破产、关闭，共清理“五小”企业41户。全自治区内资企业、私营企业、外商投资企业的年检率分别为92%、92%和78.54%。通过年检，清理不合格的市场主体，共责令1.2万户企业限期补办法律规定的前置审批手续，取消或变更经营范围3198户。全自治区查处违章违法企业5782户次，吊销企业1194户，罚没款217.8万元。

2003年，自治区工商局制定《工商所代行年检或年检初审的操作规程》《企业简化年检制度》，推行企业属地化管理，提高年检质量和效率。强化监管手段，依法规范市场主体经营行为，对医药、矿山、加油站、食品、化学危险品等行业进行清理整顿和专项治理。清查企业前置审批项目，对需要前置审批但又无法提交相关许可证和审批文件的企业，责令其办理经营范围变更登记或者注销登记手续。是年，全自治区查处违章违法企业4889户次，吊销企业3448户，罚没款358.4万元。

2004年，自治区工商行政管理机关严格按照《国务院对确需保留的行政审批项目设定行政许可的决定》（国务院令〔2004〕412号），继续认真、清查企业前置审批项目，对需要前置审批但又无法提交相关许可证和审批文件的企业，责令其办理经营范围变更登记或者注销登记手续。强化监管手段，依法规范市场主体经营行为，对农资市场、采矿业、加油站、烟花爆竹等易燃易爆危险品、食品等行业进行清理整顿和专项治理。是年，全自治区共查处违章违法企业1.03万户次，因经营不善办理注销1.67万户，其中吊销企业8181户，罚没金额157.35万元；结合年检，审查企业前置审批情况，清理不合格的市场主体，全年共查处虚假出资企业11户；清理无资金、无机构、无场地企业195户；责令5249户企业限期补办前置审批手续。全自治区内资企业、外商投资企业的年检率分别达到94%、76.8%，年检合格率分别达到99%和99.6%。进一步加强市场主体信用体系建设，以“经济户口”为依托，建立市场主体信用档案，实行按信用状况分类监管，建立守信企业激励机制、警示企业预警机制、失信企业惩戒机制、严重失信企业淘汰机制；继续完善企业信用公示制度，通过红盾网站和新闻媒体公布“重合同守信用企业”以及驰名商标、著名商标名单，促进企业诚信经营。推进年检制度改革，实行委托年检，强化企业属地管理，加强对市场主体合法性的检查，打击违法违章经营；实施企业信用分类监管，利用市场主体准入、经营行为和退出全过程中形成的信息，将企业分为守信、警示、失信、严重失信四个不同的管理类别，实行分类监管，提高执法效能。

2005年，自治区工商行政管理部门强化市场主体监督管理，改进企业年检方法，采用邮寄方式送达年检通知书和有关年检表格，实行预约服务和上门年检，以及推行网上年检等，提高年检质量和年检率。通过年检，全自治区清理“三无”企业335户。清查企业前置审批项目，对需要前置审批但又无法提交相关许可证和审批文件的企业，责令其办理经营范围变更登记或者注销登记手续，责令5000多户企业限期补办法律法规规定的前置审批手续，对1380户无法办理前置审批和实际不开展相关生产经营活动的企业，办理了经营范围变更登记。是年，全自治区查处违章违法企业3776户次，吊销企业2608户，罚没款214.29万元；对煤矿、矿山、加油站、食品、化学危险品等行业进行了清理整顿和专项治理。

2006年，自治区工商局根据国家工商总局重新制定的《企业年度检验办法》，印发新的公司年检报告书等企业年检文书格式和戳记样式。是年，全面推行委托年检制，由各登记机关委托工商所直接办理年检，既便于企业就地年检，又提高了实地年检的比例，保证了年检质量。积极开展各项整顿和规范市场经济秩序的专项整治工作，依法规范市场主体行为，清查企业前置审批项目，对需要前置审批但又无法提交相关许可证和审批文件的企业，责令其办理经营范围变更登记或者注销登记手续。是年，全自治区查处违章违法企业 1405 户次，吊销企业 369 户，罚没款 133.66 万元；对煤矿、矿山、加油站、食品、化学危险品等行业进行了清理整顿和专项治理。

2007 年，自治区各级工商行政管理机关认真履行监管职能，加强对企业的监督管理。简化年检手续，根据国家工商总局的统一要求，明确了审计对象，缩小了年检中需提交审计报告的企业范围，减轻企业负担，增强监管的针对性；继续推行委托年检制度，扩大委托年检范围，提高实地年检比例，保证年检工作的质量；完善年检服务措施，对金融、电信、药品连锁等企业实行预约年检和集中年检等做法，为企业年检提供便利条件。是年，桂林市为市邮政局下设的 101 家报刊亭以及中国工商银行股份公司桂林分行的 38 家分支机构办理了集中年检手续，提高了年检效率。加强企业信用分类监管。自治区工商局制定相关制度，加强信用信息采集，完成 1.6 万家中小企业信用信息数据的收集、汇总工作，促进了企业信用体系建设；组织对各地企业信用数据质量建设情况进行了全面检查，完善企业登记数据库，进一步推动了企业信用分类监管工作的开展。加大对重点热点行业的监督检查力度。进一步加强企业登记后续监管，重点加强对煤矿、非煤矿山、危险化学品、烟花爆竹、民爆器材、食品、药品、网吧、交通运输等生产经营企业的监督管理，对行政审批和行政许可期限到期或即将到期的企业，严格把关；根据《国务院关于印发节能减排综合性工作方案的通知》精神，自治区工商局制定了工商行政管理机关节能减排工作措施及节能减排百日行动方案，认真组织落实，支持做好节能降耗和污染减排工作；建立与企业信用分类监管相结合的监管机制，积极推行网格化管理，强化属地监管，积极配合有关部门开展专项整治，在职责范围内及时依法查处企业违法行为。全系统在各项整治中共检查企业 6.5 万多户次，责令 5100 多户企业限期补办前置审批手续，办理变更登记 3200 多户。

2008 年，自治区工商行政管理机关按照实现监管与发展、监管与服务、监管与维权、监管与执法“四个统一”的要求，积极推动企业登记管理制度和机制改革，建立和完善了企业信用分类监管、企业登记预警、行政提示等制度，加大事前防范力度，同时，大力宣传国家法律、法规、政策，教育、引导企业增强守法经营自觉性，有效地防止了企业违法行为的发生。结合年检，对需要办理前置审批的企业严格把关，确保主体资质。通过年度检验，共清理前置审批许可证件或文件过期、失效的企业 882 户，责令 417 户企业限期办理变更登记，注(吊)销前置审批证件或文件过期、失效的企业 360 户；认真落实“三回访”制度，对上年新登记的企业进行实地回访，对矿山、危险化学品、烟花爆竹等行业企业进行重点回访，对被吊销企业进行集中回访，加强了企业登记的后续监管。年检期间，全自治区新设立企业回访率达 78%，其中重点行业企业回访率达 100%。此外，加强登记机关与工商所联动机制建设，充分发挥工商所年检核查作用。南宁、桂林等市工商局把年检的初审权放在工商所，要求工商所对辖区参检企业进行实地调查，签署企业场地调查表、回访登记表，并与年检初审意见一并交至原登记机关。继续推行全面年检制度，据统计，全自治区共委托工商所年检企业 2900 多户。加大了重点行业安全生产监管力度。自治区工商局先后 6 次下发文件，对全系统安全生产监管工作进行部署。全自治区各级工商行政管理机关把安全生产监管融入工商执法工作中，做到专项检查与日常监管相结合、综合治理与重点防范相结合，按照“全面清理，重点整治，加强督查，规范管理”的总体思路，对已登记注册的涉及公共安全、人身安全的市场主体的前置审批进行了全面检查，共清理企业登记档案 4.8 万多户次。对矿山、交通运输、危险化学品生产经营以及宾馆、饭店、歌舞厅，网吧等行业企业情况进行了实地检查，核查各经营业主是否按登记事项从事经营活动、前置审批是否到期或被注吊销、企业名称与有关许可证件是否吻合、生产经营场所等有关情况与登记事项是否一致等，对存在问题的企业和经营户限期整改。多次对重点行业进行专项检查，全系统共出动执法人员 2.3 万人次，检查企业和经营者 4 万多户次，责令整改 768 户，查处违法企业 1387 户，吊销营业执照 426 户。对重点行业安全生产监管工作情况进行了重点督查，自治区工商局组成 6 个工作组，分赴 14 个市工商局及部分县(区)工商局(分局)、工商所，通过听汇报、座谈、抽查登记档案、现场查看企业等方式，检查各级工商机关制定、落实重点行业监管措施情况，促进监管责任制的落实。对工作制度进行修订、完善，建立健全企业分类监管制度、登记预警制度、重点行业企业属地监管制度等，推动安全生产监管长效机制建设。加大了专项整治工作力度。全自治区各级工商行政管理机关开展了兴奋剂生产经营专项治理，组织对辖区内化工生产经营企业进行全面清查，共检查企业2078户次，责令企业整改46户，确保管辖范围内不发生兴奋剂管理的问题，为北京奥运会成功举办做出了贡献。开展三聚氰胺生产企业和经营户专项检查，对全自治区312家相关基础、有机化学原料制造类企业、个体户，特别是三聚氰胺生产企业、个体户进行实地检查，摸清情况，加强监控，有力地支持、配合了奶制品市场监管工作的开展。此外，配合有关部门先后参与危险化学品、矿山秩序、涉油企业、车辆非法改装、道路运输、消防隐患排查、节能减排等专项整治工作，为规范市场、降低事故、改善环境、促进发展做了大量工作，受到了党委、政府的充分肯定。是年，全自治区违反企业登记管理法规的内资企业为1517户次，比上年下降41.38%，在各种违法行为中，不按规定办理年检的企业占了绝大多数，为1320户次，占违法总户次的87.01%。按企业类型划分，集体企业违法670户次，占违法总户次的44.17%；国有企业违法421户次，占违法总户次的27.75%；公司违法326户次，占违法总户次的21.49%；其他企业违法71户次，占违法总户次的4.68%；股份合作制企业违法29户次，占违法总户次的1.91%。

2009年，自治区各级工商行政管理机关进一步加大监管执法力度，严把市场主体准入关，实行动态跟踪管理，及时查处违法违章行为，规范了市场主体行为。以年检为契机，加强企业登记后续监管。对于经营范围涉及国家法律、法规及国务院确定的行政许可规定需要审批和颁发许可证的项目，一律要求企业在年检时提交有效期内的许可证或批准文件。认真做好从事重点行业企业的年检工作，如：对从事娱乐、餐饮服务、危险化学品生产销售、矿山开采等企业，在年检中严格审查其经营资格，并配合相关部门，加强对重点行业企业的监管。是年，各级工商行政管理机关共对1715户企业登记前置许可证件失效的企业进行规范，督促其及时更换相关许可证或要求其办理经营范围的变更登记。年检中，查处各类案件201件，处罚金额59.8万元。加强企业信用分类监管。各级工商行政管理机关认真落实相关制度规定，加强信用信息采集，完成了近10万户企业信用信息数据的收集、汇总工作，促进了企业信用体系建设。同时，结合企业登记档案管理工作督查，组织对各地企业信用数据质量情况进行全面检查，完善企业登记数据库，进一步推动企业信用分类监管工作的开展。加大对重点和热点行业的监督检查力度。依法及时办理“关停并转”企业的变更、注销登记和吊销营业执照工作，维护经济安全和社会稳定；配合有关部门，对排污、对外劳务等企业经营者进行专项检查，在整治违法排污专项行动中，共检查企业1644户，吊销企业6户；检查对外劳务企业286户，查处违法企业42户。此外，通过政策引导和规范市场准入，对国家明令限制或禁止的行业及经营项目，严格把关，引导科学投资。是年，在淘汰落后产能工作中共注（吊）销企业85户。各级工商行政管理机关通过案卷检查与现场核查相结合、专项检查与年检审查相结合、日常巡查与经济户口分类分级管理相结合的方式，落实促进安全生产监管职能。开展的多次涉及安全生产的专项检查中，全系统共检查企业1.18万户，责令整改1106户。是年，改进年检手段，做好服务企业工作，把坐等企业申报年检与委托年检、到企业聚集区域集中办理年检等方式结合起来，改进服务方式。年检期间，全系统共走访企业1.63万户，召开座谈会384次，上门办理年检6247户。在年检的实际操作中，针对企业的实际情况，准许困难企业延续主体资格、延长出资期限，帮助企业渡过难关。是年，全自治区查处违反企业登记管理法规的内资企业1110户次，比上年下降26.83%。在各种违法行为中，不按规定办理年检的企业为710户次，占违法总户次的63.96%。按企业类型划分，集体企业违法530户次，占违法总户次的47.74%；公司企业违法321户次，占违法总户次的28.10%；国有企业违法219户次，占违法总户次的19.73%；股份合作制企业违法15户次，占违法总户次的1.35%；其他企业违法34户次，占违法总户数的3.06%。

2010年，自治区工商行政管理机关全力推进企业网上年检。各级工商行政管理机关通过加强组织指导和督促检查、完善服务措施、拓宽企业网上申报渠道等措施，全力推进企业网上年检。是年，全自治区内资企业（不含私营）网上年检率由上年的0.8%提高到82%，私营企业网上年检率从零提高到73%。自治区工商局制定《广西壮族自治区工商行政管理机关企业信用分类监管暂行办法》(桂工商发〔2010〕84 号),扎实推进企业信用分类监管,组织各级工商行政管理机关根据企业的信用等级和行业类别,整合企业信用信息数据资源,建立健全企业信用信息管理系统,做好企业信用信息的归集、清理等工作,促进全系统信用信息的共享和应用。创新企业监管方式,不断提高科学监管水平,切实规范市场主体资格和经营行为,有效地防止企业违法行为的发生。全年共查处违反登记管理法规的非私营控股企业 948 户次,比上年减少 14.60%,在各种违法行为中,不按规定办理年检的企业 558 户次,占违法总户次的 58.86%。按企业类型划分,集体企业违法 366 户次,占违法总户次的 38.60%;非私营控股公司违法 337 户次,占违法总户次的 35.54%;国有企业违法 189 户次,占违法总户次的 19.94%;其他企业违法 40 户次,占违法总户数的 4.22%;股份合作制企业违法 16 户次,占违法总户次的 1.68%。

2011 年,自治区各级行政管理机关加大了宣传力度,提高企业网上申报年检的意识,鼓励、引导更多的企业从网上申报办理年检。是年,全自治区内资企业网上申报年检率达 83%,比上年提高了 1 个百分点。以年检为契机,加强企业登记后续监管。年检过程中,对于经营范围涉及国家法律、法规及国务院确定的行政许可规定需要审批和颁发许可证的项目,一律要求企业在年检时提交有效期内的许可证或批准文件。对从事娱乐、餐饮服务、危险化学品生产销售、矿山开采等重点行业企业,在年检中严格审查其经营资格,并配合相关部门,加强对重点行业企业的监管。年检期间,全系统共对 1045 户企业登记前置许可证件失效的企业进行规范,督促其及时更换相关许可证或要求其办理经营范围的变更登记。年检中查处各类案件 1129 件,处罚金额 208 万元。各级工商行政管理机关认真贯彻执行国家、自治区关于淘汰落后产能的政策措施,做好淘汰落后产能转产企业的登记注册工作;对未按规定淘汰落后产能、被地方政府责令关闭或撤销的重点行业企业,责令限期办理变更登记、注销登记,或者依法吊销营业执照。是年,共注(吊)销在节能减排中被关闭或撤销的企业 113 户。强化重点行业安全生产监管,以煤矿、非煤矿山、危险化学品、烟花爆竹、道路交通、民爆器材和人员密集场所为重点,通过案卷检查与现场核查相结合、专项检查与年检审查相结合、日常巡查与经济户口分类分级管理相结合的方式,开展了多次涉及安全生产的专项检查,全系统共检查涉及安全生产的重点行业企业 1.79 万户,责令改正 327 户。

2012 年,自治区工商行政管理机关将个人独资企业、合伙企业纳入网上申报年检的范畴,扩大网上申报年检的对象和范围,使所有企业均可通过网络申报年检,提高了工作效率和服务质量。同时,制定鼓励企业网上申报年检的优惠政策,对于网上申报年检的企业,可延长至年末前办理年检手续,既缓解了集中在一个时段内年检的压力,又调动了企业网上申报年检的积极性。开展了重点行业市场主体大排查工作。对重点行业市场主体准入情况进行全面复查,逐户核查登记(年检)材料是否规范、前置许可文件是否合法有效。大排查中,全系统共清查重点行业市场主体登记档案 11 万户,发现问题市场主体 5302 户,已纠正或限期改正 3850 户;委托工商所实地检查重点行业市场主体 4.3 万户,发现存在问题 1969 户,责令限期整改 1850 户,立案查处 174 户。自治区工商局组织全系统做好各类交易场所清理整顿工作,对已登记的交易场所进行全面摸底调查,打击违法生产经营行为的专项整治,严厉查处“四假一虚”(假身份、假住所、假批文、假签字、虚报注册资本)行为。在此基础上,对名称中含有“交易所”字样的 36 家企业进行清理,暂不予通过年检 3 户;发出责令变更登记通知书 33 户,其中:已办理变更登记 4 户,注销登记 2 户。是年,共查处违反企业登记管理内资企业 880 户次,比上年同期上升 30.95%,不按规定办理年检的企业为 409 户次,占违法总户次的 46.5%,比上年同期上升 21.4%。各级工商行政管理机关积极配合公安、教育等部门加强对小商品市场、学校周边小商店和小摊点等经营场所的检查和巡查,不断加大查处取缔“黑网吧”工作力度。自治区工商局下发了《关于印发全区工商系统开展规范校园周边经营秩序和查处取缔黑网吧专项整治行动方案的通知》(桂工商办发〔2012〕142 号),将对黑网吧的监管列入日常工作的重要内容,要求各级工商行政管理机关重点查处取缔农村、城乡接合部、居民社区和学校周边“黑网吧”,以及以劳动培训、电脑学校等名义出现的变相“黑网吧”。基层工商所加强了对网吧经营场所的日常巡查,全面落实属地监管责任制,实行分片包干,责任到人。在“黑网吧”易发地区、多发地区,开展回头检查工作,建立“黑网吧”名单，加大监管巡查力度。是年，全系统共出动执法人员1.61万人次，检查已登记的网吧8149户，没收专门用于无照经营的电脑314台，查处案件案值39.84万元，罚没款26.19万元。

2013年，自治区各级工商行政管理机关认真履行职责，规范市场主体行为，认真做好各类专项整治，进一步加大监管执法力度，提高年检工作质量。对不符合国家产业要求的市场主体，一律不予登记；依法做好产能过剩、技术落后、污染环境企业的变更、注销和吊销工作。全年共查处违反企业登记管理内资企业1164户次，不按规定办理年检的企业为982户次，占违法总户次的84.36%。

2014年，国家工商总局公布《企业公示信息抽查暂行办法》《企业经营异常名录管理暂行办法》《个体工商户年度报告暂行办法》《农民专业合作社年度报告公示暂行办法》《工商行政管理行政处罚信息公示暂行规定》等5部配套规章并于2014年10月1日起施行，《企业年度检验办法》《个体工商户验照办法》同时废止。自治区各级工商行政管理机关坚持实行企业年检制度，依法按年度对企业进行检查。自治区工商局每年向全系统印发企业登记管理工作要点，下发关于做好企业年检工作的通知。年检结束后，以书面形式向国家工商总局报告当年度的企业年检工作。全自治区各级工商机关注重年检质量，不断强化监督管理，提高年检效率，依法注销、吊销了“三无”企业和多年未参加年检企业的营业执照。全自治区工商行政管理机关全面实施年度报告制度，认真抓好实施年报制度的培训和宣传工作，对全系统300多名业务骨干进行了年报制度业务培训。积极收集基层对年报公示系统在使用中发现的问题，协调软件开发商及时修改和维护，确保年报制度顺利实施。是年，自治区工商局起草关于清理规范非融资性担保公司的通知，6月23日经自治区人民政府批准同意，以自治区金融办、银监局、发展改革委等9部门联合行文方式印发各市、县人民政府贯彻执行。该通知明确了具体任务，落实了相关责任，规定了完成时限。各市、县人民政府专门也成立清理规范工作领导小组，负责本辖区非融资性担保公司清理规范工作。根据全自治区范围内集中清理规范非融资性担保公司的工作情况，自治区工商局代拟《广西壮族自治区集中开展清理规范非融资性担保公司有关情况报告》，并经自治区人民政府审定后，于10月中旬报送中国银监会。是年，根据国家工商总局办公厅《关于做好集中开展“六打六治”打非治违专项行动各项工作的通知》（办字〔2014〕122号）、《广西壮族自治区安全生产委员会关于集中开展“六打六治”打非治违专项行动和深入开展安全生产专项整治的通知》（桂安委〔2014〕32号）文件精神，全自治区各级工商部门结合工商行政管理职能，自2014年8月初起全自治区工商系统开展“六打六治”打非治违专项行动，有效促进全自治区安全形势稳定好转。是年，查处违反企业登记管理内资企业603户次，不按规定办理年检的企业为162户次，占违法总户次的26.87%。

2015年，自治区工商行政管理机关全力做好企业公示信息抽查工作。年初，自治区工商局就做好企业公示信息抽查工作进行专题部署。加强宣传指导，通过向企业邮寄行政指导告知书等方式，加强有关抽查法规的宣传指导工作，提高企业负责人对抽查工作的重视，营造了企业公示信息抽查工作的良好氛围。实际工作中，实行人性化管理，慎重推进。当出现与企业联系不上的情况，不轻易把企业的抽查结果定论为“通过登记住所无法联系”，在连续两次邮寄专用信函均退函的情况下，通过上门核实、派专人以各种方式获得企业其他联系电话、方式，尽最大可能与企业取得联系，尽量不让企业留下被列入异常名录的记录。是年，11月底广西失信被执行人联合惩戒系统正式上线运行，开启对失信被执行人在公司登记注册环节的任职限制工作，对被全国各级人民法院列入失信被执行人名单的自然人，在其登记申请环节进行自动拦截，真正实现“一处违法，处处受限”，让失信者寸步难行。是年，自治区工商局配合有关部门做好安全生产检查和开展危险化学品专项督查工作。“8·12”天津爆炸事件发生后，及时下发《加强危险化学品专项检查工作的紧急通知》，要求各市、县工商局认真落实监管责任。根据国家综治办和广西综治办的要求，制定出台《全区工商系统开展危爆物品寄递物流清理整顿和矛盾纠纷排查化解专项行动工作方案》，对全自治区寄递物流业开展危爆物品寄送专项整治和矛盾排查工作进行了部署。此外，组织开展对违规行为的整改行动，自治区审计厅对部分市、县微型企业资本金补助资金的发放管理和使用情况进行延伸审计。经审计随机抽查发现13个市共75名公职人员违规领取微型企业资本金补助资金的情况。自治区工商局联合财政厅在全自治区开展对违规行为的整改行动。各市工商与财政联合纪检监察等部门对存在违规领取微型企业资本金补助资金的情况进行了严肃查处。

2016 年，自治区各级工商行政管理机关通过加强领导，强化宣传，抓好培训，完善机制，健全制度等多措并举，全力推进全自治区市场主体年度年报公示工作。2016 年度已年报企业 50.68 万户、个体工商户 117.63 万户、农民专业合作社 3.50 万户，年报率分别为 90.0%、83.3%、93.7%。在具体工作中，大力优化流程，提升效率。通过简化工商联络员备案流程，方便市场主体快速便捷完成年报公示；强化与信息部门沟通协调，优化公示系统使用程序，完善信息公示流程，有效加强了事中事后监管。积极推进国家企业信用信息公示系统（广西）建设，为企业监管提供信息化保障。11 月 16 日，该系统基本建成并上线试运行。随后，自治区工商局与质监、海关等 8 个部门签订了数据归集与共享协议。至年末，16 个首批信用信息归集单位已向自治区工商局归集信息 2065 条，并已通过国家企业信用信息公示系统（广西）向社会公示。是年，自治区各级工商行政管理机关通过推行“双随机、一公开”（即在监管过程中随机抽取检查对象，随机选派执法检查人员，并将抽查情况及查处结果及时向社会公开），强化对市场主体的事中事后监管。自治区工商局制定“双随机”抽查事项清单，建立市场主体名录库和工商执法人员名录库，印发《广西工商行政管理系统“双随机、一公开”实施细则（试行）》，明确企业抽查名单确定程序，检查内容、检查过程的实施，以及抽查结果的处理等，扎实开展企业信息公示抽查工作。是年，企业信用监管，建立协同监管机制，构建信用监管新模式。广西失信被执行人联合惩戒系统，自 2015 年上线至 2016 年底，全自治区共限制失信被执行人 1310 人次。

2017 年，自治区各级工商行政管理机关通过加强宣传和培训，大力提高有关人员对公示系统操作和年报流程的熟练度，全方位推进年报公示工作。是年，自治区政府办公厅印发《广西推进“双随机、一公开”和线上线下一体化监管建立综合监管体系实施方案》（桂政办电〔2017〕115 号），对推进“双随机、一公开”监管进行全面部署。组织编制《广西壮族自治区政府工作部门随机抽查事项清单》，43 个单位 581 项随机抽查事项纳入双随机监管，自治区人民政府审定后以桂政办发〔2017〕146 号文印发。自治区工商局制定抽查计划 19 项，实现全系统随机抽查事项全覆盖。同时，举办随机抽取仪式，确定检查对象。至年末，全系统通过广西公示系统公示抽查检查结果 8.56 万户，其中企业 2.47 万户，农民专业合作社 1489 户，个体工商户 5.94 万户，抽查检查结果公示率达 100%。指导基层探索开展跨部门“双随机”联合联查。全系统计划开展跨部门双随机抽查任务 132 批次，计划抽查企业 2234 户。至年末，完成抽查并公示企业 2234 户。是年，6 月 27 日经自治区人民政府同意后由自治区工商局发布，首批《广西壮族自治区政府部门涉企信息归集资源目录》。该目录涵盖 47 个自治区直属部门，涉及行政许可 552 项、行政处罚 2258 项。47 个部门均已向工商部门归集涉企信息，归集率达 100%。其他各级政府部门已归集行政许可信息 64.75 万条，行政处罚信息 6.06 万条，抽查检查信息 8.27 万条，并全部记于企业名下通过公示系统向社会公示。强化了内部信息公示，工商行政管理行政处罚信息公示率达 100%。是年，自治区工商局与自治区国税局、地税局、安监局等部门签署《失信当事人协同监管和联合惩戒合作备忘录》，认真做好信用约束和联合惩戒相关工作。对失信被执行人在公司登记注册环节进行任职限制，至年末，全自治区已限制失信被执行人任职 2221 人次。

2018 年，自治区工商局扎实做好年报工作，在车站机场、广场商场、电视电台等进行了大量的宣传提示，组织全自治区工商系统进企业、进街道，指导帮助各类市场主体报送年度报告，年报率达到 90.13%。是年，统筹推进“双随机、一公开”监管，自治区本级共有 41 个部门建立了随机抽查事项清单、“执法人员名录库”与“检查对象名录库”，以及随机抽查实施细则；7 个部门拥有双随机抽查检查平台；23 个部门使用了国家企业信用信息公示系统双随机监管模块开展双随机工作。自治区本级共计开展双随机抽查 357 批次，检查市场主体 7221 户；共计开展跨部门双随机抽查 23 批次，检查市场主体 1947 户。各设区市均以政府名义编制了政府部门随机抽查事项清单，527 个市直部门建立了“执法人员名录库”与“检查对象名录库”，以及随机抽查实施细则；有 42 个部门建设有专门的抽查系统。共计开展双随机抽查 5307

批次，累计对15.44万户市场主体实施了双随机检查；开展跨部门联合抽查712次，共计检查市场主体13770户。

第三节　支持国有集体企业改革

1992—2018年，自治区工商行政管理机关根据中共中央关于国有企业改革和发展的战略部署及自治区人民政府的具体要求，支持国有集体企业进行改革，规范化公司制、发展企业集团，采取改组、联合、兼并、租赁、承包经营和股份合作制、出售等多种形式改制企业的登记工作。在支持国有集体企业深化改革方面，创新创优，改进作风，提速提效，将支持企业改革和加快经济发展的政策措施落实好，全面促进全自治区经济又快又好发展。

1992年，自治区工商行政管理机关贯彻国务院颁布的《关于全民所有制工业企业转换经营机制》，自治区工商管理局先后发出《关于支持搞活国营大中型企业的意见》《关于支持农村经济发展的意见》《关于支持加快发展第三产业的意见》，明确对企业放宽注册资金起点，放宽企业经营范围和经营方式，简化审批手续，及时办理企业变更事项，支持国有大中型企业转换经营机制，支持农村组建服务实体，支持乡镇集体企业发展，支持党政机关安排富余人员兴办经济实体。各级工商行政管理机关进一步采取灵活措施，积极支持搞好国营大中型企业。支持国营大中型企业转换经营机制，增强活力，促进企业产业结构和产品结构的调整；积极参与培育市场体系，鼓励工贸企业兴办市场，为了企业平等竞争创造良好的市场环境；加强经济合同管理，完善合同制度，整顿交易秩序，促进企业经营行为的规范化；指导企业运用商标、广告策略，开拓市场，发展生产，提高效益；经济检查工作要为建立和维护正常的经济秩序、搞好国营大中型企业服务。至年末，国有企业4.63万户，集体企业8.71万户。

1993年，自治区各级工商行政管理机关增强服务理念，把支持企业转换经营机制作为一项重要工作来抓。7月20日，柳州市工商局在全局系统内进行一次性执法大检查。检查的重点是贯彻国务院1992年颁布的《关于全民所有制工业企业转换经营机制》、自治区人民政府制定的《实施办法》。7月30日，河池地委、行署（地区）人大联络处召开关于开展对贯彻落实《全民所有制工业企业转换经营机制条例》执法检查工作会议，河池地区工商局提出搞活地区国营企业的23条意见，并报经地区行署批转执行。

1994年，自治区工商行政管理机关根据《关于建立社会主义市场经济体制若干问题的决定》，围绕建立社会主义市场经济体制和现代企业制度这一中心，学习贯彻公司法和《公司登记管理条例》，规范公司登记注册，改革企业登记工作，支持特别是国有大中型企业改革改制。加快推进建立现代企业制度，各种所有制企业之间的联合和兼并，加强发展了一批跨行业、跨地区的股份制企业。有条件的国有企业通过改造，资产重组，也逐步实现规范化公司制。当年，玉林市工商局大力支持国有企业组建企业组，企业集团公司和改组股份制公司股份制企业改组成立有6家。指导“玉林地区物资股份有限公司”登记注册的具体办理手续，及时核发了执照，不贻误企业的经营时机。帮助企业搞好股份制企业改组工作的同时，注意帮助企业理顺解决了改组股份制后，企业内部机构设置的关系。如“玉林药业股份有限公司”改组注册股份制，应注销“玉林制药厂”企业名称，该公司一是担心企业今后的产品销路受影响，二怕别人重新使用“玉林制药厂”名称，股份公司损失大，提出保留原企业“玉林制药厂”名称，经请示上级工商局后，同意作为企业过渡时期，把“玉林制药厂”企业名称注册为“非独立核算”企业保留下来，解决了企业的顾虑。至年末，国有企业5.96万户，从业人员229.4万人，注册资金613.5亿元；集体所有企业12.3万户，从业人员194.3万人，注册资金294.9亿元。

1995年，自治区国有企业、集体企业仍占内资企业的主体，自治区工商行政管理机关配合有关部门对国有企业进行改革、改制、改组。至年末，国有企业为5.95万户（占企业总户数的31.67%），注册资金636.9亿元（占总资金的55.15%）；集体所有制企业12万户（占总户数的64.05%），注册资金306.9亿元（占总资金

26.58%)。

1997 年,自治区工商局发出《关于进一步支持搞活国有企业的通知》,提出支持国有企业搞活生产经营的若干措施。一些地、市工商行政管理局支持国有企业组建企业集团,按现代企业制度的要求组建有限责任公司,实行转产或内部租赁、承包经营,在取得有关部门认可后,尽快办理变更、注销、开业登记手续。6 月 4 日,钦州市工商局印发《关于进一步支持我市国有企业改革的通知》,提出支持国有企业改革十项措施。自治区各级工商局利用登记职能,支持国有企业"抓大扶强,放小搞活",加快国有企业改革步伐,积极主动参与企业的改制工作,把法规的原则性和灵活性结合起来,如贵港市工商局协助广西西江化工总厂改制,改制后的西江化工有限责任公司全线恢复生产、一派生机,成为广西硫酸普钙生产的最大厂家。又如各地、市、县工商局在做好帮助企业的转换经营机制的同时,结合当地实际,采取相应措施,积极鼓励、支持、引导国有企业下岗职工从事个体工商业和开办私营企业。南宁市、柳州市工商局献计献策积极参与企业的改制工作,为改组兼并后的企业盘活了国有资金,破产企业以最快的速度恢复了生产,下岗人员很快得以重新上岗。在南宁市工商局指导下,南宁市个协向个体工商户发起了"为国有企业下岗职工再就业献爱心"为主题的"一帮一"活动。此外,自治区工商行政管理机关利用企业登记职能,推进建立现代企业制度的工作。发挥职能作用,支持国有大中型企业实行规范的公司制改革。在股份制改制中,做到事先调查摸底,热情服务,耐心咨询指导,全年规范登记股份公司 39 户,并鼓励支持建立强强联合的集团有限公司,使企业更具有集约性及竞争力。至年末,自治区实有国有企业 4.99 万户,注册资金 805.9 亿元;集体企业 9.07 万户,注册资金 287.4 亿元。

1999 年,自治区工商行政管理机关发挥登记管理职能作用,积极支持国有企业调整结构,引导企业根据自身条件和特点,改制为有限公司、股份公司或国有独资公司及混合型经济实体;支持企业实行转产或内部租赁、承包经营;支持国有企业与集体、外资和私营企业联合;支持国有大中型企业按自治区人民政府确定的组建糖业、水泥、烟草、汽车、有色金属、生物化工、铝业等跨行业、跨地区、跨所有制的企业集团;支持粮食经营企业转换经营机制,主动配合粮食部门摸清粮食流通企业的情况,为国有粮食收储企业与附营企业办理登记注册。11 月 19 日,南宁市工商局制定《支持国有企业改革,开展"打假冒、保名牌"专项活动工作方案》。至年末,国有企业 4.45 万户,注册资金 57.15 亿元;集体企业 6.91 万户,注册资金 21.28 亿元。

2000 年,自治区工商行政管理机关坚决贯彻"抓大放小"的国企改革策略,支持国有小企业以改组、联合、兼并、租赁、承包经营和股份合作制、出售等形式进行战略性改组,及时为关停并转企业办理登记注册手续,促进了国有企业深化改革。根据新形成的产权关系,依法做好设立、变更、注销登记。支持国有企业以重点骨干企业为核心,名优产品为龙头,通过联合、兼并、参股等多种形式,优化投资结构组建企业集团增强企业规模化经营的实力和市场竞争力。支持国有企业科技进步,鼓励企业以高新技术投资入股,提高企业的技术创新能力,配合有关部门,限制重复建设,对产品无市场以及浪费资源、技术落后、质量低劣、污染严重的"五小"企业,坚决予以关闭或实施破产。支持国有企业实行规范的公司制改革。积极参与国有企业改制论证,为企业改制提供优质服务。对改制后的企业,要在 30 天内进行回访,发现问题,及时解决。要坚持依法登记,严格把关,为确保国有资产不流失创造条件。支持国有企业的改组、改制工作,做好科研院所企业化改革的服务工作。对改组改制的国企及科研院所制定具体改制方案及规范性文件,做到提前介入,主动参与,积极协调,如对广西电信、移动通信、广西石油、中石化以及科研院所等系统的改制工作给予指导,使自治区国有企业改制工作能顺利进行。是年,积极鼓励引导个体工商户、私营企业参与国有企业改革,充分发挥工商行政管理职能作用,依法做好登记工作。比如玉林市在引导、鼓励、支持有条件的个体工商户、私营企业购买、兼并、租赁、承包国有中小型企业,积极参与国有企业改革中做了很好的试点,他们在登记中,严格按投资人出资的情况,购买、租赁,承包协议或合同,按租赁的年限发给自然人出资的营业执照。此外,一些规模较大的私营企业通过兼并、购买、租赁、参股等多种形式积极参与国有企业改革。如广西秋潮集团有限责任公司积极参与国企改革,大胆尝试,以承担债务的方式,先是投入 400 多万元兼并了南宁市手表厂和南宁高分子医疗器械厂,后来又投入 1080 万元收购了原南宁市毛纺厂,同时改制东风塑料厂，形成以塑料制品和药品为主，医疗器械产品为辅的集约化、规模化、品牌化经营的企业。减轻国家负担，盘活国有资产，推动经济结构合理调整。至年末，国有企业0.84万户，集体企业1.63万户。

2003年，自治区工商行政管理机关积极支持国有企业深化改革，建设现代企业制度，支持国有中小企业通过兼并、租赁、承包经营、股份合作、出售等方式进行改组，推行股份制，发展混合所有制经济，实行投资主体多元化，推进国有企业的制度创新和管理创新。至年末，自治区实有国有企业3.37万户，注册资金772.63亿元；集体企业4.72万户，注册资金174.70亿元。

2004年，自治区工商行政管理机关在国有企业改革过程中，建立和完善国有企业联系服务制度，充分发挥行政指导职能，做到事先介入、真诚服务，支持国有企业按现代企业制度的要求，完善公司法人治理结构，实现规范的公司制改革，促进符合国家行业规划和产业政策的企业改革发展。加大合同"打欺治骗"的执法力度，严厉查处国有企业改制过程中利用产权转让合同损害国家利益的违法行为。至年末，自治区实有国有企业2.86万户，注册资金732.39亿元；集体企业3.69万户，注册资金147.51亿元。

2008年，随着经济体制改革的不断深化，国有、集体企业通过改制、重组、承包、租赁等方式改为其他形式的企业，导致国有、集体企业实有户数继续呈下降趋势。各级工商行政管理机关按照促进所有制结构战略调整的要求，大力支持深化企业改革，积极支持金融、投资、文化、电力、电信、邮政、铁路等一系列体制改革，为国有、集体企业实施股份制改造、资本重组和组建企业集团及时做好登记工作，支持发展混合所有制经济，促进增强公有制经济的活力。是年，自治区各级工商行政管理机关共为507户改制企业办理了注册登记，注册资本21.69亿元。至年末，自治区实有国有企业1.45万户，占内资企业总户数的20.58%；实有集体企业1.81万户，占内资企业总户数的25.69%。

2014年，自治区工商行政管理机关加强指导全自治区国有企业注册登记工作，制定国企改革的相关指导意见《关于支持我区国有企业改制登记注册若干意见》（草拟稿），该意见根据广西工商登记部门执行国企改制的操作实践，充分借鉴北京、湖南两省市登记机关的做法，结合广西国企改制的实际起草而成，该意见的出台，为自治区国企改制的登记工作提供指导性的意见。至年末，自治区实有国有企业1.21万户（其中企业法人5261家），注册资金总额1198.90亿元，新开业国有企业242户，注销363户；集体企业1.55万户（其中企业法人5937家），注册资金总额88.54亿元，新开业集体企业222户，注销429户。

2016年，自治区工商行政管理部门积极推动国有企业改革，加大力度发展混合所有制经济。自治区工商局与自治区国资委联合印发《2016年服务国有企业改革工作措施》、《关于深化商事制度改革积极服务国有企业改革发展的若干意见》（桂工商发〔2016〕25号），要求各级工商部门根据同级党委、政府加快发展混合所有制经济的有关要求，积极配合国有资产管理部门，结合地方实际，研究制定推动国有企业发展混合所有制经济的具体意见，确定符合发展混合所有制的产业目录和企业名单。积极推动国有企业发展为混合所有制经济企业。至年末，自治区实有国有企业1.16万户（其中企业法人4872家），注册资金总额1184.54亿元，新登记国有企业264户，注销506户；集体企业1.41万户（其中企业法人5690家），注册资金总额90.73亿元，新登记集体企业83户，注销885户。

2017年，自治区实有国有企业1.15万家（其中企业法人4758家），注册资金总额402.22亿元，新登记国有企业381家，注销419家；集体企业1.44万家（其中企业法人6077家），注册资金总额91.50亿元，新登记集体企业996家，注销603家。其中，国有企业中，批发和零售业，交通运输、仓储和邮政业的企业较多；交通运输、仓储和邮政业企业注册资金所占比重较大。集体企业中，批发和零售业、制造业企业较多且注册资金比重较大。

2018年，自治区实有国有企业1.10万户，国有企业注册资本为385.73亿元，新增加国有企业203户，国有企业注册资本2.06亿元；集体企业1.35万户，集体企业注册资本为91.26亿元，新增加集体企业148户，集体企业注册资本0.05亿元。

第二章　外商投资企业登记管理

1992 年 1 月，自治区工商局下发《关于外商投资企业和外国（地区）企业登记注册有关问题的通知》，明确对外商投资企业实行国家工商局登记管理和授权登记管理的原则，未经国家工商局授权的地方工商局不能直接核准登记外商投资企业。至 2018 年底，自治区工商局、14 个地级市工商局、东兴市工商局先后获得国家工商总局授权，取得外商投资企业登记管理职能。27 年来，广西工商行政管理机关立足登记管理职能，拓宽服务领域，创新服务措施，降低市场准入门槛，简化登记程序，提高办事效率，促进了外商投资企业的健康发展。

第一节　登记注册

中共十四大以后，为促进地方经济的发展，广西各级工商行政管理机关进一步简化外商投资企业审批登记程序，普遍开展注册登记一条龙服务，优化投资软环境，推进了全自治区外商投资企业的发展。

1992 年 5 月，国家工商局授权梧州市工商局直接核准登记外商投资企业。梧州第一家私营独立与外商合作的“三资”企业梧州市齐发养殖发展有限公司成立。同年 9 月，自治区工商局以桂工商企字〔1992〕184 号答复钦州地区工商局《关于对东兴开发区工商行政管理局行使县级工商局职权的请示》，同意设立防城各族自治县东兴开发区工商行政管理局，委托代行辖区内外商投资企业登记注册初审手续。

是年，外商投资企业发展速度快，势头猛，尤其是第二季度以后，“三资”企业发展迅猛。全年新登记注册的“三资”企业 1385 户，是改革开放以来历年累计登记的 720 户的 1.9 倍。外商投资地域和领域扩大。过去从未有过“三资”企业的偏远山区县，如都安、南丹、西林、罗城、蒙山、资源等县（自治县），实现零的突破。过去“三资”企业发展较快的桂东南地区，继续保持较快发展的势头。投资领域扩展到交通邮电、房地产开发、咨询服务、教育卫生、文艺广播电视、科研和综合技术服务等行业。外商投资生产性项目比重大，占 77%。至年底，全自治区累计登记注册的“三资”企业共 2105 户，已注销 190 户，在册实有 1915 户，排全国第 13 位；合同投资总额 37.98 亿美元，排全国第 13 位；注册资本为 24.5 亿美元，其中外方认缴出资额为 13.7 亿美元，占 56%。

1993 年，广西工商行政管理机关采取简化审批程序和登记注册手续、下放企业登记初审权限等一系列改革措施，进一步建立和健全与有关法律、法规相配套的《外商投资企业登记工作程序》《外商投资企业档案管理制度》等规定，使登记注册工作逐步走上规范化、制度化的轨道。同年 2 月，自治区人民政府在香港举行“广西投资项目介绍会”，会期 4 天。自治区工商局副局长黄绍熙带领外资处以及南宁、柳州、桂林、北海、梧州五市工商局外资管理干部 13 人，到香港和深圳现场办理“三资”企

南宁市工商局配合政府有关部门，积极做好招商引资工作。图为工作人员为外商解读外资企业登记须知

业审批办照手续。共核准登记“三资”企业255户。其中，自治区工商局核准登记204户，南宁市工商局核准10户，柳州市工商局核准22户，桂林市工商局核准14户，北海市工商局核准4户，梧州市工商局核准1户。合同投资总额13.1亿美元，注册资金7.6亿美元，其中外方认缴出资额2.94亿美元。至年底，广西累计登记注册的外商投资企业达4368家，合同投资总额107.75亿美元，注册资本69.28亿美元，其中外方认缴39.73亿元，分别比1992年增加128%、183%、182%和190%。

是年，柳州市从三个方面把好外商投资企业登记关，在全自治区起到模范带头作用。一是把好名称登记关。凡不符合规定的企业名称，坚决按照国家规定去核定。如某家国内外知名的大公司办合资企业，申请名称登记时不要企业字号，而且找人说情，柳州市工商局反复进行政策宣传，坚持按法规规定办理，并得到柳州市领导的支持。二是把好审核关。建立“三级审核”制度，即经办人初审，科长审查，局长核准。受理审核时，要求企业提交的文件资料，如属非主要证件材料，一时提交不了，又急于登记的，要求企业承诺保证在规定的时间内补齐手续，凡主要证件材料不齐全的不予登记。对房地产业及特种行业的审核，均要求证件资料齐全。同时，为确保房地产业的规范化，房地产业都要带有项目才予以登记注册，并且要求提交资质等级证书。对医药、餐馆、娱乐等，要求有卫生、公安等部门的批文，才予以登记。三是把好登记关。在登记中发现问题，及时纠正。对上级部门有关通报，组织学习，每周召开一次会议，专门研究登记情况，针对突出的问题，提出相应的对策和措施。同时，柳州市工商局规范登记注册，制定登记制度、档案交接制度、统计报表制度、出资检查制度，设立企业名称登记簿、咨询服务簿、受理登记簿、注册登记簿、变更登记簿、注销登记簿、公告登记簿、档案查询登记簿、领导取执照签收簿、登记卡片等，做到制度化、规范化。

1994年，自治区工商局和授权市工商局相应减少外商投资企业开业登记的前置审批条件，放宽企业名称的审批条件和经营范围。全年全自治区新登记注册的外商投资企业801户，投资总额20.78亿美元，注册资本11.70亿美元，其中外方认缴7.41亿美元。至年底，全自治区登记注册的外商投资企业达5027户，合同投资总额125.68亿美元，注册资本79.91亿美元，其中外方认缴46.22亿美元。

1995年，广西工商行政管理机关按照《中华人民共和国公司法》和有关外商投资企业的法律，规范对外商投资企业的登记，大力支持兴办符合广西产业结构的外商投资企业。全年全自治区新登记注册的外商投资企业595户，投资总额21.86亿美元，注册资本13.36亿美元，其中外方认缴8.40亿美元。至年底，全自治区登记注册的外商投资企业达4876户，投资总额134.53亿美元，注册资本84.62亿美元，其中外方认缴49.69亿美元。而1993年12月29日颁布的《中华人民共和国公司法》，明确了外商投资的有限责任公司适用该法，有关中外合资经营企业、中外合作经营企业、外资企业的法律另有规定的，适用其规定。

1996年，全自治区新登记注册的外商投资企业282户，投资总额6.92亿美元，注册资本4.22亿美元，其中外方认缴3.24亿美元。至年底，全自治区登记注册的外商投资企业达4338户，投资总额117.93亿美元，注册资本74.32亿美元，其中外方认缴44.50亿美元。

1997年，自治区工商局组织对各授权局外商投资企业登记管理工作目标进行交叉检查和考核，推广北海市工商局实行的外商投资企业承诺制度的先进经验，提出整改措施，把外商投资企业登记管理工作纳入制度化、规范化轨道。至年底，全自治区实有外商投资企业3658户，投资总额118.34亿美元，注册资本71.20亿美元，其中外方认缴43.50亿美元。全年新登记外商投资企业283户，投资总额19.82亿美元，注册资本10.32亿美元，其中外方认缴7.63亿美元。新登记企业户均投资额700.46万美元，户均注册资本364.88万美元，均创历史最高水平。全自治区实有投资总额超过1000万美元的企业275户，这些企业主要分布于10个行业，其中，制造业、房地产业和社会服务业集中了全自治区70%的大型企业。全年共登记中外合作企业73户，投资总额10.18亿美元。合作企业中，基础建设的合作项目增加，金额大。如自治区交通厅以下属单位名义举办了13家从事公路建设的合作企业，总投资达23.4亿港元。全年新登记企业户数排列前3位的地区依次是：区直(93户)、桂林市(54户)、南宁市(42户)，合计占8个授权局新登记企业总数283户的66.78%。10个开放市县全年新登记外商投资企业150多户，占全自治区新登记企业总数 283 户的 53%，外商投资总额近 10 亿美元，占全自治区新登记外商投资总额 19.8 亿美元的 50.51%。河池、百色等经济不发达地区和边远山区的企业数占全自治区新登记企业总数的 2%，外商投资总额占 6%，地区差距进一步加大。

1999 年，广西工商行政管理机关坚持合理有效利用外资的方针，积极开展外商投资企业登记咨询，引导外商投资企业向农业资源综合开发、农副产品精深加工、基础产业和高科技行业发展。同时，随着广西对外开放的不断深入，以及“以市场换技术”方针的实施，欧美等其他国家具有雄厚的资金、技术实力和市场拓展能力较强的跨国公司前来广西投资的项目逐渐增多。如德国汉高、日本 NEC、韩国大宇、法国电力、通用电子等跨国公司，投资的项目主要涉及制造业、能源生产供应业。新办的企业中投资规模最大的是桂林桂泰能源发展有限公司，投资总额 2998 万美元，该项目是开发建设黄沙旅游项目和综合水利工程。

2000 年，在自治区直属机关机构改革中，外资企业登记管理处并入企业注册管理处。《外商投资企业和外国（地区）企业登记程序规范》正式下发全自治区执行，进一步规范外商投资企业登记程序和管理方式，保证登记质量的提高。是年，广西充分发挥区位优势，实施西部大开发战略，外商在广西的投资热情高涨，全年全自治区实有外商投资企业 2705 户，投资总额 108.50 亿美元，注册资本 62.70 亿美元，其中外方认缴 41.00 亿美元。全自治区新登记注册外商投资企业 236 户，主要集中在经济较发达的桂东、桂南地区及沿海地区。新办 29 户投资总额在 1000 万～3000 万美元的企业，另有 1 户企业投资总额超过 3000 万美元。

2001 年，随着《外商投资产业指导目录》和《中西部地区外商投资优势产业目录》等政策的颁布和实施，广西外商投资的产业结构和地区结构进一步优化和趋向合理，项目由房地产业逐渐投向国家鼓励和广西经济发展需要的行业，如农业、制造业、能源、交通、城市建设等基础设施和基础行业。同时，吸引了一批国际知名公司来广西投资，如德国汉高、英国博庆等投资项目。新登记企业外商独资企业比重增大。新登记企业中外商独资企业 144 户，占总户数 272 户的 52.9%。

2002 年，广西工商行政管理机关改进外商投资企业登记注册，放宽中方合营者与外商合资合作的条件、放宽外商投资企业的经营范围、鼓励自治区外的外资企业到广西再投资，促进了外商投资企业发展。至年底，全自治区实有外商投资企业 2509 户，投资总额 104.44 亿美元，注册资本 61.35 亿美元，其中外方认缴 41.21 亿美元。

2003 年，广西工商行政管理机关积极做好外商投资企业登记管理资格确认工作，争取各授权局通过国家工商总局的重新授权验收。在此基础上，建立统一、科学、规范的工作制度，不断完善外商投资企业登记程序，为外商投资企业提供高效优质服务。进一步放宽外商投资企业登记条件，允许具有投资行为能力的自然人作为中方投资者，投资兴办中外合资、中外合作企业；允许取得中国法人资格并且符合条件的外资企业成为内资有限责任公司的股东或股份有限公司的发起人，拓宽利用外资的途径。同年 12 月，国家工商总局授权钦州市工商局直接受理外商投资企业注册登记。同时，根据自治区机构编制委员会桂编〔2003〕72 号文及自治区编办领导的有关指示，自治区工商局成立外商投资企业注册管理处，南宁、柳州、桂林、梧州、北海、防城港、钦州、玉林等 8 个市工商局成立外商投资企业注册管理科，主要负责组织管理外商投资企业及其分支机构、外国（地区）企业常驻代表机构、承包工程和承包经营管理等生产经营活动，核定注册单位名称；审定、核准授权范围内的外资投资企业及其分支机构、外国（地区）企业常驻代表机构、承包工程和承包经营管理等生产经营活动的注册登记；查处违反企业登记注册法规的行为，指导本系统（市）的外商投资企业注册及监督管理工作。是年，外商独资企业发展迅速，成为新登记外资企业的主导力量。新登记企业中，中外合资企业 97 户，占企业总数 303 户的 32.01%；中外合作企业 33 户，占 10.89%；外商独资企业 173 户，占 57.09%。

2006 年，广西工商行政管理机关强化服务措施，对自治区外重点优势企业来广西投资的，采取提前介入、指定服务窗口、指定专人负责、提供快速通道服务等措施，积极协调解决涉及企业登记注册方面的问题；实行优惠政策，支持区外重点优势企业直冠“广西”名称，区外具备条件的企业在广西设立分支机构，允许其直冠“广西”名称；加强登记和政策引导，积极支持各类企业投资基础设施建设、公用事业、农副产品加工运销、社区服务等国家、自治区鼓励发展的产业。

2007—2013年，广西工商行政管理机关进一步增强服务意识，积极向外商投资企业提供政策信息和市场信息，同时进一步健全外商投资登记管理和服务机构，完善制度，促进外商投资企业健康稳定发展。

2007年，自治区工商局主动向国家工商总局申请获得贵港、百色、河池、贺州、来宾、崇左等6个市工商局外商投资企业登记管理的授权；加强与招商促进部门的联系协作，积极做好到广西投资重点项目企业的服务工作，主动与项目企业联系，在不违反国家产业政策和法律法规的前提下，及时为外商投资企业办理登记手续，推动“百企入桂”活动的开展。同年8月20日，经自治区机构编制委员会批准，自治区工商局单独设立外商投资企业注册登记管理处，负责全自治区中外合资企业、中外合作企业、外商独资企业、外国（地区）企业常驻代表机构的登记注册，根据授权核发证、照，依法实施监督管理。至年底，全自治区实有外商投资企业2468户，外商投资企业投资总额219.07亿美元，注册资本124.11亿美元，外方认缴92.92亿美元。

2008年5月，国家工商总局授予贵港、百色、河池、贺州、来宾、崇左6个市工商局外商投资企业核准登记权。至此，广西14个地级市工商局可直接受理外商投资企业核准登记注册。同时，根据《自治区工商行政管理局关于各地级市工商行政管理局增设外商投资企业注册登记管理科的通知》（桂工商发〔2007〕335号）的精神，各市均设立外商投资企业注册登记管理科，完善登记管理和服务机构。自治区工商局制定《关于贯彻国家工商总局专项政策支持广西北部湾经济区建设的实施意见》，放宽外商投资企业主体限制，扩大外商投资企业“就地登记”范围，放宽常驻代表机构驻在期限等，积极支持北部湾经济区开放开发。

2009年3月，自治区工商局出台《关于应对国际金融危机促进全民创业的若干意见》，制定鼓励全民创业，服务企业发展的21条政策措施，其中简化登记手续，为外商投资企业登记注册提供便利服务。至年底，全自治区共有外商投资企业4391户（含分支机构），外商投资企业投资总额271.98亿美元，注册资本149.78亿美元，其中外方认缴120.82亿美元。

2010年，自治区工商局学习领会《外国企业或者个人在中国境内设立合伙企业管理办法》《外商投资合伙企业登记规定》有关法律、法规，制定符合广西的外商投资合伙企业登记程序和工作流程；开发外商投资合伙企业的信息化应用软件，自治区及14个地级市工商局均依托该软件开展外商投资合伙企业登记注册工作，提高了工作效率。

2011年，广西工商行政管理机关进一步建立完善外商投资企业登记注册绿色通道，按照同等优先、适当放宽的原则，为外资企业申办登记注册手续提供政策咨询、投资指导、受理核准等各项优先、快速服务，切实为外商来桂投资提供全方位、宽领域、多层次的服务。是年，全自治区启动外商投资企业网上登记软件的开发工作。在前期开发的过程中，南宁、梧州、钦州3市工商局进行测试和试运行。经过进一步的完善和调整，该软件于11月初已在全自治区范围内安装和使用。

2012年，自治区工商局与自治区金融办、商务厅、外汇管理局联合印发《关于设立外资小额贷款公司有关事项的通知》（桂金办发〔2011〕7号），及时解决外商投资企业在登记设立小额贷款公司过程中遇到的各种问题。是年，经自治区金融办批准，注册资本、实收资本为620万美元的广西首家外资小额贷款公司南宁百裕小额贷款有限公司在南宁市工商局设立登记，正式落户南宁。同年，自治区工商局对保税区的企业登记工作以《广西凭祥综合保税区企业登记工作协调会议纪要》的形式，明确当前保税区内外商投资企业的注册登记的管辖、过渡期限、入区条件等问题，理顺了管理机制。

2013年，自治区工商局进一步授予地级市工商局对属地外商投资企业的登记管辖权限，将原经自治区有关部门批准，并由自治区工商局本级登记的外商投资“股份”和“集团”有限公司，调整由企业所在地的地级市工商局登记管辖。同年1月，汇丰银行（中国）有限公司南宁分行正式进驻南宁，成为首家入驻广西的全球性银行。在设立登记过程中，自治区工商局为企业提供法律政策咨询和全程优质服务，及时为企业办理注册登记事项，得到企业高度评价。至年底，全自治区共有外商投资企业3756户（含分支机构），其中中外合资企业840户，中外合作企业91户，外商独资1126户，外商投资股份公司12户，外商合伙企业3户，分支机构1684户。外商投资企业投资总额319.27亿美元，注册资本172.67亿美元，其中外方认缴 140.24 亿美元。

2014—2018 年，广西全面实施商事制度改革，实行企业注册资本认缴登记制、简化住所（经营场所）登记条件、推行电子营业执照和全程电子化登记管理等改革，充分激发外商投资企业市场活力，外商投资企业主体发展较快，投资规模也呈现出增长态势。

2014 年，为支持东兴重点开发开放试验区发展，自治区工商局向国家工商总局申请东兴市工商局外资企业登记管理授权，在不到 1 个月的时间里，东兴市工商局获得外资企业登记管理权授权，开创全自治区县级外资企业登记管理工作新的里程碑。至年底，共有外商投资企业 3949 户（含分支机构），其中，中外合资企业 827 户，中外合作企业 104 户，外商独资 1207 户，外商投资股份公司 11 户，外商合伙企业 4 户，分支机构 1796 户。外商投资企业投资总额 373.96 亿美元，注册资本 193.74 亿美元，其中外方认缴 157.27 亿美元。

自治区工商行政管理机关根据全国人大的修法决定，自 2016 年 10 月 1 日起，不涉及国家规定实施准入特别管理措施的外商投资企业的设立和变更，由审批改为备案管理。截至 2016 年 11 月 9 日，广西已有 87 家外商投资企业享受新政红利，快速办理登记，新增注册资本 7946 万美元，其中，外方认缴 6910 万美元。

2017 年，根据《国务院关于取消和下放一批行政审批项目等事项决定》《广西壮族自治区人民政府关于取消和调整一批行政许可事项的决定》文件要求，自治区工商局下发《自治区工商局关于调整一批行政许可事项的通知》，对“外国企业常驻代表机构登记”和“外国（地区）企业在中国境内从事生产经营活动核准”的管辖范围进行调整，授予中国—马来西亚钦州产业园区具有工商行政管理职能的单位行使“外国企业常驻代表机构登记”和“外国（地区）企业在中国境内从事生产经营活动核准”登记权限。是年，根据公安部、国家工商总局《关于做好在工商行政管理部门登记的境外非政府组织代表机构档案移交工作的通知》要求，自治区工商局会同自治区公安厅对符合要求的境外非政府组织代表机构的档案材料进行移交；完成外商投资企业禁限制投资目录在综合业务系统嵌入。

2018 年，全自治区共有外商企业 5333 户，投资总额 627.22 亿美元，注册资本 321.74 亿美元，其中外方认缴 255.31 亿美元。外商投资企业稳定发展，来自不同国别和地区的投资不断增长。亚洲 2071 户，投资总额为 421.99 亿美元，注册资本 229.14 亿美元，其中外方认缴出资金额 184.00 亿美元。非洲 16 户，投资总额 2.33 亿美元，注册资金 0.95 亿美元，其中外方认缴出资金额 0.73 亿美元。欧洲 111 户，投资总额 55.43 亿美元，注册资金 19.15 亿美元，其中外方认缴出资金额 15.51 亿美元。拉丁美洲 123 户，投资总额 24.74 亿美元，注册资金 18.81 亿美元，其中外方认缴出资金额 16.03 亿美元。北美洲 232 户，投资总额 58.19 亿美元，注册资金 25.38 亿美元，其中外方认缴出资金额 19.00 亿美元。大洋洲 90 户，投资总额 6.81 亿美元，注册资金 3.48 亿美元，外方出资 2.96 亿美元。

表 1-2-1　1992—2018 年广西外商投资企业工商登记情况

年份	企业数量（户）	投资总额（亿美元）	注册资本（亿美元）	
				外方（亿美元）
1992	1915	37.98	24.53	13.71
1993	4368	107.75	69.28	39.73
1994	5027	125.68	79.91	46.22
1995	4876	134.53	84.62	49.69
1996	4338	117.93	74.32	44.50
1997	3658	118.34	71.20	43.50
1998	3452	119.72	70.81	44.18
1999	3018	108.90	64.05	40.08

续表

年份	企业数量（户）	投资总额（亿美元）	注册资本（亿美元）	
				外方（亿美元）
2000	2705	108.50	62.70	41.00
2001	2436	102.45	59.30	39.90
2002	2509	104.44	61.35	41.21
2003	2311	104.48	60.57	42.97
2004	2336	126.78	73.51	54.07
2005	2441	147.13	82.58	60.98
2006	2611	180.33	98.31	76.31
2007	2468	219.07	124.11	92.92
2008	2453	258.26	139.07	109.36
2009	4391	271.98	149.78	120.82
2010	5327	279.73	154.78	124.82
2011	4650	299.42	160.81	130.46
2012	3773	311.43	167.44	136.32
2013	3756	319.27	172.67	140.24
2014	3949	373.96	193.74	157.27
2015	4215	425.29	214.65	175.52
2016	4485	437.20	229.55	189.97
2017	4872	562.00	298.75	239.60
2018	5333	627.22	321.74	255.31

第二节　监督管理

1992—1993年，广西工商行政管理机关积极宣传政策法规，搞好外商投资企业年检，保护合法经营，促进外商投资企业发展。1993年，柳州市工商局在出资检查工作中表现突出，外商投资企业出资率达64%，比全自治区出资率高5.5%，居广西首位。具体做法如下：第一，实行营业执照分期核发，督促企业按合同规定出资。柳州市工商局把营业执照的有效期暂定为一年，待企业认缴出资完毕，再核发有效期与经营期限相同的执照。1993年—1994年6月，共核发一年期营业执照127户，有62户外商投资企业资金全部到位，71户部分出资，促进了外商投资企业尽快出资。第二，强化出资检查。一方面，做好基础工作。建立出资台账、出资报表，以便查阅。对不按期出资的，要求企业做出资计划书面报告，并发限期出资通知书。对暂时未能投入的，也要说明原因，并做出书面出资计划。另一方面，建立出资反馈制度。企业登记时同时填写出资表，待出资完毕后需反馈出资表。

1994—1995年，广西工商行政管理机关加强以企业年检为重点的监督管理工作。1994年，自治区工商局委托地区工商局和工商所对外商投资企业进行年检初审。为了强化监督管理工作，自治区工商局充分发挥地、县工商局在外商投资企业登记初审和管理中的作用，在全自治区普遍推广钦州市的工商所管属地企业的经验。同时，广西加强外商投资企业登记管理制度建设，进一步完善发放企业营业执照有效期与出资期一致的管理办法，建立企业出资台账制度、企业出资跟踪检查制度。1995年，自治区工商局注重年检质量、强化年检力度，采取加强宣传工作、召开工作会议、深入第一线指导帮助、现场办理年检手续、推广典型经验等办法，促进外商投资企业年检工作的开展。通过年检的外商投资有 3671 户，合格率为 96%。

1997 年，全自治区注（吊）销企业增多，投资环境得到净化。全年新注销企业 960 户，比 1996 年 823 户增长 16.65%。其中，注销企业以制造业和房地产业居多，分别注销了 590 户和 125 户，合计占注销企业总数的 74.48%。广西工商行政管理机关加大年检工作的力度，对连续两年不接受年检的企业，吊销其执照，认真清理无资金、无场地、无组织的“三无”企业，强化市场主体进入的监督管理，提高外商投资企业质量。通过年检，全自治区共注（吊）销企业 449 户，清理“三无”企业 469 户。两项合计，占全年注销企业的 95.62%。同时，各级工商行政管理机关重点抓好合同履行监督检查，提高出资率。

1998 年，各地工商行政管理机关进一步加大监管力度，正确处理好治理“三无”企业与维护法律尊严、治理“三无”企业与优化投资环境、治理“三无”企业与发展速度的关系；对长期不出资、经营不善、严重亏损、负债累累的企业，以及不参加年检、查无下落、名存实亡的企业全面进行清理，共注（吊）销“三无”企业及逾期不年检企业 257 户。至年底，全自治区应年检外商投资企业 3452 户，实检 2930 户，年检率 85%，是 1992 年以来年检率最高的一年。参检企业中，通过年检的外商投资企业 2716 户，合格率为 92.7%。

1999 年，广西工商行政管理机关在做好稳定和发展工作的同时加大监管力度，正确处理好治理“三无”企业与维护法律尊严、优化投资环境的关系，对长期不出资、经营不善、严重亏损以及不参加年检、查无下落、名存实户的企业全面进行调查和清理，全年共吊销外商投资企业 486 户。注销企业 149 户，其中中外合资企业 83 户、中外合作企业 32 户、外商独资企业 34 户；涉及三大产业，其中第一产业 10 户，第二产业 104 户，第三产业 32 户；注销企业中，户数排列前三位的是中国香港 101 户、中国台湾 16 户、美国 9 户。办理股权转让的企业日益增多，全年共办理股权转让登记 31 户。

2000 年底，全自治区共吊销企业 374 户，注销企业 175 户。

根据《中华人民共和国企业法人登记管理条例》《中华人民共和国公司登记管理条例》《关于对外商投资企业实行联合年检实施方案的通知》和国家工商总局《企业年度检验办法》的有关规定，广西各级工商行政管理机关会同其他联合年检部门，于 2001 年 1 月—5 月对全自治区外商投资企业进行了 2000 年度检验。一是领导重视，思想明确，做好年检的组织工作。2000 年 12 月召开了全自治区年检工作会议，认真学习国家工商总局《关于进一步做好 2000 年度企业年检工作的通知》和外经贸部《关于做好外商投资企业联合年检工作的通知》精神，以江泽民“三个代表”重要思想为指导，从讲政治、讲大局的高度，认识 2000 年检工作的重要性，对 2000 年度企业年检工作统一部署。2001 年 4 月结合国家工商总局关于整顿和规范市场经济秩序的通知精神，要求各授权局切实加强年检工作的领导，进一步加大年检工作的力度，把年检工作作为整顿和规范市场经济秩序的一项重要工作来抓。各授权局专门成立年检工作领导小组，对年检工作进行部署和检查指导，并结合当地的实际情况，制订具体的工作方案组织实施。如桂林市工商局召开年检会议，制定年检方案，对 2000 年检工作统一部署，对需前置审批的企业进行一次全面的清理。二是加强宣传，扩大影响，为年检工作营造良好氛围。为把年检工作做好，各授权市局注重做好宣传工作。虽然年检是一项法定制度，但为了增强企业的年检意识，采取多种形式，全方位进行宣传，为年检工作营造良好的氛围。利用报纸、电视、电台等媒体，进行年检通告。如梧州市在电视台做了 2 次通告，《梧州日报》刊登了 2 期通告，电台广播了 3 次通告。在工商局、所的宣传栏，张贴宣传资料、标语，悬挂宣传横幅，大力宣传工商行政管理法规，让企业了解年检工作的重要性和必要性，增强企业的守法经营意识。召开部分企业年检工作动员大会，督促企业按时进行年检。三是增强责任感，积极工作，做好“五个结合”，抓好 2000 年度检验工作。第一，年检工作和换发新营业执照工作的结合。2001 年 1 月 1 日是工商行政管理部门启用外商投资企业、分支机构和办事机构新式执照的时间，在年检开始前，由自治区工商局统一领取新执照，发给各授权市局，安装好新执照打印程序。各授权市局在年检期间，都能按照要求完成换照工作，做到年检和换发执照两不误。第二，年检工作和非公有制企业管理人员及专业技术人员情况调查工作的结合。按照组织部、人事部和国家工商总局联合下文布置的任务要求，各授权局都加以重视，积极配合组织、人事部门进行工作，把有关的表格发给非公有制企业和经营单位，年检时，把表格回收初审后交给当地人事部门汇总。第三，年检工作和建立企业“经济户口”工作的结合。按照工商行政管理的改革和发展方向，积极探索改革年检制度，逐步实行登记管理与属地监督管理相结合的联动机制，促进监督管理职能到位，增强执法的统一性、权威性和有效性。为保证企业年检工作质量，提高企业年检的工作效率，在年检工作开始前组织有关同志进行培训，提高基层工商局企业登记管理人员的业务素质。在年检工作中，由企业所在地工商局负责给本辖区的企业发送年检通知，发放年检报告书及有关年检资料，指导企业填写年检报告书和准备应提交的材料，签署初审意见，然后报授权市局核定。基层工商局通过年检初审，掌握辖区内企业的详细情况，为建立“经济户口”打下良好的基础。第四，年检工作和清理前置审批工作的结合。凡是国家法律、法规明确规定需要前置审批的项目，特别是食品、药品、易燃易爆品、农资、文化娱乐、成品油、建筑等行业的企业，年检中一律要求其提交合法、有效、齐全的经营许可证和审批文件，并认真审查许可证名称是否与执照名称相符，许可经营范围与执照经营范围是否相同，许可证期限是否有效。对需要前置审批但又无法提交相关许可证和审批文件的企业，责令其办理经营范围变更登记或者注销登记手续。第五，年检工作和各项清理工作的结合。在年检中，结合国家整顿和规范市场经济秩序的清理工作，认真清理无资金、无机构、无场地的“三无”企业。如作为全国清理“三无”企业试点单位的玉林市工商局，十分重视“三无”企业的清理工作，制定清理专项工作方案，明确职责，层层落实，采取有力措施，边年检边清理。同时，认真贯彻落实国家产业结构调整政策，做好小煤矿、小炼油、小水泥、小玻璃、小火电的清理工作。

2000 年，全自治区应参加年检外商投资企业 2705 户，实际参加年检 2231 户，年检率为 82.48%。其中中外合资企业应检数 1603 户，实检数 1349 户，年检率 84.15%；中外合作企业应检数 426 户，实检数 338 户，年检率 79.34%；外商独资企业应检数 675 户，实检数 544 户，年检率 80.59%。参检企业中，合格的企业 2104 户，合格率 94.3%，不合格企业 127 户。有 474 户企业无正当理由未参加年检。全自治区外商投资企业应出资 98497 万美元，实际出资 56182 万美元，出资率 57.04%。其中，中方应出资 16715 万美元，实际出资 9025 万美元，出资率 53.99%；外方应出资 81782 万美元，实际出资 47157 万美元，出资率 57.66%。全自治区外商投资企业累计应出资 826848 万美元，实际出资 497611 万美元，资金到位率为 79.38%。其中中方历年累计应出资 216883 万美元，实际出资 160461 万美元，资金到位率为 73.99%；外方历年累计应出资 409965 万美元，实际出资 337150 万美元，资金到位率为 82.24%。参加年检的 2231 户企业中，已投产开业的企业 1172 户，开业率为 52.53%。投产开业企业中，盈利企业 378 户，占开业户数的 32.25%，盈利金额 11076 万美元，盈利最多的企业是广西玉柴机器股份有限公司，盈利金额 1159 万美元；亏损企业 960 户，占开业户数的 81.91%，亏损金额 30635 万美元。盈亏相抵，总体亏损 19559 万美元。企业全年内外销总额 316453 万美元，全年服务性行业营业总额 123855 万美元。全自治区年销售额最大的企业是广西玉柴机器股份有限公司，年销售额 17212 万美元，占全自治区外商投资企业总销售额的 5.44%。企业纳税额 17473 万美元，税后利润 11076 万美元。纳税最多的企业是广西玉柴机器股份有限公司，纳税额 1388 万美元，占全自治区外商投资企业总纳税额的 7.94%。

2001 年底，全自治区共吊注销外商投资企业 541 户，超过了新登记企业户数(272 户)。

2002 年 1 月—5 月对全自治区外商投资企业进行 2001 年度检验。一是采取多种年检方式，在方便企业的同时，提高年检的工作效率。首先采用所在地工商局初审的办法，在年检工作中，由企业所在地工商局负责给本辖区的企业发送年检通知，发放年检报告书及有关年检资料、指导企业填写年检报告书和准备应提交的材料，签署初审意见，然后报授权市局核定。其次采用各联合年检单位一条龙服务的办法，由联合年检办公室制定有关联合年检的办法，统一办公，既方便企业的年检，又能加强对企业的有效监督管理。再次采用网上年检的办法，改进传统的年检管理手段和方法，努力为企业提供优质、便捷、高效服务。二是依据现行法律法规，清理核实需前置性审批的企业。依据现行国家的法律、法规，严格执行前置审批制度，把好市场的准入关，制止不规范、不合格的市场主体进入市场，建立有序的市场经济秩序。凡是国家法律、法规明确规定需要前置审批的企业，特别是食品、药品、易燃易爆品、农资、文化娱乐、建筑施工、成品油、电子游戏、互联网上网服务、桑拿按摩等行业的企业，年检中一律要求其提交合法、有效齐全的经营许可证和审批文件，并认真审查许可证名称是否与执照名称相符，许可经营范围与执照经营范围是否相同，许可证期限是否有效。对需要前置审批但又无法提交相关许可证和审批文件的企业，责令其办理经营范围变更登记或者注销登记手续。据不完全统计，全自治区通过年检限期补办前置审批的1120户，取消或变更经营范围的256户，注销或吊销不具备经营资格或条件的25户。三是加大力度，继续做好各项清理整顿工作。继续清理无资金、无机构、无场地的“三无”企业，虽然前段对“三无”企业进行了积极清理，但无法从根本上消除“三无”企业。为此年检前，通过调查研究，了解情况，探讨滋生“三无”企业产生的具体原因，采取有力措施，边年检边清理，年检期间全自治区共清理“三无”企业89户。认真贯彻落实国家产业结构调整政策，做好小煤矿、小炼油、小水泥、小玻璃、小火电的清理工作，属于清理范围的“五小”企业，不再办理年检手续，限期办理注销手续，对逾期不办的吊销营业执照。据部分授权市局统计，通过年检共清理“五小”企业123户。加强对股东、出资人出资行为的监督管理，重点检查以工业产权、土地使用权和实物出资的企业，对注册后6个月未办理财产转移手续的，限期办理，并与公安部门联系，采取有力的措施，严厉查处虚假出资、抽逃注册资本的行为。2001年度检验，全自治区应参加年检外商投资企业2436户，实际参加年检2099户，年检率为86.2%。其中中外合资企业应检数1367户，实检数1213户，年检率89%；中外合作企业应检数380户，实检数335户，年检率88%；外商独资企业应检数688户，实检数623户，年检率91%；中外合资股份企业1户，实检1户。参检企业中，合格的企业1764户，合格率84%，不合格企业336户。有172户企业无正当理由未参加年检。全自治区外商投资企业应出资63350万美元，实际出资3280万美元，出资率52%，其中中方应出资17076万美元，实际出资9860万美元，出资率58%；外方应出资46274万美元，实际出资23010万美元，出资率50%。外商投资企业出资率，中方和外方出资率分别比2000年降低5个、4个、8个百分点。全自治区外商投资企业累计应出资859270万美元，实际出资804341万美元，资金到位率为94%。其中中方历年累计应出资570421万美元，实际出资555241万美元，资金到位率为97%；外方历年累计出资288849万美元，实际出资249100万美元，资金到位率为86%。参加年检的2099户企业中，已投产开业的企业1313户，开业率为63%。投产开业企业中，盈利企业435户，占开业户数的33%，盈利金额13492万美元，盈利最多的企业是广西玉柴机器股份有限公司，盈利金额1896万美元；亏损企业787户，占开业户数的60%，亏损金额17753万美元。盈亏相抵，总体亏损4261万美元，比2000年度增亏15298万美元。企业全年内外销总额234121万美元，比2000年度减少82332万美元，全年服务性行业营业总额90456万美元，比2000年度减少33399万美元。全自治区年销售额最大的企业是广西玉柴机器股份有限公司，年销售额21886万美元，占全自治区外商投资企业总销售额的24%。企业纳税额14177万美元，比2000年度减少3296万美元；税后利润13492万美元，比2000年度增加2416万美元。纳税最多的企业是广西玉柴机器股份有限公司，纳税额1578万美元，占全自治区外商投资企业总纳税额的11%。

2002年2月，在桂林市召开全自治区工商行政管理系统企业网上年检观摩演示会。自治区工商局局长蔡永伦、桂林市副市长孙中文及各地、市工商局业务科室负责人参加观摩演示会。会议明确即日起，广西工商行政管理系统网上年检工作全面启动。广西工商行政管理机关采取企业网上年检这种方式是走在全国前列的。年底，全自治区共吊注销外商投资企业196户，与2001年同期相比减少345户，降低了64%。经过几年的清理整顿，广西外商投资企业的整体素质已大大提高，企业的法律意识、参检意识都有所增强。

根据国家七部委下发的《关于2003年外商投资企业联合年检有关工作的通知》精神，自治区工商局于2002年底结合工作实际情况，明确年检工作的目标和任务。各级工商行政管理机关按照自治区工商局的要求，加强对企业年检工作的领导，精心组织，认真部署2002年度企业年检工作。如防城港市工商局召开全市企业年检工作会议，部署年检工作任务。各地充分利用电视、广播、报刊等媒体作宣传，采取发通知、张贴通告、召开企业人员座谈会、出动宣传车等各种形式，做好企业年检的宣传工作。据不完全统计，全自治区分别在报纸、电台、电视等进行宣传197期(次)，出动宣传车4231辆(次)，张贴巨额横幅5752幅。根据各地外商投资企业分布的特点和实际情况，各地主动与联合年检部门联系，商讨联合年检工作进行的程序和方法，形成不同的联合办公方式。各地在以往清理的基础上，继续对经营范围中涉及前置审批条件及许可证制度项目的企业，要求其重新提交前置审批手续和许可证，并严格审查其内容，保证其前置审批和许可证手续的有效性、合法性。对前置审批手续和许可证过期失效的，限期续办；逾期不办的，撤销所涉的经营项目；没有前置审批和许可证手续的，取消其经营项目。据统计，2002年度企业年检中，全自治区责令375家企业限期补办前置审批和许可证手续，取消或变更经营范围43户，责令整改企业32户。年检期间，根据国家工商总局和公安部的《关于整顿规范公司出资行为的通知》精神，对企业出资状况进行重点审查，开展公司出资行为的专项整治，加大对虚假出资和抽逃注册资本等违法行为的打击力度，进一步规范公司股东的出资行为。在年检中，一是认真严格审查企业的验资报告，对存在问题的验资报告，一律不予认可，要求其重新出具；二是加强对企业年度审计报告的审查，对资产负债表中应收款和其他应收款过大的企业，必须作出详细的说明；三是对资不抵债的企业，也要其作出说明。继续认真贯彻落实国家的有关政策，清理整顿“三无”企业和“五小”企业。全自治区共清理出“三无”企业102户。按照国家工商总局《关于加强企业属地监督管理工作的通知》和广西开展工商所年检的经验，自治区工商局制定《工商所代行年检或年检初审的操作规程(试行)》，要求全自治区各级工商行政管理机关进一步完善企业经济户口，充分发挥基层工商所的属地管理职能，逐步建立健全工商所年检制度，对有条件的工商所，委托其代行年检。在上年实行网上年检的基础上，进一步修改完善，为加强网上年检，自治区工商局为各地市工商局及部分县工商局配备了计算机、扫描仪等设备，对有关操作人员进行多次培训。同时按照国家工商总局的要求，制定《企业简化年检制度》，各地工商局也利用各种宣传方式进行广泛的宣传，使企业了解简化年检和网上年检的有关事项，积极申请简化年检和进行网上年检。做好企业年检服务工作：一是在年检之初，自治区工商局及部分市工商局做好企业“年检袋”，即用大信封装好各种材料，在封面上标明注意事项及应提交的材料；二是在年检中实行“首问责任制”，加强工作人员的责任心；三是贯彻党中央、国务院全面预防及治理非典型性肺炎的战略部署，除鼓励企业参加网上年检、简化年检外，还以邮局挂号信、提交复印件或电传件等形式提交年检材料，年检受理执照打印后逐一电话通知企业。

2002年，全自治区应参加年检的外商投资企业2707户，实际参加年检2126户，年检率为78.54%，比2001年下降7.66个百分点。参检企业中，合格的企业2019户，合格率94.97%，不合格企业107户，有581户企业无正当理由未参加年检。外商投资企业应出资115516万美元，实际出资82487万美元，出资率71.41%，比2001年提高19.41个百分点。其中，中方应出资32286万美元，实际出资27147万美元，出资率84.08%；外方应出资83230万美元，实际出资55340万美元，出资率66.49%。外商投资企业累计应出资1242401万美元，实际出资1099743万美元，资金到位率为88.52%。其中，中方历年累计应出资378882万美元，实际出资361326万美元，资金到位率为95.37%；外方历年累计应出资863519万美元，实际出资738417万美元，资金到位率为85.51%。参加年检的2126户企业中，已投产开业的企业1245户，开业率为58.56%。投产开业企业中，盈利企业485户，盈利金额34388万美元，亏损企业622户，亏损金额14352万美元，盈亏相抵，总体盈利20036万美元。企业全年内外销总额663843万美元，比2001年度增加429722万美元，全年服务性行业营业总额84543万美元，比2001年度减少5913万美元。企业纳税额30850万美元，比2001年度增加16673万美元；税后利润34388万美元，比2001年度增加20896万美元。

2003年底，全自治区共吊注销外商投资企业501户，与2002年同期相比增加305户。

2004年1月1日—5月30日，对全自治区外商投资企业进行2003年度检验。根据国家工商行政管理总局的要求，自治工商局下发《关于做好2003年度企业年检工作的通知》，明确年检工作的目标和任务。各级工商行政管理机关按照自治区工商局的要求，认真开展部署2003年度企业年检工作。特别是柳州市、玉林市、防城港市工商局高度重视，针对年检的重点和难点，召开全市、县企业年检工作会议，提前研究部署年检工作，确保年检工作顺利开展。同时，为提高企业年检的意识，按时完成企业年检任务，各地采取发通知、发布年检通告、举办企业人员座谈会、出动宣传车以及利用电视、广播、报刊媒体等各种形式，积极做好企业年检的宣传工作。据不完全统计，全自治区分别在报纸、电台、电视等进行宣传 150 期（次），出动宣传车 80 辆（次），张贴巨额横幅 200 多幅。突出重点，加强企业年检材料的审查。一是把年检作为企业的“二次登记”，严格把关，确保主体资格。各级工商行政管理机关结合年检，依据现行法律法规，对经营范围中有前置审批条件及许可证制度的项目进行审查；对许可证或批准文件过期失效的，限期补办，逾期不办的，责令办理经营范围变更登记。年检期间，共对 30 户经营危及人民群众生命财产安全的企业进行清理和查处，对 40 多户前置审批手续不齐或证件过期的企业，暂缓通过年检。二是加强对出资行为的审查。对未按照合同章程规定出资的企业，发放限期出资通知书要求企业在规定的期限内如期缴纳出资；在限期内仍无法出资的，必须提交董事会决议作出的进资计划，经审批机关批准后，方予通过年检。年检期间，共发出限期出资通知书 60 多份，催缴到位资金 1038 万美元。对部分资金长期不到位，但不影响企业正常经营，且投资各方已无意或无力继续出资的企业，要求其依照法定程序办理调整注册资本手续。对土地使用权、房屋出资的部分企业，未在规定期限内完成财产转移手续，形成虚假出资的，发出“责令改正通知书”。三是进一步加大取缔无照经营和清理“三无”企业的工作力度。通过实地调查了解，摸清情况，认真清理无资金、无机构、无场地的企业。四是实行预约服务和上门服务，变被动等企业上门办事为工商局主动下企业服务。推行首问责任制，探索年检制度改革。部分市工商局对年检、变更登记制度进行了改革，明确审查员、核准员的职责分工，落实责任，减少了中间环节。同时，各级工商行政管理机关在注册大厅设置了引导服务员，负责做好咨询、解答和疏导工作，有效地缓解登记窗口少，年检企业集中排队的矛盾。同时，按照国家工商总局提出的“创新年检手续，加强计算机网络应用，实现市场监管现代化”的要求，大力推行网上年检，提高年检效率。年检期间，共有 40 户外资企业办理了网上年检。

2003 年，全自治区应参加年检的外商投资企业 2311 户，实际参加年检 1962 户，年检率为 84.90%，比 2002 年增加 6.36 个百分点。参检企业中，合格的企业 1943 户，年检合格率为 99.03%，不合格企业 19 户，有 306 户企业无正当理由未参加年检。外商投资企业应出资 94529 万美元，实际出资 72052 万美元，出资率 76%，比 2002 年提高 4.6 个百分点。其中，中方应出资 26924 万美元，实际出资 21630 万美元，出资率 80%；外方应出资 67605 万美元，实际出资 50422 万美元，出资率 75%。外商投资企业累计应出资 668087 万美元，实际出资 606266 万美元，资金到位率为 90.75%。其中，中方历年累计应出资 261831 万美元，实际出资 254875 万美元，资金到位率为 97.34%；外方历年累计应出资 406256 万美元，实际出资 351391 万美元，资金到位率为 86.4%。参加年检的 1962 户企业中，已投产开业的企业 1098 户，开业率为 56%。投产开业企业中，盈利企业 440 户，盈利金额 49842 万美元，亏损企业 668 户，亏损金额 21476 万美元，盈亏相抵，总体盈利 28366 万美元。企业全年内外销总额 981652 万美元，比 2002 年度增加 317809 万美元，全年服务性行业营业总额 61471 万美元，比 2002 年度减少 23072 万美元。企业纳税额 24487 万美元，比 2002 年度减少 6363 万美元，税后利润 49842 万美元，比 2002 年度增加 15454 万美元。

2004 年底，共吊注销外商投资企业 317 户，与 2003 年同期相比减少 184 户。

2005 年 1 月 1 日—5 月 31 日，对全自治区外商投资企业进行 2004 年度检验。在 2004 年度检验工作中，各级工商登记机关认真贯彻执行行政许可法。一是采取张榜公示企业年检事项、依据、条件、程序及期限、提交申请材料目录、收费标准等方式，实行政务公开。二是在坚持依法行政的同时，在确保安全生产基本原则的前提下，灵活地运用国家政策，特事特办，急事急办。例如，防城港市工商局在办理外资企业年检时，了解到广西欣诺化工有限公司（新加坡）从外地整体搬迁过来后，由于种种原因，土地证、房产证没有及时办妥，影响了企业正常经营。为此，该局及时把有关情况向地方政府反映，引起了有关部门的重视。三是各授权局把开展“保先”教育学习活动与企业年检工作紧密结合，把主动为企业服务、提高服务质量作为实践党员先进性的重要内容，积极推行“超时服务”的承诺制，凡是依法当天能为企业办结的事项，登记工作人员主动加班加点，直到最后一户企业办结后才下班。四是改善办证大厅办公环境。各授权局因地制宜，拨出专项资金，专门增设休息待检的桌椅板凳、饮水等设备，方便企业办事人员等候参检。大部分市工商局对年检、变更登记制度进行了改革，实行“一审一核”制度，明确审查员、核准员的职责分工，落实责任，做到“受理接待一次讲清，材料齐全一次办结”。

2004年，全自治区应参加年检的外商投资企业2336户，实际参加年检1795户，年检率为76.84%，比2003年减少8.06个百分点。参检企业中，合格的企业1787户，年检合格率为99.55%，不合格企业8户，有541户企业无正当理由未参加年检。外商投资企业应出资75344万美元，实际出资56605万美元，出资率75%，比2003年减少1个百分点。其中，中方应出资28660万美元，实际出资23015万美元，出资率80%；外方应出资46684万美元，实际出资33590万美元，出资率72%。外商投资企业累计应出资657581万美元，实际出资547435万美元，资金到位率为83.2%。其中，中方历年累计应出资188974万美元，实际出资160172万美元，资金到位率为84.76%；外方历年累计应出资468633万美元，实际出资387263万美元，资金到位率为82.63%。参加年检的1795户企业中，已投产开业的企业892户，开业率为50%。投产开业企业中，盈利企业444户，盈利金额42160万美元，亏损企业625户，亏损金额9840万美元，盈亏相抵，总体盈利32320万美元。企业全年内外销总额1013398万美元，比2003年度增加31746万美元，全年服务性行业营业总额93431万美元，比2003年度增加31960万美元。企业纳税额32590万美元，比2003年度增加8103万美元，税后利润42160万美元，比2003年度减少7682万美元。

2005年底，全自治区共吊注销外商投资企业217户，与2004年同期相比减少100户。

2006年底，全自治区共吊注销外商投资企业50户，与2005年同期相比减少167户。

自治区工商局积极争取自治区人民政府及有关部门的支持，于2007年9月恢复设立外商投资企业监督管理处。广西工商行政管理机关严格执行《指导外商投资方向规定》《外商投资产业指导目录》，在开业、变更和注销各个环节做到依法登记，把好市场准入关，对于禁止外商投资的行业以及需要前置审批的项目，严格把关，不擅自增加或减免手续。

在2006年度外商投资企业年检工作中，全自治区年检宣传工作普遍突出一个“早”字，做到早贯彻、早落实、早宣传、早布置、早准备，认真做好企业年检的前期工作。各级工商机关充分利用当地的电视台、广播、报刊、广西红盾信息网等媒体进行宣传；一些地方通过发通知、张贴通告、召开企业人员座谈会等形式，做好企业年检的宣传发动工作。据不完全统计，年检期间，全自治区各级工商机关共在报纸、电台、电视台进行宣传423期（次），出动宣传车1006辆（次），悬挂横幅1376幅。如桂林市工商局创新沟通方式，发送短信温馨提醒外资企业及时参加年检和登录中国外资登记网下载年检表格，避免企业因一时繁忙而忘记年检。此外，桂林市工商局外资科还在“163”网站上开设外资科博客。各授权市局在年检中，重点审查涉及人民生命健康和安全的特殊行业，如食品生产、娱乐场所、药品、化学危险物品生产销售、重点污染企业、矿山开采等企业，严格审查其前置许可证件；对前置审批手续不完善或过期无效的企业，要求其补交有关材料后方予以办理年检；对无法补交相关材料的，及时办理变更经营范围的手续，取消其经营项目。年检期间，全自治区共责令300多户企业补办前置审批手续；对无法补办前置审批或实际不开展相关项目的企业，及时办理经营范围的变更手续。各授权市局对报表及报告中反映经营情况、注册资本及实收资本的数字和内容进行严格审查，对无经营收入的企业要求其提交相关的情况说明，杜绝企业虚假出资，不按规定出资和抽逃资金的行为发生。同时，明确要求参检企业提交的审计报告必须粘贴行业主管部门统一印发的防伪标识。各授权市局把加强行政效能建设活动落实到具体的年检工作中，严格执行首问负责制，实行定人、定岗，明确年检岗位的工作要求和工作标准，完善有关年检材料审核回执；对申请人提交材料不齐全或不符合要求的，采用书面形式一次告知，做到“三个一”，（“咨询一口清、解答一遍明、受理一次成”），努力提高办事效率，不让服务对象多跑一趟。同时，落实限时办结制度，对材料齐全、符合法定形式的年检事项，均予当场受理；并放宽审批权限，授权首问责任人可直接审批年检事项，减少审批环节。扩大委托年检的范围，提高属地年检比例，保证年检工作的质量。如在自治区工商局登记的外资企业，有60多户企业选择在住所所在地工商局进行年检。各授权市局把优质服务放在首位，分别开展“文明服务示范窗口”“共产党员示范岗”活动。各授权市局注册大厅普遍安装服务质量电子评价系统，由办理年检的企业当场对工作人员的服务态度、办事效率和服务质量进行综合等级评价；同时建立电子监察系统，对年检工作流程实行全程监控，服务评价满意率达98%以上。

2006年度全自治区应参加年检的外商投资企业2601户，实际参加年检2131户，年检率为81.93%。参检企业中，合格的企业2130户，年检合格率为99.95%，不合格企业1户，有470户企业无正当理由未参加年检。外商投资企业应出资85549万美元，实际出资73755万美元，出资率86%。其中，中方应出资29413万美元，实际出资28487万美元，出资率96.85%；外方应出资56136万美元，实际出资45286万美元，出资率80.64%。外商投资企业累计应出资729499万美元，实际出资614323万美元，资金到位率为84.2%。其中，中方历年累计应出资180056万美元，实际出资145700万美元，资金到位率为80.92%；外方历年累计应出资549443万美元，实际出资468623万美元，资金到位率为85.29%。参加年检的2601户企业中，已投产开业的企业1527户，开业率为59%。投产开业企业中，盈利企业702户，亏损企业866户。企业全年内外销总额1049733万美元，全年服务性行业营业总额102201万美元。企业纳税额47561万美元，税后利润40828万美元。

2008年，广西工商行政管理机关开展对危险化学品生产经营等重点行业外商投资企业安全生产的专项检查，重点检查企业登记档案是否齐全、有效和相关行业的前置许可文件的合法有效性。同时，实地检查企业的生产经营情况，对检查中发现的问题限期整改，并督促企业规范经营行为，增强守法经营意识。各级工商行政管理机关认真做好外商投资企业年检工作，继续清理名存实亡的“三无”企业。认真抓好日常监管，加强对重点投资国家、重点投资地区、重点投资领域外商投资企业的监督管理，采取有效措施，切实解决部分企业长期欠缴出资问题，提高外资企业出资到位率；规范外资并购行为，切实保护投资者的利益。2007年度应参加年检的外商投资企业5071户（包括法人企业和分支机构），实际参加年检4376户，未参加年检695户，参检率为86.29%，参检率与上一年度相比增加4.36个百分点。已参检企业年检合格率为99.49%，年检中发现企业违反登记管理法规的，进行罚没处理的5户，对企业催缴人资40户，金额3307.00万美元。

2009年，广西创新监管方式，在服务中实现监管。各级工商行政管理机关加大行政指导力度，积极推行行政指导，实现和谐管理。在监管中灵活运用法规宣传、行政提醒、行政告诫、行政建议等行政指导手段，将监管过程变成普法宣传过程，变成激发市场主体自律自省、自我规范的过程，做到规范为主，宽严相济，减少行政成本，提高监管效果。在2008年度检验中，各级工商行政管理机关共对企业进行行政指导522次。其中提醒企业前置许可证件缺失或过期236次，提醒企业变更、备案登记事项221次，提醒企业出资152次。

2010年，以信息技术为支撑，广西工商行政管理机关全面推行外商投资企业网上年检。在年检工作中，一是加大宣传力度，各市工商部门积极利用新闻宣传、座谈会等形式大力宣传网上年检，大力提升社会对网上年检的认知度、接受度。如柳州市工商局在年检期利用计算机网络、各类报刊以及柳州电视台新闻频道经济卫士栏目对年检工作进行宣传。二是加大培训力度，让外商投资企业熟悉和掌握网上年检的流程。如玉林市工商部门联合商务、外管、税务等部门，组织全市160多户外资企业联络员进行业务培训。三是积极为外商投资企业提供网上年检的便利条件，对不具备上网条件的企业，各市工商部门还在注册大厅、外资科办公室等设立专用电脑给企业使用，并专人指导企业进行网上年检的申报。如崇左市工商部门对没有电脑设备和不懂操作技术的企业，采取“借机申报”和“技术保姆”的服务方式，对企业实行电话和现场专门辅导的形式，协助指导及时上网申报年检。是年，全自治区外商投资企业网上年检率达到了100%。

2011年，广西工商行政管理机关全面实施企业网上年检，设立广西首个“外资企业网上登记系统”，实现网上申报、网上审查、网上反馈、网上公示、网上办结的网上年检工作模式。进一步加大宣传力度，通过报纸、广西红盾网大力宣传，各市工商部门通过在办照大厅门口粘贴、LED 电子屏滚动播出、提供触摸屏查询、导办台拷贝、电子邮件等多种方式做好宣传发动工作，让企业了解网上年检的相关信息和操作流程，以增加企业对网上年检的重视，提高年检数据的质量。积极为外资企业提供网上年检的便利条件，对不具备上网条件的企业，各市工商部门还在注册大厅、外资科办公室等设立专用电脑给企业使用，工作人员现场帮助企业在网上录入年检数据并打印年检报告书，减少企业往返次数。是年，全自治区外商投资企业年检参检率为 94.12%，是全国 17 个参检率达到 90% 以上的省（自治区、直辖市）之一，位列青海省、山西省、北京市、浙江省之后，排名全国第五。全自治区连续两年参检外商投资企业网上年检率达到 100%，是全国外商投资企业网上年检率达到 100% 的 26 个省（自治区、直辖市）之一。

2012 年，自治区工商局开展全自治区外商投资企业出资情况大排查。针对崇左市工商局在外商投资企业登记工作中出资方面出现的情况，自治区工商局迅速反映，及时处置，积极协调自治区工商局法规处指导崇左市工商局认真处理、妥善应对。同时，组织对全自治区外商投资企业出资情况进行大排查，基本摸清全自治区外商投资企业的出资情况，并督促各市工商局针对不同情况，依法妥善处置欠缴出资的企业。是年，全自治区外资企业网检率为 100%，参检率达到 90% 以上。

2013 年，自治区工商局继续推进外商投资企业全程电子化网上年检工作，协调相关处室和软件公司，开展全程电子化网上年检工作论证和准备工作，力争 2014 年全程电子化网检系统在全自治区上线运行。是年，全自治区外资企业网检率为 100%，参检率达到 90% 以上。至此，全自治区外资企业网检率连续四年保持 100%，参检率连续三年保持 90% 以上。

2014 年，广西开展商事制度改革，与全国同步上线运行广西企业信息公示过渡系统，实现外商投资企业年度报告和即时信息公示。是年，广西工商行政管理机关认真做好外商投资企业非官方常驻代表机构的专项排查整治工作，按照自治区部门联席会议要求，派出 2 名干部担任常驻联络员；对全自治区 182 户常驻代表机构开展排查和整治，并完成了第一、第二阶段排查整治工作报告的撰写和报送；还派员参加国家专案工作组。

2016 年，根据全国人大常委会通过的《修改〈中华人民共和国外资企业法〉等四部法律的决定》（中华人民共和国主席令第 51 号），和国家工商总局下发的《工商总局关于做好外商投资企业实行备案管理后有关登记注册工作的通知》（工商企注字〔2016〕189 号）要求，广西工商行政管理机关认真做好外商投资企业实行备案管理后登记管理工作，将不涉及国家规定实施准入特别管理措施的外商投资企业的设立和变更，由审批改为备案管理。

2017—2018 年，广西各级工商行政管理机关通过加强宣传和培训，如在车站机场、广场商场、电视电台等进行大量的宣传提示，组织全自治区工商系统进企业、进街道，指导帮助外商投资企业主体报送年度报告。至 2018 年底，累计注销外商投资企业 4651 户，累计吊销外商投资企业 4082 户。

第三节　服务外商投资企业

1992—2000 年，国家利用外资进入到快速发展阶段，对外开放范围由沿海扩大到沿江、内陆和沿边。广西充分抓住时机，大力支持和引导外商投资企业发展，采取放宽登记、审批程序等一系列措施，营造了宽松的投资环境，促进了外商投资企业的发展。

1998 年，各级工商行政管理机关努力克服东南亚金融风暴的影响，坚持积极合理有效利用外资的方针，有步骤地推进服务业的对外开放，引导和支持外商投向基础产业、基础设施、高新技术产业，向集团化、规模化方向发展。同时利用企业登记管理信息优势，积极向外商投资企业提供现有企业行业分布、注册资本及流量等方面信息的查询业务，主动帮助企业解决生产经营中遇到的问题，支持企业提高经济效益，保持了外商投资企业的稳定，注销的企业减少。从企业的生产经营情况看，现有外商投资企业销售总额

22.95 亿美元；服务性行业营业额 4.26 亿美元，纳税额 1.53 亿美元，企业盈利 8620 万美元。全年注销外商投资企业 568 户。是年，随着投资环境的不断完善，外商投资风险逐步降低，加上外商独资企业在经营管理、利润分配等方面具有较大的自主权，可减少投资纠纷，便于企业的技术垄断，外商独资企业得以快速发展。全年广西新登记外商独资企业 96 户，占新登记外商投资企业数(250 户)的 38.4%。

1999 年，桂林播磨化成有限公司因经营效益好，公司追加投资 53 万美元，扩大经营规模，以获得更大的利润。桂林沪港精细化工有限公司因桂林德隆股份有限公司的加盟，新增投资 194 万美元。至年底，全自治区共有 41 户外商投资企业办理增资登记，增加注册资本 3669 万美元。增资较多的行业依次是制造业(53 户)，社会服务业(6 户)，房地产业(5 户)，采掘业(4 户)，建筑业、农林牧渔业、批发和零售业(各 3 户)，电力业(2 户)，交通运输业、教育文化业(各 1 户)。

2000 年，广西摆脱了金融风暴的影响，加上国家出台的一系列政策措施及国内经济的稳定发展，增强了广西外商投资者的信心，加大了投资力度。至年底，全自治区共办理了 44 户(次)增资变更，增加注册资本 6069 万美元，其中外方增资 5421 万美元。同时，广西对利用外资工作高度重视，除了在全自治区营造一个良好的投资环境，还多次组织招商小组到国内外一些发达地区进行招商引资工作，不断开拓新的项目来源。自治区工商行政管理机关支持和引导外资投向提高农业产业化水平和科技含量高的项目、国有工业企业利用外资嫁接改造的项目、以旅游为重点的第三产业开发建设项目、交通、通信、能源、城市基础设施、环保基础设施建设项目，积极引导外资投向。

2001—2011 年，国家积极履行加入世贸组织承诺，进一步扩大对外开放，利用外资更加注重促进产业优化升级和区域协调发展。广西紧跟国家发展步伐，积极实施开放带动战略，扩大利用外资规模，不断提高利用外资质量和水平，广西外商投资企业进入一个良性发展的时期，保持着健康的发展态势。

2001 年 8 月，根据《自治区人民政府批转自治区工商局关于发挥企业登记职能作用支持企业发展促进西部大开发若干意见的通知》要求，通过放宽公司累计对外资比例的限制、放宽中方经营与外商合资合作主体的条件、降低外商投资企业名称中冠“广西”的投资额、放宽外商投资企业的经营范围、放宽外商投资企业设立分支机构的条件、鼓励自治区外的外商投资企业到广西再投资，促进了全自治区外商投资企业的发展。

2002 年，广西加大招商引资力度，营造良好的投资环境，大部分外商投资企业从前段因金融风暴等因素造成经济低迷的状况中复苏，不仅按期出资，而且增大了原定的投资额。至年底，全自治区共办理注册资本变更登记 101 户，其中办理增资的外商投资企业 64 户，增资的企业以制造业和房地产业为主。

是年，广西工商行政管理机关在依法行政的同时，通过发挥自身职能作用，依法支持外商投资企业特别是跨国公司投资新技术产业，参与国有企业改组改造和基础设施建设，促进了外商投资企业发展。

2003 年 5 月 20 日，自治区工商局印发《加强外商投资企业商标合法权益保护　进一步优化我区外商投资环境的实施意见》，严厉打击侵犯外商投资企业商标专用权的违法行为，以法律手段积极帮助外商投资企业解决各类商标问题。是年，全自治区共办理注册资本变更登记 140 户，其中办理增资的外商投资企业 78 户。

2004 年，首届中国—东盟博览会在南宁市召开，参展的十国企业签订投资项目达 58 个，世界五百强企业有 19 家。同时，许多外国企业以在南宁等地设立代表处为契机，一方面介绍本企业的先进技术、业绩、产品；另一方面寻找合作伙伴或投资项目。至年底，全自治区共办理注册资本变更登记 64 户，其中办理增资的外商投资企业 54 户，增资的企业以电力、燃气业和房地产业的企业为主。

2005 年，全自治区共办理注册资本变更登记 95 户，其中办理增资的外商投资企业 45 户。

2006 年，广西工商行政管理机关积极支持外商投资企业投资基础设施建设、公用事业、农副产品加工运销、社区服务等国家、自治区鼓励发展的产业；强化服务措施，对自治区外重点优势企业来广西投资的，采取提前介入、指定服务窗口、指定专人负责、提供快速通道服务等措施，积极协调解决涉及企业登记注册方面的问题。同年 3 月 28 日，自治区工商局印发《关于简化外商投资企业变更登记程序有关问题的通知》，对已设立外商投资企业合同、章程内容非实质性的修改，如外商投资企业名称变更、投资者名称变更、企业法定地址变更等事项，不再要求企业提交审批机关的批复文件。至年底，全自治区共办理注册资本变更登记114户，其中办理增资的外商投资企业57户，增资的企业以电力、燃气业和房地产业的企业为主。大部分外商投资企业，不仅按期出资，而且增大了原定的投资额。

2007年，各级工商行政管理机关以开展转变干部作风，推进机关行政效能建设活动为契机，不断深化服务意识，拓宽服务渠道，创新服务方式，提高服务水平，推动“百企入桂”工作深入开展。一是降低准入门槛，优化政策环境。各级工商行政管理机关落实《自治区工商行政管理局关于优化投资环境促进经济发展的若干措施》，深化登记注册制度改革，进一步放宽市场准入条件。具体做到“五放宽、三简化”：放宽投资主体条件、放宽注册资本限制、放宽私营企业集团登记条件、放宽企业直冠“广西”名称的条件、放宽经营范围核定，简化企业登记审批事项、简化外资转内资登记手续、简化外国企业常驻机构登记事项。同时，支持区外重点优势企业直冠“广西”名称，对于区外具备条件的企业设立的分支机构，允许直冠“广西”名称。二是规范行政行为，优化政务环境。首先，按照首问负责制的规定，实行定人、定岗，明确各岗位的工作职责、工作要求和责任追究，确保首问责任人不缺位。同时，进一步完善一次告知制，编印“企业登记注册指南”，并且在各类申请文书当中载明办理该事项应当提交的文件、材料；按规定编制、填写申请材料审核回执及收（取）件回执，对申请人提交材料不齐全或不符合要求的，采用书面形式一次告知，保证企业登记“一纸清”“一口清”。其次，积极推行登记窗口标准化管理。一方面，认真落实行政许可法的规定，对办理企业登记需要提交的材料种类和形式以及登记事项等内容进行修订，统一登记标准、登记程序、登记要求，进一步规范登记流程和登记行为。另一方面，按照便民的原则，公开企业登记依据、登记条件、登记程序及期限、提交申请材料目录、登记收费标准及依据、申请书格式示范文本等，为申请人办理登记注册提供便捷的方式及途径。此外，建立健全监督制约机制，规范行政行为。自治区工商局在全自治区企业登记机关建立优化投资软环境工作责任制，把登记注册工作人员的工作作风、服务质量、服务效率作为单位和个人评优评先的重要依据，进行考评。同时，在登记窗口设立“服务质量评价系统”，自觉接受群众评议和监督。全自治区工商系统已有8个单位在登记注册窗口安装服务质量评价系统，完善行政执法的社会监督和评价体系。三是改进机关作风，优化服务环境。首先，进一步转变工作作风，增强服务意识，优化服务措施。比如贵港市工商局为支持地方政府做好招商引资工作，推行“三项服务制度”：推行全程跟踪服务，对外商投资企业从项目引进到办理工商营业执照整个流程派专人实行全程服务指导，为企业提供相关法律法规及政策咨询；推行唤醒服务，对企业因改制、年检、变更等事项有可能影响到正常经营活动的，提醒企业及时办理相关工商登记手续；推行延伸服务，对企业提出的不属于本部门职责范围但与登记管理、日常监管等有关的问题，指导帮助企业到有关部门办理有关手续。对涉及前置审批的项目，有关部门由于政策或其他原因，未能及时办理的，主动与相关部门取得联系，帮助疏通协调。是年，贵港市工商局企业登记人员共为90多家企业提供了“三项服务”，赢得业主的赞扬和政府的肯定。其次，按照“简政放权”的要求，进一步简化企业登记审批程序，减少审批环节。自治区工商局制定《广西壮族自治区工商行政管理局企业登记审批办法》，放宽企业登记审批权限，除部分特种行业企业的设立仍然实行“三级审查”外，其余企业的设立，变更登记以及企业名称预登记和企业年检均实行“一审一核”或“审核合一”，使登记工作进一步提速。据统计，1—5月，自治区工商局共办理企业登记审批事项5251件，其中，办理各类企业设立、变更、注销登记1947件，办理企业年检2324件，办理企业名称预先核准980件，所有事项均在承诺时限内办结，当日办结率达93%。四是加强部门协作，优化发展环境。自治区工商局与自治区招商局签订《关于提高行政效能服务经济发展促进招商引资工作的联系协调制度》，通过加强两个部门之间的联系协作，认真做好到桂投资企业注册前、注册中、注册后的服务工作，营造“招商、亲商、安商、富商”的氛围。各地工商机关也相应地加强有关协调联系工作。比如南宁市工商局积极构建服务外来企业的协作机制，通过加强与有关部门的联系，及时了解和掌握外来企业的投资意向，做到“四个早”：“早知道”，确定专人与市招商局以及各开发区的招商服务中心联系，定期了解情况，及时掌握政府招商引资项目；“早介入”，企业登记机关根据联络员反映的情况，主动上门与项目企业联系，为企业送政策、解疑难，提供服务；“早登记”，在不违反国家产业政策和法律法规的前提下，尽快为外来企业办理登记手续；“早规范”，对已经登记的外来企业及时进行跟踪服务，引导其依法开展生产经营活动，降低企业发生违法行为的风险。

是年，为推动泛北部湾经济合作区的开发建设，自治区工商局积极向自治区人民政府建议，以自治区人民政府名义向国家工商总局请求给予广西北部湾经济区建设政策的支持，放宽广西外商投资企业登记授权条件和市场主体准入条件。

2008年，自治区工商局认真落实国家工商总局给予广西北部湾经济区开发建设“四放宽、一支持”（放宽企业名称登记及个体工商户登记注册等条件的限定，放宽外商投资企业登记注册授权条件，放宽商品展销会登记权限，加大对广西壮族自治区工商行政管理系统信息化建设的支持力度）专项政策，制定和实施《关于贯彻国家工商总局专项政策支持广西北部湾经济区建设的实施意见》，将国家工商总局“四放宽、一支持”政策进一步细化为涵盖工商行政管理机关各项工作的24条具体政策和服务措施，具体包括6个方面内容：一是支持广西北部湾经济区企业实施“名称拓展”策略，增强企业名称的品牌效应；二是优化市场准入环境，积极培育广西北部湾经济区市场主体；三是积极推进外商投资便利化，促进境外资本向广西北部湾经济区流动；四是加大引导扶持力度，推动广西北部湾经济区全民创业和区域经济协调发展；五是创新市场监管和行政执法工作机制，努力营造广西北部湾经济区和谐发展的市场环境；六是加强服务体系建设，全面优化广西投资环境，为广西北部湾经济区市场主体提供优质高效服务。同时，建立健全工商联络员制度和外商投资企业回访制度，切实服务、扶持企业发展。

2009年，广西工商行政管理机关支持企业延续主体资格。自治区工商局于3月出台《关于应对国际金融危机促进全民创业的若干意见》，制定鼓励全民创业，服务企业发展的21条政策措施，通过支持企业延续主体资格，为外商投资企业提供便利服务。对于受国际金融危机影响，企业生产经营遇到困难，成立后超过6个月未开业，或者开业后停业连续6个月以上的，经企业申请，允许其延续至2010年底，并免于处罚。对于2008年7月1日以后出资期限到期的无违法记录的公司，因资金紧张无法按时缴付出资的，经企业申请，允许其延长出资期限至2010年底，并免予处罚。对企业确因经营困难或拆迁、改制等原因停产停业未能按时参加年检的，经企业申请，允许其在法定的年检截止之日起60日内申报年检，并免于处罚。对外商投资企业首期注册资本到位，因资金周转出现困难，后期注册资本未能按期交付的，经审批部门批准，企业在提交承诺书后，允许延长出资期限至2010年底；对因资金不到位并在延期期限内的外商投资企业，未办理年检手续的，经企业申请，予以补办年检手续，并免于对其违反出资、年检规定行为的行政处罚。是年，参检外商投资企业按规定允许延长出资期限69户，延长出资金额达2.30亿美元，允许延期年检153户。崇左市工商局以凭祥综合保税区获得国家批准为契机，出台《关于做好项目建设年相关服务工作的意见》；钦州市工商局围绕“以港兴工，三化互动”的战略目标和实施“千百万亿崛起工程”，开展“服务企业年”活动，促进各类市场主体发展；新授权的百色、贺州、来宾、贵港市等工商局与招商局等有关部门实行联席会议制度，为招商引资重点企业开设“绿色通道”，提供一站式、一对一服务；玉林市工商局以广西北部湾经济开发区、海峡两岸农业合作试验区为服务平台，创新推行“以情聚商、以商联商、以商引商”的招商引资模式，大力配合各级政府做好招商引资工作。

国家工商总局《股权出质登记办法》《股权出资登记管理办法》出台后，为解决外商投资企业融资难、贷款难的问题，缓解企业资金困难，各市工商局通过走访企业、座谈会等形式向企业宣讲优惠政策，并广泛深入地了解企业在发展过程中遇到的困难，交流、拓展融资方面的经验做法。2009年，桂港合资公司——广西百色丰林人造板有限公司由于企业扩大规模，计划新上马第二期年产20万立方米中密度板项目，但出现资金不足的困难，百色市工商局主动与企业的工商联络员联系，了解企业的规模、生产经营情况，提供外资企业股权质押备案、股权转让的新政策，为企业融资创造好条件，最终使该企业将港方31.4%股份质押给国际金融公司，获取了3200万美元的贷款，解决了该公司扩大生产的融资问题。

是年，广西工商行政管理机关抓好外商投资企业定点联系和帮扶工作。各级工商行政管理机关以自治区党委、自治区人民政府提出的开展“项目建设年、服务企业年”活动为契机，以座谈会、实地调研、建立企业联系点等形式开展外商投资企业的定点帮扶活动。如广西泥皇水泥集团有限公司年检中遇到难题，集团内部部分合同到期，企业上千员工面临下岗失业，是否保留和继续发展，该企业徘徊在十字路口。自治区工商局外资处立即组织区、市、县工商局会同当地政府及招商等有关部门赶赴玉林市企业所在地，对企业的生产经营情况和企业的生产成本、出口、产值等情况开展实地调研。在了解到企业因市场变化快，经营跟不上市场节奏，面临较大困难，信心不足，曾打算退出市场的情况后，调研组鼓励企业正视困难，调整企业经营范围，支持企业调整产业结构，企业兼并重组，积极应对国际金融危机。调研组就企业注册登记年检存在的难题和原因进行分析和解答。

是年，自治区党委、自治区人民政府要求各有关部门要根据各自的职能，在现有政策的基础上，深入调查研究，对国家政策进行梳理，提出具有操作性的支持台商在桂发展的政策措施。自治区工商局在参照以往制定的外商投资企业优惠政策和兄弟省市对台商优惠政策基础上，结合台商在广西投资的情况，草拟了《自治区工商局支持台商在桂投资发展的若干意见》，从简化登记手续、放宽集团登记条件等方面给予台商在桂投资发展以优惠。有关措施在自治区人民政府出台的《广西壮族自治区人民政府关于支持台资企业发展若干政策措施的通知》中得到采纳。

2010 年，按照自治区人民政府的工作部署，自治区工商局参与起草《自治区人民政府进一步做好利用外资工作的实施意见》，并从放宽准入条件、优化服务方式、完善监管手段、健全体制机制等方面，研究提出服务外资企业发展的具体措施，进一步引导外资投向“两区一带”和“千亿元产业”；参与起草《自治区工商局关于贯彻落实科学发展观积极推进经济发展方式加快转变的实施意见》，促进广西外商投资企业的健康、有序发展。

是年，自治区工商局认真落实《广西壮族自治区人民政府关于支持台资企业发展的若干政策措施》，通过对南宁—东盟经济开发区和海峡两岸农业合作试验区的台资企业进行调研，检查有关政策的落实情况，了解掌握台资企业的发展现状，对如何促进台资企业的健康发展提出意见和建议，切实为台资企业的设立和生产经营提供优质服务。同时，加强对海峡两岸农业合作试验区的工作调研，建立企业沟通机制，为在试验区内为台商企业、个体户开通绿色通道提供优质服务。如 8 月初，台湾丰兆集团董事长一行 15 人到玉林考察海峡两岸农业合作试验区投资环境，玉林市工商局全程跟踪服务并解答投资者的相关咨询。

是年，各市工商局对自治区和市人民政府确定的招商引资重大项目的工商登记做到“三提供”“三告知”，实行“无间隙、零距离、全方位”服务，专人专件办理。如南宁市工商局对南宁市肉联厂（国有企业）以增资扩股方式引入香港的五丰行有限公司，将南宁肉联厂改制成为中外合资企业的重大招商引资项目进行全程参与，仅用 3 天时间，企业领到了新的营业执照，对此南宁市人民政府和企业给予高度赞扬。

2011 年，自治区工商局与自治区金融办、商务厅、外汇管理局联合下发《关于设立外资融资性担保公司有关事项的通知》《关于设立外资小额贷款公司有关事项的通知》两个文件，更好地发挥外资在广西金融服务体系中的资金优势及经营管理、业务创新等方面的积极作用，解决中小企业贷款难的问题。是年，南宁市已有 1 家外资小额贷款公司正在承建之中。

是年，广西工商行政管理机关积极鼓励外商投资设立合伙企业，拓宽外商投资渠道。如贺州市工商局经过一年多的努力，认真为企业服务，积极协调有关部门，成立广西第一家外商投资合伙企业——贺州市桂岭七里水库电站。积极帮扶困难企业，对符合规定的外商投资企业实行延期出资政策，缓解企业资金压力。各市工商局积极探索债权转股权增资工作，其中百色市工商局为田林劲达兴纸业有限责任公司办理了债权转股权增资，崇左市工商局也积极为广西东亚纸业有限公司办理债权转股权增资工作。

是年，随着桂台合作交流的进一步深化和《广西壮族自治区人民政府关于支持台资企业发展的若干政策措施》的进一步贯彻实施，台湾投资者在广西投资增长迅猛，全年新登记台资企业户数 44 户，是所有新登记企业中增幅最大的，投资总额 2.56 亿美元，比 2010 年同期增长了 5 倍。

2012—2018 年，国家实行更加积极主动的开放战略，对外商投资实行准入前国民待遇加负面清单管理模式。广西积极贯彻落实国家发展战略，进一步简政放权，尤其是充分利用东兴国家重点开发开放试验区和构建开放型经济新体制的政策优势，创造出了独特的“东兴经验”——东兴市越南籍自然人经营登记管理办法。

2012 年 7 月 23 日，东兴市人民政府印发《越南籍自然人在东兴市经营登记管理暂行办法》。通过开展越南籍自然人经营登记管理，确认越南籍经营户的合法经营主体地位，规范其在东兴市的经营行为，解决租摊难、结算难、交易风险高等一系列问题，实现越南籍自然人“请进来、留得住、可控、可管、可发展”的目标，营造公平竞争的营商环境，促进边境地区经济繁荣与发展。是年，崇左市工商局认真指导广西东亚纸业有限公司做好债权转股权增资变更工作，并按照 2011 年底国家工商总局出台的《公司债权转股权登记管理办法》规定，于 5 月上旬依法为企业办理 4500 万元人民币的债权转股权增资变更登记。

2013 年，自治区工商局、南宁市工商局获得国家工商总局外商投资企业不含行政区划名称变更直通的授权。广西工商行政管理机关积极落实自治区政府工作报告提出的“在深化国内区域合作中，要推动桂港、桂澳合作再上新台阶”的工作目标，支持在桂港澳企业发展，港澳企业发展势头良好，港澳地区仍是广西外资的第一来源地。同时，做好在桂港澳企业发展情况的分析工作，有关文章登上自治区党委、自治区人民政府的信息简报和新华网、《中国工商报》头版等媒体，营造良好的舆论氛围。至年底，全自治区新登记港澳企业 123 户，占新登记外商投资企业户数的 46.9%，投资总额 10.3 亿美元，占新登记外商投资企业投资总额的 70%，注册资本 5.6 亿美元，占新登记外商投资企业注册资本的 66%。

2014 年，自治区工商行政管理机关在外商投资企业中积极推进注册资本登记制度改革和“先照后证”改革试点工作，促进外商投资企业健康发展。

2016 年 8 月 15 日，东兴市人民政府出台《东兴市边民互助组登记管理暂行办法》，依法引导东兴市边民成立边民互助组，服务边民创业。实现了边民通过互助组分工合作和抱团经营深入参与互市贸易，推进互市商品落地加工和边贸互市转型升级，扩大东兴边民就业，进一步规范东兴市边境互市贸易秩序，促进边境贸易繁荣和兴边富民。

2017 年 1 月，国务院印发《关于扩大对外开放积极利用外资若干措施的通知》（国发〔2017〕5 号），提出吸引外资的 20 条措施。为深入贯彻落实国发〔2017〕5 号文，进一步做好广西利用外资工作，营造优良营商环境，自治区工商局配合自治区发展改革委起草《关于扩大对外开放积极利用外资的实施意见（征求意见稿）》。

是年，防城港市工商局充分利用东兴国家重点开发开放试验区和构建开放型经济新体制的政策优势，借鉴国家对港澳台居民开放个人工商登记的做法，吸引外国尤其是东盟国家自然人落户东兴投资经营。6 月 8 日，国务院副总理汪洋到东兴边民互市贸易区考察调研，对东兴市跨境经济的发展给予肯定，被高度赞扬为贯彻国务院和商务部关于外贸稳增长、转方式、调结构和加快培育外贸竞争新优势决策部署的典型，创造了独特的“东兴经验”。黑龙江省绥芬河市及吉林省珲春市学习东兴市越南籍自然人经营登记管理的经验做法，参考出台《俄罗斯籍自然人经营登记管理办法》。是年，东兴境外人员规范经营试点改革纳入自治区 2017 年改革工作要点。自治区工商局印发《关于开展东兴境外人员规范经营试点的通知》。作为主要牵头单位，东兴市人民政府在防城港市人民政府和自治区工商局的大力支持下，开拓创新，充分借鉴自治区外的先进经验。在原有越南籍自然人经营登记试点的基础上拓展为对所有外国籍自然人经营登记改革：外国籍自然人经营住所不局限于互市贸易区内，在东兴市辖区内符合条件都可办理，登记机关对外国籍自然人经营户核发具有统一社会信用代码的营业执照，参照个体工商户实行管理。12 月 8 日，防城港市人民政府出台《东兴市外国籍自然人经营户登记管理办法（试行）》。同月 29 日，防城港市人民政府在东兴市市场监督管理局城北市场监管所参加外国籍自然人经营户营业执照首发式，向外国籍自然人经营户颁发营业执照。29 日，发放 25 张外国籍自然人经营户营业执照。至年底，东兴市新发展各类企业

1062 户，从业人数 7568 人，注册资金 285296 万元；新发展个体工商户 3221 户，从业人员 5118 人，注册资金 129391.18 万元；新发展农民专业合作社 52 户，成员 1340 人，出资总额 4806 万元。阿里研究院发布的 2013 年度、2014 年度、2015 年度、2016 年度中国县域电子商务发展指数报告显示，东兴市分别排名全国县域第 26、27、26、20 名，连续四年排名广西第一。

2018 年，自治区工商局为深入贯彻落实国务院《关于扩大对外开放积极利用外资若干措施的通知》（国发〔2017〕5 号）文件精神，配合自治区发展改革委起草《关于扩大对外开放积极利用外资的实施意见（征求意见稿）》，积极服务外商投资企业健康发展，全自治区外商投资企业主体发展较快，投资规模也呈增长态势。

第三章　个体私营经济监督管理

20 世纪 90 年代初期，自治区工商行政管理机关进一步明确了发展个体私营经济的重要性，出台《关于进一步加快我区个体私营经济发展的决定》《关于贯彻落实党的十五大精神实现发展个体私营经济新突破的决定》《广西个体工商户和私营企业权益保护条例》《关于进一步加快我区个体私营经济发展的决定》《关于贯彻落实党的十五大精神实现发展个体私营经济新突破的决定》《关于营造良好政策环境大力发展个体私营经济的若干意见》等一系列文件，积极做到思想上提高认识，政策上适当放宽，经济上给予优惠，经营场地上提供方便，技术上开展培训，管理制度上不断完善，积极引导和扶持个体私营经济发展，把发展个体私营经济作为工商行政管理机关服务经济建设的重要内容。截至 2018 年底，自治区实有个体工商户 191.64 万户（不含港澳台，下同），从业人员 435.94 万人，资金数额 1729.80 亿元；实有私营企业 67.39 万户，从业人员 485.98 万人，注册资本（金）33703.17 亿元；实有农民专业合作社 5.44 万户，成员总数 46.05 万个，出资总额 858.29 亿元。

第一节　登记注册

个体工商户

1992—2018 年，自治区工商行政管理机关贯彻国家和自治区的法律、法规、政策，大力推进全民创业，采取多项措施扶持、促进个体工商户的发展。其间，个体工商户户数稳步增长，质量不断提高，户均实力增强。

1992 年，自治区工商行政管理机关依据《城乡个体工商户管理暂行条例》《城乡个体工商户管理暂行条例实施细则》对个体工商户进行登记管理。是年，自治区各级工商行政管理机关从实际出发，因地制宜，大力兴建城乡集贸市场，为广大个体工商户提供经营场地，全自治区各类市场安排 40.11 万户个体户进入市场的摊点、门店，占个体工商户总数的 63.16%。重点鼓励个体工商户发展第三产业。至年末，自治区实有个体工商户 63.45 万户（其中，城镇 22.9 万户，农村 40.6 万户），排全国第 10 位，从业人员 85.9 万人，注册资金 20.5 亿元。

1993 年，自治区各地工商行政管理机关在继续增强公有制实力的同时，采取措施支持个体经济的发展。进一步放宽政策，放宽个体工商户经营范围和经营方式。凡是国家没有明令禁止的行业、商品，都允许个体工商户经营；允许个体工商户承接“三来一补”业务；允许自治区内外个体工商户到边境从事贸易活动等。至年末，自治区实有个体工商户 69.9 万户，从业人员 96.4 万人，注册资金 29.9 亿元，实现营业额 94.4 亿元。

1994 年，自治区人大常委会颁布《广西壮族自治区个体工商户条例》，放宽经营范围、简化登记手续、大力鼓励个体工商户发展。自治区工商局和自治区个体工商户协会在全自治区评选先进青年个体工商户的活动，在个体劳动者中开展创建“青年文明号”活动，推荐个体管理干部和个体大户出国进行考察，组织个体工商户积极参加抗洪救灾工作、筹办个体商品展销会等活动促进个体工商户的发展。至年末，全自治区个体工商户实有 79.98 万户，从业人员 110.51 万人，注册资金 40.6 亿元，实现营业额 180.54 亿元。

1995 年，自治区认真贯彻《广西壮族自治区个体工商户条例》，严格对个体工商户的监督管理外，放宽政策。优化环境，正确引导扶持个体工商业发展。至年末，自治区实有个体工商户 92.37 万户，从业人员 130.7 万人，注册资金 51.81 亿元，实现营业额 255.97 亿元。

1996 年，全自治区工商行政管理机关抓好行业引导，加强、完善对自然人投资兴办的种植业、养殖业的登记管理。制定《关于对自然人投资兴办的种植业、养殖业等进行登记管理的通知》，下发各地市执行后，根据各地执行情况，将做得较好的平南县的经验以简报形式转发各地推广，进一步加强了对种植业、养殖业的登记管理工作。个体工商户第一产业得到加强，第二产业比重上升，行业结构进一步改善，个体工商户第一产业户数发展到 0.31 万户，占总户数的 0.36%，第二产业户数为 7.89 万户，占总户数下降的情况下，仍保持快速增长。至年末，自治区实有个体工商户 87.30 万户，从业人员 122.95 万人，注册资金 54.54 亿元，实现营业额 259.92 亿元。

1997 年，自治区引导个体工商户由浅层次的零星开发向深层次的系列开发转变。促使部分个体工商户放开眼光，确立经营新思路，从批发零售贸易、餐饮业、制造业向开发当地优势资源的方向转移，从事种养业、加工业，搞深层次的连片种养，搞形成规模的加工，开发和培育系列产品。例如，钦州市、贵港市出现了个体工商户连片种植蔬菜、荔枝、龙眼；玉林地区出现了一批养猪专业户，养猪苗、养肉猪、养种猪；柳州市出现了一批个体服装加工专业户，生产系列服装。此外，逐步调整了产业结构，支持重点行业发展，加强第一产业，搞好农业的产前、产中、产后服务，许多地方制定了优惠政策，大力支持农、林、牧、渔服务业的发展。同时，在城镇重点抓好下岗职工再就业。比如，南宁市交易场个体工商户在市工商局、市个协及有关部门的支持和帮助下，发起扶持下岗职工再就业的“一帮一”活动。据统计，全自治区下岗职工共有 17.02 万名，工商部门发挥职能作用，共安置了 5.69 万名下岗职工再就业，其中引导其从事个体经营的有 2.40 万名。全自治区推广南宁市的经验，并通过放宽政策、开辟场地、沟通渠道，推动这项活动深入开展。至年末，自治区实有个体工商户 89 万户，从业人员 127 万人，注册资金 58.6 亿元，全年实现产值 46.76 亿元，营业收入 304.81 亿元，消费品零售额 196.23 亿元。

1998 年，自治区工商行政管理机关全面推行政务公开和服务承诺制，提高办事效率，简化个体工商户登记手续，放宽注册条件；进一步贯彻执行自治区党委、自治区人民政府有关制止“三乱”的精神，各地党委、政府相继成立清费治乱领导小组，对涉及个体工商户的收费项目进行全面清理，组织工商、物价、监察、财政等部门对各种收费项目对照文件清理，对不符合收费的项目坚持予以取消。如桂林地区等一些地方实行“两证一票一卡”制度，即“收费许可证”“收费员证”，财政部门统一制发的“行政事业性收费专用发票”和“企业交费登记卡”。自治区工商局受自治区人民政府指示，与自治区物价、财政部门对涉及个体工商户的收费项目进行全面清查，重新核实后，统一全自治区合理的收费项目，设计印刷广西壮族自治区个体工商户交费登记卡，建立和完善统一收费制度，坚决制止各种名目的乱收费，保护个体工商户的合法权益。至年末，自治区实有个体工商户 104.20 万户，从业人员 146 万人，注册资金 72.5 亿万元，创产值 55.52 亿元，营业收入 354 亿元，社会消费品零售额 215 亿元。

1999 年，自治区工商行政管理机关坚持引导发展与规范管理并重，加大引导扶持力度，支持、引导和帮助国有、集体企业下岗分流人员转变就业观念，从事个体工商户经营；支持、引导个体工商户大力开发种植业、养殖业、加工业；支持、引导广大农民和个体工商户以农副产品资源为依托，开展生产经营，组建贸工农一体化，产、供、销一条龙的经济联合体；支持、引导个体工商户向基础产业、第三产业和高新技术产业发展，向科技型、外向型、规模化方向发展，产业结构进一步调整，第一产业持续快速发展，第三产业是个体工商户主要的经营活动领域。从事第一产业的为 4.60 万户，第二产业 9.28 万户，第三产业 100.94 万户，所占比重分别为 4%、8.09%、87.91%。至年末，自治区有个体工商户 114.82 万户，从业人员 163.81 万人，注册资金 81.42 亿元，创产值 60.65 亿元，营业收入 397.57 亿元，社会消费品零售额 264.27 亿元。

2000 年，自治区个体工商户全面换照，各级工商行政管理机关重点抓好个体工商户登记事项的监管。是年，梧州市工商局开始对个体工商户由工商所核准发照这一课题进行了有针对性的调查研究和初步的探索，开始实行由工商所以市工商局的名义负责办理辖区内个体工商户的设立登记、变更登记、注销登记和年度验照、换照等工作。至年末，自治区实有个体工商户 96.75 万户，从业人员 139.42 万人，注册资金 76.27 亿元，创产值 64.14 亿元，营业收入 378.09 亿元，社会消费品零售额 246.62 亿元。

2001 年，自治区人民政府加大扶持个体私营经济发展力度，出台《关于营造良好政策环境大力发展个体私营经济的若干意见》。至年末，自治区实有个体工商户 103.58 万户，从业人员 151.30 万人，注册资金 88.77 亿元，总产值 72.07 亿元，销售总额或营业收入 424.19 亿元，社会消费品零售额 275.53 亿元。

2002 年，自治区工商行政管理机关进一步放宽了个体工商户经营主体资格、经营方式、经营范围及登记审批手续，优化发展环境。4 月，南宁市北湖市场发生经营户罢市事件，南宁市工商局领导立即组织人员对罢市进行调查了解，开展调解开发商与经营户矛盾工作，稳定经营户情绪并组织个体工商户进场恢复经营。至年末，自治区实有个体工商户 101.82 万户，从业人员 150.80 万人，注册资金 111.99 亿元；实现总产值 77.81 亿元，销售总额或营业收入 445.41 亿元，社会消费品零售额 289.04 亿元。

2003 年，自治区工商行政管理机关加大了对个体工商户合法权益保护力度。各级工商行政管理机关贯彻落实《广西壮族自治区个体工商户和私营企业保护条例》、个体工商户交费登记卡，凡向个体工商户收取的各种费用，均须出示物价部门颁发的收费许可证，并在交费登记卡上进行登记。是年，全自治区共免费发放个体工商户交费登记卡 120 万份。至年末，自治区实有个体工商户 99.03 万户，从业人员 149.05 万人，注册资金 101.76 亿元；实现总产值 83.12 亿元，销售总额或营业收入 483.73 亿元，社会消费品零售额 330.49 亿元。

2004 年 8 月 1 日，国家工商总局发布施行《个体工商户登记程序规定》。自治区工商行政管理机关逐步推行个体工商户登记监管方式改革，进一步探索个体工商户分层登记注册模式，建立委托登记和委托备案机制，由县级工商局依法委托工商所办理个体工商户登记注册和年度验照，其中经营项目涉及前置许可和专项审批的，一般仍由县级工商局登记管理。扩大个体工商户年度滚动验照试点范围，条件成熟后逐步在全自治区推行。是年 4 月，自治区工商局将梧州市工商局定为个体工商户分层登记改革试点单位，梧州市工商局下发《关于进一步完善辖区经济户口管理工作的通知》，对个体工商户的分层次登记试点工作进行了部署；其中规定，市、县工商局以及大中城市工商分局负责本辖区内的个体工商户登记，登记机关根据需要可以委托工商所进行个体工商户登记。规定个体工商户的设立、变更、注销登记申请，登记机关受理、审查，以及在受理之日起 15 日内准予登记等具体程序以及撤销登记和登记公示、公开程序。申请个体工商户登记可采取三种方式：到经营场所所在地的工商所，直接到登记机关的登记场所或者通过信函、电报、传真、电子数据交换和电子邮件的方式提出申请，并在申请后 5 日内，向登记机关递交申请材料原件。8 月，印发个体工商户登记申请材料及格式规范。至年末，自治区实有个体工商户 98.46 万户，从业人员 152.94 万人，注册资金 114.72 亿元；实现总产值 99.53 亿元，销售总额或营业收入 515.81 亿元，社会消费品零售额 355.16 亿元。

2005 年，自治区工商行政管理机关在完善广西工商行政管理系统个体工商户联系点制度的基础上，实行分类指导，重点跟踪服务，贯彻落实国家和自治区有关下岗失业人员、高校毕业生、城镇退役士兵就业和再就业的优惠政策，开辟绿色通道，鼓励个体工商户吸纳下岗失业人员再就业。是年，推行个体工商户分层登记，提高服务效率和水平。自治区工商局制定下发《关于实施国家工商总局〈个体工商户分层分类登记管理办法〉的意见》，在总结梧州、桂林市工商局试点经验的基础上，于 9 月下旬在梧州市召开了全自治区个体工商户登记改革现场会，在全自治区推行个体工商户分层登记工作。是年，按照国家工商总局《关于港澳居民在内地申办个体工商户登记注册的若干意见》，积极采取措施，加强港澳居民在自治区设立个体工商户的登记注册；做好台湾农民在海峡两岸农业合作试验区和台湾农民创业园申办个体工商户登记管理工作若干意见，指导海峡两岸（广西玉林）农业试验区做好登记注册工作。至年末，自治区实有个体工商户 101.59 万户，从业人员 163.58 万人，注册资金 131.77 亿元；实现总产值 115.48 亿元，销售总额或营业收入 525.79 亿元，社会消费品零售额 377.77 亿元。

2006 年，自治区工商行政管理机关全面推行个体工商户分层分类管理制度，进一步规范委托授权登记和分类监管的形式、程序和标准；制定《广西个体工商户分类监管实施意见》，明确规范委托登记的权限、职责和推行“委托到所、授权到人”的基本管理模式。是年，全自治区有444个工商所实行了委托登记。4月，香港居民潘耀宗在梧州市工商局长洲分局领取个体工商户营业执照，成为在梧州市开业登记的第一位港澳居民个体工商户。至年末，自治区实有个体工商户104.07万户，从业人员173.29万人，注册资金152.65亿元；实现总产值119.99亿元，销售总额或营业收入586.65亿元，社会消费品零售额425.75亿元。

2007年，自治区工商行政管理机关积极推进行政审批制度改革，协助自治区人民政府做好《广西壮族自治区个体工商户条例》修订工作，完善个体经济发展政策；进一步放宽个体经济的市场准入，依法简化注册登记程序，减少审批环节；组织和督促基层工商部门在个体工商户注册登记中落实服务承诺和首办责任制、限时办结制、一次性告知制和过错责任追究制；深化个体工商户分层登记管理改革，实施委托工商所办理个体工商户营业执照，为个体经济发展营造了良好的政务环境。至年末，自治区实有个体工商户108.76万户，从业人员189.74万人，注册资金173.98亿元；实现总产值135.03亿元，销售总额或营业收入654.62亿元，社会消费品零售额481.36亿元。

2008年，自治区工商行政管理机关坚决执行国务院关于停征“两费”（个体工商户管理费和集贸市场管理费）的决定。由财政部、国家发展改革委、国家工商总局制定的《关于停止征收个体工商户管理费和集贸市场管理费有关问题的通知》经国务院批准下发后，自治区工商局通过发文和召开会议等措施，认真贯彻落实有关精神，决定自9月1日起，全自治区工商行政管理系统全部停征“两费”，并对经营户预交的“两费”及时进行了清退。截至9月22日，全系统清退预收“两费”共计2562.39万元，其中退还个体管理费2295.55万元，涉及个体工商户16.6万户；退还市场管理费266.84万元，涉及经营户1.36万户。是年，持再就业优惠证申办个体工商户5730人。至年末，自治区实有个体工商户113.73万户，从业人员206.59万人，注册资金211.51亿元；实现总产值150.17亿元，销售总额或营业收入736.25亿元，社会消费品零售额533.57亿元。

2009年，在登记工作中，认真贯彻《个体工商户名称登记管理办法》等法律法规的规定，进一步做好个体工商户登记、港澳居民在内地申办个体工商户登记、台湾农民在海峡两岸农业合作试验区登记等工作。是年，充分发挥登记管理职能作用，积极为下岗失业职工、大中专毕业生、城镇退役士兵、刑释解教人员、残疾人员等弱势群体申请从事个体经济实现就业提供帮助、做好服务，促进就业。个体户安置下岗职工4266人，高校毕业生1857人，返乡农民工3561人，城镇复员退伍436人。至年末，全自治区实有个体工商户117.85万户（不含港澳台，下同），从业人员218.48万人，资金总额271.47亿元，总产值156.92亿元，销售总额或营业收入844.58亿元，社会消费品零售额626.18亿元。港澳居民个体工商户31户，从业人员111人（香港居民），注册资金1814万元，主要从事零售和餐饮行业。台湾农民个体工商户户数4户，从业人员22人，注册资金1451万元，主要从事种植业及农产品销售（仅限在玉林市）。

2010年，自治区个体工商户办照手续相对简单、门槛低，工商部门为办理工商户执照提供便利，使经营者在市场经济中进入退出十分方便；加大对市场主体的监管。有关部门的前置许可事项的撤销或到期，工商部门也相应地对其经营资格的注销或吊销；自治区工商部门通过开展“数据质量建设年”活动，对登记的数据进行大检查，促使各地吊销一批不按时办理验照的个体工商户。个体工商户新开业登记212224户，自治区个体工商户本期开业户数是五年来最多的，但同时本期注销户的数量也相当大。至年末，全自治区实有个体工商户115.87万户，从业人员223.14万人，资金总额373.80亿元，总产值177.66亿元，销售总额或营业收入922.44亿元，社会消费品零售额742.39亿元。港澳居民个体工商户33户，从业人员92人，其中香港居民78人，资金数额183.4万元，主要从事零售和餐饮行业；台湾农民个体工商户4户，从业人员22人，注册资金1451万元，主要从事种植业及自产农产品销售（仅限在玉林市海峡两岸农业试验区）。

2011年，4月16日国务院颁布《个体工商户条例》并于11月1日起实施。自治区各级工商行政管理机关以实施《个体工商户条例》为契机，试点开展食品流通许可与个体工商户登记证照合并审批工作，提高行政审批效率。10月，自治区工商局在防城港东兴市召开全自治区工商系统学习贯彻《个体工商户条例》《个体工商户登记管理办法》培训会。各级工商部门充分认识到《个体工商户条例》颁布的重大意义,要以《个体工商户条例》实施为契机,促进个体私营经济继续繁荣壮大并在国家经济社会中发挥更大作用。至年末,自治区实有个体工商户 114.16 万户,从业人员 217.23 万人,资金数额 425.42 亿元,总产值 199.66 亿元,销售总额或营业收入 1079.19 亿元,社会消费品零售额 727.32 亿元。港澳居民个体工商户 33 户,从业人员 113 人,其中香港居民 88 人,资金数额 291.9 万元,主要从事零售和餐饮行业;台湾农民个体工商户 4 户,从业人员 22 人,注册资金 1451 万元,主要从事种植业及自产农产品销售(仅限在玉林、钦州市海峡两岸农业试验区)。

2012 年,自治区工商行政管理机关加大行政审批制度改革,提高行政效率。自治区工商局会同自治区台办出台《关于允许台湾居民试点在南宁、桂林、北海、钦州、玉林五市申办个体工商户的通知》,允许台湾居民在广西上述五市试点申办个体工商户。自治区工商局制发《台湾居民申办个体工商户登记管理试行办法》,规范自治区台湾居民申办个体工商户登记管理工作。至年末,全自治区实有个体工商户 117.33 万户,从业人员 229.66 万人,资金总额 525.65 亿元,总产值 197.77 亿元,销售总额或营业收入 1048.90 亿元,社会消费品零售额 738.45 亿元。港澳居民个体工商户 45 户,从业人员 149 人,资金数额 441.4 万元,其中香港居民 38 人,主要从事零售业、餐饮业和理发及美容保健服务业;台湾农民个体工商户 7 户,从业人员 28 人,资金数额 1454 万元,主要从事种植业和农产品等自产产品零售业。

2013 年,全自治区各级工商行政管理机关积极发挥工商职能作用,大力扶持和鼓励个体工商户发展。政府和工商部门出台了大量鼓励创业政策,给个体工商户提供了优良的发展环境。各级工商行政机关认真贯彻国务院有关扩大就业、促进再就业的工作部署,以加快服务业发展为契机,通过实行收费减免、开展职业技能培训,引导支持下岗失业人员再就业等措施,引导高校毕业生面向基层就业和创业,促进了服务业发展与扩大就业之间的良性互动,使服务业成为吸纳城乡新增就业的主要渠道,有效缓解社会就业压力,促进社会稳定和谐。全自治区个体工商户实有户数稳中有升,个体工商户的资金实力大幅增长。个体规模不断扩大,规模效益日益体现。至年末,自治区实有个体工商户 124.34 万户(不含港澳台,下同),从业人员 249.24 万人,资金数额 637.90 亿元。港澳居民个体工商户 34 户,从业人员 107 人,资金总额 427.7 万元,其中香港居民 33 户,主要从事零售业、餐饮业;台湾农民个体工商户 1 户,从业人员 4 人,资金总额 20 万元;台湾居民个体工商户 20 户,从业人员 78 人,资金数额 249.8 万元,主要从事零售业、餐饮业。

2014 年,自治区工商行政管理机关做好个体工商户新版营业执照的启用工作,全自治区启用个体工商户新版营业执照工作平稳有序推进。8 月 4 日,全自治区 834 个体工商户登记窗口,完成新旧营业执照打印软件的切换,顺利打印新版营业执照,当天全自治区共新发 1243 户,换发 389 户个体工商户营业执照。同年,为申请登记注册的个体工商户提供免费的开业指导以及相关政策、法规和信息咨询服务;严格执行相关规定,对符合政策规定的创业人员免收登记类和证照类等有关行政事业性收费。至年末,自治区实有个体工商户 137.58 万户,从业人员 281.15 万人,资金总额 718.62 亿元。港澳居民个体工商户 36 户,从业人员 119 人,资金总额 541.70 万元,其中香港居民 36 户,主要从事零售业、餐饮业;台湾农民个体工商户 5 户,从业人员 12 人,资金总额 28 万元;台湾居民个体工商户 23 户,从业人员 88 人,资金总额 28 万元,主要从事零售业、餐饮业。

2015 年,自治区工商行政管理机关为方便群众办照创业,提供便利的工商登记注册服务。积极配合注改办推进“三证合一”、“一照一码”和全程通办等登记制度改革,严格落实首办责任制、业务办理时限制、服务承诺制,方便创业大众和市场主体办理工商注册等事宜。6 月,推进指导服务个体工商户转型升级为企业工作,下发了《关于深化商事制度改革促进创业创新做好稳增长工作的若干措施》,对工商部门服务个转企进行了部署。截至 12 月 25 日,全年共服务 729 户个体工商户转型升级企业。其中,南宁市 217 户、柳州市 26 户、桂林市 25 户、梧州市 30 户、北海市 16 户、防城港市 34 户、钦州市 100 户、贵港市 11 户、玉林市 65 户、百色市 40 户、贺州市 24 户、河池市 109 户、来宾市 9 户、崇左市 23 户,为自治区“稳增长”做出了积极的贡献。至年末,自治区实有个体工商户 149.3 万户,从业人员 307.9 万人,资金总额 878.50 亿元。

港澳居民个体工商户 39 户，从业人员 129 人，资金总额 560.70 万元，其中香港居民 38 户，主要从事零售业、餐饮业；台湾农民个体工商户 4 户，从业人员 11 人，资金总额 25 万元。台湾居民个体工商户 24 户，从业人员 93 人，资金总额 255.80 万元，主要从事零售业、餐饮业。

2016 年，自治区工商行政管理机关积极推进个体工商户“两证整合”改革工作。认真贯彻落实《工商总局等四部门关于实施个体工商户营业执照和税务登记证“两证整合”的意见》（工商个字〔2016〕167 号）文件精神，在自治区国税局、地税局、发展改革委、法制办、政管办和质监局的积极配合下，全力推进全自治区个体工商户“两证整合”登记改革各项前期工作。联合自治区国税局、地税局、发展改革委、法制办等单位召开个体工商户“两证整合”登记改革业务交流会，正式启动个体工商户“两证整合”登记改革各项工作；上报《广西壮族自治区推进个体工商户营业执照和税务登记证“两证整合”登记制度改革工作实施方案（送审稿）》；组织全自治区工商、国税、地税、发展改革委、法制办、政管办、质监局等相关人员，参加总局召开的全面实施个体工商户营业执照和税务登记证“两证整合”电视电话会议，传达学习工商总局、税务总局、国家发展改革委和国务院法制办有关“两证整合”的重要指示精神；通过广播电视和自治区工商局网站、微信公众号等媒体，向社会宣传个体工商户“两证整合”相关政策。同时，编写“两证整合”宣传内容，下发给各市工商局编印宣传册。11 月 28 日，发放了全自治区第一张加载统一社会信用代码的个体工商户营业执照。至年末，全自治区实有个体工商户 154.35 万户，从业人员 343.25 万人，资金总额 1091.04 亿元。港澳居民个体工商户 43 户，从业人员 137 人，资金总额 633.50 万元，香港居民 41 户，主要从事零售业、餐饮业；台湾农民个体工商户 2 户，从业人员 4 人，资金总额 103 万元；台湾居民个体工商户 28 户，从业人员 93 人，资金总额 301 万元，主要从事零售业、餐饮业。

2017 年，自治区工商行政管理机关深入推进个体工商户“两证整合”工作，积极协调个体工商户先行赋予统一社会信用代码并建立与原管理代码的映射关系工作，于 9 月中旬完成全部赋码任务；组织制作了个体工商户“两证整合”改革动漫宣传片，在广西电视台滚动播放，扩大社会知晓度，推动“两证整合”的改革工作。自治区工商局按照国家工商总局的部署，在南宁市和贵港市开展了个体工商户简易注销改革试点工作，积极开展个体工商户简易注销改革试点工作。积极指导试点市出台了个体工商户简易注销程序规定、操作规范等改革配套文件，有力推动了个体工商户简易注销试点工作。至年末，两市依职能注销没有发生一起行政复议、行政诉讼的情况，试点工作取得明显成效。是年，作为国家工商总局确定的全国 5 个试点地区之一，自治区工商局在桂林市和梧州市创新开展个体工商户登记全程电子化试点工作。7 月 1 日，全自治区个体工商户登记全程电子化系统在试点城市桂林市和梧州市正式上线。7 月 3 日和 19 日，在梧州市和桂林市分别发出了该市第一张通过电子化系统办理的个体工商户营业执照。同年 5 月，自治区工商局为了加强边境地区境外人员经营行为的监管，积极推动东兴境外人员规范经营试点工作，下发了《自治区工商局关于开展东兴境外人员规范经营试点的通知》，指导防城港市工商局在总结东兴市对越南籍自然人经营登记管理经验的基础上，探索建立东兴市境外人员个人办理工

2016 年 11 月 3 日，广西召开全面实施个体工商户营业执照和税务登记证“两证整合”电视电话会议

商登记制度，在城区范围内划定特定区域从事个人经营活动，放宽入市商品范围，推动境外人员在东兴经商等管理办法出台。防城港市工商局组成调研组到内蒙古自治区满洲里市、吉林省珲春市、黑龙江省绥芬河市开展调研活动，起草《东兴境外人员经营登记管理办法（试行）》。至年末，全自治区实有个体工商户168.90万户，从业人员383.39万人，资金总额1367.09亿元。港澳居民个体工商户41户，从业人员123人，资金总额601.50万元，香港居民39户，主要从事零售业、餐饮业；台湾农民个体工商户2户，从业人员4人，资金总额103万元，台湾居民个体工商户32户，从业人员124人，资金总额369.50万元，主要从事零售业、餐饮业。

2018年，全自治区扩大改革试点，积极推进崇左市开展个体工商户简易注销改革试点工作；扩大范围，在全自治区实现个体工商户登记全程电子化；推动崇左市开展境外人员规范经营试点工作。至年末，全自治区实有个体工商户191.64万户，从业人员435.94万人，资金总额1729.80亿元。港澳居民个体工商户40户，从业人员128人，资金总额663.00万元，香港居民36户，主要从事零售业、餐饮业；台湾农民个体工商户3户，从业人员7人，资金总额253.00万元，主要从事种植业；台湾居民个体工商户30户，从业人员119人，资金总额346.00万元，主要从事零售业、餐饮业。

表1-3-1　1992—2018年自治区个体工商户情况

年份	总数（万户）	从业人数（万人）	资金数额（亿元）
1992	63.45	85.90	20.50
1993	69.9	96.40	29.90
1994	79.98	110.51	40.60
1995	92.37	130.70	51.81
1996	87.30	122.95	54.54
1997	89.00	127.00	58.60
1998	104.20	146.00	72.50
1999	114.82	163.81	81.42
2000	96.75	139.42	76.27
2001	103.58	151.30	88.77
2002	101.82	150.80	111.99
2003	99.03	149.05	101.76
2004	98.46	152.94	114.72
2005	101.59	163.58	131.77
2006	104.07	173.29	152.65
2007	108.76	189.74	173.98
2008	113.74	206.59	211.51
2009	117.85	218.48	271.49
2010	115.87	223.14	373.80
2011	114.16	217.23	425.42
2012	117.33	229.66	525.65
2013	124.34	249.24	637.90
2014	137.58	281.15	718.62
2015	149.30	307.90	878.50
2016	154.35	343.25	1091.04
2017	168.90	383.39	1367.09
2018	191.64	435.94	1729.80

私营企业

1992—2018年，中共十四大提出建立社会主义市场经济体制的改革目标，给私营经济以巨大发展空间。自治区各级工商行政管理部门从实际出发，因地制宜，长期地、广泛地宣传党和国家关于发展私营经济的方针政策，促进私营企业发展。

1992年，自治区工商行政管理机关根据国家工商局颁布的《私营企业暂行条例施行办法》《私营企业登记程序》的规定进行私营企业登记，私营企业登记分为开业、变更、注销以及重新登记和分支机构的登记等，这些程序大致可分为申请人申请以及登记机关受理、审查、审批等几个步骤。是年，自治区各级工商行政管理机关鼓励发展私营企业，为私营企业提供场地，积极引导私营企业向生产型、外向型和高科技型发展。在政策上，进一步放宽经营范围和经营方式，改革登记注册程序，简化发照手续，下放登记管理权限；对老、少、边、山、穷地区实行更优惠的政策。在城镇，主要发展劳动密集型行业、科技咨询业、文化娱乐业，引导服务业、修理业向高档次发展；在农村，重点发展为农业生产服务的行业，发展资源开发业、农副产品加工业、家庭工业、手工业、农机修理和家电修理业，以及放开经营的农副产品和小商品的批发业务和长途贩运。至年末，全自治区实有私营企业0.21万户，从业人员4.4万人，注册资金3.9亿元。

1993年，自治区工商行政管理机关调动各方面的积极因素，鼓励私营企业发展，进一步放宽从业人员资格、经营范围、经营方式、注册资金、名称登记；从事长途贩运的，为农业产前、产中、产后服务的，开发生产、销售新产品的，给予优惠政策；凡是国家没有明令禁止的行业、商品都允许私营企业生产经营；允许私营企业承包、租赁、购买经营不善、长期亏损的国有和集体企业，或与之联合经营；允许私营企业与外商举办中外合资、合作经营企业，或到海外经营；在贫困地区允许先发展，后登记注册，有困难的私营企业免收或减收管理费。至年末，全自治区私营企业0.36万户，从业人员7.1万人，注册资金11亿元。

1994年，公司法和《公司登记管理条例》施行后，自治区各级工商机关严格按照公司法和《公司登记管理条例》关于登记程序的规定办理公司登记。私营有限责任公司是指按照公司法、《公司登记管理条例》的规定登记注册，由2个以上自然人投资或由自然人控股的有限公司；私营股份有限公司是指按照公司法、《公司登记管理条例》的规定由5个以上自然人投资或由自然人控股设立的股份有限公司。依据公司法和《公司登记管理条例》设立、规范的公司开始成为私营企业的组织形式之一。公司法颁布实施后，以前登记注册的私营有限公司依照公司法进行规范和重新登记。是年，《广西壮族自治区私营企业条例》颁布，确立私营企业的法律地位和经济地位，明确规定不限制私营企业的发展比例、发展规模、雇工人数、收入分配和经营范围（国家明令禁止的除外），对边远贫困地区及受灾地区实行暂不收或减免管理费等优惠政策。广西各地将为私营企业的服务工作从代储、代结算以及提供食宿方便等，扩展到产品销售、保护商标专用权、解决合同纠纷、对经营管理者进行培训、保护其合法权益等方面。至年末，全自治区实有私营企业0.57万户，从业人员10.47万人，注册资金26.69亿元。

1995年，自治区工商行政管理机关贯彻执行自治区人民政府《关于进一步加快我区个体私营经济的发展的决定》《广西壮族自治区私营企业条例》，促进私营企业健康稳定发展。自治区各级工商行政管理机关大力扶持发展私营经济发展，许多地方出台政策，为私营企业发展放宽政策；在地方成立私营经济开发区；地方政府出面为私营企业生产经营排忧解难，特别是资金、场地等方面的困难；一些地方，政府多次召开私营企业主座谈会，听取他们的意见，鼓励他们发展及成为地方经济发展的带头人。工商部门作为政府的职能部门之一，在贯彻党委、政府措施的同时，也积极从本部门实际出发，为私营企业放宽政策，简化手续，帮助企业解决实际困难，积极促进私营企业发展。私营企业户数高速增长，就业人员队伍迅速扩大。至年末，自治区实有私营企业0.97万户，从业人员15.98万人，注册资金51.91亿元。

1998年，自治区工商行政管理机关全面推行政务公开和服务承诺制，提高办事效率，并放宽注册条件，简化登记手续；继续推行私营企业收费卡制度，建立和完善统一收费制度，坚决制止各种名目的乱收费，保护私营企业的合法权益；12月，自治区工商局以桂工商个字〔1998〕157号文向各地、市、县工商局发布《关于停止收取私营企业管理费的通知》。设通知根据《广西壮族自治区人民代表大会常务委员会关于修改〈广西壮族自治区私营企业条例〉的决定》文件精神，决定废止《广西壮族自治区私营企业条例》第二十七条“私营企业应当履行下列义务”中的第（三）项“按时缴纳私营企业管理费”的规定，要求各地立即停止收取私营企业管理费。至年末，自治区实有私营企业1.58万户，从业人员22.71万人，注册资金94.61亿元。

2000年，自治区工商行政管理机关贯彻落实《中华人民共和国个人独资企业法》（以下简称《个人独资企业法》）及其登记管理办法、《中华人民共和国合伙企业法》（以下简称《合伙企业法》）及其登记管理办法，在全自治区依法开展个人独资企业、合伙企业登记管理工作。是年，对开展个人独资企业、合伙企业登记进行了广泛宣传、做好订购营业执照、印制登记文书；在南宁召开了全自治区个人独资企业和合伙企业登记管理工作会议，对全自治区个人独资企业、合伙企业登记管理工作进行了部署，对《个人独资企业法》《个人独资企业登记管理办法》进行了学习辅导。依法做好冠“广西”名称的私营有限责任公司的登记管理工作，当年，冠“广西”名称的私营企业已实有745户。至年末，自治区实有私营企业2.07万户，从业人员30.58万人，注册资金144.06亿元。

2002年，自治区工商行政管理机关贯彻落实《自治区人民政府关于营造良好政策环境大力发展个体私营经济的若干意见》，进一步放宽了私营企业经营主体资格、经营方式、经营范围及登记审批手续，优化发展环境。至年末，全自治区实有私营企业2.80万户，从业人员41.50万人，注册资金241.70亿元。

2003年，自治区工商行政管理机关组织开展“走百访千”活动，建立个体工商户、私营企业联系点制度，强化帮扶措施。落实下岗失业人员再就业优惠政策，按照国家和自治区的规定，对下岗失业人员免收各项工商规费690万元；开辟绿色通道，鼓励私营企业吸纳下岗失业人员再就业。全年共引导4.3万人次的下岗失业人员通过从事个体私营经营实现再就业。至年末，自治区实有私营企业3.49万户，从业人员49.35万人，注册资金366.61亿元。

2004年，按照行政许可法的要求，国家工商总局公布《企业登记程序规定》，统一各类企业及其分支机构的登记程序。自治区工商行政管理机关按照要求做好私营企业登记的工作。至年末，自治区实有私营企业4.32万户，从业人员66.37万人，注册资本（金）516.48亿元。

2005年，自治区各级工商行政管理机关强化服务措施，按照《广西工商系统个体工商户私营企业联系点工作制度》的要求，采取“定点帮扶、跟踪服务”等方式，切实解决私营企业在生产经营中遇到的实际问题。自治区工商局对全自治区近200户注册资本3000万元以上的私营企业建立了分类指导档案，实行重点跟踪服务。至年末，自治区实有私营企业5.19万户，从业人员83.56万人，注册资本（金）690.78亿元。

2006年，自治区工商行政管理机关全面推行企业注册登记“一审一核”制度、委托年检制、企业分类监管，进一步规范委托授权登记和分类监管的形式、程序和标准。自治区工商局组织私营企业主参加11月份第三届中国·玉林中小企业商机博览会，与玉林市相关单位签订近50亿元的项目合作协议。落实有关促进下岗失业人员、高校毕业生、城镇退役士兵等人员的就业和再就业优惠政策，减免各项规费1357.94万元，简化登记办照手续，完善服务措施，帮助近3万人次的下岗失业人员、高校毕业生通过从事个体私营经营实现就业。至年末，自治区实有私营企业6.08万户，从业人员94.78万人，注册资本（金）885.09亿元。

2007年，自治区工商行政管理机关积极推进行政审批制度改革，自治区工商局协助自治区人民政府做好《广西壮族自治区私营企业条例》的修订工作，完善私营经济发展政策；进一步放宽私营企业的市场准入，依法简化注册登记程序，减少审批环节。至年末，自治区实有私营企业6.99万户，从业人员123.96万人，注册资本（金）1131.71亿元。

2009年，自治区工商行政管理机关充分发挥登记管理职能作用，积极为下岗失业职工、大中专毕业生、城镇退役士兵、刑释解教人员、残疾人员等弱势群体申请从事私营经济实现就业提供帮助、做好服务，促进就业。至年末，自治区实有私营企业10.89万户，从业人员165.52万人，注册资本（金）1751.89亿元。

2010 年，自治区工商行政管理机关充分发挥工商职能作用，落实自治区党委、自治区人民政府工作要求，以培育创业主体为重点，以优化发展环境为保障，完善创业服务平台，激发全民创业热情，营造良好创业氛围，增强发展活力，促进私营企业的发展。至年末，全自治区实有私营企业 13.70 万户，从业人员 189.40 万人，注册资本（金）2503.18 亿元。

2013 年，全自治区工商行政管理机关推行和完善各种推进私营企业发展的服务措施。是年，为重大招商引资项目提供预约服务，对相关企业预约办理登记，实行专设窗口、专人负责、专项研究，主动提供咨询服务。自治区工商局注册分局于 7 月 18 日到广西机场集团管理公司送政策、送服务，为公司下属企业转制登记现场办公，提供咨询，答疑解难，妥善处理公司历史遗留问题，为该集团公司部分企业顺利改制登记、轻装上阵、开拓市场赢得了宝贵时间。为重点项目企业提供绿色通道服务。把世界五百强企业在广西的投资项目和当地政府确定的招商引资重大项目纳入绿色通道办理，对进入绿色通道的申请事项，材料齐全、符合法定形式的，当场予以受理，在不违反国家产业政策和法律法规的前提下，尽快办理登记手续。玉林市工商局下属各工商所都指派一名工商事务联络员，具体负责帮扶联系企业的日常联络。对企业发生的重大事项或需其他部门解决的问题，及时上报协调研究解决。同时，提供示范服务，在各级登记窗口严格执行《登记窗口工作人员言行及着装规范》《文明用语及禁用语》的要求，进一步规范服务行为，提升整体服务质量。北海市工商局注册分局推出“北海工商巾帼 QQ 服务群”，借助网络 QQ 群高效、便捷、及时的特点，搭建起工商部门与企业之间的交流互通平台，建立了信息传递的新纽带。各市工商局开辟绿色通道，零距离为农民工创业、就业咨询答疑解惑，提供政策信息指导，高效办理农民工创业登记申请。对持有劳动保障部门证明申办登记注册的农民工，放宽投资领域、经营范围、经营场所、注册资本等条件。对申请设立企业免收工商登记费。对有利于吸收农民工就业的企业，在工商登记、动产抵押、股权出质等方面给予优先办理。同时，根据市场动态信息和行业分布情况，为农民工提供咨询服务、提出合理化建议，避免因盲目投资造成经济损失，降低其创业风险。认真贯彻落实《自治区人民政府关于大力发展微型企业的若干意见》，大力扶持发展微型企业。至年末，自治区实有私营企业 28.25 万户，从业人员 259.60 万人，注册资本（金）5512.41 亿元。

2014 年，自治区各级行政管理机关认真贯彻落实国家和自治区鼓励就业和再就业的有关政策，继续加大扶持力度，在市场准入、收费减负等方面发挥职能作用，积极鼓励、扶持下岗失业人员、高校毕业生、归国留学生、退役士兵、残疾人员及其他新增待业人员兴办私营企业；完善支持自主创业、自谋职业的相关措施和优惠政策，大力推进“以创业带动就业”，鼓励引导返乡农民工、高校毕业生创办微型企业，落实对微型企业的扶持政策。同年，对有改制需求的企业实行事前摸底、提前介入，将注册资本登记制度改革的内容及时与企业沟通，让企业在改制改组过程中得以享受改革红利。柳州肉类联合加工厂经自治区国资委同意对企业进行改制改组，以其扣除负债后的生产性净资产 2.34 亿元出资成立柳州天之业实业发展有限公司。由于新成立公司涉及资产过户问题及货币配比问题，导致迟迟无法办理登记。注册资本登记制度改革后，柳州市工商局按照登记制度改革的精神，指导企业认缴出资顺利办理了设立登记，同时还节约了一大笔验资费用。是年，防城港市工商局注册分局建立登记材料预审渠道，对外公布工作邮箱，申请人可以足不出户，通过发邮件的方式，将登记申请材料发到邮箱进行材料预审，分局工作人员及时对企业的申请材料给出预审意见。通过预审后，企业只要根据事先约定的时间到窗口提交材料，即可当场受理，快速办结。上半年，共为群峰水利等 86 家公司办理了网上预审服务，便捷、高效服务得到了企业的一致好评。优化服务手段，缩短受理时间，大力支持“个转企”“小升规”，推动小微企业持续成长，不断发展壮大非公市场主体，增强市场活力，促进社会经济发展。百色市工商局主动缩短办事时限，自 3 月 1 日改革实施以来，基本实现了将审批时间缩短为 3 个工作日以内，80% 以上的企业实现了当天申请、当天领取营业执照。至年末，自治区实有私营企业 34.87 万户，从业人员 289.89 万人，注册资本（金）8647.40 亿元。

2015 年，自治区工商行政管理部门为方便群众办照创业，提供便利的工商登记注册服务。积极配合注改办推进“三证合一”、“一照一码”和全程通办等登记制度改革，严格落实首办责任制、业务办理时限制、服务承诺制，方便创业大众和市场主体办理工商注册等事宜。是年，6 月，指导服务个体工商户转型升级为企业工作，下发了《关于深化商事制度改革促进创业创新做好稳增长工作的若干措施》，对工商部门服务个转企进行了部署。截至 12 月 25 日，全年共服务 729 户个体工商户转型升级为企业。其中，南宁市 217 户、柳州市 26 户、桂林市 25 户、梧州市 30 户、北海市 16 户、防城港市 34 户、钦州市 100 户、贵港市 11 户、玉林市 65 户、百色市 40 户、贺州市 24 户、河池市 109 户、来宾市 9 户、崇左市 23 户。至年末，全自治区实有私营企业 43.6 万户，从业人员 338.5 万人，注册资本（金）12689.7 亿元。

2017 年，自治区工商局在对湖北省武汉市及自治区 14 个地市开展“个转企”情况进行充分调研、征求区直各相关单位意见的基础上，形成《自治区个体工商户转型升级为企业的调研报告》，牵头组织起草印发《自治区工商局关于鼓励个体工商户转型升级为企业的登记指导意见》规范性文件，形成全自治区“个转企”统一的登记指导意见，规范“个转企”登记流程，为便捷准入服务、放宽准入门槛提供了条件，有力地推动了个体工商户转型升级。至年末，全自治区实有私营企业 59.82 万户，从业人员 403.97 万人，注册资本（金）25643.77 亿元。

2018 年，自治区工商行政管理机关落实“减证提速”要求，推行“审核合一、一人通办”登记制度改革。按照“谁受理、谁负责”工作原则，将注册登记过程中的审查员与核准员职责合并，于 4 月 10 日起在钦州保税港区实行“审核合一、一人通办”登记制度改革。通过改革，在确保材料规范的前提下，办理各类企业迁移登记、换发营业执照等由 2 天提速到当天办结，提速 66% 以上；办理企业设立、变更等业务由 3 天提速到 2 天内办结，提速 33% 以上，私营企业可在 3 个工作日内完成开办手续，较大地提高了办照效率。至年末，自治区实有私营企业 67.39 万户，从业人员 485.98 万人，注册资本（金）33703.17 亿元。

表 1-3-2　1992—2018 年全自治区私营企业基本情况

年份	户数（万户）	从业人员（万人）	注册资本（亿元）
1992	0.21	4.4	3.9
1993	0.36	7.1	11
1994	0.57	10.47	26.69
1995	0.97	15.98	51.91
1996	1.07	16.32	57.66
1997	1.11	16.37	59.62
1998	1.58	22.71	94.61
1999	1.87	28.64	118.47
2000	2.07	30.58	144.06
2001	2.33	31.80	167.60
2002	2.80	41.50	241.70
2003	3.49	49.35	366.61
2004	4.32	66.37	516.48
2005	5.19	83.56	690.78
2006	6.08	94.78	885.09
2007	6.99	123.96	1131.71
2008	8.97	134.49	1349.45
2009	10.89	165.52	1751.89

续表

年份	户数（万户）	从业人员（万人）	注册资本（亿元）
2010	13.70	189.40	2503.18
2011	18.07	216.64	3395.23
2012	22.69	248.65	4324.22
2013	28.25	259.60	5512.41
2014	34.87	289.89	8647.40
2015	43.60	338.50	12689.70
2016	51.53	360.13	19471.70
2017	59.82	403.97	25643.77
2018	67.39	485.98	33703.17

农民专业合作社

自2007年1月1日《中华人民共和国农民专业合作社法》（以下简称《农民专业合作社法》）颁布实施以来，自治区各级工商行政管理机关贯彻执行，鼓励支持和引导农民按照自愿、民主的原则，发展多种形式的农民专业合作社，壮大农村经济组织，提高农民收入。自治区各地农民专业合作社逐渐发展，截至2018年底，自治区实有农民专业合作社5.44万户，成员46.05万人，出资总额858.29亿元。

2007年，自治区工商行政管理机关积极调整涉农企业农资经营规定。支持发展农资连锁经营；放宽涉农企业登记注册政策，完善农业企业登记注册服务机制；积极培育发展农业龙头企业和骨干企业，促进农业产业化发展；认真贯彻《农民专业合作社法》和国家工商总局相关通知精神，鼓励和支持农民积极申办专业合作社；做好农民专业合作社登记管理工作，积极培育发展农村市场主体，为支持社会主义新农村建设做好了服务工作。8月，自治区工商局在南宁市举办为期三天的农民专业合作社及合伙企业登记管理培训班，学习《农民专业合作社法》、新《合伙企业法》及有关法律、法规条文；讲授《农民专业合作社法》及有关法律、法规；部署开展贯彻实施《农民专业合作社法》和《合伙企业法》及有关工作。同月，柳州市工商局召开了登记注册暨合伙企业与农民专业合作社登记管理业务培训会议，详细学习和探讨了如何贯彻落实《合伙企业法》《合伙企业登记管理办法》《农民专业合作社法》《农民专业合作社登记管理条例》等法律法规，对相关的登记工作提出了具体要求。通过对《合伙企业登记管理办法》《农民专业合作社登记管理条例》相关条款进行详细讲解，使各个分局、县局登记科（股）人员对这几部法律法规的具体实施有了较清晰的认识。

2008年，自治区工商行政管理机关贯彻中共十七大提出的发展农民专业合作组织的精神，将农民专业合作社登记管理工作推向深入。认真贯彻《农民专业合作社法》，积极鼓励、支持和引导农民专业合作社健康发展。加强农民专业合作社法律法规的学习、宣传和贯彻，提高对促进农民专业合作社发展重要意义的认识和执法服务水平。开发和应用登记管理软件，充分利用信息化手段提升农民专业合作社登记服务质量。采取各种形式调动农民自发兴办专业合作社的积极性，与有关部门建立协调机制，形成合力支持农民专业合作社发展的良好氛围。积极探索和研究农民专业合作社的登记管理方式，改进管理、优化服务。至年末，全自治区农民专业合作社发展到2800户，成员总数3.71万人（其中农民成员3.63万人），出资总额12.11亿元（其中货币出资额9.48亿元）。

2009年，自治区工商行政管理机关大力鼓励农民专业合作社发展。3月，自治区工商局下发了《自治区工商局关于发挥工商行政管理职能作用引导支持服务农民专业合作社健康发展的实施意见》，提出了20条措施，进一步加强对扶持农民专业合作社发展工作的指导。各级工商部门按照自治区工商局的布置，因势利导加大《农民专业合作社法》《农民专业合作社登记管理条例》宣传力度，完善农民专业合作社登记绿色通道，进一步强化工商机关的服务意识，切实加强对农民专业合作社的指导、扶持和服务，提高农民进入市场的组织化程度和农民专业合作社管理水平，大力支持和鼓励农民专业合作社发展。一方面，通过提高登记工作效率和服务质量，为农民专业合作社发展提供主体培育、市场准入、政策扶持、品牌创新、产品开发、广告策划、形象宣传、合同购销、订单生产、打假治劣、维权保护等方面全方位服务，促进其快速发展，农民专业合作社呈现出业务范围特点鲜明、区域特色明显发展态势。如桂林市主要以水果种植及销售、玉林市主要以农业生产资料的购买、贵港市主要以养殖、梧州市主要以农产品加工和南宁市种植及养殖并举为特色的农民专业合作社发展模式。另一方面，农民通过参加特色鲜明、专业化程度较高并且服务于本地主导产业的农民专业合作社，取得在品质、技术、销售等方面的支持，享受到入社后实实在在的实惠。至年末，自治区本期登记农民专业合作社2942户，全自治区实有农民专业合作社0.60万户（其中分支机构39户），成员总数6.68万人，出资总额45.50亿元（其中货币出资额36.64亿元）。

2010年，自治区工商行政管理机关积极推动农民专业合作社发展。各级工商部门认真贯彻自治区工商局《关于发挥工商行政管理职能作用，引导支持服务农民专业合作社健康发展的实施意见》，以政策环境、政务环境、服务方式和舆论宣传为重点，积极推行典型示范机制、品牌兴社、合同帮社、维权护社、依托龙头企业办社等五项机制，促进农民专业合作社快速、健康发展。如桂林恭城瑶族自治县是广西农民专业合作社较多的县之一，该县工商局采取走出去，深入村屯宣传的方式，向全县8个乡镇，70多个村的水果协会和水果经纪人宣传果农和销售专业户们的成功经验，大大提高了大家参与、兴办农民专业合作社的积极性。玉林市博白县工商局帮助农民制定了适合农民专业合作社的不同类型共5种合同示范文本，既增强了广大农民的防范风险能力，也增强其契约意识。博白县工商局与农业银行和农村信用社进行沟通，帮助农民专业合作社有效解决融资难问题，促成银行加大对农民专业合作社贷款扶持力度。还充分发挥动产抵押登记作用，简化动产抵押登记手续，方便农民专业合作社能更快更多地获得贷款，促进农民专业合作社发展壮大。针对农民专业合作社中90%以上由农民组成，各级工商部门针对农民是农民专业合作社的主体这一特点，在兴办主体上，鼓励农民通过合作自办、能人牵头创办、依托龙头企业等形式兴办；在内部股权结构上，鼓励农民采取货币、实物、技术等形式投资入股创办，积极实施商标富农战略，支持鼓励以农产品商标为龙头壮大特色产业带动农业产业结构调整。在产业发展方向上，坚持从实际出发，积极引导农民围绕当地主导产业、特色产业和拳头产品，因地制宜发展具有地方特色和资源优势的专业合作社；在发展规模上，积极鼓励农民组建较大的规模的专业合作社，注重引导农民走科技发展的道路，不断提高农民专业合作社内部的科技含量。至年末，自治区农民专业合作社本期开业1959户，增加成员总数1.77万人，增加出资总额17.86亿元。自治区实有农民专业合作社0.79万户（其中分支机构49户），出资总额65.81亿元（其中货币出资额53.39亿元），成员总数8.40万人。

2011年，自治区工商行政管理机关大力引导、支持、服务农民专业合作社的发展。加大农民专业合作社有关政策法规及成功典型的宣传力度，引导农村村民、返乡农民工、个体工商户、私营企业等申办农产品加工、种植、养殖各种类型的农民专业合作组织，发展特色农业、生态农业、绿色农业和健康养殖业。同时，完善农民专业合作社登记绿色通道，简化农民专业合作社登记手续，强化服务意识，实行一站式服务，建立联络员制度，全程指导申办农民专业合作社，使自治区农民专业合作社发展迅速。至年末，农民专业合作社本期开业1806户，成员总数1.49万人，出资总额21.87亿元，本期注销8户。全自治区实有农民专业合作社0.99万户，成员总数10.16万人，出资总额96.60亿元。

2012年，全自治区工商行政管理机关进一步加大农民专业合作社有关政策法规及成功典型的宣传力度，引导农村村民、返乡农民工、个体工商户、私营企业等申办农产品加工、种植、养殖各种类型的农民专业合作组织，发展特色农业、生态农业、绿色农业和健康养殖业。同时，推行五项机制，即典型示范机制、品牌兴社机制、合同帮社机制、维权护社机制、依托龙头企业办社机制促进农民专业合作社快速、健康发展。不断完善农民专业合作社登记绿色通道，简化农民专业合作社登记手续，强化服务意识，实行一站式服务，建立联络员制度，全程指导申办农民专业合作社，促进农民专业合作社迅速发展。全自治区农民专业合作社同比增长18%。此外，农民专业合作社运用商标战略，加快品牌兴社。钦州市工商局跟踪服务钦州石城水产养殖专业合作社，指导该专业合作社注册商标，帮助其办理了变更。通过引导，该合作社建成一个集加工、研发、培训等一体的基地，提高了生产经营效益。是年，合作社成员从100多户养殖户发展到500多户，养殖面积从1万多亩发展到6万多亩，年产优质南美白对虾2万多吨，年产值7亿元。蒙山县工商部门帮助农民专业合作社打出了一批特产牌子，相继注册了“山泉”蜂蜜、“甘棠山”茶叶、“大塘”水果、“绿源”花生等涉农商标20个，积极帮助签订合同订单，使农民专业合作社和农民真正获得了收益。至年末，农民专业合作社本期开业1791户，成员总数1.33万人，出资总额25亿元，本期注销20户。全自治区实有农民专业合作社1.17万户，成员总数11.63万人，出资总额125.36亿元。

2013年，全自治区工商行政管理机关根据“中央一号”文件提出“鼓励和支持承包土地向专业大户、家庭农场、农民合作社流转”的要求后，自治区工商局迅速行动，要求各级工商部门充分发挥职能作用，采取有效措施，大力支持农民合作社发展。自治区各市工商局积极引导全自治区农民专业合作社农业主体品牌化经营。通过培育、扶持、保护、激励等手段，鼓励农民专业合作社以加快品牌化发展为目标，切实夯实基础、做大规模、做强实力，使其不断加强自主创新能力，成为农村商品流通的主导力量、农民增收致富的带动力量、农业产业化经营的推动力量。通过政府宣传培训、规范建设引导、优惠政策扶持等措施，积极发展特色农业、生态农业、绿色农业和健康养殖业。同时，推行五项机制，即典型示范机制、品牌兴社机制、合同帮社机制、维权护社机制、依托龙头企业办社机制为农民专业合作社创造宽松的发展环境，促进农民专业合作社迅速发展。全自治区农民专业合作社同比增长23%。是年，桂林市工商局积极引导农民专业合作社申请注册农产品商标，推进“农民专业合作社＋农民＋商标”的新模式，做到“注册一个商标，打响一个品牌，拉动一方经济，富裕一方农户”。玉林市工商局开展“商标兴社”专项活动，帮助农民申请注册了沙田柚、香蒜等涉农商标，形成了陆川铁锅、博白芒编等一批特色鲜明的商标。涉农龙头企业春茂集团经营了桂凤鸡苗、桂皇肉鸡等知名品牌，带动7000多户农户。河池市工商局引导农民专业合作社注册了“八步椪柑”“瑶寨”“恩克山兔”“七彩山鸡”“丰羽”等5个商标。柳州市融安县共有注册商标92件，其中涉农商标66件，融安县工商局引导培育的“浪溪江”金桔商标和“融安金桔”地理证明商标已经具备一定的市场知名度，使广大金橘种植户获得了显著的经济效益。来宾市工商局指导武宣县双龙村水果农民专业合作社在“牛心柿”水果商品上申请注册“仙城”商标，由此提升“牛心柿”商品价格，使得该年“牛心柿”价格达3.8元/千克，创造历史之最，合作社也获农业部授予“全国农民专业合作社示范社”称号，商标品牌促进农民增收。同时，自治区各级工商行政管理部门着手规范农业主体从业行为，进一步加强日常监管，依法查处违法经营行为，进一步维护农民工合法权益。至年末，农民专业合作社持本期开业2667户，成员总数2.27万人，出资总额41.63亿元，本期注销16户。日均新增农民专业合作社7户。全自治区实有农民专业合作社1.44万户，成员总数13.17万人，出资总额168.77亿元。

2014年，全自治区工商行政管理机关做好新版营业执照的启用工作。8月4日，全自治区319个农民专业合作社登记窗口，均完成新旧营业执照打印软件的切换，顺利打印新版营业执照，当天自治区共新发46户、换发18户农民专业合作社营业执照。全自治区启用农民专业合作社新版营业执照工作平稳有序推进。自治区各级工商行政管理部门积极服务农民专业合作社的发展，促进农民增收。开展登记指导服务，开辟绿色通道。针对农民成立合作社的实际，组织工作人员对准备设立合作社的成员代表开展登记前的指导服务，从设立程序、制定章程、提交材料规范等事项逐一讲解，并提供合作社登记示范文本作为参考。在各级政务服务中心工商登记窗口建立合作社登记绿色通道，为前来办理登记的实行申请、受理、审批一站式服务。积极鼓励涉农企事业单位、协会、专业大户、技术能人带头领办、创办农民专业合作社，鼓励农民专业合作社扩大服务领域；通过深入广大农村宣传《农民专业合作社法》，引导农村村民、返乡农民工、个体工商户、私营企业等申办农产品加工、种植、养殖各种类型的农民专业合作组织，发展特色农业、生态农业、绿色农业和健康养殖业。是年，崇左市天等县，围绕优势产业和特色产业，积极扶持辣椒、甘蔗等种植，规模化养殖、特色养殖成效明显，天等黑山羊、天等土鸡、黑豚等特色养殖业，成为当地农民增收的主要亮点。至年末，农民专业合作社本期开业 4244 户，成员总数 2.9 万人，出资总额 66.66 亿元，本期注销 37 户。全自治区实有农民专业合作社 1.86 万户，成员总数 16.9 万人，出资总额 238.74 亿元。

2015 年，全自治区工商行政管理机关大胆放权，积极探索工商部门依托国家“一带一路”倡议，鼓励边民开展创业创新尝试，拓展边境地区农民专业合作社的经营范围和延伸服务方式，促进中越边境贸易的繁荣发展。是年，开展促进越南籍自然人经商登记管理和发展边民互市专业合作社促进边境互市贸易等调研工作。至年末，农民专业合作社本期开业 6285 户，成员总数 3.6 万人，出资总额 100.8 亿元，本期注销 102 户。全自治区实有农民专业合作社 2.5 万户，成员总数 21.7 万人，出资总额 340.1 亿元。

2016 年，全自治区工商行政管理机关积极服务农民专业合作社发展。自治区工商局配合农业厅开展农合社服务管理工作；贯彻落实自治区政府有关鼓励农户以土地入股农业龙头企业和农民专业合作社的政策精神，到玉林市调研土地股份合作社登记工作；指导各市工商局开展农民专业合作社联合社登记工作，鼓励农民专业合作社通过联合发展，提高市场竞争力；印发《关于发挥职能作用支持我区贫困村农民专业合作社发展工作的通知》（桂工商办发〔2016〕134 号），指导各地做好贫困村农民专业合作社发展工作，为扶贫攻坚多做贡献。指导各市工商局开展农合社联合社登记工作，鼓励农合社通过联合发展，提高市场竞争力；召开了全自治区工商系统台湾居民个体工商户登记管理工作会议，及时传达工商总局《关于扩大开放台湾居民在大陆申办个体工商户登记管理工作的意见》（工商个字〔2015〕224 号）文件精神，部署各市落实台湾居民个体工商户登记工作。至年末，农民专业合作社本期开业 1.31 万户，成员总数 7.36 万人，出资总额 194.38 亿元，本期注销 559 户。自治区实有农民专业合作社 3.74 万户，成员总数 32.00 万人，出资总额 543.40 亿元。

2017 年，自治区工商局在桂林市和梧州市创新开展农民专业合作社登记全程电子化试点工作。7 月 1 日，全自治区农民专业合作社登记全程电子化系统在试点城市桂林市和梧州市正式上线。至年末，农民专业合作社本期新增 1.05 万户，成员总数 6.73 万人，出资总额 187.61 亿元，本期注销 598 户。自治区实有农民专业合作社 4.76 万户，成员总数 40.82 万人，出资总额 734.04 亿元。

2018 年，新版《中华人民共和国农民专业合作社法》于 2017 年 12 月 27 日修订通过予以公布，并于 2018 年 7 月 1 日起施行，主要体现在合作社主体地位、出资形式、盈余分配、农民专业合作社联合社、扩大经营范围、进一步规范农民专业合作社的组织和行为等方面修改，极大地保护了农民专业合作社及其成员的权利。自治区工商行政管理机关通过发放宣传资料、播放广播电视公益广告、举办讲座、培训和回访等多种形式进行宣传；深入田间地头向广大农民群众宣传新《农民专业合作社法》，并提供法律知识、优惠政策、登记程序等的咨询服务；主动加强与村级组织的联络，重点扶持一批管理规范、有特色、有成效的农民专业合作社，充分发挥其示范带头作用，引导和支持更多的农民创办合作社。在登记服务大厅设置绿色通道，主动服务，为前来申请合作社的农民提供登记辅导、政策咨询，做到快受理、快审查。开展农民专业合作社联合社登记，引导农民专业合作社以产品和产业为纽带开展合作与联合，通过联合扩大农业生产规模和产品的市场占有率，提高单体合作社的市场竞争实力。指导农民专业合作社申请商标注册，培育、发展农产品集体商标、证明商标，扩大合作社及其产品、服务的市场知名度和影响力，提高合作社农产品市场占有率。帮助农民专业合作社规范合同文本，提供合同签约指导服务，指导其规范签约、依法履约，对合作社的大宗订单实行跟踪监督，及时调解合同纠纷，促进合同履行。引导农民专业合作社参与示范社培育工作，促进农民专业合作社规范发展。加强农民专业合作社扶持服务，通过回访及时发现合作社经营中遇到的问题，采取切实可行的措施为他们排忧解难。建立消费投诉站，及时受理、解决农民投诉。把监管执法和打假维权落到实处，加强与农业、质检、科技、公安等部门联合执法，促进信息资源共享，严厉打击虚假宣传、假冒伪劣等违法违规行为，切实为农民专业合作社生产经营创造良好的市场环境。至年末，农民专业合作社覆盖农、林、水、海洋种养殖、渔业等行业，有力推动了农村经济发展。至年末，全年新增农民专业合作社 7855 户，成员总数 4.36 万个，出资总额 136.39 亿元，本期注销 1106 户。全自治区实有农民专业合作社 5.44 万户，成员总数 46.05 万个，出资总额 858.29 亿元。

表 1-3-3　2008—2018 年全自治区农民专业合作社基本情况

年份	户数（万户）	从业人员（万人）	出资总额（亿元）
2008	0.28	3.71	12.11
2009	0.60	6.68	45.50
2010	0.79	8.40	65.81
2011	0.99	10.16	96.60
2012	1.17	11.63	125.36
2013	1.44	13.17	168.77
2014	1.86	16.9	238.74
2015	2.5	21.7	340.10
2016	3.74	32.00	543.40
2017	4.76	40.82	734.04
2018	5.44	46.05	858.29

第二节　监督管理

1992—2018 年，自治区各级工商行政管理部门一直把清理取缔无照经营作为一项重要工作，结合年检验照、专项治理整顿规范市场经济秩序工作，对无照经营行为进行清理整顿，查处违法违章行为。

年检验照

1992 年，自治区工商行政管理机关根据《城乡个体工商户管理暂行条例》及其实施细则公布，对个体工商户按规定每年验照一次，并粘贴验照标记。

1993 年 12 月 7 日，国家工商局发布《企业法人年度检验办法》，领取企业法人营业执照的私营企业须按规定参加年检。年检的起止日期为每年 1 月 1 日—4 月 30 日，新开业的，自下一年度起参加年检。

1996 年 12 月 13 日，国家工商局发布《企业年度检验办法》，于 1997 年 1 月 1 日起施行(1993 年 12 月 7 日国家工商局颁布的《企业法人年度检验办法》同时废止），将私营法人企业，如私营有限责任公司、股份有限公司，以及私营非法人企业，如合伙企业、独资企业及其分支机构以及私营公司的分支机构纳入参检范围。年检起止日期为每年 1 月 1 日—4 月 30 日。登记主管机关将通过年检的企业，分为两种类型：A 级为遵守工商法规情况良好的；B 级为有违反工商法规行为的。在其营业执照上加贴带有 A、B 标识的年检标识和加盖年检戳记后，企业取得继续经营的资格。B 级企业不得办理增设分支机构和增加经营范围的变更登记，不得投资设立有限责任公司或股份有限公司。

1999 年，根据国家工商局《关于个体工商户、独资企业、合伙企业使用统一年检验照标识的通知》要求，从 1999 年起，对个体工商户、独资企业和合伙企业 1998 年度验照年检使用统一的年检验照标识。通过年检验照的，在其营业执照正副本加贴年检验照标识，均统一使用标有“1998”字样的年检验照标识。

1999 年，对个体工商户的验照和 2000 年统一换发新式个体工商户营业执照工作同步进行，其程序是个体工商户先通过验照，再填写换照登记表，办理有关手续，登记机关收回原营业执照，换发新营业执照并在新执照上贴花。验照审查的重点是从事食品、药品、化学危险物品、采矿、建筑、安装、车船运输、烟花爆竹的生产、经营业户，并把从事娱乐场所经营的个体工商户作为检查的重点。

2007 年，自治区工商行政管理机关实行“集中验照”和“滚动验照”相结合的办法，积极做好个体工商户验照工作。

2008 年，自治区各级工商行政管理部门通过抓好市场主体的年检、验照及年报，查处无照经营，开展专项整治等，加强对市场主体的监督管理。进一步推行“集中验照”和“滚动验照”相结合的办法，积极做好个体工商户验照工作。开展集中验照的有南宁、桂林、梧州、北海、防城港、钦州、贵港、百色、贺州、来宾等市的工商行政管理机关，上述各市应验照的个体工商户为 73.81 万户，实际验照 64.21 万户。验照期间注销、吊销营业执照 5.88 万户，保留未验照户数为 3.72 万户。南宁市的马山县、高新区和柳州、玉林、河池等市（县）开展滚动式验照，共验照 16.43 万户。

2009 年，自治区各级工商行政管理机关严格按照《城乡个体工商户管理暂行条例》《个体工商户验照办法》要求，认真开展个体工商户验照，加强对个体工商户的前置审批事项的复查，进一步清理无照经营，严厉打击违法违章行为，较好地完成了 2009 年度个体工商户的验照工作任务。为做好 2009 年的验照工作，自治区工商局及时下发了《自治区工商局关于做好 2009 年度个体工商户验照工作的通知》（桂工商发〔2010〕2 号），对 2009 年度的验照工作进行全面部署，进一步增强认识，把验照的过程作为进一步解放思想、改进工作方法、完善服务环境、提高办事效率的过程，不断提高验照率。各市工商局根据自治区工商局的要求，成立领导小组，制订验照工作方案，实行局长亲自抓，分管局长具体抓，注册部门抓落实和各相关部门协调配合的工作模式，坚持自上而下“逐级管理、分级负责”的原则，稳定有序地开展验照工作。各县（市）局、城区分局及时召开验照工作会议，对验照时间、地点，验照工作流程及各项工作要求进行了统一部署，将验照工作落实到所，增强工作人员的责任心，明确验照工作职责。在验照中，各地工商机关进一步规范和强化了首问负责制、限时办结制度、绿色通道制度、预约实地验照制度等便民制度，对农贸市场、集贸市场、商场等个体工商户集中的区域及农村偏远地区个体工商户要全部实行上门验照、预约验照，提高办事效率。同时还在个体工商户验照工作中推出提醒、预约、上门服务等新举措，大力提高效率，真情服务个体工商户。是年，南宁市局的西乡塘分局在各大市场选拔了一批责任心强，工作负责的人员担任市场证照协管员，由证照协管员指导个体户办理验照等工商登记业务。通过证照协管员的指导，方便了个体户办理各项工商登记业务，加强了工商部门与个体户之间的联系沟通。在验照工作中，采取“一看三查”的验照措施，一看个体工商户是否亮照经营。三查是查是否经营假冒伪劣商品；查是否超范围经营；查是否人照相符。特别对从事食品药品生产经营、农资经营、娱乐场所、危险化学品、烟花爆竹、小宾馆旅店等涉及社会公共利益、农业生产、人民群众生命财产安全的经营活动的个体工商户的监管，重点查验其前置行政许可证或批准文件是否有效，有无相关审批部门的吊销、撤销及注销抄告信息，有无与工商登记情况不符的情况，发现不符合验照要求的，应当责令停止相关经营活动，并限期办理注销登记或者变更登记。拒不办理的，依法予以处罚直至吊销营业执照。并结合验照，依法查处取缔存在生产安全隐患、食品安全隐患、影响社会治安和城市管理、干扰群众日常生活、有损于青少年健康成长文化环境等负面影响严重的无照经营行为。在验照工作中，各级工商机关加大市场巡查力度，依法查处违法经营行为。对于危害人体健康、存在重大安全隐患、威胁公共安全、破坏环境资源的无照经营行为坚决进行取缔。在验照期间，通过验照查处取缔无照经营 6252 户，查处超越经营范围经营 2808 户，补办执照 4200 户。

2010 年，自治区各级工商行政管理机关规范和强化了首问负责制、限时办结制度、绿色通道制度、预约实地验照制度等便民制度，对农贸市场、集贸市场、商场等个体工商户集中的区域及农村偏远地区个体工商户全部实行上门验照、预约验照，提高办事效率。通过验照查处取缔无照经营个体工商户 6252 户，查处超越经营范围经营 2808 户，补办执照 4200 户。

2011年，自治区各级工商行政管理机关在个体工商户验照工作中坚持做到：一是把验照与审查相结合。在验照工作中，严格按照《个体工商户验照办法》的规定，采取“一看三查”（一看：看个体工商户是否亮照经营；三查：查是否经营假冒伪劣商品，查是否超范围经营，查是否人照相符）的验照措施，对申请验照的个体工商户有关情况进行认真审查。并结合验照，依法查处取缔存在生产安全隐患、食品安全隐患、影响社会治安和城市管理、干扰群众日常生活、有损于青少年健康成长文化环境等负面影响严重的无照经营行为。把验照工作与完善个体工商户经济户口及信用分类监管相结合。通过验照，进一步补充、完善个体工商户机读和书式档案资料，完善工商登记业务网络数据，为个体工商户信用分类监管做好基础工作。把验照工作与严把市场主体准入关相结合。基层工商所在验照工作严格审查、重点审查清理涉及人身健康、公共安全、安全生产、环境保护、自然资源开发与利用等项目，对于前置手续经营期限即将到期的，则督促业主重新办理换证手续之后，再办理营业执照的验照手续。

2012年，自治区各级工商行政管理机关积极做好个体工商户验照工作。各级工商行政管理机关充分利用新闻媒体报道、拉横额、张贴通告、发放通知、电话通知、短信提醒等灵活多样的宣传方式，加大对验照工作的宣传力度，广泛宣传《个体工商户条例》等相关法律法规，为验照工作营造良好氛围。验照期间，全系统共发放通知书17.38万多份，印发宣传资料12.81万多份，张贴通告4200多份，在报纸、网站宣传30多次，在电视台播放公告30多天次，手机短信、电话提醒20000多次。在法定验照期限内，全自治区应参加2011年度验照的个体工商户为114.16万户，实际参加验照的个体工商户95.57万户，验照率为93%。验照过程中，注销、吊销营业执照10.62万户。

2013年，自治区各级工商行政管理机关积极开展2012年度个体工商户验照。年初，下发了《自治区工商局关于做好2012年度个体工商户验照工作的通知》，对年度验照、换照和贯彻国家工商总局《关于转发〈关于公布取消和免征部分行政事业性收费的通知〉的通知》提出了具体的工作要求。各市工商部门把验照工作列入上半年重要工作日程，坚持自下而上“逐级管理、分级负责”的原则，切实加强对验照工作的领导和组织。同时按照个体工商户验照工作要求，积极组织开展相关工商法律法规特别是免征个体工商户注册登记费的宣传工作，提高个体工商户学法、知法、懂法、守法的法治观念，增强个体工商户的法律意识，为验照各项工作营造良好氛围。截至2013年6月底，全自治区应参加2012年度验照的个体工商户为113.99万户，实际参加验照的个体工商户91.73万户，注销、吊销10.89万户，验照率为90.02%。

2014年，自治区各级工商行政管理机关全面实施年度报告制度，规范企业信用行为。认真抓好实施年报制度的培训和宣传工作，对全系统300多名业务骨干进行了年报制度业务培训。积极收集基层对年报公示系统在使用中发现的问题，协调软件开发商及时修改和维护，确保年报制度顺利实施。自治区工商局对全自治区工商系统300多名业务骨干进行了年报制度业务培训，指导基层工商部门宣传和开展年报工作。如贵港市工商局通过在县（市、区）政务服务中心工商登记窗口、基层工商所、工业园区、市场等设立年报指导站，当好辅导员；印发《2014年贵港市市场主体年度报告实行通知》3万份，发动全局干部做好指导演示工作，当好发动员；借助《贵港日报》、贵港电视台、贵港电台、广西电台、人民网、新华网等新闻媒体开展集中宣传，当好宣传员；一把手亲自抓，分管领导具体抓，并亲自抓督查落实，一级抓一级，当好督查员等四项措施，推进年报公示工作。积极收集基层对年报公示系统在使用中的问题，协调软件开发商及时修改和维护。对年报制度实施中遇到的疑问，及时向总局个体司请示，解决问题。2014年度已年报企业35.1万户、个体工商户88.2万户、农民专业合作社1.6万户，年报率分别为82.1%、68.3%和83.5%。

2015年，全自治区各级工商行政管理机关为深化商事制度改革，完善社会诚信体系建设，加强对各类市场主体的事后监管，自治区各级工商行政管理部门切实做好年报公示工作。全力做好企业公示信息抽查工作。年初，自治区工商局就做好企业公示信息抽查工作进行了专题部署。并加强了宣传指导，提高企业负责人对抽查工作的重视，营造了企业公示信息抽查工作的良好氛围。实际工作中，实行人性化管理，慎重推进。当出现与企业联系不上的情况，不轻易把企业的抽查结果定论为“通过登记住所无法联系”，在连续两次邮寄专用信函均退函的情况下，通过上门核实、派专人以各种方式获得企业其他联系电话、方式，尽最大可能与企业取得联系，尽量不让企业留下被列入异常名录的记录。认真开展个体工商户和农民专业合作社年报信息抽查工作。10月下发《自治区工商局办公室关于开展个体工商户农民专业合作社年报抽查工作的通知》（桂工商办发〔2015〕264号）文件，组织全自治区工商系统于2015年10月28日至11月30日开展2014年度个体工商户农民专业合作社年报抽查工作。自治区工商局按照3%的比例从已经报送2014年度报告的个体工商户和农民专业合作社中，随机抽取2.49万户个体工商户和485户农民专业合作社检查名单。并将名单按照管辖单位下发到各市工商局。各市工商局组织辖区工商部门按照“双随机”要求，组织基层工商部门开展年报信息检查。在全部被抽查的个体工商户中，通过登记的住所（经营场所）无法联系844户；年报信息隐瞒真实情况、弄虚作假300户。在被抽查农民专业合作社中，通过登记的住所（经营场所）无法联系12户，年报信息隐瞒真实情况、弄虚作假11户。

2016年，全自治区各级工商行政管理机关深入推进个体工商户、农民专业合作社年报工作。指导个体工商户、农民专业合作社开展年报工作；配合局企监处开展2015年度市场主体年报信息检查名单抽取工作，指导督促各市工商局做好个体工商户、农民专业合作社的年报信息抽查工作。

2017年，全自治区各级工商行政管理机关扎实推进个体工商户、农民专业合作社年报工作。为构建信用监管体系，扎实推进年报工作，积极开展个体工商户、农民专业合作社各项年报工作。印发《转发工商总局关于做好2016年度个体农合年报的通知》，组织全自治区工商系统开展2015年度个体工商户、农民专业合作社年报抽查工作。根据《广西壮族自治区工商行政管理系统“双随机、一公开”实施细则》通过广西综合监管系统随机抽取个体工商户5.42万户，农民专业合作社1489户。针对抽取的主体，指导各级工商部门开展2016年度个体工商户、农民专业合作社年报抽查工作。自治区工商局随机抽取全自治区17个县（区）的247户个体工商户和43户农民专业合作社进行复查；指导各级工商部门开展2016年度个体工商户、农民专业合作社年报工作，明确工作目标，指导全自治区工商系统做好个体工商户和农民专业合作社的年报工作。截至6月19日，全自治区2016年度个体工商户已年报117.78万户，年报率80.13%；农民专业合作社已年报3.53万户，年报率91.90%。

取缔无照经营

1997年11月10日，国家工商局、公安部、国家税务总局下发《关于对无照经营进行综合治理的通知》，自治区工商局等单位转发了该通知。根据要求，采取多种形式宣传有关清理无照经营的法律、法规和政策，突出重点进行无照经营的综合治理。在城镇，重点清理整顿挤街占道、在居民区随意摆摊设点的无照经营；在农村，重点清理整顿专业村中的无照经营。对生产经营假冒伪劣商品、损害消费者合法权益的无照经营者严厉查处。对无照经营的综合治理，实行集中清理和巡回检查相结合，并把集中整治和加强日常监督管理结合起来，坚持治理与疏导相结合的原则，该规范的规范；对具备登记条件的，要求其申办营业执照，该取缔的坚决取缔。

2002年，全自治区各级工商行政管理机关贯彻实施8月9日国家工商总局下发的《关于进一步开展取缔无照经营的通知》，加大了取缔无照经营工作的力度，进一步开展取缔无照经营活动，建立正常的市场准入秩序，保护经营者和消费者的合法权益。自治区工商局强化对个体工商户、私营企业的监督管理，结合个体工商户验照工作，加强对烟花爆竹、美容美发、网吧、歌舞厅、餐饮、旅馆等重点行业个体户的资质审查；加强字号名称管理；查处违法违章经营行为，共查处制售假冒伪劣商品495户，查处借用、租用、转让、涂改营业执照357户，查处超越范围经营2298户；开展取缔无照经营专项行动，查处无照经营5.1万户，补办营业执照1.7万户。

2003年1月6日，国务院公布《无照经营查处取缔办法》，自2003年3月1日起施行。2月19日，国家工商总局下发《关于贯彻〈无照经营查处取缔办法〉的通知》。同月，自治区工商局在南宁召开宣传《无照经营查处取缔办法》新闻发布会。

2004年，全自治区各级工商行政管理机关全年共查处无照经营案件3.05万件，取缔无照经营3404户，引导补办营业执照5695户。

2007年，全自治区各级工商行政管理机关在验照过程中，针对群众关心的重点、热点问题，加强对煤矿、非煤矿山、化学危险品、烟花爆竹、民爆器材等经营单位的监管；加强对网吧、洗浴中心、美容美发、保健按摩等服务行业的监管；加强对城乡接合部、人员密集的集贸市场的监管；依法查处无照经营行为。截至2007年3月底，全自治区应验照个体工商户90.19万户（除去实行滚动验照的个体工商户部分），实验照76.15万户，验照率92%。注销、吊销6.75万户，保留未验照7.29万户。查处无照经营2100户、制售假冒伪劣商品108户、借用租用转让涂改出卖执照253户、超范围经营750户，补办营业执照1309户。是年，加大对外来投资者的违法违章行为的查处力度，共查处外来投资者的各类违法违章经营行为4808户次（违法经营类别主要是无照经营和超范围经营），案值1814万元；其中发现无照经营2742户（主要集中在饮食业、制造业、零售业），立案查处2510户、案值955万元，取缔无照经营2100户。发现传销窝点3880个，发现传销人员6.29万人，立案查处346起，案值733万元，已遣散传销人员5.89万人。同时，加强对学校周边网吧、娱乐场所和餐饮业等经营单位的监管，制止彩票入侵校园，为未成年人健康成长创造良好的社会环境。对校园周边的企业、个体工商户，严格遵守国家法律、法规、政策，凡涉及前置审批一律不准登记注册。自治区各级工商部门加强对了校园周边餐饮、食品、网吧、游戏、书店、文具、影碟及教辅资料等市场的专项综合整治，取缔无照商贩摊点。是年，全自治区工商系统开展校园周边环境整治1527次，出动执法人员1.16万人次，3697车次，取缔校园周边无照经营529户，处罚违法经营521户。

2008年，全自治区各级工商行政管理机关深入开展查处取缔无照经营专项行动，结合开展流通环节产品质量、食品安全专项整治活动，开展了查处小食杂店、小摊点无照经营食品的专项行动。在专项行动中，全系统共查处取缔无照经营案件7227件（其中，应当取得而未依法取得行政许可和营业执照的3889件，占案件总数的53.8%；已依法取得行政许可但未依法办理营业执照的2375件，占案件总数的32.9%）。

2009年，全自治区各级工商行政管理机关加强对个体工商户的前置审批事项的复查，进一步清理无照经营，严厉打击违法违章行为。年初，自治区工商局提请自治区人民政府办公厅印发《广西壮族自治区人民政府办公厅关于进一步查处取缔无证无照经营行为工作机制的通知》，明确查处取缔无证无照的指导思想和工作目标、组织领导、查处取缔范围、部门职责和工作要求。是年，全自治区立案查处无照经营案2822件，案件总值2907万元，没收金额44万元，罚款427万元。

2010年，自治区各级工商行政管理机关大力整治取缔无照经营行为，维护良好市场主体准入和退出机制，进一步整顿和规范市场经济秩序，保护经营者和消费者的合法权益。根据国务院《无照经营查处取缔办法》、国家工商总局《关于推进查处取缔无照经营工作规范化建设的意见》（工商个字〔2009〕241号）、广西壮族自治区人民政府办公厅《关于进一步完善查处取缔无证无照经营行为工作机制的通知》（桂政办电〔2009〕36号）文件要求查处取缔无照经营。截至10月31日，全自治区工商系统共出动执法人员11.79万人次，检查市场2232个，检查各类经营户8.13万户，发放相关宣传资料1.35万份，引导办理营业执照1.05万户，查办无照经营户案件2485件，总案值508.34万元，没收金额84.2万元，罚款金额254.15万元。为了进一步贯彻中央社会治安综合治理委员会和国家工商总局《关于做好将查处取缔无照经营纳入社会治安综合治理目标考评工作的意见》（综治办〔2010〕44号）及《2010无照经营综合治理考评工作实施意见》（工商个字〔2010〕187号）精神，自治区工商部门及时制定《自治区工商局关于2010年查处取缔无证无照经营综合治理目标考评工作的实施意见》，并与自治区综治办联合印发《广西壮族自治区查处取缔无照经营综合治理目标考评标准》的通知，及时对基层工商部门开展查处取缔无照经营行为工作进行指导。与此同时，自治区工商局代拟《广西壮族自治区查处取缔无证无照经营联席会议制度》《广西壮族自治区查处取缔无证无照经营监管信息互通制度》《广西壮族自治区查处取缔无证无照工作责任追究制度》，并向相关部门征求意见后报自治区人民政府。

2011年，全自治区各级工商行政管理机关根据自治区人民政府办公厅印发《关于成立查处取缔无证无照经营行为工作领导小组和印发相关工作制度的通知》（桂政办电〔2011〕8号），成立广西壮族自治区查处取缔无证无照经营行为工作领导小组，同时还建立和实行联席会议工作制度，明确自治区直属有关部门工作职责分工，确定联席会议的组织与议事内容，形成了党委、政府统一领导，综治协调指导，工商部门牵头总抓，各职能部门齐抓共管、协调配合的工作机制，并将查处取缔无证无照经营纳入自治区社会治安综合治理目标考核。开展查处取缔无照经营行为专项整治行动，共查处取缔无证无照经营案件1.31万件，案值1.38亿元，罚没金额1882.34万元；引导办照6953户，取缔3508户。

2012年，自治区各级工商行政管理机关组织力量对摸底排查的无照经营户进行清理，对已依法取得工商营业执照的，实行亮照经营，全自治区亮照率为100%。建立完善长效监管机制，大力整治取缔无照经营行为。各级工商行政管理部门注意加强与质监、安监、文化、卫生、公安、消防等部门的联系，努力构建"政府统一领导、部门齐抓共管、全社会共同参与"清理整治无证无照经营工作格局；建立无证无照监管情况通报制度，对巡查或查处中发现不属于本部门职责范围内的无证无照经营行为，及时通报相关职能部门，更加有效地促进监管职能到位。自治区工商局牵头组织召开查处取缔无照经营行为联席会议，会同23个成员单位研究制订《2012年全区查处取缔无证无照工作方案》，自治区工商局还下发了《关于印发全区工商系统开展查处取缔无照经营行为专项整治行动方案的通知》，要求各级工商行政管理机关将查处无证无照经营工作贯穿到全年工作中，常抓不懈。来宾市工商局将查处取缔无证无照经营工作纳入该市社会综合治理工作内容当中，构建齐抓共管的格局。全系统共出动执法人员2.37万人次，车辆6478车次，检查市场1423个，检查各类经营户1.67万户，发放相关宣传资料10万份，查处取缔无证无照案件总数1.08万件，案值9876.16万元，罚没金额1385.14万元。

2013年，自治区各级工商行政管理机关根据自治区人民政府办公厅《关于进一步完善查处取缔无证无照经营行为工作机制的通知》（桂政办电〔2009〕36号）及中央社会治安综合治理委员会和国家工商总局《关于做好将查处取缔无照经营纳入社会治安综合治理目标考评工作的意见》（综治办〔2010〕44号）文件精神，逐步构建起"政府统一领导、部门齐抓共管、全社会共同参与"清理整治无照经营工作格局，切实加大对无照经营行为的查处取缔力度，促进市场经济又好又快发展。自治区工商局制定下发了《全自治区工商系统开展查处取缔无照经营行为专项整治行动方案》，组织各级工商部门落实责任，结合开展各项整治行动，将查处无证无照经营工作贯穿到全年工作中，确保查处取缔无证无照经营工作有效开展，常抓不懈。按照国家工商总局和自治区政府的要求，结合校园周边专项整治和打击非法生产专项整治行动认真开展查处取缔无证无照经营行为。按照"边排查摸底、边安排部署、边查处取缔"的原则，对辖区内所有经营主体进行"拉网式"全面排查，做到不漏一户，详细记录经营主体登记情况，并对辖区内的无证无照经营户数、从事行业、集中存在区域等情况进行登记造册，做到"底数清、户数准"，不断完善经济户口档案。组织力量对摸底排查的无证无照经营户数进行清理，依法全面查处辖区内的无证无照违法生产经营行为，详细记录对每一户无证无照经营户的监管巡查情况，存在问题、处理意见。对已依法取得工商营业执照而不亮照（证）经营的，当场责令改正，实行亮照经营，亮照率达100%，有效规范经营者的经营行为。同时加强与质量技术监督、卫生、公安、消防、安全生产监督管理、文化等部门的联系，建立无证无照监管情况通报制度，对巡查或查处中发现不属于本部门职责范围内的无证无照经营行为，及时通报相关执法监管职能部门，使监管更加到位。各市工商局也采取有力措施，做到"六个到位"，即组织领导到位、沟通协调到位、宣传教育到位、查处机制到位、落实经费到位、责任追究到位，积极开展各项专项整治工作。按照"宽进严管"要求，切实加强对个体私营业主的监管。以组织查处取缔无照经营行为为重点，切实加大监管力度。在查处无照经营专项整治行动中，全系统共出动执法人员7.55万人次，检查市场4335个，检查各类经营户27.37万户，发限期整改通知书1.56万份，引导办理营业执照2.54万户，督促重新补办前置审批7758户，查处取缔无证无照经营案9522件，案值6865.95万元，罚没款1377.42万元。7月14日，金秀瑶族自治县一漂流场所发生8死11伤的重大恶性事故，自治区工商局办公室及时印发《关于加强对高危险性体育经营场所进行安全检查的通知》（桂工商办发〔2013〕193号），组织开展对高危险性体育经营场所的安全检查和整治，同时，切实规范各类经营体育活动的市场主体登记行为，防止安全事故发生，确保人民生命财产安全。至8月底，各级工商行政管理机关共检查高危险性体育经营活动市场主体200多户，其中涉及漂流项目市场主体71户，已办理营业执照63户，无证无照经营7户，营业执照正在申办中的1户。

2014年，自治区各级工商行政管理机关坚决查处取缔无证无照经营，组织力量开展“拉网式”排查，对摸底排查的无证无照经营户数进行清理，对已依法取得工商营业执照而不亮照（证）经营的，当场责令改正，实行亮照经营，使亮照率达100%，有效规范经营者的经营行为。同时，加强与质监、卫生、公安、消防、安监、文化等部门的联系与协作，形成打击无证无照经营合力。开展查处取缔无证无照经营专项执法行动，全系统共出动执法人员10.81万人次，检查市场5135个，检查各类经营户29.04万户，发放相关宣传资料29.23万份，查处无证无照经营案1.14万件，案件总值9657.87万元，罚没金额1800.23万元。

2015年，自治区各级工商行政管理机关以建立适应商事制度改革的无证无照查处机制为目标，积极推动《广西无证无照经营查处办法》立法工作。自治区工商局起草《广西无证无照经营查处办法（送审稿）》，积极配合法规处推动将该办法增列入今年广西的立法计划；认真组织研究总局《无证无照经营查处办法（修订草案送审稿）》，向总局提出修改意见。是年，加强无照经营查处工作，维护公平市场竞争环境，自治区工商局切实加强指导，组织全系统开展无照经营行为查处工作。全系统共查处取缔无证无照案件总数8857件，案件总值8882.10万元，罚没金额1480.11万元。

2016年，自治区各级工商行政管理机关开展查处取缔无照经营行为专项整治行动。6月，自治区工商局下发了《自治区工商局办公室关于印发全区工商系统开展查处取缔无照经营行为专项整治行动方案的通知》（桂工商办发〔2016〕120号），要求各市工商局在今年的“查无”工作中，落实“先照后证”事中事后监管责任，同时要履行好“双告知”义务，认真做好商事制度改革新形势下的“查无”工作。

2017年，自治区各级工商行政管理机关积极学习和贯彻新出台的《无证无照经营查处办法》。《无证无照经营查处办法》（国务院令第684号，以下简称《办法》）于今年10月1日起施行。为做好《办法》的贯彻实施，推进工商部门依法行政、履职到位，自治区工商局积极实施一系列学习和贯彻措施。10月向中国工商出版社购买2500本《〈无证无照经营查处办法〉学习培训读本》，分发至各级工商系统，组织全自治区工商系统做好《办法》的学习和培训；牵头组织第38期“红盾讲坛”，特别邀请了主持起草《办法》的中国消费者报社副总编杨力军为自治区工商系统干部职工作《无证无照经营查处办法的解读与实际应用》的专题讲座；11月，起草并印发了《自治区工商局关于学习贯彻〈无证无照经营查处办法〉的通知》，为全自治区工商系统开展学习、宣传和落实《办法》提供了指导意见。是年，6月份，自治区工商局下发《自治区工商局办公室关于印发全自治区工商系统开展查处取缔无照经营行为专项整治行动方案的通知》，在全自治区范围组织开展查处取缔无照经营行为专项整治行动。各级工商部门通过开展摸底排查、专项教育、集中整治等工作，查处取缔无照经营行动取得阶段性成效。截至11月底，全自治区工商系统共出动执法人员5.11万人次，检查市场2318个，检查各类经营户19.47万户，发放相关宣传资料19.32万份，查处无照经营案件3754件，查处取缔无照经营户1873户，没收违法所得、非法财物103.43万元，罚没金额590.26万元。

2018年，全自治区各级工商行政管理机关加大对无照经营查处力度，落实优化市场环境措施。制定印发落实优化市场环境举措的指导意见，组织召开查处取缔无证无照经营联席会议，组织全自治区工商系统开展查处无照经营行为专项整治行动。全年查处无证无照经营案件1365件，案值513万元，罚没金额397万元。

专项治理整顿

对私人经营的旅馆、娱乐场所、按摩服务场所等服务业的专项治理整顿

1993 年 9 月 20 日—10 月 10 日，柳州市根据全国人大常委会《关于严禁卖淫嫖娼的决定》和公安部、国家工商局的有关规定，会同公安局、卫生局对全市美容按摩业清理整顿，清查从事美容健身按摩行业 89 家，对已发出的 25 本按摩营业执照全部收回注销，对超越范围经营的发廊执照予以查扣并处以罚款，对屡教不改的吊销营业执照。

1995 年 8 月 30 日，国家工商局、公安部联合下发《关于对私人经营的旅馆娱乐服务业进行整顿严厉打击卖淫嫖娼等违法活动的通知》，各级工商机关加强对清理整顿工作的领导，着重对重点业户进行清理整顿，在全面清理整顿个体私营旅馆、娱乐服务业的基础上，对城市中的繁华地段、城乡接合部、路边店中的旅馆、娱乐服务业以及屡教不改的重点业户进行清理整顿。9 月 28 日，柳州市局根据国家工商局公安部《关于对私人经营的旅馆、娱乐服务业进行整顿，严厉打击卖淫嫖娼等违法活动的通知》（工商个字〔1995〕224 号）及自治区工商局的文件精神，与公安局密切配合，统一行动，深入开展“扫黄”查禁色情、卖淫嫖娼活动，共出动检查人员 266 人次，各种机动车辆 64 台次，清查个体私营行业场所 299 家，其中旅社 61 家、歌舞厅 36 家、录像厅 32 家、音像出租 25 家、咖啡屋 15 家、桑拿浴业 5 家，美容美发室 58 家，电子游戏室 72 家。查获黄色淫秽录像带 40 盒，非法录像带 595 盒，扣电视机 5 台，放像机 2 台。对有违法违章行为的业主作了限期改正、处罚、取缔的处理。

1999 年 4 月 10 日—30 日，柳州市局会同公安、劳动、卫生等部门对全市按摩、美容美发、浴足服务场所进行全面清理整顿，共出动人员 1300 余人次，车辆 324 台次，检查 1215 家按摩、美容美发、浴足服务场所，取缔无照 476 家，批评教育 214 人。

2007 年，自治区各级工商行政管理机关密切配合有关部门加强对娱乐场所经营活动的监督管理，集中整治娱乐场所吸毒贩毒问题，积极参与做好艾滋病防治工作。根据国家工商总局的部署，自治区工商局积极开展“中英艾滋病策略支持项目”活动，重点在私营企业农民工中开展艾滋病防控宣传教育试点工作，探索私营企业农民工防艾宣教模式。下发了《关于利用中英艾滋病策略支持项目开展防艾宣教活动试点工作的通知》，分别在南宁、北海、钦州、防城港、崇左、百色 6 个市选出 10 个有代表性的私营企业作为防艾宣教试点单位，开展建立私营企业农民工防艾宣教工作模式试点工作，探索私营企业农民工防艾宣教模式。同时，联合卫生防疫部门，制订《自治区工商局在广西私营企业农民工中开展防治艾滋病宣传教育试点工作实施方案》，对 6 个试点市开展防治艾滋病宣传教育试点工作进行了部署。当年，6 个试点市在 10 个试点企业共发放宣传资料 1.6 万份，发放调查问卷 1530 份，举办防艾讲座 10 次，发放安全套 1.5 万个。

2011 年，自治区各级工商行政管理机关开展服务业市场专项整治，引导服务业健康发展，全系统共出动执法人员 5085 人次，执法车辆 885 辆次，开展了 15 次服务业市场专项整治行动。专项行动中，共检查物流企业 1136 户次，查处无照经营物流企业 5 家，罚款 2.5 万元，对 2 家超范围经营物流服务的公司和 1 家无照经营物流服务的网点进行责令整改，规范了物流业市场。

对“网吧”、电子游戏经营场所等服务业的专项治理整顿

2004 年，根据文化部、国家工商总局等九部门印发的《关于开展“网吧”等互联网上网服务营业场所专项整治的意见》和国家工商总局下发的《关于做好“网吧”等互联网上网服务营业场所专项整治工作的通知》，自治区工商局以打击无照经营“黑网吧”为重点，开展互联网上网服务营业场所专项整治，共查处违法经营网吧 202 户，吊销营业执照 26 户，取缔无照经营网吧 209 户，查封违法经营场所 74 处。12 月 12 日，以国家工商总局个体私营经济监督管理司巡视员胡修干为组长的全国网吧专项整治检查组到广西检查指导工作，为期 4 天。检查组通过实地抽检和听取汇报的形式，重点检查南宁市、柳州市、河池市的网吧专项整治工作。

2007年，自治区各级工商行政管理机关加大对“黑网吧”，特别是农村“黑网吧”的查处取缔力度。一是加强与文化、公安、电信、教育等部门的协作配合，强化日常监管，形成网吧监管合力。开展了农村黑网吧违法经营情况的调研，分析农村黑网吧的成因；二是下发《关于取缔黑网吧专项行动落实为成年人思想道德建设分工的通知》，要求自治区各级工商行政管理机关坚持在当地党委、政府的统一领导和部署下，充分发挥职能作用，认真开展网吧专项行动。是年，共开展网吧专项整治1415次，出动执法人员1.19万人次，3644车次，检查已登记的网吧7319户次，查处取缔无照经营网吧320户。

2008年，自治区工商行政管理系统按照国家工商总局的部署，进一步加强互联网上网服务业经营的监管力度，以农村、城乡接合部、学校周边和各类变相黑网吧为重点，集中开展查处取缔黑网吧专项行动，通过严把市场准入，强化市场监管，严厉打击无照经营，对黑网吧坚持露头就打，坚决取缔。有效地维护网吧经营秩序。专项行动期间，全自治区共出动执法人员1.68万人次，检查已登记注册网吧4722户，其中查处违法经营户159户，罚没金额15.33万元，吊销营业执照17户，向有关部门通报违法经营户84户；查处取缔黑网吧220户（其中农村黑网吧126户），罚没金额61.64万元，没收专门用于无照经营的电脑301台，查封违法经营场所39处，有效地遏制了黑网吧蔓延的势头。

2009年，自治区各级工商行政管理机关开展打击黑网吧专项整治，全年共组织开展三次重点打击黑网吧专项整治行动，截至10月底，全自治区工商系统共出动执法人员6.52万人次，检查已登记网吧3.38万户次，查处“黑网吧”503户，没收电脑1844台，罚没75.07万元；查处违法经营户912户，向司法机关移交案件9件。查处违法网站3家，下发整改通知57件。监测检查电视、报纸、广播、期刊、户外等广告26909条次，其中查处不良广告2281条次。

2010年，自全自治区各级工商行政管理机关开展查处取缔黑网吧工作。全自治区各地工商局切实履行查处取缔黑网吧牵头部门的职责，在自治区工商局及当地党委、政府的领导下，牵头会同文化、公安等部门坚决严厉查处取缔黑网吧。学生寒假及春节期间，结合年检验照开展查处黑网吧行动，7月，开展整治校园周边和查处取缔黑网吧专项整治行动。以农村、城乡接合部、学校周边和易发生黑网吧经营活动的区域为重点，严格防止网吧接纳青少年；坚决取缔了无证无照、证照不齐、超范围擅自从事互联网上网服务和以电脑学校、劳动职业技术培训班、电子阅览室等名义变相经营网吧的行为；严格网吧市场准入审核关；坚决打击利用网吧传播淫秽色情信息等违法犯罪活动。重视社会、群众和新闻媒体的参与和支持，加大黑网吧对青少年造成危害的宣传力度，建立和公布举报电话和举报箱，动员社会方方面面的力量加强监督。在集中整顿期间，对学校周边、居民社区等区域进行了重点排查。截至11月16日，专项整治出动执法人员4.7万人次，检查已登记的网吧1.09万家，其中查处取缔黑网吧473家，罚没金额62万元。

2010年，自治区各级工商行政管理机关开展查缴各类非法出版物和查处各类侵权盗版行为。各级工商行政管理部门对辖区内的书报刊及音像批发市场，繁华街区等人口流动量较大的场所进行全面、拉网式检查，认真开展“扫黄打非”专项工作：配合有关部门将打击手机网站传播淫秽色情信息工作引向深入；加大对非法出版物的打击力度；严厉打击各类侵权盗版行为；组织迎上海世博会出版物市场专项执法行动；各级工商行政管理机关把封堵政治性非法出版物作为“扫黄打非”的第一任务，做到露头就打。

2011年，自治区各级工商行政管理机关开展网络购物领域专项整治行动，以新闻出版业、日用消费品为重点整治领域，以图书、音像、电器、服装、化妆品、食品、药品、母婴用品等为重点查处产品，对网络购物进行了全面巡查。共网上检查网站946个，实地检查网站223个，责令删除违法商品信息16条，大大净化网络购物市场环境。10月，在全自治区组织开展了网络代购“洋奶粉”经营主体专项清查行动，全系统共投入235台电脑，189名执法人员，进行了1975次网上搜索，发现从事网络代购洋奶粉网店（信息）116个条，责令111个条（网店/信息）未取得食品流通许可证和营业执照从事代购的网店（信息）停止经营行为。

2012年，自治区各级工商行政管理机关深入开展查处取缔“黑网吧”工作。7月20日，自治区工商局办公室印发《关于印发全区工商系统开展规范校园周边经营秩序和查处取缔黑网吧专项整治行动方案的通知》(桂工商办发〔2012〕142号),将对"黑网吧"的监管列入日常工作的重要内容,要求各级工商行政管理机关重点查处取缔农村、城乡接合部、居民社区和学校周边"黑网吧",以及以劳动培训、电脑学校等名义出现的变相"黑网吧"。基层工商所加强对网吧经营场所的日常巡查,全面落实属地监管责任制,实行分片包干,责任到人。在"黑网吧"易发地区、多发地区,开展回头检查工作,建立"黑网吧"名单,加大监管巡查力度。全系统共出动执法人员1.61万人次,检查已登记的网吧8149户,没收专门用于无照经营的电脑314台,查处案件案值39.84万元,罚没款26.19万元。

2013年,自治区各级工商行政管理机关加强网吧日常管理,重拳打击"黑网吧",维护良好的校园周边环境专项治理。严格按照《互联网上网服务营业场所管理条例》等法律法规的规定,对申请设立互联网上网服务营业场所的,必须提交文化部门核发的网络文化经营许可证,并符合登记条件,方可核发营业执照,并委托工商所进行实地核查,对在中学、小学校园周围200米和居民住宅楼(院)内申请设立互联网上网服务营业场所的,不予核准。对已核发的网吧营业执照都按要求建立了"经济户口"档案,逐一建立网吧专业档案。自治区各地工商局切实履行查处取缔"黑网吧"牵头部门的职责,在当地党委、政府的领导下,牵头会同文化、公安等部门坚决严厉查处取缔"黑网吧"。每年在学生放假及节假日期间开展集中整治"黑网吧"行动。

2014年,自治区各级工商行政管理机关开展打击"黑网吧"专项整治,坚决取缔"黑网吧"。河池市工商局积极探索建立网吧监管的长效机制,进一步将专项行动与完善市场巡查制、企业信用分类监管结合起来,建立和完善日常巡查监管机制、部门联动机制、社会举报机制,强化对"黑网吧"的专项整治。根据职责分工,以居民住宅区、校园周边、城乡接合部、农村地区为重点,全面排查无照经营网吧线索,依法进行查处取缔。是年,共出动执法人员2574人次,执法车辆367台次,检查网吧1671户次,查处取缔"黑网吧"22户次,没收电脑80台。

2015年,全自治区各级工商行政管理机关开展打击"黑网吧"专项整治,下发《全区工商系统2015年开展查处取缔黑网吧专项行动工作方案》,明确以查处取缔农村、城乡接合部、居民社区和学校周边"黑网吧"以及以劳动培训、电脑学校等名义的变相"黑网吧"为重点,为青少年健康成长营造良好文化环境。

对车辆非法改装的专项治理整顿

2002年1月8日,根据国家工商总局办公厅《关于在全国开展车辆非法改装问题整顿工作的通知》,部署车辆非法改装整顿工作。自治区工商局端掉非法拼装多功能农用车窝点3个,查处违法经营企业100户,查扣"三无"及不合格汽车配件5861件(套),摩托车配件96个品种4623件(套),冒牌汽车曲轴油封2900多个,非法拼装的多功能农用车4辆,非法拼装汽车1辆以及拼装工具一批,案值170万元。自治区工商局开展了机动车及配件市场专项整治,集中查处了一批大案要案。贵港市工商局查处了1起非法拼(组)装中型客车案件,查获非法拼装客车27辆;防城港市工商局查获非法销售旧机动车五大总成案件,案值200万元;柳州市工商局在专项整治中查扣假冒桑塔纳配件200多种。

2003年,自治区工商局先后开展了3次查处非法拆解、拼装报废汽车专项行动,共检查汽车及零配件销售市场和经营门店2914个、修理厂369家、废旧(金属)回收企业及经营户1307家,查获一批非法拆解的报废汽车发动机及国家明令禁止销售的废旧零部件。

2007年9月5日,自治区工商局、交通厅、公安厅、经委、质量技术监督局联合以桂工商发〔2007〕192号文下发《关于开展打击车辆非法改装行为市场专项整治行动的通知》,决定从9月5日至10月30日在全自治区范围内联合开展打击非法改装车辆违法行为市场专项整治行动。9月28日,自治区工商局、自治区质量技术监督局、自治区公安厅联合以桂工商发〔2007〕199号文下发《关于开展电动自行车专项整治行动的通知》,决定从2007年10月上旬始,至12月中旬止,集中开展一次电动自行车专项整治行动。

对印刷行业的专项治理整顿

1997年,根据国家工商局《关于清理整顿个体、私营印刷业的通知》,全自治区各级工商行政管理机关集中一个月的时间,依法对个体、私营印刷业进行清理整顿。

1997 年 8 月 3 日，根据国家工商局《关于清理整顿个体、私营印刷业的通知》精神，柳州市局对全市从事印刷业的个体、私营企业进行认真清理整顿。按文件要求，重新审核从事印刷业的个体户 5 户、私营企业 13 户的证照审批手续。

1998 年，自治区工商局配合公安、文化部门抓好文化市场的专项整治，开展“扫黄打非”集中行动，查处非法出版物案件 36 件，查扣盗版、淫秽 VCD 光盘 7605 张。

1998 年 8 月 10 日，柳州市根据自治区工商局〔1998〕172 号文件精神，开展对印刷、印染制版、刻字、织字、晒蚀、印铁铸模、冲压、烫印、贴花等业务进行全面普查。共出动 97 人次，检查 716 家印制企业，其中指定印制商标单位的企业有 103 家（含两县一郊），非定员印制企业 613 家，未发现有承揽商标印制行为。在检查中，制发印制企业检查情况统计表，对企业核定的经营范围与实际经营范围进行检查对照，重点检查非指定印制商标单位有无擅自承印商标，指定印制商标单位，重点对其技术、设备、制度进行检查，对不符合基本条件的，属软件方面如商业知识、规章制度的建立等，帮助其完善，属硬件方面如技术、设备、仓储备件不足的，限其创造条件，使其符合《商标印制管理办法》，这次检查，共帮助 27 家印制企业完善软、硬件建设。

2002 年 1 月 8 日，自治区工商局以网吧为重点，整顿和规范文化市场秩序，捣毁 1 个销售盗版、淫秽 VCD 光碟，制售盗版录音地下窝点，没收盗版光碟 7000 张，盗版录音带 3466 盒，收缴非法出版物 86 本（册）。

2009 年，全自治区各级工商行政管理机关开展整顿和规范印刷复印业，查缴各类非法出版物 10.67 万份。

对废旧金属收购站点的专项治理整顿

2007 年，自治区各级工商行政管理机关开展对废旧金属收购站点的专项整治工作。在废旧金属收购站点专项整治工作中，对 5 户不符合条件的废旧物资收购回收站点办理变更登记，吊销 13 户不符合条件的废旧物资收购回收站点，注销 27 户不符合条件的废旧物资收购回收站点，查处 84 户无照经营废旧金属收购站点。

2008 年，自治区各级工商行政管理机关开展打击废旧金属收购站点专项整治工作。根据国家工商总局和公安部联合发布的《关于开展废旧金属收购站点专项整治工作的通知》要求，开展对废旧金属收购站点的专项整治。全自治区共出动执法人员 9184 人次，检查已登记的废旧金属回收站点 4601 户，查处取缔无照经营废旧金属收购站点 261 户，查处取缔小熔炉 8 个、小冶炼厂 10 户，罚没款 30.23 万元，向司法机关移交案件 6 件。

对学校周边环境安全的专项治理整顿

2010 年，自治区各级工商行政管理机关开展学校周边环境专项整治。重点清理整治和规范学校周边的文化娱乐场所，取缔非法网吧、电子游戏室、录像厅（室）、音像报刊出租点等；以对校园周边的食品经营店进行彻底检查，一旦发现过期、变质、不合格的食品和假冒食品坚决予以没收；进一步整顿和规范校园周边的市场经营行为，对无照经营行为坚决予以取缔。

2017 年，自治区各级工商行政管理机关开展 2017 年秋季开学校园安全稳定隐患排查整治工作。为维护全自治区校园及周边环境经济秩序，排除校园及周边安全稳定隐患。自治区工商局 9 月底印发《自治区工商局关于开展 2017 年秋季开学校园安全稳定隐患排查整治工作的通知》，组织全自治区工商系统开展 2017 年秋季开学校园安全稳定隐患排查整治工作，要求自治区各级工商机关立足工商职能，开展校园及周边安全问题隐患集中整治行动。在此次整治行动中，自治区工商系统共出动执法人员 12148 人次，检查各类经营户 1.11 万户，发放相关宣传资料 4.11 万份，有效地维护校园及周边环境经济秩序和安全稳定。

对其他行业的专项治理整顿

2000 年，梧州市工商局会同文化、公安、新闻出版等部门，取缔 3 个从事封建迷信活动的窝点和“算命一条街”，收缴和销毁了一批“法轮功”邪教书刊；桂林市在“假日”旅游高峰期，加强对旅游风景点和购物场所的监管，打击尾随兜售、强买强卖行为。

2002 年，开展中药材市场专项整治。玉林市工商局根据自治区整顿和规范市场经济秩序领导小组办公室、自治区工商局的部署，会同药监、卫生、公安等部门，对玉林市中药材市场的 1000 多户经营者进行全面检查，查处违法经营 16 户，查封、暂扣国家禁售中药材和劣质中药材 1000 多千克。

2004 年 3 月 18 日，柳州市开展清理和取缔无营业执照雕刻墓碑的专项行动，共出动执法人员 45 人，车辆 19 台，对市区周围 20 个雕刻墓碑经营点进行检查，除 1 户有营业执照外，其他 19 户均为无照经营。对 19 户无照刻碑户依法发出行政建议书：要求其在 15 天内，办理营业执照后方可继续经营，现有无证经营的石料和墓碑，必须在 7 天内自行搬走，否则将依法从重处理。

2007 年，自治区各级工商行政管理机关开展对开锁业清理整顿的工作。在调查登记、摸清底数的基础上，坚决取缔非法经营，严厉打击利用开锁服务进行的违法犯罪活动。全系统共开展整治行动 202 次，出动执法人员 2373 人，出动执法车辆 850 辆次，检查开锁业经营户 634 户次，取缔无照经营 73 户。

2007 年，自治区各级工商行政管理机关开展整治非法用工专项整治行动中，全自治区各地工商机关重点对本辖区内的小砖窑、小煤矿、小矿山、小作坊进行重点监管执法。全自治区工商机关共检查已登记的“四小”2029 户，其中小砖窑 654 户，小煤矿 46 户，小矿山 448 户，小作坊 881 户。

2008 年，自治区工商行政管理系统开展“三合一”场所火灾隐患专项整治工作。全自治区各级工商机关依照职责，认真开展“三合一”场所火灾隐患专项整治工作，积极配合公安、国土、建设、安监、规划等有关部门开展工作。通过对“三合一”场所火灾隐患进行专项整治，有效地消除这类场所隐患，推进自治区平安建设措施的落实。

2009 年，自治区各级工商行政管理机关开展利用手机传播淫秽视频违法犯罪活动专项治理工作。根据公安部、工业和信息产业部、文化部、国家工商总局、新闻出版总署《关于组织开展利用手机传播淫秽视频违法犯罪活动专项治理工作的通知》（公治〔2009〕35 号）精神，全自治区各级工商行政管理机关依据职能和责任分工，迅速组织开展查处利用手机传播淫秽视频违法犯罪专项治理工作，严厉打击违法犯罪行动，净化了社会文化风气，努力为青少年健康成长营造良好的社会环境。是年，全自治区工商系统在开展查处利用手机传播淫秽视频违法犯罪专项治理行动中，检查重点治理场所店 7071 户，其中查处未取得营业执照店 51 户，查处超经营范围手机店 44 户，取缔无照经营行为 26 件，罚款 3 万元。开展整顿和规范印刷复印业，查缴各类非法出版物 10.67 万份。

2009 年，自治区各级工商行政管理机关开展打击盗窃破坏电力电信广播电视设施违法犯罪专项斗争。根据国家工商总局《关于贯彻落实 2009 年全国打击盗窃破坏电力电信广播电视设施违法犯罪专项斗争工作方案的通知》（工商个字〔2009〕46 号，以下简称《工作方案》）的精神，各级工商机关在地方政府“三电”专项斗争领导小组的领导下，认真按照“三电”专项工作方案的部署，切实加强工作的领导，围绕方案中明确的整治重点和工作要求，采取明确职责，强化监管执法、严把市场主体准入、坚决取缔无照经营、坚决查处各类违法违规经营行为、堵塞销赃渠道等有效措施，有力推进专项整治工作。截至 5 月 10 日，全自治区各级工商部门出动执法人员 8006 人次，检查已登记的废旧金属收购站点 5232 户（其中生产性废旧金属收购站点 484 户），查处取缔无照经营的废旧金属收购站点 226 户，罚没金额 12.16 万元，查处取缔小冶炼厂 4 户，向司法机关移交案件 4 件。

2009 年，自治区各级工商行政管理机关开展公众聚集场所易燃可燃装修材料消防安全专项整治行动。2 月，根据公安部、文化部、工商总局、安监总局联合下发的专项整治行动工作方案要求，自治区工商行政管理局、公安厅、文化厅、安全生产监督局联合组织开展公众聚集场所易燃可燃装修材料消防安全专项整治行动。在当地政府的统一组织下，各级公安消防、文化、安监、工商等相关职能部门认真开展专项整治工作，对人员密集场所、公共娱乐场所进行消防安全检查，督促各单位加强消防安全管理，消除火灾隐患。同时，各地进一步规范消防产品市场秩序，严厉打击假冒伪劣产品，维护消费者的合法权益，提高社会公共安全保障能力，大力开展“3·15”打击假冒伪劣消防产品专项行动，整顿和规范消防产品市场秩序，防止和消除由假冒伪劣消防产品而生的火灾隐患。

2013年，全自治区各级工商行政管理机关开展环境安全隐患大清查大整治行动。印发《关于加强全区重点行业企业环境风险和安全隐患大排查大整治工作的通知》（桂工商办发〔2013〕30号），共出动执法人员9821人次，对小企业或小作坊进行深入、彻底的排查，其中涉及环境风险隐患的重点行业市场主体3.2万余户，建立环境安全隐患问题大排查企业台账2145户，查处无照经营小企业324户，罚没款83.65万元。

2013年，全自治区各级工商行政管理机关组织开展对无照经营餐饮场所专项治理，2月至7月在全自治区范围内组织开展无照经营餐饮场所专项治理。工商局共出动执法人员1.23万人次，对5637户餐饮场所进行检查。其中检查既无餐饮服务许可证也无营业执照的餐饮场所502处，检查已取得餐饮服务许可证但未取得营业执照的餐饮场所398处，罚没104.43万元。各市工商局采取多种形式，配合公安、消防等部门宣传燃气防爆安全知识，加强对餐饮场所从业人员的安全培训教育，提高从业人员的安全意识和操作技能，全面提升餐饮场所现场安全管理水平。同时把宣传放在重要位置，利用多种形式，大力宣传《无照经营查处取缔办法》及打击无照经营餐饮行为的重大意义，使广大经营者、群众了解到无照经营餐饮对社会的危害，提高经营者遵纪守法的意识，赢得群众的理解和支持，营造打击无照经营餐饮违法活动的良好氛围。各市工商局充分利用年检验照、市场巡查、专项整治等时机开展无照经营餐饮场所的排查，建立档案台账，做到“三清”：无照经营户底数清、基本情况清、未办理营业执照原因清。确立以街道、校园周边、主要交通沿线等为重点整治领域，全面排查摸底，力求让隐蔽性强的无照经营户无处藏身。贵港市工商局各基层工商所切实发挥监管责任区作用，利用年检、验照之机全面清查核实，不留死角，对无照经营做到全面掌控，及时查处。玉林市玉州区工商局建立健全清查台账，对经营户存在的问题及时录入巡查信息，实施动态监控；对发现的安全隐患排查一个登记一个，及时送达整改文书，实行跟踪督办，直至隐患消除，切实保证清查有痕迹、问题有记录、巡查有成效。各市工商局根据摸底调查和登记建档情况，坚持疏堵结合、分类整治的原则，坚持“教育在先、查处在后、疏导为主、取缔为辅”的工作方针，本着取缔不是目的，规范发展才是追求目标的原则，在规范查处工作中注意方式、方法，重点在规范上下功夫，通过教育、协调、引导其申领相关证照，转为合法经营；对不具备基本条件，存在严重安全隐患的餐饮无照经营场所，则依法坚决予以取缔。加强与公安、药监、消防等部门协调，按照要求，对属工商部门查处的无照经营餐饮案件进行立案查处，对法律法规明确规定由其他部门查处的无照经营案件严格按照有关要求履行函告程序，做到信息共享、整体联动、形成合力，建立起长效的机制。柳州市融水苗族自治县工商局针对山区工商所人手少，违法当事人蛮横等特点，采取了与邻近兄弟工商所联合执法的方式，增强执法力度，严厉打击无照经营。

2018年，全自治区各级工商行政管理机关组织开展校园周边“三无”“水晶泥”有毒玩具专项清查整治行动，检查各类文具店、玩具店6684户次，查获并下架“水晶泥”和“硼砂水”等有害毒玩具4479件，查处销售“三无”“水晶泥”违法案件10件。

第三节　服务个体私营经济

1992—2018年，自治区各级工商行政管理机关认真贯彻落实邓小平南方谈话精神，坚持“三个有利于”的标准，立足职能，积极促进个体私营经济发展。多次召开个体私营经济工作会议、座谈会，总结经验，部署工作，同时，表彰先进单位和模范个人；出台发展个体私营经济方面的文件，为个体私营经济发展创造了良好环境，从个体工商户、私营企业登记管理职能出发，采取降低个体私营经济市场准入门槛、放宽投资人限制、提高登记管理效率、强化帮扶服务、维护个体私营经济合法权益等措施，支持非公有制经济发展。

1992年，自治区各级工商行政管理机关长期地、广泛地宣传党和国家关于发展个体、私营经济的方针政策，排除干扰、消除疑虑大力发展个体私营经济。在政策上给予支持，放宽经营范围、方式，降低注册资金起点，简化审批手续，贫困地区在一定时间内减收或免收个体管理费。11月，河池地区行政公署下发《批转地区工商局关于加快发展个体私营经济意见的通知》（河行发〔1992〕54号），对发展个体私营经济有了新的认识，进一步加快了个体私营经济的发展。12月，柳州市委、市人民政府为加速柳州个体私营经济发展出台了《关于促进个体私营经济发展的规定》，为个体私营经济发展提供了从经营范围、经营方式、投资方式、税收、规费管理等宽松的外部环境，使个体私营经济注册资金增长速度快，规模扩大，竞争力增强，产业结构趋向合理。

1993年，自治区人民政府制定《自治区人民政府关于进一步加快我区个体私营经济发展的决定》（以下简称《决定》），这是加大广西发展个体私营经济的力度，促进个体私营经济上台阶、上规模、上水平的重要举措。各级工商行政管理部门在当地政府的领导下，对《决定》进行认真学习，深刻领会，大力宣传，大造舆论。按照《决定》的有关要求，认真分析本地区个体私营经济的发展情况和存在的主要问题，检查发展规划的落实情况，把发展个体私营经济，使之上规模、上档次作为工作的出发点和落脚点以及新的经济增长点，抓住机遇，务求发展。是年，玉林地区行署召开玉林地区个体私营经济工作会议，玉林地区五大班子领导及各县市分管个体的县长出席会议。会议部署治理"乱收费、乱摊派、乱罚款"，会后出台《玉林地区关于进一步加快个体私营经济发展的决定》。

1994年，自治区人大常委会先后颁布《广西壮族自治区个体工商户条例》《广西壮族自治区私营企业条例》，确立个体私营经济的法律地位和经济地位，明确规定不限制个体私营经济的发展比例、发展规模、雇工人数、收入分配和经营范围（国家明令禁止的除外），对边远贫困地区及受灾地区实行暂不收或减免管理费等优惠政策，促进个体私营经济的恢复和发展。广西各地将为个体私营企业的服务工作从代储、代结算以及提供食宿方便等，扩展到产品销售、保护商标专用权、解决合同纠纷、对经营管理者进行培训、保护其合法权益等方面。

1995年，全自治区工商行政管理机关在全自治区推广收费卡制度，制止乱收费、乱摊派行为。各地工商行政管理机关按照自治区工商局的部署，开展对自然人投资兴办的种植业、养殖业的登记工作。

1996年，自治区工商行政管理机关坚持引导发展非公有制经济，把发展个体私营经济作为发展地方经济的新举措来抓，将其发展与国有企业改革和转制、与农村经济发展、与贫困地区脱贫致富、与产业结构优化、与下岗人员再就业等结合起来，实行分类指导，扶持规模经营，促其持续发展。是年，北海、北流、平南等市县引导个体私营经济走"公司＋个体户""公司＋经纪人""公司＋农户""公司＋基地或专业村"，以及产、供、销一体化的新路子，促进个体私营经济扩大规模。

1997年，自治区工商行政管理机关，按照"三个有利于"的标准，大力发展个体私营经济，力争实现个体私营经济发展的新突破。贯彻执行以公有制为主体、多种所有制经济共同发展的基本经济制度，积极鼓励、引导个体私营经济发展，促进所有制结构调整与优化。

1998年，自治区党委、自治区人民政府作出关于贯彻落实党的十五大精神实现发展个体私营经济新突破的决定，把发展个体私营经济作为调整所有制结构的重点，大力加以扶持，并以桂发〔1998〕4号文颁发《关于贯彻落实党的十五大精神实现发展个体私营经济新突破的决定》。主要内容包括：把发展个体私营经济的认识提高到一个新的高度；正确分析自治区个体私营经济的形势；进一步放宽注册登记条件；实行优惠政策；保护个体工商户和私营企业的合法权益；加强监督管理工作；营造宽松、有序、富有吸引力的良好发展环境；切实加强领导。

1999年，全自治区各级工商行政管理机关坚持党的十五大确立的坚持公有制为主体、多种所有制成分共同发展的基本经济制度，贯彻自治区党委、自治区人民政府制定的《关于贯彻落实党的十五大精神实现发展个体私营经济新突破的决定》及全自治区发展个体私营经济工作会议精神，加强对私营经济的引

1999 年，全自治区个体劳动者协会、私营企业协会工作会议在南宁召开

导发展、登记管理和监督管理工作。促进自治区非公有制经济健康、持续、快速发展。

2000 年，全自治区各级工商行政管理机关坚持“分类指导、分层推进”的原则，在城镇，把发展个体私营经济与国有企业深化改革和促进国有企业下岗职工再就业结合起来，积极引导个体私营经济参与国有中小型企业的改制工作，支持下岗职工申办个体工商户和私营企业。在农村，结合解决三农问题，搞好农副产品加工和经营，促进产品和产业结构调整；大力发展种养业，引导发展专业村、专业户，重点抓好个体私营营销队伍的发展，把资源优势转化为商品优势。在促进发展的同时，加强监督管理。加强对餐饮、食品加工、印刷、旅馆、娱乐服务等重点行业以及繁华商业街、旅游景区、学校周边、车站码头以及城乡接合部的监督管理，打击以次充好、劣质服务、价格欺诈以及浪费资源、破坏生态环境等违法行为，促进个体私营经济健康发展。自治区工商局为加强基层执法工作，规范执法行为，促进依法行政，以桂工商法定〔2000〕280 号文发布《关于我区工商行政管理所执法权限有关问题的通知》。该通知依据《工商行政管理所条例》《国家工商行政管理局关于实施〈工商行政管理所条例〉有关权限问题的意见》及《城乡个体工商所管理暂行条例实施细则》等法律、法规、规章，结合广西实际，对工商行政管理所执法权限作如下要求：(1) 工商行政管理所为县（市）工商局或城区（含郊区）工商分局的派出机构，负责对工商行政管理法律、法规及规章在本辖区内正确、有效的实施，确保工商行政管理监管职能到位，依法及时制止、纠正和依法查处违章违法行为，保护经营者、消费者的合法权益，有效维护市场经济秩序，支持促进经济发展；(2) 工商行政管理所以自己的名义对个体工商户违法行为作出的具体行政行为包括警告、罚款、没收非法所得。对集市贸易中的违法行为作出的具体行政行为包括警告、罚款、没收违法所得、没收非法财物；(3) 工商行政管理所以自己的名义实施行政处罚的程序，依照《中华人民共和国行政处罚法》、《工商行政管理机关行政处罚程序暂行规定》（国家工商局令第 58 号）执行；(4) 工商行政管理所应建立执法监督检查制度，确保执法行为公正、合法、有效；(5) 工商行政管理所应设立法制员，负责执行行为的监督检查，依法对工商行政管理所的具体行政行为进行同级核审把关。河池地区下发《关于加快发展非公有制经济若干规定的补充意见》（河地发〔2000〕2 号文件），为个体私营经济发展创造良好的政策环境。

2001 年，自治区工商局代起草并以自治区人民政府文件下发《关于营造良好政策环境大力发展个体私营经济的若干意见》；自治区人大常委会颁布《广西个体工商户和私营企业权益保护条例》。各地进一步加强对发展个体私营经济工作的领导以及对个体私营经济的宏观引导，抓住西部大开发的机遇，引导个体私营经济参与国有企业改革，鼓励、支持个体工商户、私营企业吸纳下岗职工，接收安置大中专毕业生和转业干部，拓宽就业渠道；引导个体私营经济参与产业化经营，支持个体工商户、私营企业大力发展畜牧业、种养业和农产品加工业；引导有条件的个体工商户、私营企业参与“东西部合作项目”建设，扩大对外交流，提高科技含量。同时，放宽个体工商户、私营企业开业登记条件；清理和制止“三乱”，切实维护个体工商户和私营经济的合法权益，为个体私营经济发展营造了良好的法治环境、政策环境和创业环境。

2002 年，自治区各级工商行政管理机关落实《自治区人民政府关于营造良好政策环境大力发展个体私营经济的若干意见》。把个体私营经济发展与国有企业改革、与发展农村经济、与推进城镇化、工业化建设、与贫困地区脱贫致富、与安排下岗人员再就业结合起来，实行分类指导，扶持规模经营。充分发挥个私协等社团组织及行业协会的作用，加强教育、引导、服务，促进个体私营经济健康发展。

2004年，自治区工商局会同自治区政府发展研究中心代起草，以自治区党委、自治区人民政府文件出台《关于加快民营经济发展的决定》，从明确指导思想；放宽市场准入；扶持鼓励类产业发展；在财税、信贷、用地方面给予支持；提高民营企业素质；营造发展环境等六个方面制定促进个体私营经济加快发展的政策措施。立足工商职能，把发展非公有制经济与促进农民增收结合起来，对农民从事小商小贩无固定门店的免予工商登记，免收工商规费300多万元；与拓宽就业渠道结合起来，对下岗失业人员免收各项工商规费1088万元，引导6万人次的下岗失业人员通过从事个体私营经营实现了再就业；与发展壮大县域经济结合起来，与县、乡结成帮扶对子，积极做好定点帮扶工作，促进个体私营经济发展。

2006年，自治区工商局狠抓《广西壮族自治区工商行政管理局关于优化投资环境促进经济发展的若干措施》的落实工作，千方百计为个体、私营和外资企业的经营、发展提供服务，促进了非公有制经济健康发展。

2007年，自治区人民政府将"加快发展民营经济，把民营经济培育成新的经济增长点；大力推进全民创业，加快健全促进创业的体制机制，完善创业的支持和服务体系，进一步激活各类创业主体，开辟和拓宽创业领域"的工作目标任务明确自治区工商局为主要责任单位，各市人民政府为共同责任单位。为此，自治区工商局积极组织、认真部署，牵头制订了《关于落实2007年政府工作目标任务加快发展民营经济实施方案》，经自治区人民政府领导同意，印发各市人民政府。

2008年，自治区工商局制定并印发《2008年促进个体私营经济和中小企业发展工作方案》，紧紧抓住广西北部湾大开发的机遇，转变行政职能，创新服务方式，拓宽服务领域，强化服务措施，营造良好发展环境，积极促进自治区个体私营经济和中小企业又好又快发展；及时制定和印发《自治区工商局2008年服务北部湾经济区建设促进个体私营经济发展工作方案》和《自治区工商行政管理系统推动个体私营经济发展先进单位评选表彰方案》，组织全系统深入实施"营造优良环境工程""红盾帮扶工程""关心个私经济人士工程""红盾快速服务通道工程"工作，大力促进个体私营经济健康发展。贯彻落实《广西壮族自治区工商行政管理局关于贯彻国家工商总局专项政策支持广西北部湾经济区建设的实施意见》，进一步放宽简化登记程序，放宽经营领域，优化市场准入环境；积极支持个体私营经济参与北部湾经济区开发和区域经济合作，推动全民创业；创新市场监管和行政执法工作机制，努力营造广西北部湾经济区和谐发展的市场环境。

2009年，自治区工商局制订并下发《自治区工商局2009年促进非公有制经济发展工作方案》，要求通过认真宣传贯彻落实国家、自治区发展个体私营经济的方针和政策，营造非公有制经济发展的良好氛围；充分发挥工商职能作用，健全和完善服务体系，提高服务和监管工作水平，营造宽松的服务发展环境；加强对市场主体的监管，查处取缔无照经营，优化竞争环境；鼓励、引导农民专业合作社健康发展，大力帮扶农民工返乡创业，促进农村非公有制经济发展；积极引导实施商标品牌战略，支持企业做大做强，进一步促进全自治区个体私营经济实现数量增长、实力增强、经济效益增加、服务就业效益增大和品牌提升。各市、县工商局根据自治区工商局的安排，纷纷成立领导小组，制定具体工作方案，明确目标，落实责任，认真落实服务个私发展工作。是年，各级工商部门为了帮助个私企业走出金融危机带来的困境，按照自治区工商局《个体工商户私营企业联系点工作制度》要求，组织专人深入个私企业调查研究，认真分析金融危机对当地不同行业的个私企业的影响程度，为他们提供政策法律信息方面的服务，发挥工商职能优势，帮助遇到困难的生产经营者走出困境。如崇左市工商局机关主要领导和分管领导带队走访个私企业，积极做好"五个一"工作，共走访私营企业346家，个体工商户432家，与帮扶企业代表召开座谈会25次，组织召开企业和金融机构银企对接座谈会7次，为企业解决实际问题133个，其中协调解决项目建设、生产经营方面的困难和问题19个，办理股权出质登记5件，共为企业获得贷款融资3100万元。同时，自治区工商系统认真贯彻自治区副主席高雄指示精神，全面落实、认真开展联系帮扶“100家企业”活动，并将帮扶活动与认真开展“项目建设年”“服务企业年”“党组织服务年”结合起来，选择了100多家企业作为重点联系对象，深入企业开展联系帮扶活动，认真了解企业发展状况，帮助解决问题，务求实效。充分发挥工商行政管理机关密切联系个体工商户、私营企业的优势，大力鼓励、积极支持个体私营企业参加国家工商总局举办的中国国际中小企业博览会、中国中部投资贸易博览会、中国东西部合作与投资贸易洽谈会、中国西部国际博览会、中国青海投资贸易洽谈会暨郁金香节、中国兰州贸易洽谈会、中国西部家具博览会等7项经贸洽谈活动。同时，利用中国—东盟博览会、第六届中国国际广告节、宾阳经贸两会等平台，指导各市工商机关积极鼓励全自治区个私企业开展外引内联活动，引导东部地区个体工商户、私营企业向广西投资发展，促进项目对接与合作，促进东中西部个体、私营企业实现优势互补、共同发展。

2010年，全自治区各级工商行政管理机关深入贯彻落实《国务院关于进一步促进中小企业发展的若干意见》《国家工商总局关于进一步促进个体私营经济发展的若干意见》等国务院和自治区鼓励支持非公有制经济发展的各项政策措施，充分发挥工商职能作用，落实自治区党委、自治区人民政府工作要求，以培育创业主体为重点，以优化发展环境为保障，完善创业服务平台，激发全民创业热情，营造良好创业氛围，增强发展活力，努力推进非公经济发展。落实《广西壮族自治区工商行政管理局关于贯彻国家工商总局专项政策支持广西北部湾经济区建设的实施意见》等相关文件精神，从放宽企业名称登记条件、放宽住所（经营场所）证明的限制、放宽公司注册资本条件等方面，确保放宽个体私营经济市场准入的规定落到实处。大力支持公民依法自主创业，降低市场准入门槛，积极服务和促进非公经济健康发展。在此基础上，自治区工商局出台了《自治区工商局关于贯彻落实科学发展观积极推进经济发展方式加快转变的实施意见》（桂工商发〔2010〕35号），提出了扎实服务经济发展方式加快转变16条措施，充分发挥工商行政管理职能作用，积极推进自治区经济发展方式加快转变。是年，自治区工商局成立了以自治区工商局党组书记、局长朱军为组长的服务个体私营等非公有制经济发展工作及优化非公有制产业环境工作领导小组，切实加强对工作的指导和协调。领导小组在加强领导的同时，制订了《自治区工商行政管理局2010年服务非公有制经济发展工作方案》和《优化非公有制产业环境方案》，进一步明确目标责任制，落实责任，明确措施，分解任务。为确保工作落实到位，自治区工商局又下发《关于落实政策措施促进非公有制经济发展的通知》，要求各地落实政策，推动发展。各市、县工商局按照自治区工商局的目标任务，进一步提高认识，统一思想，把发展非公经济工作列入重要议事日程，狠抓落实。建立健全相应的领导机构，形成一把手负总责、分管领导具体抓的工作机制，加强组织和协调，做到上传下达通畅；结合实际，制订切实可行的方案和措施，加大工作力度，全面推进非公有制经济发展。是年，自治区工商局继续深入开展“走访帮扶解困”活动，把个私联系点以及“走百访千”工作作为服务非公经济发展的一项重大举措，制订了服务非公有制经济发展工作方案，重新确定了当年新的联系点企业，要求工作人员从实际出发，切实为企业解决实际困难，做好相关调研工作，同时还要求各工商所认真开展辖区个体工商户、私营企业的实地走访工作。同年，自治区工商局先后与中行、农行、工行签订了合作协议，加强与金融机构合作，积极为企业融资搭建高效、便捷的服务平台。为了加强与农行及其他金融机构的联系、沟通和交流，建立完善长效工作机制，推动银政银企合作良性发展，共同营造良好的投融资环境，为促进广西实现加快发展、跨越发展发挥更加积极的作用。

2011年，自治区工商局党组高度重视促进非公有制经济发展工作，把服务扩大内需促进非公有制经济发展工作摆上重要工作日程，成立了服务非公有制经济发展工作领导小组，实行主要领导负总责，分管领导具体抓，相关处室抓落实的工作责任制，并制订下发《2011年全区工商系统服务非公有制经济发展工作方案》。起草《广西壮族自治区人民政府关于大力发展微型企业的若干意见》，明确发展微型企业的扶持范围和扶持政策。同时，自治区工商局制定《广西微型企业登记监管暂行办法》，从条件审查、登记注册、监管管理、微型企业取消等方面做出相应的规定，为微型企业登记监管工作提供规范、有效的政策指导。自治区人民政府印发《广西壮族自治区人民政府关于大力发展微型企业的若干意见》，明确了自治区发展微型企业的扶持范围和扶持政策。同时，还会同财政、税务、人保、民政、人民银行等部门，制定13份落实自治区人民政府《若干意见》的配套性文件，为微型企业登记监管工作提供规范、有效的政策指导。

2012年，自治区工商局成立服务非公有制经济发展工作领导小组，由自治区工商局党组书记、局长朱军任组长，其他党组成员任副组长。同时，制订《2012年全区工商系统服务非公有制经济发展工作方案》，明确工作的指导性目标，提出开展好“三个活动”、做好四个登记管理、抓好两个专项整治、完成五个专项工作等具体措施，并进一步落实工作责任机制。贯彻落实《广西壮族自治区人民政府关于开展扩权强县工作的意见》精神，成立全系统扩权强县工作领导小组，制定下发《关于公布行政审批项目下放方案的决定》（桂工商发〔2012〕62号），下放9项行政审批项目，建立定期报送制度，减少审批环节，提高行政效率。自治区工商局印发《关于鼓励和引导民间投资健康发展的实施意见》（桂工商发〔2012〕76号），各级工商行政管理机关认真贯彻落实该文件精神，积极营造平等准入、公平竞争的市场环境，进一步放宽民间投资主体市场准入条件，创新服务民间投资的方式，不断提升服务水平，鼓励民间投资主体发展新型商贸和现代服务业，促进传统产业升级；引导民间投资市场主体实施商标战略，提升市场竞争力；支持民间资本投资广告业，促进广告产业发展。

2013年，自治区工商局成立以局党组书记、局长任组长的服务非公有制经济发展工作领导小组。制订下发《2013年全区工商系统服务非公有制经济发展工作方案》，明确工作目标和责任，提出以“十一项工程”为核心的工作措施，工作措施详细具体，可操作性强，有效指导全自治区各级工商行政管理机关开展服务非公经济发展工作。是年，创新服务企业方式，组织开展联百帮千扶万行动。开展党的群众路线教育实践活动以来，为了密切与广大企业的联络与沟通，组织开展“联百帮千扶万”行动。通过联系服务100家广西重点企业、帮助1000家企业培育商标品牌、扶持1万家小微企业发展，促进全自治区企业提质扩量。全年全系统共出动干部2.32万人次，帮扶企业7513家，扶持小微企业1.01万家，帮扶注册商标815个，培育商标509个，发放宣传资料12.19万份，帮扶走访过程中发现问题1153个，实际解决964个。自治区工商局领导走访14个市的54户重点企业，倾听企业的意见，解决企业实际问题和困难。落实企业联系点制度，制订《全自治区工商系统联系企业任务分解表》，联系100户广西重点企业，实行定人、定期、定责任、定实效的“四定”帮扶，构建工商部门与经营者的联系桥梁，给企业送政策、帮助企业学政策、用政策。自治区工商局7名党组成员分别与各市22家企业签订联系企业确认书，发挥领导带头示范作用，更好地服务企业发展。自治区工商局党组制定《关于选派干部到广西重点企业挂职的决定》，由自治区工商局、南宁市工商局、柳州市工商局选派10名优秀的副处级以上干部到广西北部湾国际港务集团等10家企业挂职3个月，配合落实“联百帮千扶万”任务，开展“一带二”活动，即1个挂职干部通过1家广西重点企业去带动2家小微企业发展，从而推动“联百帮千扶万”行动上新的台阶；防城港市工商局推出“红盾服务联系卡”，以方便企业、个体工商户与监管人员取得联系。“联系卡”在登记窗口发送，便于企业及社会公众及时了解工商服务指导信息。二是深入商标企业进行“一对一”的帮扶，制订《全区工商系统商标兴桂活动“帮千”分配表》，指导1000户企业培育和申请商标注册，争创驰名、著名商标，通过法律途径保护注册商标。

2014年，自治区工商局制订下发《自治区工商局办公室关于印发2014年全区工商系统服务非公有制经济发展工作方案的通知》（桂工商办发〔2014〕82号），组织协调全系统服务非公有制经济发展工作。明确工作目标和责任，工作措施详细具体，可操作性强，有效指导全自治区各级工商行政管理机关开展服务非公有制经济发展工作。继续开展“联百帮千扶万”行动，大力扶持小微企业和农民专业合作社、家庭农场等农民新型合作组织。各级工商行政管理机关选派优秀干部到企业开展结对帮扶活动，指导和帮助企业解决商标申请、诚信建设、非公党建、项目建设用地、技术改造、股权及经营范围变更、产品销路、动产抵押贷款等一系列实际困难和问题。柳州市工商局选派优秀干部走访100家中小企业帮助解决实际困难，扶持1000家微型企业上规模、上档次，与100家企业签订定点帮扶合作意向书，提供系列行政指导服务，为企业持续快速健康发展提供动力。支持非公有制企业拓宽融资渠道，积极引导非公有制企业用股权出资的方式进行融资，以股权出资的方式直接进行投资。支持非公有制企业开展动产抵押登记，引导非公有制企业利用其动产资源进行抵押融资。积极支持农村商业银行、村镇银行、小额贷款公司、融资性担保机构等发展，努力健全多层次资本市场，切实解决非公有制企业融资问题。

2015 年，自治区工商局制订下发了《关于做好全区工商系统 2015 年个体私营经济监管工作的通知》，明确今年个体私营经济监管的工作目标和工作措施。大胆放权，拓宽群众创业创新途径，进一步落实简政放权，拓宽草根人群的创业创新途径。自治区工商局与广西保监局积极沟通，于 2015 年 6 月 15 日联合下发《自治区工商局广西保监局关于支持华泰财产保险有限公司在广西开展保险专属代理门店试点工作的通知》（桂工商发〔2015〕40 号）。在广西允许华泰财产保险有限公司广西分公司及其分支机构授权的保险销售人员在社区、商圈等地开设个体工商户门店，向周边居民和企事业单位提供保险代理服务。以工商局、保监局联合发文支持保险专属代理门店的创新试点，这在全国尚属首次，也为大众创业探索出一条新的发展思路。当年，全自治区共登记华泰保险个体专属代理门店 59 家。是年，自治区各级工商行政管理机关大力扶持微型企业发展，建立完善自治区微型企业发展工作联席会议制度，促进各有关部门之间的协作和配合，提高各有关部门对微型企业发展工作的重视和支持。自治区工商局就小微企业发展情况组织开展督查调研工作，发现问题，提出改进对策。开展小微企业名录建设，为小微企业发展搭建政策平台。按照国家工商总局下发的标准，迅速启动“申请扶持政策导航”“企业享受扶持信息公示”“小微企业库”等 3 个功能板块的设计开发，完善小微企业名录系统建设。请自治区相关部门收集本部门涉及小微企业各类现行有效扶持政策，经过汇总、梳理后，于 12 月 30 日在系统上集中公示，以方便群众的查找利用。

2018 年，自治区各级工商行政管理机关积极发挥工商职能作用，立足服务经济社会转型跨越大局，深入推进商事制度改革，支持引导全自治区非公有制经济健康发展，围绕简政放权、放管结合、优化服务的主线，结合商事制度的各项改革措施，在放宽市场准入、激发市场活力、优化产业结构等方面取得了阶段性成效，有力促进全自治区非公有制经济健康快速发展。

第四节　“小个专”党建

2014 年，自治区工商行政管理局聚焦小微企业、个体工商户、专业市场非公党建，与自治区党委组织部、自治区“两新”工委联合制定《关于加强个体工商户小微企业和专业市场党的建设工作的意见》。积极扩大个体工商户、小微企业和专业市场党的组织和党的工作两个覆盖面，采取单独建、联合建、依托建、挂靠建等多种形式推动个体工商户、小微企业、专业市场组建党组织（“小个专”党建）。自治区工商局全面部署“小个专”党建工作后，玉林市工商局主动谋划，实施“两位一体强统领，三级网络抓覆盖，四项机制激活力”工作法，在市、县两级工商局成立“小个专”党委，在乡镇（街道）工商所成立“小个专”党总支或支部，建设遍布市本级、8 个县（市、区）和 110 个乡镇（街道）的“小个专”党组织网络，形成独特的“玉林模式”。

2015 年，自治区各级工商行政管理机关履行指导个体工商户、小微企业和专业市场党建工作职能，发挥工商系统体制优势、职能优势、情感优势、队伍优势，积极开展“小个专”党建工作。出台《自治区工商局办公室关于印发 2015 年全区工商系统推进非公有制经济组织党建工作方案的通知》《自治区工商局办公室关于印发全区工商系统开展非公党建工作示范点创建活动实施方案的通知》《自治区工商局办公室转发工商总局关于指导小个专党组织开展“亮身份　亮职责　亮承诺”活动的通知》，全面部署开展“小个专”党建工作。是年 6 月，自治区工商局在全自治区工商系统部署开展壮大党员队伍、灵活设置党组织“百日会战”活动，利用 100 天时间，实现非公有制经济组织党组织和党的工作从有形覆盖到有效覆盖。“百日会战”期间，全自治区工商系统共摸底走访个体工商户 37.2 万户，小微企业 10.9 万家，专业市场 209 个，调查统计小微企业、个体工商户和专业市场中党员共 3146 名，其中新发展党员 303 名，隐形党员亮身份 2832 名，成立“小个专”党组织 848 个。实现了“支部建在市场上”和“支部建在工商所”的两个突破。自

2015 年 8 月 25 日，全自治区个体工商户小微企业专业市场党建工作现场推进会在玉林召开

治区工商行政管理部门实施“非公党建推进年”，形成特色鲜明的“广西经验”。玉林市工商局在小微企业、个体工商户、专业市场领域党建工作取得显著成效，形成“玉林模式”。自治区工商系统把“玉林模式”与基层党建“百日大会战”“三亮”活动相结合，形成“广西经验”。至年末，全自治区有 13 个市成立“小个专”党委，新建“小个专”党组织 1151 个，培育示范点 247 个，在 604 个基层工商所成立非公有制党建工作指导站。

2016 年，自治区各级工商行政管理机关深入开展“小个专”党建团建工作。制订下发《全自治区工商系统 2016 年推进“小个专”党建工作方案》，指导各市开展“小个专”党建工作；与共青团广西区委联合出台《关于发挥工商行政管理职能作用加强新形势下非公有制经济组织团建工作的通知》，开启、推进“小个专”党建带团建工作；开展“小个专”建立党团组织“百日攻坚”行动，与共青团广西区委联合转发《关于在“小个专”经济组织和“两新”组织中开展党团组织建设“百日攻坚”行动有关文件的通知》，巩固和扩大党团组织的“两个覆盖”；制定并下发“党旗领航·诚信经营”“党旗领航·放心消费”等系列活动方案；建设非公有制经济组织尤其是小微企业、个体工商户、专业市场党组织和党员数据库，并依托数据库建设党团建电子地图，逐步实现非公党建工作管理信息化；总结各市“小个专”党建工作经验，先后于“七一”“十一”在《广西日报》《中国工商报》以专刊形式刊登部分“小个专”党建工作先进典型，扩大了

2016 年 4 月 26 日，梧州市工商局在梅西广场开展非公党建宣传活动

工商系统推进“小个专”党建工作的社会影响力。

2017年，自治区工商局继续抓好市、县两级“小个专”党组织建设为重点，大力推进“小个专”党建工作。制订《自治区工商局关于开展全区小微企业个体工商户专业市场党建重点工作百日攻坚的通知》（桂工商办发〔2017〕125号），组织全自治区“小个专”开展“百日攻坚”行动，以集中攻坚的形式，要求年内各县（市、区）一级全部依托工商部门成立“小个专”党委（党总支），推进依托基层工商所设立“小个专”党总支、党支部。开展基层党组织规范化建设示范活动，及时推出南宁东博机电城党支部、桂林锦怡假日大酒店党支部、东兴电子商务协会党支部、玉林中药材市场党支部、凭祥红木文化产业园党支部等一批“一支部一品牌”的特色党建品牌示范点，以点带面，推动全自治区“小个专”基层党组织规范化建设。自治区工商局组织表彰在“小个专”党建工作中表现突出的35个党组织和157名优秀党员。充分发挥“小个专”党支部、党员的先锋模范作用，引导他们做创业创新的模范、扶贫攻坚的模范、诚信经营的模范。是年，按照自治区“两新工委”关于开展“党旗领航”主题活动的统一部署和有关要求，自治区工商局扎实开展“党旗领航·商标品牌扶贫”“党旗领航·诚信经营”“党旗领航·放心消费”等系列主题活动，使“小个专”党组织的政治引领作用得到了充分的体现。10月，自治区工商局承办第九届中国国际商标品牌节和中华品牌博览会，通过开展广西品牌神州行、讲好广西品牌故事等活动，充分展示广西旅游、特色农产品、工业品牌，树立广西品牌形象，提高农村“小个专”党组织和广大经营户“懂商标、会创牌、树品牌”的商标品牌意识。钦州市“小个专”党组织动员党员积极参与商标品牌创新创业基地的创建工作，仅党员就获得商标注册76件，占全市总数的32%。百色市七塘社区南大综合市场党支部组织党员经营户开展“诚信经营、放心消费”示范点建设活动，建立质量承诺、信息公示等自律制度，承诺依法经营、公平交易、不售假、不强卖、不欺诈，被评为“全国诚信示范市场”，实现了从单一的党员经营户到整个市场的拓展。桂林市金天下国旅党支部以“三亮”活动为抓手，通过设置党员示范岗、党员责任岗、党员先锋岗，引导党员亮身份、亮职

2017年11月9日，全自治区“小个专”党建工作经验交流会在桂林召开

责、亮承诺，打造出桂林“诚信旅游”亮丽名片，为同行业“小个专”党组织开展“党旗领航·诚信消费”活动起到示范作用。贵港市玉港汽车维修服务部通过发挥党支部的核心作用和示范引领作用，创新实施“党建带领企建”经营理念，将党支部作为公司最高决策机构，使企业增值营利，顺利发展，探索了小微企业党组织发挥政治核心作用的方式路径。

2018年，自治区各级工商行政管理机关扎实推进“小个专”党建。完善市、县、所三级“小个专”党组织网络架构，全自治区依托基层工商所成立812个“小个专”党组织，依托专业市场建立101个党组织，工商所向“小个专”党支部派出了896名党建指导员；组织指导全自治区“小个专”党组织和党员深入开展“党旗领航·诚信经营”活动，全自治区共有1918个“小个专”党组织、7336名党员参与活动；组织开展党建工作示范点建设活动，推动全自治区建立145个以“一支部一品牌”为特色的党建工作示范点。至年末，全自治区共成立2693个“小个专”党支部，有正式党员11466名，流动党员2138名，入党积极分子493名。

第四章　商事制度改革

按照国家深化商事制度改革的要求，2014 年 3 月 1 日，广西正式启动注册资本登记制度改革，实行注册资本认缴登记制，放宽注册资本登记条件，简化登记事项和文书，不再收取验资报告，启用新版营业执照，全面停止企业年检。改革首月（1—31 日），在经济下行压力比较大的形势下，全自治区新登记企业 7861 户，同比增长 40.53%；新登记企业注册资本达到 373.09 亿元，同比增长 249.47%，新登记企业户数和注册资本增幅均为广西历年来最高。新登记企业一项，比 2013 年同期增加 3000 多户，按每户企业带动 10 个就业机会计算，改革的第一个月，带动的就业岗位增加 3 万多个。

是年 8 月 1 日，正式实施《广西壮族自治区企业住所和经营场所登记管理办法》。这是全国注册资本登记制度改革以来首个以地方政府规章出现的法律文件，为广西注册资本登记制度改革提供有力的法律保障，促进广西改革的纵深发展。同月 4 日，自治区工商局下发《关于调整企业登记管辖范围的通知》，大幅下放登记权限。将注册资本 5000 万元以下一般性企业的登记权限下放至企业所在地工商登记机关。这是自治区工商局有史以来企业登记管辖范围最大的一次调整，也是登记权限下放力度最大的一次，进一步方便企业就近办理工商注册，促进工商登记注册便利化，也为“宽进”后的“严管”打下坚实基础。

2014 年，全自治区企业数量显著增长，产业结构持续优化，社会投资创业热情进一步激发，呈现企业数量与资本规模快速增长的良好局面。3 月 1 日—12 月 20 日，全自治区实有企业户数 438118 户，同比增长 18.75%，其中新登记企业 72964 户，同比增长 25.75%，新登记企业的注册资本总额达 3398.14 亿元，同比增长 105.96%。新登记公司制企业 56560 户，同比增长 93.82%，注册资本 3120.27 亿元，同比增长 171.42%。新登记注册资本过亿元的企业 421 户，同比增长 99.53%。新登记的私营企业 70675 户，私营企业占新登记总数的 97.22%。第三产业占新设企业户数 79.64%，增幅为 49%。明显高于第二产业，产业结构得到进一步优化，非公有制经济发展环境改善。共为全自治区新增的 72964 户企业节省验资费用约 4370 多万元；按每户企业带动 15 个就业岗位计算，增加就业岗位 109 万多个。

2015—2016 年，广西商事制度改革推进顺利，取得了阶段性成效。首创“全城通、就近办”企业注册登记新模式，即实行“一个窗口对外、一个标准办事、一套机制管理、一套流程监管”，得到了创业者的广泛好评。在国家“五证合一、一照一码”的基本要求下，广西创新性地纳入公安部门印章准刻证，实现“六证合一、一照一码”，是全国五个全面实施“六证合一”的省（自治区）之一。

至 2016 年 12 月，自治区党委全面深化改革领导小组办公室组织对商事制度改革进行第三方评估以及满意度调查。调查结果显示，全自治区商事制度改革满意度为 86.98%。

2017—2018 年，商事制度改革进入深水期，广西仍取得显著成效。高效推动“多证合一”改革试点工作，防城港市“34 证合一”、崇左市“49 证合一”、北海市“53 证合一”，三次刷新全国纪录。自治区工商局牵头组织全自治区符合条件的 7 个园区启动“证照分离”改革，成为全国由原工商部门牵头推进改革的 3 个省（自治区）之一。据 2018 年国务院大督查全国营商环境报告显示，在国家营商环境 7 项指标综合排名中，广西“企业开办”排名全国第八、在七项指标中排名广西第一，便利度跻身全国前列。至 2018 年底，广西市场主体登记数为 2722992 户，其中企业登记总数为 752145 户，个体工商户 1916401 户，农民专业合作社 54446 户。与 2013 年相比，市场主体增加 1111968 户；年均增长 11.07%。其中：年均增长率最快为农民专业合作社，年均增长率为 30.49%；年均增长率最慢是个体工商户，年均增长率为 9.04%。

第一节　注册资本登记制度改革

根据中共中央、国务院和国家工商总局的部署，以及自治区主席陈武在全自治区政府职能转变和简政放权工作座谈会上的指示，自治区工商局结合广西实际，在认真研究和反复论证的基础上，于2013年12月11日形成《广西工商登记制度改革工作方案（送审稿）》（以下简称《方案一》）上报自治区人民政府。12月16日，自治区人民政府办公厅汇总了自治区各厅局的修改意见；12月27日要求自治区工商局根据修改意见对《方案一》进行修改完善。

根据自治区人民政府办公厅的要求，结合全国推进工商登记制度改革的情况，自治区工商局再次组织对《方案一》进行修改完善和补充，形成新的《广西工商登记制度改革工作方案（送审稿）》（以下简称《方案二》），其中包含改革目标、基本原则、主要内容、配套措施、实施步骤、保障措施等6部分内容。《方案二》结合国家工商总局副局长刘玉亭在《深圳市场主体信用信息公示系统建设研习班》上的讲话内容，在“主要内容”中，增加实行注册资本认缴登记制、推行企业年度报告公示制度、推行电子营业执照和全程电子化登记管理等三项工商登记制度改革的主要内容，合并《方案一》中建设信用信息公示系统、制定住所和经营场所登记规定等两项。新增“配套措施”，将拟由自治区法制办牵头的清理政策法规、自治区编办牵头的理顺工作职能构建新的监管体系、自治区民政厅牵头的行业协会自我管理、自治区政府督查室牵头的改革督查机制列入“营造工商登记制度改革的政策和法律环境”。并与《方案一》主要内容的“支持改革试点”及“确保平稳过渡”等两项合并。

实施企业住所和经营场所登记改革，放松市场准入的管制，是注册资本登记制度改革的重要内容。2013年10月25日，国务院总理李克强主持召开常务会议，部署推进公司注册资本登记制度改革，会议明确了改革的主要内容，“按照方便注册和规范有序的原则，放宽市场主体住所（经营场所）登记条件，由地方政府具体规定”。从2013年12月底开始，自治区工商局在征询南宁、柳州、桂林等市工商局对《企业住所和经营场所登记管理办法》立法意见的基础上，起草《广西壮族自治区企业住所和经营场所登记管理办法（征求意见稿）》，并于2014年1月组织开展立法调研工作；4月10日，自治区法制办和工商局联合召开《广西壮族自治区企业住所和经营场所登记管理办法（征求意见稿）》听取意见会；6月11日经自治区十二届人民政府第30次常务会议审议通过，7月2日以自治区政府第104号令的形式予以发布，自8月1日起施行。这是全国注册资本登记制度改革以来首个以地方政府规章出现的法律文件，为广西注册资本登记制度改革提供了有力的法律保障。该办法共计16条，按照方便注册和规范有序的原则，突破了以往在工商登记注册中有关住所和经营场所的诸多限制。主要亮点是放宽住所的条件管制、释放更多的场地资源，按照方便注册和规范有序的原则，简化住所和经营场所登记手续，申请人提交场所合法使用证明即可予以登记。主要体现在四个方面：一是允许“一址多照”。除法律、法规对企业住所另有规定的外，一个企业住所可以登记为数家企业的住所；二是允许“一照多址”。企业住所和经营场所可以在同一地址，也可以在不同地址，在同一县级工商登记机关管辖区域内的，可以选择在营业执照内登记经营场所信息或者申请设立分支机构。三是允许“商务秘书企业”住所托管。允许没有办公实体的企业可以使用所托管商务秘书企业的住所或者办公区域作为企业住所。四是允许“住改商”。征求利害关系人同意后，可以依法将住宅登记为企业住所和经营场所。该办法的出台，满足了企业自主选择住所的愿望，释放了住所空间，减少了不必要的场地资源浪费，对于激发各类市场主体的创业活力、降低创业成本、鼓舞投资热情、推动小微企业特别是创新型企业的发展，对于政府简政放权、转变职能、构建现代市场监管体系，都具有重要的意义和作用。

2014年1月21日，自治区人民政府办公厅组织召开工商登记制度改革工作协调会，召集自治区编办、法制办、发展改革委、公安厅、工业和信息化委、住房和城乡建设厅、国土资源厅、政府督查室、财政厅、环境保护厅、民政厅等部门，对《方案二》进行了征求意见。会后，自治区工商局就相关厅局的意见对《方案二》内容进行了修改。

自治区党委、自治区人民政府高度重视注册资本登记制度改革。2014 年，自治区党委书记彭清华主持召开自治区党委全面深化改革领导小组会议，明确将注册资本登记制度改革列为全自治区 2014 年第一项专项改革。自治区主席陈武，副主席蓝天立、黄日波分别多次深入自治区工商局、自治区政务服务中心和防城港市进行专题调研，指导注册资本登记制度改革工作，国家工商总局党组书记、局长张茅先后两次到广西调研，指导广西注册资本登记制度改革。与此同时，全自治区各地各部门密切配合，采取有效措施支持改革，自治区财政厅、工商局划拨专项经费，保障改革技术设施改造升级。

2014 年 1 月 24 日，自治区工商局在东兴国家重点开发开放实验区开展工商登记制度改革的试点工作。启动仪式上，自治区工商局领导、防城港市政府及东兴试验区管委会领导为东兴亨艳贸易有限公司等 10 户改革后登记注册的企业颁发新版营业执照。东兴市工商局作为改革的牵头实施单位，主抓商事登记制度试点改革具体的工作落实。依照《广西东兴国家重点开发开放试验区企业登记管理办法（试行）》相关规定，围绕“宽进严管”改革目标，从八方面推行改革。一是推行工商登记前置审批改为后置审批，商事主体资格与经营资格登记相分离。二是推行注册资本认缴登记制，除法律、法规规定特殊行业外，一般性有限责任公司申请设立登记其注册资本实行认缴登记制。三是简化商事主体住所（经营场所）登记手续，实行“一址多照”和“一照多址”，对在辖区内一般经营项目的企业主体，允许一个地址登记为多户商事主体住所（经营场所），允许企业主体住所登记后，以备案的方式增设若干经营场所。四是实行商事主体除名制度，对违反《广西东兴国家重点开发开放试验区企业登记管理办法（试行）》有关规定，但尚未构成行政处罚的商事主体，由登记机关在东兴试验区商事主体信息公示平台上进行信息屏蔽；被除名的商事主体在商事主体信息公示平台上仅显示其名称并注明已除名，不再显示其他任何信息。五是推行商事主体年报备案制度，登记机关不再实行企业年检制对商事主体进行监督检查，由商事主体于每年 1 月 1 日—6 月 30 日通过登记机关提供的信息平台公示年度报告，登记机关不审查年度报告内容。六是构建商事主体登记及许可审批信用信息公示平台，探索建立统一的商事主体登记及许可审批信用信息公示平台，通过依托信用信息公示平台加强对违法经营者的信用约束。七是构建商事主体事中事后监管机制。按照“谁许可审批，谁监督管理”的原则，明确了商事主体营业执照登记事项的监管职责，由商事登记机关履行；经营项目或经营场所涉及许可审批的，由许可审批部门履行监管职责；经营项目、经营场所涉及多个许可审批部门的，各许可审批部门依据法律法规的规定，履行各自职责范围内的监管职责；不需要设置许可审批的行业依靠行政监管和行业自律，化解监管风险。八是减少登记事项，简化登记材料，压减审批时限。实行商事登记制度改革，简化登记条件，降低准入门槛，商事主体登记事项比原来减少 5 项，营业执照由原来的 15 个版本 15 种格式减为 1 个版本 8 种格式；登记提交文书比原来减少 29 种 34 个，审批时限由 15 个工作日压到 1 个工作日。

《广西工商登记制度改革工作方案》（以下简称《方案》）于 2014 年 2 月 10 日在自治区十二届人民政府第二十五次常务会议上原则通过，25 日自治区人民政府正式印发。《方案》明确了全自治区工商系统推进改革的路线图和时间表，成立广西注册资本登记制度改革联席会议，确定注册资本登记制度改革的目标，即通过改革公司注册资本及其他登记事项，进一步放松对市场主体准入的管制，降低准入门槛，优化营商环境，促进市场主体加快发展；通过改革监管制度，进一步转变监管方式，强化信用监管，促进协同监管，提高监管效能；通过加强市场主体信息公示，进一步扩大社会监督，促进社会共治，激发各类市场主体创造活力，增强经济发展内生动力。

《方案》改注册资本实缴制为认缴登记制。一是实行注册资本认缴登记制。公司股东认缴的出资总额或者发起人认购的股本总额（即公司注册资本）应当在工商行政管理机关登记。公司股东（发起人）应当对其认缴出资额、出资方式、出资期限等自主约定，并记载于公司章程。有限责任公司的股东以其认缴的出资额为限对公司承担责任，股份有限公司的股东以其认购的股份为限对公司承担责任。公司应当将股东认缴出资额或者发起人认购股份、出资方式、出资期限、缴纳情况通过市场主体信用信息公示系统向社会公示。公司股东（发起人）对缴纳出资情况的真实性、合法性负责。二是放宽注册资本登记条件。除法律、行政法规以及国务院决定对特定行业注册资本最低限额另有规定之外，取消有限责任公司最低注册资本3万元、一人有限责任公司最低注册资本10万元、股份有限公司最低注册资本500万元的限制。不再限制公司设立时全体股东（发起人）的首次出资比例，不再限制公司全体股东（发起人）的货币出资金额占注册资本的比例，不再规定公司股东（发起人）缴足出资的期限。

《方案》改企业年检制为年报公示制。企业应当按年度在规定的期限内，通过市场主体信用信息公示系统向工商行政管理机关报送年度报告，并向社会公示，任何单位和个人均可查询。企业年度报告的主要内容应包括公司股东（发起人）缴纳出资情况、资产状况等，企业对年度报告的真实性、合法性负责，工商行政管理机关可以对企业年度报告公示内容进行抽查。改革前，企业必须每年到工商部门递交一次纸质年检材料，需通过中介机构进行年度审计，最后工商部门开展审查、盖章，中间环节多、手续烦琐。改革后，企业不再需要每年到工商部门递交一次纸质年检材料，只需每年1月1日—6月30日通过信用信息公示系统上报年度报告并公示（除特殊监管的重点企业，一般企业不需要提交财务审计报告）。

《方案》提出简化住所（经营场所）登记条件。制定市场主体住所和经营场所登记规定，申请人提交场所合法使用证明即可予以登记。自治区人民政府根据法律法规的规定以及国务院的授权，以保障经济社会秩序为前提放宽市场主体准入为目标，按照方便注册和规范有序的原则，制定《广西壮族自治区企业住所和经营场所登记管理规定》，放宽市场主体住所和经营场所的登记条件，明确其功能为确定市场主体的司法和行政管辖地，形成针对住所和经营场所的新的监管体系。改革前，开办公司在场所方面的要求较为严格，登记机关对住所或经营场所登记的审查标准，涵盖了场地的所有权、使用权、建筑物法定用途等诸多条件，且通常一个具体地址一般仅能登记为一家市场主体的住所或经营场所。不同类型的场地，需提交不同的证明材料，证明材料复杂，种类多达十种以上。改革后，允许企业“一照多址”“一址多照”，只需申请人自行申报场地信息，无需提交场地证明材料，申请人对住所或经营场所的合法性、真实性负责，减少行政干预，以适应市场经济条件下新兴业态的发展要求。

《方案》提出建设统一规范的市场主体信用信息公示系统。由自治区人民政府统一领导，统一组建，统筹安排专项资金保障，整合各部门行政审批、政务与社会管理信息资源。以企业法人国家信息资源库为基础构建市场主体信用信息公示系统，支撑社会信用体系建设。在市场主体信用信息公示系统上，工商行政管理机关公示市场主体登记、备案、监管等信息；企业按照规定报送、公示年度报告和获得资质资格的许可信息；个体工商户、农民专业合作社的年度报告和获得资质资格的许可信息可以按照规定在系统上公示。

《方案》提出推行电子营业执照和全程电子化登记管理。根据国家工商总局的标准和规范，建立适应互联网环境下的工商登记数字证书管理系统，积极推行全国统一标准规范的电子营业执照，为电子政务和电子商务提供身份认证和电子签名服务保障。电子营业执照载有工商登记信息，与纸质营业执照具有同等法律效力。大力推进以电子营业执照为支撑的网上申请、网上受理、网上审核、网上公示、网上发照等全程电子化登记管理方式，提高市场主体登记管理的信息化、便利化、规范化水平。

2014年，成立由自治区工商局党组书记、局长张虹挂帅的企业注册资本登记制度改革领导小组，领导小组下设办公室，强化对改革工作的组织领导和监督检查，统筹推进广西注册资本登记制度改革工作。

从2014年3月1日起，在全自治区范围内与全国同步启动注册资本登记制度改革。改革的重点是贯彻落实中共中央十八届三中全会决定精神，推进工商注册制度便利化，实行注册资本实缴制改为认缴登记制。工商部门只登记公司认缴的注册资本总额，无需登记实收资本，不再收取验资证明文件，申请企业登记不用再为注册资本发愁，实缴注册资本无冻结期，不需验资和年检，进一步降低创业成本。启动改革后的10个工作日内，广西新登记市场主体12895户，同比增长20%。其中企业3116户，同比增长29%，新登记企业注册资本170亿元，同比增长268%，充分激发了市场活力。

东兴市工商局根据国务院、自治区人民政府《注册资本登记制度改革方案》代东兴市人民政府拟定《东兴市注册资本登记制度改革工作方案》，并以东兴市人民政府名义颁布实施，依托东兴市政府推动社会各方参与改革。同时，以第一阶段商事登记制度改革为基础，调整改革范围。于2014年3日起启动了新一轮注册资本登记制度改革，对现行法律、行政法规以及国务院决定明确规定实行注册资本实缴登记制的27个行业企业以外的其他行业公司企业实行注册资本认缴登记制；进一步放宽有限责任公司注册资本登记条件。除法律、行政法规以及国务院决定另有规定外，实行4个取消，即取消有限责任公司最低注册资本的限制，取消公司设立时全体股东（发起人）的首次出资比例限制，取消公司全体股东（发起人）的货币出资金额占注册资本的比例限制，取消规定公司股东（发起人）缴足出资的期限限制。放宽企业住所（经营场所）登记条件，积极参与由自治区工商局、防城港市工商局组织的广西企业住所和经营场所登记管理办法研讨、修订工作。按照《工商总局关于做好注册资本登记制度改革实施前后登记管理衔接工作的通知》（工商企字〔2014〕32号）部署、要求，推进几方面工作：依照新修改的法律、法规、规章办理企业注册登记；通过依法处理投诉举报和根据上级业务部门提供抽查企业名单等对公司股东（发起人）出资行为依法监管；明确登记机关、企业的公示、备案事项、方式、措施和义务。在办理企业办理登记注册时要求申请人填报企业联络员基本信息。明确企业联络员负责本企业信息公示信息联络，确定工商系统信息监管人员作为联络员，负责与企业联络沟通，指导企业开展信息公示，对市场主体公示信息的监督检查进一步提升窗口服务水平，根据改革实施后登记申请大幅增加的形势，开展企业代表、窗口登记人员业务知识培训班2期、培训人员128人，充实窗口业务人员2名，加强窗口服务规范建设，制定改革后统一服务流程、服务标准，登记服务办事指南，提升登记服务质量和效率；在自治区工商局、防城港市工商局帮助、支持下，优化、升级登记系统功能，推进网上登记，努力实行电子营业执照和全程电子化登记管理。

2014年3月1日—4月30日，工商登记呈现了企业数量与资本规模快速增长的良好局面，改革取得明显成效，具体体现在五个方面。一是企业持续大幅增长，进一步激发了创业活力带动就业。实施注册资本登记制度改革以来，全自治区新登记企业15619户，同比增长19.99%；新登记有限责任公司（内资）311户，同比增长76.70%，有限责任公司（私营）12722户，同比增长116.58%。新登记企业的注册资本总额达689.98亿元，同比增长198.56%。新登记企业户数和注册资本增幅均为广西历年来最高。仅新登记企业一项，比2013年同期增加近3000户，按每户企业带动10个就业机会计算，改革的前两个月，带动的就业岗位增加3万多个。二是企业注册资本规模大幅上升，进一步激活了民间资本和激发了投资热情。注册资本登记制度实行认缴制后，取消了大部分企业的最低注册资本的限制，改革以来，新登记企业的注册资本总额达689.98亿元，同比增长198.56%；新登记过亿企业98户，同比增长164.86%。三是新增企业第三产业比重提高，进一步推动产业结构优化升级。新登记企业中，第三产业的比重由2013年同期的63%提升至81.03%，其中批发和零售业、租赁和商业服务业、科学研究和技术服务业、房地产业、信息传输及软件和信息技术服务业为新增企业第三产业中占比最大的5个行业，比例达到了全部新增企业的72.71%。而租赁和商务服务业，科学研究和技术服务业，文化、体育和娱乐业为增幅最大的三个行业，发展迅猛。其新增户数及同比增长分别为3402户，124.7%；960户，158.06%；162户，230.61%。四是创业成本大幅降低，进一步促进行政效能的提升。从2013年起，工商部门不再收取企业登记费，此次的改革取消注册资本最低限制，不须提交验资报告，进一步降低创业成本，还权于投资者，为服务企业发展做大实事。按照验资报告市场价格平均600元/份计算，改革前两个月，工商部门共为全自治区新增企业节省验资费用约937万元。通过改革，进一步提升行政效能，简化申请材料，减少审核程序，增加了受理窗口和人员。工商部门营业执照的发照期限由改革前的7～10天提速至2～3天，绿色通道当天、当场发照，为企业节省大量的人力、物力、财力。五是非公经济市场主体大幅增加，进一步推动非公经济发展。自治区党委、自治区人民政府召开非公有制经济发展大会，大力促进非公有制经济发展的决策部署和注册资本登记制度改革，极大地鼓舞了人心，提振了创业的信心，新登记的企业中，私营企业15035户，占96.51%，与2013年同比增长超过40%。私营企业中注册资本最高的是广西北部湾一帆船务有限公司，为5.2亿元。

在全自治区实施注册资本登记制度改革后，自治区党委宣传部牵头制定宣传方案，自治区深化改革领导小组召开新闻发布会。自治区工商局局长张虹率领班子成员和业务处室负责人参加宣传活动，先后做客广西电视台《凡是说理》和广西电台《阳光在线之厅长在线》栏目，现场宣传注册登记制度改革的重要意义，面对面解答社会公众的咨询和疑问，提高社会公众对改革的认知度，为注册资本登记制度改革营造良好的社会氛围。各地工商部门进一步强化工商登记窗口服务工作，实行分管领导到窗口指导工作，科室负责人带班，调整充实窗口岗位工作人员，进一步简化企业办事流程等措施，为广大投资创业者提供优质高效的政务服务。

2014 年 3 月—6 月，自治区工商局按照国家和自治区要求完成第一阶段的改革任务：实现公司注册资本"实缴改认缴"；依法取消公司最低注册资本的限制；停止企业年检；完成企业信用信息公示过渡系统（广西）板块与总局的链接并上线运行；制定放宽住所和经营场所登记条件的政府规章。从 7 月开始，自治区工商局开展以"先照后证"为主的第二阶段改革工作：依托东兴试验区先行先试的有利条件，由工商部门牵头开展"先照后证"试点工作。为确保试点工作的顺利进行，自治区工商局会同防城港市委市政府，组织有关法律专家学者和工商系统业务骨干进行认真研讨，对照有关法律条文和国务院、中编办和国家工商总局的有关规定对现有的行政审批事项进行认真梳理，共召开研讨会 6 次，现场会 2 次，指导防城港市工商局广泛征求 20 多家当地政府部门的意见，在此基础上完成"广西防城港东兴市先照后证改革实施方案"，以及东兴市政府行政审批项目正、负面清单共 67 项。试点方案由防城港市政府上报，8 月 29 日获自治区人民政府批复实施。8 月 29 日，自治区工商局在东兴国家开发开放试验区开展以"先照后证"为主的改革试点工作。9 月 3 日，防城港市发出"先照后证"的第一批营业执照共 24 家，为全自治区推行"先照后证"改革工作积累了经验。

大幅下放登记权限。自治区工商局于 2014 年 8 月 4 日下发《关于调整企业登记管辖范围的通知》，将注册资本 5000 万以下一般性企业的登记权限下放至企业所在地工商登记机关。这是自治区工商局有史以来企业登记管辖范围最大的一次调整，也是登记权限下放力度最大的一次，进一步方便企业就近办理工商注册。

各级工商机关充分发挥互联网、手机等新兴媒体的作用和影响，积极加强与新闻媒体联系，通过创作公益广告、宣传短片、发送宣传手册、接听电话热线、开辟专栏、手机短信、发布微博等形式，宣传改革的目标、内容。到 2014 年 9 月底，广西各级工商机关举办宣传咨询活动 2000 多次，发放登记注册指南等宣传资料 90 多万份，编发短信、微信 110 万条，受众 800 多万人，播放公益广告 4000 条，在中央、省和市级以上媒体报道 300 多篇，为工商登记制度的顺利实施创造良好舆论氛围。

按照"宽进严管"的要求，自治区工商局积极推进广西企业信用信息公示系统建设。2014 年 10 月 1 日，与全国同步上线运行广西企业信息公示过渡系统。改年检（验照）制度为年度报告制度，企业由"要我年检"转换为"我要申报"，由"被动监督"转换为"我愿意"接受监督；建立经营异常名录制度，实行"黑名单"应用，鼓励社会实行更广泛的监督；改革传统"全天候""地毯式"的监督管理方式，建立更行之有效、更公平规范的抽查制度，克服检查的随意性，提高检查的时效性和针对性。

注册资本登记制度改革实施半年多，全自治区企业登记数量持续增长，民间资本得到有效激活，改革"红利"进一步释放，取得预期的成效。具体表现在：一是全自治区企业数量明显增长。2014 年 3 月 1 日—9 月 30 日，全自治区实有企业户数 418394 户，同比增长 16.69%，其中新登记企业 51516 户，新登记企业的注册资本总额达 2502.39 亿元，同比增长 194.77%，新登记公司制企业 41093 户，同比增长 93.16%。新登记注册资本过亿元的企业 283 户，同比增长 126.40%。二是民间投资明显增加。新登记的私营企业 49870 户，占新登记企业总数的 97.16%。三是社会反应向好。新登记企业 51516 户，按每户企业带动 15 个就业岗位计算，增加就业岗位 75 多万个。中共中央宣传部专门发文，要求各中央新闻媒体突出报道包括广西在内的 4 个省区推动注册资本登记制度改革的创新做法。四是审批效率提高。营业执照由原来的 15 个版本 15 种格式减为 1 种版本 8 种格式；登记提交文书比原来减少 29 种 34 个。五是诚信体系建设效果初步显现。广西企业信用信息公示系统正式开通上线到10月10日，累计有效填写年报并完成公示的企业2017户；浏览量722753次，查询人次104085人次，日均浏览次数达24万次，查询人次达3.3万余次，企业初步呈现从"要我年检"向"我要年报"的良好转变。

南宁市人民政府高度重视注册资本登记制度改革工作，全力以赴做到"五个到位"。一是机制保障到位。由南宁市分管副市长担任组长，南宁市工商局、政府督查室、市编办等37个单位作为成员单位。二是物质保障到位。南宁市人民政府为南宁市工商局增加80万元改革经费，印刷有关宣传资料20类共10万份。三是人员保障到位。培训窗口工作人员40多人。四是应急保障到位。五是宣传到位。利用多种新闻媒体开展专题宣传，制作了改革专题动漫宣传片，共发放宣传资料23万份，电子显示屏滚动播放128万次，编发手机短信2万多条。至年底，南宁市新登记各类市场主体83207户，同比增长28.96%，新增企业数位居广西首位。

桂林市委、市人民政府提出205项行政审批"马上办"工作机制，使32项原先承诺3个工作日完结的事项提速到1个工作日完结。7—12月，桂林市政务服务大厅工商登记窗口共"马上办结"事项3548件，平均提速率为88.3%。

2014年12月，自治区人民政府印发《关于全面推进工商登记前置审批事项改为后置的工作通知》，把防城港市列为广西推进电子营业执照及登记全程电子化的试点城市。

至2014年底，广西完成"实缴改认缴"改革，通过取消公司验资及企业登记收费，共为企业减负2.5亿元。完成"先照后证"改革阶段性任务，新登记公司制企业和注册资本分别增长93.8%和1.7倍。完成信用监管改革阶段性任务，全自治区共有5.3万户市场主体完成年报公示，系统浏览量1812万次，查询1778万人次。实施注册资本登记制度改革第一年(2014年3月1日—12月20日)，全自治区实有企业数量达到43818户，较改革前增长18.75%。其中，新登记企业达到72964户，增长25.75%，新登记企业注册资本总额达到398.14亿元，增长105.96%。新登记公司制企业达到56560户，增长93.82%，注册资本达到3120.27亿元，增长171.42%。新登记过亿企业达到421户，增长99.53%。新登记私营企业达到70675户，私营企业占新登记企业的比重达到97.22%。

为积极配合国务院、国家工商总局开展注册资本登记制度改革督察工作。2015年3月，自治区工商局牵头向46个区直单位发出《关于报送加快推进落实注册资本登记制度改革有关事项材料的函》（桂工商函〔2015〕189号），并形成《关于在推进落实注册资本登记制度改革工作中各相关单位反馈梳理问题情况的函》（桂工商函〔2015〕388号）专题报告，上报自治区人民政府办公厅。6月中旬，根据《国家工商总局办公厅关于开展注册资本登记制度改革等有关政策措施落实情况专题督查的通知》（办字〔2015〕56号）的要求，自治区工商局制定下发《关于做好注册资本登记制度改革等有关措施落实情况专题督查迎检工作的通知》（桂工商办发〔2015〕123号），要求各市县工商局对包括"先照后证"改革在内的商事改革工作进行自查，形成《广西壮族自治区工商局开展注册资本登记制度改革等有关政策措施落实情况的自查报告》，并上报国家工商总局。全自治区工商系统在市场准入方面严格执行国务院和国家工商总局的各项指标，除国家规定暂不实行认缴制的27类企业外，全部实现了公司注册资本"认缴制"，并依法取消了公司最低注册资本的限制。

2015年7月15日，防城港市举行电子营业执照和登记全程电子化工作启动仪式，标志着广西电子营业执照及登记全程电子化试点工作正式开始实行，企业经营者不用到登记窗口即可在网上完成营业执照的办理。

至2016年5月31日，广西个体私营企业和农民专业合作社从业人员达到682.06万人。

第二节　证照改革

从"先照后证"到"多证合一",广西的证照改革紧紧围绕简政放权、放管结合、优化服务的主线,降低市场主体准入门槛,充分激发市场活力,促进各部门信息共享、信息联通及执法联动。2014年8月29日,自治区工商局在东兴国家开发开放试验区开展以"先照后证"为主的改革试点工作。2014年9月3日,防城港市工商局发出第一批"先照后证"营业执照。2014—2015年底,按照国家和自治区的部署,全自治区实现"三证合一、一照一码"登记制度改革。2014—2016年,为进一步扩大简政放权效果,自治区工商局两批次共取消和下放618项审批事项,对201项登记事项实施后置审批,并实行动态管理,总体上精简85%的前置审批事项,极大降低市场主体准入门槛。2016年,在全国推行"五证合一、一照一码"的基础上,创新实施广西特色的"六证合一、一照一码"登记制度改革,将工商、税务、质监、统计、人社、公安等部门的证照合并办理,由工商部门核发加载统一社会信用代码的营业执照,成为全国5个全面实施"六证合一"的省(自治区)之一。2017年9月1日起,将涉及公安、住建、交通、商务、旅游、文化、检验检疫等7个部门的29项登记备案事项进一步整合到营业执照上,实现"多证合一、一照一码",并对整合证照实行清单动态管理。

"先照后证"

2014年8月29日,依托东兴试验区先行先试的有利条件,自治区工商局在东兴国家开发开放试验区开展以"先照后证"为主的改革试点工作,组织梳理行政审批项目正、负面清单共67项。从9月1日起,逐步将113项工商登记前置审批改为后置审批。9月6日,东兴市人民政府召开东兴市企业"先照后证"登记制度改革工作部署会,部署、落实"先照后证"改革工作,并下发《东兴市人民政府转发关于企业先照后证登记制度改革试点工作方案等文件的通知》督促相关部门落实改革相关事项。同时,积极抓好以下三项工作。一是通过利用东兴电视台进行新闻报道,印发宣传资料15000份,在主要市场和主干街道挂横幅12条,于9月24召开一次辖区企业代表124人参加的"先照后证"改革座谈会。组织工商所人员362人次到江平工业园、东兴边民互市区、东兴万众批发商场、东兴国贸市场等经营户集中的地方进行政策宣讲,加强"先照后证"改革政策的宣传。二是认真熟悉法律、行政法规调整或明确工商登记前置审批改后置审批的148项审批事项和自治区人民政府决定明确为工商登记后置审批的30项审批事项以及东兴试验区管委会规定的60项涉及工商登记前置改后置审批项目;明确现行法律、行政法规和国务院决定保留的34项工商登记前置审批具体项目及34项企业变更登记、注销登记前置审批工商总局指导目录。三是认真按照《工商总局关于严格落实先照后证改革严格执行工商登记前置审批事项的通知》(工商企注字〔2015〕65号)、《广西壮族自治区人民政府办公厅关于全面推进工商登记前置审批事项改为后置审批工作的通知》(桂政办发〔2014〕120号)要求,严格规范登记,在办理工商登记时,对市场主体经营范围涉及前置改后置的,在发放企业营业执照的同时向申请人送达行政指导告知书,提醒其依法办理相关许可审批手续,并告知其在取得有关部门许可审批后通过信息公示系统公示。同时,按照"宽进严管、放管并重"和"谁主管、谁审批、谁监管、谁负责"的原则,把经营范围涉及前置改后置的红木加工、食品生产、销售、货物运输、红砖生产、药品零售、烟草零售、餐饮等行业企业356户、个体工商户1248户和12户农民专业合作社的登记信息及时推送林业、食监、交通运输等相关许可部门认可监管。依据东兴市食品药品监督管理局反馈不具备餐饮业审批条件的4户个体工商户不予核准办理许可证的有关情况纳入警示管理、责令限期办理变更经营范围登记;对东兴市烟草局反馈未办理烟草零售经营许可证擅自从事经营烟草2户个体工商户的查处情况纳入警示管理。

防城港市作为全自治区“先照后证”改革的先行先试地区，在接到自治区布置的试点工作任务后，防城港市人民政府、东兴试验区管委会责成工商局组织有关部门，迎难而上，成立改革课题研究组，赴深圳、珠海等地考察学习商事登记经验，形成调研报告和改革试点方案，并积极主动向自治区人民政府以及工商局等部门作专题汇报。试点方案由防城港市人民政府上报自治区人民政府，2014年8月29日批复实施。自治区主席陈武、副主席黄日波先后考察防城港登记改革工作，自治区工商局局长张虹和防城港市委书记金湘军、市长何朝建等深入到政务服务中心工商窗口调研指导，确保试点改革工作顺利开展。同时，防城港市工商局印发《防城港市人民政府关于建立先照后证登记制度后续市场监管工作机制的通知》《防城港市先照后证试点市场主体信息交互制度》等配套措施，建立信息共享机制。9月3日，防城港市发出第一批“先照后证”营业执照。

2014年12月31日，根据试点经验，自治区人民政府印发《关于全面推进工商登记前置审批事项改为后置审批工作的通知》，广西“先照后证”改革全面推行。《关于全面推进工商登记前置审批事项改为后置审批工作的通知》提出各级工商登记机关要认真对照两个审批目录的要求规范工商登记，对经营内容涉及前置改后置审批事项的，应当在营业执照中标注“依法须经批准的项目，经相关部门批准后方可开展经营活动”的内容。各审批事项主管部门要把好市场准入关，对获得营业执照的市场主体开展涉及后置审批事项经营活动的，要及时进行跟踪监管，督促、指导其在进行经营活动前办理行政许可。实行“先照后证”是除特殊行业（金融、保险、期货、证券，特种行业等）外，工商部门先发执照，有关行政部门再发许可证，实行“谁发证谁管理”，进一步简化行政审批环节，提高审批效率。

2015年3月31日，自治区工商局编制并向自治区人民政府报送《广西壮族自治区人民政府推进“先照后证”改革工作实施方案》（桂工商报〔2015〕24号），对照严格执行审批事项目录清单，建立标准化工商登记体系、试行企业信息推送制度、建立市场主体经营行为后续监管机制、完善公示信息抽查机制等工作内容提出具体要求。

为确保“先照后证”各项措施落到实处，根据国务院文件要求，自治区工商局会同自治区编办、法制办向44家区直单位发出《关于报送加快推进落实注册资本登记制度改革有关事项材料的函》（桂工商函〔2015〕189号），要求各单位认真梳理在推进落实注册资本登记制度改革工作中存在的不衔接、不同步的问题，并根据反馈的情况向自治区人民政府作汇报。

2015年8月，自治区工商局编制公布《广西工商登记后置审批事项目录》（第一批），共165项。

2015年12月31日，自治区人民政府办公厅出台《广西壮族自治区人民政府办公厅关于印发广西实施“先照后证”改革后加强事中事后监管工作方案的通知》，要求各级工商部门积极谋划，主动作为，不断推进“双告知”（指在办理登记注册时，工商、市场监管部门要根据省级人民政府公布的工商登记后置审批事项目录告知申请人需要申请审批的经营项目和相应的审批部门，并由申请人书面承诺在取得审批前不擅自从事相关经营活动。简称“告知申请人、告知审批部门”即“双告知”）的各项工作落到实处。

2015年，贵港市工商局积极推进先照后证改革。贵港市工商局代拟并报请市人民政府印发《贵港市人民政府办公室转发广西壮族自治区人民政府办公厅关于全面推进工商登记前置审批事项改为后置审批工作的通知》，严格执行国务院关于取消和调整行政审批项目的决定和自治区人民政府关于明确工商登记后置审批事项等的要求，将170多项前置审批改为后置许可，保留37项工商登记前置审批事项，并按审批事项目录规范审批流程、落实监管责任。

2016年5月，自治区工商局出台《实施“先照后证”改革后加强事中事后监管工作实施方案》，形成转变监管理念、创新监管方式、完善监管制度，按照职责法定、信用约束、协同监管、社会共治的基本原则，建立权责明确、透明高效的事中事后监管格局。

2016年6月7日，印发《自治区工商局“先照后证”改革后市场主体登记“双告知”工作规范》，积极部署开展企业名称自主选择和简易注销改革试点。

2016年7月，根据《工商总局关于落实〈国务院关于“先照后证”改革后加强事中事后监管的意见〉

做好“双告知”工作的通知》要求，为进一步规范广西“先照后证”改革后市场主体登记“双告知”工作，出台《自治区工商局“先照后证”改革后市场主体登记“双告知”工作规范》，对“双告知”的概念、告知范围、形式以及内容、告知流程和时限、法律责任等做出具体规定，认真抓好基层登记机关向申请人告知的工作；建立健全部门间信息共享机制，制定“双告知”的统一规范，对登记注册的企业，及时通过有效途径告知相关行政许可审批部门，确保“先照”与“后证”业务的无缝衔接。各级工商部门根据自治区人民政府公布的工商登记后置审批事项目录，向申请人、审批部门和行业主管部门充分履行告知职责。“先照后证”改革后加强事中事后监管“双告知”工作格局已经基本形成。

2016年8月，自治区工商局编制公布《广西工商登记后置审批事项目录》（第二批），共36项。至年底，完成编制并公布《广西工商登记后置审批事项目录》2批201项，前置审批事项减少85%；取消5项行政审批项目，全自治区实现80%当日领照当场领照。

2016年5月23日—10月31日，广西14个设区市先后以政府名义印发实施“先照后证”改革后加强事中事后监管工作方案，并通过政府门户网站公布。5月16日—12月2日，14个设区市先后以政府名义印发“先照后证”改革后加强事中事后监管工作联席会议制度。7月14日—12月31日，14个设区市先后召开全市2016年加强事中事后监管工作联席会议，研究解决监管中存在的问题，议定制定工作实施方案等问题，并印发会议纪要。

2017年4月—6月，根据《广西壮族自治区人民政府办公厅关于印发广西实施“先照后证”改革后加强事中事后监管工作方案的通知》赋予自治区工商局负责管理和公布广西工商登记后置审批事项目录的职责，自治区工商局先后两次对《广西工商登记后置审批事项目录》进行取消、调整，保留下来的后置审批事项共195项。

2017年6月28日，自治区工商局关于调整广西工商登记后置审批事项目录通知，具体内容包括：一是根据《国务院关于进一步削减工商登记前置审批事项的决定》（国发〔2017〕32号），将“设立典当行及分支机构审批”“设立中外合资、合作印刷企业和外商独资包装装潢印刷企业审批”“设立从事出版物印刷经营活动的企业审批”“外航驻华常设机构设立审批”“民用航空器（发动机、螺旋桨）生产许可”等5项审批事项，由前置审批改为后置审批，纳入《广西工商登记后置审批事项目录》。二是根据《广西壮族自治区人民政府关于取消和调整一批行政许可事项的决定》（桂政发〔2017〕25号），调减“自费出国留学中介服务机构资格认定审批”（第一批98项）、“互联网药品交易服务企业审批（第三方平台除外）”（第一批113项）、“物业服务企业二级及以下资质认定”（第二批33项）等3项审批事项。

是年，为更好履行“双告知”职责，提升“双告知”工作的准确度和信息化程度，自治区工商局牵头组织商事制度改革部门联席会议42个成员单位根据《广西工商登记后置审批事项目录》编写审批事项关键词，并初步制定政府部门间告知信息的推送规则，2017年实现精准告知申请人和信息化告知许可部门两大目标。

2018年，广西全面落实“先照后证”改革。自治区工商局动态管理《广西工商登记后置审批事项目录》（227项），指导全自治区各级登记机关落实“双告知”职责；开通向市县级审批部门推送的功能，开设账户近3000个，基本满足基层“双告知”工作推送的需求。

“三证合一”

2014年，自治区工商局等有关单位组织人员到全国商事制度改革试点地区学习考察，联合相关部门召开研究会和碰头会，多次就“三证合一、一照一码”改革进行沟通协调。率先在防城港市、北海市、钦州市、贵港市和南宁国家经济技术开发区、宾阳县等地开展不同形式的“三证合一、一照一号”试点工作。同时，积极争取上级支持，扎实稳妥全面实施。国家工商总局同意广西进行“三证合一、一照一码”改革的先行先试。

2014 年 9 月 1 日，广西正式全面实施“三证合一、一照一码”登记制度改革，统一使用社会信用代码，与广东同步成为全国两个全面实施“一照一码”登记模式的省（自治区）之一，比国家规定时间(10 月 1 日）提前了 1 个月。广西林业集团林融资产管理公司成功办理广西首张“三证合一”营业执照。同日下午，北海市政务服务中心工商登记窗口发出全市首张“三证合一”营业执照，拉开北海市“三证合一”登记制度改革的序幕。广西荣冠远洋捕捞有限公司是北海市首个领取“三证合一”营业执照的企业。

防城港市人民政府把“三证合一”改革列为政府工作重点，并由工商部门先期负责拟定实施方案、征求相关部门意见、牵头组织调研考察等工作。在此期间，防城港市委书记金湘军、市长何朝建多次过问这项工作，明确要求把实施“三证合一”改革作为全市行政审批大提速的重要举措来抓。防城港市委常委、副市长王德多次组织召开推进会，听取各职能部门的意见，召开成员单位联席会议，协调解决有关问题，并带队赴北京通州考察。最终，为方便统筹协调和参考通州等地的做法，防城港市人民政府确定由防城港市政务办牵头，工商、税务、质监、公安等部门配合实施此项改革工作。防城港市工商局在这项工作中积极主动承办大部分的工作，有力推进改革进程。改革工作开展以来，主要做了三方面工作。一是统一思想认识，组建工作小组。接到防城港市人民政府的任务后，防城港市工商局随即对工作要求进行了分析研究，从企个科、注册分局、办公室、信息科抽调人员组成了“三证合一”改革工作小组，由防城港市工商局局长担任小组组长，分管企业和信息工作的两位副局长协调指挥。把思想、行动统一到全市行政审批制度改革的大局上来，把抓好“三证合一”登记制度改革摆在当前工作的突出位置，落实专项经费，调整充实窗口工作人员，大力加强改革必需的各项硬软件建设和人员队伍建设。二是组织调研考察，起草实施方案。2014 年 11 月底，由防城港市委常委、副市长王德带队，防城港市政务中心、工商、质监、国税、地税等部门人员组成的调研组前往已经成功推行“三证合一”行政审批制度的北京市通州区进行实地学习考察。考察后，防城港市工商局形成考察报告报防城港市人民政府，对开展“三证合一”登记制度改革提出具体工作意见和建议。在充分调研和学习各地经验基础上，防城港市工商局及时牵头起草防城港市《关于实行企业准入“三证合一”登记制度的实施方案》，并分别征求防城港市政务办、质监局、国地税局、市编办、法制办等部门意见后报防城港市人民政府批准实施。三是请求自治区工商局支持，参与系统设计。通州考察后，防城港市工商局向自治区工商局请示并寻求支持。自治区工商局领导非常重视，分管企业登记的副局长廖斌多次到防城港市工商局调研指导；分管信息工作的副局长廖和明以及北京拓普软件公司工程师先后多次到防城港市工商局调研座谈，并提出工作意见。12 月 15 日，防城港市政务办副主任许宁主持召开了“三证合一”协调推进会，防城港市相关部门领导和自治区工商局信息处领导、拓普软件公司工程师参加。会议专门研究如何解决改革涉及的政策和技术问题，最终敲定“三证合一”审批系统建设方案，依托原有的市场主体信息协同监管平台增加“三证合一”审批功能，并明确在年底前完成系统建设，在防城港市本级启动“三证合一”改革试点。12 月 21 日，防城港市工商局局长带队赴南宁向自治区工商局专题汇报“三证合一”改革的准备情况。

2014 年 12 月 23 日上午 9 时，防城港市在市本级正式实施“三证合一，多证联办”的企业登记新模式，发出全自治区第一份“三证合一”营业执照。在实施“三证合一”之前，企业办理营业执照、组织机构代码和税务登记证，要分别由工商登记部门、质监部门、税务部门办理，近一个月的时间办理完毕。实施“三证合一”登记制度改革后，企业到市政务服务中心“三证合一”联办窗口一次性提交材料，并联审验通过后，再领取“三证合一”执照。同时，企业申报更加便捷，过去办理“三证”，企业需填写三份申请，填写多达 64 项信息，重复提交多种材料。改革后，申请人填写一张申请表，一次性提交相关材料完成申请。从企业提交材料到领取“三证合一”的营业执照，办结时间从法定的 15 个工作日缩短到 5 个工作日，审批效率大幅度提高。改革实施当天，防城港市工商局制作宣传板报、印制宣传单，并邀请各级新闻媒体前来现场采访报道。中央和省级主流新闻媒体第一时间向社会作报道，《人民日报》及人民网、新华社及新华网、《中国工商报》、《广西日报》、广西电视台、广西人民广播电台、《南国早报》等主流新闻媒体分别进行详细报道，全国各大新闻网站转载报道，收到较好的宣传效果和社会舆论，使社会各界了解、支持改革并参与改革，形成良好的氛围。

2014 年 12 月 25 日，自治区人民政府在东兴国家开发开放试验区和南宁市国家经济技术开发区启动“三证合一”（一照三码）改革试点工作。改革的重点是由工商行政管理、质量技术监督、税务三个部门分别核发不同证照，改为由工商行政管理部门核发一个加载法人和其他组织统一社会信用代码的营业执照，实行“一窗受理、一表填报、并联审批、统一发证”登记，即由“三证合一”联办窗口统一收件受理。整个过程约需 5 天，比改革前需填写 3 份申请，64 项信息，办理过程需 20 多天，更为便捷。

南宁市国家经济技术开发区是广西首批开展“三证合一”登记制度改革工作的城区。南宁市国家经济技术开发区采取的是“一窗受理、同步审批、统一发照”的模式。“一窗受理”，即在工商窗口受理：申请人在工商窗口进行公司名称预先核准，领取“三证合一”登记申请表及“三证合一”申请材料清单，材料准备齐全后，向工商登记窗口一次性提交全部申请材料，工商窗口当场对申请材料进行初审，并现场为申请人开具收件通知书。“同步审批”，即工商、质监和税务部门同步实施审批：一是工商窗口受理后当场完成审批，并将营业执照扫描传给公安部门、质监部门、税务部门；二是质监部门在接到工商部门和南宁经开区行政审批局传送的信息当场完成审批核准，并将结办信息及组织机构代码号码传给工商部门、税务部门；三是税务部门（国税、地税）在收到营业执照和组织机构代码证信息后当场完成税务登记证审批，并将办结信息及税务登记证号传送给工商窗口。“统一发照”，即由工商部门统一颁发“三证合一”工商营业执照。实现“三证合一”登记后，申请人不再需要到质监、税务等部门办理组织机构代码证和税务登记证，省去多个审批环节，审批时限由原来至少 15 个工作日缩减到 1 个工作日办结。

在“三证合一、一照一码”改革工作中，东兴市工商局先行先试，改革创新，积极推行企业登记“三证合一、并联审批”改革。以推进工商登记制度改革为突破口，东兴市工商局主动牵头国税、地税、质监、公安等相关部门推进行政审批制度改革。充分借鉴福州、厦门、平潭等改革先行地区先进经验，推动东兴市人民政府出台《东兴市企业登记“三证合一、并联审批制度改革”实施方案》，东兴市政务办协调配合下，东兴市工商局与国税、地税、质监、公安等部门积极作为，结合改革工作需要，整合工商、国税、地税、质监、公安等部门窗口资源，减压申请材料，将原来企业设立登记涉及工商、国税、地税、质监、公安五部门的申请材料规范共整合为一套材料规范，制订统一申请表格、统一办事指南，将原来企业设立登记依次向工商、公安、质监、国税、地税 5 个部门申请受理改为统一由工商部门一个窗口、一次受理。将工商、国税、地税、质监、公安 5 个部门审批办结总时限 19 个工作日压缩至 3 个工作日，将由工商、国税、地税、质监、公安五部门分别核发营业执照、税务登记证、组织机构代码证、企业印章统一由工商窗口发放“一照三码”的营业执照、企业印章。构建了“一表填报、一站受理、同步审批、统一发证”多证联办的东兴市企业设立登记“三证合一、并联审批”工作机制。2015 年 1 月 6 日，东兴市人民政府在市行政服务中心举行“东兴市企业登记‘三证合一、并联审批’制度试点改革启动仪式”，东兴市人民政府有关领导向 10 家新注册登记企业代表颁发“三证合一、一照三码”营业执照，正式启动东兴市企业登记“三证合一、并联审批”试点改革，实现企业设立登记营业执照、组织机构代码证、税务登记证、公安刻章备案等一次性提交申请材料、一次性缴清所有费用、一次性办结设立审批事项。

2015 年 2 月 27 日，自治区党委常委、北海市委书记王小东就加快推进“三证合一”改革作出批示。北海市工商、质监、税务、公安等各职能部门通力合作，使改革的各项工作得到有条不紊地推进。3 月 18 日，北海市启动“三证合一”登记制度改革，并在北海市政务服务中心试点运行，北海市市长林山青颁发了全市第一本“三证合一”营业执照；3 月 31 日，合浦发出辖区首张“三证合一”营业执照；4 月 23 日，海城区、银海区、铁山港区三城区同时启动改革。北海市在广西率先实现“三证合一”全覆盖。

2015 年 3 月 4 日及 3 月 31 日分别在防城港、桂林市召开地市工商局业务分管领导及业务骨干参加的专题研讨会，就《广西壮族自治区推进工商营业执照、组织机构代码证和税务登记证“三证合一”工作实施意见（征求意见稿）》（以下简称《实施意见》）和《“三证合一”登记管理办法》进行研讨，根据“三证合一”试点工作情况、年度目标任务和国内其他省实践“三证合一”的情况，对《实施意见》和《“三证合一”登记管理办法》进行修改。

2015 年 5 月 14 日，自治区工商局与自治区质监局、地税局、国税局、政管办共同会签《关于提请印发关于推进“三证合一”工作实施意见的请示》（桂工商报〔2015〕30 号）。25 日，根据自治区工商局党组会议决定，将“三证合一协同办理暨先照后证信息推送平台项目”的招投标文件报送自治区财政厅进行项目公示。至 29 日，各试点地区共发出 1175 张“三证合一”执照，占试点地区当期新发企业执照的 45.07%。

2015 年 6 月 3 日，自治区人民政府批准印发《广西壮族自治区人民政府办公厅转发自治区工商局等部门关于推进工商营业执照、组织机构代码证和税务登记证“三证合一”工作实施意见的通知》（桂政办发〔2015〕43 号），标志着广西“三证合一”登记制度正式进入全面实施阶段。同月，自治区工商局会同自治区质检局、国税局、地税局和政府服务监督管理办公室共同制定《广西壮族自治区“三证合一”登记管理实施办法》，明确由自治区工商局牵头制定“三证合一”数据交换标准和规范，依托自治区电子政务数据交换平台，开发“广西壮族自治区三证合一协同办理工作平台”，为“三证合一”登记制度的实施提供了技术支撑和信息化保障。同月，编制《广西壮族自治区“三证合一”协同办理平台暨“先照后证”信息推送平台开发项目技术方案》、起草《广西“三证合一”数据交换方案（征求意见稿）》。

2015 年 6 月 5 日起，玉林市工商局在市政务服务中心启动“三证合一”登记改革试点工作。6 月 5 日，北流市工商局紧跟改革步伐，顺利启动“三证合一”登记模式；但这一项改革当时只在玉林市本级和北流市推开，新设立的内资企业及分支机构在玉林市市本级及北流市范围内均可申办“三证合”营业执照。玉林市工商局顺利推行“三证合一”登记模式的主要做法：一是以政府名义下发《玉林市工商营业执照、组织机构代码证、税务登记证“三证合一”登记制度改革实施方案的通知》（玉政办〔2015〕48 号），推进改革进程。二是玉林市工商局积极主动争取上级部门即自治区工商局对玉林市“三证合一”登记平台建设资金和技术上的支持，解决后顾之忧。三是玉林市工商局作为牵头部门，注重与玉林市质监、国税、地税、公安、政务办等其他单位的工作协调，先后多次召集“三证合一”工作讨论、意见征集、工作落实等相关会议，并制定了玉林市《“三证合一”联合登记设立审批表》《“三证合一”材料提交规范》等 7 份表格及工作规范，明确“三证合一”工作受理处置的详细流程，绘制流程图。此外，玉林市在“三证合一”登记改革过程中，把“三证合一”收件由原方案由政务服务中心安排人员收取后分发的方式，改为“三证合一”综合窗口统一收件。由工商部门受理人员在收取企业设立提交材料的同时，对税务、质监、公安部门需要的材料进行初审，初审后对不符合要求的实行书面或口头一次性告知，免去了群众往返奔波之苦。同时建设并优化了“玉林市‘三证合一’业务审批系统”，在玉林市政务服务中心及北流市政务服务中心的工商、税务、质监部门安装了该系统，形成了“三证合一”纵横互通的并联审批网络，便于企业在各级工商部门办理业务，最大程度服务企业发展。

2015 年 7 月，“三证合一”登记制度改革试点扩大到北部湾经济区内的南宁、防城港、北海、钦州 4 个市。10 日，桂林市工商局向桂林湘林花酒店有限公司颁发全市首张“三证合一”营业执照。该公司成为桂林第一家通过市政务中心“三证合一”综合窗口成功登记注册的公司。作为广西“三证合一”试点单位，桂林市工商局把好“三关”，实现营业执照“三证合一”。把好前期筹备关，对涉及工商部门登记事项的办事指南如审批依据、提交材料、表格规范等内容进行整理和优化。同时将三部门所需材料整理统一为一份材料，设立桂林市“三证合一”联办窗口，制作公司、分公司、非公司企业法人设立登记提交材料清单及桂林市“三证合一”企业登记各类表格，简化了手续，提升了效率。把好沟通协调关，作为综合窗口的牵头部门，桂林市工商局积极与质监、税务沟通，加强部门联动，协调其他部门窗口做好信息的交换、系统的使用、设备的调试工作，力求各环节顺畅衔接。桂林市工商局安排专门的技术人员到市政务中心窗口装调扫描设备，并与其他部门交流设备使用经验。把好限时办结关，桂林市工商局在保证“三证合一”工作顺利开展的情况下，努力实现限时办结。全市“三证”的办结时间由原来分开办理的 9 个工作日缩短为 5 个工作日，实现了行政审批效能的大提速。31 日，南宁市政务服务中心举行工商营业执照、组织机构代码证、税务登记证“三证合一”首发仪式，标志着在前期试点的基础上，南宁市将以市政务中心推行“三证合一”作为起点，全面推行“三证合一”登记制度改革。广西唐美投资有限公司领到了第一张南宁市统一的“三证合一”营业执照。

根据《国家工商总局等部门关于贯彻落实〈国务院办公厅关于加快推进“三证合一”登记制度改革的意见〉的通知》（工商企注字〔2015〕121号）和《广西壮族自治区人民政府办公厅转发自治区工商局等部门关于推进工商营业执照组织机构代码证税务登记证“三证合一”工作实施意见的通知》（桂政办发〔2015〕43号）、《广西壮族自治区人民政府关于印发广西注册资本登记制度改革工作方案的通知》（桂政发〔2014〕18号）等工作部署和要求，东兴市人民政府于2015年9月10日在东兴市政务中心举行“东兴市‘三证合一、一照一码’登记制度改革暨全程电子化登记管理工作”启动仪式。启动仪式上，东兴市政府领导为东兴市任远贸易有限公司等6户企业颁发“一照一码”营业执照，开启了东兴市“一照一码”工商登记改革和实施全程电子化登记管理改革工作。东兴市“三证合一、一照一码”登记制度改革，是在东兴市“三证合一、并联审批”改革基础上，由工商、税务、质监等部门分别审批，由工商部门统一发放的“一照三码”营业执照，改为由工商部门审核发放统一“法人和其他组织统一社会信用代码”的营业执照即“一照一码”；在登记上推行全程电子化登记管理即实现企业登记注册网上申请、网上受理、网上审批以及网上发照。

2015年10月，为推进自治区营业执照、组织机构代码证和税务登记证“三证合一”登记制度改革顺利进行，根据国务院《关于促进市场公平竞争维护市场正常秩序的若干意见》、国务院办公厅《关于加快推进“三证合一”登记制度改革的意见》文件精神，按照《广西壮族自治区人民政府办公厅转发关于自治区工商局等部门关于推进工商营业执照组织机构代码证税务登记证“三证合一”工作实施意见的通知》的要求，结合广西实际，自治区工商局、自治区质监局、自治区地税局、自治区政管办、自治区国税局制定了《广西壮族自治区工商营业执照组织机构代码证税务登记证“三证合一”登记管理实施办法（试行）》。

至2015年12月31日，全自治区共发出加载全国统一社会信用代码的营业执照92141户，平均每天发出1047户，得到社会各方高度关注和广大创业者的拥护认可。

2016年7月，自治区工商、质量技术监督、税务等部门联合出台《广西“三证合一、一照一码”登记数据交换方案》，进一步扩大部门间的信息共享，逐步建立起“一窗采集完善、部门流转通用”跨部门、跨层级、跨区域的信息共享应用机制，实现国务院总理李克强在简政放权电视电话会上提出的“让数据多跑路，让群众少跑腿”目标。

2016年，广西企业和农民专业合作社全面实施“三证合一、一照一码”。

“六证合一”

2016年9月14日，自治区人民政府办公厅印发《全面推进“六证合一、一照一码”登记制度改革工作实施方案》，提出自10月1日起，在企业和农民专业合作社全面实施“三证合一、一照一码”的基础上，按照国家推进“五证合一”改革要求，整合社保部门的社会保险登记证、统计部门的统计登记证和公安部门的企业印章准刻证，全面推进“六证合一、一照一码”改革。同月30日，广西在全自治区范围内正式启动“六证合一、一照一码”登记制度改革，是全国5个全面实施“六证合一”的省（自治区）之一。

至2016年12月底，全自治区共发放“六证合一、一照一码”营业执照5.74万张，其中变更换照26494户，新设立30868户；发出“一照一码”营业执照37万多张。全自治区新设立市场主体43.8万户，同比增长8.5%，平均每个工作日有1745个市场主体在广西“出生”，创造就业超过170万人，新增市场主体实现税收13.4亿元。

是年，按照自治区人民政府的部署，北海市工商局报请北海市人民政府下发《北海市全面推进“六证合一、一照一码”登记制度改革工作的实施方案》《北海市全面推进“六证合一、一照一码”登记制度改革工作联席会议制度》，在全自治区率先启动“六证合一、一照一码”登记制度改革。至12月底，全市发放“六证合一”营业执照2953张。

2017 年，梧州市针对 80、90 后创业者特点，利用微信公众号、微博等新生代媒体模式进行精准宣传，提升公众对“六证合一”改革工作的认知度和认可度。

至2017年8月31日，全自治区共发放“六证合一、一照一码”统一社会信用代码营业执照306113万张，其中，新设 236004 万张、变更 70109 万张。

“多证合一”

2017 年初，为全面贯彻落实国务院、国家工商总局“多证合一、一照一码”改革工作部署，在全面实施“六证合一、一照一码”登记制度改革基础上，自治区人民政府批准崇左、钦州等市开展“多证合一、一照一码”试点工作。

2017 年 4 月 24 日，防城港市发放全国首张“34 证合一”的“一照通”营业执照，整合了 20 个部门 34 个审批事项，实行“一窗受理、内部流转、同步审核、信息互认、多证合一”的登记模式。5 月 26 日，在国务院召开的全国推进“多证合一”改革电视电话会议上，作为全国 4 个发言代表之一，防城港市市长何朝建作了经验发言。自治区主席陈武充分肯定了防城港市的改革成效并作出重要批示。是年，全国共有 40 多个自治区内外考察组先后到防城港市考察学习改革经验。

2017 年 6 月 2 日，崇左市工商局将涉及 19 个部门涵盖 49 项登记证明、备案事项整合到营业执照上，是广西首个实现“49 证合一”的地级市，“49 证合一”刷新全国整合证照最多的纪录。崇左市工商局在实施“多证合一”改革的过程中，结合当地实际，实现了“一窗通”“一表通”“一照通”“一网通”的创新改革，其具体做法为：崇左市工商局坚持“除了许可事项，其余能整合尽量整合”的原则，从市本级权力清单中筛选各审批部门涉企的证明、登记、备案事项，最终形成涉及 19 个部门 49 项“多证合一”事项，并整合到营业执照上，实现“一照通”。“一照通”建立了部门信息互通机制，如涉及特种行业备案事项原归属公安部门审批，但此前市场主体主动备案较少，日常监管存在漏洞，“多证合一”整合该备案事项后，公安部门通过工商部门推送的信息加强事中事后监管，达到事半功倍的效果。为避免企业重复提交材料进行资格审查，崇左市将 49 项登记、证明及备案事项共 49 份表格 470 多页，330 多份材料整合、压缩成一套表格 9 页、9 份申请材料，需提交的材料减少 97% 以上，实现了“一表通”。崇左市着力优化审批流程，将 49 项登记备案事项串联审批手续对外受理窗口由 19 个减至 1 个，并取消了 18 个部门 48 项事项的审批。实现了“一窗通”。“一窗通”使得“部门省人力，企业少跑腿”，原办理 49 项登记、证明及备案事项需要 60 天，现在需要 3 个工作日，压缩了办证时限。为实现“多证合一”数据共享，提高效能，崇左市人民政府开发建设了“多证合一”平台，相关部门搭建政务内网专线连接到该平台。当“多证合一”市场主体数据生成，信息将通过工商综合业务系统自动推送到“多证合一”平台服务器，有关部门可通过访问服务器，领取数据，或在事中事后监管中自行采集市场主体的相关信息，实现“一网通”信息共享。6 月以来，各部门共访问服务器 13780 次，领取数据 4313 条。崇左市“多证合一”改革工作得到国务委员王勇的高度评价和国家工商总局的肯定，中央人民政府网、《广西日报》等 60 家媒体、网站相继报道了崇左市改革工作。同月 21 日，钦州市启动“36 证合一”登记制度改革，《人民日报》、新华网、《中国工商报》等主流媒体作了报道。同月 29 日，北海市发出全国首张“53 证合一”营业执照，至此，广西北部湾沿海 3 市全部实现“多证合一”，“多证合一”改革试点经验得到国务委员王勇的肯定。北海市“53 证合一”登记制度改革，是在原来“六证合一”的基础上，将北海市工业和信息化委、交通局、商务局等 19 个部门的 27 项审批事项和 26 项备案事项归集加载到营业执照上，同时在现有的营业执照版面上新增“多证合一”二维码，实现“53 证合一”，以“信息跑路”代替“群众跑腿”，把“群众来回跑”改为“部门协同办”。以前需要分别到 19 个部门办理，改革后一窗受理、一网通办，申请材料减少了 70% 以上，一般件办理时限由 50 个工作日缩短至 5 个工作日。

2017 年 7 月 31 日，根据《国务院办公厅关于加快推进“多证合一”改革的指导意见》的要求，结合广西实际，自治区人民政府办公厅下发《关于印发广西"多证合一、一照一码"登记制度改革工作实施方案的通知》，将涉及公安、住建、交通等7个部门的29个登记、备案事项进一步整合到营业执照上，实现"多证合一、一照一码"。

2017年9月1日，广西全面落实"35证合一、一照一码"改革，将涉及公安、住建、交通、商务等12个部门的35项证照和登记备案事项统一整合到营业执照上，从根本上推动证照的削减，以"减证"推动"简政"，以"共享"推动"合一"，比国家规定时间提前1个月落实了"多证合一"改革任务，是全国5个全面实施"多证合一"改革的省（自治区）之一。同月底，北海市"多证合一"改革全覆盖，成为全自治区整合审批事项最多、整合质量最高的城市。企业办证普遍提速70%以上，行政许可事项占全部整合事项的50%以上。

2017年，梧州市将"多证合一"改革工作列入本年度政府绩效考核体系。玉林市出台《玉林市"多证合一、一照一码"登记制度改革工作实施方案》，成立涵盖该市50个部门的深化商事制度改革部门联席会议，统筹协调该市商事制度改革各项工作，并于9月底召开玉林市"多证合一"改革工作部门协调会。贺州市与中国工商银行合作，在银行网点开设"多证合一"证照发放点，拓宽"多证合一"的落实途径。

至2017年12月25日，全自治区已完成发放"多证合一、一照一码"7.3万余张，其中新设立3.5万张，变更3.8万余张，真正实现"群众少跑腿，信息多跑路"的改革承诺，逐渐释放"多证合一、一照一码"改革红利。

2018年，自治区工商局调整《广西推进全国统一"多证合一"改革事项目录》，形成独具广西特色的"多证合一"新模式，即"39证合一"。

第三节　全程电子化登记和电子营业执照改革

2014年12月，自治区人民政府印发《关于全面推进工商登记前置审批事项改为后置的工作通知》，把防城港市列为广西推进电子营业执照及登记全程电子化的试点城市。

2015年2月，自治区工商局组织有关人员到河南、江苏等省专题考察"电子营业执照建设及全程电子化登记管理"，并撰写调研报告，为广西开展相关工作提供借鉴和参考。在调研论证基础上制订《广西电子营业执照系统建设技术方案》《广西壮族自治区电子营业执照和全程电子化登记管理工作实施方案》，并于4月报自治区经济体制改革领导小组办公室。

2015年3月31日—4月1日，自治区工商局在桂林举行电子营业执照和全程电子化登记管理工作研讨会。会后研究制订《广西电子营业执照系统建设技术方案》《广西壮族自治区电子营业执照和全程电子化登记管理工作实施方案》。明确改革路线图、时间表和责任人。

2015年5月25日，自治区工商局成立电子营业执照和全程电子化登记管理工作办公室，领导和组织全自治区工商系统电子营业执照和全程电子化登记管理工作，研究和解决在推进电子营业执照和全程电子化登记管理工作中出现的各种困难和问题。自治区工商局着重加强与国家工商总局的沟通与联系。自治区工商局局长张虹在北京学习期间，多次抽出时间到国家工商总局协调，具体分管的副局长廖斌也多次赴京，了解国家工商总局关于电子营业执照和全程电子化登记的政策走向，同时积极争取将防城港市作为全国电子营业执照的试点城市。6月，自治区工商局已将相关的请示报送国家工商总局审批。

2015年6月，自治区工商局指导防城港市工商局制订出台《防城港市工商局电子执照和全程电子化登记管理试点工作方案》。7月15日，防城港市举行电子营业执照和登记全程电子化工作启动仪式，标志着广西电子营业执照及登记全程电子化试点工作正式开始实行，企业经营者在网上完成营业执照的办理，不用到登记窗口。实行电子营业执照及登记全程电子化具有八大便利性，其中，简化名称申请流程，企业名称申请时，简单填写名称信息，无需填写其他内容，降低操作复杂度，逐步实现企业自主选择名称；提供简易经营范围录入方式，遵循“法无禁止皆可行”的原则，企业设立填写经营范围时，引导其简易录入，需填写许可经营项目和主管部门要求的特殊声明，避免烦琐录入；全流程无纸化，改变以前“面对面”办理模式为“键对键”办理模式，全流程全业务无纸化办公，申请人全程无需前往办事大厅便民高质高效；支持全程异地办理，拥有人民银行认可的第三方金融CA个人证书（银行个人U盾），即可实现在全国任何地方登录防城港市商事登记全程电子化业务系统进行相应的认证和登记开办企业，同时通过网上订购的方式，在公安部门指定刻章点定制企业印章；发放“三证合一”电子营业执照，经办人通过互联网提供一套申请资料实现工商部门统一受理，其他两部门信息共享、结果互认，并最终由工商部门发放“三证合一”电子营业执照；完善的安全保障体系，办理全程业务时，涉及所有的申请表、申请材料等需经办人电子签名，业务办理后，工商机关实行电子存档，安全可靠；网上亮照，加强事后监管。提供网上亮照功能，社会各界人士或机构均通过互联网查询鉴别所关注企业的营业执照，加强事后监管；基于大数据支持下企业监管，采用“大数据”手段对市场主体进行“宽进严管”，对其整个生命周期的变化历程（设立、变更、注销）和经营状况进行全方位跟踪管控。

2015年8月—10月，经过公开招标，自治区工商局委托富春通信股份有限公司完成广西全程电子化登记管理系统的初步设计工作；12月，经公开招标，明确东华软件股份公司作为广西全程电子化登记管理系统的中标单位。

2015年11月12日，为贯彻落实全国工商信息化会议精神，根据《广西注册资本登记制度改革方案》和《自治区党委全面深化改革领导小组2015年工作要点》关于“推行电子营业执照和全程电子化登记管理”的工作安排，依据国家工商总局9月22日下发的《电子执照技术方案》，结合广西实际，自治区工商局编制《广西壮族自治区工商行政管理局推进电子执照和全程电子化登记管理工作方案》，对广西实施电子营业执照和全程电子化登记改革的工作内容、工作步骤及时间安排等作出详细部署。至11月底，防城港市有13户完成网上电子营业执照的办理申领；桂林市办理跨城区企业登记业务856件，各城区新设立的企业户数与2014年同期相比增长26%，各城区局、专业分局企业登记量占市区企业登记总量的比重由改革实施前的52.3%增长为78.3%；其中跨区企业新登记业务占各城区局、专业分局新登记业务总量的31%。

2015年12月底，在南宁、桂林、北海3个市推行电子营业执照和全程电子化登记，试点范围逐步扩大。至此，南宁、桂林、北海、防城港等城市初步实现“零纸张”“零见面”“零成本”。

2016年4月，自治区工商局首先在防城港市工商局完成全程电子化登记管理系统运行环境测试，并上线试运行。

2016年6月，根据国家工商总局公布的新标准，自治区工商局修改《电子执照和全程电子化登记管理改革设计方案》，上报国家工商总局；同时上报《2016年自治区工商局推进电子营业执照和全程电子化登记管理工作实施方案》自治区人民政府。

2016年7月初，自治区工商局举办广西工商系统电子执照和全程电子化登记管理研讨班，研究总结防城港试点经验，完善运行系统，同时采购的硬件设备部分进场，并做好该项目的验收前期准备工作。同月29日，广西电子营业执照和全程电子化登记管理系统正式上线试运行，并在南宁、桂林、北海、防城港、钦州等5个试点工商局投入使用，上线当天，各试点单位通过全程电子化登记管理系统发出广西首批电子营业执照；同日，自治区工商局召开由试点单位业务骨干和非试点单位联络员培训会议，并下发《关于启用广西电子营业执照和全程电子化登记管理系统的通知》，以7月29日为时间节点，正式启动广西电子营业执照和全程电子化登记管理工作。

2016年8月11日，自治区工商局召开电子营业执照和全程电子化登记管理工作研讨会，全面梳理、分析电子营业执照和全程电子登记管理系统在运行过程中存在的问题，研究讨论优化电子营业执照和全程电子化登记管理系统的意见和建议，部署广西推进电子营业执照和全程电子化登记管理工作。会上收集各试点单位改善系统的意见和建议32项，及时反馈给系统服务商，并设定时限进一步完善和升级，为年底前在全自治区 14 个设区市全面推广做好充分准备。

2016 年 10 月底，广西全程电子化登记管理系统共受理 650 件网上申请的名称预先核准，其中，通过名称预先核准 47 户；受理 42 件网上申请的公司设立登记，其中通过公司设立核准登记 19 户。

2016 年 12 月，自治区工商局下发《自治区工商局办公室关于在全区推广使用全程电子化登记管理系统的通知》。全程电子化登记管理系统在全自治区 14 个设区市正式上线运行，标志着广西工商系统的登记注册工作进入信息化的新时期。其中，桂林市工商局的工作表现突出，该局的银企合作走在全自治区前列，首创将工商注册业务与金融业务有机融合，与中国银行桂林分行签订全面合作协议，企业可以自主选择金融机构代理申请全程电子化登记业务，减少企业办理业务携带材料，实现“证照线上跑、企业一身轻”。与银行合作以来，桂林市 30 家银行网点共接待咨询业务 113 件，办理企业全程电子化企业设立业务 48 件。至 12 月底，南宁、桂林、北海、防城港等企业登记管理初步实现“零纸张”“零见面”“零成本”。广西全程电子化登记管理系统共受理 1732 件网上申请的名称预先核准，其中，通过名称预先核准 357 户；受理 118 件网上申请的公司设立登记，其中通过公司设立核准登记 60 户。

2017 年 4 月，确定在桂林市和梧州市开展个体工商户农民专业合作社登记全程电子化试点工作。

2017 年 6 月，贺州市工商局开始与银行合作，利用银行网点分布广和服务软、硬件好的优势，先后与工商银行贺州支行、建设银行贺州支行、广西贺州桂东农村合作银行、中国银行贺州支行、农业银行贺州支行等 5 家银行签订合作协议，委托其 14 个试点网点无偿办理工商登记服务，得到广大创业者的高度好评。

2017 年 7 月 1 日，广西个体工商户农民专业合作社登记全程电子化系统在试点城市桂林市和梧州市正式上线，给个体工商户、农民专业合作社申请人提供登记注册可选的便捷通道，实现“足不出户”完成工商登记注册。同月 3 日，梧州市作为自治区个体工商户农民专业合作社登记全程电子化两个试点城市之一，发出全自治区首张个体工商户农民专业合作社全程电子化营业执照，使个体工商户农民专业合作社经营者共享“互联网 + 政务服务”发展成果，便利群众办事创业，进一步激发市场活力和社会创造力。至此，全程电子化登记管理系统在全自治区范围内（市、县、乡）各级工商登记部门全面上线运行，系统功能实现全程无纸化登记，涵盖企业、个体、农合的名称登记及设立登记业务。电子营业执照库按国家工商总局的标准配置软件和硬件设备，各级登记机关具备电子营业执照发放能力，实现了电子营业执照同全程电子化登记系统的统一集成，做到“无介质”“不收费”。

2017 年 9 月 30 日，自治区工商局正式出台《自治区工商局关于全面推行企业登记全程电子化的指导意见》。该意见从提高对企业登记全程电子化工作的认识、着力提升企业登记全程电子化系统的便利性、积极扩大企业登记全程电子化的适用范围、规范用户管理、实现电子签名、明确电子登记档案管理、加强惩戒措施、保护申请人的权益和加强宣传和服务保障等方面提出具体要求。至 9 月底，全自治区通过网上申请名称预核的 8392 件，通过 5672 件，通过率为 67.6%；网上申请设立 2316 件，通过 1169 件，通过率为 50.5%。其中，桂林市网上名称预核申请 7251 件，占全自治区业务总量的 86.4%，通过 5232 件，通过率为 72.2%；网上申请设立 1950 件，占全自治区业务量的 84.2%，通过 1030 件，通过率为 52.8%，高于全自治区水平。贺州市网上名称预核申请 400 件，占全自治区业务总量的 5.5%，审核通过 256 件，通过率为 64%；网上设立申请 183 件，占全自治区业务总量的 7.9%，审核通过 94 件，通过率为 51.4%。

2017 年 10 月，防城港市积极推行全程电子化登记改革试点探索实践，初步实现公司设立“网上申请、网上受理、网上核准、网上发照并公示、电子归档”的目标，形成让企业和群众零跑腿、让数据多跑路的政务服务新模式。商务部等 13 部委将防城港市企业登记全程电子化作为首批构建开放型经济新体制典型试点经验和模式向全国推广。

2017 年 11 月，全自治区实现企业登记全流程（名称核准、设立、变更、注销）电子化，以“信息网上飞”取代申请人部门间来回跑，以“键对键”代替“面对面”，标志着广西企业登记管理工作正式进入信息化阶段。

至 2017 年 12 月底，全自治区发放电子营业执照 61.67 万张，其中企业执照 15.11 万张。网上申报企业名称 1.04 万件，通过 6706 件，通过率为 64.6%。网上办理设立登记 2647 件，设立登记完成发放电子营业执照1295件，设立登记通过率为48.9%。

2018年，广西深入推行电子营业执照和全程电子化登记管理。自治区工商局建立企业名称行业表述规范字典，提升登记数据的标准化程度，使登记信息在跨系统跨部门的应用更加便利。成为全国实现无纸全程电子化的省（自治区）之一。至11月底，全自治区已发出公示版电子营业证照290多万份。

2018年，贵港市工商局实行企业登记全程电子化。推进以电子营业执照为支撑的网上申请、网上受理、网上审核、网上公示、网上发照等全程电子化登记管理方式，将传统的“面对面”服务转变为“键对键”服务，大幅降低企业办事成本。到6月底，发出电子营业执照40余张。继续优化“贵港工商”微信服务平台，共有231户企业通过预约办理业务。

“全城通、就近办”

“全程通、就近办”是全程电子化登记管理的一项试点工作。2015年4月30日，自治区人民政府下发《关于千方百计做好稳增长工作的意见》（桂政发〔2015〕19号），将推行企业注册“全城通、就近办”登记制度改革列入自治区工商局的改革任务。

2015年5月，自治区工商局在桂林市工商局试点“全城通、就近办”企业注册登记新模式（即实行“一个窗口对外、一个标准办事、一套机制管理、一套流程监管”，探索登记区域无限制、服务区域全覆盖的工商登记新模式），标志着全程电子化登记管理试点工作正式开启。从5月1日起，在桂林市区范围内，不受管辖区域限制，创业者自主选择任意一个城区工商局和专业分局，申请办理注册资本50万元以下（含50万元）除股东变更外的各类企业及分支机构的名称预先核准、设立、变更、注销等登记注册业务。促进了工商注册登记标准统一规范，更大范围内实现创业者无地域障碍办理工商登记注册，满足群众“就近、便利、高效”的办事需求。同月4日，桂林市颁发广西首张“全程通办”营业执照，建立桂林市工商局企业登记“全城通办”业务办理平台，基本构建形成“登记区域无限制、服务区域全覆盖”的工商登记新模式。同月25日，自治区工商局在桂林召开“全城通、就近办”企业注册登记新模式现场会，总结试点工作经验，研究制定《广西工商系统“全城通、就近办”企业登记制度改革实施方案》。至7月10日，“全城通、就近办”实施两个多月，桂林各城区新注册登记的企业户数比2014年同期增长32%，其中办理跨城区企业登记业务274件，占各城区局、专业分局登记业务总量的29%。

2015年7月10日，根据国家工商总局有关商事制度改革的总体部署和自治区人民政府《关于千方百计做好稳增长工作的意见》（桂政发〔2015〕19号）、自治区人民政府办公厅《关于印发2015年推进简政放权放管结合转变政府职能工作方案的通知》（桂政办发〔2015〕45号），在总结桂林试点经验基础上，自治区工商局制定《广西工商系统推行“全城通、就近办”企业登记制度改革实施方案（试行）》，明确推行“全城通、就近办”的工作内容和目标、实施步骤及工作要求。

2015年12月8日，在桂林市举行广西工商系统推行“全城通、就近办”企业登记制度改革现场会，全面推广“全城通、就近办”登记新模式。至12月底，柳州、北海、防城港、玉林、贵港等市先后实施“全城通就近办”登记模式，进一步扩大试点范围。

2016年，广西各级工商行政管理机关继续巩固和扩大“全城通、就近办”登记改革成果，积极探索“同城化”登记模式。自治区工商局在北海、钦州、防城港三市探索开展工商登记注册“同城化”试点工作，通过统一审查标准，规范登记注册行为，建立更加高效、便捷、统一的工商登记注册新模式，在设区市的辖区构建“登记区域无限制，服务区域全覆盖”的登记注册工作新格局，提升商事登记注册便利化水平。

2017年，在全自治区10个市级辖区实现“登记区域无限制，服务区域全覆盖”，并在北部湾沿海3市和南宁市探索开展“同城化”登记注册改革，满足市场主体“就近、便利、高效”的办事需求。

2017年6月28日，自治区工商局出台《北部湾经济区工商登记同城化改革——企业名称自主选择登记标准》《北部湾经济区工商登记同城化改革——企业住所和经营场所登记审查标准》《北部湾经济区工商登记同城化改革——企业经营范围核定标准》，并在南宁、北海、钦州、防城港 4 市顺利实施，彻底解决“一个城市一个标准”和“一个窗口一个结果”的差别，让申请人在北部湾经济区办理工商登记业务时享受同样的服务，此项改革是商事登记制度改革领域的全国首创，并形成可复制可推广的经验，为下一步实现全自治区工商登记同城化改革进行有益探索。

2017 年，贵港市实现“全市通、就近办”，在全贵港市范围内实施企业注册登记业务互办。通过市、县两级办照机关互相签约合作，实现在全市范围内，无需受企业住所（经营场所）管辖区域限制，申请人自主选择任意一个工商部门，申请办理个人独资企业、合伙企业、农民专业合作社和有限责任公司的登记注册业务。同时，贵港市实现“城乡通、就近办”，由县工商局注册登记机构在全县各工商所设立企业注册登记窗口，办理个人独资企业，普通合伙企业和农民专业合作社的注册登记。

2018 年，广西深入推进商事登记同城化。自治区工商局召开北部湾商事登记同城化工作推进会，同城化范围由原来的南宁等 4 个市扩大推广到 6 市；修改《北部湾经济区商事登记同城化审查标准》，进一步消除市场准入的地区差异，维护公平有序统一的市场准入环境。

第四节　市场主体信息公示

市场主体信息公示是企业、农民专业合作社通过公示系统向社会公示年度报告和企业即时信息，个体工商户通过公示系统向社会公示年度报告或向工商部门报送纸质年度报告，市场主体对其公示信息的真实性、及时性负责。各级工商部门、市场监督管理部门负责督促市场主体履行信息公示的义务。

2014 年 10 月 1 日国务院颁布《企业信息公示暂行条例》（以下简称《条例》）施行以来，自治区工商局持续推进广西企业信息公示工作，依法将履职过程中产生的企业注册登记备案、动产抵押登记、股权出质登记、行政处罚、经营异常名录、严重违法失信企业名单、抽查检查信息以及企业年报、企业即时信息等统一记于企业名下，及时通过国家企业信用信息公示系统（广西）对社会公示。11 月 11 日—12 日，在南宁召开《企业公示信息抽查暂行办法实施细则》研讨会。在市场主体信息公示、信用监管工作中，东兴市工商局根据《条例》和国家工商总局出台的《个体工商户年度报告暂行办法》《企业异常名录管理暂行办法》等五部规章有关规定，一方面代东兴市人民政府拟定《关于贯彻落实〈企业信息公示暂行条例〉的通知》（以下简称《通知》），以东兴市人民政府办名义发布实施，《通知》明确企业信息公示工作目标、任务、企业义务、各部门职责以及工作要求。扩大企业信息公示工作覆盖面。另一方面根据国务院有关法规、国家工商总局相关规章规定，结合国家工商总局《关于贯彻落实〈企业信息公示暂行条例〉有关问题的通知》（工商外企字〔2014〕166 号）要求，开展企业信息公示各项工作：强化政策宣传，印发企业信息公示年度报告制度宣传册、企业信息公示年度报告制度知识读本 5000 册、宣传单 22000 份，通过挂横幅 20 条、宣传贴标语 84 张、广播巡回宣传 20 车次、电视台公告 3 次；落实企业登记即时信息公示，企业公示信息抽查，企业、农民专业合作社经营异常名录管理，个体工商户经营异常状态管理。工商局窗口办理企业设立、变更登记，发放企业营业执照时，向每个申请人发放一份行政指导告知书，告知其应当履行的公示事项及期限。在企业年报期间，督促、指导企业履行年报公示义务。东兴市工商局 2014 年以来，通过企业信用信息公示系统依法公示注册登记、备案信息企业 2348 户、动产抵押登记信息企业 6 户、股权出质登记信息企业 8 户；行政指导涉及股东认缴和实缴的出资额、出资时间、出资方式等信息形成的有限责任公司 1687 户、股东股权转让等股权变更信息的有限责任公司 23 户依法公示相关信息。责令 4 户公司限期公示其有关行政处罚信息。通过对 35 户公司即时信息公示、38 户公司出资信息、19 户企业年报信息进行抽查，并将抽查结果记录在该批企业的公示信息中。将未按时年报及在履职过程中通过登记的住所或者经营场所无法取得联系的 484 户企业列入异常名录管理，将未按时年报及在履职过程中通过登记的经营场所无法取得联系的 1222 户个体工商户列入异常状态管理，强化市场主体信用监管。

2015年是全国首次实施市场主体年报公示制度的关键一年。1月20日，广西举行2015年首批企业公示信息抽查启动仪式，从全自治区43.96万家企业中抽取1%共4396家企业，对企业公示即时信息公示情况进行检查，有87家企业被列入“异常名录”。从1月4日起，自治区工商局组织开展了全自治区企业公示即时信息情况抽查工作。截至4月15日，全自治区共抽取企业4396户，已检查企业4395户，检查率99.98%，已公示检查结果3083户，公示率54.6%，其中检查结果正常2614户，未按规定公示年报154户，通过登记的住所（经营场所）无法联系314户，并依法将未按规定公示年报和通过登记的住所（经营场所）无法联系的87户列入经营异常名录。

自治区工商局印发《关于进一步加强市场主体年度报告工作的通知》，制定2013年、2014年度各市市场主体年报工作任务，各市工商局按照自治区工商局制定的工作任务，层层分解，逐级抓好落实，努力完成各阶段的工作任务。北海市工商局制定年报工作目标及工作计划，落实工作责任和措施，对市场主体年报工作进行全面安排。南宁市工商局、桂林市工商局将年报任务分解，并建立市场主体年报通报制度。

按照“全方位、多层次、广覆盖”的思路，各级工商行政管理机关广泛开展宣传工作，让市场主体知晓年报公示内容，以及不按规定履行年报公示义务的责任，引导市场主体积极主动进行年报公示。利用广播、电视、报刊、网络等媒体广泛宣传。各级工商系统通过电视台、电台播放新闻111条，专题片14篇，省级以上报刊58篇，市、县级报刊198篇，网络媒体388篇。通过手机短信、红盾微博、红盾微信等形式，发布《条例》及配套规章的主要内容及年报公告。钦州市、北海市、南宁市、桂林市等地工商局分别通过手机短信、微信、微博方式，向市场主体发送51.23万条信息，通知引导市场主体进行年报。发放宣传资料。全自治区各级工商机关向社会发放43.42万份宣传资料。

《条例》实施后，自治区工商局举办了4期培训班，共培训各市工商局外资、企业、注册分局业务骨干、各县业务骨干共1600多人。4月，自治区工商局邀请国家工商总局徐晓东到广西，对全自治区工商系统信用监管人员进行培训。截至6月30日，全自治区各级工商行政管理机关共举行386期培训班，其中工商系统培训班179期，共培训5367人，市场主体培训班210期，共培训19034人。

2015年5月11日—15日，自治区工商局组织开展全自治区市场主体年报服务周活动，全自治区工商机关利用一周的时间，集中为市场主体年报提供服务活动，在全社会形成年报公示工作的良好氛围，激发全自治区各类市场主体进行年报的热情。集中开展一周年报服务宣传活动。各级工商机关通过电视台、电台、报刊等媒体开展多种形式的年报服务宣传活动，向市场主体发送一封公开信，告知市场主体年报的时间、途径和责任。集中开设一批年报周服务指导站。各级工商机关通过设立年报周服务指导站，利用一周时间，组织辖区市场主体集中进行年报，为市场主体年报提供统一场所、配备计算机等设施，安排工作人员现场咨询、现场答疑、现场指导市场主体完成年报公示。集中开展一周上门服务年报活动。各级工商机关组织开展“年报服务进市场、进社区、进乡镇、进园区、进企业”活动，深入各辖区市场、商场、社区、园区、企业、乡镇等市场主体密集区域，实施点对点年报指导服务，主动上门辅导做好年报工作。建立全方位年报服务平台。各级工商机关运用电话、短信、微博、微信、QQ等形式，为市场主体提供全方位、多形式服务。年报周期间，全自治区共设立年报周服务站912个，为32941户市场主体提供年报服务。5月15日—6月30日，广西工商行政管理机关开展全自治区企业公示出资信息定向抽查工作。5月15日，自治区工商局由局纪检监察部门实施监督，通过电脑随机性抽取5168户企业，确定为本次抽查企业名单，通过光碟刻录发到各市工商局，由属地工商部门实施检查。此次抽查从2014年3月1日前在工商登记的有限公司和股份有限公司181543户企业中，抽取不少于1%共1915户企业；从2014年3月1日后在工商登记的有限公司和股份有限公司79797户企业中，抽取不少于4%共3253户企业，共计5168户企业。按照“谁管辖，谁负责”的原则，由属地工商部门实施检查。抽查内容为2014年10月1日—2015年4月30日企业应公示的股东或者发起人认缴的出资额、出资时间、出资方式等信息；2014年3月1日—9月30日期间发生的应当由企业公示的公司实收资本及股东（发起人）认缴和实缴的出资额、出资方式、出资期限等信息。工商部门依法依规将抽查信息在企业信用信息公示系统统一公示，检查发现企业未履行信息公示义务的，书面责令其在10日内履行公示义务。企业未在责令期限内公示信息的，在责令期限届满之日起10个工作日内作出将其列入经营异常名录的决定并予以公示。经检查发现企业公示信息隐瞒真实情况、弄虚作假的，自查实之日起10个工作日内工商部门作出将其列入经营异常名录的决定并予以公示。检查中发现其他违法线索的，依法移交有关部门处理。

2015年6月18日，自治区工商局召开推进全自治区市场主体年报工作紧急动员视频会议，对全自治区年报工作进行紧急动员。会后，由7名局领导带队分别组成7个督查组，对14个地市的年报工作进行督查。通过这次督查，强力推进年报工作进度，有效提高了年报公示率，全自治区年报率从50%提高到82%，彻底扭转了年报工作落后的局面。至6月30日，全自治区2013年度已年报企业28.53万户，年报率为82.13%，已年报个体工商户70.24万户，年报率为64.98%；2014年度已年报企业35.05万户，年报率为82.05%，已年报个体工商户88.2万户，年报率为68.29%，已年报农民专业合作社1.62万户，年报率为83.48%。其中，企业年报分别超额完成年报任务的6.75%和6.65%。

2015年，梧州市工商局从“五个到位”推进企业信息公示工作。一是召开会议，确保“部署到位”。梧州市工商局于2015年1月19日召开全系统企业信息公示工作专题会议。会议对前期企业信息公示工作情况进行通报，对各部门提出的疑问进行梳理。二是研究措施，确保“执行到位”。梧州市工商局将自治区工商局抽查到梧州市的25户企业名单发放到各县（市、区）局，并对梧州市工商局登记企业向各城区工商局进行了委托。三是明确部门职责，确保“责任到位。”梧州市工商局成立企业信息公示工作领导小组；明确外资科、企个科等职能部门的具体职责，形成分工明确、密切配合、各司其职、联动协作的工作机制。四是建立监督考核机制，确保“推进到位”。梧州市工商局建立统计分析和监督考制。对全市市场主体年度报告和即时信息公示的情况，采取每周按区域和企业类型在内网上公示，每月通报两次企业（包括个体、农合）年报信息公示进度等方式，做到全市企业公示情况“一盘清”，各县（市、区）情况对比，切实提高梧州市企业年报公示率。五是畅通宣传渠道，确保“宣传到位”。借力《梧州日报》等各媒体和户外广告电子屏开设企业信息公示专栏。开展大走访全面摸排活动，确保辖区内市场主体知晓率达到100%。增设年报窗口，发放年报办事指南，设置公示业务咨询热线。

2016年，自治区工商行政管理机关全力推进广西市场主体2015年度年报公示工作，投入大量的人力、物力和精力，开展一系列的宣传、培训和推广工作：下发《自治区工商局办公室关于做好2015年度年报公示工作的通知》《自治区工商局办公室关于加快推进全区市场主体2015年度年报公示工作的通知》两个年报部署通知；召开推进全自治区市场主体年报紧急动员视频会议，强调部署全自治区2015年度广西市场主体年报工作任务；无死角展开多轮宣传攻势，通过电视台、广播电台播放年报宣传片及宣传语，在机场候机厅、高铁候车厅播放年报宣传短片及电子海报，委托建设银行、中国银行及农业银行广西分行、中国邮政广西分公司在网点开展多种方式普及宣传，委托中国联通广西分公司对企业联络员发送宣传短信；全面实行自治区、市、县、所四级联动，任务层层分解，落实到人；加强工作持续督导，已发布年报工作通报11期，抄送至各市人民政府；邀请工商总局徐晓东授课，对全自治区工商系统信用监管人员培训；制作联络员备案流程与公示系统登录培训视频，公布下发做到全员培训；简化工商联络员备案流程，方便市场主体快速便捷完成年报公示；强化与信息部门沟通协调，优化公示系统使用、完善信息公示流程。

至2016年6月30日，全自治区2015年度已年报企业43.26万户，年报率为88.90%；已年报个体工商户102.81万户，年报率为76.34%；已年报农民专业合作社23174户，年报率为91.59%，已全面完成年初设定的年报公示任务指标，企业、个体和农民专业合作社年报率分别比2015年增长6.85个百分点、8.05个百分点及8.11个百分点，企业年报率超过全国平均率0.58个百分点，位列全国第15位。其中，来宾市企业应年报12507户，已年报11625户，年报率92.95%；贵港市企业应年报22558户，已年报20712户，年报率91.82%；百色市企业应年报26652户，已年报24463户，年报率91.79%；崇左市企业应年报12128户，已年报11097户，年报率91.50%；玉林市企业应年报38433户，已年报34940户，年报率90.91%；梧州市企业应年报24518户，已年报22262户，年报率90.80%；防城港市企业应年报13893户，已年报12536户，年报率 90.23%；贺州市企业应年报 12064 户，已年报 10868 户，年报率 90.09%；北海市企业应年报 21628 户，已年报 19436 户，年报率 89.86%；钦州市企业应年报 19914 户，已年报 17885 户，年报率 89.81%；柳州市企业应年报 47103 户，已年报 41583 户，年报率 88.28；桂林市企业应年报 52558 户，已年报 45954 户，年报率 87.43%；南宁市企业应年报 158360 户，已年报 138391 户，年报率 87.39%；河池市企业应年报 21558 户，已年报 18397 户，年报率 85.34%，14 个设区市超额完成信息公示任务。

2016 年，贵港市工商局积极开展企业年报工作。至 6 月 30 日，全市 2015 年度企业年报率 91.82%，个体工商户年报率 82.49%，农民专业合作社年报率 92.70%，三项年报率排名分别位列全自治区第二、第二和第五名。对未按规定公示 2015 年度年报的 1846 户企业和 140 户农民专业合作社依法列入经营异常名录，对未按规定报送年报的 14154 户个体工商户，依法标记为经营异常状态。依法归集公示市场主体信息。

2016 年 9 月 1 日—10 月 30 日，自治区工商局组织全自治区工商系统开展 2016 年企业公示信息抽查工作，抽查内容为企业报送的年报信息和即时信息，抽查比例达到 3.94%（高于国家“不低于 3%”的要求），并通过企业信用信息公示系统向社会公布。

2016 年 12 月 1 日，广西全面开放区、市、县三级企业名称数据库，为社会公众提供企业名称对外查询服务。同月 30 日，自治区工商局印发《转发国家工商总局关于做好 2016 年度年报公示工作的通知》，对全自治区年报工作提早部署。

为有效加强事中事后监管，规范广西市场主体信息归集公示行为，建立市场主体信用信息统一归集与公示工作机制，自治区工商局起草《广西壮族自治区市场主体信息归集公示管理办法（草案）》，于 2016 年 12 月报请自治区人民政府审定，请求以自治区人民政府名义印发实施，自治区人民政府批示将该办法增补到 2017 年地方性法规立法计划。

2017 年 5 月 3 日，自治区工商局组织召开全自治区市场主体年报推进工作视频会议，强调部署年报中后期工作要求及工作任务。同月 18 日，自治区人民政府召开全自治区商事制度改革督查暨推进市场主体年报工作电视电话会议，部署开展全自治区商事制度改革督查、推进市场主体年报工作。会上，自治区工商局局长张虹通报 2016 年度全自治区市场主体年报情况。自治区副主席黄日波强调，要从 5 个方面强力推进 2016 年度年报工作，确保如期完成年报工作任务。

至 2017 年 6 月 30 日，全自治区 2016 年度已年报企业 50.68 万户，年报率为 89.98%；已年报个体工商户 117.63 万户，年报率为 83.25%；已年报农民专业合作社 35001 户，年报率为 93.67%。企业、个体和农民专业合作社年报率分别比 2016 年增长 1.08 个百分点、6.91 个百分点及 2.08 个百分点，并提前 11 天完成全自治区市场主体年报信息公示工作。

2017 年，防城港市积极开展全国年报试点工作，全市 2016 年度企业、个体工商户、农民专业合作社年报率分别为 80%、76%、89%，顺利完成试点工作任务。

2018 年 3 月 15 日，自治区工商局印发《2018 年企业信用监管宣传方案》，要求各市工商局结合实际，制定本地区的宣传工作方案，进一步强化年报公示工作的宣传、督导和服务，为企业搭建年报公示平台，着力加大年报宣传力度，把电视、报纸等传统媒体和新媒体手段结合起来，全方位、多角度地开展企业年报宣传，扩大宣传的社会覆盖面，让市场主体充分认识到年报公示是企业的法定义务，是企业积累社会信用的过程。

自治区工商局转发《工商总局关于做好 2017 年度企业年报工时工作的通知》，全面实行自治区、市、县、所四级联动，做到早谋划，早部署，将任务分解落实到个人，层层传导压力，层层压实责任。从 4 月起，实行年报工作通报制度，已通报 3 期。并先后到贵港、百色市等地加强调研和督导。通过电视、报纸、网络、短信、微信公众号等多种媒介加强宣传，不断增强市场主体的年报意识，加深对经营异常名录和严重违法失信企业名单管理制度的了解。加强信息化保障，在确保市场主体能够顺利通过公示系统进行年报公示的同时，开发建设广西市场主体年报 APP，方便市场主体通过手机进行年报公示。至 2018 年 8 月 31 日，全自治区 2017 年度市场主体年报率分别为：企业 91.87%，个体工商户 84.49%，农民专业合作社 94.36%。至 2018 年底，全自治区年报率达到 90.13%，超过了国家工商总局规定的 85% 的目标任务。

第五节　“双随机、一公开”监管

全面推行“双随机、一公开”监管工作，是商事制度改革的重要内容，是推进简政放权、放管结合、优化服务的重要抓手，是事中事后监管的一项重大改革。自治区工商局于 2015 年 1 月 20 日举行广西首批企业公示信息抽查启动仪式，拉开广西企业公示信息抽查工作的序幕。是年，自治区工商局组织开展了 4 次抽查：企业即时信息公示情况抽查、企业公示出资信息定向抽查、企业年报试点抽查及企业年报信息不定向抽查，共抽查企业 20139 户，其中发现存在问题的企业 4687 户，占被抽查企业的 23.2%。

2016 年以来，广西认真贯彻落实中共中央、国务院决策部署，高度重视“双随机、一公开”工作，将其作为创新政府管理方式、规范市场执法行为、营造公平竞争的发展环境，推动大众创业、万众创新的一项重要工作全力推进。自治区党委书记彭清华、自治区主席陈武多次作出重要指示批示，各级工商行政管理机关积极探索，勇于创新，有效规范市场监督行为，“双随机、一公开”工作取得阶段性成效。

2016 年 5 月 25 日，自治区人民政府批示，由自治区工商局牵头组建自治区商事制度改革部门联席会议，共 52 个成员单位，自治区副主席黄日波担任会议召集人。联席会议下设办公室，负责统筹全自治区“双随机、一公开”监管工作，为商事制度改革后加强事中事后监管工作提供机制保障，形成政府统筹协调，部门各司其职，全自治区合力推进的工作格局。同月 30 日，南宁市工商局作为“双随机、一公开”监管机制改革的试点单位，在全面建立“一单两库一细则”的同时，正式启用“双随机”抽查平台，将随机抽查渗透到工商各项执法业务中。

为全面贯彻落实国务院关于“先照后证”改革后加强事中事后监管的意见及国家工商总局的相关文件精神，自治区工商局牵头会同自治区商事制度改革部门联席会议 52 个成员单位，代自治区人民政府起草《广西壮族自治区实施“先照后证”改革后加强事中事后监管工作方案的通知》《关于印发推广随机抽查规范事中事后监管工作方案的通知》，由自治区人民政府办公厅分别以桂政办发〔2015〕138 号、桂政办函〔2015〕111 号文正式印发各地执行，对全自治区推进“双随机、一公开”监管进行全面部署，指导全自治区加强对市场宽进后的严管。

2016 年 9 月，自治区人民政府印发《2016 年推进简政放权放管结合优化服务改革工作要点》，明确要求由自治区工商局牵头，自治区相关部门按照各自职能分工负责，全面推行“双随机、一公开”市场监管。

2016 年 11 月 28 日，自治区召开推进“双随机、一公开”监管工作暨商事制度改革部门联系电视电话会议。自治区副主席黄日波出席会议并强调，要立足“四个进一步”，即进一步突破瓶颈问题，确保商事制度改革落实到位；进一步深化“证照整合”改革，努力实现“一照走天下”；进一步推动登记注册便利化服务改革，切实解决“最后一公里”问题；进一步实施风险分类监管改革，提升事中事后监管水平。要紧盯“三项硬任务”，加快推动“双随机、一公开”工作。一是突出抓好“一单两库一细则”建设任务的完成。由自治区编办协调，自治区工商局牵头，会同相关部门编制自治区本级“一单、两库、一细则”，争取 12 月 20 日前完成；各市、县相关部门要做好本级“一单、两库、一细则”建设，在 12 月 10 日前建立“一单两库”、12 月 20 日前完成本级相关部门“双随机、一公开”实施细则的制定工作；结合 2016 年度事中事后监管绩效考评工作，对各地推进“双随机、一公开”监管工作进行实地检查。二是围绕“随机抽查事项要达到市场监管执法事项的 70% 以上、其他行政执法事项的 50% 以上”这两项指标，组织做好双随机抽查。三是强化做好信息归集和“一公开”工作，将随机抽查结果和处罚情况及时归集到工商部门，通过国家企业信用信息公示系统进行公示。同时要求抓住“三个关键点”，即抓住“依法治国”这个关键，运用法治思维和法治方式推动改革；抓住“解放思想”这个关键，迎难而上推动改革；抓住“落实责任”这个关键，更好服务企业和群众创业兴业。

全自治区14个设区市的政府部门分别编制完成部门随机抽查事项清单、建立执法检查人员名单（录）库，无抽查任务的政府部门作出有关工作职责情况说明。2016年9月—11月，14个设区市的工商部门按照自治区工商局的部署，开展2016年市场主体年报信息“双随机”抽查工作，通过随机选派执法人员方式，对自治区工商局按各市企业总量3%的比例随机抽取确定的11480户企业实施检查；各市将抽查结果通过企业信息公示系统向社会公示。各实地核验组抽取各市10户企业进行检查，并在国家企业信用信息公示系统完成公示。其中，南宁市随机抽查企业3062户，梧州市随机抽查企业579户，北海市随机抽查企业573户，贵港市随机抽查企业612户，防城港市随机抽查企业377户，百色市随机抽查企业661户，崇左市随机抽查企业339户，桂林市随机抽查企业1191户，河池市随机抽查企业594户，柳州市随机抽查企业1232户，来宾市随机抽查企业334户，钦州市随机抽查企业538户，贺州市随机抽查企业330户，玉林市随机抽查企业1032户。

自治区工商局完成《广西工商行政管理系统“双随机、一公开”实施细则（试行）》的起草工作。至2016年12月底，全自治区所有县级以上政府部门制订“一单两库一细则”，按市场监管部门口径统计，随机抽查事项超过监管执法事项的70%和其他行政执法事项的50%。库内有企业51.6万户，个体工商户144.6万户，农民专业合作社2.5万户，以及将全自治区县级以上工商部门执法人员列入名录库。

防城港市工商局作为业务指导机关，事前谋划、事中指导、事后评估，全程参与“双随机、一公开”监管工作，在加强事中事后监管的同时，有效避免随意检查、任性检查等问题。强化“三个建设”，夯实事中事后监管基础。一是强化制度建设。为了加强“双随机”抽查工作，防城港市先后出台《推广随机抽查规范事中事后监管工作方案》《防城港市实施“先照后证”改革后加强事中事后监管实施方案》《防城港市商事制度改革部门联席会议制度》等商事改革文件，由市编办协调，市工商局牵头，统筹实施商事制度改革后加强事中事后监管工作，加强各部门之间的信息互动、沟通协调等工作。二是强化基础建设。推进建立“一单、两库、一细则”。“一单”，即制定“双随机”抽查事项清单。截至2016年底，全市38个部门编制323项抽查事项清单。“两库”，即建立市场主体名录库、执法人员名录库。全市市场主体库共有内有企业16704户，个体工商户48498户，农民专业合作社1035户。收集执法人员名单65名。全市共有38个部门制定本部门的随机抽查工作细则或方案。三是强化信息归集建设。全市工商部门通过企业信用信息公示系统，在职能范围内，严格履行公示市场主体登记信息、动产抵押信息、股权出质信息、行政处罚等信息的法定职责。在企业信用信息公示系统（广西）公示市场主体注册登记信息144261条，备案信息96894条；动产抵押登记信息158条；股权出质登记信息497条；企业行政处罚信息1142条。2016年11月16日，国家企业信用信息公示系统（广西）正式上线，具备各部门的信息归集功能。防城港市安监局“双随机执法”模块纳入正在建设的安全生产隐患排查系统当中，实现对执法人员、专家库管理、执法计划、执法任务进度、执法清单、执法依据、执法文书、执法案件等从立案到结案的全过程网上锤条式管理。落实“三项制度”，实现事中事后监管规范化。一是认真落实“双告知”制度。2014年以来，防城港市工商部门牵头研发市场主体信息协同监管平台，利用该平台，在工商、食药监、环保、质监等28个监管部门，推送“先照后证”市场主体信息8000多条（次），有效消除部门之间的信息孤岛，实现企业许可信息的互通共享。二是全面推行“双随机”抽查制度。2016年全市共有12个部门开展“双随机、一公开”监管工作。工商部门对全市377户企业、919户个体工商户和17户农民专业合作社开展2015年度年报公示信息“双随机”抽查，并将检查结果和被列入经营异常名录的98户企业通过全国企业信用信息公示系统向社会公示。防城港市环保局对全市93家排污单位和72家审批未验收建设项目进行双随机抽查。三是扎实推进经营异常名录及黑名单制度。防城港市工商局建立经营异常名录数据库，对未按时年报及抽查中发现隐瞒真实情况、弄虚作假或失联等的企业依法列入经营异常名录。截至2006年底，全市被列入经营异常名录的企业5681户。防城港市安监局对被列入“黑名单”的生产经营单位，统一通过防城港市安全生产委员会办公室向环保、投资、国土资源、建设、交通、银行、证券、保险、工会、工商、税务、个人信用征集系统和人事等主管（监管）部门通报。某些企业因为被列入经营异常名录及“黑名单”而影响信用贷款及工程的招投标工作，企业公示信息制度的信用约束效果初步突显。

2017 年 2 月，根据自治区人民政府《关于印发 2017 年自治区〈政府工作报告〉重点工作部门分工方案的通知》（桂政发〔2017〕10 号）要求，由自治区工商局牵头承担“推进‘双随机、一公开’和线上线下一体化监管，建立综合监管体系”的工作任务，经征求自治区发展改革委、人民银行南宁中心支行等配合单位的意见建议，形成《推进“双随机、一公开”和线上线下一体化监管，建立综合监管体系实施方案》，报自治区人民政府审定后以自治区政府办公厅名义桂政办电〔2017〕115 号文印发。实施方案围绕建立健全“双随机、一公开”监管机制、建立健全“一单两库一细则”、运用信息化技术，提升监管效率、加强抽查结果公开，建立健全信用约束机制，以及探索开展跨部门“双随机”联合检查等方面对全自治区进一步推进“双随机、一公开”监管进行全面部署。

2017 年一季度末，广西通过国家企业信用信息公示系统公开公示市场主体登记备案信息 494.2 万户、行政许可信息 135.43 万条、检查抽查信息 7.49 万条、行政处罚信息 4.04 万条、股权出质登记信息 0.54 万户、企业动产抵押信息 0.46 万户、司法协助信息 0.38 万条。其中，其他各级政府部门已向自治区工商局归集行政许可信息 2.53 万条，行政处罚信息 1.97 万条，抽查检查信息 0.04 万条。同时，广西工商行政管理机关共拦截失信被执行人在公司登记注册环节的任职申请共 1400 人次。对列入“黑名单”的监管对象，加大随机抽查力度，提高抽查比例和频次，对抽查发现的违法行为，依法依规严格惩处，切实发挥政府部门对失信企业的协同监管与联合惩戒效能，让企业认识到失信信息带来的负面影响，主动修复自身信用记录。

2017 年，为全面规范广西“双随机、一公开”改革监管工作，自治区工商局组织区直有关单位根据法律法规规章、部门权责清单编制《广西壮族自治区政府工作部门随机抽查事项清单》，清单的编制共征求 58 个区直单位意见，其中 43 个单位纳入双随机监管，共计 581 项随机抽查事项，内容包含抽查事项、抽查依据、抽查主体、抽查内容。该清单经自治区人民政府同意并印发各地执行，是全国首个以政府名义出台的抽查清单。

至 2017 年 4 月，自治区安全监管局、质监局、食品药品监管局、公安厅、财政厅等 32 个区直单位报送“双随机、一公开”工作情况，其中 28 个单位建立“随机抽查事项清查”，24 个单位建立“检查对象名录库”，26 个单位建立“执法人员名录库”，13 个单位制定“随机抽查工作细则”。此外，自治区审计厅、国资委、体育局、网信办、教育厅、监察厅、安全厅、侨办等 8 个单位已明确没有涉及“双随机、一公开”监管相关工作。

2017 年 5 月—6 月，根据《广西壮族自治区人民政府关于组织开展上商事制度改革工作专项督查的通知》（桂政办电〔2017〕105 号）的要求，自治区工商局统筹督查力量，组成 6 个督查组，创新督查方式，突出督查重点，采取各部门自查与自治区督查组实地督查的形式层层传导抓改革落实的压力，重点对各设区市政府“双随机、一公开”监管机制落实情况、“一单两库一细则”建立及实施抽查情况进行督查，各督查组认真总结各地落实商事制度改革的经验做法以及在督查过程中发现的问题，根据督查情况形成督查报告，由自治区工商局梳理汇总形成商事制度改革专项督查报告报自治区人民政府。

2017 年 6 月，《广西推进“双随机、一公开”和线上线下一体化监管建立综合监管体系实施方案》印发后，全自治区各地迅速召开专题会议进行部署，制定工作方案进行落实。全自治区 14 个地市建立健全“一单两库一细则”，依清单开展双随机抽查工作，并在法定时限内完成检查结果的公示。南宁市结合实际，围绕“双随机”抽查的核心内容精准立单，全市 32 个部门（单位）共同对照相关法律法规，编制完成《南宁市政府工作部门随机抽查事项清单》，梳理涉及“双随机”事项共 578 项。河池市共有 38 个部门编制“一单两库一细则”，实行抽查事项 493 项，各监管部门根据行业监管特点相应的建立完善了本部门的市场主体名录库，至 2017 年 10 月 30 日，库内有企业 27026 户，个体工商户 123435 户，农民专业合作社 4807 户。

2017 年 6 月 13 日，根据柳州市工商局 12315 消费者投诉举报热点及实际情况，组织由柳州市工商局、市公安局（治安支队和消防支队）、市卫计委、市食药监局、市质监局及市安监局共 6 部门参与的联合执法抽查，通过电脑摇号方式随机抽取 28 名执法人员分成 2 个小组，对 10 户餐饮和住宿服务类企业进行实地检查。对存在问题的企业立即责令整改，并由执法人员对企业进行整改核查，整个监管过程形成无缝对接，做好监管工作“加法”，促进部门联合“严管”。同时，根据自治区工商局布置“双随机、一公开”抽查企业7769户，柳州市工商局在规定时间内对这些市场主体实施检查，并在广西协同监管平台上公示检查结果，公示率达到100%。是年，柳州市共计开展12次跨部门联合抽查，抽取共计87户企业进行随机检查，抽查结果在国家企业信用信息公示系统（广西）或门户网站上进行公示。

依托国家企业信用信息系统（广西）建立全自治区市场主体名录库，截至2017年6月30日，全自治区市场名录库内共有企业约57万户，个体工商户约145万户，农民专业合作社约3万户。梧州市根据自治区的部署制定全市市场主体名录库，其中包含28083户企业、72986户个体、1968户。同时，梧州市各部门根据抽查事项建立146个抽查对象子名录库，便于开展各部门的专项抽查。另一方面，建立健全执法人员名录库。截至6月30日，县级以上各政府部门均建立执法检查人员名录库，并根据执法检查人员变动情况，对执法人员名录库实行出入库动态管理。如梧州市各部门以具备执法资格的执法人员作为随机抽查的主体，建立33个“执法检查人员名录库”，库内执法人员共计1162人。建立健全“一细则”，截至6月30日，县级以上具有涉企行政检查事项的政府部门均制定随机抽查细则，对抽查方式、检查对象和执法人员的抽取、抽查比例和频次的确定、抽查结果及时公示等程序进行了明确，确保程序公正。

自治区工商局于2017年初启动的自治区工商管理局综合监管系统项目建设，其中包含双随机抽查检查子系统。该子系统以“两库”为基础，通过采取随机摇号方式抽取确定检查人员名单和市场主体检查名单，并具备自动筛查配组功能。同时，实现从抽查计划制定、抽查任务执行、抽查计划审批、抽查结果公示、抽查进度统计与抽查结果统计等功能，实现各环节全程留痕，做到责任可追溯。截至6月30日，南宁市、钦州市、柳州市、北海市的工商部门处于系统试用阶段。崇左市向自治区工商局申请开通崇左市联合双随机系统试用，便于开展跨部门联合双随机，至6月底，开展1次跨部门联合抽查。

为认真贯彻落实《国务院办公厅关于推广随机抽查规范事中事后监管的通知》（国办发〔2015〕58号）精神和《工商总局关于公布随机抽查事项（第一版）的通知》（工商企监字〔2016〕259号）的工作要求，自治区工商局于7月24日公布印发《自治区工商局随机抽查事项清单（第二版）》，明确各市、县（区）工商部门可结合各地实际，在清单基础上依法增加各地区随机抽查事项，并对清单事项进行动态管理。

2017年8月15日，自治区工商局举行2017年度“双随机、一公开”监管检查对象随机抽取仪式，现场集中抽取工作计划中各项抽查任务的检查对象，通过广西综合监管系统共随机抽取企业24233户、农业专业合作社1489户、个体工商户54207户，其中随机抽取的企业占计划制定完成时全自治区企业总数的3.4%。并将抽查结果在国家企业信用信息公示系统上公示。

2017年11月2日，全自治区工商系统计划开展跨部门双随机抽查任务132批次，计划抽查企业3068户，已抽查企业2384户，已公示并将检查结果记于企业名下1766户。同月10日，国家工商总局企业监督管理局在南宁召开部分省市推进“双随机、一公开”监管工作座谈会。会上，自治区工商局副局长结合广西工商部门推进“双随机、一公开”监管工作，就如何抓好抽查事项清单编制、规范抽查工作制度建设、解决重点难点问题等方面作情况介绍。国家工商总局企监局副局长徐晓东对广西工商部门开展“双随机、一公开”监管工作所取得的成效予以肯定。同月14日，柳州市工商局对全市各相关单位印发《关于开展2017年“双随机、一公开”监管工作督查的通知》，要求各相关单位认真做好自检自查，督查小组就2017年“双随机、一公开”监管工作履职情况进行督查。

是年，防城港市在“双随机、一公开”监管工作中成绩显著，积极探索建立市场监管新机制。推动出台《防城港市政府部门涉企信息统一归集公示工作实施方案》《防城港市2017年度“双随机、一公开”抽查实施方案》《防城港市政府部门涉企信息归集资源目录》等，推动市直37个部门建立“双随机、一公开”工作机制，编制随机抽查事项清单310项。是年，全市工商系统对2291户市场主体进行“双随机、一公开”抽查，实行对抽查事项的全覆盖，开展5次跨部门联合抽查，2017年涉企信息归集政府部门的总体覆盖率达到97%，信息归集企业数量占企业总量的比例居广西前列。

至2017年12月20日，全自治区工商系统通过广西公示系统公示抽查检查结果85577户，其中企业24721户，农民专业合作社1489户，个体工商户59367户，实现抽查检查结果公示率100%。全自治区工商系统计划开展跨部门双随机抽查任务132批次，计划抽查企业2234户，已抽查企业2234户，已公示并将检查结果记于企业名下2234户。

“双随机、一公开”监管在广西实行近3年来，广西各级各部门结合自身职能认真抓紧做好“一单两库一细则”建立工作，并根据抽查清单开展双随机抽查。一是编制“双随机”抽查事项清单，2017年，在自治区人民政府的指导下，自治区工商局牵头组织编制涵盖41个自治区本级政府部门、534项随机抽查事项的“双随机”抽查事项清单。二是建立健全市场主体名录库和工商部门执法人员名录库，市场主体名录库的入库市场主体198.8万户，其中：企业51.6万户、个体工商户144.6万户，农业专业合作社2.6万户。三是出台企业公示信息抽查暂行办法实施细则，加强对企业公示信息的抽查，确保信息的真实性和完整性。四是扎实开展抽查，合理确定抽查比例、频次和方式。围绕探索建立商事制度改革后新型市场监管机制，通过合理确定抽查比例、抽查频次和抽查方式，有效保证监管的广度和力度。以工商部门为例，3年来，全区工商部门已随机抽取约23万户检查对象，并逐户进行检查，2015、2016年的检查结果通过国家企业信用信息公示系统向社会公示。

2017年，贵港市工商局全面推行“双随机、一公开”监管方式。一是搭建“双随机”抽查平台。根据《贵港市2017年“双随机、一公开”监管工作实施方案》，在自治区层面尚未建成统一随机摇号系统的情况下，贵港市工商局于2017年1月委托相关软件公司开发建设贵港市“双随机”抽查平台，依托这个平台在港南区工商分局试点推行“双随机、一公开”监管方式，初步实现从抽查计划制定、抽查实施、结果录入、结果公示等各环节全程留痕。5月11日，贵港市工商局在港南区政府召开“双随机、一公开”监管工作现场推进会，部署全市工商系统在市、县（区）两级政府部门全面推广运用“双随机”抽查平台，全面实施“双随机、一公开”监管方式。年底已在市、县（区）两级政府51个部门推广运用，收到预期效果。二是实施“双随机、一公开”抽查行动。9月后，贵港市工商部门按照自治区工商局的部署，运用贵港市“双随机”抽查平台，随机选派工商执法人员，对自治区工商局随机抽取确定的全市4157户市场主体统一实施“双随机、一公开”抽查行动，将企业登记事项、信息公示情况、流通领域商品质量、格式合同、商标使用等19项列为检查内容，实现2017年底前抽查事项的“全覆盖”。同时，港南区分局、覃塘区分局和桂平市工商局积极探索跨部门联合抽查，分别联合食药监、农业、烟草、消防、国土等部门开展了两次“双随机”联合抽查。

2018年，根据自治区进一步深化改革创新优化营商环境的重要精神，自治区工商局制定《广西优化市场环境的若干措施》配套政策，将全面推进“双随机、一公开”监管纳入全自治区优化营商环境布局当中。

2018年3月，根据《工商总局关于做好“双随机、一公开”监管工作的通知》（工商办字〔2017〕105号）和《工商总局关于公布随机抽查事项清单（第二版）的通知》（工商企监字〔2018〕33号）要求，自治区工商局以《工商总局随机抽查事项清单（第二版）》为基础，梳理本自治区级地方性法规、政府规章及“三定”方案交由工商部门行使的监管执法事项，形成《广西壮族自治区工商行政管理局随机抽查事项清单（第三版）》，涵盖登记事项检查、公示信息检查、直销行为检查、流通领域商品质量检查、侵害消费者权益行为检查、拍卖等重要领域市场规范管理、商标及特殊标志行为检查等8个类别共36项抽查事项，实现随机抽查事项清单对检查事项的全覆盖。同时，自治区工商局结合监管执法实际情况，制定《广西壮族自治区工商行政管理系统2018年度“双随机、一公开”抽查工作计划》，共确定抽查计划15项，包含抽查计划编号、抽查计划名称、抽查任务编号、抽查任务名称、抽查类型、抽查事项、抽查对象范围、抽查日期等内容，以及各地市工商部门制定的17项增补计划。抽查的具体操作流程及要求将按《广西壮族自治区工商行政管理系统“双随机”实施细则（试行）》并参照《工商总局随机抽查工作指引》执行。

2018年5月16日，自治区工商局举行年度首批“双随机、一公开”检查对象抽取仪式，共抽取14273户企业。23日，自治区工商局印发《自治区工商局办公室关于组织开展第一批“双随机、一公开”综合抽查的通知》，部署对1400户经营范围为类金融、教育培训、医疗美容、环保、知识产权代理等5个领域的企业开展定向检查，对14273户企业就企业登记事项开展不定向检查。设区市、县（区）工商和市场监管机关组织本辖区具体抽查工作，并及时将抽查情况和查处结果向社会公开。

2018年，自治区本级共有41个部门建立随机抽查事项清单、“执法人员名录库”与“检查对象名录库”，以及随机抽查实施细则；7个部门拥有双随机抽查检查平台；23个部门使用了国家企业信用信息公示系统双随机监管模块开展双随机工作。自治区本级共计开展双随机抽查357批次，检查市场主体7221户；共计开展跨部门双随机抽查23批次，检查市场主体1947户。各设区市以政府名义编制政府部门随机抽查事项清单，527个市直部门建立“执法人员名录库”与“检查对象名录库”，以及随机抽查实施细则；有42个部门建设有专门的抽查系统。共计开展双随机抽查5307批次，累计对15.44万户市场主体实施双随机检查；开展跨部门联合抽查712次，共计检查市场主体13770户。

2018年，贵港市工商局提请贵港市人民政府印发贵港市政府部门双随机抽查清单，同时向事中事后监管联席办成员单位下发做好“双随机、一公开”监管工作的通知。对类金融、教育培训、医疗美容、环保、知识产权、代理等5个领域的45家企业开展《工商总局随机抽查事项清单（第二版）》中“登记事项检查”和“公示信息检查”两个类别共10个抽查事项的定向抽查。对703家企业开展《自治区工商局随机抽查事项清单（第三版）》中“登记事项检查”类别8个抽查事项的不定向抽查。在此次双随机抽查中，贵港市工商局共随机抽选执法人员258人，于7月9日，全面完成“双随机、一公开”抽查任务。定向抽查结果为：未发现问题的市场主体34户；未按规定公示应当公示的信息2户；通过登记的住所（经营场所）无法联系的8户；发现问题已责令改正的1户。不定向抽查结果为：检查未发现问题的市场主体546户；通过登记的住所（经营场所）无法联系的131户，发现问题已责令改正的17户；发现问题待后续处理的6户；不配合检查情节严重2户；未发现开展本次抽查涉及的经营活动1户。该局依规将抽查检查结果归集到市场主体名下，并通过国家企业信用信息公示系统（广西）协同监管平台向社会公示，公示率100%。

第六节　企业信用监管

商事制度改革中非常重要的一个问题就是要转变监管的理念实行宽进严管，加强严管的核心是信用监管，信用监管的关键在于以信息化平台为支撑，凝聚执法力量，推进部门间企业信息共享和失信企业的联合惩戒，以更好地实现事中、事后监管。在大数据、云计算、“互联网+”等市场监管手段的创新下，以数字化监管为切入点，发挥工商数据资源潜在价值成为建立企业信用监管的重要着力点。

2014年，桂林市工商局试点“天眼工程”建设，综合利用高清摄像头、执法记录仪、监控手机终端等，依托互联网打造一个工商智能化监管平台，通过信息采集和数据分析为工商信用监管提供数据及信息化基础，呈现出新的特点。一是基于旅游、农贸、建材市场的“天眼工程”试点，整合市场监管基础数据，建立涵盖市场主体、“天眼”监控、日常巡查等多元监管数据库，为工商部门加强对企业信用监管提供数据支持。二是在监管实践中，通过执法记录仪、监管录像、信息化分析等高新技术手段植入，计算机数据取证和投诉处理形成常态，在执法监管上呈现数字化趋势。三是立足地方实际，将工商监控数据共享与对接桂林市城市智能化系统，建立以信息技术为基础的多部门协同市场监管机制，为多部门协同信用监管体系的建立奠定基础。同时，桂林市工商局狠抓企业信息公示、即时信息抽查和年报工作，在《企业信用信息暂行条例》及配套规章和全国企业信用信息公示系统构筑的数字化信用监管平台的框架下，最大化发挥工商对市场主体信用监管和信用约束效应。

从2014年3月，广西正式实施“天眼工程”以来，累计投入超过1000万元在桂林、南宁等地开展试点工作。11月20日，自治区工商局在桂林召开全系统改革市场监管模式现场会，交流推广桂林市“天眼工程”建设工作经验，并部署广西工商系统“天眼工程”。

2014年10月1日，自治区工商局建设企业信息公示过渡系统，促进更多企业信息公开，接受社会公众监督，利用信息化手段提升市场主体基础信息和信用信息的采集、整合、服务能力，完善市场主体的信用约束机制。信息公示系统开通以来，全自治区2014年度年报企业35.1万户，年报率达到82%。企业信用信息公示系统汇集约478.9万户市场主体（含注销、吊销）信息，累计浏览次数超过16亿人次，接受查询7亿次，列入经营异常名录的市场主体97.8万户。

2015年，自治区工商局通过推进市场主体年报和开展企业公示信息抽查工作，将违反《企业信息公示暂行条例》相关规定的企业列入经营异常名录，并通过广西企业信用信息公示系统向社会公示；推进严重违法企业名单管理应用，完善以企业法人法定代表人、负责人任职限制为主要内容的失信惩戒机制，进一步强化信用监管。

按照最高人民法院、国家工商总局等部门签署的《关于印发〈“构建诚信　惩戒失信”合作备忘录〉的通知》要求，自治区工商局开发广西失信被执行人联合惩戒系统，于2015年11月底正式上线运行，开启了对失信被执行人在公司登记注册环节的任职限制工作，对被全国各级人民法院列入失信被执行人名单的自然人，在其登记申请环节进行自动拦截，加大对各领域存在失信行为的企业和个人的信用惩戒力度，真正实现“一处违法，处处受限”，让失信者寸步难行。

至2015年底，全自治区列入经营异常名录企业7.66万户，农民专业合作社2971户，标注为经营异常状态的个体工商户44.15万户。

利用“互联网+”技术，以信息化网络为支撑，于2016年3月22日，正式启用“互联网+市场监管”指挥中心平台。5月30日—6月1日，自治区工商局在南宁举办工商系统“天眼工程”项目建设培训班，邀请有关技术公司专家对“天眼工程”指挥中心系统设备操作及线路调试、各地“天眼工程”指挥中心与“天眼工程”指挥中心连接的有关问题进行针对性的讲解。

2016年，自治区工商局代自治区党委深化改革领导小组办公室起草《关于加强市场主体信用监管完善市场主体信用体系建设的意见》，意在为加强市场主体信用监管提供法规基础。出台《广西壮族自治区工商行政管理系统企业信用黑名单管理制度（试行）》《失信当事人协同监管和联合惩戒合作备忘录》等严管制度。从法律层面规定各相关部门市场主体信息归集、共享、运用的法律义务，更好地规范各部门市场主体信息归集公示使用行为。

2016年5月，自治区工商局与自治区发展改革委联合下文转发《国家发展改革委等38各部委关于印发〈失信企业协同监管和联合惩戒合作备忘录〉的通知》，开始限制失信被执行人在公司登记注册环节的任职申请，在全自治区建立失信企业协同监管和联合惩戒机制。至2016年底，信息共享和联合惩戒初见成效，广西企业信用信息公示系统汇集约478.9万户市场主体（含注销、吊销）的信息，累计览次数达到16亿人次以上，查询市场主体信息达到7亿次，主动公示年度报告和即时信息的市场主体超过141.47万户，列入经营异常名录企业达到97.8万户，制订首批《失信企业协同监管和联合惩戒清单》，限制失信被执行人1310人次。

2016年8月，国务院批复了国家工商总局会同56个部门研究起草的《政府部门涉企信息统一归集公示工作实施方案》，明确要求各地各部门做好政府部门涉企信息统一归集公示工作。市场主体信息归集是实现信用监管、协同监管、联合惩戒和社会共治的基础。

2016年11月2日，自治区工商局召开落实行政许可及行政处罚信息归集工作推进会，就有关信用信息归集事项进行协商研讨。并向有关部门发函，就各部门信用信息归集目录征求意见，明确行政处罚、行政许可信息归集的有关规范及要求，与自治区质监局、南宁海关等8个政府部门签订数据归集与共享协议。同月16日，自治区工商局与地税、质监、海关、工业和信息化委等部门签订涉企信息归集共享合作协议，建立企业经营异常名录。

为建立涉企信息统一归集与公示工作机制，自治区工商局代自治区人民政府起草并于2016年11月25日下发《广西壮族自治区政府部门涉企信息统一归集公示工作实施方案》（桂政办发〔2016〕148号），对全自治区政府部门涉企信息归集工作进行统一部署。该方案明确涉企信息归集的工作目标、基本原则、归集内容以及归集方式和路径，并明确要求加快建设公示系统和企业信用信息平台，为企业信息统一归集公示提供信息化保障。

2016年12月25日，基本全面建成国家企业信用信息公示系统（广西）平台，并通过国家工商总局验收。进一步加大对工商信用监管体系建设的组织协调力度，履行好在工商信用监管体系建设中的职责，落实推进工商信用监管体系建设工作方案。

2017年，梧州市在全自治区率先印发《梧州市建立完善企业失信行为联合惩戒工作方案》，方案对建立完善全市企业失信行为联合惩戒工作机制指明方向，对建立健全联合惩戒实施细则等内容作出明确部署，构建以信用为核心的新型市场监管体系，形成"一处违法、处处受限"的联合惩戒机制。

2017年1月，自治区工商局主要领导走访部分商事制度改革联席会议成员单位，就政府部门涉企信息归集公示以及协同监管、失信联合惩戒等工作进行研究商讨，加快推进涉企信息归集公示工作进度。截至月底，各级政府部门向自治区工商局归集行政许可信息21237条、行政处罚信息19203条，抽查检查结果信息423条，已通过公示系统向社会公示。

2017年3月，自治区工商局向自治区法制办报送《关于提请将广西市场主体信息归集公示管理办法增列为2017年政府立法项目的函》（桂工商函〔2017〕241号），随函附有立法工作方案，明确推进立法时间安排。根据立法工作方案，组成立法调研组先后到自治区内北海、玉林、崇左等地，以及自治区外重庆、贵州等省市开展立法调研工作，并加强与自治区法制办的沟通协调，确保立法工作有序推进。

2017年4月，自治区工商局与自治区质监局、南宁海关等8个部门签订数据归集与共享协议。全自治区各级政府部门向国家企业信用信息公示系统归集行政许可信息21237条、行政处罚信息19203条，抽查检查结果信息423条。

2017年9月30日，自治区工商局印发《广西壮族自治区工商行政管理系统企业信用黑名单管理制度（试行）》（以下简称《制度》），自2018年1月1日起施行。《制度》包括总则、分类、管理、惩戒和附则，扩展了企业黑名单的范围，通过对经营主体或相关自然人实施工商内部约束以及与政府相关部门实施外部约束，构建市场主体信用监管工作机制，促进市场主体诚信自律，推进社会信用建设。是年，自治区工商局积极开展信用监管宣传，制作《企业信用监管政策解读》动漫宣传片，通过广西电视台、区内动车组电视、南宁机场候机厅电视等媒介进行播放，加大企业信用监管宣传力度，增强企业和社会公众对企业经营异常名录、严重违法失信企业名单的认识和了解，提升国家企业信用信息公示系统（广西）的认知度和使用率。另外，自治区工商局与自治区国税局、地税局、安全监管局等部门签署《失信当事人协同监管和联合惩戒合作备忘录》，认真做好信用约束和联合惩戒相关工作。对失信被执行人在公司登记注册环节进行任职限制，至年底，全自治区已限制失信被执行人任职2221人次。

2017年11月，按照自治区法制办《关于报送2018年政府立法建议项目的函》（桂法制函〔2017〕702号）要求，自治区工商局编制广西壮族自治区市场主体信息归集公示管理办法立法调研报告材料，以《自治区工商局关于报送〈广西壮族自治区市场主体信息归集公示管理办法〉立法调研报告的函》（桂工商函〔2017〕1308号）报自治区法制办。

2017年，广西发布《政府部门涉企信息归集资源目录》（以下简称《目录》），是全国第二个发布《目录》的省（自治区）。《目录》为自治区及各市、县的3158个单位开通3288个账号，共归集行政许可信息15.68万条、行政处罚信息4.2万条、抽查检查信息4.17万条，为实现信用监管、联合惩戒奠定基础。

至2017年12月31日，共为全自治区3676个政府部门开通协调监管平台账号4195个；已归集47个区直部门的涉企信息，实现归集部门覆盖率100%。至2018年3月，为全自治区3838个部门开通协同监管平台账号4261个，并与自治区食品药品监管局、环境保护厅、统计局、人力资源社会保障厅、国税局、地税局等部门实现搭建前置机进行数据交换。至2018年5月底，已归集登记备案信息2758912（主要人员2725464条、分支机构7317条、清算组26131条），行政许可信息214万条（包括工商部门），行政处罚信息9.9万条（包括工商部门），抽查检查信息25.5万条（包括工商部门），并全部通过公示系统公示于企业名下，为信用监管奠定良好的基础。

2018 年，自治区工商局推动自治区人民政府出台《广西市场主体信息管理办法》。这是广西第一部有关加强市场主体事中事后监管的法规，为打牢信用监管基础提供法律保障。协调各部门指导各市县制定完善信息归集目录，开通各级政府部门 4600 多个信息归集账号。稳步推进信用约束和联合惩戒。至 11 月底，全自治区有 504493 户市场主体被列入经营异常名录、2941 户企业被列入严重违法失信企业名单。为了防止大批老板受到限制，自治区工商局建立“信用警示”制度，提前 60 天提醒企业修复信用，化解风险。协助法院系统限制“老赖”任职 4338 人次。至年底，全自治区通过公示系统共归集登记备案信息 298.9 万条，行政许可信息 244.54 万条，行政处罚信息 14.65 万条，抽查检查信息 33.71 万条，其中，工商部门以外的其他部门共归集行政许可信息 106.56 万条，行政处罚信息 10.26 万条，抽查检查信息 16.58 万条。并全部归集到市场主体名下通过公示系统向社会公示。自治区本级 49 个部门实现全覆盖。

企业信用信息公示系统建设

2013 年，自治区工商局着手筹建广西市场主体信用信息公示系统，向自治区人民政府呈送《关于“广西市场主体信用信息公示系统”建设项目可行性报告》。

2014 年 3 月 1 日，广西市场主体信用信息公示过度系统正式上线，实现企业登记注册基础信息向全社会的公示。

2014 年 7 月、12 月，《广西市场主体信用信息公示系统项目建议书》和《广西市场主体信用信息公示系统项目可行性研究报告》分别获自治区发展改革委批准。

2014 年，自治工商局根据国家工商总局公示系统“全国一张网”建设的工作部署，制订并印发《广西市场主体信用信息公示系统项目初步设计阶段工作方案》，组织推进项目初步设计阶段工作，组织编制《广西市场主体信用信息公示系统建设项目初步设计方案和投资概算报告》，2016 年 6 月获自治区发展改革委批复同意。

2014 年 9 月 30 日，广西基本建成市场主体信用信息公示系统的市场主体年报及即时信息公示。10 月 1 日，与全国同步上线运行“广西企业信用信息公示系统”，为全国、全社会提供市场主体信用信息的查询和企业信息公示填报平台，向全自治区的所有企业、个体工商户和农民专业合作社提供报送年度报告窗口。公示系统的开通，为进一步推进全自治区企业信用体系建设打下坚实的基础。信息公示系统开通至年底，全自治区共有 5.3 万户市场主体完成年报公示，2721 户市场主体公示即时信息，系统浏览量 1812 万次，查询 1778 万人次。

2015 年 9 月 29 日，按照国家工商总局的统一安排和部署，自治区工商局依托全国企业信用信息公示系统建立的小微企业名录广西频道正式上线运行，向社会开放。

至 2015 年底，通过广西企业信用信息公示系统汇集全自治区约 202.1 万户市场主体的信息，社会公众查询量 5500 万人次。

2016 年 11 月 16 日，自治区人民政府在自治区工商局举行国家企业信用信息公示系统（广西）上线启动仪式，自治区人民政府副秘书长唐宁宣布公示系统正式上线运行。该系统进一步优化政府服务水平，有效解决企业与公众之间信息不对称问题，提高政府部门的服务效率，并为下一步开放企业名称库、推行电子营业执照、全程电子化登记等注册登记便利化改革措施提供技术支持和基础保障。

2016 年 12 月 25 日，国家企业信用信息公示系统（广西）通过国家工商总局验收，基本实现“一网归集、双向服务”的目标。至年底，归集全自治区 478.85 万户市场主体（含注销、吊销）信息，公示信息 141.47 万条，累计浏览次数超过 16 亿人次，查询市场主体信息 7 亿次。

2017 年，自治区工商局制订《广西工商系统全面建成国家企业信用信息公示系统（广西）实施方案》，确定了目标任务和工作重点，并细化任务分工，落实责任处室，确保完成全面建成国家企业信用信息公示系统（广西）的目标任务，顺利通过国家工商总局验收考核。

2017 年 11 月 29 日，国家工商总局验收组对国家企业信用信息公示系统（广西）全面建成情况进行验收，给予了高度肯定，并顺利通过验收。

至 2017 年 12 月 20 日，全自治区通过公示系统公示市场主体 532.32 万户，市场主体登记备案信息 256.41 万户，企业动产抵押信息 12961 条，股权出质登记信息 22121 条，行政处罚信息 89897 条，行政许可信息 199.74 万条，司法协助信息 5361 条，检查抽查信息 24.76 万条。系统使用量和访问量日均 5.5 万余次和 6.2 万余次，累计访问量 1296.23 万人次，查询量 1783.36 万人次。

第二篇 市场监督管理

为适应社会主义市场经济条件下市场主体多元化、经营方式多样化、营销手段现代化的新情况，广西各级工商机关不断拓展市场监管领域，从主要监管集贸市场转向监管社会主义统一大市场，从主要监管单一的国内市场转向监管日益国际化的市场；不断创新监管方式方法，加强行政执法力度，提高规范化监管水平。1992—2018 年，广西各级工商机关依法严厉打击制售假冒伪劣商品、走私贩私、不正当竞争、传销及变相传销、商标侵权、虚假广告、合同欺诈、侵害消费者权益等违法行为，努力维护社会主义市场经济秩序，营造公平竞争的市场环境和安全放心的消费环境。

广西的公平交易工作随着历史的变迁而不断变化，20 世纪 80 年代末至 90 年代中期，公平交易的主要任务是打击投机倒把，进入 90 年代中期，公平交易的主要工作是以执行《中华人民共和国反不正当竞争法》为主，以“一反两保护”（反不正当竞争，保护生产者、消费者的合法权益），“三打”（打击传销、打击假冒伪劣、打击走私贩私）为重点，坚持集中整顿、专项治理和加强日常监督管理相结合，开展经济违法案件查处。进入 21 世纪后，各级公平交易、经济检查部门主要围绕建设统一开放、竞争有序、诚信守法、监管有力的现代市场体系，以执法办案为抓手，密切关注民生领域和社会反映的热点问题，积极查处各类扰乱市场秩序的经济违法违章案件，打击传销规范直销，努力规范市场交易行为，维护社会主义市场经济秩序，营造公平竞争的市场环境和安全放心的消费环境。

第一章　市场规范管理

1992 年以来，广西各级工商机关主要做好市场建设和办管脱钩工作，开展集贸市场整顿及畜禽疫病防控、清查毒鼠强等专项整治行动，加强对商品交易市场的日常规范化管理及农资、粮食、机动车、成品油等重要商品市场的管理，开展经纪人管理和商标管理，探索完善“五制一化”（市场准入制度、市场巡查制度、市场预警制度、市场属地监管责任制度、市场信用管理制度和流通现代化）长效监管机制，维护了市场经济秩序，促进了地方经济发展。

2018 年，新的一轮国家机构改革开始，由工商、质监、食药、物价合并组建市场监督管理局。

第一节　市场规范管理沿革

1990 年以后，自治区各级工商行政管理机关围绕开展公平交易执法年活动，以“一反两保护”（反不正当竞争，保护生产者、消费者合法权益）为重点，通过受理群众投诉和举报、成立市场执法队伍，开展市场专项整治或与有关执法部门进行联合行动等方法，在全自治区开展了节日市场、农资市场、保健品市场、烟草市场、粮食购销市场等专项检查，严厉打击制假售假、走私贩私活动；加强对中介组织和经纪人的管理，强化粮食、食盐、成品油等专业批发市场的监督管理；查处以违法合同为重点的欺诈行为等；会同有关部门开展了建设工程项目执法监察，整治药品回扣等专项行动，坚决查处制售假冒伪劣商品违法行为和欺行霸市行为，规范市场经营秩序，净化了市场环境。

1994 年，全自治区形成了五级市场网络，即自治区级、地市级、县级、乡镇级、村级，培育和发展市场体系出现了新的起色。在加强市场建设的同时，强化市场监督管理。特别加强了对粮食、油料、棉花、蔬菜、肉类、食用盐市场和灾区集贸市场的监督管理，维护社会稳定。在管理工作当中，在重点抓好大、中型市场和乡镇级市场规范化管理的基础上，在全自治区市场范围内推行规范化管理，提高了市场效益，繁荣了市场。1994 年，全自治区消费品市场年成交额在 5000 万～1 亿元的有 50 个；年成交额在 1 亿元以上的有 27 个。为了推动市场监督管理上水平、上档次，自治区工商局与自治区精神文明办公室于 1994 年 7 月份联合下文，将创建文明市场活动从集贸市场推广到生产资料、生产要素和特种市场。

1995 年 10 月，自治区工商局在北流召开全自治区工商行政管理市场管办脱钩现场会

1996年，广西各级工商部门认真贯彻落实国办发〔1995〕40号、桂政办〔1995〕89号文件的精神，全自治区应脱钩的331个市场已基本完成了脱钩工作。市场办管脱钩后，商品交易市场出现了市场建设企业化、市场服务事业化、市场监管法治化的特点。办管脱钩后，工商部门一方面集中精力维护市场秩序，市场监管力度得以强化，另一方面通过参与市场规划、布局、定点论证等方式继续促进各类市场的培育和发展。

5月28日，广西壮族自治区第八届人民代表大会常务委员会第二十二次会议通过《广西壮族自治区商品交易市场管理条例》。

8月2日，自治区人大法制委员会、自治区工商局联合召开实施《广西壮族自治区商品交易市场管理条例》（以下简称《条例》）新闻发布会，自治区人大常委会副主任黎济武、自治区副主席张文学、自治区工商局局长陈章进出席会议并作了讲话。黎济武、张文学要求工商行政管理部门要广泛宣传《条例》，正确领会《条例》的主要内容，严格执行《条例》规定，并要求各有关部门要相互配合、相互支持、共同形成监管市场的执法合力。陈章进对《条例》的有关问题作了说明，并就如何贯彻实施《条例》谈了意见，要求各级工商行政管理部门要认真组织干部职工学习《条例》，采取多种形式向社会各界宣传《条例》，并通过履行对商品交易市场登记注册的职责，培育完善市场体系，强化对市场交易行为的监督管理工作。2004年3月26日，《广西壮族自治区商品交易市场管理条例》由广西壮族自治区第十届人民代表大会常务委员会第七次会议进行修订，修订后的《广西壮族自治区商品交易市场管理条例》自2004年7月1日起施行。深入开展创建“文明市场”评比活动，促进社会主义精神文明建设。自治区工商局制定了新的“自治区级文明市场评比标准”。到1996年底，全自治区已有全国文明市场25个，有全自治区文明市场98个。

1997年后，全自治区各级工商行政管理机关以“健全市场规则，加强市场管理，清除市场障碍”为指导，积极拓宽监管领域，积极参与房地产交易市场、商品拍卖市场、产权交易市场和劳动力市场等生产要素市场的监管。此外，还积极探索社会主义市场经济条件下市场监督管理的有效方式、方法。一是全面推行市场巡查制、“经济户口”管理，建立“12315”投诉网络，至1998年底，全自治区普遍形成了市、县工商行政管理局和工商所巡查队（组）与“12315”消费者投诉举报指挥中心相结合的、全方位的三级市场巡查网络。二是积极完善市场监督管理制度，加强对各类市场的专项整治，提高了执法的有效性、权威性。特别是根据国务院、国家工商行政管理总局和自治区人民政府的部署，组织或配合有关部门加强对粮食市场、文化市场、旅游市场等的监管治理，查处了一批非法收购粮食案件，收缴了一大批宣传“法轮功”等内容的非法出版物。

1998年，广西各地广泛深入开展了文明市场创建活动，根据巩固、提高、延伸、辐射的要求，把创建文明市场活动从城市向乡村延伸，从消费品市场向生产资料市场、生产要素市场和特种市场延伸，从各类市场向大街小巷门店摊点延伸，使创建文明市场活动涵盖了社会大市场，促进了市场规范化管理。与此同时，各级工商行政管理机关全面推行市场巡查制，建立健全市场监管网络，切实加强对各类市场的监督管理。各地开展的主要工作有(1)建立市场巡查队伍。如南宁、桂林、玉林、柳州等城市，在市局设立市场巡查指挥机构，城区分局、县局成立市场巡查队，工商所成立市场巡查组。在管辖的区域内按不同的市场分类进行巡查。包括各类商品展销会以及城区街道小巷门店摊点和租赁柜台，也列入巡查范围。(2)建立完善投诉网络。如南宁、桂林、柳州等城市成立了“3·15”投诉举报中心，并在辖区内的分局、管理处、工商所普遍设立投诉点，并设立投诉箱和投诉电话，设立流动投诉车，及时受理群众投诉问题，查处损害消费者、经营者合法权益和工商执法人员违法行为。(3)设立文明示范街巷。如南宁市兴宁分局、桂林市兴安县城关工商所设立文明经营示范一条街（巷），把创建活动向大街小巷延伸。(4)推广使用“一张卡”。南宁市从1998年5月，在市区的300条大街小巷的经营门店推广使用了2万多张“工商监督管理联系卡”，在规范管理行为、经营行为以及保障消费者合法权益等方面起到作用。桂林市兴安县城关工商所、百色市田东县平马工商所等也学习推广了南宁市工商局“联系卡”的经验做法，收到好的效果。南宁市工商局从1998年3月设立“3·15”投诉中心和网络及流动投诉车，推广使用“一张卡”，实行区域分类市场巡查以来，共受理群众投诉或举报250起，为消费者挽回经济损失45万余元，立案查处制售假冒伪劣商品等违法经营案件13起，总案值180多万元，罚没款38万元。

在抓好集中有形的商品交易市场日常监督检查的基础上，加强对各种商品展销会、交易会、订货会、年货市场的监督管理，为“三会一市”开办者核发临时市场登记证60多份，组织开展了自治区成立四十周年等重大节日市场的监督检查。参与对生产资料市场、生产要素市场和特种市场的监督管理。先后对金融市场、证券交易中心、技术市场、人才交流中心等集中交易有形的生产资料市场、生产要素市场进行了登记注册，确认市场的合法地位；加强对劳动力市场的规范管理，开展职业介绍机构和劳动力市场的清理检查。

1999年，在新的形势下，广西各地工商局以工商行政管理体制改革为契机，全面推进市场监督工作开创新局面：一是各地重视发挥职能作用，积极支持培育发展各类市场体系，为发展农业、农村经济和支持国有企业改革服务；二是继续实施以创述文明市场为龙头的市场带动工程，推动市场巡查制度和市场监管网络的建立和完善，形成了科、股、所“三级联动”巡查，以及受理、督办、反馈“一条龙”的工作机制，以及推行经营门店摊点“工商行政管理监督联系卡”，不断推进市场规范化管理；三是以抓粮食重要商品管理、打击走私贩私、经销假冒伪劣、欺行霸市等市场违法违章活动和开展工业品市场专项整治为12点，努力推行“经济户口”监管模式，保护合法经营，取缔违法经营；四是以抓经纪人学习培训管理和市场准入把关为重点，不断规范经纪人队伍和市场中介组织，努力拓宽生产要素市场监管领域。1999年，全自治区查处商品交易市场违法违章案件57075件，罚没金额223万元。

2000年，广西工商行政管理机关在市场监管工作中首先抓好了监管模式改革。在继续完善市场巡查制的同时，全面推行“经济户口”管理，在139个试点工商所实行“三式三制”监管模式，推进市场监管由驻场管理制向辖区管理制转变、由静态管理向动态的综合监管转变。全年，共查处商品交易市场违法违章案件48638件，罚没金额431.69万元。

2001年，广西工商行政管理机关以试点探索建立和推行市场预警警示制度为主，继续深化市场规范管理内容，修订《广西商品交易市场预警警示试行办法》。各地选择了不同类型的市场进行试点，并把试点工作与近年来推行的市场巡查制、“经济户口”管理、创建文明市场结合起来，初步形成了与当地实际紧密结合的预警警示监管模式，有力地推动了市场经济秩序的正常进行，促进广西地方经济的健康发展。全自治区查处管理交易市场违法违章案件41539件，罚没金额5353万元。

在市场监管和行政执法工作中，各级工商行政管理机关坚持“打防结合、标本兼治”的方针，积极推行市场预警制、市场行为记录公示制、守法经营承诺制，以及组织经营者开展创建诚信经营户的活动。同时，为规范市场经营行为，促进诚实经营、文明经商，自治区各级工商行政管理机关还开展了创建文明市场活动。创建文明市场活动始于1987年。自治区工商行政管理局在过去开展评比城乡集市“五好市场”的基础上，广泛开展创建“文明集贸市场”活动，并制定了创建文明集贸市场的标准和评比办法。当年，全自治区就有12个市场被评为自治区级文明市场。进入20世纪90年代，各地广泛在市场中开展“创建文明市场”“文明经营户”“消费者信得过文明经营企业”“百城万店无假货”为主题的竞赛活动，积极倡导公平竞争、诚实守信的良好风气。到1998年底止，全自治区获得过“全国文明市场”称号的市场共有70个（次）。到2001年底止，获得过“全区文明市场”称号的市场共有434个（次）。

2002年，广西工商行政管理机关全面推行市场预警警示制度，把这项工作与市场巡查、“经济户口”管理以及市场诚信建设结合起来，通过定期或不定期检查经营户守信经营情况，对守法诚信经营者予以鼓励；对经营户轻微违法或不守信行为予以警示；对违法经营有不良记录的，依法予以查处，并向社会公示。全自治区查处商品交易市场违法违章案件41342件，罚没金额1251.44万元。

2003年，广西各级工商系统认真学习贯彻党的十六大和十六届三中全会精神，坚持以“三个代表”重要思想为指导，从实际上出发、充分发挥市场监管综合职能作用，积极探索创新市场监管模式，努力打造“法制型、服务型、智能型”工商，围绕国务院、自治区人民政府提出的整顿和规范市场经济秩序的目标要求，组织开展了清缴“毒鼠强”、抗非典药品食品、生物物种资源保护、机动车、成品油、农资打假、建材等多个市场专项整治和行政执法活动，为推动市场规范管理工作开创新局面。全年，查处商品交易市场违法违章案件 50801 件，罚没金额 2813 万元。

2004 年，着重加强对农资商品的监管。全年，查处商品交易市场违法违章案件共 28922 件，罚没金额 2018 万元。

2005 年，广西各级工商行政管理机关认真贯彻党的十六大和十六届三、四中全会精神及全国、全自治区工商行政管理工作会议精神，以开展"能力建设年"活动为主题，积极发挥职能作用，以开展"服务'三农'、红盾护农"行动为重点，加大市场监管和行政执法力度。全年，全自治区查处商品交易市场违法违章案件共 26116 件，罚没金额 1812 万元。

2006 年，广西各级工商局市场合同监管部门以服务社会主义新农村建设为主题，开展市场合同监管工作凸显"红盾护农行动"、指导培育发展农村经纪人、推进社会主义新农村建设三项内容，继续深入开展市场安全监管为主的专项整治，加大市场监管和行政执法力度，努力拓宽监管领域。其中，把发展农业生产、促进农民增收作为建设社会主义新农村工作的重要内容，充分整合职能，创新工作机制，集中力量开展了红盾护农、商标富农、政策爱农的"三大行动"。全年，查处商品交易市场违法违章案件共 21998 件，罚没金额 1604 万元。

开展"红盾护农"行动，自治区工商局副局长江建伟和纪检组组长刘之到场主持了"2006 红盾护农"行动宣传周活动启动仪式；自治区工商局及时调整"红盾护农行动"领导机构，制定方案，印发文件，在广西工商行政管理工作会议做出部署；各地工商部门也相应调整了领导机构，将一把手作为专项行动的第一责任人，并把专项行动上升到全局工作的重中之重，按照上级的部署抓紧抓好；6 月，自治区工商局下发《广西工商行政管理系统农资市场监管种子商品留样备查公告管理制度（试行）》，并参照《流通领域商品监测办法》规范文本，统一制订了种子留样备查公告管理的一整套表格文书在全自治区推行，进一步明确和规范了基层工商机关种子留样备查的职责和行为，南宁市横县工商局、钦州市浦北县工商局在原有基础上率先试行种子留样备查公告管理文书；指导帮助农资经营企业推进连锁经营服务，严格按照门店标识、货源组织、配送服务、零售价格、规章制度、监督管理"六个统一"的连锁经营模式，开展农资商品连锁经营；加强农资经营户"绿黑名单"公示制度动态管理，震慑违法农资经营户。

2007 年，广西工商行政管理机关以深入开展"行政效能建设年"活动为契机，以实施"五项惠农工程，服务社会主义新农村建设"为重点，进一步加强市场监管和市场安全防控，不断探索建立市场监管的长效机制，提高行政执法效能；不断创新市场监管的方式方法，努力实践监管与发展、服务、维权、执法的"四统一"，围绕"红盾护农、经纪活农、合同帮农、商标富农、权益保农、政策爱农和市场助农"七个机制，结合广西实际，制定了"放心农资、经纪活农、服务助农、权益保农、扶优助强"五项惠农工程实施方案；紧密加强与党委组织部门合作，共同推进"双培双促"工作，促进农村党员经纪队伍发展壮大；集中开展"农村食品市场整顿年"活动，努力改善农村食品市场消费环境。全年，查处商品交易市场违法违章案件共 17511 件，罚没金额 1822 万元。

2008 年，广西各级工商行政管理机关逐步把工作重点转到加强行政执法、服务经济发展上来，充分履行工商管理行政管理职责，从严从重打击市场短斤少两、假冒伪劣、强买强卖、哄抬物价、囤积居奇、以次充好等违章违法行为，特别是 9 月停止了对个体工商户和市场管理费的收取。全年共查处商品交易市场违法违章案件 11141 件，罚没金额 1285 万元。

2009 年，广西各级工商行政管理机关在市场规范管理方面重点加强了"红盾护农"、市场信用分类监管和"双培双促"等工作。在"红盾护农"方面，联合自治区质量技术监督局共同开展小型农资企业农资产品质量专项整治行动，摸清了全自治区小型农资企业"家底"，重点治理了小型农资企业生产源头质量把关不严的薄弱环节，实施源头预警防控，使全自治区小型农资企业农资产品质量水平得到了提升。实施"放心农资"工程，指导构建"放心农资"销售网络。至年底，全自治区创建"农资商品示范店" 451 家；指导富满地、红日、幸福、蓝天绿地、穗丰等 11 家大型农资销售企业按照现代农资连锁经营模式，建立覆盖全自治区县乡镇的农资连锁超市、连锁经营门店1900多家。全自治区基本建立“市场有序辐射、示范店规范有保障、连锁门店放心便利”的覆盖市县乡镇的“放心农资”销售网络体系，为广大农民消费者构建了一个放心、安全和良好的农资消费环境。各级工商行政管理机关还充分利用和完善12315申诉举报网络体系，大力推进“红盾护农”监督服务站、联络站建设，进一步扩大消费维权进乡村的覆盖面，完善农民消费者消费维权申诉举报机制，确保农民消费者合法权益得到有效保护。至年底，全自治区建立“红盾护农”监督服务站、联络站2000多个。探索开展市场信用分类监管模式。各级工商行政管理机关一是把住政府领导关键环节，提升市场信用分类监管工作的地位。使原来由工商行政管理部门一家开展的商品交易市场信用分类监管工作，提升到由政府统一领导，工商行政管理部门牵头，农业、商务、畜牧、食品药品、国税、地税、检验检疫、人民银行等多部门联动的社会信用管理体系，构筑“政府领导、工商牵头、部门联动、市场自管、商家自律”五位一体的市场监管体系。二是以建立工商行政管理系统内部制度和市场主体监管制度“两套制度”为重点，夯实工作基础。通过指导市场开办者制订商品准入退出管理、市场应急管理、商品质量管理责任等十二项制度和措施，强化市场管理第一责任人的责任。三是紧紧依托信息化平台为支撑点，提高市场信用分类监管工作效能。利用“工商通”移动信息平台，开通短信查询、提醒、信息采集、监督等互动服务功能，工商行政管理部门实现对市场开办者和场内经营户实行实时动态监管，消费者还可以通过发送经营者固定编号的短信，查询商家的信用等级情况。全年共查处商品交易市场违法违章案件7987件，案值2738.58万元，罚没金额924.47万元，分别比去年同期下降了28.3%、32.3%和28.1%。其中，超范围经营1371件，掺杂使假、假冒伪劣627件，分别占总案件数的17.1%和7.8%。

2010年，开展市场信用分类监管，确定了南宁市富安居家居广场等26个市场作为全自治区商品交易市场信用分类监管工作示范点。年内，全自治区有76个商品交易市场开展了信用分类监管工作，其中，A类市场55个，B类市场21个。对已实施商品交易市场信用分类监管工作的市场，各级工商行政管理机关加强对市场开办者和市场管理人员的教育和培训，引导督促其守法经营，进一步完善市场各项管理制度，不断完善市场功能设施；按照有关规定对原录入的信用分类数据进行核对、更新，及时对各类信息进行补录或修正，保证市场信用分类等级的准确性。对未实施商品交易市场信用分类监管的市场，各级工商行政管理机关大力宣传开展商品交易市场信用分类监管工作在促进经济发展、构建和谐社会的作用、意义，营造社会舆论氛围，加强对市场开办者的引导；根据商品交易市场信用分类监管工作要求，督促市场开办者加大硬件投入，改善软件环境，力争年内实现商品交易市场信用分类监管。

年内，各级工商行政管理机关对网络商品交易市场主体进行调研，摸清广西网络商品交易市场的经营主体基本情况，明确监管工作的重点和措施；及时举办网络商品交易及有关服务行为监管工作视频培训班，并邀请部分从事网络商品交易及服务企业召开座谈会，广泛听取网络企业的意见和建议，探讨支持和规范广西网络商品交易及有关服务行为的措施方法。规范服务业市场秩序，优化服务业发展环境。重点对物流、配送、商品代理、监理、租赁、电子商务、信息咨询、品牌代理、公共关系、广告、美容美发、洗染业、健身娱乐场所等与群众密切相关的行业进行专项整治，督促和引导经营单位诚信守法经营。专项整治行动中，共查处无照从事服务业经营行为5098件，立案查处各类涉及服务业的违法违章案件6269件，案值2680万元，受理服务业消费申诉1133件，为消费者挽回经济损失154.7万元。

加强对服务业格式合同的检查，依法纠正服务业格式合同中侵害消费者合法权益的“霸王”条款。联合物价、商务、公安、交通等部门开展专项整治行动，查处服务业市场不正当竞争、限制竞争行为和清理规范服务性乱收费。专项整治行动共检查物流企业2471户，快递服务部、配送部、货场等6125个；取消了涉及建设、公安、交通等5个社团主管部门的15个社团收费项目，涉及收费金额725.96万元；降低涉及新闻出版、交通等3个社团主管部门的5个社团收费标准，涉及收费金额50.08万元。

各级工商机关继续落实自治区工商局“支持广西北部湾经济区建设24条”“促进全民创业21条”等优惠政策，大力支持广西服务业发展。通过登记、监管、服务等手段，推进企业内部第二、三产业分离，不断增加服务业市场主体总量。1—10月，全自治区新登记服务业企业2.04万户，注册资本（金）401.62亿元。

分别比上年同期增长 3.7 倍、4.5 倍。

2010 年，广西各级工商行政管理机关共查处商品交易市场违法违章案件 9456 件，案值 3822.92 万元，罚没金额 1008.71 万元，分别比上年同期增长了 15.5%、28.4% 和 8.4%。其中，占案件总数前三位的是：超范围经营 1821 件，掺杂使假、假冒伪劣 688 件、缺斤少两 323 件，分别占总案件数的 19.3%、7.3% 和 3.4%。

2011 年初，自治区工商局会同自治区商务厅联合印发《关于优化服务业市场环境的意见》（桂工商发〔2011〕38 号），从建立健全行业监管制度、规范市场秩序、建立服务业消费者申诉举报协作机制、推进服务业信用体系建设等方面推动服务业的健康发展。针对网购行业的兴起，以新闻出版业、日用消费品为重点整治领域，以图书、音像、电器、服装、化妆品、食品、药品、母婴用品等为重点查处产品，开展网络购物领域专项整治行动，对网络购物进行了全面巡查；共网上检查网站 946 个，实地检查网站经营者 223 个，责令删除违法商品信息 16 条，净化了网络购物市场环境。10 月，在全自治区组织开展网络代购"洋奶粉"经营主体专项清查行动，全系统共投入 235 台电脑，189 名执法人员，进行了 1975 次网上搜索，发现从事网络代购洋奶粉网店（信息）116 个条，责令 111 个条（网店 / 信息）未取得食品流通许可证和营业执照从事代购的网店（信息）停止经营行为。全年，共查处商品交易市场违法违章案件 7856 件，案值 3484.07 万元，罚没金额 977.87 万元，分别比上年同期减少了 20.98%、9.73% 和 3.15%。

2012 年，广西工商部门以开展"红盾护农"、农村党员经纪人培训和成品油市场专项整治为重点，通过全面落实属地监管责任制，以建设"法制工商、服务工商"为切入点，注重宣传教育，引导经营者依法经营；加强对重点行业的监管，严厉打击各类商品交易市场违法违章经营行为；加大了商品交易市场日常巡查监管力度，市场监管工作转入长效监管常态化；在查处违法违规案件中注重大要案的查处的同时，一般违法性质较轻的案件侧重简易程序及警示教育。全年，共查处各类商品交易市场违法违章经营案件 7951 件，比上年同期增加 1.73%。案值 3045.64 万元，比上年同期减少 12.58% 万元，罚没金额 934.33 万元，减少 4.4%。

2013 年，在全系统开展"美丽广西 · 净化市场"活动。各级工商机关集中开展专项整治 2344 次，重点整治农贸市场 5289 个次，整治包干街区 2683 个次，排查环保问题企业 1563 户，组织 1.2 万多人次参与辖区卫生清洁活动，投入净化市场活动经费 592.9 万元，投入定点村清洁活动经费 237.88 万元，共清理垃圾 8700 多吨。围绕"美丽广西 · 净化市场"活动，组织有各类市场主体人员参加的座谈会 277 次，参加人数 2.3 万人，发放宣传资料 65.36 万册；与临街经营户签订门前"三包"责任书 15.5 万份；组织企业和个体工商户在经营场所发布 LED 电子屏标语 3275 条，发布大型户外广告 2 处，活动取得良好成效。

2014 年，深入开展"美丽广西 · 清洁乡村 · 净化市场"活动。全系统深入实施"诚信市场、环保企业、放心农资"三项重点工程，较好实现了美化市场环境、优化投资环境、净化生产环境的三大工作目标。全系统集中开展"美丽广西 · 清洁乡村 · 净化市场"整治行动 7461 次，重点整治农贸市场 1794 个次，整治包干街区（村屯）1305 个次，投入净化市场活动经费 874.1 万元，投入定点村清洁乡村活动经费 139.7 万元，发放活动宣传资料 13.3 万册，组织 13971 多人次开展临街、乡村卫生清洁活动，共清理垃圾 6100 余吨，清洁水源 369 处。同年，狠抓"天眼工程"建设，提升监管工作效能。在桂林市工商局试点开展"天眼工程"建设工作，充分利用实时视频监控、现场枢纽指挥、移动监督执法等高科技手段和信息网络技术，实现对市场环境、交易行为和工商行政执法工作的在线全程监管、远程监控。试点工作取得了初步成效。自治区工商局直属专业市场局充分发挥管理辖区专业市场的优势，率先推动"天眼工程"在专业市场的实施，大大提升了监管、维权工作的水平和效能。同年，围绕消费投诉热点，强化网络商品交易监管。开展"2014 红盾网剑行动"，检查网店 1375 家，查获涉嫌利用互联网销售不合格化肥产品 342.1 吨。"双十一"期间，组织开展"红盾亮剑网络维权专项执法行动"，约谈 1879 家电商企业，建立"网上商户白名单制度"，引导网络商品交易第三方平台建设，推行"两认证五审查"工作模式，规范电商经营行为，净化了网络市场。

2015 年，在认真总结桂林市工商局试点工作经验的基础上，制订出台《实施"天眼工程"建设的指导意见及实施标准》，从概念、思路、技术、制度等方面，对全系统的"天眼工程"建设进行了顶层设计和规划。

同时，新增南宁、钦州、玉林3个试点单位，并于9月对试点单位“天眼工程”项目建设工作情况进行了督查。当年，自治区工商局“天眼工程”指挥中心系统采购和网络服务采购招标工作已完成，进入现场施工阶段。南宁、钦州、玉林3个试点单位均按计划完成了相应的工程建设任务。

2016年，广泛开展“美丽广西·生态乡村·整治市场”活动，把生态乡村建设与整治市场秩序、营造良好市场环境有机结合，着力解决市场经营管理中存在的突出问题。年内，全系统共出动执法人员1.07万人次，车辆2468台次，开展各类市场专项整治活动531次，下达整改通知8375份，取缔占道经营和市场外经营摊点1.69万家（个），教育疏导占道经营商户1.92万家（次），拆除大型广告灯箱1609个。

2017年，在完成一期建设的基础上，启动“天眼工程”市场监管平台建设。该平台具有“交易监控、惠民服务、执法监督、信息联合发布和枢纽管理”五大功能，同时可与工商系统内部以及自治区直属相关部门的各综合业务平台数据互通共享，可动态掌握全自治区各类市场主体信息、信用分类、行政处罚等情况，还将紧扣市场合同实际业务，将动产抵押、格式条款公示、守信用重合同企业申报等信息化系统进行整合关联，面向社会公众提供市场规范管理有关综合性信息发布及服务。

2018年，聚焦社会关切，开展各类市场专项整治，全自治区各级工商和市场监管部门查处各类市场案件1268件，案值1124万元。开展农贸市场专项整治，加强非洲猪瘟、禽流感等疫情防控工作，有效遏制了动物疫情在广西的蔓延。全年，各级工商和市场监管部门组织开展流通领域农资商品、成品油、电动自行车流通领域“三大类”商品抽检工作，共抽检“三大类”商品1995批次，完成经费预算265万元。改进检测结果的公开方式，在《广西日报》以专版形式向社会公开不合格商品名单，提高对违法经营者的震慑力。

第二节　商品交易市场规划与建设

在强化市场监管的同时，全自治区各级工商行政管理机关充分发挥职能作用，积极推进市场体系的培育和发展。1984年3月和1985年2月，自治区人民政府分别批转了自治区工商行政管理局起草的《关于加强城乡集市建设的报告》和《关于进一步加强城乡农贸市场建设的报告》，要求各级人民政府加强对集市建设的领导，把市场建设纳入城镇建设规划，认真解决市场建设用地和资金等问题，统筹规划，合理布局，由此，广西各地掀起了集贸市场建设的高潮。仅1984—1985年，全自治区市场建设投资就达4651万元，新建市场294个，建设总面积56.09万平方米。随着集贸市场建设的加快，大大缓解了城乡商品交易有市无场的局面，老、少、边、穷地区的集贸市场建设也取得了显著的成绩。据统计，“七五”“八五”期间，自治区各级工商行政管理部门通过各种渠道筹集了市场建设资金16亿元，新建、扩建各类市场1439个。

1992—1995年，广西工商系统发挥市场培育建设、布局规划职能，推动完善全自治区商品市场网络。为适应建立社会主义市场经济体制的要求，加快广西市场体系的培育和发展，1992年6月23日，自治区工商局下发《关于城乡集贸市场分类的规定》（桂工商市字〔1992〕120号），对全自治区的集贸市场进行21个分类。自治区工商行政管理局代自治区人民政府起草了《关于培育和发展全区市场体系的通知》《培育和发展市场体系规划（1994—2000年）纲要》。

1992年全自治区市场建设投资3.11亿元，比上年增长2倍；新建与改建市场168个，其中专业市场16个，新增建筑面积112.25万平方米。到1992年底，全自治区共有各类市场2359个，排全国第16位，建筑面积654万平方米；市场成交总额122.83亿元，排全国第11位，比1991年增长19.08%，相当于社会商品零售总额的44.84%。其中，年成交额在5000万～1亿元的市场25个，成交额在1亿元以上的市场10个。年内市场发展的特点：一是兴建各类市场已由部门行为转变为政府行为，培育市场、组织发展市场，已纳入各级政府的重要议事日程，不少市、县长亲自抓。二是由过去工商行政管理部门一家抓，转向社会各阶层参与。三是市场建设的起点高、规模大、上水平。梧州、百色、玉林、凭祥、柳江、鹿寨、岑溪、灵山、北流等市、县都兴建了面积在1万平方米以上的大型综合集贸市场和专业批发市场。四是市场多元化。在继续发展集贸市场的同时，生产资料市场和生产要素市场也有了较大的发展，全自治区已有生产资料市场36个，生产要素市场36个。桂林、南宁、梧州三市，开办了星期日职工市场。市管人员实行岗位责任制。按照乡镇、县城、城市三级文明集贸市场的标准，继续深入开展创建文明市场活动，涌现出一批设施完善、管理规范、效益显著的文明市场。1992年全自治区有20个市场被评为“全国文明集贸市场”，有80个市场被评为“自治区文明集贸市场”。

1993年，《国务院关于加快发展中西部地区乡镇企业的决定》（国发〔1993〕10号）文件指出，要积极在中西部地区培育和发展市场体系。为了加快中西部地区乡镇企业发展，必须建立和培育市场体系，搞活商品流通，实现人才技术、劳动力和资金等要素的有效配置。今后各级政府要把市场建设作为发展第三产业的重点抓紧办好。各有关部门要把培育商品市场和生产要素市场作为发展乡镇企业和为其提供服务的一项重要任务，逐步建立规范的和公平的市场秩序，促进乡镇企业发展。在培育市场的形式上，广西已形成部门联办、部门与企业联办、企业与企业联办、部门与乡镇村联办、部门与外资企业联办、行业主管部门独办的格局。在培育方向上，实行两个推进：一是从培育农副产品市场、工业小商品市场推进到生产资料、生产要素市场；二是从桂东南沿海经济发达地区推进到老、少、山、边、穷地区，以逐步形成合理的市场结构和合理的布局。在培育的规模上，在条件成熟的地方，建设了一批功能齐全、档次高、辐射面大的农副产品、工业品专业市场和批发市场，以及生产资料市场。在市场管理方面，上半年重点抓好大、中型市场的管理，下半年重点抓好农村市场的管理，分别在桂林市、北海市合浦县召开了全自治区大中型市场管理经验交流会和全自治区乡镇级市场管理经验交流会。自治区工商局制发《关于贯彻执行商品交易市场登记管理暂行办法具体实施意见的通知》，全自治区市场监督管理重点已从集贸市场转向生产资料、生产要素市场。全自治区工商行政管理部门建立了生产资料、生产要素市场管理机构11个，人员共20人。与此同时，加强市场服务工作，成立服务机构，制定服务规则，配备或聘请服务人员，在金融、信息、运输、仓储、通信、食宿、安全等方面进行服务，增强市场的吸引力和辐射力。1993年，全自治区投入市场建设资金4.73亿元，比1992年增加52.07%，新建市场234个，面积99.69万平方米。全自治区共有集贸市场2593个，生产资料市场37个，生产要素市场36个，以文化市场为主的特种市场正在兴起。

1994年，自治区人民政府出台《关于培育和发展全区市场体系的通知》（桂政发〔1994〕56号），以及《培育和发展市场体系规划（1994—2000年）纲要》，确立培育和发展市场体系标以“着重培育和发展生产要素市场，打破地区、部门的分割和封锁”为主要目的。这一年，广西大部分市、县虽遭受到百年不遇的特大洪涝灾害，但各级工商部门仍致力于集贸市场建设，加强对集贸市场管理，使集贸市场交易活跃，购销两旺、市场仍呈健康发展的势态。市场建设也呈现了注重发展专业、批发市场和由过去注重发展综合集贸市场转向“双生”市场建设的特点。到12月底，市场建设投资额达35127万元，全自治区各类市场已达2721个，比上年同期增加128个，其中综合集贸市场2465个，各类专业市场256个，分别比上年同期增长125个和3个；市场总面积638.87万平方米。全自治区有“双生”市场84个，较去年增加31个。成交额522798万元，增长16.96%。在政府“多家办市场”的鼓励下，许多企业、业务主管部门纷纷参与办市场。如1994年自治区松茂公司与自治区工商局联办的“松香市场”、自治区锰矿公司与自治区工商局联办的“锰矿产品市场”等，为更好地管理“双生”市场积累了经验。全自治区集贸市场全年成交额达249亿元，占全自治区社会商品零售总额的43.24%。市场税收12.8亿元，比上年同期增长32%，市场个数的增加，为国家增加了收入，减少财政困难。

1995年是实施“八五”计划的最后一年。全年市场投资额为34644万元，全自治区共有商品市场2826个，比上年同期增加36个；现有市场面积881.67万平方米，较上年增加29.88万平方米；消费品市场2726个，比上年增加45个，其中：农副产品市场380个，工业消费品市场77个；市场税收15157万元，比上年同期增长18%。这一年市场建设的特点依然是注重发展专业批发市场。全自治区共有各类专业批发市场74个，比上年同期增加20个，成交额30596万元，比上年同期增长67.46%。其中工业品批发市场14个，成交额113455万元，比上年同期增长83.34%，农副产品批发市场60个，成交额154141万元，比去年同期增长 56.95%。如贺县(1997 年撤县设县级贺州市，2002 年设立地级贺州市)，1994—1995 年工商部门先后投资了 2500 多万元，建成了县城八步综合农贸市场和猪花、蔬菜、水果 3 个专业批发市场。全县 85% 以上的生猪、蔬菜、水果等大批农副产品，都是通过这些专业批发市场成交，源源不断销往广东珠江三角洲地区的 20 多个市县。该县已有围绕这些专业批发市场而形成的猪苗、鱼花、养鸡、烟叶、红瓜子、蔬菜、茶叶等产业专业村 126 个，各种专业场、户 2.3 万多户。其中养猪专业村发展到 58 个，年饲养生猪 100 头以上的农户达 1.2 万户。每年有数亿千克蔬菜、数百万头猪花及大批农副产品销往广东各地，贺县成了珠江三角洲地区的“菜篮子”基地。

表 2-1-1　1994 年广西城乡集贸市场建设情况表

项目	单位	城乡合计		城市		农村	
		累计数	当年数	累计数	当年数	累计数	当年数
一、投资额	万元	154947	35127	25489	7471	129458	27656
1. 市场管理费	万元	57408	9926	11839	2066	45569	7860
2. 财政拨款	万元	2946	233	1059	20	1887	213
3. 社会集资	万元	18835	4713	1161	716	17674	3997
4. 其他	万元	75758	20255	11430	4669	64328	15586
二、市场建设数	个	3213	137	239	20	2974	117
其中：棚顶市场	个	1693	53	112	12	1581	41
室内市场	个	1339	81	110	8	1229	73
三、建设室面积	平方米	6388703	698904	748565	101147	5640138	597757
其中：棚顶市场	平方米	1583820	158949	290280	43131	1293540	115818
室内市场	平方米	3412621	443721	385212	58016	3017409	385705
四、售货台	米	541755	83648	95923	8050	445832	75598

全自治区工商系统开展市场办管脱钩工作，由原来的既管市场又办市场，逐步与所办市场脱钩，向市场直接投资逐渐减少，市场建设重点转到“鼓励多方兴办、宏观管理”方面。

1996 年，是“九五”规划头一年。各级工商部门认真贯彻落实国办发〔1995〕40 号、桂政办〔1995〕89 号文件的精神，全自治区应脱钩的 331 个市场已基本完成了脱钩工作。市场办管脱钩后，商品交易市场出现了市场建设企业化、市场服务事业化、市场监管法治化的特点。办管脱钩后，工商部门一方面集中精力维护市场秩序，市场监管力度得以强化，另一方面通过参与市场规划、布局、定点论证等方式继续促进各类市场的培育和发展。三是突出重点，参与培育和规范生产要素市场、文化市场；四是指导生产开发服务中心独资、合资、合作兴办市场，在市场培育和发展中发挥主导作用。全年集贸市场建设投资 2.6 亿元，新建、扩建、改建市场 139 个，面积 84.66 万平方米。至 1996 年底，全自治区有城乡集市贸易网点 2880 个，比 1995 年增长 4.12%，全年集贸市场成交额 359.18 亿元，比 1995 年增长 16.27%；年成交额在 1 亿元以上的市场由 1995 年的 41 个增加到 53 个；集贸市场商品零售额占社会商品零售总额的 41%。是年市场建设的特点是注重发展专业批发市场，全自治区共有各类专业批发市场 84 个，比上年同期增加 10 个，成交额 330346 万元，比上年同期增长 23.45%，其中工业品批发市场 20 个，成交额 142607 万元，比去年同期增长 25.69%，农副产品批发商场 64 个，成交额 187739 万元，比去年同期增长 21.8%。

1997 年，随着改革开放的进一步深入，广西市场体系进一步完善，基本形成了以城乡为依托，大中小型结合、综合与专业配套、批发与零售兼备、消费品市场较为完善的格局。全自治区有商品市场3042个，较上年同期增加103个。

各级工商行政管理部门积极从实际出发，通过发动社会各界投资兴办市场，指导市场开发服务中心独资、合资、合作兴办市场，参与市场建设规划、论证等方式，参与培育和发展各类商品市场和要素市场。至2007年底，全自治区共有各类市场2757个。其中消费品市场2638个、生产资料市场100个。经过50年来的努力，特别是改革开放以来，广西的市场无论从形式到内容都发生了深刻的变化，全自治区城乡基本形成了综合性与专业性相结合、大中小相结合的多种类、多层次的市场网络。市场已由过去的补充作用，发展成为城乡之间商品流通的重要渠道。

第三节 重点市场规范管理

农资市场

1996年，各级工商行政管理部门认真贯彻国务院和自治区人民政府专门召开的农资市场整治电话会议，加大了农业生产资料市场管理的力度，打击市场上的违法经营活动，规范农资市场秩序，维护市场执法的严肃性，保护农业生产。如：南宁市工商局在市委、市政府的支持下，牵头对全市农资市场进行整治。针对1995年在邕宁县发生震动全国的假种案，7000亩稻田颗粒无收的悲剧，把整治农资市场作为一项政治任务来抓。有关部门也全力配合工商局对南宁市所经销的种子、化肥、农药等100多个农资单位进行全面审查。审查的重点一是主体资格，二是经销的各种农资手续是否完备、质量是否合格，价格是否符合规定。南宁市工商局在市委市政府支持下牵头与其他职能部门进行农资市场整治已取得明显效果。这一年南宁市9.2万多公顷稻田播下的种子，撒下的化肥，全部经过政府各有关部门的检查。南宁市工商局在牵头与有关部门进行农资市场整治的同时，还按照自身的职能，加大对农资市场监管的力度，定期检查和突击检查相结合，把各种问题消灭在萌芽之中。捣毁了一个制造、销售假冒三晶牌“叶面宝”的黑窝点，没收假冒三晶牌“叶面宝”1100箱以及假工具等一批；对西乡塘的农资市场一条街实行全面整治，取缔了5家无证经营，查封了无证农药21吨，未办种子检疫证明的各种农作物种子260多千克。

1997年，广西各地继续加大监管力度整治农资市场。桂林市工商局在春耕期间突出检查30多家农资经营单位，查处价值20多万元的假冒伪劣农药和复合化肥。宾阳县工商局一举捣毁了地下制售假化肥黑窝，当场查扣价值20多万元的化肥96吨。全自治区各地工商局共出动人员20060人次，对2931家农资经营单位进行清查，共取缔了29家非法经营单位，查获假冒伪劣农资商品681吨。

1998年，按自治区人民政府的部署和要求，自治区工商局于4月印发《关于加强农业生产资料市场监管的通知》，重点对区产尿素化肥的生产和上市进行监管。各地按照通知要求，坚持预防为主，打防结合，在春耕、夏收夏种等农用高峰期间，着重查处制售假种子、假化肥、假农药等“坑农害农”的违法经营行为。共查处无证经营、超范围经营农资企业和店铺392家，涉案农资商品6112吨，为农民挽回经济损失108万元。

1999年，重点加强对化肥等重要商品市场的管理，依法查处制售假冒伪劣种子、农药、农膜、农机具等“坑农害农”违法经营行为。

2000年，自治区工商局根据国家工商总局的统一部署，集中开展了“整顿市场秩序，整顿队伍作风”行动，结合“两整顿”工作，自治区工商局有针对性地开展了“红盾打假护农”行动，对农资市场进行专项整治。仅南宁地区在整治期间，就捣毁了5个“地下”化肥厂、农药厂，查扣假化肥600多吨。

2001年，自治区工商局在改革市场监管模式的基础上，加强了对市场的监管。结合整顿和规范市场经济秩序，组织开展了农资市场专项整治，先后出动执法人员近8万人次，车辆2万多台次，检查各类农资经营户 8752 户，立案查处违法经营农资案件 314 件，捣毁制售假农资窝点 12 个，查获假农资 7132 吨。

2002 年，广西各地工商行政管理机关在春耕和夏种期间，组织开展了农资商品打假护农活动。如南宁地区各县市对 1200 多个农资经营单位和个人进行全面清查，受理群众投诉 31 起，查处无照经营 49 户，农资商品虚假广告 12 件，捣毁制售假窝点 9 个，查获假劣种子 4000 多千克，假劣化肥 160 吨，假劣农药 3400 瓶（袋）、假劣农机 17 台，为农民挽回经济损失 5 万多元。

2003 年，广西工商行政管理机关加大农资市场监管力度，集中力量组织开展了农资市场专项整治行动。全自治区各级工商局共立案查处农资生产经营违法案件 313 件，受理农民群众投诉 2700 多件，其中：查封涉嫌假冒伪劣种子 16636.5 千克，案件价值 7.2 万元；假冒伪劣不合格肥料 1815.31 吨，案值 151.81 万元；假冒伪劣不合格农药 5033.5 千克，案值 13.05 万元；农机具及配件 60 件，案值 3.9 万元。在农资打假行动中，柳州市工商局共出动 2500 多人次，160 多车次，检查生产经营单位 3570 个，查处违法经营单位 12 家，查封化肥 333.6 吨，查扣种子 534 千克，劣质农具 101 件，收缴伪劣兽药、饲料 5110 瓶（盒、包）。梧州市工商局在整治中查扣了国家限制买卖有毒农药“丁草胺”“杀力煌”“立可杀”等 9 种共 2960 瓶。贵港市工商局在整治中立案查处 5 件，查扣伪劣肥料 2600 千克，罚没款 2.24 万元；受理农民投诉 5 起，为农民挽回经济损失 2300 元。当年 9 月，自治区工商行政管理局积极协同自治区农业部门组织全自治区农资打假联合行动小组，部署全自治区农资打假联合督查工作，并联合组成 7 个工作组赴全自治区 14 个市进行农资打假专项整治工作落实情况的督查。

2004 年，广西各地工商行政管理机关在开展服务三农、“红盾护农行动”专项整治活动中，共出动执法人员 40829 人次，11133 车次，检查农资企业、经营户 17730 户，案件 2022 件，案值 3149 万元，罚没金额 543 万元。同时，在农资经营企业和经营户当中推行“两账两票一卡”制度，建立农资经营进销台账、发票和信誉卡，实施农资经营户“绿黑名单”公示制度，加强了农资市场规范化管理。尤其是为巩固 2003 年以来清查毒鼠强专项整治取得的成果，确保城乡居民的生产消费安全，重点对游商在城乡集贸市场走街串巷兜售毒鼠强等违法经营杀鼠剂的行为坚决予以查处。共查处了 8 起案件，案值 0.63 万元，罚没金额 0.31 万元，查扣物资 62 千克。

2005 年，各级工商行政管理机关继续把支持和服务三农作为一项重要工作来抓。深入开展了“服务‘三农’红盾护农”行动，在春耕春种、夏收夏种期间大力开展农资市场专项整治，依法打击制售假农药、假种子、假化肥的违法行为；积极开展“工商进乡村、维权到万家”的活动，在农村建立消费者投诉网点，实施农资“放心工程”，开展农资商品质量抽样检测及公示活动，使农户施上“放心肥”、用上“放心种子”、打上“放心药”。

2005 年，为使全自治区“红盾护农行动”再上一个新台阶，根据国家工商总局的总体部署，自治区工商行政管理局于 3 月 22 日至 24 日，在钦州市浦北县举行了广西工商系统“服务三农、红盾护农”行动启动仪式。自治区人民政府办公厅和国家工商总局市场司、钦州市委市政府和浦北县委县政府的有关领导及各有关部门的负责人出席了仪式。由此揭开了广西工商系统多种形式声势浩大的“红盾护农行动”序幕。各地工商局紧紧围绕“政策扶农、品牌强农、打假护农、服务帮农”的工作宗旨，对重点商品、重点企业、重点区域、重点市场进行专项整治，积极开展“工商进乡村、维权到万家”的活动，在农村建立消费者投诉网点，实施农资“放心工程”，开展农资商品质量抽样检测及公示活动，使农户施上“放心肥”、用上“放心种子”、打上“放心药”。是年，广西各地工商行政管理局在“2005 红盾护农”行动中，共出动执法人员 33989 人次，9578 车次，检查企业、个体经营户 31542 户，整顿农资市场及经营场所 637 个；查处无照经营 502 户，立案查处 1151 件，端掉制假“黑窝点”15 个，查获、封存不合格及问题化肥 7303.86 吨，不合格种子 3.27 吨，不合格农药 2564 瓶（包）、1112 千克，案值 632.54 万元，罚没 392.76 万元；共受理农资类投诉 758 起，为农民消费者挽回经济损失 114.92 万元。

2006 年，开展“红盾护农”行动，自治区工商局副局长江建伟和纪检组组长刘之到场主持了“2006 红盾护农”行动宣传周活动启动仪式；自治区工商局及时调整“红盾护农行动”领导机构，制定方案，印发文

2006 年 3 月 13 日，自治区工商局会同南宁市工商局、广西富满地农资股份有限公司，联合举办"维权进乡村 红盾护三农"全区工商系统"2006 年红盾护农"宣传周活动

件，在全自治区工商行政管理工作会议作出部署；各地工商部门也相应调整了领导机构，将一把手作为专项行动的第一责任人，并把专项行动上升到全局工作的重中之重，按照上级的部署抓紧抓好。自治区工商局把 3 月 13 日—3 月 19 日定为"2006 红盾护农"宣传周，于 3 月 13 日在南宁市武鸣县举行了以"维权进乡村，红盾护三农"为主题的"2006 红盾护农"宣传周启动仪式及相关活动。在活动现场，一是发布广西工商系统 2006 年第一季度全区流通领域农资商品质量检测结果及消费提示；二是曝光"2005 红盾护农"行动各级工商局查处的十大农资打假典型案例；三是向与会代表、农民、农资经营户散发自治区工商局印制的"红盾护农"宣传专刊；四是由农民代表宣读倡议书；五是由广西富满地农资股份有限公司代表农资经营业主作经营农资商品质量保证的承诺宣言；六是由近 50 名农资经营户代表在"拒售假冒农资商品承诺签字幅"上郑重签名，表达自觉拒售假冒伪劣农资的决心；七是举行假冒伪劣农资产品销毁活动，在武鸣县城郊共销毁种子、化肥等假冒伪劣农资 21 吨。各地按照自治区工商局通知文件的工作部署要求，相继组织开展了多种形式的"2006 红盾护农"行动宣传周活动。

以"红盾护农保春耕"为重点组织开展第一阶段农资市场专项整治行动。据不完全统计，在第一阶段专项行动中，广西各级工商机关出动执法人员 43138 人次，检查农资生产及经营场所 3271 个次，检查农资经营户 26533 个次；清理农资经营主体资格并经依法核准注册登记的农资经营户 18634 户（其中种子经营户 5466 户，化肥经营户 9986 户，农药经营户 4555 户），取缔无照经营 876 户，查处超范围经营 354 户；立案查处违法案件 1397 件，结案 1338 件；查处不合格化肥 1703108 千克，不合格种子 13480 千克，不合格农药 86820 瓶（盒），案值 1096 万元，罚没款 557 万元。3 月，自治区工商局在广西红盾信息网上及相关新闻媒体公示了 2006 年一季度农资经营户绿黑名单，其中，绿名单为 244 户，黑名单为 21 户。绿黑名单的公示，在各地农资经营户及社会上引起较大反响，有效地震慑了违法农资经营户。各地工商局根据公示情况，有针对性地加强了对农资经营户的动态监管。6 月，自治区工商局下发《广西工商行政管理系统农资市场监管种子商品留样备查公告管理制度（试行）》文件，并参照《流通领域商品监测办法》规范文本，统一制订了种子留样备查公告管理的一整套表格文书在全区推行，进一步明确和规范了基层工商机关种子留样备查的职责和行为，南宁市横县工商局、钦州市浦北县工商局在原有基础上率先试行种子留样备查公告管理文书。

2006 年上半年，各地工商局结合企业年检工作，全面清理和审查农资经营主体资格；对前置审批手续不完备，证明不全或不具备生产经营条件的农资经营户依法进行变更注册登记；对无照经营农资商品的，坚决依法予以取缔。各地工商局从实际出发，有选择地试点开展指导推行农资经营企业连锁经营服务工作。如桂林市工商局继续大力支持和鼓励一些有实力、规模大、信誉好的农资经营企业在阳朔、荔浦、平乐等县建立农资连锁服务站点，严格按照门店标识、货源组织、配送服务、零售价格、规章制度、监督管理"六个统一"的连锁经营模式，开展农资商品连锁经营，确保各级农资经营主体合法、规范、有序。

2007 年，广西工商行政管理机关围绕"红盾护农、经纪活农、合同帮农、商标富农、权益保农、政策爱农和市场助农”7个机制，结合实际，制订了“放心农资、经纪活农、服务助农、权益保农、扶优助强”五项惠农工程实施方案，深入开展“红盾护农”行动，以全面推行农资市场“两账两票一卡一书”“种子留样备查公告管理”“农资经营户绿黑名单公示”“流通领域农资商品质量检测公告管理”四项制度为重点，切实加强农资市场规范化监管。至该年底，“四项制度”在自治区范围内的推行面达到90%以上，使农资市场监管进一步实现规范化、制度化。

广西各级工商机关开展了“2007红盾护农”三大农资打假市场专项惩治行动，开展“红盾护农保春耕、护夏种、促秋播”三大战役。据不完全统计，在专项整治行动中，共出动执法人员2.78万人次，车辆7737车次，检查整顿农资市场4844个次，检查农资企业及农资经营场所2.18万个次；立案查处违法案件2259件，案值827.02万元；查处不合格、劣质化肥750.5吨，劣质农药2800瓶，伪劣种子1.505吨，罚没款215.33万元；取缔无照经营247户，捣毁农资制假窝点31个；受理农民消费者投诉382件，为农民群众挽回经济损失226.5万元。

自治区工商局按照《“2007红盾护农”实施方案》的工作部署，加强对全自治区流通领域种子、肥料和农药三大类农资商品质量水平的监控，一季度布置各地重点组织开展了种子、肥料两大类农资商品的质量定向监测，共抽查了当前春耕生产使用的种子商品30个批次，肥料商品110个批次。其中，种子商品总体质量合格率为86.7%，肥料商品总体质量样品合格率为88.18%。7—8月，自治区工商局在全自治区范围内组织开展了三季度流通领域肥料、农药商品质量定向监测工作，抽查了具有代表性的、主要农业生产使用的肥料商品133个批次，农药商品145个批次。其中，肥料商品总体合格率为76.7%，农药商品总体合格率为82.1%。两次监测结果和有关消费提示已按有关规定在自治区一级新闻媒体和广西红盾信息网上进行了通告和发布。对监测不合格的农资，各级工商机关依法予以从严查处。

为健全农资市场监管长效监管机制，各级工商机关进一步指导农资经营企业推行“两账两票一卡一书”“种子留样备查公告管理”“农资经营户绿黑名单公示”“流通领域农资商品质量监测公告管理”四项制度。“四项制度”推广和试行面达到90%以上。特别是广西在全国率先制定和推行“种子留样备查公告管理”和“农资经营户绿黑名单公示”两项制度，得到了国家工商总局的充分肯定。例如，岑溪市工商局对全市销售的早糙“水稻”种子实施种子留样备案公告制度，随机抽取了20个品种进行备样封存，留样基数为5.5万千克，并将封存情况在城区的种子经销点进行公示。在该年农资经营户“绿黑名单公示”中，自治区工商局在广西红盾信息网上公示了广西年度农资经营户绿黑名单。全自治区农资经营户绿名单为433家，黑名单为72家。

2008年，广西工商行政管理机关继续深入开展“红盾护农”行动。突出种子、化肥、农药三大类农资商品为监管重点，大力实施“放心农资”工程，年内，各级工商行政管理机关指导各地创建“农资商品示范店”377个，大力营造辖区安全、放心的农资消费环境。在“2008红盾护农”行动中，各级工商行政管理机关共出动执法人员3.05万人次，检查整顿农资市场3654个次，检查农资企业及农资经营场所3.44万个次；立案查处违法案件990件，案值935.31万元；查处不合格、劣质化肥809.1吨，劣质农药5763（瓶）件、562.2千克，伪劣种子2936千克，罚没款482.32万元；取缔无照经营329户，捣毁农资制假窝点12个；受理农民消费者投诉275件，为农民群众挽回经济损失203.98万元。

农资案件在总体上的成因、特点：一是制假售假者不断翻新、变换手法，且十分隐蔽。成因：随着原材料价格上涨农资商品特别是肥料价格居高不下，制假售假农资成本低又易获取暴利，致使制假售假者铤而走险。主要表现在：农资制假违法分子为规避本地执法部门的查处和打击，转向本地制假异地售假；从周边省份制假窝点购买后再销往广西；制假窝点往往是采取“打一枪换一个地方”或“白天人去楼空、深夜灯火通明”的方式，制假售假手法十分隐蔽。二是由于未能实现部门间农资质量监测结果的资源共享、案件查处信息通报制度得不到有效落实、没能形成多部门联合“端窝打点”的打假工作机制、打击制假源头的力度有限等原因，部门之间缺乏默契的配合。三是农资打假经费短缺和执法手段相对落后。例如，自治区工商局每年部署两个阶段的监测任务，年均监测肥料商品400个批次，种子商品250个批次，农药300个批次，指标平均分配到14个市工商局和90多个县(分)局肥料指标不足4个，种子指标仅为2个，农药指标不足3个。此外，农资市场监管和执法手段相对落后，缺乏肥料、农药商品质量的快速检测设备。四是基层执法人员办案的能力和水平以及对农资商品常规知识的掌握与形势发展的要求还不完全相适应。

“两账两票一卡一书”“种子留样备查公告管理”“农资经营户绿黑名单公示”“流通领域农资商品质量监测公告管理”四项制度在全自治区范围内的推广和试行面达到90%以上。经清理和整顿，全自治区共有农资专营市场6家，依法核准注册登记的农资经营户24982户，创建农资商品示范店361家，指导建立“六统一”农资商品连锁企业11家。该年内，自治区工商局在广西红盾信息网上公示全自治区农资经营户绿名单2476户，黑名单451户。

2009年，广西各级工商行政管理机关在市场规范管理方面重点加强了“红盾护农”、市场信用分类监管和“双培双促”等工作。“红盾护农”各级工商行政管理机关围绕“保春耕、护夏种、促秋播”，开展了三次严厉打击制售假冒伪劣农资坑农害农行为专项整治行动，全系统共出动执法人员2.88万人次，车辆9753车次，检查农资市场等集中农资经营场所1485个次，检查农资经营户2.26户次，立案735起，查扣不合格和劣质肥料3158吨、劣质农药2135千克、劣质种子1820千克，案值2580万元。与此同时，各级工商行政管理机关还受理农民消费者投诉445件，为农民群众挽回直接经济损失318.3万元。其中，广西查处了一批涉及面广、影响较大的制售假冒伪劣农资案件：一是柳江县工商局查获千吨假冒化肥案；二是罗城县工商局端掉制假近4万件的特大农药制假窝点案；三是柳北分局查处约三百吨不合格氯化钾肥案；四是玉林市工商局查处以“送货下乡”为名，走村串户低价销售30吨涉嫌不合格问题化肥案。此外，各地工商部门受理农民消费者投诉445起，为农民群众挽回直接经济损失318.3万元。其中，桂林市工商局受理涉农问题投诉180多起，挽回直接经济损失近百万元；武宣县工商局积极调解蔗农使用不合格复合肥案，为蔗农挽回直接经济损失11.6万元。

2009年2月27日，以“支农·护农·惠农”为主题的广西工商行政管理系统2009红盾护农动员大会在桂林召开

2010年，广西各级工商机关全面深入开展抗灾“保春耕、护夏种、促秋播”三大农资打假专项整治行动，共出动执法人员46801人次，车辆13975台次，检查农资市场等集中农资经营场所2320个次，检查农资经营户24459个次，查处非法经营农资案件总数2215件，案值1606.6万元，罚没金额546.63万元，受理农资消费纠纷318件，为农民挽回直接经济损失380.6万元。

2010年初，广西桂西、桂西北地区遭受多年不遇的旱情，广西各级工商机关按照自治区工商局的部署，全力以赴开展“抗旱保春耕”行动。行动中，全区各级工商机关共出动执法人员17850人次，车辆4330台次，查处农资案件335起，取缔无照经营327户，查扣不合格和劣质肥料1658吨，劣质农药1178千克，劣质种子197千克。5—6月，广西桂中、桂北地区遭受严重洪涝灾害，各涉灾市、县工商行政管理机关充分发挥职能作用，大力整治农资市场秩序，严厉打击制售假冒伪劣农资等坑农害农行为。

2011年，广西各级工商行政管理机关深入开展了“红盾护农保春耕”“红盾护农保夏播”“红盾护农保秋种”三次专项执法行动，严厉查处制售假劣农资，坑农害农行为，切实保护农民合法利益。重点抓好

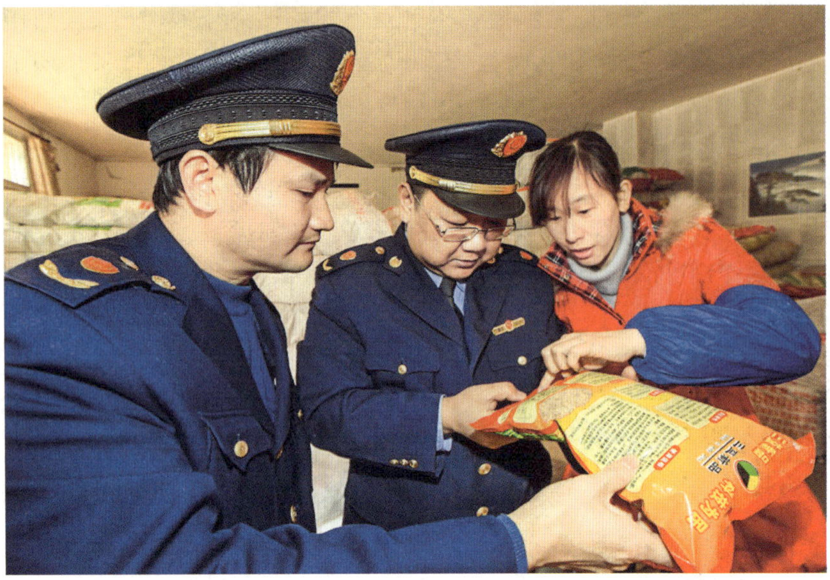

2011年2月21日，融安县工商局执法人员检查谷种保质期

四项工作：开展“红盾护农保春耕、保夏种、保秋播”三大农资打假专项整治行动；巩固自治区工商局四项农资市场监管制度，贯彻实施国家工商总局《农业生产资料市场监督管理办法》；积极推行农资经营主体规范化监管体系建设，推进全自治区“农资生产资料市场监管”信息化模块建设；在狠抓农资打假工作的同时，各地工商机关切实加大农资消费维权的工作力度。全系统共出动执法人员4.12万人次，车辆5774台次，检查农资市场等集中农资经营场所1505个次，检查农资经营户4.32万个次，立案查处违法案件1636件（含取缔无照经营案件335件），查扣不合格劣质肥料318.08吨，劣质农药375.56千克、966箱，劣质种子344千克，案值662.07万元；受理农资消费纠纷112件，为农民挽回直接经济损失121.82万元。查处了田林县劣质肥料案、象州县无照经营伪造产地复合微生物肥料案、融安县华昌农资有限公司涉嫌销售不合格化肥案、来宾市兴宾区伪造仿冒知名“喜丰”“大力”牌复混肥料案等一批大案要案。

是年，广西区工商局把农资监测工作任务作为工商部门任务分解考评指标之一列入自治区绩效考评，必须在年内完成肥料商品510个、农药商品310个批次的抽样监测任务。自治区工商局分别在3—4月和7—8月，即春耕和夏种期间部署开展两个阶段的流通领域肥料、农药商品质量定向监测，共抽查肥料商品样品532个批次，经检测合格421个批次，总体合格率79.1%。其中，抽样涉及上市肥料4750吨，查出涉嫌不合格肥料1085吨。共抽查农药商品样品314个批次，经检测合格220个批次，总体合格率70.1%。其中，抽样涉及上市农药118.5吨，查处涉嫌不合格农药30.2吨。

2012年2月上旬，自治区工商局印发《“2012红盾护农”行动实施方案》，有计划、分阶段地部署全自治区各级工商机关全面实施“2012红盾护农”工作，抓好“春季百日打假”和“肥料专项整治”两大行动的开展。广西早部署早行动、积极开展“2012红盾护农”行动的信息被人民网和国家红盾信息网作了详细的报道。各级工商机关共出动执法人员40709人次，车辆5737台次，检查农资市场4155个次，检查农资经营户58785个次，立案查处2706件，案值1517.39万元，罚没款624.18万元，分别比去年同期增加了37.15%，30.13%和26.89%。受理农资消费纠纷111件，为农民挽回直接经济损失203.37万元。

2013年，制定并组织实施“2013红盾护农”行动方案。各级工商机关共检查农资市场3309个次，检查农资经营户60636户次；查处不合格种子、肥料、农药、农膜等重要农资商品案2988件，案值1857.66万元，查处超范围经营和取缔无照经营334户，受理农民消费者投诉183件，为农民群众挽回直接经济损失545.76万元。完成年内两个阶段流通领域肥料、农药商品质量监测工作，共抽查肥料商品样品577个批次，总体合格率83.4%。其中，抽样涉及上市肥料4925吨，查处涉嫌不合格肥料1026吨。抽查农药商品样品364个批次，总体合格率75.8%。其中，抽样涉及上市农药135.2吨，查处涉嫌不合格农药21.6吨。

2014年，各级工商行政管理机关按照自治区工商局“2014红盾护农”行动实施方案，深入开展“红盾护农”行动，共检查农资经营户3.23万户次，检查农资市场2303个次，查处违法经营农资案1867件，案值1330.6万元，罚没款469.8万元，查没不合格劣质化肥77吨，取缔无照和查处超范围经营549户，受理农民消费者投诉52起，为农民群众挽回直接经济损失50.60万元。全系统完成流通领域两次肥料、农药商品质量监测工作，共抽查肥料商品样品330个批次，抽查农药商品样品280个批次。开展“放心农资示范店”

的创建活动，至该年底，全自治区已创建放心农资示范店380余家。及时贯彻落实自治区副主席唐仁健重要批示精神，于6月部署在全自治区开展为期一个月的专项执法检查行动，快速、高效处置南宁谷歌植保公司涉嫌生产销售不合格药肥案件。

2014年3月11日，河池市工商局执法人员与农业、公安部门开展护春耕农资打假联合行动

2015年，编辑出版《农药打假维权实用手册》，用以指导农资打假维权工作。制订出台《放心农资示范店创建标准》，创建放心农资示范店333家，取消不合标准的农资示范店9家。完成流通领域4次肥料、农药商品质量抽查检验工作，共抽查肥料1077批次，合格率85.42%；抽查农药519批次，合格率81.31%。各级工商行政管理机关全年共检查农资经营户4.27万户次，检查农资市场3341个次，查处农资违法违章案1708件，案值1259.22万元，罚没款588.82万元；查没不合格劣质化肥182.567吨，为农民群众挽回直接经济损失71.71万元。

2016年，深入开展“红盾护农保春耕”“红盾护农保夏播”“红盾护农保秋种”专项执法行动，严厉查处制售假劣农资，坑农害农行为，规范农资市场经营秩序，切实保护农民合法利益。各级工商行政管理机关共检查农资经营户4.27万户次，检查农资市场3341个次，查处农资案件1223件，案值1048.01万元，罚没429万元，查没不合格劣质化肥70吨，为农民群众挽回直接经济损失71.71万元。完成流通领域两次肥料、农药商品质量抽查检验工作，共抽查肥料985批次，合格率84.9%；抽查农药215批次，合格率80%。农药商品质量总体合格率连续四年得到提高，肥料商品的抽检合格率达到近11年的最高值。

2017年，自治区工商局办公室印发《关于开展2017年“红盾执法”2号行动全面开展农资打假专项治理行动的通知》（桂工商办发〔2017〕17号），部署开展农资打假专项治理行动。要求各级工商行政管理机关突出围绕三个重点农时，开展“春耕、夏播和秋冬种”农资打假专项执法行动，加大农资市场监管和整治力度，切实维护农民生产安全。分三个阶段组织开展流通领域肥料商品抽查检验工作。全年共抽检流通领域肥料商品1420批次，合格1294批次，合格率91.1%。与此同时，积极开展农资市场监管信息化建设和运用工作，不断充实、完善农资市场监管信息化平台，在农资市场监管信息网录入和发布农资市场监管动态、经营主体信息、案件情况等信息，实现了流通领域农资商品质量可追溯监管。该年内，全系统共出动执法人员1.17万人次，检查农资经营户3.22万户次，检查农资市场2833个次，查处农资案件1634件，案值1150.27万元，罚没款578.64万元，查没不合格劣质化肥92.47吨，为农民挽回直接经济损失40余万元。

2018年，开展“红盾护农”农资打假专项整治行动，举办2018年农资打假专项整治行动暨“红盾护农·助推脱贫”活动启动仪式，现场组织爱心企业向三江侗族自治县贫困村赠送爱心化肥23.5吨。全年，共查处农资案件511件，查没不合格劣质化肥117.62吨，为农民群众挽回直接经济损失60余万元。

农产品市场

1992年6月12日，自治区工商局根据自治区党委《关于认真贯彻落实党的十三届八中全会精神，进一步加强农业和农村工作的决定》精神，制定《关于支持农村经济发展的意见》（桂工商字〔1992〕113号）下发各地执行。该意见的主要内容有：(1)支持乡镇集体企业，发展壮大农村经济实力。支持乡镇集体企业调整组织结构、产业结构和产品结构。帮助乡镇集体企业提高合同、商标、广告意识。(2)积极培育农村市场，搞活农村商品流通。培育和发展以批发市场为主的各类专业市场，鼓励和引导农民进入流通领域。(3)积极支持建立和完善农业社会化服务体系。放宽农业社会化服务企业的经营范围。(4)鼓励和引导农村个体工商户和私营企业稳定健康发展。积极发展种植业、养殖业，简化审批手续，放宽经营范围。(5)维护农村经济秩序。加强对农副产品购销合同、农业生产资料的管理，保护公平竞争。

1996年，继续加强对注水肉类、病害肉食品上市的专项治理。如北海市工商局先后举办肉类市场、商品质量识别培训班，帮助一县三区培训业务骨干300多人。除此之外，在辖区各市场推行肉类保证金和担保金制度，经营者交保证金，管理者缴担保金。经营者出售未检验肉类和注水肉，管理者受到举报而不予处理的市场，除进行一定经济处罚外，取消该市场文明市场和先进单位称号。柳州市工商行政管理局根据《柳州市家畜屠宰和肉食品销售的管理规定》，狠抓治理“注水肉”不放松，对全市指定屠宰场的定点屠宰工作进行监督管理，每天派管理人员进场上岗值班履行监管职责，有问题的肉类坚决不予加盖“无注水肉专用章”；各农贸市场的市管员认真把关，每天对已上市的肉类进行严格查摊验票，发现票证（屠宰证、检疫证、税票）等手续不全或有注水肉、病毒肉食品上市的及时处罚；加强对非法私宰等行为的查处，通过设立群众举报有奖和职能部门的巡查，对私宰行为发现一起查处一起，决不留情，如5月30日，根据群众举报，一举捣毁了在磨滩路的一个私宰点，共查获私宰人员35个，当场查获已杀和尚未宰杀的母猪、病猪36头，没收、销毁母猪肉、病死猪肉共7000多千克。

2001年，自治区工商局在改革市场监管模式的基础上，加强了对市场的监管。结合整顿和规范市场经济秩序，组织开展了专项整治，检查市场、屠宰场（点）3947个、经营单位1.05万户，捣毁私宰牲畜窝点627个，查获私宰肉6.68万千克、注水肉643千克。

2002年，广西工商行政管理机关在全面推行市场预警警示制度的基础上，分阶段开展肉食品等市场的专项治理。全年共立案查处经济违法违章案件3.7万件，案值3亿元，分别比上年增长42%和39%。

2003年，自治区工商局根据非典防治期间生活环境质量引起全社会特别关注的新情况，把查处利用防治非典名义从事违法经营作为市场监管执法的重中之重，集中力量，严查严管，严厉打击利用防治非典制假售假、发布虚假广告、囤积居奇、哄抬物价、超范围经营等违法行为。在防治非典期间，全系统共出动执法人员5.8万多人次，查处利用防治非典名义从事违法经营案件1280件。

2003年，为防治非典，自治区工商局在全广西范围内开展打击违法猎捕和经营野生动物专项整治行政执法行动。全自治区共计出动34405人次，9989车次，检查经营利用野生动物及其产品市场（非专营）共计3611个，检查经营利用野生动物及其产品单位（企业、个体）9472家（户），检查经营、饲养、繁殖、驯养、利用野生动物及其产品企业（含个体）共计2807家（户）。查缴青蛙1844只、1815千克，蛇类744条、321.1千克，果子狸277只；查缴其他野生动物活体6142只，死体4177.1千克。玉林市工商局积极联合林业等执法部门对容县6家果子狸养殖场进行清查，对场内饲养的果子狸进行登记、造册，并就地封存275只果子狸。2003年5月，桂林市工商局出动执法人员736人次，车辆171车次，重点对旅游宾馆、酒家、餐厅等涉外场所进行检查，并成功地端掉了一个隐藏在该市的长期专门收购、销售野生动物的窝点，依法收缴野生动物500多千克。

2004年，广西工商行政管理机关在继续加强对重要商品市场的监督管理的基础上，开展防控禽流感专项市场整治。1月，广西隆安县丁当镇发生全国首例禽流感疫情后，当地工商部门按上级要求，立即关闭了疫区集贸市场和村屯交易点，严禁所有禽类及其制品交易。各地工商行政管理机关全面加强对市区及疫区周边市场、冷库和禽类产品加工点的检查和巡查，加强对疫区、疫区与非疫区接合部活禽及其产品贩运活动的监控；督促市场开办单位和经营户做好防疫工作，防止疫情扩散和蔓延。专项整治期间，共关闭疫区禽类及其产品市场10个、关闭营业摊点507个，查获未经检验检疫禽畜类产品445千克。

2005年8月，广西个别地方出现了猪链球菌病疫情。为做好防控工作，根据自治区人民政府会议文件的指示精神，广西各地工商局在当地党委政府的统一领导下，配合水产畜牧、卫生、农业、公安等部门，按照职责分工，加强了对猪链球菌病疫情的市场防控工作。各地在防控工作中，共出动了3034人次，659车次，检查集贸市场173个，屠宰场点73个，肉品经营户6833个，肉品加工户161个，查处无照经营户36户，查处违法经营的肉品一批。为加强生猪屠宰市场监管，各地工商管理机关因地制宜强化监管。如苍梧县工商局成立管理机构负责生猪定点屠宰市场管理，查处未经检疫或不合格的肉品上市，坚决取缔加工、销售病死猪肉的窝点，全年查处销售私宰肉案件3起，没收私宰肉85公斤，罚款3050元。扶绥县工商局牵头组织县经贸、水产畜牧、卫生防疫等部门人员对定点屠宰场所屠宰牲畜情况进行检查，严防注水肉进入市场。柳州市工商局在柳邕市场执法检查中，发现了市屠宰办收缴的私宰病死猪肉又重新返回市场销售，引起媒体关注并予以曝光后，已由纪检监察部门和检察机关介入调查处理。各地在打击违法经营私宰肉行动中，共查处案件45件，查处私宰肉品5635千克，罚没款8.39万元。

2005年，广西部分地区狂犬病疫情呈现多发趋势，因患狂犬病死亡人数近两年已居全国前列。针对这一严峻形势，根据自治区人民政府会议的指示精神，各地工商局在当地党委政府的统一领导下，配合水产畜牧、卫生、农业、公安等部门，按照职责分工，加大犬类动物及肉制品销售的市场监管，对不法经营户经销未经检验检疫和检验检疫不合格产品的违法行为，依法进行查处。

2005年下半年，国内部分地区相继发生高致病性禽流感疫情，全国防控高致病性禽流感形势十分严峻。为有效防控高致病性禽流感疫情蔓延，国务院、自治区人民政府和国家工商总局等部委连续下发了一系列紧急文件。为深入贯彻有关文件精神，10月27日以后，自治区工商局相继印发（桂工商〔2005〕267号）、（桂工商密电〔2005〕19号）、（桂工商〔2005〕287号）、（桂工商翻〔2005〕156号）等文件，结合广西实际，对进一步加强全自治区高致病性禽流感市场监管防控工作进行了部署，提出具体的贯彻意见和要求，并于11月11日紧急启动了广西工商系统市场监管应急预案，等级为Ⅳ级（即一般、蓝色，该等级是针对广西尚未发生高致病性禽流感疫情的实际情况确定的）。全自治区各地工商局根据应急预案的具体要求，认真组织开展高致病性禽流感市场监管防控的各项工作。在Ⅳ级市场监管应急期间，一是充实和加强了一线监管执法力度，进一步加大市场巡查力度，加强市场经销家禽安全防范，密切注意辖区市场上与疫情有关的突发事件；二是立即实行三级应急值班制度，工作时间内安排专人值班，工作时间外安排专人电话监控，保持24小时通信联络畅通，工作日要全部在岗，休息日要全部备勤；三是启动疫情突发事件专报制度，按有关规定实行两天一报，逐级上报给地方党委、政府和上一级主管部门；四是坚持在地方党委、政府统一领导下，切实履行管理职责，认真做好市场监管防控工作；五是加强与卫生防疫、农业、畜牧等有关部门的密切配合，积极协助有关部门做好集贸市场、集中禽类交易场所的检疫、消毒等预防工作；六是地处边境的县、市，全面停止边贸市场和边民互市点的家禽及其产品交易，对辖区的家畜禽经营场所进行全面检查，凡未经检疫、没有合法标识的家畜禽及其产品，一律禁止贩运、屠宰、销售。据不完全统计，在高致病性禽流感市场监管防控行动中，各地共出动执法人员12160人次，4166车次，检查集贸市场和经营场所3859个，检查活禽、兽药经营户 8747 个，查处无照经营案件 28 起，罚没 10.25 万。此外，为进一步加强市场监管防控工作的督查，自治区工商局领导率领本局督查组多次分赴各地特别是边境地区进行督查。由于各地工商局加大了对禽类市场的监控工作，严防死守，截至 11 月底，广西各地禽类市场交易秩序正常，未发生重大突发性事件和禽流感疫情。

2006 年，广西各地工商局组织开展禽流感疫病市场防控工作。如防城港市工商局 4 月组织执法人员在辖区内开展了禽流感疾病市场防控专项检查。检查的地点范围为禽类交易场、屠宰场、饭店、酒楼、学校周边食品摊店。检查市场禽类经营者是否证照齐全和落实防控措施，上市禽类产品是否有检验检疫证明和免疫证明，是否挂牌经营；检查屠宰场经营单位防控措施及工作制度是否落实；检查饭店酒楼是否建立肉类购销台账和有无经营野生动物违法行为；检查学校及周边食品经营摊点是否证照齐全和经营食品是否符合卫生条件。经检查，经营者大都依法经营，挂牌经营，证照齐全，措施落实等。检查中，对个别经营者违法经营的国家保护野生动物依法予以查扣。

2007 年，深入开展“农村食品市场整顿年”工作。据不完全统计，各地共出动执法人员 1.53 万人次，车辆 7300 车次，检查农村食品市场（含农贸市场）3024 个次，各类食品经营户 17.40 万户；清理农村食品经营主体资格 3130 户，取缔无照经营户 1081 户；立案 441 件；捣毁一批制售假劣食品窝点，查缴过期、劣质和“三无”农村食品 6.54 万千克，案值 106.58 万元。开展猪肉、禽蛋等副食品市场监管防控专项整治，严防病死猪肉流入市场。各级工商行政管理机关共出动执法人员 2.03 万人次，车辆 5351 车次，检查定点屠宰场点 962 个，检查农贸市场 3035 个，检查肉类等副食品经营门店、摊点 2.71 万个，检查有关肉禽蛋类生产企业 612 家；查处案件 1168 件，案值 25.04 万元，罚没款 5.04 万元；取缔无照经营 179 户，端掉私宰窝点 56 个，查处违法经营物品 1.37 万千克。组织开展以商品市场和“三合一”（集经营、仓储、住宿为一体）经营场所火灾隐患普查为重点的专项整治工作，共出动工商执法人员 5513 人次、车辆 1210 车次，检查经营户 1.77 万户、市场 1030 个、“三合一”经营场所 1.47 万个，发现存在消防隐患 937 处，下发消防整改通知书 1115 份。

是年，全自治区各级工商机关开展猪肉、禽蛋等副食品市场监管防控专项整治，严防病死猪肉流入市场危害人民群众身体健康。在猪肉、禽蛋等副食品市场专项整治行动中，共计出动执法人员 20261 人次，车辆 5351 车次，检查定点屠宰场点 962 个，检查农贸市场 3035 个，检查肉类等副食品经营门店、摊点 27073 个，检查有关肉禽蛋类生产企业 612 家；查处案件 1168 件，案值 25.04 万元，罚没款 5.04 万元，其中：取缔无照经营 179 户，端掉私宰窝点 56 个，查处违法经营物品 13664.5 千克（没收私宰肉 10486.5 千克，注水猪肉 725 千克，病死畜禽肉品 4833.5 千克）。南宁、柳州、北海、梧州等地工商部门采取派员驻场监管的形式，严格查验来自生猪产地的检验检疫证，没有产地检验检疫证的生猪一律不得进入屠宰场，没有场内检验证书的肉类均不得出场。

各地工商机关坚持每天到屠宰场点和各类鲜肉、禽蛋副食品超市和集贸市场进行巡查，严格落实经营者进、出货台账、索证等相关管理制度。在此基础上，与商务、农业、水产畜牧、卫生防疫、公安等部门携手合作，开展肉类市场专项整治行动，严厉打击市场上销售病死猪肉、“高温猪肉”、注水猪肉等不合格肉类的违法行为。为解决注水肉、私宰肉屡禁不止的难题，梧州市工商局提出了不定期变换猪肉胴体印章颜色的办法，得到了商务、卫生、畜牧等相关部门的认同和支持。办法实施第一天，由相关执法部门组成的联合执法队即在市场上查获了 429 多千克私宰肉。靖西县工商局对乡村流动猪肉摊贩进行登记发照，纳入个体工商户管理。该局制作了一批外观统一、印制编号，箱体注明管理部门、消费提示和投诉电话的“绿色猪肉”销售箱，统一发放给辖区纳入管理的、从定点屠宰场点进货的农村流动肉贩使用，这些“绿色猪肉”销售箱随着流动肉商走村串巷，农民消费者都能清楚地识别，买到“放心肉”。

2008 年，扎实开展重大动物疫病市场监管防控工作。加强对城乡集贸市场、农产品批发市场、大型商场超市的食品卫生安全监管与防范，特别是对冻死或患病的畜禽，以及林区的野生动物尸体等，严禁上市交易；健全和完善活禽活畜、禽畜肉类制品经营索票索证制度，严厉打击未经检疫无检疫合格证上市交易禽畜及其制品的行为;加强与畜牧兽医、卫生防疫、食品药品监督、质量监督等有关部门协调配合,按职责分工,突出抓好肉品市场消费安全检查,重点查处和打击劣质肉类制品和非法经营、加工野生动物及其制品行为;加强对重大节日的市场监管,各级工商行政管理机关在元旦、春节、清明、"五一"、中秋、国庆等重大节日,安排专人值班,实施辖区专人管片监督,落实责任,做好市场疫情安全防范工作。

2011 年,严把肉类市场准入关。各级工商行政管理机关会同商务、畜牧水产等有关部门对全自治区 1122 家定点屠宰厂(点)进行了全面检查,对合格的按照定点屠宰企业予以保留;不合格的撤销其屠宰资格,责令其办理变更登记。对未经政府部门批准和工商行政管理部门登记注册的生猪、大牲畜、禽类屠宰厂及个人,一律视为私屠滥宰,坚决予以打击和取缔。集中开展肉类市场专项整治。全系统共出动执法人员 10 万余人次,检查农贸、批发等市场 2.5 万个次,肉类经营摊点 35 万户次,取缔无照经营 133 户,查处质量不合格猪肉 5694 公斤,查处违法案件 44 件。

2017 年,开展禽类市场专项整治行动,加强禽流感疫情防控工作。全系统共出动执法人员 1.06 万人次,检查禽类交易市场 1493 个次,检查活禽经营户 6120 户次,检查禽类制品经营户 3.48 万户次,责令经营户整改 269 户,责令停摊 158 户,协助配合有关部门及市场开办方开展集中冲洗 750 次,集中消毒 637 次。

2018 年,开展农贸市场专项整治,加强非洲猪瘟、禽流感等疫情防控工作,有效遏制了动物疫情的蔓延。全年,各级工商和市场监管部门查处各类市场案件 1268 件,案值 1124 万元。

粮食市场

1994 年,随着粮食市场的全面放开,90% 以上的市民购粮从国营粮店转向集贸市场,市场上外地运进的优质米如泰国香米、丝苗米、珍珠米等都是国营粮店买不到的。全年粮食成交 721415 吨,比上年增长 22.31%。

1998 年,自国务院召开粮食流通体制改革工作会议后,广西工商行政管理机关认真贯彻中央、国务院有关领导同志的重要批示精神,按照中央、自治区政府有关粮食流通体制改革工作会议精神,按照中央、自治区政府有关粮食流通体制改革工作会议的部署和要求,结合广西实际情况,先后以桂工商市字〔1998〕第 15 号、190 号、217 号、284 号转发和印发了一系列加强粮食市场管理的通知文件,成立了由自治区工商局领导挂帅和市场处及其他有关业务处的领导人员组成的粮食市场管理领导机构,布置检查和督促指导各地开展粮食市场专项监管工作。一是要求各地建立周报表月报表和重大问题及重要案件及时报告等汇报制度,及时掌握粮食市场管理动态。二是印发工作情况简报,及时通报各地工作开展情况。三是先后两次组织的六个工作组分赴各地检查指导工作。各地工商局按照自治区工商局的要求举办各类培训班近 200 期,参加培训人员 6400 名(次),印发宣传资料近 20 万张,张贴宣传广告标语 1.6 万张,出黑板报墙报 196 期,出动宣传车广播 860 场(次);相继召开专门会议,下发工作指示文件,成立市场监管领导机构,把粮食市场管理工作纳入领导工作重要日程,实行首长负责制;对原有的国有粮食收储、经营企业全面进行清理;加强市场检查和行政执法,共抽调 4850 多名精干人员,组成 810 个市场巡查队(组),定时专人分片包干进行市场巡查和行政执法。至 12 月底,全自治区各地工商局共立案查处粮食违章经营案件 1043 起,查出粮食 3117 吨,没收粮食 2839 吨,罚款 61 万元,取缔非法收购点 768 个,吊销执照 432 个。

1999 年,管住管好粮食收购市场,实行一把手负总责,层层抓落实,责任到人,重点管住粮食加工企业,不准个体私营粮食加工企业以代加工名义从农民手中收购粮食;管好粮食批发市场,开展打击不法粮商非法收购粮食违法经营活动,确保粮源的合法性;监督粮食经营单位合法使用粮食票证和建立粮食经营台账登记制度,共印制、发放粮食加工销售台账本 2.3 万册;坚持放开粮食销售市场,搞好粮食流通。全年立案查处粮食违章经营案 740 件,没收粮食 312 吨,罚没款 171.88 万元,取缔无照经营粮食 1580 户。国家工商局粮食市场监管工作检查团对广西工商部门抓粮食市场监管工作给予了充分肯定和高度评价,认为广西粮食市场监管工作普遍做到了:领导重视,认识统一;方向明确,思路清晰;职责分明,措施得力,成效显著。

2000年，自治区工商局根据国家工商总局的统一部署，集中开展了“整顿市场秩序，整顿队伍作风”行动，结合“两整顿”工作，自治区工商局有针对性地开展了粮食市场专项整治活动，重点打击不法粮商非法收购粮食活动，管好管住收购市场；坚持放开粮食销售市场，允许合法运销粮食，搞活粮食流通。各地在指导粮食经营单位建立完善粮食经营台账和各项管理规章制度的同时，加大打击违法经营的力度，依法查处违法收购运销粮食案件186起，没收非法收购的粮食63.33万千克，取缔无证照经营户405户。

2001年，自治区工商局在改革市场监管模式的基础上，继续抓好粮食等重要商品市场的整顿和管理，组织开展了粮食市场大检查；适应粮食流通体制改革的新要求，以打击非法收购粮食为重点，在拓宽粮食购销渠道的同时，规范粮食收购、交易行为。全年共检查粮食经营企业、个体经营户8079户，检查市场1013个，取缔无照经营36户，共立案查处粮食违法经营案件101件，没收粮食39.2万千克，罚没款19.71万元。

2002年，广西各地工商部门在管住管好列入保护价收购范围的粮食品种的同时，对于退出保护价允许放开经营的粮食，主要是把好市场主体准入关，支持合法的购销活动，严防陈化粮回流和冲击居民口粮市场。桂林市工商局对临桂庙岭粮油经营部待加工出售的400吨陈化粮进行了查扣没收。南宁市工商局对发现粮食经营单位经销陈化粮情况予以追查。全州县工商局对某国家粮库出售给当地粮食加工、购销企业的3700多吨陈化粮予以查处。

2003年，广西工商行政管理机关以陈化粮监管为重点，全面推行陈化粮购买资格审批制度，严格把好陈化粮购买企业的市场准入关，经自治区工商局审批同意，自治区粮食局核准了34家陈化粮购买企业；同时加强对违法经营陈化粮案件的查处，共查处非法倒卖陈化粮案件23起，没收陈化粮440吨，罚没款43.78万元。典型案例如昭平县工商局查处县城厢粮食管理所倒卖95.5吨陈化粮一案已经结案；南宁市工商局根据群众举报查获500吨无主陈化粮案等。

2004年，广西工商行政管理机关把粮食市场监管的重点从加强粮食收购市场监管转移到对陈化粮销售处理的监管上来，重点加强了对粮食的产销区、集散地和粮食批发零售市场以及粮食加工场所的监管；对粮食收购市场，重点管好“收购、运输、销售”3个环节；对陈化粮购买市场，全面加强“资格、竞拍、运输、报备使用”五项内容的监管。截至2004年底，全自治区共有可入市收购粮食企业1919户，依法变更登记50户，吊销执照32户。查处非法收购粮食案件184件，罚没金额69万元，没收查扣粮食26.97万千克，吊销22户违法经营者的营业执照，取缔无照经营193户；查处倒卖陈化粮案件146件，罚没金额36万元，查扣陈化粮56.05万千克。全自治区取得资质并核发营业执照的粮食收购企业770家；经自治区工商局审批，自治区粮食局核准陈化粮购买企业44家。

2005年，广西工商行政管理机关根据国家粮改政策的调整，继续把粮食市场监管的重点从监管粮食收购市场转到强化陈化粮销售监管上。一是对陈化粮购买市场全面加强“资格、竞拍、运输、报备、使用”五项内容的监管。自治区工商局会同自治区粮食局对广西43家陈化粮经营企业进行了2004年度年检工作；通过年检，全自治区具有陈化粮购买资格的企业26家。二是各地继续加强对粮食的产销区、集散地和粮食批发零售市场以及粮食加工场所的监管。三是对粮食收购市场，重点是继续管好“收购、运输、销借”三个环节，各地完成了700多户粮食收购企业、经营户的营业执照年度审验工作。四是探索推行粮食经营户经济户口管理、粮食商品购销台账、粮食经营企业报备案等项规章制度，以实现对粮食市场的规范化管理。玉林市工商局在粮食市场专项整治中，共出动执法人员5786人次，2038车次，检查市场和经营场所495个，检查经营户2065户，查处违法收购粮食案件11件，查扣粮食67348千克，罚没款3.6万元。

2008年，广西各级工商行政管理机关严格执行国务院《粮食流通管理条例》有关精神和贯彻自治区人民政府《广西壮族自治区粮食收购资格暂行规定》的要求，按照先证后照的原则，严格审定入市收购粮食经营者的主体资格；支持国有粮食购销企业在粮食收购中发挥主渠道作用，自治区工商局多次与自治区粮食局联合下文规范管理市场收购行为，依法查处无证无照收购粮食行为；鼓励符合收购资格的经营者从事粮食收购活动，引导多组织形式粮食收购主体参与粮食收购活动，搞活粮食流通。据统计，全自治区共有可入市收购粮食经营户 1561 户，比第三季度增长 67%。其中，国有粮食收购企业 836 户，经批准具备入市收购资格的其他企业 725 户。全年共查处非法收购粮食案 34 件，案值 73.75 万元，罚没金额 12.92 万元，其中，非法收购粮食 5 万元以下的小案值违法共 31 件，占案件总数的 91%。此外，由于无法对陈化粮进行定性，全年没有查处非法倒卖陈化粮的案件。

此外，多项措施监管粮食市场，特别是陈化粮。严格审批制度，把好市场准入关。各地工商部门严格执行国务院《粮食流通管理条例》有关精神和贯彻自治区人民政府《广西壮族自治区粮食收购资格暂行规定》的要求，按照先证后照的原则，严格审定入市收购粮食经营者的主体资格，依法查处无证无照收购粮食行为。坚持执法与服务的统一，粮食市场监管做到“三坚持”。坚持宣传教育与严格执法并举；坚持把巡查制落实到粮食市场监管中去；坚持加强对重点部位、重点地区的监管。做到切实管好“三区”“三场”。“三区”即为产粮区、销粮区和粮食集散地。“三场”为粮食收购市场、粮食批发市场、零售市场，对于粮食批发市场，重点管好“收购、运输、销售”3 个环节。对于粮食收购市场，重点是严厉打击无证无照非法收购粮食的行为，对于粮食零售市场主要是各地的农贸市场，主要是依法严厉打击囤积居奇、欺行霸市、强买强卖、短斤少两、以次充好等违法行为。

2009 年，自治区工商局会同自治区粮食局联合下发《关于加强对粮食收购市场监管的紧急通知》，要求各地要加强粮食收购市场监管，严厉打击非法收购粮食行为和依法查处囤积粮食、以次充好、缺斤少两、欺行霸市等违反《粮食流通管理条例》的行为。各级工商部门组织开展了粮食收购市场专项整治行动，以粮食批发市场、集贸市场、粮食加工生产经营企业和农村集贸市场为重点，对辖区内从事粮食收购和销售的经营者开展全面检查，重点检查粮食收购经营者是否证照齐全，有无涂改、倒卖、出租、出借《粮食收购许可证》和营业执照的行为，是否存在压级压价坑害农民的行为。

2012 年，严格按国家规定做好粮食收购市场准入工作，严厉查处无证无照从事粮食收购的违法行为。全年，可入市收购粮食企业 1142 户，比上年减少 264 户。其中，国有粮食收购企业 664 户，同比减少 72 户；经批准具备入市收购资格企业 478 户，同比减少 192 户，查处非法收购粮食案件 4 件，案值 15.90 万元，罚没金额 22.76 万元，没收查扣粮食 3620 公斤。

成品油市场

成品油是关系国计民生的重要生产资料和生活物资，成品油市场是否健康有序地发展，将直接关系到广西人民群众生命财产安全和社会经济生活安稳。

2002 年，按照国务院、自治区人民政府的文件通知要求，广西各地组织开展了加油站专项整治。各地共检查了加油站 2200 个，查处成品油违法经营案件 218 起，查扣油品价值 27463 万元，罚没金额 84.72 万元；清理取缔非法加油站 338 个，吊销加油站营业执照 7 个，加油站变更或注销登记 164 个。

2003 年，广西工商行政管理机关开展成品油市场专项整治，会同经贸、公安等部门，清查无证照及经销伪劣油品的加油站，并对各地加油站整改情况进行了检查验收。

2004 年，以打击贩私成品油为重点，继续深入开展成品油市场专项整治。查处成品油违法经营案件 349 件，案值 559 万元，罚没金额 210 万元，查扣油品 3612 吨。

2007 年，按照自治区人民政府的部署，自治区工商局制订了推广使用车用乙醇汽油和规范成品油市场的监管工作方案，并派员参加自治区推广使用车用乙醇汽油的各项筹备工作。

2008 年，开展成品油市场专项整治。各级工商行政管理机关依托成品油销售企业“经济户口”档案管理，加大市场巡查力度，实施动态监管；加强成品油质量监测工作，严把油品质量关；加大案件查处力度，对典型案例进行曝光。该年内，全自治区各级工商行政管理机关共开展成品油专项整治行动 56 次，出动人员 6923 人次，出动车辆 1914 车次，检查成品油经营单位 1678 户，检查加油站（点）2022 个次，对

1581个加油站的成品油进行抽检，有95个加油站经营的成品油存在质量问题。查处成品油案130件，案值162.78万元，罚没款72万元，查扣油品11.13吨，责令38户企业改正违规行为，依法取缔非法经营户46户。其中，成品油质量不合格的案件共13件，占案件总数130件的10%，案值23.69万元占总案值162.78万元15%，罚没金额9.78万元占总罚没金额72万元的21%。根据调研，广西此类案件少不等于此类的违法行为少，只是在成品油抽查检测方面的资金少，加上执法者对产品质量法的理解有异议，所以对油品监测方面的法律依据还有所顾虑。在专项整治中发现成品油市存在以下问题：部分经营者采取不标明油品标号的方法躲避抽检，待抽检时就报上低标号，销售时一直按照商标号的价格；部分加油站擅自更改加油机计量软件，短斤少两，有部分加油站已由质监部门处罚；部分加油站有以低标号汽油冒充高标号汽油销售的现象；部分社会加油站的进货单据不能及时提供，油品来源不能确定，进销台账登记也不够完整。

广西属于非石油原油产地，成品油加工产业正在建设中，原油来源主要靠进口，主要行业是成品油批发零售业。广西的成品油批发、零售经营主要掌控在中石油和中石化两大公司手上，经营布点由两大公司决定，在偏远销量不大的地方，两大公司基本不设点，其他经营者拿不到经营权。按规范加油站建设不划算，又为了满足部分市场需要，导致一些违法经营者无照经营或超经营范围经营。没有走私成品油或来源不明的成品油案件，主要原因是取消《打击投机倒把条例》后，对于走私贩私类案件找不到法律依据，此类案件成烫手的“馍馍”。

2009年，广西各级工商行政管理机关积极开展成品油市场专项治理，重视老百姓关心、关注的车用汽油油品质量和计量偏差等问题，严查劣质油品和短斤少两坑害消费者违法行为，通过对辖区内所有经营成品油的企业建立台账，完善“经济户口”，建立严格的索证索票制度，加强成品油质量日常监测工作，加大对成品油市场的监管力度。全年，共检查加油站2622个次，监测（抽查）成品油202批次；查处成品油市场违法案件144件，罚没金额76.29万元。

2010年，广西各级工商行政管理机关加大对成品油的监管力度，6—12月，广西各级工商机关联合商务、公安、质监等部门对全自治区成品油市场秩序进行专项整治，特别是在严格市场准入、保证油品质量、规范经营行为等方面。同时，按照国家工商总局的统一部署，在全自治区开展了2010年第四季度成品油质量专项整治和抽样监测工作。在南宁、贵港、梧州、河池、防城港等5市行政辖区内，共抽检了33个加油站，抽取样品89个批次，其中车用汽油30个批次、车用乙醇汽油34个批次、柴油样品24个批次。检出了一批不合格成品油，对经营不合格成品油企业现已交各属地工商局进行立案查处，并向社会公布消费警示。全年共检查加油站3338个次，监测（抽查）成品油次数89次，质量合格83次，合格率为93.25%，查处非法经营成品油案件195件，案值394.46万元，罚没金额80.91万元，分别比上年增长97.9%、90.9%、87.9%。

2012年2月，广西南宁、桂林、百色等地陆续发生“问题汽油事件”，造成2300多台机动车辆因油品引起发动机受损故障。自治区工商局迅速部署各相关市、县工商局成立成品油消费维权应急处置工作组，开展成品油市场专项整治行动，严把成品油市场经营主体关，并在当地政府统一协调领导下切实做好应急处置工作。成品油市场整治行动中，全系统共出动执法人员4600多人次，检查各类加油站230多个，抽检各类成品油油样1163个，依法封存涉嫌劣质汽油2.73万升。同时，各级工商行政管理机关加强对消费维权的指导，切实解决由“问题汽油”引发的消费纠纷；牵头召集商务、交通、质监、公安等相关部门，召开消费维权处置工作协调会，积极介入消费纠纷调解，稳定受损车主情绪。鉴于事件的特殊性，采取了较为稳妥的办法处理检测结果。即检测结果及质量分析专题向地方政府报告，由政府从维稳角度慎重决定向社会公布检测结果的时间与方式，确保了后期消费调解和赔偿工作的顺利进行。全年，共检查加油站3205个次；查处成品油市场违法案件88件，比去年同期减少14.56%；案值178.59万元，比上年增长67.58%；罚没金额52.31万元，比上年增长1.95%。

2013年，加强成品油质量监督，加大对全自治区流通领域成品油质量的监测力度，打造“放心用油”消费环境。第二季度部署部分市开展车用无铅、乙醇汽油，车用柴油等成品油的质量监测抽样工作，共抽检209个批次，检出不合格油品19个批次，合格率为90.9%。第三季度部署开展北部湾经济区四市的成品油质量监测工作，共抽查车用汽、柴油商品61个批次，其中，车用汽油合格率达100%；车用柴油则有9个批次不合格，不合格率达21.4%。对销售不合格油品企业依法进行查处。对比近3年来的成品油监测结果，2013年车用无铅和乙醇汽油油品质量有明显提高，流通环节成品油质量监管取得显著成效。

2015年，自治区工商局加大对全自治区流通领域成品油质量的监测力度。分两个阶段部署14个地级市开展车用汽油、柴油、汽（柴）油机油等成品油的质量监测抽样工作，共抽检444个批次，检出合格产品416个批次，合格率为93.7%。其中：车用汽油合格率达95.3%；车用柴油合格率达89.8%，汽（柴）油机油合格率达100%。监测结果显示乡镇小型加油站，特别是城乡接合部的小型加油站不合格率较高，质量问题较为突出。

2016年，自治区工商局加大对流通领域成品油质量的监测力度。分两个阶段部署14个市开展车用汽油、柴油、汽（柴）油机油等成品油的质量监测抽样工作，共抽检375个批次，检出合格产品350个批次，合格率为93.3%。其中：车用汽油合格率达98.5%；车用柴油合格率达85.3%，汽（柴）油机油合格率达86.2%。对成品油抽检中发现的掺杂使假、销售质量不合格油品、国家明令淘汰或禁止销售的油品等违法行为，依法予以查处。该年内，全系统共出动执法人员1428人次，立案查处25件，处罚金额57.54万元。

2017年，各级工商行政管理机关认真开展流通领域成品油市场专项整治工作，全年分两个阶段，组织开展流通领域车用成品油商品抽查检验，共抽检成品油商品402批次，合格率93.8%。依法监督成品油经营企业停止经营不符合"国五"标准的成品油，依法查处销售质量不合格以及与标号标识不相符的油品。年内，全系统共出动执法人员5806人次、车辆688台次，检查各类加油站2280个、油库42个次。立案查处成品油案30件，案值154.58万元，罚没金额71.97万元；取缔（查封）违法加油点45个，查扣油品891.3吨。

2018年，聚焦社会关切，加大成品油市场整治力度，依法查处销售不符合"国五"标准车船用成品油的经营行为。全自治区共取缔（查封）违法加油点21个，查扣油品228吨。

汽车市场

1997年5月，根据国家工商局关于汽车市场整治的通知精神，自治区工商局印发文件，对全自治区汽车市场专项整治作了部署。各地在整治中共出动人员1036人次，检查汽车市场27个（其中旧车市场3个）和224家汽车经营单位（其中轿车经营单位53家）。印发自查表通知，要求80多家区直汽车经营单位进行自查并上报自查情况。柳州市工商局在整治中对符合经营条件的43家企业重新核发汽车经营许可证。贵港市工商局检查了全市14个老旧报废汽车拆车摊点，查处无证经营摊点4个，查处一个非法拼装汽车的地下工厂，查获非法拼装车4辆和大批拼装工具和旧车配件，价值20多万元。桂林市工商局对4家公司超范围经营汽车依法予以查处。贺州地区4个县市工商局共查处了22个非法拆车摊点。

1998年，全自治区集中有形的汽车交易市场有17个，经国家计委、国家工商局批准有小轿车经营权的企业55家。经由自治区工商局审查有汽车经营权的企业200多家。自治区工商局对全区汽车市场管理情况进行广泛调查，形成《广西汽车工作情况汇报》上报国家工商局。同时，各地工商管理机关加强对汽车市场的监管：一是配合公平交易局，抓住"市场管"环节，开展走私汽车查处活动；二是对集中有形的汽车交易市场进行登记发证管理；三是把好汽车经营主体准入关，凡经营汽车业务，须经市场监管部门审批，方可申办开业手续；四是组织进行汽车交易验证工作；五是对旧车交易进行管理；六是由自治区人民政府牵头组织有关部门，对全自治区拆解废旧汽车市场进行检查，查处非法拼装车违法经营行为。

1999年，各地根据自治区工商局的要求，对当地集中交易的旧机动车交易市场进行了全面清理检查。

2001年，自治区工商局在改革市场监管模式的基础上，加强了对市场的监管。结合整顿和规范市场经济秩序，组织开展了专项整治，检查机动车及配件经营企业 8075 个，查处违法经营单位 2272 个，查获假冒汽车、摩托车配件 16.9 万件（套）、各类拼装车 635 辆，“三无”机动车配件 6598 件（套）。

2002 年，广西各地继续强化对机动车及配件市场的清查工作，尤其是国务院颁布实施《报废汽车回收管理办法》后，加强了对报废汽车违法经营的查处。贵港市在开展专项整治中，出动人员 523 人次，100 多车次。检查经济户 450 户，查处无证照经营户 6 户，查扣拼装摩托车 69 辆，配件 100 多件（套）。桂林市、灌阳县两级工商局在清查中联合出击，捣毁了 2 个“三无”废旧汽车收购点，当场查封一批废旧汽车拆件。东兴市对辖区内所有经营汽车配件的门店进行清查，一举端掉 5 个报废汽车拆件非法经营点，查扣零配件案值约 100 万元。

2003 年，广西工商行政管理机关开展查处非法拆解、拼装报废汽车专项整治，先后组织了 3 次专项行动，共检查汽车及零配件销售市场和经营门店 2914 个、修理厂 369 家、废旧（金属）回收企业及经营户 1307 家，查获一批非法拆解的报废汽车发动机及国家明令禁止销售的废旧零部件。

2004 年，广西工商行政管理机关组织开展机动车市场专项整治，对取缔的报废车辆拆解市场进行全面复查，重点检查其周边的报废车辆回收经营场所和汽车、摩托车维修场所及零配件经营场所，配合《交通安全法》的贯彻实施，严厉查处经营业主非法拼装车辆和经销假劣机动车零配件违法活动。苍梧县工商部门在专项行动中查扣报废发动机 21 台、汽车前后桥 17 付、变速器 5 台及零配件一批。

2005 年，广西工商行政管理机关以协助完成“品牌汽车销售”申报企业审核工作为主，继续强化机动车市场专项整治。认真贯彻《汽车品牌销售管理实施办法》根据国家工商总局文件提出的任务要求，自治区工商局市场处会同各市工商局市场科完成了全自治区 81 家“品牌汽车销售”申报企业的经营资格的审核工作。同时，根据国家工商总局的有关文件精神，自治区工商局部署各地组织开展二手车交易市场和汽车摩托车配件市场专项整治。据不完全统计，各地出动执法人员 4380 人次，车辆 1230 车次，检查机动车辆及其配件市场和经营场所 24 个，检查经营户 4050 户，查处无照经营 28 户、超经营范围内 8 家，查处涉嫌非法拼装、改装报废机动车辆 23 台，查扣废旧机动车总成、配件等一批，罚没款金额 11 万元。经过整治，广西专门从事二手机动车交易的市场共有 6 个，汽车配件市场 3 个，摩托车零配件市场 6 个；从事二手车交易的经营户 235 户，汽车零配件经营户约 1300 户，摩托车零配件经营户近 1500 户。

2006 年，根据自治区工商局印发贯彻实施商务部、公安部、工商总局、税务总局令 2005 年第 2 号《二手车流通管理办法》和商务部、发改委、国家工商总局 2005 年第 10 号令《汽车品牌销售管理实施办法》文件精神，各地工商行政管理机关结合企业营业执照年检工作，在全自治区范围内对汽车经营主体资格进行了清理。南宁市工商局在汽车经营企业中推行汽车购销合同示范文本，如果试行有效，自治区工商局将在全自治区推广使用。同时，做好过渡品牌汽车经销商申报备案工作。先后对全自治区 235 家申报品牌汽车经销商企业的情况进行了审核，出具审核意见，并及时上报国家工商总局。

2007 年，根据自治区工商局印发贯彻实施国家工商总局《汽车品牌销售管理实施办法》《二手车流通管理办法》2 个文件精神，各地工商局结合汽车经销企业营业执照年检工作，在全自治区范围内对汽车经营主体资格进行了清理。南宁市工商局在汽车经营企业中率先推行汽车购销合同示范文本。全年，自治区工商局市场处先后对全自治区 296 家申报品牌汽车经销商企业的情况进行了审核，出具审核意见，并及时上报国家工商总局。

2008 年，全自治区各级工商行政管理机关对从事车辆改装、维修企业以及汽车销售企业进行了“拉网式”的专项检查，重点加强对车辆生产、改装、销售和维修企业经营主体资格的审查，严厉查处销售非法改装、拼装车辆的违法行为。共出动执法人员 5499 人次，车辆 1402 台次，开展专项宣传活动 90 次，发放宣传材料 2.25 万份，检查各类汽车及配件市场 45 个，检查汽车经销单位 288 家、汽车修理企业 496 家、运输经营户 1831 户、汽车配件经营户 400 多户，查处案件 8 件，案值 8.35 万元，罚没金额 13.80 万元，查处取缔无照及超范围经营 1 户。

2009 年，开展汽车摩托车下乡专项治理，切实保障国家刺激消费政策得到有效落实，充分保护下乡中标企业合法权益,让广大农民消费者在购买下乡汽车、摩托车等商品时,能够明明白白消费。

2010 年,广西各级工商机关加强汽车市场监管,共审核备案品牌汽车经营内资企业 161 家,审核备案登记品牌汽车经营外资企业 3 家。

2013 年,积极探索适合广西实际的品牌汽车销售监管方式方法,加强与企业注册登记工作协调配合,建立全自治区品牌汽车经销企业监管档案和备案制度。全年全自治区共备案核查品牌汽车销售企业 397 家,排查存在问题的企业 101 家,对部分不按规定经营的企业下发责令整改通知书,限期整改。

旅游市场

1999 年,配合有关部门对旅游市场“野马”导游和乱收费等违法经营活动进行了清理整顿。

2000 年,桂林市在“假日”旅游高峰期,加强对旅游风景点和购物场所的监管,打击尾随兜售、强买强卖行为。

2001 年,自治区工商局在改革市场监管模式的基础上,针对新的消费热点,抓好“黄金周”旅游市场监管,“五一”、国庆期间,各地工商局共出动 29911 人次,车辆 4031 车次,检查旅游市场、商场、定点购物门店 2336 个,检查旅游经营单位 6201 个。查处无证照经营 552 户,立案查处违法经营案件 138 件;受理消费者申诉案件 1528 件,及时办结 1028 件,解决率 67.91%,为消费者挽回经济损失 52.68 万元。

2002 年,广西工商行政管理机关在全面推行市场预警警示制度的基础上,继续加强旅游市场监管,对旅游市场经营主体进行全面核查,共取缔无照经营 28 家,查处超范围经营 15 家;组织开展旅游市场打假打非专项行动,检查旅游景点、景区 71 个,检查旅游商品专卖店 840 户,没收一批假冒伪劣旅游商品。仅元旦春节期间,各地就出动 1842 个检查组,73985 人次,17653 车次,检查各类市场经营户 22.95 万户,查处市场违法违章案件 2439 件,案值 935.2 万元,受理消费者申诉案件 2410 起,调解解决 2038 起,为消费者挽回经济损失 180.7 万元。

2005 年,据不完全统计,各地工商局在节日旅游“黄金周”期间,共出动执法人员 5669 人次,1447 车次,检查旅行社、饭店、宾馆、运输公司等经营户 13764 户,受理游客、消费者投诉 795 件,调解 439 件,为游客、消费者挽回经济损失 3 万元。

2008 年,自治区各级工商行政管理机关认真履行市场监管职责,确保节假日旅游市场安全,积极会同旅游、交通、公安、安监等部门,在元旦、春节、“五一”、中秋、国庆等节假日,组织开展联合执法大检查,对各个旅游景区、景点及宾馆饭店、旅社、购物场所等进行检查,重点查处和严厉打击“黑店”、“黑车”、“黑导”、无照经营、欺行霸市等违法经营行为。仅国庆黄金周期间,各级工商行政管理机关共出动执法人员 1.28 万人次、车辆 2748 车次,检查各类市场 2152 个次,检查旅游经营单位 2152 个次;受理消费者投诉 189 件,调解解决 187 件,为消费者挽回经济损失 5.8 万元。

2011 年,广西各级工商行政管理机关采取巡查和定期检查相结合的方式,强化旅游市场商品和服务安全,重点监管景点区食品经营门店和摊点是否证照齐全、经营台账是否完备有效、经营的商品是否符合国家有关标准、广告是否有虚假宣传、是否使用侵权商标等。同时,加强对旅游工艺品、纪念品、农副土特产品等产品的监管。坚决打击强买强卖、欺行霸市、以次充好等违规违法行为。此外,加强与有关部门配合协作,对“黑车”“黑社”“黑导”“黑店”进行重点治理,严厉打击扰乱市场秩序的违法行为,整顿和规范旅游市场秩序。全年共出动检查人员 13680 人次,车辆 1750 台,检查旅游区经营户 27500 户次,餐馆(包括农家乐)24100 户次,宾馆招待所 2180 户次,查处缺斤少两案件 165 件,强买强卖案件 11 件,骗买骗卖案件 17 件。

2015 年,根据自治区人民政府的要求,工商部门主要承担旅游市场违法广告和虚假宣传、无照经营、销售不合格商品等监管职责。自治区工商局派出专人参加了自治区政府组织的 2015—2017 年整治旅游市场秩序和文明旅游行动,对桂林、北海、防城港等重点旅游市场进行了联合执法检查,派出暗访组对出境游旅游线路进行随团暗访。年内，共组织开展旅游市场专项整治行动 47 次，出动执法检查人员 556 人次，检查景区 106 家(次)，现场纠正一般违规行为为 70 人次，查处违规经营旅游业务单位 6 家。

2016 年，各级工商行政管理机关针对旅游市场秩序存在的突出问题，结合春节、“五一”、国庆等节假日重点时段，着重抓好节前集中约谈，与旅游行业经营者签订“旅游市场从业者诚信经营责任状”，督促经营者守法诚信经营。做好旅游市场经营主体资格的清理和整顿工作，坚决取缔无照经营旅游业务、超范围经营旅游业务的违法行为和涉旅企业违法使用字号名称等违章经营行为。自治区工商局派专人参加了自治区人民政府旅游市场秩序整治专项行动联合执法检查组，从 4 月开始，分别对南宁、北海、桂林、防城港等 4 个重点城市旅游市场开展了专项整治行动。在联合执法行动中，全系统共出动执法人员 327 人次，检查旅游企业 69 家，共查处违规旅游企业 9 家，查处涉嫌无照经营 6 家。年内，全系统共组织开展旅游市场专项整治行动 47 次，出动执法检查人员 556 人次，检查景区 106 家(次)，现场纠正一般违规行为为 70 人次，查处违规经营旅游业务单位 6 家，有效维护了旅游市场秩序。

2017 年，牵头落实自治区政府关于旅游购物消费市场整治工作要求，联合公安、商务等 7 部门，制定下发《关于加强旅游购物消费市场监管的通知》(桂工商发〔2017〕35 号)，合力加强旅游购物消费市场监督管理，不断优化旅游市场环境，促进旅游产业健康发展。派出专人参加自治区人民政府组织的 2015—2017 年整治旅游市场秩序和文明旅游行动；积极配合自治区旅发委做好国家旅游局旅游市场秩序综合整治“暑期整顿”专项督查等工作。年内，广西工商系统共组织开展旅游市场专项整治行动 3 次，出动执法人员 764 人次，检查旅游业市场主体 839 个，检查景区 47 个次，检查酒店、宾馆、餐馆等 198 户，现场纠正一般违规行为为 56 人次，查处违规经营旅游业务单位 4 家，有效维护了旅游市场秩序。

第四节　经纪人监督管理

1998 年，加强对市场中介组织和经纪人的监督管理，开展经纪人资格证书的年检工作，对未取得经纪资格证书的经纪人，进行专业培训。

1999 年，以规范经纪人管理为重点，拓宽对房地产、劳动力、人才、信息、技术等生产要素市场的监管。抓好经纪人培训，逐步建立和完善经纪人持证上岗制度；加强对咨询服务机构的管理，对信息咨询服务机构非法从事期货交易活动进行了专项整治。

2000 年，继续拓宽对生产要素市场以及特种市场的监管，房地产市场、劳动力市场、文化市场、旅游市场管理取得突破。自治区工商局会同自治区建设厅、科技厅和柳州铁路局，先后举办了 8 期房地产市场、技术市场、信息市场经纪人培训班，为 1028 名经纪人核发了经纪资格证书。北海市开展了房地产经纪人培训考核初审和经纪资格证书年审工作；玉林市工商局会同劳动部门，对城区 20 多家职业中介机构进行清查，取缔了 14 家非法经营的职业中介机构。此外，积极培育发展各类市场中介服务组织，规范市场中介行为。自治区工商局制定《广西经纪人登记管理试行办法》，加强对经纪人的规范化管理；贵港市集中整治猪苗市场的中介服务组织，对无证经营人员进行培训考核，补发经纪资格证书；北流市、横县在培育发展荔枝、茉莉花基地过程中，积极扶持发展农民经纪人队伍和流通组织；田阳县指导农民经纪人发挥中介服务作用，组织春季果菜外销 18 万吨，促进了农业增产，农民增收。

2001 年，通过推行房地产合同登记、备案、鉴证制度，加强对专业经纪人的资格审查；抓好企业动产抵押物登记管理，拓宽对要素市场的监督管理。

2002 年，以经纪人市场准入及规范管理为切入点，加强对运输、房地产、劳动力(人才)、边贸等要素市场及特种市场的监督管理。南宁、柳州、桂林、北海、玉林等市推行了房地产经纪人持证上岗制度；自治区工商局会同人事厅，制定贯彻《人才市场管理暂行规定》的有关办法，各地根据要求，对职业介绍机构进行清查，取缔无证照经营行为；凭祥市工商局根据自治区工商局的部署，联合海关、出入境检验检疫、税务、外经贸等部门，对从事边贸经纪业务的单位和个人进行清查，对符合条件的经纪从业人员核发经纪资格证书和营业执照。

2003年，以加强农村经纪人队伍的培育、发展、监管为重点，推进经纪人规范化管理。一方面，取缔无证无照经纪，规范市场中介服务行为；另一方面，指导培育发展农村经纪人队伍，引导农村经纪人与农户和公司（企业）建设新的经济联合组织；同时，进一步建立经纪行业组织，促进行业自律。自治区工商局开展了广西经纪人协会筹建工作，并指导南宁、柳州、桂林、北海等市继续完善现有的经纪人协会。

2004年，经纪人总数3664户，其中消费品市场1861户、生产资料市场33户、生产要素市场1744户。

2005年，经纪人总数2666户，其中消费品市场951户、生产资料市场18户、生产要素市场1536户。

2005年，坚持培育发展和加强监督管理并重，支持促进农村经纪人健康发展，到2005年底，全区有农村经纪人2874户，经纪执业人员4799人，年经纪业务量2亿多元。

2006年，为使广西的社会主义新农村建设有一个良好的发展前景，自治区工商局在各项工作中积极创新机制，推行一系列政策和措施，在实际工作中凸显爱农政策。特别是上半年，出台了《关于发挥工商行政管理职能作用扎实推进社会主义新农村建设工作的通知》《关于进一步做好鼓励支持和引导个体私营等非公有制经济发展工作的通知》等政策文件，把发展农村个体私营经济与推进农业优势产业和农业产业化经营相结合起来，构筑了“放宽、帮扶、培育”三位一体的爱农政策体系，着力培育发展农村经纪人。各级工商行政管理机关大力引导扶持培育发展农产品协会和农村经纪人，促进大宗农副产品产销区和流通集散地的农产品流通。如桂林市工商局指导各县成立各种农产品协会，如荔浦县马蹄协会、恭城县柑桔月柿协会、阳朔县金橘协会、龙胜县西红柿协会等，以协会为龙头带动产销两旺。荔浦县工商局扶持青山镇农民成立的马蹄营销协会发展会员2000多名，由协会与会员签订马蹄订购协议，2005年外销达8万多吨，仅此一项就为当地农民人均增收2000元。又如南宁市横县作为全国最大的茉莉花产地，该县工商局培育发展农村经纪人90多户，引导大批农民从事茉莉花收购旺季中介服务，把花农生产的6000多万千克鲜花与市场衔接，源源不断销给花茶加工企业，每年为该县带来3亿多元的收入。同时，茉莉花茶叶产业还带动了当地交通运输、电讯、饮食服务等行业发展，不仅缓解了当地农村剩余劳动力的就业问题，还促进了城镇周边地区的下岗工人再就业。广西工商部门指导成立的农副产品流通协会495个，会员15.5万人；农村经纪人协会23个，会员2649人；从事季节性农产品流通中介服务的农民5.1万人，经农村经纪人促成各类农副产品交易量达13.88万吨，成交额达17.41亿元。

2007年7月，自治区党委组织部和自治区工商局联合印发《关于在全区农村开展“双培双促”活动的意见》（桂组织通字〔2007〕68号），决定在全区农村全面开展“双培双促”活动，即“把农村优秀经纪人培养成为党员，促进农村党员队伍建设；把农村党员骨干培养成为经纪人，促进农村经纪人队伍建设”的“双培双促”活动，确定武鸣、阳朔、北流、灵山和田阳5个县（市）为自治区“双培双促”活动试点单位，主要抓试点示范推广工作。各地通过抓试点，推进实施以“打造核心村屯、建设中心农户、培训骨干农民”为主要载体的先锋工程，采取“建立健全联系帮扶制度、明确乡镇党委和村街党支部书记是培育发展农村党员经纪人的第一责任人、工商部门开辟绿色通道”等措施，提高农村党员开拓市场的能力，改变农村经纪人组成结构。同时推进“围绕培育发展农村经纪业主题，壮大两支队伍，搭建农村党员经纪人经营平台、建立经纪人协会平台、为农村经纪人发展搭建信息平台三个平台”的“一二三工程”，加快农村党员经纪人队伍发展。广西各级工商部门依法核发营业执照的农村经纪人5160户，经纪执业人员7787人；另外，在各地大宗农产品主产地和流通集散地，从事季节性农产品流通中介服务的农村经纪人达5.1万人。例如，百色市田东县培训农村党员经纪人250多人，农村经纪人与党员骨干建立了帮扶关系800多名，已有85位农村经纪人向党组织递交了入党申请书。再如，灵山县工商局与各乡镇党委协调组织指导农民筹办成立各种农副产品经纪人组织，全县农村经纪人发展到900多人，其中党员380人。藤县工商局开辟登记注册绿色通道，为边远地区农村的农民从事经纪活动提供上门服务，及时办理登记注册手续，共注册登记农村经纪人96人，农村党员经纪人36人。田阳县工商局积极指导县农副产品综合批发市场加快服务体系建设，成立了农产品产销协会210个，专门举办以农村党员为骨干的经纪人培训班，培训各类经纪人。农村经纪人由100多人发展到3100多人。市场年果菜交易额达100万吨以上，交易额8亿～12亿元。

当年印发《关于在全区农村开展"双培双促"活动的意见》（桂组织通字〔2007〕68号），自治区党委、自治区人民政府高度重视农村党员经纪人培育工作，自治区党委书记郭声琨、自治区主席马飚、自治区党委组织部部长陈向群等领导在全自治区开展"双培双促"试点工作情况汇报上作了专题批示，要求各级党委组织部门会同工商部门认真总结经验，进一步完善制度措施，全面推进此项工作。

各地的行政村中大部分的村支书既是农村致富领头人同时也是经纪人，发挥着带领促进农业增产农民增收的作用。如阳朔县白沙镇古板村委主任、农村党员经纪人张冬发带领农民群众经过努力，古板流通协会2007年销售水果9000多吨。古板村也因种植销售金橘年人均收入达1.7万元，成为地方有名的首富村。全国五一劳动奖章获得者、"奥运火炬手"北流市民乐镇罗政村的村支书钟耀荣带领全村群众创建了马铃薯、潮菜生产基地共200多亩，优质提子基地120亩，高产莲藕基地60亩，2007年该村人均纯收入达到3490元。北流市经纪人队伍的不断壮大，使该市的龙眼、荔枝、猪苗、树苗、竹编、蘑菇、八角等大宗的拳头农产品销售渠道畅通无阻，2007年该市农副产品成交额超13亿元，创财政收入3100多万元，农村经纪人的经济活动提高当地农民收入210多元。灵山县石塘镇党员经纪人邹俊许创办了军营垌茶厂，每年收购茶青500吨以上，带动了周边1000多户农户种植军营垌茶，为每户茶农创收近1万元。据统计，农村经纪人的经纪业务费已达693217万元。

2008年，自治区工商局先后出台《自治区工商行政管理局2008年农村党员大培训工作实施方案》和《全区工商系统贯彻落实科学发展观进一步开展农村"双培双促"活动工作方案》，大力培育发展农村经纪人。经纪人快速发展，呈现"两多两少"的分布特点，即农业经纪人和其他组织多、生产资料和生产要素类经纪人少的特点。据统计，共有经纪人20509户，比上年同期增长66%经纪业务量714630万元，比上年同期增长646%，其中农业经纪人14218户，比上年同期增长83%，消费品市场经纪人17937户，比上年同期增长103%，生产资料市场经纪人204户，比上年同期增长62%，生产要素市场经纪人1665户，比上年同期下降34%。

2009年，在各级党委组织部门和工商行政管理部门的指导和推动下，全自治区"双培双促"（即"把农村优秀经纪人培养成为党员，促进农村党员队伍建设；把农村党员骨干培养成为经纪人，促进农村经纪人队伍建设"）工作取得显著成果，农村中的各类农副产品专业组织数量快速增长，农村经纪人组织化、规模化不断提高，农村经纪人党员队伍不断发展壮大。至年底，广西共有经纪人27840户，同比增长26.3%。广西经纪业务总量1008435万元，同比增长41.1%。

2010年，广西各类经纪人发展迅速，共有经纪人27840户，比上年增长24.7%。广西经纪业务总量1008435万元，比上年增长26.9%。其中，农村经纪人发展迅速，登记注册的农村经纪人22927户，占经纪人总户数的66%，比上年增长15.3%；农业经纪业务量841981.27万元，占总经纪业务量的65.8%。

广西各级工商部门把开展农村党员经纪人培训工作作为扎实推进"双培双促"活动，服务农村经济改革，促进广西社会经济发展的重要举措。充分发挥工商职能作用，加强与党委组织部、农业、科技、供销等部门的配合，扎实开展农村党员经纪人培训工作，为广西农村经济发展提供实用人才，为搞活农产品流通发展壮大经纪人队伍。据统计，2010年，全区举办农村党员经纪人培训班415期，培训农村党员经纪人18187人次，农村党员经纪人和农村基层党组织两支队伍得到加强，对推进农村经济发展起到了积极的作用。恭城县工商局通过在农村党员经纪人中开展培训活动，引导农村经纪人和党员组建"合作社＋党组织＋经纪人"模式，为广大农村党员和经纪人搭建了交流、互助、创业的平台。2010年以来，自治区各级工商部门举办村"两委"党员经纪人培训班252期，培训村"两委"党员经纪人8304人次。村"两委"经纪人在推进农村经济发展中发挥越来越重要的作用。

把工商职能贯穿于农村党员经纪人培训工作，重点培训指导农村党员经纪人学会合同签约、守约和调解合同纠纷的知识，掌握利用合同建立与农户、市场、企业的购销关系，通过合同关系分散化解各自承担的市场风险，以稳定自己在市场中占有的份额，促进农村订单农业、购销经纪业、涉农龙头企业等产业链的健康发展。共指导经纪人签订合同13万份，合同金额180.7亿多元；重点培训引导农村党员经纪人实施商标战略，学会利用当地主导产业和特色产品开展品牌经营、特色经纪，积极利用经营范围注册名、特、优、新的商标，以品牌占领市场。灵川县工商局以开展涉农商标培训为重点，着力提高农村党员经纪人的品牌意识。灵川县金土地粮油开发有限公司经过灵川县工商局的培训和引导，成功注册商标，形成了“用商标品牌的理念经营粮油”的新观念，实现了“经纪人＋公司＋基地＋农户”的发展模式。大化瑶族自治县工商局通过开展商标培训，引导当地农村经纪人注册“北景鱼”、“岩滩红”花生以及“七百弄”藕粉等农产品商标，使当地的农产品畅销市场；重点培训与经纪活动相关的法律法规，促进他们守法经营、诚信经纪，自觉建立以信誉价值谋取发展的理念。百色市工商局在田东、田阳等盛产水果、蔬菜的县份，重点开展农产品市场营销、订单农业和合同法培训，引导经纪人依托批发市场利用网络营销开展经纪业务，加快农产品流通。在上一年百色市解决香蕉“滞销”难题中，经过培训的农村党员经纪人发挥网络营销的作用，通过农业订单和诚信经营等措施，缓解了香蕉滞销状况。田东县农村党员经纪人黄世标就是其中的佼佼者，他上一年共销售香蕉2万多吨，产品远销河南、天津等地。

2011年，广西各级工商行政管理机关继续加强与党委组织部、农业、科技等部门的配合，依托地方主导产业和优势资源，开展农村经纪人联合培训；依托以农民专业合作组织为主体的“两新”组织，开展业务培训；依托工商职能，开展专题培训。全系统共举办农村党员经纪人培训班313期，培训人员12806人次；举办村“两委”负责人培训班196期，培训人数4259人次。其中，10月24日，自治区工商局在恭城瑶族自治县举办了全自治区农村党员经纪人培训班，来自全自治区14个市78个（区）县的近300名农村党员经纪人骨干参加培训。邀请广西大学、广西财经学院的专家从农业市场化与农民组织化与村庄治理、农产品销售电子商务新途径、合同法相关知识等方面对农村经纪人进行了培训。

2012年，为扶持农村经纪人的进一步成长，自治区党委组织部和自治区工商局继续在全区开展以“双培双促”为主题的农村党员经纪人培训活动，使广西农村经纪人在数量和质量上都有了较大的提升。各地人民政府结合当地经济，加大农副产品的大规模专业化生产经营，组织相关部门对田间地头农产品交易点进行清理，也推动了当地经纪人发展。自治区工商局立足职能，加强监管与服务，帮扶农村经纪人做大做强。在季节性、临时性经纪活动中，指导农村经纪人要守法经营，同时加大对农村经纪人的监管力度，确保农村经纪人的经纪活动健康有序，严厉查处农村经纪人中唯利是图，坑害农民，破坏农村经济健康发展的违法经营行为。全自治区经纪人总数为34163户，经纪业务量730542.07万元，其中农产品经纪人23668户，占经纪人总数69.28%，农产品经纪量580928.50万元，占总经纪业务量79.52%；经纪执业人员56070人，其中已备案的经纪执业人员31576人，占经纪执业人员56.32%。从经纪人类型上看，农村经纪人快速发展，已占经纪人主导地位。

第五节　诚信市场创建活动

2009年，广西各级工商行政管理机关按照“进一步提升工商系统信用体系建设的地位和作用，全面整合市场、企业、个体等信用分类监管资源，使之成为推进‘四化’进程的成果和亮点”的总体要求，积极推进市场信用分类监管工作，在总结广西三个试点单位工作经验的基础上，扩大试点范围，部署广西14个地级市的20个县（区）开展此项工作。主要把住“一个关键”，抓好“两个要点”，依托“一个平台”：一是把住政府领导关键环节，提升市场信用分类监管工作的地位。指导各试点局把工商系统市场诚信体系建设融入当地政府主导的社会诚信体系当中，努力争取地方政府支持，共同推进有利于地方经济发展的诚信体系建设工作。二是以建立工商系统内部制度和市场主体监管制度“两套制度”为要点，夯实工作基础。系统内部各有关部门要用制度来明确职责，形成专门机制有效整合市场、企业、个体的信用分类资源；对市场主体采取的是积极指导市场开办单位建立健全规范的、与市场信用分类监管配套的各项市场管理制度。三是紧紧依托信息化平台为支撑点，提高市场信用分类监管工作效能。有机整合企业和个体工商户信用分类监管资源，开发商品交易市场信用分类信息管理系统，实现市场信用分类监管从理论转变为可操作管理的应用平台。全年广西共有八级市场293个，市场信用分类监管工作已在广西全面推进，发挥积极作用。

2010年，广西各级工商机关按照国家工商总局的部署和要求，按期完成了年内广西推进各类商品交易市场信用分类监管的工作目标。共确定南宁市富安居家居广场等26个市场作为全自治区商品交易市场信用分类监管工作示范点。当年，全自治区共有720个商品交易市场开展了信用分类监管工作，符合A类市场568个，B类市场134个。各级工商机关结合当地实际，有重点地开展工作。实施商品交易市场信用分类监管工作的，一是加强对市场开办者和市场管理人员的教育和培训，引导督促其守法经营，进一步完善市场各项管理制度，不断完善市场功能设施，指导其建设先进市场诚信品牌。二是按有关规定对原录入的信用分类数据进行核对、更新，及时对各类信息进行补录或修正，保证市场信用分类等级的准确性。未实施商品交易市场信用分类监管的市场，各地工商部门一是大力宣传开展商品交易市场信用分类监管工作在促进经济发展、构建和谐社会的作用、意义，加强对市场开办者的引导；二是根据商品交易市场信用分类监管工作要求，加大硬件投入，改善软件环境，在年底前实现商品交易市场信用分类监管。其中，梧州市工商局立足“创新市场巡查监管制度、创新信息化监管手段”建立了“五位一体”的市场信用分类监管新模式，该局辖区内10个市场、4500多户经营户全部完成了信用信息采集和录入，2010年度的信用等级认定工作也圆满完成。又如，百色市工商局按照商品交易市场信用分类监管要求，以规范商品交易市场主体资格为切入点，建立市场监管新模式。该市242个市场，办照率达81.4%，为全自治区第一。

2011年，根据国家工商总局工作部署，结合广西实际，自治区工商局制订《2011年广西工商系统进一步开展创建诚信市场活动工作方案》，全区各级工商机关以创建活动促进商品交易市场信用分类监管，发动符合条件的市场开办者参与创建活动，将纳入市场信用分类监管中的8类市场作为创建的重点市场。通过继续开展创建活动，积极支持各类市场开办者完备登记手续，提高市场的企业法人登记率，落实市场主体责任，扩大市场信用分类监管的覆盖面。以开展诚信市场、文明集市为抓手，扎实开展“引导诚信经营，创建信用市场”活动，引导市场业主和经营者落实信用管理制度。全自治区共有各类商品交易市场2442个，已有489个市场纳入商品交易市场信用分类监管。梧州市鸳江丽港商业街获“全国创建诚信市场先进单位”称号。南宁市海鲜批发交易市场在实施信用分类监管中推行“五个统一，五个保证”制度，是广西第一个交易有凭证的农贸水产品食品交易市场，海鲜市场短斤少两问题首次实现历史上的“零投诉”，市场内的经营户营业额直线上扬。

2012年，广西各级工商机关围绕“四结合”（即与商品交易市场信用分类监管工作相结合、与促进工商职能到位相结合、与促进市场繁荣发展相结合、与发挥诚信典型示范作用相结合）开展全自治区诚信市场创建活动，主要体现在：一是与信用分类监管相结合。积极落实市场主体责任，扩大市场信用分类监管覆盖面。指导制订经营者信用评价实施办法、评分标准和细则，形成信用激励约束机制；指导开展“星级信用商户”或“文明经营户”等评比活动；建立经营者信用档案，对信用评价结果进行公示。二是与巩固“创城”成果相结合。结合南宁、柳州、百色等市争创全国文明城、国家卫生城实际，积极参与市场升级改造，切实改善市场基础设施。提升市场规模和档次；帮助市场制定和落实市场信用管理八项制度，落实市场管理职责。三是与履行监管执法相结合。以加强流通环节食品安全监管、肉品质量监管、打击侵犯知识产权和制售假冒伪劣商品违法行为、查处“傍名牌”和虚假广告、“限塑”整治、清理无照经营、消费维权等，加大市场内违法行为查处打击力度，切实规范市场行为，改善市场环境，为经营者守法诚信经营营造良好的市场环境。

全自治区共有各类市场2374个，其中消费品市场2210个，生产资料市场123个，生产要素市场41个。2012年，自治区工商局按照逐级推荐、严格标准的原则表彰26个自治区级诚信示范市场、28个开展创建活动先进单位。并向工商总局推荐10个全国诚信示范市场、11个开展创建活动先进单位，上述21个示范市场和先进单位受到工商总局的通报表彰。

2013 年，注重加强对市场开办者的行政指导、规范引导与教育培训工作，各类型商品交易市场开办单位参与诚信市场创建活动的意愿不断增强。全年经过各级工商机关逐级推荐，自治区工商局组织实地查验，自治区工商局党组研究审定并公示等程序，全区共有 25 个市场获得 2012—2013 年度广西诚信示范市场称号；经国家工商总局审定并公示，3 个市场获得 2012—2013 年度全国诚信示范市场称号；22 个单位获得自治区创建诚信市场“突出单位”称号，6 个单位获得全国创建诚信市场“突出单位”称号。

2014 年，广西工商系统注重加强对市场开办者的行政指导、规范引导与制度培训，各地各类型商品交易市场开办单位参与创建的意愿不断加强。

2015 年，各级工商行政管理机关按照《广西壮族自治区创建诚信市场参考标准》，引导市场开办者积极参与创建。通过工商机关逐级推荐，广西壮族自治区工商局组织实地查验，提交处务会讨论通过并公示等程序，扎实开展诚信市场创建活动。年内，全自治区有 3 个市场获得 2014—2015 年度全国诚信示范市场，26 个市场获得“2015 年度广西诚信示范市场”称号；6 个单位获得“全国创建诚信市场突出单位”称号，19 个单位获得“广西创建诚信市场突出单位”称号。

2016 年，各级工商行政管理机关将诚信市场创建活动与“美丽广西”活动、信息化“大数据”战略紧密结合起来，紧紧抓住地方政府大力支持农贸市场、农产品批发市场、专业市场等升级改造的良好契机，积极建言献策，争取地方政府从财政、税收、人力配置等方面支持市场升级改造，使一大批传统市场和初级市场硬软件得以改造。加强对市场开办方行政指导，引导开办方加强诚信建设，使市场诚信经营水平进一步提升。在国家诚信市场创建标准基础上进一步细化和量化，制订《广西壮族自治区创建诚信市场参考标准》，健全、完善创建活动机制及有关程序，扎实开展全国和广西诚信市场创建工作。

2017 年，自治区工商局注重加强对市场开办者的行政指导、规范引导与制度培训，制定出台并不断修改和完善《广西壮族自治区创建诚信市场参考标准》，全区各级工商部门按照该标准引导市场开办者积极参与创建活动，通过各地工商机关逐级推荐，自治区工商局组织实地查验，提交局务会审定并公示等程序，扎实开展诚信市场公示活动。

第二章　合同监督管理

1993 年，国家工商局撤销合同司，自治区工商局保留了合同管理机构。2002 年，全自治区工商系统机构改革，全自治区市级工商局合同科与市场管理科合并，县级工商局合同科（股）全部与市场、商标、广告等科（股）室合并。

1992—2018 年，为适应市场经济发展需要，合同管理的内容发生了较大变化。从管理经济合同拓展到其他各类合同；从监督检查经济合同的订立履行，鉴证合同，推行合同示范文本，确认无效合同，查处违法合同，调解、仲裁合同纠纷，开展“守合同重信用”活动发展到对企业抵押物登记、拍卖活动监管和探索企业信用管理等。

第一节　合同监督管理沿革

1996 年，广西各级工商行政管理机关全面贯彻《中华人民共和国经济合同法》和《中华人民共和国仲裁法》，积极转变职能，大力推进合同管理改革。

1998 年，广西工商行政管理机关进一步改进合同监管方法，切实加强经济合同的监督管理。

1999 年，广西工商行政管理机关认真贯彻《中华人民共和国合同法》，加强经济合同的监督管理，强化合同鉴证、企业动产抵押物登记和合同调解工作，严厉打击利用购销、加工承揽、承包经营、租赁经营等虚假合同进行诈骗的行为。

2000 年，广西工商行政管理机关加强了对重要合同的监管，重点打击信贷、加工承揽、工程建筑、技术转让等方面的合同欺诈以及利用合同侵吞国有资产的违法行为；加强对粮食、成品油、商品房、重要农业生产资料等商品购销合同及信贷合同的监管。进一步完善合同鉴证、合同行政调解；推行合同示范文本；深入开展“重合同守信用”活动，指导、帮助企业规范契约行为。2000 年全区查处违法合同案件 23 件，涉及金额 1249 万元，罚款 3 万元；调解合同争议 400 件，金额 964 万元，其中结案 372 件，解决争议金额 732 万元；鉴证各类经济合同 26434 份，鉴证金额 987703 万元；检查 3222 个企业 40966 份合同的签订履行情况，监督当地合同当事人履行合同 22648 份，金额 863039 万元；协助合同当事人挽回或避免损失 283 件，金额 1923 万元；共命名“重合同守信用”企业 703 户。

2002 年，广西工商行政管理机关进一步强化对合同交易行为的监管，重点打击了买卖、装饰装修、房屋租赁、居间、加工承揽、农业生产资料等方面的合同欺诈行为。各主要城市的工商行政管理机关对拍卖企业的拍卖活动进行现场监督。

2002 年，广西各级工商行政管理机关合同监管干部充分发挥职能作用，积极开展合同行政监管的工作，克服了改革后机构撤并人员减少等困难，各项工作均取得一定成绩。

2003 年，各级工商行政管理机关继续加强合同行政监管，重点抓好推行合同示范文本工作，会同自治区经贸委、农业、物价等部门，在全区制糖企业和蔗农当中试行糖料蔗种植购销合同，指导规范合同签约行为。

2004 年，广西工商行政管理部门以“诚信建设推进年”活动为重点，开展合同行政监管的各项工作，起草印发《广西壮族自治区守合同重信用企业认定公示管理暂行办法》，使“守合同重信用”企业认定公示活动的开展有章可循,进一步规范这项活动的开展。同时,进一步加强合同监管,重点加强企业动产抵押物登记管理,建立企业动产抵押物登记档案,在主要城市探索开展国有大中型企业和重大招商引资项目的合同动产抵押物登记管理服务工作。全年,全自治区共检查各类经济合同 1346 份,金额 78.1 亿元,在检查中发现不合格合同 341 份,金额 9227.16 万元。

2005 年,广西工商行政管理机关继续加强经济合同管理。重点对租赁、建筑工程、工业品买卖、借款等合同的检查,全年检查各类经济合同 17915 份,金额 713737.53 万元,其中,查处不合格合同 509 份,金额 16459.57 万元。在检查中发现大部分企业使用合同示范文本,特别是建筑行业、电力系统的企业合同示范文本的使用率比较高。其中,电力企业 100% 使用了合同示范文本,合同签订也比较规范;其他行业也不同程度地使用了合同示范文本签订合同。缺款少项的现象明显减少,充分说明了在市场经济的大环境下企业的法律意识、进一步增强,在提高经济效益中注重规范企业内部的合同管理。

2006 年,自治区工商局在各项工作中积极创新机制,推行了一系列政策和措施,在实际工作中凸显政策爱农。自治区工商局部署各地工商局开展涉农合同帮扶活动,印制农作物种植、家畜禽水产养殖、饲料及添加剂买卖、农作物种子买卖等 4 个“订单农业”合同示范文本,并在互联网上发布,供广大企业下载使用,要求各地在活动中指导推行使用。各地工商局从实际出发,分类指导开展帮扶工作。积极指导企业使用合同示范文本,规范企业合同交易行为,认真检查企业合同的签订、履行情况,对不合格合同及时提醒企业予以纠正,避免合同纠纷,保护当事人的合法权益。

2007 年,深入开展涉农合同帮扶工作,促进农村经济发展。加强对涉农合同的指导,试行农业合同示范文本。为确保农民利益不受损失,自治区工商局制定了农作物种植、家畜禽水产养殖、饲料及添加剂买卖、农作物种子买卖等 4 种涉农合同示范文本,切实帮助涉农企业和农民排忧解难。同时,加强对涉农合同的监督检查,全系统共检查农副产品买卖合同 5082 份,合同金额 6873 万元,有效制止损害农民利益的“霸王合同”,切实保护了农民利益,让农民得到了真正的实惠。

2008 年,国家工商总局发布的《查处利用合同进行违法行为的暂行规定》废止。9 月 1 日开始停征“两费”,各级工商管理机关工作重心转移到服务三农工作上。2006 年以前由省级制订发布的合同示范文本只有 4 个,年初,国家工商总局《关于深入开展合同帮农工作的指导意见》文件出台,广西各级工商机关以科学发展观为指导思想,深入开展合同帮农工作,促进订单农业的发展,宣传和推广使用合同示范文本,并相继制定和规范了米业、小番茄等农副产品以及化肥、农药等农资买卖购销合同文本 61 个;涉农合同履约率达 98%。指导和帮扶涉农企业和签约农户 79779 户,签约合同 80237 份,分别比上半年增长了 55.26% 和 54.43%,其中随着北部湾经济区开放开发,沿海地区农户签约合同份数占了总份数的三分之一。

2009 年,广西工商行政管理机关加大合同行政执法力度,继续推行合同示范文本制度,规范签约行为。制订和发布广西农村土地承包经营权流转合同、肥料买卖合同、农药买卖合同等 3 个涉农合同示范文本;制订和发布糖料蔗种植收购、农作物种植、家畜禽水产养殖等 5 种农业订单合同示范文本,保障广大农民的合法权益。

2010 年,积极推广合同示范文本,引导企业诚信自律。自治区工商局对国家工商总局制定发布的 77 个及本局制定发布的 7 个合同示范文本进行整理,编印成册,下发到各级基层单位;对各行业已使用的合同示范文本重新进行了修订;会同自治区农业厅发布广西农村土地承包经营权流转合同(示范文本),在全自治区统一启用新版的农村土地承包经营权流转合同。全年共制订发布涉农合同示范文本 32 个。

2011 年,广西各级工商行政管理机关紧紧围绕党和国家有关三农政策,采取制定推广农业合同示范文本、建立“合同帮农”服务站、指导签约、督促履约、调解纠纷、查处违法等一系列强有力的措施,改善农业交易环境,增强农民交易信心,预防和化解矛盾纠纷,推动农业生产结构调整,保护农民合法权益。

2012 年,广西工商机关以查办合同违法案件、规范合同行为为突破口,以构建科学机制、实现长效监管为目标,开展整顿利用合同格式条款侵害消费者合法权益专项行动。自治区工商局聘请自治区人大、自治区政府法制办、自治区高级人民法院、自治区人民检察院、广西大学法学院、部分知名律师事务所的专家、律师以及局机关相关业务处室负责人等18人组成了格式合同评审委员会。

2013年，以重点行业格式合同的专项整治作为突破口，扎实开展合同格式条款整顿规范工作。全系统共检查企业1.09万户次，检查各类合同3.36万份，发现问题合同格式条款1067条；召开案件评析会125次，约谈企业1123户，开展行政指导1388次；立案查处利用格式合同欺骗消费者案件625件，罚没款115.88万元。

2015年，推动地方立法，建立合同监管长效机制。经过近三年的努力，2015年7月24日，广西壮族自治区第十二届人民代表大会常务委员会第十七次会议审议通过《广西壮族自治区合同格式条款监督管理条例》，于当年10月1日正式施行。

2016年，自治区工商局制定印发《广西合同格式条款监督管理条例实施细则》，为合同格式条款监督管理提供可靠依据；加强了合同格式条款公开查阅系统的建设工作。与自治区旅发委联合开展旅游业合同格式条款整治专项行动，对执法检查中收集的179份旅游行业格式合同进行逐份检查，对普遍存在的旅游业不公平合同格式条款进行分析，整理出经营者利用格式条款设定违约金标准涉嫌加重消费者负担、规避因企业自身原因造成损害事实后涉嫌免除自己赔偿责任、排除消费者依法享有的诉讼管辖选择权利等7条不公平合同格式条款。在充分征求合同格式条款评审委员会专家意见的基础上，于9月28日召开规范旅游业合同格式条款行政约谈会议，约谈了广西30家旅游企业，以行政指导的形式，引导企业规范使用格式合同，推动经营者依法自律经营，切实维护广大消费者的合法权益。

2017年，自治区工商局创建广西合同格式条款公开查阅系统。该系统通过对合同文本的自动搜索和匹配功能，指导基层执法人员对合同格式条款的分析、认定，有效地提高基层执法水平，提升合同案件办案质量。年内，近500家企业在系统上公示了6000余份合同格式文本；各级工商行政管理机关通过系统对企业开展行政指导232次，指导企业修改、完善合同条款367条。

2018年，指导相关企业履行法定义务公示合同格式文本。已有11个行业、600余家企业通过广西合同格式条款公开查阅系统公示了8000多份格式合同，基本覆盖了金融、保险、汽车销售、旅游、供水供气供电、房地产等使用格式合同的主要行业。针对消费者投诉集中的汽车销售行业合同格式条款进行点评，组织汽车销售企业开展自查自纠，共修改、删除27条不公平合同格式条款。作为全国8个试点省市之一，全国市场监管动产抵押登记业务系统在广西上线运行。动产抵押登记工作实现在线申报、审核、公示、查询一网通办的全程电子化。

第二节　指导服务

1993年，各级工商行政管理部门注意增强经济合同管理人员的服务意识和协调意识。引导经济合同管理人员从领导就是服务的高度、加强宏观调控的高度，建立社会主义市场经济体制要求工商部门转变职能的高度，转变观念，主动为企业服务，积极协调经济活动中的关系。为企业培训经济合同管理人员7142人，为企业、个人提供咨询服务7339人次；查询合同4683份，金额6.6亿元，为企业避免经济损失2.66亿元。

1996年，帮助企业查询经济合同341份，合同金额1.53亿元，为企业挽回经济损失520.2万元。广泛开展法规宣传和业务培训工作。全自治区共举办经济合同业务培训班10期，培训2万人（次）。

1998年，大力宣传《中华人民共和国经济合同法》等法律法规，举办培训班37期，培训人员2546人次。

1999年，推行农产品购销合同制，指导农户、企业签订经济合同，制止和查处农产品交易中的合同欺诈行为。

2000年，积极推行“合同解忧工程”，充分运用资信审查、合同调解、监督履约等职能手段，帮助企业解决防骗难、追债难等问题；运用抵押登记等手段，为企业吸引资金，注入活力。

2001年，继续开展“合同解忧工程”，引导企业增强合同法律意识和防骗意识；通过抵押物登记，为企业筹措资金提供服务；进一步完善合同鉴证、合同行政调解，指导企业通过合同组织生产和销售，并引导企业加强内部合同管理。

2003 年，深入 492 家企业检查合同的签订履行情况，监督合同当事人履行合同 1180 份，金额 35336.9 万元，协助合同当事人挽回或避免损失 73.2 万元。

2004 年，组织开展“合同帮扶、服务百家企业”活动，各地工商机关选择了 100 家企业，与企业签订合同帮扶责任书，建立定点服务联系制度，不定期深入企业，上门服务，帮助企业解决合同签约、履约和合同管理的实际问题，指导企业加强合同管理。

2006 年，为使广西的社会主义新农村建设有一个良好的发展前景，自治区工商局在各项工作中积极创新机制，推行一系列政策和措施，在实际工作中凸显政策爱农。为更好地推动合同帮扶工作的深入开展，及时转发了国家工商总局《关于支持发展订单农业积极开展涉农合同帮扶工程工作的通知》，出台了《关于发挥工商行政管理职能作用扎实推进社会主义新农村建设工作的通知》《关于进一步做好鼓励支持和引导个体私营等非公有制经济发展工作的通知》等政策文件，把发展农村个体私营经济与推进农业优势产业和农业产业化经营相结合起来，构筑了放宽、帮扶、培育“三位一体”的爱农政策体系，实施涉农合同帮扶工程。自治区工商局部署各地工商局开展涉农合同帮扶活动，并印制了农作物种植、家畜禽水产养殖、饲料及添加剂买卖、农作物种子买卖等 4 个“订单农业”合同示范文本，并在互联网上发布，供广大企业下载使用，要求各地在活动中指导推行使用。各地工商局从实际出发，分类指导开展帮扶工作。积极指导企业使用合同示范文本，规范企业合同交易行为，认真检查企业合同的签订、履行情况，对不合格合同及时提醒企业予以纠正，避免合同纠纷，保护当事人的合法权益。如贵港市工商局港北分局多次派员深入广西大福穗米业公司与港北区庆丰镇、大圩镇的 35 个村委会，建立联系点，指导企业与农户签订了 4 万吨优质稻谷种植收购合同，发展了 6 万亩水稻生产基地，建成了广西较大的优质米绿色食品生产基地。百色市工商局通过开展“合同助烟农”活动，与烟草生产企业、烟农代表共同成立烟叶农业订单领导小组，共同规范烟草订单合同签约履约行为，维护烟农合法权益。百色市种植烟叶 12.5 万亩，工商部门指导签订烟叶订单 2.23 万份，烟农种烟收入达 2 亿多元，人均 800 多元。

2007 年，深入开展涉农合同帮扶工作，促进农村经济发展。加强对涉农合同的指导，试行农业合同示范文本。为确保农民利益不受损失，自治区工商局制订了农作物种植、家畜禽水产养殖、饲料及添加剂买卖、农作物种子买卖等 4 种涉农合同示范文本，切实帮助涉农企业和农民排忧解难。

2007 年，广西工商行政管理机关立足合同监管职能，实施“合同帮农”惠农工程，规范合同管理，加强农副产品买卖合同等涉农合同检查和指导，促进订单农业发展，制定《实施“五项惠农工程”积极推进社会主义新农村建设的工作方案》（桂工商发〔2007〕57 号）。于 4 月份隆重举行广西工商系统“实施惠农工程进乡村”现场会的大型宣传活动，组织了 20 多辆“放心农资进乡村”运输车和 10 多辆“惠农工程”宣传彩车为农民送去种子、化肥、农药等价值近 40 万元的放心农资，活动中加强了对涉农合同的咨询服务、签约指导和监督检查。自治区工商局制订了农作物种植、家畜禽水产养殖、饲料及添加剂买卖、农作物种子买卖等 4 种涉农合同示范文本。钦州市浦北县工商局先后深入广西浦北县金和制糖有限公司、广西浦北县东剑有限公司等涉农企业检查与农户签订农业订单 1 万多份，合同金额近 2 亿元。广西浦北县东剑有限公司实施的惠农订单工程，提高了剑麻纤维原料的收购价格，进一步调动当地农户种植剑麻的积极性。百色市工商局市场合同科分别到平果亚洲铝业、凌云浪伏茶业有限公司、乐业农业技术推广站、田林劲达纸业有限公司等检查合同示范文本及签订情况。该科成功调解了合同纠纷 1 起，价值 5.5 万元。全年，共检查合同 28370 份，同比增长 2.3%；检查合同金额 482421.1 万元，其中检查农副产品买卖合同 9856 份，占总检查份数的 34.74%，金额 33617.9 万元。

2008 年，大力宣传和推广使用合同示范文本，并相继制订和规范了大米、小番茄等农副产品以及化肥、农药等农资的购销合同文本 61 个；指导、帮助涉农企业与签约农户 7.98 万户，签订合同 8.02 万份（分别比上年增长 55.26% 和 54.43%），进一步规范签约行为，提高了合同履约率（年内，全自治区涉农合同履约

2007 年 4 月 4 日，广西工商系统大力开展“红盾护农”活动，积极组织农资经营户集中为农民供应高质量的农资

率达 98%）。

2010 年，重点检查服务业格式合同，依法纠正侵害消费者合法权益的霸王条款，严厉打击设置合同陷阱、骗取合同保证金等违法违规行为。年内，全系统共检查其他合同 1.71 万份，涉及金额 17.8 亿元；纠正不规范合同 48 份，涉及金额 110 万元。

2011 年，指导签订土地承包经营权流转合同 14 万份，涉及农民 12.9 万户，通过合同有偿流转土地面积达 49.3 万亩。

2012 年，加强合同管理业务培训，采取办班培训、以案代训、组织典型案情研讨等形式，共举办各类培训班 101 期，培训人数达 5075 人次。在广西电视台、广西电台、《南国早报》等主流新闻媒体开设专栏，对工商行政管理机关开展专项整治行动进行及时的宣传报道。各级工商行政管理机关还通过举办座谈会、现场咨询活动、编印格式条款案例汇编等各种方式，累计发放宣传材料 4.23 万份，在各级新闻媒体上宣传报道 199 次，引起社会各界广泛关注，为专项整治行动营造有利的舆论氛围。

2017 年，自治区工商局召开行业协会及部分企业规范旅游业合同格式条款行政约谈会议，宣传《广西合同格式条款监督管理条例》和《广西合同格式条款监督管理条例实施细则》，指导企业规范合同格式条款制定和使用。指导市县工商行政管理机关开展合同格式条款整治工作。年内，全系统共检查各行业企业格式合同约 2.3 万份，约谈企业 430 余家，作出行政指导 336 次，纠正不公平不合理合同格式条款 6500 多条。

2018 年，指导相关企业履行法定义务公示合同格式文本。已有 11 个行业、600 余家企业通过广西合同格式条款公开查阅系统公示了 8000 多份格式合同，基本覆盖了金融、保险、汽车销售、旅游、供水供气供电、房地产等使用格式合同的主要行业。针对消费者投诉集中的汽车销售行业合同格式条款进行点评，组织汽车销售企业开展自查自纠，共修改、删除 27 条不公平合同格式条款，取得了良好的社会效果。

第三章　商标监督管理

1992—2018 年，全自治区商标注册制度经历由核转制向直接申请和代理制的转变。随着全社会商标意识的提升和商标代理制度的确立、发展，广西商标事业发展迅速，商标申请量和注册量逐年增长；全自治区商标战略工作逐步推进，引导、扶持和培育广西知名商标企业争创广西著名商标、中国驰名商标和地理标志证明商标的机制不断完善，先后涌现“金鸡”“柳工”“百色芒果”“容县沙田柚”等一大批在国际国内享有盛誉的驰名、著名商标、地理标志证明商标；商标使用管理不断规范，商标违法案件查处力度不断强化，全自治区工商系统先后开展了一系列商标使用管理专项行动和保护注册商标专用权专项行动。

第一节　商标管理沿革

1992 年，指导企业正确运用商标、广告、经济合同等市场竞争手段，推动企业走向市场。自治区工商局将商标、广告管理工作的重点转向大中型企业，指导企业重视和善于运用商标、广告策略开拓市场，开发新产品，提高产品质量和企业的知名度。帮助企业争创驰名商标，开展著名商标的评选活动，全区评出自治区著名商标 66 个，其中推荐参加全国驰名商标评选的 33 个。为了推行商标代理制，1992 年，自治区工商局成立广西商标事务所，制定了《广西商标代理工作办法》。

1993 年，商标管理改革加大了力度。广西工商行政管理部门指导企业商标工作从搞好商标注册、使用好商标提高到指导企业利用商标去开发产品、开拓市场。自治区工商局先后多次派出干部到北京帮助一批企业注册了疑难商标；帮助广西一批企业在 23 个国家和地区注册了商标。为不断完善商标代理制，自治区工商局制发《广西壮族自治区商标代理试行办法》；继广西商标事务所成立后，各地陆续成立 73 个商标代办站，全面开展商标代理业务。1994 年，完善商标注册代理工作，帮助一批企业在国外注册商标，开拓国际市场。

1993 年 3 月，自治区工商局会同有关部门，在南宁举办纪念《中华人民共和国商标法》实施十周年活动

1996年，广西各级工商行政管理机关实行岗位以目标管理责任制为中心，加强商标管理。

1998年，加快发展商标注册，将这项工作纳入商标管理岗位责任制，进行考评；积极引导非公有制经济尤其是个体私营经济进行商标注册，引导乡、镇、专业村在销售的产品上注册商标，引导有出口权的企业进行商标国际注册。改革商标管理方式，探索行政管理与行业自律相结合的办法，成立广西商标协会。

1999年，广西工商行政管理机关进一步改进商标注册手段，指导企业争创驰名商标和著名商标，科学运用商标战略开拓市场；引导乡、镇、村为销售的产品注册商标，引导农副产品注册商标，提高农副产品的价值；加强对商标代理机构等中介组织的监督管理，建立商标中介组织自律机制，改进商标中介组织的服务水平，提高了商标注册量。

2000年，积极推进企业实施商标战略，培育著名商标和驰名商标，加快注册商标的发展。

2001年，积极指导商标注册，动员农村专业户、承包户注册农副产品商标；对有条件的块状经济，帮助、指导其注册集体商标；引导企业建立创驰名、著名商标梯队培育机制，加快了注册商标的发展。

2002年，继续加强对商标注册申请的指导，引导有特色的农副产品、旅游工艺品、矿产品申请注册商标，提高产品市场竞争力。继续抓好广西著名商标认定工作，自治区人民政府颁布《广西壮族自治区著名商标认定和保护办法》，制定认定程序、认定条件（标准）等配套文件，将广西著名商标认定和保护工作纳入法制管理的轨道。

2003年，加强未注册商标管理，通过对未注册商标进行摸底调查，掌握辖区内产品（服务）特别是农副产品、高科技产品以及旅游商品、旅游服务等商标使用情况，引导企业特别是非公有制企业、个体工商户、农户和自然人办理商标注册。加大外商投资企业商标合法权益的保护力度，自治区工商局制定《加强外商投资企业商标合法权益保护，进一步优化我区外商投资环境的实施意见》，对外商投资企业的商标保护、商标使用、商标纠纷解决、品牌宣传等方面作了具体规定。

2004年，全自治区工商行政管理机关积极推进商标监管“关口前移”，指导企业把好出厂产品、进货商品的商标、标识、包装检验关；以生产型企业、大中型商业企业、批发市场、主要商业街为重点，帮助建立商标使用档案和销售商品商标档案，对企业商标档案实施动态、实时监管。此外，自治区各级工商部门主动加强与驰名商标、著名商标企业以及较高知名度涉外商标企业的联系，掌握其商标被侵权假冒情况，积极予以保护。

2005年，广西工商行政管理机关继续推进商标监管模式改革，各级工商行政管理机关通过督促经营者建立进货商品商标档案和商标查验制度，严把进货商品的商标、标识、包装检验关，抵制侵权假冒商标商品进入市场。

2006年，在推进社会主义新农村建设的工作中，自治区工商行政管理机关按照国家工商总局的总体部署，把发展农业生产、促进农民增收作为建设社会主义新农村工作的重要内容，充分整合职能，创新工作机制，集中力量开展了商标富农等“三大行动”。

2007年，广西各级商标广告管理部门紧紧围绕自治区工商局确定的行政效能建设年的基本要求，按照“五个对照”（即对照转变作风的要求，立党为公、执政为民的要求，扩大对外开放、优化投资软环境的要求，建设高效政府的要求，抓住机遇、加快发展的要求）贯彻落实首问负责制度、限时办结制度、责任追究制度，编制了机关内部项目审批流程时限表、机关项目审批流程交换登记表、机关办理事项收件回执、机关办理事项取件登记表，进一步深化行政体制改革，转变干部作风，减少审批项目、优化审批程序、缩短审批时间。一手抓查处侵犯注册商标专用权的行为，一手抓引导市场主体实施品牌战略，争创驰名、著名商标。

2008年，工商行政管理机关停征“两费”，这既是机遇又是挑战。广西各级商标管理干部坚定信心，积极应对，努力践行科学发展观，及时转变观念，创新监管模式，坚持监管与服务并举，采取各种措施积极宣传商标法律知识，指导企业实施商标战略和进行商标保护，提高企业的市场竞争力。如贵港市工商局在停征“两费”后，突出“三服务”，通过商标法律法规的宣传，服务企业；深入所辖县工商、工商所检查指导工作，服务基层；通过设立商标知识咨询台、开辟“商标之窗”等形式，指导企业运用商标战略，做强做大，服务地方经济发展，指导帮助企业申请商标注册58件，培育广西著名商标5件。柳州市工商局在停征“两费”后，及时调整工作重心，把发展商标作为服务地方经济发展，促进柳州工业化进程的重要工作来抓，举办了有290多家企业负责人参加的以发展柳州品牌为主要内容的扶持企业发展论坛，与企业负责人互动探讨如何培育和运用商标战略提升柳州企业核心竞争力、做大做强企业品牌，以商标战略为载体促进项目对接等问题。

2010年，广西各级工商行政管理机关抓住正面临着加快发展的重大机遇，在中国—东盟自贸区建成、国家实施新一轮西部大开发和继续应对国际金融危机的新形势下，以贯彻落实国家工商总局《关于贯彻落实〈国家知识产权战略纲要〉大力推进商标战略实施的意见》为指导，密联系当前经济社会发展实际，积极作为，寻找商标战略与促进地方经济发展的切入点，发挥职能优势，统筹兼顾，突出重点，深入推进商标战略实践。

2011年，积极引导各类涉农企业、农业专业合作社、农业专业协作和农技推广机构等加强农产品商标和地理标志的注册、保护与规范管理，大力推广“公司＋商标＋基地（农户或专业合作社）”等农业产业化经营模式，推动农村经济科学健康发展。

2012年，以保护注册商标专用权为核心，以商品批发零售市场为重点，加大对驰名商标、著名商标、涉农商标、地理标志、食品商标、药品商标、涉外商标的保护力度，有计划、有重点地开展商标维权打假行动，大力查处各类商标侵权案件，重点打击严重侵权、群体性侵权以及大规模假冒等影响大的商标侵权行为。

2013年，自治区工商局扎实开展党的群众路线教育实践活动，不断推进商标战略，实施“商标兴桂”。7月19日，下发《全区工商系统“商标兴桂”活动实施方案》，对各市县工商局开展帮扶“千家”商标企业活动进行了目标分配；制定相应的企业帮扶联系表，下发全区工商系统“商标兴桂”活动“帮千”分配表和全区工商系统“商标兴桂”活动“帮千”联系表，通过采取“一对一”的形式进行帮扶，就如何培育和申请商标注册，争创驰名、著名商标，规范使用商标等问题，对企业进行指导和帮助。根据全区农产品地理商标管理和保护工作实际，印发《广西壮族自治区工商行政管理局助推农产品地理标志商标发展工作的指导意见》，对农产品地理标志发展工作的指导思想、主要目标和工作内容进行了明确。

2014年，自治区工商局以新修改的商标法颁布实施为契机，认真贯彻落实总局《关于贯彻落实〈国家知识产权战略纲要〉大力推进商标战略实施的意见》以及全国打击侵权假冒工作领导小组办公室和自治区打击侵权假冒工作领导小组的工作部署，广泛开展商标法律知识宣传，制定下发《关于加强地理标志商标培育和使用管理的通知》。要求各级工商部门在辖区内选择2～3个有发展潜力、具有地方特色的农产品地理标志作为培育和发展的重点，通过广泛宣传、深入调研、重点培育、主动争取地方党委政府支持、积极指导帮扶等措施，引导社团、协会、行业团体等组织申请注册原产地证明商标或集体商标。

2015年，自治区工商局将2015年定为“法治工商推进年”，商标行政保护工作主要围绕当年自治区党委政府的目标任务，根据国家工商总局以及全自治区工商行政管理工作会议的部署安排，组织全自治区工商系统深入开展“红盾亮剑”行动，在广西范围内开展了一系列的商标侵权和制售假冒伪劣专项整治。2015年共立案查处商标违法案件717件，其中办结712件，案值271.48万元，移送司法机关1件，案值41.8万元，捣毁窝点14个；立案查处销售假冒伪劣商品案件146件，其中办结138件，案值119万元。

2016年7月1日，自治区人民政府印发《广西壮族自治区关于深入实施商标品牌战略的意见》（桂政发〔2016〕30号），就广西实施商标品牌战略的指导思想、发展目标、品牌重点、主要任务及保障措施等提出了明确要求。为贯彻该文件精神，自治区工商局出台《培育名优品牌促进产业脱贫工作方案》，对贫困地区重点扶持的产业、市场主体进行一对一的指导服务，大力推进精准扶贫攻坚和培育名优品牌工作进程；印发《广西实施商标品牌战略志愿服务队组建和工作方案的通知》，鼓励有志于广西商标发展与保护的政府工作人员、专家学者以及商标从业人员加入商标品牌志愿者队伍，服务广西商标战略实施；印发《全区工商系统工业园区商标品牌指导服务站建设工作方案》，搭建高效畅通的指导帮扶平台，为工业园区及园区企业实施商标品牌战略提供一对一的指导和服务。同时，帮助制订三江侗族自治县政府培育名优品牌工作方案，支持三江侗族自治县“两茶一竹”等支柱产业品牌培育和整合，加快三江特色产业发展方式由数量型、粗放型向质量型、效益型转变。积极探索区域商标品牌整合方式方法，充分发挥商标品牌在引领推动地方名优特产品和特色产业发展的重要作用。7月，印发《全区工商系统区域商标品牌整合试点工作方案》，确定百色以“百色芒果”、桂林荔浦县以“荔浦芋”地理标志证明商标为整合试点，有力带动当地农业发展，促进农民增收。

同时，重视商标信息化建设，自治区工商局筹备建设了广西商标网，该网面向社会提供商标工作的相关政务信息，依法发布商标注册、商标侵权行为查处信息，提供相关业务服务，展示广西著名商标、企业商标品牌的风采，是展示广西商标工作整体形象的窗口。

同年，自治区工商局积极推进商标注册便利化改革，拓展商标申请渠道，向国家工商总局商标局申请设立广西商标受理窗口获批并于11月1日正式对外受理业务。年内，该窗口已受理商标注册申请237件。自治区工商局与广西民族大学等院校合作开展“中国—东盟商标培育与管理比较研究”“广西商标史研究”“推动商标监管理论研究深入发展”“广西治理商标侵权行为对策研究”“广西农产品地理标志品牌战略研究”等5个课题的研究，并取得初步成果。这一年，自治区工商局与广西民族大学联合创建商标品牌人才培训基地，加强商标教育培训工作，努力提升工商干部和各类市场主体对商标品牌创立、管理、保护、运用的认知水平和能力。

2017年，推进商标注册便利化改革不断深入，经国家工商总局批准，新增设南宁、崇左2个商标注册受理窗口及注册商标质权登记申请受理点。至年底，广西共有商标注册受理窗口及注册商标质权登记申请受理点3个。

3月2日，自治区工商局推动自治区人民政府与国家工商总局签订《推进广西建设商标品牌强区合作框架协议》；提请自治区人民政府印发《广西壮族自治区人民政府办公厅关于印发广西深入实施商标品牌战略推进广西品牌建设工作任务分解方案的通知》（桂政办电〔2017〕173号），进一步明确各单位、各部门在推动广西商标品牌建设工作中的职责和任务，扎实推进广西商标品牌战略实施；提请自治区政府召开广西商标品牌大会暨地理标志商标工作推进会，构建“政府主导、工商主推、企业主创”的商标工作格局。

经自治区人民政府审定通过并印发《广西商标品牌战略实施工作厅际联席会议制度》。开展创建商标品牌战略示范点活动，印发活动方案，在全自治区创建商标品牌战略示范点33个，其中：确定了示范市3个，示范县（市、区）9个，示范企业21家，形成“政府主导、工商主推、企业主创”的商标建设合力。

2018年，紧紧围绕自治区人民政府实施“商标品牌强桂战略”和局党组十项重点工作部署，着力加强商标管理，优化品牌发展环境，推进全自治区商标品牌建设。制订了由自治区人民政府印发的指导全区商标品牌建设工作的《广西实施商标品牌强桂战略三年行动计划》和优化商标品牌发展环境的5项措施，明确三年行动目标、任务和具体措施；草拟了推进商标品牌建设的6个规范性文件（即《双创基地建设指导意见》《建立地理标志商标孵化库的意见》《建设商标品牌服务指导站意见》《商标保护名录认定办法》《商标品牌奖励办法》《广西商标品牌神州行方案通知》）。开展商标品牌强桂大宣讲、实施商标品牌战略示范市、示范县、示范企的创建和广西品牌神州行三大活动。

第二节　商标注册与印制管理

商标注册

1992年，指导企业正确运用商标、广告、经济合同等市场竞争手段，推动企业走向市场。自治区工商局将商标、广告管理工作的重点转向大中型企业，指导企业重视和善于运用商标、广告策略开拓市场，开发新产品，提高产品质量和企业的知名度。帮助企业争创驰名商标，开展著名商标的评选活动，全区评出自治区著名商标66个，其中推荐参加全国驰名商标评选的33个。1992年，全自治区核转商标注册申请1368件，经国家工商局商标局核准注册的617件。全自治区有效注册商标为4040件，比1991年增长18%。为推行商标代理制，自治区工商局成立广西商标事务所，制定《广西商标代理工作办法》，已代理商标续展351件，商标注册申请30件。

1993年，商标管理改革加大了力度。广西工商行政管理部门指导企业商标工作从一般搞好商标注册、使用好商标提高到指导企业利用商标去开发产品、开拓市场。自治区工商局先后多次派出干部到北京帮助一批企业注册了疑难商标；帮助广西一批企业在23个国家和地区注册了商标。为不断完善商标代理制，自治区工商局制发《广西壮族自治区商标代理试行办法》；继广西商标事务所成立后，各地陆续成立73个商标代办站，全面开展商标代理业务。到1993年底，已受理各项商标委托代理3280件，全区有效注册商标已达4699件，比上年增加16%。

1994年，完善商标注册代理工作，帮助一批企业在国外注册商标，开拓国际市场。到1994年12月底，全区有效注册商标达5420件。

1996年，广西各级工商行政管理机关以实行岗位目标管理责任制为中心，加强商标管理。至1996年底，全自治区有效注册商标达7413件，比上年增长21.68%。

1998年，加快发展商标注册，将这项工作纳入商标管理岗位责任制，进行考评；积极引导非公有制经济尤其是个体私营经济进行商标注册，引导乡、镇、专业村为销售的产品注册商标，引导有出口权的企业进行商标国际注册。到年底，全自治区有效注册商标达9203件，比上年增长1.32%。改革商标管理方式，积极探索行政管理与行业自律相结合的办法，成立了广西商标协会。

1999年，广西工商行政管理机关进一步改进商标注册手段，指导企业争创驰名商标和著名商标，科学运用商标战略开拓市场；引导乡、镇、村为销售的产品注册商标，引导农副产品注册商标，提高农副产品的价值；加强对商标代理机构等中介组织的监督管理，建立商标中介组织自律机制，改进商标中介组织的服务水平，提高了商标注册量，年末，全自治区有注册商标9957件。

2000年，积极推进企业实施商标战略，培育著名商标和驰名商标，加快注册商标的发展。全自治区有效注册商标达1.08万件，其中全国驰名商标2件、广西著名商标79件。

2001年，积极指导商标注册，动员农村专业户、承包户注册农副产品商标；对有条件的块状经济，帮助、指导其注册集体商标；引导企业建立创驰名、著名商标梯队培育机制，加快了注册商标的发展。到年底，全自治区有效注册商标达1.1万件，其中全国驰名商标2件、广西著名商标84件。

2002年，继续加强对商标注册申请的指导，引导有特色的农副产品、旅游工艺品、矿产品申请注册商标，提高产品市场竞争力。"荔浦芋"已获证明商标注册，"田阳香芒""岑溪红""三黄鸡"等办理了证明商标注册申请。在此基础上，继续抓好广西著名商标认定工作，自治区人民政府颁布《广西壮族自治区著名商标认定和保护办法》，制定了认定程序、认定条件（标准）等配套文件，将广西著名商标认定和保护工作纳入了法制管理的轨道。到年底，全自治区有效注册商标达1.3万件，其中，全国驰名商标3件。

2003年，加强未注册商标管理，通过对未注册商标进行摸底调查，掌握辖区内产品（服务）特别是农副产品、高科技产品以及旅游商品、旅游服务等商标使用情况，引导企业特别是非公有制企业、个体工商户、农户和自然人办理商标注册。加大外商投资企业商标合法权益的保护力度，自治区工商局制定了《加强外商投资企业商标合法权益保护，进一步优化我区外商投资环境的实施意见》，对外商投资企业的商标保护、商标使用、商标纠纷解决、品牌宣传等方面作了具体规定。

2004年，广西工商行政管理机关围绕"商标兴企、品牌兴农"战略的实施，引导企业申请商标注册，帮助企业争创中国驰名商标和广西著名商标，充分发挥商标在促进经济发展中的重要作用。南宁、桂林等地加大引导力度，帮助企业在信息咨询、技术开发、房地产开发、旅游服务等新领域申请注册商标；横县、博白等县工商局指导当地申请了"横县茉莉花""博白芒编"等地理标志证明商标注册；百色市、田阳县工商局积极帮助注册人制订、实施“田阳香芒”的使用、宣传、保护策略，提高企业和地方产品的市场竞争力。截至年底，全自治区有效注册商标1.7万件，广西著名商标141件，全国驰名商标5件。

2005年，积极指导帮助企业申请驰名、著名商标认定，到年底，全自治区注册商标近2万件，其中驰名商标8件、著名商标141万件。

2006年，广西拥有注册商标2万件。在“商标富农”工作中，通过开辟商标注册快捷绿色通道、扶持涉农龙头企业实施商标战略等措施，先后培育了“喷施宝”“古典鸡”等一批涉农商标和地理标志证明商标。

2007年，加大注册商标行政保护力度。一方面努力提高商标执法水平，严厉查处情节严重、性质恶劣、社会反响强烈的商标侵权假冒案件，追根溯源，一查到底；另一方面，完善案件移送制度，对达到商标犯罪立案标准的及时移送司法机关追究刑事责任。如南宁市工商局把查处商标侵权行为作为整顿规范市场秩序的一项重要工作，常抓不懈，1—11月共查处各类商标违法案件104件，罚款26.9万元。

2008年，根据商标法及商标法实施条例和《集体商标、证明商标注册和管理办法》的规定，自治区工商局主动引导具有地方特色和地区优势土特产品、农产品企业发挥自身优势，打出自己的品牌，依法使用并注册商标，增加广西注册商标拥有量。到2008年底，广西注册商标有3万多件，其中全国驰名商标13件、广西著名商标199件、地理标志证明商标12件，据不完全统计，全区正在培育发展的商标近2000多件。

2009年，全自治区已认定广西著名商标269件。推荐“丹泉”“名露”“睡宝”3件商标申请认定中国驰名商标。年内，有“金鸡”和“柳工”两件商标被认定为中国驰名商标，至此，全自治区拥有中国驰名商标16件。

2010年，全自治区注册商标有效注册总量3.3万多件，其中驰名商标18件，著名商标331件，地理标志证明商标23件，国际商标注册60件。年内，国家工商总局授予柳州市为首批国家商标战略实施示范城市称号。

2011年，全自治区注册商标有效注册总量4.1万多件，其中驰名商标19件、著名商标367件、地理标志证明商标22件。

2013年，全自治区有效注册商标达57948件，其中中国驰名商标26件、广西著名商标513件、地理标志28件。

2015年，广西工商系统继续深入推进实施商标战略，商标总量进一步扩大，商标法律宣传、行政指导、监管执法、品牌战略等常抓不懈。全自治区有效注册商标68258件（据中国商标网统计数据，截至2014年12月），其中中国驰名商标27件，广西著名商标686件，地理标志商标30件。

2016年，自治区工商局全面贯彻党的十八大和十八届三中、四中、五中全会精神，主动适应经济发展新常态，充分发挥商标监督、管理等工作职能，扎实推进商标品牌战略实施工作。截至12月，全自治区有效注册商标97185件，比上年增长42.4%。其中中国驰名商标31件，广西著名商标774件，地理标志证明商标33件。

2017年，自治区工商局围绕“聚力广西商标品牌建设，打造商标品牌少数民族示范区”的工作重点，全面落实创新驱动发展战略和“商标强桂”的战略目标，商标战略工作有了新突破。截至12月，全自治区有效注册商标127544件，同比增长23.67%，其中驰名商标33件，著名商标774件，地理标志商标39件，马德里商标国际注册118件。驰名商标、著名商标、地理标志、证明商标同比增长24%、19%和15.15%。广西注册商标总数在2017年全国排名第25位，为五个自治区之首，比“十二五”期末增长50.25%。

2018年，开展了商标品牌强桂大宣讲、实施商标品牌战略示范市、示范县、示范企的创建和广西品牌神州行三大活动。截至第三季度，全自治区有效注册商标31455件，全自治区累计有效注册商标157014件，同比增长30.48%，提前完成“十三五”规划目标。

商标印制管理

1994 年，商标管理方面，通过各种形式，广泛宣传商标这一知识产权在发展经济中的重要作用；完善商标印制管理，对指定印制商标的企业进行年检；开展注册商标验证工作，指导企业依法正确使用商标。

1996 年，改善和加强商标日常监督管理，在全自治区范围内推行商标使用许可合同范本和商标印制企业管理规范，强化对生产环节和商标印制环节的监督管理，堵住假冒侵权商标的源头。各地对 1995 年度商标印制单位进行了年检，检查企业 613 家，年检率 92.7%。对专卖店和专修店进行专项治理，共检查经营单位 7029 家，依法处理专卖（修）店 108 家，有效地制止了擅自使用他人注册商标作为企业名称和营业招牌的行为。加强商标法治宣传教育，指导企业运用商标战略开拓市场，提高经济效益。自治区工商局于当年 12 月举办了商标管理岗位资格培训班，对全自治区指定印制商标单位、已办理商标注册申请和已获得注册商标的企事业单位、个体工商户的商标管理人员进行培训。各地工商行政管理机关经常派员深入企业，指导、帮助企业做好商标注册、使用、保护工作，制订和完善企业注册商标管理制度。

1997 年，加强对商标印制企业的监督管理。全区共查处非法印制或者买卖商标标识的案件 60 件，占一般违法案件的 48%。

1998 年，广西工商行政管理部门在全区范围内开展了对印制企业专项检查和开展对驰名商标著名商标专项保护工作，通过有针对性地开展对企业和市场的检查，以堵塞假冒商标的源头为目的，及时发现商标违法案件，及时查处，规范了市场经济秩序，保护合法经营，切实维护商标注册人和消费者的合法权益。全年查处各类商标违法案件数较 1997 年增加了 33%。由于重点加强了商标印制管理，非法印制商标行为得到了有效遏制。1998 年非法印制和买卖商标标识的案件明显下降，由 1997 年的 60 件下降为 37 件，下降率为 38.3%。

1999 年，加强了对商标印制企业的监督管理，当年查处非法印制或者买卖商标标识案件比 1998 年增加 14 件，增长 38%。

2000 年，自治区工商局开展“两整顿”专项工作，严厉打击商标侵权和虚假广告违法行为，以保护驰名商标和广西著名商标为重点，加强商标管理；对印刷企业进行了全面检查，堵住商标侵权的源头；开展对专卖柜台、专卖店的专项治理，依法查处擅自使用他人牌子从事经营的各类专卖、专修店；加强对商标印制的监管力度，努力堵住制假源头。全区共查处非法印制或者买卖商标标识案件 108 件，比 1999 年同期（51 件）增加 57 件，增长 112%。

2001 年，广西工商行政管理机关根据管理领域拓展的新形势，逐步将商标日常监督检查权下放到城区分局和工商所，进一步强化商标监管，重点加强对驰名商标、著名商标以及农资、农村生活用品、日用消费品等领域商标的保护；加大对烟草、石化等垄断行业商标使用权的监管力度；抓好商标印制单位验证工作，对 676 户商标印制单位进行了验证，验证率达 97.3%，规范了商标使用、商标许可、商标印制行为。

2002 年，全区共查处商标各类违法案件 770 件。在查处的一般违法案件中，主要还是非法印刷或者买卖商标标识的冒充注册商标的行为，分别占查处一般违法案件总数的 18.1% 和 37.4%。

2005 年，查处违反《商标印制管理办法》规定的行为的案件 90 件，占 46.6%。

2015 年，自治区工商局将 2015 年定为“法治工商推进年”，商标行政保护工作主要围绕自治区党委政府的目标任务，根据国家工商总局以及全自治区工商行政管理工作会议的部署安排，组织全自治区工商系统深入开展“红盾亮剑”行动，在全自治区范围内开展了一系列的商标侵权和制售假冒伪劣专项整治，特别注重加强了对商标印制企业的监管，从源头上把好关。据不完全统计，2015 年共立案查处商标违法案件 717 件，其中办结 712 件，案值 271.48 万元，移送司法机关 1 件，案值 41.8 万元，捣毁窝点 14 个；立案查处销售假冒伪劣商品案件 146 件，其中办结 138 件，案值 119 万元。

第三节　商标专用权保护

日常监管

保护注册商标专用权，对于保护广西企业知识产权，提升品牌竞争力，优化投资环境有着十分重要的意义。

1992 年，为了保护商标专用权，各级工商部门查处商标一般违法案件 33 件，收缴和消除商标标识 389.73 万件（套）；查处商标假冒侵权案件 85 件，收缴或消除商标标识 305.84 万件（套），罚款 39 万元。

1993 年，共查处商标违章违法案件 124 件，收缴和消除商标标识 866.82 万件（套），罚款 45.39 万元；责令赔偿经济损失案件 11 起，赔偿金额 17.52 万元。

1994 年，召开商标办案工作经验交流会，推动办案工作的开展；查处商标侵权假冒案件 190 件，其中商标一般违法案件 104 件，商标侵权假冒案件 86 件；收缴和消除商标标识 10670.9 万（件或套）；罚款 62.09 万元；责令赔偿经济损失 10.3 万元。柳州市工商局商标广告科被评为 1994 年度全国商标工作先进单位。

1994 年 7 月，自治区工商局在武鸣召开全区商标办案工作经验交流会

1995 年，共查处各种商标违法案件 332 件，其中商标一般违法案件 140 件，商标侵权假冒案件 192 件；收缴和消除商标标识 712.5 万（件或套）；罚款 80 万元；责令赔偿经济损失 6.1 万元。

1996 年，全自治区共查处各种商标违法案件 261 件，比 1995 年减少 71 件，下降 21%；其中商标侵权假冒案件 136 件，比 1995 年减少 56 件，下降 29%；一般违法案件 125 件，比 1995 年减少 15 件，下降 11%。案件处罚金额共计 71.76 万元。收缴和消除商标标识 262.13 万件。责令赔偿经济损失 34400 元。自治区工商行政管理局受理并查处了侵犯“高美施”“味宝”商标专用权案；同时，委托、指导桂林地区、钦州地区、桂林市、柳州市、南宁市等地工商局查处了侵犯“Salem”“文华”“高乐高”“雪碧”“新骑士”商标专用权案。

1997 年，全自治区共查处各种商标违法案件 267 件，比上年同期增加 6 件，增长 2%，其中，商标侵权假冒案件 142 件，比上年增加 6 件，增长 4%；一般违法案件 125 件，与去年同期相同。案件处罚金额共计 233.7 万元，比上年同期增加 162 万元。收缴和消除商标标识 253.7 万件。责令赔偿经济损失 2.1275 亿元。广西各级工商部门加强了对商标案件查处的力度，查处的大案增多。1997 年查处的商标违法案件数虽与 1996 年度相差不多，但罚款数额是 1996 年同期 71.76 万元的 3.26 倍。如梧州市工商局对梁立基、梁建基等人假冒"三箭"注册商标的行为共处罚款 133.2 万元，树立了商标行政执法的权威，震慑了违法者。在实施行政处罚的同时，注重对商标侵权案件的民事赔偿，维护商标注册人的合法权益。1997 年责令侵权人赔偿被侵权人经济损失案件比 1996 年度(4 件)增加 5 件，赔偿金额比 1996 年度(34400 元)增加 178350 元。

1998 年，全自治区共查处各类商标违法案件 356 件，比 1997 年(267 件)增加 89 件，增长 33%，其中，一般违法案件 186 件，增长 49%；商标侵权假冒案件 170 件，增长 20%。案件处罚金额共计 64.2 万元，收缴和消除商标标识 478.66 万件(套)，收缴直接专门用于商标侵权的模具印板等作案工具 16 件，责令赔偿经济损失 13.97 万元。1999 年，依法查处商标侵权假冒行为，重点打击非法印制和销售假冒商标标识违法行为，全年查处各类商标违法案件 271 件，比 1998 年(356 件)减少 85 件，下降 24%，其中，一般违法案件 103 件，下降 45%；商标侵权假冒案件 168 件，下降 1%。案件处罚金额共计 147.8 万元，收缴和消除商标标识 405.5 万件(套)，收缴直接专门用于商标侵权的模具印板等作案工具 44 件，责令赔偿经济损失 95870 元。

2000 年，广西各地工商行政管理机关商标管理部门结合"两整顿"工作，开展监督检查，从生产、流通及印制领域三管齐下，主动出击查找案源和积极受理举报投诉，突出对驰名商标、著名商标、全国重点保护商标、国有大中型企业商标和证明商标的保护，加强了对商标印制、生产和流通领域的全方位监管，对汽车、服装、化妆品行业中的商标侵权行为进行专项整治，集中开展证明商标专用权的专项保护工作，加强对涉外商标案件的查处，取得较好的成效。全年共查处商标各类违法案件 612 件，比 1999 年(271 件)增加 341 件，增长 126%，其中，一般违法案件 231 件，增长 124%；假冒侵权案件 381 件，增长 127%。案件处罚金额共计 113.5 万元，收缴和消除商标标识 1195 万件(套)，收缴直接专门用于商标侵权的模具印板等工具 62 件。

2001 年，进一步加大商标办案力度，严厉打击假冒等商标侵权行为，全年共查处各类商标违法案件 619 件，收缴和消除商标标识 383.38 万件(套)。

2002 年，适应机构改革后机关人员精简的新形势，进一步推进商标监管模式改革，将商标日常监督检查、印制商标单位初审、简易商标案件查处等职权下放到分局、工商所，促进了商标监管职能到位。全自治区共查处商标各类违法案件 770 件，案件处罚金额共计 217.84 万元。其中假冒侵权案件 527 件，查处商标侵权假冒案件中，主要是商标侵权案件，占查处商标侵权假冒案件的 70.2%。在商标侵权案件中，未经注册商标所有人的许可，在相同商品上使用与其注册商标近似的商标或在类似商品上使用与其注册商标相同或近似的商标的和经销明知或应知是侵犯他人注册商标专用权商标的行为占的比例较大，分别占查处侵权案件的 27.6% 和 50.8%，共占查处侵权案件数的 78.4%。收缴和消除商标标识 72.62 万件(套)，收缴直接专门用于商标侵权的模具印板等工具 774 件，销毁侵权物品 6.77 吨。

2003 年，广西工商行政管理机关进一步强化商标执法力度，以高知名度商标、关系国计民生的商品商标、农副产品商标为重点，查处商标侵权假冒案件。全年共查处各类商标违法案件 688 件，收缴和消除商标标识 23.9 万件(套)，销毁侵权物品 11.7 吨，依法查处了侵犯"茅台""两面针""田七""桂林""三花""象山""百事可乐""NIKE""ADIDAS""NBA""PUMA"等知名度较高的商标专用权案件。

2004 年，广西各级工商行政管理局商标管理部门，以国家工商总局关于开展注册商标专用权行动方案为重点，加强对侵权假冒商标的查处工作，有效地保护了商标专用权人的合法权益。全年查处各类商标违法案件共 776 件，其中：侵权假冒案件 601 件，占查处总案件的 77.4%；侵权案件 475 件，分别占查处总案件和侵权假冒案件的 61.2% 和 79%；查处各类商标违法案件共罚款 309.87 万元，其中：侵权假冒案件罚款 250.56 万元，占罚款总数的 80.9%，侵权案件罚款 222.21 万元，分别占罚款总数和侵权假冒案件总数的

71.7% 和 88.7%；侵权案件案值 10 万元以上的案件 9 件，其中 100 万元以上的 2 件。

2005 年，广西工商行政管理机关深入开展保护注册商标专用权行动，重点查处食品、药品和农资、农产品商标和企业名称侵权行为，全年查处商标一般违法案件 193 件，案值 168 多万元，查处商标侵权假冒案件 571 件，案值 522 多万元；涉外案件数为 19 件，占 9.8%；立案查处案件数为 182 件，占 94%。

2006 年，根据国家工商总局的有关部署，各级工商部门按照要求，高度重视，精心组织，取得了显著成绩。全自治区查处商标一般违法案件总数为 70 件，比上年同期减少 63.7%，涉外案件数为 2 件，占 2.9%，立案查处案件数为 64 件，占 91.4%；比上年同期减少 64.8%。

2007 年，全系统共查处商标一般违法案件 104 件，案值 39.59 万元，罚款 26.9 万元；查处商标侵权假冒案件 539 件，案值 537.09 万元，罚款 282.1 万元；侵害外国商标注册人（含港澳台）权益案件 81 件，其中：查处冒充注册商标的 72 件，占 69.2%，比上年同期增长 22.0%，罚款金额为 19.5 万元。南宁、柳州、桂林等市工商局分别查处了侵犯“梦特娇”“茅台”“雅马哈”“奥运福娃”“桂林牌”等商标侵权案件。

2008 年，广西各级工商行政管理机关充分发挥职能作用，以保护注册商标专用权为核心，以商品批发零售市场为重点，加大监管力度，切断商标侵权假冒商品的市场流通渠道，加大对驰名商标、著名商标、涉外商标、农产品商标和奥林匹克标志的保护力度，加强涉嫌商标犯罪案件移送工作，严厉打击商标侵权假冒行为。年内，全自治区共查处商标一般违法案件 117 件，案值 48.03 万元，罚款金额 23.2 万元；查处侵犯外国商标注册人权益案件 83 件，案值 55.85 万元，罚款金额 22.22 万元；查处商标侵权假冒案件 794 件，案值 479.05 万元，罚款 260.96 万元。移送司法机关的案件 5 件，收缴商标标识 113730 件，没收、销毁商品 197535 件。

2009 年，自治区工商局加大对商标专用权的保护工作的力度，下发《自治区工商局办公室关于印发全区工商系统商标专用权保护工作方案的通知》，各地工商机关针对本地商标侵权假冒活动的特点，商标管理工作的薄弱环节，以及群众反映强烈的商标侵权假冒问题，以保护注册商标专用权为核心，以商标品批发零售市场为重点，加大监管力度，切断商标侵权假冒商品的市场流通渠道，加大对驰名商标、著名商标、涉农商标、地理标志、食品商标、药品商标、涉外商标的保护力度；加强与泛珠三角区域及西部地区商标管理部门的合作，加强与公安、海关及其他知识产权管理职能部门的协作与信息交流，提高商标权利的保护水平和能力；在第十六届中国国际广告节期间，加大展会商标的监管力度，派员进场协助主办单位加强参展商品商标的法律咨询和管理。遏制商标侵权假冒行为，保障消费者和生产者的合法权益。年内，全系统共立案查处商标违法案件 600 件，案值 350.45 万元，罚款金额 175.89 万元；收缴侵权假冒商标标识 1.82 万件，没收、销毁侵权商品 2.08 万件。

2010 年，全系统共立案查处商标违法案件 499 件，案值 495.89 万元，罚款金额 119.20 万元；收缴假冒商标标识 2.73 万件，没收、销毁侵权商品 5.1 万件。

2011 年，以商品集散地、各类批发零售市场、小商品市场为重点部位，以大宗出口商品、药品、食品、服装、日用品等为重点商品，重点对侵犯涉外商标、驰名商标和著名商标违法案件进行严厉查处。全年，共查处商标一般违法案件 102 件，其中投诉案件为 30 件；查处商标侵权假冒案件 959 件，涉外案件为 47 件。

2012 年，广西各级工商机关充分发挥职能作用，以保护注册商标专用权为核心，以商品批发零售市场为重点，加大对驰名商标、著名商标、涉农商标、地理标志、食品商标、药品商标、涉外商标的保护力度，有计划、有重点地开展商标维权打假行动，大力查处各类商标侵权案件，重点打击严重侵权、群体性侵权以及大规模假冒等影响大的商标侵权行为。全年，共立案查处商标违法案件 891 件，案值 684.2 万元，罚款金额 343.15 万元，没收、销毁侵权商标商品 57403 件。

2013 年，自治区工商局印发《全区工商系统商标专用权保护工作方案》，组织全自治区各级工商机关以保护注册商标专用权为核心，以商品批发零售市场为重点，加大对驰名商标、著名商标、涉农商标、地理标志证明商标、食品商标、药品商标、涉外商标的保护力度，有计划、有重点地开展商标维权打假行动，大力查处各类商标侵权案件，重点打击严重侵权、群体性侵权以及大规模假冒等影响大的商标侵权行为。各市工商系统先后查处了侵犯“中石油”“多乐士”“睡宝”“桂林”注册商标专用权等案件。指导帮助商标权人解决了“灵羊及图”商标争议案件。河池市工商局在酒类专项打假联合整治行动中，扣押涉嫌侵犯“茅台”“五粮液”“剑南春”注册商标专用权酒 32 瓶，立案 7 件，案值 4 万元。全年，自治区工商系统共出动执法人员 67725 人次、检查经营户 183534 户，查处侵权和假冒伪劣商品案件 911 件，罚没金额 320.35 万元，受理和处理消费者申诉和举报 723 件，为消费者挽回经济损失 155.95 万元。

2014 年，自治区工商局按照《2014 年全国工商系统打击侵犯知识产权和制售假冒伪劣商品工作要点》要求，充分发挥职能作用，组织各级工商机关以保护注册商标专用权为核心，以商品批发零售市场为重点，加大对商标专用权的保护力度，有计划、有重点地开展商标维权打假行动，大力查处各类商标侵权案件。年初，印发《全区工商系统商标专用权保护工作方案》，各市工商系统根据方案先后开展了“蓝带”“第二届夏季青年奥林匹克运动会标志”“青蛙王子”等商标专项整治行动。截至 12 月底，全自治区工商系统共查处商标侵权假冒案件 1429 件，罚没金额 423.21 万元。

2015 年，自治区工商局将当年定为“法治工商推进年”，商标行政保护工作主要围绕年内自治区党委政府的目标任务，根据国家工商总局以及全自治区工商行政管理工作会议的部署安排，组织全自治区工商系统深入开展“红盾亮剑”行动。据不完全统计，全年共立案查处商标违法案件 717 件，其中办结 712 件，案值 271.48 万元，移送司法机关 1 件，案值 41.8 万元，捣毁窝点 14 个；立案查处销售假冒伪劣商品案件 146 件，其中办结 138 件，案值 119 万元。

2016 年，自治区工商局按照国家工商总局、国务院双打办、自治区双打办统一部署，加大对商标专用权的保护，严厉打击各类假冒商标和商标侵权行为，先后制定印发《自治区工商局办公室关于印发全区工商系统打击侵犯注册商标专用权专项整治行动方案的通知》《自治区工商局办公室关于印发全区工商系统开展打击制售假冒伪劣商品专项行动工作方案的通知》，有计划、有重点地开展商标维权打假行动，大力查处各类商标侵权案件。截至 2016 年 12 月 15 日，全系统共立案查处侵犯商标知识产权和制售假冒伪劣商品案件 696 件，罚没款 536.48 万元。同时，通过部门、跨省（自治区）执法协作，建立健全线索通报、证据转移、案件协查等制度，建立与商事制度改革相适应的打击侵权假冒工作机制，实现地方协调、部门联手，提高打击实效。根据国家工商总局移交的案件线索，先后组织南宁、柳州、北海、玉林等市工商局开展“中国黄金 China Goid 及图”“周黑鸭 ZHouHeiYA 及图”商标侵权案件的查处，全年移交案件线索 4 件。完成上汽通用、南桂商标等提请驰名商标保护的申报材料 4 件。

2017 年，广西各级工商行政管理机关深入开展打击侵犯知识产权和制售假冒伪劣商品专项行动，以保护中国驰名商标、广西著名商标、地理标志、涉外商标专用权为重点，坚决查处商标侵权案件。年内，全系统共查处各类商标违法案件 736 件，案件总值 740.75 万元，罚没金额 479.48 万元。

2018 年，组织开展了打击侵犯商标专用权专项行动、2018 打击商标侵权“溯源”专项行动、打击使用未注册商标违反商标法禁用条款行为“净化”专项行动和第 15 届中国—东盟博览会现场保知打假联合执法行动等 4 个专项行动，全自治区共查处各类商标违法案件 542 件，同比增长 3.24%；案件总值 1232.19 万元，同比增长 177.5%；罚没金额 1132.43 万元，同比增长 254.86%。

专项整治

1996 年，自治区工商行政管理局受理并查处侵犯“高美施”“味宝”商标专用权案；同时，委托、指导桂林地区、钦州地区、桂林市、柳州市、南宁市等地工商局查处侵犯“Salem”“文华”“高乐高”“雪碧”“新骑士”商标专用权案。同时，外地区侵犯广西企业商标权增多，如在湖南、湖北、河南等省有 10 余家矿石粉厂生产、销售侵犯兴安县矿石粉厂“灵渠”商标专用权的产品，使兴安县矿石粉厂蒙受极大损失。

1998 年，在做好 1997 年度商标验证工作的基础上，开展商标印制企业专项检查，组织实施对驰名商标、著名商标的专项保护，加大查处商标侵权假冒案件的力度，有效地加强了对商标专用权的保护。

2002 年，针对性地开展查处侵犯驰名商标、著名商标专用权行为的专项行动，加强对商标专用权的保护。

2004 年，广西工商行政管理机关组织开展了保护注册商标专用权行动，先后 3 次进行集中整治，严厉打击侵犯注册商标专用权行为，重点查处侵犯驰名商标、著名商标专用权案件，涉外商标案件，侵犯农产品商标和地理标志专用权案件以及侵犯食品、药品等关系人民群众身体健康和生命安全的商品商标案件。据统计，仅 7—11 月保护注册商标专用权专项行动期间，全自治区查处的侵犯食品商标专用案件 80 件，侵犯药品商标专用案件 13 件，侵犯驰名商标专用案件 38 件。其中，柳州市查处了侵犯“中农及图”商标案，案值 1000 多万元；南宁、柳州、百色等地查处了侵犯“耐克”“adidas”“yy”“鳄鱼”“皮尔卡丹”等涉外商标案。

2007 年，为依法保护“梦特娇”注册商标专用权，自治区工商局下发《关于查处侵犯“梦特娇”注册商标专用权违法行为的通知》，于当年 9 月 20 日—10 月 20 日，在全区范围内开展打击侵犯“梦特娇”注册商标专用权违法行为专项排查行动。据不完全统计，在这次专项行动中，共出动检查人员 1156 人次，检查经销点 2901 个，收缴侵权商品 820 件，立案 18 件，罚款 301 万元。另外，南宁市还对涉嫌侵犯“雅马哈”商标专用权共计 50 多个品种、价值 15 万元的摩托车配件进行查处。开展保护奥林匹克标志专有权集中整治行动，各地根据自治区工商局《关于印发保护奥林匹克标志专有权行动方案的通知》要求，结合实际，积极行动，全面部署。其中，南宁市制订行动方案，共出动 1360 人次，对 174 个市场、12 家印刷企业、345 个商场、超市、商店进行了检查。

2008 年，大力查处侵犯注册商标专用权的行为，维护商标权人和广大消费者的合法权益，促进商标监管职能到位。年内，共开展了三项大的专项治理行动：一是自治区工商局下发《关于查处侵犯”梦特娇“注册商标专用权违法行为的通知》，在南宁、梧州等 5 个市有针对性地开展了打击侵犯“梦特娇”注册商标专用权违法行为专项治理行动。共查处 150 件涉嫌侵犯“梦特娇”注册商标服装，其中南宁武鸣县、贺州市分别对销售擅自改变注册图案，侵犯“梦特娇”注册商标的“名利成”服装的违法行为进行了查处，有力打击了侵犯“梦特娇”注册商标的违法行为，净化“梦特娇”服装市场。二是开展打击侵犯中国石油化工集团公司注册商标专用权违法行为的专项行动。“中国石化 + 朝阳图案”及相关注册商标为中国石油化工集团公司所有，许可中国石油化工股份有限公司广西石油分公司使用。但不少地方发现未经许可擅自仿冒或假冒中国石化品牌形象，为依法保护中国石油化工集团公司商标专用权，自治区工商局及时下文，在南宁、桂林、柳州、梧州、钦州、贵港、北海等 8 个市开展了整治行动，在整治行动中，北海市抽调 8 名执法人员，分别对涉嫌侵犯注册商标专用权的 2 个加油站进行了检查；梧州市工商局检查加油站 8 个，其他市工商局也进行了相应的执法行动，对违法事实轻微的当事人进行了批评教育，情节严重的违法行为依法作出了责令立即停止商标侵权行为，并作出了罚款等行政处理。该次行动共立案 19 件，全部拆取或销毁侵权商标标识，及时消除影响。三是奥运会在中国举办，与奥运有关的商品受到消费者青睐，侵犯奥林匹克标志专有权违法行为大幅增加，工商行政管理部门加大了对奥林匹克标志专有权的保护力度。根据国务院颁布的《奥林匹克标志保护条例》和国家工商总局《关于进一步加强保护奥林匹克标志专有权专项整治的通知》精神，开展保护奥林匹克标志的专项执法行动，严厉打击非法使用奥林匹克标志、销售侵犯奥林匹克标志商品和非法印制奥林匹克标志的行为。全系统共出动执法人员 4041 人次，检查商场、市场 733 个，经营户 1.49 万户，查处侵犯奥林匹克标志案件 29 件，案值 11.62 万元。

2010 年，广西各级工商行政管理机关以保护注册商标专用权为核心，以商标品批发零售市场为重点，针对本地商标侵权假冒活动的特点，商标管理工作的薄弱环节，以及群众反映强烈的商标侵权假冒问题，在全自治区范围内开展了打击侵犯知识产权和制售假伪劣商品专项行动、保护世博会标志专有权执法专项行动、保护亚运会标志专项行动。其中，根据国务院、国家工商总局的统一部署，广西工商行政管理机关于 2010 年 10 月开始，在全自治区范围内开展打击侵犯知识产权和制售假冒伪劣商品专项行动，该项工作持续到 2011 年 3 月。自治区、市、县三级工商局成立领导小组，制定专项行动方案和宣传方案，全自治区共出动 643 次，出动执法人员 4114 人次，检查经营主体 19353 户，检查批发零售市场、集贸市场等各类市场 871 个次、整治重点区域 493 处、查处制售假冒伪劣商品案件 65 件，案值 34.25 万元。

2011 年，根据国务院、国家工商总局的统一部署，广西工商行政管理机关重点开展打击侵犯知识产权和制售假冒伪劣商品专项行动。各级工商行政管理机关成立领导小组，制定工作方案，形成了工商机关全自治区自上而下统一领导、分工协作，齐抓共管的工作格局。行动期间，自治区工商局多次召开视频会议直接传达国家工商总局工作部署，并于 2011 年 5 月召开了全自治区工商系统双打专项行动经验交流会议，总结交流全自治区及各市专项行动的情况、经验、存在问题，探索建立打击侵犯知识产权和制售假冒伪劣商品行为的长效机制。各级工商机关均向社会公布举报投诉电话，并充分发挥 12315 消费者申诉举报网络的作用，及时受理和依法处理申诉举报，做到有举报必须有调查处理结果。积极配合自治区打击侵权假冒领导小组的工作，与公安、法院、检察院、质检、海关、商务、知识产权等部门协作，对涉嫌犯罪的，及时移送司法机关。联系商标所有权人和企业打假人员参与执法协作，及时认定和查处侵权行为，全自治区工商机关共移送司法机关案件 9 件。其中，自治区工商局对案件处理较复杂的凭祥市工商局查处周细球等 5 人销售涉嫌侵犯“注册商标专用权毛毯案”进行了案件指导和督办，在凭祥海关不予配合的情况下，根据《最高人民法院、最高人民检察院关于办理侵犯知识产权刑事案件具体应用法律若干问题的解释》及《行政执法机关移送涉嫌犯罪案件的规定》，将此案件向凭祥市公安局移送，并同时抄送凭祥人民检察院，依法完成了对案件的处理。各地工商机关在执法过程中，根据各辖区的特点，充分发挥工商所市场巡查的作用，围绕重点商品、重点检查层面，找准突破口，按片区进行拉网式检查，收到了良好成效。

据统计，开展专项整治以来，全自治区工商机关共出动执法人员 55208 人次，检查经营主体 161480 户次，检查批发零售市场、集贸市场等各类市场 8740 个次，整治重点区域 1804 处，查处制售假冒伪劣商品案件 870 件，案值 759.36 万元，罚没金额 207.62 万元。其中，已结案 451 件，案值 340.49 万元；受理和处理消费者申诉和举报 586 件，为消费者挽回经济损失 64.95 万元；查处侵犯驰名商标权益案件 50 件，查处侵犯涉外商标专用权案件 6 件，查处侵犯地理标志商标专用权案件 1 件。

2012 年，根据国务院《关于进一步做好打击侵犯知识产权和制售假冒伪劣商品工作的意见》和国务院办公厅《关于成立全国打击侵犯知识产权和制售假冒伪劣商品工作领导小组的通知》精神，自治区工商局拟发《全区工商系统进一步做好打击侵犯知识产权和制售假冒伪劣商品工作方案的通知》，成立打击侵犯知识产权和制售假冒伪劣商品工作领导小组。各地工商行政管理部门相应成立打击侵犯知识产权和制售假冒伪劣商品工作的领导机构。积极开展“中国石油”“九牧王”“九阳”“晨光”“红牛 RedBull 及图”“睡宝及图”以及法国拉科斯特股份有限公司“鳄鱼”等相关注册商标专用权保护工作。自治区工商局还加强对广西知名企业合法使用商标的行政保护，在黑牛食品公司与广西皇氏甲天下乳业股份有限公司（以下简称皇氏乳业）的商标纠纷中，取得国家工商总局商标局的支持，帮助皇氏乳业维护自身商标的合法使用权。

根据自治区打击侵犯知识产权和制售假冒伪劣商品工作领导小组办公室《关于开展农村市场重点商品专项整治的通知》（打假办发〔2012〕1 号）文件要求，各市工商局于 2012 年 2 月至 3 月在全市辖区内集中开展了农村市场重点商品专项整治，对辖区以销售家电、食品、日化用品、农资等重点商品的集贸市场、批发市场、销售门店等场所的巡查力度，查处非法印制、出售商标标识及包装、装潢，侵犯驰（著）名商标合法权益的违法行为；加强对滥用、冒用、伪造注册商标标志的查处，保护地理标志专用标志不受侵犯，切实打击仿冒知名商品特有的名称、包装、装潢，冒用他人企业名称、伪造产地等不正当竞争行为，严厉打击规模性制售假冒伪劣商品的违法行为。据不完全统计，该次专项行动共出动执法人员 3452 人次、执法车辆 563 车次、检查经营主体 7390 户、检查市场 155 个，立案查处涉嫌侵犯中国驰名商标广西丹泉酒业有限公司“丹泉”商标一起。

为推进地理标志证明商标战略，7 月，自治区工商局办公室印发关于《全区工商系统开展地理标志证明商标产品市场专项整治工作方案的通知》（桂工商办发〔2012〕145 号），决定从 2012 年 8 月开始，在全自治区范围内开展为期 2 个月的地理标志证明商标产品市场专项整治执法行动，主要检查是否有擅自使用或伪造地理标志名称及专用标志的产品、不规范使用名称的地理标志产品、易引人误解为地理标志的产品。据不完全统计，该次专项行动共出动执法人员7170人次，检查批发零售市场及集贸市场1281个次，检查经营主体7475户次，重点整治区域298处，共查处4起涉嫌销售假冒贵州“茅台酒”的案件，案值1.8万元，罚款1.68万元，没收侵权商品3瓶。

2014年，自治区工商局按照《2014年全国工商系统打击侵犯知识产权和制售假冒伪劣商品工作要点》要求，充分发挥职能作用，组织各级工商机关以保护注册商标专用权为核心，以商品批发零售市场为重点，加大对商标专用权的保护力度，有计划、有重点地开展商标维权打假行动，大力查处各类商标侵权案件。年初，印发《全区工商系统商标专用权保护工作方案》，各市工商系统根据方案先后开展“蓝带”“第二届夏季青年奥林匹克运动会标志”“青蛙王子”等商标专项整治行动。如河池市工商局开展了针对保护“红牛”“长城”“蓝带”“青蛙王子”“周六福”“茅台”“剑南春”“巴马丽琅”等驰名、著名商标的专项行动，查获假冒剑南春、泸州老窖、五粮液、国窖1573的侵权商品共36瓶，假冒红牛饮料456罐，假冒“立白”洗衣粉1464包，假冒机电产品15套；销毁侵犯“巴马丽琅”驰名商标标识5000个。

2015年，自治区工商局将当年定为“法治工商推进年”，商标行政保护工作主要围绕自治区党委、政府的目标任务，根据国家工商总局以及全自治区工商行政管理工作会议的部署安排，组织广西工商系统深入开展“红盾亮剑”行动，在广西范围内开展了一系列的商标侵权和制售假冒伪劣专项整治：一是2014年12月—2015年6月，开展了农村和城乡接合部市场假冒伪劣专项整治行动；二是2015年4月—11月，开展了打击侵犯注册商标专用权专项整治行动；三是2015年5月—9月，开展地理标志商标和农产品商标专项整治行动；四是2015年5月—9月，开展了保护“若羌红枣 RUO QIANG HONG ZAO及图”地理标志注册商标专用权行动；五是2015年8月—10月，集中开展了打击制售假冒伪劣商品专项行动；六是2015年9月—12月，开展商标代理机构专项整治行动；七是2015年10月—12月，集中开展打击假冒伪劣日用品专项行动。此外，各市工商局结合实际，也开展了一些商标专项保护行动。以上专项整治覆盖了全年时间，整治范围包括：农村和城乡接合部、城镇的批发零售市场、集贸市场、商场、超市以及商品出口集中地等场所；整治的内容主要包括：在涉及的知识产权领域，主要查处侵犯中国驰名商标、广西著名商标、涉外商标、地理标志商标、农产品商标专用权违法行为以及制售假冒伪劣商品等不正当竞争违法行为，特别是要遏制规模性侵权违法行为；在涉及的品种上，主要涉及食品、农资、建材、汽配、家电、化妆品、电子工业产品等行业，特别注重加强了对商标印制企业的监管，从源头上把好关。2015年共立案查处商标违法案件717件，其中办结712件，案值271.48万元，移送司法机关1件，案值41.8万元，捣毁窝点14个；立案查处销售假冒伪劣商品案件146件，其中办结138件，案值119万元。

2016年，各级工商行政管理机关注重建立与商事制度改革相适应的打击侵权假冒工作机制，通过多部门、跨省（自治区）执法协作，建立健全线索通报、证据转移、案件协查等制度，实现地方协调、部门联手，提高了商标执法实效；先后开展红盾网剑专项行动、保护“迪斯尼”注册商标专用权专项行动、广西制造海外形象维护“清风”行动等商标专项整治行动，加大对商标专用权的保护，严厉打击各类假冒商标和商标侵权行为，有效地保护消费者的合法权益，维护市场经济秩序，促进广西经济健康有序发展。

2017年，广西各级工商行政管理机关先后组织开展“双打”“商标溯源”等一系列专项行动，以驰名商标、广西著名商标、地理标志、涉外商标为重点，强化商标侵权案件查处，深入推进打击侵犯知识产权和制售假冒伪劣商品专项行动。

2018年，组织开展了打击侵犯商标专用权专项行动、2018打击商标侵权“溯源”专项行动、打击使用未注册商标违反商标法禁用条款行为“净化”专项行动和第15届中国—东盟博览会现场保知打假联合执法行动等四个专项行动，全自治区共查处各类商标违法案件542件，同比增长3.24%；案件总值1232.19万元，同比增长177.5%；罚没金额1132.43万元，同比增长254.86%。

第四节　商标品牌强桂战略

法律法规宣传

2003年，全自治区各级商标监督管理机关宣传和贯彻商标法、《商标法实施条例》。

2005年，结合“3·15”活动、“保护知识产权宣传周”，宣传商标法律知识，宣传商标对企业发展乃至国家、地区经济发展的重要作用。

2007年，各地积极宣传商标法律和商标知识，指导企业实施商标战略和进行商标国际保护，提高企业的竞争力，使依法申请、依法注册、依法保护的商标意识深入人心。在“3·15”消费者权益日和“4·26”世界知识产权日期间，各地商标广告管理部门与有关部门和媒体密切配合，加大宣传商标法律法规的力度，利用电视、广播、报刊等媒体，开展宣传活动，进一步提高全社会的商标保护意识。如河池市工商局派出人员参加广播电台的“行风政风热线”直播活动，现场解答群众和消费者的咨询；北海市工商局不但把商标法律法规宣传作为一项重要工作来抓，还结合市政府组织的知识产权宣传周活动，举行了商标法专题宣传；南宁市工商局利用知识产权咨询日活动，共接受企业和市民商标法律法规咨询198人次，解答58户企业在生产经营中遇到商标问题，发放商标法律法规宣传资料1290多份。许多市县还举办了不同形式的商标法律知识培训班。如环江毛南族自治县工商局举办1期商标法培训班，参加人数达58人。

2008年，为使更多企业了解广西著名商标申报的有关事项，进一步扩大广西著名商标的社会影响力，自治区工商局认真开展宣传发动工作，分别在《南国早报》《南国今报》刊登公告，在广西卫星频道、广西生活频道上做滚动字幕宣传。

各地工商局采取各种措施积极宣传商标法律知识，指导企业实施商标战略和进行商标保护，提高企业的市场竞争力，使依法申请、依法注册、依法保护的商标意识深入人心。一是在“3·15”消费者权益日和“4·26”世界知识产权日期间，各地商标广告管理部门与有关部门和媒体密切配合，加大宣传商标法律法规的力度，利用电视、广播、报刊等媒体，开展宣传活动。在活动期间，全自治区共发放商标法律法规宣传资料24500份，接受咨询1820人次。二是利用培训班、座谈会等形式，进一步加大商标法律知识宣传普及。柳州市工商局在停征“两费”后，及时调整工作重心，把发展商标作为服务地方经济发展，促进柳州工业化进程的重要工作来抓，举办了有290多家企业负责人参加的以发展柳州品牌为主要内容的扶持企业发展论坛，与企业负责人互动探讨如何培育和运用商标战略提升柳州企业核心竞争力、做大做强企业品牌，以商标战略为载体促进项目对接等问题，使商标战略成为推动柳州市企业发展和拉动经济增长的重要推动力。

2009年，广西各级工商机关以实施商标战略为中心，以商标领域的热点问题为重点，围绕消费者和企业感兴趣的问题，通过多种形式广泛深入面向社会开展商标法律知识和商标战略宣传。一是利用节庆活动日集中宣传。各级工商机关以开展“2009年知识产权宣传周”活动和“3·15”消费者权益保护日活动为契机，通过电视、广播、报刊、板报、横幅、宣传车、发放宣传资料等多种方式，向社会宣传商标法律知识，宣传国家、自治区的商标战略、工商部门在商标管理方面所取得的成绩，公开曝光典型案例，提高公众的商标意识。据不完全统计，在活动期间，全自治区工商机关共向社会发放宣传资料6.66万份，接受咨询2300人次。二是开展送法上门活动。贵港市工商局编印《商标战略指南》宣传小册子1万份，发至各县（市）局、分局、工商所全体公务员学习，并通过开展指送法上门活动，到企业、个体工商户等经营单位宣传注册和使用商标，培育品牌，实施商标战略，发展地方经济的相关知识。百色市工商局定期组织执法人员为企业送法，主动服务，并为企业品牌策略建言献策，引导企业把商标宣传作为企业运营的重要手段，树立“商品未动，商标先行”的意识，积极申请商标注册、争创商标品牌。三是充分利用媒体开展宣传。柳州市工商局在《柳州日报》《柳州晚报》《南国今报》等媒体刊播《柳州涉农商标注册今年增长力度超10%》《品牌打不响酒香也怕巷子深》等关于该市商标注册的现状、存在的问题以及如何利用品牌发展工农业生产，提高企业、农民经济效益的专题片、通讯、标语7期，收到了很好的效果，很多企业、乡镇的农业部门都要求注册商标。百色市工商局利用《右江日报》、百色广播电视台等媒体宣传商标法规，普及商标知识，努力营造全市重视品牌，关注品牌，争创品牌的浓厚氛围，大力宣传法人、自然人积极注册商标，规范使用商标，主动保护商标行为。并及时曝光一批侵犯商标专用权的典型案例，利用反面教材警示世人，鼓励和引导企业树立商标意识。

2010年，广西各级工商行政管理机关通过节庆日宣传、开展上门服务辅导等近距离服务活动、有计划、有步骤、有重点、有针对性地组织市场主体开展商标法律法规知识培训等各种形式广泛深入地宣传商标法律法规和有关商标知识，宣传各地和有关企业实施商标战略的好经验、好做法、好机制，树立一批依靠品牌建设应对金融危机的典型样板，努力提高全社会商标意识。

2011年，各级工商机关通过新闻宣传、户外媒体、公益广告、专题活动、通信短信、印发宣传资料等多种形式，大力宣传我国贯彻落实《国家知识产权战略纲要》，深入推进商标战略实施取得的显著成效，及时宣传专项行动的进展和成果，普及注册商标专用权保护知识，曝光侵权假冒的典型案例，震慑了违法犯罪分子。发挥“12315”消费者申诉举报网络和向社会公布的专项行动投诉举报电话的作用，鼓励人民群众参与打击侵权假冒等各类违法行为。

2013年，组织“商标强企，服务发展”巡回讲座，邀请中国品牌管理研究中心主席、北京大学客座教授王汉武分别在南宁、柳州、桂林、百色、贵港、北海6市作题为《精准制导的品牌定位引爆》专题讲座，帮助企业提高注册商标和保护商标专用权的意识。全自治区2000多名企业家和工商干部聆听讲座。全年全系统共出动干部5655人次，发放宣传资料3.45万份，帮扶企业1041户，帮扶已注册的商标451个，培育商标357个。

2014年，以新修改的《中华人民共和国商标法》颁布实施为契机，广泛开展商标法律知识宣传。积极引导新闻媒介，开展公益宣传。1—5月，在《广西日报》、广西电视台等媒体刊登、播出商标服务公益广告570条（次）。围绕知识产权保护开展咨询服务，全系统共开展宣传咨询服务活动371场次，受理咨询3.6万人次，悬挂横幅标语及展示板报257幅（版），向群众发放宣传资料10.1万份；自治区工商局汇编印制《商标知识宣传手册》1.2万册，下发市、县工商局和基层工商所。各市、县工商局通过电视、移动、电信等信息平台，运用横幅、海报等形式，向社会广泛宣传商标法修改的目的、意义，以及修改的主要内容等，引导生产者、经营者按照新商标法规范使用商标。如北海市工商局统一编印关于新商标对驰名商标使用规定的行政提醒通知书，并组织人员下发给辖区内各类经营户；南宁市工商局开展了“商标与法制同在，品牌与中国同行”新商标法主题宣传月活动，活动共在主要街道大型LED显示屏、出租车显示屏进行商标保护公益广告滚动宣传9700多条次，在广西电视台、《南宁日报》、广西新闻网等主要媒体上发表宣传报道67篇次。

2015年，广西各级工商机关将商标法律法规的宣传培训、运用指导作为商标战略的一项重要工作常抓不懈。“3·15”“4·26”纪念日以及每次专项行动，都将商标法以及商标运用和保护的宣传贯穿在整个活动当中，运用各种媒介、形式，营造实施商标战略的氛围，达到面向社会普法宣传、针对个体群体具体指导运用的效果。在该年的商标宣传活动中，各级工商机关继续开展了形式多样的商标法及配套法规规章的宣传培训，推广驰著名商标及地理标志商标等创牌和运用的经验、商标行政保护的成果等。

2016年，组织开展知识产权宣传周商标系列活动，通过拍摄商标宣传片、在广西电台播放商标专题节目以及广泛开展了主题突出、内容丰富、形式多样的知识产权宣传周商标系列活动，大力宣传商标对促进地方经济发展的重要作用。据不完全统计，开展商标系列宣传活动以来全区共出动执法人员475人次，执法车辆106台次，检查经营户512户次，商标品牌战略志愿服务队发放宣传资料10700多份。年内印制《〈中华人民共和国商标法〉漫画图解工作备忘录》等宣传资料5万余份。

2017 年，广西工商行政管理机关加强商标法宣传，一是开展形式多样的宣传活动，印制、发放各类宣传资料 13000 余份。二是通过各类媒体发布商标信息、宣传商标法律法规，讲述“品牌故事”。三是志愿者服务队员深入工业园区、企业开展商标品牌战略辅导，在桂平、三江、钦州、平乐、玉林、崇左等县市举办志愿活动 11 场，听课主体近千人。四是编印《广西品牌故事》，配合宣传中心制作广西品牌神州行宣传短片。8 月 19 日“遍行天下　心仪广西——广西品牌神州行”活动在北京正式启动，共有 60 多家广西企业集中展示品牌产品，吸引了 200 多家企业、机构以及各省区市驻京商会、电商平台等参加采购，当天签订产品购销协议金额约 4.7 亿元。9 月 4 日广西品牌神州行在桂林举行，本届“广西商标品牌展”共设有室内形象馆 189 个展位，室外体验区 130 个展位；有 270 家广西企业参展。展会当天 33 家区内外企业达成合作签约，签约金额约 30.8 亿元，是启动仪式签约金额的 6 倍。

2018 年，制订由自治区人民政府印发的指导全区商标品牌建设工作的《广西实施商标品牌强桂战略三年行动计划》和优化商标品牌发展环境的五项措施，明确三年行动目标、任务和具体措施；草拟了推进商标品牌建设的 6 个规范性文件（《双创基地建设指导意见》《建立地理标志商标孵化库的意见》《建设商标品牌服务指导站意见》《商标保护名录认定办法》《商标品牌奖励办法》《广西商标品牌神州行方案通知》）。开展商标品牌强桂大宣讲、实施商标品牌战略示范市、示范县、示范企的创建和广西品牌神州行三大活动。建设 3 个服务指导站、3 个创业创新基地、4 个商标受理窗口、1 个示范市、5 个示范县（市、区）、10 个示范企。

商标注册运用指导

2003 年，加强未注册商标管理，通过对未注册商标进行摸底调查，掌握辖区内产品（服务）特别是农副产品、高科技产品以及旅游商品、旅游服务等商标使用情况，引导企业特别是非公有制企业、个体工商户、农户和自然人办理商标注册。加大外商投资企业商标合法权益的保护力度，自治区工商局制定《加强外商投资企业商标合法权益保护，进一步优化我区外商投资环境的实施意见》，对外商投资企业的商标保护、商标使用、商标纠纷解决、品牌宣传等方面作了具体规定。全自治区各级商标管理部门加强对企业商标使用的监管工作，帮助、指导企业正确使用商标，商标一般违法案件数比上年减少了 99 件，下降 40.7%。

2005 年 4 月，自治区工商局决定在全系统开展主题为“支持引导，优化服务，促进发展，勇争先进”的服务个体私营经济发展宣传月活动，并决定以先进性教育为总抓手，为个体私营经济发展办好 10 件实事，其中，鼓励支持企业实施品牌战略；积极帮助引导企业办理商标注册，争创广西著名商标；查处假冒伪劣商品，维护私营企业合法权益。

2007 年，广西实施“品牌战略”。各地工商局在强化企业的商标意识的同时，积极指导企业更好地运用品牌开拓市场，推进商标的品牌化进程，促进企业依法经营并不断发展壮大。北海市制订切实可行的措施，在商标管理中实行“商标注册建议书、商标保护意见书、商标使用提示书、商标违法告诫书”制度，从商标的申请注册到商标权的保护，全过程指导、帮助企业创立品牌、保护品牌，深受企业欢迎。同时，各地工商局根据商标法、《广西壮族自治区著名商标认定和保护办法》等相关法律法规的规定，指导企业增强商标意识，促进企业不断向“注册商标—著名商标—驰名商标”的品牌之路发展，积极引导企业申请认定广西著名商标工作，当年申请认定的企业商标有 99 件。此外，帮助“真龙”等 3 件商标申请了驰名商标认定。

实施“商标富农”战略。各级工商行政管理机关，坚持把解决“三农”问题作为商标管理工作的落脚点，以“借助一件商标、带动一个产业、富裕一方百姓”为目标，积极引导涉农企业开展地理标志证明商标注册。在地方政府的统一领导下，积极做好当地农产品资源调查和商标注册指导工作。截至 2007 年底，广西已有“荔浦芋”等 5 个产品、7 件地理标志证明商标获得注册，正在申请的有“融安金桔”等 10 个产品，10 件地理标志证明商标。

2008 年，为使企业注册商标得到更广泛保护，广西工商行政管理机关根据商标法和《驰名商标认定和保护规定》，指导帮助企业完善商标管理和使用的各项制度，对经济效益较好、具有较高知名度和社会影响力的企业推荐认定驰名商标。自治区工商局向国家工商总局商标局推荐认定驰名商标的有广西灵峰药业有限公司的“金鸡”商标和广西丹泉酒业有限公司“丹泉”商标，共2件。柳州市工商局引导企业创立自主品牌，促进企业上档次、上规模，培育了“延龙”等12件商标申报认定广西著名商标。桂林围绕“十一五”规划中的“1234”百强工业企业和农业产业化龙头企业，开展名牌商标培育工作，共培育10件商标参加广西著名商标的认定。河池市工商局在商标培育发展工作中推行“5211”商标服务工程，即每个分管商标工作的领导和商标管理干部要深入5个以上的企业开展商标服务工作、发展2个新的注册商标，每个县培育1个广西著名商标，每个所引导帮助1个农副产品申请商标注册，全市工商系统制定了相应的工作方案，签订“一所一标”目标管理责任状，共确定企业联系单位186个，指导企业或个体工商户申请商标注册79件，确定18个品牌为广西著名商标培育目标。玉林市印发《玉林市工商管理系统深入开展商标战略工作方案的通知》，召开会议，部署开展商标战略的工作任务，共指导企业申请商标注册45件，其中涉农商标10件。针对农民和部分涉农企业商标意识淡薄，不知道注册商标、不愿注册商标、不会注册商标以及不懂使用和保护注册商标等问题，北海、柳州、南宁、贵港、桂林等市积极制订推行《商标注册建议书》《商标保护意见书》《商标使用提示书》《商标违法告诫书》的四书制度，开展商标帮扶，全程指导帮助企业创立品牌、运用品牌开拓市场，深受企业欢迎。南宁市工商局共引导企业申请商标注册72件，其中：非公经济商标56件、涉农商标18件。桂林市帮助企业培育商标14件；防城港6件。

2009年，为落实自治区党委、自治区人民政府关于促进经济平稳较快增长的决策部署以及国家工商总局相关文件精神，应对国际金融危机，改善投资创业环境，支持各类市场主体发展，自治区工商局连续出台《自治区工商局关于应对国际金融危机促进全民创业的若干意见》《自治区工商局关于印发2009年促进非公有制经济发展工作方案的通知》《自治区工商局关于发挥工商行政管理职能作用引导支持服务农民专业合作社健康发展的实施意见》等文件。各级工商机关围绕文件精神，立足商标服务职能，对辖区内企业进行常规性走访和调查摸底，积极指导企业做好商标的使用和管理，完善管理制度。对有条件的，引导申报广西著名商标和中国驰名商标。工商干部深入企业、合作社、农村，加大农产品商标和地理标志宣传力度，积极引导农民和农产品加工企业注册农产品商标；支持农民专业合作社实施商标品牌战略。加强商标法律宣传和注册辅导，积极鼓励合作社申请注册农产品商标、集体商标、证明商标等，并根据合作社商标发展的不同阶段，实施分类指导；引导培育具有地域资源优势和特色的农产品和地理标志商标注册，优先推荐条件成熟的合作社商标申报著名、驰名商标；引导合作社正确运用广告宣传手段，提高合作社商标品牌的知名度、信誉度和市场竞争力；帮助企业规范商标的使用和管理，使商标成为展示合作社产品的有效载体；加强自我保护，依法维护合作社商标专用权。玉林市工商局结合实际实施了“商标富农”工程。对辖区内涉农产品商标申请注册情况进行详细调查摸底，走访当地相关经济部门和农业、农村合作组织等征询意见建议，特别是摸清涉农企业或农户对工商部门的需求和建议，实现工商职能与企业需求的有效对接，建立特色农副产品商标培育战略梯队，制定扶持发展规划，确定重点培育对象。全市掀起了“注册一件商标，创出一个品牌，带动一片产业，振兴一方经济”的热潮，营造全社会了解商标、重视商标、保护商标、运用商标的良好氛围。其做法得到市领导的高度重视，促进“商标富农”工程的顺利实施。百色市工商局深入推行商标监管服务“五书”（即《商标注册建议书》《商标规范使用提示书》《商标维权保护联络书》《商标策略提示书》《商标违法告诫书》）制度，利用建议、提示、告诫等非强制手段，对商标工作进行有效引导和服务，加强商标工作行政指导和服务，收到了好的效果。

2010年，自治区工商局全面推行了行政指导规范化工作，各级工商行政执法人员在开展商标行政指导服务中广泛使用《商标注册建议书》《商标规范使用提示书》《争创驰（著）名商标建议书》《商标违法使用警示书》等行政指导文书。各市县工商局结合实际，进一步深化商标行政指导的内容，取得成效。如梧州市工商局制定《梧州市工商行政管理局商标注册与使用指导制度》，文书种类更为齐全；河池市深入推行商标服务“5211”工程；百色市深入推进五书服务制度，全市工商部门先后下发《商标注册建议书》78份，

《商标策略提示书》76份,《商标规范使用提示书》42份,《商标违法告诫书》26份,《商标维权保护联络书》37份。

同时,各级工商机关在深入推行商标战略工作中,积极引导广大企业牢固树立商标意识,充分认识商标背后蕴藏的知识产权保护、技术创新、市场营销和企业文化等更深层次的问题,科学合理地使用、宣传商标,主动维护商标权利。如南宁市工商局开展"商标兴企"活动,把中小企业、私营企业、涉农企业作为商标帮扶重点,共为245家企业提供法律咨询服务,向117家企业发放《商标注册建议书》《商标规范使用建议书》《争创驰(著)名商标建议书》;指导6家企业做好商标续展工作,防止商标专用权流失。桂林市工商局采取行政建议与行政规范两种手段,依法指导并规范企业的商标使用行为。1—11月,共向企业下发《商标注册建议书》200份、《商标策略提示书》35份和《商标法律告知书》30份。桂林市工商局与桂林市商务局按市政府的要求,对"桂林米粉"进行深入的调研和论证,并在此基础上,认真组织"桂林米粉"地理标志证明商标申报注册工作,且已向商标局进行申请注册地理证明商标。贵港市工商局通过开展商标走进企业、商标走进乡村、商标走进机关和带商标知识下乡、带商标申请回城"三进两带"活动,促进商标帮扶战略的实施。

2013年,自治区工商局不断推进商标战略,实施"商标兴桂"。7月19日制定并下发《全区工商系统"商标兴桂"活动方案》,就活动的指导思想、方法措施、时间安排和工作要求做部署,确定帮助千家企业做大做强商标的总体目标,并根据各市企业和产业特点,注册商标数量,对各市工商局帮扶企业数量做了明确规定,下发《全区工商系统商标兴桂活动"帮千"分配表》和《全区工商系统商标兴桂活动"帮千"联系表》,通过采取一对一的形式进行帮扶,就如何培育和申请商标注册,争创驰名、著名商标,规范使用商标等问题,对企业进行指导和帮助。

2014年,根据《自治区工商局关于2014年继续深入开展服务企业"联百帮千扶万"行动的通知》,全自治区各级工商机关通过定期走访联系帮扶企业,从实施"商标强企""信用兴企""维权护企""融资助企""党建促企"等多方面及时高效服务企业,帮助企业解决实际困难,把扶持企业落到实处。

3月25日,在河池市巴马瑶族自治县召开了全自治区工商系统实施商标战略暨驰著名商标授牌大会。

2014年3月25日,自治区工商局在巴马召开全区工商系统实施商标战略暨驰著名商标授牌大会

就近年来全区工商系统在培育商标品牌、推进商标战略实施、加大商标保护等方面主要做法和收获进行总结，部署下阶段实施商标战略的主要任务。会上，南宁市工商局和巴马瑶族自治县工商局、通用五菱、宇峰食品、恭城果品协会等单位和公司分别发言交流培育发展商标品牌的经验和体会，并举行驰著名商标企业授牌仪式。会议期间还举办了“实施商标战略服务经济发展”大型知识讲座，邀请国内知名品牌专家潘亦藩教授为参加会议的代表进行授课。9月，自治区工商局在南宁举办2014年世界知识产权组织有效利用马德里商标国际注册体系巡回研讨会，邀请世界知识产权组织和国家工商总局商标局等专家，就马德里商标国际注册体系的申请、管理、运用等问题向企业代表作了详细全面的介绍，全自治区83家驰、著名商标及外贸经营规模较大的企业代表出席了会议。

2014年9月18日，世界知识产权组织有效利用马德里商标国际注册体系巡回研讨会在南宁召开

2015年，各级工商机关进一步发挥“商标富农”的积极作用，加强指导地理标志商标和农产品商标注册工作，鼓励和帮扶相关市场主体积极培育商标品牌，运用地理标志和农产品商标知识产权促进特色农业发展。围绕产业政策，大力扶持自治区支柱产业和重点行业、有特色的农副产品企业商标申请认定广西著名商标，培育特色品牌。自治区工商局做好对各市工商局开展地理标志工作的业务指导，对各市遇到的困难，尽力协调帮助。如芒果产业对百色经济发展有着重要意义，但在申报“百色芒果”地理标志证明商标过程中遇到诸多困难。自治区工商局努力争取了国家工商总局、自治区人民政府的支持，指导百色市顺利完成“百色芒果”地理标志证明商标的申报工作。

部分市工商局有一些较好的做法，如钦州市工商局在辖区范围内开展“两摸清”“两本账”。“两摸清”即在辖区范围开展特色产业、产品的调查，摸清分布情况；开展商标注册情况调查，摸清商标注册情况。“两本账”即全面建立“有效注册商标登记台账”和“拟培育、发展商标登记台账”。有目的地引导市场主体增强商标意识和品牌意识，以此带动全市商标申报注册量的增加。河池市拥有地理标志证明商标10件，是广西拥有地理标志商标数量最多的市。该市工商局采取“择优扶强、定向培育、跟踪服务”的工作方法，强化农产品地理标志商标申报注册的工作力度，不断扩大地理标志商标注册总量。年内重点指导培育的“巴马火麻”“巴马珍珠黄玉米”“巴马山茶油”“东兰乌鸡”“天峨珍珠李”等5个地理标志证明商标，进入注册公示环节。

2016年，自治区工商局紧紧围绕《广西壮族自治区关于深入实施商标品牌战略的意见》，积极培育地理标志证明商标，努力打造广西特色产品商标品牌。围绕2016年广西脱贫摘帽目标任务，结合工商部门商标工作职能，出台《培育名优品牌促进产业脱贫工作方案》，对贫困地区（包括自治区工商局定点帮扶的三江侗族自治县）重点扶持的产业、市场主体进行一对一的指导服务，大力推进精准脱贫攻坚富农、培育名优品牌工作进程；印发《广西实施商标品牌战略志愿服务队组建和工作方案的通知》，鼓励有志于广西商标发展与保护的政府工作人员、专家学者以及商标从业人员加入商标品牌志愿者队伍，服务广西商标战略的实施。组织志愿者参加“百色新山铝产业示范园商标品牌知识咨询会”，积极帮助企业提高商标意识，实施商标战略；制定并印发《全区工商系统工业园区商标品牌指导服务站建设工作方案》，搭建高效畅通的指导帮扶平台，为广西工业园区及园区企业实施商标品牌战略提供一对一的指导和服务。举行“百色新山铝示范园商标品牌指导服务站”及“桂平市木乐镇服装工业园区指导服务站”挂牌仪式；支持三江侗族自治县“两茶一竹”等支柱产业品牌培育和整合，加快三江特色产业发展方式由数量型、粗放型向质量型、效益型转变，帮助制定三江侗族自治县政府培育三江名优品牌工作方案；以自治区工商局名义向各市人民政府发出《关于请求提供符合农产品地理标志基本特征的特色农产品情况的函》，对广西地理标志商标资源进行全面摸底调查，为推进广西农产品地理标志商标注册打下坚实的基础。同时，加大地理标志商标申请注册的指导力度，对符合条件的地理标志农产品加强注册申请指导。由局领导带队到柳州、桂林、百色、北海、防城港、梧州等地市开展调研，走访了广西桂人堂金花茶产业集团有限公司、广西南珠宫投资控股集团有限公司等企业，提出申请“防城金花茶”“南珠”“梧州六堡茶”的建议，并就中国—东盟信息港股份有限公司商标注册相关事项向国家工商总局报送请示且恳请总局给予帮助与支持；为探索区域商标品牌整合方式方法，充分发挥商标品牌在引领推动地方名优特产品和特色产业发展的重要作用。于2016年7月下发《全区工商系统区域商标品牌整合试点工作方案》，确定百色以“百色芒果”、桂林荔浦县以“荔浦芋”地理标志证明商标为试点。

自治区工商局强化商标监管和调研，配合广西工商行政管理研究所做好《商标管理课题研究工作方案》及相关工作，开展“十三五”商标发展规划研究，与广西民族大学等大学院校合作开展《中国—东盟商标培育与管理比较研究》《广西商标史研究》《推动商标监管理论研究深入发展》《广西治理商标侵权行为对策研究》《广西农产品地理标志品牌战略研究》等5个课题的研究；同时，由局领导带队赴湖南省考察推进实施商标品牌战略方面工作的经验做法，撰写《湖南省实施商标品牌战略工作考察报告》，还赴百色调研实施商标品牌战略工作，开展商标品牌整合调研。2016年3月15日在三江侗族自治县举行“消费维权乡村行暨扶贫攻坚党旗红志愿结对帮扶”启动仪式期间，对三江县商标培育品牌推动工作情况进行了调研，撰写《三江县商标培育品牌推动工作调研情况》。

2017年，为贯彻落实广西商标品牌战略激励机制，对接自治区科技厅，将商标品牌奖励扶持项目纳入《广西科学技术奖励办法》（桂政发〔2017〕59号）。实施商标富农强桂战略，草拟《大力发展农产品地理标志商标推进商标富农强桂战略的意见（暂定）》实施意见。开展“党旗领航·商标扶贫”主题活动，指导小微企业、个体工商户和专业市场（小个专）党组织、党员经营户注册并依法规范使用农产品商标以及地理标志商标。大力推行“公司（龙头企业）+商标品牌（地理标志）+农户（基地）”产业化经营模式，指导区域品牌整合工作，进一步提高农民进入市场的组织化程度，做大做强名优特产品产业。在全自治区开展创建商标品牌战略示范点活动，印发了活动方案，创建商标品牌战略示范点33个，其中：确定了示范市3个，示范县（市、区）9个，示范企业21家，形成“政府主导、工商主推、企业主创”的商标建设合力。

商标认定

2004年，广西工商行政管理机关围绕“商标兴企、品牌兴农”战略的实施，引导企业申请商标注册，帮助企业争创中国驰名商标和广西著名商标，充分发挥商标在促进经济发展中的重要作用。南宁、桂林等地加大引导力度，帮助企业在信息咨询、技术开发、房地产开发、旅游服务等新领域申请注册商标；横县、博白等县工商局指导当地申请了“横县茉莉花”“博白芒编”等地理标志证明商标注册；百色市、田阳县工商局积极帮助注册人制定、实施“田阳香芒”的使用、宣传、保护策略，提高企业和地方产品的市场竞争力。

2005年，积极指导帮助企业申请驰名、著名商标认定，到年底，全自治区注册商标近2万件，其中，驰名商标8件，著名商标141万件。

2006年，广西工商行政管理机关以保护驰名商标、著名商标、涉外商标、会展商标和农产品商标为重点，帮助各类企业申请商标，重点帮助有潜力的企业申请广西著名商标和中国驰名商标认定，运用商标战略开拓市场。在“商标富农”工作中，通过开辟商标注册快捷绿色通道、扶持涉农龙头企业实施商标战略等措施，先后培育了“喷施宝”“古典鸡”等一批涉农商标和地理标志证明商标。

2007年，在自治区工商局大力指导下，“真龙”“玉林YULIN及图”“商务通”3件注册商标被认定为中国驰名商标；“梦之岛”等87件注册商标被认定为广西著名商标；柳州市工商局指导注册了“融安金桔”地理标志证明商标。

2008年，为进一步培育和发展广西著名商标，根据《广西壮族自治区著名商标认定和保护办法》的有关规定，继续在全自治区范围内开展广西著名商标的认定工作，积极支持企业运用商标开拓市场，全自治区申报认定广西著名商标共75件，经广西著名商标评审委员会评审确认，自治区工商局认定“金鸡”等50件注册商标具有广西著名商标资格（有效期自2008年12月—2011年12月）。

2009年，根据《广西壮族自治区著名商标认定和保护办法》的有关规定，重点扶持高新制造业、外向出口、现代服务业、农业、传统地方产业等企业争创著名商标。各级工商行政管理机关采取各种有效措施，加大宣传力度，充分利用当地的电视台、报纸等有影响力的媒体进行广泛宣传，同时在调查摸底的基础上，深入企业进行指导和帮扶，引导更多经济效益较好，有发展潜力的企业申请认定广西著名商标。年内，自治区工商局推荐了“丹泉”“名露”“睡宝”共3件商标申请认定中国驰名商标，其中“丹泉”和“睡宝”两件商标于2010年先后获认定为中国驰名商标。另外，共有“金鸡”和“柳工”两件商标获得中国驰名商标，至此，广西经工商总局认定的驰名商标增至16件。

2010年，根据《广西壮族自治区著名商标认定和保护办法》的有关规定，继续开展广西著名商标的认定工作。自治区工商局遵照公正、公平、公开的原则，规范和完善广西著名商标的认定工作。各市工商局进一步优化服务，提高办事效率，认真做好品牌培育、扶持工作，采取各种有效措施，加大宣传力度，充分利用当地的电视台、报纸等有影响力的媒体进行广泛宣传，同时在调查摸底的基础上，深入企业进行指导和帮扶，引导更多经济效益较好，有发展潜力的企业申请认定广西著名商标，当年全自治区申报认定驰名商标18件，著名商标331件。

2011年，根据《广西壮族自治区著名商标认定和保护办法》的有关规定，继续在全自治区范围内开展广西著名商标的认定工作。自治区工商局遵照公正、公平、公开的原则，规范和完善广西著名商标的认定工作。各市工商局进一步优化服务，提高办事效率，认真做好品牌培育、扶持工作，采取各种有效措施，加大宣传力度，充分利用当地的电视台、报纸等有影响力的媒体进行广泛宣传，同时在调查摸底的基础上，深入企业进行指导和帮扶，引导更多经济效益较好，有发展潜力的企业申请认定广西著名商标，申请认定工作取得明显成效。2011年全自治区共有120件注册商标申报广西著名商标。经评审委员评审确认，认定“童乐”等86件注册商标具有广西著名商标资格（有效期自2011年12月—2014年12月）。至2011年底，全自治区共有广西著名商标367件。

大力培育发展驰名商标。为使企业注册商标得到更广泛的保护，各地根据商标法和《驰名商标认定和保护规定》，积极指导帮助企业完善商标管理和使用的各项制度，对产品品质好、经营规模较大、市场前景广阔的企业，指导其申报认定中国驰名商标。经过对有申报条件的几家企业进行调研，2011年推荐了贺州嘉宝食品有限公司“JIABAO”注册商标。另外，2010年推荐的“印象刘三姐”商标在2011年获认定为中国驰名商标，至2011年底，广西经国家工商总局认定的驰名商标共有19件。

2012年，积极推进商标战略，大力支持企业申报中国驰名商标和广西著名商标。年内，“JIABAO及图”商标被国家工商总局认定为中国驰名商标。“五菱”等173件注册商标被认定为广西著名商标。

2013年，自治区工商局印发《自治区工商局关于做好2013年广西著名商标申请认定工作的通知》。截至2013年10月27日，收到各市申报认定2013年度广西著名商标271件，同比增长29.7%，认定254件，同比增长45.67%。截至2013年12月31日，全自治区商标有效注册量共计57948件，中国驰名商标22件，广西著名商标513件，地理标志28件。

2014年，根据《广西壮族自治区著名商标认定和保护办法》的有关规定，继续开展广西著名商标的认定工作。年初印发《做好2014年广西著名商标申请认定工作的通知》，组织各市工商局在调查摸底的基础上，深入企业进行指导和帮扶，引导更多经济效益较好，有发展潜力的企业申请认定广西著名商标。年内，共认定了182件注册商标为广西著名商标。

2015 年，根据《广西壮族自治区著名商标认定和保护办法》的有关规定，在全自治区范围内开展广西著名商标的认定工作，组织各市工商局在调查摸底的基础上，深入企业进行指导和帮扶，不断引导更多经济效益较好，有发展潜力的企业申请认定广西著名商标。各市工商局初审后共报送 283 件商标参评，其中，重新申请认定的商标 140 件，新申请的商标 143 件。经广西著名商标评审委员会评审确认，自治区工商局认定“金雨伞”等 250 件注册商标为广西著名商标（有效期自 2015 年 12 月—2018 年 12 月）。至此，全自治区有效广西著名商标达 686 件。

2016 年，认真做好广西著名商标申请认定工作，评审认定 2016 年度广西著名商标 340 件。至年底，广西有效注册商标达 97185 件，其中，中国驰名商标 31 件，广西著名商标 774 件，地理标志证明商标 33 件。

2017 年，争取自治区政府批准，将商标培育发展保护工作纳入科学技术奖评授范围。组织开展商标品牌示范市、县和示范企业活动，认定商标品牌示范市 3 个、示范县（市、区）9 个、示范企业 21 家。至年底，全自治区有效注册商标 12.04 万件，地理标志证明商标 38 件，马德里国际商标 118 件，均达到历史最高水平。

地理标志证明商标培育

2004 年，南宁、桂林等地加大引导力度，帮助企业在信息咨询、技术开发、房地产开发、旅游服务等新领域申请注册商标；横县、博白等县工商局指导当地申请了“横县茉莉花”“博白芒编”等地理标志证明商标注册。

2006 年，在“商标富农”工作中，通过开辟商标注册快捷绿色通道、扶持涉农龙头企业实施商标战略等措施，先后培育了“喷施宝”“古典鸡”等一批涉农商标和地理标志证明商标。

2007 年，广西实施“商标富农”战略。各级工商行政管理机关，坚持把解决三农问题作为商标管理工作的落脚点，以“借助一件商标、带动一个产业、富裕一方百姓”为目标，积极引导涉农企业开展地理标志证明商标注册。在地方政府的统一领导下，积极做好当地农产品资源调查和商标注册指导工作。到 2007 年底，广西已有“荔浦芋”等 5 个产品、7 件地理标志证明商标获得注册，正在申请的有“融安金桔”等 10 个产品，10 件地理标志证明商标。

2008 年，开展农产品商标和地理标志的培育发展工作，促进民族地区经济和产业发展。根据自治区工商局《关于在工商行政管理工作中严格执行党和国家民族政策有关问题的通知》精神，向全自治区拟发了《关于加强培育发展农产品商标和地理标志证明商标工作的通知》，要求各地认真做好以下几项工作。一是做好调查摸底工作，要求各市局要深入乡镇、农村，对辖区内的农产品商标和地理标志产品资源的现状进行摸底调查，掌握本辖区农产品商标和地理标志商标注册情况以及发展农产品商标和地理标志证明商标的优势及存在的不足等情况，为培育和发展农产品商标和地理标志证明商标打好基础。二是加强宣传指导，向涉农企业及农产品经营者宣传商标注册对知识产权成果保护、品牌效益的作用，鼓励涉农企业和农产品经营者积极申报农产品商标和地理标志证明商标，利用商标提高产品知名度，提高企业经济效益，促进地方经济发展，并为其申报驰名商标、著名商标及商标注册咨询提供优质服务。三是确定重点，稳步推进，在充分调研的基础上，本着增加数量，保证质量的原则，结合实际情况，在本辖区内选择 2 ～ 3 个有发展潜力的龙头涉农企业、当地的支柱产业以及具有民族特色的农产品地理标志产品作为培育和发展的重点，引导涉农企业及农产品经营者对具有特定地理环境和人文因素的特色农产品注册原产地证明商标、集体商标。截至 2008 年，广西培育地理标志证明商标 12 件。

2010 年，继续推进商标富农工作，促进农村经济发展。广西各级工商机关积极引导各类涉农企业、农业专业合作社、农业专业协作和农技推广机构等加强农产品商标和地理标志的注册、保护与规范管理，大力推广“公司 + 商标 + 基地（农户或专业合作社）”等农业产业化经营模式，推动农村经济科学健康发展。如柳州市工商局举办“商标富农、品牌强县”研讨会，各县相关部门和企业积极参与，共同探讨如何发挥当地特色，实施品牌战略，进一步对地方经济和社会发展起推动作用，确立将当地有发展潜力的农产品融安金桔、融水香鸭、柳城云片糕、三江茶油作为开展地理标志保护和商标注册的工作目标，做到成熟一个申报一个；融水苗族自治县的“融水香鸭”地理标志证明商标2件已获得商标局的受理。南宁市工商局全面推行基层工商所“一所一标”“一社一标”商标培育工作机制，把实施商标战略作为服务社会主义新农村建设的核心工作来抓，当年共引导个体或私营企业申请注册商标235件，其中农产品商标160件，共有52家农民专业合作社等涉农企业申请注册农产品商标。梧州市工商局针对本市砂糖橘品牌建设不规范的问题撰写的调研文章，受到了市委书记、市长的高度重视，并作要求市里有关部门大力培育该市砂糖橘品牌的指示。防城港市工商局积极助推特色产业做大做强，对全市农产品地理标志战略工作进行了统筹规划，扶持具有特色的农产品防城金花茶、东兴皇帝果、上思香糯、港口光坡鸡等申请地理标志证明商标。2010年9月，昭平茶叶协会申请的“昭平银杉”地理标志证明商标通过国家工商总局商标局的认定。至此，广西地理标志证明商标达到23件，其中河池市10件、桂林市7件、贺州市2件、百色市2件、南宁市1件、柳州市1件。

2011年，广西各级工商机关积极引导各类涉农企业、农业专业合作社、农业专业协会和农技推广机构等加强农产品商标和地理标志的注册、保护与规范管理，大力推广“公司＋商标＋基地（农户或专业合作社）”等农业产业化经营模式，推动农村经济科学健康发展。至年底，全自治区共有地理标志证明商标22件。

2013年，根据广西农产品地理商标管理和保护工作实际，自治区工商局印发《广西壮族自治区工商行政管理局助推农产品地理标志商标发展工作的指导意见》，对农产品地理标志发展工作的指导思想、主要目标和工作内容进行了明确。组织“融水香鸭”“永福罗汉果”“巴马香猪”3件地理标志证明商标参加了2013年国际商标品牌节中国驰名商标及地理标志精品博览会的展览。

2014年，围绕“到2015年，全区各县力争均培育申请注册1件农产品地理标志商标”的总体目标，自治区工商局确定了以地理标志商标为重点，开展商标培育帮扶的工作方针，制定下发《关于加强地理标志商标培育和使用管理的通知》，要求各级工商部门在辖区内选择2～3个有发展潜力、具有地方特色的农产品地理标志作为培育和发展的重点，通过广泛宣传、深入调研、重点培育、主动争取地方党委政府支持、积极指导帮扶等措施，引导社团、协会、行业团体等组织申请注册原产地证明商标或集体商标，并进一步加大执法力度，保护好农产品地理标志。同时，组织人员到百色、巴马就“百色芒果”“长寿巴马”地理标志商标进行调研座谈，专题研究地理标志商标培育和申报事宜，明确申报主体单位和申报流程，并带巴马瑶族自治县相关人员赴北京向国家工商总局领导作了专题汇报。此外，还就岑溪“古典鸡”、梧州“冰泉豆浆”等争创驰名商标进行了指导。

2015年，广西各级工商机关进一步发挥“商标富农”的积极作用，加强指导地理标志商标和农产品商标注册工作，鼓励和帮扶相关市场主体积极培育商标品牌，运用地理标志和农产品商标知识产权促进特色农业发展。围绕产业政策，大力扶持自治区支柱产业和重点行业、有特色的农副产品企业商标申请认定广西著名商标，培育特色品牌。自治区工商局年内主要做好对各市工商局开展地理标志工作的业务指导，对各市遇到的困难，尽力协调帮助。如芒果产业对百色经济发展有着重要意义，但在申报“百色芒果”地理标志证明商标过程中遇到诸多困难。自治区工商局努力争取了国家工商总局、自治区人民政府的支持，指导百色市顺利完成“百色芒果”地理标志证明商标的申报工作。河池市目前拥有地理标志证明商标10件，是广西拥有地理标志商标数量最多的市，该市工商局采取“择优扶强、定向培育、跟踪服务”的工作方法，强化农产品地理标志商标申报注册的工作力度，不断扩大地理标志商标注册总量，年内重点指导培育“巴马火麻”“巴马珍珠黄玉米”“巴马山茶油”“东兰乌鸡”“天峨珍珠李”等5个地理标志证明商标。

2016年，自治区工商局紧紧围绕《广西壮族自治区关于深入实施商标品牌战略的意见》，积极培育地理标志证明商标，努力打造广西特色产品商标品牌。一是围绕2016年广西脱贫摘帽目标任务，结合工商部门商标工作职能，出台《培育名优品牌促进产业脱贫工作方案》，对贫困地区（包括自治区工商局定点帮扶的三江侗族自治县）重点扶持的产业、市场主体进行一对一的指导服务，大力推进精准脱贫攻坚富农、培育名优品牌工作进程；二是印发《广西实施商标品牌战略志愿服务队组建和工作方案的通知》，鼓励有志于广西商标发展与保护的政府工作人员、专家学者以及商标从业人员加入商标品牌志愿者队伍，服务广西商标战略的实施。组织志愿者参加“百色新山铝产业示范园商标品牌知识咨询会”，积极帮助企业提高商标意识，实施商标战略；三是印发《全区工商系统工业园区商标品牌指导服务站建设工作方案》，搭建高效畅通的指导帮扶平台，为广西工业园区及园区企业实施商标品牌战略提供一对一的指导和服务。举行了“百色新山铝示范园商标品牌指导服务站”及“桂平市木乐镇服装工业园区指导服务站”挂牌仪式；支持三江侗族自治县“两茶一竹”等支柱产业品牌培育和整合，加快三江特色产业发展方式由数量型、粗放型向质量型、效益型转变，帮助制定三江侗族自治县政府培育三江名优品牌工作方案；四是以自治区工商局名义向各市人民政府发出《关于请求提供符合农产品地理标志基本特征的特色农产品情况的函》，对广西地理标志商标资源进行全面摸底调查，为推进广西农产品地理标志商标注册打下坚实的基础。同时，加大地理标志商标申请注册的指导力度，对符合条件的地理标志加强注册申请指导。由局领导带队到柳州、桂林、百色、北海、防城港、梧州等地市开展调研，走访了广西桂人堂金花茶产业集团有限公司、广西南珠宫投资控股集团有限公司等企业，提出申请“防城金花茶”“南珠”“梧州六堡茶”的建议，并就中国—东盟信息港股份有限公司商标注册相关事项向国家工商总局报送请示且恳请总局给予帮助与支持；五是为探索区域商标品牌整合方式方法，充分发挥商标品牌在引领推动地方名优特产品和特色产业发展的重要作用。于 2016 年 7 月下发《全区工商系统区域商标品牌整合试点工作方案》，确定百色以“百色芒果”、桂林荔浦县以“荔浦芋”地理标志证明商标为试点。

2017 年，协调地理标志证明商标注册，年内成功注册了“德保矮马”“荔浦砂糖橘”“上林八角”“容县沙田柚”和“上林大米”等 5 件地理标志证明商标，26 个商标正在申报地理标志证明商标。

2018 年，地理标志商标注册 49 件，较 2017 年底的 40 件增长了 9 件，增幅达 22.5%。

第四章 广告监督管理

从 1987 年开始，全自治区各级工商行政管理机关按照《广告管理条例》和《中华人民共和国广告法》的有关规定，宣传、执行国家的有关法律、法规，开展广告经营主体资格确认、广告经营活动的监督管理、广告违法案件查处等项工作。1992—2018 年，广西的广告宣传、广告行业及广告管理工作经历了恢复、初步发展直至快速发展的过程。2012 年，自治区工商行政管理局为贯彻实施《国家工商行政管理总局关于推进广告战略实施的意见》，印发《关于成立自治区工商行政管理局广告战略实施领导小组的通知》，开始实施广西的广告战略。2012—2018 年，南宁广告产业园以建设“面向东盟的广告产业园区”为总体定位，加快实施创新驱动发展战略，以大众创业万众创新培育新产业、新业态，通过创业创新链推动广西广告业的发展繁荣。

第一节 广告业的发展

1992 年，自治区工商局取消对广告企业数量的限制，大力发展广告业，为企业扩展广告宣传渠道。截至年底，全自治区广告经营单位发展到 304 家，比 1991 年增加 29.36%，广告营业额 10273 万元，首次突破 1 亿元，比 1991 年增长 66%。

1993 年，自治区工商局下放广告经营审批权限，把对地、县级广告经营者的审批权，下放给地区工商局；把对广告业务员证的审批发证权，下放给地、市工商局，提高了工作效率。各地积极吸收新知识、新技术和引进高新技术设备，为广告业的发展提供有利条件。截至年底，全自治区广告经营单位达 698 户，从业人员达 8701 人，分别比上年增长一倍多；广告营业额达 1.8 亿元，比上年增长 80%。

1994 年，根据党中央关于加快发展第三产业的决定和国家关于广告业发展的规划纲要，广西紧紧抓住发展第三产业的契机，解放思想、转变观念，调整了对广告经营总量的控制，采取了新的政策和举措，使广告业发展呈现出无限活力。截至年底，全自治区有广告经营单位 913 户，比上年同期增长 31%；广告从业人员 11753 人，同比增长 35%；广告营业额 2.9 亿元，同比增长 62%；广告公司的发展更为突出，从 1992 年的 63 户发展到 534 户。

1995 年，我国改革开放迈出较大步伐，国民经济取得显著成绩，良好的经济环境为广告业的发展提供了充分而必要的条件。广西广告业作为直接服务市场经济的产业，其发展随着改革开放和经济发展步伐进一步加快，保持持续发展的势头。截至年底，全自治区广告经营单位发展到 1095 户、广告从业人员 12860 人、广告营业额 3.7 亿元，同比分别增长 83%、91% 和 77%。广告公司保持快速发展的势头，到 1995 年底，全自治区广告公司已发展到 556 户，比上年同期增长 96%；比 1990 年增加了 27.8 倍，5 年时间增加了 536 户。不少媒介单位为了适应广告代理制的实行，纷纷成立广告公司，这也是广告公司快速发展的一个因素。全年，广告公司经营额 13335 万元，首次超过报纸、电视广告的年经营额，打破了报纸、电视广告占主导地位的格局。其中，仅广西南方广告公司年经营额就有 3280 万元，该公司作为广西参加“95 中国最大广告公司实力评价活动”的企业，凭着自身的实力跨进全国 50 家最大广告公司的行列。

1996 年，广西各级工商行政管理机关努力转变工作方式和工作作风，推行现代化管理方式，提高广告监督管理水平。自治区工商局开发了《广告登记管理系统》《广告监测软件》《文件柜》等 3 套广告管理计算机软件，实现广告经营单位发证登记、广告统计、广告档案管理及广告管理法律、法规查询的计算机管理。广西广告业发展主要在南宁（包括自治区级）、柳州、桂林等区辖市和经济较发达地区，如玉林地区。截至年底，全自治区有广告经营单位 1214 个，广告从业人员 1.47 万人，广告营业额 4.08 亿元，同比分别增长 10.86%、13.95% 和 10.27%。

1999 年，广西广告业在加强自身经营机制调整、广告从业人员精简、广告公司综合实力不断提高、媒介发布质量明显好转的基础上，全自治区广告行业得到健康稳步发展。截至年底，全自治区有广告经营单位 1265 户，广告从业人员 12493 人，广告营业额 5.9 亿元，同比分别下降 10%、12.4% 和增长 22.9%。

2000 年，广西工商行政管理机关把好广告市场的准入关，对于法律、法规、规章规定发布前必须进行审批、登记、备案的特种广告，严格按法定条件进行审核并办理相关手续，从源头上防止违法广告进入市场。

2003 年，进一步改革广告监管模式，针对各地不同情况，实行“二级登记，三级监管”［市局、县（分）局按权限划分办理相关广告登记；市局、县（分）局、工商所按权限划分进行日常管理和案件查处］或“分级登记，分级管理”［把部分广告登记和管理权限下放到分局或工商所，使登记和管理合一，市局、县（分）局、工商所分别按照划分的职能对广告进行登记和管理］，明确基层工商部门、工商所的广告监管职责，强化日常监管。截至年底，全自治区有广告经营单位 2267 户，广告从业人员 20720 人，同比分别增长 10.4% 和 5.8%。广告营业额 10.1614 亿元，同比增长 25.7%。

2007 年，按照“五个对照”（即对照转变作风的要求，立党为公、执政为民的要求，扩大对外开放、优化投资软环境的要求，建设高效政府的要求，抓住机遇、加快发展的要求），落实首问负责制、限时办结制和责任追究制，编制《办理广告审批登记事项须知》，严格按照“三项制度”的规定办理广告行政审批；进一步简化审批程序，下放审批权限，除按规定需核发广告经营许可证的单位外，对其他需要经营广告业务的单位和个人，按企业登记和个体经营登记的规定，改由辖区工商局登记部门按广告法规的规定直接审批，减少审批环节。截至年底，全自治区有广告经营单位 2368 户，广告从业人员 22529 人，广告营业额 99561.05 万元，同比分别减少 22.3%、18.6% 和 30.2%。

2008 年，随着市场经济体制逐步完善，广西各级工商行政管理机关为适应加快发展个体私营经济的需要，稳步推进广告业体制改革，适当降低了私营广告公司的注册资金要求和等级评定标准，一大批自然人投资的广告设计制作室、广告公司和一大批兼营广告公司快速发展起来，实力大大提高。新注册了 4 家外资广告企业，实现了外资广告公司零的突破。这说明随着西部大开发的深入，处在北部湾和东盟经济合作主要区域的广西，经济、社会、法律环境大为改善，更加吸引外商投资，更便于外商施展业务。截至年底，全自治区有广告经营单位 4256 户，广告从业人员 35289 人，同比分别增长 66.2%、51.6%，广告营业额 61140.84 万元，减少 47%。其中，非公广告经营单位（个体、私营、外资、其他类）3939 户，占全区广告经营单位总户数的 92.5%，同比增长 82.02%。同时国有企（事）业广告经营单位及一些联营企业由于企业改制等原因，其数量有所减少，广告经营额大幅下降。另外，国有企业广告经营额大幅下降还有一个原因，即国际国内经济环境日趋严峻、国内区内大的自然灾害频仍，以及 2008 中国奥运年国家和自治区采取严厉措施加强对广播、电视、报纸、期刊等新闻媒体广告发布的管理等各方面因素有关，例如在冰雪、地震、洪涝等大灾期间，停播广告，全力以赴开展抗灾救灾的报道工作，广告业务受到限制，经营收益受到较大影响。

2009 年，广西各级工商行政管理机关继续加大整顿规范广告市场秩序的力度，坚持和完善综合治理机制，巩固、扩大专项整治成果。坚持和完善广告联合监管工作机制，会同党委宣传部等媒体主管部门加强和改进新闻媒体广告监管；会同通信管理局等部门加强对利用通信短消息等电信信息服务发送广告的监管；继续支持推动公益广告事业发展，组织开展 2007—2008 年度优秀公益广告作品评选活动。以第十六届中国国际广告节在南宁举办为契机，积极推动广西广告业界积极参与、广泛交流、建立合作、扩大影响，推进广西广告产业升级。参与广告节相关活动的筹备、联络、接待事宜，支持广西广告协会动员组织自治区范围内的广告主、广告公司、媒体、工商系统人员注册参加广告节。截至年底，全自治区共有户外广告经营单位1576户，户外广告营业额24338.83万元，户外广告数29930个。

2010年，广西各级工商行政管理机关在广告管理中坚持整顿与规范并举，切实做到广告发布前审查把关、发布中动态监督、发布后有违法行为的依法查处，努力营造健康有序的广告市场环境。重点是强化广告发布前的审查把关，各级工商机关加强媒体广告发布审查的行政指导，会同相关部门开展广告审查员广告法律法规培训，指导媒体单位建立健全广告业务承接登记、审核把关、档案管理等各项制度，依法订立广告代理、发布书面合同，并及时向媒体管理部门和主管、主办单位通报媒体单位落实广告发布审查制度的情况。如梧州市工商局通过QQ即时通信工具推行户外广告登记网上预先审查，与企业搭建起广告登记、发布网上审查平台。百色市工商局进一步完善广告经营管理各项制度，指导广告经营主体制定了《百色市广告行业自律守则》《广告经营单位五项管理制度》，并要求广告媒体公示上墙，同时加强广告管理人员和广告审查员的培训，以视频会议的形式举办了一期培训班，全市共有380多人参加培训。举办首届广西工商行政管理机关"行政执法、服务为民、促进发展"主题公益广告大赛，促进广告业健康发展。

自治区工商局办公室印发《关于开展公益广告大赛活动的通知》（桂工商办发〔2010〕68号）。各级工商行政管理机关精心组织，广泛发动，有效推动大赛顺利开展。活动共收到参赛作品202件，其中，平面广告171件，影视广告20件，广播广告12件。大赛评出一等奖9名，二等奖21名，三等奖36名，活动组织奖6个。截至年底，全自治区共有广告经营单位4825户，同比增加了0.42%；广告从业人员32491人；广告经营额55363.84万元。

2011年，实行自治区局监测与各市局监测相结合，广告监管机关监测与广告审查机关、媒体主管部门监测相结合模式，继续加大自治区级电视台卫视频道、大中城市电视台经济生活频道、都市类报纸媒体广告的监督检查力度。年内，广告经营单位有4857户，同比增加了0.67%；广告经营额56073.70万元，广告从业人员36950人。

2013年，自治区工商局组织开展"讲文明树新风"公益广告宣传活动。协调动员媒体138户次，发布公益广告96.99万条次。其中，广西日报传媒集团发布公益广告303次，169.11个版面；广西电视台发布公益广告5.07万条次，累计时长2.61万分钟，广西电台发布公益广告9.35万条次。桂林市文化创意企业——坤鹤文化传媒公司的《可可小爱》成功登上CCTV少儿频道、CCTV戏曲频道，荣获2013年南宁"讲文明树新风"公益广告一等奖。

2014年，自治区工商局起草《推进南宁广告产业发展战略合作协议》，与南宁市人民政府举行了该协议的签约仪式。协议就加快推进广告产业园区载体、聚集区和综合服务配套设施建设，加大对龙头广告企业和相关配套服务企业的招商力度，实施广告战略，做大做强优势广告产业品牌，支持开展广告产业发展和信息研究工作等等举措与南宁市人民政府达成了共识。协调南宁市人民政府以及高新开发区管委会完成了国家工商总局专家组对南宁广告产业园的评估。并争取将南宁广告产业园列入了自治区重点项目，通过做好企业登记、产业引导、品牌培育等工作，积极支持广告产业园区发展。

2015年，根据国家工商总局广告司以及自治区工商局的工作部署，广告工作以全面建立大数据管理下广告市场监管新体系和指导广告业发展新模式为目标，强化广告市场严管严控，努力营造公平竞争、诚信有序的广告市场环境。自治区工商局代自治区人民政府起草并力促政府于10月出台《加快广告产业发展的若干意见》（下称《若干意见》），大力扶持广告产业发展。自治区工商局先后三次组织人员到南宁国家广告产业试点园区进行指导；组织100多家区内重点广告企业到产业园进行考察，为产业园区和广告企业搭建合作的"桥梁"。7月16日，国家工商总局广告司司长张国华为广西工商系统讲授新《中华人民共和国广告法》期间，邀请张国华到南宁广告产业园进行考察调研，张国华对南宁广告产业园近两年的建设运营给予肯定的同时，也提出了很好的指导意见。10月，国家工商总局副局长甘霖到广告产业园区指导工作。至此，南宁国家广告产业园区已初具规模。

是年，根据《工商总局等九部门关于印发〈整治虚假违法广告部际联席会议工作制度〉的通知》（工商广字〔2015〕106 号）文件精神，自治区工商局指导各市工商局制定和完善整治虚假违法广告联席会议制度，明确成员单位职能分工，完善工作衔接机制，构建整治虚假违法广告常态化工作模式。于 12 月初编制了《广西工商系统加快广告产业发展“十三五”规划》。

2016 年，经过全自治区工商系统广告监管部门的共同努力，广西违法广告数量从第二季度开始快速回落，到第三季度广西综合排名连续三个月排名优秀以上。其中 9 月违法广告条次为 0，首创全广西媒体违法广告“零”纪录，在全国违法广告排行榜居第 31 位，受到国家工商总局的肯定和表扬。

是年，按照国务院文件和自治区审改办的通知要求，自治区工商局开展了清理和取消户外广告登记等行政审批事项工作。报经自治区人民政府同意，自治区政务服务中心取消了自治区工商局本级登记的“外商投资广告企业项目审批”“固定形式印刷品广告登记”“外商投资广告企业设立分支机构审批”“烟草广告审批”4 个行政审批项目。

2017 年，自治区工商局多次派员到南宁广告产业园调研指导园区建设，组织园区开展国家级园区的认定申报工作；充分发挥市场作用，分别组织广州市花都区、咸阳市渭城区等招商创意考察团入园交流考察，推动广告业持续健康发展。至年底，南宁广告产业园已成功引进区内外知名广告企业 103 家，广告关联企业 162 家，优秀创客团队 68 家，第三方公共服务机构 8 家。

2018 年，经多方努力，南宁广告产业园已通过总局专家组实地验收，并由国家工商总局局务会通过。《广西壮族自治区推进广告产业发展三年行动计划(2018—2020)》已报请自治区人民政府审定、《广西壮族自治区广告产业园区认定管理办法》已发文征求各市人民政府意见。

第二节 监督管理

1992 年，在大力发展广告业的同时，自治区工商局加强对广告的管理，实行广告企业年检。自治区辖五市对 162 家广告经营单位进行了年检，合格的有 145 家，合格率为 90%。对虚假广告和其他广告违法行为进行了严肃查处，共查处虚假广告 236 起，维护了广告市场秩序。在促进广告业发展的同时，各级工商行政管理部门坚持发展与管理两手抓，搞好广告年检工作。1993 年，全自治区共有 316 户广告经营单位参加年检，符合年检注册规定的有 300 户。积极探索广告管理的新路子，推行广告代理制和事先审查制的试点准备工作。制订了在南宁进行“两制”试点工作的实施方案。

1994 年，通过培训广告业务人员，指导行业自律，积极培育广告市场；对部分报纸、广播电台、电视台发布的广告和广告审批出证机关的出证情况进行了重点检查，对广告经营单位进行了年检，使广告管理出现了新起色。

1995 年，是《中华人民共和国广告法》执行年，又是首次进行广告市场的专项治理。广西各级工商行政管理机关加大对广告的执法力度，对在年检、专项检查以及日常监测中发现的虚假违法广告，采取了一案一处的严厉打击措施，决不姑息手软。全年查处违法广告案件 73 起，罚没金额 36 万元，停业整顿 6 户，吊销 1 户。据不完全统计，全区各地在第四次市场专项治理工作中，查处虚假违法广告 53 件，结案 34 件，罚没金额 41 万元。共检查各类广告 57461 条，其中：电视广告 3785 条、广播广告 976 条、报纸广告 12087 条、杂志广告 375 条、户外广告 29994 条、印刷品广告 10244 条。存在问题的广告 11745 条，其中主要是印刷品广告存在问题较多，在 10244 条印刷品广告中，就有 10226 条广告存在问题。各地上报虚假违法广告案件线索 16 条。

1996 年，全自治区参加 1995 年度年检的广告经营单位共 1010 个，符合年检注册的 914 个，未通过年检的 51 个，注销 25 个，查处无资金、无场地、无组织机构的广告企业 11 个。各地通过开展专项检查、加强媒体监测、严肃查处违法、违章广告案件，规范广告经营行为，全年共查处广告违法案件 469 起，罚没款 67.93 万元。自治区工商局与自治区物价局联合开展“广告服务收费管理备案”工作，并会同人民银行广西分行整治广西金融广告市场。各地对广告主发布广告情况进行了专项检查，共抽查100户广告主发布的585条广告，查处违法广告53条。全面推行广告发布前审查制，组织开展广告审查员培训工作。自治区工商局举办了4期广告审查员培训班。

1997年，广西已形成多种监测网络，各地、市均建立监测网点，并配备了相应的人员，对主要媒介实行全天监测活动，通过监测有效减少了虚假违法广告的发生。全年共监测各类广告86753条（次），其中报纸广告41247条，占47.5%；电视广告21813条（次），占25.1%；其他广告23694条，占27.3%；有违法行为的2163条（次），占所监测广告2,5%。其中：报纸广告1210条，占违法广告55.9%；电视广告417条，占19.3%；其他广告836条，占38.7%。在监测的违法广告中，立案查处523条（次），罚没款28.8万元。

1998年，广西工商行政管理机关坚持发展与规范相结合，加强对广告的监督管理。各地积极引导企业利用广告战略参与市场竞争，帮助企业结合改革、改制、改组，建立和健全广告工作机构，完善广告工作制度，制定广告发展规划，积极开拓市场；多层次、多渠道开展教育培训，帮助企业提高广告制作水平；结合自治区成立四十周年大庆，组织企业开展“民族辉煌”公益广告活动，推动广告行业精神文明建设，促进了广告业的发展。各地还进一步改革广告管理手段，重点加强广告监测和户外广告管理，规范广告代理行为以及广告内容出证行为；加强对广告发布活动的规范化管理，开展了电视直销广告、印刷品广告的专项检查；认真抓好医疗、药品广告专项整治，严肃查处各种广告违法行为。全年共查处广告违法案件782件。

1999年，广西工商行政管理机关坚持发展与规范相结合，指导、帮助广告经营者提高广告整体质量和设计、制作水平；引导企业正确运用广告策略开拓市场，提高企业知名度，扩大产品市场占有率。加强广告执法，开展了广告经营资格检查，共检查广告经营单位1092户，通过检查，合格的1013户，暂缓通过53户，注销69户。开展医疗广告、户外广告、印刷品广告专项治理，对各类药品、保健药品、保健食品生产经营企业散发违法印刷品广告进行了集中检查，共收缴销毁违法印刷品广告90多万份，查处违法印刷品广告274起，查处违法医疗广告490条；规范店堂广告和电视直销广告行为，对9600多家店堂广告进行了管理，核发了店堂广告登记证，查处违法电视直销广告21条；组织开展广告监管执法检查，自治区工商局对9个地、市和10个县（市）广告监管执法情况进行了抽查，促进了管理水平的提高。全年共查处广告违法案件906件，罚没款29.3万元。

2000年，广西工商行政管理机关加强广告监督与监测，全年共查处虚假违法广告案件1933件，罚没款160万元，分别比上年增长113%、441%。一是集中整治虚假违法的医疗广告、加工承揽广告、保健食品广告和电视直销广告，出动执法人员9803人次，抽查医疗广告5784条，药品广告6052条，保健食品广告1538条，查出以上类型广告违法率分别为21%、26%和16%；收缴违法印刷品广告91.2万份，责令停止发布广告2905条，限期整改869条，行政告诫539户，立案查处191件。二是对地市级大报进行交叉监测，检查各地市15家报纸8月份发布的广告，共检查广告9601条，发现违法广告1627条，通过逐一排查分析，对其中的大要案件进行了立案查处。三是开展广告执法检查，指导、督促各地严格执行广告法律、法规和规章，做好广告发证、审批、登记、备案、检测、管理工作，促进广告监管职能到位。

2001年，广西工商行政管理机关结合整顿和规范市场经济秩序，开展“反误导，打虚假”广告市场专项治理，抽查各类广告12.9万条，收缴印刷品广告110.1万份，查处违法广告4.3万条，责令停止发布广告1.6万条，对2229家广告媒介发出了行政告诫。集中开展广告经营许可证年检工作，对1470户广告经营单位进行验证，加强广告经营资格检查。在巩固整治医疗、药品、保健食品广告成果的基础上，加强对房地产广告、电视直销广告和招生广告的监管，并进一步建立完善广告监测网络，成立广西广告监测中心，对自治区和南宁市5家电视台的10个电视频道以及全区27家报纸进行广告监测，共监测广告9万多条，发现违法广告2.2万条，发布广告监测报告218期。全年共查处广告违法案件3191件，罚没款320.8万元，分别比上年增长65%、1倍。

2002年，加强对广告经营资质的管理，集中开展广告经营许可证年检工作，对广告经营单位的经营场所、从业人员资格及广告审查员情况进行了全面核查。同时，通过制定广告企业资质标准，加强宏观引导，扶持发展上规模、上档次、高水平的广告公司。由自治区人民政府办公厅直接部署，组织开展“反欺诈、打虚假”广告市场专项整治行动，由工商部门牵头，会同药监、卫生、农业、畜牧、建设等部门，对药品、医疗、医疗器械、食品、房地产、农资等商品（服务）广告进行集中治理，净化广告市场。全年共查处违法广告案件 3044 件，查罚没款 450.8 万元，案件数比上年减少 4.6%，罚没款金额比上年增长 40.5%。

2003 年，广西工商行政管理机关组织开展医疗广告专项整治，对药品广告、医疗广告进行拉网式检查，重点检查辖区内的户外广告、店堂广告、印刷品广告；会同卫生部门，检查医疗机构企事业单位通过各种媒介、以各种形式发布的医疗广告，包括以新闻形式发布的医疗广告，借药品、医疗器械广告批文变相发布的医疗广告及通过电视门诊、空中门诊、义诊等专题性栏目或形式发布的医疗广告，共检查医疗机构 1230 家、药店 4600 家，收缴非法广告印刷品 20 多万张，查处违法广告案件 845 起。全年共查处广告违法案件 2164 件，罚没款 356.47 万元。继续加强广告监测网络建设，在进一步抓好广西广告监测中心建设的同时，以市为单位建立广告监测网络，对重要媒体包括所辖县的主要媒体进行实时监测，及时发现违法广告。其中，广西广告监测中心继续对自治区内市级以上 28 家主要报纸和 10 个电视频道的广告进行监测，共监测广告 8 万多条，发现违法违规广告 1.8 万条，移交给广告管理部门进行了处理。

2004 年，广西各级工商行政管理机关实行广告监管重心下移，广告监管职能全面落实到位；在核发各类广告登记证的过程中，严格依照相关的广告法规审验有关广告证明文件，确保广告内容的真实性；有针对性对重点媒体发布的广告实行监测，发现问题及时纠正；加强了广告法律法规的宣传。由于措施得力，广告发布行为日益得到规范。全年查处广告案件 1508 件，罚没款 315.14 万元，分别比上年同期减少 30% 和 11%；责令公开更正 112 件，责令停止发布 868 件。同时，会同卫生行政主管部门，开展医疗广告专项整治，共检查医疗广告 1.29 万条，查处违法医疗广告案件 320 件；自治区工商局对 15 家医疗机构及 4 家媒体单位进行了询问调查，查处医疗广告违法案件 63 件。配合宣传和新闻出版部门，开展了清理不良广告专项行动，对报纸、电视、广播以及户外广告、店堂广告、印刷品广告进行检查，集中清理含有不良内容的广告。组织开展公益广告评选活动，评出优秀平面广告 36 件，优秀电视广告 11 件，优秀广播广告 6 件，促进了广告行业精神文明建设。进一步加强广告监测网络建设，建立健全分级广告监测制度，加强广告发布预警系统建设，建立查处违法广告的快速反应机制。广西广告监测中心对自治区内市级以上 29 家主要报纸和 6 个电视频道、4 个广播电台的广告进行监测，共监测广告 9 万条，发现报纸违法违规广告 1.84 万条、电视违法违规广告 1862 条、广播违法违规广告 232 条。

2005 年，广西工商行政管理机关重点整治食品、药品、医疗、化妆品、美容服务虚假广告；与自治区卫生厅联合下发《关于进一步规范医疗广告的通知》，明确禁止发布含有以电话交流形式进行咨询、答疑、访谈、讲座等内容的医疗广告，取得实效。加大对典型虚假违法广告的公告力度，自治区工商局公布了 10 大违法广告典型案件，在《广西日报》等主要媒体上公告；停止 19 家医疗机构和 31 个药品的广告发布，各级工商行政机关每月对违法广告以不同方式向社会进行警示公告，收到了较好的社会效果。积极帮助广告行业完善自律机制，指导广告公司、广告发布单位建立健全广告审查管理制度，推行广告审查员一票否决制，引导广告经营者树立诚信意识。继续加强对电视、报纸、广播等媒介发布的广告进行检测。依法查处违法广告，全年查处违法广告案件 1280 件，罚没款 296.05 万元，分别比上年同期减少 15.12% 和 6.05%。

2006 年，广西工商行政管理机关集中力量对群众反映强烈的广播、电视及新闻媒体刊登虚假违法医疗、药品、保健品广告行为进行了专项整治。全系统依法查处广告违法案件 1138 起，责令停止发布 728 件，责令更正 9 件。

2007 年年初，自治区工商局会同宣传、监察、公安等 9 部门联合制订《2007 年整治虚假违法广告专项行动部际联席会议工作要点》印发各地，明确当年联席会议各成员单位的工作任务。自治区工商局、自治区食品药品监督管理局、自治区卫生厅联合转发了国家工商总局、国家食品药品监督管理局、卫生部《关于集中整治药品保健食品医疗广告的通知》，通过狠抓广告发布源头和媒体发布环节的治理，曾经一度违法率高、违法量大、群众意见最为集中的医疗、药品、保健食品广告逐步得到规范，全自治区共查处虚假违法广告156件。指导广告公司、广告发布单位建立健全广告审查制度，推行广告审查员一票否决制，引导广告经营单位树立诚信意识。为进一步规范固定形式印刷品广告经营发布行为，按照国家工商总局的部署，4月起，全自治区开展了为期3个月的固定形式印刷品广告清理检查，重点清查未经登记擅自发布的固定形式印刷品广告，以及转让发布经营权、不按相关规定发布等违法行为。开展打击非法行医整治违法医疗广告专项行动。为认真贯彻中央领导同志的重要指示精神，按照国家工商总局等12部门联合下发的《关于进一步治理整顿非法“性药品”广告和性病治疗广告的通知》（工商广字〔2007〕266号）要求，从12月初到2008年1月底，对网上非法“性药品”广告和性病治疗广告进行专项治理整顿，共监测或检查“时空网”等240余家广西网站，对2个网站发布的非法涉“性”产品广告进行了及时删除，对3个媒体下达了停止发布违法广告通知书。年内，全系统共监测、检查户外广告1.43万条（次）、印刷品广告1.61万张（次）、电视广告1.69万条，查处广告违法案件848件，罚没款207.75万元。

2008年，广西各级工商行政管理机关开展了以打击发布虚假医疗、药品、保健品、医疗器械、网上非法“性药品”和性病治疗广告为重点的专项整治行动，切实加强对广告市场的监督管理。全年立案查处违法广告案件822件，罚没款185.61万元，其中责令公开更正17件，责令停止发布381件，停业整顿1户。

2009年，广西各级工商行政管理机关继续加大整顿规范广告市场秩序的力度，坚持和完善综合治理机制，巩固、扩大专项整治成果，建立健全广告监管长效机制。全年共立案查处违法广告案件1007件，比去年上升了22.51%；罚没款220.03万元，比上年上升了18.54%。

2010年，广西各级工商行政管理机关继续深入整治严重损害消费者权益的虚假违法广告，坚持整顿与规范并举，强化广告发布前审查把关、发布中动态监督、发布后依法查处，建立健全监管执法联动机制，加大源头治理力度，进一步增强联合监管的合力与实效。全年，共查处广告违法案件总数889件，其中：虚假广告119件、非法经营广告108件、其他违法广告662件；共罚没款246.83万元。

2011年，广西各级工商机关全面落实科学发展观，紧紧围绕维护人民群众的切身利益问题，继续深入整治严重损害消费者权益的虚假违法广告，坚持整顿与规范并举，强化广告发布前审查把关、发布中动态监督、发布后依法查处，建立健全监管执法联动机制，加大源头治理力度。年内，共立案查处违法广告案件634件，罚没款166.83万元，责令停止发布355件，责令公开更正42件。

实行自治区局监测与各市局监测相结合，广告监管机关监测与广告审查机关、媒体主管部门监测相结合模式，继续加大自治区级电视台卫视频道、大中城市电视台经济生活频道、都市类报纸媒体广告的监督检查力度，严格监管电视购物广告，整治以健康资讯节（栏）目名义和新闻报道形式变相发布的广告。年内，自治区工商局广告监测中心共监测各类广告15.63万条，其中违法或涉嫌违法的广告6878条，违法率4.39%，共向媒体下达涉嫌违法药品医疗广告整改建议书53份。继续把直接关系人民群众健康安全的医疗、药品和保健食品等广告，危害未成年人身心健康的非法涉性、低俗不良广告，以及扰乱公共秩序、影响社会稳定的严重虚假违法广告作为整治重点。加大执法力度，从严查处在食品广告中宣传对疾病的预防和治疗作用等违法行为；从严查处在医疗、药品广告中夸大功能、保证疗效、保证治愈，使用患者、公众人物、专家名义作疗效证明的违法行为；从严查处未经广告审查机关审查擅自发布医疗、药品、保健食品广告的违法行为；从严查处以新闻报道、专家咨询等形式变相发布广告的违法行为；严厉打击各类严重损害消费者权益的虚假广告，持续深入推进专项整治工作。

2012年，全面落实科学发展观，紧紧围绕维护人民群众的切身利益问题，整治严重损害消费者权益的虚假违法广告，坚持整顿与规范并举。自治区工商局认真履行牵头职责，组织召开虚假违法广告专项整治部门联席会议，部署全自治区的广告市场整治工作。继续加大自治区级电视台卫视频道、大中城市电视台经济生活频道、都市类报纸媒体广告的监测力度。严格监管电视购物广告，整治以健康资讯节（栏）目名义和新闻报道形式变相发布的广告。年内，自治区工商局广告监测中心共监测广告13.42万条，违法1.19万条。2011年12月—2012年2月，全系统组织开展了医疗、药品、保健食品虚假违法广告专项整治行动，重点整治医疗、药品和保健食品虚假违法广告。共监测检查广告2.91万条，查处违法广告案211件（其中，保健食品广告31件，医疗广告127件，药品广告53件），罚没款55万元。根据国家工商总局广告司的部署，继续开展对互联网和手机媒体传播淫秽色情及低俗信息行为的整治，对网络上部分商品滥用“特供”“专供”等标识开展检查清理。经过对自治区507家网站的监测巡查，共责令商品生产经营者撤除违法标识40件。全年，共立案查处违法广告案829件（其中，责令停止发布498件，责令公开更正60件），罚没款291.33万元。

2013年，加强对自治区及市级31家报纸、11个电视频道以及5个广播电台的日常监测，监测的范围涉及15个类别的广告，重点监测医疗、药品和保健食品广告，重点监管电视购物广告，整治以健康资讯节（栏）目名义和新闻报道形式变相发布的广告。全年自治区工商局广告监测中心共监测广告10.96万条，发现违法广告7280条（其中，监测报纸广告10.19万条，发现违法广告4599条；监测电视广告6846条，发现违法广告1114条；广播广告930条），下达违法广告查处通知书和责令改正通知书62份。开展专项整治行动，打击虚假违法广告。3—9月，分3个阶段组织开展整治虚假违法医疗药品保健食品广告专项行动。全系统共立案查处虚假违法医疗药品保健食品广告案241件（其中，保健食品广告39件，医疗广告230件，药品广告140件），罚没款156.82万元，收缴违法广告印刷品1.73万件。

2014年，自治区工商局加强对自治区及市级31家报纸、11个电视频道以及5个广播电台的日常监测，监测的范围涉及15个类别的广告，重点监测医疗、药品和保健食品广告，重点监管电视购物广告，整治以健康资讯节（栏）目名义和新闻报道形式变相发布的广告。年内，自治区工商局广告监测中心共监测广告9.23万条，编制广告监测报告12期。对发布违法广告严重的媒体进行了约谈告诫，根据监测情况立案查处虚假违法广告案8件，下发责令改正通知书、停播通知书16份。与《广西日报》、广西电视台《南国早报》、《当代生活报》等多家媒体协调，以依法行政、注册登记、打击传销、商标服务等内容开展工商职能公益广告宣传，累计刊登、播出宣传广告3283条（次）。组织全系统开展电视购物、互联网广告重点领域虚假违法广告专项整治工作，下发《关于进一步加强电视购物、互联网重点领域虚假违法广告整治的通知》，以关系人民群众健康安全和违法问题易发多发的医疗、药品、保健食品、美容服务、化妆品等广告为重点，加强对重点广告媒介的监管监测，加大处罚力度，对发布虚假违法广告的广告主、广告经营者、广告发布者一并处罚。年内，全系统共立案查处各类虚假违法广告案841件，罚没款213.31万元。

2015年，自治区工商局继续加大自治区级电视台卫视频道、大中城市电视台经济生活频道、都市类报纸媒体广告的监督检查力度，严格监管和整治以健康资讯节（栏）目名义和新闻报道形式变相发布的广告。加强对自治区31家主流报纸、11套电视节目、5套广播节目的日常监测，每月编制1期广告监测报告，并通过红盾网对外公示广告监测情况和涉嫌发布违法广告的情况。广西各级工商行政管理机关紧紧围绕维护人民群众的切身利益问题，继续深入整治严重损害消费者权益的虚假违法广告，坚持整顿与规范并举，强化广告发布前审查把关、发布中动态监督、发布后依法查处，建立健全监管执法联动机制，加大源头治理力度，进一步增强联合监管的合力与实效，努力营造健康有序的广告市场环境。全年共立案查处违法广告案件992件，罚没款336.61万元，责令停止发布515件，责令公开更正39件，移送司法机关2件。

2016年，加强广告监测工作，坚决杜绝虚假违法广告。自第三季度起，广西综合排名连续三个月处在优秀以上。其中9月份违法广告条次为0，首创全广西媒体违法广告“零”纪录，在全国违法广告排行榜居第31位，受到国家工商总局的肯定和表扬。年内，全系统共查处违法广告案446件，罚没金额755.67万元。

2017年，依托国家工商总局广告监管平台对全自治区传统媒体和主要网站进行广告监测，及时通报监测情况，部署广告监管工作。据国家工商总局广告监测中心大数据显示，2017年，广西涉嫌违法广告条数违法率、条次违法率和时长违法率持续向好，在全国排名保持前十的良好态势。综合运用建议、提示、约谈、告诫等手段，在全自治区部署和开展广告发布媒体约谈工作，及时派发和处理涉嫌违法广告案件线索、举报和投诉，有效防止虚假违法广告反弹。全年共收到涉嫌违法广告案件投诉和国家广告监测平台推送的各类广告案件线索共87条，其中，消费者举报投诉29件，均按法定程序和时限及时做出处理；由国家广告监测平台推送的涉嫌违法广告58条，已停播57条。组织开展查处虚假违法广告行为、涉嫌非法集资广告咨询信息排查清理、严厉打击非法医疗美容广告等专项行动。对国家工商总局广告司派发的“医药广告表演专家”涉及广西的8条数720条次违法广告案件线索迅速进行了调查核实和处理。年内，全系统共查处虚假违法广告案414件，罚没金额455.02万元。其中，国家工商总局交办的重点案件2件，罚没金额4万元。

2018年，广告监管突出“高压严管”和“协同配合”。截至10月，全自治区工商和市场监管部门共查处违法广告案件531件，罚没金额706.74万元。一是从讲政治的高度，坚决维护广告正确导向。共组织查处“今日头条”“有墅才叫爷”“邦瑞特牌植物防脱育发露”“飘宣秃大夫发根活力素”“蜜蜂姐蜂胶”“溢禾烤奶”“南站新城裸模”等多起涉及导向问题广告案件。二是保持高压严管的态势，在全自治区范围内组织开展多项专项整治行动，对虚假违法广告行为形成有力震慑。活动期间，共查处互联网违法广告案件137件，罚没款92.0643万元。三是不断完善广西整治虚假违法广告联席会议制度，制定印发《广西整治虚假违法广告厅际联席会议工作制度》，明确《广西整治虚假违法广告厅际联席会议2018年工作要点》，切实履行好牵头单位职责，强化多部门协同监管。四是完善属地监测机制，推进自治区级广告监测平台建设，制定《广西壮族自治区市场监督管理局大众传播媒介广告监测制度（试行）》，共处理涉嫌违法广告案件投诉举报和广告监测平台推送的各类广告案件线索2349条次。

第三节　南宁广告产业园

南宁国家广告产业园位于南宁高新技术产业开发区，于2012年8月经自治区工商行政管理局批准为自治区级广告产业园，2014年2月经国家工商总局批准为国家广告产业园试点园区，2018年12月获市场监督管理总局认定为国家级广告产业园区。

园区以建设“面向东盟的广告产业园区”为总体定位，以广告创意设计为业务主体，按“相生、相存、相发展”的理念，加强创意、设计、制作、配套服务等广告自身要素的融合，以及旅游、会展、印刷出版、加工制造等广告关联产业的融合。努力发掘广西民族文化、旅游文化等资源，整合东盟及海外地区广告产业要素，促进南宁及广西广告产业向专业化、规模化、品牌化、国际化、集团化方向发展。

园区建设

2011年8月，自治区工商局拟制《广西广告产业发展规划(2011—2015)》。规划提出在南宁市建立广西广告产业园区。9月，财政部、工商行政管理总局印发《关于开展现代服务业试点支持广告业发展有关问题的通知》，决定在部分广告业发展基础突出的地区开展发展现代服务业试点工作，重点支持发展广告业。

2012年，为贯彻实施《国家工商行政管理总局关于推进广告战略实施的意见》，自治区工商行政管理局决定成立广告战略实施领导小组，印发《关于成立自治区工商行政管理局广告战略实施领导小组的通知》，负责实施广告战略的组织领导工作。领导小组下设办公室，商标广告处承担办公室职能。8月，南宁市人民政府同意高新技术产业开发区设立南宁广告产业园，自治区工商行政管理局批准其为自治区级广告产业园，全力推进南宁广告产业园建设。

2013年，南宁广告产业园作为国家试点广告园区，财政部下达南宁广告产业园2500万元中央补助专项资金。11月，南宁高新技术产业开发区管理委员会制定《南宁广告产业园专项资金管理暂行办法》，规范园区资金使用。12月，自治区工商行政管理局与南宁市人民政府签署推进南宁广告产业发展的战略合作协议。

2014年，南宁广告产业园获国家工商总局批准为32个广告产业园试点园区之一，并获试点园区中央补助专项资金 5000 万元。自治区工商行政管理局、南宁高新区大力推进南宁广告产业园建设运营，制定园区建设内容总体规划为“一园二区三平台六中心”。“一园”即南宁广告产业园；“二区”即广告产业园的两处主要载体——南宁广告产业园创业区、南宁广告产业园发展区；“三平台”即“公共技术服务平台”“公共信息管理平台”和“广告专业技术服务平台”；“六中心”即南宁广告产业园六大主要功能中心，包括海外推广中心、交易服务中心、创意孵化中心、人才培养中心、产业外包中心、企业集聚中心。年内，自治区工商行政管理局起草《关于促进广西广告业发展的若干意见》。至年末，美丽传说股份有限公司（猫扑网）、新浪、百度等国内知名媒体广告经营单位入驻广告园区。

2015 年，南宁广告产业园创业区、发展区建成并投入使用。发展区建筑面积约 1.13 万平方米，是集办公、创业、孵化、研发、营销、服务于一体的广告及关联企业聚集地，为初创广告企业孵化基地。发展区项目总投资 2.07 亿元，总建筑面积约 6.18 万平方米，是企业展示、聚集、推广、公共服务中心建设等广告产业提升区域。综合服务配套区建设完成生活配套服务区八东坡人才公寓、罗赖北公租房、丰达路公租房等综合公寓共 1190 套；基本完成主题公园相思红豆创意公园的建设，公园以鼓楼、芦笙柱、水车、吊桥、可利江风雨桥廊等民族民俗为设计元素，形成以桂北民居建筑风格为主体的具有旅游、拍摄、休闲娱乐为一体的特色街区；广告关联企业聚集区涵盖南宁创客城、中盟科技园、南宁创新中心等产业集群区。8 月，南宁广告产业园创客中心正式投入运营，该项目通过整合载体、人才、技术、资本、市场等各种要素，通过举办“邕城创业行”“匠心说、创心谈”等大型赛事及活动，发现和选拔一批优秀青年创业创新项目，为项目提供创业培训、创业指导、风险投资、园区孵化等对接服务，加速项目的落地和发展壮大；营造政府鼓励创业、社会支持创业、青年奋发创业的良好环境，推动以创新引领创业，以创业带动就业。

是年，园区完成公共信息管理平台、南宁软件公共技术服务平台、动漫公共技术服务平台、金融服务平台等四大公共服务平台建设，为园区企业提供数据信息服务，降低企业运营成本，促进广告产业的发展。建成创新型东盟广告信息平台，开设有东盟各国新闻、旅游、文化、留学、商业等 80 多个频道，为广西乃至全国的广告企业提供东盟信息，促进国内广告企业与东盟国家广告同行的交流。与皇氏集团合作建立“好剧宝”影视剧互联网众筹平台，全面整合御嘉影视集团有限公司、北京盛世骄阳文化传播有限公司影视制作及发行资源，逐步涵盖影视制作发行、版权内容及运营、互联网影视众筹平台、金融服务、动漫幼教内容及亲子 O2O 互动平台等几大方面，进一步完善“影视制作—新媒体运营—终端传播”的产业链。

2016 年，广西继续推进南宁广告产业园建设。南宁广告产业园建设主体是南宁新技术产业建设开发总公司，运营主体是南宁广告产业园运营管理有限公司，已建成建筑面积 7.97 万平方米。6 月，南宁广告产业园运营管理有限公司与广西文投文化产权交易中心有限责任公司签订战略合作框架协议，共同建设南宁广告产业园广告交易服务平台，为园区广告企业提供广告创意作品、广告资源拍卖、投融资服务、广告版权保护等服务，并定期举办广告主与广告企业的对接会，促进交易达成。8 月，南宁广告产业园入园企业——南宁峰值文化传播有限公司“峰值动漫梦工坊”项目经南宁市十三届人民政府第 25 次会议审议通过，纳入南宁市外经贸发展 3 年行动计划（2016—2018）重点项目库。9 月，南宁广告产业园创客中心——南宁创客城通过自治区科技厅众创空间备案，成为首批自治区级众创空间之一。

2017 年 9 月 21 日，国家工商总局下发《关于总结开展现代服务业试点支持广告业发展工作的通知》，要求各广告产业试点园区所在地省、市工商局和市场监管局组织对园区进行自评，并形成综合报告。10 月 25 日，自治区工商行政管理局向国家工商总局报送了南宁广告产业园试点园区综合报告。12 月，自治区工商行政管理局向国家工商总局申报南宁广告产业园为国家广告产业园。

2018 年 1 月 12 日，国家工商总局印发《国家广告产业园区管理办法》。为规范自治区级广告产业园区的建设和管理工作，促进广告产业健康持续发展，自治区市场监管局起草《广西广告产业园区认定管理暂行办法（征求意见稿）》，向各设区市人民政府、工商行政管理局征求意见。12 月 29 日，南宁广告产业园获市场监管总局认定为国家广告产业园区。规范名称为“南宁国家广告产业园区”，是全自治区第一个国家级广告产业园区。

园区运营

2014 年，南宁高新区管理委员会出资成立南宁广告产业园运营管理有限公司，制定《南宁广告产业园试点项目运营方案》，进一步明确财政扶持资金的安排和使用，运营机制、园区管理制度的建立、招商引资、公共服务平台的搭建及人才、金融、融资等政策实施的主体，确立广告产业园运营工作的总体思路。

2015 年，南宁广告产业园通过召开广告企业招商推介会，针对广西区内重点广告企业进行精准推介，成功引进新浪广西、百度推广、猫扑网、"今日头条" 广西站、360 好搜广西区、广州酷狗公司、广西新影响传播公司、广西乐达传媒有限公司、广西锐力鑫达传媒有限公司、南宁圣贤影视科技有限公司等一批媒体广告经营单位。全年入驻广告企业有 76 家，广告关联企业 118 家。年内，通过举办中国—东盟广告技术创新对接推介会、首届南宁创客节等活动，与南宁花田概念艺术中心合作定期开办概念艺术设计培训，与广西大学新闻传播学院合作建设广西大学毕业生就业基地，举办广告创意沙龙，建设园区官网、二维码及微信平台，举办南宁国家广告产业园 LOGO 及广告语征集活动，参加首届全国广告产业发展联盟会议、第十一届中国广告论坛、第 22 届中国国际广告节以及中国第三届广告技术峰会等广告专业培训及展会等，打响南宁国家广告产业园品牌。

2016 年，自治区工商行政管理局指导南宁广告产业园区精心打造 "创客城" 初见成效，其做法和成果获国家工商总局的肯定。在 8 月全国广告园区昆明现场会上，南宁广告园区被国家工商总局广告司推荐为全国广告园区观摩学习点。全年南宁国家广告产业园试点园区引进自治区内外知名广告企业 103 家，广告关联企业 162 家，优秀创客团队 68 家，第三方公共服务机构 8 家、其中新三板上市企业 2 家，广告营业额超亿元企业 2 家，带动就业人数约 7100 人。实现广告经营额 4.32 亿元，年纳税额 1260 万元。引进全国知名的酷狗音乐、艾瑞资本等创业孵化平台，建设 "南宁移动互联网创新创业平台" "爱创咖啡双创服务平台"，通过开展 2016 年绿城大学生创意设计大赛、"匠心说、创心谈" 等创业大赛及路演活动，为创业者提供项目孵化、资源对接、资金对接等全方位的综合服务。年内成功孵化毕业团队超 10 家，其中，广西德林生物工程有限公司获 1000 万元融资，众植农业网络科技股份有限公司获 50 万元的第一期投资，广西叮叮科技有限公司获 400 万元天使投资，广西农小二农业科技有限公司获 50 万元种子投资。

2017 年，南宁广告产业园引进广西镭射广告有限公司、腾讯旅游广西站等本土龙头及自治区内外知名广告、互联网企业。至年末，南宁广告产业园共引进企业 411 家，其中广告及广告关联企业 302 家，比上年增长 18.44%，优秀创客团队 68 家，第三方公共服务机构 8 家。实现广告经营额为 6.46 亿元，比上年增长 49.42%，占全年全自治区广告经营额的 33.1%，年纳税额 2706.53 万元，年增长率 114.8%。同时，鼓励广告企业加强科技研发，年内新增高新技术企业 3 家，获实用新型专利、发明专利等证书 7 个。12 月，经国家工商总局批准，南宁广告产业园创客中心获 "国家广告业创新创业示范基地" 称号。

是年，南宁广告产业园鼓励园区的广告企业参与 "一带一路" 建设，走向国际市场，开展国际化经营，参与国际竞争。4 月，广西新影响文化投资集团与柬埔寨国家内政部合作成立 NICE TV 卫星电视台，每天 24 小时播出柬埔寨语节目，内容涉及新闻、影视剧、综艺娱乐等多种类型，并翻译输出中国多部影视作品。全年园区企业还为第 14 届中国—东盟博览会、中国—东盟山地户外体育旅游大会等会议提供策划、设计、执行、特装展位搭建服务共 27 场。10 月 18 日，国家工商总局商标局南宁商标受理窗口在南宁广告产业园启动运行，是南宁首个商标受理窗口，具备办理商标注册申请业务、办理商标专用权质押业务 2 个职能，主要负责申请文件接收、形式审查和商标业务咨询，国家工商总局商标局完成具体审核、批复工作。至年末，南宁商标受理窗口收文并上报商标注册申请 315 件（其中图形商标 17 件，文字商标 158 件，字母商标 2 件，组合商标 138 件），现场接待和电话咨询 806 人次。

2018 年，南宁广告产业园区全力推进建设 "大广告发展平台" 进程。至年末，南宁广告产业园共引进企业 438 家，其中广告及广告关联企业 319 家，比上年增长 5.6%。实现广告经营额 7.7 亿元，比上年增长

19.28%，年纳税额 2706.53 万元，年增长率 14.53%。新增高新技术企业 2 家，获实用新型专利、发明专利等证书 7 个。12 月，经国家市场监督管理总局批准，南宁广告产业园被认定为“国家级广告产业园区”。

是年，继续推动南宁商标受理窗口在广告产业园的业务开展，促进园区企业重视自主品牌的发展与保护。同时，全面展开马德里商标国际注册工作，推动广西商标品牌走出国门、走向东盟。全年南宁商标受理窗口共受理商标注册申请 1706 件，比上年增长 111.67%，接待咨询 2700 余人次，增长 234.98%，受理商标专用权质权登记 5 件，涉及出质注册商标 191 件，担保债权数额 3.77 亿元。11 月，窗口开通受理商标续展注册、马德里商标国际注册申请等商标后续业务，共受理商标后续业务申请 255 件。

第五章　公平交易执法

1992年后，各级经济检查机构主要工作职责从主要打击扰乱社会主义经济秩序的各类投机倒把活动，转到重点监督检查市场主体的交易行为，制止、查处垄断行为和不正当竞争行为，依法查处侵犯消费者合法权益、流通领域中走私贩私以及其他市场交易经济违法违章案件。原经济检查工作改称公平交易执法工作。

1995年机构改革，自治区工商行政管理局经济检查局改称公平交易监督局，各地、市、县工商行政管理局先后设立经济检查队、经检科和公平交易监督局（科、股）。2012年，自治区工商局经济检查总队挂牌成立。

公平交易执法主要以“一反两保护”（反不正当竞争，保护生产者、消费者的合法权益），“三打”（打击传销、打击假冒伪劣、打击走私贩私）为重点，坚持集中整顿、专项治理和加强日常监督管理相结合，着力查处经济违法案件，维护市场竞争秩序，确保市场交易符合自愿、平等、公平和诚实信用原则以及公认的商业道德，促进全自治区经济健康发展。

第一节　制止不正当竞争行为

不正当竞争行为的认定

1993年12月1日，《中华人民共和国反不正当竞争法》施行。反不正当竞争法第二条第三款规定：“经营者违反本法规定，损害其他经营者的合法权益，扰乱社会经济秩序的行为。”即是对不正当竞争行为的广义定义。

狭义的不正当竞争行为一般指除去垄断和限制竞争以外的以不正当手段从事竞争的行为。反不正当竞争法具体规定了11种不正当竞争行为：欺诈性市场交易行为；公用企业和其他依法具有独占地位的经营者限制竞争行为；政府及其所属部门滥用行政权力限制竞争行为；商业贿赂行为；虚假宣传行为；侵犯商业秘密行为；低于成本价销售行为；搭售和附加其他不合理交易条件行为；不正当有奖销售行为；商业诋毁行为以及串通招标投标行为。制止不正当竞争行为是指违反反不正当竞争法规定所禁止的上述11种行为。

1996年8月6日，自治区八届人大常委会第23次会议通过《广西壮族自治区反不正当竞争条例》（以下简称《条例》）。《条例》从不正当竞争行为违法主体方面，假冒他人注册商标、使用知名商品或与知名商品近似的名称包装装潢等欺诈性市场交易行为方面，各级人民政府及所属部门、公用企业和其他依法具有独占地位的经营者限制竞争行为方面，虚假宣传行为方面，欺骗性有奖销售行为方面，商业诋毁行为方面，串通招标投标行为方面均作了较为详尽的规定。《条例》明确指出“县级以上工商行政管理部门负责对不正当竞争行为进行监督检查”。2010年9月29日，自治区第十一届人民代表大会常务委员会第17次会议《关于修改部分法规的决定》对《条例》进行第一次修正。2012年3月23日，自治区十一届人大常委会第27次会议通过的《广西壮族自治区人民代表大会常务委员会关于修改〈广西壮族自治区反不正当竞争条例〉等十九件地方性法规的决定》对《条例》进行第二次修正。

2017 年 11 月 4 日，第十二届全国人民代表大会常务委员会第三十次会议修订通过《中华人民共和国反不正当竞争法》，自 2018 年 1 月 1 日起施行。这是该法自 1993 年实施以来的第一次修订。新法对原法条进行了修改和完善，对混淆行为、虚假宣传、商业贿赂、侵犯商业秘密、违规有奖销售、商业诋毁、互联网领域不正当竞争等七大不正当竞争行为进行了完整清晰的界定。

不正当竞争行为的查处

1993 年 9 月 2 日，第八届全国人大常委会第三次会议通过《中华人民共和国反不正当竞争法》。12 月，自治区工商行政管理局在防城港市举办全自治区反不正当竞争法培训班，要求各级工商机关转变观念，做好反不正当竞争法培训宣传，依法开展反不正当竞争监督检查。各地、市工商行政管理局分管经检、法制工作的领导、经检科长、法制科长或法规政策室主任，以及各县（市）工商局经检股长、法制股长 250 多人参加培训。是年，各级工商行政管理机关大力开展宣传和咨询活动，从以打击投机倒把为主转向以制止不正当竞争为主。

反不正当竞争法实施后，由于法律内容新、实践少、遇到的新情况、新问题多，各级工商行政管理机关积极探索，重点查处反不正当竞争法中规定的欺诈性市场交易行为、限制竞争、虚假宣传及不正当有奖销售行为。1995 年，全自治区工商行政管理系统查处不正当竞争案件 42 件，案件总值 297.5 万元，罚没金额 20.4 万元。

1996 年，自治区工商行政管理局把全面实施反不正当竞争法与开展市场专项整治相结合，围绕“一反两保护”（反不正当竞争，保护经营者和消费者的合法权益），拓宽执法领域，促进执法到位。全年查处不正当竞争案件 116 件，案件总值 633 万元，罚没金额 229.1 万元。

1997 年，查处不正当竞争案件 160 件，案件总值 1892 万元，罚没金额 222 万元；1998 年查处不正当竞争案件 93 件，案件总值 762 万元，罚没金额 27 万元。《广西壮族自治区反不正当竞争条例》的实施，有效遏制了反不正当竞争行为，1998 年案件数比 1997 年案件数下降近一半。

1999 年，广西各级工商行政管理机关加大制止、查处不正当竞争行为的力度，重点查处仿冒、误导、商业贿赂、公用企业限制竞争行为。全年查处不正当竞争案件 69 件，案值 444 万元。

2000 年，广西工商行政管理机关进一步加大反不正当竞争执法力度，对仿冒知名商品特有的名称、包装、装潢企业名称的行为以及虚假表示、虚假宣传等误导、诋毁行为，进行专项整治；继续开展打击药品回扣行为专项整治，打击医药购销中的不正之风；以打破卷烟等市场的封锁以及保险、供水、邮电等行业的限制竞争为突破口，开展反行政壁垒、行政垄断、维护公平竞争秩序的执法行动。全年共查处不正当竞争案件 402 件，案值 2242 万元，罚没金额 175 万元，其中查处仿冒知名商品特有的名称、包装、装潢的案件 103 件，案值 192 万元，罚没金额 17 万元；查处破坏市场竞争秩序的误导行为的案件 103 件，案值 105 万元，罚没金额 37 万元；查处医药购销中的商业贿赂案件 11 件，案值 1514 万元，罚没金额 52 万元；查处不正当有奖销售案件 107 件，罚没金额 4 万元；查处限制竞争、行政垄断、分割和封锁市场的行政性壁垒行为的案件 11 件，罚没金额 18 万元。

2001 年，自治区工商行政管理局结合国家工商总局“全国反行政壁垒专项整治和公用企业限制竞争行为专项整治”工作，印发《2001 年公平交易执法工作要点》，将反垄断、反限制竞争行为作为整顿和规范市场经济秩序工作的重点，开展反不正当竞争执法工作。各级工商行政管理机构按照部署，采取各种措施，全年共查处不正当竞争案件 368 件，案值 4720 万元，罚没金额 496 万元。查处公用企业和依法具有独占地位的经营者限制竞争行为的案件取得突破，富川、平果县分别查处 2 起，百色市查处 1 起此类案件。年内，不正当竞争行为主要呈现 4 个特点：以公用企业和依法具有独占地位的经营者限制竞争、强制交易的行为较多，其中以供电、自来水、保险等居多，这类行为仅次于制售假冒伪劣商品的行为。全自治区共查处此类案件8件，案值425万元，罚没金额80万元。假冒他人注册商标行为比较多，尤其是假冒驰名商标和著名商标的行为较多，共查处此类案件41件，案值60万元，罚没款10万元。在商品上伪造或冒用质量认证标志、伪造产地、作虚假质量表示的行为较多，共查处此类案件80件，案值363万元，罚没金额97万元。经营者对商品质量、制作成分、性能、用途等利用广告或其他方法作虚假宣传的行为也较多，共查处此类案件58件，案值1088万元，罚没金额75万元。其中二、三、四类行为以个体工商户的居多。

2002年，为适应加入世界贸易组织（WTO）的需要，自治区各级工商机关把反不正当竞争执法放在突出位置，开展查处水电垄断行业不正当竞争、商品购销、工程建设等领域的商业贿赂以及严重损害公平竞争秩序的虚假宣传、“傍名牌”等违法行为作为重点，立案查处不正当竞争案件635件，查获一批大要案件。开展反不正当竞争专项行动保知识产权、节日市场专项行动保民生等执法为民“六治六保”行动，大范围、高强度开展反不正当竞争执法行动。比较典型的案例包括广西某自来水公司强制更换水表的不正当竞争案，某市自来水公司、燃气公司限制竞争行为；某大型建材市场违法有奖销售、某能源开发公司涉嫌虚报注册资本、某商贸有限公司侵害北京某投资控股集团有限公司商标专用权等一批重大违法案件；南宁等地查处一批网络虚假宣传违法等案件，在网络违法案件的查处上进行了有益尝试和探索。

全年各地工商行政管理机关共查处不正当竞争案件464件，比上年增长26%，罚没金额478.41万元，下降3.56%。从不正当竞争违法的主要类型看，查处不正当竞争案件总数最多的是在商品上伪造或冒用认证标志、名优标志、伪造产地、作虚假质量表示行为，共111件，比上年增长38.75%，占不正当竞争案件数的92%；仿冒知名商品特有的名称、包装、装潢案件85件，增长129.72%，占18.31%；经营者对商品质量、制作成分、性能、用途等利用广告或其他方式虚假宣传案件54件，下降6.89%，占11.63%；假冒他人注册商标47件，增长14.63%，占10.12%；冒用他人的企业名称或姓名案件45件，增长32.35%，占9.70%；不正当有奖销售33件，增长72.73%，占7.11%；商业贿赂28件，增长12%，占7.11%。

2003年，自治区各级工商机关按照国家工商总局部署，继续强化反不正当竞争执法，开展“维护公平竞争秩序，打击仿冒、欺诈行为”专项执法行动，重点查处将他人知名商标、字号作为自己企业字号的行为；仿冒知名商品特有的名称、包装、装潢行为；虚假表示、误导性宣传等欺诈行为，共查处各类仿冒和虚假表示、虚假宣传案件500件。开展对垄断性行业限制竞争行为和地区封锁行为的专项整治，重点整治供电、供水、供气等行业强制交易行为以及滥用行政权力阻碍商品自由流通的行为，共查处公用企业强制交易案件13件。开展反不正当竞争法实施10周年宣传咨询服务活动，动员社会广泛参与，全面推进查处不正当竞争行为工作。全年共查处不正当竞争案件286件，案值853.84万元。全自治区各地工商行政管理机关共查处不正当竞争案件286件，比上年减少38.36%，罚没金额198.92万元。从不正当竞争违法的主要类型看，查处不正当竞争案件总数最多的是在商品上伪造或冒用认证标志、名优标志、伪造产地、作虚假质量表示行为，共37件，占不正当竞争案件数的12.93%；经营者对商品质量、制作成分、性能、用途等利用广告或其他方式作虚假宣传案件36件，占12.58%；仿冒知名商品特有的名称、包装、装潢案件25件，占8.74%；假冒他人注册商标20件，占7%；不正当有奖销售19件，占6.64%；冒用他人的企业名称或姓名案件14件，占4.89%；公用企业或其他依法巨头独占地位的经营者强制交易案件13件，占4.55%。

2004年，自治区各级工商行政管理机关依据反不正当竞争法和《国务院关于禁止在市场经济活动中实行地区封锁的规定》，在全自治区范围内集中开展对地区封锁、地方保护行为的专项整治工作。以农资、酒类、烟草等为重点商品，开展专项整治。同时对仿冒知名商品特有的名称、包装、装潢行为、对虚假表示、误导性宣传等欺诈行为进行严厉打击，有力维护公平竞争的市场经济秩序。全区各地工商行政管理机关共查处不正当竞争案件194件，罚没金额145.76万元。从不正当竞争违法的主要类型看，查处不正当竞争案件总数最多的是仿冒知名商品特有的名称、包装、装潢案件，共48件，占不正当竞争案件数的21.74%；在商品上伪造或冒用认证标志、名优标志、伪造产地、作虚假质量表示行为案件，共33件，占不正当竞争案件数的17%；假冒他人注册商标32件，占16.49%；经营者对商品质量、制作成分、性能、用途等利用广告或其他方式作虚假宣传案件28件，占14.43%。

2005年，自治区各级工商行政管理机关按照国家工商总局的部署，从2004年底至2005年初、2005年9月—11月底，开展两次保护知识产权、查处不正当竞争案件专项整治。在专项整治中，各地对各自所辖区域内的批发市场、超市、商城以及各专卖店、经营网点等经营户进行检查，同时发挥“12315”申诉举报信息平台作用，鼓励群众和相关企业投诉、举报。对仿冒知名商品特有的名称、包装、装潢行为、对虚假表示、误导性宣传等行为进行严厉打击。全年各地工商行政管理机关共查处不正当竞争案件108件，罚没金额132.51万元，查处的案件数与上年度相比减少43%。从不正当竞争违法的主要类型看，查处不正当竞争案件总数最多的是经营者对商品质量、制作成分、性能、用途等利用广告或其他方式作虚假宣传案件27件，占不正当竞争案件数25%；假冒他人注册商标案件24件，占22.22%。

2006年，自治区各地工商行政管理机关开展保护知识产权、查处不正当竞争案件等专项整治。全年共查处不正当竞争案件217件，案值1359万元，罚没金额382.60万元，查处的案件数与上一年度相比增加101%。

2008年，广西各级工商行政管理机关在全自治区范围内开展打击“傍名牌”不正当竞争行为专项执法行动，共出动执法人员6523人次，出动执法车辆2236台次，检查了服装、酒类、食品等各类经营商场、摊点共3698户，立案查处各类“傍名牌”案件98件，查扣涉嫌“傍名牌”商品一批。全年查处违反反不正当竞争法规案137件，案值212.07万元，罚没款101.7万元，其中属立案查处案件137件。从不正当竞争违法行为的主要类型看，查处最多的是商业贿赂案件，共40件。柳州市工商行政管理局查处1起，为柳江第五加油站在经营0号柴油的过程中存在违背购买者意愿搭售商品的违法行为。6月17日，柳州市工商局经检支队通过调查了解到中国石化股份有限公司广西柳州柳江第五加油站在经营0号柴油的过程中存在违背购买者意愿搭售商品的违法行为。经查实，当事人从6月1日起，对来加油站加0号柴油(IC卡用户和现金用户)的司机，只要购买加油站内销售的小食品和饮料中的任何一样，都可以在原加油限制(IC卡只可加600元的0号柴油；现金用户只可加300元的0号柴油)基础上加满0号柴油。当事人的行为违反了《中华人民共和国反不正当竞争法》第十二条和《广西壮族自治区反不正当竞争条例》第十四条的规定，依据《广西壮族自治区反不正当竞争条例》第三十一条的规定，柳州市工商行政管理局对当事人作出罚款8000元的处罚决定。

2009年，自治区工商行政管理机关组织开展以打击“傍名牌”，保护知识产权以及查处零售商供应商不公平交易行为为重点的专项执法整治。各级工商行政管理机关对所辖区域内的批发市场、超市、商城以及各专卖店、经营网点等经营户进行检查，加大执法力度，全年查处违反反不正当竞争法规案125件，案值151.98万元，罚没款104.18万元，其中属立案查处案件125件。从不正当竞争违法行为的主要类型看，查处最多的是经营者对商品质量、制作、成分、性能、用途等利用广告或其他方法作虚假宣传案件，共32件。

2010年深入开展反垄断与反不正当竞争执法工作。重点加强对药品、医疗器械生产经营企业和医疗机构、农资市场的监督检查，探索有效监管方式，提高办案质量，严查医药购销领域商业贿赂案件。依法严厉查处制售假冒伪劣商品、“傍名牌”等违法行为。各地工商行政管理机关以商业流通、教育、医药购销、旅游等领域为重点，严厉打击假借促销费、宣传费、广告费等各种名义给予、收受财物的商业贿赂行为。全年查处违反反不正当竞争法规案136件，案值289.23万元，罚没款98.64万元，其中属立案查处案件136件。从不正当竞争违法行为的主要类型看，查处最多的是假冒他人注册商标案件，共43件。

2012年组织开展清理整顿大型零售企业向供应商违规收费的专项执法整治。各级工商行政管理机关对各自所辖区域内的大型批发市场、超市、商城以及各专卖店、经营网点等经营户进行全面检查，同时，充分发挥“12315”申诉举报信息平台作用，鼓励群众和相关企业投诉、举报。年内，全系统共查处不正当竞争案110件，案值171万元，罚没款108万元；查处零售商供应商不公平交易行为案件25件，案值14万元，罚没款4.6万元。

2013年10月，自治区工商局约谈了中国电信、中国移动、中国联通三家运营服务商负责人，指出全自治区电信业合同格式条款中普遍存在的9项“霸王条款”，通过给予企业政策性宣传辅导和告诫，引导企业规范经营行为，构建公平有序的市场竞争环境。

2015 年 4 月—10 月，自治区各级工商行政管理机关组织开展汽车市场集中整治专项执法行动。各地切实加强对汽车销售企业、汽车维修企业、汽车配件市场进行检查，加大执法力度，积极查处各类不正当竞争案件。年内，全系统共查处汽车市场违法案件 118 件，案值 145.65 万元，罚没款 80.48 万元。

2015 年 11 月 24 日，自治区工商局在南宁举办广西工商打击汽车市场不正当竞争行为“红盾亮剑冬季专项执法行动”启动仪式

2016 年组织开展集中整治公用企业限制竞争和垄断行为突出问题专项执法行动。专项行动期间，共立案查处公用企业限制竞争和垄断行为突出问题案件 2 件，结案 1 件，案值 75 万元，罚没款 8 万元。

2017 年，广西各级工商部门集中开展五次专项执法行动（即开展保健类生活用品不正当竞争专项行动，公用企业限制竞争和垄断行为专项整治，联合自治区烟草局组织开展的打击走私专项联合行动，联合自治区公安、文化等部门开展的“扫黄打非”专项行动和防范、处置、打击非法集资专项行动），严厉查处严重扰乱市场竞争秩序的大要案件，切实加强反不正当竞争执法工作。经报国家工商总局授权，对广西河池保险行业垄断协议经营一案进行立案查处，对违法行为单位予以行政处罚 56 万元，纠正了该地区保险行业的违法经营行为。在五次专项行动中，全系统共立案 162 件，案值 313.78 万元，罚没款 168.96 万元。

2018 年，广西各级工商行政管理机关以反不正当竞争法施行为契机，切实强化反不正当竞争执法工作。印发《关于集中整治不正当竞争行为专项行动的工作方案的通知》，以查处混淆仿冒、商业贿赂、互联网不正当竞争等群众反映强烈的不正当竞争行为为重点，加大对虚假和引人误解的商业宣传的打击力度，查处严重影响市场竞争秩序、侵害经营者和消费者合法权益的不正当竞争行为。至 10 月，全自治区经济检查部门共立案查处反不正当竞争案件 24 件，罚没款 94.88 万元。同时，印发《关于建立公平竞争审查制度有关工作要求的通知》，按照“谁起草、谁审查”的原则，对新出台的各项政策措施严格履行审查程序，进行公平竞争审查，杜绝具有限制和排除竞争内容的政策文件出台。

第二节　打击传销和规范直销

传销作为一种商品营销方式，起源于二次大战前后的美国。20 世纪 60 年代末期传销进入日本和欧洲，80 年代末 90 年代初传入中国大陆。先后经历了自由发展、限制发展和全面禁止 3 个阶段。1998 年 4

月国家全面禁止传销后，广西工商行政管理机关坚决贯彻落实国务院通知精神，把打击传销作为公平交易执法的重点，逐步建立完善打击传销的工作措施和体制机制，有效遏制传销活动的发展和蔓延。2005 年 9 月国务院正式颁布《直销管理条例》和《禁止传销条例》两部核心条例，在开放并规范直销业发展的同时，坚决禁止和打击传销违法犯罪活动。广西各级工商行政管理机关加强舆论宣传，人民群众对传销危害和直销规范的认识不断提高，形成了由党委、政府领导，以公安和工商为主力，各部门相互协作、齐抓共管，人民群众广泛参与的打击传销和规范直销综合整治格局。

传销行为的认定

传销和直销行为的认定，一般由国家法律、法规和相关政策界定，在不同时期有不同的含义和范围。

自由发展阶段。1993 年，雅芳公司在广州成立，传销开始在大陆出现。至 1994 年 7 月，这一时期国家没有对传销经营行为提出法定定义，也没有建立管理制度，传销经营在广西乃至全国处于自由发展状态。此后，各种名目传销公司遍地开花。随着未经注册或注册未被通过的非法传销引起的纠纷通过媒体从正反两方面不断曝光，政府开始重视该行业。

限制发展阶段。传销经营具有组织的封闭性、交易的隐蔽性、传销人员的无序流动性与分散性等特点。一些不法分子利用多层次传销偷税漏税，走私贩私，销售假冒伪劣商品，鼓吹不劳而获，引诱参加者上当受骗，牟取暴利。针对这种情况，1994 年 8 月，国家工商局发布《关于制止多层次传销活动中违法行为的通告》，禁止以多层次传销名义从事违法活动。1995 年 9 月，国务院办公厅印发《关于停止发展多层次传销企业的通知》，对多层次传销企业开展全面整顿。1996 年 6 月 5 日，国家工商局批准 41 家传销公司及 13 家分支机构和 3 家直销公司。1997 年 1 月，国家工商局发布《传销管理办法》，传销进入规范和限制发展阶段。

严格监管阶段。1997 年 1 月 10 日，国家工商局颁布《传销管理办法》，首次明确传销的法律概念。传销是生产企业不通过店铺销售，而由传销员将本企业产品直接销售给消费者的经营方式，包括多层次传销和单层次传销。工商机关负责传销企业的核准登记和对传销活动进行监督管理，依照消费者权益保护法、《公司登记管理条例》、《企业法人登记管理条例实施细则》、广告法、反不正当竞争法、《投机倒把行政处罚暂行条例》的有关规定，对利用虚假宣传、引诱甚至强迫不明真相者以交纳会员费、购买商品、会员卡、优惠卡或提供服务等方式进行传销，敛取钱财，利用传销培训进行封建迷信、帮会、邪教及煽动性宣传等，利用传销进行价格欺诈、牟取暴利、推销假冒伪劣、走私产品和国家限制流通产品，吸收机关干部、现役军人、全日制在校学生及国家禁止经商的人员参加传销，未经核准登记、伪造传销经营许可证书或冒用合法传销企业名称进行传销，跨地区、超范围传销，单层次传销企业从事多层次传销活动，未经批准擅自举办传销培训活动等非法传销行为进行查处。年内，广西工商行政管理局依照《传销管理办法》对之前经批准从事传销的企业及分支机构进行重新审查，报国家工商局重新审批。

全面禁止阶段。1998 年 5 月之后，由于社会主义市场经济体系尚不完善，法律法规不完备，管理手段相应落后，随着时间的推移，传销经营方式被一些不法分子利用大肆从事非法经营，集资诈骗，销售假冒伪劣商品等违法犯罪活动，妨害社会管理秩序，损害公民个人利益和社会的公共利益。1998 年 4 月 18 日，国务院印发《关于禁止传销经营活动的通知》。传销经营活动作为一种违法行为，进入全面禁止阶段。是年，广西要求传销企业如实执行国务院决定，立即停止传销经营活动，并支持传销企业做好善后处理和转制工作。其中，雅芳、安利、完美、玫琳凯等原从事传销经营活动的外商投资企业，经批准转型为“店铺 + 雇佣推销员”的方式经营。

进入 21 世纪后，传销和变相传销活动又以各种名目在全国反弹。为此，国务院办公厅于 2000 年 8 月、2001 年 10 月先后印发《转发工商局等部门关于严厉打击传销和变相传销等非法经营活动意见的通知》和《关于开展严厉打击传销专项整治行动的通知》，将经营者通过发展人员、组织网络从事无店铺经营活动，参加者之间上线从下线的营销业绩中提取报酬；参加者通过交纳入门费或以认购商品（含服务，下同）等变相交纳入门费的方式，取得加入、介绍或发展他人加入的资格，并以此获取回报；先参加者从发展的下线成员所交纳费用中获取收益，且收益数额由其加入的先后顺序决定；组织者的收益主要来自参加者交纳的入门费或以认购商品等方式变相交纳费用；组织者利用后参加者所交付的部分费用支付先参加者的报酬维持运作；其他通过发展人员、组织网络或以高额回报为诱饵招揽人员从事变相传销活动等行为确定为传销和变相传销行为予以严厉打击。各级工商行政管理机关主要依照《投机倒把行政处罚暂行条例》以“其他扰乱社会主义经济秩序的投机倒把行为”定性，由自治区工商行政管理局进行认定，办案机关作出处罚。

2005年8月23日，国务院正式颁布《直销管理条例》和《禁止传销条例》。《禁止传销条例》于11月1日生效，《直销管理条例》于12月1日生效。为了与准许的直销相区别，《禁止传销条例》对传销的概念和含义进行了新的界定，即：传销是指组织者或者经营者发展人员，通过对被发展人员以其直接或者间接发展的人员数量或者销售业绩为依据计算和给付报酬，或者要求被发展人员以交纳一定费用为条件取得加入资格等方式牟取非法利益，扰乱经济秩序，影响社会稳定的行为。传销有以发展下线的数量为依据计提报酬的传销行为（即“拉人头”），以发展的下线的推销业绩为依据计提报酬的传销行为（即“团队计酬”），骗取入门费的传销行为三种表现形式。组织策划传销、介绍、诱骗、胁迫他人参加传销、参加传销和为传销行为提供经营场所、培训场所、货源、保管、仓储、互联网信息服务等条件的行为都属于违法行为。工商、公安机关在各自的职责范围内查处传销行为。

2013年11月，为给办理组织、领导传销活动刑事案件提供依据，最高人民法院、最高人民检察院、公安部联合印发《关于办理组织领导传销活动刑事案件适用法律若干问题的意见》（以下简称《意见》）。《意见》对传销的认定是以推销商品、提供服务等经营活动为名，要求参加者以缴纳费用或者购买商品、服务等方式获得加入资格，并按照一定顺序组成层级，直接或者间接以发展人员的数量作为计酬或者返利依据，引诱、胁迫参加者继续发展他人参加，骗取财物，扰乱经济社会秩序的传销组织，其组织内部参与传销活动人员在三十人以上且层级在三级以上的，应当对组织者、领导者追究刑事责任。

传销和合法直销的区别

国务院《直销管理条例》规定的直销，是指直销企业招募直销员，由直销员在固定营业场所之外直接向最终消费者（以下简称消费者）推销产品的经销方式。直销企业是指依照条例规定经批准采取直销方式销售产品的企业。直销员是指在固定营业场所之外将产品直接推销给消费者的人员。《禁止传销条例》规定多层次直销是传销，即在中国，多层次直销属违法行为。至2018年，在广西开展经营活动的外省直销分支机构29家，获得在广西区域开展直销业务的共13家，直销服务网点有470个、直销员63954人，直销企业直营专卖店128个，直销企业登记的会员及优惠顾客312659人。

传销和合法直销的主要区别：一是传销收取入门费并要求购买产品，按人头收取费用和聚集财富，传销即使有商品也往往无法亲见且远远背离实际价值高达二三十倍甚至更高，传销实质是聚众融资，其中实际经济交易行为的出现极少，交易行为出现后的产品只是幌子，不可退货且质量无法保证，交易之间维系的是人际关系间感情；直销将产品送至客户手中并按价目表收费，一般有店铺或工厂且有真实优质商品并切实参与流通，消费者可亲眼看到且可试用，产品本身没有暴利行为，属劳有所获，合法直销是实际经济交易行为，销售物有所值的商品还可退货。产品类别全质量好且价格合理。直销的消费者同时成为产品推销员，并对有用产品进行口碑传播。二是传销的组织网络由上而下，有很强的层级观念，等级森严，销售网络和收入呈塔尖状，一般是多层次销售行为，令政府难以规范和约束，传销是上线吃下线业绩即下线拉来的人头入门费，从经济学的角度看不属于销售行为；直销是所有直销员与公司直接签订合同，采用单层次的销售模式，人员之间平等，遵循市场经济交易的基本规律，销售人员之间无超越性，直销属于销售行为，有产品存在有稳定的客户体系，获得利益是销售提成和公司的例外奖励。

传销行为的查处和直销行为的规范

1997 年，随着国家工商局发布《传销管理办法》，传销进入规范和限制发展阶段。

当年初，广东“淡水事件”后，外地非法传销者纷纷涌入北海，四川、湖南、广东、山东、江西、江苏等地上万人的传销队伍在北海从事“爽安康”摇摆器和“仙妮蕾德”等商品的多层次传销活动。北海市工商行政管理局结合北海的实际情况，组织开展查处非法传销活动，共责令解散非法传销集会 17 起，立案查处非法传销案 6 起，涉案金额 464 万元，罚没金额 4 万多元，冻结、封存用于非法传销的存折、现金 400 万元，没收传销产品 315 件（台），没收用于非法传销的设备一批。特别是“爽安康”摇摆器非法传销在北海市来势较猛，影响较大，除广西境内的组织者和群众参加外，国内多个省（自治区、市直辖）的组织者和参与者，也汇聚北海进行“爽安康”摇摆器非法传销，波及面较广，严重扰乱正常的社会秩序和经济秩序。12 月底，在公安部门的配合下，查获北海山众商贸有限公司为首的“爽安康”非法传销案，查扣用于非法传销的资金 400 多万元，“爽安康”摇摆器 153 台及违法物资一批，刑事拘留 5 人，行政拘留 9 人。

1998 年 4 月，国务院发布《关于禁止传销经营活动的通知》，广西立即组织执法人员学习《通知》精神，并书面通知在自治区内从事传销经营的企业立即停止传销经营活动，同时做好传销人员的善后处理工作，自行清理债权债务，转变为其他经营方式。自治区工商行政管理局成立禁止传销经营活动小组，具体负责查禁传销活动的日常工作。全自治区各级工商机关根据国务院的要求，重点打击将传销由公开转入地下，以双赢制、电脑排网、框架营销等形式进行传销，假借专卖、代理、特许加盟经营、直销、连锁、网络销售等名义进行变相传销及采取会员卡、储蓄卡、彩票、职业培训等手段进行传销和变相传销，骗取入会费、加盟费、许可费、培训费 4 种违法行为。

1999 年，广西部分地、市出现利用加盟连锁、特许经营等手段来骗取群众钱财的传销和变相传销活动。重新抬头的传销和变相传销行为具有欺骗性强（利用广大消费者对“特许经费”“加盟连锁”等新兴经营方式不了解以及国家有关法规不完善等漏洞、以合法经营方式掩饰其传销目的，以高额回报引诱传销者走入传销怪圈）、隐蔽性强（行为人在组织发展传销入会人员时，通常只接受外省人员，举行传销活动时需凭身份证入场，给当地执法部门的监管工作带来很大不便）、组织性强（变相传销活动有较为严密的组织和完善的经营操作体系，不利于监管工作开展）、危害性大（变相传销不仅骗取聚敛了大量钱财，使不少传销者蒙受了巨大的损失，而且给社会的稳定造成隐患，同时也给新兴经营方式的正常发展带来极大的负面影响）等特点。针对传销有所抬头的现象，自治区工商行政管理局高度重视，要求各地及时查处。当年 8 月，自治区工商行政管理局发出《关于进一步做好查禁传销和变相传销经营工作的通知》，部署开展查禁传销经营活动工作，要求各级工商行政管理机关加强日常监督，加大宣传、打击传销经营活动力度，加强对当前传销经营活动的动态及特点的研究，对症下药，提高执法的效力，进一步做好查禁传销及变相传销经营活动。各地工商行政管理部门在当地党委、政府的部署下，与公安部门密切配合，分别取缔“华达”“新大新”“泰信”“兴宇”4 个传销公司，严厉地打击传销和变相传销活动。但由于变相传销活动形式较多，发展较快，国家有关监管法规尚缺乏打击力度，通常只能对传销公司采取行政处罚措施，对主要责任人却不能有力制裁，造成其在骗取大量钱财后依然能改头换面，转移地方另起炉灶，是导致变相传销屡禁不止的主要原因之一。

年内，北海市委、市人民政府成立北海市打击传销违法犯罪活动专项整治工作领导小组，明确各级政府、公安、工商、法院、检察、宣传、金融、供电、教育等部门打击传销的工作职责。同时，要求市财政每年安排必要经费，保障北海市打击传销执法队劝返传销人员交通费用、执法车辆用油、执法人员用餐等费用，保障北海市打击传销工作的开展。

进入 21 世纪后，广西的传销活动出现了新形式，表现为家庭化、人员趋向于年轻化、参与传销的人员有逐步增加的趋势。广西各级工商行政管理部门加大对传销的打击力度，加强与公安、检察院、法院、教育、银行等职能部门的配合，发动人民群众广泛参与，采取打防结合、标本兼治的方法，深入持久地开展打击传销工作。

2000 年 10 月，自治区人民政府转发自治区工商行政管理局、公安厅、中国人民银行南宁中心支行《关于在全自治区范围内开展打击传销和变相传销等非法经营活动的意见》，要求各级人民政府要采取切实有效措施，依法严厉打击传销和变相传销等非法经营活动，切实保护人民群众的合法权益，维护正常的经济秩序和社会稳定。通知发出后，各级工商行政管理机关会同有关部门，对传销重点区域进行了大规模的清理，对传销的首恶者依法惩办，全年共查处传销和变相传销案件 50 件，案值 186 万元，罚没金额 71 万元。同时，做好一般参与人员的疏导、教育工作，在全自治区范围内组织开展打击传销宣传活动，共发放宣传资料 86 万份，接受群众咨询 11 万人次。

2000 年，中央电视台《焦点访谈》栏目对北海市传销活动蔓延及其造成的危害进行了报道。北海市工商行政管理局面对死灰复燃的传销，组织开展了打击传销专项斗争行动，抽调 202 名执法人员，组成 9 个专项清理小组，清理涉嫌传销活动的住宅小区 41 个，立案查处传销案件 8 起，罚没款 34 万元，遣散传销人员 6238 人，扣押存折 37 本，冻结现金 17.8 万元，对 3 家涉嫌传销的企业，依法吊销营业执照，使传销行为得到有效遏制。

2001 年，全自治区各地继续加大对传销活动的打击，针对传销活动的新特点，各地均采取有力措施。开展查源头、端窝点的工作。3 月，北海市查处“北海民众经贸有限责任公司”传销总部，查获大量用于传销活动的资料和资金，缴获非法资金 124 万元和 3 辆小汽车，依法拘留传销头目 9 人。此后，北海市对本市的传销活动进行地毯式清查，共捣毁传销窝点 61 个。大规模清理各种传销活动，采取集中时间、集中力量对传销活动进行大规模清理，发现一起，查处一起，不留死角，对参加传销活动的企业和组织者予以严厉打击。桂林市查获一起以介绍他人到桂林从事旅游服务的方式开展业务，并以此建立网络，进行人头传销的行为，对从事此项活动的公司处以吊销营业执照和罚款的处罚，此案被国家工商总局列为年内全国十五起传销案例之一。全年共出动 8321 人次，车辆 963 辆次，取缔 316 个传销窝点，遣返传销人员 13967 人，立案查处传销案件 51 件，罚没金额 16 万元。

2002 年，广西传销和变相传销开始向县级聚集，如平南县、宾阳县、柳江县、巴马瑶族自治县等，这些传销组织规模不大，但流动性极强。各级工商行政管理机关围绕其分散性、流动性、隐蔽性三大特点，通过加强与公安部门的密切配合，统一组织、统一行动，以高压态势严厉打击传销和变相传销活动，重点是抓骨干和头目，有力打击传销活动的气焰。如 5 月 21 日，平南县工商、公安部门共出动 220 多人，车辆 32 辆，对传销窝点进行拉网式检查，共取缔传销窝点 15 个，收缴用于传销活动的物品一批，遣散传销人员 250 多人，拘留传销骨干分子 40 人（其中留置 24 人、刑拘 16 人）。

2004 年，广西被国家工商总局列为打击传销和变相传销的十个重点地区之一，要求集中力量开展专项行动。按照国家工商总局的要求，广西把打击传销作为整顿和规范市场经济秩序的一项重要工作，加强对打击传销工作的领导。年内，自治区工商行政管理局先后 7 次印发有关打击传销文件，并两次召开会议，对打击传销工作进行周密部署。各级工商行政管理机关采取查源头、端窝点；破网络、打头目，严查传销大要案件；加强对出租房屋的管理，严厉查处出租房屋给传销人员的行为等一系列强有力措施，严厉打击各种传销和变相传销行为。同时加强舆论宣传，强化社会监管，教育广大群众提高自我保护和防范意识，自觉抵制传销活动，形成全社会携手抵制、共同打击传销的良好态势。经过各级工商行政管理机关的清理整顿，传销活动得到有效遏制。全年各级工商行政管理机关共出动执法人员 15780 人次，车辆 3786 辆次，共立案查处传销案件 112 件，罚没金额 60.09 万元，清理传销窝点 833 个，劝返参与传销的人员 28074 人，移送司法机关处理的人员 61 人。与上年相比，查处案件数减少 37%，而劝返参与传销的人员数量增加 113%。年内查处的大要案件有：钦州市“奥立蔓”化妆品传销案，参与传销人员 300 多人，涉案金额达 120 多万元；防城港市“上海禧欣来服饰有限公司”传销案，该传销团伙先后发展会员达 2000 多人，涉案金额数百万元。

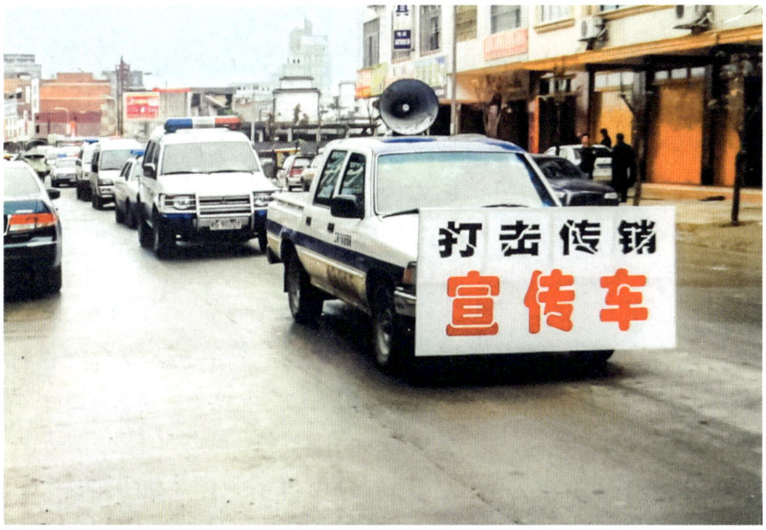

2004年8月，全区工商机关组织开展打击传销宣传活动

2005年，广西各级工商行政管理机关加大打击传销力度，通过采取抓头目、端窝点、罚屋主、抓教育、封账户、吊执照、抓遣送、堵回流等一系列措施，传销活动在许多地方得到有效遏制，外地来广西从事传销活动的人员也有所减少。全年各级工商行政管理机关共出动执法人员7734人次，车辆2188辆次，共立案查处传销案件68件，清理传销窝点784个，劝返参与传销的人员23595人，移送司法机关处理的人员46人。与上年度相比，查处案件数减少39%，而劝返参与传销的人员也比上年度数量减少16%。年内，广西工商行政管理机关联合公安部门，查处“广西玛雅生物科技公司”传销案，扣押、冻结资金共计1800多万元。

2005年8月23日，国务院公布《禁止传销条例》和《直销管理条例》，自治区工商行政管理局按照国家工商总局的部署，对贯彻落实两个条例进行周密部署，并决定从2005年11月中旬至2006年2月中旬，开展一次为期3个月的打击传销专项行动。专项行动中，各级工商行政管理机关共出动执法人员1236人，车辆309车次，查处案件19件，端掉传销窝点169个，劝返传销人员7136人，查获传销头目42人。自治区工商行政管理局公平交易局还编印有关宣传资料，给各级工商行政管理机关以及相关企业用于宣传活动，同时将两个条例的解释内容编入《“五五”普法读本》，作为全自治区干部群众学习的统编教材。12月，自治区工商行政管理局举办全区工商系统打击传销、公平交易执法培训班，对各级工商行政管理机关执法人员进行培训，进一步推动全自治区打击传销和公平交易工作的开展。

2006年，自治区人民政府成立由自治区副主席杨道喜担任组长，自治区党委政法委、宣传部、公安厅、工商行政管理局等12个部门领导为领导小组成员的全自治区打击传销工作领导小组。同时印发《全区打击传销工作方案》，明确各级地方政府是打击传销工作的第一责任人，将打击传销工作由部门行为上升为政府行为，确立打击传销长效工作机制，形成“全自治区统一领导，地方政府负责，部门指导协调，各方联合行动”的工作格局，保证打击传销工作开展。全年各级工商行政管理机关共出动执法人员31515人次，车辆5303辆次，共立案查处传销案件119件，罚没金额593.81万元，清理传销窝点1513个，劝返参与传销的人员22230人，移送司法机关处理的人员116人。与上年度相比，查处案件数增长75%。

年内，国务院办公厅《全国打击传销专项行动方案》和国家工商总局、公安部《贯彻落实〈全国打击传销专项行动方案〉》印发后，广西各级工商行政管理机关立即研究部署打击传销工作。10月16日—20日，各级工商行政管理机关以“态度要坚决、行动要坚决、处理要坚决”和“落实人员到位、落实政策到位、宣传工作到位”为基本要求，组织开展全自治区重点地区打击传销专项行动，共出动人员19683人次，出动车辆3100多台次，在行动中通过采取机动灵活的打击战术，追剿传销分子到乡镇、到村屯，阻断传销分子容身之所，共捣毁传销窝点456个，遣散传销人员5632人，没收用于传销的西服、化妆品以及传销笔记本、资料一批。发放宣传资料2万多份，悬挂宣传横幅1000多条，出动宣传车600多台次，清查出租房屋1123户，检查小旅馆635户，对200多户出租房进行强制断水断电。经过集中打击，迫使传销重点地区来宾市绝大部分传销人员离开，来宾的物价、房屋租金恢复到原来的水平。

2007年，自治区工商行政管理局按照《全区打击传销工作方案》的精神，进一步加大对各市、县打击传销工作的指导和协调工作力度。要求各地建立打击传销联合执法机制。由地方政府负责领导、统筹和协调各地的打击工作。同时，成立打传专业队、建立传销人员数据库并开展创建无传销社区活动，对传销随时进行打击。6月5日，自治区党委宣传部印发《关于认真做好打击传销违法犯罪活动宣传工作的通知》，拉开大规模打击传销宣传活动的序幕。全年工商部门共出动人员2.12万人次，车辆4125辆次，立案查处传销案件279件，清理传销窝点2123个，劝返参与传销的人员3.01万人，有效遏制传销蔓延的势头，维护经济秩序和社会稳定。各级工商行政管理机关也积极争取地方政府成立由各级政府牵头的打击传销工作领导小组，并将其列入社会治安综合治理管理考核范畴。年内，自治区公安厅破获广西永乾生物科技有限公司特大传销犯罪案件（“8·03”专案），涉案企业以“借地生蛋”“传外不传内”的模式发展成员，全国各地共设立2800多个所谓商行，线下商行遍布全国31个省（区、市），由商行发展会员，总人数无法统计，涉案金额约10亿元。

2008年，根据中央综治办、国家工商总局、公安部《关于做好将打击传销纳入社会治安综合治理目标考评工作的意见》精神，自治区工商行政管理局会同公安厅、综治办制定和印发《关于做好将打击传销纳入社会治安综合治理目标考评工作的通知》和《打击传销纳入社会治安综合治理目标考评考核办法及评分细则》，把打传工作纳入社会治安综合治理目标考核范畴，有力保证和推动打击传销工作不断走向深入。3月23日，“维吾尔族千人贵港传销大案”在贵港市港北区法院一审判决生效。该案涉案金额1623万多元，涉案人数达1088人。7月，为进一步加大集中打击力度、避免各地和各部门各自为战而出现传销活动此消彼长的情况，自治区工商行政管理局、公安厅统一组织开展两次全自治区打击传销联合执法行动。第一次打击传销联合执法行动时间为7月18日—24日，重点打击假借“连锁销售”和“纯资本运作”等名义和形式的传销活动以及为传销提供便利条件的行为；第二次打击传销联合执法行动时间为8月8日—15日，严厉打击诱骗学生参与传销的违法犯罪行为，重点打击以介绍工作、从事经营活动等名义欺骗在校学生参与传销、限制学生人身自由的传销组织。截至11月，全自治区工商部门共出动执法人员2.77万人次，执法车辆5936辆次，共立案查处传销案件216件，捣毁传销窝点1445个，遣返传销人员1.47万人。年内，自治区工商行政管理局在全自治区工商行政管理机关推广国家工商总局打击传销规范直销信息系统，该系统包含了传销违法人员信息库和直销监管信息库两大部分，主要内容有禁止传销工作总体情况信息、查处传销案件信息、参与传销人员信息、直销监管信息、直销协查信息和举报投诉处理结果信息等。各级工商行政管理机关将其作为“制度化、规范化、程序化、法治化”建设的一项重要内容，充分利用好打击传销规范直销数据库中的有关信息，发挥整体职能作用。

年内，各级工商行政管理机关加强对直销企业的监管，不断建立健全和完善各项制度和措施，保证直销监管工作开展。建立健全直销企业档案，认真检查直销企业登记情况。主要检查经营网点的经营管理制度是否符合有关规定、注册登记相关信息是否真实有效，通过调查摸底，弄清企业的户数和经营活动情况，并建立直销企业档案，做到心中有数。指导和督促直销企业进一步完善信息报备和披露等管理制度。要求直销企业真实、准确向社会公众披露直销产品目录、直销产品退换货办法、直销员计酬、奖励制度等信息，以便及时掌握其经营行为。定期或不定期对直销企业开展法律、法规培训，引导企业建立健全企业自律机制。帮助企业制定从业人员行为准则和岗位规范。同时开通消费维权网站，在网上接受群众对直销企业违法行为的举报，把企业推上社会监督的平台，强化企业自律意识。加强对加盟店、经销商和直销员的管理，重点检查其经营方式中是否存在采取拉人头、团队计酬、收取入门费进行传销的行为，坚决打击直销企业以“连锁经营”“特许经营”等名义从事传销的行为。加强对《禁止传销条例》和《直销管理条例》的宣传，提高群众识别直销和传销的区别，增强其自觉抵制传销的能力，形成全社会携手抵制、共同打击传销，规范直销行为的良好局面。全年共有13家直销企业在广西建立分支机构，其中直销分支机构5户，直销培训员13人，直销员550人。在规范直销市场方面，共出动执法人员1928人次，出动执法车辆299辆次，未发现有直销违法行为。

2009年，广西各级工商行政管理机关与公安部门密切配合，持续不断地开展三次百日打击传销专项行动。全年共出动64928人次，捣毁传销窝点3876个，打掉团伙179个，遣散传销人员33782人。4月23日—27日，玉林市工商行政管理局联合玉州区政府、公安、法院、检察院等相关职能部门开展代号为“凌

2009年11月19日,广西持续严厉打击传销违法犯罪行动新闻发布会在南宁召开

晨行动”的集中打击传销专项整治行动,着力打击从事“拉人头”、团队计酬、收取入门费等方式的传销诈骗活动;打击通过互联网、假借“连锁销售”“加盟连锁”“人事推销”“直销”的名义进行传销诈骗活动;打击以介绍工作、从事连锁经营活动等名义,欺骗他人离开居所地、非法聚集、并限制人身自由的行为;打着职业介绍、招聘兼职的幌子,诱骗学生参加传销的行为;查处出租房屋为传销提供条件的行为。行动通过分片包干、齐抓共打的方式,共出动执法人员3652人次,车辆1323车次,检查出租屋1243间,捣毁传销窝点61个,教育、遣散涉嫌传销人员1653人,有力维护玉林市场经济秩序和社会稳定。

2010年,自治区党委、自治区人民政府专门下发《全区打击传销违法犯罪专项整治行动工作方案》,部署开展新一轮打击传销违法犯罪专项整治行动。自治区工商行政管理局编写广西首部打击传销宣传丛书《剑指传销——广西打击传销实录》(上下册),上册主要在车站、码头、机场、高速公路出口发放给被查处、遣返的传销人员,下册主要发给机关、学校、团体、社区学习。丛书全面、系统地收集打击传销方面的法律法规,剖析传销的特点和危害,总结打击传销的做法和经验,用真实案例警示传销人员迷途知返,引导群众认清传销组织的本质而自觉拒绝传销、远离传销。

2010年,自治区人民政府印发《关于进一步巩固打击传销成果建立长效监管机制的通知》,将打击传销规范直销工作纳入“平安广西”建设和社会治安综合治理工作范畴,制定和完善考核评比标准和办法,进一步强化地方党委、政府打击传销的工作领导责任。以北海市为试点,全面推进建立全社会齐抓共管、各部门通力配合的打击传销综合治理长效机制。广西与泛珠九省区工商机关建立打击传销协作机制,桂黔两省边境少数民族群众聚居的河池市、黔南州建立打传协作机制。百色市建立社区(村)干部、党员、公务员、保安员、流动人口协管员、楼长、治安信息员、村(居)民代表组成的“纵向到底,横向到边”的立体监控与全面打击的联动工作体系。各地普遍形成以党委、政府主要领导任组长,政法委牵头,公、检、法、司和工商等有关部门为成员的打击传销工作领导小组的领导机制;形成以公安、工商部门为主力军,相关部门配合的联合执法机制;形成把打击传销工作纳入社会治安综合治理考评范畴,层层抓落实的责任机制,“打、防、控、管”长效监管机制初步形成。全年共查处传销案件720件(其中立案查处720件),案件总值1957.73万元,没收金额186.17万元,罚款金额1596.89万元,发出警示、提示5177次,取缔传销活动场所3043个,出动执法人员38748人次,出动执法车辆10468辆次。教育、遣散传销参与人员42609人次,解救人员540人次。从传销的形式来看,拉人头传销案件最多,为441件,占案件总数的61.25%;为传销提供条件或互联网信息服务案件175件,占案件总数的24.31%。

2010年,自治区工商行政管理局制订《关于规范直销企业行政指导的实施意见(试行)》,对直销企业监管实行基层执法机关巡查监管、市工商局访问监管、直销公司定期向自治区工商局报告的监管方式,严格规范直销监管工作。

2011年8月,中央电视台《共同关注》栏目播出了反映广西来宾、南宁、北海等市有关传销存在问题的连续报道。广西直面存在的问题，立即组织开展全自治区集中打击行动并实行24小时值班制度。各级工商行政管理机关在专项行动中共出动执法人员2200多人次，端掉窝点19个，抓获768人，劳动教养2人，刑拘11人，遣返1900人。来宾市组织700多名执法人员，对所辖城区和城乡接合部，特别是市政府广场、中心公园和多个小区进行地毯式清查，端掉传销窝点12个，抓获并审理传销人员68人，遣返1000多人。全自治区逐步建立“政法委领导下，以公安和工商为主力、各部门相互配合”的工作格局。

2012年4月6日—8日，南宁市工商机关配合公安、综治等部门，成功侦破广西一号传销大案“1·18”传销专案，抓获涉案的高层组织领导者63人，骨干成员228人以及其他涉案人员一批。其中，263名主要涉案人员被刑事拘留。查获涉案账户400多个，依法冻结涉案资金6690余万元，缴获高级轿车、电脑、账册、银行卡、电话卡等涉案物品一大批。“1·18”案涉案数千人，涉及新疆、安徽、四川、山东、甘肃等多个省份，涉案资金累计高达数亿元。自治区工商行政管理局会商公安厅草拟并呈报《关于印发进一步推进打击传销工作若干措施的通知》，推进形成在政法委领导下、以公安和工商为主力、各部门相互协作的工作格局，推进打击传销以“1·18”传销特大案为标志的新一轮打击传销违法犯罪高潮。

2014年，形成《关于2013年打击传销工作的情况报告》上报自治区党委、自治区人民政府领导作决策依据。牵头会签并向国家工商总局、公安部和中央综治办上报《广西壮族自治区2013年度打击传销工作自评报告》，强化各市、县党委、政府打击传销属地责任。以打传办名义下发《关于深入打击传销严防反弹的通知》，督导南宁、桂林、北海、钦州、防城港等地对以“商务考察一日游”或“一日游”为名目、群体性利用个人信用报告、伪造国家领导人形象题字销售涉嫌传销非法出版物和音像制品、销售印有传销概念字样的酒、茶叶等商品从事传销活动进行清查、打击。针对全国两会期间网民“请求总理铲除广西北海传销，那是国家的毒瘤，坑害了无数家庭”向人民网投诉，下发《关于做好舆情监控进一步加大打击传销力度的通知》，指导北海市清查打击，做好舆情应对。下发《关于妥善处置涉台、涉疆、涉藏人员参与传销问题的通知》，督导各级工商机关配合公安部门查办涉台、涉藏、涉疆传销案件。指导南宁、桂林及时处置少数台胞和藏族同胞被传销组织诱骗传销等敏感问题。全年共立案查处传销案件1152件，捣毁传销窝点1659个，教育遣散传销人员2.14万人，移送审查起诉226人，录入黑名单3683人，发布警示提示468万条，印发宣传资料98万份。

2015年，自治区工商行政管理局结合全国工商、公安等12部委部署的“打击传销集中整治”执法行动，突出办案、宣传和反传销基础建设，会同自治区公安厅、综治办下发《关于开展2015年打击整治传销违法犯罪专项行动的通知》，从4月15日起至11月30日，在全自治区范围内开展打击整治传销违法犯罪专项行动，共查处传销案件509件，罚款金额26123万元，没收金额42.83万元，案件数占全国13%，位列第一。达到集中打击明显见效，基础防控有效加强，工作机制更加完善的打传工作目标。形成《广西壮族自治区工商行政管理机关与公安机关打击传销执法协作工作规则（征求意见稿）》，就工商机关和公安机关在打击传销工作方面的职责范围以及传销案件移送管辖、指定管辖、联席会议制度与信息共享机制等方面进行明确规定，为进一步加强工商、公安机关在打击传销违法犯罪行为的协同配合提供强有力依据。

2016年12月29日，北海市工商局协调相关部门，开展冬季打击传销集中行动

2015 年，自治区工商行政管理局下发《关于进一步加强直销企业监管的通知》，要求各地各级工商部门切实加强监管，督促企业开展自查自纠。

2016 年，印发《广西无传销城市考核认定实施方案》以及《广西创建无传销社区（村）考核验收指标的通知》，推进 “无传销城市” 创建工作。下发《关于开展全区直销企业调查核实工作的通知》，对全自治区直销企业开展调查核实工作。

2017 年，广西进一步完善打击传销的组织领导、工作督查、部门协同、信息报送等四项机制，成立由 3 位副省级领导担任组长、副组长的打传工作领导小组，成为全国唯一由党委常委、政法委书记挂帅、担任打传领导小组组长的省级地区。年内，广西打击传销工作领导小组办公室印发《2017 年全区打击传销工作要点》，从 4 个方面部署打击传销的 18 项重点工作，遏制传销违法犯罪行为蔓延势头。3 月 1 日至 11 月 30 日，自治区工商行政管理局、公安厅、综治办在全自治区范围内开展打击传销违法犯罪专项整治行动。4 月 17 日零点开展打击传销 “零点” 专项行动，分别对人员流动多的广场、景区景点等进行重点排查，出动执法人员 400 多人、清查房屋 68 户、查获传销窝点 2 个、查封房屋 41 户、对涉传人员 84 人进行审查、教育遣返人员 23 人。全年各级工商机关共查处传销案件 280 件，案值 609 万元，同比分别增长 76% 和 3.2 倍。

2017 年 8 月 9 日，自治区工商行政管理局在南宁召开广西直销企业分公司负责人座谈会，“先礼后兵”，对直销企业进行提醒、告诫，防止直销企业发生参与传销等违法经营行为。

至 2018 年，全自治区打击传销工作形成 3 个工作格局，即：在政法委领导下、以公安和工商为主力、各部门相互协作的工作格局，不间断地组织专项打击行动和建立长效机制相结合的工作格局，逮捕法办、劳动教养、行政处罚多措并举严打传销的工作格局。通过强化直销经营活动的日常监管，规范直销在构建 3 个机制上取得成效。一是建章立制，严格执法。自 2012 年以来，自治区工商行政管理局先后制定《关于进一步加强直销监督管理工作的意见》《公平交易执法工作考核办法》，建立直销企业监管责任制、事前预警机制，进一步强化各级工商机关直销企业监督管理工作职责，确保监管职能到位。同时，在监管工作中，重点对企业是否有直销企业的授权证书，直销企业计酬奖励制度是否符合法律法规要求以及直销企业是否存在拉人头和团队计酬等违规行为等进行检查，严格规范直销企业经营行为。二是加强沟通协调，形成监管执法合力机制。各级工商部门加强同综治办、公安、教育、宣传等部门沟通联系，建立互动机制，形成监管执法合力，严查以产品推介会、研讨会等形式组织直销培训，违规招募直销员，打着直销等旗号从事传销等违法违规行为，并将打击传销规范直销工作纳入政府综合治理考评，形成上下联动、协调一致、全面推进的工作格局。三是强化行政指导，引导企业自律经营，增强社会责任。围绕贯彻实施《直销企业履行社会责任指引》和规范直销企业经营行为，各级工商部门通过走访、检查、召开座谈会等方式，全面掌握直销企业经营情况；对于走访、检查中发现问题的企业，主动约见企业负责人，指出问题，进行告诫和提醒，要求企业立即整改和防范；指导企业组织直销企业签订自律公约和企业内部的社会责任管理体系和外部的考核评价体系，推动企业管理创新。同时，各地工商部门通过举办企业社会责任论坛，开展企业社会责任评价试点工作，引导直销企业履行社会责任。

年内，广西根据直销市场出现的新特点、新情况，制定印发《关于查处以直销名义和股权激励、资金盘、投资分红等形式实施传销违法行为专项行动工作方案的通知》，深入开展专项检查，同时，指导基层查处违规直销案件 2 起，罚没 22 万元，实现广西立案查处直销违法案件零的突破，开启广西查办直销案件的先例。

第三节　打击制售假冒伪劣商品行为

20世纪90年代以前，查处制售假冒伪劣商品行为，一般纳入打击投机倒把范畴，主要依据国务院1987年发布的《投机倒把行政处罚暂行条例》的规定。20世纪90年代初，产品质量法、反不正当竞争法等法律法规颁布实施后，工商行政管理机关主要依据新的法律法规查处制售假冒伪劣商品违法行为。

1992年7月，国务院印发《关于严厉打击生产和经销假冒伪劣商品违法行为的通知》以来，各地工商行政管理机关全力以赴投入"打假"工作，采取组织专项斗争，开展宣传教育，端窝挖点和取缔假冒伪劣商品集散地等有效措施，查处大量案件，"打假"工作取得阶段性成果。全自治区工商部门共检查国有、集体企业、个体摊店403490个，查出有问题的摊店78380个，查获各种假冒伪劣商品158个品种，总价值2050万元；销毁135个品种，价值785万元；立案查处制售假冒伪劣商品案件471起，罚没金额218.5万元；捣毁制售假冒伪劣商品窝点164个，移交政法机关收审65人，判刑16人。

1993年，自治区工商行政管理局转发国家工商局《关于依法从严查处制售假冒伪劣商品案件，促成"打假"高潮的通知》，要求各级工商行政管理系统要克服"打假"工作中存在的打击不力的问题，将"打假"工作进一步深入开展下去，对制造、销售假冒伪劣商品的典型案件要从重处罚，对其中的首要违法分子要判以极刑，促成"打假"高潮，以维护社会主义市场经济秩序。全年查处假冒伪劣商品案件510起（其中大案84起），总案价值294万元。

1994—1995年，广西各级工商行政管理部门注意研究制售假冒伪劣商品、走私贩私、制售非法出版物的新特点和新动向，有针对性地开展"三打"斗争；以查处大案要案为突破口，捣毁制假窝点。1995年，各级工商行政管理机关根据国家工商局的统一部署，结合当地实际情况，除了对市场经营状况进行较全面的检查外，还突出抓大案要案，抓取缔制造假冒伪劣商品，与人民生活、生产密切相关的商品品种3个重点，先后开展两次市场专项治理。第一次是春节前后，重点打击制售注水肉和伪劣食品的违法行为；第二次是春耕前后，重点打击制售假冒伪劣农药、化肥、种子的违法行为，整治农资市场秩序。在这两次专项治理活动中，共开展各类宣传咨询活动1601次，印发宣传材料91.44万份，举办展览204次，公开销毁假冒伪劣商品213次。全自治区共检查企业总数14.4万个，查处假冒伪劣案件439起，并将其中12起案件、28名违法分子移交司法机关追究刑事责任。查获的假冒伪劣商品主要有：注水肉15.8万千克、农药15万千克、种子1.3万千克、化肥225.4万千克、饮料25.7万箱、营养保健品价值134.23万元；收缴罚没款364.18万元。年内，自治区工商行政管理局被评为全国打击制售假冒伪劣商品先进单位。

1996年，针对制假售假活动季节性、区域性突出的特点，从整治市场秩序、规范经营行为、净化市场环境入手，以打假冒、反欺诈为重点，围绕群众关心的"菜篮子""米袋子""肉案子"等热点问题，每年开展"打假劣保双节""打假劣保农业""打假劣保健康"，夏季饮料市场等专项治理活动，对节日市场、农资市场、饮品市场、保健品市场、药品市场全面整治和整顿，从重从快处理了一批大案、要案。各地工商行政管理机关继续加大监管力度整治农资市场。桂林市工商局在春耕期间突出检查30多家农资经营单位，查处价值20多万元的假冒伪劣农药和复合化肥。宾阳县工商局一举捣毁地下制售假化肥黑窝，当场查扣价值20多万元的化肥96吨。全年各地工商局共出动人员20060人次，对2931家农资经营单位进行清查，取缔29家非法经营单位，查获假冒伪劣农资商品681吨。

1999年，随着科技的发展和商品流通加快，假冒伪劣商品已覆盖生产、生活各个方面。具有假冒伪劣商品品种多，数量大，蔓延到工业、建筑、农资、药品等各个方面；假冒伪劣商品的"名优化"日益严重，且案值较大，名优商品销路好，利润高，成为不法分子造假的主要目标；制假售假由一般化商品向技术含量较高的商品发展；高科技的应用和通信手段的发展，使造假能力加强，出现销售速度快，活动更加隐蔽，手段更加狡诈等新特点。广西工商行政管理机关加强市场日常监管，按照《全国工商行政管理机关与百家企业

“打假维权”行动方案》的要求，开展与企业联手“打假维权”行动，广西的黑五类集团公司、两面针股份有限公司、奥奇集团股份有限公司、新华电池集团有限公司、超人燃器具实业公司等5家企业建立“打假维权协作制度”，依法打击制售假冒伪劣商品的违法行为。全年查处制售假冒伪劣商品案件619件，案值904万元。其中，查处假冒伪劣汽车11辆，汽车、摩托车配件1123件，水泥1475吨，化肥173610千克，种子30898千克，农药6336吨，农用地膜515吨、酒14227瓶，食品95978千克，饮料169629瓶，化妆品109665瓶，VCD、LD、CD盘2032张，商标标识75023万套。

1997年3月14日，自治区工商局会同南宁市工商局召开销毁假冒伪劣商品现场会

2000年，广西各级工商行政管理部门根据国家工商总局的工作部署和群众反映强烈的社会热点和难点问题，有组织、有计划、有针对性地开展“重点地区、重点商品、重点市场”的专项整治及“打假护农”等专项执法行动。重点对贺州地区、宾阳县的假冒卷烟，荔浦县假冒食品、饮料，南宁市假冒及拼装摩托车，以及其他市、县的制假售假案件多发区进行专项打假，集中力量，严厉打击关系国计民生、严重危害人民群众生命财产安全的假冒伪劣农资、食品、饮料、药品、家用电器、汽车配件、水泥、钢材等，集中查处一批典型案件。如玉林市工商行政管理局查处玉州区福华复合肥厂制售假冒氯化钾案和桂林市工商行政管理局查处荔浦大众食品公司虚构厂名制售假冒伪劣食品案，都被列入年度全国工商行政管理系统“打假维权”十大案件。在11—12月开展的全国“联合打假”行动中，全自治区工商行政管理机关共出动人员31260人次、7616车次，检查市场2975个，检查区域1663个，查处案件553件(立案518件，结案427件)，案件总值820.28万元，捣毁窝点128个，罚没款106.58万元。桂林市工商行政管理局、灵川县工商行政管理局及桂林市公安局刑侦支队在灵川县查获一个非法制售摩托车的窝点，查缴假冒中国航空工业总公司常州机械总厂“兰翔”牌摩托车等多个品种的摩托车、轻便摩托车236辆，半成品11辆，以及用于制假的发动机、车架、灯罩、消声器等摩托车零部件，案值100多万元，是广西工商行政管理系统开展联合“打假”行动以来查获的第一大案。

2001年，全自治区各级工商部门联合或配合农业、公安、卫生、质量监督等部门，重点开展拼装汽车打假、农资打假等联合整治行动。在农资打假中，抓住清查农资生产经营资格和严格规范农资经营行为两个环节，开展查无照经营、超范围经营，查农资生产经营企业违法经营，查制售假冒伪劣农资行为，查非法经营农资、层层转包获利的“四查”活动。在拼装汽车打假中，重点打击《全国汽车、民用改装车和摩托车生产企业及产品目录》(以下简称《目录》)外企业利用报废汽车的零部件、走私散件或国产零部件拼装汽车、摩托车，以及使用、套用、转让《目录》内产品型号合格证、制售假冒伪劣汽车安全配件的违法犯罪行为。全年查处假冒伪劣商品案件3725件，比上年增长102.89%；案件总值3926.96万元，比上年增长103.5%；移送司法机关的案件共7件；查处的假冒伪劣物资价值3146.16万元，主要有食品763.15吨、酒36550瓶、饮料533923瓶、水泥46079.89吨、化肥1884吨、农药871吨、种子135.5吨、摩托车3209辆、烟草31.52吨、小型农用机械、配件21996件等。

2002年，全自治区工商系统机构改革，各市、县工商行政管理局成立消费者权益保护处(科)，市以下工商行政管理局查处制售假冒伪劣商品、侵犯消费者权益案件以及流通领域商品质量监管的牵头工作，从公平交易机构分离到消费者权益保护机构。全年查处假冒伪劣商品案件5265件，比上年增长41.34%；案件总值3003.87万元，比上年减少23.5%；罚没661.3万元；受到各种阻力案件3件；查处假冒伪劣物资价值1931.53万元，主要有汽油、柴油、煤油1666.92吨，食品237.9吨，化肥1784.3吨，计算机417台，酒12.5万瓶，钢材534.11吨，服装11.42万件等。

2003年，各级工商机关着重抓好流通领域商品质量监督管理，紧紧围绕重点季节、重点地区、重点市场和重点品种，全面开展农资市场整治；深入开展“维权反欺诈”活动，做好服务消费领域专项检查工作；加强防治“非典”期间的市场监管，维护市场经济秩序；实施食品药品放心工程，开展食品药品专项整治，启用“工商监测车”开展食品质量监督流动检测等。全年查处制售假冒伪劣商品案件4106件，比上年同期减少22.01%；案件总值3231.26万元，比上年同期增长7.57%；5万元以下案件4078件，占案件的99.32%。查处的假冒伪劣物资案值1146.01万元，主要有粮食3151.75吨，化肥2246.59吨，种子31.2吨，农药11.51吨，钢材237.41吨，水泥663.2吨，汽油、柴油、煤油478.14吨，食品23992.15千克，酒20716瓶等。

2004年，各级工商机关加强对流通领域商品源头的规范化管理。探索流通领域商品质量监管模式，自治区工商行政管理局成立商品质量监管“关口前移”领导小组，制定工作方案，明确“关口前移”的重点工作、重点市场和重点商品。强化5项工作措施：建立商品质量市场准入制度；督促经营者依法建立健全内部质量管理制度；建立和完善流通领域商品质量监督抽查制度；建立不合格商品退出市场制度；建立和完善商品质量信息公示制度。以重点市场、重点商品为突破口，明确责任，实行经营者、市场开办者、行政执法者三方联动，从规范市场交易行为入手，加强流通领域商品源头的规范化管理从而促进治理制售假冒伪劣商品违法行为，由“以打为主、打防结合”向“以防为主、防打结合”转变，实现市场监管职能到位。全年查处制售假冒伪劣商品案件2200件，比上年同期减少46.42%；案件总值1561.05万元，比上年同期减少51.69%。

2005年，自治区工商行政管理局加强对抵制假冒伪劣商品的宣传。3月，与宾阳县人民政府联合举办“乡村全民拒伪劣”宣传服务活动。生产经营者代表宣誓承诺：永不坑农、害农、损农；永不生产、销售假货等。农民消费者代表发出倡议书，自觉抵制购买、使用假冒伪劣商品，积极举报制假售假的违法行为，全体消费者行动起来，共同努力构建和谐社会。同时，举行万人拒伪劣签名仪式。全年查处制售假冒伪劣商品案件2097件，比上年同期减少4.68%；案件总值1247.80万元，比上年同期减少20.08%。立案查处案件1840件，其中5万元以下案件1796件、5万～10万元案件35件、10万～30万元案件7件，分别占案件的97.61%、1.9%、0.38%。查获的假冒伪劣物资总价值507.4万元，主要有食品52977.45千克，商标标识，包装等93479张（个），饮料34951瓶，酒22925瓶，化肥1782.63吨等。

2006—2007年，广西各级工商机关以集贸市场、超市、社区、城乡接合部为重点，先后对粮、肉、奶制品、豆制品、水产品、儿童食品、保健品饮料、酒等11个大类重要商品开展专项整治行动；抓住春播、夏种、秋收时令，集中开展以“红盾护农保春耕”为主题的种子、化肥市场专项整治行动，开展以农药商品检测为主要手段的农药市场专项整治行动。

2008年，各级工商机关加大商品检测力度，严厉打击制售假冒伪劣商品违法行为。全年开展抽检商品4409批次，质量合格3645批次，质量不合格764批次，商品质量合格率为82.67%（其中抽检粮油、酒类、乳制品和水产品等餐桌食品2844批次，质量合格2618批次，对226批次的不合格食品责令下架退市，抽检食品合格率为92%）。抽检商品的批次比上年增加5倍多，商品合格率平均比上年提高3个百分点，对经营不合格的违法行为，各级工商机关立案查处145起，罚没款95.82万元。工商机关分期分批在媒体和网上发布，对发现的问题分三次向广大消费者发出消费提示。开展迎奥运食品安全监管“夏季行动”，出动执法人员55207人次，检查经营户96847户次，取缔无照经营545户，捣毁非法制售窝点5个，查处制售假冒伪劣食品案件38件，案值42.52万元（其中查处假冒伪劣冷饮、消暑食品案件7件，案值2.31万元），查获、销毁假冒伪劣食品10521.86千克（其中假冒伪劣冷饮、消暑食品4133.8千克）。开展肉类市场突击检查、月饼市场的专项整治、食用油市场专项执法检查。重点以农村、城乡接合部、城市社区、旅游景区及车站码头为重点监管区域，加大对各类小食品市场、小摊点、小食杂店、小商店和批发市场、集贸市场内的小作坊、小餐馆的检查力度，重点查处无照经营和制售假冒伪劣食品违法行为，切实保障消费者合法权益，构建和谐的消费环境。

2009 年，广西各级工商机关重点打击食品、家电领域假冒伪劣商品行为。全年共出动执法人员 274575 人次，检查食品经营户 540545 户，检查批发市场，集贸市场等各类市场 14280 个，取缔无照经营户 2553 户，查处制售假冒伪劣食品案件 303 件，案值 45.89 万元，查获假冒伪劣食品总量 28548.46 千克（其中饮料 7372 千克、食用油 4773.5 千克、肉制品 2433.8 千克、酒类 1987.88 千克、儿童食品 1564.1 千克），价值 247.01 万元。河池市天峨县工商局食品安全监督管理大队通过摸排调查，查处了一个销售假冒名牌五粮液、茅台、剑南春等白酒的销售点，缴获假冒白酒案值 1 万多元，对违法者处以罚款 1.5 万元。百色市工商局在开展"家电下乡"市场整治工作中成绩突出，1—10 月，共查处销售不合格和假冒伪劣家电案件 44 件，查处不合格和假冒伪劣家电 545 台。

各级工商机关重点突出"红盾护农"抓手，深入开展"保春耕、护夏种、促秋播"三大行动，严厉打击制售假冒伪劣农资坑农害农行为专项整治行动。共出动执法人员 28846 人次，车辆 9753 车次，检查农资市场等集中农资经营场所 1485 个次，检查农资经营户 22563 个次，立案 735 起，查扣不合格和劣质肥料 3158 吨，劣质农药 2135 千克，劣质种子 1820 千克，案值 2580 万元。其中，查处了一批涉及面广、影响较大的制售假冒伪劣农资案件：柳江县工商行政管理局查获千吨假冒化肥案；罗城仫佬族自治县工商行政管理局端掉制假近 4 万件的特大农药制假窝点案；柳州市柳北分局查处约 300 吨不合格氯化钾肥案；玉林市工商行政管理局查处以"送货下乡"为名，走村串户低价销售 30 吨涉嫌不合格问题化肥案。

2011 年，各级工商部门以深入开展各项专项整治工作为切入点，继续围绕建材、家电、汽车轮胎、电动自行车、纸巾等商品质量监管，开展专项执法检查，严厉打击流通领域假冒伪劣商品。10 月初，中央电视台《每周质量报道》栏目对南宁市宾阳县纸巾纸厂家使用回收纸制作成餐巾纸的情况进行报道。节目播出后，南宁市工商行政管理局组织执法人员到宾阳县进行深入调查，对节目中涉及的金城纸业有限公司、信友纸业有限公司、科龙纸业有限公司等 20 多家造纸企业进行检查和整治，宾阳县工商行政管理局对 3 家涉案企业实行责令停业整顿。至 10 月底，全自治区工商部门共查处销售不合格和假冒伪劣商品案件 1051 件，查处不合格和假冒伪劣商品价值总额 513.47 万元。其中，查处不合格和假冒伪劣纸巾 398 件；在"双打"行动中查处销售不合格和假冒伪劣商品案件 384 件。开展"家电下乡"市场专项整治工作，共出动执法人员 28005 人次，检查经营主体 34382 户次，查处不合格和假冒伪劣家电案件 20 件，案值 22.31 万元，查处不合格和假冒伪劣家电 1434 台。结合专项整治工作的开展，百色工商行政管理局组织"家电下乡"销售网点企业代表和售后服务网点向社会公开承诺：严格按照国家政策规定做好家电下乡经营和售后服务工作，确保农村消费者的合法权益得到有效保护。全年查处制售假冒伪劣商品案件共 1225 件，违法案件比上年同期减少 26 件，下降 2.08%；案值 937.42 万元，罚没金额 535.83 万元。

2013 年，自治区工商行政管理局下发《关于流通领域儿童用品质量专项整治的通知》，组织动员各级工商系统从 4 月 15 日至 5 月 15 日，以儿童服装、儿童玩具、童车等为重点品种，以商场、超市、集贸市场、批发市场为重点场所，开展为期一个月的流通领域儿童用品质量集中专项整治行动。全自治区共出动执法人员 8956 人次，检查儿童用品经营主体 16612 户次，查处违法案件 8 件，案值 0.595 万元。查处销售不合格和假冒伪劣儿童玩具数量 133 件，查处销售不合格和假冒伪劣童车数量 12 件。

2017 年 7 月 27 日，钦州市钦南区工商局接到消费者梁女士投诉举报称，其于 7 月 26 日在钦州市钦南区胜达通讯经营店（以下简称当事人）以 6800 元的价格购买了一部苹果 7plus 手机，当事人开具了正规增值发票。手机激活使用后，发现系统安装的不是苹果自带系统而是安卓系统，感到明显属于假冒伪劣产品，请求钦南区工商局对当事人违法行为依法查处，要求当事人退一赔三。钦南区工商局随即立案调查。经取证查实，当事人所销售的手机确属于假冒苹果 7plus 手机的产品，其行为构成消费欺诈。经组织双方调解，最终达成协议，当事人同意按消费者权益保护法退一赔三规定给予消费者梁女士赔偿及退款 27200

元。对当事人销售侵犯他人注册商标专用权产品和消费欺诈的违法行为，工商部门予以“责令立即停止违法经营行为，没收侵权商品，并处罚款 3400 元”的行政处罚。

2018 年，全自治区工商行政管理部门继续深入开展“红盾护农”农资打假专项整治行动。全年共查处农资违法案件 511 件，案值 430.12 万元，罚没款 346.81 万元。查没不合格劣质化肥 108.3 吨，为农民群众挽回直接经济损失 75 万元。

第四节　打击投机倒把行为

投机倒把行为的认定

1987 年，国务院发布《投机倒把行政处罚暂行条例》（以下简称《条例》）。《条例》主要针对以牟取非法利润为目的，违反国家金融、外汇、金银、工商管理法规，非法从事工商业活动，扰乱市场，破坏社会主义经济秩序的行为。具体规定了 11 种投机倒把行为：倒卖国家禁止或者限制自由买卖的物资、物品的；从零售商店或者其他渠道套购紧俏商品，就地加价倒卖的；倒卖国家计划供应物资票证，倒卖发票、批件、许可证、执照、提货凭证、有价证券的；倒卖文物、金银（包括金银制品）、外汇的；倒卖经济合同，利用经济合同或者其他手段骗买骗卖的；制造、推销冒牌商品、劣质商品，坑害消费者，或者掺杂使假、偷工减料情节严重的；印制、销售、传播非法出版物（包括录音录像制品），获得非法利润的；为投机倒把活动提供货源、支票、现金、银行账户以及其他方便条件，或者代出证明、发票，代订合同的；利用报销凭证弄虚作假，进行不正当经营的；垄断货源、欺行霸市、哄抬物价、扰乱市场的；其他扰乱社会主义经济秩序的投机倒把行为。同时，规定对投机倒把行为的行政处罚包括：通报批评；限价出售商品；强制收购商品；没收非法所得；没收用于投机倒把的物资；没收销售货款；罚款；责令停业整顿；吊销营业执照。

1997 年，《中华人民共和国刑法》修订取消了投机倒把罪。

1998 年 4 月 18 日，国家禁止传销经营活动，由于没有出台新的规定，对传销和变相传销行为始以违反《投机倒把行政处罚暂行条例》的“其他扰乱社会主义经济秩序的投机倒把行为”定性处理。

2005 年 8 月 23 日，国务院颁布《禁止传销条例》，并于 11 月 1 日实施，传销行为不再以投机倒把论处。

2008 年 1 月 23 日，国务院公布《关于废止部分行政法规的决定》，92 部行政法规被废止或宣布失效，《投机倒把行政处罚暂行条例》在列。

投机倒把行为的查处

1992 年，广西工商系统经济检查工作本着“放而有度，活而有序，管而有法”的原则，坚持监督检查与支持服务并举，正确处理法规和政策的关系，支持国营大中型企业搞活。对倒卖国家指令性计划分配物资、走私或特许减免税进口物品及专营专卖商品、蚕茧、棉花等主要农副产品，倒卖文物、金银（含金银制品）、外汇，倒卖经济合同，利用经济合同或者其他手段骗买骗卖，制造、推销假、冒、劣质商品或者掺杂使假、偷工减料情节严重，印制、销售、传播非法出版物，垄断货源、欺行霸市、哄抬物价、扰乱市场等六类情节严重的投机倒把案件依法查处。对企业确属维持生产、解决生产经营难题而调剂本自治区、本单位余缺，以及属于引进广西急需的原材料、技术设备对发展广西经济有好处的，停产半停产企业增加临时经营项目，自销积压物资、以物抵债、以物抵薪进入市场销售以及轻微的、一次性超范围、超方式经营的行为，以批评教育为主，经济上从轻或不予处罚，并帮助企业找出灵活变通、解决问题的办法。对国营大中型企业确因生产经营困难，其违法情节、社会危害较轻，非法所得用途正当，但无力缴纳罚没款的，在规定的处罚幅度内给予适度减免，并慎重使用暂停支付、强行划拨、暂扣物资等强制措施，为企业生存发展创造条件。

1993年，广西工商行政管理系统经检部门从以打击投机倒把为主转向以制止不正当竞争为主。经济检查工作及时调整工作重点，由查处倒卖重要生产资料和紧俏耐用消费品案件为主，转到集中力量查处制售假冒伪劣商品、走私贩私、制售非法出版物等违法活动，特别是把走私贩私活动、假冒伪劣农用生产资料坑农事件作为重点打击目标，净化市场环境。年内，自治区工商行政管理局与有关部门发文废止彩色电视机和冷轧薄钢板、冷轧硅钢板等4种短缺钢材的专营政策，原专营以外的部门、单位和个人经营上述商品的，不再按投机倒把定性处理。但上述单位（含原专营单位）就地转手倒卖上述商品的行为，仍按照国务院《关于坚决禁止就地转手倒卖活动的通知》以投机倒把行为定性处罚。

1994年，按照《中共中央关于建立社会主义市场经济体制若干问题的决定》中关于"改善和加强对市场的监督和管理""建立有权威的市场执法和监督机构"的要求，各级工商行政管理局按要求实现职能转变，调整行政执法对象，从重点查处投机倒把活动转变为依法规范市场交易行为，保护公平竞争。

年内，棉花、蚕茧非法抢购、套购和倒买倒卖问题增多。全自治区工商系统在继续开展打假、打私工作的同时，按照国家不放开市场，不放开价格，继续实行国家统一定价、统一经营的政策，关闭棉花市场。在交通要道设立检查站，加强对棉花运销的路检工作，注重对违反规定跨区收购、无证收购、计划外销售、非法套购和倒买倒卖行为的查处以及非法小轧花厂、打包厂的取缔，确保国家合同定购任务和调拨供应计划的完成。在案件处理上，对非棉花、蚕茧经营单位和个人收购、加工、销售及跨区争收抢购棉花、蚕茧的，对经营单位在未完成国家调拨计划的情况下，擅自计划外高价出售棉花、蚕茧的，对纺织厂到产区收购棉花或通过非棉花经营单位购买棉花的，均以投机倒把论处；对棉花经营单位在棉花购销、加工过程中改换包头、虚高等级、掺杂使假、以次充好等行为，以制售假冒伪劣商品的投机倒把行为定性处罚，情节严重，构成犯罪的，移交司法机关追究刑事责任；对棉花经营单位在棉花收购工作中压级压价、抬级抬价的行为，会同物价等部门依法处理。对违反国家棉花市场管理政策，使用小轧花机、土打包机进行棉花加工的行为，以"其他扰乱社会主义经济秩序的投机倒把行为"论处，依照《投机倒把行政处罚暂行条例》第九条第五款的规定没收非法收购、加工经营的棉花以及小轧花机、土打包机。全年共查处各类投机倒把经济违法违章案件1605件，罚没金额2276.14万元。为受害者追回金额712.16万元。

1995—1996年，全自治区查处投机倒把案件主要集中在倒卖国家禁止自由买卖的物品和制造、推销假商品、冒牌商品、劣质商品两类违法行为上。

1997年3月，修订后的《中华人民共和国刑法》废除了投机倒把罪，并于10月1日起执行。

1998年12月3日，国家工商局第87号令公开废止《国家工商局、商业部、物资部关于调整禁止就地转手倒卖的重要生产资料和紧俏耐用消费品的品种范围的通知》和与之有关行政答复，使用10年的国家22种重要生产资料和紧俏耐用消费品的批发业务只能由国营商业、物资、供销部门和生产这种商品的企业经营，不允许其他单位和个人经营的规定被打破。这22种商品是石油（包括原油和商品油），汽车（包括各种改装车），钢材，拖拉机（包括大、中型及小型），摩托车，铜、铜材、裸铜线、铜排扁线及电刷线，铝、铝材、裸铝线、钢芯铝绞线，铅、锌、锡、镍，生铁，木材，水泥，纯碱，固体烧碱，橡胶（包括天然、合成橡胶），塑料（高压聚乙烯、低压聚乙烯、聚丙烯），化肥，棉花（包括棉短绒），绵羊毛、羊绒，农药，农用薄膜，新闻纸、凸版纸，彩色电视机。

1999年，全自治区查处投机倒把案件以倒卖计划物资案件、倒卖专营专卖品案件、制造和推销假冒伪劣商品案件为主，占73.7%。8月，按照国家工商局清查收缴非法出版物的部署，结合"打非扫黄"行动，对自治区内各类印刷厂、音像图书商店、图书报刊批发市场和零售摊点全面清查，净化文化市场。

2001年，全自治区共查处投机倒把行为案件1492件，案值4563万元，罚没金额668万元。其中，盗卖国家禁止或限制自由买卖物品行为案件486件，制造、推销假冒伪劣商品行为案件661件，其他投机倒把行为300件。年内，围绕建立和完善社会主义市场经济体制，国务院出台蚕茧、棉花、粮食流通的管理法规和政策，鼓励和倡导符合一定条件的多种所有制经济主体，经主管部门经营资格认证、认定和工商机关核准登记后，按规定从事蚕茧、棉花、粮食的收购、加工或经营，并对无证照从事收购、加工或经营案件的处理作出规定。此后，对无证照从事收购、加工或经营蚕茧、棉花、粮食的案件，适用专项法规处罚，不再以投机倒把行为论处。随着规范市场交易行为、竞争行为法律法规的不断健全和完善，《投机倒把行政处罚暂行条例》所规范的违法行为，基本上被新的法律、法规所规范。

2002 年，全自治区各地工商行政管理机关共查处投机倒把案件 1507 件，比上年增长 1%，罚没金额 712.93 万元，增长 6.79%。从投机倒把违反的主要类型看，查处投机倒把案件总数最多的是倒卖国家禁止或限制自由买卖物品的行为，共 598 件，比上年增长 23.04%，占查处投机倒把案件数的 39.68%；制售假冒伪劣商品行为 573 件，下降 13.31%，占 38.02%。

2003—2005 年，投机倒把案件总数连续 4 年下降。2003 年，全自治区共查处投机倒把案件 1097 件，比上年减少 27.21%，罚没金额 1236.47 万元，增长 73.43%。从投机倒把违反的主要类型看，查处投机倒把案件数最多的是倒卖国家禁止或限制自由买卖物品的行为，共 473 件，比上年减少 21%，占查处投机倒把案件数的 43.11%。2004 年，查处投机倒把案件 776 件，比上年减少 29.26%，罚没金额 879.24 万元，减少 28.87%。从投机倒把违规的主要类型看，查处投机倒把案件数最多的是倒卖国家禁止或限制自由买卖物品的行为，共 219 件，占查处投机倒把案件数的 28.22%；制售假冒伪劣商品行为 170 件，占 21.90%。2005 年，查处投机倒把案件 418 件，比上年减少 46.13%，罚没金额 1146.23 万元，增长 30.34%。从投机倒把违反的主要类型看，查处投机倒把案件数较多的是倒卖国家禁止或限制自由买卖物品的行为案件，共 108 件，占查处投机倒把案件数的 25.83%。制造、推销假冒伪劣商品行为案件 83 件，占查处投机倒把案件数的 19.86%；专营、专卖品案件 44 件，占查处投机倒把案件数的 10.52%。

2005 年 8 月 23 日，国务院颁布《禁止传销条例》，并于 11 月 1 日实施，传销行为不再以投机倒把论处，投机倒把案件类型进一步减少。

2006—2007 年，投机倒把案件逐年减少，案件类型主要是倒卖国家禁止或限制自由买卖物品、制造、推销假冒伪劣商品两大类。2006 年，全自治区共查处投机倒把案件 299 件，比上年减少 28.47%，案值 808 万元，罚没金额 540.43 万元。其中，倒卖国家禁止或限制自由买卖物品的行为案件 107 件，制造、推销假冒伪劣商品行为案件共 78 件。2007 年，查处投机倒把案件 228 件，比上年减少 23%。其中，倒卖国家禁止或限制自由买卖物品的行为案件 103 件，制售、传播非法出版物行为案件 45 件。

2008 年 1 月 15 日，国务院下发《关于废止部分行政法规的决定》，宣布《投机倒把行政处罚暂行条例》和《投机倒把行政处罚暂行条例施行细则》失效。4 月 17 日，国家工商总局下发《关于〈投机倒把行政处罚暂行条例〉失效后开展工商行政执法工作的答复意见》，明确《投机倒把行政处罚暂行条例》失效后，工商机关可从“经营者主体资格”“产品质量”“产品包装装潢和产品标志”“食品等产品安全监督管理的特别规定”和“保护消费者权益的角度”等方面加强对经营进口商品行为的监管。

第五节　打击走私贩私行为

20 世纪 90 年代以来，广西各级工商行政管理部门全面贯彻全国打私工作会议精神和“打防结合、综合治理、突出重点、坚持不懈”的反走私斗争方针，对走私贩私行为始终保持高压态势。针对走私贩私的重点地区（如防城港、东兴、北海、梧州、南宁等地）、重点商品，认真开展专项斗争。重点抓好成品油、橡胶、白糖、电脑配件、酒类等走私贩私问题较为突出的重点商品的整治工作。立足于“市场管”这一基本职能，加强市场全方位监管，对各类集贸市场，沿海沿江沿边码头等进行检查监控，大力查处走私贩私案件，取得显著成效。改革开放以来，全自治区工商部门共查处走私贩私案件 3251 件，案值 32257 万元。

走私贩私行为的认定

走私是指违反国家有关法律法规，逃避海关监管，偷逃应纳税款，逃避国家有关进出境的禁止性或者限制性管理规定的行为。贩私是指违反国家法律规定，贩卖走私物品的行为，是破坏社会主义经济秩序的投机倒把行为之一。

根据法律的授权和国务院的分工，确定海关、公安边防、工商行政管理机关作为打击走私的行政执法部门。3部门本着“海上抓、岸边堵、陆上查、市场管、处罚严”的原则，开展打击走私工作。工商行政管理机关主要负责陆上打击走私贩私工作，取缔私货市场，打击私货交易，切断私货流通渠道，查处私货贮藏窝点。

1998年7月，全国打击走私工作会议确定“联合缉私，统一处理，综合治理”的缉私体制改革原则。改变了原来多部门缉私，政出多门，秩序混乱的弊端，建立起以海关为主，公安、工商等执法部门联合缉私，对查获的走私案件由海关统一处理的制度。各执法部门查获的不构成走私罪的案件，一律交由海关作行政处罚；构成走私罪的案件，一律移送缉私警察督办；查获的走私物品和价款，一律交由海关及时上缴国库，任何单位不得坐支截留。

2000年，自治区人民政府办公厅印发《广西壮族自治区打击走私综合治理领导小组办公室职能配置和人员编制规定》，明确自治区打击走私综合治理领导小组办公室（副厅级）为自治区打击走私综合治理领导小组的常设办事机构，设在自治区人民政府办公厅。

2017年6月，国务院法制办就《反走私工作条例（征求意见稿）》（以下简称《征求意见稿》）公开征求意见。《征求意见稿》明确了各地方、各部门在反走私工作中的职责。规定地方各级政府对本行政区域反走私工作负有领导责任，明确其承担组织联合缉私、开展清理整治等工作任务。《征求意见稿》第十条规定，工商行政管理机关负责查缉流通领域经营无合法来源证明的进口货物的违法行为。

走私贩私行为的查处

1992年，走私贩私活动在广西沿海地区较突出，走私汽车、彩电等情况十分严重。9月，自治区工商行政管理局下发《关于进一步开展打击走私贩私活动的通知》，要求进一步提高对打击走私贩私斗争的思想认识；狠抓大案要案，严厉打击走私贩私活动；严格按照办案程序办案；工商行政管理人员要加强组织纪律性，严格遵纪守法，不准为走私贩私活动提供方便，更不允许参与走私贩私的违法活动，违者一经发现，要严肃处理。各级工商部门按照要求，加大对走私贩私行为查处力度，全年共查处走私贩私案件1751起，罚没金额4176万元。查获走私物资主要有汽车711辆、彩电8361台、摩托车580辆、空调机19760台；查获从沿海进入内地限制进口的商品有日产汽车138辆、日产彩电9000台、录像机9000多台、显像管3000多个。

1993年，广西工商行政管理系统经检部门从以打击投机倒把为主转向以制止不正当竞争为主，重点抓好“三打”（打击制售假冒伪劣商品、打击走私贩私、打击制售非法出版物）斗争。全年查处走私贩私案件530起，总案价值2872万元。

1994—1995年，各级经济检察机关立足于“陆上查，市场管”，严厉打击市场上出现的各类走私贩私活动，取缔私货交易及私货集散点，重点加强对沿海、沿边、沿江等走私活动严重的地区的监督检查，重点打击汽车、香烟、家用电器及生产性原料走私，从快从严查处大案要案。1994年，共查处走私贩私案件28起，罚没金额1180万元。在国家工商局召开的“打私”表彰会上，自治区工商行政管理局经检局和北海市工商行政管理局经检科受到表彰。12月，国务院宣布停止执行《关于加强对广东、福建进口商品管理的通知》，全自治区工商机关对进口商品的管理由此从特殊区域以及对进口商品内运的微观管理，转入面向全国大市场对进口商品合法“身份”进行全方位、多手段监管的轨道。1995年，各级经济检察机关注重案源信息的收集和利用，加强部门协作，重点打击走私贩私汽车、香烟、家用电器，从快从严查处大案要案。7月，自治区工商行政管理局在全国工商行政管理局局长会议上介绍了广西打击走私贩私活动以及维护市场经济秩序的经验。

1996年，各级工商行政管理机关由重点地区的查处转向重点商品的查处。坚决打击汽车及配件、照相器材、食糖、原油等走私贩私行为，取缔地下私货市场；配合公安部门取缔私刻印章、私印票证行为，打击骗税、套汇活动。

1998年7月，全国打私工作会议确定“联合缉私、统一处理、综合治理”的缉私体制。根据职责分工，工商机关负责打击流通领域中的私货交易行为，查处无合法来源的进口商品。同月，自治区工商行政管理局开展“两北”打击走私专项斗争，以沿海、沿边地区为重点，严厉打击私货交易行为；配合有关部门，开展打击成品油、汽车、香烟等重点商品走私贩私的专项执法行动；从重从快查处了一批走私贩私案件。10月，国家工商局停办《没收走私汽车、摩托车证明书》，处罚后的走私贩私汽车、摩托车无法处理，打击走私贩私进口汽车、摩托车违法活动工作处于相对停滞状态。全年工商行政管理机关共查处走私贩私案件40件，案值589.7万元。

1999年，广西各级工商行政管理机关加强对市场的全方位监管，与有关部门密切配合，坚决打击私货交易。全年查处走私贩私案件34件，比上年减少97%，案值249万元。反映出自上年7月“两北”打击走私专项斗争以来，全自治区的走私贩私活动得到有效遏制。

2000年，广西各级工商系统严厉打击流通领域的走私贩私活动，自治区工商行政管理局与南宁海关签订《关于合作打击走私、贩私活动的行政互助协议》，加强部门协调，加大缉私力度，重点抓好北部湾沿海、北仑河、西江、桂江水路的码头、仓库、边贸点等地区和成品油、香烟、橡胶等商品的整治；针对走私贩私活动出现的化整为零、“蚂蚁搬家”新特点，加强对小额、零星的走私贩私行为的查处，加大对边境重点市场及非设关地交易点的巡查，堵住私货的购销渠道。全年查处走私贩私案件234件，案值555万元。罚没金额221万元。其中，查处走私汽车1辆，电视机213台，成品油123吨，橡胶132吨，香烟107件。

年内，防城港市工商行政管理局充分发挥工商行政管理机关在打击走私贩私工作中“市场管”的职能，加强对边境互市贸易市场和进口货物的监管，加大打击贩私的力度。全年共立案查处涉嫌贩私案件（包括对为贩私物品提供运输工具的处理）共183起，案值310万元，结案125起，罚没款262万元，有力打击贩私活动，维护正常市场秩序。

2001年，广西走私贩私活动主要表现为“蚂蚁搬家”式的小额、零星走私贩私，点多面广。针对新特点，各级工商行政管理机关采取“一线查，二线堵”的办法，深入开展反走私斗争，进一步加强对进口原材料、商品市场、仓储和经营场所的监督管理，严厉打击私货交易；加强缉私情报网络建设，集中力量，抓好大案要案的查处。全年共查处走私贩私案件284件，案值599万元，罚没金额405万元。其中，查处走私贩私原油76吨，成品油153吨，橡胶335吨，白糖276吨，汽车摩托车配件1077件，VCD盘2480张，电视机78台，服装2380件，香烟61件等。

2002年，以沿边、沿海、沿江地区为重点，开展打击走私贩私的专项斗争，重点查处化工原料、食糖、食用油、成品油等商品走私贩私行为；强化反走私“市场管”的环节，加强对各类商品交易市场的日常监管，严厉打击私货交易行为。全年共查处走私贩私案件303件，案值830万元。

2003—2006年，查处的走私贩私案件逐年下降。各级工商行政管理机关在开展查处走私贩私行为中，对走私贩私的重点地区（防城港、东兴、北海、梧州、南宁市等地）、重点商品，认真开展专项斗争。重点抓好成品油、橡胶、粮食、电脑配件、酒类等走私贩私问题较为突出的重点商品的整治工作。经过整治，全自治区的走私贩私势头得到有效遏制，呈逐年下降趋势。2003年，广西各级工商行政管理机关共查处走私贩私案件409件，案值1146万元。2004年，查处的主要走私物品有成品油117吨、粮食827吨、中药材45万千克、酒8894瓶、食品38136千克、计算机5597台、白银19700克等。共查处走私贩私案件339件，比上年减少 17%，案值 1059 万元，与上年基本持平，罚没金额 925 万元，比上年增长 64%。2005 年，查处的主要走私物品有橡胶 191.33 吨，酒 194936 瓶，食品 107086 千克，计算机 1789 台，VCD、LD、CD 盘 30186 张，相纸 13760 平方米等。共查处走私贩私案件 142 件，比上年减少 58%，罚没金额 1012 万元，比上年增长 9.4%。2006 年，查处的主要走私物品有原油 952.62 吨、橡胶 191.33 吨、酒 18759 瓶、食品 45726 千克、饮料 122208 瓶、计算机 1077 台等。共查处走私贩私案件 77 件，比上年度减少 46%，罚没金额 502 万元。

2007—2008 年，广西各级工商行政管理机关深入贯彻国务院《关于进一步加强反走私工作的通知》精神，突出工作重点，保持对走私贩私行为始终保持高压态势，立足于“市场管”这一基本职能，对各类集贸市场，沿海、沿江、沿边码头等进行检查监控。2007 年，查处的主要走私物品有香烟 15487 条、有色金属 67.6 吨、酒 10476 瓶、食品 101904 千克、饮料 56784 瓶、计算机 1576 台等。全年共查处走私贩私案件 106 件，案值 651.85 万元，比上年案件数增长 38%。防城港市工商行政管理局开展反走私专项整治，以打击走私洋垃圾为重点，联合东兴市工商行政管理局，对东兴市辖区内的废旧物资收购加工点进行全面清理，回收不符合有关整改要求的回收点营业执照 28 户，因收购不足或原料供应短缺而自动停业 96 户。2008 年，全自治区工商行政管理机关共查处走私贩私案件 20 件，案值 166.77 万元。

2009 年，为严厉打击违法经销走私成品油等违法行为，进一步规范成品油市场秩序，广西各级工商行政管理机关从 3 月底至 4 月底，在全自治区范围内开展打击成品油专项联合行动。各级工商行政管理机关共出动执法人员 4216 人次，出动执法车辆 1965 辆次，检查成品油经营企业 329 家、加油站 1123 家、油库及其他储油点 329 个。查处无照经营成品油案件 21 件，查处超范围经营成品案件 9 件，查处出租营业执照案件 2 件。

2010 年 4 月—6 月，广西各级工商行政管理机关加强与各有关部门的联系和合作，采取专项治理和重点清查相结合的办法，开展打击走私专项斗争联合行动。全自治区工商行政管理系统共出动执法人员 5123 人次，车辆 1028 辆次，查处废旧物品 1329 吨、旧电脑显示器 2400 台，旧衣服 78 吨、冻品 130 吨、鱼油 37 吨、大米 98 吨、黄豆 15 吨、硅锰合金 140 吨、成品油 49.4 吨、化肥 286 吨、牛油渣 25 吨等。

2011 年，根据自治区打击走私综合治理领导小组《关于积极参与泛珠三角 4+2 区域打击走私联合行动方案的通知》精神，全自治区各级工商机关在元旦、春节期间与有关部门开展了泛珠三角“4+2”打击走私联合行动，行动期间，各级工商机关共出动执法人员 5123 人次，车辆 869 台次，检查油库油站 658 个，冷冻库 235 个，汽车汽配门店 632 个，其他门店 5356 个，立案查处案件 11 件，案值 124 万元，查获成品油 305.80 吨、化肥 508 吨等走私物资。开展卷烟打假打私工作，有效抑制卷烟制假售假活动，使辖区内制假窝点、售假贩私网络得到及时打击，涉烟违法犯罪分子受到严惩；通过治理无证照经营烟草制品行为，逐步杜绝无证经营烟草专卖品的现象，进一步规范烟草市场经营秩序。

2012 年，根据自治区打击走私综合治理领导小组《打击北仑河沿线走私活动专项行动方案》精神，各级工商机关与各有关部门开展打击北仑河沿线走私活动专项行动，配合海关开展“国门之盾”行动。

2013 年，根据《2013 年全国反走私综合治理工作要点》和自治区打私办要求，各级工商机关与各有关部门一起，分别于 5—10 月、9—12 月联合开展打击走私“洋垃圾”专项联合行动、打击走私专项斗争和联合行动。各地特别是毗邻边境地区的工商机关通过加强日常市场巡查，通过检查商户经营资质、经营范围、产品质量等手段规范商户的经营行为，重点打击冻品、大米、烟酒、香蕉、白糖、奶粉等重点敏感商品走私行为，一旦发现走私贩私线索，立即启动处置机制，协同相关部门赶赴现场，依法查处。

2014 年，按照自治区打私办《严厉打击食糖走私专项联合行动方案》《严厉打击大米走私专项联合行动方案》《打击走私“冻品”专项联合行动方案》等 3 个行动方案开展专项行动。5 月全国打私办下发《关于联合开展打击农产品走私“绿风”专项行动的通知》，自治区工商行政管理局要求各级工商部门要站在全局的高度，采取坚决的措施，全程参与配合，坚决完成任务。

2015 年，各级工商系统开展打击疫区牛肉走私综合整治专项行动及相关打击冻品走私联合行动。为确保专项行动扎实开展，取得实效，自治区工商行政管理局专门制定下发《广西工商系统打击冻品走私

"2015"专项整治工作方案》，要求各级工商部门结合本单位的实际情况，加强对进口商品的监管，在当地打私办的统一协调下，与有关职能部门密切配合，加强沟通，结合各项专项整治工作开展行动，严厉打击流通领域私货交易行为。全年共出动执法人员3400人，车辆1201台次，检查各类农贸市场及交易摊点4732处、超市210家、冻品经营户632户次、冻库45个、进口商品销售商店83家。

2016年，各级工商系统开展打击走私"国门利剑2016"专项联合行动，重点打击走私大米、食糖、冻品等货物、物品，遏制走私高发势头。

2017年，自治区工商行政管理局联合自治区烟草局组织召开烟草市场整规会议，布置2017年打击烟草走私"猎非"专项行动；联合有关部门针对大米、食糖、冻品、香烟等货物、物品等走私活动进行重点打击。

2018年，在开展打击走私联合专项行动中，配合自治区烟草专卖局组织召开烟草市场整规会议，联合有关部门针对大米、食糖、冻品、香烟等货物、物品等走私活动进行重点打击，遏制了走私高发势头。

第六节　治理商业贿赂

商业贿赂行为的认定

商业贿赂是随着商品经济的发展而逐步产生和发展起来的经济现象，指在市场交易中，经营者为销售或者购买商品而采用财物或者其他手段收买对方单位或个人，以争取交易机会或交易优惠条件的不正当竞争行为。商业贿赂行为具有3个特征：其行为的目的，是为了销售或者购买商品，即争取交易机会或交易优惠条件。其行为的手段，是采用财物或者其他手段进行收买，其中所称财物，是指现金和实物，包括经营者为销售或者购买商品，假借促销费、宣传费、赞助费、科研费、劳务费、咨询费、佣金等名义，或者以报销各种费用等方式，给付对方单位或者个人的财物；其中所称其他手段，是指提供国内外各种名义的旅游、考察等给付财物以外的其他利益的手段。贿赂的对象，一般是对方单位或者个人，但不限于此，还包括对商品购销有直接影响的其他单位或者个人。

经营者的职工采用商业贿赂手段为经营者销售或者购买商品的行为，属于职务行为，在法律上应当认定为经营者的行为，由经营者承担责任。

1993年12月1日，《中华人民共和国反不正当竞争法》施行。该法对商业贿赂行为做出了禁止性规定：经营者不得采用财物或其他手段进行贿赂以销售或购买商品。在账目外暗中给予对方单位或个人回扣的，以行贿论处；对方单位或个人在账外暗中收受贿赂的，以受贿论处。经营者销售或者购买商品，可以以明示方式给对方折扣，可以给中间人佣金。经营者给对方折扣、给中间人佣金的必须如实入账。接受折扣、佣金的经营者必须如实入账。

1996年11月15日，国家工商局发布《关于禁止商业贿赂行为的暂行规定》（以下简称《暂行规定》）。该规定对商业贿赂行为及手段都进行了明确界定，并指出由县级以上工商行政管理机关对商业贿赂行为进行监督检查。

商业贿赂行为的查处

2000年，广西各级工商行政管理机关在开展反不正当竞争执法中，查处医药购销中的商业贿赂案件11件，案值1514万元，罚没金额52万元。柳州市工商行政管理局针对药品市场存在的问题，开展打击药品回扣行为的专项行动，深入查处药品购销中的商业贿赂行为。通过厘清一般商业贿赂行为与回扣、回扣与折扣、职务行为与非职务行为、法定账与非法定账、企业经营与个人挂靠经营的区别等，把握了查"白条"

入账、查红字发票、查过度膨胀的费用账，利用审计部门的管理手段，突击检查小金库，以及发动群众举报等方法，认真调查取证、有的放矢、各个击破等方式，共立案查处此类案件15起(其中3件按无照经营定性处理)，经查，当事人以给予、收受回扣为手段购销药品金额达1757万元；罚没金额90.8万元，实际已入库49.8万元。

2001年，国家工商总局对关于非营利性医疗机构是否属于反不正当竞争法规范主体问题进行答复，明确无论是营利性医疗机构，还是非营利性医疗机构，只要在购买药品或者其他医疗用品中收受回扣，都应当按照反不正当竞争法的规定依法查处。

2002年，查处商业贿赂28件，同比增长12%。

2006年，广西各级工商部门在自治区党委、自治区人民政府和国家工商总局的领导下，认真开展治理商业贿赂专项工作。及时成立了治理商业贿赂专项工作领导小组，印发了实施方案，充分发挥工商职能作用，大力查处商业贿赂案件。全年工商行政管理机关共立案调查商业贿赂案件138件，查结商业贿赂案件78件，案值2505万元，罚没金额241.11万元。移送纪检、监察部门处理的案件7件。在查结的案件中，涉及最多的是商业流通领域中的商业贿赂行为，其行为主要表现为销售商品而采用假借促销费、宣传费、赞助费等方式，给付对方单位或者个人财物，买断经营场所专卖权，从而排挤其他竞争对手的行为。全年工商部门查结此类案件34件。其次，教育部门的商业贿赂行为也表现较为突出。主要表现为：一是教育主管部门和中小学校在征订教辅材料过程中，以口头或书面协议等方式与教材供货商约定好返还比例。教育主管部门和学校收到该钱款后，或以各种名义入账，或由教材供应商入账；二是一些学校在订购学生校服时，学校收受服装厂假借劳务费等形式返还给学校的贿赂款；三是学校在购买学习用具或生活用品时，收受供货商的贿赂款。全年工商部门查结此类案件19件。此外，医药购销领域的商业贿赂案件也是工商部门查处的重点之一，医药领域商业贿赂行为的主要表现形式为医院在药品和医疗器械采购过程中，以各种名义收受药品供应商的有关费用，全年工商部门查结此类案件18件，移送给有关部门处理的案件6件。

2008年，广西各级工商行政管理机关以查办商业贿赂案件、建立长效机制为重点，深入开展治理商业贿赂专项工作。5月，自治区工商行政管理局召开全自治区工商系统治理商业贿赂工作会议，对全自治区工商系统"2006—2007年治理商业贿赂先进集体和个人"进行表彰，对2008年治理商业贿赂工作进行部署，使全自治区的查办商业贿赂案件数有了大幅增长。全年共查处商业贿赂案件40件，比上年同期增长166.67%，案值86.39万元，罚款金额33.57万元。

2009年，共查处商业贿赂案件13件，案值23.17万元，罚款金额20.28万元。

2010年，广西各级工商行政管理机关根据《2010年广西公平交易执法工作要点》，对全自治区治理商业贿赂专项工作进行部署，以查办商业贿赂案件、完善执法办案管理系统为重点，至7月，查处各类商业贿赂案件5件，案值10.7万元，罚款6.3万元。

2011年，广西各级工商行政管理机关重点对虚拟网络中的违法经营行为、对公用企业、具有独占地位的经营者或政府部门限制竞争行为、对工程建设、土地出让、产权交易、政府采购中发生的商业贿赂行为进行查办，共查处商业贿赂案件12件，案值25.72万元，罚款金额15万元。

第六章　流通领域食品安全监管

改革开放以来，中国的食品安全监管体制发展主要分为三个阶段：

第一个阶段(1983—1995 年)。1982 年 11 月 19 日第五届全国人大常委会第 25 次会议通过《中华人民共和国食品卫生法(试行)》，将食品卫生监督职责授予各级卫生防疫站。

第二个阶段(1995—2004 年)。卫生行政部门为法定执法主体，工商行政管理部门介入。1995 年 10 月 30 日第八届全国人大常委会第 16 次会议审议通过新修订的《中华人民共和国食品卫生法》，确定各级卫生行政部门是食品卫生监督的执法主体。但 2001 年 8 月 7 日，国务院《关于印发国家工商行政管理总局职能配置内设机构和人员编制规定的通知》把技术监督管理部门在流通领域对商品质量的监管职能划归工商行政管理部门。

第三个阶段(2004—2014 年)。主要特点是分段管理、多头管理。2004 年国务院《关于进一步加强食品安全工作的决定》(以下简称《决定》)，对食品安全监管体制再次做出重大调整，实行“分段管理”体制：农业部门负责初级农产品生产环节的监管；质检部门负责食品生产加工环节的监管，将原由卫生部门承担的食品生产加工环节的卫生监管职责划归质检部门；工商行政管理部门负责食品流通环节的监管；卫生部门负责餐饮业和食堂等消费环节的监管。为了解决多部门监管之间的协调问题，《决定》同时规定，食品药品监管部门负责对食品安全的综合监督、组织协调和依法组织查处重大事故。2008 年国务院对相关机构的“三定”批复及 2009 年 2 月 28 日第十一届全国人大常委会第七次会议通过的食品安全法，继续维持“分段管理，多头管理”工作体制，即规定国务院质量监督、工商行政管理、食品药品监督管理部门分别对食品生产、流通和餐饮服务活动实施监督管理。

2012 年，根据自治区机构改革的有关文件精神，自治区工商行政管理局组建食品流通监督管理处，各市、县(城区)工商行政管理局增设食品流通监管科(股)。

2014 年，根据国家大部制改革方案，流通领域食品安全监管职能由工商行政管理机构划转食品药品监督管理机构，流通领域食品安全监管工作不再由工商行政管理机构负责。11 月，自治区人民政府办公厅印发《广西壮族自治区工商行政管理局主要职责内设机构和人员编制规定的通知》，明确将流通环节食品安全监督管理职责划入自治区食品药品监督管理局。

第一节　日常监管

根据法律法规和国务院授权，工商行政管理部门流通环节食品安全监管职责主要包括：食品生产经营主体市场准入管理；监督流通环节食品质量；监督食品经营行为；处置重大食品安全事故；处理消费纠纷。2001 年前，自治区工商行政管理局对流通领域食品安全的监管工作，主要体现在登记注册食品经营企业和监督集贸市场内食品安全两个方面；对违反食品安全法律法规的行为，主要结合打击假冒伪劣工作进行。2001 年 8 月，国务院明确将流通领域商品质量监管职能划归工商行政管理部门后，自治区工商行政管理局开始逐步对食品安全实施系统化监管。

食品准入

2004年，自治区工商行政管理局推进流通领域商品质量监管“关口前移”。南宁市工商行政管理局在利客隆超市推行“商品准入工程”，指导和帮助该企业建立健全商品质量管理的一系列规章制度。该超市为保证各项规章制度的实施，在短短的一个半月内，收集了442家供应商、4000多种商品的企业“三证”（许可证、质检证、商标注册证）和其他相关资料，调整清退24家供货商，淘汰3000多种商品，并按照“一户一档”的原则建立“商品安全准入资料室”和进货电子台账，对副食品保质期低于60天的商品实行预警制度，生鲜低于2天、食品低于30天的商品实行撤柜并退场，过期失效变质等不合格商品坚决不允许上柜。

2006年，各级工商行政管理机构按照“谁登记、谁规范、谁负责”的原则，结合年检，由各级登记注册机关分别对食品生产经营企业和个体工商户食品卫生许可证和营业执照的有效性依法审核和清理与规范。按照“谁监管、谁清理、谁负责”的原则，由各县（市）工商行政管理局组织，工商所负责对辖区内从事食品生产经营者逐户进行排查，建立健全食品生产经营主体经济户口档案，实行一户一档，对辖区内食品经营主体信息进行采集、录入，完善食品经营户档案管理。同时，登记注册机关对清理规范后的各类食品生产经营企业和个体工商户的情况，反馈给其辖区工商所，工商所将辖区食品生产经营排查登记的情况与登记注册机关通报，相互对比，严格清理规范。基本做到“五个清”，即对清理规范的范围、任务清；对清理规范的方法、步骤和要求清；对责任区的食品生产加工企业和个体工商户的数量清；对有照无证、有证无照和无照无证的食品经营主体的底数清；对准入制度的建立和落实情况、经营情况、企业信誉等情况清，从而使清理规范工作落到实处。

2009年2月28日，《中华人民共和国食品安全法》由第十一届全国人民代表大会常务委员会第七次会议审议通过，该法赋予工商行政管理机关流通环节食品经营准入与监管职权，自6月1日起施行。自治区工商行政管理局及时组织各级工商行政管理系统开展对食品安全法的学习及宣传教育，全年工商行政管理系统累计集中学习食品安全法1337场（次），参加人数26513人；开展知识竞赛69次，人数4914人；举办培训班484期，受训人员27117人；举办专题讲座107次，听课人数7654人。食品安全法规定，从事食品流通经营活动的，应当依法取得食品流通许可证。9月1日，自治区工商行政管理局出台《关于贯彻落实国家工商行政管理总局食品流通许可证管理办法的试行意见》，明确“四个统一”原则，即统一文书、统一印制、统一软件开发、统一窗口受理发证，并就食品流通许可的职权划分、对象、范围、工作程序、变更、注销相关文书及档案的管理等作出明确规定。当日，全自治区第一张食品流通许可证核发，全年共核发食品流通许可证4420份。

2010年，广西各级工商行政管理机关依法履行职责，按照《流通环节食品安全监督管理办法》《食品流通许可证管理办法》以及食品市场主体准入登记管理制度的要求，严格依法核发食品流通许可证，规范食品经营主体资格。全年新发放许可证5.08万户，食品经营者持有继续有效的卫生许可证66168户。按照“谁登记、谁规范、谁负责”“谁监管、谁清理、谁负责”的原则，采取逐户排查的办法，深入开展食品经营主体资格专项整治，依法查处无证无照经营食品行为，规范食品经营主体资格，取缔无证照经营户1714户。

2011年，各地认真贯彻落实国家工商总局工作部署，扎实推进乳制品流通许可分类列项管理，对乳制品经营户进行全面登记管理，督促经营者按时办理变更登记；同时通过警告、警示、责令整改、行政处罚等方式，确保分类列项管理工作完成。此外还严格执行乳制品经营主体相关信息数据标准，建立健全乳制品经营主体信息数据库，按照“谁主管，谁负责”的原则，做到“许可一个、登记一个、录入一个”，确保流通环节乳制品经营主体市场准入情况全面、真实、有效。至年底，全自治区共核发乳制品流通许可证17382户（其中含婴幼儿配方乳粉经营户6539户，不含婴幼儿配方乳粉经营户10843户），乳制品经营主体100%录入数据库并进行标注。

年内，各地对所有销售食用油的经营户进行拉网式清理检查，建立健全食用油经营者经济户口和监管档案，切实做到“底数清、情况明”，对证照不全或超过有效期的，责令改正，依法整治和清理，特别是依法坚决取缔无证无照经营食用油的违法行为。来宾市对全市已登记的废弃食用油脂回收企业进行彻底排查，划定其经营范围，并加强对企业从业人员的教育，与其签订责任状，严禁将废弃食用油脂销往食品生产经营企业。按照食品安全法的规定和要求，各地依法监督经营者把好食用油进货关，监督食用油经营者建立、落实进货查验和查验记录制度，按规定记录进货情况，仔细查验食用油供货方的生产许可证、营业执照和食品合格证明文件，确保进货渠道合法、证照真实有效，质量合格。

年内，加强对酒类市场的摸底排查，严把市场准入关。组织人员对辖区内所有酒类经营户进行全面排查，摸清经营户的进货渠道、进货数量、经营场所、仓储地点等有关情况，有针对性地开展排查。坚持先证后照，依法规范食品流通许可证核发行为，严厉查处无证照经营行为。同时，加强市场巡查。按照网格化监管的制度、职责和要求，认真检查市场酒类经营户验收台账、销售台账及其台账内容是否真实、详细；检查进口葡萄酒卫生证书的使用情况，包括有无滥用、涂改卫生证书，有无按要求加施符合要求的中文标签等。

质量监测

2003 年，自治区工商行政管理局开辟新的路子，探索新的经验，启用工商监测车开展食品质量监督抽查。年初，在玉林市工商局、田阳县工商局试点装配工商流动监测车。3 月 15 日，广西首辆工商监测车在玉林市正式启动使用。为取得试点经验，从 4 月 14 日—7 月 1 日分两个阶段，组织玉林市、百色市的 2 台工商流动监测车，在全自治区 14 个市及 5 个县对食品质量进行巡回检测。同时，总结经验，逐步推广应用。全年由工商监测车对市场的粮油、蔬菜、水发产品、干制海产品、腌制酸菜、猪牛肉等食品进行检测，共检测 1062 个样品，合格 930 个、不合格 132 个。《人民日报》、广西电视台对此进行了报道。

2004 年，自治区工商行政管理局组织开展了 4 次食品质量监督抽查，共抽查各种食品 628 批次（其中罐头 123 批次、桶装水 54 批次、奶粉 78 批次、婴幼儿米粉 21 批次、蜜饯 150 批次、酒 92 批次、饮料 110 批次），质量合格 443 批次，合格率 70.54%。质量不合格的食品共 185 批次（其中奶粉、婴幼儿米粉 47 批次，蜜饯 57 批次，酒 42 批次，饮料 34 批次，桶装水 5 批次）。对经检验被判为不合格的食品，由各级工商行政管理部门责令立即停止销售，对质量不合格的，依法查处；对标识不合格的，依法责令改正，对影响或危及人身健康安全的有毒有害食品，立即清除出市场，并从严从重从快查处。此外，充分发挥工商监测车的作用，加强对市场餐桌食品的监控。元旦、春节、国庆等节日期间，调动全自治区 4 辆工商检测车，组织开展餐桌食品大抽查。中国—东盟博览会期间，组织 4 台监测车对南宁市的 4 个超市、11 个集贸市场的食品进行抽样检测，抽检项目 11 项，主要抽查蔬菜、肉类、米粉、干杂等群众日常消费量较大的食品。共抽查 276 个样品，合格 243 个，合格率 88%。检测结果表明前阶段食品安全整治工作取得成效。

2005 年，自治区工商行政管理局加强流通领域监测体系建设，印发《关于进一步加强流通领域商品质量监测工作的意见》，全面开展商品质量监督抽查。9 月，自治区工商行政管理局为各市、县工商行政管理局、分局配备食品安全检测箱 130 多台。同时，结合“关口前移”工作要求，对经营者购销查验制度的建立、执行情况、其他经营行为以及商品外包装标识情况进行检查，并分别做好现场检查记录，对检查和抽查中发现的不合格及其他违法商品，及时依法查处。

2006 年，各级工商行政管理机关以食品为重点，实施商品质量监督抽查。1—9 月，全自治区工商行政管理部门共抽查流通领域商品 2630 个样品组，合格 2047 组（其中 22 个标识不合格），合格率 77.83%，其中食品 1690 组，合格 1512 组，合格率 89.47%。中秋国庆前，各地加强对流通环节月饼的质量监测，抽查月饼 375 批次，合格 362 批次，不合格 13 批次，对不合格月饼责令立即下架停止销售。上半年，组织开展对流通领域黄酒、动物性干制水产品、藻类制品、车用无铅汽油、轻柴油、冷冻饮品、液体乳制品、饮料等商品质量进行质量监督监测，共抽查 280 个样品组，其中干制水产品 50 个样品组，合格 29 个样品组，总体合格率 58.0%；黄酒 50 个样品组，质量合格 24 组，合格率 48%，标签合格 37 组，标签合格率 74%。涉及 30 个经销商和自治区内外 31 个生产企业重点抽查的区域是食品批发市场、超市、农贸市场、县城乡镇的食品经营店铺等。10 月，开展蜜饯商品质量监测，共抽查 50 个样品组，质量合格 29 个样品组（其中标识不合格 11 组），质量不合格 21 个样品组（其中标识不合格 7 组），质量总体合格率 58%。

2007 年，以流通领域食品及涉及消费安全的商品为重点，开展商品质量监测。全年共抽查花生油、腌腊肉制品、酱油、食醋、蚝油、味精、鸡精、腐竹、粉丝、菌类、虾米、茶叶、鱿鱼干、红鱼干、饮料、蜜饯、果冻、膨化食品等 360 批次，平均合格 89.3%。监测涉及全自治区 14 个市 104 家商场、超市和食品经营户经销的自治区内外 91 家生产加工企业的产品。存在问题主要是鸡精调味料特征指标不达标、儿童食品色素超标。自治区工商行政管理局及时进行告知，并提出消费建议，引导消费，并不定期公布《工商行政管理机关流通领域商品质量监测情况通报》。充分发挥快速检测车、检测箱的作用，加强对农村食品市场的质量监测。各地工商行政管理机关围绕粮、肉、蔬菜、水果、奶制品、豆制品、水产品、酒等重点商品，进行快速检测，全区共检测商品 1450 个批次，平均合格率为 89.6%。对确认为不合格的食品及时采取有效措施退市，切实维护节日市场经营秩序。

年内，为贯彻落实国务院总理温家宝关于稳定猪肉市场价格、确保猪肉供应等重要指示精神和国家工商总局的有关工作部署，自治区工商行政管理局印发《关于开展对市场肉类食品专项检测检查工作的通知》等系列文件，自 6 月 5 日起，连续 7 天在全自治区范围内统一开展肉类食品的快速检测，各级工商行政管理部门通过食品快速监测车或检测箱等设备，或联合有关检测部门，对本辖区内的农贸市场的猪肉、牛肉等肉类食品进行专项质量检测，坚决杜绝注水肉，病死猪、牛肉等进入市场，严把市场准入关。

2008 年，全自治区工商行政管理系统逐步由传统的监管方式提升到现代的监管方式上来，自治区工商行政管理局为基层工商系统配备 100 台执法检测车，1780 台食品快速检测箱（每个工商所 1 台、每台执法检测车配置 1 台），实现市、县、所三级都有执法检测装备，提高执法人员在市场监管工作中的工作效能。柳州市工商行政管理局制定“定时间、定地点、定品种”的快速检测制度。根据消费者申诉举报热点和市场监管的难点，加大对流通领域的食用油的质量监测。扶绥县工商行政管理局执行一周一报制度。梧州市工商行政管理局研究制定了统一计划、统一项目、统一上报、统一公布等“八统一”的工作制度。全年各级工商行政管理机关加大商品检测力度，开展抽检商品 4409 批次，质量合格 3645 批次，质量不合格 764 批次，商品质量合格率为 82.67%（其中抽检粮油、酒类、乳制品和水产品等餐桌食品 2844 批次，质量合格 2618 批次，对 226 批次的不合格食品责令下架退市，抽检食品合格率为 92%）。抽检商品的批次比上年增长 5 倍多，商品合格率平均比上年提高了 3 个百分点，对经营不合格的违法行为，各级工商行政管理机关立案查处 145 起，罚没款总计 95.82 万元。

2009 年，各级工商行政管理机关共抽查猪肉、黄花菜等 58 类餐桌食品 11.47 万批次，发现涉嫌存在问题的食品 1262 批次。

2010 年，自治区工商行政管理局加强对流通领域重点食品的监测力度，维护商品市场秩序。年初，制定食品年度监测工作计划，并按计划分季度逐步实施。截至 11 月底，共开展流通环节食品质量监测（包括乳制品、儿童食品、挂面、白酒、食用植物油、月饼、蜂蜜、肉制品、黄花菜、菌类等）共 434 批次，检验结果合格食品 357 批次。全年各级工商行政管理机关发挥快速检测车、检测箱的作用，有重点不间断地开展食品快速检测，对发现的不合格食品及时依法处理，大大提高流通环节食品的质量水平。

2011 年，自治区工商行政管理局进一步加强流通环节乳制品质量监测工作。5 月，印发《关于 2011 年流通领域乳制品质量监测工作计划的通知》，制定流通环节乳制品质量监测工作计划，按不同时间、区域对流通环节乳粉、液态奶、酸奶、含乳食品进行质量监测。7 月，印发《关于做好流通环节乳制品抽样检验及有关情况统计汇总工作的通知》。各地按照工作要求，制定本辖区流通环节乳制品抽样检验工作年度计划和具体工作方案，对重点品种进行抽样检验，并按照有关部门组织认定的三聚氰胺快速检测方法，加强对三聚氰胺等重点项目的快速检测。至年底，全自治区工商行政管理系统抽检乳品样品总组数为136组，检验质量不合格组数11组，不合格原因主要是菌落总数和甜蜜素超标、蛋白质不合格。对不合格乳品，已按照相关法律法规查处。在清理检查中，广西没有发现2008年9月14日以前生产未经检验的乳粉、2010年全国食品安全整顿工作办公室通报的33起问题乳粉案件涉及的乳粉以及其他问题的乳粉。

年内，自治区工商行政管理局印发《关于进一步加强流通环节食品安全快速检测工作的通知》，要求各市、县工商行政管理局、工商所制定食品快速检测计划，围绕重点区域、重点市场和重大活动期间开展快速检测工作。每个工商所每个月快速检测数量不少于10个品种20批次的食品。同时明确了快速检测的主要项目和做好涉嫌不合格食品的处理工作。北海市工商行政管理局投入近50万元建设检测中心，定期和不定期对各类食品进行质量监测。梧州市工商行政管理局制定《食品快速检测“八统一”工作制度》，全年共检测食品样品11012组。玉林市工商行政管理局着力培养一支精通业务的食品安全检测队伍，开办食品快速检测培训班5期，同时开展快检23760组，完成25040组。1—9月，全自治区工商行政管理系统共检测食品样品82747组，其中不合格234组，占0.28%，送检食品样品1506组，其中不合格4组，占0.26%，对不合格食品依法进行查处。

2012年，自治区工商行政管理局把检验检测作为食品安全控制和监督检查的途径和手段，共投入959万元为各级工商行政管理机关购置食品安全工商综合检测仪、检测耗材、建立食品安全检测中心。同时，给予技术支撑，并制定完善工作制度和检测流程。1—9月，全自治区工商行政管理系统共快速检测食品样品65660组，其中不合格258组；送检食品样品1484组，其中不合9组；抽样检验3639组，不合格246组，对不合格食品依法进行查处。

2013年，广西统一制定实施监督抽检、风险监测和快速检测等食品安全监测计划。各级工商行政管理机关加大资金投入，建立以市为中心的食品快速检测中心。桂林、北海、玉林等市通过开展食品快速检测技能竞赛、组织执法人员进行快速检测培训等措施加强基层执法人员食品快速检测能力，进一步提升监管人员工作水平。南宁、北海、百色、崇左等市食品快速检测中心建成并投入使用，其中南宁、北海等市食品快速检测中心具备快速检测、应急联动、实时监控、信息管理四大功能，可以对工商所快检情况进行实时监控，对超市食品区域的经营情况及电子台账进行实时检查，针对检查出的问题食品作出应急处置，发布食品安全消费警示。在元旦春节、中秋国庆、“两会一节”等重大节庆活动中组织开展集中抽检，确保节日食品市场安全。南宁、贵港等市督促大中型企业推行企业自检，指导企业建立食品安全自检机制，由企业自行配备检测室或者检测手段，在入市前及时消除食品安全隐患。1—10月，流通环节共抽检食品3436组，不合格171组；开展食品快速检测145979组，平均合格率达到99.68%。

2014年，各级工商行政管理机关加大资金投入，建立以市为基础的食品质量快速检测中心，加强检测人员的培训，建立健全相关制度，全面开展食品质量快速检测。1—10月，流通环节共抽检食品3436组，不合格171组；快速检测食品145979组，平均合格率达99.68%。

质量监管

2003年，针对夏季市场的特点，组织对冷冻食品进行抽检，共抽检37份，合格32份。合格率83.8%。对不合格的冷冻食品已按有关程序进行处理，确保夏季食品的安全。

2004年，自治区工商行政管理局推进流通领域商品质量监管“关口前移”，成立商品质量监管“关口前移”领导小组，制定工作方案，明确“关口前移”的重点工作、重点市场和重点商品。通过强化5项工作措施（建立商品质量市场准入制度；督促经营者依法建立健全内部质量管理制度；建立和完善流通领域商品质量监督抽查制度；建立不合格商品退出市场制度；建立和完善商品质量信息公示制度），分3个阶段，推进流通领域商品质量监管“关口前移”工作，逐步实现市场监管职能到位。5月，在南宁市、柳州市、梧州市和平果县工商行政管理局开展推进商品质量监管“关口前移”试点工作。梧州市工商行政管理局根据监管职能的要求和实际情况，推出商品质量监管工作流程：由基层执法人员依据经济户口资料，实施从“静态管理—经营单位—动态监管—依法行政—文明管理”的操作规程，要求执法人员在静态管理中，先查经营主体是否合法（证、照是否齐全），然后按经营户的不同类别进行动态监管，即查其是否有进货票、证，商品是否合格、合法（质量检验报告、注册商标及标识等），一旦查出问题，则本着依法行政的原则，按照情节轻重做出相应处理。平果县推出记分卡制度，通过设计一张记分卡，由工商执法人员负责对市场主体的经营行为进行量化管理，每个记分周期为20分，对存在违法经营行为的市场主体进行记录和评判，凡是在记分周期内被累计满20分的，工商部门向其发出法律法规教育通知书，告知经营户在规定时间、规定地点内接受相关法律法规知识培训，经考试合格后可消除积分累计，不合格者继续补考。同时，平果县工商行政管理局设立企业联系管理员，把监管工作下移，责任落实到工商所、组、人。梧州市工商行政管理局建立《商品质量监管关口前移工作过错责任追究制》，由分局长检查督办，对由于工作失误、失职造成不良后果或重大影响的，一律按规定追究责任。通过采取这些措施，促进市场监管职能到位，强化监管力度。

2005年，组织开展对流通领域罐头、肉制品、食用菌、饮料、儿童食品、蜂蜜、海产品等食品质量进行监督抽查。重点抽查食品批发市场、超市、农贸市场、县城乡镇的食品经营店铺等。至11月底，自治区工商行政管理局抽查363个样品组，总体合格率80.44%。其中桶装水质量合格率51.2%、蜂蜜质量合格率46.3%，说明桶装水、蜂蜜市场存在较大的质量问题。为此，自治区工商行政管理局印发《关于开展桶装水、蜂蜜市场专项整治行动的通知》对检查中发现的问题进行拉网式检查，对不合格食品依法进行处理，确保消费者合法权益。10月17日，自治区工商行政管理局和南宁市工商行政管理局联合在南宁市开展食品市场安全大检查。检查组在淡村市场、华联超市民族宫店、飞凤市场等处抽检了猪肉、鱿鱼、酸菜、银耳、小白菜等20多个样品，抽检结果均为合格，保障中国—东盟博览会期间食品安全。

2006年9月26日，工商工作人员到企业进行现场服务与工作指导

2006年，自治区工商行政管理局印发《关于开展创建〈工商行政管理所食品安全工作规范〉示范单位的通知》，确定50个示范工商所，以通过示范作用，以点带面，带动全自治区城乡工商所全面落实食品安全工作规范和工作责任制，扎实推进基层监管工作的经常化、制度化、规范化。同时将巡查制与经济户口管理结合起来，避免出现监管“死角”。通过开展清理规范食品安全经营主体资格，普遍建立食品经营主体经济户口档案，实行分类监管，针对不同食品经营主体的信用和守法经营情况，采取突出重点巡查与不定期抽查相结合，日常巡查与专项检查相结合的动态综合巡查，把《工商行政管理所食品安全工作规范》落到实处。

2008年，全自治开展创建农村食品安全示范店试点工作，选定横县、岑溪等8个县为创建农村食品安全示范店试点单位，东兴、凭祥等8个县为边贸食品安全监管试点单位，以点带面，推动农村食品安全示范店创建工作。制定《自治区工商行政管理局关于流通环节农村食品安全示范店规范化建设指导意见》，对农村食品安全示范店的标识、内容、标准、制度等5个方面统一进行规范。10月28日，自治区工商行政管理局在柳州市鹿寨县召开全自治区工商行政管理系统农村食品安全示范店建设经验交流会议，推广柳州鹿寨县创建食品示范店经验，听取鹿寨、岑溪、田东、兴安工商行政管理局的经验交流。几个试点单位的经验都各有特色，如鹿寨县工商行政管理局以农村食品连锁经营为依托，通过培育连锁配送供货商的办法推动农村食品安全示范店创建活动，在县工商行政管理局的引导和帮助下，以超市连锁经营为特色的农村食品安全示范店创建活动蓬勃开展。田东县工商行政管理局则以商务部门正在开展的“万村千乡市场工程”建设为突破口，将农村食品流通监管网建设与商务部门“万村千乡市场工程”对接，在商务部门“万村千乡市场工程”的基础上，鼓励农村食品安全示范店走配送之路，选定部分超市和批发部作为配送示范点，通过“超市、食品批发店—配送—示范店”的链接，实现食品安全示范店的食品由配送中心配送，不仅从根本上解决农村食品示范店和其他食品经营户索证索票制度不到位、进货台账少登漏登的问题，也从源头上防止“三无”、过期和其他不合格食品在“送货下乡”中流入市场。年内，全自治区共建立农村食品安全示范店4167个，占行政村总数的63.74%。自治区工商行政管理局以“广西工商部门食品安全监管工作向农村延伸获突破性进展”的简报通报全国。

2009年，各级工商行政管理机关探索和推进食品安全示范店建设与流通基础设施建设、城乡基层建设相结合的方式，加快推进示范店建设进程，截至10月底，全自治区共创建农村食品安全示范店10708个；行政村应建数完成率达到77.39%。

2010年3月29日凌晨，南宁市五里亭批发市场内例行抽检发现一批大白菜农药残留严重超标，并已有部分流入南宁六大城区和防城港市等市场。接到报告后，自治区工商行政管理局消保处人员快速反应，立即组织部署南宁市工商行政管理局、防城港市工商行政管理局执法人员采取应急措施，启动应急处置预案，及时组织执法力量依法对未销售和已经批发销售出去的农药残留严重超标大白菜进行控制和追缴，在6个小时内全部追回流入市场的农药残留严重超标大白菜，及时控制事态发展，有效遏制重大群体食品中毒恶性事件的发生。

2011年，各级工商行政管理机关加强与商务部门合作，认真规范流通环节乳制品经营者进货查验和查验记录义务工作。通过监督乳品经营者把好乳品进货关，对乳品标识、厂名、厂址、保质期和对进口乳制品的中文标签、中文说明书、检验报告等进行重点检查。进一步规范和完善进销货台账 、索证索票、不合格食品退市等制度，严防不合格乳粉特别是问题乳粉流入本地市场非法销售。对发现乳品经营单位未按规定记录台账、造成产品无法准确溯源的，依法进行查处。同时，在开展问题乳粉专项行动中，各地对辖区内的乳品及含乳食品经营单位进行拉网式排查，不漏掉每一个批发、零售商，不放过任何可疑线索，对可能藏匿问题乳粉的仓库、民房进行重点清查。梧州市工商行政管理局抽检了冠生园大白兔奶糖、娃哈哈营养快线等含乳食品9种，检出不合格奶糖一批，对当事人依法进行了处理；玉林市工商行政管理局查处乳制品经营者违法案件3件；贺州市工商行政管理局没收侵犯注册商标专用权乳制品1100千克。

2011年，各级工商行政管理机关加强对食品添加剂经营主体监管，对辖区范围内食品经营户开展全面排查，重点查看前置审批手续是否齐全，证照是否合法有效，在此基础上，建立健全食品添加剂经营主体登记和台账制度，按照《流通环节食品添加剂经营主体情况登记表》的内容，由基层工商所按辖区逐户建立经营主体档案，做到检查一户、登记一户、录入一户，做到底数清、情况明。至年底，全自治区共有流通环节专营食品添加剂经营户119户，兼营食品添加剂食品经营户688户。各级工商行政管理机关严格监督流通环节食品添加剂经营者切实把好进货质量关，向供货者索要其合法证照，按批次索要添加剂检验合格证明文件，并留存保管，并建立并严格执行进货查验和销售台账制度，将标签标识作为食品添加剂进货查验的主要内容，要求经营者不得购入标识不规范、来源不明的食品添加剂，切实把好食品添加剂市场准入关。同时，强化食品添加剂市场巡查检查，采取不同的监管方式，有针对性地加强对食品添加剂经营行为的监督检查。对经营的食品添加剂质量，从入市、交易到退市全程进行管理，层层把关，严格落实各经营环节管理制度和责任制度，切实做到自觉规范其经营行为。如钦州市设立食品添加剂专柜或专区，对销售食品添加剂实行实名制销售，即属经营者的要凭营业执照，属个人自用的要凭身份证购买。钦州市工商行政管理局统一制定和下发“钦州市流通环节食品添加剂销售登记表”，在专柜上贴上“食品添加剂专柜或专区”字样，结合食品经营一票通的推广，规范食品添加剂的经营行为。

2012 年，自治区工商行政管理局成立食品安全流通监管处，各市、县（区）工商行政管理局增设食品流通监管科（股），进一步加强食品安全监管力度。同时，成立食品安全专家咨询组，提高监管水平。各地在流通环节食品安全监管工作中，探索出新的监管模式。如梧州市工商行政管理局引导大型超市自行建立蔬菜农药检测站，由经过专门培训的工作人员对每天对新购进的蔬菜进行自检，并将检测结果张榜公布，农药残留的蔬菜一律不得上架销售，确保百姓的“菜篮子”安全。同时，该局在辖区各大超市建立“12315”食品维权岗，现场为消费者提供维权服务，安排现场受理人员。玉林市工商行政管理局组建“食品安全监管”QQ 交流群，把互联网与食品安全监管结合起来，并以玉州区工商行政管理局为试点，组建实名制的“食品安全监管”QQ 交流群，将食品经营户特别是大型商场、超市纳入交流群中，通过交流群实时发布食品相关信息、食品安全消费警示、不合格商品名单等。贺州市富川瑶族自治县工商行政管理局创建食品安全门户网站，通过网站提高动态监管效能、提高办照办证效率及接受社会各界监督评价。

2013 年，根据《国家工商行政管理总局关于进一步推进食品安全经营者信用分类监管工作的通知》要求，各级工商行政管理机关建立以经济户口为基础、以动态监管为手段的食品信用分类监管模式，构建行政监管、经营者自律、社会监督的食品经营者信用分类监管格局，全自治区食品经营者信用分类监管强化网络信息技术在流通环节食品市场主体许可、准入、食品质量监管、市场巡查和执法办案等方面的综合应用，为实现“网上受理、网上查办、网上调度指挥、网上应急处置、网上动态监管、网上发布信息”从自治区到基层工商所四级纵向贯通体系打下基础。其中，桂林、梧州、玉林、贺州、北海、钦州、来宾、防城港、百色等市结合市场巡查，将本辖区所有食品生产经营主体纳入经济户口管理，建立和完善食品经营主体注册登记电子档案和经济户口数据库，实行“一户一账一卡”制度，根据市场巡查抽检、经营户回访、经营者诚信守法状况等综合情况对失信食品经营主体实行重点监管，推行以经济户口为基础、以动态监管为手段、以食品经营者自律为依托、建立食品经营主体信用分类为载体的监管模式。梧州市共有食品经营户 10858 户，全部按照要求建立流通领域食品经营者食品安全信用档案。玉林、桂林、崇左等市实施岗前培训制度，对从事流通环节食品经营活动的各类经营者组织参加岗前培训，增强食品经营者的食品安全法治观念和守法、诚信经营意识。

2014 年，流通领域食品质量监管工作不再由工商行政管理机构负责。

建立长效监管机制

2004 年，各级工商行政管理机关建立商品安全入市有效过滤机制，在企业自律行为的基础上，主要由商品质量管理制度、商品经销检查验收制度、不合格商品召回及退市制度、商品质量信息公示制度、商品索证索票备查制度等一系列相关制度组成，逐步解决流通领域商品从哪里来、到哪里去的问题。同时，制定商品质量监管工作流程。由基层执法人员依据经济户口资料，实施从“静态管理—经营单位—动态监管—依法行政—文明管理”的操作规程。执法人员在静态管理中，先查经营主体是否合法（证、照是否齐全），然后按经营户的不同类别进行动态监管，即查其是否有进货票、证，商品是否合格、合法（质量检验报告、注册商标及标识等），一旦查出问题，则本着依法行政的原则，按照情节轻重做出相应处理。实行商品质量监管工作责任制，把监管工作下移，责任落实到工商所、组、人。要求企业联系管理员为企业提供索证查询服务，并把查验上柜商品的相关资料记录到市场巡查工作日志，建立电脑数据库，为经营户实行信用分类提供依据，不断促进市场监管职能到位，强化市场监管力度。

2004 年，根据国家工商总局的工作部署，建立食品安全专项整治情况报告制度，每月做好统计和情况上报工作，强调统计报告期内结案的案件，减少重复统计。之后，食品安全专项整治情况报告制度作为一种常态化制度，逐年开展。

2006 年，自治区工商行政管理局印发关于贯彻《工商行政管理系统流通环节食品安全监督管理责任及责任追究办法（试行）》的工作意见及《自治区工商行政管理机关流通环节重大食品安全事故应急预案的通知》，把流通环节重大食品安全事故应急处置工作落到实处，切实提高处置食品安全突发事故的能力。各地普遍建立健全行政执法制度。即食品安全准入、市场巡查、不合格食品退市、食品安全信息公示、食品分类监管、食品安全监管责任及责任追究制度等。同时，建立健全经营者自律机制。督促超市、商场、食品生产经营企业、个体工商户开展自查自纠，建立健全进检查验收制度、购销台账制度、食品质量承诺制度、不合格食品退市、市场开办者质量责任制度等自律制度，促进“他律与自律相结合”。

2007 年 4 月，自治区工商行政管理局印发《关于开展流通食品安全监管专题调研活动的通知》，重点调研监管工作制度和机制上存在的突出问题，研究解决问题的对策和思路，剖析食品监管中存在的问题及探索监管的有效途径，加强食品安全监管工作的指导。各级工商行政管理部门全面落实《广西壮族自治区流通环节食品安全监督管理责任及责任追究制》等食品安全监管制度，全自治区 119 个县（市、区）、95% 以上工商所建立食品安全监管 7 项制度，探索商品质量长效监管机制，基本达到“以防为主，防打结合”的目的。如桂林市工商行政管理局在全市推行“五制两查一承诺一指导”监管模式。将“五制两查一承诺一指导”中的“五制”从监制行为转变为企业自律行为。4 月，河池市都安瑶族自治县板岭中学发生多名学生涉嫌食物中毒事件，当地工商行政管理部门及时启动食品安全事故预案，对有关情况及时掌握，严格按规定上报信息，并举一反三，进一步加大全市工商行政管理系统食品安全监管工作的督查，获党委、政府和上级机关肯定。

2008 年，为贯彻落实国家工商总局提出的全面推进制度化、规范化、程序化、法治化建设的要求，自治区工商行政管理局在大量调查研究和广泛征求意见的基础上，出台《流通环节食品安全监管“四化建设”工作措施》，是全国工商行政管理系统最早出台的一项指导消保工作的“四化”措施。

2009 年，《中华人民共和国食品安全法》出台，赋予工商行政管理机关流通环节食品经营准入与监管职权，按照国家工商总局制定的 8 项制度，自治区工商行政管理局加强流通环节食品安全监管长效机制建设，在日常工作中加大巡查力度，严格执行索证索票、购销货台账制度，探索在索证索票工作中推行电子台账工作新模式。桂林市工商行政管理局以微笑堂、南城百货和联达购物广场人人家超市 3 家商场、超市为试点，引导经营企业做好食品安全检测数据的采集录入以及各类进（销）货台账、不合格商品退市等工作，同时指派专人负责与工商行政管理部门联系，开展好各类信息录入和上传，工商行政管理部门通过链接平台，随时掌握成千上万种食品的即时信息，实现对大型商场超市食品安全的信息化监管。

2010 年，自治区工商行政管理局消保处与梧州市工商行政管理局按照食品安全法、《食品安全法实施条例》、《流通环节食品安全监管办法》和其他有关法律法规制度的规定，结合工商部门的职责和食品市场的现状，按照全自治区工商行政管理系统规范化建设的要求，共同编写《梧州市工商行政管理局流通环节食品安全监管工作规范指南》，从行政许可、市场监管、质量监测、食品安全事故应急处置以及行政执法等 5 个方面进行了规范，对规范食品市场监管执法人员的行政行为，降低监管风险，提高监管效能起到积极作用。试点工作获国家工商总局食品司领导的高度评价。

2011 年，自治区工商行政管理局根据国家工商总局的相关规定，结合广西实际情况，制定《关于实施食品流通许可证管理办法的试行意见》，明确食品流通许可证发放的条件和程序，严格执行食品流通许可证申请、受理、审核、发放、变更、注销程序，准确核发食品流通许可证，向市场输送合格的食品经营主体。至 10 月底，全自治区流通环节食品经营户达 138560 户，实现食品经营者 100% 主体资格有效、乳制品经营户二级标注达 100%，食品特别标注率达 100%。推行“一票通”，建立食品市场质量监管制度和食品追溯制度。在全自治区工商行政管理系统范围推行食品经营“一票通”制度，建立“以批控零、以零溯源、管住批发、规范零售”机制。通过“一票通”对食品批发商以及上下级供货商的详细信息、进货数量、食品的生产日期、保质期进行监督检查，进一步强化食品经销商的食品安全意识，达到“管住批发、规范零售、方便经营者、有利消费者”的效果，形成监管部门、批发商、零售商三方共赢的局面，进一步筑牢食品安全防线，有效提升流通环节食品安全监管水平。同时，各地以基层工商所为单位，对本辖区的食品经营者划分责任区，明确食品监管人员，落实监管责任和具体巡查任务。容县建立工商所执法检查记录制度，实行流通环节食品经营户“一户一档一账一卡”监管方法。即一个食品经营户持一份备检台账，一个食品经营户对应一个监管档案卡。监管档案卡、备检台账分别保存在工商所、经营户店内，有效提高监管效能。通过运用食品快速检测等技术手段，建立健全食品快速检测机制，增强食品安全监管的针对性和时效性，及时有效防范食品安全突发事件，切实保障流通环节食品消费安全。

2011年，各级工商行政管理机关加快构建食品安全监管长效机制。南宁市上林县工商行政管理局推动上林县食品安全委员会制定《上林县流通领域食品经营户公开评价暂行办法》，通过采集流通领域食品经营者主体资格和店容店貌、食品质量、经营管理自律制度、经营行为、社会满意度等方面的数据，对经营者作出客观综合评价，通过公开评价，建立起经营自律为先，行政执法为主，社会监督为辅“三位一体”食品安全责任监管体系。北海市工商行政管理局推动以行业协会为载体的食品经营者行业自律组织的建设，促进成立北海市海味干货行业协会，建立监督和自律机制，实行经营者自我规范经营。

2012年，各级工商行政管理机关建立健全流通环节食品安全监管制度建设。先后制定《广西工商行政管理局流通环节食品安全信息公示制度》《广西工商行政管理局流通环节食品安全监管工作规范指南》《广西工商系统流通环节重大食品安全突发事故应急处置预案》《广西工商行政管理局关于加强食品现场制售和食品摊贩监督指导的意见》《广西工商行政管理局对临近保质期食品规范管理的指导意见》等规章制度和措施，有效地保障流通环节食品安全。继续构建流通环节食品安全监管长效机制。建立网格化监管制度，强化基层工商所日常巡查监管工作。着力建立健全基层工商所食品安全日常巡查和属地监管责任制，把食品安全监管任务和责任层层落实到基层工商所，强化日常监管工作，切实做到任务到岗，责任到人。推行岗前测试制度，严格食品流通许可证发放。要求流通环节食品经营户申领《食品流通许可证》前，须首先到食品流通许可证核发机关独立完成一份测试题，内容涉及食品安全法、《食品流通许可证管理办法》和“一票通”制度等内容，测试者通过测试后才能领证。建立国家工商总局和自治区工商局的食品安全联系点。全年工商行政管理系统共有国家工商总局食品安全联系点2个，自治区工商行政管理局食品安全联系点14个。

2013年，各级工商行政管理部门继续推行网格化监管工作制度，层层签订《食品安全监管工作目标管理责任书》，做到任务到岗、责任到人，基层工商所实行网格化责任区达到100%。年内，各级工商行政管理机关完成多项食品安全监管任务，妥善处置几起社会影响力较大的问题奶粉事件。如“美素丽儿”奶粉事件及含肉毒杆菌的新西兰恒天然问题奶粉流入广西事件，各级工商行政管理机关注重舆情监控，严格食品安全舆情监测和信息控制，对突发性、应急性的食品安全问题妥善处理。

第二节　专项整治

食品整治专项行动

2003年，自治区工商行政管理局按照《国务院办公厅关于开展食品药品放心工程的通知》要求，部署开展食品药品专项整治工作。各市工商行政管理机关成立专项整治工作领导小组，制定具体行动方案，全面开展食品药品专项整治工作。8—11月，全自治区工商行政管理系统共出动执法人员39050人次，出动执法车辆5159台次，检查市场4374个，检查食品经营主体95485户，抽查食品3352批次（其中不合格364批次），取缔无照经营2677户，查处案件1364件，罚没款112.16万元。

2004年，食品安全专项整治是国务院整顿和规范市场经济秩序工作的重中之重。根据《国务院关于进一步加强食品安全工作的决定》和国家工商总局《开展食品安全专项整治工作实施方案》的要求，自治区工商行政管理局及时印发文件进行工作部署。成立食品安全专项整治工作领导小组，制定整治工作方案，深入开展食品安全专项整治工作。主要开展奶粉市场、儿童食品市场、夏季食品市场等专项整治。全年共出动执法人员120433人次，检查经营户375298户，查处无照经营户3551户，捣毁制假售假窝点161个，查处制售假冒伪劣食品案件1289件，查获假冒伪劣食品价值总计399.11万元。玉林市工商行政管理局查处一批属于国家工商总局公布的不合格奶粉黑名单中的奶粉，数量300多件，货值总额达3万多元。柳州市工商行政管理局查处“飞雀”牌劣质不合格奶粉146件（每件20千克）。柳州市工商行政管理局查获柳州市中糖股份有限公司销售假冒五粮液酒案。

2005年，自治区工商行政管理局以监管食品质量和规范经营行为为重点，抓薄弱环节，集中力量着力解决重点区域、重点对象、重点品种和消费者反映比较多的突出问题。至11月底，全自治区工商行政管理系统出动执法人员220290人次、检查食品经营户563317户、查处无照经营食品5913户、捣毁制假售假窝点94个、查处制售假冒伪劣食品案件704件，查处假冒伪劣食品价值总计251.35万元。

2006年，各级工商行政管理部门结合当地实际，抓薄弱环节，针对食品节日性、季节性特点以及消费者举报多的重点品种开展专项整治工作。在城区主要以粮食制品、肉类制品、蔬菜水果、水产制品、干制菌品等五大类品种为重点。在农村重点查处销售“三无”食品、过期变质食品、不符合卫生要求的散装食品等违法行为，坚决取缔无照经营。开展农村食品市场、五一、中秋、国庆等节日食品市场、夏季饮品市场、肉类、奶粉（奶制品）、苏丹红食品添加剂、月饼市场等食品安全专项整治。1—11月，全自治区出动执法人员149330人次、检查食品经营户296976户、查处无照经营户4460户，捣毁窝点142个，查处制售假冒伪劣食品案件825件，受理和处理消费者申诉举报4037件。其中查处无照经营月饼109户、捣毁制作假冒伪劣窝点2个、查扣假冒伪劣等不合格月饼3356千克（价值12.932万元）、案件5件。销毁有毒有害等违法食品71557.7千克，查获的假冒伪食品主要有酒28865.5千克、饮料163596千克、肉及其制品28626.3千克、儿童食品7498.4千克、奶制品2176.9千克、粮食及其制品46461.5千克、调味品5262.7千克等。

2007年，全自治区各级工商行政管理机关高度重视流通环节食品安全专项整治工作。全年共出动执法人员262216人次，检查经营户590614户，检查批发市场，集贸市场等各类市场15832个，取缔无照经营户5364户，吊销营业执照254户，捣毁制假售假窝点74个，查处制售假冒伪劣案件622件，案值217.76万元，销毁假冒伪劣等不合格食品数量201397.38千克，移送公安机关案件7件，受理和处理消费者申诉和举报1976件，为消费者挽回经济损失129.875万元。

2008年，开展国门工商行动。确定以东兴、凭祥、崇左等8个地市为重点地区开展边境市场食品安全监管工作。4月，东兴市工商行政管理局配合有关部门加强对边贸市场进出口商品的质量监管，依法查获并销毁无进口凭证的越南猪肉1615斤。凭祥市工商行政管理局针对当地出口水果的特点，按照国家有关规定，对当地负责出口水果包装的2家企业进行检查。开展迎奥运食品安全监管“夏季行动”。奥运会期间，各级工商行政管理机关共出动执法人员55207人次，检查经营户96847户次，取缔无照经营545户，捣毁非法制售窝点5个，查处制售假冒伪劣食品案件38件，案值42.52万元（其中查处假冒伪劣冷饮、消暑食品案件7件，案值2.31万元），查获、销毁假冒伪劣食品10521.86千克（其中假冒伪劣冷饮、消暑食品4133.8千克）。自治区工商行政管理局印发《关于开展迎奥运流通领域食品安全知识有奖问答活动的通知》，8月15日—9月30日，在全自治区流通领域食品经营户中开展“迎奥运”食品安全知识有奖问答活动，编印《迎奥运流通领域食品安全知识有奖问答题专刊》10万份，通过在奥运期间开展迎奥运流通领域食品安全知识有奖问答，提高食品经营者自律意识和责任意识，确保营造良好的迎奥运食品安全氛围。

2010年，各级工商行政管理机关深入开展乳制品、食用植物油、地沟油、打击违法添加非食用物质和滥用食品添加剂等专项整治工作。全系统共出动执法人员4.46万人次，检查乳品经营户7.85万户次，检查各类市场1.23万个次，查处违法经营乳品和含乳食品案件5件，案值1.42万元；捣毁制售地沟油窝点

3 个，取缔无照食用油经营户 62 户，查扣地沟油和非正规来源食用油 2.14 万千克，涉案总额 31.12 万元，罚款 6.46 万元；查处不符合食品安全标准的食品案件 570 件，案值 188.49 万元，罚没款 129.86 万元，为消费者挽回经济损失 59.47 万元。年内，自治区工商行政管理局、南宁市工商行政管理局有效处置了南宁“3·29”有毒大白菜事件。

2011 年，专项整治行动全系统共出动执法人员 25.71 万人次，检查食品经营户 61.59 万户次，检查批发市场、集贸市场等各类市场 2.27 万个次。查处流通环节食品违法经营案件 1092 件，案值 252.26 万元，罚没金额 179.12 万元。捣毁售假窝点 8 个。

2012 年，各级工商行政管理机关深入开展酒类专项整治、儿童食品市场专项整治、农村食品市场专项整治和食品违法添加和滥用食品添加剂违法行为等专项整治行动，大力查处各种食品违法行为。全系统共出动执法人员 50.92 万人次，检查食品经营户 39.89 万户次，检查批发市场、集贸市场等各类市场 4.9 万个次；立案查处各类食品案 2057 件，案值 1245.79 万元，捣毁售假窝点 17 个，移送司法机关处理的案件 7 件。

2013 年，自治区工商行政管理局印发《广西工商行政管理系统开展流通环节食品安全十大专项整治行动的实施方案》，结合《自治区工商行政管理局办公室关于印发全区工商系统开展六治六保专项行动方案的通知》，全自治区开展流通环节食品安全十大专项整治活动。专项整治行动期间共出动执法人员 176817 人次，检查食品经营户 297604 户次，查处不合格食品 65636.45 千克。年内，突出“美丽广西”建设，开展食品小摊贩专项整治。根据自治区人民政府建设“美丽广西 · 清洁乡村”的活动要求和自治区工商行政管理局关于“美丽广西 · 清洁乡村”的工作方案，各级工商行政管理机关结合工作实际开展食品小摊贩专项整治，引导食品摊贩进入交易市场、店铺等固定场所经营；配合、协助城区城管、市容环境等部门规范食品摊贩的经营行为。各级工商行政管理系统共出动执法人员 10449 人次，检查食品现场制售和小摊贩 16086 户次。下发责令整改通知书 324 份，为相关食品经营户办理食品流通许可证 1156 份。突出监管领域，开展市场专项执法检查行动。先后组织开展全自治区流通环节桶装饮用水、饮料、乳制品、农村食品、食用油、食品非法添加、重大节日食品等专项执法检查行动。各地以食品检测为抓手，全面筛查问题食品，及时消除安全隐患。1—10 月，共抽检食品 3436 组，其中自治区级共抽检食品 240 批次，确保东盟两会、中秋国庆等重大节庆期间的食品消费安全。严查食品违法案件。各级工商行政管理机关以查处食品违法大要案件为突破口，从快从严查处了一批大要案件。如南宁市查获无中文标识的进口婴幼儿奶粉 5097 罐，案值约 103 万元；河池市查处一起学生饮用水牛奶中毒案件，涉案金额达 73 万余元，罚没款 20.79 万元；钦州市捣毁地沟油黑窝点 2 个，查扣“地沟油”1500 多千克，案值 15.58 万元；桂林市捣毁“地沟油”黑窝点 1 个，查获地沟油 1330 千克；来宾市查获不合格食品 1654.1 千克，查扣未标注营养标签的预包装食品 560 多千克；百色市捣毁销售涉假名酒窝点 1 个，查获涉假茅台、五粮液、剑南春等名酒 191 瓶，案值 12.52 万元；玉林市查获不合格大米 950 千克；防城港市查获无中文标签进口鲜果奶 315 千克。

2014 年 1 月—10 月(11 月始，流通环节食品安全监管职能移交食品药品监督管理部门，下同)，各级工商行政管理机关共查处食品违法违规案 2376 件，案值 942.11 万元；捣毁黑窝点 16 个。围绕流通环节桶装饮用水、饮料、乳制品、农村食品、食用油、食品非法添加、重大节日食品等开展一系列专项执法检查整治行动。行动期间，全系统共出动执法人员 17.68 万人次，检查食品经营户 29.76 万户次，查处不合格食品 6.56 万千克。

节假日食品市场专项整治

2004 年 11 月，首届中国—东盟博览会在南宁举行。根据《广西工商行政管理局 2004 年南博会期间食品安全专项整治实施方案》要求，全自治区分 3 个阶段全面、深入地开展食品安全专项整治。对全自治区食品销售网点进行拉网式全面清查，加强对重点食品的检查抽查，加大对宾馆、饭店、餐馆、酒楼、旅游景点饮食摊点、食品批发和食品超市的巡查力度，以保护各方宾客和人民群众的身体健康和生命安全，确保专项整治取得成效。南宁市工商行政管理局一级抓一级，层层抓落实，组织市场开办方共同做好市场食品安全保障工作。10月10日—15日，全市各分（县）局、直属所和本辖区市场、商场、超市开办方共签订366份《服务中国—东盟博览会食品安全保障责任书》，提高食品安全责任意识，为首府市场食品安全提供保障。

2005年，各级工商行政管理机关结合节日消费特点，制定方案，明确任务，突出重点，狠抓节假日食品市场整治。如六一节前后，在全自治区范围内集中开展儿童食品市场专项执法检查，重点检查商业批发、零售企业、商场、超市和个体工商户，特别是学校周边小食品商店、小食品摊点。重点查处无照经营和销售无质量合格证明、不符合食品质量标准、过期变质儿童食品的行为，严防有害于儿童身心健康的食品出售。共出动执法人员21717人次、检查经营户51286户、查处无照经营472户、捣毁制假售假窝点6个、查处制售假冒伪劣食品案件128件，查处假冒伪劣食品价值总计21.58万元。查获假冒伪劣婴幼儿奶粉、奶肉制品1029.8千克、儿童饮料10773瓶、各类小食品8917袋（包）其他食品3345千克等。中秋、国庆期间印发《关于开展月饼市场专项执法检查的通知》。9月13日—18日，自治区物价局、商务厅、工商行政管理局、质量技术监督局组成4个小组，联合对南宁市月饼市场开展检查，共检查31家生产、销售单位和销售点。玉林市工商行政管理局在元旦春节期间，共出动执法人员1560人次，680车次，检查食品、副食品、易燃易爆物品、药品、饮料、粮食、肉类、家用电器等商品，检查40560户企业和其他经营户，查处违法案件155件，立案39件，案值50万元。查扣过期变质食品1320千克，饮料1350盒（瓶），过期、“三无”、变质食品约700千克。百色市工商行政管理局在五一期间，共出动153车次，执法人员629人次，检查集贸市场102家，经营企业、摊点2195个。查获“三无”、过期食品999包（瓶），不合格计量器具25把，下达预警警示告知书36份。

2006年元旦、春节和五一期间，各地工商行政管理局组织开展市场安全大检查。如玉林市工商行政管理局对食品、保健品等商品及经营场所实施重点检查和专项整治，处理、销毁各种“无厂名、无厂址、无生产日期”的饮料1976瓶（支），过期变质、不合格食品3275千克。

2007年，开展元旦春节食品市场专项整治。通过加强对重点区域、重点市场、重点商品的监管执法；有针对性地开展对食品等涉及人民群众身体健康和生命安全的重要商品的质量监测；加强和完善节日期间食品安全、市场安全紧急突发事件预警和应急处置机制，及时妥善处置突发事件；加强节日期间“12315”消费者申诉举报中心值班工作，积极受理和处理消费者的申诉、举报等措施，确保元旦春节食品市场安全。全自治区共出动执法人员19265人次，检查经营户59838户，查处无照经营户429户，假冒伪劣食品案件52件。

2009年，开展元旦、春节、五一、国庆、中秋节及“两会一节”等传统节日及重大活动期间食品市场专项整治。6月17日，梧州市工商行政管理局执法人员在检查时发现黄某经营销售的“达利园”“好吃点”等系列饼干对外包装标注的保质期内容进行涂改。经查，原来自2009年6月12日起，黄某销售的“达利园”“好吃点”等系列饼干因超过食品保质期而被商场、超市退回，于是黄某将外包装上标注的生产日期涂改成未过期的新日期后在市场上进行销售，工商执法人员查获后立即责令当事人召回过期的饼干并对黄某依法处以罚款1.5万元。河池市天峨县工商行政管理局食品安全监督管理大队通过摸排调查，查处一个销售假冒名牌五粮液、茅台、剑南春等白酒的销售点，缴获假冒白酒标值1万多元，对违法者处以罚款1.5万元。

2010年，在元旦、春节、五一、六一、国庆节、中秋节等传统节日以及第七届中国—东盟博览会、中国—东盟商务与投资峰会、中国国际民歌艺术节，上海世博会和广州亚运会期间，全自治区各级工商行政管理机关进一步加强对流通环节粮、油、肉、菜、水果、乳制品、禽蛋制品、饮料、酒类、调味品、休闲食品等重点食品的监管，充分利用定向监测、跟踪监测和快速检测等手段，开展食品市场清查，严防不合格食品、有毒有害食品混入市场，切实保障了传统节日及重大活动期间食品消费安全。

2011年，各级工商行政管理机关相继开展元旦、春节、五一、中秋、国庆节日期间食品市场专项整治和蜂蜜市场、面包改良剂、燕窝市场、糖精市场等专项整治行动。开展第八届中国—东盟博览会、第八届

2011 年 1 月，自治区工商局检查南宁市年货市场

中国—东盟商务与投资峰会、自治区第十二届运动会等重大活动食品安全大检查行动。重点检查粮、食用油、醋、酒类、饮料、调料、肉类及肉制品等，对重点市场和食品供应商进行点对点监管。自治区工商行政管理局和南宁市工商行政管理局 24 小时值班，确保重大活动的食品消费安全。在节日市场检查中，梧州市工商行政管理局共查处假冒伪劣食品案件 45 起，查获假冒伪劣食品共计 1.5 万千克；贺州市工商行政管理局收缴无法出具合格证明的猪肉 100 多斤；钦州市工商行政管理局钦城分局查扣死猪肉 452 千克；桂林市工商行政管理局查扣问题食品 308 千克，查处无证无照食品经营户 18 户；贵港市工商行政管理局查处无证无照经营食品案件 73 件、限期整改食品经营台账的经营户 20 户；崇左市工商行政管理局查缴“三无”及过期变质食品 312 千克，查扣假冒伪劣食品和不合格食品数量 217 千克，查处食品无照经营户 17 户。

2012 年，各级工商行政管理机关加强节日市场监管，以商场、超市、批发市场为重点，集中开展市场专项执法检查。在节假日期间，全自治区出动工商执法人员 3.78 万人次，检查食品经营户 14.98 万户次，查处食品违法案件 126 件，取缔无照经营户 193 户次，查获不合格食品 1805.42 千克，受理和解决食品消费申诉举报 98 件，挽回经济损失 4.31 万元。

2013—2014 年，各级工商行政管理机关继续在节假日期间开展食品市场专项整治，确保食品安全。

重点领域、重点食品专项整治

2004 年，玉林市工商行政管理局查处一批属于国家工商总局公布的不合格奶粉黑名单中的奶粉，数量 300 多件，货值 3 万多元。柳州市工商行政管理局查处“飞雀”牌劣质不合格奶粉 146 件（每件 20 千克）。其标注的制造商为上海飞雀乳业有限公司，法定代表人就是震惊全国的安徽阜阳特大奶粉制假案件的主要犯罪嫌疑人薛师团。柳州市工商行政管理局执法人员在市场巡查中，根据群众举报，一举查获柳州市中糖股份有限公司销售假冒五粮液酒案。经查，柳州市中糖股份有限公司于 2003 年 11 月至 2004 年 1 月从广州市淮洲贸易公司购进多批 52%（V/V）500 毫升多棱形五粮液酒，其中有 4 个批次共 1214 瓶五粮液酒经宜宾五粮液股份有限公司鉴定，属假冒侵权产品，货值 383170 元。据此，柳州市工商行政管理局依据商标法的有关规定，对柳州市中糖股份有限公司作出“责令停止侵权、没收假冒侵权五粮液酒 1214 瓶、罚款 3 万元”的行政处罚。

2005 年，根据国家工商总局《加强对含有苏丹红（一号）食品监管的紧急通知》的要求，自治区工商行政管理局与广西出入境检验检疫局联合印发《关于联合开展对含有苏丹红（一号）进口食品进行检查的紧急通知》，各级工商行政管理机关全面开展清查工作，并执行零报告制度。3 月 6 日—14 日，全自治区检查经营户（家）7270 户、检查食品数量 13520.25 千克、发现含苏丹红食品使用原料 58 千克、责令暂停销售食品 15 千克、查封食品 65 千克、扣押食品 83 千克、标值 42352.6 元。4—6 月，各级工商行政管理机关开展包装食品专项执法检查，共出动执法人员 54173 人次，检查经营户 132992 户，查处无照经营 1555 户，捣毁制假售假窝点 12 个、查处制售假冒伪劣食品案件 202 件，查假冒伪劣食品标值 59.78 万元。如南宁市西乡塘分局执法人员在对南宁市友爱路26号鹤立酒店进行检查时，发现该酒店仓库同一包装箱内的五粮液出厂日期不一致，且该酒店业主无法提供五粮液的来源票据。经立案调查核实，该酒店销售的五粮液、小糊涂仙酒均为仿冒他人知名品牌白酒，案值35860元。

2005年，开展农村食品市场和农产品、水产品、畜产品安全专项整治。7—9月，共出动执法人员32593人次、检查经营户82362户、查处无照经营1233户、捣毁制假售假窝点7个、查处制售假冒伪劣食品案件73件，查处假冒伪劣食品价值34.56万元。在城区主要以粮食制品、肉类制品、蔬菜水果、水产制品、干制菌品等五大类品种为重点，严厉查处经销病死肉、注水肉、私宰肉、未经检验检疫的各类肉品，非法使用化学物质加工的禽类制品，使用甲醛、工业碱等有毒有害物质浸泡的水产品及水发制品，农药残留超标的蔬菜和水果，非法使用保鲜剂和化学品保鲜、加工的水果，劣质大米或变质粮食加工的粮食制品，以及各种使用变质原料、质量低劣原料和超标使用食品添加剂加工的农产品、水产品、畜产品。在农村重点查处销售"三无"食品、过期变质食品、不符合卫生要求的散装食品等违法行为，坚决取缔无照经营。苍梧县工商行政管理局成立管理机构负责生猪定点屠宰市场管理，查处未经检疫或不合格的肉品上市，取缔加工、销售病死猪肉窝点，查处销售私宰肉案件3起，没收私宰肉85千克，罚款3050元。扶绥县工商行政管理局牵头组织县经贸、水产畜牧、卫生防疫等部门人员对定点屠宰场所屠宰牲畜情况进行检查，严防注水肉进入市场。各地在打击违法经营私宰肉行动中，共查处案件45件，查处私宰肉品5635千克，罚没款8.39万元。

2007年，重点开展农村食品、食品批发市场专项整治行动。根据国务院《关于加强产品质量和食品安全工作的通知》文件精神和国家工商总局以及自治区人民政府关于开展产品质量和食品安全专项整治行动的工作部署，自治区工商局成立流通环节产品质量和食品安全工作领导小组，制定《全区工商行政管理系统流通环节产品质量和食品安全专项整治行动实施方案》，与各市工商行政管理局签订责任书，实施一把手负总责、亲自抓，分管领导具体抓的领导机制，集中开展"农村食品市场整顿年"活动、产品质量和食品安全专项整治秋季行动。在"农村食品市场整顿年"专项整治工作中，各地共出动执法人员15250人次，车辆7300车次，检查农村食品市场（含农贸市场）3024个次，各类食品经营户174030个；清理农村食品经营主体资格3130户，取缔无照经营户1081个；立案441件；捣毁制售假劣食品窝点，查缴过期、劣质和"三无"农村食品65411.32千克，案值106.58万元。百色市工商行政管理局在整治中，共检查食品经营户1760户，发现证照过期经营户75户，有照无证经营户80户；该局对存在问题的企业和个体工商户责令限期整改，发放限期整改通知书155份，对逾期不整改的给予处罚；变更经营范围登记145家、取缔无照经营11家。梧州市工商行政管理局结合年检、验照工作，对辖区农村食品经营者按照一户一档的要求，建立登记台账和经济户口卡片，做到底数清、情况明，健全完善农村市场经营者经济户口档案材料。

2007年，开展儿童食品市场、花生油市场专项执法检查。5月20日—6月10日，全自治区工商行政管理系统集中对流通环节儿童食品销售网点进行全面清查，共检查经营户34009户，查处无照经营户237户，捣毁制假售假窝点4个，查处制售假冒伪劣食品案件87件，查处假冒伪劣食品价值总计10.94万元。查获假冒伪劣婴幼儿奶粉、奶制品278.9千克、饮品饮料1743.4千克、糕点447.5千克、小食品1493.2千克、其他食品3345千克等。开展花生油市场专项检查行动。根据消费者举报，组织在北海、防城港等市流通领域对标称湛江市万佳食品有限公司生产的"金隆牌""厨佳牌"花生油进行质量监测，共抽查其不同批次或不同规格的20个产品。经广西产品质量监督检验院检验，结果全部质量不合格，存在花生油涉嫌掺假行为。自治区工商行政管理局及时下发《关于依法查处标称湛江市万佳食品有限公司生产的花生油的紧急通知》，对流通领域中标称"湛江市万佳食品有限公司"生产的花生油进行专项清查，查明来源，并依法予以查处、公示、责令召回。全自治区共出动执法人员3304人次，检查集贸市场超市场875个，食品经营户11159户，立案3件，查处不合格食品98077千克，查获不合格花生油293.75千克。防城港市工商行政管理局查获100多吨无合法进口手续的境外肉类冻品；钦州市工商行政管理局查处300多吨河豚。

2008年，各级工商行政管理系统开展肉类市场突击检查、月饼市场的专项整治、食用油市场专项执法检查。重点以农村、城乡接合部、城市社区、旅游景区及车站码头为重点监管区域，加大对各类小食品市场、小摊点、小食杂店、小商店和批发市场、集贸市场内的小作坊、小餐馆的检查力度，重点查处无照经营和制售假冒伪劣食品违法行为，切实保障消费者合法权益，构建和谐的消费环境。9月11日，自国家有关部门公布含三聚氰胺的不合格奶粉名单后，自治区工商行政管理局立即成立“全区工商系统流通环节含三聚氰胺问题奶粉市场督查工作领导小组”，并组成6个督查工作组对全自治区流通环节不合格奶制品市场清查进行督查，共检查14个市工商行政管理局、21个县工商行政管理局、16个工商行政管理分局、30个基层工商所以及110多个商场、超市、食杂店、代理商和食品批发市场。同时，开展奶制品清查工作，全系统共检查乳制品经营主体18.3万户（次），下架退市不合格乳制品147.5吨，受理消费者有关奶粉咨询、申诉和举报13849件，消费者退换问题奶制品9855.28千克。

2009年，各级工商行政管理机关开展打击违法添加非食用物质和滥用食品添加剂专项整治、奶制品市场专项执法检查、桶装水市场整治、食用油市场专项整治等工作。截至10月底，共出动执法人员52392人次、检查食品添加剂经营户2276户、查处无照经营户24家、查扣非食用物质和食品添加剂11千克、查扣滥用食品添加剂的食品数量578.8千克、查处流通环节涉及添加非食用物质和滥用食品添加剂的案件21件，案值4.4万元。柳州市鹿寨县工商行政管理局在进行市场食品快速检测时发现米粉中二氧化硫超标，经进一步送检证实后，该局依法对鹿寨沙镇新兴路4巷20号米粉经营户进行处罚，并查扣1450千克米粉。出动执法人员5516人次，检查桶装水经营主体2266户，清理取缔无照经营15户，查处其他违法经营行为案件8件，案值1.934万元，罚没金额4850元。开展食用油市场专项整治，重点以商场、超市、食杂店、农贸市场食用油经营户和城乡接合部食用油销售点为专项整治范围，对食用油经营主体资格进行严格检查，确保经营主体资格合法有效，依法取缔无证照经营行为，由基层工商所按辖区逐户检查排查，监督市场开办者、经营者对经营行为进行自查和整改，检查经营者履行食品安全法定责任和义务的情况。

2010年，开展乳制品、食用植物油、地沟油、打击违法添加非食用物质和滥用食品添加剂等专项整治工作。全区各级工商行政管理机关共出动执法人员44560人次，检查乳品经营户78527户次，检查各类市场12260个次，查处违法经营乳品和含乳食品案件5件（已结案），案值1.42万元；全区共捣毁制售地沟油窝点3个，取缔无照食用油经营户62户，查扣地沟油和非正规来源食用油21400千克，涉案总额31.12万元，罚款6.46万元，依法移交司法机关处理案件1起；共查获违法添加非食用物质和滥用食品添加剂食品的数量90.05千克，查处流通环节涉及违法添加非食用物质和滥用食品添加剂的案件3件，案值3600元；依法查扣含苯并(a)芘物质超标的不合格油茶籽油54瓶共计135升；与企业联合打假，开展查处制售假冒“红星”二锅头的联合打假行动，共出动5995人次，检查酒类经营主体14194户，依法查扣假冒“红星”二锅头4629.5千克，案值7.8万元，依法销毁4068.4千克，维护企业合法权益，维护酒类市场秩序。典型案例如5月10日，钦州市工商行政管理部门根据群众举报，在公安等有关部门的配合下，依法查获当事人黄某涉嫌非法收购销售地沟油一案。经查，当事人自2007年起，在东兴市设点，非法从附近县、市、区的酒家、饭店、烧鸭摊收购地沟油、潲水油、烧鸭油、黑油（煎炸食品后的废弃油脂），未经任何加工，分别销售给南宁、桂林、玉林等地的油脂厂、饲料公司和个人。至案发时，累计收购14760千克，被工商行政管理部门依法查封，涉案金额17.51万元。钦州市工商行政管理部门依法处以当事人3.62万元罚款。2月21日，百色市工商行政管理部门根据群众举报，依法查获当事人顾某在无任何证、照的情况下，非法收购猪肉边角废料和病死猪肉，在极为污秽恶劣的场地生产加工劣质猪油，至案发时，共生产加工41.7吨，其中作为食用油向农贸市场个体户销售1.85吨，作为生产饲料用油往南宁武鸣、玉林北流销售26.7吨，待售13.15吨，被工商行政管理部门依法查封，总案值17.45万元。经依法抽样送法定检测机构检验，结果被判定为不合格产品。由于违法经营额和所得已涉嫌构成犯罪，百色市工商行政管理部门已于5月上旬依法将案件移交公安机关处理。截至11月底，各级工商行政管理机关共查处不符合食品安全标准的食品案件563件，案值187.88万元，罚没款128.91万元，为消费者挽回经济损失59.47万元。

2011年，自治区工商行政管理机关印发《全区工商系统严厉打击流通领域食品非法添加和加强食品添加剂管理专项工作方案》，成立专项整治领导机构，开展专项整治行动。在专项行动中，各级工商机关始终保持高压态势，严厉打击非法添加行为和滥用食品添加剂行为。百色市工商行政管理系统立案查处非法添加和滥用食品添加剂案件26件，查扣392千克胭脂红、柠檬黄、烧碱等非食用物质和食品添加剂以及假冒伪劣食品近3000千克。德保县工商行政管理局端掉一个用工业用氢氧化钠和双氧水泡制鸡爪的作坊，现场查扣271千克鸡爪、11.95千克工业用氢氧化钠（烧碱）和22.5千克双氧水；钦州市工商行政管理局城北工商所查扣添加胭脂红食品添加剂金丝鱼300多千克；桂林市工商行政管理局对市场无食品流通许可证的13户干杂经营户经营食品添加剂的情况进行清理，查扣滥用添加剂食品8千克，不合格食品添加剂42.9千克；贵港市平南县工商行政管理局查扣假冒食用醋4608瓶、注册商标标签标识1.5万张；贺州市工商行政管理局查扣不合格腐竹400多千克；来宾市工商行政管理局查扣过期食品添加剂10千克，下架处理86.8千克有问题的腐竹、米粉，对二氧化硫超标的行为进行立案查处。6月初，台湾地区因塑化剂引起的食品、保健品安全风波持续蔓延。广西各级工商行政管理机关立即开展对流通环节非法添加邻苯二甲酸酯类物质的食品和食品添加剂市场清查和查处工作，先后5次收到自治区食品安全办公室通报涉嫌含邻苯二甲酸酯产品从广东等地流入南宁、柳州、桂林、贵港等市的信息通报，立即组织相关市局开展追查行动。查获广州市美益香料有限公司、台湾通天下贸易有限公司、台湾统一企业股份有限公司等不合格食品。至10月底，共查封、下架、销毁含邻苯二甲酸酯类物质的饮料1209瓶，查处含邻苯二甲酸酯类物质的食品800.38千克。全自治区食品市场没有发生一起因塑化剂引起的食品、保健品安全事件，也没有发生一起消费者因购买到含塑化剂的食品、保健品引起的投诉。

年内，按照国家工商总局部署，自治区工商行政管理局印发《全区工商系统严厉打击“地沟油”违法犯罪专项行动方案》，开展打击“地沟油”专项行动。各地加强与公安、质监、食品药品等部门的合作，互通信息，互补资源，形成执法合力，科学监管食用油脂从生产到回收的全过程，严厉打击“地沟油”违法行为。南宁市工商行政管理局共查扣非正规来源食用油900千克；柳州市工商行政管理局立案查处销售劣质油、潲水油案件2件，查扣涉案问题油31.5吨。配合公安部门捣毁地沟油生产窝点2个，查扣地沟油10吨；桂林市工商行政管理局查获一家从屠宰场收购猪皮、网状油违法提炼黑猪油加工厂，收缴黑猪油3100千克；梧州市工商行政管理局查处销售不合格食用油案件10起，没收不合格食用棕榈油1.5万千克；钦州市工商行政管理局查处一起从事猪皮收购及从猪皮中提炼猪油并销售的黑作坊；贵港市工商行政管理局共立案查处无照经营花生油加工销售案件39件，案值63.1万元。与公安部门联合端掉地沟油窝点1个，查扣地沟油100千克；玉林市工商行政管理局对抽样送检结果不合格的5个批次食用油进行立案查处，对不合格产品进行没收销毁；防城港市工商行政管理局与有关部门联合开展行动，查扣不合格油290千克；河池市工商行政管理局查扣假冒香满园一级压榨花生油(4升装）1128瓶，共计4512千克。南丹县查获一个“地沟油”加工销售窝点，没收未销售的地沟油950千克；贺州市工商行政管理局联合公安部门捣毁地沟油窝点1个，查扣地沟油730千克。

各地开展打击假冒侵权酒类产品侵权专项集中行动。南宁市工商行政管理局组织保护“郎”商标注册权专项行动，查获假冒侵权白酒1266瓶，捣毁制假窝点1处，并着重对“特供”“专供”及类似内容的包装、标签及广告宣传问题进行规范；桂林市工商行政管理局共下架无中文标识进口酒607瓶，责令8户酒类经营户完善登记台账，立案查处酒类案件5件；梧州市苍梧县工商行政管理局查处更好葡萄酒公司出产的不合格红酒2.1万瓶；百色市工商行政管理局市共立案查处酒类案件11件，查扣假冒伪劣酒类1040千克；河池市工商行政管理局共查扣假冒伪劣酒类3481.5千克，立案查处案件32件；崇左市工商行政管理局立案查处案件12件，依法查扣冒用山西杏花村汾酒厂股份有限公司注册商标“杏花村”专用权的白酒1852盒、查扣侵权北京红星二锅头酒1700多瓶。

2012年，各级工商行政管理机关深入创新监管手段，深入开展酒类专项整治、儿童食品市场专项整治、农村食品市场专项整治和食品违法添加和滥用食品添加剂违法行为等专项整治行动。全年出动执法人员50.92万人次，检查食品经营户39.89万户次、检查批发市场、集贸市场等各类市场4.9万个次。共立案查处各类食品案件 2057 件，案值 1245.79 万元，捣毁售假窝点 17 个，移送司法机关处理的案件 7 件，有力打击各类危害食品安全的行为，净化流通环节食品市场环境，维护消费者合法权益。3—5 月，开展流通环节白酒和葡萄酒等酒类市场专项整治执法检查行动，出动执法人员 1.5 万余人次，立案查处案件 220 件，案值 745.08 万元，移送公安机关 1 件，查扣涉嫌假冒“茅台”“五粮液”“泸州老窖”“马爹利”“轩尼诗”“拉菲”等酒类一批。南宁市、贺州市、桂林市、贵港市、百色市、防城港市查处了一批酒类大要案件，有力打击酒类市场违法行为。开展儿童食品市场专项整治行动。各级工商行政管理机关集中执法力量，对儿童食品市场进行地毯式的清理检查，出动执法人员 5.71 万人次，检查批发、集贸等各类市场以及学校周边食杂店、糕点专卖店 13.43 万户次，查处儿童食品违法案件 297 件，捣毁非法黑窝点 5 个，取缔无照经营 251 户，查扣香烟糖、不合格膨化等不合格儿童食品共计 19832 千克。如南宁市加强对校园周边食品店的清理检查，查扣一批涉嫌商标侵权的香烟糖；南宁市西乡塘区工商行政管理局端掉 2 个制售假冒伪劣儿童食品窝点，查扣问题儿童食品 43 件，共计 3.15 万袋标称“北京烤鸭”素食食品、1200 盒标称“好彩逗”小食品；百色市共查扣不符合食品安全标准的儿童食品 2200 千克，立案查处案件 42 件。

2012 年初，印发《关于查封桂林美都精制莲藕粉马蹄粉的通知》，要求各地开展全面清理检查。各级工商行政管理机关积极行动，共查封不同包装规格的莲藕粉 1523 盒，558.86 千克；马蹄粉 1629 盒，853.26 千克，查处案件 6 件。此案举报人冯某也成为自《广西壮族自治区食品安全违法行为举报奖励办法（试行）》出台后的第一位受奖者。6 月，在全自治区范围内就流通环节食品中非法添加罗丹明 B 开展专项清查行动。针对桂林作为旅游文化名城、外来游客众多这一实际情况，桂林市工商行政管理局安排专人重点检查三星级及以上宾馆饭店的餐饮经营中的辣椒、花椒和火锅底料等易于添加罗丹明 B 的调味料；柳州市工商行政管理局加强对食品经营户索证索票和进货台账一票通制度的监督检查，根据抽检计划，对火锅底料进行抽检送检。至 10 月底，专项整治行动共出动人员 4.2 万人次，检查食品经营户 9.24 万户次，检查批发市场、集贸市场等各类市场 4824 个次，通过食品快速检测方式抽检相关食品 176 批次，未发现非法生产及在食品中添加使用罗丹明 B 等工业染料的行为。

2013 年 3 月，针对中央电视台曝光国内市场出现的涉嫌不合格“美素丽儿”奶粉事件，自治区工商局第一时间组织部署各级工商行政管理机关对奶粉经营户进行全面清查，对发现的 1492.6 千克“美素丽儿”问题奶粉全部下架封存，并依法处理。8 月初，针对部分含肉毒杆菌的新西兰恒天然问题奶粉流入广西市场，自治区工商局立即组织检查组，分 3 组赴南宁、百色、玉林等地开展督查，通过约谈经销商、拉网排查等方式，督促企业第一时间召回问题奶粉。全自治区流通环节下架退市、召回处理的问题奶粉共 3650 千克。

第七章　网络交易市场监督管理

2008 年，国务院新“三定方案”赋予工商部门网络商品交易等经营服务行为的监管职能，自治区工商行政管理局也随即开始介入网络商品交易行为监管，明确三项要务：整顿和规范网络商品交易经营主体，打击各种网络商品交易违法经营行为，维护健康、安全、有序的网络商品市场秩序；严格网络商品经营主体准入，建立网络商品交易经营者信息公开制度；建立网络商品消费投诉快速受理机制。确定需开展的三项工作：研究成立工商系统网络商品交易专管机构；建立辖区网络商品交易监管体系；以严厉打击虚假广告为突破口，以消费者投诉为切入口，迅速介入网络商品交易行为监管。

2010 年 5 月 31 日，国家工商总局发布《网络商品交易及有关服务行为管理暂行办法》（以下简称《暂行办法》），自 2010 年 7 月 1 日起施行。《暂行办法》分为总则、网络商品经营者和网络服务经营者的义务、提供网络交易平台服务的经营者的义务、网络商品交易及有关服务行为监督管理、法律责任、附则，共 6 章 44 条，从顶层的高度给网络交易的双方以及第三方的平台机构制订了参与市场活动的行为准则，对网络商品交易及有关服务行为进行规范。广西各地工商行政管理机关以贯彻落实《暂行办法》为契机，对本地网络商品交易市场开展调查摸底，并建立登记台账。至 6 月末，广西区内已备案网站主体数 45111 个，网站总量 51283 个，广西 IP 地址接入网站备案主体 10968 个，接入网站数量 15377 个，占全国网站总数的 1.2%，排 20 位；从网站经营类型看，经营性网站 77 个，非经营性网站 45640 个；从网站主体类型看，企业开办的网站 15121 个，个人开办的网站 28153 个。从网站经营性质看，以企业对自主产品进行宣传和营销的网站为主，以在网上发布广告为主营业务的网站次之，只有不到 1% 的网站提供交易平台给网络商品经营者从事网上商品交易活动。

随着网络交易新形式、新业态不断涌现，《暂行办法》中的部分规定已相对滞后，无法适应网络市场规范发展的需要。在这一新形势下，国家工商总局对《暂行办法》进行修订。2014 年 1 月 26 日，国家工商总局发布《网络商品交易管理办法》，自 2014 年 3 月 15 日起施行，同时废止 2010 年 5 月 31 日发布的《网络商品交易及有关服务行为管理暂行办法》。8 月，经中编办批复同意，国家工商总局市场规范管理司加挂“网络商品交易监管司”牌子。12 月，自治区工商行政管理局成立网监处，南宁、柳州、北海、防城港、玉林等 5 个市工商行政管理局通过新“三定方案”设立网监机构。

网络商品交易是一项新型的产业，需要长期的不断改进的监管过程，网络监管工作任重而道远，广西各级工商行政管理机关的监管工作经验也相对欠缺，但通过不断研究网络商品交易市场监管方法，广西网络监管工作得到切实、合理、有效的开展。

2015 年 3 月 11 日，自治区工商行政管理局成立网络商品交易监督管理办公室（以下简称“网监办”），将有关工作从市场处剥离出来，网监办设在直属专业市场管理局，负责网络商品交易监督管理日常工作。网监办的主要职责是加强网络商品交易监管业务系统的应用，建立电子数据取证中心和网络经营主体数据库，推广、发放红盾网监电子标识等，促进全自治区网络市场健康发展。11 月，自治区人民政府办公厅印发《广西工商行政管理局主要职责内设机构和人员编制规定的通知》，明确设置网络交易监督管理处，为自治区工商行政管理局的一个内设机构，负责拟订网络商品交易和有关服务行为规范并组织实施；负责网络商品交易及有关服务行为的监督管理工作；组织网络商品交易信用体系建设，指导经营性网站实施网上亮照经营；规范网络市场经营主体商品质量管理行为；指导处理网络商品交易消费纠纷投诉举报和消费维权，定期发布网购消费警示，指导查处网络商品交易及有关服务行为违法案件；建立和管理全自治区经营性网站主体数据库；协调建立跨地域、跨部门网络市场监管合作机制并组织实施。

2016 年 1 月 5 日，自治区工商行政管理局决定撤销网络商品交易监督管理办公室，其职责根据自治区人民政府办公厅印发的《广西工商行政管理局主要职责内设机构和人员编制规定的通知》，由自治区工商行政管理局网络交易监督管理处承担。同时，成立自治区工商行政管理局网络市场监管工作领导小组，由分管副局长任组长，网监处处长任副组长，成员单位由自治区局机关所有业务处组成。明确网监处负责全自治区工商系统网络市场监管工作的统筹协调、业务指导等工作和领导小组的日常工作，明确各成员单位要根据职责分工，按照线上线下职能对等、业务归口统一管理的原则，开展网络市场监管有关工作。各市、县（市、区）也相应成立网络交易市场监管机构。如南宁、柳州、防城港、百色、崇左设立网监科，桂林、北海、玉林成立网监专门机构，其余各市均在市场科加挂网监办；各县（区）均设置兼职网监人员。其中，南宁市全面组建网监队伍，建立市局、县（城区）局、基层工商所三级共 17 支网络监管和执法队伍，配足配强专业执法人员，实现市场管理垂直化。

2018 年，广西网络经营者达 382730 家，比上年增长 12.02%。商品交易规模为 338.89 亿元，与 2017 年同比增长 13.52%。按经营者分类，交易类经营者 331316 家，非交易类经营者 51414 家。交易类经营者中，辖区外平台 C 店 324935 家，交易额 209.25 亿元，增长率 12.87%，辖区外平台 B 店 3926 家，交易额 129.12 亿元，增长率 14.57%，辖区内网络交易平台 2455 家，交易额 0.52 亿元，增长率 13.52%。B 店和 C 店主要分布于淘宝、天猫、京东等网络商品交易平台。9 月，自治区工商行政管理局网络交易监督管理处自行开发完成《目标任务管理系统》，建立电子工作台账，形成“以制度管人、流程管事”的内部管理工作机制。

第一节　第三方网络交易平台、网站管理

2011 年，以视频培训、以会代训、专项业务培训的方式，邀请广西财经学院电子商务系的专家，从网络商品交易的形成、发展、目前监管的情况几个方面对全自治区网络监管干部进行培训，加强监管网络市场能力建设。

2013 年，国家工商总局加快推进网络商品交易监管工作开展，多次发文了解全国各地工商行政管理局的工作落实和进度情况。年内，自治区工商行政管理局及时落实“广西网络商品交易监管电子数据取证中心”办公地点，办公室的设置和平台运行硬件等设备进入政府采购招投标环节，同时，确定了人员配置方案。

2014 年，广西加快网络商品交易监管信息化手段建设步伐，广西网络商品交易监管平台开工建设并于 9 月开通运行，通过使用广西网络交易监管系统，逐步建立网络经营主体数据库。同时，结合贯彻执行国家工商总局新颁布的《网络商品交易管理办法》，对网络交易平台的监管提出“交易主体有溯源，商品信息有审查，国家禁售无上架，退换制度有执行，消费权益有保障”的工作要求，借助已建成的全国企业信用信息公示系统，提高经营主体身份公示信息的准确率与公信力。如北海市工商行政管理局指导“淘北海”平台对 2900 余户经营户完成再次审核，更正商品信息 498 件，下架商品 1122 件，在 7 天无理由退货的基础上，增加“随时退、过期退”服务。

2015 年，自治区工商行政管理局制定出台《广西工商行政管理系统网络交易管理工作制度（试行）》，对通过互联网（含移动互联网）从事网络商品交易和提供有关服务的经营活动进行监督管理，规范网络商品交易及有关服务。9 月，统一下发工商各级网监系统用户名，各级工商行政管理机关利用网监系统平台技术的支撑，对数据库的企业信息进行核实、匹配和入库。河池市工商行政管理局对所辖区域网络经营主体进行补充搜索数据，并做好现有 204 家网络经营主体的数据匹配核实工作。来宾市工商行政管理局迅速启用广西工商系统网监平台，通过实地检查、排查，按不同情况或补全、或改正、或删除，建立完善本辖区 65 户网络经营主体数据。防城港市工商行政管理局加强对本地有影响的百岸跨境交易网、重庆大龙网、

金和电商交易平台APP等网络交易平台的行政指导，要求平台认真按照总局网络交易平台“两个指引”的要求履行平台经营者义务，从源头上规范平台经营者行为。并积极引导电商企业提高品牌意识，帮助7家红木经营企业申请商标注册，其中已有4家商标获得注册。北海市工商行政管理局充分发挥第三方信用评价体系的作用，探索“信用管网”推进北海市网络市场交易监管工作。贵港市工商行政管理局通过推行监管服务联系人代表制度，以有知名度、有影响力、上规模的电子商务企业和本地网络交易平台为重点，通过上门实地走访、Q群、微信等形式，提供政策法律法规宣传、工商行政管理业务咨询、经营行为的引导与规范等服务，不断深化对电子商务企业的行政指导，引导其诚信经营。年内，自治区工商行政管理局建成“网络监管中心”与“电子取证室”，并投入使用。

2016年7月，全自治区工商行政管理机关统一使用由国家工商总局研发的《全国网络交易平台监管服务系统》，开展网络交易平台监督管理工作。各级工商行政管理机关加强对本地网络交易平台的引导和指导，组织平台经营方学习消费者权益保护法、广告法以及《网络交易管理办法》《网络交易平台经营者履行社会责任指引》《网络交易平台合同格式条款规范指引》《网络商品和服务集中促销活动管理暂行规定》等法律法规和规章，监督指导网络交易平台制定完善网络经营者资质审查制度等制度规范，落实平台责任和义务。如北海市工商行政管理局以规范网络商品交易第三方平台为抓手，推行网络交易监管“两认证五审查”工作模式，建立完善主体溯源、商品信息审查、交易流程、交易条款、消费保障等各项措施，规范交易秩序；推进信息公示系统应用，加强信用建设；建立网络交易平台线上线下并行消费维权站，探索平台先行赔付措施；细化“过期退、随时退”等消费保障服务，增加“多份验证”功能，实现单份订单的部分灵活验证消费及退款，使消费者拥有更大的自主选择权；通过可信主体、可信客体、可信交易流程、可信维权机制建设，逐步建设网络商品可信交易环境。10月，自治区工商行政管理局印发《关于做好网络集中促销活动监测监管工作的通知》，各级工商行政管理机关以属地主要网络交易平台、独立的电子商务网站落实平台管理责任为重点，集中开展专项检查评估。

2017年，自治区工商行政管理局采用全国网络交易平台监管服务系统，按辖区部署工作。首批下发7万多条数据网店及独立网站数据，各市工商行政管理局对数据进行清洗、校对，对涉网企业落地开展行为的动态监管工作。同时，自治区工商行政管理局机关完善内部网监工作机制，在全国网监系统中建立广告、商标、经检、消保、市场、企业登记、机场分局、保税港区分局用户，将网监技术系统延伸到各业务。

2018年，自治区工商行政管理局探索打击非法电子商务网站，协调资源支持南宁市工商行政管理局开展“打击电子商务非法独立网站、维护良好营商环境”试点工作。通过搜索引擎、浏览器等公共互联网渠道，以“点对点”方式发布提示信息，向社会公众公开网站主体状态，借助360浏览器、搜索引擎等主流通道产品，对首批83家注销、被吊销营业执照的经营主体名下的99个网站相关信息进行在线提示，主动迈出全自治区工商系统破解非法主体网站监管难题的第一步。同时，协调通信管理部门依法责令暂时屏蔽、停止违法网站接入服务或者关闭违法网站，并列入违法互联网站黑名单管理，强化全自治区网络市场监管。年内，与京东集团签署《战略合作协议》，探索网络市场共治新模式。

第二节　网络市场监管专项行动

2011年，广西各级工商行政管理机关将服务网络经济发展，规范网络经济市场秩序，促进全自治区经济结构转变，加快社会经济发展作为一项重要工作任务。组织开展网络购物领域专项行动。在网络购物领域打击侵犯知识产权和制售假冒伪劣商品行动期间，全自治区以新闻出版业、日用消费品为重点整治领域，以图书、音像、电器、服装、化妆品、食品、药品、母婴用品等为重点查处产品，对网络购物进行全面巡查。共网上检查网站946个，实地检查网站经营者223个，责令删除违法商品信息16条，净化网络购物市场环境。10月，组织开展网络代购“洋奶粉”经营主体专项清查行动，各级工商行政管理机关共投入235台电脑、189人进行1975次网上搜索，通过总结出科学的搜索策略，结合实地巡查、通过相关职能部门，机构协查等渠道综合地运用，对自治区内的网络代购“洋奶粉”的经营主体进行全面清查。共发现从事网络代购洋奶粉网店（信息）116个，责令111个（网店/信息）未取得《食品流通许可证》和《营业执照》从事代购的网店停止经营行为。

2015年起，自治区工商行政管理局每年按照国家工商总局统一部署，在全自治区开展网络市场监管专项行动（网剑行动）。

2015年7月，自治区工商行政管理局成立以分管局领导为组长，网监办、反不正当竞争执法处、消保处、市场处、企业处、外资处、个私处、商广处、经检总队等相关处室单位主要负责人为小组成员的红盾网剑专项行动工作小组。各级工商行政管理机关也及时落实责任、结合实际，明确开展专项行动工作要求、职责划分、整治重点，严厉查处和打击网络销售侵权假冒伪劣商品违法行为，营造良好网络市场消费环境。全年网上检查网站、网店9176个次，实地检查网站、网店经营者1565个次，删除违法商品信息105条，责令整改网站34个次，提请关闭网站4个次，立案查处违法案件122件，罚没款72.97万元。重点对电子产品、汽车配件、服装鞋帽、儿童老人用品、农资等行业建立搜索策略，对网站发布的企业信息，商品信息、经营行为、广告内容等进行全面核查，通过网上网下双线巡查、经济户口信息比对、资质荣誉比对和关键词搜索、受理投诉举报等多方法，多渠道、多途径收集案源线索，立案查处56件，有效规范网络商品交易市场秩序。南宁市工商行政管理局运用工商网络商品交易监管平台“工商一键搜”功能的技术手段，及时发现网络违法经营行为，对4家涉嫌违法网站请求关闭（服务器分别在美国、中国香港地区）。柳州市工商行政管理局针对汽车、机械制造业作为柳州市重点支柱产业，相关的经营汽车、机械零部件的铺面在柳南区星罗棋布的情况，对柳南区的相关汽配网店开展重点网上巡查。并针对鱼峰辖区医疗机构较为集中的特点，对所有医疗机构网上医疗广告进行重点巡查，先后立案查处柳州华侨医院、柳州箭盘山医院、柳州福康医院利用互联网发布违法的医疗广告，对3家医院做出合计罚款4万元的行政处罚。来宾市工商行政管理局加大商品抽检力度，对儿童玩具、纺织服装、纸制品、电热毯、建材等5个领域进行流通领域商品质量抽检，共抽检58批次，罚没款1.02万元；抽样送检化肥农药商品样品104个批次，对不合格商品均已按照程序立案调查。办结销售不合格农资案件10件，罚没款8.38万元。北海市工商行政管理局与北海市电子商务协会建立常态联系机制，推动电商协会对协会会员单位加强政策法规宣传和业务开展引导，建成涵盖海洋产品、化工、电子等行业各类电子商务网站10多个，创建自治区级电子商务示范企业1户。贺州市工商行政管理局积极协助其他市网监部门工作，通过网上检查、实地检查，实施线上线下立体协作监管，对接杭州市市场监督管理局转办的网络商品案件1件。桂林市工商行政管理局以大型购物网站为重点，排查侵权假冒商品信息。同时，加强与公安、工信委、通信管理等部门的协作，协助执法部门开展网络侵权假冒案件调查取证，推动部门间监管资源信息的沟通与共享，强化对网络接入服务商、域名注册服务提供商、信息服务商经营行为的监督管理，查处“三无”网站。

2016年，自治区工商行政管理局与公安、通信管理部门联合制定印发《广西2016网络市场监管专项行动方案》，组织全自治区工商系统开展网络市场监管专项行动。6—11月专项行动期间，全自治区共在线检查网站、网店16612个，实地检查网站、网店经营者3078个，删除违法商品信息114条，责令整改网站86个，立案查处违法案件112件，罚没款合计401.46万元。专项行动联合公安、通信管理局共同行动的做法获国家工商总局肯定和赞扬，初步建立信息共享和工作协作的机制。各级工商行政管理机关根据当地实际，针对群众反映强烈的问题，依托网络市场监管专项行动，分别部署开展互联网房地产广告治理、电话“黑卡”治理、医疗美容机构所属网站治理、互联网金融广告治理等专项整治行动。年内，各级工商行政管理机关完成国家工商总局下达给广西的网络监管案件线索测试任务3次共1500条，处理疑似非法主体网站116个，网店线索排除任务5076条。

2017年，自治区工商行政管理局牵头建立自治区网络市场监管厅际联席会议制度，经自治区人民政府同意后印发自治区网络市场监管厅际联席会议制度工作规则。6月，利用网络市场监管厅际联席会议

2016 年 11 月 9 日，自治区工商局召开 2016 年“双十一”规范网络集中促销活动行政指导会

制度工作机制，自治区工商行政管理局等 11 部门联合印发《广西 2017 网络市场监管专项行动方案的通知》，推动各部门统一行动，开展整治网络市场违法违规行为专项行动。至 11 月底，专项行动期间全自治区工商行政管理机关网上检查网站、网店 21004 个次，实地检查网站、网店经营者 4717 个次，删除违法商品信息 1094 条，责令整改网站 190 家，立案查处违法案件 185 件，移交案件 3 件，罚没款 123.77 万元。

2018 年 7 月—11 月，自治区工商行政管理局牵头联合 10 个自治区网络市场监管厅际联席会议制度成员单位开展 2018 广西“网剑行动”。行动期间，各成员单位发挥各自监管优势，严厉打击网络市场出现的让人民群众深恶痛绝的网络欺诈、赌博、传销及其他等违法违规行为，规范网络市场经营秩序。此次“网剑行动”开展网上检查网站、网店 40567 个，实地检查网站、网店经营者 5410 个，清理网络违法有害信息 1.78 万条，关停发布检查电子商务产品生产加工单位 266 家次，督促网络交易平台删除违法商品信息 239 条，责令整改网站 259 家，受理价格举报、投诉 45 件。共查处网络违法违规案件 2440 件，其中网络欺诈案件 1335 件，侵犯公民个人信息案件 367 件，网络赌博案件 248 件，虚假违法互联网广告案件 151 件，其他违法违规案件 47 件，食品药品及缺乏资质经营食品、药品、医疗器械案件 29 件，网络虚假宣传案件 18 件，生产质量不合格电子商务产品案件 6 件、侵犯网络消费者合法权益案件 5 件，查获跨境侵权邮包 3 批次。

年内，自治区工商行政管理局协调资源支持南宁市工商行政管理局开展“打击电子商务非法独立网站、维护良好营商环境”试点工作。通过搜索引擎、浏览器等公共互联网渠道，以“点对点”方式发布提示信息，向社会公众公开网站主体状态，借助 360 浏览器、搜索引擎等主流通道产品，对首批 83 家注销、被吊销营业执照的经营主体名下的 99 个网站相关信息进行在线提示，主动迈出全自治区工商系统破解非法主体网站监管难题的第一步。

第三节　网络促销行为监管

2015 年起，广西各级工商行政管理机关对“双十一”促销开展定向监测工作，并形成监测报告。

2015 年，在“双十一”来临之际，为保护消费者合法权益，自治区工商行政管理局采取发布消费提示、开展广告监测、加大监测力度及约谈活动等措施，营造“双十一”放心网购市场环境。来宾市工商局结合来宾消费市场实际情况，向社会发出“消费提示”，提示消费者网上购物必须做到“七注意”，预防消费陷阱，增强消费者网上购物的法律意识，倡导理性消费、科学消费。桂林市工商行政管理局在《桂林晚报》和门户网站连续发布《“双十一”旅游网购警示》和《网络集中促销禁设不退订金条款》两次消费警示，普及维权知识，提醒消费者谨慎消费、理性购物，进一步提升消费者自我保护和维权的能力。贵港市工商行政管理局针对“双十一”网购等网络购物特点和情况，利用工商微信公众号及时发布消费警示 12 条，提高消费者购物防范意识和维权意识。全自治区工商系统“12315”畅通受理消费者网络投诉、网购咨询渠道，及时受理消费者投诉、解答消费者咨询。

2016 年，自治区工商局召集自治区内广西南百电子商务有限公司等 31 家网络电商企业召开“双十一”规范网络集中促销活动行政指导会，通报全自治区网络市场监管有关情况，通报网络市场消费投诉、网络广告宣传、商标保护突出问题，加强与电商企业情况交流，并首次联合电商企业签订《诚信经营倡议书》。10 月，自治区工商行政管理局印发《关于做好网络集中促销活动监测监管工作的通知》，加强对网络集中促销活动的监测监管。

年内，按照国家工商总局《2016 网络市场监管专项行动方案》及国家工商总局网监司《关于针对非法主体网站信息线索开展非法主体网站整治工作的通知》，自治区工商局印发《关于开展非法主体网站整治工作的通知》，开展非法主体网站整治。将国家工商总局下发的 116 条疑似非法主体网站按辖区下进行核查，其中 52 个是仍在继续使用而且有合法的市场主体。其余网站存在的问题主要包括网站失效、被赌博网站篡改、网站使用主体变更、伪造主体等情况，自治区工商行政管理局根据发现的不同问题进行及时处理。

2017 年 11 月 7 日，自治区工商局、自治区商务厅联合召开 2017 广西规范网络集中促销活动促进电商发展座谈会，对电商讲规则，提要求，防范网络集中促销期间出现网络交易违法违规问题，并对“双十一”集中促销期网络市场监测监管工作进行部署。“双十一”当天，共监测网络商品交易市场主体 3.44 万家，其中，辖区外 3.34 万家，辖区外平台 B 店 979 家，辖区内交易平台 4 家。监测到促销商品 17.73 万件，网络商品交易额 6.52 亿元。“双十一”当天，共监测全自治区网络商品交易市场主体 3.44 万家，其中辖区外 3.34 万家，辖区外平台 B 店 979 家，辖区内交易平台 4 家。监测到促销商品 17.73 万件，网络商品交易额 6.52 亿元。12 月 25 日，按管辖权范围，分别给南宁市、柳州市、桂林市和来宾市工商行政管理局推送在集中促销期间发现的涉嫌网络商品交易违法违规 48 条线索，要求及时处理并反馈。11 月 1 日—11 日，对集中促销活动开展监测工作，重点加强对刷单炒信、虚假宣传、虚假违法广告、价格欺诈等违法违规行为的监测，形成编制监测报告及发展情况报告。

2018 年“双十一”期间，自治区工商局组织召开 35 家电商企业座谈会。签署《诚信经营承诺书》，并积极宣传《电子商务法》和广西“创建良好营商环境”的政策，树立政府在市场监管的形象。

第四节　营业执照电子链接标识

2014 年底，自治区工商行政管理局完成了网络经营主体电子标识的制度建设任务，开始链接电子标识工作。全年共发放电子链接标识 12 户。

2015 年，自治区工商行政管理局制定《广西电子营业执照系统建设技术方案》《广西电子营业执照和全程电子化登记管理工作实施方案》，并报自治区经济体制改革领导小组办公室印发执行。7 月 15 日，在防城港市举行电子营业执照和登记全程电子化工作启动仪式，标志着广西电子营业执照及登记全程电子化试点工作正式实行。12 月，自治区工商行政管理局印发《广西工商行政管理局网络经营者链接电子标识管理暂行规定》，明确经工商行政管理部门或市场监督管理部门登记注册的网络经营者，应当在其网站首页或者从事经营活动的主页面醒目位置公开营业执照登载的信息或者其营业执照的电子链接标识；自治区工商行政管理局及各市、县（区）工商行政管理部门或市场监督管理部门按照登记注册权限负责电子标识的审验发放，按照属地管理原则由属地工商行政管理部门或市场监督管理部门对其监管；电子链接标识由自治区工商行政管理局统一制作，其审核、发放，由网络经营者营业执照登记注册所在地县级以上工商行政管理部门或市场监督管理部门负责，不收取任何费用。

2016 年 7 月 29 日，广西电子营业执照和全程电子化登记管理系统在南宁、桂林、北海、防城港、钦州等 5 个试点设区市上线运行，上线当天，各试点单位均通过该系统发出了首批电子营业执照。至年底，在自治区本级及 14 个设区市全面推行电子营业执照，实现工商登记注册全程电子化。其中，桂林市区和 11 个县率先全面实现登记注册全程电子化。全年广西全程电子化登记管理系统共受理 1732 件网上申请的名称预先核准，其中，通过名称预先核准 357 户；受理 118 件网上申请的公司设立登记，其中通过公司设立核准登记 60 户。

2017 年，自治区工商行政管理局依托全国网络市场监管平台系统的扩展功能，下发《关于做好我区网络经营者电子链接标识工作的通知》，要求各地工商行政管理局开展申请链接标识工作。全年审核亮照 587 家，通过 323 家。

2018 年，广西共审核发放电子链接标识独立交易网站 864 家。

第二篇 消费者权益保护

广西消费者权益保护工作始于改革开放之初，各级工商行政管理机关主要通过依法管理、依法打击违法经营活动来保护消费者的合法权益。1986 年 3 月，广西消费者协会成立，各级工商行政管理机关认真指导并协同各级消费者协会积极开展消费者权益保护工作，先后举办二次打击制售假冒伪劣商品展览。1993 年《中华人民共和国消费者权益保护法》颁布后，各地经济检查、商标广告监管部门加强对消费者权益的保护，通过开展打击制售假冒伪劣商品行为、查处违法广告、查处商标侵权行为等专项行动，保护消费者的合法权益。

据统计，从 1992 年至 1995 年 7 月，全自治区各级工商行政管理机关共立案查处制售假冒伪劣商品案件 1936 件，案值 8656.6 万元，捣毁一批制造假冒伪劣商品的黑窝点，公开销毁大批假冒伪劣商品。1995 年底，自治区工商行政管理局在南宁举办全自治区“打击假冒伪劣商品，保护名牌优质产品”大型展览会，通过实物、文字、图片、录像等形式向广大消费者宣传消费者权益保护法，增强广大消费者依法保护自身合法权益的意识，消费者维权意识不断增强，消费者投诉日益增多。

1997 年，南宁、柳州、桂林、北海四市工商局率先组建消费者投诉（后改称“申诉”）举报指挥中心，开通尾数为“315”的消费者投诉服务电话。1999 年 7 月 12 日，自治区工商局在全自治区范围内开通 12315 消费者投诉服务专用电话；组建全自治区“打假维权”网络，加大打假和维护消费者权益力度。

2000 年，自治区工商局在机构改革中设立消费者权益保护处，各市、县工商局也设立相应机构，全自治区的消费者权益保护工作得到进一步加强。各地级市工商局设置“12315”消费者申诉举报指挥中心，各县局（分局）设置“12315”消费者申诉举报中心，基层工商所设置“12315”消费者申诉举报站，全系统建起了较完整的消费者权益保护执法体系，形成覆盖城乡、扩大案源、受理迅速、处理及时的消费者申诉、举报服务网络。

2001 年，国务院进行机构职能调整，将原由国家质量技术监督局承担的流通领域商品质量监督管理职能划归工商行政管理部门。

2002 年开始，自治区工商局依据职能和国家工商总局的有关规定，组织开展流通领域商品质量监测工作，对食品、农资、建材、化工、电子产品等各类商品进行质量抽样检测。

2003—2007 年，广西工商行政管理机关以深入开展产品质量和食品安全专项整治为重点，进一步强化食品安全监管工作。各级工商行政管理机关开展一系列专项整治行动。一是开展元旦、春节食品市场专项整治，确保节日食品安全。二是开展食品批发市场专项整治行动，从源头上遏制制售假冒伪劣食品行为。三是开展肉类食品专项执法检查。四是开展儿童食品市场专项执法检查。五是开展花生油市场专项检查行动。此外，开展移动电话机专项执法检查和房地产市场专项整治，各级工商行政管理机关从商品房恶意炒作以及广告、销售合同、房地产经纪人违法违规等方面入手，重点查处房地产开发经营企业发布虚假信息等侵害消费者权益的行为。消费维权方面，进一步完善消费维权法规体系，强化消费维权工作。经过自治区工商局和自治区消委会的共同努力，《广西壮族自治区消费者权益保护条例》经自治区十届人大常委会第二十六次会议审议通过并颁布实施，使广西消费者权益保护工作进一步法治化、制度化和规范化。开展“消费和谐”年主题宣传活动。自治区各级消费者权益保护机构和组织认真受理消费者投诉，积极解决消费纠纷，化解社会矛盾，维护社会稳定。

2008—2009 年，广西各级工商行政管理机关积极推进 12315 行政执法体系建设，建立健全消费维权机制，受理消费者申诉举报，有效地维护消费者的合法权益。为拓展消费维权网络建设，自治区工商局与广西消费者权益保护委员会联合在电信、电力等 16 个大中型企业建立消费维权联系点制度，推动消费维权社会化进程，提高企业自律能力，促进依法经营，使企业切实承担起维护消费者权益的社会责任。至

2009 年底，全自治区共设立农村行政村 12315 消费维权联络站 7656 个，在城市社区建立 12315 联络点 528 个，在商业企业建立 12315 联络点 1171 个，在学校及景区建立 12315 联络点 774 个，其中城市社区和农村行政村 12315 联络站覆盖率达到 71.82%。

2010 年，创新"3·15"国际消费者权益日宣传活动方式，由过去单一的集中设点宣传，改为 12315 进社区、进乡村、进学校、进企业，进市场，开展点多面广的消费维权大服务周活动。服务内容重点放在开展消费教育和消费引导，提高群众依法维权和识假辨假的意识和能力。加大消费维权信息化建设力度，基本完成 12315 综合执法网络系统、12315 数据分析中心的升级改造工作；完成 GPS 电子地图系统的安装调试；建成全自治区 12315 消费者申诉举报录音受理和短信受理平台，基本实现八小时工作时间内人工受理处理，八小时外录音受理、短信受理、互联网网络受理和后台人工处理的全天候受理、处理消费者的申诉举报格局。

2011—2018 年，深入开展消费教育引导工作，倡导科学健康文明消费；进消费维权网络体系规范化；继续加大"一会两站"的建设力度；加大流通领域商品质量监管和服务领域消费维权力度，强化对新型消费领域和消费方式的监管，健全完善消费维权制度，积极构建消费维权长效机制。抓好消费教育示范点建设，积极探索和推进消费教育基地创建工作。

2012 年，按照自治区党委、自治区人民政府关于"健全维护群众权益机制，畅通公众诉求表达渠道，深化社会风险评估，解决与群众切身利益相关的实际问题"的工作部署，把"一会两站"和"消费维权服务站"建设作为基层组织开展消费维权、维护社会和谐稳定大局的大事来抓紧抓好。有的市把"一会两站"和"消费维权服务站"建设纳入综治及平安建设工作计划和绩效考评范围，明确"一会两站"和"消费维权服务站"的工作职责、工作制度和考评细则，扎实推进"一会两站"和"消费维权服务站"建设。

2013 年，共建立各类消费教育基地 2595 个，各级工商行政管理机关以互联网和红盾网站平台为依托，充分发挥 12315 消费者申诉举报中心、"一会两站"、12315 维权服务网络，以及消费者权益保护组织的职责功能，建立科学消费指导中心，开辟科学消费教育指导园地，开通消费指导热线，为消费者提供消费咨询信息服务。2 月，自治区工商局、自治区高级人民法院、广西消委会联合印发《关于建立消费纠纷行政调解与司法调解衔接机制的意见》（桂工商发〔2013〕6 号），在全自治区推进建立行政与司法调解衔接机制。至 2013 年底，全自治区 14 个市、109 个县（区）工商局、消委会全部与当地人民法院联合制定了建立消费纠纷行政调解与司法调解衔接机制的实施方案，人民法院在市、县工商行政管理机关或消委会设立消费纠纷流动法庭 59 个。3 月，自治区工商局 12315 消费者投诉举报指挥中心正式挂牌成立，至此，自治区及 14 个市、123 个县（区）工商局建立了 12315 消费者申诉举报中心，1078 个基层工商所均建立了消费者申诉举报站。这标志着广西工商行政管理机关依托"12315"建立的"一个中心、三级执法、四级联动"行政执法体系进一步完善。自治区工商局积极探索与消费者权益保护委员会（以下简称消委会）、中国消费者报广西记者站和自治区高级人民法院等相关部门和单位建立合作机制，把行政监督、社会监督和舆论监督职能有机结合，做到"信息互通、工作互动、活动互联"，整合资源，实现优势互补，构建"大消保"体系，提高解决消费纠纷的能力和水平。

2014 年组织学习、宣传、贯彻落实新修改颁布的消费者权益保护法。依托广西工商红盾讲坛，邀请国家工商总局有关专家为全系统工商干部专题解读新修改颁布的消费者权益保护法。自治区工商局组织编印了《新消费者权益保护法亮点解读及消费维权岗位应知应会手册》，广泛开展"送戏下乡""送课下乡""送法下乡"活动，使工商执法人员和广大消费者及时地了解、掌握新修改颁布的消费者权益保护法。开展"12315"窗口规范化建设活动，创建了 50 个"12315"文明窗口示范点。

2015 年，在全自治区开展"12315 消费争议企业直通车"创建活动，由参与活动的企业直接与消费者自行化解消费纠纷，强化经营者主体责任和社会诚信，把消费纠纷化解在源头，解决在现场，有力地推进消费维权社会协同共治。2 月，广西 12315 指挥中心平台正式上线运行。该平台实现投诉举报数据大集中、多渠道受理、统一指挥调度、远程音视频互动、实时统计分析、绩效考评等多项功能，新增短信平台、微信投诉举报、来电呼叫转移功能，提升消费维权工作效能。建立自治区和市 12315 指挥中心互联互通互动例会制度，定期组织召开例会，通报消费维权工作情况，分析消费投诉热点，交流消费维权工作经验。

2017 年，构建政府领导、部门联动、行业自律、企业诚信、社会监督的“大维权”工作机制，提升消费维权社会共治水平。在全国率先建立消费者权益保护工作厅际联席会议制度；指导北部湾经济区 6 个城市建立“北部湾工商消费维权联盟”，构建消费维权资源共享、联合执法城市联盟新格局；加强与商务、保监、质检、公安以及汽车协会、家具协会、京东平台等单位的沟通，积极探索电子商务、放心消费创建、商品质量监管等方面的合作。4 月，在南宁、防城港 2 个试点市召开现场会，总结推广两市“诚信经营放心消费”创建工作的做法和经验，部署推进全自治区的“诚信经营放心消费”创建工作。以南宁市 12315 为试点，以智能化管理为目标，实现 12315 自助语音解答等功能，并在全自治区推广，提升电话接听率，提高消费者满意度。

2018 年，贯彻落实《广西壮族自治区人民政府办公厅关于印发 2018 年广西开展放心消费创建活动工作方案的通知》（桂政办电〔2018〕142 号）和《广西壮族自治区人民政府办公厅关于印发广西优化市场环境若干措施的通知》（桂政办发〔2018〕49 号）精神，着力推动和规范全区放心消费创建工作，建设“广西工商放心消费创建平台”。组织全区围绕“品质消费美好生活”消费年主题，开展形式多样的“3·15”宣传月活动。突出对涉及国计民生、与老百姓生活密切相关的重点商品进行抽检，完成建材、燃气器具、珠宝首饰等 970 批次商品的抽检工作。加强对重点领域和重点商品的整治，组织开展“央视曝光问题清查”“红盾质量”等 4 个专项整治行动。

第一章　流通领域商品质量监管

2001 年 8 月，国务院将原由质量技术监督局承担的流通领域商品质量监督管理的职能，划归工商行政管理部门（国办发〔2001〕57 号文）。

2002 年，广西工商系统开始履行对流通领域商品质量监管职责。因执法力量薄弱、检测经费不足和设备不完备等条件的限制，一定程度上制约了工商对流通领域商品质量监管的力度和质量。

2004 年，推进流通领域商品质量监管“关口前移”是国家工商总局在全国工商行政管理系统推行的两项重要改革之一。为稳步推进广西商品质量监管“关口前移”工作，探索“关口前移”的监管模式，自治区工商局成立了商品质量监管“关口前移”领导小组，制定工作方案，明确了“关口前移”的重点工作、重点市场和重点商品。

2008 年 7 月 23 日，自治区工商局出台“消费者权益保护工作‘四化建设’三项工作举措”（即《流通领域商品质量监管“四化建设”工作措施》《流通环节食品安全监管“四化建设”工作措施》《12315 行政执法体系“四化建设”工作措施》），这是全国工商系统最早出台的一项指导消保工作的四化措施，用以规范、指导广西消费者权益保护的各项工作。

2011 年前，由于机构、人员、经费等多种原因，对商品质量监测的重点多数在食品质量抽检方面，对涉及民生的钢材、建材、手机等商品质量的监测投入不足。

2012 年，深入贯彻落实《质量发展纲要（2011—2020 年）》，全面加强流通领域重要商品质量监管，加强对汽车配件、手机、服装、家用电器、珠宝玉石、装饰装修材料、建筑材料、儿童用品等重点商品的专项整治和质量监管。

2018 年，突出对涉及国计民生、与老百姓生活密切相关的重点商品进行抽检，完成建材、燃气器具、珠宝首饰等 970 批次商品的抽检工作。加强对重点领域和重点商品的整治，组织开展“央视曝光问题清查”“红盾质量”等 4 个专项整治行动。

自治区工商局通过新闻媒体和广西红盾网及时向社会公示了监测结果和发布了消费提示。对监测不合格的商品，各级工商机关依法予以从严查处。

第一节　商品质量监督管理

2001 年 8 月，国务院将原由质量技术监督局承担的流通领域商品质量监督管理的职能，划归工商行政管理部门。

2002 年，开展对流通领域商品的质量监督管理，对流通领域的农资、食品等商品进行了质量抽查，共抽取农资样品 140 个、食品样品 168 个。

2003 年，按照农业部等五部门《关于做好 2003 年农资打假工作意见的通知》的要求，自治区工商局制定下发《打假护农保春耕专项整治方案》，与自治区农业厅联合下发《关于开展全区农资市场联合执法检查专项活动的通知》，结合流通领域农资商品质量的监督抽查，部署全区开展对农资市场的联合执法行动。2 月、4 月和 7 月分别三次组织在全区范围内对流通领域的化肥、农药等农资商品质量进行监督抽查，共抽查肥料 208 批次，合格 107 批次，合格率 51.4%；农药 70 批次，合格 54 批次，合格率 77.1%。第四季度根据建筑市场进入旺季的特点，组织对螺纹钢筋、水泥进行抽检。抽检螺纹钢筋 46 批次，合格 35 批次，合格率 76.1%；抽检水泥 57 批次，合格 39 批次，合格率 68.4%。

同年，工商监测车在广西投入使用。3 月 15 日，广西首辆工商监测车在玉林市正式启动使用，从 2003 年 4 月 14 日—7 月 1 日分两个阶段，在全区 14 个市及 5 个县对食品质量进行巡回检测。对检测不合格的商品，数量大的，立即由辖区工商所责令登记保存该商品，并进一步送检，相符后立案查处；数量较少的，通过市场预警警示制度进行处理。监测车除了平日在辖区内开展检测外，节日期间，统一抽调到全区 14 个市、34 个县进行流动检测。全年由工商监测车对市场的粮油、蔬菜、水发产品、干制海产品、腌制酸菜、猪牛肉等进行检测。共检测 1062 个样品，合格 930 个，不合格 132 个。

2004 年，广西推行流通领域商品质量监管制度改革，梧州、南宁、柳州、平果等市、县开展商品质量监管"关口前移"试点，建立进货质量保证制度、购销台账制度、市场开办者责任制度、商品质量承诺制度等。同年，对部分市、县流通领域植物生长调节剂、农膜、复混肥料、有机—无机复混肥料进行质量监督抽查，共抽检 263 个样品组，合格 202 批次，合格率 76.81%。其中第二季度（抽查）复合肥 66 个样品组，37 个质量合格（4 个标识不合格），内在质量合格率 50%。抽查结果表明，假冒伪劣农资大量存在，严重影响农业生产。第四季度抽检样品 595 组，质量合格 475 组，占 79.83%。其中，烟酒饮料食品粮食类合格 481 个样品组，合格率 83.99%；农用生产资料类 74 个样品组，合格率 58.11%；建材类 20 个样品组，合格率 50%。抽检结果表明农资、建材类商品质量问题突出。对此，及时下发通知依法查处，切实维护消费者的切身利益。

2005 年，加强流通领域监测体系建设，全面开展商品质量监督抽查。根据国家工商总局《流通领域商品质量监测办法》，下发《关于进一步加强流通领域商品质量监测工作的意见》，决定从 2005 年下半年开始，流通领域商品质量日常监测工作由市、县工商局在辖区范围内组织开展。广西实施农资"放心工程"，组织农资商品质量抽样检测，第一、第三季度，各市工商局先后组织进行了流通领域种子、化肥、农药三种农资商品的抽样质量检测，共抽查了 1054 个品种。经测定，不合格的 275 个品种，合格的 779 个品种，总体合格率为 76.53%。

2006 年全自治区工商机关组织流通环节商品质量检测 2630 批次。各地工商局分别于第一、第三季度对流通领域部分种子、肥料商品进行质量定向检测。第一季度，各地抽查种子商品共 122 个样品，其中杂交水稻种子样品 117 个，杂交玉米种子样品 5 个；经委托法定检验机构检测，测定为合格样品 116 个，不合格样品 6 个，总体样品合格率为 95.1%。抽查肥料商品共 117 个样品，其中复合肥样品 81 个，有机肥样品 20 个、磷肥样品 14 个及其他样品 2 个；经委托法定检验机构检测，测定为合格样品 84 个，不合格样品 33 个，总体样品合格率为 71.8%。第三季度开展肥料和农药商品质量定向监测，共抽查肥料商品 127 个批次，其中复混肥料样品 86 个批次，有机—无机复混肥料样品 12 个批次，磷肥（过磷酸钙、钙镁磷肥）样品 17 个批次，其他（氯化钾、尿素、碳铵、硫钙肥等）12 个批次。经法定检验机构广西化工产品质量监督检验站对上述肥料样品进行检测，合格样品 94 个批次，不合格样品 33 个批次，总体样品合格率为 74%。检测抽查农药商品 131 个批次，其中乳油样品 73 个批次，粉剂、颗粒剂样品 38 个批次，水剂、微乳剂样品 20 个批次。经法定检验机构广西化工产品质量监督检验站对上述农药样品进行检测，合格样品 109 个批次，不合格样品 22 个，总体样品合格率为 83.2%。

2007 年，广西充分发挥快速检测车、检测箱的作用，加强对农村食品市场的质量监测。广西各地工商机关围绕粮、肉、蔬菜、水果、奶制品、豆制品、水产品、酒等重点商品，进行快速检测，全区共检测商品 1450 个批次，平均合格率为 89.6%。对确认为不合格的食品及时采取有效措施退市，切实维护节日市场经营秩序。对流通领域种子、肥料和农药三大类农资商品质量水平的监控，自治区工商局按照《"2007 红盾护农"实施方案》的工作部署，第一季度布置各地重点组织开展种子、肥料两大类农资商品的质量定向监测，共抽查了春耕生产使用的种子商品 30 个批次，肥料商品 110 个批次。其中，种子商品总体质量合格率为 86.7%，肥料商品总体质量样品合格率为 88.18%。7—8 月，自治区工商局在全区范围内组织开展第三季度流通领域肥料、农药商品质量定向监测工作，抽查了具有代表性的、当前主要农业生产使用的肥料商品

133 个批次，农药商品 145 个批次。其中，肥料商品总体合格率为 76.7%，农药商品总体合格率为 82.1%。

2008 年，自治区工商局共为基层工商系统配备了 100 台执法检测车，1780 台食品快速检测箱，实现市、县、所三级都有执法检测装备。各级工商机关领导重视，及时部署开展食品快速检测工作。如柳州市工商局制定了“定时间、定地点、定品种”的快速检测制度。根据消费者申诉举报热点和市场监管的难点，加大对流通领域的食用油、家用电器、通信产品、装饰材料等六大类重点商品的质量监测。扶绥县工商局执行一周一报制度。梧州市工商局为了更好地发挥快速检测设备作用，规范流通环节食品快速检测工作，研究制定了统一计划、统一项目、统一上报、统一公布等“八统一”的工作制度。

2008 年，全区开展抽检商品 4409 批次，质量合格 3645 批次，质量不合格 764 批次，商品质量合格率为 82.67%。抽检商品的批次比 2007 年增长 5 倍多，商品合格率平均比 2007 年提高了 2.7 个百分点。共检测抽查流通领域肥料商品 625 个批次、种子商品 104 个批次、农药商品 127 个批次，总体合格率均比 2007 年同期提升 2 ～ 3 个百分点。2008 年，贵港市工商局共检查经营食品的市场、超市、门店、摊点 12206 个次，立案查处无照经营、制售假冒 235 件，取缔私宰窝点 3 个、制假售假食品窝点 1 个，查扣各类假冒伪劣食品 1608.9 千克、私宰肉 528 千克、病死畜禽肉品 258 千克、侵权商标饮料 390 千克以及“三无”食品、调味品一批。

2009 年，全区共抽查化肥样品 626 个批次，经检测，合格 485 个批次，不合格 141 个批次，总体合格率 77.5%；全区抽查农药样品共 203 批次，检验合格 163 批次，不合格 40 批次，合格率 80.3%。流通领域农资商品质量定向监测的数据显示，农资质量总体呈曲折上升的趋势。

2010 年，根据国家工商总局《关于认真做好 2010 年流通领域商品质量监测工作的通知》要求和广西流通领域食品、商品质量实际状况，制定了详细的食品、商品质量年度监测工作计划，并按计划分季度逐步实施。4 月，开展全区第一阶段的流通领域肥料商品质量定向监测，共抽查肥料商品 548 个批次，检测不合格 105 个批次，总体合格率 80.1%，抽样涉及肥料商品 6639 吨，查出涉嫌不合格肥料商品 901 吨。8 月，全区第二阶段的流通领域农药商品质量定向监测，共抽查农药 300 个批次，检测合格 212 个批次，不合格 88 个批次，总体合格率 70.7%。截至 11 月底，组织开展流通环节食品质量检测共 434 批次，检验结果为合格的食品 357 批次。开展建材商品质量监测 277 批次，合格 170 批次，发现不合格产品 107 批次。

2011 年，共抽查肥料商品样品 532 个批次，经检测合格 421 个批次，总体合格率 79.1%。其中，抽样涉及上市肥料 4750 吨，查出涉嫌不合格肥料 1085 吨。共抽查农药商品样品 314 个批次，经检测合格 220 个批次，总体合格率 70.1%。其中，抽样涉及上市农药 118.5 吨，查出涉嫌不合格农药 30.2 吨。

2012 年，深入贯彻落实《质量发展纲要(2011—2020 年)》，针对社会反映强烈、消费者诉求，全面加强流通领域重要商品质量监管。有针对性地加强对钢材、水泥、电线电缆、铝型材、美容护肤品等商品的质量抽样检验。全年共检测建材类商品 180 组，合格样品 113 组，与 2011 年同期相比，合格率上升 32.8%；检测美容护肤品商品 34 组，合格样品 31 组，与 2011 年同期相比，合格率上升 90.3%；检测儿童玩具 33 组，合格样品 31 组；检测电暖器 23 组，合格样品 12 组；检测电热水器 17 组，合格样品 15 组，与 2011 年同期相比，合格率上升 40%。共抽查肥料商品样品 409 个批次，总体合格率 76%；抽查农药商品样品 287 个批次，总体合格率 69.3%。检测肥料商品范围覆盖面达 3740 吨，检测农药商品范围覆盖面达 63 吨。

2014 年，累计组织抽检流通领域儿童服装、儿童床品、儿童鞋类、热轧带肋钢筋、内墙涂料、汽车皮革、电线电缆、插头插座、电压力锅等 10 个品种 230 批次的商品，对 78 批次的不合格商品组织开展市场清查。共抽查流通领域肥料商品样品 330 个批次，抽查农药商品样品 280 个批次。

2015 年，对家用电子电器、服装鞋帽、装饰装修材料、交通工具、消防器材等 7 大类 98 个品种 1967 个批次商品进行质量抽检工作。完成国家工商总局布置的节能灯抽检任务。抽查市场上销售的电动自行车商品样品 82 个批次。其中，南宁、柳州、玉林等市共抽查 51 个批次产品，合格率为 41.2%；桂林、贺州等市共抽查 31 个批次产品，合格率为 71%。抽查了全区农资市场的肥料 1077 批次，合格率 85.42%；抽查农药 519 批次，合格率 81.31%。

2016 年，以家用电子电器、儿童用品、装饰装修材料、汽车配件等百姓关注商品为重点，组织开展十二大类 1792 批次抽检，并依法公布结果。共抽查了全区农资市场的肥料 985 批次，合格率 84.9%；抽查农药 215 批次，合格率 80%。

2017 年，对家用电子电器、通信器材、妇女儿童用品、红木家具等十大类 1658 批次商品进行抽检，合格率 76.42%，其中，在天猫、京东等平台网上抽检成人服装、鞋类、儿童服装、玩具共 70 批次，合格率 68.6%，并加强抽检后处理工作。同时，在流通领域开展汽车配件等“双随机、一公开”抽查工作，在全区范围内共抽查汽车配件经营主体 328 户，消防产品经营主体 381 户。全年共抽检流通领域肥料商品 1420 批次，合格 1294 批次，合格率 91.1%。

2018 年，组织完成 1971 批次儿童用品、燃气具等重点商品质量抽检，开展流通领域农资商品、成品油、电动自行车抽检工作，共抽检“三大类”商品 1995 批次，在《广西日报》以专版形式向社会公开不合格商品名单，提高对违法经营者的震慑力。广西工商机场分局开展流通领域“双随机、一公开”商品质量抽检，对辖区企业的服装鞋帽抽检 20 批次，儿童玩具 16 批次，箱包类 5 批次，对抽检不合格的服装、皮鞋产品销售企业下达责令整改通知书，并依法采取强制下架措施和抽检结果信息公布。

第二节　重点商品和重点领域专项整治

2007 年 4 月—5 月，根据国家工商总局和自治区工商局的工作部署，结合五一节日市场监管，组织力量，对本地重点手机市场和手机销售较为集中的网点开展二次专项执法检查。重点对市场上销售的 NOKIA6030 等 18 款手机进行拉网式检查。共出动检查人员 9565 人次，检查经营户 8125 户，查处资质不合法经营户 52 户，查获不合法移动电话机 927 部，查处案件 88 件，案值 52.328 万元，受理和处理消费者申诉举报 80 件，为消费者挽回经济损失 5.59 万元。同时，防城港市工商局查处不合格电动车案 9 件，案值 14 万多元。截至 10 月底，在家电市场专项整治行动中，全区各级工商机关出动执法人员 37738 人次，检查经营主体 43920 户次，取缔无照经营 16 户，受理消费者有关“家电下乡”“汽车摩托车下乡”咨询

2007 年 8 月 2 日，自治区工商局在南宁举办了广西工商系统暑期冷饮、消暑食品专项整治行动启动仪式

1378 件、申诉举报 132 件（其中办结 116 件），查处违法案件 23 件，案值 23.174 万元，为消费者挽回经济损失 24.792 万元。

2007 年，自治区工商局与有关部门联合制定了《广西壮族自治区房地产市场秩序专项整顿工作实施方案》。各级工商部门从商品房恶意炒作行为、广告违法违规、销售合同违法违规、房地产经纪人违法违规等方面入手，重点查处房地产开发经营企业发布虚假信息等侵害消费者权益的行为；查处市场主体的违法违规行为。2006 年 9 月—2007 年 3 月 20 日，全区各级工商机关共出动执法人员 4429 人次，检查经营主体 2763 户，检查房地产广告 118 份，检查房地产销售合同 1865 份，查处各类案件 69 件（其中房地产广告 62 件、侵权 3 件），案值 28.9 万元，吊销营业执照 37 户。

2008 年 4 月—5 月，各级工商行政管理机关结合五一节日市场监管，组织力量对本地重点手机市场和手机销售较为集中的网点进行了两次专项执法检查。全系统共出动检查人员 9565 人次、检查经营户 8125 户、查处资质不合法经营户 52 户、查获不合法移动电话机 927 部、查处案件 88 件，案值 52.328 万元，受理和处理消费者申诉举报 80 件，为消费者挽回经济损失 5.59 万元。

年内，全区工商系统共检查房地产经营主体 2913 户，检查房地产销售合同 2353 份，共下发整改通知书 45 份，立案查处违法违规案件 89 个，在新闻媒体曝光违法违规事实严重的企业。同时，自治区工商局联合质监、商务等部门开展房地产市场、建材市场专项执法检查，根据国家工商总局公布的不合格商品名单，分别组织对饮水机、刹车片、童车、童鞋等专项执法检查。

2008 年，全区开展国门工商行动。东兴会议上，自治区工商局确定以东兴、凭祥、崇左等 8 个（地）市为重点地区开展边境市场监管工作，4 月起，东兴市工商局积极配合有关部门加强对边贸市场进出口商品的质量监管，依法查获并销毁无进口凭证的越南猪肉 1615 多斤、无照经营肥料 120 吨，依法查扣侵犯“HB”注册商标的农机配件 400 多件、侵犯日本资生堂化妆品注册商标的化妆品 206 瓶、侵犯日本 NGK 火花塞注册商标的 NGK 火花塞 12859 只，总案值 70 多万元。崇左市大新县工商局积极做好边境旅游市场日常专项检查，以德天瀑布、名仕田园等旅游景区以及车站、宾馆、酒楼等为重点区域，组织各工商所在辖区内开展市场监管工作，在景区检查中，依法扣留封存了涉嫌假冒“耐克”鞋 63 双、“阿迪达斯”鞋 23 双、“BOSS”挂包 63 只、“梦特娇” T 恤 87 件、“鳄鱼” T 恤 54 件，净化了广西边境旅游购物市场。凭祥市工商局针对当地出口水果的特点，按照国家有关出口水果必须要符合相关的出口标准的规定，对出口水果包装企业进行检查。经执法人员的检查，当地负责出口水果包装的两家企业均能够按照国家的相关要求对水果的质量进行检测，并对符合标准的水果加贴产地标识等质量认证，确保出口水果符合国家有关的出口标准。

2009 年，将整治边贸食品及商品市场作为一项创新的工作，积极配合有关部门切实加强对边贸市场进出口商品的质量监管。一是规范边贸市场的食品等重点产品的经营主体，边境地区工商机关通过对境内市场主体进行严格准入，对境外市场主体实行备案登记，使边境地区的市场主体进一步规范；二是规范边贸市场主体的经营行为。边境地区工商机关结合自身职责，积极配合有关部门加强进出口产品质量安全监管，按照“六查六看”的要求（“六查六看”制度，即查经营资格，看食品经营者证照是否齐全，是否非法出租出借证照，是否超范围经营；查进货票证，看食品经营者在进货时是否履行了检查验收责任，是否索取了供货方有关资质、发货票等票证；查经销食品，看是否有质量合格证明、检验检疫证明，是否掺杂使假、以假充真、以次充好、以不合格食品冒充合格食品，是否为国家明令淘汰、失效、变质的食品；查包装标识，看食品标示是否虚假，是否有产品名称、厂名、厂址，是否标明食品主要成分和含量，是否标明生产日期和有效期限；查商标广告，看食品商标是否有侵权和违法使用行为，食品广告是否有虚假和误导宣传的内容；查市场开办者责任，看食品市场开办者是否履行了对进场经营者资格审查的义务，经营场所内部质量管理制度是否健全等），加大日常巡查力度，严格检查边贸市场的进口食品、化妆品、日用品和家具的商标、广告、包装和标识，规范经营者的经营行为。防城港、崇左、百色等市工商局通过专项整治，有效地规范边贸市场秩序，更好地维护中外经营者和中外消费者的合法权益，维护双边国家的经济利益，促进边贸市场的繁荣发展。

2009—2011年，深入开展“家电下乡”整治活动。2009年，“家电下乡”市场监管落实巡查监管制度，发放消费维权服务卡，建立经销企业信用档案，签订优质服务承诺书，鼓励经营者进行质量承诺、严格自律，建立“家电下乡”维权岗，加强“家电下乡”市场监管，维护农村家电市场经营秩序，维护农村消费者合法权益。全年检查家电经营户3.92万户（次），查处违法家电案43件，查获假冒伪劣家电457台，案值42万元。2010年，自治区工商局下发《关于进一步深入开展家电下乡等市场专项整治工作的通知》（桂工商发〔2010〕32号），在全自治区深入开展“家电下乡”市场专项整治工作，重点检查家电下乡产品的经销和服务网点，以电视机、洗衣机、电冰箱、手机等作为重点（检查）商品。全系统共出动执法人员3.78万人次，检查经营主体4.39万户次，取缔无照经营16户，受理消费者有关“家电下乡”“汽车摩托车下乡”咨询1378件、申诉举报132件（其中办结116件），查处违法案件23件，案值23.17万元，为消费者挽回经济损失24.79万元。2011年，全区共出动执法人员28005人次，检查经营主体34382户次，查处不合格和假冒伪劣家电案件20件，案值22.31万元，查处不合格和假冒伪劣家电1434台。结合专项整治工作的开展，百色工商局组织“家电下乡”销售网点企业代表和售后服务网点向社会公开承诺：严格按照国家政策规定做好家电下乡经营和售后服务工作，确保农村消费者的合法权益得到有效保护。

2010年，在南宁、柳州、梧州、钦州、防城港市等地开展房地产专项整治和维权活动，柳州市工商机关在专项行动中受理处理商品房申诉安全21件，成功调解18件，为消费者挽回经济损失116万元。北海市先后开展“家电下乡”、“地沟油”、文化市场、烟草制品、农资市场、假冒珍珠粉、商业贿赂等专项整治行动，共查处销售不合格和假冒伪劣家电案2件，查扣不合格和假冒伪劣家电9台；查处制售、传播非法出版物案件54件；查获涉嫌传销书籍2.7万余本（册）、涉嫌传销宣传照片1.36万张、涉嫌传销宣传光盘800多张，涉黄光盘245张；查处烟草制品案件38件，罚款5.91万元；查处商标案件11件，罚款1.67万元。查处违法广告案件44件，罚款12.4万元；查扣涉嫌假冒珍珠粉682件；查办2起旅游品经营者从事商业贿赂案件，没收非法所得并处罚款3.05万元；开展农资商品质量监测，全年共抽检化肥40个品种，农药16种，查处农资案件12起，罚款2.2万元。全年查处无照经营案件484件，罚没款36.96万元。

2012年，深入贯彻落实《质量发展纲要（2011—2020年）》，全面加强流通领域重要商品质量监管，加强对汽车配件、手机、服装、家用电器、珠宝玉石、装饰装修材料、建筑材料、儿童用品等重点商品的专项整治和质量监管。其中，针对水泥市场存在的质量问题比较突出的情况，部署开展专项整治工作，全系统共检查水泥经营户3109户，查处经销不合格水泥案件17件（结案12件），案值4.7万元，罚没款4.1万元。

2013年4月和9月，自治区工商局制定下发《关于开展流通领域儿童用品质量专项整治的通知》《广西工商系统开展重点领域消费维权工作实施方案》，各地工商机关迅速行动，细化整治工作措施，强化监管执法手段，深入开展执法检查，并取得阶段性整治成果。全区出动执法人员8956人次，检查儿童用品经营主体16612户次，查处违法案件8件，案值0.595万元，查处销售不合格和假冒伪劣儿童玩具、童车数量一批。抽查流通领域电吹风、电磁炉、插排插座、开关等家用电器80批次，合格52批次，合格率68.75%。立案查处经销不合格家电商品762件，案值186万元。

2013年12月24日，国家工商总局消保局邀请包括广西在内的全国4个省（自治区、直辖市）工商局参加全国工商系统重点领域消费维权工作新闻通气会，向中央新闻媒体介绍在重点领域消费维权方面所取得的工作成效。

2014年3月，针对假冒伪劣、“三无”产品和傍名牌等违法经营行为，组织开展流通领域服装质量专项整治行动；4月，针对媒体曝光广西市场上非国标电源插头插座屡禁不绝的情况，开展以超市、商场、建材市场、五金店为重点的专项整治行动，查处销售不合格插头插座8260个，召回、下架、退市非国标插头插座23937个；5月，针对六一儿童节，组织开展“关爱儿童”消费维权清查不合格儿童用品专项整治，共检查经营户15264家，抽查儿童服装、玩具、用品103批次，查处违法经营案件43件，查获不合格儿童服装、鞋、用品共596件；8月，针对电商企业落实消费者权益保护法中的七日无理由退货规定情况开展专项检查，共约谈电商企业1879户次，明确要求电商经营者不得随意扩大限退商品范围，不得随意增加设置退货障碍，设立限退商品必须说明根据商品性质不宜退货的理由等。

2014 年，贵港市工商局开展家电整治、服装专项整治、关爱儿童专项整治、电源插座专项整治、全国食品安全周宣传等行动和全面商品检测。按照《自治区工商局办公室关于印发广西工商行政系统重点领域消费维权工作实施方案的通知》（桂工商办发〔2013〕241 号）的部署、《贵港市工商局关于开展家用电子电器领域消费维权工作的实施方案》贵工商办发〔2014〕10 号的要求，该局组织执法人员在辖区内开展电器商品市场的专项检查，针对商品质量参差不齐、售后服务无保障、维修服务质量差等方面的突出问题，依法查处以假充真、以次充好、虚假标注等违法行为。共出动执法人员 350 人次，出动执法车辆 30 辆次，检查经销不合格插排插座商品的经营户 398 户，监测各类商品 240 组，查办各类侵权案 41 件。根据《自治区工商局办公室关于开展流通领域服装质量专项整治的通知》精神，2014 年各市、县（区）工商局分别在不同的时间组织各工商所开展流通领域服装质量专项整治，对辖区内的服装市场进行全面排查，突出以儿童服装、内衣等为重点品种，以商场、超市、集贸市场、批发市场为重点场所，对经营者开展全面执法检查。加大对服装的包装、标识以及商品质量监管力度，重点检查是否符合商品质量安全标准，标签、警示标识是否齐全，是否注明生产厂厂名和厂址，是否在商品包装上配有中文说明，是否履行进货检查验收责任。共出动执法人员 1081 人次，检查各县（市、区）经营户 1573 户，未发现有质量不达标、标识标注不规范、存在安全隐患和不依法履行质量检查责任义务等服装质量问题。

按照自治区工商局的部署，6 月开展电源插座专项整治，营造和谐放心的消费环境。为了贯彻落实关于开展“关爱儿童”消费维权专项整治行动的通知，6 月在贵港市以儿童服装、玩具、童车、儿童安全座椅等为重点检查对象，全面开展市场执法检查。

2015 年，开展五大类重点商品和服务市场专项整治行动，检查经营者 11442 万户（次），查处商品质量和服务侵权案件 3802 件，案值 2331.03 万元，罚没款 1286.18 万元。河池市工商局以镀锌水管为重点开展商品抽检，抽检镀锌管 178 个批次，76 批次不合格，立案查处销售不合格镀锌水管案件 33 起，罚没款 67 万元。柳州市工商局查处柳州市雷克萨斯 4S 店小病大修、以国产零件代替进口零件的侵权案件，此专项整治中，共行政约谈汽车和相关产品企业 312 家，查处违法案件 21 件，罚没款 67 万元，南宁市、防城港市工商局加强了对预付卡的监管，对美容美发和汽车美容预付卡经营户开展整治，对 312 家经营户进行行政指导，对 109 家企业和经营户进行行政约谈，查处违法案件 12 起，罚没款 8.73 万元。贺州市查处中南丰田 4S 店发布违法广告案件，责令其停业整改并处以 1.2 万元的处罚。桂林市恭城县工商局查处恭城县水利电业有限公司违规收取消费者消费滞纳金案件，罚没款 1 万元。

2016 年，组织全区工商系统开展专项春季“打假冒反欺诈，保护老年消费者合法权益”专项整治行动、2016 年红盾质量维权行动、质量月专项整治、建材市场专项整治等专项行动。其中，红盾质量维权行动共查办各类违法案件 1025 件，案值 984.4 万元，罚没款 575 万元。

根据自治区工商局办公室《关于开展 2016 年春季“打假冒反欺诈保护老年消费者合法权益”专项整治行动的通知》（桂工商办发〔2016〕13 号）部署，1 月下旬至春节期间，贵港市工商局针对节日市场消费的重点热点商品、服务以及面向老年人的虚假宣传行为开展整治行动，重点监测医疗、药品、医疗器械、保健食品广告，以广播电视、报刊等媒体、各种批发部、超市、电器经营部、药店、养生保健场所等为重点检查对象，重点检查商家在促销时的促销广告用语是否合法合规，是否有虚假宣传等行为。根据国家工商总局《关于开展 2016 年红盾质量维权行动的通知》（工商消字〔2016〕66 号）部署和《贵港市工商局办公室关于开展流通领域儿童用品质量专项整治的通知》（贵工商办发〔2016〕53 号）文件要求，该局组织执法人员对辖区内的各类商场、超市儿童用品专区专柜、儿童用品专卖店等经营场所进行全面排查。一是以校园、幼儿园周边儿童用品销售场所为重点区域，以商场、超市儿童用品专区专柜、儿童用品专卖店为重点场所，以儿童服装、玩具、母婴用品、童车、儿童安全座椅为重点整治品种，对辖区内儿童用品经营者开展全面执法检查；二是检查儿童用品包装、标识是否符合商品质量安全标准，标签、警示标识是否齐全，是否注明生产厂厂名和厂址，是否在商品包装上配有中文说明等，集中解决质量不达标、标识标注不规范、存在安全隐患等突出问题；三是充分发挥12315消费者投诉举报网络的作用，及时受理和依法处理消费者有关咨询、投诉、举报。此次专项整治行动该局共出动执法人员1280人次，检查经营户900多户，对销售儿童用品的包装、标识不符合商品质量安全标准的经营者督促停止销售，责令改正经营行为5户，警示教育2户，下架不合格儿童玩具150多件。2016年，该局开展建材市场秩序专项整治。一是对建材经营户进行全面清查；二是对重点建材商品组织质量监测；三是对重点建材商品的执法检查；四是对建材经营户进行宣传教育。截至2016年底，共出动执法检查人员1960人次，执法车辆70车次，检查辖区建材市场经营主体2200多户次，查处无照经营4户，下达责令整改通知书4份。抽检装饰装修和消防建材32批次，经检测合格25批次，不合格7批次。查处案件7起，案值5.63万元，罚款6.79万元。2016年，该局开展红盾质量维权行动。一是突出家用电子电器类商品，集中解决商品质量、售后服务和维修服务等方面存在的问题；二是突出服装鞋帽类商品，集中解决标识标注不规范、质量不达标、存在安全隐患等突出问题；三是突出装饰装修材料类商品，集中解决消费安全方面存在的问题；四是突出交通工具类商品，集中解决对道路交通安全和消费者人身安全存在隐患的突出问题；五是突出有关服务领域消费维权，集中解决虚假宣传、不公平合同格式条款等问题。2016年，该局共出动执法人员4500多人次，检查经营主体8450多户次，查处各类违法案件33件，案值31.25万元，罚款27.92万元。其中，查处销售不合格和假冒伪劣商品案件17件，案值9.96万元。下发责令整改通知书4份。受理消费者咨询、投诉、举报96件，为消费者挽回经济损失5.7万元。

2016年，贵港市工商局开展公用企业行政约谈。针对消费者日常投诉较多的问题，该局对企业住所（经营场所）在该市的移动公司、电信公司、联通公司、北控水务、新奥燃气等5家公用企业进行行政约谈，通过宣传消费者权益保护法等法律法规，通报消费者投诉情况并限期答复、整改，引导企业自觉承担消费维权社会责任。

2017年，贵港市工商局采取有效措施，突出重点区域、重点时节、重点商品，开展电暖器专项执法行动、严厉打击和取缔违法生产销售“地条钢”专项行动、流通建材市场秩序专项整治、妇女儿童用品商品质量专项整治、“牙签弩”专项整治、电线电缆产品专项整治、红盾质量维权工作等专项整治行动。共出动执法人员3600多人次，检查生产企业、经营户22400多户次，抽检热轧带肋钢筋、热轧光圆钢筋、热轧型钢、低压流体输送用焊接钢管共15批次（经检测合格9批次、不合格6批次），查办案件24起，案值11.5万元，查扣不合格商品一批。责令整改13户。

2018年，根据《广西壮族自治区人民政府办公厅关于印发2018年全区预防非职业性一氧化碳中毒专项整治行动方案的通知》（桂政办电〔2018〕62号）精神，结合自治区工商局职责和分工，组织全区工商、市场监管部门于4月15日—11月30日开展预防非职业性一氧化碳中毒专项整治行动，共出动执法人员4323人次，出动执法车辆165台（次），检查燃气器具类经营户6699户，立案查处不合格燃气热水器和燃气灶具17件，案值9.942万元，罚没款11.0851万元，没收不合格热水器33台、不合格燃气灶具36台。2018年1月—5月，贵港市工商局开展珠宝行业、水晶泥、预防一氧化碳中毒、红盾质量维权等专项整治行动。

第二章　12315体系建设

1999年3月15日，国家工商局在原信息产业部的大力支持下，在全国统一开通了12315消费者申诉举报专用电话，及时、方便、快捷地受理消费者诉求，切实解决广大消费者投诉难的问题。1999年7月1日，广西各地、县（市）工商局（城区局）都设立了12315消费者投诉举报电话，是全国第二个县以上工商机关全部开通12315电话的省（自治区）。同时，相应成立了12315投诉举报指挥中心，及时受理消费者投诉。广西的12315体系建设由电话投诉逐渐扩宽到网络投诉。

2001年，广西各地依托乡镇政府、街道办事处和工商所建立乡镇、街道消费者协会分会，以行政村和社区为单位建立消费者投诉站和12315联络站（以下简称一会两站）。

2003年，以南宁市工商局12315中心为试点单位，开展网上申诉举报试点工作，实现了消费者在互联网上进行申诉、举报和咨询。

2005—2007年，进一步完善12315"一个中心、分级执法"消费维权的行政执法网络建设。

2009年，以南宁12315联动中心建设工作为试点，积极探索12315消费维权和食品检测快速联动指挥中心的经验，逐步在全区重点城市推开的工作思路，出台《自治区工商局关于加强12315行政执法体系"四个平台"建设的意见》（桂工商发〔2009〕80号）。

2011年，初步建立自治区、市两级12315数据库和数据分析中心平台，联通自治区、市、县、工商所基础网络。建立健全区、市、县（分）、所四级联动网络、部门执法维权协作网络、社会维权服务网络，完善执法监督机制、指挥调度快速处置和分析发布机制、12315数据分析机制，全面提升消费维权工作能力和水平。联合公安、物价、质量技术监督、卫生、文化、旅游等职能部门，组成12315执法维权协作网，互通信息，凝聚合力，建立协作关系，基本形成12315执法维权横向协作网络。

2013年3月，自治区工商局12315消费者投诉举报指挥中心正式挂牌成立。至此，自治区及14个设区市、123个县（区）工商局建立了12315消费者申诉举报中心，1078个基层工商所均建立消费者申诉举报站。这标志着广西工商行政管理机关依托"12315"建立的"一个中心、三级执法、四级联动"行政执法体系得到进一步完善。将"一会两站"纳入当地政府考核体系，与社会治安和综合治理工作挂钩，提高"一会两站"的覆盖率。同时，把12315"五进"扩大到农村、大、中、小学校和商业服务活动较为集中的街道社区村镇，建立消费维权服务站，方便消费者解决消费纠纷。

2016年，全面推进"互联网+"消费维权体系建设。2月，12315指挥中心平台在全区正式上线运行。

2017年，为强化社会共治，增强维权工作合力，在自治区人民政府的号召下，在全国率先建立消费者权益保护工作厅际联席会议制度，成员单位有22个，以建立健全政府领导、部门联动、行业自律、企业诚信、社会监督的"大维权"工作机制为抓手，努力提升消费维权社会共治水平，联席会议制度明确了广西消费者权益保护工作厅际联席会议工作规则和各成员单位职责，为进一步加强协作，共同施策提供保障。

第一节　12315网络建设

1998年，南宁、柳州、桂林等市的工商行政管理局成立了"3·15"投诉举报指挥中心，同时在辖区内的工商分局、管理处、工商所设立投诉站或投诉点，及时受理消费者投诉。

1999年3月15日，国家工商总局在全国统一开通了12315消费者申诉举报专用电话。“12315”是工商行政管理机关依托12315电话，受理消费者申诉举报，调解消费者权益纠纷，查处侵害消费者权益案件和制售假冒伪劣商品等经济违法行为，监督管理市场和行政执法的一项重要工作，12315网络建设拓宽了工商人的视野，提升了工商监管手段和监管水平。6月25日，自治区工商局召开12315投诉指挥中心成立新闻发布会。自治区工商局局长蔡永伦宣布成立自治区工商局12315投诉指挥中心，并担任12315投诉指挥中心指挥长。投诉中心以12315电话为依托，以现代信息技术为主要手段，集受理、查处、监管于一体，负责组织、协调和指挥广西工商行政管理机关打击假冒伪劣商品、维护消费者权益的工作。自治区副主席张文学和中国消费者协会秘书长杨坚昆出席新闻发布会并讲话。7月1日，自治区和各地、县（市）工商局（城区局）都设立了12315消费者投诉举报电话，是全国第二个县以上工商机关全部开通12315电话的省（自治区）。同时，还相应成立12315投诉举报指挥中心，及时受理消费者投诉。

2000年，各地级（市）工商局基本建成“一个中心，三级执法”（即在各中心城市工商局设置12315消费者申诉举报指挥中心；市局、分局、工商所三级联动执法）的消费者权益保护执法体系。柳州市12315消费者申诉举报指挥中心把预防未成年人犯罪融入消费者权益保护日常工作中，成效显著，被中宣部、全国人大内务司法委员会、共青团中央、司法部、教育部联合授予“全国未成年人保护先进单位”。

2001年，全区14个地市工商局均建立了12315指挥中心，127个县（区）建立了申诉举报中心，1022个工商所建立了申诉举报站。

2002年，扩大消费者权益保护工作的覆盖面，组织开展“工商进乡村、打假维权进社区（村镇）”活动，在主要商业街区、居委会、居民小区、学校和乡村设立了1000多个申诉举报点，开展消费者申诉举报的查办、转办、督办工作。

广西的12315体系建设由电话投诉逐渐扩宽到网络投诉。2003年，以南宁市工商局12315中心为试点单位，开展网上申诉举报试点工作。2月26日，南宁12315网站正式开通运行，实现了在互联网上进行申诉、举报和咨询。在广西电视台演播大厅举办的纪念2003年“3·15”国际消费者权益日的文艺晚会上，

12315互联网投诉举报平台页面截图

通过互动参与的方式，运用12315热线电话和南宁12315网站现场受理消费申诉和咨询。试点成功后，在广西红盾网和各地工商局的红盾网分站开设12315网上申诉举报专栏，拓宽12315网络渠道，为工商行政管理机关消费者权益保护及12315工作开辟了新阵地，对建设“智能型、法治型、服务型”工商队伍，全面推动消费者权益保护工作产生积极而重要的影响。

2004年，按照因地制宜、稳步推进的原则，抓好试点工作。根据国家工商总局要求，在12315消费者申诉举报网络的基础上，对现在分散的专项执法网络进行资源整合，逐步建立由消费者咨询、申诉举报、消费安全预警、查办案件、广告监测、经济户口管理、企业信用分类监管等专项网络组成的12315行政执法综合网络，建立相对集中受理、统一指挥调度、分工协作办理的运行机制。以建立执法综合网为契机，加强12315消费者申诉举报网络规范化建设，强化12315依法受理、现场咨询、分流督办、快速处置、及时反馈等基本职能，充分利用12315信息资源进行汇总分析和消费提示，逐步实现12315指挥中心的执法调度和公众服务功能。

2005—2007年，进一步完善12315“一个中心、分级执法”消费维权的行政执法网络建设。2006年，在60%以上的行政村建立“一会两站”（消费者协会分会、消费者申诉举报站、12315联络站）维权网络。

2008年，全区在社区、农村、企业、市场和学校等设立了12315联络站共28158个，其中城市社区联络站528个，覆盖率为57.8%；农村行政村7656个，覆盖率为64.6%。各大中型企业和市场的覆盖率达到46.4%。

2009年，以南宁12315联动中心建设工作为试点，探索12315消费维权和食品检测快速联动指挥中心的经验，逐步在全区重点城市推开的工作思路，出台《自治区工商局关于加强12315行政执法体系“四个平台”建设的意见》（桂工商发〔2009〕80号）。南宁食品安全监测中心“三个中心”初步形成“相对集中受理、分工协作办理、应急指挥调度、信息汇总分析、进行消费预警”的行政执法监管体系；通过“三个中心”联动指挥的机制全面推进12315信息化网络建设，使12315行政执法体系成为工商部门与广大消费者信息互动畅通民意，接受社会监督和听取群众意见解决人民群众最关心最直接最现实利益问题的平台。玉林、北海等市工商局的“三个中心”建设展开，“四个平台”建设不断推进。

同年，全区共设立农村行政村12315消费维权联络站7656个，建立城市社区12315联络点528个，建立商业企业12315联络点1171个，建立学校及景区12315联络点774个，其中城市社区和农村行政村12315联络站的覆盖率达到71.82%。梧州市工商局实现“一会两站”覆盖率100%，该局设立1个市级12315申诉举报指挥中心，7个县（分）局级12315申诉举报中心，69个工商所12315申诉举报受理站，在全市建立44个乡镇消协分会，乡镇村屯设立“一会两站”901个，实现“一会两站”在全市行政村覆盖率达到100%的目标，解决了梧州市300多万人口中占70%以上的农业人口的维权难题，使农民真正实现了“投诉在家门，维权不出村”的愿望。

2010年11月底，基本完成12315综合执法网络系统、12315数据分析中心的升级改造工作。完成GPS电子地图系统的安装调试。建成全区12315消费者申诉举报夜间受理和短信受理平台，基本实现八小时工作时间内人工受理处理，八小时外录音受理，短信受理，互联网网络受理和后台人工处理的全天候受理、处理消费者的申诉举报格局。基本完成12315平台与企业登记、广告监测、市场监管、商标监管、行政执法、纪检监察等工商其他业务的互通整合，实现工商职能的信息互通和资源共享。南宁市工商局12315中心在总局数据质量检查考评获得100分的好成绩，排全国前列。

2011年，初步建立自治区、市两级12315数据库和数据分析中心平台，联通自治区、市、县、工商所基础网络。建立健全区、市、县（分）、所四级联动网络、部门执法维权协作网络、社会维权服务网络，完善执法监督机制、指挥调度快速处置和分析发布机制、12315数据分析机制，全面提升消费维权工作能力和水平。联合公安、物价、质量技术监督、卫生、文化、旅游等职能部门，组成12315执法维权协作网，互通信息，凝聚合力，建立协作关系，基本形成12315执法维权横向协作网络。全区实有“一会两站”13170个，覆盖率达73.85%。5月，根据《国家工商行政管理总局2011年数据质量检查实施方案》（工商办字〔2011〕79号）

的精神，进一步改进和完善数据质量，对“数据质量建设年”工作进行部署，要求各级工商部门根据数据质量检查的内容，在2010年检查范围的基础上，加强数据纠错和补录，以确保数据质量达标、符合实际。6月始，自治区工商局通过数据质量监测等软件，每月对各级工商机关数据质量进行远程监测、分析，并在内部政务资源网的“数据质量监测”专栏公布检查结果，通过以上措施，各级12315数据质量得到提升。

2012年，全自治区新建立12315机构共169个，比2011年增加36个。

2013年3月，自治区工商局12315消费者投诉举报指挥中心正式挂牌成立。至此，自治区及14个市、123个县（区）工商局建立了12315消费者申诉举报中心，1078个基层工商所均建立了消费者申诉举报站。这标志着广西工商行政管理机关依托12315建立的“一个中心、三级执法、四级联动”行政执法体系（得到）进一步完善。7月制定下发《关于统一规范全区工商系统12315消费者申诉举报工作流程的通知》；制定下发《关于统一规范全区工商系统12315消费者申诉举报文书的通知》，统一全区的申诉举报处理模式，规范全区文书格式范本；制定下发《广西工商系统12315消费者申诉举报工作限时办结制度》《申诉举报工作值班制度》《申诉举报工作重大事项报告制度》《申诉举报保密工作制度》《申诉举报数据管理制度》5项工作制度。2013年，贵港市工商局继续推进12315“五进”建设。按照自治区工商局《关于进一步加强12315“五进”规范化建设工作方案》设定的标准和《自治区工商系统进一步推进12315消费维权进万家工作方案》要求，进一步扩大“消费维权服务站”建立范围，继续推进12315进商场、进超市、进市场、进企业、进学校、进社区、进农村工作，拓宽消费纠纷和解的绿色通道，提高消费纠纷和解率。各县（市、区）工商局按照标准和要求，全面推进建站工作。并以县（市、区）为单位做好名录录入工作。当年该市建立消费维权服务站496个，其中超市78个、商场126个、市场46个、企业88个、景区2个，社区24个，学校22个、农村110个。

2015年4月，筹建全区12315指挥中心项目，做好12315指挥中心系统软件升级改造。利用互联网、微信、短信、QQ、“12315消费争议企业直通车”等渠道，不断为诉求渠道畅通便利化提速加码，降低维权成本，提高处置效率，确保消费者诉求事事有着落，件件有回音。同时，开展“12315消费争议企业直通车”创建活动，由参与活动的企业直接与消费者自行化解消费纠纷，强化经营者主体责任和社会诚信，把消费纠纷化解在源头，解决在现场，年内有191家企业加入“直通车”队伍，经12315中心分流到企业投诉案1726件，成功和解1571件，成功调解率91%，为消费者挽回经济损失143.42万元。

同年，南宁市首次开通了12315微信公众号，开展12315热线“轮值轮席”活动，定期邀请媒体记者、企业负责人、消费者走进“12315”，体会12315。桂林市创新消费维权方式，在象山景区建成全区首个智能化旅游景区，当游客在遇到纠纷的时候可通过视频远程受理、调解和处理消费投诉。贵港市工商局继续推进12315“五进”建设，至年底该市建立“消费维权服务站”504个，其中超市103个、商场120个、市场50个、企业60个、景区2个，其他169个；继续推进“一会两站”规范化建设。该局按照民政部门公布的1226个乡村名录和城市社区，建设“一会两站”1226个，其中消费者协会分会74个，消费者投诉站和12315联络站1152个，消费维权网络完成全覆盖任务。

2016年，全面推进“互联网+消费维权”体系建设。2月份，12315指挥中心平台在全区正式上线运行。3月18日，自治区副主席黄日波出席指挥中心平台启用仪式，充分肯定了指挥中心平台强化市场监管取得的成效。平台实现了投诉举报数据大集中、多渠道受理、统一指挥调度、远程音视频互动、实时统计分析、绩效考评等多项功能，并新增短信平台、微信投诉举报、来电呼叫转移功能，不断提升消费维权工作效能。同时，构建消费维权共治机制平台，建立健全“政府主导、企业主体、行业自律、群众参与、社会监督”的消费维权社会共治新机制，推动消费维权工作由部门工作向全社会协同共治转变、由保护消费个体向保护消费群体转变。建立自治区、市12315指挥中心互联互通互动例会制度，定期组织召开例会，通报工作情况，分析消费投诉热点，交流工作经验。通过采取公布各市12315电话接通率、投诉举报办结率、成功调解率指标等措施，促进12315窗口效率和服务的提升。组建由10位行业专家、16位律师志愿者组成的专家委员会并举行聘任仪式。组织发展10家新的消费维权联系点，扩大维权企业网络。北海“银滩景区消费维权服务站”发挥示范窗口作用，得到前来考察的国家工商总局副局长马正其，副局长刘俊臣，自治区党委常委、北海市委书记王可，以及自治区工商局局长张虹等领导的充分肯定。

2016 年 3 月 1 日，自治区工商局召开广西工商系统纪念“3·15”国际消费者权益日新闻发布会

2017 年，打造智能 12315（消费者申诉举报中心），以南宁市 12315（消费者申诉举报中心）为试点，以智能化管理为目标，实现 12315 自助语音解答等功能，并在全区推广。充分运用全国 12315 互联网平台，及时受理处理来自全国的消费投诉和举报；加强互联网消费维权，指导电商企业建立消费维权服务站 122 家。

南宁市工商局 12315 消费者投诉举报指挥中心接线平台

第二节　“一会两站”和“五进”

随着各地级(市)工商局“一个中心,三级执法”的建立完成,消费者权益保护工作的覆盖面不断扩大,2001年,广西各地依托乡镇政府、街道办事处和工商所建立乡镇、街道消费者协会分会,以行政村和社区为单位建立消费者投诉站和12315联络站(以下简称“一会两站”)。“一会两站”的工作主要是负责受理消费者的咨询、投诉举报;调解消费纠纷,帮助消费者排忧解难办实事。为了进一步引导广大消费者树立健康、科学消费理念,增强自我维权意识,指导广大经营者强化自律意识、诚实守信经营,维护消费者的合法权益,同时开展12315消费维权进企业、进商场(超市)、进市场、进景区、进学校(以下简称“五进”)工作。

2001年,全区在商业企业、居(村)委会设立申诉举报站(点)259个,其中,73个站(点)实现了与“110”或政府有关执法部门联动。

2002年,在主要商业街区、居委会、居民小区、学校和乡村设立了1000多个申诉举报站(点),开展消费者申诉举报的查办、转办、督办工作。

2001年—2007年,各级工商机关着力推进12315进市场、进企业、进商场、进社区、进村镇,力争实现消费纠纷处理“不出店门、不出市场、不出社区、不出村镇”,使消费者申诉就地及时得到了解决。至2007年,全区1126个乡镇基本成立消费者分会,14333个行政村、社区已有70%建立了消费者申诉举报站和12315联络站。

表3-2-1　2008—2012年12315“五进”统计表

年份	村(社区)	企业和商场	学校	景区	其他	合计
2008	12759	3354	4917	202	1960	28158
2009	11461	2571	5095	314	2046	21998
2010	12246	1956	4438	109	360	23920
2011	12001	2077	3664	150	501	18813
2012	10356	1886	2877	115	466	19308

2008年4月,南丹县工商局12315维权联络站进校园

2009年,全区共设立农村行政村12315消费维权联络站7656个,在城市社区建立12315联络点528个,在商业企业建立12315联络点1171个、在学校及景区建立12315联络点774个,其中城市社区和农村

行政村 12315 联络站覆盖率达到 71.82%。

2009 年 8 月，梧州市工商局工作人员来到龙母庙景区悬挂维权服务站牌匾并首次在景区建立消费维权服务站

2010 年，全区工商机关共建立 12315 消费维权联络站 12968 个，其中进社区 873 个，覆盖率 51.32%，进村镇 8211 个，覆盖率 77.53%，进大中型商场、超市、企业、学校等 3884 个，12315 行政执法体系网络基本形成。

2011 年 6 月 9 日—10 日，全国工商系统消费教育引导暨基层消费维权网络体系建设工作会议在宁夏回族自治区银川市召开。国家工商总局副局长王东峰出席会议并作讲话。王东峰强调，要认真落实科学发展观，紧紧围绕服务科学发展和推进加快转变经济发展方式，深入开展消费教育引导和健全基层消费维权网络体系，积极推进社会管理创新和构建扩大消费需求长效机制，更好地服务经济社会又好又快发展。8 月，自治区工商局在钦州市浦北县召开消费维权暨食品安全监管工作经验交流会，传达贯彻国家工商总局在宁夏召开的全国工商系统消费教育引导暨基层消费维权网络体系建设工作会议精神，总结交流消费教育引导、基层维权网络建设和流通环节食品安全监管工作经验，同时制定并下发《全区工商系统进一步加强 12315 “五进” 规范化建设工作方案》（桂工商发〔2011〕156 号），提出全面推进 12315 基层消费维权网络建设的目标和任务，要求各级工商部门结合本地实际按照 “八个一” 的基本要求规定了 “消费维权服务站” 设立范围、目标和条件；提出原则上每个乡镇至少设立 1 个以上 “消费维权服务站”，每个县的县城至少设立 5 个以上 “消费维权服务站”，每个市区设立至少 10 个以上 “消费维权服务站”，其中南宁、柳州、桂林等市至少设立 20 个以上的目标任务；明确 “消费维权服务站” 的工作职责、工作程序和工作制度；明确提出工作时间表。把推进 12315 “五进” 工作列入 2011 年、2012 年消费维权工作的重点，通过量化和分解层层落实。柳州市柳南区人民政府大力支持工商部门在拥有最广泛群众基础的街道办事处、社区（村委会）、批发市场和学校纳入 “一会两站” 体系中，并依托这些基层组织建立了 176 个 “消费者投诉站” 及 “12315 申诉举报联络站”，为县（区）以下政府把 “一会两站” 建设工作列为 “民心工程” 带了个好头。贺州市工商局八步分局把“一会两站”建设工作作为为民办实事、办好事的一项重要“民心工程”来抓，在工商所所在地建立消协分会，在未设立工商所的乡镇政府所在地建立 12315 联络站，在社区和行政村设 12315 联络站和消费者投诉站；在大型商场、超市等设立消费者投诉站，12315 联络站和消费者投诉站 “两站合一”，建立了工商机关与农民、社区居民双向互通渠道，方便了城乡消费者就近解决消费纠纷，及时把消费纠纷解决在基层。该市的钟山县回龙工商所受理了一起钢材消费投诉，消费者在当地购买 1 吨钢材后，觉得数量不够，有短斤少两之嫌。消费者抱着试试看的心理，就近到回龙工商所投诉，该所立即受理并进行了调处，经过反复沟通，顺利解决了这起消费纠纷。类似这种消费投诉金额不多、消费者远离城市、投诉成本高的消费纠纷，普遍都能通过“一会两站”解决在基层，为消费者节省了大量时间和精力。2011 年，全区实有“一会两站”13170 个，覆盖率达 73.85%，受理投诉 3282 件，为消费者挽回经济损失 449.71 万元。通过推进 12315“五进”工作，全区建立 12315“五进”消费维权站 3801 个，覆盖率为 27.54%，设立维权联络员 3145 人，受理投诉 2984 件，其中投诉调解（和解）成功 2508 件，为消费者挽回经济损失 144 万元。

2012 年 8 月 27 日，防城港市防城区大菉镇“一会两站”“消费维权服务站”联络员培训班现场

至 2012 年，在社区、乡镇、农村共建立“一会两站”13472 个，其中城市社区和农村行政村设立 10356 个，经营企业和市场设立 1362 个，学校设立 844 个，景区设立 82 个，总体覆盖率为 84.3%，比 2011 年增加了 8.76 个百分点。经“一会两站”调解成功的消费纠纷案为 2299 件，为消费者挽回经济损失 445 万元。2012 年，应建“消费维权服务站”2684 个，已建 2621 个，完成全年任务的 98%。全区五进“消费维权服务站”共受理消费者投诉 4399 件，争议金额 129 万元；消费者与经营者自行和解 4313 件，和解率达到 98%。

2013 年，一方面将“一会两站”纳入当地政府考核体系，与社会治安和综合治理工作挂钩，有效提高了“一会两站”的覆盖率。另一方面，把 12315“五进”扩大到农村，大、中、小学校和商业服务活动较为集中的街道社区村镇，建立“消费维权服务站”，方便快捷为消费者解决消费纠纷。截至 2013 年 12 月，全区已建“一会两站”17232 个，覆盖率达 97.8%；12315“五进”消费维权服务站 7582 个，有效和解消费纠纷 9638 件，和解率 97.55%，解决争议金额 818.12 万元。在 7541 个消费维权服务站中，建站比例超过 10% 的有 5 个单位：百色 1076 个，占 14.2%；柳州 854 个，占 11.3%；南宁 820 个，占 10.8%；桂林 787 个，占 10.4%；玉林 785 个，占 10.4%。

2014—2017 年，继续推进“一会两站”和 12315“五进”消费维权网络建设，在提升消费维权社会共治上下功夫。加强对“一会两站”的工作指导，充分发挥其农村消费维权法律知识宣传平台的作用，以提升农村消费维权水平；通过推进 12315“五进”建立消费维权服务站工作，引导经营者完善消费维权规章制度，并自觉维护消费者的合法权益，促使消费纠纷化解在企业、化解在源头；通过开展“五进”活动，提高消费者识假辨假等自我保护能力。

2015 年，在全区范围内开展“12315 消费争议企业直通车”创建活动，即由参与活动的企业直接与消费者自行化解消费纠纷，强化经营者主体责任和社会诚信，把消费纠纷化解在源头，解决在现场，有力地推

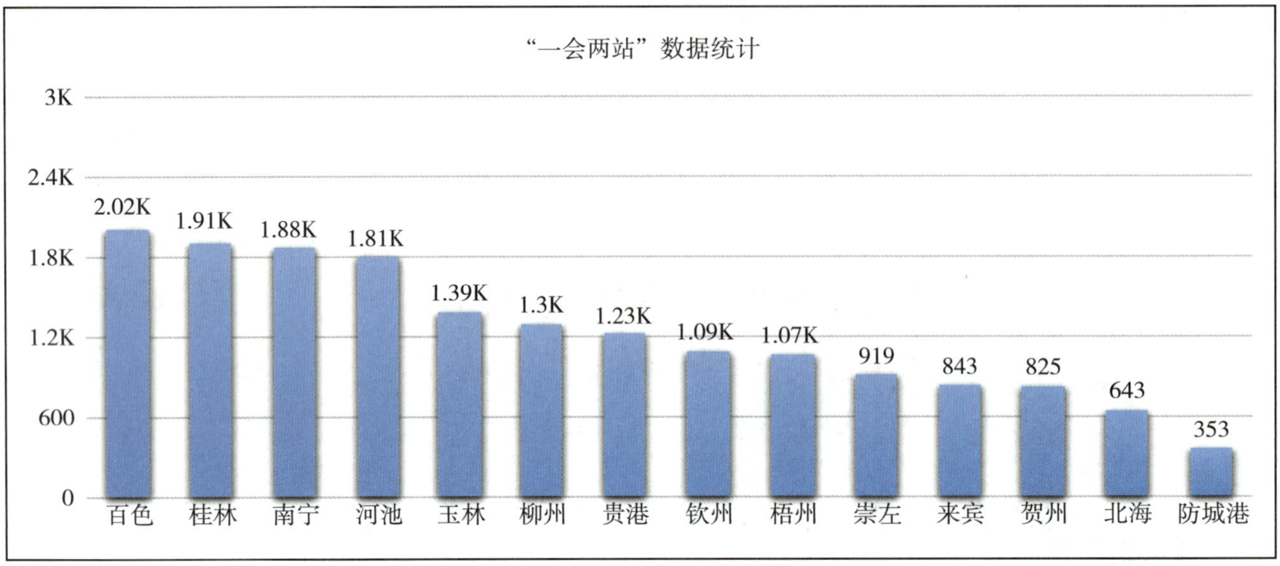

注：如果统计数字相同，则按照行政区划的编码排名。

图 3-2-1　2013 年全自治区各市“一会两站”数据统计柱状图

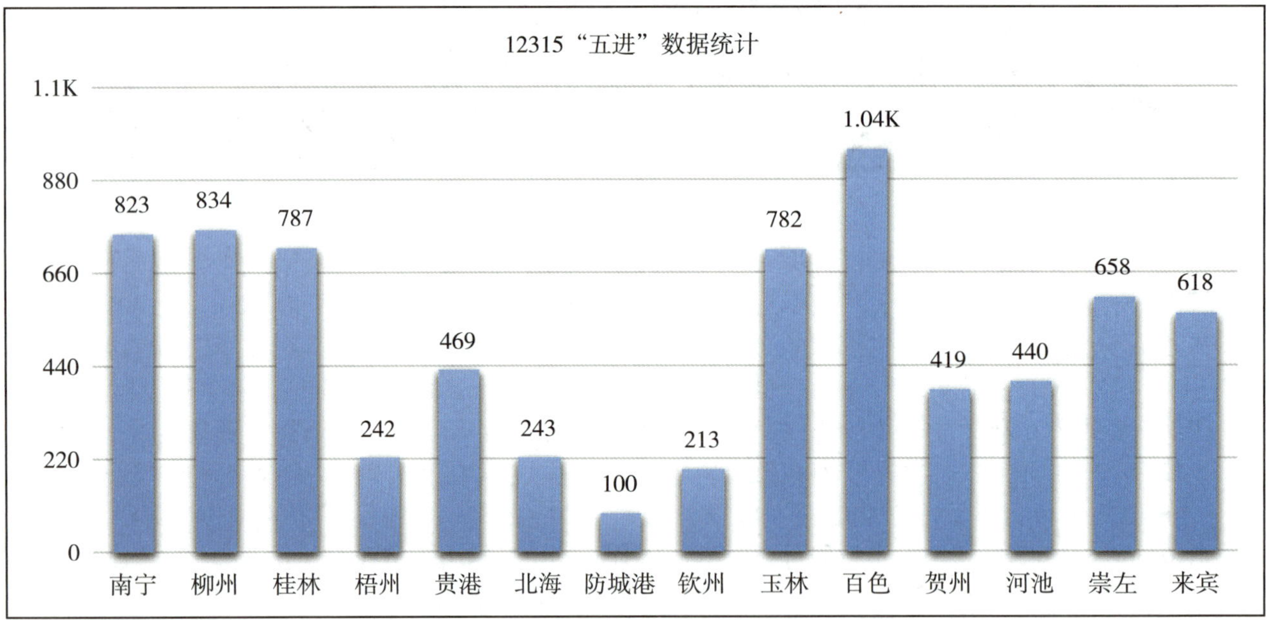

注：如果统计数字相同，则按照行政区划的编码排名。

图 3-2-2　2013 年全自治区 12315“五进”数据统计柱状图

进消费维权社会协同共治。截至 12 月底，全区有 191 家企业加入“直通车”队伍，经 12315 中心分流到企业投诉案件 1726 件，成功调解案件 1571 件，成功调解率为 91%，为消费者挽回经济损失 143.42 万元。

2016 年，全区新建 12315“五进”维权服务站 100 个，方便消费者就近投诉和解决纠纷。

2017 年，12315“五进”工作向电子商务等行业领域推进。

2018 年，拓展 12315“五进”工作，在源头上化解消费纠纷。鼓励和支持建立跨省、跨地区消费维权合作机制。

第三节 部门协作工作机制

在日常监管中，工商与质检、公安、消防等部门经常合作，一起查办大案要案和处理一些特殊情况。

2001 年，自治区工商局与共青团广西区委联合开展创建“青少年维权岗”活动。南宁市工商局 12315 指挥中心、柳州市工商局巡查大队获全国工商行政管理系统优秀“青少年维权岗”称号。建立健全打假维权防范机制及协作网络，全自治区有 105 条街、2.3 万经营户参加创建“打假维权，消费者满意街”活动，52 家企业加入自治区打假维权协作网络。

2002 年，将打假维权协作网络纳入广西红盾信息网，加强沟通协调，完善联动机制，会同柳州两面针股份有限公司、北京红星股份有限公司、柳州钢铁集团等企业开展联手打假行动。加强与卫生、药监、农业、质量监督等部门的联合执法，通力协作，形成合力。同时，加强对分局、基层工商所的逐级领导，层层抓落实，监管责任到位，形成内外协调、上下联动的执法整体格局。

2008 年，自治区工商局与消委会联合在电信、电力等 16 个大中型企业建立了消费维权联系点制度，拓展消费维权网络建设，推动消费维权社会化进程，提高企业自律能力，依法经营，切实承担维护消费者权益的社会责任。

2012 年 3 月 13 日，自治区工商局、广西消委会在南宁举行纪念“3·15”消费维权工作座谈会。自治区工商局副局长廖和明及有关处室负责人、自治区卫生厅、通信管理局、质监局、价格监督检查分局、食品药品监管局和广西各大企业、消费者代表、新闻媒体记者共 70 余人出席会议。

2013 年，主动密切协调广西消委会、中国消费者报广西记者站和广西高院，积极探索与相关部门之间的合作机制，整合资源、优势互补，构建“大消保”体系，营造安全、放心消费环境，不断提高解决消费纠纷的能力和水平，推动消保维权工作快速发展。

2013 年，自治区工商局、广西消委会和中国消费者报社广西记者站携手合作，把行政监督、社会监督和舆论监督职能有机地结合起来，建立了“信息互通、工作互动、活动互联”的“三消”协作机制（消保、12315、消协工作互动机制），围绕消费维权热点问题，充分发挥 12315 大集中优势，综合运用消费投诉数据资源，对重点领域及时实施重点监测，为执法办案提供可靠依据，形成“三消”联动，合力维权的工作格局，

2013 年，来宾市工商局积极探索维权新机制，图为与来宾市中级人民法院召开行政调解与司法调解衔接机制联席会议

向社会传递消费维权工作正能量，有效提升了消费教育引导效能。3个部门在行政指导、规范管理、消费教育引导、重大群体性投诉、专项整治以及舆情处置等环节通力合作，及时向社会发布通报相关信息，《中国消费者报》、《中国工商报》、《广西日报》、人民网、新华网等自治区内外各类媒体采用广西的消费维权新闻稿件达400多篇。

2013年2月，自治区工商局、自治区高级人民法院、自治区消委会联合下发《关于建立消费纠纷行政调解与司法调解衔接机制的意见》（桂工商发〔2013〕6号），在全区推进建立行政与司法调解衔接机制。年底，全区14个市、109个县（区）工商局、消委会全部与当地法院联合制定并建立消费纠纷行政调解与司法调解衔接机制的实施方案，法院在市、县工商机关或消委会设立消费纠纷流动法庭59个，通过司法调解衔接机制处理消费纠纷申诉163件，为消费者挽回经济损失78.87万元。其中，6月25日，恭城瑶族自治县工商局“消费纠纷调解室”运用行政调解与司法调解衔接机制成功调解一起汽车维修消费纠纷案，为消费者蒋某某挽回经济损失2.4万元。

表3–2–2　2013年，全自治区推进消费纠纷行政调解与司法调解衔接机制情况

地区	市级建立衔接机制（个）	县级建立衔接机制（个）	已建流动法庭（个）	通过司法调解衔接机制处理消费纠纷（件）	为消费者挽回经济损失（万元）
全区	14	109	59	163	78.87
南宁	1	15	7	—	—
柳州	1	10	2	—	—
桂林	1	17	1	10	13.63
梧州	1	1	2	4	2.5
北海	1	1	1	—	—
防港	1	4	1	2	0.8
钦州	1	5	6	124	36
贵港	1	5	5	—	—
玉林	1	10	—	2	2.7
百色	1	12	23	1	0.43
贺州	1	5	2	4	6.48
河池	1	11	—	—	—
来宾	1	6	3	—	—
崇左	1	7	6	16	16.35

2014年，发挥联动优势，与中消协、中消报等单位联合发布消费信息。针对电源插座质量安全问题、手机售后维修服务存在的问题，自治区消委会联合全国省（自治区、直辖市）消协组织、中国消费者报社发布消费警示，开展消费调查，并配合中国消费者协会开展玩具新国家标准的宣传。

2015年，自治区消委会与自治区高级人民法院联合在自治区工商局建立了广西消费维权巡回法庭，并于3月13日在自治区工商局揭牌成立。在法庭成功调解了消费者农某与某机票代销点的机票预订纠纷案、消费者李某与某品牌汽车4S店购车纠纷等案件，为消费者提供了法律援助。同时，联合自治区高级人民法院开展消费纠纷诉调对接试点工作。为加强消费维权司法介入，提高消费维权工作力度，更好履行消委会公益诉讼职能，为进一步落实消费纠纷调解衔接机制的有效对接与自治区工商局、自治区高级人民法院联合下发《关于开展消费纠纷诉调对接试点工作的意见》，在全区选取南宁、玉林、河池等7个试点单位建立统一规范的消费纠纷诉调对接联动机制，取得显著成效。河池市通过诉调对接机制成功处理一起

涉及 200 多户商品房消费者的群体性消费纠纷案，为消费者挽回经济损失 300 多万元。8 月，与广西红木家具协会联合建立红木消费纠纷调解机制，根据双方约定，一旦有消费者与红木家具销售企业发生消费纠纷，广西红木家具协会将发挥专业优势以及行业协会公信力，在 3 天内完成消费纠纷的调解工作。8 月中旬，梧州市联合广东茂名、肇庆、湛江、云浮和广西玉林创建“两广六市消费维权合作机制”，跨区域消费维权迈出了坚实的一步。百色市积极开展消费纠纷诉调对接试点工作，在田阳县设立试点打造“集中受理处理”平台，建立行政司法衔接诉调机制。来宾市把创客创业纳入消费维权课堂，扶助创业者做大做强。

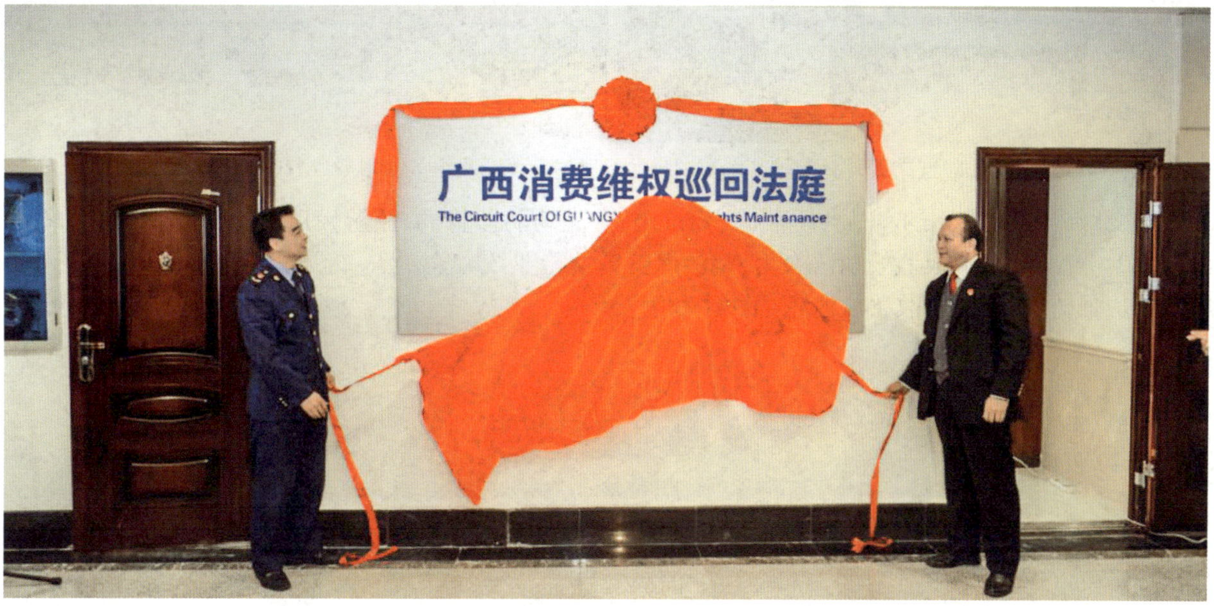

2015 年，自治区工商局、广西消费者权益保护委员会会同自治区高级人民法院，在自治区工商局设立了广西消费维权巡回法庭

2015 年 2 月 27 日，自治区党委常委、北海市委书记王小东就加快推进“三证合一”改革作出批示。在市委、市政府的统一部署下，北海市工商、质监、税务、公安等各职能部门通力合作，使改革的各项工作得到推进。3 月 18 日，启动“三证合一”登记制度改革，并在市政务服务中心试点运行，市长林山青颁发了全市第一本“三证合一”营业执照；3 月 31 日，合浦发出辖区首张“三证合一”营业执照；4 月 23 日，海城区、银海区、铁山港区三城区同时启动改革。12 月 28 日，由北海市法制办和北海市工商局、北海市消协联合打造的北海仲裁委员会消费纠纷仲裁庭正式揭牌成立，主要负责审理解决专业消费纠纷问题。这是为加快深入推进北海市消费维权网络体系建设，发挥仲裁便捷、高效的优势，快速化解消费争议，北海仲裁委员会在借鉴了青岛、珠海仲裁委等地经验后，在位于北海大道中段工商大厦三楼的市消费者协会办公室内设立消费纠纷仲裁庭，作为具体受理承办消费争议案件的专门机构，为广大消费者提供一个法律咨询、快速解决消费争议的仲裁服务平台。消费者因生活消费需要购买、使用商品或者接受服务时发生纠纷的，均可以向消费纠纷仲裁庭申请仲裁。该项机制的推行在广西属于首创，是北海仲裁委为建立起消费与仲裁社会“大调解”体系，加快构建多元化社会纠纷解决机制的又一重大举措。

2016 年，经广西壮族自治区人民政府同意，在全国率先建立消费者权益保护工作厅际联席会议制度，强化社会共治，增强维权工作合力。

2017 年，2 月，由自治区工商局牵头组织召开广西消费者权益保护工作厅际联席会第一次会议，自治区人大常委会副主任、广西消委会主任高雄，自治区副主席黄日波分别作了书面讲话和现场讲话。会议审议通过了广西消费者权益保护工作厅际联席会议工作规则和各成员单位职责，为进一步加强协作，共同施策提供保障。同时，加强区域合作，指导北部湾经济区 6 个城市建立了“北部湾工商消费维权联盟”，构建消费维权资源共享、联合执法城市联盟新格局是与商务、保监、质检、公安以及汽车协会、家具协会、京东平台等单位沟通座谈，共同探索电子商务、放心消费创建、汽车协业、商品质量监管方面的合作。

2017 年 2 月，广西消费者权益保护工作厅际联席会第一次会议暨消费维权工作座谈会

同年，北海市建立了市工商局、质监局、物价局、食品药品监管局、旅游发展委、海洋与渔业局、公安局等部门联席会议制度，形成监管执法合力，整治海鲜餐饮行业“欺客宰客”行为，对经营珍珠及其衍生产品的经营户加强监管，进一步改善旅游市场秩序和消费环境。

第三章　放心消费创建和教育引导

20 世纪 90 年代，广西的消费教育引导工作主要以“3·15”期间进行宣传相关法律法规和现场投诉咨询为主。

进入 21 世纪后，随着 12315 平台的建立，依托互联网及红盾网的平台，通过发挥 12315 消费者申诉举报中心、消委会组织的职责功能和“一会两站”、12315“五进”维权服务网络，建立科学消费指导中心，开辟消费教育指导园地，开通消费指导热线，面向消费者进行全方位的消费教育。

2015 年 9 月，全国工商系统拉开了开展放心消费创建活动的帷幕。2016 年，广西将放心消费创建工作写入政府工作报告，纳入了自治区“十三五”规划和政府财政预算保障以及绩效考评体系。2018 年，围绕“优化消费环境，促进经济发展，维护社会和谐稳定”的要求，全面落实自治区人民政府创新驱动发展战略目标和优化营商环境工作部署，加大放心消费创建工作力度。

第一节　放心消费创建

消费者积极消费的前提是安全放心的消费环境，让消费者权益得到及时有效保护是消除消费者顾虑的关键。营造安全放心的消费环境，大力开展放心消费创建活动，有利于提高消费环境安全度、经营者诚信度和消费者满意度，从而营造安全放心的消费环境，对于发挥消费对经济发展的基础性作用，增强人民群众的获得感具有重要意义。

2015 年 9 月，全国工商系统开展放心消费创建活动现场会在江苏省苏州市举行，全系统深入开展放心消费创建活动工作正式拉开帷幕。

2016 年，广西启动放心消费创建工作，把“放心消费”创建活动作为一项重点工作写进了 2016 年的政府工作报告。自治区工商局、质监局、商务厅等部门围绕消费结构升级以及与消费者利益密切相关、社会关注度较高的领域和行业，重点在信息、绿色、住房、旅游、教育文体、养老健康、食品、药品、互联网等领域开展“放心消费”创建活动，提升消费环境安全度、经营者诚信度和消费者满意度，释放消费潜力。

2016 年 5 月 24 日，广西壮族自治区人民政府召开放心消费创建活动情况新闻发布会，广西开展“诚信经营　放心消费”创建工作的主要内容包括落实两项制度、强化依法行政、加强信用监管。落实两项制度即履行经营者首问责任制度和推动建立消费环节赔偿先付制度。履行经营者首问责任制度即按照“谁销售商品谁负责，谁提供服务谁负责”原则，消费者因购买、使用商品或者接受服务导致合法权益受损时，可以向销售者或者服务者进行维权，该经营者必须依法承担首问责任，主动和解消费纠纷，不得推诿，让广大消费者买得放心，用得放心。消费环节赔偿先付制度即当消费者与经营者发生消费纠纷时，应当遵循当场、即时化解消费纠纷的原则，经营者或者商场、市场、平台经营者先向消费者进行赔偿先付，再依法或者依约定向有关销售者、服务者进行追偿。实现在第一时间、第一现场、最大限度和解消费争议的目标，提高消费者的购物满意度。强化依法行政主要是综合运用行政指导、执法办案、信用约束等手段，加强市场监管、消费维权，严厉打击虚假违法广告、查处制售假冒伪劣、不合格商品、消费侵权等违法行为。加强消费维权行政调解，提高“诉转案”总体水平，通过依法行政倒逼经营者提高质量和服务水平，优化消费环境，让老百姓感觉到政府在行动，维权有人管。加强信用监管主要是以 12315 平台为基础、信息化网络为支撑，利用智能化加强对经营者信用度管理，提高对市场秩序的监管和控制效能。加强大数据的深度利用，研判消费趋势、把准维权主脉、回应社会关切，为创建活动和政府制订消费政策提供参考为政府决策。

2016年，广西建立健全“政府主导、企业主体、行业自律、群众参与、社会监督”的消费维权社会共治新机制，推动消费维权工作由部门工作向全社会协同共治转变、由保护消费个体向保护消费群体转变。一方面，充分发挥各级政府的主导和相关部门的职能作用，以及消委（消协）组织的消费维权社会化平台优势，统筹协调，各司其职。另一方面，充分调动和凝聚社会各方力量，引导经营者、行业、城乡基层组织等各类主体以及消费维权志愿者、消费者广泛参与，形成多元参与的良好创建氛围，有力助推放心消费创建活动的深入开展。11月，经自治区人民政府同意，建立由自治区工商局牵头负责的广西消费者权益保护工作厅际联席会议制度，强化政府各部门协作配合、信息互通共享和联合执法，提升广西消费维权工作效能。广西坚持“五统一”，提高标准化管理水平。即凡参加创建活动的经营主体，统一称谓、统一标志、统一标准、统一制度、统一承诺。按照法律法规的规定对社会和公众承担第一责任人的责任，接受社会监督，承担社会责任。广西以典型示范引领，逐年深化拓展。以南宁、防城港市为试点，采取以点带面，“点、线、面”结合的方式，扎实推进创建活动。探索“诚信经营、放心消费”创建工作，制定《经营者进货查验制度》等5项制度和示范店承诺要求。明确南宁、防城港市为试点单位。在全自治区开展“放心消费”创建宣传月活动，动员经营主体参与创建活动。南宁市工商局开创“互联网＋放心消费”创建模式，在大嘉汇、万象城、新梦、富安居等4个大型商城实现“消费争议远程音视频调解”功能，快速处理简易消费争议，方便消费者维权。防城港市工商局在全自治区率先建立成员单位联席会议制度，通过在电视台开设专栏、举办“放心消费千里行”自行车骑行宣传活动等形式广泛宣传，做好放心消费“六个一”（即1条街、1家商场或超市、1家食品店、1家农资店、1家装饰装修材料店、1家快递服务店）试点工作，按照“一户一档”要求对每个参创单位建立电子档案，示范引导带动作用初步显现。至年底，全自治区有2310家经营户参加“诚信经营、放心消费”示范店创建，42个经营户参加创建示范街区、商场。

同时，广西以“五进”“一会两站”为载体，推动创建工作。深入12315进商场、进超市、进市场、进企业、进景区，引导新设立的企业设立消费维权服务站，引导维权成效好、消费者认可度高的企业积极参与创建活动，形成一批放心消费创建示范企业，通过消费纠纷“直通车”的绿色通道，引领典型示范。通过示范店的创建，逐步推动街区、行业创建，提高创建工作覆盖面。

通过开展“诚信经营　放心消费”创建活动，一方面强化了经营者质量安全责任和消费者权益保护责

2016年5月24日，广西壮族自治区人民政府召开放心消费创建活动情况新闻发布会

任，按照“谁销售商品谁负责，谁提供服务谁负责”原则，推动经营者提高商品质量和服务水平，让老百姓买得放心、用得放心。另一方面，推动了经营者建立和完善赔偿先付制度，建立完善售后服务体系，促进消费争议快速和解，实现在第一时间、第一现场、最大限度和解消费争议的目标，降低老百姓维权成本，为百姓能消费、敢消费、愿消费提供有利条件。第三方面，通过开展放心消费创建工作，改善消费环境，刺激老百姓消费动力，增强各方消费信心，从而拉动内需，特别对广西的旅游景点、商业街区等消费集中区域，效果会更加明显，从而对老百姓就业、增加收入等都带来经济上的良性循环。

2016年4月28日，在自治区工商系统“诚信经营放心消费”创建工作现场会（南宁会场）上，南宁、北海、钦州、防城港、玉林、崇左6个市工商部门的代表签约组建“北部湾工商消费维权联盟”，决定共同构建北部湾经济区消费维权社会共治、城市联盟新格局，建立联合维权长效机制，形成监管合力。“北部湾工商消费维权联盟”以北部湾经济区6个城市为基础，发挥工商部门的职能作用，引导重点行业建立诚信自律规范与标准，推动北部湾经济区社会诚信体系建设，营造泛北部湾地区“诚信经营放心消费”市场环境。该联盟规定，每年举办一次会议，确定一个会议主题，展示、通报消费维权工作；联盟成员单位每年开展互访和交流活动，重点考察“诚信经营放心消费”创建成果；组织联盟成员单位开展消费维权、商品抽检等业务技能培训，共同提高消费维权水平；建立信息通报制度，联盟成员单位以简报、资讯等形式，交流消费者权益保护工作动态情况、消费者投诉案例信息和消费纠纷统计分析信息，实现消费者权益保护资源共享；建立健全投诉举报快速处理机制，在12315投诉举报受理和处理过程中，出现区域性、群体性投诉举报时，联盟成员单位根据信息通报原则，第一时间妥善处理。

2016年，贵港市工商局开展创建“诚信经营　放心消费”活动。根据自治区工商局《创建“诚信经营　放心消费”试点工作方案》（桂工商办发〔2016〕85号）的部署要求，采取以点带面，“点、线、面”结合的方式，扎实推进创建活动。北海市采取“点、线、面”结合的方式，确定了2个商圈、1条街（区）和33家商店作为北海市第一批参创“放心消费”的试点单位。创新互联网＋“诚信驿站”消费维权新模式，把“扫码消费”作为创建活动的重要载体，引导商户亮“牌”经营，引导消费者择优消费。

2016年2月24日—25日，国家工商总局副局长马正其到广西调研时指出，各级工商和市场监管部门要进一步深化商事制度改革，充分利用现代化技术手段强化市场监管，积极发挥行政执法和社会监督“两只手”力量，全面做好消费者权益保护工作。马正其表示，工商部门将进一步强化市场监管，为各类企业和市场主体的发展壮大营造公平公正的市场环境。

2017年，广西强化诚信建设，营造放心消费环境。一方面，将营造安全放心消费环境作为市场监管的重要方向和最终目的，以消费环境改善释放消费潜力，拉动经济持续健康发展。积极推动“诚信经营　放心消费”创建工作，由试点向全区推广。4月，在南宁、防城港市两试点市召开现场会，将创建工作向全区推广。全区参加“诚信经营　放心消费”示范店创建的经营户1.3万多户，参加创建示范街区（商圈、市场）130条（个）。广西在加快“放心消费创建信息化管理系统”开发进度和提升广西放心消费创建工作信息化水平方面，广西的经验得到国家工商总局和自治区人民政府肯定。国家工商总局于7月6日在南宁召开全系统放心消费创建经验交流会，自治区工商局党组书记、局长张虹在会上介绍了广西开展“诚信经营・放心消费”创建活动情况。广西把放心消费创建工作中纳入全区“十三五”发展规划纲要、连续两年纳入自治区人民政府工作报告、纳入绩效考评综合体系，有效提升了创建工作格局。国家工商总局副局长唐军称赞广西经验可学习、可复制、可推广。自治区主席陈武，副主席黄日波作出批示，肯定广西工商放心消费创建工作。另一方面，开展商品比较试验，公布试验结果，给消费者提供客观公正的消费参考。2017年开展桶装饮用水、电饭煲、电源插座等3次共62批次商品的比较试验，并依法公布比较结果，指导消费者选择消费。同时，以建立诚信经营为重点，举办行业经营者培训班。联合广西银行业协会、广西食品行业协会分别举办经营者诚信经营培训班，对金融经营者、保健品经营者进行诚信经营消费教育引导。40多名银行业客服人员80余名保健品经营企业负责人参加培训。强化消费维权第一责任人的责任。柳州市消协召集通信、汽车行业等12家企业举行公开消费维权约谈会，针对企业在商品质量或服务质量等领域存在的影响消费者合法权益的突出问题，指导经营者建立和完善自律制度。桂林市消费者协会邀请全市 22 家大型商场、超市、公用事业以及通信运营商的售后负责人召开企业消费维权培训会，引导经营者诚信经营，营造良好的消费环境。此外，联合开展消费体验调查活动。在全国食品安全宣传周的期间，组织人大代表、政协代表、维权志愿者、监督员、行业专家、媒体记者共 40 余人，到广西皇氏集团股份有限公司食品生产第一线开展以“尚德守法　共治共享　食品安全”为主题的消费体验活动，促进食品企业依法履行保障食品安全的第一责任，增强消费信心，促进健康消费。开展无障碍设施体验活动，6 月中旬至 7 月上旬在南宁、桂林、钦州分别针对商业中心、餐饮住宿、交通运输、金融服务、旅游景区、邮政电信营业厅、水电气暖、电商自提网点、医疗卫生单位开展了无障碍设施体验活动，进一步掌握相关城市公共场所无障碍设施建设和维护的实际情况，为全国无障碍设施调查体验活动提供真实客观样本数据。根据澳门特别行政区消委会的邀请，选派 2 名维权志愿者以“神秘顾客”的形式赴澳门，对澳门消委会组织评核当地的“加盟商号”“诚信店”的营商情况进行体察体验，为澳门消委会提供真实客观的体察情况，共同促进两地消费维权工作。

2017 年，贵港市工商局开展“诚信经营　放心消费”创建工作，在 2016 年的基础上，按照区局“五统一”的要求，采取以点带面，“点、线、面”结合的方式，扎实推进创建活动。2017 年 4 月 27 日，召开的全区工商系统“诚信经营　放心消费”创建工作现场会，该局作经验发言。7 月上旬在南宁举办的全国工商与市场监管管理部门放心消费创建交流会议，该局送展的宣传板报，获得自治区工商局“诚信经营　放心消费”创建活动板报宣传工作成效突出单位通报表扬。截至 2017 年底，该局完成 202 家县（市）区级示范店、4 条示范街（街区）的审核挂牌工作。

同年，北海市工商局、消委会紧紧围绕“持续优化消费市场环境，加强消费市场监管，规范市场经营秩序”的要求，创建“放心消费”营造良好环境在全市范围开展了“诚信经营　放心消费”创建活动，北海源生商贸有限公司、北海市金昌开元大酒店、北海市铁山港区佳汇超市、合浦县小村故事农家乐、北海市涠洲岛多美农家乐等 185 家企业和经营户参加，涉及电商、家装、建材、汽车、餐饮、旅游等十多个行业。北海市进一步完善线上线下一体化监管，指导中国电子北海产业园建立电商消费维权服务站，以规范网络商品交易第三方平台为抓手，细化“过期退、随时退”等消费保障服务，探索平台先行赔付措施，持续优化网络消费环境。

2018 年，围绕“优化消费环境，促进经济发展，维护社会和谐稳定”的要求，全面落实自治区人民政府创新驱动发展战略目标和优化营商环境工作部署，加大放心消费创建工作力度，大力促进广西商品和服务高质量发展，推动消费领域信用和消费环境进一步好转。

第二节　法律法规宣传

《中华人民共和国消费者权益保护法》是维护消费者合法权益的法律依据。2004 年以前，广西对消费者权益保护法的宣传主要是在每年的“3·15”国际消费者权益日举办宣传咨询活动，每年根据不同的活动主题开展各种形式的宣传活动，并通过媒体进行新闻报道。2004 年，广西消费者维权网站（www.gx315.ort）开通，广西对消费者权益保护法宣传增加了网络宣传的渠道。2010 年，自治区工商局改革创新“3·15”宣传活动方式，“3·15”宣传活动方式由过去单一的集中设点宣传的形式，变为 12315 进社区、进乡村、进学校、进企业，进市场，开展点多面广的消费维权大服务周活动。2014 年，通过“一体化”全员培训，广泛开展“三下乡”活动，编制“一本手册”，狠抓“两个建设”等，推进广西全面学习、宣传、贯彻落实新的消费者权益保护法。

1993 年 10 月 27 日，在南宁召开开展宣传《中华人民共和国消费者权益保护法》座谈会。自治区消协正副会长、秘书长及新闻单位的理事共 20 多人到会，自治区消协秘书长王思冯传达了中国消协关于开展宣传《中华人民共和国消费者权益保护法》活动的紧急通知精神，自治区工商局局长陈章进到会，并就如何做好宣传活动作讲话。

1994—1999 年，每年的“3·15”国际消费者权益日宣传期间，均举办“3·15”宣传咨询活动，自治区人大、政协和自治区工商局、广西消协等领导在活动现场接受咨询。活动期间，向广大市民分发消费者权益保护法等宣传资料。1994 年，向 26 个获 1994 年度“消费者喜爱的名优商品”的生产企业以及 31 个获“消费者信得过单位”的企业颁发荣誉证书。1996 年，共散发宣传资料 6 万多份，接受投诉和咨询千余人次，并为百余厂家提供服务。1997 年，以“讲诚信、反欺诈”为内容开展宣传服务活动，活动现场受理消费者投诉、曝光假冒伪劣商品、解答有关问题，通过开展消费知识有奖问答，文艺表演和时装表演等活动进行宣传。1998 年，自治区工商局、广西消费者协会和邕宁县工商局、邕宁县消费者协会在邕宁县举办“为了农村消费者”为主题的“3·15”国际消费者权益日宣传咨询服务活动。

1999 年，“3·15”国际消费者权益日主题为“安全健康消费年”。3 月 13 日，自治区工商局与自治区技术监督局、广西电视台等单位联合举办以“打击假冒伪劣商品，保护消费者合法权益”为主题的文艺晚会，以现场直播的形式，用生动的事例，向广大观众宣传消费者权益保护法、反不正当竞争法等有关法律法规，收到良好的社会效果。

2000 年，自治区工商局、广西消费者协会、南宁市工商局、南宁市消费者协会等 10 多个部门 400 余人，在南宁朝阳花园举办为期两天的“3·15”国际消费者权益日纪念活动。自治区政协副主席袁正中，自治区工商局副局长蔡玉瑜、李显光等领导，以及 100 多家企业的代表参加活动。有关职能部门接待消费者的咨询，散发宣传资料 10 万余份。

2002 年，3 月 6 日，自治区工商局与南宁市工商局在南宁围绕“科学消费年”主题举办纪念“3·15”国际消费者权益日系列宣传活动。3 月 6 日举办工商行政管理部门销毁假冒伪劣产品现场会，3 月 9 日和 10 日在朝阳广场开展大型现场宣传咨询服务活动，3 月 12 日举办 2002 年“3·15”文艺晚会，3 月 14 日在广西电视台举办消费者权益保护法知识竞赛决赛，3 月 16 日和 17 日在华联江南超市、利客隆华西超市广场举办大型现场宣传活动。

2003 年，“3·15”国际消费者权益日系列宣传活动以智能型、法治型、服务型工商为指导思想，一方面通过广泛开展法律宣传，提高消费者的自我维权意识。自治区工商局印制《打假维权手册》10 万册，发放各地、市、县工商局作为“3·15”活动宣传资料。全区共发放各种宣传资料 70 多万份。另一方面充分发挥新闻舆论导向作用，树立工商新形象。召开新闻媒体座谈会，向驻邕新闻媒体通报 2002 年全区工商行政管理系统打假维权的工作成果。与广西电视台联合制作 MTV《12315 电视音乐片》，“3·15”前后在广西电视台各频道播放 40 次。南宁市工商局分别与广西经济广播电台、广西卫星广播合作开办“12315 晚会直播”，与《当代生活报》《八桂都市报》开设“3·15”宣传专栏，共播发 15 期(次)，对“3·15”活动进行广泛宣传，发表新闻稿件 100 多篇。第三方面积极开展“工商进乡村、维权到万家”活动。各级工商行政管理机关，从实际出发组织工商执法人员深入各农村乡镇，宣传法律法规和识假辨假知识及打假工作成果。第四方面开展大型宣传咨询服务活动。自治区工商局与南宁市工商局在南宁市朝阳花园广场联合举办纪念“3·15”国际消费者权益日大型咨询宣传活动。10 月 1 日—3 日，在南宁市朝阳广场开展纪念消费者权益保护法颁布十周年大型宣传活动，开幕仪式上向 40 多家广西首批承诺诚信企业颁发牌匾。举行了消费者权益保护法知识竞答和文艺表演，共发放宣传资料 2 万多份，接受消费者咨询 1000 多人次。

2003 年，3 月 2 日，广西消费者协会在南宁召开新闻发布会。会议介绍和通报了 2003 年“营造放心消费环境”年主题和“3·15”宣传活动的安排情况。广西电视台、《广西日报》、《广西市场报》、《南国早报》等 13 家新闻媒体 30 多名记者参加了发布会。3 月 8 日，在南宁市朝阳广场举办为期两天的纪念“3·15”国际消费者权益日宣传咨询活动。活动主要是向广大消费者宣传消费者权益保护的法律法规和消费知识，并接受消费者的咨询。自治区人大常委会副主任袁凤兰，自治区副主席刘新文以及自治区工商局局长蔡永伦，副局长吴炳贵、江建伟等领导参加活动。3 月 10 日—14 日，自治区工商局、广西消协有关人员联合部分律师和记者深入灵山县的大芦村、丰塘村、三隆村和华山村开展“工商进乡村，维权到万家”活动，活动旨在推动农村消费者学法懂法用法。活动现场发放宣传资料，解答消费者提出的问题，为农村消费者提供法律咨询。

2004年1月12日，广西消费者维权网站(www.gx315.ort)开通。3月13日，举办纪念“3·15”国际消费者权益日大型咨询宣传活动。自治区政府、政协及有关部门领导出席活动开幕式。南宁市供电局、安利公司的企业代表向广大消费者做出了诚信经营、依法保护消费者权益的承诺。现场设立咨询台，向消费者发放宣传资料。开展“工商进乡村、维权到万家”活动。“3·15”期间，组织有关处室人员，聘请法律专家和部分新闻媒体记者开展送法下乡活动，到横县指导当地开展现场法律法规咨询，解答消费维权问题，发放宣传资料，消费知识竞赛、假冒商品展示等丰富多彩的活动。各级工商行政管理机关把开展“工商进乡村、维权到万家”活动作为“3·15”系列活动的重要内容。同时，发挥12315红盾网和各种新闻媒体的作用，及时发布消费警示，曝光典型案件。在“3·15”期间以直观的形式教育消费者提高自我保护意识。此外，充分利用手机短信平台，与广西移动公司合作，向手机用户免费发送消费维权口号等。

2005年3月12日，“3·15”国际消费者权益日大型宣传咨询活动以“健康 · 维权”为主题。现场共发放宣传资料1万多份，受理消费者申诉100多件。与广西电视台联合制作“3·15”维权案例专栏。与宾阳县联合举办“乡村全民拒伪劣”宣传服务活动，并举行万人拒伪劣签名仪式。

2006年2月26日，自治区副主席杨道喜和自治区人民政府副秘书长何国林等一行到自治区工商局听取关于消费维权工作情况汇报，并专题研究部署2006年“3·15”国际消费者权益日系列活动。3月11日，自治区工商局、广西消费者协会、南宁市工商局、南宁市消费者协会在朝阳花园广场联合举办为期两天的以“消费与环境”为主题的纪念“3·15”国际消费者权益日现场宣传咨询活动，举办文艺演出、法律咨询、知识竞赛、板报展示、公益广告、假冒伪劣商品识别等活动，积极宣传消费者权益保护法规，进一步提高全社会打假维权意识，努力营造健康安全的消费环境。围绕“消费与环境”年主题，开展系列维权宣传报道。利用电视、广播、报纸、互联网等媒体，广泛宣传消费者权益保护的法律法规以及工商行政管理部门和消费者协会的消费维权成果，曝光侵害消费者合法权益的典型案例，开展各种形式的消费维权报道。自治区工商局、广西消费者协会与广西电视台联合举办并录制广西“3·15”暨消费者协会成立20周年大型综艺晚会，通过广西电视台播出，晚会通过歌、舞、小品、相声、案例现场、英雄人物宣传等形式，宣传消费者权益保护事业的成就，展示工商行政管理机关和消费者协会的良好形象。

2007年3月18日，在南宁举行消费维权“大篷车”宣传活动启动仪式。自治区副主席陈武到会讲话并宣布广西消费维权“大篷车”宣传活动启动，自治区政协副主席章崇任及自治区工商局等部门领导参加启动仪式。宣传活动以流动的形式开展，5辆消费维权“大篷车”巡游南宁市，深入到商场、社区、农村、学校，向消费者发放消费维权知识宣传资料，解答消费者的咨询，同时，与新闻媒体合作，通过电视、广播、报纸、互联网等媒体，围绕“消费和谐”年主题，宣传报道工商行政执法维权案例。

2008年3月14日，自治区工商局、广西消费者权益保护委员会、南宁市工商局、南宁市消费者权益保护委员会在南宁市民族广场联合举办“3·15”国际消费者权益日大型宣传活动。自治区工商局党组书记朱军主持宣传活动启动仪式，自治区人大常委会副主任莫永清、自治区政协副主席蒋培兰、自治区人民政府副秘书长王德伦、南宁市副市长黄焕升出席宣传活动。宣传活动围绕“消费与责任”的主题展开。4家主办单位共派出800多名工作人员，现场向消费者宣传消费维权方面的法律法规及有关知识，受理消费者投(申)诉，热情接待和解答消费者的咨询，向消费者传授如何识别假冒伪劣商品的知识和技巧。活动期间，共发放宣传材料1.8万份，制作展示板报37块，制作悬挂宣传横幅46条以及宣传标语14条。南宁百货大楼等21家企业参与宣传日活动，悬挂有关消费维权宣传横幅，并向消费者公开承诺诚信经营，文明经商。《广西日报》、广西电视台、广西人民广播电台等新闻媒体对当天的各项活动进行全程追踪报道。11月18日，自治区工商局和广西消委会在南宁市召开消费者权益保护法颁布实施15周年、《广西消费者权益保护条例》颁布实施1周年纪念大会。并对在广西消费维权工作中作出突出贡献的“广西十大消费维权人物”进行表彰。通过召开纪念大会，弘扬维权，表彰先进，宣传消费者权益保护法，倡导诚信，保护消费者合法权益。

2010 年，自治区工商局改革创新“3·15”宣传活动方式，3 月 16 日《广西日报》第 7 版发表了自治区工商局党组书记、局长朱军《以消费拉动内需　以服务提振信心》的署名文章。“3·15”宣传活动方式由过去单一的集中设点宣传的形式，转变为 12315 进社区、进乡村、进学校、进企业，进市场，开展点多面广的消费维权大服务周活动。

2011 年，全区各级工商部门以宣传“消费与民生”为主题和纪念“3·15”消费者权益日活动为切入口，充分利用各种媒体，以广播电视、文艺演出、民俗歌会、墙报板报等形式，宣传国家鼓励消费的政策措施和法律法规，积极倡导科学、健康、文明消费，防范消费风险，提高自我维权意识和水平。2011 年 3 月 15 日，首次在防城港市东兴边境口岸北仑河边隆重举办了中越两市（东兴—芒街）“3·15”国际消费者权益日纪念活动，中越双方就建立共同维护两地消费者权益的投诉联席会议制度达成了初步共识，把共同维护边民合法权益提升到一个新的高度；通过发放宣传资料、现场咨询等形式与消费者互动，把消费教育引导、消费警示、消费知识普及融入活动中。同时，双方对边境消费市场、消费信息、消费动态进行交流。“3·15”活动期间，全区工商系统共设立维权联系点 1788 个，较 2010 年增加 442 个，增幅 32.84%；受理群众咨询 4.5 万人次，申诉 494 件，举报 127 件，工商机关根据群众提供举报线索查处消费侵权案件 15 件，比 2010 年增加 2 件，共为消费者挽回经济损失 77.59 万元，较上年增长 47.29%。

2012 年，围绕“消费与安全”主题，开展纪念“3·15”国际消费者权益日宣传活动。来宾市工商局在“3·15”活动期间，通过举办大型晚会、人物访谈、小型座谈会、公布消费维权典型案例等形式，有效扩大了消费维权工作的宣传效果。当地党委、政府主要领导通过参加人物访谈和座谈会等活动，对该市的消费维权工作给予高度评价和充分肯定。在“3·15”前后，全区各级工商部门设立消费维权宣传服务点 2983 个，累计接受消费者现场咨询 22529 人次，受理消费申诉 608 件，现场调解成功 532 件，成功率 87.5%。查处侵害消费权益案件 17 件，为消费者挽回经济损失 60.72 万元。印发宣传专栏（手册）108.9 万份，编辑出版墙报、板报、专栏 701 期，设立消费大讲堂、讲座 72 场次，各类媒体宣传报道 730 篇（件、次）。

2013 年“3·15”期间，全区各级工商机关开展各种宣传教育活动，共设立消费维权宣传服务点 3121 个，累计接受消费者现场咨询 74615 人次，受理消费申诉 544 件，查处侵害消费权益案件 24 件，为消费者挽回经济损失 130.83 万元。印发宣传专栏（手册）84 万份，编辑出版墙报、板报、专栏 857 期，设立消费大讲堂、讲座 30401 场次，各类媒体宣传报道篇 562（次）。其中，南宁、防城港市联合中国电信、移动、联通群发“3·15”公益宣传、消费维权知识、消费安全警示等内容的短信数过百万条，还通过各大商场、市场电子屏、户外广告屏等渠道连续滚动播放有关“3·15”活动信息、宣传口号。

2014 年，通过“一体化”全员培训，广泛开展“三下乡”活动，编制“一本手册”，狠抓“两个建设”等，推进广西全面学习、宣传、贯彻落实新消费者权益保护法。“一体化”全员培训是指依托广西工商《红盾讲坛》，邀请国家工商总局法规司原司长张辉为全系统 1 万多名工商干部专题解读新消费者权益保护法，自治区、市、县分别逐级举办培训班，全面开展现场学习培训。广泛开展“三下乡”活动包括送戏下乡、送课下乡和送法下乡。与广西演艺集团合作，编创了一台以宣传新消费者权益保护法为主要内容的文艺节目，组织普法宣传队深入部分市、县和边远少数民族聚居区和边境地区巡回演出。各市县特别是河池市、来宾市等地工商部门针对辖区为少数民族聚居区的特点，组织编创了具有当地壮、苗、瑶、侗、仫佬等少数民族风情的山歌、桂剧、彩调剧等普法文艺节目，深入到各县、乡、村开展送戏下乡活动。送课下乡是通过指导各级工商部门运用“一会两站”、12315“五进”的平台，建立消费教育基地，设立消费大讲堂等形式，对社区居民、农民、经营者、消费者开展培训教育活动。全区各级工商部门共开设消费大讲堂、讲座 102 场次，参加学习的消费者、经营者近 1 万人。送法下乡是以“3·15”国际消费者权益日为契机，自治区工商局和各级工商部门通过编印宣传资料、专栏、板报、海报等形式广泛开展下乡宣传活动，同时配合总局消保局、中消协，深入到百色市田阳县那满镇露美村开展送法下乡活动，向那满镇赠送了消费者权益保护法宣传资料一批和复印传真一体机 8 台。新消费者权益保护法颁布后，围绕新消费者权益保护法，并结合广西实际，组织人员编制《新〈中华人民共和国消费者权益保护法〉亮点解读及消费维权岗位应知应会知识消费教育手册》，既是工商干部学习运用新消费者权益保护法的手册，又是基层工商部门面向消费者、经营者开展消费教育引导的教材讲义，编写 5 个教案，同时制作 5 个配套 PPT 消费教育课件下发。狠抓“两个建设”是指抓消费教育基地示范点建设和抓县级工商巡回教学队伍建设，有效整合师资力量。2014 年，已建立相对稳定的消费教育基地 2424 个，全区各县（区）工商局已全面建立县级消费教育巡回教学队伍并有序开展工作。

2014 年，自治区消委会发表主要新闻报道 275 篇次，其中，省级以上主流媒体发表 145 篇次，特别是广西卫视《广西新闻》、新闻频道、央视网、广西电视网、《中国消费者报》、《广西日报》等重点报道。由广西消委会主办的《广西消费》2014 年第一、第二期合刊、第三期刊物分别于 6 月和 11 月与读者见面。

2015 年，自治区工商局、自治区消委会、南宁市工商局在南宁富安居广场举行“广西艺术家走进纪念‘3·15’国际消费者权益日”系列活动，组织广西书画名家走进“3·15”，现场创作书画作品 374 幅，把消费维权知识融入书画作品和文艺表演中，弘扬消费维权正能量。现场受理消费者咨询、投诉、举报 300 多件。全区共组织文艺下乡演出 132 台。围绕“岗位学雷锋、履职提效能”主题，指导各市把岗位学雷锋活动深入到乡、村、屯。贵港、崇左等市局利用乡镇集市日时间，深入集市中心开展消费维权宣传咨询服务活动。玉林等市局开展送肥送法下乡活动，把 20 万元的肥料和《农资消费安全指南手》手册送到农民手里。全区共为农民发放宣传资料 36987 万份，接受农村消费咨询 16925 人次，受理农民消费投诉 390 件，调解成功 341 件，为农民群众挽回经济损失 30 多万元。

2015 年 3 月 15 日，自治区工商局、广西消委会会同南宁市工商局在南宁市富安居家居建材广场开展广西艺术家走进 3·15 国际消费者权益纪念日系列活动

2016 年，通过年主题宣传活动、12315 指挥中心平台启用仪式、新闻发布会、消费维权乡村行、“3·15”座谈会、消费教育大讲堂等形式开展消费者权益保护法宣传。“3·15”活动期间，全区各级工商机关、消委会开展大型咨询活动 115 场次，播放公益广告 11.38 万条（次），印发宣传资料 25.67 万册（份），参加活动消费者数 12.09 万人次，参与经营者 1.27 万人次；快速转办、按时办结央视“3·15”晚会现场转办消费者投诉、举报 49 件，为消费者挽回经济损失 18.29 万元。

2017 年 3 月 15 日，在南宁跨境商品直购体验中心广场举行“3·15‘网络诚信　消费无忧’”主题宣传活动。自治区副主席黄日波、自治区人民政府副秘书长唐宁，自治区工商局党组书记、局长张虹，南宁市副市长伍娟，自治区工商局副巡视员罗凤鸣、刘军以及自治区工信委、教育厅、文化厅、质监局、法制办、网信办、广西邮政局、人民银行南宁中心支行等厅际联席会议成员单位的领导出席宣传活动。

2018 年“3·15”期间，组织全区围绕“品质消费　美好生活”消费主题，开展“3·15”宣传月活动。

第三节　消费教育引导

消费教育引导包括对经营者和消费者的教育引导。一方面，对经营者加强教育，依托各类行业协会，在经营户中广泛开展“诚信兴商”等活动，以行业自律教育为目的，从提高商品服务质量和规范经营入手，教育引导经营者诚信守法经营。通过开展“诚信兴商”教育引导活动，实现经营者自我规范管理，促进行业规范发展。另一方面，加强对消费者教育，提高消费者维权意识，引导消费者理性消费，文明消费，理性维权。依托互联网及红盾网的平台，通过发挥12315消费者申诉举报中心、消委会组织的职责功能和“一会两站”、12315“五进”维权服务网络，建立科学消费指导中心，开辟消费教育指导园地，开通消费指导热线，面向消费者进行全方位的消费教育。

20世纪90年代，广西的消费教育引导工作主要以“3·15”期间进行宣传相关法律法规和现场投诉咨询为主。

1993年，各地采取多种形式宣传工商行政管理法律法规。除在报刊进行宣传外，采取开展纪念活动，召开新闻发布会、记者招待会、座谈会，举办培训班，政府领导人发表广播讲话，进行法律咨询等形式，广泛深入宣传经济合同法、商标法、反不正当竞争法、消费者权益保护法等法律、法规。

1997年，各地工商行政管理机关通过电视、广播、报刊等新闻媒介和采取现场咨询等方式，开展保护消费者合法权益法律宣传活动。在1997广西消费者权益保护宣传月活动中，全自治区工商行政管理机关召开新闻发布会48次，座谈会143次，印发宣传资料141.4万份，设咨询宣传台（站）601个，通过电视、广播宣传1215次，在报刊发表文章181篇。

2003年，召开新闻媒体座谈会，向驻邕新闻媒体通报2002年全区工商行政管理系统打假维权的工作成果。与广西电视台联合制作MTV《12315电视音乐片》，“3·15”前后在广西电视台各频道播放40次。南宁市工商局分别与广西经济广播电台、广西卫星广播合作开办“12315晚会直播”，与《当代生活报》《八桂都市报》开设“3·15”宣传专栏，共播发15期（次），对“3·15”活动进行广泛宣传，发表新闻稿件100多篇。开展“工商进乡村、维权到万家”活动。3月中旬，组织有关处室人员，聘请法律专家和部分新闻媒体记者开展送法下乡活动，到灵山县大芦村、丰塘村、三隆村、华山林场等地，现场为进行法律法规宣传咨询，解答消费维权问题，发放宣传资料。推动广大农村消费者学法、懂法，懂得运用法律武器维护合法权益。各级工商行政管理机关，从实际出发组织工商执法人员深入各农村乡镇，宣传法律法规和识假辨假知识及打假工作成果。

2007年，组织开展消费和谐年主题宣传活动，南宁、桂林、河池、贵港、钦州、防城港、贺州、来宾、崇左等市工商局通过文艺晚会、广播热线、现场宣传、记者专访等形式开展消费维权知识宣传工作，倡导理性消费、科学消费、健康消费和安全消费。

2008年，围绕“消费与责任”主题，开展“3·15”国际消费者权益日大型宣传活动，重点宣传消费者的维意识及增强经营者的自律意识，自治区工商局领导组织指挥，自治区人大、政府、政协领导到场指导。有26个单位5000多人参加活动，由自治区工商区局统一印制10万份宣传专刊发放到各市、县工商局。为树立12315行政执法服务窗口的新形象，选派南宁、桂林12315工作人员代表广西到中央电视台“3·15”晚会现场观摩学习。桂林、柳州、来宾、崇左，北海等市开展文艺晚会和打假成果展示。全区共销毁假冒伪劣商品200多吨，价值25万元。

2009年，举办“3·15”国际消费者权益日宣传活动，开展消费知识教育，现场接受消费者咨询，帮助消费者辨别假冒伪劣产品。通过推行行政指导，引导消费者科学消费。玉林市工商局首先创建“红盾流动服务站”为广大消费者、经营户进行服务，抽调责任心强、业务素质高的工商干部在辖区的商场、超市、集贸市场等重要地点、重点场所开展食品快速检测工作，为广大消费者、经营户提供法律法规宣传服务。全市共设立“红盾流动服务站”3 个。

2010 年，广泛深入开展消费教育和消费引导。“3·15”服务内容重点在开展消费教育和消费引导工作，特别是加强对农村消费者的教育引导，提高群众依法维权和识假辨假的意识和能力。“3·15”活动期间，全区各级工商机关设立消费维权服务点 1346 个，印发宣传专栏手册 58.4 万份，出版活动板报、宣传专栏 592 个，设立公益广告牌 207 块。省级以上主要媒体发表消费维权相关稿件 55 篇，其中电视媒体发表 34 篇，平面媒体发表 21 篇；共接受消费者咨询 6.99 万件，受理申诉举报 774 件，为消费者挽回经济损失 52.68 万元。

2010 年，针对消费领域出现的新情况、新问题，及时发布“汽车消费热，买车请注意”“虚假广告名目繁多，消费者谨防上当”“月饼消费热，选购要当心”消费警示和“使用学生用品七注意”“请慎重、科学购买、使用化妆品”消费提示，通过有关新闻媒体及在互联网上向社会公布提示，使事后调解变为事前防范。帮助消费者树立正确的消费观念，提高消费维权的意识和能力。开展商品比较试验，正确引导消费者科学、合理消费。并及时将检测结果在媒体上进行公布。同时发布消费提示，提醒广大消费者科学选购化妆品。

2011 年，设立消费教育课堂。南宁市工商局通过设立“青少年维权教育基地”，定期组织青少年开展维权教育活动，引导广大青少年从小树立健康、安全、科学、绿色、理性和节俭的科学消费观，树立依法维权的法治理念。南宁市举办“消费维权大课堂”3 次，300 多名小学生参加课堂学习。此外，各级工商部门还注重日常宣传教育，根据情况需要在宣传栏、报刊、电台、电视台等媒体上发布消费维权方面的案例分析和消费警示，并有针对性、不定期地发布消费警示，提醒消费者科学消费，依法维护自身权益。

2012 年，走进学校，扎实开展青少年消费教育引导工作。防城港市工商局与教委联合下发文件，明确要求全市中小学校普遍开展消费教育，引导青少年消费者树立安全、理性、文明、健康的科学消费观，培养良好的消费习惯和方式，提高科学消费能力和自我保护能力。

2012 年，自治区工商局和广西消委会在全自治区工商和消委会征集 2011 年全自治区十大消费维权典型案例，并在人民网、新华网及广西各大媒体曝光，广西电视台拍摄 10 集专题片，于 3 月 14 日—18 日在综艺频道《法治在线》栏目播出，引起消费者广泛关注。

2013 年 6 月 17 日，自治区工商局下发《关于将消费教育引导纳入“美丽广西、清洁乡村”活动的通知》文件。6 月 26 日，自治区工商局在百色田阳县那满镇露美村举行“全区工商系统‘消费教育乡村行’启动仪式”，自治区工商局局长张虹授旗并为露美村的“农民消费教育基地”揭牌，给那满镇捐赠了价值 20 万

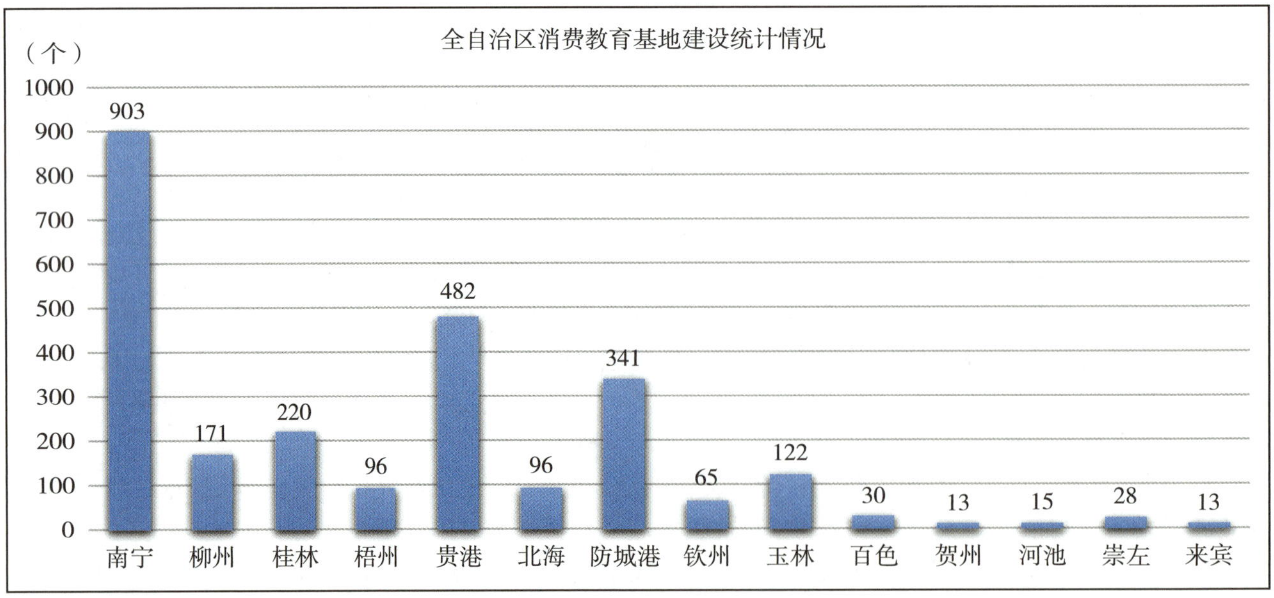

图 3-3-1　2013 年全自治区消费教育基地建设统计情况柱状图

元的清洁工具。各地工商机关根据区局部署，及时把消费教育纳入当地的“美丽广西·清洁乡村”活动中，以倡导安全消费、发展绿色产品为主题，积极开展消费教育活动，引导农民转变消费理念，提升科学消费自觉性，不断丰富“美丽广西·清洁乡村”的内涵，拓展消费教育引导的外延，不断为“美丽广西·清洁乡村”活动注入正能量。同时，开展“消费维权进万家”行动，把消费教育引导和消费维权理念带到千家万户。7月24日，自治区工商局根据群众路线教育实践活动的要求，下发《全区工商系统进一步推进12315消费维权进万家工作方案》，在深入推进“一会两站”和12315“五进”建设的基础上，明确“消费维权进万家”的目标任务。一方面将“一会两站”纳入当地政府考核体系，与社会治安和综合治理工作挂钩，有效提高“一会两站”的覆盖率。另一方面把12315“五进”扩大到农村、大、中、小学校和商业服务活动较为集中的街道社区村镇，建立“消费维权服务站”，方便快捷为消费者解决消费纠纷。此外，自治区工商局消保处分别制作了学生消费维权、农民消费维权、老年人消费维权3个教育课件，并于9月9日在防城港市举办全区工商机关消费维权秋季第一课教学观摩会，培训各地的消费教育精英和师资队伍。各地根据当地实际深入开展消费教育引导活动。截至2013年12月底，全区共建立各类消费教育基地2595个。其中，农村消费教育基地360个，青少年消费教育基地1342个，城市社区消费教育基地893个。开展消费教育授课1893次，受教育人数达89万人次。

2013年，以互联网和各级工商局红盾网站平台为依托，提供消费咨询信息服务的同时，进行科学、理性、绿色、节约消费的教育引导，强化事前防范、事中监督、事后处置，努力为消费者营造一个安全和谐的消费环境。全年各级消费教育指导中心通过消费指导热线等渠道，为消费者提供咨询服务157.18万次(件)，编印《消费教育手册》或消费教育宣传材料、专刊近百万份(册)。

2013年，自治区工商局12315中心有效利用统计数据，加强宣传和警示效果。加强与自治区工商局宣传中心、主流新闻媒体的合作，通过新闻报刊、广播电视等媒体的宣传报道，定期发布消费者申诉举报数据分析报告、消费信息、典型案例等信息，为确定市场监管和服务经济发展提供决策参考，为广大群众提供消费警示。2013年，共发布消费者申诉举报数据分析报告6期，在自治区工商局信息政务资源网共发表消费维权文章19篇，文章被《广西日报》、《南国早报》、中国经济网、人民网、广西新闻网、广西政府法制网等省内外媒体及网站转载。广西消费教育引导活动的工作得到了国家工商总局消保局的充分肯定。10月底，在总局消保局在杭州召开的部分省市区局的片会上，自治区工商局消保处就此项工作做了专题的经验介绍。

2014年1月9日，在南宁市西园饭店召开的全国工商系统消费者权益保护工作会议上，自治区工商局代表广西向全国代表做了经验发言。自治区消委会针对消费者投诉较为集中的消费问题和消费市场上出现的各类消费陷阱，发布消费警示、提示6次。玉林市消委会根据不同时期消费投诉的热点、难点问题，适时发布消费警示3次，提高了消费者自身防范能力。组织开展比较试验、消费体察、消费评议与满意度调查等活动。6月与10月开展儿童食品和染发剂比较试验，为消费者提供科学的消费参考信息。针对金融服务、美容美体服务和汽修及零配件服务三大行业邀请自治区人大、政协委员和行业专家开展消费体验活动，深入发掘消费者最关心的热点消费问题。此外，还联合桂林、玉林、防城港等市消委会(协会)开展快递行业消费评议活动，就存在的问题邀请监管部门和行业专家召开座谈会进行点评。针对与消费者生活密切相关的供电、供水、通信、有线数字电视、燃气、食盐等公共服务领域于11月开展公共服务领域消费者满意度调查活动，增强服务行业社会责任感。桂林市消协积极协助桂林日报社开展寻找“消费者最满意商场”的活动，在市区8家大型商场超市针对促销商品收费价格进行现场体验，并对老年人常用降压药品开展价格比对试验。

2015年，全区各级工商局领导以多种形式参与大接访活动，3月12日—15日，自治区工商局领导和消保处等相关处室负责人到广西电视台参加《阳光在线——厅长在线》《凡事说理》《海岸线》等电视节目，现场接受主持人采访，“零距离”倾听群众呼声、耐心解答消费者诉求。“3·15”活动期间，各级工商机关开展领导大接访活动，现场共接待消费者和群众咨询3.11万人次，受理消费投诉1390件，成功调解1128件。

“3·15”活动前后各级工商机关共设立宣传台3981个，受理投诉632件，为消费者挽回经济损失160.72万元。结合实施《消费权益保护法》和《侵害消费者权益行为处罚办法》等法律法规，通过开展12315进商场、进社区、进学校、进乡村、进企业等“五进”活动，积极宣传消费维权知识，引导广大消费者科学、理性、安全消费，提高消费者识假辨假等自我保护的能力和水平，全区共开办消费教育引导讲堂1830次，出版宣传板报12期，对经营者开展行政约谈793人次，经营者履行先行赔付投诉22件，为消费者挽回经济损失7.36万元。

2016年，以宣传教育引导为桥梁，通过年主题宣传活动、12315指挥中心平台启用仪式、新闻发布会、消费维权乡村行、“3·15”座谈会、消费教育大讲堂等形式，得到上级领导和社会各界的充分肯定。围绕“尚德守法，共治共享食品安全”主题，组织全系统开展为期两周的食品安全宣传活动。全区组织187场次主题大型活动。会同食药、质监、卫生、海关等部门共同查处食品案件124件，涉案金额134.11万元。以消费教育基地和“一会两站”为依托，组织消费维权专家团开展送法送科技下乡。根据农村消费者的特点，注重从商品的实用功能出发，引导农民朋友树立科学、合理的消费理念。3月15日，在柳州三江侗族自治县开展“消费维权乡村行”活动，现场向扶贫点捐赠物资、受理消费投诉、宣讲消费者权益保护法等相关法律知识。

2016年，牵头组织评选出“利用‘老年人健康课堂’夸大宣传误导老年人购买保健品案”“4S店违反约定使用非原厂零部件维修汽车纠纷案”等10个具有代表性和重大影响的“2015年广西消费维权十大典型案例”，并进行点评，与广西电视台建立“新消费，我做主”专题节目，深入跟踪报道宣传，收到社会积极反响。

2016年，联合自治区党委老干部局共同在全区开展“百场消费教育大讲堂走进老年大学”活动，并组建老年人消费维权志愿者队伍。分别举办“汽车消费知识”“老年人消费维权”“大学生网络消费知识”“青少年如何科学理性消费”和“电信用户消费知识”“保险消费维权在您身边”等7期针对不同消费群体的专题讲座，邀请近1000多名消费者和经营者参加活动。组织编印《网购消费知识》《绿色消费知识》等12种3万多份宣传资料用于广西消费教育中心宣传。编辑、出版3期《广西消费》杂志，进行消费知识宣传和工作交流，免费赠送给消费者。

2016年，针对消费热点和维权难点，向社会发布《预付卡消费有风险　办卡须谨慎》《老年人要提防“免费”背后的陷阱》《微商月饼问题多，购买需谨慎》《2016年“双十一”：别被各种网购“套路”坑了》等4期消费提示，引导科学理性消费。

2016年，联合广西银监局、证监局、保监局在广西民族大学相思湖学院举办“我的金融　我做主——广西消费教育大讲堂进高校”活动。向400多名大学生普及正确的金融消费知识，帮助大学生规避金融消费陷阱，提升消费素质，增强自我保护意识，做到理性、科学消费。

2017年，全区开展消费宣传教育、消费体验和商品比较实验活动以及广西3·15“网络诚信·消费无忧”主题宣传活动，充分展现广西工商依托“互联网+”，打造智慧维权机制的工作成果，广西电视台等主要媒体进行现场直播，《中国消费者报》等多家媒体进行宣传报道。联合广西消委会开展百场消费教育大讲堂活动，实现消费教育基地覆盖到市、县老年大学，覆盖到社区、乡镇的“两个全覆盖”目标。

2017年，广西消委会提出建立消费教育基地覆盖到市、县老年大学，消费教育大讲堂活动覆盖到老年大学、社区、乡镇的“两个全覆盖”目标，并将其作为工作重点在全区推进。围绕这个重点目标，继续联合区党委老干部局，深入推进开展老年消费教育大讲堂活动。2017年9月7日，中消协在广西柳州市举办“以保护老年消费者，共筑美丽夕阳红”为主题的老年消费教育大型宣传活动启动仪式。截至11月底，全区累计建立老年消费教育基地101个，全年举办老年消费教育大讲堂160场，得到教育的老年人达到2.01万人次，消费教育活动累计影响3万个家庭数十万人。聘请老年消费维权志愿者增加到329名。

2017年，针对不同时节消费者反映的热点问题和消费市场上出现的各类消费陷阱，及时发布消费提示，引导科学消费。广西消委会分别在春节、端午节、六一、“双11”等节庆日和消费旺季发布5期消费提

2017 年 9 月 7 日，以“保护老年消费者，共筑美丽夕阳红”为主题的老年消费教育大型宣传活动仪式在柳州市老年大学正式启动

示，柳州市发布针对老年人的消费提示 5 期，梧州市在电视台、报纸、微信公众号上刊登老年消费教育和消费提示信息 30 多条。提醒消费者理性消费，谨防消费陷阱。同时，开展商品比较试验，公布试验结果，给消费者提供客观公正的消费参考。2017 年开展桶装饮用水、电饭煲、电源插座等 3 次共 62 批次商品的比较试验，并依法公布比较结果，指导消费者选择消费。

2017 年，联合广西银行业协会、广西食品行业协会分别举办经营者诚信经营培训班，对金融经营者、保健品经营者进行诚信经营消费教育引导。40 多名银行业客服人员 80 余名保健品经营企业负责人参加培训。柳州市消协召集通信、汽车行业等 12 家企业举行公开消费维权约谈会，针对企业在商品质量或服务质量等领域存在的影响消费者合法权益的突出问题，指导经营者建立和完善自律制度。桂林市消协邀请全市 22 家大型商场、超市、公用事业以及通信运营商的售后负责人召开企业消费维权培训会，引导经营者诚信经营，强化消费维权第一责任人的责任，营造良好的消费环境。

2017 年，全国食品安全宣传周期间，组织人大代表、政协代表、维权志愿者、监督员、行业专家、媒体记者共 40 余人，到广西皇氏集团股份有限公司食品生产第一线，开展以“尚德守法　共治共享　食品安全”为主题的消费体验活动，促进食品企业依法履行保障食品安全的第一责任，增强消费信心，促进健康消费。

第四章　投诉受理与行政执法

1997年，南宁、柳州、桂林、北海四市工商局率先组建消费者投诉（后改称申诉）举报指挥中心，开通了尾数为“315”的消费者投诉服务电话。1999年7月12日，在全自治区范围内开通12315消费者投诉服务专用电话，及时受理消费者投诉，切实保护消费者权益。同时，组建全自治区“打假维权”网络，加大打假和维护消费者权益的力度。全年受理申诉901件，为消费者挽回经济损失123万元。申诉内容以质量为主，共558件，占投诉总数的73.04%。查处的侵害消费者权益的案件共586起，案值294万元。

2003年，以南宁市工商局12315中心为试点单位，开展网上申诉举报试点工作，实现消费者在互联网上进行申诉、举报和咨询。全年全区处理消费者申诉20821件，调解成功率为94.44%，为消费者挽回经济损失1463.32万元。

2004年，消费者权益保护工作按照“两整顿”、创“双优”的工作目标及“突出重点、强化监管、完善制度、推进维权”的工作思路，围绕总局提出的“六查六看”和“两抓五落实”，以推进商品质量监管“关口前移”，全面加强流通领域商品质量监督管理为重点，依托12315消费者申诉举报网络，加强市场监管的前瞻性，实现市场监管的效能性，从源头上加大治理制售假冒伪劣商品违法行为的力度，努力营造安全放心的消费环境。

2008年，统计方式进一步细化，分别统计咨询、申诉、举报3个方面的情况。共处理消费者咨询87642件，申诉10554件，调解成功率为97%，为消费者挽回损失经济损失1535.69万元，同比均有不同程度上涨，受理消费者举报1891件，处理1737件，案值1075.69万元。查处侵害消费者权益案件1413起，罚没款607.85万元，查处案值1877.32万元。2008—2018年，从查处侵害消费者权益案件统计数据来看，各级工商机关主要集中查处商品类消费品，其次是服务消费案件。查处的违法主体情况分别有内资企业、外资企业、个体工商户。

2016年，在消费维权方面，消费诉求量总体上升，为消费者挽回经济损失创新高。共受理消费者诉求总量为134807件，同比上升1.26%。

2018年，全区共受理消费者诉求164933件，同比增长7.27%。其中，咨询124701件，投诉32507件，举报7725件，为消费者挽回经济损失5986.69万元。商品类消费投诉21888件占投诉总量的67.33%，服务类消费投诉10619件占32.67%。查处侵害消费者权益的消费案件为958件，案值450.39万元。

第一节　受理消费者投诉举报和咨询

基本情况

1997年，广西初步建立起多渠道、多层次的受理消费者申诉网络，通过建立投诉站（点）、设立投诉箱等形式，为消费者投诉提供方便，拓宽受理消费者申诉的渠道。

1998年，南宁、柳州、桂林等市工商行政管理局成立“3·15”投诉举报指挥中心，并在基层工商行政管理机构设立投诉站（点），及时受理消费者投诉。

1999 年，各级工商局设立“12315”消费者投诉举报电话，成立“12315”投诉举报指挥中心，及时受理消费者投诉，切实保护消费者权益。全年受理申诉 901 件，共为消费者挽回经济损失 123 万元。申诉内容以质量为主，共 558 件，占投诉总数的 73.04%。

2000 年，受理消费者申诉、举报工作有新突破。全年共受理消费者申诉 13380 件，比 1999 年的 901 件增长 13.85 倍；调解成功 12644 件，比 1999 年 815 件增长 4.51 倍；调解成功率为 94.49%，增长 4.04%；为消费者挽回经济损失 800.58 万元，比 1999 年的 123 万元增长 5.51 倍。2000 年，消费者申诉举报工作取得成效，主要原因：一方面，各地工商行政管理机关把建立 12315 消费者申诉、举报服务网络作为加强保护消费者权益的有效措施和切入口来抓，网络建设快速发展，9 个地级市建立“一个中心、三级执法”执法体系，形成覆盖城乡、扩大案源、受理迅速、处理及时的消费者申诉、举报服务网络；另一方面，通过广泛开展消费者权益保护宣传活动，广大消费者的维权意识不断提高，申诉范围广泛，涉及各行业，如金融、保险、中介、物业、租赁、培训等。

2000 年，从消费者申诉情况看，质量问题 6936 件，占申诉总量的 50.33%；其他 3104 件，占 22.53%；价格 1273 件，占 9.24%。商品和服务的质量问题成为消费者申诉的热点。一是商品消费申诉 9933 件，占申诉总量的 72.08%，其中商品质量申诉 5471 件，占商品消费申诉的 55.08%。按数量排序依次是：家用电子电器类 2423 件，占 24.39%，主要集中在电视机、通信器材、电冰箱、计算机及配套设备等方面；日用百货类 1891 件，占 19.04%，主要是服装、鞋类、家具、化妆品等；家用机械类 1797 件，占 18.09%，其中摩托车的质量和售后服务问题 1012 件，占家用机械类 56.32%，占商品消费申诉的 10.18%；烟、酒、饮料、食品类 1586 起；其他类 923 件，占 15.97%；建材类 492 件，占 4.95%。二是服务消费申诉 3847 件，占申诉总量的 27.92%，服务质量 1465 件，占服务消费申诉的 38.08%。按数量排序依次是：电信服务 645 件，占 16.77%，主要是手机接收信号和收费问题；修理服务 537 件，占 13.96%；餐饮服务 500 件，占 13%，主要是食品卫生及价格问题；居民服务 450 件，占 11.7%，主要是理发及美容化妆服务；医疗服务 223 件，占 5.8%。

2000 年，申诉热点主要集中在大宗耐用消费品、日常生活用品等方面。如摩托车质量问题、售后服务、假冒伪劣商品、虚假广告夸大宣传等方面的申诉 1012 件，占家用机械类 56.32%，占商品消费申诉的 10.18%，在耐用消费品的比率中独占鳌头。有的商家假冒他人品牌以获取最大利益，有的商家解决消费纠纷一拖再拖，能推就推。摩托车作为人们的主要交通工具，成为生活中不可缺少的部分，如何提高摩托车的质量和售后服务问题，已成为社会的共同呼声，值得重点关注。一方面要加强生产、经营者的职业道德教育；另一方面加强和规范摩托车行业经营行为。另外，电信、修理服务也是消费者申诉的热点，国内手机市场鱼龙混杂，而三包规定中又未列出手机的具体三包标准，不少商家以明示形式减少三包责任。在三包期间如果手机出现问题，消费者找商家履行三包责任，商家往往推说是消费者人为损坏，而质检部门往往又没有这方面的鉴定技术，造成取证困难，问题难以解决。有的消费者反映电话收费、手机费费用太高，被盗打、串线现象比较严重。

2001 年，全区各地工商局重视 12315 网络建设，随着 12315 网络的延伸，把市场监管的工作范围扩大到了城市街道和农村，把行政机关的综合执法与人民群众的社会监督紧密地结合起来，较好地解决了消费者申诉难的问题。同时，制定广西工商行政管理“12315”信息化工程建设实施方案，明确指导思想、具体步骤和基本要求，并在全区工商行政管理信息工作会议上进行部署，12315 网络信息化工程建设加快，处理消费者申诉举报工作向科学化、信息化迈进。各地工商行政管理机关重视 12315 计算机硬件建设，从实际出发增加投入，配备相应的计算机设备，逐步建立 12315 计算机网络管理统计数据，保证 12315 软件申诉举报登记、在线调解、业务分流、执法指挥等各项设计功能的实现。12315 网络建设的快速发展，解决了消费者申诉难的问题，消费者申诉比上年有所提升。

2001 年，全年处理消费者申诉 22961 件，比 2000 年 13380 件增长 71.6%；调解成功 21625 件，调解成功率为 94.18%；为消费者挽回经济损失 1292.86 万元，比 2000 年 800.58 万元增长 61.49%。消费者申诉的热点问题主要集中在以下几个方面：一是质量问题仍然是消费者申诉的热点之一。商品和服务的质量申诉13322件，占申诉总量的58.02%，其中商品质量申诉10010件，服务质量申诉3312件，分别占质量申诉的75.14%、24.86%。商品质量主要集中在家用电子电器类3246件、日用百货类2078件、家用机械类1493件、烟、酒、饮料、食品类1150件，四大类合计占商品质量申诉的79.59%。特别是摩托车、通信器材、鞋类共1991件占商品质量申诉的19.89%。服务质量申诉主要集中在修理服务电信服务、居民服务等方面。二是公用企业和垄断性行业的服务成为消费者关注的焦点。由于公用企业的经营项目涉及面广，其经营行为直接影响人民群众的生活需求，消费者反应强烈。如电信服务1396件占服务消费申诉的21.07%，主要反映在手机、寻呼机、充电器等电信产品质量参差不齐、售后服务无保障、收费不透明、计费失实、机械故障导致线路不通、电话卡管理混乱、广告宣传误导消费者等。三是农用生产资料类的申诉明显上升。全年农用生产资料类的申诉达939件，比上年457件增长1.05倍。主要表现在经营者出售劣质种子、化肥、农药及不合格的农业机械等。农资市场经营秩序混乱，使农民耽误了农时，损害了农民的生产积极性，影响农业生产顺利进行。四是劣质食品泛滥。饮料、食品类的申诉达2250件，占商品消费申诉的13.77%。食品与广大消费者的生活息息相关，人们的生活离不开食品，所以经营食品的商店、摊点遍布城镇和农村，较普遍的是“三无”食品、饮料、过期变质食品、饮料等。经营规模基本是小本生意，经营者多为个体户，他们一般不从正规渠道进货，而是由流动人员送货上门，不管产品质量如何，只图便宜，牟取利益。

2002年，全年处理消费者申诉23461件，略高于2001年，调解成功22166件，成功率为94.48%；为消费者挽回经济损失1448.9万元。商品消费申诉17634件，占消费者申诉的75.16%；服务消费申诉5827件，占24.84%；受理质量申诉13045件，占消费者申诉的55.60%；价格申诉3863件，占16.89%；其他3902件，占16.63%；售后服务1758件，占7.49%；城镇消费者申诉15693件，占66.89%；农村消费申诉7751件，占33.04%。被申诉方主要是个体工商户13336件，占56.84%，私营、集体、国有企业分别占12.87%、9.8%、7.91%。

2002年，商品和服务的质量仍然是消费者申诉的热点，占申诉的55.6%，流通领域商品质量问题比较突出。消费申诉的热点问题主要是以下方面：一是家用电子电器类的质量和售后服务问题。家用电子电器类的申诉5987件，占商品消费申诉的33.95%，其中质量问题3651件、售后服务1758件。消费者对通信器材的申诉1712件，比上年增长67.19%，占家用电子电器类申诉的28.6%。主要反映经营者不能严格履行“三包”规定、质量差、“水货”多、经营者偷换配件、售后服务无保障等。某些品牌的水货充斥市场，销售渠道多，一些经营者乘机销售非法进口、来源不明的手机，出现问题时又推脱责任，有些不法销售者还销售改版或以次充好的旧机器，售后服务不保证，“三包”无法落实。有的手机套餐配送的耳机、充电器和电池，假劣现象严重。由于移动通信市场竞争激烈，不少生产厂家为了赢得市场，赢得消费者，在商品价格上做文章，降低价格销售，为获利而降低成本，在商品质量上就不能保证；二是日用百货类商品的申诉有所增长。随着人们生活水平提高，对日用百货类商品的质量、价格问题引起重视，这类商品的申诉3489件，比上年增长16.92%。烟、酒、饮料、食品类。这类商品的申诉2571件占商品消费申诉的14.58%，主要表现为劣质食品泛滥和食品超过保质期，有的是超市内购买的经过精美包装的食品发霉变质。有的超市推出的所谓打折让利优惠大酬宾活动，实际上是在利用消费者的心理弱点，向消费者倾销“过期食品”；三是农村乡镇市场和城区集贸市场，食品类商品不同程度地出现短斤少两的问题。其原因是经营者法律意识淡薄，唯利是图思想严重，认为消费者购买食品价钱不多，一般不注意食品质量是否够称，就短斤少两损害消费者利益。而食品类经营者多为个体户，经营规模基本是小本生意，为获取利润最大化，一般不从正规渠道进货，不管产品质量如何，只图便宜，牟取利益；四是农用生产资料类。农用生产资料类的申诉1164件，比上年增长23.96%。主要表现在经营者出售劣质化肥、农药、种子及不合格的农业机械等。据肥料、农药、种子质量抽查工作统计，肥料合格率50%，农药合格率85%，种子合格率55%，较全面地反映了农资商品的质量状况；五是摩托车质量和售后服务仍然是消费者申诉的热点。摩托车申诉1088件，占家用机械类商品的49.11%。主要集中反映在假冒车及零部件泛滥、产品质量差、售后服务跟不上等几个方面；六是电信服务不尽如人意，消费者对电信服务的申诉1187件，占服务消费申诉的20.37%。主要是“168”信息服务资费标示不清楚，使消费者支出高额费用；提示有误，信息利用率不高，使消费掏了冤枉钱；收费不透明、计费失实、机械故障导致线路不通；电话卡管理混乱、广告宣传误导消费者等。有的维修网点的维修人员技术水平低，维修检验设备落后陈旧，应该给换货或退货的不能及时给予解决，有的修理者在手机“三包”有效期内要求消费者承担修理费用等；七是“黄金周”期间的交通运输、餐饮、旅馆服务方面的申诉比较突出。如出租车司机随意加价及兜客的现象时有发生，服务员的态度较差。餐饮、旅馆服务价不实，水分太多，一些餐馆随意加收服务费，而一些旅馆则竞相提高房价，有的甚至是平时价格的 3 倍多，个别旅馆还对旅客预订的房间进行提价；八是修理服务的申诉居高不下，修理服务申诉 1344 件，其中摩托车修理 534 件、家电修理 436 件；九是公共设施服务，申诉涉及的问题表现在：水费收取的标准不合理。有的地方现有的水费收取标准，按每户每月最低用水量 30 吨的标底收费，用水不足 30 吨的仍然按 30 吨的标准收费，一些消费者从保护水资源的角度呼吁，目前的水费收取标准既不合理，又助长了水资源浪费；十是商品房消费争议增多。首先是质量差、售后服务跟不上，售楼广告设陷阱，售楼商证件不全等。有的商品房入住仅几个月就出现卫生间、客厅墙面渗水现象，时间一长满屋霉味；其次是广告承诺不兑现，很多开发商在售楼时提供的美好蓝图最终成了泡影，该有的绿地变成了楼房，承诺的商业设施迟迟不到位；第三是物业管理扯皮多；第四是重复计算面积，有的开发商在计量购房者套型内面积时很难准确，在分摊面积上玩起花样，如将单独销售的停车场加入公摊面积，或是将不该列入分摊范围的作为分摊范围。

2003 年，以南宁市工商局 12315 中心为试点单位，开展网上申诉举报试点工作，实现消费者在互联网上进行申诉、举报和咨询。自治区工商局在广西红盾网和各地工商局红盾网分站开设“12315”网上申诉举报专栏，全区处理消费者申诉 20821 件，调解成功率为 94.44%，为消费者挽回经济损失 1463.32 万元。申诉热点主要集中在以下几个方面：一是商品消费申诉 16100 件，占消费者申诉的 77.33%，其中家用电子电器类 4570 件，日用百货类 3618 件，烟、酒、饮料、食品类 2133 件，家用机械类 1912 件，农用生产资料类 1214 件，分别占商品消费申诉的 28.39%、2247%、13.25%、11.88%、7.5%；二是服务消费申诉 4721 件，占消费者申诉的 22.67%，其中修理服务申诉 936 件，比 2002 年同期增长 82.1%，占服务消费申诉的 19.83%，以家电、摩托车的修理申诉居多；三是质量申诉 11814 件，占消费者申诉的 56.74%；价格申诉 2471 件，占申诉的 11.87%；售后服务申诉 1490 件，占申诉的 7.12%；其他申诉 4052 件，占 19.46%。

2003 年，消费者申诉的热点难点问题具体如下：一是通信器材类的申诉有所上升。这类申诉 1986 件占家用电子电器类的 43.46%，主要是移动电话质量和售后服问题多。主要表现为：通话质量差，无法正常接收，断线、掉线，突然自动关机；按键失灵、开机状态下拨打却是关机状态；液晶屏显示故障，电池充电后待机时间短或充电后与产品说明书中标明的使用期限相差很多；有关鉴定机构少，手机质量检测难，故障责任难以判定。有的经营者无论大小问题都要求消费者检测，真正目的是让消费者知难而退；有些经销商虽然表示同意按规定或承诺执行，但却要求将故障手机寄到外地的总公司来确定是否为产品本身的质量问题，不仅使消费者增加了负担和不便，而且许多消费者对厂家自己给自己的产品做鉴定存在不信任；经销商为退换手机设置障碍，有的借口消费者“人为损坏”不保修、不退换机；有的要求消费者提供完整包装作为退换手机的前置条件；有些经销商在维修记录上没有如实记录，或不填写维修记录来逃避手机“三包”中的退货或换货、“三包”时间扣除因修理占用、无零配件待修延误的时间，在手机“三包”问题上推卸责任。一些看上去外形美观的新品手机缺陷多，质量差，返修率高，走私手机大量充斥市场，一些商家采取“打一枪换一个地方”的“游击”方式，以翻新机、走私手机欺骗顾客后溜之大吉，手机经销行业存在的诸多问题，如不改进，将影响整个行业的信誉，必须引起有关部门的重视；二是电信服务不如人意，导致申诉也较多，反映的主要问题：提供服务和收费透明度不高，由于其行业的特殊性，消费者对固定电话的话费有疑问时，要求电信部门提供话费清单以便核对，但其只能提供打长途的清单，却不能提供市内通话清单，以至于一些消费者无法取得证据，让消费者感觉不到“明明白白”消费；服务质量不完善及多收费、乱收费，擅自改变套餐、收费标准等。有的地方承诺每月送 1000 分钟本地网资费缺乏监督，收费不透明，导致计费失实，优惠套餐服务没有真正落到实处。如中国联通贺州分公司未经顾客同意，擅自开通“小秘书”服务，并收取一定的服务费。这种做法违反了《中华人民共和国消费者权益保护法》规定的“经营者与消费者进行交易，应当遵循自愿、平等、公平、诚实信用的原则”。又如由于广西移动通信有限公司贺州分公司没有处理好与电信局之间的业务联系，使用电信局固定电话的网络不能正常运转，导致有几个消费者购买了几千元的“17951”电话卡，却无法正常拨打，侵害了消费者的利益；三是摩托车、电动车质量差，修理过程问题多，广西一些城市限制摩托车入户，对摩托车的申诉略有下降，但仍有申诉945件，占家用机械类49.42%，很多品牌的摩托车质量不够稳定，出现这样或那样质量问题，造成消费者不满。同时在修理过程中问题多：行业从业人员职业道德及技术水平参差不齐，工作流程管理不够严谨科学，体现在经营方式上采取打维修的牌推销电子零配件，而不少消费者只图便宜，不管配件来路是否正规，是否为质检合格品，甚至在明知有假的情况下选择低价位的冒牌伪劣配件，无形中增加假冒伪劣产品市场需求，造成修理服务质量的恶循环；一些维修单位缺乏相应的检测设备，维修人员素质低、技术差，不能判断故障情况，小毛病竟能修成大毛病；四是商品房、建材、装饰材料消费争议多。对商品房的申诉首先主要是房屋质量、面积缩水、产权证遗留、公摊乱计，延期交房，乱改结构等；质量问题主要涉及墙体裂缝、漏水、渗水，偷工减料，管道渗漏，建筑材料差等。其次是装饰装修业不规范，装饰业者技术差，素质低，装饰装修偷工减料，以次充好，质量无法保证。体现在使用的材料不合格，不按期完工，多收、乱收费；尤为严重的是装修“游击队”收了预付款便无影无踪，使消费者投诉无门；五是货物运输责任不明，也是调解的难点问题。一些货运站以格式合同的形式，规定密密麻麻的格式条款，消费者无法顾及，一旦消费者的货品在运输途中造成损坏时，承运人往往以格式合同来避开责任或借口以“包装不符合要求”，按照格式合同中所规定的条款不予赔偿；消费者的货品在运输途中丢失时，承运人就以“未参加运输保价”避开赔偿责任，仅以运价的3倍赔偿给消费者，而相对消费者而言，这点赔款少之又少；六是居民服务申诉逐渐增多，达628件，占服务申诉的13.3%。其中理发及美容化妆、洗染服务分别为274件、128件，由于干洗业还没有相关的法规、政策约束，所以消费者一旦衣服被洗坏，经营商往往会钻空子，百般推脱，未解决消费者问题；七是汽车申诉呈上升趋势。随着汽车消费逐步进入普通家庭，汽车的质量和售后服务问题也暴露出来。消费者对汽车的申诉174件比上年同期增长42.62%。

2004年，“12315”机构建设加强，处理消费者申诉、举报工作的能力增强，全年全区受理消费者申诉17402件，比2003年同期减少16.42%，调解成功率为95.94%，为消费者挽回经济损失1391.98万元。商品消费申诉前五位：家用电子电器类4244件，日用百货类2864件，烟、酒、饮料、食品类1618件，家用机械类1540件，农用生产资料类1114件，分别占商品消费申诉的32.56%、21.97%、12.41%、11.81%，8.55%。服务消费申诉前三位：修理维修服务934件(其中摩托车维护保养258件、家电修理241件)、电信服务805件(其中移动电信511件、固定电信230件)，居民服务755件(其中理发及美容保健360件)，分别占服务消费申诉的21.39%、18.44%、17.29%。申诉的主要特点：一是商品消费申诉比重大。商品质量申诉13036件，占消费者申诉的74.91%、服务消费申诉4366件，占25.05%。商品消费申诉是服务消费申诉的3倍；二是消费者申诉仍以小额纠纷申诉居多。消费者申诉涉及的争议金额1000元以下的有13817件，占申诉总数的79.70%；1000～10000元的有2091件，占申诉总数的19.91%。被诉方为个体工商户12954件，占消费者申诉72.36%、私营企业1080件占6.2%、公司907件占5.21%、自然847件占4.87%、集体企业595件占3.42%；三是质量问题仍是申诉的主要问题。消费者对商品和服务质量问题的申诉11079件，占申诉总量的63.67%；售后服务申诉1426件，占8.19%；价格1247件，占7.17%。

2004年消费者申诉举报的热点问题主要有以下方面：

商品消费申诉方面：通信器材申诉2172件，比2003年同期增加186件，占商品消费申诉的16.66%。其中质量问题占76.38%、售后服务占12.85%。一是通话质量差，无法正常接收。由于手机款式更新速度快，部分生产移动电话的厂家为追求最大利益，一定程度上忽视了手机质量，如有的顾客购买手机才三四天，便出现死机、按键失灵等问题；二是国家法定的手机检测机构少，手机质量检测难，故障责任难以判定，而且检测手续烦琐，费用高，路途远成了消费者检测手机的“拦路虎”，增加调解难度。当消费者把出现质量问题的手机送经销商处要求退换时，经销商往往不按售前的承诺和“三包”规定给予退机或换机，而是将手机送到手机生产商指定的维修中心进行检测。手机厂商在对手机质量进行检测时，总是找出种种理由和借口，将故障的原因推给消费者，说是“人为损坏”。有些经销商虽然表示同意按规定或承诺执行，但却要求将故障手机寄到外地的总公司来确定是否为产品本身的质量问题，不仅使消费者增加了负担和不便，而且许多消费者对厂家自己给自己的产品做鉴定存在不信任。

食品方面，烟、酒、饮料、食品类申诉 1618 件，其中质量问题占 47.03%，计量占 27.75%。食品是人们日常生活的必需品，但食品质量令人担忧；生产“三无”产品、食品过期变质、掺杂使假、添加有毒有害物质等。如在水发产品、腌制酸菜添加福尔马林，腌制酸菜普遍存在浸泡福尔马林的现象。

农资方面。农用生产资料类申诉 1114 件，质量问题占 78.64%。其中化肥申诉 308 件，质量问题占 90.26%。由于有的农资商品季节性销售比较强，有的是小型厂，没有存货，发现问题时往往已处理完。劣质农用生产资料冲击市场，严重影响了农业生产。

服装、鞋类方面，服装被申诉 1146 件，鞋类被申诉 688 件，分别占日用百货类申诉的 40.01%、24.02%。质量问题占日用品百货类申诉的 79.54%。大部分消费者在购买服装、鞋时都没有索取购物凭证，当服装、鞋出现质量问题时找到经营者协商，由于没有具体法律、法规或三包规定可以依据，因而有些纠纷很难解决。

摩托车、自行车方面，一些城市限制摩托车入户，对摩托车申诉 557 件，比 2003 年同期减少 41.09%；自行车（山地车）申诉 391 件，比 2003 年同期增加 2 倍，质量申诉占 71.1%、售后服务占 22.76%。

装饰材料方面，申诉 201 件，质量问题占 74.63%。其次是价格、计量，由于消费者对建材及装修服务需求旺盛，建材市场价格变化较快，经营者利用价格变动及消费者放松警惕的心理在建材价格及规格上做手脚，经常出现短料及规格有出入的情况，由于少量建材无法当场过磅，又是装车后当即运走，造成无法取证的情况，一些不法商家得以逃避法律制裁；如 2004 年 3 月，浦北县白石水镇消费者梁某在王某经营的水泥店里购买玉林某厂生产的“桥霸”牌水泥 5.3 吨，每吨价格为 300 元，用于房屋地板铺建，不到 1 个月时间，地板面上的水泥就出现磨损成粉的情况。有些经销商在销售钢材时抓住消费者不容易过秤的弱点，在重量方面做手脚。

服务消费申诉方面情况如下：

电信服务申诉方面，电信服务申诉 805 件（其中移动电信 511 件、固定电信 230 件），比上年同期增长 5.5% 倍，电信服务的质量占 36.4%、价格占 31.55%。主要在提供服务和收费过程中透明度不高，每月收取话费时未向消费者提供当月清单，使消费者未能达到明白消费；出现纠纷时采取拖延、推诿的居多；服务质量不完善及多收费、乱收费，擅自改变套餐、收费标准等问题。有的不按照规定在消费者发生短信服务费用前，向消费者告知其短信服务的资费标准，而往往采用各种颇具诱惑力的手段，诱使消费者发送短信，致使消费者预存的手机话费被莫名其妙地代收，损害了消费者的知情权和公平交易权、自主选择权。

摩托车、家电修理维护服务方面，摩托车维修保养服务申诉 258 件，占修理维护服务的 27.62%、家电修理 241 件占 25.8%，主要是修理质量、价格问题。

居民服务方面，居民服务申诉 755 件，其中理发及美容保健 360 件，占居民服务申诉的 47.68%；洗染 120 件占 15.89%。由于美容、美发、洗浴目前还没有相关的法律法规约束，从事此类行业的经营者大都是个体工商户，服务不固定，所以消费者一旦对服务产生疑问及纠纷，经营者往往会钻法律的空子，百般推脱，不予解决问题。

交通运输服务方面，交通运输服务申诉 170 件，比 2003 年同期增长 66.66%。一些货运站以格式合同的形式，规定密密麻麻的格式条款，消费者无法顾及，一旦消费者的货品在运输途中造成损坏时，承运人往往以格式合同来避开责任或借口以“包装不符合要求”，按照格式合同中所规定的条款不予赔偿；消费者的货品在运输途中丢失时，承运人就以“未参加运输保价”避开赔偿责任，仅以运价的 3 倍赔偿给消费者。

装饰装修服务方面。装饰装修服务申诉 130 件，主要是房屋装修后期纠纷较多，装修承包商以种种借口在装修过程及完成后增加装修费用，由于消费者大都跟装修承包商订立的是口头协议，导致装修承包商有机可乘。行业不规范，装饰装修偷工减料，以次充好，质量无法保证。骗你没商量，体现在使用的材料不合格，不按期完工，多收、乱收费；尤为严重的是装修"游击队"收了预付款便无影无踪，使消费者投诉无门。

餐饮服务方面，餐饮服务申诉421件，占服务消费申诉的9.64%，餐饮服务质量和价格分别占46.08%，34.68%。

2005年，全区受理消费者申诉13745件，已处理13437件，调解成功13145件，成功率为97.8%，为消费者挽回经济损失1230.49万元。一是商品消费申诉10140件，占消费者申诉的73.73%，其中前五位是：家用电子电器类3394件；日用百货类2280件；家用机械类1235件；烟、酒、饮料、食品类1231件；农用生产资料类758件。分别占商品消费申诉的33.47%、22.49%、12.18%、12.14%、7.5%。二是服务消费申诉3605件，占消费者申诉的26.23%。其中前五位是：电信服务733件；修理维护服务645件；居民服务575件；餐饮服务339件；公共设施服务273件，分别占服务消费申诉的20.33%、17.89%、15.95%、9.4%、7.57%。三是质量申诉8518件；售后服务申诉1272件；价格申诉1028件；计量414件。分别占消费者申诉的61.97%、9.25%、7.47%、3.01%。

2005年，消费者申诉的热点问题主要集中在以下几个方面。

商品消费方面：一是通信器材，通信器材申诉1728件，比2004年同期减少20.44%，占家用电子电器类申诉的50.91%、占商品消费申诉17.04%。其中质量、售后服务问题分别占62.91%、占23.67%。主要表现为各种质量问题多、售后服务质量差、售假问题突出、"三包"无法落实，一些维修网点的维修人员技术水平低，维修检验设备落后陈旧；三是售假问题突出，手机套餐中配送的耳机、充电器和电池，假劣现象严重，某些品牌的水货斥市场，一些经营者乘机销售非法进口、来源不明的手机，出现问题时又推脱责任。有些不法销售者还销售改版或以次充好的旧机器。二是食品方面，主要是肉类、水产及其制品342件、饮料170件、保健食品117件、酒99件，分别占烟、酒、饮料、食品类申诉的27.78%、13.81%，9.5%、8.04%。主要是"三无"产品、食品过期变质、掺杂使假、数量不够等。三是服装、鞋类，服装891件、鞋513件，分别占日用百货类申诉的39.08%、22.5%。大部分消费者在购买服装、鞋时都没有索取购物凭证，当服装、鞋出现质量问题时找到经营者协商，由于没有具体法律、法规或"三包"规定可以依据，因而有些纠纷很难解决。四是摩托车、自行车。摩托车379、自行车（山地车、助力车）334件，分别比上年同期减少31.96%、14.58%。主要是质量和售后服务问题。五是化肥、种子。化肥199件、种子154件，分别占农用生产资料类申诉的26.25%、20.32%。主要是质量问题。六是装饰材料。装饰材料185件，质量、计量问题分别占89.73%、3.78%。

服务消费申诉方面：一是电信服务。电信服务申诉733件（其中移动电信506件、固定电信167件），比2004年同期减少8.94%，质量、价格、广告分别占29.6%、27.42%、3.14%。主要在提供服务和收费过程中透明度不高，出现纠纷时采取拖延、推诿的居多；服务质量不完善及多收费、乱收费，擅自改变套餐、收费标准等问题。二是修理维护服务。修理维护服务645件，比上年同期减少30.94%。其中家电修理215件、摩托车维修保养166件，分别占修理维护服务的33.33%、25.74%，主要是修理质量、价格问题。三是居民服务。居民服务申诉575件，比上年同期减少23.84%。其中理发及美容保健202件，占居民服务申诉的35.13%，比上年同期减少43.89%；洗染113件，占19.65%。四是文化娱乐服务。随着人们生活水平提高，对文化生活需求增加，文化娱乐服务申诉67件，比2004年增长近一倍，主要是质量和价格。五是餐饮服务。餐饮服务申诉339件，比2004年同期减少19.48%，服务价格和质量分别占42.3%、37.46%。首次呈现价格问题高于质量问题。

2006年，由于进一步加大了市场监管力度，交易秩序有所好转，消费者满意度提升，投诉申诉有所下降。全区受理消费者申诉10679件，同比减少3066件；调解成功10256件，成功率为96.59%，为消费者挽回经济损失1547.31万元。申诉涉及的争议金额：1000元以下8727件、1000元至1万元1808件、1万～10万元122件、10万～50万元22件，分别占消费者申诉的81.72%、16.93%、1.14%、0.21%。其中质量申诉6242件、其他2298件、售后服务876件、价格822件、计量287件、广告129件，分别占消费者申诉的

58.45%、21.52%、8.2%、7.7%、2.69%、1.21%。

2007—2013 年，广西各级工商机关不断加大消费者权益保护工作力度，有效净化了市场消费环境，消费申诉量呈逐年下降趋势。

2007 年，受理消费者申诉 11974 件，比 2006 年同期增长 12.13%，调解成功率 96.12%，为消费者挽回经济损失 1650.5 万元。申诉涉及的争议金额：1000 元以下 9724 件、1000 ～ 10000 元至 1 万元 2166 件、1 万～ 10 万元 81 件、10 万～ 50 万元 2 件，50 万元以上 1 件，前 3 项分别占消费者申诉的 81.20%、18.09%、0.68%。质量申诉 7852 件、其他 2093 件、售后服务 794 件、价格 743 件，分别占申诉总量的 65.58%、17.48%、6.63%、6.21%。申诉方为城镇消费者 9353 件，占申诉的 78.11%。

商品消费申诉 8385 件，比 2006 年同期增长 13.73%，占消费者申诉的 70.03%。其中前五位：家用电子电器类 2641 件，日用百货类 2110 件，烟、酒、饮料、食品类 927 件，家用机械类 870 件，建材类 509 件。

服务消费申诉 3589 件，比 2006 年同期增 8.56%。其中前五位：电信服务 839 件；修理维护服务 525 件；居民服务 509 件，比上年增长 11.62%；餐饮服务 409 件，比上年增长 33.66%；公共设施服务 215 件，减少 24.3%。

从消费者申诉的热点问题看，商品消费申诉主要集中在以下方面：一是通信器材 1476 件。与 2006 年基本持平，占家用电子电器类申诉的 55.89%，占商品消费申诉的 17.6%。其中，质量、售后服务问题分别占 75.27%、13.35%。主要是各种质量问题多，如接收信号差，手机电池待机时间太短；售后服务质量差，手机的维修时间太长，有部分商家还不提供备用机；手机的售后服务不保证，“三包”无法落实。另有售假问题，手机套餐中配送的耳机、充电器和电池，假伪劣现象严重，某些品牌的水货充斥市场，一些经营者乘机销售非法进口、来源不明的手机，出现问题时又推脱责任；一些不法销售者还销售改版或以次充好的旧机子，在边远乡镇、农村消费者的家用电器的售后问题难以得到及时解决；二是烟、酒、饮料、食品类 927 件。比 2006 年同期略有增加，主要是肉类、水产及其制品 927 件（质量、计量分别占 47.06%、38.01%），饮料 125 件，主要是质量问题：“三无”食品、过期变质食品、掺杂使假、数量不足及虚假宣传等；三是服装类 831 件、鞋 435 件，分别占日用百货类申诉的 39.38%、20.62%，比上年同期增长 70.64%、66.67%，由于此类商品为日常消费，成交量较大，且未录入国家商品三包目录之内，较易引发消费纠纷。大部分消费者在购买服装、鞋时都没有索取购物凭证，当服装、鞋出现质量问题时找到经营者协商，一方面缺乏必要的证据，另一方面由于没有具体法律、法规或三包规定可以依据，因而有些纠纷很难解决；四是建材类 509 件。比上年增长 32.21%，其中装饰材料 248 件，比上年同期增长 93.75%，质量问题比较严重占 72.98%；五是其他类的房屋 101 件，比上年同期增长 34.67%，质量、计量分别占 56.44%、14.85%。

服务消费申诉热点主要集中在以下方面：一是电信服务 839 件，仍居首位，与上年同期基本持平。其中，移动电信 530 件、占 63.17%；固定电话 272 件，占 32.42%。质量、价格、广告问题分别占 34.92%、20.02%、11.44%，主要是电信服务收费标示不清晰，在提供服务和收费过程中透明度不高，出现纠纷时采取拖延、推诿居多；广告宣传用语模糊，擅自改变套餐、收费标准，存在话费误差等现象；二是餐饮服务 409 件，比 2007 年增长 33.66%，质量和价格分别占 62.35%、11%；三是理发及美容保健 212 件，比 2007 年增长 50.35%。主要是服务质量和价格问题；四是装饰装修服务 186 件，比 2007 年增长 80.58%。质量、价格、广告分别占 64.52%、11.83%、6.99%；五是互联网服务申诉 73 件，比 2007 年增长 2.65 倍，呈明显上升趋势，物业管理服务 61 件，比上年增长 45.38%。

2008 年，统计方式进一步细化，分别统计了咨询、申诉、举报三方面的情况。全自治区工商机关共处理消费者申诉 10554 件，调解成功率为 97%，为消费者挽回损失经济损失 1535.69 万元，与 2007 年同期相比均有不同程度上涨，上升率分别为 18%、7.5%。全区抓好“一会两站”的建设，在社区、农村、企业、市场和学校等设立 12315 联络站共 28158 个，其中城市社区联络站 528 个，覆盖率为 57.8%；农村行政村 7656 个，覆盖率为 64.6%；各大中型企业和市场的覆盖率达到 46.4%。2008 年商品类消费申诉为 8133 件，占申诉总数的 73.26%（服务消费申诉占 26.74%），与 2007 年同期相比下降 6.4%，其中商品质量、售后服务、价格、合同分别为 6459 件、872 件、659 件和 209 件，上述 4 项占申诉总量的 77.5%；商品消费申诉涉及的商品质量问题的申诉仍是消费的热点问题，其中通信类申诉（手机、固定电话等）1817 件，占同类申诉总数的 64.3%。排名前五位的商品类消费申诉分别是：家用电子电器类 2825 件，日用百货类 1325 件，烟、酒、食品类 972 件，家用机械类 905 件，农用生产资料类 554 件。排名前五位服务消费类申诉分别是：修理维修服务 571 件，占申诉量 20.8%；电信服务 561 件，占申诉量 20.4%；居民服务 307 件，占申诉量 11.2%；餐饮服务 242 件，占申诉量 8.8%；互联网服务 164 件，占申诉量 67.7%。

2008 年，综合分析消费申诉的热点情况如下：一是商品质量问题的申诉居于首位。质量问题和价格仍是申诉的热点，共 5373 件，占申诉总量 68.5%，售后服务、价格、计量方面申诉占 14.65%；二是家用电子电器的申诉备受关注，该类申诉共 2825 件，占商品消费申诉量的 36%，居商品消费申诉之首；三是食品类的申诉，2008 年食品类申诉共 972 件，居商品消费申诉第三位，主要反映在肉制品、奶制品方面。肉制品申诉 137 件，奶制品申诉主要是在中央媒体曝光含有三聚氰胺的婴幼儿奶粉事件后消费者有关退换问题奶粉的申诉，共 316 件；四是服务行业价格申诉：电信服务类申诉为 561 件，价格申诉 158 件，电信服务类申诉占服务行业价格类申诉之首，占 37.44%，其次为维修服务业，维修服务的价格类申诉占 21.8%，电信服务及维修服务申诉占总量的 60%，同比上升了 10 个百分点。

2009—2013 年，随着全社会消费维权意识的增强，假冒伪劣打击力度加大，经营者的商业道德和法律意识逐步加强，消费投诉举报发生了明显的变化。申诉在 2011 年呈现极大降幅，2012—2013 年稳中略增，群众举报量在五年中增减幅度不大，趋于平稳。

2009 年，全年共受理消费者来电、来访、电话等方式进行的咨询、申诉、举报 83426 件次。其中，受理消费者咨询 72123 件，申诉 9864 件，举报 1439 件，成功调解消费维权纠纷 9123 件，调解成功率为 92.78%，各级工商机关受理及处理消费者申诉举报办结率达到 99.48%；接到消费者的表扬信、锦旗共 18 件，共为消费者挽回经济损失 1228.13 万元。

2010 年，全自治区 12315 机构共受理消费者来人、来电咨询申诉举报 92339 件，同比上升 10.68%，其中，咨询 82275 件，申诉 8136 件，举报 1928 件。受理申诉 8136 件，处理消费者申诉 8097 件，处理率达到 99.52%，受理群众举报 1928 件，通过举报线索查处案件 1566 件，为消费者挽回经济损失 1088.72 万元。受理的申诉中，商品类申诉 5873 件，服务类申诉 2224 件。从申诉内容来看，处理商品质量问题申诉 4729 件，占申诉总量的 58.41%，与 2009 年、2008 年同期相比分别下降了 23.12%、39.69%。

2011 年，广西各级工商机关以消费与民生为主题，把做好新形势下消费者权益保护工作作为化解社会矛盾、建设和谐社会的重要内容来抓，立足职能，努力为地方经济发展服务，消费者权益保护工作在“十二五”规划的开局之年走向一个新的阶段。2011 年，工商机关共查处侵害消费者权益案件 980 件，违法案件比 2010 年同期减少 376 件，下降 27.73%；案件总值 657.91 万元，罚没金额 392.38 万元。全区 12315 机构共受理消费者来人、来电咨询申诉举报 87746 件，同比下降 4.97%。其中，咨询 80313 件，申诉 5755 件，举报 1678 件。处理消费者申诉 5712 件，处理率达到 99.25%。

2012 年，共处理消费者申诉 6253 件，其中处理商品消费申诉 4569 件、服务消费申诉 1684 件，调解成功 5539 件，挽回经济损失 2451.15 万元。与 2011 年同期相比，处理消费者申诉案件增加 496 件，调解成功率上升 1.24%，挽回经济损失金额上涨 68.42%。年初，南宁、桂林、玉林、钦州等地先后出现了疑因成品油质量问题导致汽车受损的群体性投诉事件。相关工商局反应迅速，及时启动应急机制，积极介入消费纠纷调解，维护消费者权益。南宁市工商局在第一时间派出执法人员进入问题油站，出动 13 台流动维权车、设置 52 个流动维权岗，并在第一时间发布紧急消费提醒。在党委、政府和各有关部门的支持、协调下，2053 台车辆获得 793 万元赔偿，车主权益得到保障。百色市田东县先后接到 146 人次投诉成品油质量问题，他们一方面结合检验报告，对相关法律法规进行研究，另一方面组织力量与消费者沟通，对受损车辆进行评估，并在当地政府的协调下，与公安、质检等部门密切配合，促使经营者与消费者达成协议，受损车辆共获得 75 万元赔偿。

2013年，全自治区12315中心共接受消费者咨询98983件，占12315电话受理总量的92.27%，为消费者挽回经济损失1036.21万元。消费投诉举报主要集中在经济繁荣、旅游旺盛、人口密集的城市，南宁、柳州、北海、桂林等市为投诉举报多发地，投诉总数达5195件，占全区投诉举报总量的62.64%，其中南宁市占全区投诉举报总量的27.71%。2013年咨询总量为98983件，即时解答率为98.05%，咨询总量与上年相比增长34.7%。咨询总量增加表明：消费者消费观念日趋理性，自我保护意识加强，由原来的事后被动投诉变为事前主动咨询预防。咨询的主要问题集中在商品质量、服务消费、食品安全、企业注册等。

2013年，广西工商各级12315中心共受理消费投诉6411件，处理投诉6116件，处理率为95.4%，与2012年相比，投诉量增长2.5%。其中，商品类消费投诉4242件，占投诉总量66.17%；服务类消费投诉2169件，占投诉总量33.83%。消费者投诉反映的主要问题有产品质量、格式合同、售后服务等，这三大类占投诉总量的66.01%。与2012年同期相比，商品质量投诉量下降25.57%，有关格式合同投诉增长近1.5倍。工商部门加强对流通领域商品质量的监测与监管，有效打击经销不合格商品等违法行为，保护了消费者合法权益。格式合同方面的投诉呈上升趋势，表明消费者已经开始特别关注和警惕格式合同方面的消费维权问题，而整治“霸王条款”工作任务仍很艰巨。

2013年，共受理群众举报1882件，同比增长18.07%。已办结1671件，办结率88.79%，罚没款111.94万元。群众举报的问题主要涉及违反登记管理、产品质量以及食品安全法规的案件共1025件，占举报案件总量的54.46%。其中，违反无照经营案件586件，占举报案件总量的31.14%。

2014年，全区12315网络共受理消费者诉求123368件。其中，咨询112168件，占诉求总量90.92%；投诉9015件，处理率98.8%，为消费者挽回经济损失1906.98万元；举报2185件，处理率95.56%，罚没款53.48万元。北海市12315中心全年受理总量10660件，其中受理投诉1076件，举报274件，咨询9310件。投诉、举报、咨询分别同比增长164.38%、69.14%和39.4%。处理率达100%，成功调解率达92%，为消费者挽回经济损失31.74万元。北海市设立“学雷锋消费维权岗”，全年共受理投诉举报1335件，为消费者挽回损失约30万元。开展“学雷锋12315开放日”活动。分别于3月10日和5月12日组织“学雷锋12315开放日”活动。邀请新闻媒体代表、网友代表和消费者代表现场零距离观摩12315服务台的工作流程。邀请消费者65人，现场解答咨询201件，收到意见和建议10条，发放宣传资料11000多份。开展“学雷锋回访消费者”活动，共电话回访消费者100人，回访满意度100%，收到消费者意见及建议10条。开展12315文明窗口规范化建设。创建了北海市工商局12315消费者申诉举报中心、海城区局12315消费者申诉举报中心及还珠工商所3个12315文明窗口示范点，并顺利通过自治区工商局文明窗口规范化建设检查验收。

2015年，全区工商系统12315中心共受理消费投诉11618件，商品类与服务类投诉所占比例约为6∶4。受理群众举报2360件，同比增长8%，处理2339件，处理率99.11%，罚没款71.44万元。

2016年，在消费维权方面，消费诉求量总体上升，为消费者挽回经济损失创新高。共受理消费者诉求总量为134807件，同比上升1.26%。其中，咨询116244件，同比下降2.44%；投诉15126件，同比上升30.19%；举报3437件，同比上升45.64%，为消费者挽回经济损失2797.44万元，同比增长10.98%。

2016年，北海市12315中心全年受话总量8344件，其中受理投诉685件、举报202件、咨询7457件，为消费者挽回经济损失76.84万元。回访消费者887人，回访率达100%。北海市消费者协会共受理消费者咨询与投诉74件，调解成功率100%，为消费者挽回经济损失7.7万元。北海市引导淘北海网络第三方交易平台建立高效的消费纠纷处理机制，该平台年内办理消费退货/款申请数及退款金额1480笔，金额14.3万元，基本实现消费纠纷处置不出平台。继续完善消费维权新平台，推进“12315企业直通车”工作。通过12315中心分流到直通车企业的投诉92件，成功和解81件，为消费者挽回经济损失5.89万元。

2017年，贵港市工商局12315中心接受消费者来电、来访咨询3409件，其中受理消费者投诉467件，举报76件，已办结454件，办结率达97.2%，调解成功率达75.59%。其中成功调解353件，挽回经济损失101.9万元。积极推行“三方通话”电话调解工作模式，及时高效开展消费维权工作，全年消费纠纷调解成功率75.57%，高出全区平均水平15个百分点。北海市12315中心共收到全国12315互联网平台转办的投诉举报141件，已办结131件，为消费者挽回经济损失3.73万元。依法受理消费诉求10598件，其中受理投诉1261件、举报311件，解答咨询9026件。成功调解投诉857件，为消费者挽回经济损失137.85万元。回访消费者1459人，回访率达100%。北海市工商系统受理消费者投诉1261件、举报311件、咨询9026件，成功调解投诉857件，成功率达76.4%，为消费者挽回经济损失137.85万元；市消协共受理消费者咨询与投诉54件，为消费者挽回经济损失13.3万元。五一、十一前夕，北海市工商局12315中心分别对消费者投诉较集中、反映强烈的海鲜餐饮排档、住宿、婚纱摄影、旅游商品、汽车租赁等5个行业的43家商户业主进行了2次行政约谈，督促企业加强行业自律，规范行业经营行为。

2018年，全区共受理消费者诉求164933件，同比增长7.27%，其中咨询124701件，投诉32507件，举报7725件，为消费者挽回经济损失5986.69万元。商品类消费投诉21888件占投诉总量的67.33%，服务类消费投诉10619件占32.67%。主要受理渠道：一是通过广西12315系统受理来自电话、信函、微信、APP等投诉20577件，占投诉总量的63.33%；举报4830件，占举报总量的62.52%。二是通过全国12315互联网平台受理投诉11930件，举报2895件。

消费者咨询、申诉、举报内容

2003年以前，《广西工商统计汇编》仅对涉及质量、价格、计量、售后服务、人格尊严及其他方面的申诉内容进行统计。

1995年，共受理申诉案件108件。其中，生产销售的商品不符合保障人身、财产安全要求的申诉案件1件，在商品中掺杂使假、以假充真、以次充好或者以不合格商品冒充合格商品的申诉案件67件，生产国家明令淘汰商品或者销售失效、变质商品的申诉案件3件，伪造商品产地伪造或者冒用他人厂名、厂址的申诉案件9件，伪造或者冒用认证标志、名优标志等质量标志的申诉案件4件，销售商品应检验、检疫而未检验检疫或者伪造检验检疫结果的申诉案件1件，对商品或者服务作引人误解的虚假宣传1件，对消费者提出修理、更换、退货、重作或者赔偿等故意拖延或者拒绝的申诉案件1件，侵犯消费者人格尊严或者人身自由的申诉案件4件，其他方面的申诉案件17件。

1996年，共受理申诉案件30件。其中，生产销售的商品不符合保障人身、财产安全要求的申诉案件3件，在商品中掺杂使假、以假充真、以次充好或者以不合格商品冒充合格商品的申诉案件7件，生产国家明令淘汰商品或者销售失效、变质商品的申诉案件1件，伪造商品产地伪造或者冒用他人厂名、厂址的申诉案件6件，伪造或者冒用认证标志、名优标志等质量标志的申诉案件有0件，销售商品应检验、检疫而未检验检疫或者伪造检验检疫结果的申诉案件0件；对商品或者服务作引人误解的虚假宣传10件；对消费者提出修理、更换、退货、重作或者赔偿等故意拖延或者拒绝的申诉案件0件；侵犯消费者人格尊严或者人身自由的申诉案件0件；其他方面的申诉案件3件。

1997年，共受理申诉案件403件。其中生产销售的商品不符合保障人身、财产安全要求的申诉案件29件，在商品中掺杂使假、以假充真、以次充好或者以不合格商品冒充合格商品的申诉案件92件，生产国家明令淘汰商品或者销售失效、变质商品的申诉案件3件，伪造商品产地伪造或者冒用他人厂名、厂址的申诉案件17件，伪造或者冒用认证标志、名优标志等质量标志的申诉案件3件，销售商品应检验、检疫而未检验检疫或者伪造检验检疫结果的申诉案件37件，对商品或者服务作引人误解的虚假宣传12件，对消费者提出修理、更换、退货、重作或者赔偿等故意拖延或者拒绝的申诉案件16件，侵犯消费者人格尊严或者人身自由的申诉案件1件，其他方面的申诉案件193件。

1998年，共受理申诉案件290件。其中，生产销售的商品不符合保障人身、财产安全要求的案件12件，在商品中掺杂使假、以假充真、以次充好或者以不合格商品冒充合格商品的案件106件，生产国家明令淘汰商品或者销售失效、变质商品的申诉案件10件，伪造商品产地伪造或者冒用他人厂名、厂址的申诉案件

8 件，伪造或者冒用认证标志、名优标志等质量标志的申诉案件 11 件，销售商品应检验、检疫而未检验检疫或者伪造检验检疫结果的申诉案件 25 件，对商品或者服务作引人误解的虚假宣传 60 件，对消费者提出修理、更换、退货、重作或者赔偿等故意拖延或者拒绝的申诉案件 30 件，其他方面的申诉案件 28 件。

1999 年，全年受理申诉 901 件。其中，商品消费申诉 764 件，服务消费申诉 137 件。调节成功 815 件，共为消费者挽回经济损失 123 万元。申诉内容以质量问题为主，共 558 件，价格问题 51 件，计量问题 24 件，售后服务 77 件，人格、尊严及人身权 1 件，其他 190 件。

2000 年，从消费者申诉内容的情况看，质量问题 6936 件，占申诉总量的 50.33%；其他 3104 件，占 22.53%；价格 1273 件，占 9.24%。2000 年，消费者申诉的热点是商品和服务的质量问题：商品消费申诉 9933 件，占申诉总量 72.08%，其中商品质量申诉 5471 件，占商品消费申诉的 55.08%。按数量排序依次是：家用电子电器类 2423 件，占 24.39%，主要集中在电视机、通信器材、电冰箱、计算机及配套设备等方面；日用百货类 1891 件，占 19.04%，主要是服装、鞋类、家具、化妆品等；家用机械类 1797 件，占 18.09%，其中摩托车的质量和售后服务问题 1012 件，占家用机械类 56.32%，占商品消费申诉的 10.18%；烟、酒、饮料、食品类 1586 起；其他类 923 件，占 15.97%；建材类 492 件，占 4.95%。

服务消费申诉 3847 件，占申诉总数的 27.92%。服务质量 1465 件，占服务消费申诉的 38.08%。按数量排序依次是：电信服务 645 件，占 16.77%，主要是手机、机接收信号和收费问题；修理服务 537 件，占 13.96%；餐饮服务 500 件，占 13%，主要是食品卫生及价格问题；居民服务 450 件，占 11.7%，主要是理发及美容化妆服务；医疗服务 223 件，占 5.8%。

2001 年，消费者申诉的热点问题仍然集中在质量问题上，商品和服务的质量申诉 13322 件，占申诉总量的 58.02%，其中商品质量申诉 10010 件，服务质量申诉 3312 件，分别占质量申诉的 75.14%、24.86%。商品质量主要集中在家用电子电器类 3246 件，日用百货类 2078 件，家用机械类 1493 件，烟、酒、饮料、食品类 1150 件，四大类合计占商品质量申诉的 79.59%。特别是摩托车、通信器材、鞋类共 1991 件占商品质量申诉的 19.89%。服务质量申诉主要集中在修理服务电信服务、居民服务等方面。公用企业和垄断性行业的服务成为消费者关注的焦点。由于公用企业的经营项目涉及面广，其经营行为直接影响人民群众的生活需求，消费者反应强烈。如电信服务 1396 件占服务消费申诉 21.07%，主要反映在手机、寻呼机、充电器等电信产品质量参差不齐、售后服务无保障、收费不透明、计费失实、机械故障导致线路不通、电话卡管理混乱、广告宣传误导消费者等。同时，农用生产资料类的申诉明显上升，农用生产资料类的申诉达 939 件，比上年 457 件增长 1.05 倍。主要表现在经营者出售劣质种子、化肥、农药及不合格的农业机械等。饮料、食品类申诉达 2250 件，占商品消费申诉的 13.77%。由于食品与广大消费者的生活息息相关，人们的生活离不开食品，所以经营食品的商店、摊点遍布城镇和农村，较普遍的是“三无”食品、饮料、过期变质食品、饮料等。经营规模基本是小本生意，经营者多为个体户。

2002 年，消费者申诉的热点问题主要有 9 个方面：一是家用电子电器类的质量和售后服务问题。家用电子电器类的申诉 5987 件占商品消费申诉 33.95%，其中质量问题 3651 件、售后服务 1758 件。消费者对通信器材的申诉 1712 件，比 2001 年增长 67.19%，占家用电子电器类申诉的 28.6%。主要反映经营者不能严格履行“三包”规定、质量差、“水货”多、经营者偷换配件、售后服务无保障等。二是日用百货类商品的申诉有所增长。随着人们生活水平提高，对日用百货类商品的质量、价格问题引起重视，这类商品的申诉 3489 件，比 2001 年增长 16.92%。烟、酒、饮料、食品类商品的申诉 2571 件占商品消费申诉的 14.58%。三是农用生产资料类。农用生产资料类的申诉 1164 件，比 2001 年增长 23.96%。主要表现在经营者出售劣质化肥、农药、种子及不合格的农业机械等。四是摩托车质量和售后服务仍然是消费者申诉的热点。摩托车的申诉 1088 件，占家用机械类商品的 49.11%。主要集中反映在假冒车及零部件泛滥、产品质量差、售后服务跟不上等方面。五是电信服务不尽如人意。消费者对电信服务的申诉 1187 件，占服务消费申诉的 20.37%。六是五一、国庆期间的交通运输、餐饮、旅馆服务方面的申诉比较突出。如出租车司机随意加价及兜客的现象时有发生，服务员的态度较差。餐饮、旅馆服务价不实，水分太多，一些餐馆随意加收服务费，而一些旅馆则竞相提高房价，有的甚至是平时价格的 3 倍多，个别旅馆还对旅客预订的房间进行提价。七是修理服务的申诉居高不下。修理服务申诉 1344 件，其中摩托车修理 534 件、家电修理 436 件。八是公共设施服务申诉涉及的问题表现在：水费收取的标准不合理。有的地方现有的水费收取标准，按每户每月最低用水量 30 吨的标底收费，用水不足 30 吨的仍然按 30 吨的标准收费。九是商品房消费争议增多。首先是质量差、售后服务跟不上，售楼广告设陷阱，售楼商证件不全等，其次是广告承诺不兑现，再次是物业管理扯皮多，最后是重复计算面积。

2002 年，按消费类型分析，商品消费申诉 17634 件，占消费者申诉的 75.16%；服务消费申诉 5827 件，占 24.84%。从消费内容分类看：受理质量申诉 13045 件，占消费者申诉的 55.60%；价格申诉 3863 件，占 16.89%；其他 3902 件，占 16.63%；售后服务 1758 件，占 7.49%；城镇消费者申诉 15693 件，占 66.89%；农村消费申诉 7751 件，占 33.04%。被申诉方主要是个体工商户 13336 件，占 56.84%；私营、集体、国有企业分别为占 12.87%、9.8%、7.91%。

2003 年，商品消费申诉 16100 件，占消费者申诉的 77.33%，其中家用电子电器类 4570 件，日用百货类 3618 件，烟、酒、饮料、食品类 2133 件，家用机械类 1912 件，农用生产资料类 1214 件，分别占商品消费申诉的 28.39%、22.47%、13.25%、11.88%、7.5%。服务消费申诉 4721 件，占消费者申诉的 22.67%，其中修理服务申诉 936 件，比上年同期增长 82.1%，占服务消费申诉的 19.83%，以家电、摩托车的修理申诉居多。电信、居民、餐饮服务分别占服务消费申诉的 16.16%、13.3%、9.3%。质量申诉 11814 件，占消费者申诉的 56.74%；价格申诉 2471 件，占申诉的 11.87%；售后服务申诉 1490 件，占申诉的 7.12%；其他申诉 4052 件，占 19.46%。

2003 年，消费者申诉的热点难点问题主要集中在 7 个方面：一是通信器材类的申诉有所上升。这类申诉 1986 件，占家用电子电器类的 43.46%，主要是移动电话质量和售后服问题多。二是电信服务不如人意，导致申诉也较多。反映的主要问题：首先是提供服务和收费透明度不高；其次服务质量不完善及多收费、乱收费，擅自改变套餐、收费标准等。三是摩托车、电动车质量差，修理过程问题多。虽然一些城市限制摩托车入户，对摩托车的申诉略有下降，但对摩托车的申诉 945 件，还是占家用机械类 49.42%。四是商品房、建材、装饰材料消费争议多。对商品房的申诉主要是房屋质量、面积缩水、产权证遗留、公摊乱计，延期交房，乱改结构等。质量问题主要涉及墙体裂缝、漏水、渗水，偷工减料，管道渗漏，建筑材料差等。五是货物运输责任不明，也是调解的难点问题。六是居民服务申诉逐渐增多，达 628 件，占服务申诉的 13.3%。其中理发及美容化妆、洗染服务分别为 274 件、128 件。七是汽车申诉呈上升趋势。消费者对汽车的申诉 174 件，比 2002 年同期增长 42.62%。

2004 年，消费者申诉举报的热点问题有以下几个方面：

商品消费申诉方面：一是通信器材。通信器材申诉 2172 件，同比增长 186 件，占商品消费申诉的 16.66%。其中质量问题占 76.38%、售后服务占 12.85%。二是食品。烟、酒、饮料、食品类申诉 1618 件，其中质量问题占 47.03%，计量占 27.75%。三是农资。农用生产资料类申诉 1114 件，质量问题占 78.64%。其中化肥申诉 308 件，质量问题占 90.26%。四是服装、鞋类。服装 1146 件、鞋 688 件，分别占日用百货类申诉的 40.01%、24.02%。质量问题占日用品百货类申诉的 79.54%。五是摩托车、自行车。近年来，广西一些城市限制摩托车入户，对摩托车申诉 557 件，同比减少 41.09%；自行车（山地车）申诉 391 件，同比增长 2 倍，质量申诉占 71.1%、售后服务占 22.76%。六是装饰材料。装饰材料的申诉 201 件，质量问题占 74.63%。

服务消费申诉主要有：一是电信服务。电信服务申诉 805 件（其中移动电信 511 件、固定电信 230 件），同比增长 5.5%，电信服务的质量占 36.4%、价格占 31.55%。二是摩托车、家电修理维护服务。摩托车维修保养服务申诉 258 件，占修理维护服务的 27.62%；家电修理 241 件，占 25.8%，主要是修理质量、价格问题。三是居民服务。居民服务申诉 755 件，其中理发及美容保健 360 件，占居民服务申诉的 47.68%；洗染 120 件，占 15.89%。四是交通运输服务。交通运输服务申诉 170 件，同比增长 66.66%。五是装饰装修服务。装饰装修服务申诉 130 件。六是餐饮服务。餐饮服务申诉 421 件，占服务消费申诉的 9.64%，餐饮服务质量和价格分别占46.08%、34.68%。

2004年，开始增加对广告申诉的统计，涉及广告申诉有228件，消费者申诉举报的主要内容特点如下：一是商品消费申诉比重大。商品质量申诉13036件，占消费者申诉的74.91%；服务消费申诉4366件，占25.05%。商品消费申诉是服务消费申诉的3倍。商品消费申诉前五位是：家用电子电器类4244件，日用百货类2864件，烟、酒、饮料、食品类1618件，家用机械类1540件，农用生产资料类1114件，分别占商品消费申诉的32.56%、21.97%、12.41%、11.81%、8.55%。服务消费申诉前三位是：修理维修服务934件（其中摩托车维护保养258件、家电修理241件）、电信服务805件（其中移动电信511件、固定电信230件），居民服务755件（其中理发及美容保健360件），分别占服务消费申诉21.39%、18.44%、17.29%。二是消费者申诉仍以小额纠纷申诉居多。消费者申诉涉及的争议金额1000元以下有13817件，占申诉总数的79.70%；1000～10000元共2091件，占申诉总数的19.91%。被诉方为个体工商户12954件，占消费者申诉72.36%；私营企业1080件，占6.2%；公司907件，占5.21%；自然847件，4.87%；集体企业595件，占3.42%。三是质量问题仍是申诉的主要问题。消费者对商品和服务质量问题的申诉11079件，占申诉总量的63.67%；售后服务申诉1426件，占8.19%；价格1247件，占7.17%。

2005年，消费者申诉举报的主要内容特点如下：一是商品消费申诉10140件，占消费者申诉的73.73%。其中前五位：家用电子电器类3394件，日用百货类2280件，家用机械类1235件，烟、酒、饮料、食品类1231件，农用生产资料类758件，分别占商品消费申诉的33.47%、22.49%、12.18%、12.14%、7.5%。二是服务消费申诉3605件，占消费者申诉的26.23%。其中前五位：电信服务733件，修理维护服务645件，居民服务575件，餐饮服务339件，公共设施服务273件，分别占服务消费申诉的20.33%、17.89%、15.95%、9.4%、7.57%。三是质量申诉8518件，售后服务申诉1272件，价格申诉1028件，计量414件，分别占消费者申诉的61.97%、9.25%、7.47%、3.01%。

2005年，消费者申诉的热点问题主要有以下几个方面：

商品消费申诉主要有：一是通信器材。通信器材申诉1728件，同比减少20.44%，占家用电子电器类申诉的50.91%，占商品消费申诉17.04%。其中质量、售后服务问题分别占62.91%、23.67%。主要表现为各种质量问题多、售后服务质量差、"三包"无法落实、售假问题突出。二是食品方面。主要是肉类、水产及其制品342件，饮料170件，保健食品117件，酒99件，分别占烟、酒、饮料、食品类申诉的27.78%、13.81%，9.5%、8.04%，主要是"三无"产品、食品过期变质、掺杂使假、数量不够等。三是服装、鞋类。服装891件、鞋513件，分别占日用百货类申诉的39.08%、22.5%。大部分消费者在购买服装、鞋时都没有索取购物凭证，当服装、鞋子出现质量问题时找到经营者协商，由于没有具体法律、法规或三包规定可以依据，因而有些纠纷很难解决。四是摩托车、自行车。摩托379件、自行车（山地车、助力车）334件，同比分别减少31.96%、14.58%，主要是质量和售后服务问题。五是化肥、种子。化肥199件、种子154件，分别占农用生产资料类申诉的26.25%、20.32%，主要是质量问题。六是装饰材料。装饰材料185件，质量、计量问题分别占89.73%、3.78%。

服务消费方面主要有5个方面：一是申诉电信服务。电信服务申诉733件（其中移动电信506件、固定电信167件），同比减少8.94%，质量、价格、广告分别占29.6%、27.42%、3.14%。二是修理维护服务。修理维护服务645件，同比减少30.94%，其中家电修理215件，摩托车维修保养166件，分别占修理维护服务的33.33%、25.74%，主要是修理质量、价格问题。三是居民服务。居民服务申诉575件，同比减少23.84%。其中理发及美容保健202件，占居民服务申诉的35.13%，同比减少43.89%；洗染113件，占19.65%。四是文化娱乐服务。随着人们生活水平提高，对文化生活需求增加，文化娱乐服务中申诉67件，同比增长近一倍，主要是质量和价格。五是餐饮服务。餐饮服务申诉339件，同比减少19.48%，服务价格和质量分别占42.3%、37.46%。首次呈现价格问题多于质量问题。

2006年，消费者申诉的热点问题主要集中在以下方面：一是商品消费申诉：(1)通信器材。通信器材申诉1481件，同比减少247件，占家用电子电器类申诉的56.14%、占商品消费申诉20.09%。质量、售后服务问题分别占 64.69%、21.13%。一是各种质量问题多；二是售后服务质量差、“三包”无法落实；三是售假问题突出。(2) 食品。主要是肉类、水产及其制品 199 件，饮料 131 件，保健食品 93 件，酒 84 件，分别占食品类的 21.99%，14.48%、10.28%、9.28%。(3) 服装、鞋类。服装 487 件、鞋 261 件，虽然同比分别减少 404 件、252 件，但仍然占日用百货类申诉的 34.56%、18.39%。(4) 化肥、种子。化肥 133 件、种子 125 件，分别占农用生产资料类申诉的 27.77%、26.1%。主要是质量、计量问题。二是服务消费申诉方面：(1) 电信服务申诉 836 件，同比增加 103 件。其中移动电信 563 件、固定电信 213 件，分别同比增加 57 件、46 件。价格、质量问题分别占 31.82%、28.71%。主要在提供服务和收费过程中透明度不高，出现纠纷时采取拖延、推诿的居多；服务质量不完善及多收费、乱收费，擅自改变套餐、收费标准等问题。(2) 修理维护服务。修理维护服务 645 件，同比减少 30.94%。其中家电修理 215 件、摩托车维修保养 166 件，分别占修理维护服务的 33.33%、25.74%，主要是修理质量、价格问题。(3) 居民服务。居民服务申诉 456 件，同比减少 119 件。其中理发及美容保健 141 件，占居民服务申诉的 30.92%；洗染 113 件，占 24.78%。(4) 公共设施服务。公共设施服务 284 件，同比略有增加，服务质量和价格分别占 30.99%、22.54%。节日期间对客运服务业票价上浮。

2006 年，消费者申诉举报的主要内容如下：

商品消费申诉 7373 件，占消费者申诉的 69.04%，同比减少 2767 件。其中前五位是：家用电子电器类 2638 件，日用百货类 1419 件，烟、酒、饮料、食品类 905 件，家用机械类 807 件，农用生产资料类 479 件，分别同比减少了 756 件、861 件、326 件、428 件、279 件。

服务消费申诉 3306 件，占消费者申诉的 30.96%，同比减少 299 件。其中前五位是：电信服务 836 件，同比增加 103 件；修理维护服务 541 件；居民服务 456 件；餐饮服务 306 件；公共设施服务 284 件。

2007 年，受理消费者申诉涉及的争议金额：1000 元以下 9724 件，1000 ～ 10000 元 2166 件，1 万～ 10 万元 81 件，10 万～ 50 万元 2 件，50 万元以上 1 件，前三项分别占消费者申诉的 81.20%、18.09%、0.68%。质量申诉 7852 件、其他 2093 件、售后服务 794 件、价格 743 件，分别占申诉总量的 65.58%、17.48%、6.63%、6.21%。申诉方为城镇消费者 9353 件，占申诉的 78.11%。

2007 年，消费者申诉的热点问题主要是商品消费申诉和服务消费申诉。

商品消费申诉 8385 件，比 2006 年同期增长 13.73%，占消费者申诉的 70.03%。其中前五位是：家用电子电器类 2641 件，其中通信器材 1476 件。同比基本持平，占家用电子电器类申诉的 55.89%，占商品消费申诉的 17.6%。其中，质量、售后服务问题分别占 75.27%、13.35%。日用百货类 2110 件，其中服装类 831 件、鞋 435 件，分别占日用百货类申诉的 39.38%、20.62%，同比增长 70.64%、66.67%，由于此类商品为日常消费，成交量较大，且未录入国家商品“三包”目录之内，较易引发消费纠纷。烟、酒、饮料、食品类 927 件，主要是质量问题：“三无”食品、过期变质食品、掺杂使假、数量不足及虚假宣传等。家用机械类 870 件。建材类 509 件，比 2006 年增长 32.21%，其中装饰材料 248 件，同比增长 93.75%，质量问题比较严重占 72.98%，其他类的房屋 101 件，同比增长 34.67%，质量、计量分别占 56.44%、14.85%。

服务消费申诉 3589 件，比 2006 年同期增长 8.56%。其中前五位是：电信服务 839 件，居首位；移动电信 530 件、占 63.17%；固定电话 272 件，占 32.42%。质量、价格、广告问题分别占 34.92%、20.02%、11.44%。主要是电信服务收费标示不清晰，在提供服务和收费过程中透明度不高，出现纠纷时采取拖延、推诿的居多；广告宣传用语模糊，擅自改变套餐、收费标准，存在话费误差等现象，质量、价格、广告分别占 64.52%、11.83%、6.99%。修理维护服务 525 件，其中装饰装修服务 186 件，比 2006 年增长 80.58%；居民服务 509 件，同比增长 11.62%，其中理发及美容保健 212 件，同比增长 50.35%。主要是服务质量和价格问题。餐饮服务 409 件，同比增长 33.66%，质量和价格分别占 62.35%、11%；公共设施服务 215 件，同比减少 24.3%。互联网服务申诉 73 件，比 2006 年增长 2.65 倍，呈明显上升趋势。物业管理服务 61 件，同比增长 45.38%。

2008 年，消费申诉的热点情况如下：一是商品质量问题的申诉居于首位。质量问题和价格仍是申诉的热点，共 5373 件，占申诉总量 68.5%，售后服务、价格、计量方面申诉各占 14.65%。二是家用电子电器的申诉备受关注。该类的申诉共2825件，占商品消费申诉量的36%，居商品消费申诉之首。三食品类申诉共972件，居商品消费申诉第三位，主要反映在肉制品、奶制品这些方面。肉制品申诉137件，奶制品申诉主要是在中央媒体曝光含有三聚氰胺的婴幼儿奶粉事件后消费者有关退换问题奶粉的申诉，共316件。四是服务行业价格申诉情况比较突出。电信服务类申诉为561件，价格申诉158件，电信服务类申诉占服务行业价格类申诉之首，占37.44%，其次为维修服务业，维修服务的价格类申诉占21.8%，电信服务及维修服务申诉占总量的60%。

2008年，《广西工商统计汇编》开始增加对安全、商标、合同等内容申诉的统计，当年涉及安全的申诉84件、商标申诉27件、合同申诉208件，排名前五位的商品类消费申诉分别是：家用电子电器类2825件，日用百货类1325件，烟、酒、食品类972件，家用机械类905件，农用生产资料类554件。排名前五位服务消费类申诉分别是：修理维修服务571件，占申诉量20.8%；电信服务561件，占申诉量20.4%；居民服务307件，占申诉量11.2%；餐饮服务242件，占申诉量8.8%；互联网服务164件，占申诉量67.7%。

2009年，在受理消费者的各类咨询中，咨询消费者权益保护的55269件，占咨询总量的76.63%。其中，商品质量类咨询22689件，服务质量类咨询11524件，食品安全类咨询5768件，售后服务类咨询7238件，申诉举报处理结果类咨询1469件（同比上升48.83%），其他咨询6581件。咨询其他工商业务的为16854件，占咨询总量的23.37%。其中企业注册监管类7667件，公平交易类咨询956件，直销监管类咨询1276件，市场规范管理类咨询441件，广告监督管理类咨询1433件，商标监督管理类咨询931件，其他咨询4150件。全年受理消费者申诉共9864件，其中商品消费申诉7298件，占申诉总量的73.99%，同比减少6.93%；服务消费申诉2566件，占申诉总量的26.01%，同比减少6.35%。从统计数据可以看到，消费者的理性消费意识正在逐渐增强，工商机关维护市场秩序工作成效明显，消费环境得到进一步改善，消费者到工商机关申诉的数量在逐年下降。自2007年以来，消费者申诉量呈逐年递减的趋势（2007年为11974件、2008年为10581件、2009年为9864件）。从申诉内容上看，消费者反映的主要为质量、售后服务、价格3个方面的问题。其中，质量类申诉6151件，售后服务类申诉644件，价格类申诉553件，其他内容申诉1912件。以上4项占消费者申诉总量的93.88%。

从申诉的分类看主要有两方面：

一方面是商品消费申诉基本情况。2009年全区共受理商品消费申诉7298件，主要集中反映在商品质量问题上，工商机关处理关于商品质量问题的申诉共5305件，占已处理商品消费申诉量的72.97%；售后服务类申诉643件，占已处理商品消费申诉量的8.84%；价格问题为163件，占商品消费申诉量的2.24%；商标、合同、广告这类申诉约占商品消费申诉量的1%，其他安全、价格等问题也有涉及。根据统计数据，商品的质量及售后服务问题占商品消费申诉量的80%以上。

另一方面是服务消费申诉基本情况。共受理服务消费申2566件，排列前四位的依次是：一是反映质量问题的申诉841件，占服务消费申诉量的32.77%；二是价格问题申诉390件，占服务消费申诉量的15.20%；三是合同、商标、广告申诉共156件，占服务消费申诉量的6.08%；四是人格尊严、人身权申诉8件，占服务消费申诉量的0.1%。其他申诉1087件，占服务消费申诉量的42.36%。年内，全区共处理消费者举报1439件，案件总值613.95万元。其中，违反消费者权益保护法规案件90件，占举报总量的6.25%；违反产品质量管理法规案件147件，占举报总量的10.22%；违反反不正当竞争法19件，占举报总量的1.32%；违反企业登记管理法规案件139件，占举报总量的9.66%；违反个体私营登记管理法规案件303件，占举报总量的21.06%，违反商标管理法规案件203件，占举报总量的14.11%；传销及违法直销案件208件；制售、传播非法出版物行为8件，占举报总量的1%；其他案件284件，占举报总量的19.74%。

2009年，消费申诉的热点情况如下：一是质量问题的申诉仍居首位，质量问题仍是2009年申诉的热点，2009年申诉量共6151件，占申诉总量62.36%，居售后服务、价格、计量、合同等申诉之首。其中，商品消费类中质量的申诉较为突出，共7298件，占质量申诉总量的73.99%；服务类消费质量问题申诉共2566件，占申诉总量的26.01%。如通信类申诉的热点问题中，手机配置或实际功能与产品说明书的展示或销售者的广告宣传不符，销售者以“水货”“山寨机”“翻新机”冒充正品或新机销售。二是售后服务类的申诉较往年相比有所下降。2009年商品类售后服务的申诉共643件，较去年同期相比下降16.49%。内容主要涉及家用电子电器、家用机械及日用百货类的售后服务申诉，以上3项种类的消费者申诉共583件，占商品类售后服务申诉量的90%以上。三是合同、计量类申诉较往年呈上升趋势。合同、计量类申诉共408件，较商品质量、售后服务申诉后，居消费者申诉第三位。合同、计量类申诉与往年同期相比分别上升11.06%、19.59%。其中2009年受理家装建材申（投）诉178件，反映的问题是：家具本身色差严重、有异味、缺少配件、开裂、变形、掉漆；家具在运输过程中被剐蹭、损坏；购买的商品存在瑕疵，销售协议不规范，售后服务不及时、销售“三无”产品等。由于商家不诚信，消费者满是怨气。

2010年，排名前三位的商品类消费申诉分别是：家用电子电器类2070件，日用百货类1049件，烟、酒、食品类850件。其中，质量问题4752件，售后服务496件，价格类的294件，其他2009件。排名前三位的咨询是：商品质量32730件，服务质量8571件，企业注册监管5819件。排在前三位的举报情况是：违反个体私营登记管理法规623件，传销及违法直销292件，违反商标管理法规210件。

2011年，投诉的热点问题主要有：商品质量问题、服务行业中的突出问题和汽车消费投诉，其中汽车消费增幅较大。商品质量问题中，各类投诉排名先后如下：通信类产品质量问题，服装鞋帽类质量问题，食品质量问题，其他商品类质量问题，其他家用机械类质量问题，装饰材料质量问题，种子苗木、化肥质量问题，其他家用电子电器类商品质量问题，家具类产品质量问题，电视机和摩托车质量问题投诉并列排名第十。服务行业中的突出问题主要是通信企业服务问题，汽车消费投诉增幅较大，全区共受理汽车消费投诉144件，占家用机械类投诉的18.92%，与2010年同比增长71.43%。

2012年，共受理消费者6253件。按消费类型分：商品申诉4569件，服务申诉1684件。按申诉内容分：质量3708件，安全57件，价格224件，广告34件，商标23件，合同317件，计量83件，售后服务631件，人格尊严和人身权10件，其他1146件。

投诉的热点问题主要是以下方面：一是商品质量问题，受理消费者投诉商品质量问题共4569件，占投诉总量的73.07%。其中，家用电子电器类产品质量问题投诉位居第一位，共受理1383件，占商品质量问题投诉的30.70%；农用生产资料类质量问题投诉居第二位，共受理999件，占商品质量问题投诉的21.65%；日用商品类质量问题投诉居第三位，共受理609件，占商品质量问题投诉的13.33%。二是电信服务企业问题。2012年，广西各级消委会共受理电信服务投诉149件，占总投诉的11.71%。其中，服务质量投诉53件，安全方面投诉50件，价格投诉29件，合同投诉10件，虚假宣传5件，计量投诉1件，人格尊严1件。三是交通工具类投诉中汽车尤其突出，2012年，广西各级消委会共受理交通工具类投诉60件，占总投诉的4.7%。汽车方面主要的问题：内在质量差，发动机和空调等主要部件在约定质保期内出现不同程度的质量问题；售后服务差；对消费者的投诉采取推诿、拖延时间等不负责任的态度。四是互联网服务质量问题投诉，2012年，广西各级消委会共受理互联网服务质量问题投诉16件，占商品质量问题投诉的7.24%。五是人格尊严投诉方面，2012年，广西各级消委会共受理人格尊严投诉10件。

2012年，全区受理消费者咨询73487件，其中涉及消费者权益保护的42869件，前三位分别是：商品质量13988件，服务质量6512件，食品安全5843件。其他工商业务方面的咨询共30618件。排在前三位的分别是企业注册监管7233件，市场规范管理2622件，直销监管2606件。

2013年，共受理消费者申诉6411件。按消费类型分：商品申诉4242件，服务申诉2169件。按申诉内容分：质量2760件，安全59件，广告44件，商标35件，合同776件，计量39件，售后服务696件，人格尊严和人身权9件，其他1993件。受理消费者咨询98983件，涉及工商系统的87517件，其中前三位是：商品质量15462件，服务质量9347件，食品安全6153件。其他非工商业务方面的咨询共11466件，其中其他行政部门3526件，社会团体或者组织132件，检测机构951件，其他方面6857件。共受理举报案件1882件，其中违反消费者权益保护法规94件，违反产品质量管理法规198件，违反食品安全法规181件，违反反不正当法规12件，违反企业、个体私营登记管理法规646件（无照经营586件，超出核准登记的范围经营 37 件)、违反商标管理法规 88 件(商标假冒 30 件,商标侵权 50 件)、违反广告管理法规 52 件(其中虚假广告 36 件)、违反合同管理法规 4 件,传销及违法直销 156 件,违反市场监督管理制度 19 件(其中违反网络商品交易管理法规 2 件),其他 432 件。

2014 年,共受理消费者申诉 9015 件,按消费类型分:商品申诉 6151 件,服务申诉 2864 件。按申诉内容分:质量 3108 件,安全 101 件,广告 117 件,商标 27 件,合同 1553 件,计量 40 件,售后服务 1586 件,人格尊严和人身权 8 件,其他 2475 件。受理消费者咨询 112168 件,涉及工商系统的 60579 件。其中前三位:商品质量 15554 件,服务质量 9892 件,企业注册监管 3598 件。其他非工商业务方面的咨询共 51589 件,其中其他行政部门 37816 件,社会团体或者组织 3706 件,检测机构 2358 件,其他方面 7709 件。共受理举报案件 2185 件,其中违反消费者权益保护法规 133 件,违反产品质量管理法规 127 件,违反食品安全法规 49 件,违反反不正当法规 39 件,违反企业、个体私营登记管理法规 753 件(无照经营 677 件,超出核准登记的范围经营 50 件)、违反商标管理法规 61 件(商标假冒 27 件,商标侵权 34 件)、违反广告管理法规 125 件(其中虚假广告 108 件)、违反合同管理法规 7 件,传销及违法直销 174 件,违反市场监督管理制度 21 件(其中违反网络商品交易管理法规 11 件),其他 696 件。

2015 年,共受理消费者申诉 11618 件,按消费类型分:商品申诉 7468 件,服务申诉 4150 件。按申诉内容分:质量 3039 件,安全 42 件,广告 254 件,商标 13 件,合同 3007 件,计量 23 件,售后服务 1672 件,人格尊严和人身权 10 件,其他 3558 件。受理消费者咨询 119148 件,涉及工商系统的 60682 件,其中前三位:商品质量 16692 件,服务消费 9585 件,企业注册监管 3944 件。其他非工商业务方面的咨询 58466 件,其中其他行政部门 34565 件,社会团体或者组织 633 件,检测机构 923 件,其他方面 22345 件。共受理举报案件 2360 件,其中违反消费者权益保护法规 109 件,违反产品质量管理法规 153 件,违反食品安全法规 1 件,违反反不正当法规 20 件,违反企业、个体私营登记管理法规 957 件(无照经营 835 件,超出核准登记的范围经营 121 件)、违反商标管理法规 83 件(商标假冒 49 件,商标侵权 29 件)、违反广告管理法规 175 件(其中虚假广告 168 件)、违反合同管理法规 11 件,传销及违法直销 68 件,违反市场监督管理制度 16 件,其他 767 件。

2016 年,共受理消费者申诉 15126 件。按消费类型分:商品申诉 9533 件,服务申诉 5593 件。按申诉内容分:质量 2950 件,安全 182 件,广告 620 件,商标 35 件,合同 3638 件,计量 72 件,售后服务 1841 件,人格尊严和人身权 42 件,其他 5746 件。受理消费者咨询 116244 件,涉及工商系统的 63556 件,其中前三位:商品质量 5198 件,服务消费 6481 件,申诉举报处理结果 4441 件。其他非工商业务方面的咨询 52688 件,其中其他行政部门 17687 件,社会团体或者组织 434 件,检测机构 214 件,其他方面 34353 件。共受理举报案件 3437 件,其中违反消费者权益保护法规 327 件,违反产品质量管理法规 219 件,违反食品安全法规 22 件,违反反不正当法规 230 件,违反企业、个体私营登记管理法规 1416 件(无照经营 891 件,超出核准登记的范围经营 1 件)、违反商标管理法规 49 件(商标假冒 1 件,商标侵权 29 件)、违反广告管理法规 375 件(其中虚假广告 85 件)、违反合同管理法规 16 件,传销及违法直销 198 件,违反市场监督管理制度 177 件(其中违反网络商品交易管理法规 9 件),其他 408 件。

2017 年,共受理消费者申诉 18279 件,按消费类型分:商品申诉 11818 件,服务申诉 6461 件。按申诉内容分:质量 3337 件,安全 299 件,广告 1650 件,商标 56 件,合同 5258 件,计量 82 件,售后服务 2211 件,人格尊严和人身权 108 件,其他 5278 件。受理消费者咨询 131092 件,涉及工商系统的 73125 件,其中前三位:商品质量 4384 件,服务消费 6548 件,申诉举报处理结果 4598 件。其他非工商业务方面的咨询 57967 件,其中其他行政部门 16965 件,社会团体或者组织 288 件,检测机构 208 件,其他方面 40506 件。共受理举报案件 4380 件,其中违反消费者权益保护法规 561 件,违反产品质量管理法规 277 件,违反食品安全法规 28 件,违反反不正当法规 164 件,违反企业、个体私营登记管理法规 1633 件(无照经营 1017 件,超出核准登记的范围经营 3 件)、违反商标管理法规 110 件(商标假冒 3 件,商标侵权 70 件)、违反广告管理法规 749 件(其中虚假广告 265 件)、违反合同管理法规 21 件,传销及违法直销 338 件,违反市场监督管理法规 282 件(其中违反网络商品交易管理法规 10 件),其他 217 件。

2018 年,共受理消费者申诉 20577 件,按消费类型分:商品申诉 12090 件,服务申诉 8487 件。按申诉内容分:质量 3127 件,安全 346 件,广告 2230 件,商标 41 件,合同 8590 件,计量 110 件,售后服务 1615 件,人格尊严和人身权 92 件,其他 4426 件。受理消费者咨询 124701 件,涉及工商系统的 75860 件,其中前三位:商品质量 5213 件,服务消费 11652 件,申诉举报处理结果 4529 件。其他非工商业务方面的咨询 48841 件,其中其他行政部门 11046 件,社会团体或者组织 173 件,检测机构 129 件,其他方面 37493 件。共受理举报案件 4830 件,其中违反消费者权益保护法规 517 件,违反产品质量管理法规 213 件,违反食品安全法规 9 件,违反反不正当法规 263 件,违反企业、个体私营登记管理法规 1588 件(无照经营 904 件,超出核准登记的范围经营 1 件)、违反商标管理法规 157 件(商标假冒 5 件,商标侵权 81 件)、违反广告管理法规 1147 件(其中虚假广告 430 件)、违反合同管理法规 37 件,传销及违法直销 490 件,违反市场监督管理法规 236 件(其中违反网络商品交易管理法规 5 件),其他 173 件。

2018 年,投诉涉及争议金额达 16168.48 万元。南宁、柳州、桂林市 3 个市的投诉量 22813 件,占全区投诉总量的 70.18%,且呈逐年递增态势(详见图表 3-4-1),其中南宁 16743 件,占比 51.51%,同比增长 1 倍。

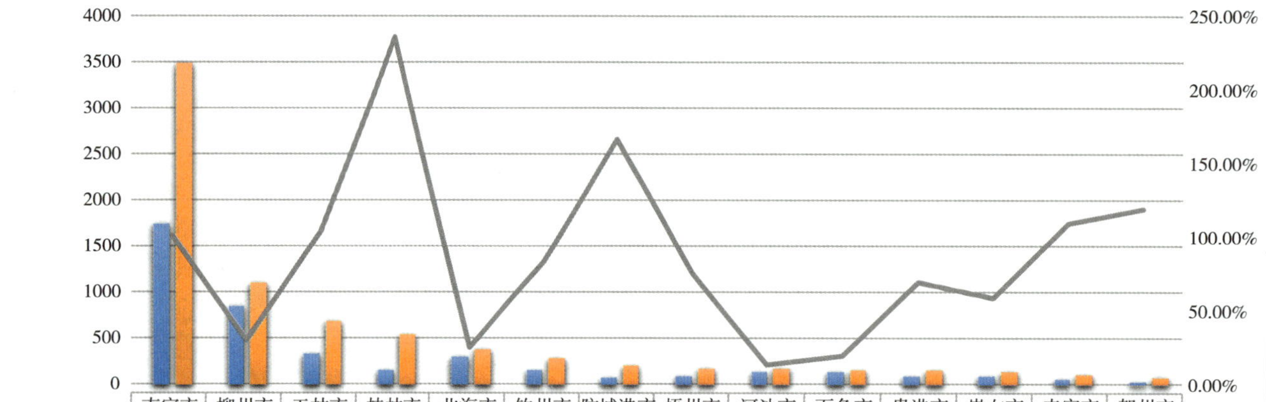

	南宁市	柳州市	玉林市	桂林市	北海市	钦州市	防城港市	梧州市	河池市	百色市	贵港市	崇左市	来宾市	贺州市
2017年	1745	856	335	160	311	160	80	97	150	139	93	93	55	37
2018年	3499	1105	683	538	387	292	213	170	169	165	157	147	115	81
同比增长	100.52%	29.09%	103.88%	236.25%	24.44%	82.50%	166.25%	75.26%	12.67%	18.71%	68.82%	58.06%	109.09%	118.92%

图 3-4-1　2017 年与 2018 年同期消费者举报情况对比图(单位:件)

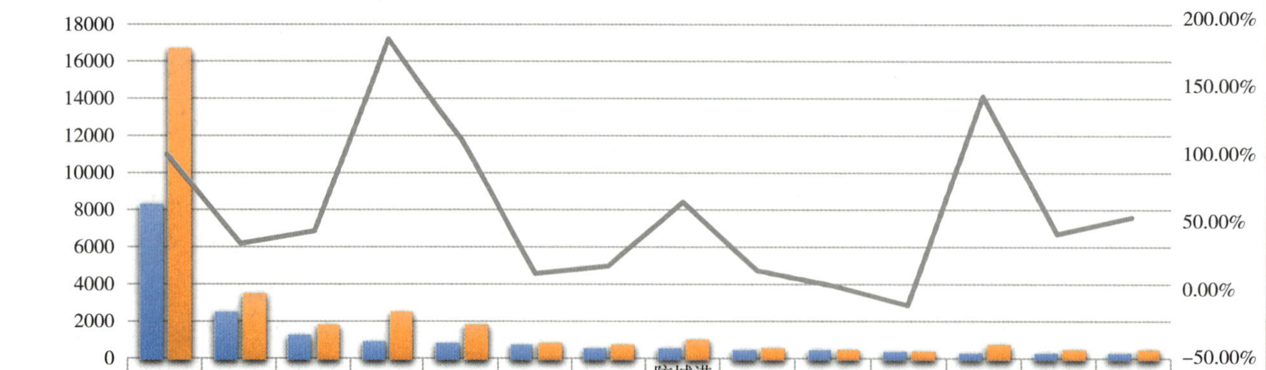

	南宁市	柳州市	北海市	桂林市	玉林市	钦州市	河池市	防城港市	贵港市	百色市	崇左市	来宾市	梧州市	贺州市
2017年	8333	2530	1261	910	886	747	615	612	516	471	433	333	328	288
2018年	16743	3512	1860	2558	1868	882	758	1026	620	517	416	803	477	452
同比增长	100.92%	38.81%	47.50%	181.10%	110.84%	18.07%	23.25%	67.65%	20.16%	9.77%	-3.93%	141.14%	45.43%	56.94%

图 3-4-2　2017 年与 2018 年同期各地消费者申诉情况对比图(单位:件)

全区共接到群众举报共有 7725 件，与 2017 年同期相比上升 76.37%。呈现 3 个特点：一是违反企业个体私营登记管理法规 1605 件，占举报总量的 20.77%，以无照经营举报居多；二是违反广告管理法规 2335 件，虚假广告举报增幅达 259.35%；三是举报量排前五位为南宁、柳州、玉林、桂林、北海等市，共 6211 件，占举报总量的 80.44%。桂林上升最大，为 236.25%（如图 3-4-2）。

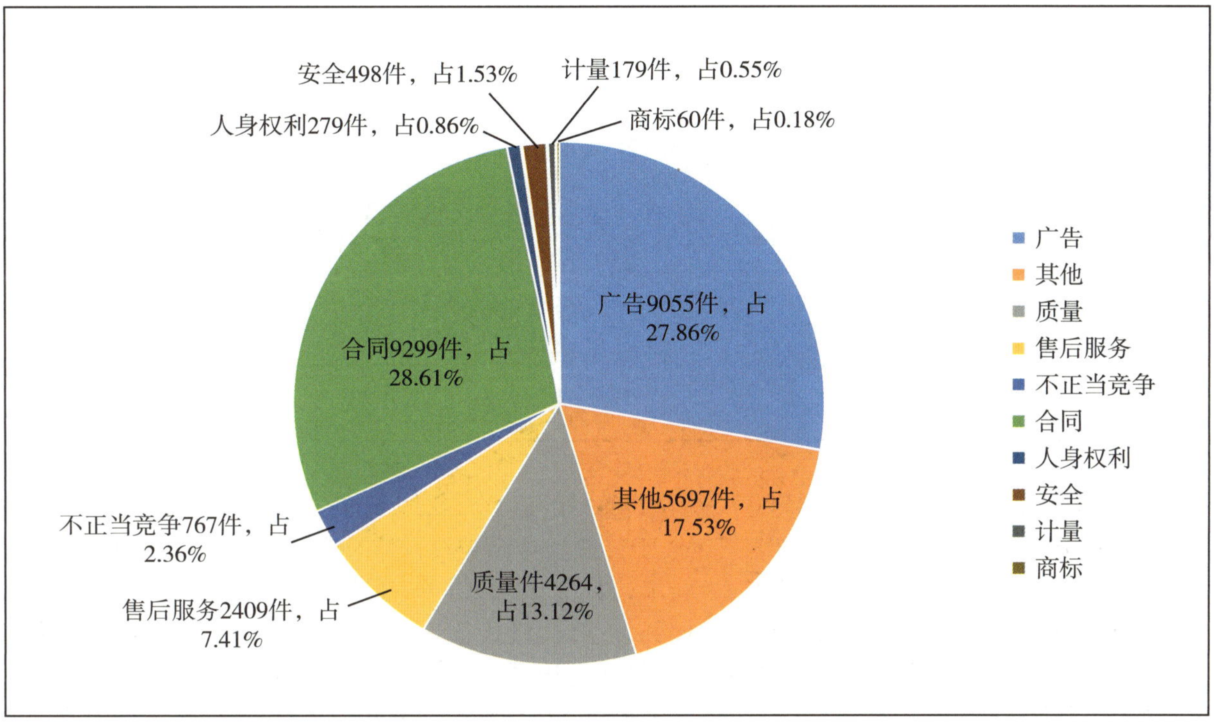

图 3-4-3　2018 年消费投诉内容占比图

从投诉内容看，合同、广告、质量类投诉共 22618 件，占投诉总量的 69.58%。

增幅较大原因：一是消费升级，总量增长。2018 年 11 月底，全区实现社会消费品零售总额达 8000 亿元，增长 9.5%，高于全国 0.2 个百分点，已跃居全国第 11 位，消费总量大带来的消费纠纷相对较多。分析认为，南宁、柳州、桂林三地投诉占比大，与互联网消费高速增长、经济社会发展程度和消费维权工作水平有较大关系。二是消费者的维权意识不断增强，依托互联网平台、手机 APP、电话热线、公众号等形式畅通渠道，主动维权。涉及房地产、汽车、家具、预付式消费等大额消费投诉多，为消费者挽回经济损失的数额大。三是全国 12315 互联网社会知晓度扩大，渠道便捷，投诉量急增，达 11930 件，比上年增长 3.89 倍。

表 3-4-1　2018 年广西 12315 系统被投诉排前十的经营主体情况

涉及主体	登记量（件）	已处理（件）	处理率（%）	已受理（件）	调解成功量（件）	调解成功率（%）	争议金额（万元）	挽回经济损失（万元）
广西红木棉汽车租赁有限公司	692	633	626	313	91.47	50.00	156.5	78.35
中国移动	650	645	604	567	99.23	93.87	29.37	20.75
广西苹果装饰设计有限公司	333	333	218	1	100.00	0.46	1244.23	0
中国电信	284	284	269	242	100.00	89.96	9.95	7.244

续表

涉及主体	登记量（件）	已处理（件）	处理率（%）	已受理（件）	调解成功量（件）	调解成功率（%）	争议金额（万元）	挽回经济损失（万元）
南宁市毅阳体育文化有限公司	230	230	230	2	100.00	0.87	45.67	0.12
苏宁（含苏宁电器、易购、云商）	149	146	131	122	97.99	93.13	45.84	30.15
南宁米兰尊爵婚纱摄影有限责任公司	108	108	2	1	100.00	50.00	1.39	0
南城百货	103	101	96	83	98.06	86.46	16.54	12.07
国美电器	101	100	90	84	99.01	93.33	31.31	25.7
广西峰驰汽车租赁有限公司	96	95	54	52	98.96	96.30	31.35	21.03

从投诉的热点分析看，呈现如下特点：一是合同类投诉连续三年居于首位。合同类投诉 9299 件，占投诉总量的 28.61%，同比增长 76.85%，连续三年居于首位。合同类投诉涉及文化娱乐服务类 1078 件、交通工具类 983 件、租赁服务 781 件、装饰装修服务 765 件、居民服务 659 件、日用百货类 629，合计 4895 件投诉总量的 52.64%。投诉主要集中在不履行合同约定、合同格式条款、利用预付费（卡）形式侵害消费者权益、定金侵权行为等方面。例如 2018 年广西苹果装饰、泥巴公社、尚品宅配等全国连锁装修及家居公司老板接连“跑路”引发的家装合同群体性投诉的事件层出不穷，且呈井喷式增长，仅苹果装饰有限公司 5 月起被投诉次数共 333 件，其中 74.41% 的投诉来自南宁消费者，经营者卷走装修预付金额高达 1708.94 万元，工商部门已将涉及以上几家装修公司的投诉移交公安机关立案处理。2018 年南宁市、柳州、桂林 3 个市在预付费式健身消费方面被投诉的就有涉及雅斯乐健身、星脉健身、动竞非凡、鼎尖健身、美功健身等 401 件。二是广告类投诉急剧增长。广告类投诉 9055 件，占投诉总量 27.86%，同比增长 448.79.%。广告类涉及的投诉类别主要是食品 2523 件、服装鞋帽 1873 件、家居用品 1241 件，3 项合计 5637 件占广告类投诉总量的 62.25%。涉及网购广告投诉 8232 件，占广告类投诉 90.91%。广告违法现象成为消费者反映比较强烈的问题，主要问题是使用绝对化广告用语、产品标识不全或标识信息有问题的投诉举报。从投诉举报人的行文措辞和举报内容上看，可以得知许多投诉举报电商的为“职业索赔人”，发现有向广西 12315 进行投诉，然后再到全国 12315 互联网投诉，浪费了行政资源。三是网络购物成为投诉新热点。网络购物投诉 11595 件，占投诉总量的 35.67%，同比增长 430.91%。网购商品类投诉 10409 件，占网购投诉总量的 89.77%，网购商品类投诉主要有食品件 3366 件、服装鞋帽 1979 件、家居用品 1404 件。四是质量投诉仍呈增长态势。质量类投诉 4264 件，占投诉总量的 13.12%，同比增长 27.78%。质量类投诉排名靠前的是：日用百货 896 件、交通工具 527 件、食品 501 件、装修建材 382 件，合计 2306 件，占质量投诉总量的 54.08%。

第二节　查处侵害消费者权益违法行为

1999 年，查处的侵害消费者权益案件共 586 起，案值 294 万元，没收 26 万元，罚款 31 万元，其中案值 1 万元以下 535 起，1 万～ 10 万元 48 起，10 万～ 50 万元 3 起，违法主体是国有企业 72 起，集体企业 70 起，外商投资企业 1 起，个体工商户 365 起，私营企业 21 起，其他 57 起。侵权案件的主要特点是流动商贩低价出售假冒伪劣商品，有部分经营者根据消费者贪便宜的心理，以廉价购进假冒伪劣商品并以低价格出售，当消费者购买使用后发现问题时，因是无厂址、厂名、合格证的“三无”产品，很难找到经营者，使消费者的合法权益无法得到保护。消费者的法律意识大大加强，投诉举报的范围不断扩大，敢于向带有专营的公用企业索赔，如电信等部门。商品房质量、商品房办证、房产物业管理的投诉也时有出现。消费者不论侵权金额的大小，都敢于运用《消费权益保护法》保护自己的合法权益。有小到0.5元的公用电话费，也有几千元的空调机至上万元的摩托车、几万元的汽车。

2000年，全年共查处侵害消费者权益案件3171起，案值1761.12万元，没收69.79万元，罚款150.27万元。分别比上年增长441.13%、498.9%、168.42%，384.74%。从查处的案件情况看，侵权行为的类型主要集中在以下几方面：一是在商品中掺杂使假、以假充真、以次充好或不合格商品冒充合格商品案件906件。如在棉制品中掺杂使假现象比较严重，一些不法分子利用垃圾棉、废旧烂棉等加工棉制品出售，损害了消费者的权益；二是生产国家明令淘汰商品或销售失效商品441件；三是因售后服务引起的案件354起；四是伪造商品产地、伪造或冒用队证标志、名优标志等标志案件168件。五是对商品或服务作引人误解的虚假宣传案件168件。以上案件占查处侵害消费者权益案件的64.24%。从消费类型看，商品消费案件2796件，占88.17%，服务消费者案件375件，占11.83%。1万元以下案件3071件，占96.84%；1万元至10万元的案件85起，占2.68%。违法主体为个体工商户2539起，占80.07%；集体企业132起，占4.16%；国有企业113起，占3.56%。

2001年，全年查处侵害消费者权益案件8540件，案值3693.82万元。分别比上年增长169.32%、109.74%。1万元以下的案件8084件，占案件总数的94.66%，违法主体为个体工商户5001件，占案件总数58.56%；集体企业874件，占10.23%。

2002年，全年查处侵害消费者权益案件7103件，案值2802.64万元。分别比2001年减少16.83%、24.13；罚没款614.58万元。1万元以下案件6644件，占案件总数的93.54%；1万～10万元案件457件，占6.88%。违法主体为个体工商户2913件，占案件总数的40.01%；其他2412件，占33.96%；私营企业668件，占9.4%；集体企业606件，占8.5%。

2003年，查处侵害消费者权益案件7389件，案件总值2971.7万元，分别比上年略有增长。1万元以下案件6962件，占案件的94.22%；1万元至10万元案件421件，占案件的5.7%。在7389件侵害消费者权益案件中，侵权人为个体工商户4774件，占案件的64.61%；私营、集体、国有企业分别占案件的12.68%、6.03%、2.07%。涉及商品消费案件6339件，占案件的85.79%。侵权行为主要是在商品中掺杂使假、以假充真、以次充好或以不合格商品冒充合格商品；对消费者提出修理、重作、更换、退货、补足商品数量退还货款或赔偿等要求拖延或拒绝；生产国家明令淘汰商品或销售失效、变质商品，分别占案件的18.19%、10.37%、8.09%。

2004年，查处侵害消费者权益案件1736件，案件总值1367.76万元，分别比上年减少76.51%，53.97%。其中立案查处案件1600件，5万元以下案件1571件（占98.19%），5万～10万元案件26件（占1.6%）。侵权人为个体工商户1207件、集体企业122、公司95件、自然人73件，分别占案件的69.53%、7.03%，5.47%，4.2%。被侵权人为城镇消费者1161人、农村消费者575人，分别占案件的66.88%，33.12%。

2005年，查处侵害消费者权益案件1227件，案件总值1054.38万元，同比分别减少29.32%、22.91%。5万元以下案件1106件、占案件的94.22%；5万～10万元案件21件、10万～30万元案件4件，分别占案件的1.71%，0.33%。在1227件侵害消费者权益案件中，侵权人为个体工商户775件、集体企业112件、公司76件、自然人59件、私营企业56件，分别占案件的63.16%、9.13%、6.19%、4.8%、4.56%。在1227件侵害消费者权益案件中，商品消费案件1107件，占案件的90.22%。侵权行为主要表现是在商品中掺杂使假、以假充真、以次充好或以不合格商品冒充合格商品；生产国家已明令淘汰商品或销售失效、变质商品；生产的商品不符合保障人身、财产安全要求等。

2006年，查处侵害消费者权益案件1396件，案件总值1089.08万元，分别比上年增长13.77%、3.29%。

5万元以下案件1338件、占案件的95.85%；5万～10万元案件10件、占案件的0.71%；10万～30万元案件、30万～100万元案件、100万元以上案件各1件。有858件案件来源于检查。被侵权人为农村消费者612件，同比增长36.61%。以侵权行为分类：在商品中掺杂使假、以假充真、以次充好或以不合格商品只充合格商品570件；生产国家明令淘汰商品或销售失效、变质商品130件；伪造商品产地、伪造或冒用他人厂名、厂址，伪造或冒用认证标志、名优标志等质证标志100件，分别占案件的40.83%、9.31%、7.16%。

2007年，查处侵害消费者权益案件1299件，案件总值1069.20万元，分别同比略有减少(97件、19.88万元)。立案查处案件1244件，其中5万元以下案件1210件，同比减少128件、占立案案件的97.27%；5万～10万元案件18件；10万～30万元案件14件；30万～100万元案件2件。有894件案件来源于检查，254件来源于举报，分别占案件的68.82%、19.55%。侵权人为个体工商户939户、自然人119户、集体企业100户，分别占立案案件的75.48%、9.57%、8.04%，被侵权人为农村消费者432件，占侵权案件的33.26%，同比减少29.41%。商品消费案件1235件，占侵权案件的95.07%。以侵权行为分类前三名：在商品中掺杂使假、以假充真、以次充好或以不合格商品冒充合格商品405件；生产国家明令淘汰商品或销售失效、变质商品141件；伪造商品产地、伪造或冒用他人厂名、厂址，伪造或冒用认证标志、名优标志等质证标志135件。

2008年，查处侵害消费者权益案件1413起，比2007年上升8.77%（2007年案件1299起）；罚没款607.85万元，比2007年上升20.77%，查处案值1877.32万元。从查处侵害消费者权益案件统计数据来看，各级工商机关主要集中在商品类消费品的查处(商品消费案件占95.16%、服务消费案件仅为4.8%)。按照侵权行为来分类排名前三位的分别是：在商品中掺杂使假、以假充真以次充好或以不合格品冒充合格商品的511件；伪造产地、冒用他人厂名厂址97件；对商品或服务作引人误解的虚假宣传84件。从侵权主体来看，首先67.4%的为个体工商户，其次为自然人占12.07%、集体企业占8.5%。

2009年，查处侵害消费者权益案件1433起，比2008年上升8.31%。案值899.97万元，罚没款496.27万元。从查处侵害消费者权益案件统计数据来看，各级工商机关主要集中在商品类消费案件的查处(商品消费案件占92.61%、服务消费案件为7.39%)。按照侵权行为来分类，排名前三位的分别是：一是在商品中掺杂使假、以假充真以次充好或以不合格品冒充合格商品的537件，与往年同期相比基本持平；二是生产、销售的商品不符合保障人身、财产安全要求182件，同比增长130.38%；三是伪造产地、冒用他人厂名厂址115件，同比增长18.56%；从侵权主体来看，主要是个体工商户占61.83%、自然人占17.66%、集体企业占7.6%，以上三类占全部侵权主体的87.09%。

2010年，查处侵害消费者权益案件1356件，违法案件同比减少77件，下降5.37%，工商机关严肃查处违法案件，2010年立案查处案件同比增长1%，案件总值1021万元，同比增加121.03万元，增长13.45%，罚没金额671.83，增加175.56万元，增长35.38%。商品消费案件占较大比重，查处商品消费案件1312件，占查处侵害消费者权益案件总数96.76%；查处服务消费案件44件，同比减少62件，下降58.49%，仅占查处侵害消费者权益案件总数3.24%。

2011年，贯彻落实国家促进服务业发展的政策措施，积极促进广西经济社会平稳较快发展。4月，认真贯彻落实《广西壮族自治区人民政府办公厅关于印发加快全区服务业发展工作方案的通知》(桂政办发〔2011〕22号)精神，规范服务业市场秩序，推进服务业信用体系建设，促进服务业规范有序发展，自治区工商局下发《关于优化服务业市场环境的意见》(桂工商发〔2011〕38号)，把做好新形势下消费者权益保护工作作为化解社会矛盾、建设和谐社会的重要内容来抓，广西各级工商机关围绕“五个四”和“五个更加”的要求，充分发挥职能作用，在“十二五”规划的开局之年加大查处侵害消费者权益工作力度，全年工商机关共查处侵害消费者权益案件980件，同比减少376件，下降27.73%；案件总值657.91万元，罚没金额392.38万元。查处制售假冒伪劣商品案件1225件，侵权人比例分别是：个体工商户所占比例较大，共立案查处个体工商户侵害消费者权益案件1011件，占查处案件总数的82.53%；自然人75件，占查处案件总数的6.12%；公司71件，占5.80%；私营企业30件占2.45%；集体企业22件，占1.80%；国有企业1件，股份合作企业 1 件，其他 14 件。案件同比减少 26 件，下降 2.08%；案值 937.42 万元，罚没金额 535.83 万元。

2012 年，共查处侵害消费者权益案件 1128 件，案件总值 962.29 万元，罚没金额 432.7 万元，查处的违法案件同比增加 148 件。

2013 年，查处侵害消费者权益的消费案件 1314 件，其中消费者商品消费案件 1145 件，商品消费案件占查处案件的 87.1%，服务消费案件数 169 件，服务消费案件数占查处案件的 12.8%。从侵权行为分类看，查处销售的商品不符合保障人体、财产安全要求的案件 139 件，案件总值 51.29 万元，罚没款金额 62.84 万元；查处以次充好或以不合格商品冒充合格商品案件 238 件，案件总值 195.56 万元，罚没款金额 133.85 万元；查处销售国家明令淘汰并停止销售的商品或销售失效、变质商品案件 175 件，查处伪造或冒用认证标志、名优标志等质设标志案件 204 件，案件总值 144.50 万元，罚没款金额 72.60 万元；查处对商品或服务作引人误解的虚假宣传案件 77 件，案件总值 50.47 万元，罚没款金额 40.58 万元；其他案件 430 件，罚没款 104.73 万元。在查处的 1314 起侵害消费者权益案件中，查处的违法主体情况分别是：内资企业 233 户，个体工商户 970 户。在日常的流通领域商品质量监管中，不再局限于对个体工商户的监督管理。

2015 年，查处侵害消费者权益的消费案件 1265 件，案值 831.19 万元，其中消费者商品消费案件 1223 件，商品消费案件占查处案件的 96.68%，案值 811.19 万元；服务消费案件 42 件，服务消费案件数占查处案件的 3.32%，案值 19.97 万元。查处的违法主体情况分别是：内资企业 223 户，外资企业 4 户，个体工商户 1005 户。移送司法机关 1 件。

2016 年，查处侵害消费者权益的消费案件 667 件，案值 715.11 万元，其中消费者商品消费案件 642 件，商品消费案件占查处案件的 96.25%，案值 370.87 万元；服务消费案件 25 件，服务消费案件数占查处案件的 3.90%，案值 344.24 万元。查处的违法主体共 654 户，其中内资企业 221 户、个体工商户 410 户。移送司法机关 1 件 1 人。

2017 年，查处侵害消费者权益的消费案件 814 件，案值 416.29 万元，其中消费者商品消费案件 766 件，商品消费案件占查处案件的 94.10%，案值 451.27 万元；服务消费案件数 48 件，服务消费案件数占查处案件的 5.90%，案值 10.02 万元。查处的违法主体共 776 户，其中内资企业 234 户、个体工商户 502 户。

2018 年，查处侵害消费者权益的消费案件 958 件，案值 450.39 万元，其中消费者商品消费案件 918 件，商品消费案件占查处案件的 95.51%，案值 447.2 万元；服务消费案件数 40 件，服务消费案件数占查处案件的 4.12%，案值 3.19 万元。查处的违法主体共 662 户，其中内资企业 270 户、个体工商户 384 户。

附：案例选介

团购商品房引纠纷　2010 年 10 月，来宾市民韦先生等 31 名消费者，在来宾市某劳务服务有限责任公司（以下简称劳务公司）团购广西某房地产开发有限公司（以下简称房产公司）商品房各 1 套。2011 年 7 月，31 名消费者在房产公司未取得商品房预售许可证的情况下交了首付款。同年 8 月，房产公司以原来购买商品房的半封闭阳台改为全封闭阳台为由，要求消费者补交首付款差价后才签订购房合同。31 名消费者与劳务公司、房产公司多次协商未果，向来宾市工商局和来宾市消委会申诉、投诉。来宾市工商局、消委会在有关部门的配合下，多次组织调解，促使当事人达成调解协议，即劳务公司给消费者每户赔偿 8000 元，合计 24.8 万元。31 名消费者与房产公司按原价和实际面积，正式签订商品房买卖合同。

农资产品案例（来宾、桂林）　在 2011 年广西十大消费维权典型案例中，农资产品的案例占了四成，其中来宾市韦某某销售假冒复混肥料被追究刑事责任。2011 年 4 月 20 日，来宾市工商局在兴宾区正龙乡韦某某化肥经销店检查发现，韦某某销售的柳州化肥厂“大力”牌复混肥料有假冒嫌疑。经送柳州化肥厂鉴定，确认该批“大力”牌复混肥料非柳州化肥厂生产。经查，2011 年 4 月，韦某某向罗某某购买假冒柳州化肥厂生产的“大力”牌复混肥料 39 吨，涉案金额 60840 元。韦某某、罗某某等 3 人涉嫌构成犯罪，来宾市工商局将该案移送来宾市公安机关立案侦查。而在桂林资源县的车田乡西红柿种植户潘必坤则遭遇了劣质肥料。2011 年 7 月 21 日，潘必坤等 5 位农民向资源县工商局申诉称，他们从四川省崇州市某复合肥有限公司经销商处购买的“凯利丰”牌氨基酸配方肥存在质量问题。资源县工商局邀请农业专家实地勘查证实，使用该产品后，90% 的西红柿长势细弱，大部分根系腐烂枯死，挂果少，果型小，没有商品价值。后经广西产品质量监督检验院抽样检测，认定该氨基酸配方肥为不合格产品。经调解，经销商与农户达成退还购买肥料货款 24264 元并赔偿 7.11 万元的协议。

房地产公司无预售许可证销售商品房引起群体纠纷案（防城港） 消费者张先生等 8 人分别于 2013 年、2014 年从广西某投资发展有限公司购买商品房，并签订了职工市场合作建房合同书，8 人已付房款约合人民币 240 万元。2015 年 7 月，8 名购房者以广西某投资发展有限公司无商品房预售许可证为由要求退还购房款，经协商，双方于 2015 年 9 月 13 日达成协议分三期退款。第一期退款（人民币 64 万元）履行后，8 名购房者以广西某投资发展有限公司和房产中介联合以避税款等名目收取商品房标价以外的费用不合法为由，于 9 月 25 日上诉至法院（广西某投资发展有限公司是第二被告）。广西某投资发展有限公司以此为由拒绝支付第二期款项，双方争执不下。12 月 25 日，8 名购房者到市政府上访请求处理。根据市政府指示，市工商局、消委会、人民法院等部门迅速介入调解，并启动行政调解与司法调解衔接程序，于 2015 年 12 月 31 日至 2016 年 1 月 8 日期间，组织双方开展联合调解。经充分协调与沟通，双方达成调解协议，并申请了司法确认，法院下达了《民事裁定书》，涉及还款金额约合人民币 176 万元，最终解决消费纠纷，平息矛盾，有效维护消费者的合法权益和社会和谐稳定。

淘宝某会员虚构交易额提升商业信誉案（贺州市） 2015 年 8 月 28 日，贺州市工商局根据杭州市市场监督管理局移送案件线索，依法对淘宝某会员经营的网店网络销售情况进行检查，发现当事人在开展“车厘子好评返现”活动中，通过以“刷单”形式虚构交易额，为自己提升商业信誉，误导消费者，涉案金额 4435.2 元。此行为涉嫌违反了《网络交易管理办法》《中华人民共和国反不正当竞争法》的有关规定，已构成了虚构交易提升商业信誉的不正当竞争行为。据此，贺州市工商部门依法责令当事人立即停止违法行为，消除影响，并作出罚款 1 万元的行政处罚。

利用“老年人健康课堂”夸大宣传误导老年人购买保健品案（南宁市） 2015 年 4 月 22 日，83 岁的唐先生投诉称其于 4 月 12 日参加了南宁市某食品行（以下简称商家）举办的老年人健康课堂，其所谓的健康专家在课堂上称只要购买蜂胶产品达 3180 元，即可免费赠送价值 9760 元的多功能健康床垫一张，且宣传单称该床垫有治疗失眠的功效。商家还称，只要购买骨质胶原蛋白产品达到 980 元，即获赠价值 1900 元的“纯银”保温杯一个。为了治疗自己的失眠症，唐先生共购买 4160 元的保健品，并获得赠品床垫和保温杯。可睡了一段时间，发现床垫并不能治疗失眠，感觉受骗上当，即找商家论理提出退货退款要求，遭拒绝后向西乡塘区工商局、消委会投诉。经西乡塘区工商局、消委会调查发现，商家南宁市中宏食品行存在涉嫌虚假夸大宣传保健功能和产品虚假表示的行为。经调解，消费者获得 4160 元全额退款。

4S 店违反约定使用非原厂零部件维修汽车纠纷案（柳州市） 2015 年 2 月 15 日，消费者吴先生自用的雷克萨斯轿车发生事故，由于当时柳州市没有雷克萨斯 4S 店，按照大地保险公司柳州分公司的推荐，吴某某将上述车辆送柳州市某汽车销售服务有限公司维修，并要求更换雷克萨斯原厂配件，双方商定维修费用 35316 元。车辆修好后，吴先生发现该车所更换的零配件不是雷克萨斯原厂件，要求商家重新维修，遭到拒绝，即向工商部门投诉。柳州市工商局和消委会经调查了解，商家由于没有雷克萨斯原厂配件，即通过淘宝网网购谎称是港澳正品的雷克萨斯配件为消费者更换。经调解，商家也承认了这批零配件确实不是雷克萨斯的原厂件，同意将该车送南宁市雷克萨斯 4S 店重新维修，更换原厂零配件。对商家以假充真、以次充好，侵害消费者合法权益的违法行为，柳州市工商局依法对商家作出罚款 25000 元的行政处罚。

以假充真销售假冒名酒侵害消费者权益案（桂林市） 2015 年 6 月 18 日，消费者王先生在桂林市某商家花 3300 元购买了 6 瓶五粮液 52° 白酒，回家后发现该五粮液酒外包装极为粗糙，怀疑为假酒，于是第二天向桂林市消协象山分会西门联络点投诉，并提出 10 倍赔偿的要求。经调查，从店内查获 2 瓶未售的五粮液 52° 白酒。此 2 瓶及消费者购买的 6 瓶五粮液 52° 白酒，经商标持有人四川省宜宾五粮液集团有限公司鉴定，认定为侵犯该公司“五粮液”注册商标专用权的假酒。经消委会象山分会人员调解，经营者退还消费者购酒款 3300 元，并赔偿 12500 元。为教育警示违法经营者，分会通过“诉转案”方式，对经营者销售侵犯注册商标专用权商品的违法行为，转由桂林市象山区工商局立案调查，依法追究其行政法律责任，最终对其处以罚款 13200 元，并没收 8 瓶侵权五粮液白酒。

摄影室预付押金消费套餐群体投诉案（梧州岑溪市） 2015 年下半年起，梧州岑溪市某儿童艺术摄影室开展以套餐预付款方式进行促销，并通过发广告、开微信及搞活动等宣称，预付 100 元押金，可免费拍照 6 张，拍照后，预付押金可退回，多拍部分另行收费。至事发时止，摄影室先后收取了 1100 多人的预付款押金及套餐预付款共 13 万余元。至 2015 年底由于摄影室无法续租原租赁店铺，变更经营场所又没有及时告知消费者，致使消费者误以为经营者“跑路”，引发群体性投诉和“集体围堵”事件，严重影响社会和谐稳定。2016 年 1 月 4 日，岑溪市工商局、消委会接到消费者群体投诉后，立即组织人员赶到现场开展调查，宣传相关法律法规，组织商家和消费者代表进行调解，责成商家按消费者要求，或退回预付款押金，或继续提供服务。最终，有 600 多名消费者领到商家的退款 8.7 万余元，剩余 400 多消费者与商家达成协议继续接受“消费套餐”服务。

桂林某网络科技有限公司未能保存并提供第三方交易平台原始数据案［桂市（七）工商罚字〔2017〕第 B018018 号］ 桂林某网络科技有限公司从 2014 年 10 月至 2017 年 3 月在网络上运营某交易平台。2017 年 3 月，桂林市七星区工商局在调查和处理针对桂林某网络科技有限公司及其平台注册会员涉嫌利用网络平台从事以虚构交易为他人提升商业信誉的投诉举报过程中，为查清事实真相，依法分别向其下达了限期提供证据通知书和责令整改通知书，要求在规定的期限内提供在网上平台注册登记的相关经营会员的登记信息和交易数据，但其在规定的期限内未提供相关证据，之后也未按要求改正违法行为，且不能提供其无法向桂林市七星区工商局提供上述证据的正当理由和事实证据。此行为违反了《网络交易管理办法》，依据相关规定，桂林市七星区工商局依法对桂林某网络科技有限公司处以罚款 1 万元。

江苏某广告有限公司以不合格产品冒充合法产品销售案（百工商处字〔2017〕15 号） 2017 年 4 月 11 日，百色市中心血站与江苏某广告有限公司签订《政府采购合同》，合同约定采购台灯、保温杯、浴巾等 6 种无偿献血纪念品。2017 年 5 月 3 日，百色市工商局接到举报江苏某广告有限公司涉嫌销售不合格产品。百色市工商局经查，发现江苏某广告有限公司确实存在销售不合格浴巾和时尚台灯的行为。此行为违反了《中华人民共和国产品质量法》，依据相关规定，百色市工商局依法没收不合格浴巾 4995 张、时尚台灯 2995 个，并处罚款 20 万元。

林某组织、策划传销活动案［桂市（七）工商罚字〔2018〕第 A001001 号］ 2017 年 6 月 20 日起，林某以广西桂林某公司的名义、以对外签订“多米科技生活美学空间”项目协议的形式，推广创业合伙人项目，并要求协议对方交纳人民币 25800 元，作为取得入伙资格和相应奖励的条件，并分层级制定相应的奖励模式和奖励比例，给予老创业合伙人“推荐”“培养”“带动”新创业合伙人奖励，以此方式进行牟利运作。此行为违反了《禁止传销条例》，依据相关规定，桂林市七星区工商局责令林某立即停止违法行为，并依法没收其因组织、策划传销活动违法所得 38.7 万元，并处以罚款 50 万元。

玉林市玉州区某木地板经营部侵犯消费者权益案（玉工商处〔2017〕219 号） 2017 年 3 月 6 日，玉林市工商局接到消费者举报，称玉林市玉州区某木地板经营部涉嫌销售假冒美国红橡木实木地板，后玉林市工商局依法立案调查。经查，2015 年 10 月 7 日，玉林市玉州区某木地板经营部向举报人（消费者）介绍木地板，并进行实物展示以及商品推介，消费者遂向其订购了标名为“粤顺美国红橡 A 板”“美国红橡木实木地板”的木地板，并支付了相应货款。但经玉林市工商局依法委托广西壮族自治区木材产品监督检验站对该批木地板进行抽检，最终查实玉林市玉州区某木地板经营部销售的木地板原料并非美国红橡木。玉林市工商局认为，玉林市玉州区某木地板经营部虽向消费者进行了实物展示，但隐瞒了涉案木地板的材质为柞木而非美国红橡木的信息，以虚假或者引人误解的商品说明，使消费者作出购买商品错误的意思表示，其行为侵犯了消费者的知情权和公平交易权，违反了《中华人民共和国消费者权益保护法》，依据相关规定，玉林市工商局责令玉林市玉州区某木地板经营部改正违法行为，并没收违法所得 8475 元，处以罚款 1.2 万元。

广西某投资管理集团有限公司发布违法广告案（南工商经检处字〔2018〕76号） 2018年1月29日，南宁市工商局接到南宁市处非办转来有关广西某投资管理集团有限公司涉嫌发布非法集资广告的线索。经查，该公司委托广西某传媒有限公司在南宁市地铁2号线明秀站、福建园站、亭洪站和南宁剧场站的站台屏蔽门或出入口外墙上，发布“……预期年化收益率18%起，一家能为客户提供更专业理财建议的技术服务商”等广告内容，此行为违反了《中华人民共和国广告法》，依据相关规定，南宁市工商局责令该公司停止发布违法广告，并处罚款50万元。

广西某装饰有限公司防城港分公司使用虚假荣誉牌匾进行商业宣传案（防工商处字〔2018〕73号） 2018年3月21日，防城港市工商局依法对广西某装饰有限公司防城港分公司进行检查，发现该公司购买了16块各类虚假“荣誉牌匾”进行虚假或引人误解的商业宣传，欺骗、误导消费者。此行为违反了《中华人民共和国反不正当竞争法》，依据相关规定，防城港市工商局责令其立即停止虚假宣传违法活动，并处罚款20万元。

桂林秀峰区某装饰装潢店违法向消费者进行商业性推销案（工商罚字〔2018〕第178173号） 2018年6月1日，桂林市工商局对桂林市秀峰区某装饰装潢店经营场所进行检查，发现该公司为推广业务，未经消费者同意或请求，通过打电话、发短信、加微信等形式向多位消费者发送商业信息。此行为违反了《消费者权益保护法》，依据相关规定，桂林市工商局责令当事人改正违法行为，并处罚款3万元。

许某销售侵犯他人注册商标专用权商品案（靖工商处字〔2018〕304号） 许某分别于2018年4月、5月和6月通过回收及南宁业务员上门推销等方式，购进大量假冒的“天之蓝”“海之蓝”“剑南春”“五粮液”“茅台”等白酒，并对外销售了其中一部分假冒白酒，侵犯了他人注册商标专用权。此行为违反《中华人民共和国商标法》，依据相关规定，靖西市工商局责令许某停止侵权行为，并没收侵犯他人注册商标专用权的“剑南春”“五粮液”“天之蓝”“海之蓝”“茅台”酒共133瓶，处以罚款5万元。

靖西市某贸易有限公司擅自收购无证开采铝土矿案（靖工商处字〔2018〕155号） 2018年4月8日，靖西市某贸易有限公司为牟取利润，从靖西市南坡乡、崇左市龙州县和云南古拉等地收购无采矿许可证的采矿人开采的铝土矿石共计2092.40吨。此行为违反了《广西壮族自治区矿产资源管理条例》，依据相关规定，靖西市工商局作出没收矿产品（铝土矿）共计2092.40吨的行政处罚决定。

武宣县某环保再生资源有限公司提交虚假材料骗取公司登记案（武市监处字〔2018〕58号） 2018年3月20日，全国12315互联网平台接到对武宣县某环保再生资源有限公司伪造变更股东登记的相关举报材料，后该材料于3月26日转至武宣县市场监管局。经查，2014年7月22日，武宣县某环保再生资源有限公司向武宣县工商局提交了变更股东登记的虚假材料，取得了公司变更登记。此行为违反了公司法和《中华人民共和国登记管理条例》，依据相关规定，武宣县市场监管局责令武宣县某环保再生资源有限公司停止违法行为，并处罚款15万元。

第四篇 法治建设

随着社会主义市场经济体系和法律体系不断完善，主管市场监督管理和行政执法的工商行政管理部门的法治建设步伐加快。1991 年底，依据自治区编制局桂编局〔1990〕128 号文《关于自治区工商局内部机构增设法制处的通知》，自治区工商局正式成立法制处，配备 3 名干部，负责全自治区工商行政管理系统的法治工作。2000 年，根据自治区人民政府核定的“三定”方案，机构名称改为法规处，定编 4 人，实有人数为 5 人。全自治区工商行政管理系统也相应成立法制机构，至 2000 年，实现“县县有机构”的法制工作体制，形成自治区、市、县、所四级法制工作网络。垂直管理以来历经 4 次机构改革“三定”，逐步确立了工商行政管理市场监管和行政执法的职能定位，形成从自治区工商局到基层工商所四级贯通、运转协调的分层管理体制，建立布局合理、管理规范的监管执法体系。职能和作用由过去主要监管集贸市场和小商小贩转变为对社会主义统一市场的监管；监管手段和方法不断改进，由过去主要运用行政手段进行监管转变为综合运用行政和法律手段进行监管，市场监管执法工作纳入了制度化、规范化、程序化、法治化的轨道。

2001 年，彻底实现市场办管脱钩；2004 年开始的“红盾护农”活动，为工商部门开辟了服务三农、推进新农村建设的新局面；2007 年起，自治区工商局在全系统开展行政执法质量考评活动，出台实施《行使行政处罚自由裁量权的规定》，切实强化执法监督，严格规范执法主体、执法程序和自由裁量权的行使。每年对全系统行政执法责任制进行目标考评，开展各项专项执法检查，并通报行政执法检查的情况，对执法人员、案件核审人员及案件审批领导出现执法过错的，根据《工商行政管理机关行政执法过错责任追究办法》的规定予以追究。

2013 年，重点抓“六个强化”：强化组织领导，完善依法行政工作长效机制；强化公正文明执法，提升行政执法水平；强化建章立制工作，促进依法履职到位；强化执法机制创新，提升工商行政效能；强化执法监督，提高执法过错防范能力；强化法治宣传教育，提升执法队伍素质。2015 年实施“法治工商推进年”。2015 年，中国与工商行政管理有关的现行有效法律 99 件，行政法规 258 件，地方性法规 36 件，部门行政规章 101 件，地方行政规章 18 件，总计 512 件，这些法律法规和规章基本覆盖了工商行政管理各方面工作，为工商行政管理工作提供了较为完备的法律依据。

2017 年，全自治区工商行政管理机关在行政决策、执法体制、制度建设、行政执法、执法监督、信息公开等方面基本实现法治化。科学化、民主化、法治化的行政决策机制和制度基本形成；权责明确、行为规范、监督有效、保障有力的行政执法体制基本建立，属地管理、整体联动、网络化工作机制进一步完善；规范性文件制定符合法律法规规定，制度建设质量明显提高；工商行政管理法律法规规章得到全面实施，行政执法行为规范高效；行政执法监督机制和制度基本完善，执法监督效能明显提高。2018 年按照“依法治国、依法执政、依法行政共同推进，法治国家、法治政府、法治社会一体建设”的总体要求，以合法性审查和行政执法监督为抓手，大力推进依法行政，推进法治建设，充分发挥法制部门参谋、助手、顾问作用。

第一章　法规创制

自治区工商局先后制定系列规范依法行政的措施和工作制度，完善工商行政管理的地方立法及制度体系。1994 年—1996 年 1 月，共制定地方性法规 40 多项。这些法规的出台，对维护市场经济秩序，促进经济的发展，起到重要的作用。2000 年，逐步确立了工商行政管理市场监管和行政执法的职能定点，先后起草广西壮族自治区《个体工商户条例》《私营企业条例》《企业法人登记管理条例》《商品交易市场管理条例》《反不正当竞争条例》《消费者权益保护条例》《个体工商户和私营企业权益保护条例》等地方性法规及《广西壮族自治区著名商标认定和保护办法》等政府规章；同时先后制订广西工商行政管理机关《行政执法监督暂行办法》《行政执法过错责任追究暂行办法》《行政赔偿实施暂行办法》《执法质量考评规定》《行使行政处罚自由裁量权规定》等一系列制度。截至 2018 年 10 月，共有与工商行政管理有关的现行有效法律 99 件，行政法规 258 件，地方性法规 36 件，部门行政规章 101 件，地方行政规章 18 件，总计 512 件。根据《广西壮族自治区人民政府办公厅关于建立政府法律顾问制度的意见》（桂政办发〔2015〕4 号）和《广西壮族自治区工商行政管理局关于建立法律顾问制度的意见》（桂工商办发〔2015〕136 号）的有关要求，各地工商行政管理部门先后成立了以法制机构人员为主体，法学专家学者、执业律师等为补充的法律顾问室。

普法是提高全民法治意识，依法治国和建设社会主义法治国家的重要举措。通过主题宣传、现场咨询、送法下乡、开设消费大讲堂等形式，广泛宣传消费维权理念、消费知识，宣传工商部门服务经济发展、维护市场秩序、维护消费者合法权益的政策措施。同时，依托 12315 “五进”（进商场、进超市、进市场、进企业、进景区），广泛开展与消费者面对面的消费引导活动。结合工商行政管理工作实际，组织全局干部、职工学法、知法、懂法、守法，完成“三五”普法规划的各项任务，通过三五普法，增强自治区工商局干部、职工法治观念、法律意识，使各项工作纳入法治轨道，营造良好的执法环境，提高干部的执法水平。全自治区各级工商机关健全完善领导干部学法用法制度，推进领导干部法制教育制度化、规范化。切实加强行政执法人员的法制教育培训。采取集中授课培训、讲座培训、远程教育、执法资格培训、个人自学等方式，开展法律知识教育、培训。桂林市工商局开展执法大培训、大测试、大实战、大监督和大成果检验，建立面向广大基层干部的长效培训工作机制，2015 年执法大培训“以案释法”，参训人员 1000 余人次，提升执法办案人员“精、气、神”等整体执法素质。北海市工商局在门户网站开设“政策法规探讨”栏目，收集典型案例，进行案例分析，以案学法。来宾市工商局每年都制定干部培训计划、依法行政业务培训计划、局领导学法计划、依法行政专题研讨等。开展全区工商系统服务非公有制经济发展宣传月活动。全区工商系统 2011 年以“创业与发展”，2012 年以“抓服务、促发展”、2013 年以“创业与增收”、2014 年以“提质与扩量”、2015 年以“抓党建、促发展”为主题，分别开展了服务非公有制经济发展宣传月系列活动。

2015 年，推行权力清单责任清单“两单融合”，将行政权力运行法治化、规范化、制度化，进一步强化对权力的制约和监督。同时，按照公开透明、便民高效的要求，将向社会公开，接受社会监督，让行政权力在阳光下运行。“两单融合”，正确理解“有权必有责，用权受监督”，厘清行使行政职权应当履行的义务和不作为、乱作为可能带来的不良后果；使相关工作人员清楚不履行或不正确履行职责时应承担的责任，为规范和约束行政行为，推进依法履职、依法行政，建设法治工商奠定坚实的基础。

第一节　参与地方法规和政府规章制定

1992年，3月14日经自治区人民政府同意，自治区工商局制定下发《广西壮族自治区工商行政管理局关于支持搞好国营大中型企业的意见》，支持国营大中型企业转换经营机制，鼓励工贸企业兴办市场。

1993年，市场培育和市场管理改革不断深化，自治区工商局制发《关于贯彻执行商品交易市场登记管理暂行办法具体实施意见的通知》，全自治区市场监督管理重点已从集贸市场转向生产资料、生产要素市场。当年，自治区工商局制发《广西壮族自治区商标代理试行办法》，完善商标代理制；广西商标事务所成立后，各地陆续成立了73个商标代办站，开展商标代理业务。同年，自治区工商行政管理部门逐步把经济合同的行政管理行为变为企业的自律行为。全自治区的企事业单位订购《中国合同范本》2.2万册，推广26种经济合同示范文本。

1994年初，自治区工商局在调查研究的基础上，代自治区人民政府起草《关于培育和发展全区市场体系的通知》，以及《培育和发展市场体系规划(1994—2000年)纲要》。9月，自治区工商局提请自治区人民政府召开全区培育和发展市场体系工作汇报会。会上明确在经济发达的桂东南地区，发展农副产品专业批发市场、生产资料市场和生产要素市场；在经济发展较慢的桂西北地区，发展农贸市场，同时在经济条件较好、资源丰富的地方，发展生产资料、生产要素市场；在区辖市，发展关系居民菜篮子的禽畜、蔬菜、果品市场。以文化市场为主体的特种市场不断发展。全自治区形成自治区、地市、县、乡镇、村五级市场网络。

同年，自治区工商局成立地方法规起草工作领导小组，从自治区工商局机关和南宁市、柳州市、桂林市工商局抽调得力干部，组成法规起草工作班子，起草《广西壮族自治区个体工商户条例》《广西壮族自治区私营企业条例》《广西壮族自治区企业法人登记管理条例》。

1995年1月，自治区人大法制委、自治区工商局召开实施《广西壮族自治区个体工商户条例》《广西壮族自治区私营企业条例》新闻发布会。同年，自治区工商局制定《广西指定印制商标单位管理规范》，推行制度化管理，各地对1994年度商标印制单位进行年检。修改《广西壮族自治区企业法人登记管理条例》，自治区人大常委会审议通过，并颁布实施。制定《广西壮族自治区工商行政管理执法监督检查暂行办法》《广西壮族自治区工商行政管理机关行政处罚同级审核办法》。

1996年4月9日，自治区人大常委会、自治区工商局联合召开实施《广西壮族自治区经纪人管理条例》新闻发布会。

1998年，自治区工商行政管理局与自治区财政厅联合下发《全区工商行政管理系统行政性收费纳入预算管理办法》和《关于加强我区工商行政管理部门收据管理工作的通知》，将行政性收费、罚没收入纳入预算管理，暂未纳入预算管理的，一律实行进财政专户管理。

2000年，自治区工商局制定《广西经纪人登记管理试行办法》，加强对经纪人的规范化管理；贵港市集中整治猪苗市场的中介服务组织，对无证经营人员进行培训考核，补发经纪资格证书；北流市、横县在培育发展荔枝、茉莉花基地过程中，积极扶持发展农民经纪人队伍和流通组织；田阳县指导农民经纪人发挥中介服务作用，组织春季果菜外销18万吨，促进农业增产，农民增收。

2001年，广西工商行政管理机关改革市场监管模式，市场预警警示制度试点，自治区工商局修订《广西商品交易市场预警警示试行办法》；各地选择不同类型的市场进行试点，把试点工作与推行的市场巡查制、“经济户口”管理、创建文明市场结合，初步形成与当地实际紧密结合的预警警示监管模式。1月，在南宁召开全自治区工商行政管理工作会议提出更新监管执法观念。中国加入WTO后，树立新的“大市场”的观念，对商品贸易市场、“双生”市场进行监管，逐步加强对保险、银行、电信等服务市场的监管。按照世贸组织的基本法律规则和相关制度要求，结合国情、区情，补充、修改、完善各项监管执法法律制度，与国际惯例接轨。

同年，自治区人民政府批转《自治区工商局关于发挥登记职能作用支持企业发展促进西部大开发的若干意见》，对企业的注册登记进行重大改革，降低门槛，放宽登记注册条件；结合行政审批改革，清理前置审批项目，简化办事程序，改善投资环境。此外，按照产业结构调整的要求，根据企业不同情况，通过兼并、联合、重组等形式实行优胜劣汰、有进有退的调整，支持发展主业突出、管理水平高、核心能力强的大公司和大型企业集团，推动国有企业改革。2001 年，自治区工商局代起草并以自治区人民政府文件下发《关于营造良好政策环境大力发展个体私营经济的若干意见》；自治区人大常委会颁布《广西个体工商户和私营企业权益保护条例》。各地对发展个体私营经济工作的领导以及对个体私营经济的宏观引导，抓住西部大开发的机遇，引导个体私营经济参与国有企业改革，鼓励、支持个体工商户、私营企业吸纳下岗职工，接收安置大中专毕业生和转业干部，拓宽就业渠道；引导个体私营经济参与产业化经营，支持个体工商户、私营企业大力发展畜牧业、种养业和农产品加工业；引导有条件的个体工商户、私营企业参与“东西部合作项目”建设，扩大对外交流，提高科技含量。为个体私营经济发展营造良好的法治环境。为明确市场办管彻底脱钩工作的指导思想、范围和原则，自治区人民政府办公厅批转《自治区工商行政管理局关于做好工商行政管理机关与所办市场彻底脱钩工作的实施意见》，制定相关的政策和保障措施。自治区工商局修订印发《广西重合同守信用企业考核命名管理办法》，对“重守”企业的创建范围和活动内容进行创新，命名 2001 年度重合同守信用企业 1348 户。

2002 年，自治区工商局制定《市场主体信用信息公示管理办法》，选择南宁市建筑装饰材料市场、桂林国际旅游商品批发城、武鸣县农资市场、横县茉莉花市场、田阳县农副产品批发市场作为第一批规范市场秩序的试点，总结推广实现市场秩序长效管理的经验。各地学习借鉴试点市场的经验，制定完善统一的交易规则和管理制度，通过在市场内创建诚信经营示范区、推广使用信誉卡、推行守法经营承诺制；在企业和经营者中开展“重合同守信用”活动、实施市场主体信用公示制度、发挥行业协会自律作用，提高市场开办者、经营者的自律意识、法治意识和信用意识。同年，自治区人民政府颁布《广西壮族自治区著名商标认定和保护办法》，制定认定程序、认定条件（标准）等配套文件，将广西著名商标认定和保护工作纳入法治管理的轨道。

从 2003 年 3 月 1 日起，由国务院颁布的《无照经营查处取缔办法》开始实施，使各级行政执法机关取缔无照经营有法可依。2003 年 2 月 18 日，在自治区工商局召开该《办法》的新闻发布会，邀请区直相关执法单位及新闻媒体和各地市分管个体或法规的领导参加，自治区副主席杨道喜出席新闻发布会并作重要讲话。编印 30 多万份《无照经营查处取缔办法》的法规宣传资料。8 月，自治区工商行政管理局下发《关于做好取消经纪从业人员资格核准行政审批后续监管工作的通知》，根据国家工商总局 1995 年印发的《经纪人管理办法》（国家工商行政管理局令第 36 号）中设立的“经纪从业人员资格核准”属于取消范围。鉴于自治区人大常委会 1996 年颁发的《广西经纪人管理条例》（以下简称《条例》）中仍赋予广西各级工商行政管理机关“核发经纪资格证书”行政审批职能，自治区工商行政管理局向自治区人民政府和自治区人大专题报告，提请修改《条例》，明确“核发经纪资格证书”的相关问题。在自治区人民政府和自治区人大对自治区工商局的报告未作明确批复之前，各地工商部门暂停开办经纪人资格培训班，但必须按照自治区人民政府办公厅《关于印发广西区工商局职能配置内设机构和人员编制规定的通知》（桂政办发〔2002〕81 号）的规定，切实履行“组织管理经纪人、经纪机构”职能，根据国务院和自治区人民政府“做好后续监管和衔接工作，防止出现管理脱节”的要求，通过对经纪从业人员进行备案的形式把好主体准入关。此外，对原来已核发的《经纪资格证书》，仍应进行年检，但不得收取任何费用。

2003 年，自治区工商局制定《工商所代行年检或年检初审的操作规程》《企业简化年检制度》，推行企业属地化管理，提高年检质量和效率。制定《广西壮族自治区企业登记中介服务管理办法》和《广西工商行政管理机关企业登记管理首办责任制度》，规范并公开企业注册的办事流程、办事制度及设立企业的条件，为社会公众和企业申请注册提供方便。结合行政审批制度改革，改进登记注册工作，对已经取消的 1195 项前置审批项目，不再要求经营者提交；允许没有取得前置审批的投资项目法人先行办理登记注册，发给筹建执照，为企业快速进入市场创造条件。

2004 年，自治区工商局会同自治区政府发展研究中心代起草，以自治区党委、自治区人民政府文件出台《关于加快民营经济发展的决定》，从明确指导思想；放宽市场准入；扶持鼓励类产业发展；在财税、信贷、用地方面给予支持；提高民营企业素质；营造发展环境等六个方面制定促进个体私营经济加快发展的政策措施。制定《广西守合同重信用企业认定公示管理办法》，进一步规范企业合同信誉的评定标准和程序；各地扩大活动范围，积极引导不同类型、不同行业的市场主体广泛参与认定公示活动。同年，提请自治区人民政府出台《广西壮族自治区人民政府办公厅关于抓紧处理市场办管脱钩遗留问题的通知》，进一步明确“属地管理”责任，提出限时完成市场实质性交接、加强市场开发服务中心机构建设、妥善处理资产债务纠纷、确保市场开发服务中心稳定等要求。

2005 年，自治区工商局出台《优化投资环境促进经济发展的若干措施》和《关于进一步完善企业登记注册服务工作的通知》文件，深化企业登记制度改革，进一步放宽市场准入条件；全自治区企业登记机关建立和完善政务公开、首办负责、限时办结、延时服务、“一站式”服务、“一审一核”互联审批等制度，全面推行文明优质服务，规范服务行为，提高服务质量，让企业快速进入市场。同年贯彻行政许可法，对原先实行的《企业登记注册工作规范》《企业登记首办责任制度》《执法监督暂行办法》《行政执法过错责任追究暂行办法》《行政赔偿实施暂行办法》，依照行政许可法进行重新修订和审核。同时，根据行政许可法便民、高效的原则，及时制定和完善全自治区工商机关“首问责任制”“首办责任制”“一次性告知制”“限时办结制”“服务承诺制”“政务公开制”“失职追究制”“来函必复制度”等与行政许可法实施相关的配套制度，并在全自治区各级工商机关广泛推行。

2006 年，广西工商行政管理局制定《广西个体工商户分类监管实施意见》，明确规范委托登记的权限、职责和推行“委托到所、授权到人”的基本管理模式。

2007 年，自治区工商局协助自治区人民政府修订《广西壮族自治区个体工商户条例》和《广西壮族自治区私营企业条例》，对草案开展调研，共征集修改的意见或建议 29 条，完成两个条例修订的相关工作。次年 11 月 1 日起施行《广西壮族自治区个体工商户条例》。两个条例进一步放宽个体私营经济的市场准入，对符合社会最低生活保障条件人员、下岗失业人员、大中专毕业生、退役军人以及其他符合规定条件从事个体经营的人员，各级人民政府及其有关行政主管部门应当按规定落实优惠政策。外地人员到本地从事个体经营活动的，与本地个体工商户享受同等待遇。依法简化注册登记程序，减少审批环节；组织和督促基层工商部门在个体工商户注册登记中落实服务承诺和首办责任制、限时办结制、一次性告知制和过错责任追究制；深化个体工商户分层登记管理改革，实施委托工商所办理个体工商户营业执照。同年，《广西壮族自治区消费者权益保护条例》经自治区十届人大常委会第二十六次会议审议通过并颁布实施，广西消费者权益保护工作进一步法治化、制度化和规范化。

2008 年，《广西北部湾经济区规划》上升为国家战略后，在该年度批准实施了多项重大项目——武钢柳钢联合重组、中电投广西核电有限公司设立等；广西铁路投资（集团）有限公司、广西交通投资集团有限公司等一大批战略投资国有独资公司相继设立登记；广西电信实业集团有限公司、广西有色金属集团有限公司、广西中烟工业有限责任公司等多家国有企业改制上市进程加快等。自治区工商局企业登记注册分局充分发挥职能作用，提升重大项目服务水平，确保重大项目涉及的企业登记注册事项在注册分局都得到高效优质服务。自治区工商局落实国家工商总局给予广西北部湾经济区开发建设“四放宽、一支持”（即放宽企业名称登记及个体工商户登记注册等条件的限定，放宽外商投资企业登记注册授权条件，放宽商品展销会登记权限，加大对广西壮族自治区工商行政管理系统信息化建设的支持力度）专项政策，制定和实施《关于贯彻国家工商总局专项政策支持广西北部湾经济区建设的实施意见》，将国家工商总局“四放宽、一支持”政策进一步细化为涵盖工商行政管理机关各项工作的 24 条具体政策和服务措施，全面优化广西投资环境，为广西北部湾经济区开发建设提供政策支持。

2008 年 1 月，国务院正式批准颁布实施《广西北部湾经济区发展规划》，《广西壮族自治区工商行政管理局关于贯彻国家工商总局专项政策支持广西北部湾经济区建设的实施意见》的起草、补充、修改、完善等环节履行法治职责，为自治区工商行政管理机关在服务广西北部湾经济区建设中发挥积极作用提供强有力的法治保障。4月，自治区工商行政管理法制工作围绕国家工商总局提出的"四化"（制度化、规范化、程序化、法治化）建设的总体要求，重点加强制度化、规范化建设。一是制定《广西工商行政管理所实施行政处罚程序规定》，建立健全工商所办案程序，对以工商所名义查办的适用一般程序的案件，从立案到处罚决定的执行，每一环节的程序都作出明确规定；二是制定《广西工商行政管理所工作规范》，促进工商所管理执法职能到位，明确工商所执法人员职责，完善和创新基层工商所监管执法制度、方式和手段，构建市场监管长效机制；三是制订《广西工商行政管理机关涉案财物管理和处理制度》，建立健全以办案机构与财物管理分离，监察、法制机构全程监督为主要内容的涉案财物管理制度；四是制定《广西区工商行政管理局行政处罚核审案件的类型和范围的规定》，具体确定和细化行政处罚案件核审的类型和范围。对《广西工商行政管理机关行使行政处罚自由裁量权规定（试行）》进行相应的修改和补充，确保工商行政执法人员能正确掌握并准确合理地行使行政处罚自由裁量权；五是起草《广西工商行政管理机关责令企业限期年检及吊销逾期未年检企业营业执照程序规定》，详细规定各类年检文书送达的方式、期限。

2009年，自治区两会期间，自治区工商局与防城港市人大代表联名向自治区人大常委会提出关于修订《广西商品市场管理条例》《广西企业法人登记管理条例》以及制定打击传销活动地方性法规等议案，其中5件议案被自治区人大常委会采纳。自治区工商局参与起草《广西壮族自治区促进全民创业若干政策意见》《关于进一步完善查处取缔无证无照经营行为工作机制的通知》等规范性文件，经自治区人民政府审议通过，以自治区人民政府办公厅的名义相继印发实施。自治区工商局出台《关于应对国际金融危机促进全民创业的若干意见》，制定鼓励全民创业，服务企业发展的21条政策措施，积极支持社会群体自主创业，扩大就业渠道；支持搞活企业，增加主体总量；支持扩大消费，拓展企业发展空间；支持结构调整，提升企业发展质量，进一步优化政策环境和市场环境。搭建投资服务平台，支持招商引资和重大项目建设。各级工商行政管理机关把招商引资和重大投资项目纳入绿色通道办理，实行专设窗口、专人负责、专项研究、专门指导，通过加强对接，全程服务，帮助制定和完善相关的登记文件。3月，自治区工商局下发《关于发挥工商行政管理职能作用引导支持服务农民专业合作社健康发展的实施意见》，进一步加强对扶持农民专业合作社发展工作的指导。各级工商行政管理机关按照自治区工商局的部署，进一步加大《农民专业合作社法》和《农民专业合作社登记管理条例》的宣传力度，完善农民专业合作社登记绿色通道，强化工商行政管理机关的服务意识，切实加强对农民专业合作社的指导、扶持和服务，提高农民进入市场的组织化程度和农民专业合作社管理水平，使广西农民专业合作社的发展迈上新的台阶。出台《关于广西壮族自治区小额贷款公司登记管理的意见》，指导各级工商行政管理机关规范小额贷款公司的登记管理，引导、支持符合条件的企业和群众设立小额贷款公司，拓宽中小企业的融资渠道。

2010年，自治区工商局下发《关于进一步深入开展家电下乡等市场专项整治工作的通知》，在全自治区深入开展"家电下乡"市场专项整治工作，各级工商行政管理机关严把市场准入关，确保"家电下乡"销售网点经营主体资格的合法性；建立"家电下乡"维权岗，畅通消费者投诉、举报渠道，认真受理"家电下乡"消费申诉举报，严厉查处商业贿赂、不正当有奖销售、强行搭售商品、冒用他人企业名称以及仿冒知名商品特有名称、包装、装潢等不正当竞争行为；严厉查处在广告宣传中冒用"家电下乡"名义倾销假冒伪劣家电产品欺骗消费者，以及对家电质量、配置、性能进行虚假表示、夸大宣传误导消费者等违法行为。12月21日，自治区工商局出台《关于广西壮族自治区融资性担保公司登记管理的意见》，对融资性担保公司的名称预先核准以及企业登记、备案事项和监督管理等方面做出明确规定。

同年，自治区工商局参与起草《自治区人民政府进一步做好利用外资工作的实施意见》，并从放宽准入条件、优化服务方式、完善监管手段、健全体制机制等方面，研究提出服务外资企业发展的具体措施。落实《广西壮族自治区人民政府关于支持台资企业发展的若干政策措施》，通过对南宁—东盟经济开发区和海峡两岸农业合作试验区的台资企业进行调研，检查有关政策的落实情况，了解掌握台资企业的发展现状，对如何促进台资企业的健康发展提出意见和建议，切实为台资企业的设立和生产经营提供优质服务。根据国家和自治区有关政策、规定，结合广西实际，制订外商投资合伙企业登记程序和工作流程；开发外商投资合伙企业的信息化应用软件，自治区及14个地级市工商局均依托该软件开展外商投资合伙企业登记注册工作，提高工作效率。2010年，自治区工商局协调配合区人大、区政府、各厅局做好地方立法协调工作，共完成立法协调意见87件。

2011年，自治区工商局与自治区金融办、商务厅、外汇管理局联合下发《关于设立外资小额贷款公司有关事项的通知》，发挥外资在广西金融服务体系中的资金优势及经营管理、业务创新等方面的积极作用，解决中小企业贷款难的问题。同时，对符合规定外商投资企业实行延期出资政策，缓解企业资金到位压力。同年，自治区工商局会同有关部门代起草《广西壮族自治区人民政府关于大力发展微型企业的若干意见》（以下简称"若干意见"），明确自治区发展微型企业的扶持范围和扶持政策。7月12日在广西红盾网上公布《广西壮族自治区微型企业监管暂行办法》。从条件审查、登记注册、监管管理、微型企业取消等方面做出相应规定；同时，会同财政、税务、人保、民政、人民银行等部门，制定13份落实自治区人民政府《若干意见》的配套性文件，为微型企业登记监管工作提供规范、有效的政策指导。与此同时，自治区微企办下发《关于加强微型企业资本金补助资金管理的通知》，组织工商、财政、人保、监察等部门成立微型企业资本金补助资金发放评审委员会，加强资本金补助资金的管理。自治区工商局制定《下放企业登记审批权限实施方案》，报请自治区人民政府批准，赋予市、县工商机关行使自治区的部分企业登记权，共下放包括企业名称预先核准、公司和非公司企业法人登记、分公司和分支机构登记、煤矿企业登记、企业集团登记在内的5大类10项登记权。

2012年，一是出台《台湾居民申办个体工商户登记管理试行办法》，在南宁等5市试点开展台湾居民申办个体工商户登记管理工作。二是制定并下发《鼓励和引导民间投资健康发展的实施意见》。三是出台《加快推进法治工商建设实施方案》，制定5年规划，明确在全系统实现行政决策、执法体制、制度建设、执法监督、信息公开法治化的总体目标和具体措施。自治区工商局被认定为首批"自治区级依法行政示范点"，按照自治区法制办确认的"探索改进和创新行政执法方式方法，推行'柔性'执法"示范项目。四是出台《关于支持文化体制改革和文化产业发展的意见》，制定18条政策措施，指导全自治区工商系统积极完善政策保障机制，支持经营性文化单位改革；完善市场准入机制，支持文化产业加快发展；完善公共文化服务体系，支持城乡文化一体化发展。五是制定下发《关于公布行政审批项目下放方案的决定》，贯彻落实《广西壮族自治区人民政府关于开展扩权强县工作的意见》精神，成立全系统扩权强县工作领导小组，下放9项行政审批项目，建立定期报送制度。当年，自治区工商局完成《广西壮族自治区实施〈危险化学品安全条例〉办法》等70部地方性法规、规章、规范性文件征求修改意见的立法协调工作。通过清理行政审批项目（共清理23项），下放审批权限（已下放9项），进一步规范行政审批行为。11月1日，自治区工商局成立《自治区工商局广西合同格式条款监督管理条例》立法起草工作领导小组，负责《自治区工商局广西合同格式条款监督管理条例》文本及有关文件的起草，与自治区法制办有关处室对接和向上汇报，组织开展《自治区工商局广西合同格式条款监督管理条例》可行性调研，听取各方意见等。

2013年2月，自治区工商局、自治区高级人民法院、广西消委会联合印发《关于建立消费纠纷行政调解与司法调解衔接机制的意见》，在全自治区推进建立行政与司法调解衔接机制。4月7日，自治区工商局下发《关于调整部分外商投资企业登记管辖范围的通知》，进一步授予地级市工商局对属地外商投资企业的登记管辖权限，让更多符合条件的外商投资企业在当地就能完成工商登记。8月，自治区工商局印发《关于支持家庭农场发展的意见》，对家庭农场注册登记实行"三放宽"：放宽名称登记条件、放宽场地证明、放宽经营范围和方式，尽量降低开办家庭农场的门槛。各级工商行政管理机关办照窗口开辟"直通车"通道，对开办家庭农场提供"一站式"服务，对申请登记家庭农场材料的提交做到"随到随审核"，对材料齐全并符合要求的，当场受理登记，做到速度从快、程序从简、服务从优。10月，自治区工商局下发《自治区工商局关于市场准入五放宽两下放的意见》，进一步明确：一是强化属地管理，根据就近登记的原则，将自治区本级登记的异地内资企业，下放至设区的市级工商局登记机关登记；二是允许设区的市工商局授权县级工商登记机关核准直冠市级行政区划的名称；三是指导各市工商局将个人独资企业、合伙企业及其分支机构的名称核准、设立、变更、注销登记，年度检验，非登记事项的备案委托下放给基层工商部门。允许有条件的工商局授权工商所办理个人独资企业、合伙企业（普通合伙）的设立、变更、注销登记。

同年11月，下发《自治区工商局办公室关于成立全区工商系统决策咨询小组的通知》，自治区工商局成立全区工商系统决策咨询小组。全区工商系统决策咨询小组成员实行聘任制。主要聘请有实践经验和研究能力、热心决策咨询工作、身体状况较好的退居二线的处级以上干部；年富力强、具有较强综合分析能力、在本学科有较大影响的专家学者；懂经营、会管理，具有战略眼光和全球视野的企业家。咨询小组成员的聘任，由自治区工商局办公室提出方案，报自治区工商局领导同意，由自治区工商局颁发聘书。咨询小组成员聘期一般为1年，可以连聘连任。决策咨询小组主要承担以下任务：一是对全自治区工商系统长远性、全局性和战略性的重大问题进行调查研究，提出意见和建议。二是对全自治区工商系统的重大决策、政策、规划开展研究论证，提出意见、建议和方案。三是对全自治区工商系统重大决策的实施和实施过程中的突出问题进行调查研究，提出对策和建议。四是对全自治区工商系统重大项目的建设进行咨询论证，提出意见和建议。

2014年2月，自治区工商局将《广西壮族自治区企业住所和经营场所登记管理办法（征求意见稿）》在广西政府法制网上公布，公开征求社会各界的意见。该办法对住改商、一址多照、一照多址等做明确规定。

4月10日，自治区法制办和自治区工商局联合召开《广西壮族自治区企业住所和经营场所登记管理办法（征求意见稿）》（以下简称《办法》）听取意见会，来自业主代表、创业者代表、企业代表、物业公司代表、机关后勤代表、人大代表、政协委员、专家代表等方面的代表20多人参加听取意见会。放宽住所登记条件是注册资本登记制度改革的重要内容。改革前，企业办理工商登记时必须提交住所的权属证明和使用证明材料。随着市场主体数量日益增多，住所资源变得稀缺，住所（经营场所）已经成为制约投资创业的主要障碍。为解决这个问题，住所登记改革是应运而生。听取意见会主要就《办法》第九条“将住宅改变为经营性用房作为企业住所或者经营场所”所涉及的相关问题听取意见。《物权法》对“住宅改为商用”已有明确的规定：“业主不得违反法律、法规以及管理规约，将住宅改变为经营性用房。业主将住宅改变为经营性用房的，除遵守法律、法规以及管理规约外，应当经有利害关系的业主同意。”但是该条文在执行中存在不少问题。会议重点讨论了《办法》的“住改商”条款，就如何增强现实操作性，调和创业需求及业主需

2014年4月10日，自治区法制办和自治区工商局联合召开《广西壮族自治区企业住所和经营场所登记管理办法（征求意见稿）》听取意见会

求的矛盾进行了深入的探讨，既要尽量释放住所资源、降低创业成本、激发市场活力，又要维护其他业主合法权益、减少邻里之间的矛盾纠纷、维护社会稳定。参会代表踊跃发言，各抒己见，围绕房屋范围、征求有利害关系业主意见的范围、征求意见的方式、同意的标准、出具证明的主体、负面清单范围、补救措施、具体规定的制定等各自关注的问题提出意见和建议。

同年6月11日，自治区第十二届人民政府第30次常务会议审议通过《广西壮族自治区企业住所和经营场所登记管理办法》，自2014年8月1日起施行。出台该办法是工商登记制度改革的一项重要内容，通过该办法实现对企业住所和经营场所登记的改革，放松对市场准入的管制，降低成本、激发投资热情，推动小微企业特别是创新型企业的发展，对于政府简政放权、转变职能，构建现代市场监管体系，具有十分重要的意义。7月18日，自治区法制办和自治区工商局在南宁联合召开《广西壮族自治区企业住所和经营场所登记管理办法》新闻发布会。

2014年7月18日，自治区法制办和自治区工商局在南宁联合召开《广西壮族自治区企业住所和经营场所登记管理办法》（以下简称《办法》）新闻发布会

2014年7月将《广西壮族自治区合同格式条款监督管理条例（草案征求意见稿）》公布，公开征求社会各界的意见，通过网络发送电子邮件或者以信函方式提出意见和建议。9月30日，自治区工商局下发《广西壮族自治区工商行政管理局重大行政决策程序管理办法》，全面推进依法行政，规范重大行政决策行为，建立科学化、民主化、规范化的行政决策机制，根据国务院《全面推进依法行政实施纲要》和《广西壮族自治区行政机关重大决策程序规定》等有关法律法规规定制定。成立全自治区工商系统决策咨询小组。完善重大行政决策听取意见制度、推行重大行政决策听证制度、建立重大行政决策的合法性审查制度、坚持重大行政决策集体决定制度、建立重大行政决策实施情况后评价制度、建立行政决策责任追究制度。12月5日—25日，根据商事制度改革的需要，自治区工商局组成立《广西壮族自治区无证无照经营查处办法》立法调研组，赴河池、柳州、梧州、贺州、百色等市进行立法调研。其间，通过召开座谈会和实地考察等形式，认真听取地方人民政府和工商等部门的意见，详细了解他们查处无证无照经营行为的经验和做法。广西工商系统每年查处的各类案件中，无照经营案件所占比例达70%以上。无证无照经营仍然是上至政府下至社会各界普遍关注的焦点问题之一。

2014年，经自治区政府批准，在防城港市开展全面实施“先照后证”改革试点，总结试点经验，以自治区政府办公厅名义印发《关于全面推进工商登记前置审批事项改为后置审批工作的通知》。同年，自治区工商局制定《广西壮族自治区规范性文件监督管理办法》有关规定，各市、县人民政府制定的规范性文件，由该市、县人民政府法制部门在规范性文件签署发布之日起15日内直接向上一级人民政府法制部门报送备案。各乡、镇人民政府制定的规范性文件，由该乡、镇人民政府在规范性文件签署发布之日起15日内直接向上一级人民政府法制部门报送备案。县级以上人民政府工作部门和具有管理公共事务职能的组织制定的规范性文件，由该工作部门或者组织在规范性文件签署发布之日起15日内直接向本级人民政府法制部门报送备案。对报送备案的规范性文件，经审查合法的，予以备案。备案机关法制部门应当每个月制定备案的规范性文件目录，印发至各报备机关法制部门（机构），并通过政府门户网站或政府法制网站向社会公布。对报送备案的规范性文件，经审查不合法的，备案机关法制部门应当制发《规范性文件备案审查通知书》通知制定机关自行纠正。制定机关接到《规范性文件备案审查通知书》后，应当在30日内完成对该规范性文件的修改完善工作并重新按程序报送备案，或者作出废止决定后将结果报送备案机关法制部门。

2015年，自治区工商局实施“改革攻坚推进年”活动。完成全区工商行政管理体制调整改革，全自治区工商体制从自治区级以下垂直管理调整为分级属地管理；出台《关于深入推进依法行政加快建设法治工商的实施意见》；《广西合同格式条款监督管理条例》获得人大通过。3月，召开《广西无证无照经营查处办法》（以下简称《查处办法》）调研座谈会，会议分别在贵港、柳州设会场。南宁、北海、防城港、钦州、贵港、玉林、百色、崇左等市工商局和自治区工商局法规处、企业处、个私处参加贵港会场讨论；柳州、桂林、梧州、贺州、河池、来宾等市工商局和自治区工商局法规处、企业处、个私处参加柳州会场讨论。主要研究讨论《查处办法》（征求意见稿），并提出修改完善的意见和建议。交流无证无照经营综合治理的工作经验。5月，先后印发《自治区工商局办公室关于建立工商部门法律顾问制度的意见》（桂工商办发〔2015〕136号）、《自治区工商局办公室关于设立自治区工商局法律顾问室的通知》（桂工商办发〔2015〕138号），设立以法制机构人员为主体，法学专家学者、执业律师等为补充的自治区工商局法律顾问室。6月29日—7月10日，《广西消费者权益保护条例》修订起草工作组派出两个工作组9人奔赴湖南、湖北、四川、重庆四省市开展立法调研工作。工作组采取实地参观学习、查阅资料、召开座谈会等方式与四省市工商系统消保、消委会、法制部门的同志进行深入交流。7月，出台《广西工商系统推行“全城通就近办”企业登记制度改革实施方案（试行）》。12月，在桂林市工商局召开全系统推行“全城通就近办”登记模式改革现场会，会后扩大了试点范围。至2015年底，柳州、北海、防城港、玉林、贵港等市已先后实施了“全城通就近办”登记模式。

7月24日，广西壮族自治区第十二届人民代表大会常务委员会第十七次会议审议通过《广西壮族自治区合同格式条款监督管理条例》，于2015年10月1日正式施行。将“守合同重信用”公示活动写入《广西合同格式条款监督管理条例》。《广西合同格式条款监督管理条例》（以下简称《条例》）调整范围有所扩大。该条例出台的上位法是合同法和消费者权益保护法，在区法制办及人大一审的时候，调整的范围仅限于消费领域的格式合同，与消费者权益保护法相吻合，而在人大二审则改为与合同法的格式合同概念一样（第三条），并且把通知、须知、声明、说明、店堂告示、数据电文、凭证单据等形式明确规定合同提供方与对方具体义务的，视为合同格式条款。其次合同评审委员会有法律依据。《条例》第十二条明确规定对涉及重大疑难问题的合同格式条款，工商行政管理部门可以邀请法院、相关主管部门、高等院校、消费者权益保护组织、相关行业协会、律师事务所等方面专家、学者组成评审委员会进行评审。再者由备案管理改为公示管理。《条例》完善市场监管体系，市场监管制度化、规范化、程序化的要求，制定了一系列合同行政监督管理制度。如，合同格式条款评审委员会制度、行政约谈制度、合同格式条款公示制度、媒体公告监督制度、合同示范文本制度、守合同重信用公示制度等等。《条例》调整的范围涵盖了经济生活中平等主体间的合同，即不仅包括生活消费领域的合同格式条款，对生产消费领域的合同格式条款也有约束力；不仅涉及实体市场，也包括了网络商品交易市场。9月1日起在全区全面实施“三证合一、一照一码”改革。实施“法治工商推进年”活动。

11月26日，自治区工商局出台《广西壮族自治区工商行政管理局企业公示信息抽查暂行办法实施细则》。自治区工商局经过10个多月的调研、草拟、征求意见等工作，起草《广西壮族自治区工商行政管理局企业公示信息抽查暂行办法实施细则（征求意见稿）》。2015年，自治区工商行政管理局进行了三次企业公示信息抽查和征求市场主体意见工作：一是2015年1月4日—31日开展全区企业公示即时信息抽查；二是2015年5月15日—6月30日开展全区企业出资信息抽查；三是2015年6月5日—15日在梧州市万秀区工商局、柳州市柳北分区开展年报试点抽查；四是 2015 年 4 月 27 日—28 日在梧州召开征求企业、农民专业合作社、个体工商户代表意见会议。通过三次抽查以及征求市场主体意见的相关调研工作，在实际中总结抽查工作的经验，并在《实施细则》中进一步明确和细化。

12 月 22 日，广西消委会第一届一次全体会议在广西人民会堂召开。会议审议通过了《广西消费者权益保护委员会组织管理办法》。28 日，自治区工商局召开 2015 年第四季度新闻发布会，对 2016 年 1 月 1 日起实施的《企业公示信息抽查暂行办法实施细则》《企业经营异常名录管理制度》《严重违法企业名单管理制度》进行新闻发布。

同年，制订出台《实施 “天眼工程” 建设的指导意见及实施标准》，从概念、思路、技术、制度等方面，对全系统的 “天眼工程” 建设进行顶层设计和规划。

2016 年，1 月 1 日起，《广西企业公示信息抽查暂行办法实施细则》《广西企业经营异常名录管理制度》和《广西严重违法企业名单管理制度》3 个规范性文件正式实施，根据《广西企业公示信息抽查暂行办法实施细则》规定，广西工商机关通过电脑随机摇号的方式，每年度按照全自治区企业问题不少于 3% 的比例抽取检查企业名单，组织结合企业信息的情况进行检查。

6 月 17 日，自治区法制办、自治区工商局联合举办的《广西壮族自治区消费者权益保护条例（修订草案）》立法听证会在自治区工商局举行。会上，来自法律、教育、媒体、企业、消费者以及部分行业协会等 9 位听证代表，分别就预付式消费、非现场购物、房产及装修、汽车 4S 店维修服务、物业管理、消费者个人信息保护、消费者组织机构建设保障等热点问题发表了意见和建议。这些意见和建议反映了人民群众的维权诉求和社会各界对修订草案寄予的期望，为提高《广西壮族自治区消费者权益保护条例（修订草案）》立法质量提供参考。自治区法制办、自治区工商局、自治区消委会、自治区商务厅、自治区住建厅、自治区质监局有关负责人，消费者代表，主要媒体单位，自治区工商局相关处室近 70 人参加本次听证会。这是该条例实施 9 年来的首次修订，共修改了 40 处，新增 21 处，使得条款由原先的 50 条增加到 73 条。细化完善 “网购七日无理由退货” 制度，扩大 “三包” 范围等。

7 月，自治区人民政府印发《广西壮族自治区关于深入实施商标品牌战略的意见》，就广西实施商标品牌战略的指导思想、发展目标、品牌重点、主要任务及保障措施等提出明确要求。自治区工商局出台《培育名优品牌促进产业脱贫工作方案》，对贫困地区重点扶持的产业、市场主体进行 “一对一” 的指导服务，大力推进精准扶贫攻坚和培育名优品牌工作进程；印发《广西实施商标品牌战略志愿服务队组建和工作

2016 年 4 月 25 日，自治区法制办与自治区工商局联合召开《广西壮族自治区消费者权益保护条例（修订草案）》立法听证会

方案的通知》，鼓励有志于广西商标发展与保护的政府工作人员、专家学者以及商标从业人员加入商标品牌志愿者队伍，服务广西商标战略实施；印发《全区工商系统工业园区商标品牌指导服务站建设工作方案》，搭建高效畅通的指导帮扶平台，为工业园区及园区企业实施商标品牌战略提供一对一的指导和服务。当月还印发《全区工商系统区域商标品牌整合试点工作方案》，确定百色市以“百色芒果”、桂林荔浦县以“荔浦芋”地理标志证明商标作为整合试点。当月，自治区工商、质监、税务等部门联合出台《广西“三证合一、一照一码”登记数据交换方案》，进一步扩大部门间的信息共享，并将分散在各地区、各部门、各领域的企业信用记录归集整合到市场主体的名下，形成完整统一的市场主体信用档案。工商与税务、质监等部门之间登记信息数据实现实时逐笔推送，工商部门办结企业设立、变更、注销、换照登记后，即可将有关企业设立信息传送给国、地税部门，便于加强税收征管，堵塞征管漏洞；同时将企业赋码相关信息推送给质监部门，为褒扬诚信、惩戒失信创造条件。逐步建立起“一窗采集完善、部门流转通用”跨部门、跨层级、跨区域的信息共享应用机制。深化“先照后证”改革，落实“双告知”（指在办理登记注册时，工商、市场监管部门要根据省级人民政府公布的工商登记后置审批事项目录告知申请人需要申请审批的经营项目和相应的审批部门，并由申请人书面承诺在取得审批前不擅自从事相关经营活动。简称“告知申请人、告知审批部门”即“双告知”）工作。根据国家工商总局修订颁布的工商登记前置审批项目目录和自治区人民政府颁布的后置审批事项目录，自治区工商局出台《“先照后证”改革后市场主体登记“双告知”工作规范》，从告知概念、范围、时限等多个方面作出具体规定，认真抓好基层登记机关向申请人告知的工作；建立健全部门间信息共享机制，制定“双告知”的统一规范，对登记注册的企业，及时通过有效途径告知相关行政许可审批部门，确保“先照”与“后证”业务的无缝衔接。

当年，自治区工商局与自治区国资委联合印发《2016年服务国有企业改革工作措施》《关于深化商事制度改革积极服务国有企业改革发展的若干意见》，要求各级工商部门根据同级党委、政府加快发展混合所有制经济的有关要求，积极配合国有资产管理部门，结合地方实际，研究制定推动国有企业发展混合所有制经济的具体意见，确定符合发展混合所有制的产业目录和企业名单。

2017年，自治区人民政府出台《广西“多证合一、一照一码”登记制度改革工作实施方案》。9月1日起在全自治区范围内实施“三十五证合一”登记制度改革，使营业执照成为企业唯一“身份证”，统一社会信用代码成为企业的“身份代码”，实现企业“一照（码）走天下”。9月30日，自治区工商局印发《关于全面推行企业登记全程电子化的指导意见》。11月份自治区全面实现企业登记全流程（名称核准、设立、变更、注销）电子化，广西企业登记管理工作进入信息化阶段。

12月1日，重新修订的《广西壮族自治区消费者权益保护条例》经自治区人大常委会审议通过，定于2018年1月1日起实施。保护消费者的合法权益，维护社会经济秩序，促进社会主义市场经济的健康发展。

2017年，自治区工商局印发《关于鼓励个体工商户转型升级为企业的登记指导意见》，规范“个转企”登记流程，指导各地开展“个转企”登记管理工作。对已办理营业执照的个体工商户（不含港澳台居民申办的个体工商户）以现有生产经营条件为基础，依据有关法律法规规定，重新登记为公司制企业、个人独资企业、合伙企业。“个转企”不仅是市场主体名称的更改，更是市场主体优化内部治理结构，解决发展延续性问题的体现。已登记注册的个体工商户，在现有生产经营条件的基础上，已形成较大规模，可以申请办理“个转企”。个体工商户转型升级以企业自愿为原则。

2018年1月1日，自治区工商局发布《广西壮族自治区工商行政管理系统企业信用黑名单管理制度（试行）》。在2015年，自治区工商局出台《广西壮族自治区工商行政管理局严重违法企业名单管理制度》，对严重违法失信企业如何管理进行了制度规定，但是该制度针对的对象范围较窄，只是针对被列入经营异常名录满3年仍未履行相关义务等十种类型企业进行列入和移出管理，不能全面地对各类严重违法失信企业进行信用约束管理。为完善严重违法企业名单管理制度，自治区工商局在充分调研了区内黑名单管理现状的基础上，借鉴外省先进做法，对黑名单的管理范围进行扩展，制定《广西壮族自治区工商行政管理系统企业信用黑名单管理制度（试行）》，以政府部门规范性文件形式印发实施。2018年7月1日在自治区工商局以及南宁、桂林、玉林、钦州、防城港、崇左、贺州等市进行企业名称自主申报改革试点。

9 月 7 日，自治区工商局印发《广西壮族自治区企业名称网上自主申报登记管理试行办法》，进一步深化商事制度改革，压缩企业开办时间，有效缓解企业“取名难”的问题，在开放企业名称库、建立完善名称查询比对系统等基础上，依托全程电子化登记系统，推行网上申请、简化申请审核流程，实施企业名称自主申报、自主承诺、自担风险，推动建立和完善相关机制，探索提高企业名称登记效率的有效途径，最终取消企业名称预先核准环节，实现在法律框架内企业在取名上最大自由度，进一步提高注册登记便利化水平，优化营商环境。

截至 2018 年 10 月，共有与工商行政管理有关的现行有效法律 99 件，行政法规 258 件，地方性法规 36 件，部门行政规章 101 件，地方行政规章 18 件，总计 512 件。

第二节　法制工作制度创新

2001 年，自治区工商局编撰《工商行政管理行政执法常用手册》及《工商行政管理行政执法文书手册》两本工具书。

2008 年，针对三鹿牌婴幼儿奶粉重大食品安全事件，自治区工商局按照国家工商总局《贯彻〈乳品质量安全监督管理条例〉实施意见》的要求，加强乳制品销售环节的监督管理。一是认真监督乳制品销售者建立进货查验制度和进货台账制度；二是加大市场巡查力度，监督销售者合法经营乳制品；三是监督销售者实施乳制品的退市制度；四是监督销售者履行不合格乳制品的更换、退货义务；五是落实责任，严格责任追究；六是认真履行法定职责，切实维护乳制品市场秩序。在专项清理工作中，全系统共检查乳制品经营主体 18.3 万户（次），下架退市不合格乳制品 147.5 吨，为消费者退换乳制品 9855.3 千克。依托遍布城乡的 12315 消费维权站点，加强有关乳品消费常识的学习宣传，提高经营者的守法意识和消费者的维权意识。全自治区工商机关共举办培训班培训经营户 2 万多户，玉林市工商局印制 7000 多份条例宣传资料分发至辖区各食品经营户手中。

2010 年，自治区工商局创新“法律六进”方式方法，法治宣传教育进机关、进乡村、进社区、进学校、进企业、进单位：企业注册分局深入广西机场管理集团，从企业注销、资产划转、转企改制、股权转让等方面提出可行性的意见和建议，使该企业知晓办事流程；南宁市工商局组建南宁市消费维权宣讲队，与南宁市青秀区普法办共同创建南宁市消费者权益保护宣传教育基地普法品牌，联合参与打造“1074 投诉热线”普法品牌，南宁市工商局利用 12315 中心开放日，走进校园举行青少年安全消费暨妇女儿童维权活动，让广大未成年人在生动的“实战演练”中提升消费安全自我防范意识；梧州市工商局组织人员深入高校、职业学院、工业园区，通过举办讲座、报告会、现场咨询会、项目对接会的形式，向创业者宣传自治区、梧州市发展微型企业的扶持政策，为学生创业提供指导服务；钦州市工商局入知名食品企业举办食品安全法律知识培训；上思县工商局以法律宣传车巡回乡镇开展宣传，并发放各种宣传资料 4300 多份；防城港市工商局普法讲师团，开设“法律进乡村”普法讲座；贵港市港北区工商局以法律基础薄弱的少数民族集中区为重点，开展系列法治宣传活动，在街圩上逐家逐户宣传法律知识。

2012 年，按照自治区法制办确认的“探索改进和创新行政执法方式方法，推行‘柔性’执法”示范项目，组织报送 5 大类、10 大项、65 小项、96 份申报材料。自治区工商局被认定为首批“自治区级依法行政示范点”。

2013 年，全自治区工商系统创新执法机制，提升工商执法效能。南宁市工商局创新服务举措，积极推行“一审一核”“审核合一”等制度措施，从拓宽市场准入领域、放宽注册登记条件等方面入手，大幅提高登记效率。同时，与南宁市中级人民法院建立消费纠纷行政调解与司法调解衔接机制，建立 13 个巡回法庭和消费纠纷调解室，搭建起便捷高效的消费者权益纠纷调处平台。玉林市工商局全面加强行政执法案件风险防范，建立执法机构领导干部任前约谈制、行政执法案件约谈领导负责制、执法案件行政处罚前约谈制“三项”约谈制度，从源头上加强行政执法案件风险防范。柳州市工商局从源头上预防履职风险，以规范行政执法行为、细化规范管理为重点，实行“三项制度”，即通过实行案源管理制度，加强上级部门对基层部门执法行为的监督管理，增强系统内部的制约力，同时在各级执法部门成立案源管理中心，对案件线索采取先行介入并统一掌控的机制，促进行政执法的制度化、规范化、程序化、法治化，防止执法人员不作为和乱作为的行为，构筑执法安全防控体系；通过实行案件主办人制度和行政执法奖惩制度，明确案件主办人的权利，解决案件查办过程中权责不清、奖惩不明等问题。

9月，全自治区工商系统开展为期两个月的执法为民“六治六保”专项行动。（即开展反不正当竞争专项行动保知识产权，开展建材市场专项行动保居住安全，开展规范市场主体行为专项行动保公平，开展打击传销规范直销专项行动保稳定，开展节日市场专项行动保民生，开展整顿规范格式合同条款专项行动保公正。）与公安、质监等部门协调配合，从整治损害人民群众利益的行为入手。

2013年，推进执法业务的行政指导常态化。实行依法行政示范点工作信息直报制度，报送和反馈创建依法行政示范点的进展情况。邀请首创行政指导工作制度的福建省工商局法规处处长，通过视频会议向全系统讲解行政指导工作规则及其案例，自觉在日常执法工作中使用行政指导方式。南宁市、防城港市、贺州市工商局被自治区全面推进依法行政工作领导小组命名为自治区第二批依法行政示范点。当年，对涉及工商行政管理职能的行政审批项目进行清理。经自治区第六次行政审批项目清理工作领导小组的确认，工商行政管理部门负责实施的行政许可项目18项，行政确认项目7项。其中，由自治区工商局直接办理的事项共17项（属于行政审批的事项共11项，属于行政确认的事项6项）；由其下属单位直接办理的事项共8项（属于行政审批的事项共7项，属于行政确认的事项1项）。

同年，整治重点行业格式合同工作赢得社会关注。各市工商局把群众投诉、社会反映的热点、难点作为突破口，对公用事业、垄断行业使用的格式合同进行重点整治。2012年1月—2013年10月，共检查企业14820个次，检查各类格式合同33340份，发现问题合同格式条款2081条，约谈各类企业1220家，下发责令整改通知书775份，共立案668件，结案519件，罚款98.591万元。自治区工商部门整治格式合同“霸王条款”的一系列举措，提高社会公众对利用合同格式条款侵害消费者合法权益问题的关注度。

2013年自治区工商局开展第六次行政审批项目清理工作，共梳理涉及工商行政管理的行政许可审批项目18项、便民政务7项，逐项提出清理意见。各地严格按照行政许可法及登记注册相关法律法规的要求，依法开展注册登记工作，进一步规范受理、审查、核准、发照、公告等程序，规范行政许可行为。同时，进一步改进行政审批方式，创新行政审批机制，最大限度地方便行政相对人，提高行政许可效率，保护公民、法人和其他组织的合法权益。

2014年，自治区工商局在全国率先开展住所登记制度改革，“先照后证”等3项改革做到与全国同步实施。年内新登记公司制企业和注册资本分别增长93.8%和1.7倍，国务院领导对自治区工商局上报的专题信息进行了批示，中宣部、国家工商总局对广西的改革措施给予肯定。当年，完成“实缴改认缴”改革。取消公司最低注册资本限制、验资报告、企业年检等，进一步降低创业成本。通过取消公司验资及企业登记收费，共为企业减负2.5亿元。完成企业住所登记制度改革，在全国首个以政府规章的形式出台《广西住所和经营场所登记管理办法》，允许“一址多照”和“一照多址”。9月，逐步将113项工商登记前置审批改为后置审批。经自治区政府批准，在防城港市开展全面实施“先照后证”改革试点，总结试点经验，以自治区政府办公厅名义印发《关于全面推进工商登记前置审批事项改为后置审批工作的通知》。

2014年，自治区工商局班子成员带头到基层担任为期4天的“第一所长”，创新“一线工作法”，直接参与工商所的注册登记、市场巡查、案件查办等工作。“第一所长”活动作为优秀群众路线事例，入选2014年全国工商系统百佳案例（事例）。

2014年，开展“天眼工程”试点，创新执法监管模式在桂林试点实施“天眼工程”建设，加强商品交易市场监管，提高执法效能。一方面整合执法力量，有效弥补工商部门基层人力资源的不足，执法人员足不出户便可实现对市场的 24 小时全程、多方位监管、移动执法及远程指挥、全局调度；另一方面也拓展了消费维权新渠道。消费者借助“天眼工程”的自助查询机，在现场便捷地通过网络向工商执法人员面对面投诉，终端服务器全程记录投诉情况，增加投诉新渠道，确保消费投诉得到高效处置；同时实施“天眼工程”也开辟协作监管的新路径，展示工商行政管理的新形象。通过实施“天眼工程”，加强与其他政府职能部门的监管信息共享。

2015 年，商事制度改革实现“两首创”。一是首创“全城通就近办”登记模式，实行“一个窗口对外、一个标准办事、一套机制管理、一套流程监管”，方便创业者就近申办营业执照。二是首创市场监管“天眼工程”。利用实时视频监控、移动执法终端等信息化手段，实现对各类商品交易市场信息化监管。2015 年实施“百名工商干部进企业”活动。全系统选派了 113 名优秀处、科级干部到私营企业、小微企业挂职，当好政策法规的宣讲员、企业发展的参议员、党建工作的指导员，对企业进行“零距离”帮扶。《中国工商报》头版报道了广西的做法。当年打造消费维权社会共治新格局。共受理消费者诉求 9.2 万件，为消费者挽回经济损失 1977.47 万元，与广西高院、广西消委会设立“广西消费维权巡回法庭”，组织开展“广西艺术家走进 3·15”活动，营造“携手共治、畅享消费”的社会氛围。

5 月 28 日，自治区工商局下发《自治区工商局办公室关于建立工商部门法律顾问制度的意见》要求各级工商行政管理部门建立法律顾问室，自治区工商局法律顾问室负责法律顾问的联络、组织和协调等具体工作，并对下级工商行政管理部门的法律顾问工作进行指导。法律顾问的聘期原则上一般为三年。法律顾问的职责，主要协助重大政策措施的法律论证、合法性审查；重要立法项目和规范性文件的研究、论证；重要、疑难行政复议、行政诉讼案件的研究、论证；重要资产处置、涉及社会稳定的重要事项、重大突发事件的法律论证；重要合同、协议的审查、洽谈等事项履行服务职责。5 月 29 日，根据《广西壮族自治区工商行政管理局关于建立政府法律顾问制度的意见》（桂工商办发〔2015〕136 号），《自治区工商局办公室关于设立自治区工商局法律顾问室的通知》设立自治区工商局法律顾问室，日常工作由自治区工商局法规处承担。

10 月 12 日，自治区工商局下发《广西壮族自治区工商行政管理局落实司法建议工作制度》，加强和规范工商行政管理机关对司法建议的落实和反馈工作。明确所称司法建议是指各级人民法院、人民检察院依据职能，在案件审判、履行法律监督职责过程中，就发现的问题和隐患，依法向有关部门和单位提出的关于健全制度、强化监管、履行职责等方面的建议。工商行政管理机关应当高度重视司法建议的落实反馈工

2015 年 9 月 29 日，自治区工商局举行法律顾问聘任仪式

作，将落实反馈好司法建议作为提高依法行政和社会管理能力、预防行政风险和化解行政争议的重要举措。工商行政管理机关收到司法建议后，应当针对提出的问题，认真进行研究和分析，提高司法建议的落实效果。工商行政管理机关对于能够立即整改的司法建议，立即整改到位并及时回复；需要一定时限才能整改到位的，抓紧时间整改并及时回复；因客观原因无法落实的，及时回复并说明理由。

11 月，自治区工商局制定了《广西壮族自治区工商行政管理局重大行政决策合法性审查办法》，完善重大行政决策听取意见制度、推行重大行政决策听证制度、建立重大行政决策的合法性审查制度、坚持重大行政决策集体决定制度、建立重大行政决策实施情况后评价制度、建立行政决策责任追究制度。确保决策科学、程序正当、过程公开、责任明确。

2016 年，出台《广西壮族自治区工商行政管理局法律顾问工作规则》，为全局重大合同的签订和重大决策的制定提供专业意见和法律支撑，确保重大决策质量。

2017 年初，自治区工商局被自治区人民政府确定为开展重大行政决策后评估试点工作单位。自治区工商局开展个体工商户营业执照和税务登记证“两证整合”改革作为重大行政决策事项试点评估项目，第三方评估公众参与度高，资料全面客观，数据翔实可靠，评估机构出具全面、客观、公正的评估报告。

2018 年，全自治区各级工商行政管理部门推进“天眼工程”建设，重点完善“天眼工程”市场监管信息化平台建设。“天眼”监控系统共覆盖全区 14 个市 103 个市场。

表 4-1-1　截至 2017 年 3 月 14 日，自治区工商和市场监管系统法治机构及法治人员配备情况

序号	市级	市级是否设立专门法治机构	辖区工商局总计（个）	辖区工商局是否全部设立独立法治机构	市、城区、县工商局是否全部配备法治人员	备注
1	南宁市	是	12	是	是	
2	柳州市	是	11	是	是	
3	桂林市	是	17	是	是	
4	梧州市	是	7	是	是	
5	北海市	是	5	是	是	1 个旅游分局未设立
6	防城港市	是	4	是	是	
7	钦州市	是	5	是	是	
8	贵港市	是	5	是	是	
9	玉林市	是	10	是	是	
10	百色市	是	12	是	是	
11	贺州市	是	5	是	是	
12	河池市	是	11	是	是	
13	来宾市	是	6	是	是	
14	崇左市	是	7	是	是	
合计			117			

第三节　法规清理

1998年12月2日，自治区工商局以桂工商个字〔1998〕157号文向各地、市、县工商局发布《关于停止收取私营企业管理费的通知》。根据《广西壮族自治区人民代表大会常务委员会关于修改〈广西壮族自治区私营企业条例〉的决定》文件精神，决定废止《广西壮族自治区私营企业条例》第二十七条“私营企业应当履行下列义务”中的第（三）项“按时缴纳私营企业管理费”的规定，要求各地立即停止收取私营企业管理费。

2001年，国家工商总局局务会议审议决定，废止《工商行政管理机关查处违法案件审批规定》（国家工商行政管理局令第40号），4月自治区工商行政管理局决定废止《关于修定广西工商行政管理机关查处经济违法违章案件立案标准和审批权限的通知》（桂工商检字〔1992〕185号）；同时，根据《工商行政管理机关行政处罚程序暂行规定》修正案，为更好地贯彻执行《中华人民共和国行政处罚法》和《工商行政管理机关行政处罚程序暂行规定》，完善自治区大案要案备案制度，各地须向广西壮族自治区工商行政管理局备案：包括一是案件标的额在100万元（含100万元）以上或者罚款额在30万元（含30万元）以上；二是有关限制竞争行为及商业秘密的案件；三是消费者因购买、使用商品或接受服务，致残或死亡，造成严重社会影响的案件；四是制售假冒伪劣农业生产资料，导致100亩以上农作物大量减产，甚至绝收的案件；五是造成对消费者人身、财产严重损害的虚假广告案件和造成严重社会影响的违法广告案件；六是30人（含30人）以上，投诉标的额在30万元（含30万元）以上的群体投诉案件。

2002年10月，为适应中国加入世界贸易组织的需要，自治区工商局根据与WTO规则相衔接的要求，清理地方性法规、地方政府规章、规范性文件以及行政审批项目，对1985年以来自治区工商局下发的规范性文件进行清理，清理出需废止的规范性文件10件，与其他厅局联合下发的文件2个。决定废止的规范性文件：《关于加强中外合资经营企业、中外合作经营企业登记管理工作的通知》（桂工商外字〔85〕179号）、《关于来我区承包工程的外国公司华侨、港澳公司注册登记问题的批复》（桂工商外字〔85〕367号）、《关于对外商投资企业违反工商行政管理法规处理问题的通知》（桂工商外字〔1987〕81号）、《关于改进我区外商投资企业登记管理工作的意见》（桂工商外字〔1993〕35号）、《关于重申外商投资企业登记事项的有关规定的通知》（桂工商外字〔1995〕179号）、《关于我区企业集团登记管理等有关问题的通知》（桂工商企字〔1992〕62号）、《关于转发国家工商行政管理局〈关于继续开展整顿酒类商标工作的通知〉的通知》（桂工商标广字〔1989〕206号）。

2003年，自治区工商局对《广西商品交易市场管理条例》进行修改、补充、完善；对《广西企业法人登记管理条例》等6个地方性法规中涉及行政审批事项的内容进行清理。

2004年7月1日，《中华人民共和国行政许可法》施行，该法规定了翔实、具体的行政许可实施程序，这是行政许可实施工作人员的行为准则。针对行政许可法的学习、宣传及贯彻实施，2—4月，按照自治区人民政府办公厅《关于清理全区行政许可项目规定和实施主体的意见》（桂政办发〔2004〕8号）中的清理工作遵循的原则、分工以及进度要求，尤其是自治区工商局代政府草拟并通过的《广西壮族自治区个体工商户条例》等5个地方性法规中涉及行政许可内容的清理工作。清理的内容包括与行政许可法规定不一致的行政许可事项、行政许可条件、程序、期限的规定以及实施行政许可的主体等。按照省以下实行垂直管理的工作要求，在组织做好自治区工商局行政许可实施主体清理工作的基础上，指导地级市工商行政管理局行政许可实施主体的清理。4月29日清理出当时正在实施的涉及工商行政管理机关的行政许可项目共33项，按自治区贯彻实施行政许可法工作领导小组的要求连同设定这项项目和认定实施主体的法律、法规、规章依据进行上报，而自治区法制办根据国务院《关于第三批取消和调整行政审批项目的决定》（国发〔2004〕16号）以及《国务院对确需保留的行政审批项目设定许可的决定》（国务院令412号），经过整合、归纳，核定由自治区工商局本级实施的行政许可项目13项，与自治区粮食局共同实施的行政许可项目1项。6月，根据《中华人民共和国行政许可法》、《国务院关于贯彻实施〈中华人民共和国行政许可法〉的通知》（国发〔2003〕23号）的要求以及国务院决定取消和调整的行政审批项目，决定废止自治区工商局发布的312件规章和规范性文件。

2006年6月，根据修订后的《中华人民共和国公司法》、《国务院办公厅关于做好贯彻实施修订后的公司法和证券法有关工作的通知》（国办发〔2005〕62号）、《国务院法制办公室、国家发展和改革委员会关于开展清理工作的通知》（国法〔2006〕12号）要求，经清理，决定废止自治区工商局发布的54份工商行政管理规章、规范性文件。

2008年1月15日，国务院公布了《国务院关于废止部分行政法规的决定》（国务院令第516号），宣布废止49份行政法规，宣布失效43份行政法规。其中，由工商行政管理部门作为主要执法机关的行政法规有四项，分别是：《投机倒把行政处罚暂行条例》《投机倒把行政处罚暂行条例施行细则》《关于申请商标注册要求优先权的暂行规定》和《关于汽车交易市场管理的暂行规定》。《投机倒把行政处罚暂行条例》一直是工商机关查处各类违法案件的有力武器，尤其是广西的沿边区位造成走私贩私行为较为猖獗，公安、交警、边防等执法部门常常向工商移交大量无合法进口来源商品的案件，是以往查处此类案件主要依据。为解决好该条例废止后的法律适用问题，自治区工商局召开有关会议，明确该条例废止后有关案件移交及处理的原则。此外，《外商投资企业清算办法》等行政法规也涉及工商行政管理部门职能。鉴于上述行政法规已自2008年1月15日起停止执行，2008年3月工商行政管理局对依据上述行政法规进行查处的案件提出处理意见：一、凡依据上述行政法规立案但尚未结案，该行为同时违反其他法律、法规的，可以按照其他相关法律、法规进行查处；该行为不违反其他法律、法规的，予以销案。二、凡依据上述行政法规立案，已结案但处罚决定书尚未送达当事人的，鉴于处罚依据已经消失，该行政处罚停止执行。三、凡依据《投机倒把行政处罚暂行条例》和《投机倒把行政处罚暂行条例施行细则》采取行政强制措施的，一律解除所采取的行政强制措施。但该行为同时违反其他法律、法规，依照相关法律、法规规定可以采取行政强制措施的，可以在解除原行政强制措施的同时，采取新的行政强制措施。4月，经清理，决定废止自治区工商局发布的2件行政规章和77件规范性文件。其中包括：依据《投机倒把行政处罚暂行条例》和《投机倒把行政处罚暂行条例施行细则》制定的行政规章2份、规范性文件71份，依据《关于汽车交易市场管理的暂行规定》制定的规范性文件4份，依据《关于申请商标注册要求优先权的暂行规定》制定的规范性文件1件和依据《外商投资企业清算办法》制定的规范性文件1份。继续有效的行政规章和规范性文件中，凡依据上述被宣布失效或者废止的行政法规设定的行政处罚条款自行失效。

2月，国家工商总局发布《工商行政管理机关行政执法过错责任追究办法》，该办法内容更全面、可操作性更强。自治区工商局于2003年制定的《广西壮族自治区工商行政管理局行政执法过错责任追究暂行办法》与《广西工商行政管理机关执行〈广西壮族自治区行政机关责任追究制度（试行）〉实施办法》的内容重合，10月废止《广西壮族自治区工商行政管理局行政执法过错责任追究暂行办法》。各单位依照国家工商总局《工商行政管理机关行政执法过错责任追究办法》和《广西工商行政管理机关执行〈广西壮族自治区行政机关责任追究制度（试行）〉实施办法》，推行行政执法责任制，落实行政执法过错责任追究办法。

2009年，根据《广西壮族自治区人民政府关于开展规范性文件清理工作的通知》，对自治区工商局现行有效的规范性文件共清理191件，经审查符合规范性文件清理范围163件，不符合条件28件，停止执行的规范性文件82件，确认失效的规范性文件34件，修改的规范性文件11件，确认继续有效的规范性文件36件。

3月，根据国务院办公厅清理有关政策措施的要求，自治区工商局对近年出台的防经济过热、防明显通胀的政策措施进行清理。废止自治区工商局发布的4件工商行政管理规范性文件。一是《国家工商行政管理局关于〈国家工商行政管理局关于中外合资经营企业注册资本与投资总额比例的暂行规定〉第五条解释的复函》（工商企外字〔1987〕第54号）；二是《国家工商行政管理局关于对外商投资企业伪造验资报告进行处罚适用法规问题的答复》（工商企外字〔2000〕第261号）；三是《国家工商行政管理局关于处理经营期限届满后不进行清算的外商投资企业问题的答复》（工商企字〔2000〕第268号）；四是《国家工商行政管理总局关于外商投资企业清算注销有关问题的答复》（2002年2月9日）。

5月，根据国家工商总局《关于在深入学习实践科学发展观活动中落实国务院扩大内需促进经济增长十项措施进一步突出实践特色的若干意见》和全国工商行政管理工作会议提出的“认真开展法律法规清理工作”的要求，总局对历年来以国家工商局、国家工商总局名义制定下发的决定、办法、意见、通告、通知、通报、答复等各类规范性文件进行认真清理。经2009年5月21日总局局务会议审议，废止101件规范性文件。

2011年12月，经国家工商总局局务会议审议，决定废止规范性文件16件。对废止文件仍涉及工商行政管理职能的，应依照法律法规和“三定”规定的职能等继续由各级工商行政管理部门及其原业务职能机构承担，以确保工作的连续和有效。

2012年，自治区工商局共完成对《广西壮族自治区会展业管理办法》等52部地方性法规、规章、规范性文件征求修改意见的立法协调工作，明确工商行政管理机关的法定职责，从制度上保证履职到位；认真清理涉及行政强制措施的规范性文件，对涉及工商行政强制措施依据和实施主体的规章1件、规范性文件9件进行清理，并提出清理意见。清理行政审批项目23项，下放审批权限9项，规范行政审批行为。

2014年6月，按照《广西工商系统注册资本登记政策法规清理工作实施方案的通知》（桂工商办发〔2014〕70号）文的要求，自治区工商局对以局名义下发的涉及注册资本登记制度改革的政策性文件进行清理，自治区工商局废止政策性文件6件，明确需修订政策性文件10件。

表4-1-2　注册资本登记制度改革的政策性文件清理目录

序号	保留的政策性文件	需修改的政策性文件	废止的政策性文件
1	《自治区工商局关于执行放开小额贷款公司法人股东出资比例限额的规定的通知》（桂工商发〔2011〕12号）	《自治区工商局关于支持文化体制改革和文化产业发展的意见》（桂工商发〔2012〕31号）	《自治区工商局关于应对国际金融危机促进全民创业的若干意见》（桂工商发〔2009〕28号）
2	《自治区工商局关于支持家庭农场发展的意见》（桂工商发〔2013〕56号）	《自治区工商局关于发挥登记职能作用促进服务业加快发展的实施意见》（桂工商发〔2011〕39号）	《自治区工商局关于印发全区工商系统贯彻落实广西壮族自治区服务业发展“十二五”规划目标任务工作方案的通知》（桂工商发〔2012〕72号）
3	《自治区工商局关于微型企业执照标注事宜的通知》（桂工商发〔2012〕1号）	《自治区工商局关于在工商行政管理工作中严格执行党和国家民族政策有关问题的通知》（桂工商发〔2008〕58号）	《自治区工商局关于服务农村改革发展工作的若干意见》（桂工商发〔2009〕133号）
4		《自治区工商局关于印发广西壮族自治区工商行政管理局关于贯彻国家工商总局专项政策支持广西北部湾经济区建设的实施意见的通知》（桂工商发〔2008〕74号）	《自治区工商行政管理局关于印发农资市场监管种子商品留样备查公告管理制度的通知》（桂工商发〔2006〕135号）
5		《自治区工商局关于股权出质登记的实施意见》（桂工商发〔2009〕134号）	《关于落实自治区党委政府贯彻落实国务院进一步促进广西经济社会发展若干意见工作方案的通知》（桂工商发〔2010〕21号）

续表

序号	保留的政策性文件	需修改的政策性文件	废止的政策性文件
6		《自治区工商局关于贯彻落实科学发展观积极推进经济发展方式加快转变的实施意见》（桂工商发〔2010〕35号）	《关于印发广西壮族自治区工商行政管理机关企业信用分类监管暂行办法的通知》（桂工商发〔2010〕84号）
7		《自治区工商局关于广西壮族自治区小额贷款公司登记管理的意见》（桂工商发〔2010〕83号）	
8		《自治区工商局关于广西壮族自治区融资性担保公司登记管理的意见》（桂工商发〔2010〕112号）	
9		《自治区工商局关于鼓励和引导民间投资健康发展的实施意见》（桂工商发〔2012〕76号）	
10		《自治区工商局关于印发广西壮族自治区微型企业登记监管暂行办法的通知》（桂工商发〔2011〕53号）	

2017年，自治区工商局对本局代自治区人民政府起草的8份自治区人民政府规范性文件进行清理，并提出相应的处置意见。对自治区工商局印发的涉及“放管服”改革的相关规范性文件、政策性文件进行全面清理，修改文件4份，废止文件6份。

第四节 权力清单制度改革

2015年1月9日，自治区工商局局长、党组书记张虹在全自治区政府部门推行权力清单制度工作电视电话会议上作《推行权力清单制度推进法治工商建设》的经验交流发言。1月22日，根据全自治区推行政府部门权力清单制度工作电视电话会议和《自治区人民政府办公厅关于印发推行自治区人民政府部门权力清单制度实施意见的通知》（桂政办发〔2014〕123号）精神，成立自治区工商局推行权力清单制度工作领导小组及其办公室。

2月3日，印发《自治区工商局推行权力清单制度实施意见》（以下简称《意见》），按照“职权法定、简政放权、权责一致、公开透明、便民高效”的总体要求，将行政权力和责任事项以清单形式向社会公布，接受社会监督。通过推行权力清单制度，进一步清理部门权力，明确部门责任，厘清权力边界，规范权力行使，完善决策科学、执行坚决、流程优化、监督有力的行政权力运行机制，形成边界清晰、分工合理、权责一致、运转高效、依法保障的工商行政管理职能体系。《意见》明确实施要求，清理行政权力事项，在清理行政权力的基础上，按照“法定职责必须为”的要求，梳理职责，根据工商行政管理机关职责定位，从全面正确履行职责角度，按照部门职责、与相关部门的职责边界、公共服务事项、事中事后监管制度4方面的内容，编制责任清单。

2015年6月29日，自治区工商局权力清单和责任清单经自治区人民政府审定公布，成为广西首批权力清单公布单位。自治区工商局对照法律法规和“三定”方案，将行政权力事项分为10个类别，分门别类进行逐一梳理和分类登记，经过4轮集中清理、公开征求意见和反复讨论研究，共清理出权力事项737项。在此基础上，一是编制权力清单，将权力事项按照保留权力事项、属地管理事项、共性类权力事项3个分类进行确立；二是编制责任清单，通过部门主要职责、与相关部门的职责边界、公共服务事项、事中事后监管制度等4个部分，框定工商部门的职责界限。“两张清单”的出台公布，摸清权力家底，形成权力目录，实现项目类别、设定依据、权限边界、运行规则、职权责任“五个清楚”。在“两张清单”编制过程中，突出抓好厘权、减权、晒权、严管等几个重要环节。一是充分减权，深化简政放权。在全面梳理权力事项的基础上，按照能减不放、能放不留、能并不分的原则，坚持大胆减权、充分放权。共取消权力事项9项、下放实施属地管理232项、转移1项、整合62项、明确暂不执行1项，保留权力事项432项。精简优化的权力事项共计305项，整体精简比例达到了41.38%。通过精简和下放权力事项，降低市场准入门槛，尽量减少权力运行程序和环节，特别是取消行政征收事项8项、下放2项、整合29项，最大限度为市场和企业松绑减负，激发市场主体和社会活力，达到政府部门“做减法”、推动市场“做加法”的效果。二是严格厘权，确保权责统一。对照相关法律法规和“三定”方案，对部门职责进行深化、细化，梳理出16项部门主要职责和63项具体工作事项，并按照强化公共服务的要求，规范公共服务，结合工作实际，梳理出5项公共服务事项，框定工商部门的部门主要职责。同时，重点针对部门职能交叉、多头管理、监管空白等“老大难”问题，特别是药品、医疗器械、保健食品广告监管等重点事项，向21个相关区直部门征求意见和建议，编制自治区工商局与相关部门职责边界登记表，并上报自治区人民政府审定通过，理顺部门职责分工，明确工商职责边界，减少了监管履职风险。三是公开晒权，实现阳光透明。全程实现公开透明，主动接受群众监督。编制过程中，主动在网上公示“两张清单”，征求群众意见；编制完成后，通过新闻发布会和自治区政府信息公开统一平台、自治区机构编制委员会办公室网站、广西红盾网、自治区工商局“一服务、两公开”窗口等多个渠道正式发布，公开权力清单和权力运行流程，公示承办单位、办理期限和投诉途径，确保企业群众“查得到、看得懂、能监督”。四是强化严管，坚持放管结合。在简政放权的同时，坚持“宽进严管”的原则，注重事中事后的监管，做到“放”和“管”两个轮子一起转。共计下放行政处罚权力221项，结合商事制度改革需要，在企业信用信息公示监管、直销监管、企业登记权限委托下放的后续监管、属地管理的行政执法监管等6个事项领域，分类建立事中事后监管制度，确保既“放得下”又“管得住”，不留“监管盲区”和“空白地带”。

2016年，推行权力清单和责任清单“两单融合”重新调整完善权力清单。按照国务院审改办公布的中央指定地方实施行政许可事项汇总清单，重新明确行政许可事项清单。根据相关法律法规“立、改、废”情况，对行政处罚等其他类别行政权力事项进行梳理和调整。重新调整优化后，自治区工商局本级保留行政权力436项。其中：行政许可6项、行政处罚382项、行政强制2项、行政检查27项、行政确认2项、行政奖励4项、行政裁决2项、其他权力11项。编制与权力清单逐一对应的责任清单。科学划分每一项行政权力的运行环节，并对各环节行政机关及其工作人员应履行的责任作出描述，做到每项行政权力都明确行使权力的关键环节、每个权力环节都明确相对应的责任事项。三是实现权力清单与责任清单“两单融合”。按照“一表两单”的要求，将两张清单融为一体，最终实现“两单融合”。自治区工商局将行政审批事项纳入权力清单，由局权力清单办再次专门对自治区工商局23项行政审批，其中行政许可18项，非行政许可5项，按照能减不放、能放不留、能并不分的原则，坚持做到大胆减权、充分放权，进行全面优化。对18项行政许可事项，拟下放6项，转移给食品药品监督部门1项，其余11项整合为3个大项实施；同时，按照自治区人民政府《关于清理非行政许可审批事项的通知》（桂政发〔2015〕21号）的统一部署，对5项非行政许可事项，按照“取消是原则、调整是例外、例外必从严”的标准进行清理，形成《自治区工商局非行政许可审批类行政权力事项清理意见表》报自治区政府审定。

同年，根据广西壮族自治区行政审批制度改革工作领导小组办公室《关于进一步推动行政审批中介服务去行政化工作的通知》（桂审改办发〔2016〕3号）要求，深入贯彻落实《广西壮族自治区人民政府办公厅关于清理规范我区行政审批中介服务的通知》精神，推进自治区供给侧结构性改革，切实降低实体经济企业制度性交易成本，切断行政审批中介服务利益关联，进一步改善企业发展环境。制定出台《自治区工商局行政审批中介服务去行政化工作方案》，明确要求自治区工商局所属事业单位、主管的社会组织及其举办的企业，不得开展与自治区工商局行政审批工作相关的中介服务。属于自治区工商局主管的行业协会商会及其主办的企业，要取消行政机关与行业协会商会的主办、主管、联系和挂靠关系，行业协会商会依法直接登记和独立运行。行业协会商会与行政机关具体脱钩工作要按照中央和自治区有关行业协会商会与行政机关脱钩方案实施。属于自治区工商局举办的企业或者所属事业单位举办的企业，要实现行政机关、事业单位与所属企业彻底脱钩，行政机关、事业单位不再直接管理企业。行政机关、事业单位与所属企业脱钩工作要按照中央和自治区有关党政机关事业单位和群团组织与所属企业脱钩方案实施。

2017 年，印发《编制和优化市县乡三级行政权力运行流程工作方案》，完成对市县优化行政权力运行流程的指导和审核，本系统行政权力运行上下一致，有效衔接。5 月 8 日，自治区党委办公厅、自治区人民政府办公厅公布 2016 年度全区机关绩效考评结果，自治区工商局获一等奖。

2018 年，自治区工商局在 2018 年度自治区机关绩效考评中获一等奖。

第五节　普法宣传教育

1992 年 1 月 17 日，全自治区工商行政管理系统教育工作现场会在桂林市召开，会期四天。研究和安排 1992 年教育工作任务和“纠风”工作。参加会议的有地、市工商局人教、政秘科科长。12 月 14 日，自治区工商局在南宁举办为期三天的自治区直属企业经济合同管理培训班。参加学习班的有厂长、经理及有关人员共 108 人。培训内容包括经济合同、技术合同和涉外经济合同知识。

1993 年 2 月 28 日，自治区工商局与自治区人民检察院等有关单位联合在南宁市朝阳广场开展纪念商标法实施十周年宣传日活动。自治区人大常委会副主任黎济武到现场并发表讲话，自治区工商局局长李元熙，副局长黄绍熙、陈章进参加了宣传日活动。9 月 22 日，自治区工商局在自治区党委党校举办有关社会主义市场经济理论、期货市场、证券市场、关税及贸易总协定与中国经济发展的师资培训班，全自治区工商行政管理系统 12 个培训基地选派的 41 名学员参加学习培训，学员经考试全部合格并取得师资证书。12 月 5 日，自治区工商局在防城港市防城区举办反不正当竞争法培训班。各地、市工商局 250 多人参加培训。

1994 年 10 月 28 日，由自治区工商局主办的全自治区公司法电视知识竞赛总决赛在广西电视台演播厅举行。当年，对新出台的反不正当竞争法、消费者权益保护法、公司法和修订的经济合同法、商标法，采取举办学习班、出版书籍和编印学习资料、开展宣传日活动、与新闻单位联办专栏或专题节目、举行记者招待会、开展法律知识竞赛等办法，深入学习和宣传。

1995 年 1 月 9 日，自治区工商局与南宁市工商局联合举办为期一周的《中华人民共和国广告法》宣传活动周，随后 1 月 15 日，在南宁市朝阳广场开展贯彻执行《中华人民共和国广告法》咨询服务日活动。1 月 17 日，自治区人大法制委、自治区工商局召开实施《广西壮族自治区个体工商户条例》《广西壮族自治区私营企业条例》新闻发布会。8 月 5 日，自治区“二五”普法检查验收组到自治区工商局检查验收“二五”普法工作。经检查验收，自治区工商局获得 97.3 分，被评为“二五”普法合格单位。8 月 24 日，自治区工商局与自治区人大法制委联合召开实施《广西壮族自治区企业法人登记管理条例》新闻发布会。

1996 年 5 月 31 日，自治区工商局在玉林市举办为期两天的广西首期消费品市场经纪人培训班。来自玉林地区、贵港市的 90 多名经纪人参加培训，各地、市工商局市场科长应邀参加观摩、学习。经培训、考试，有 88 人取得经纪人资格证书，他们依法登记注册，成为首批消费品市场合法的经纪人。7 月 16 日，自治区工商局在武鸣县举办为期四天的传达贯彻全国基层法制工作会议精神暨行政处罚法培训班，参加培训的有各地、市、县工商局分管法制工作的领导及法规科、股长共 132 人。12 月 3 日，自治区工商局在南宁举办为期 3 天的广西首期信息市场经纪人培训班。参加学习的 105 名学员通过考试考核，全部获取《经纪人资格证书》，成为自治区首批信息市场持证上岗经纪人。

1999 年，全自治区开展合同法、行政处罚法学习宣传。

2000 年，“三五”普法验收，在征得自治区普法办同意的情况下，工商系统采取“垂直管理”的办法，即各县、自治县对地、市级负责，各地、市局对区局负责，然后由区局将全自治区“三五”普法情况进行验收、汇总后向自治区普法办汇报。抽调有关人员组成三个验收组到各地区、市进行考核验收。“三五”普法工作中取得较好成效，但也仍然存在着一些薄弱环节和问题，如工学矛盾解决不好，普法中存在时松时紧的问题；普法工作发展不平衡，个别干部在学习法律法规中，有流于形式、与实践脱节的现象。

2003 年，全国、全自治区将传染病防治法等法律法规列为“四五”普法的重要内容，自治区工商局把学习、宣传、普及传染病防治法作为 2003 年和今后一段时期的重要工作来抓，出版一期宣传专栏，分发了 150 套普法书籍，使全体干部群众知道运用法律武器自觉地投身到抗击“非典”的人民战争中去，进一步增强全体干部群众依法履行法律赋予的权利和义务，提高依法防治传染病的法律意识。3 月 1 日起，由国务院颁布的《无照经营查处取缔办法》开始实施，向全自治区发送全文和知识问答宣传专刊，使办法营造查处取缔无照经营行为的良好社会氛围，查处和取缔无照经营得到社会各方面的理解和支持。为支持市、县工商局学习贯彻执行办法，贺州市、北海市、合浦县、扶绥县、柳州市培训班讲解该办法和工商所办案应注意的问题，使一线工商执法干部更有效地执行办法。就行政执法的原则和办法的理解与执行给全自治区工商系统中青干部培训班的同志们作具体的讲解。

2004 年，自治区工商局举办 12 期行政许可法培训班。3 月下旬至 5 月底在全自治区工商系统分两级共举办 7 期行政许可法培训班［其中第一批培训各市工商局分管局长、法规科科长、企业科科长、商广科科长、市场科科长，第二批分五期培训县（市）级工商局相关人员，第三批培训自治区工商局本级全体工作人员］，共培训本级和各地实施行政许可的人员 1000 多人，组织进行考试或考核，并将考试（考核）的结果作为公务员年度考核、任职、定级和晋升职务的依据，确保达到“三个百分百”，即全体干部必须 100% 参加行政许可法学习，必须 100% 参加考试，执法人员考试合格率必须达到 100%。自治区工商局将 2004 年 6 月定为行政许可法宣传月，采用开辟宣传栏、挂宣传横幅、上街下乡宣传咨询等形式宣传，使这部法律家喻户晓、深入人心。2004 年 7 月 1 日，自治区工商局参加自治区法制办组织的首府实施行政许可法大型宣传活动。各地工商行政管理机关充分利用广播、电视报刊、互联网等各种宣传工具，采用多种形式，广泛深入地宣传行政许可法，做到阶段性宣传和经常性宣传相结合、一般性宣传和疑难性宣传相结合，使人民群众熟悉行政许可法的基本知识，学会运用这部法律来保护自己的合法权益，对行政机关实施行政许可法的工作进行有效监督。各地对辖区内未参加培训的其他人员也逐级进行培训。

2005 年，贯彻《全面推进依法行政实施纲要》学习、宣传和培训工作。在学习、培训工作中，各地工商机关结合实际，采取以自学为主、自学与集中培训相结合的方式，组织广大机关干部和基层执法人员系统学习纲要，全面提高干部职工知法、依法、用法的意识和依法行政的能力。2005 年 8 月，自治区局邀请总局法规司、自治区法制办、自治区高院行政庭，通过以案说法的形式，为全自治区各市工商局分管局领导和法制科长讲授依法行政的基本理论、行政处罚、行政许可、行政强制、行政复议、工商行政管理等方面的业务知识和执法技巧。

2006 年，自治区工商局将《行政执法机关移送涉嫌犯罪案件的规定》及《关于在行政执法中及时移送涉嫌犯罪案件的意见》列为重点考评各级工商机关开展岗位练兵活动成效的一项内容。各级工商机关重视对执法人员的业务培训，特别是搜集证据能力方面的培训。例如：南宁市工商局 2006 年先后组织四次执法岗位业务知识考试。系统内执法人员经过全员练兵，全系统内的执法人员执法水平提高。同时，各级工商机关不同程度地加强与刑事执法部门之间的学习交流，了解与刑法、刑事诉讼法相关的法律法规和司法办案的工作流程，增进相互间的了解，促进执法水平的共同提高。

2 月 27 日—28 日，在凭祥市召开“全区工商系统规范基层行政执法现场会暨法制工作会议”。会议听取梧州市工商局和凭祥市工商局规范执法行为的经验介绍，现场剖析凭祥市下属工商所办理的两起行政处罚案件。7 月 20 日，根据《全区工商行政管理系统岗位技能大练兵方案》制定详尽的、具有很强操作性的《全区工商行政管理系统法规工作岗位技能大练兵方案》，各市工商局扎扎实实地开展法规工作岗位技能大练兵活动，7 月 25 日，在南宁召开全自治区工商行政管理系统法规工作会议暨法规岗位技能大练兵培训班。培训班聘请自治区高级法院、自治区法制办的专家就行政执法与行政诉讼，全面推进依法执政的内容进行讲授。8 月 29 日在玉林市举办企业登记岗位练兵培训。11 月 17 日，组织各市工商局的 70 名法规岗位竞赛选手进行法规岗位练兵竞赛，从中挑选出 18 名成绩优秀的选手参加由自治区工商局统一组织的“十大执法监督标兵”的理论考试，并于 11 月底前结合执法检查和执法质量考试考评对这 18 位选手的案件审核工作进行实绩考核。

2007 年 3 月 20 日，印发《自治区工商行政管理局领导干部学法用法制度》，贯彻执行国务院《全面推进依法行政实施纲要》，建立局党组学法制度，每年组织局党组成员集中学习二次以上。建立公务员学法机制，每年组织公务员学法五次以上，采取全体公务员集中学习培训、各岗位集中学习培训和各处室、单位自行组织自学等形式进行。年末，自治区工商局普法依法治理工作领导小组对各处室、单位组织开展领导干部学法用法进行考核，并根据考核结果，予以通报表扬或批评。

2008 年，创新法治工作人员培训模式，采取跟班学习等在岗培训的方法和“双向互动式”的培训模式，将理论学习与实践操作、提问与解答贯穿于整个培训过程中。

2009 年，自治区工商局将国家工商总局《关于印发〈工商行政管理机关行政处罚文书、行政复议文书和行政赔偿文书〉的通知》（工商法字〔2008〕229 号）转发各市工商局执行，从 2009 年 1 月 1 日起正式使用新修订的执法文书，印制执法文书分发至自治区工商局各执法单位。组织以使用新执法文书为主要内容的执法检查活动；在使用新版文书方面存在的主要问题有：填写新版文书的内容要点不够齐全，没有客观、全面反映文书应当记录的案件情况；文书的文号不够统一，编排存在不规范情况，对文书的管理存在一些漏洞，文书没有及时收集归档。上半年，自治区工商局分别在东兴、桂平、北海和宜州分区域分期组织了 4 次岗位技能培训班，共培训各市工商局法规科长、县（分）局分管法制工作的副局长和法规股股长、工商所法制员等行政执法骨干近 600 人次。崇左市工商局采取“局校”联办模式，通过与广西工商学校联合教学方式，开展法制封闭式培训；防城港市工商局开展“大学法、大培训、大考试、大调研”活动；南宁市工商局机关法治人员与一线执法人员举办座谈会、交流会，互相沟通和探讨，取得较好的效果。

从 2009 年 3 月开始，根据《自治区工商局关于印发全区工商系统岗位技能大练兵方案的通知》（桂工商发〔2009〕10 号）要求，自治区工商局以《法制岗位技能大练兵活动实施办法》的落实为切入点，组织开展全自治区工商系统法规岗位全员练兵活动。梧州市工商局编辑《法规岗位大练兵资料选编》，提高培训的针对性；邀请梧州市法制办专家就工商行政管理机关依法行政、行政复议、清理规范性文件等工作中遇到的新情况、新问题进行授课。百色市工商局创新模式，通过自制培训教材和课件，采取投影、现场办案指导、案件评查会、专题培训等多种方式开展培训。崇左市工商局在广西工商学校举行岗位练兵法治工作集中培训班，邀请崇左市中级人民法院、崇左市公安局的法制专家授课。防城港市工商局通过以会代训、以工代训、每月一法、每季一考、集中培训、巡回培训等方式，举办各类培训班 17 期。南宁市工商局把培训班、业务座谈会办到横县、上林等基层执法单位，收集整理基层执法人员、法制员提出的实际问题并共同探讨，切实解决执法监督过程中出现的新问题。6 月，广西工商系统贯彻执行新的食品安全法，组织全自治区工商系统 25 名公职律师以及负责食品安全监督管理机构的代表，参加广西律师协会的中美体育法、食品安全法法律学术交流会，美国印第安纳大学法学院院长和副院长授课。10 月 16 日，全自治区工商系统法规岗位技能知识竞赛在广西工商学校举办。14 个市工商局代表队共 70 名人员参加竞赛。按照“履行职能、立足岗位职责相对应的素质要求”的活动宗旨，竞赛内容涉及对行政处罚法、行政复议法、行政诉讼法等 18 部与工商行政管理法制工作紧密相关的法律、法规、规章、司法解释和规范性文件的掌握和应用。综合各市工商局法规岗位大练兵自查情况、全员考试成绩，以及参加岗位技能竞赛人员参赛的总成绩，经竞赛评比委员会和自治区工商局大练兵工作办公室审核、自治区工商局领导审定，确定南宁市工商局、柳州市工商局、贺州市工商局为全自治区工商系统法规岗位练兵优胜单位。

2009 年，“3·15”大型宣传活动向消费者和经营者宣传工商法规，共向社会发放各种宣传资料 2000 余份。组织开展“2009年百家网站法律知识竞赛”活动。各市工商局开展网上法律知识竞赛活动。11月23日，参加广西依法治桂法治宣传大篷车八桂启动仪式暨走进南宁普法活动，现场发放宣传资料2000余份。

2010年4月，各级工商行政管理机关根据自治区工商局《关于印发2010年服务非公有制经济宣传月活动方案的通知》，围绕“服务与民生”的主题，开展服务个体私营经济发展宣传月活动。与公安部门联合编写并发放《剑指传销—广西打击传销实录》5万册；开展街头宣传、张贴标语、发布警示信息、举办座谈会等活动，组织播放《黑梦》《广西，绝不是传销的乐土》等打击传销宣传片。会同自治区农业厅发布《广西农村土地承包经营权流转合同(示范文本)》，在全自治区统一启用新版的农村土地承包经营权流转合同。各级工商行政管理机关对涉农合同的监管，制定发布涉农合同示范文本32个，检查涉农合同2.62万份；调解涉农合同纠纷20件，涉及金额46.18万元。重点检查服务业格式合同，依法纠正侵害消费者合法权益的“霸王”条款，严厉打击设置合同陷阱、骗取合同保证金等违法违规行为。是年创办《广西工商法制通讯》，报道工商行政管理法制工作新动态，交流基层法制工作经验，评析典型案例。

当年以自治区工商局印发的《广西工商行政管理系统信息化建设(2010—2012)工作规划的通知》确定的“358信息化知识普及工程”（即“三会”“五会”“八会”信息化知识普及工程）为考核内容，采用全员网上统一考试、技能竞赛、督查考核等方式，组织开展全系统“358信息化知识普及工程”达标考核。

2011年，“六五”普法制定《广西工商行政管理系统法制宣传教育第六个五年规划》(以下简称《规划》)。《规划》明确广西工商行政管理系统“六五”普法的主要内容、任务、要求及工作步骤和时间安排。《规划》要求全自治区各级工商行政管理机关要充分利用2011年至2015年这五年的时间，分宣传发动、组织实施、检查验收三个阶段开展“六五”普法工作。当年，自治区工商局举办新招录的300多名公务员行政执法基本理论及执法程序讲座。梧州市工商局与市委组织部联系，建立全自治区首个地级市农村经纪人培训师资库。

2012年，北海市组建法治宣传教育“轻骑队”，派员参加全市法治宣传教育“轻骑队”和讲师团。自治区工商局开展“3·15国际消费者权益日”宣传活动，广泛开展面对面的消费引导，集中宣传消费维权理念、消费知识，全系统共设立消费维权宣传服务点2983个，接受现场咨询22529人次，印发宣传手册108.9万份，设立消费大讲堂、讲座72场次；开展服务非公有制经济发展暨微型企业发展宣传月活动，自治区工商局编印《全区微型企业、个私业主创业典型实例》、消费者权益保护法等宣传材料。广泛宣传微型企业发展的扶持条件、办事流程、优惠政策等，全系统共开展广场活动148次，发布新闻报道507条，制作板报414块，发放资料31万份；开展工商系统食品安全宣传周活动，围绕“同铸食品安全，共建诚信家园”主题，全面普及食品安全法律、法规，全系统共印发科普读物93636份，举办专题展览206个，举办食品经营者培训班207期，培训食品经营户8669个(次)。

2013年，推行领导干部任职前依法行政情况考察和法律知识测试制度。拟任科级以上工商机关领导职务的干部，任前要考察其是否掌握相关法律知识以及依法行政情况。举办商标广告、执法办案、合同监管、行政指导等培训班先后对全系统执法人员进行16期业务知识集中培训，参加培训干部达37000人次。7月17日，自治区工商局首次开设“红盾讲坛”视频教育平台。8月，自治区工商局举办全系统执法人员依法行政视频讲座，7000多名执法人员参加学习。全系统执法人员进行8期法律知识集中培训，参加培训干部达1300余人次。

南宁市工商局与南宁市青秀区普法办共同创建了消费者权益保护宣传教育基地，联合参与打造“1074投诉热线”普法品牌，提升了消费维权普法教育的知名度；钦州市工商局深入知名食品企业举办食品安全法律知识培训，同时将宣传触角延伸至边远乡镇，使企业足不出户就可以学到相关的法律知识。

2014年1月23日，自治区工商局举办全自治区工商系统查办典型案件新闻发布会，公布2013年全自治区工商系统查办的十大典型案件。公布的典型案例，在办案方法、思路、技巧上有创新、有亮点。5月上旬，自治区律师协会举办律师培训班，邀请美国印第安纳大学法学院副院长克莱尔．格瑞夫教授前来讲授美国律师职业道德规范及其在国际贸易中对各方律师行为的影响，北部湾经济区6市是广西改革开放和经济发展的前沿，特别组织北部湾经济区6市工商局法规科长和取得律师资格的人员参加培训，开阔视野，增强为开放型经济服务的本领。2014年，自治区工商局依托红盾讲坛，结合授课培训、脱产培训、讲座培训、执法资格培训、个人自学等多种教育培训方式，共举办红盾讲坛专题讲座8期，培训约5万人次。

2014年，宣传新商标法。汇编印制12000份《商标知识宣传手册》向社会发放，开展新商标法服务咨询。全自治区各级工商机关共开展宣传咨询服务活动371场次，受理咨询3.6万人次，悬挂横幅标语及展示板报257幅（版），向群众发放宣传资料10.1万份。组织各市工商部门利用电视、通信信息和移动平台、宣传横幅和海报等形式，向社会各界广泛宣传新商标法及修改的目的和意义，2014年1月—5月，在《广西日报》、广西电视台、《南国早报》、《当代生活报》刊登、播出商标服务公益广告570条（次）。同年出台《广西市场主体住所和经营场所登记管理办法》（以下简称《办法》），允许“一址多照”和“一照多址”等，利用各种媒体加强宣传力度，在《办法》正式实施前后一个月左右时间，协调《人民日报》、《南国早报》、《当代生活报》、新华网、中国经济网、广西新闻网等媒体，对《办法》进行了持续广泛的宣传。

2015年，自治区工商局组织编撰《岗位应知应会丛书》。全书共250万字，通过工商出版社公开出版发行，为工商干部提供了一本“工作手册”。在全自治区工商系统开展岗位大练兵活动，集中进行岗位技能竞赛，决出“岗位业务10大能手”。

9月1日新广告法正式实施，自治区工商局于8月中下旬，分别为广西电视台、广西日报集团、柳州电视台等新闻媒体以及柳州市工商局等工商部门培训学习新广告法。通过新旧条款对照、重要条款解读、以案说法、释疑解惑等形式，对新广告法的修订条款以及对广告主广告经营者、广告发布者、广告代言人的权利义务进行广泛而深入的宣传讲解，参训人员一步了解掌握新广告法的精髓所在，对自己在新广告法中承担的权利义务都有明确认识。新闻媒体严格遵照新广告法的有关规定规范自身的广告发布行为不断营造规范有序的广告市场秩序。在开展培训活动的同时，自治区工商局还为基层工商部门新闻媒体发放新广告法释义500套。

2015年6月2日，自治区工商局在桂林市临桂新区举办为期3天的全自治区工商系统全面推进法治工商建设培训班。全自治区各市工商局分管法规工作的领导、法规科主要负责人、法制工作基层联系点分管领导及法制机构负责人、公职律师等共80余人参加培训。培训内容涉及深入领会贯彻落实全国工商系统法治工作座谈会会议精神、探讨新常态下如何推进法治工商建设，邀请自治区高级人民法院行政庭庭长讲授新修改的行政诉讼法及行政诉讼司法实务。9月，举办以学习贯彻《广西合同格式条款监督管理条例》为内容的“广西工商系统红盾讲坛”。《广西合同格式条款监督管理条例》（以下简称《条例》）于2015年7月24日广西壮族自治区第十二届人民代表大会常务委员会第十七次会议通过，于2015年10月1日起颁布施行。11月5日—6日，自治区工商局在南宁举办全区工商系统执法业务培训班，各市工商局执法科负责人和业务骨干，本局机关处室、单位业务骨干50多人参加培训。

2016年4月18日，自治区工商局举办第27期“红盾讲坛”，特别邀请美国知名律师张军博士作《美国消费维权对我们的启示》专题讲座。专题讲座上，张军博士以比较宽泛的视角、用讲故事的授课方式，给大家讲授美国消费维权以及可供借鉴的经验。

4月20日—21日，全自治区工商系统市场合同监管业务培训班在邕举办。培训班传达国家工商总局3月在扬州召开的全国工商系统合同格式条款专项整治工作座谈会和4月在绍兴召开的全国市场规范管理工作座谈会暨商品交易市场监管工作现场会的会议精神，培训解读《广西合同格式条款监督管理条例》《合同违法监督处理办法》，传授农资产品打假技巧与产品质量标准等内容。4月26日—29日，自治区工商局在来宾市举办全自治区工商系统法制业务培训班，各市分管法制工作的领导及法制机构负责人、全自治区工商系统的公职律师、2015年全自治区工商系统执法督查岗位技能能手、被确定为全国及全自治区工商系统法治工作基层联系点的分管局领导及法制机构负责人近120人参加培训。培训班以强化注册资本登记制度改革相关法律法规知识为原则安排课程，重点学习《中华人民共和国公司法》《中华人民共和国商标法》《中华人民共和国合同法》《广西壮族自治区合同格式条款监督管理条例》《广西壮族自治区行

2016 年 4 月 18 日，自治区工商局举办第 27 期红盾讲坛，邀请张军博士作专题讲座

政执法监督办法》《工商行政管理机关执法监督规定》等法律法规及规章，并对行政复议、行政诉讼等工作中遇到的问题进行交流，探讨在新的体制下如何加强法治工商建设和开展工商行政执法监督。

2017 年，自治区工商局开展全自治区工商系统监管执法十大典型案例评选活动，评选出全系统打击

2017 年 12 月 4 日是中国第 4 个国家宪法日，自治区工商局举行升国旗暨宪法宣誓仪式

传销十大典型案例，编印《广西工商行政管理行政执法案例选编》；制定印发《广西工商系统行政处罚自由裁量基准》《广西壮族自治区工商行政管理系统异地执法协助制度》《广西壮族自治区工商行政管理系统重大行政执法决定》等系列行政执法制度。

12月22日，全国工商和市场监管部门十大法治故事评选结果在微信公众号“工商行政管理半月沙龙”揭晓。自治区工商局以查处某公司非法传销为蓝本拍摄的法治微电影《关键证据》获得全国第五名的佳绩。

第二章　行政执法监督

全自治区工商机关实行垂直管理以来，历经 4 次重大机构改革，实行新“三定”，逐步确立工商行政管理市场监管和行政执法的职能定位，形成从自治区工商局到基层工商所四级贯通、运转协调的分层管理体制，建立布局合理、管理规范的监管执法体系。1992—2015 年，全自治区工商系统执法人员的执法证件先后变更 5 次。1992 年按照国家工商局的要求，已经申领了全国统一的工商行政管理检查证；1993 年反不正当竞争法实施后，又申领了公平交易检查证；1996 年行政处罚法实施后，根据国家工商局的统一部署要求换发了工商行政管理行政执法证；2006 年自治区工商局在原《广西工商行政管理机关执法监督暂行办法》的基础上，制定《广西工商行政管理机关执法质量考评规定》（以下简称《考评规定》），制定与《考评规定》配套的评分标准和执法基础台账等统一格式的文书。《考评规定》执法监督实现了“五个延伸”，即从传统的事后监督、专项检查到全程监督、日常监督的延伸，使执法监督不仅充分发挥及时发现、纠正失误的功能，而且还起到有效地预防错误的作用；从对案件处罚结果一个环节的核审监督向对立案、采取强制措施、执行等各个环节的检查监督延伸，实现行政处罚案件的全过程监督；从对单一行政处罚案件执法行为的监督向对行政许可、管理、收费等各种行政执法行为的监督的延伸，实现对工商行政执法的全方位监督；从对具体行政行为的监督向对抽象行政行为的监督延伸，实现虚实并举的立体化监督；把监督的重点从机关延伸到基层，实现对执法者的全员监督。拓宽执法监督的范围，增强执法监督的力度。2008 年按照国家工商总局印发《工商行政管理执法证管理办法》要求，全局又统一换发了中华人民共和国工商行政管理执法证；2015 年，工商行政管理机关实行分级管理后，全区工商行政管理机构发生了很大变化，各地负有市场监管职责的部门又陆续向地方法制部门申领广西壮族自治区行政执法证。

2006 年，自治区工商局连续两年以行政许可、行政强制措施为考评内容，对全系统的执法质量进行考评。2008 年，在总结提炼包括广西在内的一些省、自治区行政执法评议考核制度基础上，国家工商总局出台《工商行政管理机关行政执法评议考核办法》，对原《考评规定》进行修订并完善相关配套制度。2008 年 5 月制定《广西工商行政管理机关执法质量考评诫勉谈话制度暂行办法》。2017 年制定印发《广西工商系统行政处罚自由裁量基准》等行政执法制度，指导全系统全面规范公正文明执法。

第一节　建立健全行政执法资格制度

1992 年，按照国家工商局的要求，申领全国统一的工商行政管理检查证。

1993 年，反不正当竞争法实施后，申领公平交易检查证。

1996 年，行政处罚法实施后，根据国家工商局的统一部署要求换发工商行政管理行政执法证；1996 年 1 月，在南宁召开全自治区动员实施公平交易执法暨工商行政管理工作会议。会上提出增强市场监管主体、市场经营主体和广大消费者的法律意识，提高监管主体依法行政、经营主体守法经营和广大消费者运用法律武器进行自我保护的自觉性。采取各种行之有效的形式，以贯彻“五法”（即反不正当竞争法、公司法、消费者权益保护法、商标法、广告法）为重点，面向工商行政管理人员、广大企业、个体经营者和消费者，广泛开展法治宣传、教育。

2002年，自治区工商局调整基层工商所执法权限，将以工商所名义作出的罚没金额由原来的最高2000元提高到5000元，推动基层执法工作开展。加强法制教育，规范执法行为。自治区工商局组织编写《工商行政管理行政执法常用手册》和《工商行政管理行政执法文书手册》。

2003年，对全自治区工商行政管理系统所有行政执法人员逐级进行培训，组织考试，对考试合格的发给行政执法证，做到持证上岗，规范行政执法人员的主体资格。10月底全面完成此项工作，全系统近1万名行政执法人员持新证开展行政执法检查活动。

2005年，贯彻行政许可法结合开展“五项清理”为重点队伍教育整顿，采取全面清查、重点抽查、交叉检查等方式，扎实开展内部行政监察工作。围绕“身份审核、工作岗位审核、执法证件持有情况审核、依法行政情况审核”等四项内容，从办案资料、人事档案入手，对全系统在职人员全面排查，逐个审核，严格确认工作人员执法资格。如崇左市局从办案资料、人事档案入手开展清理执法队伍工作，查找近年来所办的案件的档案，对经办人（执法人员）进行核对，并通过人事档案，全面核对办案人员的身份。通过这项工作，发现2004年有36名新考录公务员的大学生和3名转业干部到该市基层工商系统工作，还未取得执法资格就开始执法办案。问题发现后，该市工商局及时进行整改，严格按照有关规定，先将他们调离执法岗位，进行岗前培训，待取得执法资格后，才允许上岗。落实执法责任制和执法过错追究制，加强对行政许可行为的监督检查。各地工商机关按照规范行政行为、规范执法程序、规范检查行为、规范办案程序“四个规范”，建立行政执法责任制和执法过错追究制度，严格规范监管执法行为，严防失职渎职、行政不作为或乱作为现象的发生。

2006年，自治区工商局在原《广西工商行政管理机关执法监督暂行办法》的基础上，制定《广西工商行政管理机关执法质量考评规定》（以下简称《考评规定》），为了保证《考评规定》的实施，结合市场监管和行政执法的实际，自治区工商局还制定了与《考评规定》配套的评分标准和执法基础台账等统一格式的文书。《考评规定》执法监督实现了“五个延伸”，即从传统的事后监督、专项检查到全程监督、日常监督的延伸，使执法监督不仅充分发挥及时发现、纠正失误的功能，而且还起到有效地预防错误的作用；从对案件处罚结果一个环节的核审监督向对立案、采取强制措施、执行等各个环节的检查监督延伸，实现行政处罚案件的全过程监督；从对单一行政处罚案件执法行为的监督向对行政许可、管理、收费等各种行政执法行为的监督的延伸，实现对工商行政执法的全方位监督；从对具体行政行为的监督向对抽象行政行为的监督延伸，实现虚实并举的立体化监督；把监督的重点从机关延伸到基层，实现对执法者的全员监督。拓宽执法监督的范围，增强执法监督的力度。制定《行使行政处罚自由裁量权的规定》，该规定规定行使自由裁量权的基本原则、基本要求，从轻处罚、从重处罚的界定，以及从轻、从重处罚所应具备的情形。制定《广西壮族自治区工商行政管理局规范性文件审查备案制度》，加强对规范性文件的严格把关审查。制定《广西壮族自治区工商行政管理核审案件的类型和范围（征求意见稿）》和《广西壮族自治区工商行政管理机关罚没物资管理和处理制度（征求意见稿）》。组织全自治区各级工商部门的行政执法人员进行培训考试，考试合格方能领取国家工商总局统一制发的中华人民共和国工商行政管理行政执法证，做到每位一线行政执法人员持证上岗。

2008年12月26日，《全区工商系统换发工商行政管理执法证工作方案》印发。工商行政管理执法证是工商行政管理机关执法人员履行行政执法职责、依法从事行政执法活动的有效证件和身份证明。国家工商总局1999年在全系统实行的统一工商行政管理执法证制度，对规范执法主体、提升工商行政管理执法形象发挥了积极作用。为适应形势和任务需要，结合工商行政管理工作实际，国家工商总局制定《工商行政管理执法证管理办法》。该办法涵盖工商行政管理执法证的申领、核发、使用和管理等内容，它的公布实施和换发工商行政管理执法证工作，有利于进一步明确工商行政管理机关执法主体，规范行政执法行为，严格队伍管理，提升队伍素质，树立工商执法的良好形象，是积极推进工商行政管理工作规范化、制度化、程序化、法治化建设的重要举措。申领工商行政管理执法证须具备以下条件：(1)从事工商行政管理执法工作；(2)具有国家公务员资格；(3)具备从事工商行政管理执法应有的法律法规知识，掌握规范政府共同行为的法律规范的主要内容，熟悉工商行政管理法律、法规、规章；(4)经工商行政管理法规知识培训并考试、考核合格。申领工商行政管理执法证的过程包括资格审查、培训考试、填表申报、核发证件四个阶段。各县、市工商局将本单位符合领证的行政执法人员填表编号经过初审后，由市工商局人教处统一报自治区工商局人教处审核，符合条件的由自治区工商局法规处予以核发，并报国家工商总局备案。原已有工商行政管理执法证的执法人员，直接填写申请表和核发备案表，注明是“换发”。

2009 年，根据国家工商总局令第 36 号公布的《工商行政管理执法证管理办法》，自治区工商局对执法人员进行执法考试，考试不合格的人员责令补考；按照国家工商总局的执法证软件要求录入执法证人员的基本信息。在信息录入的过程中，共对自治区在职的一万多名公务员的信息进行重新核查。自治区工商系统行政执法人员数据库初步建立。从 2009 年 12 月 25 日起，执法人员全部启用新版执法证件上岗执法。

2010 年，自治区工商局规范执法主体。完善工商执法主体资格制度和执法人员持证上岗制度。组织执法人员参加全自治区工商系统执法人员资格的培训考试，全系统所有执法人员均经过工商行政管理知识培训、考试、考核，办理申领了工商行政管理执法证，做到人人持证上岗。如防城港市工商局严格实施执法资格考试制度，对新招录公务员执法证件申领，以法规处提供的初任培训考试成绩为依据，成绩不及格的人员，一律不予申办执法证。崇左、钦州等市工商局按照自治区工商局的要求，举行执法人员换证宣誓仪式，增强执法人员的荣誉感、使命感和责任感。贺州市工商局在“123”监管模式的基础上，围绕工商机关履行职责的热点难点问题，对行政指导制度进行修订，对行政指导文书进行修改完善，及时组织总结、交流富川县局在实施助推商标战略、促进食品安全监管等重点领域开展行政指导的成功经验。

同年，自治区工商局下发《全区工商行政管理系统换发工商行政管理执法证工作方案》，规范新版执法证的换发和申领程序，建立新版执法证信息数据库，全自治区工商系统符合条件的换证执法人员达到 1 万多人。1 月 15 日在全系统执法人员换发执法证后，向社会发布换证公告，召开发放新版工商执法证新闻发布会及换证宣誓仪式。从 2010 年 2 月 1 日起，全自治区工商系统全部启用新版执法证，旧版执法证同时停止使用。在行政强制法实施前，将经过梳理的行政强制依据，直接植入行政处罚办案软件，规范行政强制措施。南宁市工商局组织人员集中完成行政执法依据梳理工作，共梳理涉及工商行政管理机关的执法依据 287 件，行政强制措施依据 23 件。

2011 年，执行国家工商总局《工商行政管理执法证管理办法》和《广西工商行政管理机关贯彻实施〈工商行政管理机关行政执法证管理办法〉具体规定》，组织全系统人员执法证件资格培训、考试、申领广西行政执法证，杜绝无资格人员执法现象，分级建立健全动态化的执法证数据管理库，落实行政执法人员主体资格制度。

2013 年 10 月下旬至 11 月上旬，全自治区各市、县工商机关同步开展执法检查。11 月 18 日—22 日，自治区工商局抽调部分市工商局分管领导、业务科室负责人组成 5 个检查组，对全自治区工商机关 2013 年度依法行政工作及执法质量进行检查。逐项梳理涉及工商行政管理的行政强制依据及执法监督工作规范：南宁市结合实际，制定并实施了《南宁市工商局行政执法监督办法》，细化行政执法监督范围、程序、文书及督察处理方式等，切实防止和纠正违法、不当的行政执法行为，保证行政执法规范、公正、文明。柳州市根据基层执法工作的实际需要，制定《柳州市工商行政管理局典型案件查办操作流程》，通过制作浅显易懂的流程图，对流通环节食品案件、消费者权益保护案件、不正当竞争案件、两虚一逃案件、农资违法案件、商标广告违法案件等 17 大类常见案件类型，从案源收集、取证方式、询问笔录、强制措施、案件定性等各个方面，对基层办案人员进行全方位指导。贵港市制定《贵港市工商局关于进一步规范行政处罚程序的规定》，对案件管辖、立案、行政强制措施、调查取证、案件核审、集体研究讨论、行政处罚告知、行政处罚决定、案件移送等执法行为运行流程进行规范。来宾市制定《来宾市工商行政管理局行政执法办案程序规定》，完善行政执法程序制度。贵港市制定《贵港市工商行政管理局行政处罚裁量权执行标准细化表》，对 350 种违法行为，从类别、违法行为、处罚依据、裁量情节以及处罚种类和幅度等五个方面内容细化了具体的行政处罚裁量执行标准。北海市制定《北海市工商行政管理机关行政处罚裁量参照标准(试行)》，对 141 项行政处罚条款细化量化为573项处罚参照标准，最大限度地控制和减少自由裁量空间，细化执行标准。

2013年，自治区工商局制定局长办公会会议制度、案件审议委员会制度、行政执法质量考核评议诫勉谈话等制度，明确决策权限，完善了决策程序。全自治区工商机关严格执行《广西壮族自治区行政机关重大决策程序暂行规定》，实行重大决策合法性审查制度，明确规定凡重大决策必须经法制机构进行合法性审查，确保重大决策权限合法、实体合法、程序合法。

2014年1月17日，自治区工商局制定《广西工商行政管理系统监管执法工作规范及工作流程》，内容涵盖行政审批、行政处罚、自由裁量权的适用、行政强制、行政复议等行政执法行为，全系统建立健全权责明确、行为规范、监督有效的执法体制。7月29日下发自治区工商局办公室关于换发工商行政管理执法证的通知，一是工商行政管理执法证有效期为五年，全自治区工商系统已申领的工商行政管理执法证有效期大部分将到期，换发执法证工作量大、时间紧、要求严。二是工商行政管理执法证管理系统的数据录入，是为国家工商总局的执法证管理系统和全区执法证内卡的制作提供基础数据，自治区工商局对全区工商系统的执法证信息进行系统管理。三是申领、换发工商行政管理执法证应当经过工商行政管理法规知识培训、考试、考核。

2015年，南宁市工商局制定《行政执法全过程记录制度》《重大执法决定法制审核制度》和《行政执法投诉举报制度》，切实提高工商行政执法公信力和执行力。桂林市工商局指导各单位按照《执法记录仪使用管理规定》的要求，普遍使用执法记录仪对执法行为进行录音录像，客观、真实地记录行政执法工作情况及相关证据。柳州市工商局组织开展“优秀典型案件”评选活动，评选出10个执法部门的“优秀典型案件”和10个工商所执法的“优秀典型案件”，并对获得荣誉的执法部门和工商所予以表彰。玉林市工商局查处玉林某液化气公司销售不合格液化气案，凸显维权执法效果，该案获评“玉林市2015年十大执法案件”。河池市工商局通过修订完善《河池市工商局案件流程管理工作规范》，明晰立案、销案的标准、条件和程序，强化法制机构对立案、销案的审查监督权力。贵港市工商局积极推进“红盾亮剑”行动，开展了无证无照、红盾护农、商标侵权、合同格式条款、虚假广告等10余项专项整治，其中在人力资源市场秩序专项整治行动中成绩突出，获得人力资源和社会保障部、国家工商总局的表彰。

第二节　推行行政执法责任制

1996年，自治区工商局被自治区人民政府行政执法检查领导小组授予“全区依法行政百佳单位”称号。

1999年，广西工商行政管理机关以执法监督为重点，自治区工商局组织工作组对全区9个地市、14个县（市）工商局进行执法检查。

2000年7月，自治区工商局印发《关于我区工商行政管理所执法权限有关问题的通知》，对工商行政管理所执法权限的有关问题作如下通知：一是工商行政管理所（以下简称工商所）为县（市）工商行政管理局或城区（含郊区）工商行政管理分局的派出机构，工商所负责对工商行政管理法律、法规及规章在本辖区内正确、有效的实施，确保工商行政管理监管职能到位，依法及时制止、纠正和依法查处违章违法行为，保护经营者、消费者的合法权益，有效维护市场经济秩序，支持促进经济发展。工商所的具体行政行为是县（市）工商局、城区（含郊区）工商分局的具体行政行为，但有下列情况之一的，工商所可以以自己的名义作出具体行政行为：(1)对个体工商户违法行为的处罚；(2)对集市贸易中违法行为的处罚；(3)法律、法规和规章规定工商所以自己的名义作出的其他具体行政行为。前款第(1)(2)项处罚不包括吊销营业执照。二是工商所以自己的名义对个体工商户违法行为作出的具体行政行为包括警告、罚款、没收非法所得；对集市贸易中的违法行为作出的具体行政行为包括警告、罚款、没收违法所得、没收非法财物，具体权限和幅度为：第(1)项适用简易程序的案件；第(2)项适用一般程序作出罚（没）数额2000元以下的案件。

2002年，自治区工商局按照“小局大所”的要求，对各地工商所的机构设置进行调整和充实，全面提高基层工商所监管职能和权限，使基层工商所的监管职能全面适应市场经济需要，逐步确立以基层为主体，执法重心在基层的执法格局。抽查2002年度基层工商所承办的适用简易程序及一般程序的55252件案件中的2300多件。通过执法检查及2003年对工商所221件案件的评查，自治区基层工商所已有长足的进步，转变了“重收费，轻管理”的局面。工商所已成为行政执法的中坚力量。2002年自治区立案查处了37357件行政违法案件，罚没入库4769.56万元，其中基层工商所承办26053件，占70%，罚没入库占77.4%。在基层分局，工商所是办案主力。南宁市新城分局查处的420件行政违法案件中，工商所就承办331件，占78%，仅该分局飞凤工商所就承办121件，罚没入库28.65万元。桂林市所辖的灵川县局2002年共查办一般程序案件148件，其中有139件是由基层工商所具体查办的，占案件总数的93.9%。可以看出，基层工商所能按照国家对工商所建设的各项基本要求，转换职能，成为行政执法的主力军。当年“小局大所”建设效果良好，南宁市局双生分局第三工商所和经检大队共同查处的沈阳三洋空调有限公司冒用他人厂名一案罚没金额达30余万元。基层工商所逐步摆脱过去简单的管理模式，向监管社会主义大市场过渡。

2004年，自治区工商局印发《关于加强工作联系建立行政执法与刑事执法相衔接工作机制的意见》，经自治区检察院、整顿和规范市场经济秩序领导小组办公室、公安厅、农业局、地税局、工商局、新闻出版局、质量技术监督局、食品药品监督管理局、国税局、烟草专卖局、南宁海关共同协商，建立行政执法与刑事执法相衔接的工作机制，以加强工作联系与配合。加强检察机关、公安机关和各行政执法机关及有关部门在办理破坏市场经济秩序案件中的联系，充分发挥各自的职能作用，形成打击合力，维护正常的社会主义市场经济秩序，建立情况信息通报制度。每个月对行政处罚、移送案件、审查批捕、立案监督、起诉、判决等情况相互通报。建立联席会议制度。每个季度召开一次联席会议，交流、通报工作情况，研究解决执法中遇到的困难与问题。对紧急、重大的问题，经协商一致后，可随时召开。建立内部协作机制。在案件的查询、检验、鉴定等方面，各有关单位密切配合，相互协作，认真履行有关职责，促进查处工作的顺利进行。强化个案协调和沟通，推动涉嫌犯罪案件的及时移送。9月28日，自治区工商局、广西旅游发展委员会在南宁召开规范旅游行业合同格式条款行政约谈会议。通过召开此次会议，对一年来专项执法检查中发现的、普遍存在的旅游业不公平合同格式条款进行集中点评。

2005年，自治区工商局在法治监督方面制定《广西壮族自治区工商行政管理机关执法监督暂行办法》等6个行政执法监督制度，并要求实现三个“全”，一是实现“全领域监督”。即对行政收费、行政许可、行政监管、行政执法等具体行政行为及抽象行政行为实行全面的综合监督。二是实现“全过程监督”。即是实现对行政行为事前、事中、事后整个过程的法治监督。三是实现“全方位监督”。即是实行系统内的监督和系统外的监督并举。当年，创新监管服务手段，为各类企业发展营造良好的政务环境。一方面，结合贯彻实施行政许可法，按照依法、便民、高效的原则，放宽市场准入条件，扶持各类市场主体发展。制定的《广西壮族自治区工商行政管理局关于优化投资软环境促进经济发展的若干措施》中，对企业登记管理实行“五放宽、三简化”，即放宽投资主体条件、放宽注册资本限制、放宽私营企业集团登记、放宽企业直冠广西名称的条件、放宽经营范围核定；简化企业登记申请事项；简化外资转内资登记手续、简化外国企业常驻机构登记事项。另一面，狠抓监管服务手段创新，努力为企业服务。自治区工商局统一企业登记标准、登记程序，实施当场登记、一次性告知、“一审一核”等制度，推行网上年检，下放年检权限到分局和工商所，简化年检办事手续。企业在手续齐全条件下申办营业执照的办理时限由30个工作日缩短到7个工作日，对材料齐全、符合法定形式的企业申请能当场作出准予登记，对年检材料齐全的企业在半小时内办妥年检手续，企业名称查询即时办结。

2005年，全自治区工商系统落实行政执法与刑事执法衔接机制，增强打击经济违法与犯罪的力度。强化案件移送工作，推动涉嫌犯罪案件及时进入司法程序。明确涉嫌犯罪案件的移送范围。涉及工商行政管理机关管辖的刑法罪名有：(1)虚报注册资本罪；(2)虚假出资、抽逃出资罪；(3)假冒注册商标罪；(4)销售假冒注册商标的商品罪；(5)非法制造、销售非法制造的注册商标标识罪；(6)侵犯商业秘密罪；(7)损害商业信誉、商品声誉罪；(8)虚假广告罪；(9)串通投标罪；(10)生产和销售假冒伪劣商品罪；(11)非法经营罪等等，全自治区各级工商行政管理机关在查处经济违法案件中，对凡是达到刑事追诉标准、涉嫌犯罪的，坚决按法定要求、程序移交。各级工商行政管理机关积极与各刑事执法机关保持联系沟通，玉林等市局与市人民检察院建立预防职务犯罪工作联席会议制度，成立预防职务犯罪工作协调指挥小组，定期召开联席会议，共同开展专题研讨活动，分析破坏社会主义市场经济秩序犯罪的新情况、新特点，提出针对性的对策。

2006年3月16日，自治区工商局制定下发《广西工商行政管理机关执法质量考评规定》，为了保证考评规定的实施，结合市场监管和行政执法的实际，制定与考评规定配套的评分标准和执法基础台账等统一格式的文书，完成相关配套制度。7月24日，制定下发《广西工商行政管理机关行使行政处罚自由裁量权的规定》。柳州市工商局制定《柳州市工商行政管理局行政执法评议奖惩制度》，其中规定：每年对本局的行政执法案件进行两次评议，在评议过程中，发现有问题的案件，依照《工商行政管理机关执法监督暂行规定》，以市局的名义向办案机构送达行政执法纠正通知书，并限期执行。办案机构在纠正完毕后，要将纠正情况形成书面报告，报告市局法规科，法规科除了再次对案卷材料进行全面审查外，还要对当事人进行回访，核实办案机构纠正的实际情况。来宾市工商局在三项制度的基础上，制定《案件终结督查制度》，作为对国家工商总局三项制度的配套和补充。贵港市工商局根据《贵港市工商局正确行使行政处罚自由裁量权工作实施方案》，对工商行政管理法律法规进行全面的梳理，结合该市工商系统的实际，对同类违法行为的违法事实、性质、情节、社会危害性及后果等因素进行细化、分档，根据违法具体情形，确定相对固定的处罚种类和量化幅度，制定《贵港市工商局行政处罚自由裁量权实施办法（试行）》和《贵港市工商局行政处罚自由裁量权执行标准（试行）》两项制度，着力解决一些法律条款规定的处罚标准规定幅度弹性过大、模糊致使执法人员难以把握的问题，将行政处罚的随意性限制到最小，提高行政效率，减少对裁量问题的争议。

11月27日—12月1日，由自治区工商局法制处、企业处及各市工商局相关人员组成的执法质量考评工作组，分别对各市工商局行政处罚、行政许可的行政执法质量进行考评。如柳州市工商局重点考评行政处罚案件回访登记表、行政处罚案件登记表、罚没物资处理情况登记表、行政强制措施登记表等行政处罚台账项目。贺州市工商局把行政许可项目的依据、条件、标准、程序等公告内容及在法定期限内作出的行政许可作为突出的重点项目来考评；在行政执法方面，结合制定的《行政处罚立案规定》，把立案原则、立案条件作为突出项目来考评。贵港市工商局结合制定的《行政处罚案件评查标准》，将案件的立案、调查取证、审批、结案、归档等主要环节进行量化、细化和打分。使办案流程程式化，规范行政处罚自由裁量权的行使，减少办案的随意性，保障办案工作依定程序进行。

2006年，全自治区工商系统围绕整顿和规范市场经济秩序工作重点，推进行政执法与刑事司法相衔接，重点推动涉嫌破坏市场经济秩序犯罪的案件及时进入司法程序。全自治区工商系统共向司法机关移送涉嫌犯罪案件36件，监督机制基本能发挥作用。各级工商机关法规部门通过执法检查、执法质量考评、错案追究等形式，对行政执法行为进行全方位的监督，防止在执法过程中出现“以罚代刑”的现象。一是开展食品安全专项整治。依法查处制售假冒伪劣食品案件2995件；其中移送司法机关追究违法行为人刑事责任的案件有5件。二是开展保护注册商标专用权和打击虚假广告专项整治。以保护驰名商标、著名商标、涉外商标和农产品商标为重点，同有关部门开展打击商标侵权违法行为。全自治区工商行政管理机关共查处商标侵权假冒案件261件，查处广告违法案件446件，其中移送司法机关追究行为人刑事责任的有4件。三是开展农资市场专项整治。立案查处农资违法经营案件205件，其中移送司法机关追究刑事责任的有2件；四是开展打击传销专项整治。严厉打击传销违法立案查处传销及变相传销案件55起，取缔传销窝点290个，向司法机关移送案件20件，继续保持打击传销和变相传销的高压态势。各级工商机关与公安、检察等部门协同作战，如：玉林市、来宾市工商局与公安机关联合执法，打击一度猖獗的非法传销活动取得较为显著的效果。实践证明，通过联合执法和组织大规模有重点地打击严重扰乱市场经济违法行为的行动，对于有证据表明涉嫌犯罪的行为相对人可能逃匿或销毁证据的案件，有利于促进工商部门对涉嫌犯罪案件的“现场移交”，减少进入司法程序的环节。如苍梧县工商局查处假冒国际知名品牌路易·威登皮具一案，工商部门在现场发现违法行为人生产加工假冒“路易·威登”商标的产品数量多，已经达到追诉的标准，便启动衔接工作机制，联系当地公安部门对违法行为人采取强制措施，在查处违法行为的现场移交案件。

表 4-2-1　广西行政执法机关贯彻落实《关于在行政执法中及时移送涉嫌犯罪案件的意见》情况统计

行政处罚数	向公安机关移送涉嫌犯罪案件数	移送后公安机关立案数	向检察机关抄送《行政处罚决定书》副本数	向检察机关抄送《涉嫌犯罪案件移送书》数
件数	42	29	17	31
人数	72	65		5

说明：此表统计时间段为 2006 年 1 月 1 日—2007 年 3 月 31 日。

2008 年 4 月，自治区工商局制定《广西壮族自治区工商行政管理机关执法质量考评诫勉谈话制度暂行办法》，为进一步贯彻落实《广西壮族自治区工商行政管理机关执法质量考评规定（试行）》，健全执法质量考评不达标单位行政首长诫勉谈话制度，诫勉谈话制度按照《考评规定》和该办法的规定，就谈话对象担任行政首长的行政机关在行政执法过程中存在的错误，向谈话对象及时指出，并明确整改意见的监督教育制度。诫勉谈话坚持全面从严治党治政方针，立足于教育，着眼于防范，帮助谈话对象从存在的问题中吸取教训，提高其所在单位的行政执法质量和执法人员素质。诫勉谈话的对象是在年度执法质量考评中，因出现《考评规定》第十八条、第十九条规定的情形，考评结果为不达标的工商行政管理机关的行政首长。诫勉谈话的内容包括：(1) 指出造成执法质量考评不达标的主要问题；(2) 分析问题的性质、危害、后果和所要承担的责任；(3) 谈话对象必须提交书面整改措施。及时纠正在执法质量考评中发现的错误或不当的执法行为，全面提高自治区工商行政管理机关行政执法质量。9 月中旬至 10 月下旬，自治区行政执法与刑事司法相衔接工作领导小组对全自治区行政执法机关移送涉嫌犯罪案件工作进行专项检查，并重点抽查工商行政管理部门移送的涉嫌犯罪案件工作情况。

2009 年，根据国家工商总局《关于正确行使行政处罚自由裁量权的指导意见》，自治区工商局及时修订《广西壮族自治区工商行政管理机关行使行政处罚自由裁量权的规定》，各市工商局也相应出台行使行政处罚自由裁量权的相关规定，加强对行使处罚自由裁量权的指导和监督，确保正确行使行政处罚自由裁量权。如防城港市工商局制定《防城港市工商行政管理局行政处罚自由裁量权指导规则》，贵港市工商局制定《行政处罚自由裁量权实施办法》和《行政处罚自由裁量权执行标准》，明确行使自由裁量权的基本原则、不予处罚、从轻或从重处罚的分类界定、具体情形和有关程序，更加注重行政处罚说明理由。平南县工商局在处理产品质量案件时，统一按抽检得出的数据与产品标示的数据的百分比的高低来行使行政处罚自由裁量权，有效地防止自由裁量权的滥用，促进行政处罚的公平公正。为保证行政处罚自由裁量权的正确行使，确保行政执法的公正、公开，梧州、防城港、北海、钦州、贵港市工商局分别制订《行政处罚决定公开制度》，并将符合条件的行政处罚决定书在电子显示屏和公示栏向社会公开，接受行政管理相对人和社会各界的监督，使行政处罚更加公正、透明。在年度考核中增加处罚裁量权行使情况的考评，将各办案机构处罚裁量标准制度的执行情况列入半年、年度案件评查内容，纳入执法办案单位的半年、年度考核，对于不规范行使处罚裁量权情况严重的，取消其评先评优资格。

2010 年，梧州市工商局建立起申诉举报记录、立案登记簿、行政处罚案件台账、强制措施登记台账、消费者申诉举报台账和罚没财物处理记录等工作台账，做好台账的登记和管理工作。各市工商局加强程序制度建设，细化执法流程，明确执法环节和步骤，保障程序公正。南宁、百色、梧州、来宾、钦州、玉林等市工商局加强制定或修改执法程序的相关制度，规范立案、调查取证、核审、告知、听证、集体决定等行政处罚程序，完善对监督检查、自由裁量权行使、涉案财物管理等重点环节的监督制约程序，减少行政执法的随意性，切实保障行政相对人的程序性权利。防城港市工商局制定全系统《2010年“文明执法年”活动方案》，加大文明执法教育、培训和社会监督力度，加强文明执法。

同年，百色市工商局在行政执法中引入“说、劝、引、帮”等柔性措施，要求各办案机构，在进行行政处罚时积极帮助处罚对象查找违法的原因，提出防止再次违法的改进措施和办法，一年来，全市工商系统共发放行政执法建议书100多份，违法违章预警告知书300多份。崇左市工商局全年发出行政预警通知书735份，行政提示书553份，行政建议书182份。特别是扶绥县局，注重在日常监管和专项整治中推行行政指导，并切实加强督查指导，全年发放各类行政指导文书1032份，开展行政指导专项督查4次。防城港市工商局运用行政指导大力服务地方经济发展，指导嘉里粮油（防城港）公司申报“香满园”中国驰名商标，在全市开展服务非公经济发展的“一挂三联”“走百访千”活动。来宾市工商局注重将行政指导融入各项工作职能中，制定《来宾市工商行政管理机关行政指导程序规定》《查处无照经营中实施行政指导工作指南》《规范广告经营行政指导工作指南》《企业打假维权行政指导工作指南》《企业合同管理行政指导工作指南》，并根据机关和基层工商所的工作实际分别制定《局机关行政指导文书格式》和《基层工商所行政指导文书格式》。梧州市工商局着重完善行政指导的相关制度，如制定《梧州市工商局行政指导档案制度》，对行政指导材料的装订顺序、归档、整理、移交、管理作出明确的规定。玉林市工商局运用行政指导，在服务现代农业、区域经济发展上有新进展，全市农村经纪人达16859人，数量位居全区第一，海峡两岸农业合作试验区、龙潭产业园区、玉柴工业园等园区等入园企业、项目快速增长。

2011年，各级工商法制机构对行政强制行为、行政处罚行为、行政许可行为、行政征收行为、行政不作为行为进行监督和规范。在执法事前监督工作中，自治区工商局建立民主决策机制，制定《自治区工商局局务会议制度》，明确将《广西壮族自治区行政机关重大决策程序暂行规定》应经集体讨论决定的事项纳入局务会议的主要议程；自治区工商局建立巡回督查制度，不定期派出督查组，在基层巡回督查，督促检查贯彻落实各项工作制度和决策部署情况，通过了解情况、督促解决，发现典型、研究政策，提高基层的贯彻力和执行力。自治区工商局结合广西的执法实践，进行执法依据梳理，逐一查阅涉及市场监管的法规依据，将涉及工商行政执法权力的法规汇编成《广西壮族自治区行政管理系统行政执法职权目录表》，将工商行政管理的各项职能分解落实到各执法部门，每个执法机构都能从“目录”上查到执法权限。各级工商机关对行政执法依据与职责权限、行政执法责任与目标、执法人员的资格与职责、行政执法制度与监督制度、考核与奖惩做出具体规定，重新明确执法人员与之相应的执法岗位，通过编制“执法流程图”和“执法岗位分布图”，规范执法行为，防范执法风险。柳州市工商局制定重大事件、安全隐患移交或通报的制度，整理出工商职责范围内移送涉嫌犯罪案件的移送标准和移送的流程。南宁市工商局组织执法业务骨干，编写包括行政处罚、行政许可、行政指导等内容执法工作规范。贺州市制订行政处罚案卷规范要求，推进行政处罚的规范化。桂林市工商局利用信息平台规范化办理经济案件新模式，打造“移动执法工商”，提升行政执法效能。在执法事中监督工作中，各级工商法制机构履行核审行政处罚案件的职责，把好执法主体关，案件证据关，案件定性关，适用法律关。各级工商机关建立并实施行政处罚自由裁量权制度，各级法制和办案机构充分听取当事人的陈述申辩意见，认真进行复核，明确规定各级法制机构和专兼职法制员要将行政处罚自由裁量权的合理性审查作为案件核审以及案审会集体讨论的重要内容，防止滥用自由裁量权等现象的发生。推行说理式执法文书，要求执法文书中必须明确记载法律法规依据，认定行为人违法行为的事实、性质、情节以及社会危害程度等因素，说明自由裁量的理由。在一定程度上解决执法过程中随意性大、主观个人意愿突出等主要问题。在执法事后监督工作中，各级工商机关法制机构坚持开展执法检查、案件评查。

2012年10月，自治区工商局被自治区全面推进依法行政工作领导小组命名为首批依法行政示范点，推广项目为“探索改进和创新行政执法方式，推行‘柔性’执法”。当年，南宁市工商局编制《南宁市工商局工作规范指南》，涵盖服务发展、市场监管、行政执法办案、消费维权等13个方面73项制度规范，同时梳理涉及工商行政管理机关的执法依据287项、行政强制措施依据23项，崇左市工商局编制《保障机制手册》《网格化监管手册》和《消费维权常识手册》等工商行政管理知识丛书，明确每个执法人员的职责、权限和办事程序以及执法责任，按照以职责定岗位、以岗位定人员、以人员定效能的原则，对执法责任层层进行分解，落实到每一个部门、岗位和人员，并按照职能依据、岗位职责、工作标准和工作流程等，设计制作了45个工作流程图。柳州市工商局制定《关于加强依法登记规范市场主体准入工作的实施意见》《柳州市工商行政管理局无照经营案件移交或抄告工作制度》《查处取缔无照经营行为具体操作规范》《无照经营案件移交或通报流程图》，规范执法行为，防范执法风险。

2013年2月26日，全国工商系统执法检查工作汇报会在南宁召开，此次汇报会是在2012年11月—12月全国46个副省级以上城市工商机关同步开展行政执法大检查及2013年1月总局派出3个抽查组，对重庆、贵州、河南、湖南、江苏、安徽6个省市工商系统执法检查情况进行抽查之后召开的，全国31个省级局在会上汇报执法检查自查情况。当年，印发《广西壮族自治区工商行政管理机关行使行政处罚自由裁量权的规定》，明确在案件调查终结报告以及案件处罚建议中要求表述出当事人的陈述和申辩意见以及使用自由裁量权的事实和依据，以达到自由裁量权的规范行使。北海市工商局制定《工商行政管理机关行政处罚裁量参照标准(试行)》，重点对141项行政处罚条款细化量化为573项处罚参照标准，最大限度控制和减少自由裁量空间。是年，自治区工商局出台贯彻《工商行政管理机关行政指导工作规则》实施意见，围绕“探索改进和创新行政执法方式方法，推行‘柔性’执法”的依法行政示范项目，指导全自治区各级工商机关深入推进行政指导，制定与行政指导方式相适应的格式文书、档案管理制度，确定实施行政指导的具体领域和方式，通过行政指导扶持微型企业发展、拓展企业融资渠道、指导商标战略实施等。开展服务企业“联百帮千扶万”行动，全自治区各级工商机关共出动人员23174人次，指导帮扶企业7513家，扶持小微企业10109家，帮扶注册商标815个，培育商标509个。开展行政调解工作。自治区工商局联合自治区消委会、自治区高级人民法院推行消费维权人民调解、行政调解与司法诉讼对接，提高消费纠纷调处比率。南宁市工商局与中级人民法院建立13个巡回法庭和消费纠纷调解室，搭建便捷高效的消费者权益纠纷调处平台。

同年，自治区工商局指导各级工商机关制定行政指导示范点项目的落实具体措施。行政指导被自治区全面推进依法行政工作领导小组作为依法行政示范项目，制定与行政指导方式相适应的格式文书、档案管理制度，逐步形成对行政指导的监督、激励、考核和风险防控制度。邀请首创行政指导工作制度的福建省工商局法规处处长，通过视频会议向全系统讲解行政指导工作规则及其案例。贺州市工商局不断完善“行政建议、行政提示、行政警示、行政告诫”等四项行政指导工作制度，得到国家工商总局的肯定，在全国工商行政管理系统行政指导工作视频会议上，作为先进典型做经验介绍。南宁、防城港、贺州市工商局被自治区全面推进依法行政工作领导小组命名为自治区第二批依法行政示范点。柳州市工商局城中工商局在2013年开展对格式合同霸王条款整治工作中，以“行政约谈”为抓手，共清理各类合同格式条款涉嫌“霸王条款”41处，为行业企业提供合同指导服务。

2015年2月4日，自治区工商局在南宁会展中心举行全自治区工商系统基层执法装备发放仪式。11月23日，自治区工商局举行执法监督岗位技能竞赛考试。

2016年，自治区工商局、广西旅游发展委员会对部分旅行社进行约谈。旨在进一步增强广西旅游市场综合监管合力，营造公平有序的旅游市场环境，引导各旅游企业合法使用格式合同，切实维护旅游企业和广大消费者的合法权益，促进广西旅游市场快速健康发展。据统计，截至2015年底，广西旅行社企业总数为621家，占全国旅行社总量27621家的2%，总量排在全国第21位。全自治区旅行社企业规模化、集团化程度不高，存在“小、散、弱、差”的现象，没有竞争力，无序竞争激烈，导致旅行社行业利润微薄、效益低下。因此，各种“虚假旅游广告”“不合理低价游”和旅行社不签订旅游合同、不履行旅游合同等各种旅游市场乱象依然存在。截至2016年9月23日，自治区旅游质监所共收到旅游投诉304件，其中投诉旅行社及导游违反合同约定的案件为46件，占总投诉案件的15.13%。自治区工商局邀请合同格式条款评审委员会委员对收集到的合同格式条款进行逐条评审，整理出经营者利用格式条款设定违约金标准涉嫌加重消费者负担，规避因企业自身原因造成损害事实后涉嫌免除自己赔偿责任、排除消费者依法享有的诉讼管辖选择权利等 7 条不公平合同格式条款的评审意见。

8 月 30 日，自治区工商局办公室印发《广西壮族自治区工商行政管理局行政执法公示制度》，规范工商行政执法工作，提高工商行政执法工作透明度，保障和监督行政执法机关依法行政，切实保护公民、法人和其他组织的合法权益。工商行政执法公示以通过广西红盾网站公示为原则，其他公示方式为补充。新颁布或修改、废止法律、法规、规章和规范性文件引起行政执法公示内容发生变化在有关法律、法规、规章和规范性文件生效或废止之日起 20 个工作日内更新相关公示内容。12 月 30 日，下发《自治区工商局办公室关于印发广西壮族自治区工商行政管理局行政执法过错责任追究制度的通知》，强化执法监督，规范执法行为，提高执法水平，促进依法行政，预防和减少行政执法过错及错案的发生。行政执法过错责任追究坚持实事求是，有错必纠，公开公正，惩处与责任相适应，教育与惩处相结合的原则。

2017 年，自治区工商局完成原有工商行政管理执法证换发工作；开展广西工商系统监管执法十大典型案例评选活动，评选出全系统打击传销十大典型案例，编印《广西工商行政管理行政执法案例选编》，为基层执法人员提供借鉴和指导；制定印发《广西工商系统行政处罚自由裁量基准》《广西壮族自治区工商行政管理系统异地执法协助制度》《广西壮族自治区工商行政管理系统重大行政执法决定》等系列行政执法制度，指导全系统全面规范公正文明执法。

第三节　行政执法评议考核机制

2002 年 8 月 22 日—29 日，自治区工商局组织 7 个检查组，对全自治区各市、地工商行政管理机关的企业登记管理工作进行执法检查。11 月 18 日，自治区工商局根据总局《关于组织开展 2002 年度行政执法检查工作的通知》（工商法字〔2002〕第 253 号）的要求，组织自治全区开展以工商行政管理所的执法情况、行政复议法实施以来处理各类行政复议案件的情况为重点内容的行政执法检查工作。

2005 年，自治区工商局贯彻《全面推进依法行政实施纲要》，在开展的工商系统的岗位培训中，对采取行政强制措施的程序、期限、形式、依据等进行详细的讲解，规范执法人员采取行政强制措施。如桂林市工商局由局法规科会同公平交易与消费者权益保护科组成 3 个检查小组对城区分局及部分县局行政执法案卷进行抽查。通过抽查发现，执法人员在采取行政扣留（押）、封存、先行登记证据保存等行政强制措施时，基本上能做到在有违法事实或有违法嫌疑证据的条件下，严格按照法律、法规的规定操作，程序合法，手续齐全，未发现无法律依据或超越职权采取行政强制措施的情况。在实施行政强制措施中，把“柔情管理、人文执行”引入强制措施实施过程，做到“法律无情人有情”。即在执行强制措施时，尽量避开与当事人有直系血缘关系的成年人、老年人，一般不在节日或当事人婚丧嫁娶时实施强制措施，尽量不让无关的人员围观，保护当事人的隐私，对当事人用语缓和等。11 月，根据国家工商总局《关于组织开展 2005 年度执法检查工作的通知》，自治区工商局组成 3 个督导组，对全自治区部分市、县工商局和城区分局进行抽查。

2006 年 3 月，自治区工商局制定实施《广西工商行政管理机关执法质量考评规定（试行）》，从行政管理、行政强制、行政处罚、行政收费、行政复议、行政诉讼等 8 个方面规范市场监管行为。以行政许可、行政强制措施为重要内容，对各市工商局的执法质量进行考评。执法质量考评分为平时考评和年度考评。被考评单位有下列情形之一的，实行一票否决：（一）具体行政行为引发国家赔偿，对公民个案赔偿金额在三万元以上，对法人或者其他经济组织个案赔偿金额在三十万元以上的；（二）因违法执法造成管理相对人残疾、死亡等重大事故的；（三）被考评单位的执法人员因执法违法受到开除处分或被追究刑事责任的；（四）出现重大执法问题被人大监督质询或被新闻媒体曝光造成社会负面影响，经查证属实的。年度执法质量考评结果在全系统通报。

2008年11月17日—21日，自治区工商局派出5个考评小组，分别对全自治区14个市工商局开展执法质量评议考核。2008年度行政执法质量考评项目有三个方面：行政处罚案件质量、《乳品质量安全监督管理条例》贯彻实施情况及企业年度检验执法质量。考评重点是各级工商行政管理部门在具体执法过程中，贯彻执行《工商行政管理机关行政处罚程序规定》（总局第28号令）《工商行政管理机关行政处罚听证规则》（总局第29号令）两个规章（以下简称28号令、29号令）的情况，以及国家工商总局在今年发布的《工商行政管理机关行政执法评议考核办法》《工商行政管理机关行政执法过错责任追究办法》和《国家工商行政管理总局关于正确行使行政处罚自由裁量权的指导意见》等三项制度的落实情况。制定包括6个方面共90项的考评内容和具体详细的评分标准，制作执法质量考评情况调查表（主要调查是否有属于《广西工商行政管理机关执法质量考评规定》第十九条规定的一票否决的情况），并要求每个考评小组对扣分情况作详细记录。考评采用听、问、看、评、说五种方式进行，即听取被考评单位汇报、询问被考评单位情况、查阅案卷、评分、向被考评单位反馈。考评共计抽查市、县局及城区分局各类行政处罚案件125件，企业年检档案118份。

2009年6月，自治区工商局按照《行政执法质量评议考核办法》，制定《行政执法检查考评标准》，从案件办理程序、法律适用、文书规范、处罚决定书写作等方面严格审查评议。联合监察部门，分别对南宁、梧州等6市工商局贯彻落实《广西壮族自治区工商行政管理机关行使行政处罚自由裁量权的规定》《涉案财物管理和处理制度》等制度以及使用新版工商行政管理机关行政处罚文书的情况进行执法检查。通过制定明确、具体、操作性强的标准尺度，将可能出现的差错进行相对细致的规定，用于规范评议考核工作，使评议考核真正成为一杆“公平秤”，保障检查评议反映行政执法的真实质量状况。

2010年12月13日—18日，自治区工商行政管理局在全系统开展执法质量考评，派出五个检查组。考评通过听取被考评单位汇报、从每个被考评单位的行政执法台账随机抽查行政处罚案卷、行政许可档案各10件，现场查看相关文件、记录、台账、图片等材料等方式进行，整个考评活动共检查行政处罚案件档案140件，行政许可档案140个，现场查看56个基层工商所。各市工商局创造出符合实际，行之有效的考评方法，如贵港市工商局在考评工作中注重各职能科（股）协调配合，考评检查对象城乡结合，并采用“上级考评下级，基层考评机关”的“上下联评”的方法；百色市工商局由各科室负责人组成四个考评小组，对12个县（分）局和5个业务科进行现场考评，考评前，法规科对考评小组全体人员就考评内容进行强化培训，确保执法质量考评取得实效。

2011年，自治区工商局共开展移送涉嫌犯罪案件专项监督活动、食品安全和行政执法监督检查活动3次。每次检查都首先由被检查单位进行自查自评，再由上一级机关组织考评组进行复查。检查组通过查看台账、抽取案卷、现场察看等多种方式对各级工商机关及基层工商所进行全面检查。各级工商法制机构在检查、评查结束后都及时向被检查单位反馈检查情况，指出每个案卷中存在的问题，分析问题发生的原因，指出纠正、预防的途径和措施。当年，自治区工商局在全系统范围内组织开展行政处罚案卷和涉案财物处理的案卷评查活动，共检查各市工商局240多个行政处罚案件案卷。从案卷评查的总体情况来看，各级工商机关均能够止确履行法定职责，依照法定程序开展行政执法活动，行政执法水平有明显提高。

2012年，自治区工商局组织开展执法质量考评，通过审理行政复议案件和积极参与行政诉讼应诉工作，维护执法权威，及时纠正执法中存在的问题。1—9月，自治区工商局共收到申请行政复议案件10件。其中，4件行政复议案件均为申请人对消费申诉举报处理和依法申请政务信息公开不服的案件，是自治区工商局机关首次受理此类性质案件。当年开展自治区级依法行政示范点创建工作。自治区工商局经自治区法制办确认的“探索改进和创新行政执法方式，推行‘柔性’执法”示范项目的5大类、10大项、65小项、96份相关申报材料报送自治区全面推进依法行政工作领导小组，自治区工商局被确定为全区首批“自治区级依法行政示范点”。

2013年，全自治区各级工商机关实行执法检查常态化，每半年组织一次执法检查，开展行政处罚、行政许可案卷评查活动，采取自查与抽查、综合与专项、日常与年终考核相结合的方式，通过案卷评查、案件回访、案件督办等，创新执法检查方式方法，推进执法检查日常化，提升执法检查效能。接受人大及其常委会的监督、政协的民主监督和司法机关依法实施的监督。同年制定、实施局长办公会会议制度、案件审议委员会制度、行政执法质量考核评议诫勉谈话制度，明确规定凡重大决策必须经法制机构进行合法性审查，确保重大决策权限合法、实体合法、程序合法；将行政决策是否落实公众参与、专家论证、风险评估、合法性审查和集体讨论决定作为依法行政考核重点内容。

11 月 18 日—22 日，自治区工商局对全系统当年办理的行政处罚案卷进行评查，评查对象包括 14 个市工商局及部分县（区）工商局、工商所，采用从 10 个档案号码相连的 2013 年度行政处罚案卷中抽取 5 个的取样方式，共评查行政处罚卷 140 个、行政指导案卷 25 个。评查工作严格依据《广西壮族自治区行政处罚案卷标准》和工商总局《工商行政管理机关行政指导工作规则》《自治区工商局关于贯彻落实〈工商行政管理机关行政指导工作规则〉的实施意见》进行，并根据评查情况，逐个填写《广西壮族自治区行政处罚案卷评查评分细则表》。案卷评查中发现的问题：（一）涉案财物管理与处理仍需改进。（二）个别案卷证据缺乏证明力。（三）行政执法程序需规范。（四）执法案卷装订有瑕疵。（五）行政指导工作开展不平衡。

2014 年 10 月 27 日，自治区全面推进依法行政工作领导小组办公室将自治区工商局作为首批依法行政示范点的延续，再次命名自治区工商局为自治区级依法行政示范点。11 月 10 日—14 日，自治区工商局抽调部分市工商局分管领导、业务科室负责人组成 5 个评查小组，对全系统当年办理的行政处罚案卷进行评查，评查对象包括 14 个市工商局及部分县（区）工商局、工商所，从案件评查看，各地行政处罚程序从“重实体轻程序”转向“实体程序并重”。行政处罚案件履行立案审批、调查取证、处罚决定审批、处罚决定事先告知、送达等程序。如柳州市工商局制定《柳州市工商局典型案件查办操作流程》，对消费者权益保护、不正当竞争等典型案件制作办案流程图，提高执法效能。如防城港市工商局在 2014 年 6 月份集中开展餐饮业利用合同格式条款侵害消费者合法权益专项行动，组织对 25 家存在“霸王条款”行为的餐饮业经营者进行集体行政约谈，多家媒体到场参加并报道，取得良好的社会反响。案卷评查中发现的问题有：个别案卷证据缺乏证明力、行政执法程序需规范、行政执法文书不规范、执法案卷装订有瑕疵。

2015 年 10 月，柳州市工商局、贵港市工商局、百色市工商局、南宁市工商局华侨分局、玉林市容县工商局、防城港市防城区工商局被命名为自治区级第四批依法行政示范点单位。玉林市工商局的法治故事及微电影入选“全国工商和市场监管系统十大法治故事”，展示了广西工商系统法治建设的新成效，树立工商好形象。11—12 月，组织开展全自治区工商系统 2015 年度行政执法案卷评查工作。对全系统 2014 年 12 月 1 日—2015 年 9 月 30 日已办结的行政处罚案卷及行政指导案卷进行评查。评查采用自查自评和考评检查方式进行。10 月下旬至 11 月上旬为各地自查自评阶段，各市工商局组织对本机关和下级工商行政管理机关的行政许可、行政处罚、行政强制等行政执法案卷进行评查。11 月下旬为评查阶段，由自治区工商局法制处牵头，抽调部分市工商局分管领导、业务科室负责人组成行政执法案卷评查小组，对各市、县（区）工商局进行行政执法案卷评查。评查工作采取听取汇报、召开座谈会、查看案卷等形式进行。梧州市工商局制定和修订《重大行政决策程序规定》《重大行政决策听取意见、听证及公布制度》《重大行政决策合法性审查制度》《重大行政决策实施后评价制度》等“四项制度”，明确界定本单位的重大行政决策事项范围，并制定 2015 年度重大行政决策事项目录。

2016 年 10 月—11 月，开展全区工商系统 2016 年度行政执法案卷评查工作。评查范围 2015 年 10 月 1 日起至 2016 年 9 月 30 日止已办结的行政许可、行政处罚、行政强制、行政指导的行政执法案卷。全区工商系统依法行政及执法质量检查各市都有工作亮点。玉林市工商局公职律师办公室于 2016 年 6 月挂牌成立，率先成立地市级公职律师办公室。推动法律顾问、公职律师参与重大行政决策、行政复议、行政诉讼等各项工作，充分发挥法律人才的顾问和参谋助手作用。钦州市工商局编制《钦州市工商局行政指导手册》，促进工商工作从“权力本位”向“责任本位”的转变。南宁市工商局开通“南宁工商网监在线”，初步建成网络市场监控中心，发挥电子取证室作用，不断完善“以网管网”监管机制；贵港市工商局搭建“贵港工商”微信公众号，打造成集政务服务、消费维权、法治宣传等多功能于一身的综合服务平台。桂林市工商局全年开展执法大培训，共举办以案释法“执法大讲坛”11期。百色市工商局组建“红盾扶贫”宣讲团、“商标品牌战略志愿服务队”，走进企业、园区宣传工商法律法规；以精准扶贫为契机深入开展农村经纪人法律知识培训。桂林市全系统普遍推行说理式行政处罚文书，体现了教育与处罚并重的原则。柳州市工商局通过编制典型案件查办流程、开展“优秀典型案件”评选，推进行政处罚信息公示等。梧州市探索创新执法。《梧州市工商局开展对多年未年检（年报）企业专项清理的工作方案》创新性地列出吊销企业办案程序、查处方向及相关吊销法律依据，并制定吊销营业执照听证公告、行政处罚决定书公告的模板。崇左市工商局围绕边境旅游和交易的特点，凭祥、宁明、大新、龙州四个边境县（市）工商局联合法院、检察院、商务、管委会等部门在浦寨、爱店、硕龙、水口等边境口岸建立边境贸易消费纠纷联合调解中心，解决边境贸易消费纠纷。河池市工商局探索更加有效的执法监督方式，建立重大疑难案件报备会商工作机制。南宁市工商局制定《南宁市工商局行政执法监督办法》，启用南宁市网上行政执法暨电子监察系统，实现行政执法全程网上监督，确保行政执法公平公正。

12月，全自治区开展2016年度经济检查执法办案工作督查，主要督查各市在2016年经济检查执法办案工作中的商业贿赂、互联网不正当竞争、滥用行政权力排除限制竞争、侵犯商业秘密等四类重点案件查处情况以及主要工作措施的落实情况：（一）探索执法办案模式，推动执法水平全面提升工作情况。（二）整合办案资源，发挥整体执法功能工作情况。（三）加强部门协作配合，提高查处案件的效能工作情况。（四）推行案件通报指导制度工作情况。（五）强化信息宣传新闻报道，树立公平公正执法形象工作情况。（六）积极动员社会力量扩大案源，畅通发现案件线索的渠道工作情况。（七）推进企业和个体工商户诚信体系建设，促进经营者依法经营工作情况。督查方式采取听汇报、查资料、随机走访等多种方式进行。具体内容包括：（一）听取各市执法办案工作情况汇报。（二）查阅执法办案工作文件和相关资料。（三）根据具体情况，随机抽查各相关企业，并走访群众和相关单位，进行实地了解情况。

第三章 行政处罚案件的核审与听证

第一节 案件核审

1999 年 8 月，自治区工商局采取查与评相结合的方式，首先抽调各县（市）工商局分管副局长，分 4 个组到各县（市）局交叉检查 1998 年度和 1999 年上半年所查结的 488 个案件，然后召集各县（市）局公平交易股长和法制股长同副局长们一起，集中评议每个县（市）局案件质量状况。通过评查，在肯定成绩的同时，指出这些案件在五个方面存在 16 个问题和缺点，通报并提出整改要求。根据各县（市）工商局案件多、办案机构增加，尤其是工商所办案数量不断增多等特点，随机抽调各县（市）工商局 262 个案件的卷宗材料，组织分管副局长、公平交易科（股）长、商标广告管理科（股）长、法制科（股）长，集中到横县，分 6 个小组交叉审阅每个案卷材料，根据办案的基本要求，找出各个方面存在的问题和缺点，最后集中评议，自治区工商局公平交易处、法规处的同志到现场点评指导。

2000 年，《行政处罚法》及《工商行政管理机关处罚程序暂行规定》中都规定办案机构在案件终结时要将草拟的行政处罚决定书连同案卷交由同级法制机构进行书面核审的制度。自治区工商局对送审的案件从案件管辖权，当事人基本情况，案件事实、证据、定性、适用法律、程序是否合法等方面进行核审，写出书面核审意见交回办案机构。当年已核审案件 5 件，经核审后进行处罚的案件均未有申请复议及提起行政诉讼的发生。

2001 年 1 月，在南宁召开全自治区工商行政管理工作会议，通报开展案件评查情况。工商行政管理机关作出的行政处罚，做到事实清楚、证据确凿、定性准确、处罚恰当、程序合法衡量工商行政管理机关行政处罚案件质量的根本标准。工商行政管理系统查处的经济违法案件通过线索处理、立案、调查取证和定性处罚的各个环节，而且在结案前都经过同级法制机构核审，由法制机构按照办案程序的要求把关，对有问题的案件退回办案机构重新补正材料。由于法制机构设立时间不长，人手不足，加上业务素质参差不齐等原因，经过核审的案件，发现一些问题和不足。

2002 年 7 月 25 日，自治区工商局印发《广西工商行政管理机关行政执法人员自我保护制度》，制度明确为预防和减少暴力抗法事件的发生，切实保护工商行政管理机关执法人员特别是一线人员的人身安全，通过多种形式，如培训班、表演赛、工间操等，开展经常性的防身武术训练和体能、快速反应训练，增强制止暴力抗法行为的能力，避免并减少在执法时的伤亡。采用多种形式，加强法治宣传，加强对重大整治行动的宣传，提高各类市场主体，特别是个体私营业主的法律意识和法治观念，避免和减少暴力抗法事件的发生。对敏感地区、对象，如制假售假窝点、违法经营问题严重的当事人、屡教屡犯的“钉子户”、持有利器的商品经营者等，做到心中有数，做好事前防范工作。对敏感地区、敏感对象执法时，一线执法人员的数量和素质要精心调配，随时与机关相关人员保持畅通的联系，遇到对抗执法苗头要及时报告局长，做好紧急应对准备。在开展专项执法行动，查处各类违法生产经营窝点、打击传销和变相传销、有针对性的突击性检查等执法中，取得当地政府支持，公安等部门派员配合，出现暴力抗法苗头，及时采取强制性措施制止。执法时坚持依法说理，文明执法，避免管理方法简单粗暴、执法态度生冷硬横，以免激化矛盾，引发事端。一线执法人员在遇到暴力抗法时，要积极采取有效措施，制止不法侵害，保护自身安全，机关相关人员要迅速提请公安机关制止暴力抗法行为,惩处违法犯罪分子。违反制度或者紧急应对措施不力,造成执法人员伤亡的,追究领导者的责任,给予党纪、政纪处分,并扣发全年奖金和三个月以下工资。

截至 2005 年 8 月底,全自治区工商行政管理系统共清理执法案件 99998 件(其中一般程序案件 49389 件,简易程序案件 50609 件),存在问题案件 3513 件,(其中,事实不清的 99 件,证据不足的 19 件,定性不准的 91 件,处罚不当的 331 件,违反程序的 786 件,文书不规范的 1255 件,其他 760 件),已纠正 3401 件,纠错率为 96.8%,已回访涉案当事人 99998 人,回访率 100%。

2006 年,通过开展的专项执法检查活动和日常的执法监督工作,发现个别执法机关在实施行政处罚过程中随意行使行政处罚自由裁量权,降低工商行政管理机关的执法权威,对工商行政管理机关的执法形象造成负面影响。为规范工商行政管理机关办案执法行为,提高办案执法水平,避免行政处罚的随意性,确保行政处罚的合法性、合理性,7 月 24 日,自治区工商局印发《广西工商行政管理机关行使行政处罚自由裁量权的规定》,明确行使自由裁量权的基本原则、基本要求、从轻处罚与从重处罚的界定,避免行政处罚随意性。行使行政处罚自由裁量权的基本原则:(一)以事实为依据,以法律为准绳;(二)公平、公开、公正;(三)处罚与教育相结合。行使行政处罚自由裁置权的分类:违法行为轻微并能及时纠正,没有造成危害后果的,不予行政处罚;违法行为情节与危害后果较轻,并能主动消除或者减轻违法行为危害后果的应当从轻处罚;违法行为情节恶劣或造成严重危害后果的应当从重处罚。行使行政处罚自由裁量权的程序:(一)办案机构在案件调查终结报告和行政处罚决定审批表中,对违法行为人拟不予行政处罚或作出从轻或从重处罚时应说明依据的事实和证据。违法行为人对拟作出的行政处罚提出陈述和申辩意见后,办案机构改变原拟行使自由裁量权作出的行政处罚的亦应说明改变的事实和证据。(二)核审机构在接到办案机构的核审材料后,对办案机构拟行使自由裁权作出的行政处罚,依照本《意见》相关规定进行核审。核审机构不同意办案机构意见的亦应说明的事实和证据。(三)作出不予行政处罚决定或从轻处罚的,可由分管的局领导签发;从重处罚的,必须由局长签发或交由同级案件审议委员会讨论通过。

2007 年,根据国家工商总局下发的《关于正确行使行政处罚自由裁量权的指导意见》,对《广西工商行政管理机关行使行政处罚自由裁量权规定(试行)》进行修改和补充。在行政处罚案件核审程序上将启动行政处罚案件的核审程序的权力交给当事人,即只有当事人收到处罚告知后表示要行使陈述、申辩权的,法制机构才核审案件,直接听取当事人的陈述申辩意见,然后作出核审的意见。钦州市、防城区、横县工商局作为全自治区工商系统行政处罚案件核审程序的改革试点单位。

2008 年 2 月 19 日,制定《广西区工商行政管理局行政处罚核审案件的类型和范围的规定》,国家工商总局发布 28 号令:《工商行政管理机关行政处罚程序规定》,依法具体确定和细化行政处罚案件核审的类型和范围,按照 28 号令中“省级工商行政管理机关可以根据本辖区的实际情况,确定辖区内各级工商行政管理机关核审案件的类型和范围”的规定,按照行政处罚案件的性质、类型,分别确定工商所法制员及各级工商局法制机构核审行政处罚案件的范围,同时对应当经集体讨论决定的重大复杂案件的类型和范围也作了具体的规定,完善案件核审这一内部执法监督的重要制度。自治区工商局在对各市工商局进行考评时,查阅各被考评单位行政处罚案件的案卷,各单位办理的行政处罚案件事实清楚、证据确凿、定性准确、处理恰当、程序合法,能严格按照《行政处罚法》和总局 28 号令的规定办案,市、县级法制机构健全,部分工商所设有法制员负责处罚案件的核审;建立申诉举报、立案、行政强制、处罚决定执行情况的工作台账;依法执行罚缴分离规定。其中,南宁市工商局严把行政处罚案件核审关,通过健全法制机构,配备专、兼职法制员,进一步推进“市局⟷分、县局⟷基层工商所”三级基层法制员联动。采取“案前指导⟷案中核审”双向互通模式,强化核审力度,提高行政处罚执法质量。推行案件复核的新的管理手段,即公平交易与消费者权益保护科进行案前指导、审批,对行政处罚建议进行核审的案中监督的两步监管模式,实现对行政处罚包括强制措施等执法行为的全程监控,保障行政处罚执法行为从接到案源→立案→调查取证→实施强制措施→报批→告知→结案(→回复举报或投诉人结果)→执行→结果公开等一系列执法流程的公正性、合法性。梧州市工商局切实提高执法文书制作质量,制作《行政处罚决定书》和《案件调查

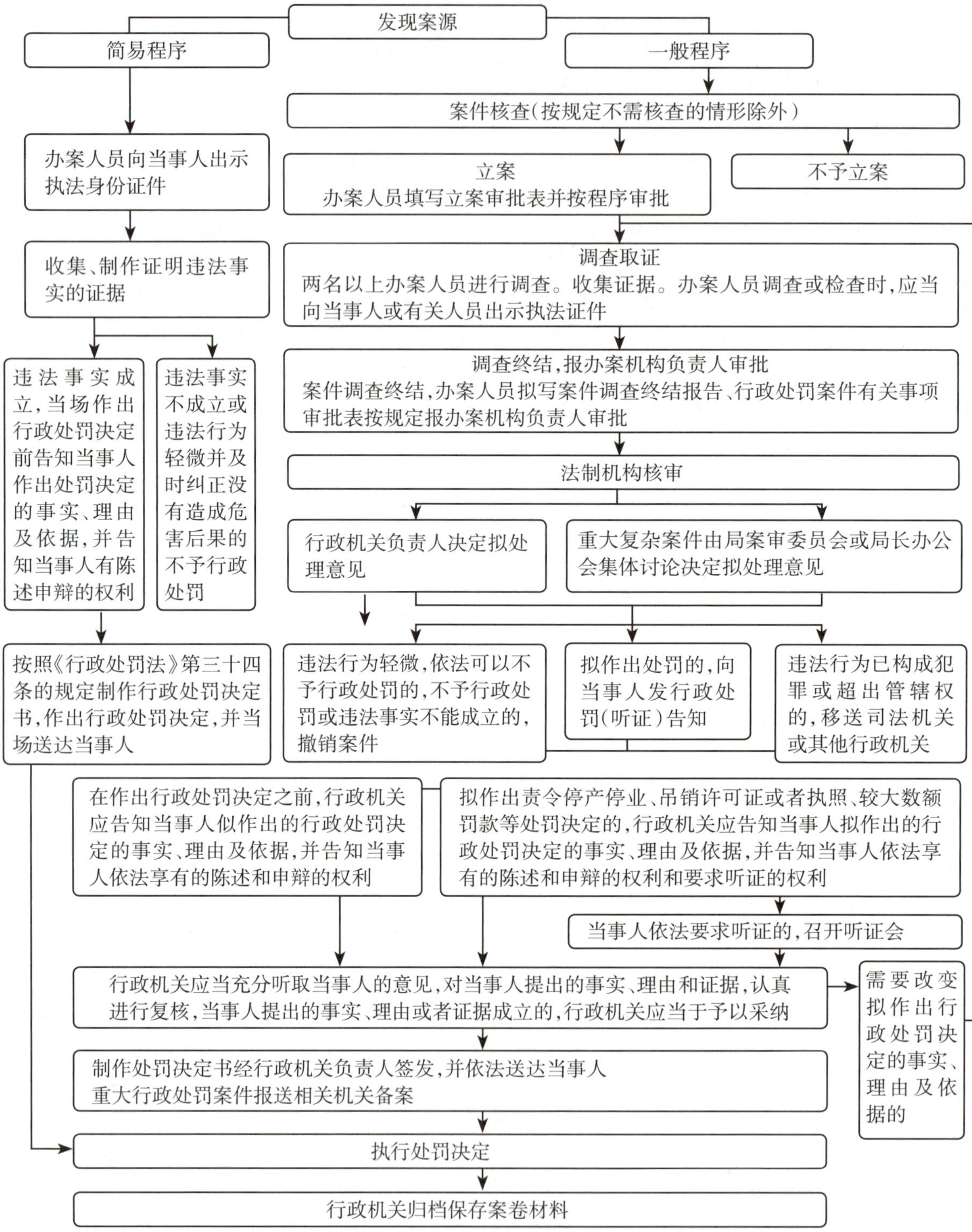

图 4-3-1　广西工商行政管理行政处罚行为流程图

终结报告》的写作样本，对两类文书的格式、内容、用语等进行规范，在《案件调查终结报告》中要求办案部门分门别类地写明收集的证据和证明的事实，进一步提高执法人员对证据收集工作的重视。

2012 年，利用信息化手段规范执法办案文书使用及证据材料的收集，北海市局开发涉案财物出入库管理软件、无证无照经营移送情况录入软件；桂林市局开发“常用工商办案文书电子模板”软件，整合行政执法办案管理系统和廉政风险防范预警系统，行政处罚案件的全过程直接在网络上进行核审以及监控。

当年自治区工商局共核审案件1.2万余件，被退回重新补正、变更处理、撤销的2000余件（次），约占报送核审案件的16%。自治区工商局每收集、点评各市工商局法制机构核审的行政执法案件，集中开展行政许可案卷评查，共评查全系统2012年办理的企业登记案卷150份。向自治区工商局注册分局及14个市工商局分别制发评查情况反馈意见。

2014年，自治区工商局完善行政处罚案件核审制度，强化行政执法内部监督。各级工商机关法制机构严格按照“事实是否清楚、证据是否充分、定性是否准确、程序是否违法、处罚是否适当”的核审原则对案件进行把关，对事实不清、证据不足、定性不准、程序违法、处罚不当的案件坚决退回进行补正、修改，不办人情案、部门利益案。1月17日，自治区工商局组织对全自治区工商系统监管执法工作规范及工作流程进行梳理和完善，如图4-3-1所示。

表4-3-1　广西工商行政管理系统监管执法工作规范及工作流程目录

序号	名称
1	广西壮族自治区工商行政管理机关执法质量考评规定
2	广西壮族自治区工商行政管理机关执法监督办法
3	广西壮族自治区工商行政管理机关行政赔偿实施办法
4	广西壮族自治区工商行政管理机关实施《工商行政管理执法证管理办法》具体规定
5	广西壮族自治区工商行政管理机关行使行政处罚自由裁量权的规定
6	广西壮族自治区工商行政管理机关涉案财物管理和处理制度
7	广西壮族自治区工商行政管理局行政处罚核审案件类型和范围的规定
8	广西壮族自治区工商行政管理所实施行政处罚程序规定
9	广西壮族自治区工商行政管理机关重大案件督查暂行办法
10	广西工商行政管理机关行政复议案件会商制度
11	自治区工商局关于贯彻落实《工商行政管理机关行政指导工作规则》的实施意见
12	自治区工商局关于全面推进行政指导工作的意见
13	自治区工商局关于规范直销企业行政指导的实施意见（试行）
14	全区工商系统进一步加强12315“五进”规范化建设工作方案
15	全区工商系统12315工作人员受理传销投诉举报工作规范
16	广西壮族自治区工商行政管理机关经纪人登记备案公示制度（试行）
17	广西壮族自治区守合同重信用企业公示活动暂行办法
18	广西壮族自治区工商行政管理机关企业信用分类监管暂行办法
19	重大商标侵权事件预警应急预案
20	自治区工商行政管理局广告监测工作规定
21	广西壮族自治区工商行政管理机关个体工商户分类监管实施意见（试行）
22	行政复议工作流程及时限图
23	广西工商行政处罚流程图
24	工商行政管理机关行政处罚程序示意表
25	实施行政强制措施流程图

续表

序号	名称
26	工商行政管理机关可予实施行政强制措施表
27	全区工商系统 12315 消费者申诉举报工作流程
28	动产抵押登记工作流程
29	经纪人备案工作流程
30	拍卖备案工作流程

2015 年，自治区工商局核审行政处罚案件 14 件。

2016 年 5 月 23 日，南宁市工商局正式启用网上行政执法系统及电子监察系统。行政处罚案件从案件来源登记、立案受理、调查取证、核审、告知、听证、决定、送达、执行、文书打印、结案归档等级所有环节将实行网上运行。该系统除实现网上办案功能外，还具备行政处罚全程监督、统计分析、实时预警、信息整理等功能。当年实行重大执法决定法制审核制度，对社会关注度高、影响比较大的企业登记、反垄断、网络监管、商标监管等方面的执法决定进行法制审核。

表 4-3-2　2001—2018 年广西工商行政处罚案件情况统计表

单位：件

年份	行政处罚案件	核审案件	维持	变更	撤销	未结
2001	18401	17556	—	—	—	—
2002	30962	26844	—	—	—	—
2003	29548	29548	—	—	—	—
2004	58386	22708	22362	177	53	116
2005	70832	30533	30267	73	52	141
2006	53887	28371	28020	232	58	61
2007	41865	23894	23667	110	25	92
2008	298	298	298	—	—	—
2009	—	—	—	—	—	—
2010	32455	22061	21395	188	6	60
2011	29317	19982	19792	142	6	42
2012	25926	18101	17929	99	5	68
2013	30608	23953	23583	127	3	240
2014	25020	21756	21461	168	15	112
2015	28661	21658	21193	103	3	29
2016	14662	13348	13284	39	4	21
2017	15995	13493	13473	15	0	41
2018	17418	13993	13836	1	10	146

注：2009 年查无资料。

第二节　案件听证

2001 年，自治区工商局共举行听证的案件 4 件。当年 6 月 13 日的两件不正当竞争案，是自治区工商局首例案件听证会，为使案件听证会顺利进行，根据国家局第 59 号令《工商行政管理机关行政处罚听证暂行规则》，会前与办案机构共同研究，听证会如期进行。组织公司股东变更登记行政复议案的当事人进行听证，通过当面听取复议案件当事人的意见，把握案情，增强行政复议的透明度，缓解当事人之间的对立情绪，为双方达成谅解、化解矛盾创造机会。通过听证申请人提出的三个复议申请，撤回其中的两个。2001 年自治区工商局被国家工商总局授予"全国工商行政管理系统行政复议先进集体"的光荣称号。

2008 年，各被检单位在办理听证案件时，落实国家工商总局 29 号令《工商行政管理机关行政处罚听证规则》，按照要求，及时受理、公开举行听证，听证报告的制作符合要求。南宁市工商局创新当事人权利保障机制，不断改进行政处罚案件告知程序。市局、分(县)局均成立听证负责机构并配备专职人员，明确组织听证由法制机构或者法制员负责。制定组织听证的流程、适用等相关工作制度，完善行政处罚告知程序，为行政管理相对人争取最大程度的权利保障，从而推进行政处罚执法水平的进一步提高。北海市工商局充分保障行政处罚相对人的听证权利，注重从细节入手，把举行听证的程序流程制作成牌匾形式，公开上墙，内容包括听证应当遵守原则、听证适用范围、听证申请和受理、回避规定、听证进行顺序、延期举行听证事由、中止听证事由和终止听证事由等八大项内容。同时，配套制定听证申请书和听证授权委托书等格式化文书，免费发放给当事人，达到便民、利民的目的。

2011 年，自治区工商局出台《广西壮族自治区工商行政管理机关行政复议听证规则》。

2018 年，自治区工商局举行听证的案件 76 件。

表 4-3-3　2002—2018 年广西工商行政听证案件情况统计表

单位：件

年份	属于听证范围的案件	实际举行听证的案件	其中：维持	变更	撤销	未结
2002	840	52	33	19	—	—
2003	3120	52	37	11	4	—
2004	2426	55	48	2	2	3
2005	2488	59	28	3	23	5
2006	3304	70	51	15	16	17
2007	3238	50	34	8	3	5
2008	—	—	—	—	—	—
2009	—	—	—	—	—	—
2011	—	—	—	—	—	—
2012	2957	50	45	2	2	1
2013	4521	36	24	4	2	6
2014	3895	14	12	1	—	1
2015	4008	27	21	4	0	4
2016	2952	43	35	2	3	3
2017	2923	37	36	1	0	1
2018	4299	76	63	7	3	3

第四章　行政复议与应诉

全自治区各级工商机关充分发挥行政复议解决行政争议的主渠道作用，加大行政复议案件和解、调解的力度，努力实现“定纷止争、案结事了”，法律效果、政治效果和社会效果相统一。在复议案件过程中，掌握“七性”（合法性、公正性、权威性、民主性、准确性、科学性、合理性）。行政复议工作规范化。开展“行政复议加强年”“行政复议宣传周”“行政复议法施行十周年纪念宣传”“行政复议有奖征文”等活动。2007年各级工商行政管理机关为全面、正确贯彻实施《行政复议条例》，给复议机构配备2名以上专职或者兼职的行政复议人员，全区有行政复议工作人员241人，均具有大专以上学历，其中44人为法律本科以上学历。凡是从事行政复议工作人员都参加自治区法制办公室组织的行政复议人员资格考试，通过考试获得行政复议人员资格证书。2008年11月11日，《中国工商报》第1版刊登了《畅通复议渠道提高行政效能广西首次开通网上申请行政复议程序》的新闻报道，2009年5月22日，新华网刊登了《广西开通网上受理工商行政复议申请程序》的新闻报道。2015年3月，新闻网、人民网作了《广西工商系统发布2014年十大典型合同违法案例》的新闻报道。

自治区工商局依法履行出庭应诉的法定职责，支持和配合人民法院依法审理行政诉讼案件。将行政机关负责人出庭应诉工作纳入年度依法行政工作考核内容。通过厘清信访、投诉、举报、政府信息公开与行政复议的法律界限，“以人为本、以法为纲、以和为上”模式，运用和解、调解等多种手段，化解矛盾，平衡利益关系，缓和行政机关与行政相对人之间的对立和冲突，最大限度地减少行政争议的负面效应。

第一节　行政复议

1999年9月3日，自治区工商局以桂工商法字〔1999〕326号文转发国家工商局《关于认真贯彻实施〈中华人民共和国行政复议法〉的通知》，要求建立、健全工商行政管理机关行政复议工作制度，严格依照行政复议法开展行政复议工作。

2000年，全系统开展加强基层建设的活动。出台《关于明确工商所执法权限的通知》明确工商所可以以自己的名义作出处罚的案件类别，处罚幅度，对工商所的具体执法具有很大的指导意义。

2000年，组织全自治区工商管理系统行政复议决定文书写作比赛，规范复议文书的制作，提高文书写作的水平。

2002年，自治区工商局统一印制《工商行政管理行政执法文书使用手册》，对17种行政复议专用文书的格式和使用说明进行归类统一。随着自治区工商局整顿和规范市场经济秩序的不断深入和公民、法人及其他组织法律意识的提高，行政复议案件逐年上升。2000年全自治区为97件，2001年上升到194件，2002年达到212件。经过认真审查，当年共依法不予受理10起，未办结的13起，在已结的复议案中，经审查认为被申请人的具体行政行为认定事实清楚，证据确凿，适用法律准确，程序合法，内容适当，依法予以维持的有100起。同时对事实不清、证据不足的行政处罚案件坚决予以撤销或变更，共撤销11件，变更2件。因申请人撤回行政复议申请，行政复议终止的有74件。

2003年7月，自治区工商局下发《关于使用“×××工商行政管理局接收案件相关材料回执”等文书的通知》至各市、县工商行政管理局。完善复议申请书及当事人所提交的相关材料的回执制度及案件档案移交制度。制定与行政复议工作相关的规章制度，如《广西工商行政管理机关执法监督管理办法》《广西工商行政管理机关行政赔偿管理办法》《广西工商行政管理机关行政执法过错责任追究暂行办法》。当年1—11月，自治区工商局共审理申请复议案件24件，其中：不予受理4件，未结案5件，已结案15件。在已结案件中维持12件，其他处理的3件。2003年，自治区工商局荣获全自治区行政复议工作先进集体，并作为区直单位行政复议先进集体的代表在全自治区行政复议工作会上作复议工作汇报和经验介绍。

2006年，自治区工商局共审理申请复议案件59件。所受理复议案件尚未结案的有11件，在已结案件中维持的4件，不予受理的1件，申请人撤回复议申请复议终止43件。当年，申请人对行政复议结果基本上表示满意或服从，没有出现因对复议不服信访、上访情况，也没有复议决定被法院撤销的情况。

2007年4月，根据自治区人民政府办公厅《关于开展行政复议加强年活动的通知》制定行政复议加强年活动实施细则。当月在南宁市召开各市工商局分管法规工作的副局长、法规科长、部分法规股长共120人参加的行政复议工作会议，会议就开展“行政复议加强年”活动的工作和学习宣传条例工作进行布置并提出具体要求。5月26日，各市工商行政管理局的分管领导及法制科长，参加政府法制办举办的培训班；各级工商行政管理机关法制机构注重抓好复议人员自身的业务学习，通过“以会代训”、“以考代训”、“跟班培训”、集中培训、专题培训、巡回讲课、以案说法、典型案例评析等多种形式，交流和探讨复议工作人员自学中遇到的问题及体会。南宁市工商行政管理局创办“法制第一兵”网络论坛，为辖区基层工商行政复议人员提供相互交流、学习信息的平台。从事行政复议的工作人员参加全区行政复议员资格考试，参考的人员98%取得了复议人员资格证书。利用“3·15”国际消费者权益日、个体私营经济宣传月、食品安全宣传周等主题活动，通过发放宣传资料、拉横幅、现场咨询、流动广播等方式，向社会广泛宣传，大力普及行政复议知识。9—10月，在自治区工商系统内开展以行政复议工作为主要内容的专项执法检查。

12月2日，自治区工商局组织各市工商局从事行政复议工作的分管领导及办案人员，对全区14个市工商局选送的行政复议案件进行评查。从案件的类型上看，不服行政处罚的案件有10件，不服行政强制措施4件；从案件复议结果上看，维持原行政行为的有8件，撤销的有4件，不予受理的有1件，调解结案的1件。在行政复议受理环节，柳州市工商局在受理通知书上，书面告知申请人在行政复议过程中的权利。南宁市工商局办理行政复议案过程中，采取公开听证、调解的方式，让当事人全面举证、充分质证、明辨是非，使当事人达成和解协议。贺州、北海、崇左、梧州、玉林、来宾等市工商对违反法定程序的具体行政行为、对认定证据不足的具体行政行为、对认定事实不清的具体行政行为等坚决予以纠正，对认定事实清楚、证据确凿、适用法律正确而且程序正当的具体行政行为，依法作出维持决定，并做好解释、教育工作。贺州市工商局认真落实行政复议案件执行回访制度，及时了解被撤销的具体行政行为的执行情况，确保生效的行政复议决定履行，同时责令被申请人对实施的违法行政行为进行剖析，及时总结经验教训，把行政复议的过程变成提高执法水平的过程。参评复议案件中存在问题：(一)个别案件没有全面审查原具体的行政行为。(二)少数案卷中收集的证据材料不够严谨。(三)有些复议决定书制作不符合规范文书要求。

2007年，各级工商机关重视复议机构建设，指定法规处、法规科作为承担行政复议的日常工作机构，各县(市)工商行政管理局将复议机构设在局机关办公室。南宁市、柳州市工商行政管理局为复议机构添置车辆、便携式计算机、照相机等办案设备，为复议机构正常开展工作提供保障。各级工商行政管理机关为全面、正确贯彻实施条例，给复议机构配备2名以上专职或者兼职的行政复议人员，全自治区有行政复议工作人员241人，均具有大专以上学历，其中44人为法律本科以上学历。凡是从事行政复议工作人员都参加自治区法制办公室组织的行政复议人员资格考试，通过考试获得行政复议人员资格证书。

2007年，为表彰在行政复议加强年活动中成绩突出的先进集体和先进个人，经民主推荐和综合考评，自治区工商局决定授予南宁市工商行政管理局、柳州市工商行政管理局、桂林市工商行政管理局、玉林市工商行政管理局、百色市工商行政管理局5个单位为2007年度全区工商行政管理行政复议工作先进集体，10名同志为2007年度全区工商行政管理行政复议工作先进个人荣誉称号。

2008年10月，自治区工商局开通网上申请行政复议。实现行政复议便捷化，提高行政效能。申请人在红盾网上找到提交复议申请的栏目，依据系统提示，便可很方便地向复议机关提交复议申请书。点击提交之日，即为提出行政复议申请之日。该套软件在自治区本级及南宁、柳州两市工商局试行。2008 年，就两个申请行政复议案件中的行政处罚自由裁量权问题，尝试启用调解程序。

2009 年，在全自治区范围内开通网上受理行政复议申请系统。年内全系统共办理复议案件 33 件，其中，受理 28 件，不予受理 5 件；已审结 23 件。建立起上下级行政复议机构之间的互动与沟通的平台。开通广西工商法制 QQ 群，共享法制工作信息的平台。

2010 年，自治区工商局制定《广西工商行政管理机关行政复议案件会商制度》《广西工商行政管理机关实施〈工商行政管理执法证管理办法〉具体规定》，进一步规范工商行政执法证的申领、核发、暂扣和吊销等管理工作；明确办理行政复议案件过程中与相关业务机构会商会办的范围和程序。通过实行行政复议案件会商会办制度，解决在行政执法中遇到的疑难、典型问题，统一行政执法行为的裁量标准，进一步促进全区工商系统依法行政水平提高。3 月 16 日，自治区工商局举行自《行政复议法》实施以来的首例行政复议案件审理听证会。

同年，自治区工商局共审理申请复议案件 17 件，所受理复议案件尚未结案的有 1 件，在已结案件中维持的 5 件，不予受理的 2 件，驳回申请 1 件，申请人撤回复议申请 4 件，撤销 3 件，其他 1 件。当年，自治区工商局法规处、梧州市工商局、南宁市工商局被评为全国工商行政管理系统行政复议工作先进集体。

2011 年，自治区工商局办理的行政复议案件 6 件。其中，以调解、和解方式解决的占复议案件总数 50%。当年全系统行政复议、诉讼的案件比上年减少 43%。

2012 年，下发《广西壮族自治区工商行政管理机关关于进一步加强行政复议工作规范化建设实施方案》结合工商行政管理机关行政复议工作实际，制定总体目标。自治区工商局创新行政复议审理机制，在办理行政复议案件中实行会商、约谈、集体讨论“三部曲”，当年，自治区工商局共收到行政复议申请 13 件，决定维持 5 件，不予受理 3 件，驳回 1 件，终止 3 件，未办结 1 件。百色市工商局积极推行说理性行政复议决定书，保障相对人的陈述申辩权，提高行政复议办案工作的公信力。

2013 年，自治区工商局执行《广西壮族自治区工商行政管理机关关于进一步加强行政复议工作规范化建设的实施方案》，符合合并审理的复议案件进行合并审理；多个处室业务实行会商制度。重点推进行政复议受理、审理、决定、指导监督、基础建设规范化建设工作。针对由“职业打假人”引起的行政复议申请逐渐增多的现象，主要采取了四项措施：一是规范处理群众来信的流程，凡属于消费者申诉举报的信件，及时回复；二是根据行政相对人复议咨询的情况，在把握“事实清楚、证据确凿、适用依据正确，定性准确、处罚适当、程序合法”原则的基础上，加快处理速度，凡符合合并审理的复议案件进行合并审理；三是纠正被复议机关不作为的行为，对违反时限规定的被申请人在确认其行政行为违法的同时，发出纠正类似行为的建议书；四是涉及多个业务部门的实行会商制度。

截至 2013 年 10 月底，共受理行政复议案件 39 件，其中维持 2 件，复议终止 7 件，不予受理 2 件，驳回 5 件，确认程序违法 4 件，其他 2 件，未办结 17 件。该年度自治区工商局行政复议案件数量增加，主要原因在于职业打假人申请行政复议的案件增加，共受理类似行政复议案件 15 件，占比 75%。这类案件的发生主要基于职业打假人与商家间的索赔问题无法达成一致引起。当年，南宁、防城港、贺州市工商局被自治区全面推进依法行政工作领导小组命名为自治区第二批依法行政示范点。

2014 年，自治区工商局印发《自治区工商局办公室关于“职业投诉人”提起行政复议案件情况通报》，提高各级工商行政管理机关办理此类案件能力。当年行政复议案件数量减少，主要原因在于职业打假人申请行政复议的案件减少，共受理类似行政复议案件 10 件，较 2013 年减少 5 件。这类案件的发生主要是基于部分基层工作人员未按《工商行政管理部门处理消费者投诉办法》的要求对职业打假人投诉事项予以处理及职业打假人与商家间的索赔问题无法达成一致引起。当年自治区工商局本级新收复议案件 26 件，受理 16 件，不予受理 8 件，告知 2 件，维持 4 件，终止 3 件，驳回 1 件，确认违法 1 件。是年通过自治区行政复议规范化建设第一阶段专项检查。

2015 年，广西各级工商机关作为复议机关新收行政复议申请 80 件，上期结转 17 件，受理 72 件，办结 69 件，与上年度相比，基本持平。从行政复议被申请人看，县工商局 46 件，占比 57.5%；地市级工商局 25 件，占比 31.2%。从行政复议案件类型看，行政处罚类行政复议案件 19 件，占比 23.7%；行政许可类行政复议案件 12 件，占比 15%；行政不作为类复议案件 14 件，占比 17.5%；其他行政复议案件 20 件，占比 25%。2015 年 11 月 23 日，自治区工商局举行执法监督岗位技能竞赛考试。3 月，新华网、人民网作《广西工商系统发布 2014 年十大典型合同违法案例》的新闻报道。5 月 15 日，自治区工商局印发《广西工商行政管理机关行政复议案件会商制度》，工商行政管理机关行政复议案件会商，由行政复议机构会同相关业务机构对重大、复杂、疑难行政复议案件进行集体讨论决定。提高工商行政管理复议机关处理重大、复杂、疑难行政复议案件的质量和效率，保护行政相对人的合法权益。坚持以事实为根据，以法律为准绳。被复议的具体行政行为：（一）经上级机关指导而做出的；（二）上级机关指定办理的；（三）经被申请人案件审议委员会审议或局长办公会议集体讨论的可以适用会商制度。

截至 2016 年 12 月 18 日，广西各级工商机关作为复议机关新收行政复议案件 96 起。从行政复议案件类型来看，全自治区工商系统行政复议大多为职业打假人与商家间的索赔问题无法达成一致后向工商机关投诉、举报，后又不服工商机关对申诉、举报等事项作出的具体行政行为而提起复议申请的。但当年行政复议案件与 2015 年同期广西各级工商机关收到 80 起，自治区工商局省级机关收到 29 起行政复议案件相比略有增加。原因为工商系统已陆续按广西区人民政府的要求将食品监管职能划转至广西区食品药品监督管理部门。而职业打假人倾向于食品安全的举报。

2017 年，自治区工商局新收行政复议案件 12 件（办结 10 件），作为被申请人行政复议案件 2 件；行政处罚案件核审 3 件；行政处罚案件听证 1 次，行政诉讼应诉 8 件。会办信息公开申请 6 件、协助处理信访答复 15 件。

2018 年，自治区工商局新收行政复议案件 29 件，比上年增加 12 件，增长 76%。其中行政不作为 8 件，行政处罚 2 件，行政许可 1 件；行政诉讼案件 11 件（含上期结转 1 件），增加 2 件，增长 25%。其中举报投诉处理 6 件，行政许可 5 件。

第二节　行政应诉

1991 年，全自治区工商行政管理系统的行政诉讼案件共 11 件。其中胜诉 3 件，原告撤诉 2 件，发回重新处理 3 件，尚未开庭 3 件。

2006 年，自治区工商局参加市中级人民法院、高级人民法院 5 件（次）行政诉讼案件庭审活动。将被诉行政行为的所有证据及待证事实进行整理排列，对证据的真实性、合法性、关联性全面审查，排除证据间的矛盾，列出证据目录向法庭提交。与相关法院的联系沟通，争取法官对被诉具体行政行为的理解。

2009 年 5 月，自治区工商局组织本系统部分公职律师，旁听玉林市工商局处罚黄某参与世界通传销案行政诉讼案件的庭审，公职律师获取实践经验。

2015 年 5 月 29 日，经自治区司法厅批准，自治区工商局建立公职律师队伍，切实提高应诉水平。全自治区工商系统 23 名取得律师资格和通过司法考试人员办理公职律师手续。当年全自治区工商系统共发生行政诉讼案件 43 件，特别是企业登记中“虚假”签名的问题，其发生的主要原因在于行政管理相对人对行政许可“形式审查”的认识引起，一旦在发生民事纠纷时，行政管理相对人往往寄希望于通过行政手段解决民事纠纷，从而引起行政诉讼的发生。其中：被诉人为市局的 16 件，县级局 26 件，较 2014 年度减少 7 件；作为复议机关参与应诉案件 9 件；一审判决驳回诉讼请求 15 件，确认合法有效 9 件。工商系统加强与法院系统的沟通，积极引导行政管理相对人采取民事途径解决此类问题，进而减少此类诉讼案件的发生。当年行政复议应诉存在的问题：一是行政复议办案质量仍需进一步提高，行政复议决定书的说理性不够，尤其是对于证据的分析、判断方面，存在不足。二是行政复议应诉工作交流、研究不够，专题性、经常性的复议应诉交流活动开展较少。4 月，自治区举办全区法制系统行政应诉专题培训班，学习新修改的行政诉讼法及行政诉讼司法实务、行政首长出庭应诉的意义及要求、新形势下行政复议工作存在的问题及对策。

9 月 1 日，《广西壮族自治区工商行政管理机关行政复议答复和行政应诉规则（试行）》规定，被复议或被起诉的具体行政行为的承办单位或部门，应当派遣 2 名具体承办该被复议或被诉行政行为的工作人员组成行政复议或行政应诉的责任小组（简称责任组，下同），承担涉及行政复议或行政诉讼案件的组织、协调和应诉工作。本级法制机构将初审修改后的答辩书和相关证据、依据其他材料报局长审批，形成正式文本，由责任组在法定答辩时送达复议机关或人民法院。行政诉讼案件判决后，责任部门应根据人民法院判决，采取以下相应措施：（一）判决维持的，依法按原作出的具体行政行为行使职权；（二）判决撤销、部分撤销和重新作出具体行政行为的，责任部门应指定相关责任人，重新立案处理；（三）判决限期履行法定职责的，责任部门应指定相关责任人在规定期限内履行职责；（四）判决变更的，责任部门按人民法院变更后的决定行使职权；（五）对一审判决不服的，责任部门会同法制组共同研究，提出上诉意见报请局领导批准，在法定期限内向上一级人民法院提起上诉，并按二审法院的终审判决行使职权。

2016 年，广西各级工商机关新收行政诉讼案件 86 起。自治区工商局参加行政诉讼案件一审案件共 9 件，其中不服行政复议决定案 4 件，不服工商登记 3 件，其他类型 2 件。上年同期是 1 起案件，行政应诉行政诉讼案件迅速上升。行政诉讼案件数量呈上升趋势，一是近年来普法教育的面越来越广，群众的法治意识也逐步提高。二是行政诉讼法的修改，经过复议维持的案件，被提起诉讼的，复议机关作为共同被告，使得目前只要经过复议的案件被提起诉讼的，复议机关也作为被告之一行政诉讼案件急剧上升。职业举报案件数大幅上升，因“职业举报人”投诉、举报的案件而提起的复议、诉讼案件占了被复议或者审理复议案件，受到行政诉讼案件的 50% 以上，使得行政复议、诉讼案件数量急剧上升。随着新消费者权益保护法、新广告法的实施，惩罚性赔偿成倍率地增加，“职业举报人”有时为了达到其获得赔偿的目的，采取非正常手段。在应对“职业举报人”维权打假方面注意两个方面：一是各级工商执法人员对“职业举报人”积极应对。熟悉相关法律法规，克服“怕、推、等、耗”的思想情绪，变被动为主动。增强规范意识、效率意识和责任意识，总结经验，不断提升应对技巧。二是分清“职业举报人”的诉求。对“职业举报人”的诉求涉及投诉、举报、信访、政府信息公开等不同性质的案件，分开处理，分别答复。答复内容兼顾程序和实体，避免出现行政不作为的复议和起诉。

9 月 29 日，自治区工商局下发《广西壮族自治区工商行政管理局机关负责人出庭应诉工作规则》，规范行政应诉工作。转发《工商总局关于进一步加强行政应诉工作指导意见》，全面推进行政机关负责人出庭应诉工作。本规则所称局机关负责人包括局机关的正职、副职负责人以及其他负责人。规则规定行政机关负责人出庭应诉纳入年度依法行政考评。规则规定出庭应诉前，应诉承办单位和局法制处应当向局机关负责人汇报案情，拟出庭应诉的局机关负责人应当参与研究应诉预案。局法制处履行以下职责：（一）办理人民法院的应诉通知书和起诉状副本，并转送应诉承办单位；（二）根据诉讼事项需要，提出出庭应诉局机关负责人、代理人人选及诉讼代理费的建议；（三）组织审核应诉承办单位草拟的答辩材料或者上诉材料。以本局为被告的行政应诉案件，按照规定确定应诉承办单位：（一）以局名义作出的行政行为，以实施该行政行为的处室为应诉承办单位；（二）以局名义作出的行政复议决定，局法制处为承办单位；（三）起诉局不作为的，由负有法定职责的处室为应诉承办单位。应诉承办单位应当在收到应诉通知书和起诉状副本之日起 5 日内准备好答辩材料，报送局法制处审查。答辩材料包括以下内容：（一）答辩状代拟稿；（二）作出被诉行政行为的证据、依据；（三）其他需要说明的材料。行政应诉案件报告应当包括以下内容：（一）人民法院裁判结果；（二）是否上诉或者申请再审的建议；（三）其他需要说明的事项。

2016 年，全自治区县级以上工商局均成立了行政复议应诉机构，例如选派一批作风正、年纪轻、取得行政复议人员资格证及法律业务熟练的同志到复议应诉机构工作，配备办案用车、计算机、摄像机等办公设施，保证“有机构干事、有人员干事、有条件干事”，为复议应诉人员“想干事、能干事、干成事”，行政复议应诉工作顺利开展提供组织保障。各地工商部门落实行政诉讼法规定的行政机关负责人出庭应诉制度。贺州市工商局制定《贺州市工商局负责人出庭应诉工作制度》。百色市工商局局长出庭应诉百色市龙达汽车修配有限公司等13家汽车维修企业不服行政处罚系列行政诉讼案；来宾市工商局副局长出庭应诉张某不服行政复议决定案。

第五章　行政监察

1995 年 11 月 27 日，自治区编委、自治区纪委、自治区监察厅联合下发《关于区直机关纪检、监察机构设置和人员编制的通知》，自治区纪委、监察厅向区直机关 28 个部门派驻纪检、监察机构。自治区纪委派驻自治区工商局纪检组、自治区监察厅派驻自治区工商局监察室正式成立。强化廉政监察防范制度，推行领导干部离任审计制度，落实中央八项规定，惩治腐败行为。对群众反映比较强烈的“案、费、证、照”等重点部位、重点岗位以权谋私、“三乱”等现象的治理，完善各项监督制约机制；全面推进“收支两条线”管理，从源头上防范腐败。

2004 年 9 月，自治区工商局发布《自治区工商行政管理局机关政务公开工作实施方案》，全自治区各级工商机关以贯彻落实《企业信息公示暂行条例》《工商行政管理行政处罚信息公示暂行规定》为契机，依托全国企业信息公示系统（广西）、广西壮族自治区政府信息公开统一平台，推进行政处罚信息公示。开展行政处罚信息公示工作培训和专项督查，推进行政处罚信息公示工作。开展案件公示，强化行政执法的外部监督。执行《广西壮族自治区行政执法监督办法》和《工商行政管理执法证管理办法》，完善工商行政执法人员持证上岗和资格管理制度，确保执法主体合法有效。建立行政执法活动全过程记录制度，严格执行重大执法决定法制审核制度，对社会关注度高、影响比较大的企业登记、反垄断、网络监管、商标监管等方面的执法决定进行法制审核。推进行政处罚决定书全文和行政处罚信息摘要的公开工作，接受当事人和全社会的监督。加强信用监管，落实企业信息公示、经营异常名录、严重违法企业名单等制度，推进与有关行政部门和司法机关建立联合惩戒机制。2016 年，全自治区各级工商行政管理机关按照自治区工商局的统一部署，开展案件评选工作，对全自治区工商系统监管执法“十佳案例”予以通报表扬，加强纪检监察队伍建设，强化纪检监察部门的职能作用。

第一节　政务公开

2004 年 8 月 17 日，自治区工商局成立推行政务公开工作领导小组。领导小组下设办公室，地点设在自治区工商局办公室。9 月 28 日，自治区政务公开领导小组办公室《关于在区直部门开展政务公开试点工作的通知》（桂政开办发〔2004〕2 号）确定自治区工商局机关为自治区直属机关开展政务公开的试点单位之一。为做好试点工作，自治区工商局制定印发了《自治区工商行政管理局机关政务公开工作实施方案》。要求政务公开，对外公开的基本内容：(1) 公开市场监管、行政执法和办事、收费等所依据的法律、法规、规章、政策规定；(2) 公开本局的主要工作职能、机构设置、分布和其工作职责以及工作人员姓名、职务及其岗位职责；(3) 公开办事的项目、权限、程序、要求等规定和办事结果；(4) 公开办事的廉政守则、监督办法、责任追究制等办事纪律和举报及投诉方式；(5) 法律、法规和上级主管部门要求公开的其他事项。内部公开的主要内容：(1) 局机关内部管理的各项规章制度；(2) 局机关内部的财务收支情况。主要包括会议、培训、差旅、公务接待、办公用品采购、公用车辆保险维修加油、办公电话、基建、职工福利等项费用的开支；(3) 本局机关干部任免、交流、考核、奖惩的有关情况；(4) 干部职工关心的其他重要事项。对外公开的内容主要采取：在办公场所设立政务公示栏（牌）、设立电子触摸屏，在广西红盾信息网设公示栏，编发办事指南或办事须知等资料，在干部职工的办公桌摆放岗位职责牌、佩戴职务身份牌标志，以及通过公众媒体发布等方式予以公开。对内公开的内容，主要采取张贴公告、召开局务会、局长办公会、机关干部大会或印发文件等方式予以公开。政务公开的时间要求与内容相适应，属政策法规和制度性的内容长期公开；经常性的工作内容定期公开；阶段性的工作内容逐段公开；动态性的内容及时公开。

2005 年，自治区工商局在全系统推行政务“七公开”：即公开办理证照的前置审批条件，公开具体实施的行政许可项目名称和设定依据，公开相关的法律、法规、规章，公开收费项目及标准，公开办事程序，公开办事时限，公开举报电话。同时，要求各级工商机关将国家、自治区确定工商行政管理部门依法实施的行政许可项目以及各级工商机关出台的市场监督管理各项政策和措施等都要在基层“窗口”单位或通过广西红盾网向社会公开，接受群众监督。各市、县工商局通过聘请政务公开监督员和公开投诉电话、投诉信箱，工商部门在“阳光”下履行职责。3 月 31 日，自治区工商局机关聘请政务公开监督员颁证仪式在自治区工商局办大楼三楼会议室举行，宣布受聘政务公开监督员名单。

2006 年 7 月，自治区工商行政管理局选择南宁市工商局、贵港市工商局作为政务公开示范点。在前些年工作的基础上，按照“巩固、完善、提高、创新”的总体思想，采取有效办法和措施，对外公开政务，把示范点工商行政管理机关的工作职能、机构设置及其工作职责；市场监管、行政执法和办事、收费所依据的法律、法规、规章和政策规定；办事的项目、权限和要求局机关办事廉政守则、监督办法、办事纪律和举报投诉方式、举报电话等公之于众，方便群众办事，接受群众的监督，规范权力的行使。对内公开政务，主要围绕干部职工必须掌握和执行的规章制度，干部职工关注的重点事项和容易产生违法违纪行为的财务收支，干部任免、交流、考核、奖惩的情况，以及干部职工关心的其他重要事项予以公开，使其在“阳光”下作业。

2008 年 4 月，自治区工商局制定《广西工商行政管理系统政务公开管理办法》，推进全自治区工商政务公开工作的规范化、制度化、程序化、法治化建设。

2010 年，制定《广西壮族自治区工商行政管理机关企业信用分类监管暂行办法》，组织各级工商行政管理机关根据企业的信用等级和行业类别，整合企业信用信息数据资源，建立健全企业信用信息管理系统，做好企业信用信息的归集、清理等工作，促进全系统信用信息的共享和应用。

2011 年，自治区工商局制定《企业信息公示工商联络员制度》，建立企业信息公示工商联络员制度，企业授权委托工商联络员自行通过全国企业信用信息公示系统（广西），向工商部门报送并公示年度报告和企业即时信息，确保企业信息公示系统所公示的信息是企业真实情况和真实意愿的表达，防止企业信息被非授权人故意误报或恶意篡改，保障企业公示信息的安全性、保密性，维护企业合法权益。工商联络员主要有报送并公示企业年报信息、公示企业即时信息、更正企业公示的不准确信息职责、负责企业与工商部门的其他联络工作。

2012 年，按照《自治区人民政府办公厅关于编撰〈广西壮族自治区政务公开指南(2012 年版)〉的通知》要求，自治区工商行政管理局重新整理本级机关基本情况及保留的行政审批项目有关情况的资料，通过自治区政府信息公开统一平台，及时更新录入领导简介、机构设置、职能、办事指南、联系及投诉方式等政务公开事项，政府信息公开指南和目录、政府信息公开报告、企业登记有关事项、政府信息依申请公开文本样本和应当公开的政策文件。当年，自治区工商行政管理局在局机关及自治区政务服务中心工商窗口设置政务公开查阅点，随时受理并答复群众的咨询。在门户网站广西红盾网设置政务公开专栏，在广西红盾网的政务要闻、地方动态等栏目主动公开商品质量抽检公示、各项收费公示等工作信息，开通企业登记办照办理进度查询系统，供企业查询业务办理进度情况，开通企业信息查询系统，供社会公众查询全自治区企业、个体工商户基本登记信息，并免费为企业和公民提供查询打印服务。自治区工商行政管理局针对政府信息的类别，确定公开时间，常规性工作定期公开，临时性工作随时公开，固定性工作长期公开，在广西红盾网上发布消费者权益保护、广西著名商标申请认定、诚信市场建设等工作情况，向政务服务中心、档案馆、公共图书馆等信息查询场所提供信息。

同年，自治区工商行政管理局在广西红盾网、自治区政府信息公开统一平台主动公开政府政务信息、文件 427 条。自治区工商行政管理局的行政审批事项 100% 公开。运用信息化手段，安排专人将 2012 年新开业、变更、年检等企业登记材料扫描录入档案，共扫描录入档案近 25.76 万页。依托广西红盾网平台，提供全自治区企业登记管理基本信息免费查询服务，主动公示企业登记基本信息及年检信息，高效、便捷服务企业办事。据统计，2012 年共接待电子档案查询 5145 次，接待基本信息查询 14662 人次，广西红盾网的点击量达到 15 万人次。共受理并答复依申请公开信息 7 件，其中依申请公开政府信息 5 件，部分公开政府信息 1 件，不予公开政府信息 1 件。是年，根据《中华人民共和国政府信息公开条例》有关规定，结合实际，制定《广西壮族自治区工商行政管理局依申请公开政府信息不予公开备案制度》。

2013 年，自治区工商局成立由局分管领导为组长的自治区工商局“一服务两公开”工作领导小组，制定“一服务两公开”工作实施方案，建立办公室牵头负责，职能处室、单位主动配合的工作机制；设立“一服务两公开”公众服务平台和自治区工商局“一服务两公开”服务中心；按照“公开不涉密、涉密不公开”的原则，制定信息查询服务制度。通过服务中心大厅触摸屏查询系统，可了解工商部门依法主动公开的政务服务信息和工商业务办理状态信息，了解业务办理进展情况，并通过企业咨询单打印系统自动生成或打印企业咨询单，为公众提供权威的企业基本信息：通过“广西红盾网”网上查询系统，可查询工商部门登记的所有企业基本信息，做到足不出户即可查询到全自治区任何一家企业的基本信息。

2013 年 6 月，下发《广西壮族自治区工商行政管理系统电子信息数据查询管理规定》。电子信息数据查询服务可通过下列方式提供：(1) 通过计算机系统提供查询服务；(2) 通过其他方式提供行政许可档案影像资料。查询人申请查阅、复制、传输电子信息数据提供证明材料：(1) 身份证原件及其复印件；(2) 以单位名义查询的，还应提供工作证件及单位介绍信函。提供查询机关应核对证件原件与复印件并将该复印件、介绍信函、政府信息公开申请表、大批量数据信息使用承诺书、大批量数据查询使用审定表保留存档。“大批量查阅、复制、传输电子信息数据”是指一次性提供 10 户次以上市场经济主体电子信息数据的行为。提供查询机关的同级或上级国家机关要求大批量提供电子信息数据的，提供查询机关应在履行相关审批程序后提供。禁止向个人或盈利性机构提供大批量电子信息数据查阅、复制、传输服务。大批量提供电子信息数据，10 ～ 300 户的，由本级企业信息归属业务部门负责人审批；300 户以上的，由本级分管局长审批；超过 500 户的，必须报自治区工商局审批。接收大批量数据的单位必须提供《大批量数据信息使用承诺书》。申请大批量数据查询，查询人填写《大批量数据查询使用审定表》。

2013 年 9 月，自治区工商局成立信息公开服务中心，做到信息公开工作依法公开、全面真实、便民高效。各处室指定一名工作人员为政府信息公开工作联络人，具体负责本处室政府信息公开工作。当月公众服务平台开通，累计受理基本信息查询 1.4 万人次，企业信息查询 5883 人次、电子档案查询 2326 次。共接待电子档案查询 4226 次，企业基本信息查询 2.5 万多次；接待来访的部门或单位 33 次，提供非涉密信息约 579.6 万条，广西红盾网的点击量达到 27 万人次。

同年，在广西红盾网“政府信息公开目录”下添加“人事信息、财政信息、招投标信息、工商统计”四个子栏目，完善网上政府信息公开工作；广西红盾网首页添加“互动服务”栏目，该栏目包含在线咨询、投诉举报等 6 个子栏目；广西红盾网首页添加“自治区工商局党的群众路线教育实践活动”栏目，向广大群众展示自治区工商局深入开展党的群众路线教育实践活动取得的成效。主动公开政府政务信息、文件 1169 条，实现行政审批事项 100% 公开。召开新闻通气会 6 次。消费维权和纪念“3·15”活动、诚信体系建设消费体察、“汽车三包”规定培训视频会、纪念消费者权益保护法颁布实施 20 周年座谈会。工商局机关共收到政府信息公开申请信函 19 件，全部依法按时答复，办结率 100%。

2014 年 9 月 30 日，建成广西企业信息公示过渡系统并上线运行，实现企业信用信息网上实时查询、社会监督和企业年报公示，强化市场主体社会责任和企业信用约束，初步实现市场监管向行政监管、企业自律、社会监督“三位一体”监管模式的改革。信息公示系统开通后，全区共有 5.3 万户市场主体完成年报公示，2721 户市场主体公示即时信息，系统浏览量 1812 万次，查询 1778 万人次。在广西壮族自治区政府信息公开统一平台、广西红盾网和自治区工商局“一服务、两公开”窗口，以及各级工商机关和 1000 多个工商所的服务窗口，对公众晒出工商部门已梳理、明确的行政许可、非行政许可审批、行政处罚、行政强制等行政权力的清单、依据、程序、时限及结果，执法人员资格等信息，依法行政重大事项及时公开、经常性事项经常公开、临时性事项随时公开，群众对工商部门的权力“看得到、看得懂、能参与、能监督”。自治区工商局制定《广西工商行政管理系统政务公开管理办法》《广西壮族自治区工商局澄清虚假或不完整信息工作制度》《广西壮族自治区工商行政管理系统新闻发布制度》《政府信息公开申请受理制度》《政府信息发布保密审查制度》。

10 月 1 日，开通广西企业信用信息公示系统。一方面，向社会提供市场主体登记、备案、监管等信息查询；另一方面，各类市场主体可通过系统在网上报送并公示年度报告。截至 2014 年 12 月 31 日，全区共有 41417 户各类市场主体通过该系统填写年报并完成公示；系统浏览量 2578.6 万次，查询人次 2162.2 万人次。开通“宣传合同法规，倡导诚信理念，服务经济发展，构建和谐社会”为宗旨的广西守合同重信用网，创新载体，拓宽信息公开平台，宣传合同法律法规、合同信用，展示守合同重信用公示企业形象，提升企业的诚信意识。

同年，网站共完成 32 条政府公开信息编制与录入，可以查询到 2012 年以来全自治区 412 家“守合同重信用”公示企业合同履约信用记录。推行将“企业年检”管理方式改为“企业年报公示”改革措施。在公共资源配置方面，对政府采购信息的公开，接受社会监督。主动公开政府信息 2752 条，其中：在政府公报公开政府信息 1 条，在政府网站公开政府信息 956 条，通过新闻媒体等方式公开政府信息 1795 条。回应公众关注或重大舆情 1723 次，其中：参加或举办新闻发布会 8 次，政策解读稿件发布 895 篇，其他方式回应事件 820 次。共收到政府信息公开申请信函 20 件，全部依法按时答复，办结率 100%。

2015 年 1 月 1 日，工商行政管理体制由自治区以下垂直管理调整为市、县人民政府分级管理，自治区工商局本级不再代编部门预算，自治区工商局自 2015 年起公开的部门预算及“三公”经费等信息内容均不包括各市、县（区）工商局在内。5 月 20 日，广西红盾网进行升级改造正式上线运行。6 月，与新华社广西分社联合开通移动互联网终端平台“广西工商”客户端，设置新闻聚焦、政务要闻、消费维权、商事制度改革、监管执法等栏目。6 月 29 日，自治区工商局“两张清单”经自治区人民政府审定公布后，在门户网站上设置“权力清单”栏目，公布自治区工商局权力清单、责任清单和行政权力运行流程图，包括行政权力 432 项、部门主要职责 16 项、具体工作事项 63 项、公共服务事项 5 项，涵盖权力分类、项目名称、实施依据、实施对象、承办机构等内容，成为广西首批权力清单公布单位。7 月，开展全自治区工商行政管理行政处罚信息公示检查。检查 2014 年 10 月 1 日以来适用一般程序办结的行政处罚案件信息公示情况；严格按照《工商行政管理行政处罚信息公示暂行规定》的要求公示行政处罚信息摘要、处罚决定书全文，并在 20 个工作日内公示行政处罚信息；督促企业及时在企业信用信息公示系统上公示受到工商部门处罚的信息。通过系统对比方式，查明企业未按规定公示受到工商部门处罚信息的情况，并书面责令相关企业按期公示相关信息。经责令，企业仍未公示行政处罚信息，或通过住所（经营场所）无法联系的，依法列入经营异常名录并向社会公示的情况。

8 月底，开设“广西工商局”微信公众号，运用即时通信工具与公众开展政务信息交流，年内通过微信公众号发布信息 217 条。9 月 29 日，按照国家工商总局的统一安排和部署，自治区工商局依托全国企业信用信息公示系统建立的小微企业名录广西频道正式上线运行，向社会开放。利用企业信用公示系统服务器，建设全自治区小微企业名录，设置“扶持政策集中公示”“申请扶持导航”“企业享受扶持政策公示”“小微企业库”等四个功能板块，“申请扶持政策导航”板块实现在系统上集中公示。11 月 26 日，自治区工商局印发《企业公示信息抽查暂行办法实施细则》规定，依据程序公正的原则，通过摇号等方式，从市场主体名录库中随机抽取检查对象，从执法检查人员名录库中随机选派执法检查人员。明确由县级以上工商行政管理部门可以制定随机选派执法检查人员的相关规定。自治区工商局按照公平规范的原则，通过电脑随机摇号的方式，每年度按照全自治区企业总量不少于 3% 的比例抽取检查企业名单，组织对企业公示信息的情况进行检查，抽查内容包括企业年度报告信息和即时公示信息。抽查可以采取检查、实地检查、网络监测等方式。《实施细则》指出按照“正常”“不按规定公示年报”“公示信息隐瞒真实情况、弄虚作假”等6种情形公示检查结果，明确“拒绝检查人员或其委托机构进入被检查场所”等4种情形为企业严重不予配合情节，通过企业信用信息公示系统进行公示。

同年，开通网上登记广西商事登记全程电子化业务系统。供南宁、桂林、北海、防城港等电子营业执照试点城市的试点用户办理电子营业执照，并为企业提供亮照查询服务。2015年底，广西企业信用信息公示系统汇集全区约202.08万户市场主体的信息，包括登记备案、动产抵押、股权出质、行政处罚等内容，供社会公众免费查询，累计浏览次数已达1亿人次。2015年底，广西红盾网站访问量达到152.8万多次，公众互动平台共收到网民来信2412件，回复率为100%。共受理公众查询政务信息10117人次，办理19832户企业基本信息、企业档案查询和电子口岸审核，电话咨询量1.8万多次。通过全国企业信用信息公示系统公示行政处罚案件4533件。全区列入经营异常名录的企业7.639万户，列入经营异常名录的农民专业合作社2988户，标注为经营异常状态的未年报个体工商户43.6627万户。主动公开政府信息4643条。其中：在政府网站公开政府信息2998条，政务微信公开217条，通过新闻媒体等方式公开政府信息1428条。回应公众关注或重大舆情1161次。其中：参加或举办新闻发布会10次，政策解读稿件发布569篇，其他方式回应事件582次。机关共收到政府信息公开申请54件，其中网络申请数40件，信函申请数14件，全部依法按时答复，办结率100%。因政府信息公开申请行政复议为26件，因政府信息公开提起行政诉讼为0件。

2016年，7月29日，广西电子营业执照和全程电子化登记管理系统在南宁、桂林、北海、防城港、钦州等5个设区市试点上线运行。在试点基础上，12月30日，全自治区14个设区市均已实行企业登记注册全程电子化登记，初步实现“零纸张”“零见面”“零费用”的“三零”工商登记服务。

8月15日—26日，自治区工商局开展全区工商行政管理行政处罚信息公示情况督查。督查2015年6月1日至2016年5月31日期间，各地工商部门按照《企业信息公示暂行条例》和《工商行政管理处罚信息公示暂行规定》的要求，通过公示系统公示并与企业登记注册信息相关联的、本部门适用一般程序作出的行政处罚决定信息。具体包括：公示率（已公示的行政处罚信息条数除以应当公示的行政处罚信息条数的百分比）；及时率（在20个工作日内公示的行政处罚信息条数除以应当公示的行政处罚信息条数的百分比），公示时间以计算机日志为准；准确率（已公示的行政处罚信息内容与纸质案卷对比相一致的信息条数除以已经公示的行政处罚信息条数的百分比）。上述三个指标所涉数据，均指通过公示系统公示数。督查组通过召开座谈会、听汇报、实地检查等方式，对各单位行政处罚信息公示工作进行督促和指导，在各市随机抽检3个县（区）局。

2016年11月16日，国家企业信用信息公示系统（广西）上线启动仪式在自治区工商局举行

10月24日—28日，根据《自治区工商局办公室关于开展2016年市场合同监管重点工作督查的通知》（桂工商办发〔2016〕187号）的要求，自治区工商局组织相关人员组成六个督查组，通过查看资料、实地检查等形式完成对各设区市2016年市场合同监管重点工作的督查。各地工商局根据本辖区特点，突出整治重点，选择1～3个重点行业，开展合同格式条款专项整治工作。防城港市工商局约谈美容美发、汽车美容行业60家企业，制定、推广美容美发、汽车美容、休闲健身等行业合同示范文本。北海市工商局结合旅游城市特点，行政约谈17家旅游企业。督查共抽查了28家2015年度守合同重信用公示企业。对已公示企业的主体资格、合同管理情况、合同管理制度的制定和实施状况、合同管理机构建立健全状况、所签合同条款的规范状况、合同示范文本的使用状况和格式条款的规范状况等方面进行回访。柳州市工商局通过媒体宣传、举行公示证书发放仪式等形式，对“守合同重信用”企业合同信用行为的正向激励。在首次获得国家工商总局2014—2015年度“守合同重信用”公示的18家企业中，柳州市有7家，占到全区39%。

11月16日，自治区人民政府在自治区工商局举行国家企业信用信息公示系统（广西）上线启动仪式。按照国家工商总局“全国一张网”工作部署，按期完成国家企业信用信息公示系统（广西）正式上线运行，实现企业信息统一公示和部门监管信息的归集、公示、共享、应用。企业信用信息公示系统汇集478.9万户市场主体的信息，累计浏览次数超过16亿人次，接受查询7亿次，列入经营异常名录的市场主体73.15万户。自治区工商局已与8个部门开展数据归集共享合作，16个部门通过平台推送许可、处罚、司法协助等信息。工商部门累计向其他部门提供数据151497条，其他部门向工商部门提供数据17466条。根据自治区高级人民法院推送的失信名单，拦截“老赖”任职申请1355人次。

2015年，共发布信息4692条，其中网站公开政府信息4054条，微信公开政府信息638条；主动公开文件37份；政策解读20份；开通网上依申请公开栏目，共收到政府信息依申请公开126件，按时办结率100%；开通广西红盾网政民互动板块，办理群众网上咨询与投诉业务，共接收回复网民来信3603条，办结率100%。门户网站总访问量447万次，日均访问量6000余次，较上年增长66%。共受理公众查询政务信息5712人次，办理10786户企业基本信息、企业档案查询和电子口岸审核，电话咨询量9027次。政府网站在线访谈次数27次，其中主要负责同志参加政府网站在线访谈15次。12月1日起一次性将自治区、市、县三级工商登记机关的企业名称库（含农民专业合作社、个体工商户名称）全面开放，为社会公众提供企业名称对外查询服务。通过不同渠道和方式主动公开政府信息5892条。其中：在政府网站公开政府信息4054条，政务微信公开638条，通过新闻媒体等其他方式公开政府信息1200条。回应公众关注热点或解读情况1081次。其中：参加或举办新闻发布会15次，政府网站在线访谈27次，政策解读稿件20篇，微信回应事件980次，其他方式回应事件15次。动员群众参加“我为政务公开提个醒”活动，推动政务的公开。12月检查全自治区工商行政处罚信息公示率为87.8%，及时率为70.0%，准确率为96.2%。

2015年6月1日—2016年5月31日，全自治区工商系统应当公示行政处罚信息条数6134条，已经公示行政处罚信息条数5387条，行政处罚信息工商系统公示率为87.8%，及时率为70.0%，准确率为96.2%。各级工商部门切实履行行政处罚信息公示职责，公示率、及时率与准确率三项指标总体质量较好。公示率指标方面，全自治区工商系统公示率为87.8%。大部分市局公示率较高，切实通过公示系统向社会公示行政处罚信息。准确率方面，全自治区准确率为96.2%。及时率方面，本次检查过程中全自治区工商系统及时率为70.0%，存在“重办案，轻录入”的思想，案件信息录入人员普遍存在“系统不熟悉、操作不规范、录入效率低”的现象，导致未能及时、准确完成录入及公示工作。主要体现在：(1)录入的问题。已经公示的行政处罚信息录入不准确，有存在应当删除当事人住所、通信方式、身份证号码、银行账号等的个人信息没有删除的问题，也有存在行政处罚信息录入不完整、个别公示行政处罚信息与案卷纸质材料内容不一致等问题。(2)公示的问题：应当公示的行政处罚信息未按照录入方法、操作规程进行，有的没有完成行政处罚信息录入程序，有的录入信息没有经过审核环节，导致录入信息公示失败。(3)按时公示的问题。没有按《条例》和《规定》的20个工作日内完成行政处罚信息公示，影响行政处罚信息及时率。

2017年，制定《自治区工商局办公室关于印发全面推进政务公开工作实施方案的通知》《“五公开”融入办文流程操作指南》《自治区工商局主动公开基本目录》制度。通过广西红盾网面向社会公众发布更新各类工商行政管理信息1900篇，微信公众平台发布信息800篇。举办新闻发布会4场，主动公开文件38件，其中公开本部门规范性文件2部，起草本部门政策解读稿件发布数6篇，转载政策解读稿件发布数13篇，制作法规宣传及政策解读视频和专题片7部。提请自治区人民政府举办“遍行天下　心仪广西——广西品牌神州行”系列活动，并与新华社广西客户端、腾讯新闻广西、广西日报网站进行视频直播；与中华商标协会在桂林共同举办2017中国国际商标品牌节，联合腾讯新闻广西进行视频直播。通过广西红盾网累计接收公众留言2051件，收集社会各界意见建议9条，均予以及时妥善处理。自治区工商局共收到政府信息公开申请20件，其中，网络申请12件，占60%；以信函方式申请8件，占40%。对企业未按规定的期限公示年度报告、公示信息隐瞒真实情况、弄虚作假、通过登记的住所或经营场所无法取得联系的四种情形，将列入经营异常名录。被列入经营异常名录的企业，自列入之日起3年内，对已经补报未报年份的年度报告并公示的企业；已经履行有关企业信息公示义务的企业；已经更正其公示的有关信息的企业，已经依法办理住所或者经营场所变更登记，或者通过登记的住所或者经营场所可以重新取得联系的企业，可以申请移出经营异常名录。

2018年，重点推进列入自治区人民政府立法规章计划项目的《广西壮族自治区市场主体信息管理办法》立法工作，2018年12月14日《广西壮族自治区市场主体信息管理办法》发布。年内，国家企业信用信息公示系统（广西）共归集政府部门登记备案信息303.42万条，行政许可信息249.66万条，行政处罚信息15.62万条，抽查检查信息37.35万条。全自治区累计被列入经营异常名录（或标记异常）的存续市场主体49.39万户，移出异常名录（或重新标记为正常）的存续市场主体14.01万户；全自治区被列入严重违法失信企业名单2.35万户。

第二节　行政效能监察

1995年11月27日，自治区编委、自治区纪委、自治区监察厅联合下发《关于区直机关纪检、监察机构设置和人员编制的通知》，自治区纪委、监察厅向区直机关28个部门派驻纪检、监察机构，自治区工商局为其中之一，自治区纪委派驻自治区工商局纪检组、自治区监察厅派驻自治区工商局监察室正式成立。

1996年，全区工商系统基层行政执法人员向监管服务对象代表述职述廉工作会议在南宁召开

2004 年，自治区工商局审计委员会及办公室成立，制定《广西壮族自治区工商行政管理系统内部审计工作暂行规定》，强化对自治区各级工商行政管理机关领导干部的经济责任监督，对 9 个地级市工商局局长进行任中经济责任审计。5 月 25 日，全自治区工商行政管理系统纪检监察干部培训班在贵港开班，为期 4 天。各地、市、县工商局的 80 多名纪检监察干部参加了以案件工作审理、信访举报、案件检查等为主要内容的培训。11 月 22 日，自治区工商局派出 6 个检查小组对各市、县和基层工商所开展队伍教育整顿情况进行督查，为期七天。共抽查 14 个地级市工商局、21 个县（区、市）工商局和 25 个工商所已清理的执法案件 261 件，行政性收费票据 340 份，消费者申诉件 304 件，举报执法人员信件 78 件（其中署名举报 42 件），并对照编制本核查了部分执法人员的执法资格。当年，自治区工商行政管理系统在开展队伍教育整顿“五项清理”工作中，共清理执法案件 6.04 万件，其中存在问题的 876 件；清理出违规收费问题 28 项，涉及金额 65.40 万元；清理消费者申诉 3 万件；清理对执法人员的举报 445 件，经查实给予党纪处理 3 人，政纪处理 11 人，组织处理 3 人，移送司法机关 1 人；清理出执法岗位上不具备执法资格的执法人员 201 人。

2005 年 5 月 9 日，自治区工商局在局机关办公大楼 16 楼会议室召开全自治区工商行政管理系统“五项清理”（即清理执法案件、清理行政收费情况、清理消费者申诉处理情况、清理对工商执法人员举报办理情况、清理执法人员）工作座谈会。至队伍教育整顿活动结束，全自治区工商行政管理系统共清理执法案件近 10 万件，回访涉案当事人近 10 万人，纠正存在问题案件 3401 件；清理违规收费问题 25 项，清理违规收费金额 70.65 万元；清理消费者申诉 3.32 万件，清理并纠正问题 438 个；清理对执法人员的举报 445 件，向署名举报人反馈结果 133 件，经查实给予党纪处理 4 人，政纪处理 12 人；清理出执法岗位上不具备执法资格的执法人员 243 人，清理出不依法行政行为 5 件。9 月 19 日，自治区工商局在北海市举办全区工商行政管理系统纪检监察干部业务培训班，为期五天。新任命的各市、县工商局纪检组长、监察室主任（股长）共计 70 人参加培训。学员们系统地学习了纪检监察信访举报、案件检查、案件审理等业务知识，听取《建立健全教育、制度、监督并重的惩治和预防腐败体系实施纲要》录像辅导报告。

2007 年，结合加强行政效能建设，自治区工商局对行政许可审批项目及非行政许可审批项目进行全面清理，落实转变干部作风加强机关行政效能建设的实际举措，对实施的 19 个行政许可项目与 6 个非行政许可审批项目进行审核，提出审核意见，汇总整理行政许可项目与非行政许可审批项目的依据，现有行政许可项目 17 项，非行政许可项目 4 项。

9 月 13 日，发布《广西工商行政管理系统基层行政执法人员接受监督向监管服务对象代表述职述廉实施办法（试行）》，规定工商行政管理系统基层行政执法人员接受监督，向监管服务对象代表述职述廉。坚持“四个统一”：监管与发展、监管与服务、监管与维权、监管与执法。尊重群众的知情权、参与权和监督权，接受监管服务对象对工商基层行政执法人员的监督。办法明确向监管服务对象代表述职述廉的活动主要在基层工商所中实施。参加述职述廉接受评议的人员为基层工商所正、副所长等直接履行行政执法职责的人员。办法提出述职述廉的主要内容是：⑴履行职责、依法行政、维护经营者和消费者合法权益情况；⑵服务当地经济、促进和谐发展情况；⑶提高办事效率、改进服务态度情况；⑷廉洁执法和遵守工商机关禁令情况；⑸存在的问题和整改措施。参加述职述廉评议的监管服务对象代表，从各基层工商所辖区内的监管服务对象（市场主体、消费者）中产生。原则上，参加评议代表人数，乡村工商所不低于 30 人，县城（城区）工商所不低于 50 人。述职述廉活动的基本程序包括：⑴广泛征求监管服务对象意见。通过召开座谈会、发放《基层工商所向监管服务对象征求意见、建议表》等形式，征求监管服务对象对基层工商所及其干部个人工作的意见和建议。⑵撰写述职述廉报告。召开述职述廉会议前，基层工商所述职述廉报告经本所全体干部集体讨论通过后，工商所述职述廉报告和工商所所长个人述职述廉报告要同时呈上级主管县（区）工商（分）局分管领导审核同意；工商所其他干部个人的述职述廉报告，由工商所所长对报告材料内容进行审核。在审核中，对报告材料不实，夸大成绩，回避意见，隐瞒情况的，要责令修改、补充或重写。⑶通过填写《基层工商所工作人员联系监管服务对象花名册》或经济户口台账，明确每位工商干部所管辖的监管服务对象，由工商所的上级主管县（区）工商（分）局或商请当地纪检监察机关、纠风办等有关部门以随机抽取的方式，确定参加述职述廉报告会的监管服务对象代表名单。进行现场民主评议时会议现场向与会代表发放《基层工商所述职述廉民主评议表》，由与会代表以不记名的方式，将评议表填写好投放到指定的意见箱内。监票员、唱票员、计票员现场将评议表进行统计和汇总，并填写基层工商所述职述廉民主评议汇总表。后由会议组织者现场公布民主评议结果。

2008年，为使更多的基层工商所和监管服务对象代表参与到“双述”这个可以“面对面”沟通、“实打实”挑刺的“零距离”交流平台，全自治区各级工商机关结合实际，因地制宜，扩大“双述”工作范围。对地处偏远且5人以下的工商所推行“双述”工作，是全自治区各级工商机关在全面推进“双述”工作中，普遍碰到的难题。各级工商机关不追求固定模式，在实践中积极探索。如柳州市工商局，在广泛征求各方面意见的基础上，制定《柳州市工商行政管理系统边远乡镇基层行政执法人员接受监督向监管服务对象代表述职述廉工作意见（试行）》。针对边远乡镇基层工商所在集中召开述职述廉报告会有困难的情况，采取在乡镇公示栏公示工商所及其行政执法人员述职述廉报告或者利用乡镇圩日进行广播等形式，向辖区监管服务对象进行述职述廉。由于采取“自选动作”与“规定动作”相结合形式，柳州市工商系统的64个基层工商所全部开展“双述”工作，实现“双述”工作覆盖率100%的目标。至11月底，全自治区工商系统有853个工商所开展“双述”工作，有4221名工商所长和执法人员进行述职述廉，分别比2007年底增加33.7%和58.15%。全自治区各级工商机关在组织召开述职述廉报告会采取随机抽取和推荐相结合的方法确定参评代表，监管服务对象代表既有经济实体业主，也有消费者，甚至是被工商部门行政处罚过的个体工商户；既有当地党委政府、市场服务中心、公安、税务等部门代表，也有人大代表、政协委员和行风评议代表；特别邀请人大、政协、纪检监察、效能办等部门到场监督指导，确保参评代表的广泛性、公正性和代表性，让社会各个层面都能够积极参与到“双述”活动中来。当年围绕全自治区工商行政管理中心工作，以群众最关心的问题为重点，如停征两费、查处无照经营、打假、打传销、食品安全，特别是问题奶粉退市、消费维权、商标注册指导、红盾护农等进行述职；同时，围绕廉政纪律，述执行国家工商总局“六项禁令”、自治区工商局“六条禁令”、遵纪守法、廉洁从政的情况。全自治区工商系统“双述”活动中，参评代表提出意见建议978条，工商所制定整改措施679条。1月14日，自治区作风效能建设活动第四听证质询组在自治区工商局召开“自治区工商行政管理作风效能建设听证质询大会”。会上，共收回有效听证质询活动情况问卷调查表50份，收到自治区工商局在职人员有效问卷调查表32份，收到离退休代表有效问卷调查表3份。收到服务对象代表有效问卷调查表10份。收到听证质询组成员有效问卷调查表5份。测评结果表明，自治区工商局的作风效能建设活动成效显著，得到与会代表的认可。

2012年，全自治区各级工商机关控制经费支出，开展各类内部审计项目214个，纠正不规范资金4638万元，核减基建资金913万元。制定印发《关于进一步深化廉政风险和监管风险防控的实施意见》，深化工商基层执法人员向市场主体和服务对象代表述职述廉工作，排查风险点和评估风险等级。利用“制度+科技”手段，推广执法办案风险预警防控网络系统。11月下旬，自治区工商局集中开展行政许可案卷评查，共评查全区工商机关2012年办理的企业登记案卷150份，针对评查发现的问题，向自治区工商局注册分局及14个市工商局分别制发《评查情况反馈意见》。玉林市工商局制订行政执法监督规定，建立执法机构领导干部任前约谈制、行政执法案件约谈领导负责制、执法案件行政处罚前约谈制等制度，从源头上加强行政执法案件风险防范。玉林市工商局推行“三防、二谈、一卡”制度；崇左市工商局在各专项执法行动结束后10个工作日内向监管服务对象述职述廉，让服务对象评定工作绩效。推行“阳光执法”，全自治区工商机关的行政许可全部进入监察部门的电子监察系统，实行实时监控。通过推行政务公开、网上咨询、向监管服务对象述职述廉等方式。2012年，全自治区工商系统共有1885人向市场主体和服务对象代表述职述廉，参加“双述”活动的评议代表6904人。

同年，推行“三谈两述”制度，全自治区工商系统纪检组长同下级工商机关主要负责人谈话309人次，任前廉政谈话404人次，诫勉谈话4人次，领导干部述职述廉731人次。对全自治区各级工商机关领导干部的经济责任审计工作，纠正不规范资金4638万元。全自治区工商系统有1885人向市场主体和服务对象代表述职述廉，其中市、县级局领导班子成员和干部参加“双述”活动 504 人，基层行政执法人员参与“双述”活动 1381 人，参加“双述”活动的评议代表 6904 人。当年，自治区工商局将扩权强县工作落实情况纳入年度绩效考核中，制定印发《自治区工商局 2012 年度绩效考评指标体系及评分细则》和《地级市工商局 2012 年度绩效考评工作方案》《2012 年地级市绩效考评指标体系及评分细则》。自治区工商局从机关相关处室及各市工商局办公室抽调有关人员组成 6 个检查组，对 14 个市工商局及其所属 2 个县（区）工商局、3 个工商所进行实地抽查。

2014 年 1 月 17 日，根据国家工商总局第 28 号令关于“工商行政管理机关应当建立健全罚没物资的管理、处理制度”的要求，适时制订《广西工商行政管理机关涉案物资管理和处理制度》。涉及的涉案财物管理制度主要内容为：办案机构与财物管理分离，监察、法制机构全程监督。当年，发布《广西壮族自治区工商行政管理局行政执法过错责任追究暂行办法》，坚持有错必纠、有责必问，对在日常执法监督、行政复议中发现的相关问题，通过制发行政监督建议、执法监督、行政复议意见书等方式，要求有关单位整改，对因故意或者过失不履行、违法履行或者不正确履行法定职责，致使行政相对人合法权益受到严重损害，或者产生其他严重后果的，依法依纪严肃追究有关人员、有关领导直至主要负责人的责任。

2016 年，印发《广西壮族自治区工商行政管理局落实司法建议工作制度》，明确工商行政管理机关对于能够立即整改的司法建议，应当立即整改到位并及时回复；需要一定时限才能整改到位的，应当抓紧时间整改并及时回复；因客观原因无法落实的，应当及时回复并说明理由。

第三节　信访举报及案件查办

1991 年，全自治区工商系统在执法检查中，列为重点案件查处的有 17 件，乱收费金额共 12 万元，乱罚款金额 68 万元，乱设的 28 个关卡参加检查的人员有 41 人，不按程序办的案件有 54 件，贪污挪用规费的有 39 人。

截至 1994 年 12 月 31 日，全自治区共查处各类投机倒把经济违法违章案件 1605 件，罚没金额 2276.14 万元。为受害者追回金额 712.16 万元。

1995 年，自治区各级工商行政管理机关共查处各类经济违法违章案件 1395 件（其中当年发案数 1158 件），案件总值 1.72 亿元，罚没金额 5501 万元。

1996 年，全自治区各级工商行政管理机关共查处各类经济违法违章案件 1322 件，案件总值 6876 万元，罚没金额 2173.4 万元。

1997 年 1 月 8 日—10 日，自治区工商局在北海市举办全自治区工商行政管理系统效能监察培训班。12 月 31 日，全自治区各级工商行政管理机关共查处各类经济违法违章案件 2800 件，案件总值 1.12 亿元，罚没金额 3528 万元。

1998 年，全自治区各级工商行政管理机关共查处各类经济违法违章案件 2678 件（其中，立案查处案件 1856 件），案件总值 1.32 亿元，罚没金额 2470 万元。

1999 年，全自治区各级工商行政管理机关共查处各类经济违法违章案件 4840 件，罚没金额 786 万元。

2000 年，全自治区各级工商行政管理机关共查处各种经济违法违章案件 1.84 万件，罚没金额 1976 万元（其中没收金额 756 万元，罚款金额 1211 万元）。

2001 年，全自治区各级工商行政管理机关共查处各类经济违法违章案件 2.63 万件，案件总值 2.16 亿元，罚没金额 3749 万元。

2002 年，全自治区各级工商行政管理机关共查处各类经济违法违章案件 3.74 万件（其中，立案查处案件 2.38 万件），案件总值 3.01 亿元，罚没金额 4769.56 万元。

2003 年，全自治区各级工商行政管理机关共查处各类经济违法违章案件 6.81 万件（其中，立案查处案件 2.38 万件），案件总值 2.38 元，罚没金额 7341.57 万元。

2004 年，全自治区工商行政管理机关共查处各类经济违法违章案件 4.99 万件，其中，立案查处案件 1.63 万件，案件总值 2.40 亿元，罚没金额 5555.01 万元。全自治区工商系统收到群众信访举报 486 件。

2005 年，全自治区各级工商行政管理机关共查处各类经济违法违章案件 3.50 万件（其中立案查处 1.63 万件），案件总值 1.63 亿元，罚没金额 5470.48 万元。全自治区工商系统收到群众信访举报 297 件；查办违纪违法案件 24 件。

2006 年 1 月 17 日，自治区纪律检查委员会、自治区人事厅、自治区监察厅联合下发《关于给予全区纪检监察系统集体和个人记二等功奖励的决定》（桂人发〔2006〕1 号）。对自 2000 年以来，全自治区各级纪检监察机关和广大纪检监察干部在反腐倡廉工作中忠实履行职责、坚持原则、秉公执纪、贡献突出的单位和个人进行表彰。给予 30 个单位记集体二等功和 79 名同志记个人二等功。自治区纪委驻自治区工商局纪检组、自治区工商局监察室获记集体二等功。当年，全自治区各级工商行政管理机关共查处各类经济违法违章案件 1.43 万件（其中立案查处案件 1.05 万件），案件总值 1.21 亿元，罚没金额 4294.90 万元。4 月，自治区部分市、县市场开发服务中心人员到自治区工商局上访，要求解决当地市场办管理脱钩过程中的困难和问题，自治区工商局妥善处理。当年，全自治区工商系统收到群众信访举报 226 件；查办违纪违法案件 20 件。

2007 年，全自治区各级工商行政管理机关共查处各类经济违法违章案件 1.65 万件（其中，立案查处案件 1.44 万件），案件总值 1.18 亿元，罚没金额 3584.76 万元。查办违纪违法案件 12 件。

2008 年，自治区各级工商行政管理机关共查结各类经济违法违章案件 1.05 万件，案值 6128 万元，罚款金额 1990 万元。

2012 年，共收到群众信访举报 68 件（其中，组织初核 43 件，其他处理 16 件，存信 9 件）。共查办立案案件 9 件，已结案 8 件，2 人受到党纪处分，8 人受到政纪处分。

2015 年，自治区工商局共计接待走访群众 23 批次 117 人次，其中集体性聚集上访 1 批次 38 人次。收到的 91 封来信中，按照信访流程办理的 80 件，按照规定转送或者办结。接到咨询、投诉、举报、反映类电话约 70 余次。广西红盾网互动平台的“领导信箱”“网上信访”栏目共接到群众来信 148 件（次），其中直接答复办理的 43 件（次），转办 105 件（次），均及时办结。向自治区工商局申请复查复核的信访事项 6 件，经过认真调查均作出维持原处理结果。2015 年一共派遣 4 批次 4 人次参加自治区驻京维稳工作队。制定《自治区党委第八巡视组专项巡视自治区工商局信访工作方案》，配合巡视组做好群众来访来信的接待和处理工作，在局机关大院、生活区、工商学校等地方设置了五个信箱，公布巡视范围、联系方式、联系人等。

2016 年，自治区工商局共计接待走访群众 35 批次 75 人次，其中集体性聚集上访 1 批次 38 人次；收到 103 封群众来信，按照信访流程办结 103 件；接到咨询、投诉、举报、反映类电话 70 余次；广西红盾网上互动平台《领导信箱》《网上信访》栏目共接到群众来信 225 件（次），其中直接答复办理的 181 件（次），转办 44 件（次），均及时办结。当年，全自治区各级工商行政管理机关按照自治区工商局的统一部署，开展案件评选工作，共选送各市具有指导和借鉴意义、行业特点突出、反映社会热点焦点问题的行政处罚案件 215 件，范围涵盖广告法、公司法、反不正当竞争法、产品质量法、消费者权益保护法等法律法规的适用。经各地工商局代表和法律顾问、专家学者的反复研究讨论，评选出南宁市工商局选送的“XX 公司使用未取得生产许可证的列入目录的产品案”等 10 件案例作为 2016 年度全自治区工商系统监管执法“十佳案例”予以通报表扬。

表 4-5-2　2016 年度全自治区工商系统监管执法“十佳案例”名单

序号	案例名称
1	南宁市工商局选送的某公司使用未取得生产许可证的列入目录的产品案（南工商经检处字〔2016〕149 号）
2	玉林市工商局选送的广西某汽车销售服务有限公司利用格式合同免除违约责任和加重消费者责任案（玉工商处〔2016〕113 号）
3	河池市工商局选送的南丹县某农业生产资料公司销售不合格化肥案（丹工商处字〔2016〕1 号）
4	百色市工商局选送的百色市某网络科技有限公司组织策划传销案（德工商处字〔2016〕80 号）
5	桂林市工商局选送的桂林市秀峰区周某某欺骗性有奖销售及无照经营案（桂市秀工商罚字〔2016〕011011 号）
6	来宾市工商局选送的来宾市某商贸有限责任公司销售不合格服装案（来工商处字〔2016〕2 号）
7	贵港市工商局选送的贵港市张某销售侵犯他人注册商标专用权案（港北工商处字〔2016〕58 号）
8	梧州市工商局选送的肇庆市某公司涉嫌擅自转移被封存商品案（梧工商长洲处字〔2016〕2 号）
9	钦州市工商局选送的广西浦北县某医疗设备经营部购进无厂名、厂址等来源不明商品案（浦工商处字〔2016〕136 号）
10	桂林市工商局选送的桂林恒某房地产开发有限公司发布违法广告案（工商罚字〔2016〕第 116098 号）

第五篇

基础建设与经费资产管理

自 1988 年开展信息化建设以来，广西工商行政管理系统逐步建立起从自治区工商局到基层工商所四级联网的信息化网络体系，开辟了 14 个地级市红盾网分站，实现了网上办公；开设了工商行政管理政务资源信息网，提高了办公效率；开通了网上 12315 申诉举报平台，提高了投诉举报的受理和处理效率。以统一开展信息化建设“十项工程”为突破口，将过去广西工商系统信息化工作“分散开发、封闭管理、各自为营”的局面转变为统一软件、统一接口、统一联网、信息互通格局。加大“广西红盾网”和“红盾信息资源网”等对外发布和内部工作信息两大网络的建设，将市场准入、日常监管、执法监督、12315 维权、行政事务管理等工作整合到信息化网络当中，进一步强化了各级工商行政管理机关监管服务工作的措施，不断提升了监管手段和水平。

自治区工商局加强信息化建设，不断提高监管效能。根据国家工商总局信息化建设总体方案的要求，制订了广西工商系统信息化建设二期工程总体方案。在此基础上，完成了 218 个工商所远程拨号联网工程建设，推广使用经济户口电子管理系统，在相应工商所实现了日常巡查及日常工作的计算机管理；进一步扩充完善“广西红盾网”的社会化服务功能，初步建立了电子政务对外服务平台，提高了对社会公众和企业的服务水平；继续加强 12315 多媒体呼叫平台建设，初步实现了消费者申诉举报、市场违法经营情况数据采集、网络传输、实时汇总、交流共享等功能，为下一阶段运用信息网络技术加强企业信用监管奠定了基础。

1992 年，自治区工商行政管理局经费来源主要是财政拨入预算内经费，各地再上缴回拨预算外资金收入，行政事业性收费主要有企业注册登记费、个体工商户登记费、广告经营单位注册登记费、城乡集市贸易市场管理费、个体工商户管理费等 7 项。1995 年，自治区工商行政管理局进行职能调整，推进大中城市工商行政管理体制改革。1996 年，全区各级工商机关完成了大中城市区工商局改为市直属分局的任务，分局的人、财、物统一由市工商局管理，基本理顺了大中城市的工商行政管理体制。1998 年 11 月 24 日，国务院《批转国家工商行政管理局工商行政管理体制改革方案的通知》（国发〔1998〕41 号）规定，改革工商行政管理体制，实行省以下工商行政管理垂直管理。1999 年 1 月 1 日起，广西工商行政管理机关实行省级以下垂直管理。垂直管理后，全区工商系统基层基础设施得到了很大改善，办公条件和生活环境得到了保障。全区工商系统财务实行收支两条线管理，1999 年 11 月 1 日起，从原来的 7 项收费减少为城乡集市贸易市场管理费和个体工商户管理费 2 项，收取的其他市场管理费一律取消。

2002 年，广西工商系统积极探索基层工商所体制改革，按照经济区域的划分，科学调整和规范工商所设置，全面完成工商所撤并任务，全区设立了 209 个中心工商所，达到“小局大所”的目标。2008 年 9 月 1 日至 2018 年，全面停止征收集市贸易市场管理费和个体工商户管理费。

第一章　信息化建设

1988 年 10 月，在自治区工商局的指导帮助下，全区工商机关开始在工商业务信息技术上一直在不断地进行应用探索和尝试。总体上，自治区工商系统信息化建设分为三个阶段，即垂直管理前、垂直管理期间和垂直管理后。

1989—1998 年，不属于垂直管理期。全区工商机关逐步搭建了从自治区工商局到各（地）市工商局两级联网的网络框架，各（地）市工商局组建了本单位的局域网。由于受资金、技术条件、人员素质、思想认识等制约，这一阶段信息化发展比较缓慢。其间，自治区工商局也根据不同的发展阶段和实际工作需要，相应开发了一些软件，如公司登记计算机管理系统软件等。

1998—2013 年，为垂直管理期间。随着改革开放的深入和社会发展，信息技术在经济社会得以广泛应用。1998 年 11 月，全国省以下工商行政管理机关开始实行垂直管理。实行垂直管理后，自治区工商局党组加大对全区工商系统信息化建设的力度，从人、财、物等方面全力支持信息化建设，全系统按照“统一规划、统一技术标准和规范、统一组织实施、统一管理”的原则，围绕“一库、二中心、三网、四化”（应当表明具体内容）的建设目标，采取有效措施，落实了国家工商总局《工商行政管理数据处理网络建设方案》和《2001—2005 年工商行政管理系统信息化规划纲要》，全区工商系统信息化建设工作有比较大的发展。

2000 年，自治区工商局成立经济信息中心（事业单位），全区工商系统信息化建设发展较快。1992 年至 2000 年，利用信息技术开展工商业务从无到有，从最初只能用计算机打印营业执照、制表统计到 2000 年利用计算机和系统软件实现统一的企业登记工作流程、统一的工商监管，开发广西红盾系统软件，实现全区统一的企业内外资登记管理、个体工商户登记管理、商标广告管理、合同管理、执法办案管理、财务管理功能，2000 年开通广西红盾网，实现网上登记、网上年检、网上查询、网上监管、网上执法办案、网上举报投诉；实现办公自动化、政务公开、视频会议，实现了从静态监管到利用掌上电脑等移动设备进行动态监管，通过 12315 综合执法系统，实现网络受理、分派、处理、反馈消费者申诉举报等功能，大大地提高了广西工商系统工商行政管理能力，使市场监管执法行为得到进一步规范，监管执法方式不断创新，推进了政府政务公开，提高了工作效率和公共服务水平。2005 年，自治区工商局经济信息中心从办公室独立出来，各地也相继成立了信息中心或由市工商局办公室统一管理。制定并大力实施《全区工商行政管理系统信息化建设实施方案(2005—2007)》，由此，全区工商系统计算机信息网络建设得到了快速发展。2009 年，制订《自治区工商局经济信息中心员工奖励管理办法》，规定每月评出三位先进工作者，并给予奖励；对不按时完成工作任务、迟到、早退的员工一律按规定扣罚工资。通过实施奖惩制度，调动员工工作的积极性。

2010 年，自治区工商局信息中心完成 14 个市局所辖县（分）局同一业务数据的集中，建成自治区局、市工局二级数据中心，实现了市级系统跨地域同一业务数据信息共享。2010 年 7 月，开发了政风行风评议软件，2010 年 5 月对广西红盾网站版面进行改版，增加“图片报道”“东盟交流”“红盾风采”等栏目。2011 年，自治区工商局设立信息化管理处，为内设机构，负责全区工商系统信息化建设和管理工作，各市工商局也挂牌成立信息科。

2013—2018 年，为垂直管理后，2018 年，在建的信息化系统有广西工商数据平台、国家法人单位信息库广西项目、移动 OA 系统建设项目、放心消费管理系统项目、市场年报管理系统项目。升级优化广西质监行政审批管理系统，加强“互联网＋政务服务”，推动减证便民；完成“工商营业执照核验模块”上线，持续深化“证照分离”改革；完成审批系统改造，实现网办食品相关产品生产许可证核发电子许可证。推进重点项目“广西质监一体化信息平台”建设，完成了内部测试并通过初验。

第一节　基础设施建设

数据中心机房

2000年，开始建设机房并投入使用，经过12年的使用，机房存在较多安全隐患。2012年，实现“大统一、大集中、一体化”升级建设任务，做好机房建设工程，把机房建房与平台建设分两步走，利用原有的机房局部添置最低配置的办法，实施全区新旧软件切换上线，理顺“三个中心”硬件、软件建设中的有关问题，与电信部门进行协商，完成“三个中心”用房土建改造，新机房建设项目已经完成定点、图纸设计。2013年8月，开展新数据中心机房建设。

2014年，对旧机房进行清理检查，清理现有的硬件设备，确认硬件设备的各项参数能否满足公示系统的需要；经过周密核算以确认机房电路的负载情况；更换旧的UPS不间断电源中的电池，使在突发性断电后UPS能维持机房一个小时的电力。同时，邀请2家有资质的公司对机房进行电力和网络安全检测，并针对清理检查和检测出来的问题进行整改。2014年8月，开展新数据中心机房竣工验收工作，主要是核对机房各项建设内容和支付款项的情况、测试机房各子系统功能、检查工作完成质量、督促监理单位出具竣工报告等。11月20日，召集局机关有关处室、施工方、监理方相关人员开机房竣工验收会议，与会人员经过会场讨论、现场核验，最终确定项目验收合格。12月5日开始，自治区工商局分批次将17楼信息中心机房内的所有网络设备、服务器及线路搬迁至6楼数据中心机房。12月22日，搬迁工作基本完成，新机房正式投入使用。12月29日，建成A级数据中心机房。所有数据均实现安全迁移，成为全区工商系统的网络和数据处理交换中心，承担着工商系统的网络互通、数据交换、工商业务软件测试开发、在线办公等多种业务。

2014年底，自治区工商局6楼数据中心机房正式启用。2015年，自治区工商局信息中心安排专人每天定时巡查数据中心机房各设备，加强新数据中心机房运行管理，保障各业务系统正常运行。

2014年，分别迎接了自治区领导、自治区绩效办领导和自治区工商局聘请的咨询专家组到新机房参观考察，得到了有关领导的肯定。

计算机设备

各市工商局自购计算机用于办公室办文、企业登记管理和统计工作需要，计算机人均配备率极低，只有办公室、企业登记业务口有一至两台计算机用于打字和打印营业执照。自治区工商局各处室只配备1～2台计算机。计算机等硬件设备是信息化建设的基础，自治区工商局一向重视计算机等硬件设备配置，为此，克服了资金上的困难，自治区工商局统一为各市工商局配发服务器、路由器等专业设备。据统计，到2002年底，自治区工商局共为各市工商局配置了53台网络专用服务器、1133台网络工作站、28台路由器和其他电脑设备。随着业务的变化和电脑设备的升级换代，自治区工商局及时对计算机硬件设备进行补充和更新换代。

2006年，自治区工商局对各市、县工商局数据服务器及工商所计算机设备进行升级，在桂林市开展数据同步试点工的基础上，逐步实现了南宁等市工商局的数据同步。

至2008年7月底，自治区工商局为全区工商系统各单位配备了1357台路由器和交换机、175台网络专用服务器、3000套电脑、1076台打印机、667台UPS电源等。其中：自治区工商局机关基本实现人手至少1台电脑及相应设备；各市局工商机关各科室基本配备3～4套电脑及相应设备；各县（区）工商局（分）局机关基本配备了10～15台电脑及相应设备；全区所有工商所至少配备1台电脑及相应设备。为了提高电脑设备配备率，全区各地（市）工商局积极主动、想方设法筹集资金，为本系统各下属单位配备电脑、照相机、扫描仪等的设备，以满足企业登记、监管创新和执法办案等需求。如：柳州市工商局近两年来，在财力紧张的情况下，主动克服各种困难，经多方筹措，加大硬件设施资金投入，新购置了200多台电脑、60多台打印机、15台服务器等配发给下属单位，大大地缓解基层工商所计算机设备不足的压力。目前，柳州市工商局本级机关计算机在干部职工计算机中的配备率达80.5%；在信息化试点的工商分局及其下属各工商所的计算机配备率基本达到100%的电脑配备率。截至2008年7月，全区工商机关系统共拥有电脑数为5229台，服务器371套、路由器917台、交换机1091台、打印机3007台。

2009年，自治区工商局为加大基层工商所信息化基础建设力度，改善基层工商所办公条件，提高基层工商所办公自动化水平，对全区基层工商所人员电脑配置情况进行调查摸底，并向全区工商所配发1040套电脑。

2010—2011年，自治区工商局统一为全系统各单位共配备4016套台式电脑、1754套笔记本电脑、659台路由器、1336台交换机、199台服务器、890台打印机、掌上电脑255台等，筑牢信息化建设基础。各地工商局结合本地情况，也自行购置了电脑、打印机等计算机设备，以满足企业登记、监管创新和执法办案等需求。

2012年，自治区工商局共为各级工商局购买1000套台式电脑和1500台笔记本电脑。并与信息处结合实际制订电脑分配、发放方案，组织人员落实方案的有关工作。2012年9月，各地工商局的台式电脑和笔记本电脑发放到位，各级工商机关的办公条件得到改善。2012年10月，基本完成自治区工商局机关旧电脑更换和206台新电脑安装工作，

2014年，自治区工商局共为局机关安装、配置了临时新增的计算机等办公自动化设备134件、电脑易耗品2241件。

2016年，开展网络安全设备购置项目建设工作。该项目于2016年11月份完成招标采购，各设备已全部到位，完成了项目建设，并通过项目验收。

2017年，根据《广西政府系统电子政务发展“十三五”规划》对信息化建设提出的新要求，开展应用系统灾备项目采购工作。

网络宽带

2006年，全区工商行政管理机关重点抓了信息化“十项工程”建设，加快基础网络的建设进度，完成了150多个工商所宽带电路的铺设和联网工作，扩大了全区四级联网的覆盖面，实现市局、县（分）局与试点工商所的联网。

2009年，随着日常办公和业务量不断增加，以及社会和公众对工商服务的要求不断提高，各地2兆的网络专线带宽已不能满足日常工作的需要，严重制约工商监管能力的提升。为此，南宁市、柳州市工商局率先完成网络带宽扩容工作。

2010年，为解决原有工商专线带宽较小、不能满足工作需要的问题，自治区工商局信息中心全面对全系统网络进行全面升级改造，完成全系统网络进行升级改造，建成自治区和14个地级市工商局二级数据中心，实现市级系统跨地域同一业务数据信息共享；将自治区工商局至14个地级市工商局的10兆带宽扩容至100兆，市级工商局至县工商局（分局）的4兆带宽扩容至20兆，有效提高各级工商行政管理机关的工作效率和服务水平。

2015 年 2 月，建设完成无线网络安装项目，自治区工商局机关实现了无线上网。该项目的建成，一方面部分缓解了通过光纤线路上网的压力，另一方面解决了办公人员因工作需要使用移动终端设备访问互联网的问题，提高了工作效率。2016 年，开展全区工商系统业务专网扩容及改造项目政府采购工作。8 月招标采购完成区局机关无线网络项目建设，组织开发商及相关技术人员加快开展项目建设，在一个月内完成了项目建设。2016 年 9 月 30 日，互联网电路扩容改造项目完成招标采购工作，目前已完成项目建设，并通过了项目验收，自治区工商局互联网出口电路由 50 兆扩容升级至 100 兆，双线路运行。当年将南宁市局—市局政务服务中心线路带宽扩容至 20 兆。

四级联网信息化网络体系

1992—2003 年，整个广西工商系统网络体系建设较为滞后。2004 年，自治区工商局开始在全区工商系统进行大规模的网络建设。2005 年，各级工商行政管理机关认真落实自治区工商局信息化建设工程（二期）总体方案，实现自治区工商局与全区 14 个市工商局、76 个县工商局以及 40 多个（城区）分局、直属工商所计算机联网；安装使用 OA 办公自动化系统、内外资登记管理、个体工商户发照管理、市场、商标、广告管理、收费管理、“经济户口”管理、人事和财务管理等应用软件，初步建立了自治区工商局到基层工商所四级联网的信息化网络体系，为全系统推行电子政务打下了基础。

2007 年新增 384 个工商所联网点，各市申报联网的工商所实现了 100% 联网。全区工商行政管理系统工商所联网率已达 90%。

至 2018 年，对全区工商机关四级网络共进行过两次升级改造。目前，全广西工商系统业务专网为双线路运行（广电线路和联通线路同时运行，互为备份），实现了自治区工商局到市工商局、市工商局到县（城区）工商局（分局）的业务专线带宽均为 200 兆，县（城区）工商局到工商所专线带宽为 60 兆；天眼工程视频专线带宽为 100 兆；视频会议专线带宽为 10 兆。自治区工商局纵向上联国家工商总局，自治区党委、自治区人民政府办公厅，横向可联网自治区税务、海关、食药监、质监等区直单位。网络的畅通，实现了部门之间的资源共享，提高了工作效率，为信息化发展奠定了基础。

2017 年，继续推进工商系统业务专网项目建设工作，较大幅度拓宽网络资源。中国联通广西分公司提供带宽增速 1.5 ～ 2.5 倍（自治区局至市局 150 兆，市局至县局 50 兆）；广西广电网络公司所提供带宽增速 1.5 ～ 5 倍（自治区局至市局 300 兆，市局至县局 300 兆，县局至工商所 60 兆）。至年底，市、县网级网络已全部完成施工，工商所网络联通专网已部署完成约 95%，广电专网已部署完成约 70%。

视频会议系统

2009 年前，自治区工商系统会议大多采用召开现场大会、下发纸质文件和电话与网络沟通等形式。2009 年 6 月，完成自治区局、市局、县局三级视频会议系统、视频会议室建设，实现全区工商系统三级（自治区、市、县）远程工作部署、会议交流和培训。为已联网的工商所配发电脑 1500 套，改善基层工商所办公条件，提高办公自动化水平。完善的视频会议系统，使得办公自动化有了新突破，改变政令上传下达的传统工作和学习方式，节约大量的会议经费和培训经费。2009 年，自治区工商局制定《视频会议控制室管理规定》，召开全区性视频系统会议和培训共 13 次，各市工商局召开视频会议及培训共 73 次，其中培训 41 次，培训人数达 4000 人。

2010 年，对视频会议系统进行版本升级，解决了会议过程中的黑屏等问题。同时，扩大召开视频会议所用带宽，实现业务办理线路与视频会议线路的分离，解决因视频会议召开而影响业务办理或因业务办理而影响视频会议效果的问题，提高视频会议的稳定性，确保视频会议的效果。当年，顺利召开全区性的视频会议 16 次，其中全区工商系统会议 12 次，总局会议 4 次。

第二节 信息系统建设

信息系统软件

1988—2018 年，通过自治区工商局的不断努力，全自治区工商局机关（包括在工商基础上，新成立的市场监管部门）共建设有 18 套信息系统。主要包括：红盾综合业务系统、国家企业信用信息公示系统（广西）、12315 投诉举报指挥系统、商事登记全程电子化业务系统、天眼工程指挥中心系统、OA 系统、企业电子档案系统、网络商品交易监管系统、广西工商行政管理法规信息系统、新锐信息管理系统、党团建电子地图、合同格式条款公开查阅系统、守合同重信用网上申报系统、农资市场监管信息系统、广西红盾网、政务资源网、小微企业名录（广西）、广西工商短信平台。逐步完善的信息化系统，不断强化全区工商机关对市场监管和开展消费维权等工作模式，开阔工商人员的视野，提升工商执法人员的手段和能力，为充分发挥工商聚能作用，提供可靠保障。

企业电子档案系统

2008 年，启动企业电子档案查询服务，将自治区工商局企业纸质档案资料 14 万页、5349 卷录入电脑，形成了企业的电子档案。从 2008 年 9 月 1 日起，开始正式对外提供企业电子档案查询服务。查询人员只要了解企业字号，就可以自己轻点鼠标，查阅档案的任何内容，打印相关的内容。9—11 月底，共接待电子档案查询人数近 200 人。查询一个企业的时间从 1 ～ 2 个小时，缩短到 10 ～ 30 分钟，极大缩短了公众查询企业登记信息的时间，大大方便企业，提高查询效率，深受广大群众和企业的欢迎和好评。

2009 年，将新变更的企业材料和 2008 年度企业年检材料扫描录入档案，共扫描录入档案 12 万页，全年共接待电子档案查询 2100 多次。

2012 年，录入新开业、变更、年检等企业材料扫描档案，共扫描录入档案近 20 万页，提高了档案查询实时率。2012 年共接待电子档案查询约 11000 次。2014 年共扫描档案 97210 页。

2015 年 12 月，完成全区工商系统企业电子档案综合管理系统项目政府采购工作。实施该项目主要是为了统一全区企业电子档案管理标准，实现全区企业电子档案数据的一致对接、集中式存储、统一管理、分布式应用和跨地市档案信息共享。

2016 年，完成全区工商系统企业电子档案综合管理系统项目开发工作。2016 年 3 月，开发商派研发团队驻场进行项目开发。经过三个月紧张有序的开发，完成系统开发并组织人员加快推进系统在全区上线运行。大部分市的数据均已归集完成，实现全区企业电子档案数据的一致对接、集中式存储、统一管理、分布式应用和跨地市档案信息共享。

2018 年，公共查询企业电子档案共 92201 页。

红盾综合业务系统

自 1999 年开始，为适应工商企业登记、市场监管和综合执法的需要，自治区工商局统一开发涵盖企业登记管理、个体工商户管理、市场监管、“12315” 维权管理、公平交易管理、商标广告管理、“经济户口” 管理等工商行政管理业务软件，并在全区各级工商行政管理机关进行安装、推广和使用。该系统最初于 2000 年开发完成，涵盖工商行政管理各项业务，数据为分布式管理，即由各地自行管理数据库。同时开发了个体工商户分层分类监管和食品安全监管等软件；实现了利用 PDA（掌上电脑）对个体、私营企业进行移动巡查，让静态监管变为动态监管，被动监管到主动监管，食品安全监管软件实现对食品经营企业进行特别标注，建立食品经营企业的数据库，为食品安全监管提供技术保障。

2005 年以来，为完成国家工商总局各项中心任务，不断优化系统软件，多次进行升级换代。从最初的两年升级一次变为 3 个月升级更新一次推进全系统范围内电子政务。

2008 年 9 月，开发新统计报表软件，并在全区工商系统推广使用，该系统实现依据红盾数据库直接生成国家工商总局新格式统计报表的功能。

2011年5月，开发完成外资网上登记系统，并在南宁市工商局试用，实现外资企业名称查重、网上登记功能。

2012年，采用“邀请参选、评比择优”方式，确定承接《红盾软件维护、开发全包制服务采购》合同开发服务企业，完成“红盾综合业务系统”的互换改造转型，数据全区集中。

2013年，重点推进网络商品交易监管平台、广告监测平台、12315指挥中心平台、廉政监管风险预警平台等的组织筹建工作。完成自治区和14个市工商局市场准入、变更及企业年检等业务信息共约1079万条数据迁移等工作，完成红盾综合业务系统转换工程，实现全系统市场主体数据信息的“大集中、大统一、一体化”。2013年7月，该综合业务系统按质按量完成网上年检100%的工作任务。

2015年，建设完成“二次录入”接口软件开发项目，软件于7月正式上线运行，实现红盾综合业务系统与自治区政务服务中心政务服务及监察通用软件系统对接，实现自治区本级注册登记信息与自治区政务数据交换平台的资源共享。

2016年，完成红盾综合业务系统双机热备及数据迁移项目建设。年初，会同运营商进行项目实施准备工作，搭建完成了项目实施环境。2016年4月初，组织技术员会同开发商完成数据迁移工作，进一步提高了广西工商综合业务系统数据安全性和数据传输稳定性。同年，开展红盾综合业务系统数据转码工作。为支撑国家法人库、企业信用信息统一归集公示以及相关查询统计分析等应用工作，总局下发新的数据规范，要求各地统一按此规范进行数据转码工作。自治区工商局于2016年3月底协调运营商启动系统数据转码工作，于4月底完成。

广西红盾网

2000年，自治区工商局开通为社会公众服务的广西红盾网，网站设有网上办公、工商办事指南、工商法律法规咨询、网上12315系统等栏目，红盾网的开通实现了网上年检、企业资讯查询、经营性网络备案登记、商标注册公告、网上12315申诉举报等功能。网上办公突破工商服务的时间、地点的限制，降低行政成本，提高办事效率和服务水平。通过广西红盾信息网专栏，为社会各界提供工商办事指南、企业信息、商标广告管理、工商法律法规等工商政务信息服务，极大方便广大企业和各界人士对工商信息的需求。2008年，网站访问量已突破45万人次。

2008年，推进广西红盾网网上办公的功能建设，增加网上行政复议系统，同时完善原有功能。目前，已实现网上年检、网上查询企业、网上投诉和网上申请复议等功能方便企业实现不出户就可以办理工商业务。《中华人民共和国政务公开条例》实行后，在广西红盾网上开设自治区工商局政务信息公开栏目，增加政府信息公开指南、政府信息公开目录，在网上提供工商法律法规、办事指南等，方便广大群众获取和了解自治区工商局政务公开信息。

2009年，自治区工商局信息中心拓宽公众服务途径和方法。自开发完成食品流通许可管理子系统，并及时在各地进行安装使用，确保食品流通许可证发放工作。在互联网开通企业信息公众查询服务系统。向社会和公众免费提供14个地级市企业基本信息。市民足不出户就可通过互联网在广西红盾网查询登记注册企业的注册资本、法定代表人、经营范围、年检情况等基本登记信息。该服务的开通，引起《新闻现场》栏目、广西人民广播电台等多家媒体的广泛关注，发表在广西红盾外网的简讯也被多家媒体转载和报道。

2010年，完善网上年检软件功能。对网上年检软件进行修改完善，配合业务处推行网上年检，当年全区企业网上年检率达到80%。5月，对广西红盾网进行改版，丰富版面内容，调整栏目位置，完善栏目功能，增加“图片报道”“东盟交流”“红盾风采”等栏目。7月，开发完成政风行风评议软件，该软件设置有信息发布、业务咨询、意见建议、投诉举报等栏目，社会公众可通过广西红盾网登录该系统进行相关业务咨询，提出意见和建议或投诉举报。工商内部受理人员可通过后台进行回复，并把相关问题和回复信息在系统中公布。截至12月1日，群众提问及投诉举报信息共6条，回答率100%；119名群众对区政务服务中心工商工作人员投票，满意率达91%。

2012年，每月1号、15号，定期传输企业数据到红盾网服务器，方便社会公众及时查询到新设立的企业信息；加强对红盾网各子系统的日常巡检和维护，尤其在企业年检开始后，加强对网上年检系统的日常巡检和维护，及时发现和解决存在问题，为年检工作的顺利开展提供强有力的技术保障。

2014年，广西红盾网添加“工商登记制度改革专栏”栏目，调整网站部分栏目，删除“网上年检”等栏目。组织技术员每天定时对广西红盾网进行巡检，及时解决影响网站正常运行的技术问题，确保网站页面正常显示、各栏目功能完备、数据安全。

2015年，根据国务院办公厅、国家工商总局以及自治区政府关于加强政府网站建设的要求，完成广西红盾网站的升级改造，对外实现政务公开、政府信息公开、企业信息公示等功能。对广西红盾网、政务资源网进行重新规划设计和全面升级改造。新版广西红盾网、政务资源网分别于5月20日、6月23日顺利上线运行，对外实现政务公开、政府信息公开、企业信息公示等功能，对内实现上传下达、学习交流，内容更丰富、网速更快、服务更全面、运行更安全。

企业信用信息公示系统(广西)

2009年，在互联网开通企业信息公众查询服务系统，向社会和公众免费提供14个地级市企业基本信息，市民足不出户就可通过互联网在广西红盾网查询登记注册企业的注册资本、法定代表人、经营范围、年检情况等基本信息。此外，还开发完成了数据纠错软件，完善数据质量自查的技术手段。2010年2月，完善企业信息公众查询服务系统功能。随着二级数据中心的建成，广西红盾网企业信息公众查询服务系统的查询范围，从只能查询14个地级市本级登记的企业基本信息扩大到可查询全区所有企业、个体户基本信息。

2013—2014年，继续抓好企业信用信息公示系统建设。落实国家工商总局和自治区人民政府工作部署，做好牵头建设企业信用信息公示系统报批立项工作。自治区工商局起草《广西市场主体信用信息公示系统建设项目可行性报告》，作为《广西工商登记制度改革工作方案》的配套文件报请自治区政府审批通过。及时推进落实公示系统项目资金和项目立项申请报批工作。抓好企业信息公示系统的过渡系统建设，该系统在2014年3月1日正式上线，实现企业登记注册基础信息向全社会的公示。为确保企业信息公示系统子过渡系统按时于2014年10月1日上线运行，8月份以来信息中心积极配合信息处，做好设备安装、上架，网络调试等相关工作，为系统顺利上线打好基础，确保子过渡系统稳定运行；协助信息处将子过渡系统功能项与总局印发的一系列企业信用信息公示系统技术规范进行比对，确保系统功能符合统一规范；协助信息处将子过渡系统功能项与总局印发的一系列企业信用信息公示系统技术规范进行比对，确保系统功能符合统一规范。10月1日，成功实现企业年报和即时信息的公示，使广西与全国同步实现企业年检转为年报这一重大改革得以顺利进行。建成广西企业信息公示过渡系统，初步实现了市场监管向行政监管、企业自律、社会监督“三位一体”监管模式的改革。信息公示系统开通以来，全区共有5.3万户市场主体完成年报公示，系统浏览量1812万次，查询1778万人次。

2015年，按照国家工商总局有关公示系统建设要求及电子政务工程建设项目管理有关规定，为不影响商事制度改革进程，在做好过渡系统建设工作的同时，做好公示系统项目报批工作，推进企业信用信息公示系统建设。一是总结经验，稳步推进项目初步设计招标工作。制定《广西市场主体信用信息公示系统项目初步设计阶段工作方案》，明确有关处室责任和分工。在研究制定公示系统初步设计项目招标采购需求之前，专门致函自治区住建厅充分了解具备相关行业资质单位情况，最终提出可行的需求建议，经征询相关处室意见后交委托代理机构进行公开招标，9月选定初步设计和投资概算编制单位。二是由过渡系统支撑企业信用信息公示系统运行的同时，按总局及业务处室有关公示系统建设要求对过渡系统进行修改和完善。三是扎实开展初步设计工作。协调各处室进行公示系统前期需求调研；组织召开初步设计工作联合管理办会议、公示系统项目初步设计汇报会暨征求意见会、公示系统项目有关问题研讨会等，为商事改革提供有力支撑。四是积极沟通，争取经费保障。就公示系统项目投资评审结论与财政厅投资评审中心沟通交流并反馈相关意见建议。2015年5月25日—29日自治区工商局信息中心赴北京市、河北省、河南省工商局开展信息化建设调研，与三地工商局信息化管理部门工作人员进行座谈，就当前登记制度改革形势下如何加强信息化建设，在信息化建设规划、制度规范、组织领导、服务外包、数据质量以及大数据分析应用等问题进行交流观看有关视频和系统演示并参观了三地信息中心机房。调研后所撰写的调研报告借鉴外省经验提出信息化建设意见建议。

2016 年，根据国家工商总局“全国一张网”工作部署，结合自治区工商局信息化工作实际，制定和印发《广西市场主体信用信息公示系统项目初步设计阶段工作方案》，组织开展推进项目初步设计方案编制工作。广泛征求局机关各处室、单位意见，还专门组织全区工商系统信息口、业务口的骨干对项目进行论证和修改，并邀请专家对初步设计方案进行评估，经过反复修改，最终形成《广西市场主体信用信息公示系统建设项目初步设计方案和投资概算报告》。3 月，自治区工商局将报告报国家工商总局审查，获得总局好评。6 月，该报告最终获自治区发展改革委审批。11 月 16 日，基本建成国家企业信用信息公示系统（广西）并上线运行，提前完成国有企业信用信息公示系统的建设任务，基本建成“全国一张网”广西平台。该系统进一步优化政府服务水平，有效解决企业与公众之间信息不对称问题，提高政府部门的服务效率，并为下一步开放企业名称库、推行电子营业执照、全程电子化登记等注册登记便利化改革措施提供技术支持和基础保障。12 月，国家企业信用信息公示系统（广西）平台按时上线运行，归集全区 478.85 万户市场主体（含注销、吊销）信息，公示信息 141.47 万条，累计浏览次数超过 16 亿人次，查询市场主体信息 7 亿次。自治区 8 个厅局签订数据归集与共享协议，16 个厅局通过企业信用信息公示系统推送许可、处罚、司法协助等信息；工商部门累计向其他部门提供数据 151497 条，其他部门向工商部门提供数据 17466 条。至 2016 年底，自治区直属机关 16 个首批信用信息归集单位已向自治区工商局归集信息 2065 条，通过国家企业信用信息公示系统（广西）向社会公示。当年根据自治区高院推送的失信名单，拦截“老赖”任职申请 1355 人次。经过努力，广西市场主体年报率逐年提升，2016 年度已年报企业 50.68 万户、个体工商户 117.63 万户、农民专业合作社 3.50 万户，年报率分别为 90.0%、83.3%、93.7%。与此同时，各级工商行政管理机关积极推行“双随机、一公开”监管。自治区工商局制定“双随机”抽查事项清单，实现全系统随机抽查事项全覆盖；建立市场主体名录库和工商执法人员名录库；印发《广西工商行政管理系统“双随机、一公开”实施细则（试行）》，明确企业抽查名单确定程序，检查内容、检查过程的实施，以及抽查结果的处理等，扎实开展企业信息公示抽查工作。

2017 年，继续完善公示系统建设，完成公示系统硬件电源改造和硬件安装调试工作，完成企业基础信息及信用交换平台、简易注销、双随机抽查检查、严重失信违法企业名单、联合惩戒、问题处理系统、系统监控系统功能模块开发建设并上线运行，按总局要求全面建成公示系统，11 月 29 日，国家工商总局验收组对国家企业信用信息公示系统（广西）全面建成情况进行验收，予以高度肯定。验收组认为广西公示系统全面建成目标任务完成较好，系统运行良好，经验值得推广。同时，加快信息归集与共享步伐，推广使用协同监管平台，连接自治区电子政务数据交换和共享平台，提供多种途径实现与人社、国税、地税、商务等多部门数据交换，实现各委办厅局市场主体行政处罚、行政许可等信息的互联互通。协调自治区高级人民法院、食品药品监督管理局、国税局、地税局、环保厅，采用前置机导入方式实现快速、便捷的数据交换。建成执法人员库并陆续导入南宁、钦州、北海等单位的工商执法人员信息。根据个体工商户简易注销试点工作的业务需求，利用公示系统地方频道，开设个体工商户简易注销有关公示公告栏目，向社会公众公示公告相关信息。2017 年度，全广西市场主体年报率分别为：企业 94.74%，个体户 87.59%，农民专业合作社 95.62%。

2018 年，优化升级国家企业信用信息公示系统（广西）。进一步完善广西市场主体信用监管平台，完成多报合一，推动市场主体依法履行信息公示义务；完成问题管理、经营异常名录管理、市场主体年报管理、黑名单管理、联合惩戒等系统“五合一”功能整合项目开发。同时，联合自治区高级人民法院开发建设网络执行查控系统，实现工商与法院数据互联互通，共享使用，实施联合惩戒。自治区各级工商行政管理部门实行自治区、市、县、所四级联动，加强年报工作宣传、培训。自治区工商局开发了市场主体年报手机版，市场主体通过关注“广西工商”微信公众号就能进行年报。实施工商、海关年报“多报合一”改革，在海关注册的报关单位、加工生产企业和有减免税设备的企业，改为统一通过国家企业信用信息公示系统报送“多报合一”年报。同时，自治区工商局动态更新《自治区政府部门涉企信息归集资源目录》，完善信息归集工作规范。连接自治区电子政务数据交换和共享平台，实现市场主体信息交换共享，自治区本级共有48个部门通过国家企业信用信息公示系统归集涉企信息，归集部门覆盖率达100%。为自治区5185个部门开通协同监管平台账号5737个，畅通信息归集公示渠道，共归集登记备案信息303.42万条，行政许可信息249.66万条，行政处罚信息15.62万条，抽查检查信息37.35万条，全部归集到市场主体名下通过公示系统向社会公示。建设双随机监管系统。完成国家企业信用信息公示系统双随机监管系统开发建设，实现建立“两库”以及抽查计划制定、抽查实施、结果录入、结果公示等环节全程留痕，为实现全区“一个平台管抽查”和跨部门联合双随机抽查打下了信息化基础。

12315投诉举报指挥系统

2002年，开通12315申诉举报指挥系统平台，建成覆盖全区14个设区市的12315呼叫系统，受理申诉、举报及其处理的市局、县（分）局、工商所的三级指挥调度，实现了对经济违法违章行为的及时发现和查处。

2003年，加强12315网络建设，完善消费者申诉举报制度。抓好“一个中心、分级执法”的维权体系建设，完善12315投诉热线受理、处理机制，提高接通率，做好消费者申诉举报的转办、督办、协办工作；建立与其他执法部门之间的联动机制，提高了办事效率。截至2003年12月底，全系统共受理消费者申诉举报案件2.08万件。同时，加强消费者申诉举报网络信息化建设，在“广西红盾网”和各地工商局红盾网分站开设网上申诉举报专栏，拓宽了12315网络渠道，开展评选“12315维权窗口”先进单位活动。

2008年上半年，各市工商局12315申诉举报平台系统进行改造升级，实施完成各市工商局12315综合执法网络系统工程，各地申诉举报的受理和处理能力得到进一步提高。通过12315综合执法网络系统，广大消费者可以进行网上咨询、网上投诉，工商部门可以进行网上受理、网上查办、网上调度指挥、网上应急处置、网上动态监控、网上发布信息、数据汇总分析等，解决了企业和广大消费者投诉举报困难的问题，同时通过该系统提高工商部门受理和处理消费者投诉的工作效率，为党委和政府决策提供依据。

2010年，开发了一体化软件，该软件以12315指挥中心为重点，将市场主体信息和食品安全监测中心、广告监测中心、电子地图、案件查处信息等进行整合，使各项业务信息数据实现无缝链接。升级优化12315综合执法网络系统功能，在原有平台基础上，引进短信平台和GIS地理信息系统；新增短信监察督办提醒、GPS定位、一点受理多点服务的传真自动分发等新型执法监管功能；丰富工商局对消费者服务窗口，搭建了互联网、手机短信、夜间录音办公等多种受理通道，大大提高12315申诉举报处理效率。2010年已完成全区各市局（除崇左市外）12315综合执法网络系统的升级改造。加强数据质量建设，实现数据完整率达到95%以上、数据准确率达到98%以上的目标。

2015年4月下旬，自治区工商局着手筹建12315指挥中心项目建设，抓好12315指挥中心系统软件的升级改造。利用互联网、微信、短信、QQ、“12315消费争议企业直通车”等多种渠道，不断为诉求渠道畅通便利化提速加码，降低维权成本，提高处置效率，确保消费者诉求事事有着落，件件有回音。在全自治区开展“12315消费争议企业直通车”创建活动，由参与活动的企业直接与消费者自行化解消费纠纷，强化经营者主体责任和社会诚信，把消费纠纷化解在源头，解决在现场，有力地推进消费维权社会协同共治。至2015年底，全自治区有191家企业加入“直通车”队伍，经12315中心分流到企业投诉案件1726件，成功和解案件数1571件，成功调解率为91%，为消费者挽回经济损失143.42万元。

2016年2月，广西12315指挥中心平台正式上线运行。该平台实现了投诉举报数据大集中、多渠道受理、统一指挥调度、远程音视频互动、实时统计分析、绩效考评等多项功能，并新增短信平台、微信投诉举报、来电呼叫转移功能，不断提升消费维权工作效能。

2017年，以南宁市12315指挥中心为试点，以智能化管理为目标，实现12315自助语音解答等功能，并在全自治区推广，提升了电话接听率，提高了消费者满意度。2018年，健全完善多渠道的12315投诉举报平台，应用自助语音、在线解决纠纷、电子地图等功能，实现便捷、优质、高效的维权服务。2017—2018年，广西工商12315系统共受理消费者咨询、投诉、举报27.28万件，为消费者挽回经济损失7467.55万元。

2016年1月6日，自治区工商局举行广西“12315”指挥中心新系统运行仪式

商事登记全程电子化业务系统

2014年，为实施工商登记制度改革，推进工商注册便利化，广西将国家专项经费中的90万元用于防城港市、南宁市、北海市工商局等单位推行“先照后证”、电子营业执照试点改革，并在防城港市开展了全面实施“先照后证”改革试点，将工商登记前置改后置审批的项目扩大到60项。同时，广西财政积极支持全区工商登记制度改革，在自治区工商局2014年部门预算中安排500万元用于全区各市开展商事登记制度改革工作，确保了各项商事登记改革措施落到实处。2014年，技术人员在广西红盾网添加“工商登记制度改革专栏”栏目，调整网站部分栏目，取消“网上年检”等栏目。

2015年，按照总局的技术方案和规范标准，积极组织“三证合一、一照一码”信息化建设，部署硬件环境，确保按总局时间节点要求完成有关信息系统的改造、开发和测试，保证系统按时上线运行。

2015年在全国率先实施“三证合一”，2016年创新推行“六证合一”，2017年，自治区人民政府出台《广西“多证合一”、“一照一参码”登记制度改革工作实施方案》，防城港、崇左、北海市“多证合一”改革试点先后三次刷新全国纪录，全区从2017年9月1日起实施“三十五证合一”，比全国提前1个月全面落实“多证合一”改革。2017年9月30日，自治区工商局印发《关于全面推行企业登记全程电子化的指导意见》，11月全面实现企业登记全流程（名称核准、设立、变更、注销）电子化，让群众足不出户“网上办照”。2017年广西与全国同步实行企业简易注销登记改革，解决市场主体“退出难”问题。

2018年，深入推进“先照后证”改革，动态管理后置审批事项目录，完成了年度后置目录的调整工作，国家企业信用信息公示系统（广西）协同监管平台开通了市级推送功能，“先照后证”改革进一步落实。将39项涉企证照统一整合，年内发放“三十九证合一”营业执照7.21万张；推行“全城通、就近办”登记模式改革，在10个市级辖区实现了“登记区域无限制，服务区域全覆盖”，并在北部湾沿海3市和南宁市开展“同城化”登记注册改革，满足市场主体“就近、便利、高效”的办事需求；推行名称登记制度改革，率先开放了自治区、市、县（区）三级名称库，实现网上名称查重，减少企业命名的盲目性。同年，推进企业名称登记管理改革，在自治区本级和7个设区市城区启动“企业名称网上自主申报”改革试点，出台《广西企业名称网上自主申报登记管理试行办法》，年内通过企业名称自主申报系统申请名称核准3734件。2018年共有3.55万户企业通过简易注销程序退出市场；推行电子营业执照和全程电子化管理改革，至2018年，在全国首先完成优化统一信用代码赋码流程的业务系统升级改造，发出公示版电子营业执照295.14万份。

商品交易市场信用分类监管软件

2008年5月，国家工商总局下发《关于认真做好商品交易市场信用分类监管信息化建设的指导意见》，自治区工商局多次组织信息中心和市场处人员进行讨论和研究，同时还组织相关人员到福建省工商局进行考察学习，在明确业务需求和《商品交易市场信用分类指标》后，信息中心在2个月内开发出商品交易市场信用分类监管软件，并在桂林、梧州、南宁市工商局3个试点单位进行试运行，达到了国家工商总局提出的“省一级工商局在2008年底完成商品交易市场信用分类监管系统软件开发和数据库建立，并开始试点运行”的要求；完成12315综合执法网络系统的升级改造，实现消费者可以进行网上咨询和网上投诉，工商行政管理机关可以进行网上受理、网上查办、网上调度指挥、网上应急处置、网上动态监控、网上发布信息、数据汇总分析等功能；启动企业电子档案查询服务，缩短公众查询企业登记信息的时间。

2009年，加强企业信用分类监管。各级工商行政管理机关认真落实相关制度规定，加强信用信息采集，完成近10万户企业信用信息数据的收集、汇总工作，促进了企业信用体系建设。同时，结合企业登记档案管理工作督查，组织对各地企业信用数据质量情况进行全面检查，完善企业登记数据库，进一步推动了企业信用分类监管工作的开展。根据3个试点单位提出的商品交易市场信用分类监管软件修改意见进行完善系统功能，在此基础上，分别在柳州、钦州、北海、防城、玉林、贵港等市工商局安装商品交易市场信用分类监管软件，达到“2009年底前力争在全区8～9个市安装这一软件”的目标。2010年，扎实推进企业信用分类监管。自治区工商局制定《广西壮族自治区工商行政管理机关企业信用分类监管暂行办法》（桂工商发〔2010〕84号），组织各级工商行政管理机关根据企业的信用等级和行业类别，整合企业信用信息数据资源，建立健全企业信用信息管理系统，做好企业信用信息的归集、清理等工作，促进了全系统信用信息的共享和应用。2015年11月底，广西失信被执行人联合惩戒系统正式上线运行，开启对失信被执行人在公司登记注册环节的任职限制工作，对被全国各级人民法院列入失信被执行人名单的自然人，在其登记申请环节进行自动拦截，真正实现“一处违法，处处受限”，让失信者寸步难行。至2017年底，全自治区已限制失信被执行人任职2221人次。

2018年，发布《政府部门涉企信息归集资源目录》，逐步建立了市场主体的“经营档案”。建立了经营异常名录和严重违法失信企业名单制度，初步形成了“一处违法，处处受限”的监管格局。

OA办公系统

2001年，自治区工商局开设了内部管理的广西工商行政管理政务资源信息网（简称内网），根据工作的实际需要，不断在对内网页面进行改版。内网设有办公自动化系统（OA系统）、摄影园地、软件服务台、软件知识问答等栏目，实现了全系统内部邮件传输、论坛交流、个人办公、内部交流、信息共享、会议管理、车辆管理等功能，各级工商部门的办公效率得到进一步的提高，办公自动化水平大大提高。

2008年，为满足全区工商系统干部学习、办公和开展有关活动的需要，修改和完善OA系统办公流程，推行无纸化办文流程，促进办公自动化。结合自治区工商局开展继续解放思想大讨论、深入学习实践科学发展观等活动的内容，对广西工商政务资源信息网的页面进行修改，使页面更美观，编排更趋合理，内容更丰富，开设“继续解放思想大讨论”“深入学习科学发展观问计于民”等专栏；对公文进行分类，便于查找；修改完善“摄影园地”栏目，增加统计、查询、评论等功能。从广西工商政务资源信息网使用的情况看，各类政务信息和简报上传数量比之前增多，各栏目的点击率与2007年相比有很大的提高。

2010—2011年，加强政务资源信息网系统平台各子系统的建设，完善OA办公系统功能，对OA办公自动化系统进行升级改版，优化电子邮件、内部论坛、公告管理等功能，同时增加公文管理、会议管理（短信通知）等功能，使内部办公、交流更便捷。2010年9月，搭建工商文化学习平台，该平台提供自治区工商局推荐阅读的有关电子版书籍、影像资料等，以内部资料形式供全区工商系统干部职工阅读和学习。发挥工商系统信息化网络优势，提高学习型机关建设、工商文化建设的科技含量。2011年6月1日起，OA系统电子公文办理流程在局机关试运行，所有非涉密收文和发文停止纸质件的签发和流转，实行无纸化办理，提高行政运行效率，降低行政成本。

2012年，加强12315投诉举报指挥中心、食品安全检测中心、广告监测中心的基础设施建设。自治区工商局对政务管理平台（OA系统）进行两次升级，增强公文管理、会议管理（短信提醒）、个人办公等系统的功能。年内，该系统实现发文流程28532次，收文流程4365次，发送短信36286条，处理电子公文问题400多个。

2014年，为实现全区各单位之间电子公文的传输与交换，提高公文流转和办理效率，自治区工商局开展电子公文交换平台建设工作。自2014年8月份开始建设，作为一个子系统嵌入OA办公系统，当年该平台已搭建完成并通过了测试。组织人员帮助崇左市工商局搭建OA系统平台，并对市局人员进行无纸化办公流程的操作培训。2014年，全区共有区局，南宁、贵港、桂林、北海、百色、钦州、崇左市局等8个单位实现了无纸化办公。

2015年1月，进行局机关岗位季度考评系统项目建设。该项目于2015年6月建设完成。根据自治区党组提出的局机关岗位季度考评要实现数字化、信息化的要求，2015年6月初，全面完成系统技术开发工作，并配合人事处对各处室、单位考评员进行了系统操作培训。2015年7月1日，局机关岗位季度考评系统顺利上线，实现了局机关季度考核全程公开透明，使考核更加公正、公平和高效。2015年12月完成OA办公系统升级改造项目政府采购工作，该项目主要是对现有OA办公系统进行升级扩容，进一步提高无纸化办公效率，实现移动办公。

2016年，完成OA办公系统升级改造项目开发工作。3月，开发商派研发团队驻场进行项目开发。开发期间，会同开发商与局办公室就OA项目的需求问题进行多次沟通，确保系统功能满足业务需要。系统已于2016年6月20日上线试运行，提高了全区工商系统无纸化办公效率，实现了区局机关移动办公。

2017年，自治区工商局经征求自治区政府办公厅领导和专家的意见，对OA系统的业务需求、用户体验、版面设置等方面进行改善升级。完成了自治区政府办公厅督查督办系统、OA系统会议申请模块、非密业务移动办公平台自治区工商局人员账户和权限设置工作。2018年，基本完成PC版OA系统，移动OA系统建设工作，开通了专用线路。

天眼工程指挥中心系统

2014年，为进一步深化市场监管体制改革，“试水”创新市场监管模式，首创市场监管“天眼工程”，在桂林市工商局试点开展“天眼工程”建设工作，充分利用实时视频监控、现场枢纽指挥、移动监督执法等高科技手段和信息网络技术，实现对市场环境、交易行为和工商行政执法工作的在线全程监管、远程监控。自治区工商局直属专业市场局充分发挥管理辖区专业市场的优势，率先推动“天眼工程”在专业市场的实施，大大提升了监管维权工作的水平和效能。

2015年，在认真总结桂林市工商局试点工作经验的基础上，制订出台《实施“天眼工程”建设的指导意见及实施标准》，对全系统的“天眼工程”建设进行顶层设计和规划。新增南宁市工商局、钦州市工商局、玉林市工商局3个试点单位，并于9月份对试点单位“天眼工程”项目建设工作情况进行督查。至年底，自治区工商局天眼工程指挥中心已完成系统采购和网络服务采购招标工作，顺利进入现场施工阶段。南宁市工商局、钦州市工商局、玉林市工商局3个试点单位均按计划完成相应的工程建设任务。

2017年，在完成一期建设基础上，启动天眼工程市场监管平台建设。该平台具有“交易监控、惠民服务、执法监督、信息联合发布和枢纽管理”五大功能，与工商系统内部以及自治区直属相关部门的各综合业务平台数据互通共享，动态掌握全自治区各类市场主体信息、信用分类、行政处罚等情况，紧扣市场合同实际业务，将动产抵押、格式条款公示、守信用重合同企业申报等信息化系统进行整合关联，面向社会公众提供市场规范管理有关综合性信息发布及服务。

2018年，全区各级工商行政管理部门继续推进“天眼工程”建设，重点完善“天眼工程”市场监管信

2014年11月20日，自治区工商局召开全区工商系统“天眼工程”现场会

息化平台建设。“天眼”监控系统共覆盖全区 14 个市 103 个市场。

信息化制度

1992—1998 年，自治区工商局未制定过关于工商系统信息化建设方面的规章制度。为使全区的信息化建设健康、有序和科学发展，规范全区工商系统计算机信息网络建设和管理，维护日常的计算机硬件和软件的正常运转，1999 年，自治区工商局制定《自治区工商行政管理系统计算机信息网络管理暂行规定》。2005 年底，制定《广西壮族自治区工商行政管理系统计算机网络安全管理规定》《广西壮族自治区工商行政管理系统计算机操作人员守则》《广西壮族自治区工商行政管理局中心机房管理规定》《广西壮族自治区工商行政管理系统数据备份与恢复程序及系统应急预案》《广西壮族自治区工商行政管理局宿舍区互联网上网管理规定》等 16 项规定和制度，印制汇编下发各市工商局。2006 年，为建立全区统一规范的业务标准和数据规范，制定和下发《市场主体登记监管信息录入规范》和《个体工商户分类监管信息与相关数据录入规范》。这一系列制度的制定和出台，进一步明确了信息化建设的工作任务和目标，明确自治区工商局、市工商局信息工作之间的责任。各市工商局根据各自的实际情况也制定相应的规章制度，如百色市工商局结合自身的实际情况，制定《计算机网络安全管理规定》《办公自动化系统管理规定》，桂林、梧州、河池等市工商局针对数据录入问题，制定了有关数据质量检查和扣分的制度等等。2007 年开展流动小红旗评比工作，通过评比增强凝聚力和战斗力，为做好全区的信息化工作提供可靠的人才保证。2008 年制定《自治区工商局经济信息中心员工不按时完成工作任务管理办法》，充分调动员工的工作热情和积极性，评出 29 人次的流动小红旗手。

2010 年，对 2005—2010 年制定的相关制度和规定进行整理和修订，编成《广西工商行政管理系统信息化建设管理规章制度汇编》，包含《信息化项目审批办法》《计算机网络安全管理规定》《计算机信息系统事故处理应急预案》《广西壮族自治区工商行政管理局中心机房管理规定》《视频会议管理暂行办法》等 18 项制度和规定，下发至各市贯彻执行。2010 年 5 月，自治区工商局制定并印发《广西工商行政管理系统信息化建设(2010—2012 年)工作规划》，明确全系统信息化建设未来三年的工作目标和重点。进一步完善信息化建设制度，对 2005 年以来制定的 17 项规定和制度进行整理和修订；新制定《信息化项目审批办法》《计算机信息系统事故处理应急预案》等制度。

2012 年，制定《信息化管理处工作制度》《信息化管理处公文处理制度》《信息化管理处印章管理制度》《信息化管理处会议、学习制度》《信息化管理处保密制度》《信息化管理处出勤制度》等 6 项基本工作制度，做到有章可循，责任明确，管理严格，规范有序，促进工作，提高效能。

2013 年，借鉴兄弟省（自治区）、市的先进经验，在充分调研论证的基础上，结合广西实际，组织编制《广西壮族自治区工商行政管理局信息化建设一体化方案》（简称“《方案》”）。2013 年 9 月 25 日召开广西壮族自治区工商行政管理局信息化建设一体化方案评审会，邀请国家工商总局、自治区人民政府办公厅、广西大学等单位的专家对《方案》进行评审。与会专家一致同意通过《方案》评审，并对《方案》提出指导性建议。评审会后，认真收集整理专家及各处（室）、单位，各市工商局的意见，对《方案》做进一步修订完善。国家工商总局石跃进总工程师指出，广西工商系统的信息一体化建设走在全国的前列，《方案》设计合理，在贯彻落实总局要求的前提下又体现广西的特色，具有较强的扩展性和实用性，对提升广西工商系统的监管效能和服务质量起到有力的推动作用。

2015 年 1 月初，根据国家工商总局有关深入推进工商信息化工作的意见精神，结合广西工商信息化现状及机构情况，自治区工商局起草《自治区工商局关于深入推进工商信息化工作及其分工的意见》（以下简称《意见》）经多次征询相关处室意见后达成共识，于 2 月 27 日经局务会议审议通过并下发执行。该《意见》明确各项业务信息化由业务部门牵头，强调业务与技术双轮驱动，自《意见》下发后，信息化项目建设推进速度明显加快。

2016年,自治区工商局开展信息化项目运营商服务考评相关工作。以局名义下发《信息化项目服务商服务质量评价办法》。编写《广西工商行政管理信息化发展“十三五”规划》修订稿。

2017年,编写印发《广西工商信息化建设“十三五”规划》《自治区工商局2017年信息化建设重点工作方案》,规划顶层设计,明确工商系统信息化建设的发展方向。拟制《广西壮族自治区工商行政管理局电子政务工程建设项目管理暂行办法》送审稿,并三次征求各处室单位意见,就项目的立项、建设、验收等事宜做了规范,建立健全规则制度,推动电子政务信息化建设科学开展。

2018年,制定《广西壮族自治区工商行政管理局电子政务工程建设项目管理暂行办法(试行)》,该办法是统筹广西工商系统信息化建设的纲领性文件,为广西工商系统信息化建设规范有序开展提供重要保障。

信息化应用培训

2008年8月,自治区工商局举办广西工商系统计算机应用操作师资培训班,重点对各市工商局56名师资(业务骨干)进行重点业务软件操作培训。通过这次培训,各市工商局师资人员熟练掌握重点业务软件的操作技能,提高维护水平,为各市工商局的实施信息化培训计划奠定基础。动员各级工商局干部踊跃参加总局知识竞赛网上在线测试答题。在2008年11月4日—19日的全国工商系统信息化知识竞赛网上在线测试活动中,广西工商系统参赛人员达7000人以上,参赛率近70%。11月下旬,举办全区工商系统信息化知识竞赛现场比赛,选拔出广西工商系统优秀选手参加总局决赛。经过笔试、上机考试和现场抢答等形式激烈的角逐,决出了梧州市等6个工商局获最佳团体奖、南宁市麦晓春同志等9人获最佳个人奖和优秀个人奖。梧州市工商局将代表广西工商系统参加全国总决赛。

自治区工商局和各市工商局通过各种形式,每年举办计算机应用培训班,培训对象包括局领导、处、科级干部、业务骨干和基层工商所所长。各市对培训工作高度重视,通过办班系统学习,以及技术好、资历深的计算机系统管理员的传、帮、带,带出一批计算机专业管理人才。柳州市工商局还成立信息化培训中心,配置了电脑和投影设备,聘请知名老师,精心制定培训方案,培训效果良好。

2009年,举办信息化岗位技能大练兵竞赛,首次采取网上在线考试的方式进行全系统信息化知识大练兵,评出了信息化岗位练兵工作3个优胜单位和10名优秀个人。这次竞赛有8个市局的参赛率达到了100%,分别是南宁、柳州、梧州、北海、防城港、贵港、贺州、百色市工商局。全区信息化岗位技能竞赛参考率为96.88%,评出了柳州市工商局、贵港市工商局、梧州市工商局等3个单位为全区工商系统信息化岗位练兵工作优胜单位;10名参赛选手为全区工商系统信息化岗位练兵工作优秀个人。利用视频系统,协助业务处室开展新业务软件的培训工作,支持各市工商局使用视频培训基层领导干部,全年培训人数近2000人。搭建全区工商系统红盾软件培训平台,供各市、县工商局开展业务软件操作培训用,并为业务办理人员提供日常练习业务软件操作的真实环境。从9月份开始,各市、县工商局开始利用该平台进行业务软件操作练习和培训,进一步提高了操作水平和业务办理效率。组织人员编写《应知应会手册—信息化管理分册》,详尽地介绍工商工作人员应该掌握的信息化知识,使全系统领导干部信息化知识培训有了规范性教材。

2011年,自治区工商局开发完善OA办公系统电子公文办理流程,对全局人员进行电子公文办理流程培训。举办领导干部信息化知识培训班,邀请自治区人民政府办公厅、自治区公安厅有关专家讲授信息化业务知识。各市局分管领导、信息化管理机构负责人,部分县(分)局分管领导,自治区工商局机关有关处室负责人、信息化联络员,信息中心技术员以及业务软件开发商、网络运营商等近100人参加培训。同年6月,举办全系统业务应用软件操作培训班,培训内容主要包括综合业务应用软件、12315系统、食品安全监测系统操作知识。自治区工商局9个业务部门及14个市工商局对应部门的业务骨干140人参加培训。是年,与广西工商学会合作开展“我为工商信息化建设献一计”主题征文评选活动,共征集162篇文章,并于7月1日—10月31日开展征文评选工作,优秀征文在11、12月份的《广西工商》杂志上选登。

2012年，面对新软件转型，面对“大统一、大集中、一体化”的《红盾综合软件》上线运行，抓好“三训”（精训、深、普训）的人才培训工作。广西工商行政管理系统结合全系统信息化人才现状，按照分组训练方式，学习掌握计算机应用基础知识、数据库知识、网络安全管理知识、新信息系统软件应用知识等，组织实施信息化知识技能练兵。自治区工商局组织“精训”，主要市工商局组织“深训”，主要培训各县能够独立承担应用教学任务的教员；县（区）工商局组织“普训”，负责所有人员的应用培训。以自治区工商局印发的《广西工商行政管理系统信息化建设(2010—2012年）工作规划的通知》（桂工商发〔2010〕43号）确定“358信息化知识普及工程”（即“三会”“五会”“八会”信息化知识普及工程）为考核内容，采用全员网上统一考试、技能竞赛、督查考核等方式，在网上进行“358”（即“三会”“五会”“八会”）信息化知识技能达标考试，检验全区工商系统开展“358”信息化知识普及工程的培训效果。经统计，全区工商系统工作人员应考人员数为10268人，考试通过率99.3%，平均分为90.5分，取得较好成绩，全系统工作人员的信息化知识水平有所提高。

2015年11月5日，总局工商行政管理信息化发展“十三五”规划征求意见会在南宁召开，研讨《工商行政管理信息化发展“十三五”规划（初稿）》。总局信息中心领导，天津、江苏、广西等13个省（市）、自治区工商系统信息化管理机构负责人参加了会议。全区各市工商局信息化管理机构负责人及技术员列席会议。会议对《工商行政管理信息化发展“十三五”规划（初稿）》进行了交流讨论，对下一步的信息化工作达成共识。

2015年11月14日—18日，组织自治区工商局机关、直属单位、工商学校及各市工商局的70名学员到北京航空航天大学进行广西工商系统首届信息化管理人才培训，使全系统信息化管理工作更好地适应工商行政管理改革发展新形势、新要求。2015年11月27日，根据信息化管理岗位技能竞赛的有关工作部署，结合各信息系统情况，组织实施信息化岗位竞赛，完成岗位应知应会丛书工商信息化篇编制校核工作，拟制《全区工商系统信息化管理岗位技能竞赛方案》，来自全区工商系统的62名选手参加了此次竞赛。

2016年，实施自治区工商局与广西民族大学信息化战略合作，依托广西民族大学优厚的师资力量和办学资源，举办为期3天的全区工商系统信息化知识培训班，培训干部120多人。

2017年，为贯彻落实国家工商总局网络安全法宣传培训工作要求，于6月1日举办全区工商系统《网络安全法》专题视频培训，在局机关LED电子显示大屏滚动显示网络安全法全文。7月11日—14日，在南宁举办全区工商系统信息化业务知识培训班，邀请了行业知名专家和领导为大家授课，进行经验交流。课程涵盖的内容丰富，实际操作性强。来自全区工商系统80余人参加了培训，并对培训效果进行评价，得到一致好评。通过培训的契机，统计掌握全区信息化专业人员情况，为下年度设计培训课程和对象做准备。

2008—2018年，通过多年的培训学习，提高了全区工商系统领导干部计算机应用和操作水平，带动全区工商干部队伍整体素质提高。

第三节　数据管理与服务

数据质量管理

1992—2007年，自治区工商局开展数据质量检查工作。2008年，为加强数据质量建设，夯实企业信用监管联网数据基础，3月底开发了数据质量检查软件，4月初，在桂林、北海、百色3个市的工商局试运行。数据质量检查软件上实现了对信息数据存在的错、漏、缺等情况进行自动检索、检查和评分，达到自查自纠的目的，减少人工查找信息数据错、漏、缺的烦琐手续和时间，大大提高工作效率，为数据质量检查提供强有力的技术手段，为数据的质量提高打下基础。

2008年，开展红盾数据集中试点工作。为探索数据大汇总、大集中模式后的工作效果，自治区工商局经济信息中心在桂林、梧州、南宁3个市的工商局开展红盾数据集中试点工作，将上述3个工商局下属单位的红盾数据统一集中至市局。根据业务需要，下放数据，方便企业登记管理。根据区工商局《关于调整内资企业登记管辖范围的通知》精神，相应地调整了红盾软件有关程序，把调整后的私营企业、股份公司数据下放给各市工商局；同时把区工商局登记注册的1338户外资企业数据下放到得到授权登记的贵港等6市工商局，并对上述6市工商局外资登记人员进行相关软件培训。开发数据质量检查软件，提高各市工商局数据质量检查纠错能力。制定下发《广西壮族自治区工商行政管理系统电子信息数据质量检查办法》《广西工商系统12315综合执法网络系统数据录入管理办法》等，从制度上进一步明确电子信息数据录入的管理。在全区总数据库对自治区工商局及各地工商局的电子信息数据进行了一次大清理，共清理出12万条数据转各市工商局核对和处理，清理出500条区局数据进行核对，确保数据存储总源头的数据质量。通过以上一系列措施，使数据质量有了很大的提高。

2009年，开发完成数据纠错软件，完善数据质量自查的技术手段。针对各地普遍存在数据错、漏、废且自查的效率不高的情况，9月开发完成企业数据纠错软件，并给各市工商局安装使用，要求各地利用该软件对各自的数据进行自查自纠，由于该软件操作方便、检查快捷，对各地数据纠错有很大的帮助，为提高数据质量提供了有利条件。针对各地普遍存在数据错、漏、废且自查的效率不高的情况。

2010年起，为全国工商系统“数据质量建设年”。根据国家工商总局要求，自2010年5月起，自治区工商局在全区范围内开展数据纠错、补录工作，印发《全区工商系统市场主体登记监管数据纠错工作方案》，指导各级工商机关开展数据质量的检查和补录工作。为提高错漏信息数据纠错和补录工作效率，对“数据纠错软件”进行升级，使该软件原有的数据质量检测功能扩展到错漏数据的自动查找、纠错功能。制定和完善数据质量建设制度，重新修订印发《电子信息数据录入规范》，新制定《电子信息数据质量管理暂行办法》，对数据录入、监督、监测、应用、质量通报等工作进行规范，落实数据录入的工作职责和责任追究机制。建立数据质量长效管理机制。各市局按要求制定《电子信息数据质量管理制度》，明确职责、责任，建立工作联动机制、考核督查机制、业务奖惩机制和数据通报机制，用严格的制度规范数据质量，充分发挥数据的辅助决策和客观指导作用。2010年11月2日—6日，自治区工商局从各有关业务处和基层工商局抽调人员组成7个检查组，对全区14个市工商局、28个县局（分局）和28个工商所进行电子信息数据质量专项检查。全区内资企业数据正确率从原来的32.1%上升至99.2%；外资企业数据正确率从原来的22.2%上升至98.3%；个体工商户数据正确率从原来的55.1%上升至99.1%。基本实现国家工商总局要求的数据完整率达到95%以上、数据准确率达到98%以上的目标。

2011年，是全国工商系统“数据质量建设年”的第二年，国家工商总局下发《关于印发〈国家工商行政管理总局2011年数据质量检查实施方案〉的通知》。该通知转发到各地工商局，强调要加强数据纠错和补录，确保数据质量，明确具体要求；2011年5月，针对总局提出的广西存在个体工商户特别标注和旧注册号数量过多等问题，进行摸底调查，共统计出460187户的问题数据，会同企业处、外资处、个体处等有关处室下发通知要求各地纠错和整改。截至2011年11月30日，已处理了283439户，占应处理户数的62%，各地按照要求有计划地开展问题数据纠错和整改工作。

2013年，自治区工商系统实现数据大集中后，发现累积多年大量业务原始数据中存在很多严重问题，其中尤以重复数据多、企业主体数据冗余、非规范数据、错误数据等问题凸显。为提高工商业务信息整体数据质量，结合国家工商总局《关于开展市场主体登记数据质量检查的通知》（办字〔2013〕71号）要求，自治区工商局印发《自治区工商局办公室关于在全区工商系统开展红盾综合业务数据清洗工作的通知》（桂工商办发〔2013〕154号），对现有的综合业务数据库进行清理。从2013年6月开始借新业务系统上线之机，采取数据分析、批量数据整理分类、补录数据修正反馈等多种形式和措施，在保障综合业务系统正常运行的情况下分期分批对系统数据进行清理，对不完整数据、错误数据、重复数据进行清理，包括检查历史数据的一致性，处理无效值和缺失值、某些错误数据或有冲突的数据等，使现有数据和真实情况基本保持一致，全区数据质量明显提升。

2014 年，制定《广西市场主体登记数据质量提升工作方案》，明确部门职责及工作步骤。根据方案部署及国家工商总局相关标准及要求，将市场主体冗余数据进行了分类打包，对综合业务系统指标功能及行政区划机构进行了确认调整。抓好网络安全检查，确保网络运行安全。邀请公安厅网络安全保卫总队、广西网信信息安全等级保护评测有限公司对市场主体信用信息公示系统的相关网络进行安全测评，实施漏洞扫描、入侵检测、流量监控及网络安全风险评估等监测措施。加强政务管理平台、公众服务平台、12315 消费者申诉举报指挥调度系统、视频会议系统、企业档案电子化综合管理系统的技术维护工作，确保日常办公的顺利运转。

2015 年，下发《自治区工商局关于加快推进数据质量提升工作的通知》，督促各市尽快补录和修正问题数据，促使各市工商局重视抓好数据质量提升，为统计数据的准确性提供基础保障。同时在政务信息资源网设置“数据通报”专栏，每月 25—30 日向全区发布一期《数据质量通报》，定期对各市工商局数据质量检查评分，对各市数据质量进行排名，对市场主体数据情况进行通报，并将市场主体冗余数据进行分类打包下发各市，督促各市尽快清洗差错冗余数据，积极采取有力措施，抓好数据质量提升工作，从源头上解决广西数据质量不高的问题，实现总局从数据库直接生成统计数据要求。

2017 年，加强数据质量管理和标准建设，开展数据统计及分析工作。下发通知要求各级工商部门尽快核实更正质量问题数据，问题数据从 2017 年初 11 万多条减少到 3 万余条。组织相关人员协调系统开发商，解决广西上报总局数据中存在错漏、数据量变化等问题。会同办公室、研究所共同起草了广西工商上半年大数据分析报告、《广西与安徽、河南省相关指标简要对比》、《自治区工商局关于学习借鉴皖豫经验推进工作的建议》，分析内容多次获得自治区领导肯定。做好工商报表数据月中预报、月末年底汇总统计工作，印制并刊发 2015、2016 年统计汇编。做好信息数据查询交换工作。按相关部门、社会公众请求，查询相关的工商登记信息，为相关部门提供办案依据。

数据服务

2008 年，加强红盾业务系统和网络设备维护；强调自治区工商局和各市工商局对红盾业务系统和网络信息设备维护职责分工，避免因职责不清而影响工作；快速处理全区各级工商行政管理机关反映的自身无法解决的问题；加强自治区工商局局机关办公大楼、区政务中心工商服务窗口计算机设备的维护。据统计，信息中心全年处理各种电脑故障约 820 台次；解决各种软件应用故障 3000 多次；工作人员下基层维护电脑设备、软件、网络等 100 多天。

2009 年，根据自治区工商局《关于贯彻国家工商总局专项政策支持广西北部湾经济区建设的实施意见》精神，开通各市工商局直冠“广西”名称网上查重、核准权限，既方便了本级业务人员办理业务，也方便了企业到工商部门办事，进一步改善了投资环境。2009 年，信息中心全年处理各种电脑故障约 800 台次；解决各种软件应用故障 3000 多次；工作人员下基层维护电脑设备、软件、网络等 200 多天。

2010 年，及时解决自治区工商局机关、各级工商局的网络、软件、硬件故障约 400 台次；解决各种软件应用问题 600 多次；工作人员下基层维护电脑设备、软件、网络等 60 多天；做好 12 次视频会议的保障工作等。为公众提供电子档案查询。安排专人及时将新开业、变更、年检等企业材料扫描录入档案，共扫描录入档案近 163118 页，提高了档案查询实时率。

2011 年，通过远程技术对全系统四级网络各节点、网络设备进行巡检，及时排除三大网络安全隐患，提高网络运行效率。认真做好计算机设备、网络、红盾业务软件等的日常维护工作，及时处理区局办公大楼、局宿舍区电脑设备故障以及下级局送修的电脑设备共约 800 台 / 次；做好 12315 呼叫平台的维护工作；电话解决各地电脑、软件应用故障 700 多次；下乡出差维护电脑设备和软件约 60 天，有力地保障了局机关和各基层单位的计算机设备、网络和红盾软件的正常工作。

2012 年，及时解决区局机关、各级工商局的网络、软件、硬件故障。今年以来共处理各种电脑设备故障约 1400 台次；排除网络故障近 600 次；解决各种软件应用问题 1200 多个；做好 22 次视频会议的保障工作等。配合各有关单位做好数据交换工作。为审计署、外汇局，自治区政府办公厅、统计局、公安厅、安全厅、国税局等单位查询并提供了 1900 多万条数据信息。2012 年被自治区人民政府第二次经济普查领导小组办公室评为“基本单位名录库更新与维护工作”先进单位。

2014 年 2 月，自治区工商局邀请公安厅网络安全保卫总队、广西网信信息安全等级保护评测有限公司对市场主体信用信息公示系统进行网络安全测评，实施漏洞扫描、入侵检测、流量监控及网络安全风险评估等监测措施，及时对影响网络安全的主要因素进行整改，加强机房安全管理，确保公示过渡系统在 2014 年 3 月 1 日按时上线使用并平稳运行。同时，积极与自治区公安厅网络安全监管总队建立网络安全协调合作应急机制，将网络安全隐患降至最低。安排专人实行 24 小时在线维护 12315 系统，处理申诉举报出现问题第一时间赶赴基层维护。2014 年派员分别到柳州、河池等地出差，解决当地 12315 指挥平台无法接听投诉电话等问题。由于 12315 系统为 2008 年采购建设，经过多年的运行，当时所采用的系统架构技术和硬件设备已严重落后、老化，且硬件设备型号不再生产，无法对呼叫平台硬件设备进行维修、更换，无法彻底解决各市 12315 呼叫平台故障问题，系统亟须升级完善。12315 申诉举报指挥系统建设项目已进入技术方案设计阶段。对视频会议系统进行技术维护，对各市工商局的视频会议系统进行技术保障巡检，检查系统设备是否运行正常等，进行现场培训基层技术人员和解决各种系统操作应用问题。2014 年 10 月 8 日，企业档案电子化综合管理系统出现重大故障，导致自治区工商局对外查询、内部查询功能都无法正常使用，档案扫描工作中断。经过原系统开发商十多天的抢修，系统恢复了内部及对外查询功能和大部分数据；同时，请本地专家帮助查看服务器的情况，协助盘柜的配置与修复。2014 年，自治区工商局信息处将红盾综合业务系统的运行维护工作移交信息中心。为做好该项工作，信息中心积极进行工作衔接，技术员主动与系统开发商联系，到其工作现场“跟班学习”，交流维护经验和心得，为协助维护工作做好准备；同时制定包括故障响应、培训等维护方案，确保维护工作有序开展。2014 年上半年，组织技术员共处理各种电脑设备故障约 900 台次；排除网络故障 150 多次；解决 OA 平台操作应用问题 400 多个、12315 指挥平台应用问题 300 多个；做好视频会议的技术保障工作等 20 次。自治区工商局组织人员对局内现有应用软件进行梳理：共有 13 套应用软件，其中，由自治区工商局自主开发的有 2 套，运维由信息中心负责；由相关部门配发的有 2 套，硬件运维由信息中心负责，软件运维由相关部门负责；签订合同购买或开发的有 9 套（运维合同期内 2 套，运维合同已过期 6 套，无运维合同 1 套），运维合同已过期的由信息中心负责维护。

2015 年，做好网络、硬件、软件等的日常维护工作，及时解决区局机关、各级工商局的网络、软件、硬件故障，共处理各种电脑设备故障 1000 多台次；排除网络故障 300 多次；解决 OA 平台操作应用问题 1000 多个、综合业务系统操作应用问题 6000 多个、12315 指挥平台应用问题 400 多个；做好 26 次视频会议、123 次普通会议的技术保障工作等，确保了日常办公的顺利开展。按时在广西红盾网的政务公开栏目中提供市场主体基本情况统计表，每月填报二次预报表和月报表，做好季度报表和年度报表填报和统计分析工作并按时上报。

2016 年，做好数据统计分析，推进全区工商系统数据质量提升。完成 2016 年 1 月—11 月全区市场主体基本情况信息，定期在广西红盾网政府信息公开栏目发布；完成 1—11 月全区工商系统统计上报工作，以及 2015 和 2016 年上半年统计分析；编制 1—11 月《全区数据质量通报》，定期在红盾网上发布，向各市通报该市数据质量存在问题，分析数据存在的问题的原因并督促其尽快补录和修正问题数据，并根据综合评分对各市数据质量进行排名，督促各市提供高质量数据。解决公示系统运行不稳定等问题。因年报业务增加及恶意网络攻击等原因，2016 年 5 月初，公示系统访问量骤增，造成系统运行不稳定，甚至出现宕机现象。为解决该问题，组织人员对公示系统支持年报工作情况进行了技术分析和评估，针对出现的新情况、新问题采取相应措施，顺利完成了 2015 年度年报的技术保障工作。2016 年，共处理各种电脑设备故障约1000台次；排除网络故障200多次；解决OA平台操作应用问题1000多个；做好29次视频会议、74次普通会议的技术保障等工作，确保日常办公的顺利开展。

2017年，对广西工商数据平台进行了系统部署调整，反复修改技术方案，整合商标、广告、消费维权、竞争执法等行政执法信息。数据服务平台项目可研报告于11月6日得到发改委批复，进行初步设计及投资概算编制和评审工作。多次组织各市工商部门、局机关各处室召开信息化建设工作座谈会，征求各单位对现有信息化应用系统存在的问题和信息化发展的意见和建议；主动上门，多次组织信息处、信息中心相关人员走访企注处、企监处、网监处、个私处、消保处等处室、单位，积极沟通协调解决现有系统运行存在的问题，做好技术服务保障工作。认真听取各单位意见建议，快速响应解决问题。按照系统类型和问题类型分类整理全区各级工商部门提出的意见建议130多条，对于属于技术方面的问题及时向系统开发商进行了反馈，部分问题得到落实和解决。做好网络、硬件、软件、视频等的日常维护工作。2017年处理各种电脑设备故障约750台次；排除网络故障800多次；解决OA平台应用问题600多个；做好25次视频会议、86次普通会议的技术保障工作。

2018年，做好网站、网络和系统的运维，设备维护和会议保障，做好验收移交工作及数据查询统计、分析工作。特别是11月15日机构改革第一阶段工作完成后，信息部门按照党组的要求，扎实有效开展信息化服务保障工作。三局视频会议系统于11月底调试成功；临时官网于12月10日前开发完成，目前正在走相关厅局的审批流程；固定电话已全部迁移、新装、跳线到位；新版OA已于12月24日上线试运行；工商、质监、食药三局网络之间的千兆光纤连接12月24日完成；网络保障基本通畅，Wi-Fi扩容项目于12月27日开标。

数据信息共享

2008年，完成了南宁、桂林、梧州市工商局所辖县（分）局同一业务数据的集中，从2009年4月份开始，派出技术员到柳州、钦州、北海、防城、玉林、贵港市等6市陆续开展数据信息共享工作。2009年，全区已有9个市下属单位的同一业务数据统一集中到所辖市，实现市级系统跨地域同一业务数据信息共享。

2010年2月，完成全区14个市局所辖县（分）局同一业务数据的集中，建成了自治区局、市工商局二级数据中心，实现了市级系统跨地域同一业务数据信息共享。二级数据中心的建成，为全面实现不同地区、不同部门、不同业务的数据大统一、大集中、大共享奠定了坚实的基础，有利于及时利用整合的数据进行相关分析，为政府决策、企业投资和社会公众提供服务。

2014年，根据自治区政府的要求，依托自治区政府电子政务内网，通过自治区交换共享平台，进行自治区工商局业务系统与政府行政审批系统的技术对接，解决“二次录入”问题，实现内部数据信息共享。自治区工商局信息中心做好网络调试、设备操作和数据交换规范的学习等工作，为技术对接工作做好准备。2015年5月开发“二次录入”接口软件项目，在会同业务部门与自治区政务中心协商解决了接口存在的审批时间精确度、审批事项编码标准等不一致的问题后，与系统开发商完善软件功能，2015年7月建设完成“二次录入”接口软件项目并正式上线运行，实现红盾综合业务系统与自治区政务服务中心政务服务及监察通用软件系统对接，实现区本级注册登记信息与自治区政务数据交换平台的资源共享。

2017年，做好信息归集与共享工作。推广使用协同监管平台，连接自治区电子政务数据交换和共享平台，提供多种途径实现与人社、国税、地税、商务厅等多部门数据交换，实现各委办厅局市场主体行政处罚、行政许可等信息的互联互通。协调自治区高级人民法院、自治区食品药品监督管理局、自治区国税局、自治区地税局、自治区环保厅，采用前置机导入方式实现了快速、便捷的数据交换。开展全区政务信息系统整合工作。根据自治区人民政府《全区政务信息系统整合共享工作要点》制定推进自治工商局政务信息系统整合工作落实的时间表、路线图。按要求完成内部政务信息系统整合自查、及时在自治区数据共享交换平台注册更新47条政务信息资源目录。与自治区区审计厅、扶贫办、人社厅等单位共享数据3500多万条;协助自治区区纪委监察部门、审计部门等50多个单位的监察部门查询信息8万多条次;协助南宁市、玉林市扶贫办核实贫困人员信息3万多人次。接待自治区区纪委监察部门、自治区区党委巡视办等单位查询人员办企业信息50余次,涉及核查人员5000多人次。协助企注处、办公室等处室为自治区、党委政府提供统计数据60余次。

软件开发

2006年,开发了"个体工商户分类监管子系统"软件,在全区4个市、5个县(分局)和5个工商所进行试点和推广工作。

2008年,自治区工商行政管理机关进一步加大信息化工作力度,开发了商品交易市场信用分类监管软件,在南宁、桂林、梧州试点运行,达到国家工商总局要求的"省一级工商局在今年底完成商品交易市场信用分类监管系统软件开发和数据库建立,并开始试点运行"的要求。

2010年5月,自治区工商局针对局内各个业务系统软件间不能互联互通,信息共享度不高,一体化程度低的现状,为实现数据共享、业务联动,召开全区工商系统业务流程规范研讨会,对全区工商系统9个业务口的业务流程进行研讨和审定,共通过61个业务流程,提出200多条意见和需求。在此基础上,由自治区工商局信息中心着手开发一体化软件,该软件以12315指挥中心为重点,市场主体信息为依据,食品安全监测中心、广告监测中心、电子地图、案件系统为辅,将相关联的业务进行整合,使各个中心间数据实现无缝链接。2010年7月底,一体化软件开发完成并在自治区工商局和南宁市工商局试用,并达到预期效果。

2015年6月启动开发日志软件项目、公文权限项目。于7月15日开发完成日志软件项目,为局机关对工作人员的工作实绩、工作创新等情况进行绩效测评、动态管理提供技术支持;8月24日建设完成公文权限项目并投入使用,实现局机关公文阅读权限管理。

2016年,开展短信平台项目建设相关工作。根据局领导2016年3月提出"短信通道应归口信息化统筹建设"指示精神,开展短信平台技术归口统筹工作。一是进行调查摸底,查清使用短信相关系统的情况;二是分析利弊,形成了专题汇报呈局领导审批;三是征集意见,根据局政采办意见,征求相关处室对建设统一短信平台的相关意见,并根据专家意见对项目方案进行进一步完善。2016年11月2日,项目完成招标采购,确认了中标商。同年开展建立"企业公告"专栏相关工作。根据张虹局长2016年3月的批示精神,拟在广西红盾网上建立"企业公告"专栏。为此,信息中心发函征求办公室、法制处、企注处等6个处室对建立"企业公告"专栏的意见,其中法制处提出网上"企业公告"不等同于报纸公告等意见。根据6个处室的意见,拟写了专题汇报呈局领导审批。至8月,组织技术员完成了该栏目设置工作。是年5月5日,经济信息中心协助接收企业注册管理处做好移交的法人库项目建设工作,严格按程序组织开展项目立项申报工作。一是组织相关设计单位根据总局有关会议精神及总局下发的法人库可行性研究报告模板,编制《国家法人单位信息资源库(一期)广西项目可行性研究报告》;二是邀请专家对可研报告进行评审;三是及时向总局报送可研报告,获得总局的批复,受到总局的好评;四是邀请第三方评估机构组织专家对可研报告进行评审,出具评估报告;五是向自治区发改委报送可研报告,并最终获发改委批准。完成了广西工商数据中心前期立项咨询、初步设计方案和投资概算编制所需相关政策文件、技术资料等重要材料的收集整理,编制《广西工商数据中心项目项目需求分析》获发改委批复。根据发改委的批复,编制《广西工商数据中心可行性研究报告》送广西经济信息中心进行初审。2016年,开展国家法人单位信息资源库(一期)广西项目、广西工商数据中心等项目建设,完成广西工商行政管理法规信息系统升级、红盾综合业务系统双机热备及数据迁移、OA办公系统升级改造等工作,提高全系统无纸化办公效率。建成并启用互联网+市场监管指挥中心,集成12315指挥中心、市场监管"天眼"工程、网络交易监管等多个平台,运用信息化技术提升监管执法和消费维权工作水平。

2017 年底，提前完成总局完成法人库项目立项的任务进度要求，7 月份完成国家法人单位信息资源库（一期）广西项目（工商）初步设计方案及投资概算，8 月 18 日获得自治区发展改革委批复同意。当年完成财政厅投评。

2018 年，完成广西工商“放心消费”创建信息化管理系统，开发“广西放心消费地图”。建设综合监管执法系统，将商标信息监管系统、打击传销信息系统、行政处罚案件管理系统、广告监管系统等 4 个项目并入国家法人库项目建设，年内完成了项目招标，有序开展项目建设。建设决策分析系统。建设基于工商业务和政务数据的内部分析研判系统，完成了监控指标、分析应用、业务报表、领导驾驶舱、我的专题、经济户籍库等应用。

软件升级

2008 年，完成 12315 综合执法网络系统的升级改造，实现消费者可以进行网上咨询和网上投诉，同时工商部门可以进行网上受理、网上查办、网上调度指挥、网上应急处置、网上动态监控、网上发布信息、数据汇总分析等功能。

2011 年，在全区安装使用综合业务应用软件。自治区局、南宁市局于 2010 年试用该软件，经不断改进完善各项功能，已基本具备推广使用的条件。2 月，信息中心组织技术员到各地安装该软件，进行操作培训，至 3 月初，全部完成软件安装及初期培训工作。从使用情况看，各操作人员严格按照业务流程操作业务软件，保证业务的规范性，确保数据质量，基本达到软件开发的预期效果。根据各处室、各地工商局所提新需求，开发新子系统或新功能项，如外国常驻代表机构登记系统、非公党建登记软件、微型企业登记功能等，保证软件功能符合日常工作的需要。

2012 年，对政务管理平台(OA 系统）进行了两次升级，大大增强了公文管理、会议管理（短信提醒）、个人办公等系统的功能。年内，该系统实现发文流程 2.85 万次，收文流程 4365 次，发送短信 3.63 万条，处理电子公文问题 400 多个。

2014 年，开展 OA 办公系统升级改造项目、法规信息系统升级项目、网络设备购置及升级改造项目、网站升级改造项目等 4 个项目的技术方案设计对接工作，主要是由信息中心完善项目需求，中标商再根据需求及调研的结果完善技术设计方案和投资概算，当年这 4 个项目的设计方案和投资概算稿已进入第三次修改稿的征求意见阶段；企业电子档案综合管理系统项目进入技术方案设计招标阶段。并在政务资源网添加“注册资本登记制度改革动态”栏目，展示注册资本登记制度改革工作进展、成果等。

2015 年，为解决旧版红盾网、政务资源网支撑技术和版面设计陈旧、落后，以及栏目设置和内容等不符合绩效考评要求的问题，自治区工商局决定对旧版网站进行升级改造。该项目于 2015 年 2 月启动开发建设工作，对广西红盾网、政务资源网进行了重新规划设计和全面升级改造。经紧密配合和共同努力，新版广西红盾网、政务资源网分别于 5 月 20 日、6 月 23 日顺利上线运行，对外实现了政务公开、政府信息公开、企业信息公示等功能，对内实现了上情下达、学习交流，内容更丰富、网速更快、服务更全面、运行更安全。目前，广西红盾网访问量达 147 万多次，政务资源网浏览量达 21 万多人次。2015 年 9 月，完成红盾综合业务系统运维项目单一来源采购工作。该项目原合同已到期，为尽快正常开展运维工作，经征询信息化专家及自治区政府采购中心意见，自治区工商局申请采用单一来源采购方式进行项目采购，按照程序做好原合同履约确认、新运维方案评审和项目材料申报工作，获财政厅审核通过。2015 年 9 月 21 日，完成该项目政府采购工作，使红盾综合业务系统运维工作正常有序开展。2015 年 11 月，完成网络设备购置及升级改造项目政府采购工作。该项目主要解决我局网络系统设备老化、网络运维管理系统短缺等问题，升级硬件设备，建立以万兆传输为核心的骨干网络、升级各业务系统及业务部门的汇聚交换网络、部署全网运维管理系统，提升网络对现有及未来应用业务的承载能力，提高全网设备综合管理能力。

2015 年 10 月，自治区工商局采用单一来源采购方式对法规信息系统升级项目进行政府采购工作。

该项目在原法规信息系统基础上更新原有法规数据库，增加司法案例库、模糊查询等功能，为自治区工商系统提供更加完善的司法案例信息服务。2015年12月，建设完成红盾综合业务系统服务器双机热备项目。为解决因单套系统服务器出现故障无备用而导致的全区工商系统综合业务系统全部瘫痪的问题而实施该项目，购买备用服务器等设备，提高红盾综合业务系统运行安全系数，保障业务办理顺利开展。开展全区工商系统业务专网扩容及改造项目政府采购工作。该项目是对现有全系统网络进行扩容和改造，彻底解决基层工商机关因网速慢工作效率低的问题，也为将来实现移动办公和移动执法办案创造条件。当年该项目处于签订代理招标合同阶段。

2016年2月29日，广西工商行政管理法规信息系统升级项目建设完成并正式上线运行，为全区工商系统的执法工作和法治建设搭建了法律信息共享平台。当年，陆续开展了视频会议系统硬件设备升级及维保项目等6个项目方案制定、经费预算编制和招投标工作。其中安全等级保护建设项目、应用系统灾备项目等2个项目因存在预算不足等问题，经2016年第27次局党组会研究后已取消这2个项目的建设，调整安排在第二年预算内执行。

2017年，经征求自治区政府办公厅领导和专家的意见，对OA系统的业务需求、用户体验、版面设置等方面进行改善升级。同时，协助办公室完成了自治区政府办公厅督查督办系统、OA系统会议申请模块、非密业务移动办公平台区工商局人员账户和权限设置工作。

2018年，开展系统软件升级及开发项目20多项。升级改造综合登记注册系统，完成“多证合一”“企业开办3日办结”、行业代码转换、电子证照库对接、全程电子化系统改造、名称登记业务系统对接、取消企业集团核准登记等系统升级任务。升级网络交易监管系统，迭代升级优化系统功能，推进全国网络交易平台监管服务系统广西二级枢纽建设，实现数据信息全国实时互联互通、网上取证。利用大数据服务，实现管理数据动态采集、自动分类，对网站、平台、网店的商品交易涉嫌违法信息监测监管。三日办结流程优化，“多证合一”，全程电子化的升级改造，证照分离数据推送，开发清税证明数据的查询网页，解决企业注销堵点问题；手机年报APP，“多报合一”以及信用监管“五合一”项目；放心消费创建信息化管理系统项目，放心消费地图等；查控系统、法人库项目及打传系统、商标系统等。为自治区工商局职能的充分发挥，优化营商环境提供了强大的技术支撑，有力地促进了业务工作的开展。

第二章　基层建设

1999年1月1日起，广西工商行政管理机关实行省级以下垂直管理。在垂直管理前，工商行政管理机关在经费的使用上，过分注重培育发展地方各类市场，致使各级工商局机关的办公、住宅场所、执法装备及其他硬件设施建设上长期滞后，特别是地处边远落后地区和少数民族地区的大部分基层工商所，其行政执法所需的基本的办公场所和执法装备没有得到解决，严重制约了市场监管工作的开展。按目前经费供给的水平，除保障必要的人员经费、公用经费、办案经费外，全区工商系统基本建设经费、执法装备等硬件设施建设经费缺口比较大。尽管自治区财政部门对工商部门的经费供给作了很大努力，但在经费的总量上，与实际工作需要有一定差距。

基层工商部门办公条件依然十分艰苦。特别是各地工商局机关及基层工商所，有相当一部分单位没有属于自己的办公场所，比较普遍的是借用市场的某个位置改造为办公室，个别单位租用外单位的房屋办公，给市场办管脱钩工作带来不利。

20世纪90年代初，全区工商行政管理系统基层基础设施条件较差，大多数基层工商所都没有自己的办公楼，以租用办公为主。1998—2002年，集中财力改善基层单位的办公、住宿条件。从2004年起，自治区工商局制定和实施《2004—2006年基本建设规划》，主要是投入和改善基层基础设施建设，为基层工商所配备监管执法仪器、办公电脑、执法车辆等执法装备。

自1999年实行工商省以下垂直管理以来，自治区工商局有针对性地实施了几个基层建设"三年规划"，规划使市、县工商局和基层工商所，从工作场所、办公条件、生活条件，到队伍的整体建设和形象等各方面的基层基础建设发生大变化。2015年1月29日，广西工商行政管理部门实行分级管理，将工商行政管理体制由自治区以下垂直管理调整为市、县人民政府分级管理。2015年3月20日，自治区工商机关取消垂直管理模式，由垂直管理走向分级管理，各级工商机关实行属地管理，成为当地政府的职能部门。

2018年，国家市场监督管理总局发文《市场监督总局关于表扬工商和市场监管部门商事制度改革信息化建设表现突出单位和个人的通报》（国市监办函〔2018〕74号）对全国126个单位和157名个人予以通报表扬。南宁市、桂林市、防城港市、崇左市工商行政管理局和自治区工商行政管理经济信息中心副主任吴哲文、自治区工商行政管理局信息化管理处主任科员刘玉华、于跃，柳州市工商行政管理局信息管理科副科长孙宇敏、贵港市工商行政管理局信息化管理科副科长杨正军受到通报表扬。

第一节　基层基础设施建设

1993年，在基层建设方面，自治区工商行政管理局各地认真贯彻国务院批准由国家工商局颁发的《工商行政管理所条例》，组织检查验收364个工商所。

2000年，自治区工商行政管理局在掌握的机动财力内，下拨基层经费3982万元，其中：基层基础设施建设资金4158万元，基层业务经费困难单位补助253万元。

1998—2002年，集中财力改善基层单位的办公、住宿条件，陆续为部分市、县、乡（所）工商行政管理机构兴建办公场所，添置交通、通信等设备，更新办案工具。一是属于关系全系统的基础设施建设，由自治区工商局集中财力解决，如公务员着装、信息网络建设等；二是结合国家工商（总）局关于基层工商所规范化建设的要求，对基层工商所的硬件建设提出明确的指标，不达标者不能通过规范化验收；三是自治区工商局利用统筹的经费，支持各类专项治理工作，如2000年粮食市场整治工作，给主要产粮区专门配置汽车、摩托车。在有限的经费中统筹安排，五年下拨基层建设经费1.33亿元(1998年300万元，1999年1703万元，2000年4158万元，2001年4767万元，2002年2404万元或4969万元)。

2003年，自治区工商局拨付基层建设经费11360万元。重点加强基层建设，抓好中心工商所优化配置，在全区设立了209个中心工商所；按照《基层工商所“三式三制”职能到位工作标准》的要求，加强工商所规范化建设，进一步推进工商所的撤并整合，加强人员和硬件配备，深化监管方式改革，提高基层队伍执法能力。自治区工商局压缩一般性开支，集中资金，搞好基本建设。1999年以来，相继投入3000多万元，用于计算机信息网络工程建设，初步建成了技术体系统一、上通下联的计算机信息网络，实现了网上查询、网上年检、网上投诉举报、网上传输公文，较好地满足了市场监管执法的需要；投资5亿多元，用于各地工商局机关、工商所办公楼及干部职工宿舍建设，新建、改建办公楼及宿舍991幢；其中，新建局机关办公楼31幢，新建工商所办公楼160幢，面积9万多平方米；改建工商所办公楼209幢，新建干部职工宿舍78幢，面积8万多平方米。投资5706万元，购置交通、通信工具以及大批的电脑、打印机、复印机、传真机等办公自动化设备。仅有自治区工商局统一配置的摩托车1000辆，电脑1100台。2001年、2002年、2003年上半年，各地市工商局通过政府采购各类小汽车达69辆。改善了基层交通通信工具及其他办案装备，缓解了全自治区工商系统基础设施条件简陋、设备陈旧的矛盾。基层建设专项补助资金的使用，对逐步改善基层基础设施的落后面貌起到了积极的促进作用。同时，对提高基层行政执法能力，促进工商事业发展，具有积极的推动作用。各市工商局利用基层建设专项补助资金设立的“12315”消费者投诉举报电话和“12315”投诉指挥中心，及时受理消费者的投诉举报，维护消费者的合法权益。此外，部分工商行政管理机关利用信息网络系统推行企业登记注册互联审批制，办理证、照“一条龙”的政务流程。这些基础设施的改善，增强了各级工商行政管理机关监管执法的主动性，扩大了监管面，较好地实现了从主要监管集贸市场向监管社会主义统一市场的职能转变，加大了行政执法力度。2003年，各级工商行政管理机关办公楼建设情况分别为：1. 地级市情况。全区14个地级工商行政管理机关，已迁入新建办公楼办公的有南宁市、贺州市、柳州市、贵港市、钦州市等5个单位，基本完工即将投入使用的有防城港市、百色市、河池市、北海市(重新装修)等4个单位。此外，桂林市、玉林市、梧州市没有新建办公楼，是20世纪90年代建设的仍可使用，来宾市及崇左市涉及撤地建市，靠租房办公。2. 县级单位情况。全区122个县级工商行政管理机关，在自治区直管的五年里，已有45个单位建设了办公楼，同时有25个单位在建设或筹建之中，有52个单位的办公楼建设尚未列入计划。3. 基层工商行政管理所情况。全区1290个工商行政管理所，建设成独立庭院的有645个，占50%，在市场上办公的有430个，占33%，租用或无偿使用(无产权)其他单位房子的有215个，占17%。

2004年，财政部下达广西地方工商事业补助费880万元后，自治区工商局按照专款专用的原则，及时将经费安排到横县工商局等19个县级工商局(含分局)和南宁市七星工商所等58个工商所的基础设施建设项目。自治区工商局下发桂工商〔2004〕196号文件，严格规范基础设施项目管理，完善监督机制，对专项资金进行追踪问效。这77个建设项目均已开工，工程建设进展顺利。专项补助经费弥补广西工商部门建设资金不足，改善全区部分工商部门落后的办公条件，提高行政能力和工作效率。2004年7月中下旬，广西全区范围内普降暴雨，灾情十分严重，部分地区的工商部门基础设施遭受极大损失。自治区工商局经过调研，根据各地实际受灾情况，将90万元救灾款专款专用，及时用于补助崇左市工商局等3个地级市工商局和融水县工商局等16个县级工商局。这笔救灾款共用于37个基层工商所的水毁抢修工程，弥补了受灾的单位经济损失。从2004年起，自治区工商局组织对全区工商系统基本建设情况进行了全面调查、汇总，制定和实施《2004—2006年基本建设规划》，积极筹措和投入3.98亿元资金用于基层基础设施建设，解决了一批县工商局、基层工商所无房办公的问题。12月底前，已完成374个基层工商所的建设、扩建、维修项目，同时为基层单位配备车辆676台(包括食品质量安全检测车有100辆，检测箱1910个)，全区工商系统执法车辆配备率已达72%，通过首个基层建设“三年规划”，使得工商所布局更趋合理，基础设施、装备建设陆续得到改善和加强。2004 年 12 月 15 日，防城港市工商局办公楼挂牌落成。

2005 年，根据基层基础设施建设三年规划的总体要求，完善基础设施建设项目的报批、审核、经费核准等工作制度，把资金投入到基层基础设施建设中。全年调剂基层基础设施建设专项补助经费 5,570 万元，共补助地级市工商局办公楼建设项目 2 个，县级工商局办公楼建设项目 18 个，基层工商所建设项目 116 个。

2006 年，以建设“十项工程”为突破口，狠抓信息化建设。根据国家工商总局建设“信息化工商”的部署，重点抓信息化“十项工程”建设，提高全系统信息化监管水平。一是加快基础网络的建设进度，完成 150 多个工商所宽带电路的铺设和联网工作，扩大全区四级联网的覆盖面，实现市局、县（分）局与试点工商所的联网。二是加强信息化硬件建设，对各市、县工商局数据服务器及工商所计算机设备进行升级，在桂林市开展数据同步试点工作的基础上，逐步实现南宁等市工商局的数据同步。三是完成红盾个体工商户信用分类监管软件的开发工作，开发“个体工商户分类监管子系统”软件，目前正在全区 4 个市、5 个县（分局）和 5 个工商所进行试点和推广工作，从反馈的情况看，使用的效果良好。加大力度落实《2004—2006 年基本建设规划》开展基层基础设施建设情况调研工作，促进基层基础设施建设的落实，解决了一批县局、基层工商所无房办公的问题。2004—2006 年，自治区工商局总共投入基本建设资金 15,435 万元。其中：安排建设资金 1.4 亿元，用于新建 2 个地级市工商局、38 个县工商局、15 个工商分局和 306 个基层工商所；安排 1,435 万元用于 10 个市和 9 个县工商局的办公楼欠款补助。三年来，共安排资金兴建办公楼建筑面积达 22.1 万平方米，解决了 3839 名干部职工的办公用房问题，改善基层工商行政管理机关的办公和执法条件。

2007 年，自治区工商局为基层工商所配发 660 套电脑，使全区工商系统基层工商所电脑配备率达到 100%。同时，为部分试点工商所专门配备 160 台电脑、146 台打印机和 196 台 PDA 设备，目前全区工商系统工商所联网率已达 90%。当年，自治区工商局规范了工商行政管理所所长按副科级干部配备的相关工作，并为基层工商所配备 100 辆食品检测车和 100 辆执法车和一批食品安全快速检测箱，有效提高基层工商所的检测水平和执法能力。通过基层基础设施建设的扎实开展，完成 161 个基层工商所的建设、扩建、维修项目，改善基层办公条件，确保市场监管工作规范化。是年，防城港市工商局先后投入 358 万元的资金，对通过竞拍得到的两栋楼房进行装修改造，于 2007 年 5 月投入使用，解决港口分局和港口、车辽两个工商所长期无办公场所的问题。购置 14 辆执法小车和电脑、空调、打印机等一批办公设备，配发给局机关每个科室；该局还坚持“向基层倾斜”的政策，调配 8 台微型车给交通工具紧缺的上思县工商局和港口分局，给港口分局及所辖工商所购置一批办公桌椅、电脑、打印机、复印机、照相机、空调等设备。防城区工商局也先后新建和改建 5 个基层工商所，购置执法用车 13 辆和一批办公设备。东兴市工商局和上思县工商局也想方设法筹集资金维修改造 3 个基层所，购置一批桌椅和办公电脑配发给基层工商所。从根本上改变了多年来防城港市工商系统办公场所紧缺、交通工具落后、办公设备不足的面貌。开展信息化建设，全市申报联网的 11 个工商所全部配备新电脑，实现 100% 联网，推动信息化试点工作的全面开展。

2008 年初，广西大部分地区连续出现大范围持续降雨降雪，特别是桂北、桂西北地区，出现了 50 年罕见的冰雪天气，导致山区电网崩溃，道路封闭，交通停滞，大面积停水停电，灾情十分严重。据统计，全区工商系统共有 256 处基层办公设施，204 辆执法用车和大量的供水、供电、供暖设备和网络通信设施不同程度损坏，房屋及附属设施倒塌 62 处。为支援和帮助灾区重建，国家工商总局拨付给自治区工商局专项补助资金 70 万元，配套资金 80 万元。收到国家工商总局补助资金后，自治区工商局及时将资金分配给天峨、昭平、富川、三江、融水、资源等受灾较重的 27 个基层工商行政管理机关，加快灾区工商部门修复受损设施，保障市场监管执法工作正常运转。2008 年，自治区工商局集中财力，继续加大对全区工商系统基础设施建设的投入，努力从根本上解决基层工商行政管理机关无自属执法办公场所的问题。根据财政部、国家工商总局有关专项补助经费使用管理办法规定，结合全区工商系统实际工作需要，将国家工商总局下拨的地方工商事业补助经费 860 万元与自治区工商局筹措的配套资金一起，及时安排用于崇左市工商局办公楼、来宾市工商局办公楼、南宁市东盟分局办公楼、马山县白山工商所、上林县大丰工商所、三江县城关工商所、田林县乐里工商所等基建项目。为全区基层工商所配备执法车、食品安全检测车 300 辆，配备食品安全检测箱1780套，加强对基层检测人员的培训，将过去简单依靠眼看、手摸、鼻闻等主观随机性较强的监测工作行为规范为依靠科学仪器准确测量、专业人员科学判断的监管行为。百色工商信息化技术在监管执法和服务发展方面的应用越来越广泛，现代化信息处理设备、快速检测设备等执法保障建设步伐加快，市场监管科技含量不断提高，现代化管理水平不断提高。目前，全市12个县局、80%的工商所全部实现三级联网，掌上巡查系统、办公OA系统、效能监察系统的运用，使老区工商走向“信息工商”。2008年贵港市工商局为87个工商所配备电脑、网络服务器和打印机等现代化办公设备，实现市局与县（市）局、分局、工商所三级联网，给基层执法单位新配备11台执法用车。积极筹建了港南、覃塘分局及覃塘、湛江、木格、黄练、附城、庆丰、城区、新城、罗播、社坡、思旺、大鹏、官城等13个工商所的办公楼共14栋。来宾市工商局在建局以前，仍有部分工商所没有自己独立的办公场所，部分工商所办公场所十分陈旧简陋，设施也不完善。2001年以来，梧州市工商局以机构改革为契机，构建“小局大所”，将原先的69个工商所按经济区域整合为34个中心工商所，市局和分局机关精选296人充实到基层，使工商所人员占全局人员比例达到64%，有的分局达70%。肩负着“前哨”和“窗口”重任的基层工商所，占梧州工商系统机构总数的65%，人员的一半以上。从2004年开始，该局开始进行基层工商所建设与改造。目前，已基本完成基层工商所建设的总体规划，11个城区工商所全部焕然一新，24个县局工商所建成独立办公楼。与此同时不断提高基层工商人员的素质与执法效能，设立政务公告栏、设置电脑触摸屏、电子显示屏；为基层配备执法车辆38辆、电脑141台、打印机102台，投资100多万元开发建立信息化平台，实现工商所与分局、市局的信息共享、网上办公。2004年以来，来宾市工商局认真贯彻落实自治区工商局基层基础设施建设三年规划，积极协调落实建设用地，多方筹措资金，克服种种困难，抓紧抓好工商所基础设施建设工作，新建、扩建或改建部分工商所和县级工商局机关办公楼。2004年—2008年6月，来宾市工商局共有11个基础建设项目已完工投入使用，其中9个项目是基层工商所办公楼建设，2个建设项目为县级工商局办公楼建设，总建筑面积9195平方米，完成投入建设资金2704.4万元，使全系统办公楼面貌焕然一新。随后，全市各级工商机关筹集资金，在人、财、物配置上向基层倾斜，加强工商所的硬件建设。如建局以前，各县（市）工商局只有城区工商所配备有执法车辆和电脑，经过几年的努力，目前全系统25个中心工商所均配备执法车辆，82%的工商所配备电脑和打印机，工商内网覆盖率也已达78%，基层工商所的交通工具和办公条件大为改善。

2009年，北海市规范基础设施，对分局的档案专用库房重新进行装修，重新规范政务公开、证照大厅办事指南、各项指示牌、去向牌和综合档案室上墙制度，从外观上进行统一规范。同时落实了防盗、防光、防高温、防火、防潮、防尘、防鼠、防虫等设施，为档案的规范安全保管提供了良好环境。

2008年12月27日，全区工商行政管理系统第二批执法车辆发车仪式在南宁国际会展中心广场举行

2010年，根据国家工商总局加强基层建设的要求，自治区工商行政管理局从2010年开始，按照“人要精神，物要整洁，服务周到，执法严肃”的要求，计划利用3～5年时间，全面推进基层规范化建设，使全区工商系统各级机关成为“设施齐全、装备精良、反应快捷、监管有力”的行政执法机关。贵港市工商局组织新建或购买港北分局城东工商所、桂平市工商局社坡工商所等4个基层工商所的办公用房、建筑面积共2123平方米。拨60多万元为辖区5个县（市）局、分局和52个工

商所购置安装一批档案密集架和档案柜，推进该局档案管理规范化建设工作。

2011 年，国家工商总局拨付自治区工商局 150.1 万元，财政部下达广西工商行政管理专项补助经费 1549 万元，其中 750 万元集中用于解决 11 个基层工商所无房办公的问题，799 万元用于为 14 个地级市和 76 个县的基层工商所配备综合检测仪器。将 2011 年专项补助经费 750 万元集中投入 11 个无房办公的基层工商所建设。其中：荔浦县杜莫工商所办公楼建筑面积 300 平方米，总投资 50 万元；平南县大洲、大成、国安、同和四个工商所办公楼建筑面积均为 350 平方米，总投资均为 90 万元；钟山县燕塘工商所办公楼建筑面积 350 平方米，总投资 50 万元；德保县巴头工商所办公楼建筑面积 336 平方米，总投资 45 万元；靖西县龙邦工商所办公楼建筑面积 350 平方米，总投资 50 万元；靖西县排干执勤点办公楼建筑面积 185 平方米，总投资 65 万元；崇左市新和工商所办公楼建筑面积 350 平方米，总投资 90 万元；龙州县龙州工商所办公楼建筑面积 322 平方米，总投资 40 万元。为规范专项补助资金的管理，自治区工商行政管理局对办公楼建设项目严格实行先批后拨、追踪问效，严格事前审批、事中监督和事后审计工作，要求相关市县工商局的主要负责人对实施的办公楼建设项目作出书面承诺，承诺按规定的建设规模、投资总额，按时按质完成。同时，按照国家工商总局关于加强配备食品安全检测设备专项资金使用管理的要求，为各市县基层工商所全面配备食品安全综合检测仪器。将专项补助经费 799 万元科学合理地分配到全区各基层工商所，保障流通环节食品安全监管工作顺利进行。一是科学合理制定计划方案。结合实际，制定食品安全监测设备 5 年规划，编制食品安全监测设备装备计划和工作方案，切实落实配套资金，统筹安排工商机关食品安全监测设备。二是合理选择设备功能。做好食品安全监测设备的选型工作，按照满足食品流通监管工作需求并适度长远考虑的原则，综合考虑设备的适用性、技术先进性、功能可靠性、扩展增容性等特点，满足对亚硝酸盐、“瘦肉精”、二氧化硫、吊白块、重金属、双氧水、酱油氨基酸态氮、过氧化值和酸值等常用项目的监测需要，同时保证统一培训、统一功能、统一数据分析。三是严格执行政府采购程序。基层工商所综合检测仪器的选配工作由自治区工商局统一组织实施，资金确保专款专用，严格执行政府采购规定和各项具体工作要求，确保采购工作程序公开、透明，采购的设备质量合格、统一规范。贵港市工商局基础建设取得重大突破。建设花园式机关，动工兴建一批工商所办公楼。2011 年为庆丰等 23 个工商所建房申请立项，其中，同年着手建设的有 15 个项目，预计 2012 年 6 月份完工。2011 年，为解决基层工商所吃饭难问题，该局投入 50 多万元为 24 个工商所建立小食堂，解决基层 200 多人 “吃饭难” 的问题。

表 5-2-1　2011 年广西工商行政管理专项补助经费分配情况

序号	项目名称	建筑面积（平方米）	分配金额（万元）
1	荔浦县杜莫工商所	300	50
2	平南县大洲工商所	350	90
3	平南县大成工商所	350	90
4	平南县国安工商所	300	90
5	平南县同和工商所	350	90
6	钟山县燕塘工商所	350	50
7	德保县巴头工商所	336	45
8	靖西县龙邦工商所	350	50
9	靖西县排干执勤室	185	65
10	崇左市新和工商所	350	90
11	龙州县龙州工商所	322	40
合计		—	750

表 5-2-2　2011 年为基层工商所配备综合检测仪器专项经费分配情况

单位	金额（万元）	单位	金额（万元）	单位	金额（万元）
南宁市工商局合计	80	北海市工商局合计	30	贺州市工商局合计	30
南宁市工商局本级	40	北海市工商局本级	20 10	贺州市工商局本级	15
宾阳县工商局	10	合浦县工商局		富川瑶族自治县工商局	5
武鸣县工商局	5			钟山县工商局	5
隆安县工商局	5	防城港市工商局合计	35	昭平县工商局	5
上林县工商局	5	防城港市工商局本级	20		
横县工商局	10	防城区工商局	5	河池市工商局合计	71
马山县工商局	5	东兴市工商局	5	河池市工商局	15
		上思县工商局	5	宜州市工商局	8
柳州市工商局合计	60			罗城仫佬族自治县工商局	5
柳州市工商局本级	30	钦州市工商局合计	50	环江毛南族自治县工商局	5
柳江县工商局	5	钦州市工商局本级	20	南丹县工商局	5
融安县工商局	5	浦北县工商局	15	天峨县工商局	5
融水苗族自治县工商局	5	灵山县工商局	15	东兰县工商局	5
三江侗族自治县工商局	5			巴马瑶族自治县工商局	5
柳城县工商局	5	贵港市工商局合计	50	凤山县工商局	5
鹿寨县工商局	5	贵港市工商局本级	20	都安瑶族自治县工商局	8
		桂平市工商局	15	大化瑶族自治县工商局	5
桂林市工商局合计	116	平南县工商局	15		
桂林市工商局本级	30			来宾市工商局合计	40
灵川县工商局	10	玉林市工商局合计	70	来宾市工商局本级	15
全州县工商局	15	玉林市工商局本级	30	金秀瑶族自治县工商局	5
兴安县工商局	8	北流市工商局	10	象州县工商局	5
永福县工商局	5	容县工商局	5	武宣县工商局	5
灌阳县工商局	5	博白县工商局	15	合山市工商局	5
龙胜各族自治县工商局	5	陆川县工商局	5	忻城县工商局	5
恭城瑶族自治县工商局	5	兴业县工商局	5		
资源县工商局	5			崇左市工商局合计	45
平乐县工商局	5	百色市工商局合计	82	崇左市工商局本级	15
荔浦县工商局	8	百色市工商局本级	15	天等县工商局	5
临桂县工商局	5	田阳县工商局	8	扶绥县工商局	5
阳朔县工商局	10	田东县工商局	8	大新县工商局	5
梧州市工商局合计	40	德保县工商局	5	宁明县工商局	5
梧州市工商局本级	20	靖西县工商局	8	凭祥市工商局	5

续表

单位	金额（万元）	单位	金额（万元）	单位	金额（万元）
岑溪市工商局	5	那坡县工商局	5		
苍梧县工商局	5	凌云县工商局	5	合计	799
藤县工商局	5	乐业县工商局	5		
蒙山县工商局	5	田林县工商局	5		
		隆林各族自治县工商局	5		
		西林县工商局	5		

2012年，财政部下达广西工商行政管理专项补助经费1598万元，自治区工商行政管理局将专项补助经费用于：一是基层工商所规范化建设、执法办案等专项经费补助799万元，重点考虑支持少数民族地区、艰苦边远山区和边境地区基层工商部门履行工作职能所需经费，有效地缓解了全区工商系统基层基础设施建设和开展各项职能工作经费相对紧张的问题。同时，为提高专项资金使用效益，自治区工商局积极争取自治区财政支持，从预留财政专项经费中调剂500万元配套资金，有力推进各项职能工作到位。二是用于为各市县基层工商所全面配备食品安全综合检测仪器799万元。将专项补助经费799万元科学合理地分配到全区14个地级市和109个县、城区的各基层工商所，有力保障流通环节食品安全监管工作顺利进行。同年，自治区工商行政管理局组织力量对2011年安排的所有办公楼建设项目进行全面检查。将专项补助资金的检查和审计结果作为一项重要指标列入年终岗位目标管理责任制进行考评。对截留、挪用专项补助资金，甚至编造理由骗取专项补助资金的单位，不但要从年度经费中扣回补助资金，还要追究单位领导和有关人员的责任。通过采取一系列行之有效的措施，各市县工商局都能够严格管理专项补助经费，没有出现截留、挪用的现象。北海市高德、城北工商所及合浦县4个工商所已交付使用。贵港市工商局动工兴建一批工商所办公楼。通过购买、新建、置换、翻新改建等不同形式，使该市工商系统办公楼自有率达到了70%，推进基层建设上新台阶。2012年，该局已完工基层建设项目14个，在建项目2个，正在筹备建设项目10个。自治区工商局为该局解决建设资金问题，市委市政府为该局划拨土地42亩。2011—2012年该局累计投入80多万元为近30工商所建设小食堂，解决基层工商所“吃饭难”问题。

表5-2-3　2012年为基层工商所配备检测仪器经费分配情况

单位	金额（万元）	单位	金额（万元）	单位	金额（万元）
南宁市工商局合计	36.4	万秀区工商局	0.4	百色市工商局合计	63.2
南宁市工商局本级	22.9	蝶山区工商局	0.4	百色市工商局本级	50
青秀区工商局	1.1	长洲区工商局	0.3	右江区工商局	1.3
兴宁区工商局	0.8	岑溪市工商局	1.9	田阳县工商局	1.6
西乡塘区工商局	1.3	苍梧县工商局	1.5	田东县工商局	1.3
江南区工商局	0.7	藤县工商局	1.8	平果县工商局	1.2
良庆区工商局	0.5	蒙山县工商局	0.6	德保县工商局	1.4
邕宁区工商局	0.5	北海市工商局合计	24.2	靖西县工商局	1.4
宾阳县工商局	1.4	北海市工商局本级	20	那坡县工商局	1
武鸣县工商局	1.1	海城区工商局	1.1	凌云县工商局	0.7

续表

单位	金额（万元）	单位	金额（万元）	单位	金额（万元）
隆安县工商局	1.3	银海区工商局	0.6	乐业县工商局	1
上林县工商局	1	铁山港区工商局	0.3	田林县工商局	0.9
横县工商局	2.3	合浦县工商局	2.2	隆林各族自治县工商局	0.8
马山县工商局	1.5	防城港市工商局合计	53.7	西林县工商局	0.6
柳州市工商局合计	61.7	防城港市工商局本局	50	河池市工商局合计	58.6
柳州市工商局本级	50.8	港口区工商局	0.6	河池市工商局	50.1
柳南区工商局	0.8	防城区工商局	1.6	金城江区工商局	1
柳北区工商局	0.7	东兴市工商局	0.7	宜州市工商局	0.9
鱼峰区工商局	0.7	上思县工商局	0.8	罗城仫佬族自治县工商局	0.7
城中区工商局	0.6	钦州市工商局合计	56.5	环江毛南族自治县工商局	0.8
柳江县工商局	1.7	钦州市工商局本级	50	南丹县工商局	0.8
融安县工商局	1.2	钦南区工商局	1.6	天峨县工商局	0.6
融水苗族自治县工商局	1.7	钦北区工商局	1.3	东兰县工商局	0.7
三江侗族自治县工商局	1.1	浦北县工商局	1.7	巴马瑶族自治县工商局	0.6
柳城县工商局	1.4	灵山县工商局	1.9	凤山县工商局	0.6
鹿寨县工商局	1	贵港市工商局合计	58.7	都安瑶族自治县工商局	0.9
桂林市工商局合计	67.6	贵港市工商局本级	50	大化瑶族自治县工商局	0.9
桂林市工商局本级	50.8	港北区工商局	1.2	来宾市工商局合计	56.4
象山区工商局	0.5	港南区工商局	1.2	来宾市工商局本级	50.1
秀峰区工商局	0.5	覃塘区工商局	1.1	兴宾区工商局	1.5
叠彩区工商局	0.6	桂平市工商局	3	金秀瑶族自治县工商局	1
七星区工商局	0.5	平南县工商局	2.2	象州县工商局	1.1
雁山区工商局	0.4	区本级	27,5	武宣县工商局	0.9
灵川县工商局	1.3	玉林市工商局合计	64.6	合山市工商局	0.8
全州县工商局	1.9	玉林市工商局本级	51.9	忻城县工商局	1
兴安县工商局	1.7	玉州区工商局	1.1	崇左市工商局合计	57.7
永福县工商局	0.9	北流市工商局	2.7	崇左市工商局本级	50.1
灌阳县工商局	0.9	容县工商局	1.7	江州区工商局	1
龙胜各族自治县工商局	0.9	博白县工商局	3.8	天等县工商局	1.1
恭城瑶族自治县工商局	0.9	陆川县工商局	1.9	扶绥县工商局	1.2
资源县工商局	0.7	兴业县工商局	1.5	大新县工商局	1.2
平乐县工商局	1.2	贺州市工商局合计	55.3	龙州县工商局	1.2
荔浦县工商局	1.7	贺州市工商局本级	50.1	宁明县工商局	1.2
临桂县工商局	1	八步区工商局	1.8	凭祥市工商局	0.7
阳朔县工商局	1.2	昭平县工商局	1.3		
梧州市工商局合计	56.9	富川瑶族自治县工商局	1	合计	799
梧州市工商局本级	50	钟山县工商局	1.1		

表 5-2-4　2012 年广西工商行政管理专项补助经费分配情况

单位	金额（万元）	单位	金额（万元）	单位	金额（万元）
南宁市工商局合计	87	万秀区工商局	6	百色市工商局合计	82
南宁市工商局本级	15	蝶山区工商局	6	百色市工商局本级	10
青秀区工商局	6	长洲区工商局	6	右江区工商局	6
兴宁区工商局	6	岑溪市工商局	6	田阳县工商局	6
西乡塘区工商局	6	苍梧县工商局	6	田东县工商局	6
江南区工商局	6	藤县工商局	6	平果县工商局	6
良庆区工商局	6	蒙山县工商局	6	德保县工商局	6
邕宁区工商局	6	北海市工商局合计	34	靖西县工商局	6
宾阳县工商局	6	北海市工商局本级	10	那坡县工商局	6
武鸣县工商局	6	海城区工商局	6	凌云县工商局	6
隆安县工商局	6	银海区工商局	6	乐业县工商局	6
上林县工商局	6	铁山港区工商局	6	田林县工商局	6
横县工商局	6	合浦县工商局	6	隆林各族自治县工商局	6
马山县工商局	6	防城港市工商局合计	34	西林县工商局	6
柳州市工商局合计	70	防城港市工商局本寒	10	河池市工商局合计	70
柳州市工商局本级	10	港口区工商局	6	河池市工商局	10
柳南区工商局	6	防城区工商局	6	金城江区工商局	6
柳北区工商局	6	东兴市工商局	6	宜州市工商局	6
鱼峰区工商局	6	上思县工商局	6	罗城仫佬族自治县工商局	6
城中区工商局	6	钦州市工商局合计	34	环江毛南族自治县工商局	6
柳江县工商局	6	钦州市工商局本级	10	南丹县工商局	6
融安县工商局	6	钦南区工商局	6	天峨县工商局	6
融水苗族自治县工商局	6	钦北区工商局	6	东兰县工商局	6
三江侗族自治县工商局	6	浦北县工商局	6	巴马瑶族自治县工商局	6
柳城县工商局	6	灵山县工商局	6	凤山县工商局	6
鹿寨县工商局	6	贵港市工商局合计	40	都安瑶族自治县工商局	6
桂林市工商局合计	112	贵港市工商局本级	10	大化瑶族自治县工商局	6
桂林市工商局本级	10	港北区工商局	6	来宾市工商局合计	46
象山区工商局	6	港南区工商局	6	来宾市工商局本级	10
秀峰区工商局	6	覃塘区工商局	6	兴宾区工商局	6
叠彩区工商局	6	桂平市工商局	6	金秀瑶族自治县工商局	6
七星区工商局	6	平南县工商局	6	象州县工商局	6
雁山区工商局	6			武宣县工商局	6
灵川县工商局	6	玉林市工商局合计	46	合山市工商局	6

续表

单位	金额（万元）	单位	金额（万元）	单位	金额（万元）
全州县工商局	6	玉林市工商局本级	10	忻城县工商局	6
兴安县工商局	6	玉州区工商局	6	崇左市工商局合计	52
永福县工商局	6	北流市工商局	6	崇左市工商局本级	10
灌阳县工商局	6	容县工商局	6	江州区工商局	6
龙胜县工商局	6	博白县工商局	6	天等县工商局	6
恭城县工商局	6	陆川县工商局	6	扶绥县工商局	6
资源县工商局	6	兴业县工商局	6	大新县工商局	6
平乐县工商局	6	贺州市工商局合计	34	龙州县工商局	6
荔浦县工商局	6	贺州市工商局本级	10	宁明县工商局	6
临桂县工商局	6	八步区工商局	6	凭祥市工商局	6
阳朔县工商局	6	昭平县工商局	6		
梧州市工商局合计	52	富川县工商局	6	合计	799
梧州市工商局本级	10	钟山县工商局	6		

2013年，经自治区公车治理办核定，全自治区工商部门现有公务用车编制2570辆，其中一般公务用车编制359辆，执法执勤用车编制2211辆。全区工商部门公车治理前实有车辆2743辆，治理后实有车辆2203辆（截至2012年12月31日统计数据）。其中，除南宁市工商局车辆满编和百色、来宾市工商局存在车辆富余情况（共16辆，经自治区公车治理办同意，可继续使用至自然报废）外，其余各市工商局均存在车辆空缺，车辆空编数总计383辆。如崇左市工商局共77个工商所，有47个所没有配备车辆；田阳县工商局11个工商所中还有5个没有执法用车；博白县工商局37个工商所中还有16个没有执法用车。自2008年以来，全自治区基层工商部门一直未购置和配备执法执勤用车，基层执法执勤用车普遍存在车辆使用年限长、车况差、维修保养成本高、安全隐患大等普遍现象，部分基层单位甚至存在无执法执勤用车，车编空置的情况，急需解决执法执勤车辆的问题。为此，自治区工商局向自治区人民政府申请为基层工商部门配备一批执法执勤用车。

2013年，贵港市工商局在建项目共5个，其中，平南县工商局4个中央投资项目以购现房的方式完成项目建设，年底前投入使用；筹措资金改善基层办公生活条件，先后完成港北区工商局、附城工商所、城西工商所维修，大圩工商所、中里工商所、江南工商所维修正在实施之中。先后投入31万元完成该局机关办公楼前两个停车棚的建设、大门维修和部分空地绿化工程。2013年起，南宁市加大了硬件设施投入，完善信息化建设基础。全局共投入600多万元用于信息化基础设施改造和设备更新，先后购进计算机280台，复印件37台，激光打印机186台，移动执法设备66台，为各项工作的顺利开展提供了基础设备保障。全面提高宽带网络接入水平，每两年提升一次宽带，从原来的10兆到现在的50兆，提高了窗口单位服务企业年报的工作效率。升级改造机房和多媒体培训室，投入50万元对机房和多媒体培训室进行了升级改造。确保了信息化基础设备安全、稳定无故障运行。自2013年开始，全面深化OA办公自动化的应用。投入100万元建设南宁市工商局电子证据取证室。全市130个市场共有109个市场安装了摄像头，安装率为84%。南宁市工商局指挥中心与自治区工商局指挥中心进行联网，与青秀区以及12个重点监管市场实现了联网，初步实现“自治区局—市局—分局—市场”四级联网联动。

2004—2006年及2010—2012年两次开展三年基础设施建设大会战，分别投入3.17亿元和4.14亿元，建成大批项目。

2014年，制定《自治区工商局关于进一步加强新形势下工商所规范化建设的意见》，明确工商所规范化建设的标准和措施，切实加强工商所的基础设施、基本装备、基本保障、基本素质、基本技能建设。年内，下拨7301万元专项经费，用于弥补往年基层基础设施建设项目资金缺口及工商所业务用房维修；筹措2776万元资金，为基层工商所配备监管执法仪器、办公电脑、执法车辆等执法装备。2014年贵港市工商局在市局机关建设职工食堂和干部职工文化活动中心，以购买的方式解决北门、蒙公工商所办公条件差问题，加固修缮港北区工商局、中里工商所、桥圩工商所，为城西、附城、江南工业园、台湾产业园等4个工商所基建项目进行立项。

2015年，全区工商行政管理系统市县工商局、基层工商所，绝大部分单位新建了办公及业务用房，个别单位虽然没有新建但也进行了翻新改造，信息网络由自治区工商局逐级贯穿到基层工商所。

2014—2015年，中央财政通过转移支付方式下达广西专项补助经费，其中，工商行政管理专项补助经费1834元(2014年937万元、2015年897万元)。2014年主要用于建设示范工商所工程、基层工商部门基层基础设施建设、维修改造、商事登记改革信息化建设等工商行政管理事务；用于广西工商学校维修改造、食品安全市场监管经费。改善了大部分单位的办公条件和办公环境，为基层开展执法工作提供了有力保障。但一些老、少、边山区的工商所基层基础设施建设仍然存在差距，部分基层单位存在执法装备配备不齐，办公设备落后，设施陈旧老化等问题。将国家专项经费中的100万元资金用于9个示范工商所工程建设，570万元用于基层工商部门基础设施建设、维修改造。同时，为提高专项资金使用效益，在广西工商局2014年部门预算中安排了配套资金2700万元，用于基层工商所“五个一”“五小”工程建设，改善基层工商所的条件。在桂林市和南宁市试点开展“天眼工程”建设。2015年主要用于建设规范化工商所示范点；补助基层工商部门基层设施建设经费；老少边山穷地区工商部门经费补助；企业注册登记“全城通，就近办”工作补助经费；支持商事登记制度改革试点单位；非公党建工作试点单位经费补助。

2014—2015年，中央财政通过转移支付方式下达西部地区基层工商所业务用房建设项目中央基建投资预算4055万元(2014年2077万元，2015年1978万元)。2014年国家发展改革委下达广西西部地区基层工商所业务用房建设项目共52个，计划总投资5679万元，其中中央预算内投资2077万元，地方配套投资3602万元(广西区工商局实际配套投资1611万元)；2015年国家发展改革委下达广西西部地区基层工商所业务用房建设项目共46个，计划总投资3970万元，其中中央预算内投资1978万元，地方配套投资1992万元(广西区工商局实际配套投资1500万元)。

表5-2-5　2014年工商行政管理专项补助经费分配情况

单位名称	项目名称	资金用途	金额（万元）	备注
合计			937	
一、食品市场监管经费				
自治区工商局本级		食品安全市场监管经费	37	根据国家总局《关于做好2014年工商行政管理专项经费分配使用工作的通知》指定项目
二、广西工商学校维修资金				

续表

单位名称	项目名称	资金用途	金额（万元）	备注
广西工商学校		维修经费	100	根据国家总局《关于做好2014年工商行政管理专项经费分配使用工作的通知》指定项目
三、建设示范工商所工程			100	
田阳县工商局	那满工商所	示范工商所工程建设经费	12	根据国家总局《关于做好2014年工商行政官理专项经费分配使用工作的通知》指定项目为建设示范工商所工程，拟将此项经费用于局领导担任“第一所长”的9个工商所作为示范工商所工程试点单位
钦南区工商局	沙埠工商所	示范工商所工程建设经费	12	
岑溪县工商局	马路工商所	示范工商所工程建设经费	12	
北海市工商局	城中工商所	示范工商所工程建设经费	12	
荔浦县工商局	荔城工商所	示范工商所工程建设经费	12	
兴宁区工商局	三塘工商所	示范工商所工程建设经费	10	
鹿寨县工商局	鹿寨工商所	示范工商所工程建设经费	10	
东兴市工商局	江平工商所	示范工商所工程建设经费	10	
凌云县工商局	沙里工商所	示范工商所工程建设经费	10	
四、基层基础设施建设经费			700	
横县工商局	经检队业务用房	基层基础设施建设、维修改造	18	根据国家总局《关于做好2014年工商行政管理专项经费分配使用工作的通知》，此项经费用于基层工商部门的办公用房等基础设施建设、维修及改造
马山县工商局	抗洪救灾后的维修改造	基层基础设施建设、维修改造	20	
上林县工商局	县局办公楼工程款55万，大丰所、明亮所业务用房的维修改造费用16万	基层基础设施建设、维修改造	71	
隆安县工商局	4个工商所业务用房	基层基础设施建设、维修改造	18	
桂林市叠彩区工商局	叠彩区工商局综合楼工程款，已投入使用	基层基础设施建设、维修改造	110	
德保县工商局	隆桑工商所业务用房35万，龙光工商所业务用房10万	基层基础设施建设、维修改造	45	

续表

单位名称	项目名称	资金用途	金额（万元）	备注
东兴市工商局	万尾工商所业务用房	基层基础设施建设、维修改造	20	
象州县工商局	百丈工商所业务用房13万，中平工商所业务用房8万	基层基础设施建设、维修改造	21	
武宣县工商局	通挽工商所业务用房25万，黄茆工商所业务用房10万	基层基础设施建设、维修改造	35	
兴宾区工商局	良江工商所业务用房	基层基础设施建设、维修改造	24	
天等县工商局	因旧城改造，县局办公楼置换后投入使用的装修和消防工程款	基层基础设施建设、维修改造	82	
扶绥县工商局	柳桥工商所业务用房26万，龙头工商所业务用房13万，东罗工商所业务用房2万	基层基础设施建设、维修改造	41	
江州区工商局	城关工商所业务用房	基层基础设施建设、维修改造	45	
南宁市工商局	电子营业执照试点	基层基础设施建设——信息化建设	25	
桂林市工商局	电子营业执照赛点，开发使用“天远”监管软件	基层基础设施建设——信息化建设	40	
北海市工商局	电子营业执照试点	基层基础设施建设——信息化建设	25	
防城港市工商局	“先照后证”改革试点经费	基层基础设施建设一信息化建设	40	
三江侗族自治县工商局	对口扶贫单位基层基础设施建设、维修改造	对口扶贫单位基层基础设施建设、维修改造	20	

表 5–2–6　广西工商系统 2014 年西部地区基层工商所业务用房建设项目配套资金统计情况

单位：万元

序号	项目名称	自治区工商局配套资金	中央预算内投资	合计	城区所或乡镇所
	合计	1611	2077	3688	
	南宁市工商局				
1	南宁市良庆区工商局玉洞工商所业务用房	45	26	71	城区所
2	南宁市工商局相思湖新区工商所业务用房	63	37	100	城区所
3	南宁市工商局万秀工商所业务用房	66	39	105	城区所
4	南宁市兴宁区工商局园林工商所业务用房	83	35	118	城区所
5	南宁市工商局货运市场工商所业务用房	90	35	125	城区所
6	青秀区工商局七星工商所业务用房	90	70	160	城区所
7	南宁市马山县工商局林圩工商所业务用房	24	28	52	乡镇所

续表

序号	项目名称	自治区工商局配套资金	中央预算内投资	合计	城区所或乡镇所
8	南宁市马山县工商局永州工商所业务用房	24	28	52	乡镇所
9	南宁市横县工商局云表工商所业务用房	24	28	52	乡镇所
	柳州市工商局				
10	柳州市工商局峻岭工商所业务用房	30	70	100	城区所
	桂林市工商局				
11	桂林市灵川县潭下工商所业务用房业务用房	24	28	52	乡镇所
	钦州市工商局				
12	钦州市钦州港分局新城工商所业务用房	44	70	114	城区所
13	钦南区工商局尖山工商所业务用房	54	70	124	城区所
14	钦州市钦北区工商局那香(鸿亭)工商所业务用房	54	70	124	城区所
15	钦州市灵山县工商局那隆工商所业务用房	30	28	58	乡镇所
16	钦州市灵山县工商局武利工商所业务用房	30	28	58	乡镇所
17	钦州市浦北县工商局泉水工商所业务用房	30	28	58	乡镇所
18	钦州市浦北县工商局白石水工商所业务用房	30	28	58	乡镇所
	贵港市工商局				
19	贵港市港北区工商局城西工商所业务用房	20	47	67	城区所
20	贵港市工商局专业市场管理分局基层工商所业务用房	30	70	100	城区所
	玉林市工商局				
21	玉林市工商局福绵分局福绵工商所业务用房	24	28	52	乡镇所
22	玉林市工商局茂林工商所业务用房	24	28	52	乡镇所
23	玉林市玉州区工商局仁厚工商所业务用房	24	28	52	乡镇所
24	玉林市容县工商局容州工商所综合业务用房	30	70	100	城区所
25	玉林市兴业县工商局龙安工商所业务用房	18	21	39	乡镇所
26	玉林市北流市工商局新圩工商所业务用房	24	28	52	乡镇所
	百色市工商局				
27	百色市右江区工商局直属工商所业务用房	30	70	100	城区所
28	百色市右江区工商局龙川工商所业务用房	12	28	40	乡镇所
29	百色市田东县工商局朔良工商所业务用房	12	28	40	乡镇所
30	百色市平果县工商局铝桥工商所业务用房	30	70	100	城区所
31	百色市德保县工商局马隘工商所业务用房	12	28	40	乡镇所
32	百色市德保县工商局那甲工商所业务用房	12	28	40	乡镇所
33	百色市靖西县工商局南坡工商所业务用房	12	28	40	乡镇所

续表

序号	项目名称	自治区工商局配套资金	中央预算内投资	合计	城区所或乡镇所
34	百色市那坡县工商局百合工商所业务用房	12	28	40	乡镇所
35	百色市凌云县工商局伶站工商所业务用房	12	28	40	乡镇所
36	百色市乐业县工商局同乐工商所业务用房	30	70	100	城区所
37	百色市田林县工商局利周工商所业务用房	12	28	40	乡镇所
38	百色市西林县工商局西平工商所业务用房	12	28	40	乡镇所
39	百色市隆林各族自治县工商局沙梨工商所业务用房	12	28	40	乡镇所
	贺州市工商局				
40	贺州市富川瑶族自治县工商局朝东工商所业务用房	30	34	64	城区所
	河池市工商局				
41	河池市金城江区工商局农贸工商所业务用房	30	70	100	城区所
42	河池市天峨县工商局坡结工商所业务用房	24	28	52	乡镇所
43	河池市凤山县工商局袍里工商所业务用房	24	28	52	乡镇所
44	河池市东兰县工商局长江工商所业务用房	24	28	52	乡镇所
45	河池市环江毛南族自治县工商局思恩工商所业务用房	30	70	100	城区所
46	河池市巴马瑶族自治县工商局所略工商所业务用房	24	28	52	乡镇所
47	河池市都安瑶族自治县工商局拉仁工商所业务用房	24	28	52	乡镇所
48	河池市宜州市工商局城东工商所业务用房	30	70	100	城区所
	来宾市工商局				
49	来宾市兴宾区工商局城西工商所业务用房	44	53	97	城区所
50	来宾市忻城县工商局新圩工商所业务用房	41	28	69	乡镇所
	崇左市工商局				
51	崇左市扶绥县工商局岜盆工商所业务用房	24	28	52	乡镇所
52	崇左市龙州县工商局金龙工商所业务用房	24	28	52	乡镇所

表 5-2-7　广西 2015 年基层工商所业务用房建设项目配套资金统计情况

单位：万元

序号	项目名称	自治区工商局配套资金	中央预算内投资	合计	备注
	合计	1500	1978	3478	
1	南宁市经开区吴圩工商所	7	28	35	乡镇所
2	南宁市高新区银达工商所	15	47	62	城区所
3	隆安县工商局雁江工商所	7	28	35	乡镇所

续表

序号	项目名称	自治区工商局配套资金	中央预算内投资	合计	备注
4	隆安县工商局乔建工商所	7	28	35	乡镇所
5	隆安县工商局丁当工商所	7	28	35	乡镇所
6	横县工商局那阳工商所	7	28	35	乡镇所
7	横县工商局附城工商所	7	28	35	乡镇所
8	横县工商局新福工商所	7	28	35	乡镇所
9	柳州市工商行政管理局柳邕工商所业务用房	74	70	144	城区所
10	苍梧县工商行政管理局新城工商所业务用房建设项目	30	70	100	城区所
11	苍梧县工商行政管理局东安工商所业务用房建设项目	30	70	100	城区所
12	北海市大学园区工商所业务用房	51	70	121	城区所
13	北海市平阳工商所业务用房	51	70	121	城区所
14	北海市工业园区工商所业务用房	51	70	121	城区所
15	北海市银滩工商所业务用房	51	70	121	城区所
16	北海市兴港工商所业务用房	46	28	74	乡镇所
17	防城港市防城区工商局那勤工商所业务用房	64	28	92	乡镇所
18	钦州港分局海港工商所建设项目	49	70	119	城区所
19	钦南区工商局龙门港工商所建设项目	49	28	77	乡镇所
20	钦北区工商局新棠工商所建设项目	49	28	77	乡镇所
21	灵山县工商局沙坪工商所建设项目	49	28	77	乡镇所
22	浦北县工商局平睦工商所建设项目	49	28	77	乡镇所
23	贵港市工商局专业市场管理分局江南工业园工商所	44	46	90	城区所
24	贵港市工商局专业市场管理分局台湾产业园工商所	43	49	92	城区所
25	贵港市工商局西江产业园工商所	39	61	100	城区所
26	港南区工商局南山工商所	47	53	100	城区所
27	桂平市石咀工商所	31	28	59	乡镇所
28	桂平市木根工商所	31	28	59	乡镇所
29	玉州区工商局仁东工商所业务用房	43	28	71	乡镇所
30	兴业县石南工商所业务用房建设项目	31	70	101	城区所
31	兴业县蒲塘工商所业务用房建设项目	46	28	74	乡镇所
32	百色市右江区工商局东风工商所项目	30	70	100	城区所
33	百色市右江区工商局向阳工商所项目	30	70	100	城区所
34	百色市田东县工商局江城工商所业务用房项目	12	28	40	乡镇所
35	百色市田东县工商局那拔工商所业务用房项目	12	28	40	乡镇所

续表

序号	项目名称	自治区工商局配套资金	中央预算内投资	合计	备注
36	百色市平果县工商局果化工商所业务用房	12	28	40	乡镇所
37	百色市平果县工商局凤梧工商所业务用房	12	28	40	乡镇所
38	百色市平果县工商局黎明工商所业务用房	12	28	40	乡镇所
39	百色市德保县工商局城关工商所业务用房建设项目	30	70	100	城区所
40	百色市凌云县泗城工商所业务用房建设项目	30	70	100	城区所
41	百色市乐业县花坪镇工商所业务用房建设项目	12	28	40	乡镇所
42	河池市金城江区工商局东江工商所业务综合楼	24	56	80	城区所
43	环江毛南族自治县水源工商所业务用房	43	28	71	乡镇所
44	宜州市怀远工商所业务综合楼	43	28	71	乡镇所
45	崇左市扶绥县昌平工商所业务用房	43	28	71	乡镇所
46	崇左市扶绥县渠旧工商所业务用房	43	28	71	乡镇所

2014—2015 年，国家工商总局直接拨付的专项业务补助经费共计 203 万元。2014 年主要用于网络商品交易监管专项经费、流通领域商品质量抽查经费、打击传销和变相传销专项经费、全国广告监测和监管专项经费、2015 年主要用于“红盾护农”专项行动经费、流通领域商品质量抽查经费、市场防控重大动物疫情经费、打击传销和变相传销专项经费、反垄断执法专项经费。(1)流通领域商品质量抽查经费。用于自治区工商局开展抽检电线电缆、汽车制动器衬片以及节能灯等商品质量抽查检验等工作。2014 年，委托广西壮族自治区产品质量检验研究院对广西流通领域电线电缆商品质量开展抽查检验工作，共在百色、贵港、防城港、北海市抽查检验包括铜芯、铝饼聚氯乙烯绝缘电线电缆在内的 20 个批次，合格批次 16 个，不合格批次为 4 个，其中 2 个批次的样品标志、1 个批次的样品的绝缘老化前抗张强度、4 个批次的样品的导体电阻不合格，样品合格率为 80%。委托国家客车质量监督检验中心对广西市场上销售的汽车制动器衬片商品开展抽查检验工作。抽检汽车制动器衬片 15 个批次中有 5 批次不合格，其中 1 个批次摩擦系数和包装标志不合格，4 个批次包装标志不合格。已立案查处案件 1 件；罚没款 0.05 万元；处理商品经销单位 4 个，其中责令整改 4 个，行政处罚 1 个。2015 年，节能灯抽查任务委托深圳市计量质量检测研究院进行抽样检验。抽查对普通照明用自镇流荧光灯的 10 个项目进行检验。在抽样 60 批次中，全部项目合格只有 3 批次，合格率 5%，实物质量合格 22 批次，合格率 36.7%，标签检验合格 5 批次，合格率 8.3%。对不合格商品，已立案查处 17 件。针对以上抽查检验结果，主要措施有：一是对不合格商品，已通知抽样所在地工商机关对经销商依法查处。二是在“广西红盾信息网”和《中国消费者报》向社会发布监测结果通告并提出消费警示。(2)广告监测和监管专项经费。2014—2015 年，自治区工商局广告监测工作经委托由广西旗舰广告有限公司承办。工商总局直接拨付的全国广告监测和监管专项经费用于 2014—2015 年期间支付给广西旗舰广告有限公司的广告监测费用。(3)打击传销和变相传销经费。用于广西打击传销和变相传销整治及宣传工作，专项经费全部下拨到近年来传销举报相对投诉集中、传销活动出现反复反弹、传销人员长期聚集、网络传销案件高发频发的打击传销重点区域，2014 年分别下拨南宁市工商局、北海市工商局、桂林市工商局，2015 年下拨南宁市工商局、北海市工商局、防城港市工商局、钦州市工商局、桂林市工商局。集中办理一批社会影响较大、群众反映强烈的传销大案要案，打掉一批成员众多、为害一方，特别是近年来长期盘踞广西的传销团伙及头目，传销活动的生存基础和活动空间明显削弱和压缩，传销人员公

2015年2月4日，自治区工商局在南宁会展中心举办广西工商行政管理系统基层执法装备发放仪式，为基层单位配发了上百辆食品检测车和一批手提办公电脑

开聚集活动明显减少，传销重点地区状况明显改观。(4)网络商品交易监管经费。主要用于全区工商系统网络交易机关技术专业人才培训，培训广西网络交易监管系统操作程序和基本技巧。包括数据采集、经济户口数据入库、网络动态监管、电子标识发放及管理、案件任务协同、数据统计分析等内容。(5)红盾护农专项经费。主要用于开展全区流通领域农资商品抽查检验工作。根据《流通领域商品质量抽查检验办法》有关规定和关于加强流通环节农资商品质量监管的工作部署，结合广西流通领域肥料、农资商品质量基本状况和春耕生产实际，开展相关抽查检验工作，让广大农民春耕生产用上放心肥，放心药。(6)反垄断执法专项经费。主要用于反垄断、反不正当竞争等执法宣传以及参加总局相关专项业务培训班等。

2016年，贵港市工商局向自治区发改委申报西部地区办公用房建设项目，另外再向市财政局争取60万元资金支持，新建并投入使用荷城、城北等6个工商所，市本级基本实现基层工商所都有独立办公用房。经多方筹措资金，妥善处理该局机关办公楼历史遗留问题，全部偿还1480多万元工程欠款和利息。

2018年，在2017年度已到位62台食品快检车的基础上，增加47辆县级食品快检车及车载设备，列入“十三五”食品安全能力建设项目的109辆食品快速检测车全部列装到位，完成采购快检设备并实施系统对接2374台。贵港市工商局完成该市局机关大院的停车棚搭建工作和办公楼一楼全部线路的改造工作，并和物业公司签订代管协议，将安防、保洁、食堂等转型为外包机制。

第二节　基层管理

1992年以来，根据国务院批准由国家工商局颁发的《工商行政管理所条例》以及《关于实施〈工商行政管理所初级规范(试行)〉的通知》(工商人字〔1992〕249号)和自治区工商局关于印发《广西壮族自治区工商行政管理系统基层工作方案的通知》(桂工商人字〔2000〕86号)。根据国家工商总局关于“三式三制”工商所监管模式改革的需要，为更好地树立工商形象，基层工商行政管理所要按照规定进行建设，软件、硬件必须达到国家工商总局的要求。自治区工商局抓好基层基础设施建设工作，并组织检查验收364个工商所。实行垂直管理前，工商部门将资金主要投入建设市场，忽视了自身的建设，致使全区工商部门的办公条件整体落后，有的市级工商局甚至至今没有自己的办公楼，不少县级工商局是在市场上办公的，市场办管脱钩后，市场划归当地管理。原来在市场办公的单位则面临失去办公场所，需要重新建设。自治区工商局为尽快改善基层基础设施，每年根据财力重点安排经费来尽快解决工商行政管理机关无办公场所的问题。全区工商系统2003—2004年用于基层工商所规范建设经费支出分别为4612.81万元和4654.6万元，办公楼建设经费支出分别为8692.33万元和6404.62万元。

2003—2004年，自治区级、市级、县级的各项工作同时开展，为保证信息沟通及时，政务处理顺畅，内部管理规范，促进工商行政管理工作的科学化与现代化，各级工商部门必须逐步配备先进的自动化办公系统，尽快改善落后的办公条件。本项目主要用于更好地支持工商部门履行市场监督管理和行政执法职能，进一步畅通机制、提高效率，加快工商行政管理处理时速，增强快速反应能力，改善行政执法手续。本项目的主要开支内容有:单位按资产管理规定购买的通信设备、电脑设备、软件设备、文印设备、办公专用设备等各种办公自动化设备。该项目全区工商系统 2003—2004 年分别支出 924.77 万元和 1152.57 万元。

全区工商系统 2003—2004 年分别支出 1789.36 万元和 1322.6 万元解决执法车辆问题。全区工商系统的执法车辆不但数量不够,而且车况很差,还有很多车辆已到报废年限。很多执法用车经常在执行公务中出现熄火、抛锚现象,车辆维修费用也逐年上升。落后的车辆装备已经在很大程度上影响了工商巡查执法工作的快速、高效与智能性。

2003—2004 年分别支出 1429.81 万元和 1976.8 万元解决办公用房问题。全区工商系统许多办公用房因修建时间较早、质量较差,被鉴定为危房,需要修缮或改造。本项目主要用于达不到基本建设额度的零星土建工程费用,公用房、建筑物的修缮费用。通过对破旧办公设施的维修,进一步改善全区工商部门的办公条件,为开展各项服务、管理、执法、办案工作提供良好的环境。

工商行政管理部门作为行政执法单位,必须要有车辆作为基本办案工具。大量没有编制的执法用车,如微型面包、边三轮车、摩托车等是乡镇基层工商所开展行政执法工作的主要交通工具。据统计,目前全区工商部门现有的边三轮车、两轮摩托车共 1,466 辆,微型面包车 819 辆,这些车辆每年都要开支一笔费用,包括年检费、保险费、修理费、油料费等。而自治区财政厅制定公用经费定额标准中交通费没有边三轮车、两辆摩托车的标准,因此在备选项目中设立交通费这个专项,来预算这部分车辆的费用。该项目全区工商系统 2003—2004 年分别支出 1640.34 万元和 1578.91 万元。

不管分级管理期间还是垂直管理期间,自治区工商局高度重视基层基础设施建设及基层工商所规范化建设。

2004 年,自治区工商局及时将打假办案补助经费拨付到全区各地工商部门 29 万元,公安部门联合打假办案经费 11 万元,解决了监管执法过程中的经费困难,促进市场监管执法职能到位。2004 年,广西各级工商部门先后开展食品安全专项整治,查处“消费储值”违规商业欺诈行为、传销和变相传销,打击虚假广告等打假维权工作。特别是围绕中国—东盟博览会和国际民歌节,自治区工商局与自治区公安厅等部门联合开展了一系列专项整治、打假维权工作,创造了良好的投资环境和消费环境。

2010 年,全区工商系统严格落实中央和自治区关于党政机关厉行节约的各项要求,严禁全区各级工商行政管理机关在年内新建楼堂馆所。因此,当年对基层建设的支出也相应减少,全区工商系统基本建设工作的重点是完善在建工程项目和全面推进规范化建设。一是下拨资金 2392 万元给市县工商局用于解决 20 个在建工程项目的资金缺口问题。二是投入资金 6250 万元用于全区工商系统全面推进规范化建设工作,重点规范办公楼主体形象、户外指示形象、室内形象和标牌,工商窗口部门、12315 消费者申诉举报中心主体形象及标牌,工商执法车辆车体标识、食品安全检测箱和证件类主体形象及标识,网站、网页主体形象以及其他应用等标识使用内容。三是投入资金 1134 万元对部分危旧基层工商所办公用房进行修缮。

2012 年贵港市工商局结合开展贵港市“解放思想,赶超跨越”活动,实行机关科室科长、负责人每月到基层工商所蹲点不少于 2 天,与基层同志同学习、同工作、同生活、同要求等“四同”。

截至取消垂直管理的 2015 年,广西工商行政管理系统市县工商局、基层工商所绝大部分单位新建了办公及业务用房,个别单位虽然没有新建但也进行了翻新改造,信息网络由自治区工商局逐级贯穿到基层工商所。

第三章　经费资产管理

1992 年，自治区工商行政管理局行政事业性收费主要有七种，即企业注册登记费、个体工商户注册登记费、广告自营单位注册登记费、集市贸易市场管理费、个体工商户管理费、经济合同仲裁费和鉴证费、经济合同示范文本工本费。

1998 年实行垂直管理前主要是财政拨入预算内经费，各地上缴规费提成款、财政回拨本级的行政性收费、收取各地的服装管理费以及所属单位上缴管理费等预算外资金收入。1998 年全区工商局本级预算外资金收入 2344.88 万元，其中：国家工商局返还经费 560 万元，预算外资金收入 1547.50 万元，其他收入 228.38 万元。

1999 年实行垂直管理后，全区工商系统按照财务实行收支两条线管理的制度，对全区预算内、外资金等各项财务收支活动实行统一管理、统一核算。从 1999 年 11 月 1 日起，仅保留城乡集贸市场管理费和个体工商户管理费 2 项，收取的其他市场管理费一律取消。1999 年全区工商局系统的预算内、外资金收入 4053.7 万元，其中：自治区财政厅拨入经费 843.4 万元，预算外资金收入 3168.6 万元，其他收入 41.7 万元。

1999 年之前，自治区工商部门的经费资产管理工作重点放在局机关，财务收入有两个来源，一是自治区财政拨款，二是各市县工商局按规定比例上缴的行政性收费收入先上缴财政再核拨单位使用。1999 年 1 月 1 日起实行垂直管理，1999 年之后经费由自治区财政全额拨款。工作面向全区各级工商行政管理部门，近 100 个单位。由单纯的财务收支管理转变到对全区工商部门“小财政”管理。根据国家工商总局提出的“依法理财，规范管理”的财务工作方针，重点建立健全财务管理体制和各项财务管理规章制度，制订预决算管理制度、项目经费管理制度、行政性收费罚没收入管理制度、政府采购管理规定、经费审批规定、收费票据管理规定等管理制度。1999 年自成立内审机构，内审人员对全区工商行政管理系统开展预算执行审计、经济责任审计、基建工程审计、配合审计调查等工作。自治区工商局重视对财会人员政治业务素质的培养，每年均采取各种不同的方式对财会人员进行培训，先后举办了新会计制度培训班、加强会计基础工作业务培训班、内审人员培训班等。

2000 年，全区各级工商机关完成自治区以下工商机关实行垂直管理的机构上收、编制上划、干部交接、经费统管等工作，基本实现了人、财、物的垂直管理。垂直管理后，广西各级工商机关实行地方政府和上级主管部门的“双重领导”，上级主管工商局负责管理业务“事权”，负责管理“人、财、物”，监管责任和监管模式发生了根本性转变。

2008 年，工商行政管理职能发生变化，不再参与有形的市场建设和经营。从 2008 年 9 月 1 日起，全面停止“两费”征收工作，取消了市场管理费和个体工商户管理费，2011 年开始暂停收取企业登记注册费、个体工商户登记费、合同管理费等，除执法办案过程中取得罚没收入外，不再收取任何费用。

第一节　行政事业性收费

1978 年，重新恢复工商行政管理建制。根据国家和自治区规定，在从事市场监督管理和行政执法中，按规定收取行政性收费和取得罚没收入。收费的种类主要有：集贸市场管理费、个体工商户管理费、企业登记费、外商投资企业登记费、个体工商户登记费、经济合同仲裁费和鉴证费。

1983年2月，国务院颁布《城乡集市贸易管理办法》，规定征收集贸市场管理费；1987年8月，国务院颁布《城乡个体工商户管理暂行条例》，其中第十三条规定个体工商户应当按照规定缴纳登记费和管理费。个体工商户领取营业执照、临时营业执照和换领营业执照，应当缴纳登记费；办理变更登记，应当缴纳变更登记费。登记费和管理费的收费标准及管理方法，由国家工商局和财政部共同制定。两个规定明确了“两费”主要是由工商行政管理部门向个体工商户和私营企业征收，用于建设集贸市场，为个体工商户提供服务以及工商行政管理部门经费开支。在我国经济体制转轨过程中，“两费”作为建设和管理集贸市场、加强个体工商户管理的手段，在一定时期内，对繁荣集贸市场、推动个体私营经济发展和工商行政管理部门依法履行职责发挥了积极作用。

1988年6月，中华人民共和国国务院令第1号发布《中华人民共和国企业法人登记管理条例》中第二十六条规定企业法人办理开业登记、变更登记，应当按照规定缴纳登记费。1994年6月24日中华人民共和国国务院令第156号发布《中华人民共和国公司登记管理条例》第五十五条规定公司办理设立登记、变更登记，应当按照规定向公司登记机关缴纳登记费。

1992年8月11日，国家物价局、财政部《关于发布工商行政管理系统行政事业性收费项目和标准的通知》（〔1992〕价费字414号），对工商行政管理系统的行政事业性收费进行了审定，防止乱收费行为的发生。企业注册登记费按《企业注册登记收费标准及其心入使用范围的规定》执行，工商行政管理机关代表政府对企业法人（包括公司）注册登记公告，不另收公告费；个体工商户注册登记费按《个体工商户注册登记费收费标准及其收入使用范围的规定》执行；广告经营单位注册登记费按《广告经营单位注册登记费收费标准及其收入使用范围的规定》执行；集市贸易市场管理费按《城乡集贸市场管理费收费标准及其收入使用范围的规定》执行；个体工商户管理费按《个体工商管理费收费标准及其收入使用范围的规定》执行；经济合同仲裁费和鉴证费按《经济合同仲裁费和鉴证费收费标准及其收入使用范围的规定》执行；工商行政管理机关及有关业务主管部门向当事人发放经济合同示范文本时，可收取经济合同示范文本工本费，由自治区物价局、财政厅根据国家物价局、财政部《关于证照收费管理的通知》（〔1990〕价费字228号）中规定的工本费核算办法，制定收费标准。

1999年1月1日之前，各市县收取的行政性收费实行国家、自治区、市（地区）收入按比例分成、逐级汇缴的管理办法。罚没收入不实行这一办法，由执收机关直接缴入同级地方国库。1999年1月1日之后，自治区工商行政管理部门实行垂直管理，上述行政性收费、罚没收入全额自治区工商局，在按规定比例上缴国家工商局之后全额纳入自治区财政管理，缴入自治区财政专户和国库。集贸市场管理费和个体工商户管理费无需上缴国家工商局，地方各级工商行政管理部门收取的企业登记费、外商投资企业登记费、个体工商户登记费、经济合同仲裁费和鉴证费，分别按收入20%、40%、10%、3%的比例，逐级上缴国家工商局，由其汇缴财政部。

1999年，国家发展计划委员会、财政部《关于第二批降低收费标准的通知》（计价格〔1999〕1707号），自治区人民政府《关于取消22项、降低标准4项行政事业性收费和24项收费转轨的通知》（桂政发〔2000〕17号），自治区物价局、财政厅《关于印发〈集贸市场管理费定额收取管理暂行办法〉和〈个体工商户管理费定额收取管理暂行办法〉的通知》（桂价费字〔2004〕254号），《中华人民共和国行政处罚法》和其他有关法律法规等，并规定了各收费项目的计费依据和收取标准。从1999年11月1日起，城乡集贸市场管理费和个体工商户管理费2项，在现行收费标准基础上下调20%，并改为定额核定，由省、自治区、直辖市价格主管部门会同财政部门核定具体收费标准。除这两项外，工商行政管理部门收取的其他市场管理费一律取消。企业注册登记费，在现行收费标准基础上下调20%，由现行的按企业注册资金的比率收取，改为定额收取，另文下达。

2000年，自治区人民政府印发《关于取消22项、降低4项行政事业性收费项目和24项收费转轨的通知》（桂政发〔2000〕17号）。自治区工商局落实行政事业性收费和罚没收入“收支两条线”规定的工作，推进罚缴、收缴分离工作。对收费和罚没收入逐步实行“单位开票、银行代收”管理，由缴费单位和受罚者凭收费(罚款)通知单到指定银行缴纳。

2001年,配合自治区物价部门重点开展工商部门收费定额改革工作,4月中旬与物价部门联合组织在桂林召开工商收费定额改革工作座谈会。当月,根据国家工商总局要求,自治区工商行政管理局开展工商行政管理部门收费专项检查,主要检查收费项目是否符合规定,是否按国家规定的标准收费,收费票据的使用管理是否符合规定,有无搭车收费和代收代扣行为,收入收费是否实行了规范化管理、做到应收尽收、应缴尽缴,一切收入是否按照规定全额纳入财政预算管理,以及有无其他违纪违规问题。国家发展计划委员会在广西进行试点收费检查和收费管理工作调查了解的情况,发现广西工商部门收费管理工作中存在有四个突出问题:一是收费手续不够完善。部分收费政策标准已调整,或已过收费许可证年检时间,但一些工商部门却没有及时到物价部门重新办理有关手续,部分收费窗口没有对外张榜公布收费标准,个别收费点没有亮证收费。二是一些基层工商部门在收取规费时,收费票据的填写不规范,不按规定的票据填写规范进行填写。三是没有严格区分工商部门的行政性收费与市场开发服务中心的服务性收费。按照有关政策规定,工商部门的收费与市场开发服务中心的收费性质完全不同,不应混为一谈。一些地方将工商管理规费与市场设施租赁费混在一起收取,甚至票据的使用和财务的管理也没有彻底分开。四是由于基层工商部门对收费政策的宣传不够,加之少数"窗口"服务岗位工作人员工作方法过于简单,态度过于粗暴,导致部分群众对工商部门收取规费工作的误解和抵触,影响工商行政执法形象。以国家计委在广西开展工商收费试点检查工作为契机,对系统收费工作进行全面检查,纠正收费工作不规范的行为,促进收费工作水平的提高。尽管遇到一些不利因素,如生猪屠宰销售过程收费出台新的收费政策,收费标准降幅较大,但收费水平没有因此下降。截至11月10日,全系统行政性收费和罚没收入为5.18亿元,完成全年收费目标5.44亿元的95%。2001年12月,针对生猪屠宰销售过程工商部门收费问题,自治区物价局、财政厅、农业厅联合下发《关于重新规范我区生猪养殖屠宰销售过程收费管理及有关问题的通知》(桂价费字〔2001〕478号),该文件降低工商部门在生猪养殖屠宰销售过程的收费标准。为切实做好行政规费收取工作,防止"三乱"行为和挤占挪用国家规费违法行为的发生,按规定的项目、标准、范围收费,坚持亮证收费。全区各级工商行政管理机关统一执行自治区财政厅、物价局公布的收费项目和收费标准,没有违反规定越权新增收费项目、扩大收费范围、提高收费标准的行为。同时,严格按照有关规定,向社会公布工商行政管理机关的收费项目、标准和范围,坚持凭收费许可证收费,做到一点一证、亮证收费。所有的收费和罚没收入统一归口单位财务部门管理,及时上缴。自治区工商局规定,基层工商行政管理机关必须按旬逐级上缴行政性收费和罚没收入。除1998年外,全自治区工商系统行政性收费、罚没收入逐年有所增加,增长的原因主要是监管逐步到位,做到应收尽收,少收漏收的现象逐渐减少。

2002年,自治区工商局印发《关于进一步清理和杜绝乱收费的紧急通知》(桂工商发〔2002〕82号),各级工商局在系统内开展一次清理乱收费大检查工作,清理对企业和个体工商户乱收费问题,规范行政收费行为。各级工商行政管理机关所有的行政收费必须根据国家和自治区人民政府规定的收费项目、标准执行,除此之外的各种不合理收费,一律不得收取。重点是检查2002年以来的各种收费,凡不符合桂政发〔2001〕100号和桂政发〔2002〕27号文件精神的收费,要给予纠正,如不纠正的,给予查处通报,并处分相关责任人。并再次重申各级工商局在办理动产抵押登记时不得收取登记费。是年,由自治区物价局、监察厅、工商行政管理局、纠正行业不正之风办公室等四部门联合下发《关于配合做好工商收费专项检查工作的通知》(桂工商发〔2002〕163号)文件,其中物价部门执行具体的检查工作。2001—2002年,加强财务管理规范化体系建设和财务监督,组织开展了全系统财务收支检查;配合物价部门组织开展收费专项大检查,配合国家计委做好了工商系统收费检查试点工作,及时发现和纠正了违规问题,使全系统收费管理工作得到进一步加强。据统计,2002年广西工商部门行政性收费如下:市场管理费2.37亿元,个体管理费3.10亿元,企业注册登记费中的年检费0.06亿元。

截至2003年12月31日,全区工商系统完成行政性收费、罚没收入6.18亿元,完成全年计划6.5亿元的95%。影响收入的因素有:一是非典原因。自治区人民政府出台《广西壮族自治区人民政府关于部分行业实行减免行政事业性收费政策的通知》（桂政电〔2003〕9号）下发各地执行。这些政策涉及工商行政管理部门企业登记费中的年检费、集贸市场内的市场及个体管理费，集贸市场外部分行业的个体管理费等，对全区工商系统的收费工作产生较大影响。二是生猪屠宰销售过程收费收入进一步下降。三是根据国家有关政策规定，减免特困下岗职工和从事个体经营的大中专毕业生的工商管理费。四是各级工商行政管理部门通过加大清理无证经营及整顿和规范市场经济秩序的执法力度，罚没收入有较大幅度的增长。2003年罚没收入同比增长60%。

2004年，自治区物价局、财政厅《关于印发〈集贸市场管理费定额收取管理暂行办法〉和〈个体工商户管理费定额收取管理暂行办法〉的通知》（桂价费字〔2004〕254号）。

表5-3-1 2004年自治区工商管理系统政府非税收入收支情况统计表

单位：万元

收缴单位	收费项目名称	缴库方式	应收数	实收数	缴库数	支出数	结余数
南宁市工商行政管理局汇总合计			13028.8	13028.8	13027.95	0	0
南宁市工商行政管理局汇总	市场管理费	自治区财政国库	2384.12	2384.12	2384.12		
南宁市工商行政管理局汇总	个体管理费	自治区财政国库	8008.16	8008.16	8008.16		
南宁市工商行政管理局汇总	企业登记费	自治区财政国库	655.61	655.61	655.61		
南宁市工商行政管理局汇总	外资登记费	自治区财政国库	82.2	82.2	82.2		
南宁市工商行政管理局汇总	个体登记费	自治区财政国库	154.53	154.53	154.53		
南宁市工商行政管理局汇总	合同鉴证费	自治区财政国库	0.04	0.04	0.04		
南宁市工商行政管理局汇总	广告登记费	自治区财政国库	23.89	23.89	23.89		
南宁市工商行政管理局汇总	商标注册费	自治区财政国库	0.85	0.85	0.85		
南宁市工商行政管理局汇总	合同文本工本费	自治区财政国库	0.1	0.1	0.1		
南宁市工商行政管理局汇总	罚没收入	自治区财政国库	1719.3	1719.3	1719.3		
柳州市工商行政管理局汇总合计			7795.5	7795.5	7553.66	241.84	0
柳州市工商行政管理局汇总	集贸市场管理费	自治区财政国库	1346.05	1346.05	1346.05	0	
柳州市工商行政管理局汇总	个体工商户管理费	自治区财政国库	4591.5	4591.5	4591.5	0	
柳州市工商行政管理局汇总	企业注册登记费	自治区财政国库	319.32	319.32	319.32	0	

续表

收缴单位	收费项目名称	缴库方式	应收数	实收数	缴库数	支出数	结余数
柳州市工商行政管理局汇总	外资企业登记费	自治区财政国库	6.71	6.71	6.71	0	
柳州市工商行政管理局汇总	个体工商户登记费	自治区财政国库	77.56	77.56	77.56	0	
柳州市工商行政管理局汇总	广告登记费	自治区财政国库	11.38	11.38	11.38	0	
柳州市工商行政管理局汇总	罚没收入	自治区财政国库	1201.14	1201.14	1201.14	0	
柳州市工商行政管理局汇总	租赁费收入		199.19	199.19	0	199.19	
柳州市工商行政管理局汇总	利息等其他收入		42.65	42.65	0	42.65	0
桂林市工商行政管理局汇总合计			8280	8687.1	8306.75	367.73	0
桂林市工商行政管理局汇总	集贸市场管理费	自治区财政国库	2320.98	2320.98	2393.43		
桂林市工商行政管理局汇总	个体工商户管理费	自治区财政国库	4516.02	4516.02	4454.07		
桂林市工商行政管理局汇总	企业注册登记费	自治区财政国库	334.65	333.02	333.02		
桂林市工商行政管理局汇总	个体工商户注册登记费	自治区财政国库	96.75	98.35	98.35		
桂林市工商行政管理局汇总	广告登记费	自治区财政国库	5.56	3.96	3.96		
桂林市工商行政管理局汇总	商标注册费	自治区财政国库	1.37	1.37	1.37		
桂林市工商行政管理局汇总	罚没收入	自治区财政国库	1004.67	1045.67	1022.55		
桂林市工商行政管理局汇总	工本费	自治区财政国库		48.4		48.4	
桂林市工商行政管理局汇总	租金收入	本单位账户		139.47		139.47	
桂林市工商行政管理局汇总	利息收入	本单位账户		2.11		2.11	
桂林市工商行政管理局汇总	其他	本单位账户		177.75		177.75	
梧州市工商行政管理局汇总合计			4419.29	4419.29	4150.06	266.59	0
梧州市工商行政管理局汇总	集贸市场管理费	自治区财政国库	1281.71	1281.71	1281.71		
梧州市工商行政管理局汇总	个体工商户管理费	自治区财政国库	2111.72	2111.72	2111.72		
梧州市工商行政管理局汇总	企业注册登记费	自治区财政国库	177.83	177.83	177.83		
梧州市工商行政管理局汇总	个体工商户注册登记费	自治区财政国库	48.58	48.58	48.58		
梧州市工商行政管理局汇总	罚没收入	自治区财政国库	530.22	530.22	530.22		
梧州市工商行政管理局汇总	利息收入	本单位账户	4.54	4.54		4.54	

续表

收缴单位	收费项目名称	缴库方式	应收数	实收数	缴库数	支出数	结余数
梧州市工商行政管理局汇总	租金收入	本单位账户	264.69	264.69		262.05	
北海市工商行政管理局汇总合计			4278.02	4278.02	4243.79	33.17	0
北海市工商行政管理局汇总	集贸市场管理费		723.24	723.24	723.24		
北海市工商行政管理局汇总	个体工商户管理费		2518.41	2518.41	2518.91		
北海市工商行政管理局汇总	企业登记费	自治区	154.14	154.14	154.14		
北海市工商行政管理局汇总	外资登记费	财政	8.42	8.42	8.42		
北海市工商行政管理局汇总	个体登记费	国库	46.38	46.38	46.21		
北海市工商行政管理局汇总	广告登记费		0.1	0.1	0.1		
北海市工商行政管理局汇总	合同监证费		0.02	0.02	0.02		
北海市工商行政管理局汇总	合同文本费		0.08	0.08	0.08		
北海市工商行政管理局汇总	罚没款		794.06	794.06	792.67		
北海市工商行政管理局汇总	国有资产有偿使用收入	本单位账户	31.16	31.16		31.16	
北海市工商行政管理局汇总	银行存款利息收入	本单位账户	2.01	2.01		2.01	
防城港市工商行政管理局汇总合计			2247.07	2247.07	2247.07	0	0
防城港市工商行政管理局汇总	市场管理费	自治区财政国库	884.9	884.9	884.9		
防城港市工商行政管理局汇总	个体管理费	自治区财政国库	565.8	565.8	565.8		
防城港市工商行政管理局汇总	企业登记费	自治区财政国库	49.78	49.78	49.78		
防城港市工商行政管理局汇总	外资登记费	自治区财政国席	4.81	4.81	4.81		
防城港市工商行政管理局汇总	个体登记费	自治区财政国库	19.64	19.64	19.64		
防城港市工商行政管理局汇总	广告登记费	自治区财政国库	2.46	2.46	2.46		
防城港市工商行政管理局汇总	罚没收入	自治区财政国库	719.68	719.68	719.68		
钦州市工商行政管理局汇总合计			3245.45	1634.89	1423.1	177.67	34.12
钦州市工商行政管理局汇总	市场管理费	自治区财政国库	991.87	991.87	991.87		
钦州市工商行政管理局汇总	个体管理费	自治区财政国库	1663.29	1663.29	1663.29		
钦州市工商行政管理局汇总	企业登记费	自治区财政国库	159.06	159.06	159.06		

续表

收缴单位	收费项目名称	缴库方式	应收数	实收数	缴库数	支出数	结余数
钦州市工商行政管理局汇总	个体登记费	自治区财政国库	42.46	42.46	42.46		
钦州市工商行政管理局汇总	广告登记费	自治区财政国库	3.04	3.04	3.04		
钦州市工商行政管理局汇总	罚没收入	自治区财政国库	337.73	337.73	337.73		
钦州市工商行政管理局汇总	变价收入	自治区财政国库	48	48	48		
钦州市工商行政管理局汇总	房租收入	本单位账户		13.8		13.8	
钦州市工商行政管理局汇总	售房收入	本单位账户		188.52		154.4	34.12
钦州市工商行政管理局汇总	利息收入	本单位账户		1.26		1.26	
钦州市工商行政管理局汇总	招待所利润	本单位账户		4.85		4.85	
钦州市工商行政管理局汇总	固定资产报废	本单位账户		3.36		3.36	
贵港市工商行政管理局汇总合计			3491.54	3491.54	3491.54	0	0
贵港市工商行政管理局汇总	集贸市场管理费	区财政国库	933.64	933.64	933.64		
贵港市工商行政管理局汇总	个体工商户管理费	区财政国库	2017.39	2017.39	2017.39		
贵港市工商行政管理局汇总	企业注册登记费	区财政国库	98.96	98.96	98.96		
贵港市工商行政管理局汇总	个体注册登记费	区财政国库	41.13	41.13	41.13		
贵港市工商行政管理局汇总	合同管理费	区财政国库	0.98	0.98	0.98		
贵港市工商行政管理局汇总	广告注册登记费	区财政国库	1.67	1.67	1.67		
贵港市工商行政管理局汇总	罚没收入	区财政国库	397.77	397.77	397.77		
玉林市工商行政管理局汇总合计			8431.61	8431.61	7618.09	328.56	484.96
玉林市工商行政管理局汇总	市场管理费	区财政国库	3334.56	3334.56	3334.56		
玉林市工商行政管理局汇总	个体管理费	区财政国库	3354.43	3354.43	3354.43		
玉林市工商行政管理局汇总	企业登记费	区财政国库	168.28	168.28	168.28		
玉林市工商行政管理局汇总	外资登记费	区财政国库	18.2	18.2	18.2		
玉林市工商行政管理局汇总	个体登记费	区财政国库	100.36	100.36	100.36		
玉林市工商行政管理局汇总	广告登记费	区财政国库	2.35	2.35	2.35		
玉林市工商行政管理局汇总	罚没收入	区财政国库	639.91	639.91	639.91		
玉林市工商行政管理局汇总		本单位账户	406.76	406.76		164.28	242.48
玉林市工商行政管理局汇总	利息收入	本单位账户	10.82	10.82		10.82	
玉林市工商行政管理局汇总	工本费收入	本单位账户	31.77	31.77		28.77	3

续表

收缴单位	收费项目名称	缴库方式	应收数	实收数	缴库数	支出数	结余数
玉林市工商行政管理局汇总	铺租收入	本单位账户	299.69	299.69		60.21	239.48
玉林市工商行政管理局汇总	其他	本单位账户	64.48	64.48		64.48	
贺州市工商行政管理局汇总合计			926	2131.25	1914.81	225.99	0
贺州市工商行政管理局汇总	集贸市场管理费	自治区财政国库	352.01	352.01	352.01		
贺州市工商行政管理局汇总	个体工商户管理费	自治区财政国库	1214.8	1214.8	1214.8		
贺州市工商行政管理局汇总	企业注册登记费	自治区财政国库	58.28	58.28	58.28		
贺州市工商行政管理局汇总	个体工商户注册登记	自治区财政国库	28.71	28.71	28.71		
贺州市工商行政管理局汇总	广告经营单位注册	自治区财政国库	10.89	10.89	10.89		
贺州市工商行政管理局汇总	罚没款收入	自治区财政国库	250.12	250.12	250.12		
贺州市工商行政管理局汇总	门面租金	本单位账户	216.44	216.44		216.44	
贺州市工商行政管理局汇总	固定资产变价收入	本单位账户	9.55	9.55		9.55	
百色市工商行政管理局汇总合计			4431.32	4673.56	4431.32	121.12	0
百色市工商行政管理局汇总	市场管理费	自治区财政国库	1391.20	1391.20	1391.20		
百色市工商行政管理局汇总	个体管理费	自治区财政国库	2305.08	2305.08	2305.08		
百色市工商行政管理局汇总	企业登记费	自治区财政国库	97.12	97.12	97.12		
百色市工商行政管理局汇总	个体登记费	自治区财政国库	59.55	59.55	59.55		
百色市工商行政管理局汇总	广告登记费	自治区财政国库	2.03	2.03	2.03		
百色市工商行政管理局汇总	商标注册费	自治区财政国库	0.02	0.02	0.02		
百色市工商行政管理局汇总	罚没收入	自治区财政国库	576.32	576.32	576.32		
百色市工商行政管理局汇总	其他收入			121.12		121.12	
百色市工商行政管理局汇总	其中：利息收入	各单位账户		19.33			
百色市工商行政管理局汇总	工本费	各单位账户		35.6			
百色市工商行政管理局汇总	国资使用收入	各单位账户		4.84			
百色市工商行政管理局汇总	捐赠收入	各单位账户		10.55			

续表

收缴单位	收费项目名称	缴库方式	应收数	实收数	缴库数	支出数	结余数
百色市工商行政管理局汇总	其他	各单位账户		50.8			
河池市工商行政管理局汇总合计			4016.39	4016.39	3898.64	117.75	0
河池市工商行政管理局汇总	市场管理费	自治区财政国库	1665.61	1665.61	1665.61		
河池市工商行政管理局汇总	个体管理费	自治区财政国库	1632.34	1632.34	1632.34		
河池市工商行政管理局汇总	企业登记费	自治区财政国库	73.42	73.42	73.42		
河池市工商行政管理局汇总	个体登记费	自治区财政国库	59.85	59.85	59.85		
河池市工商行政管理局汇总	广告登记费	自治区财政国库	4.62	4.62	4.62		
河池市工商行政管理局汇总	商标注册登记	自治区财政国库	0.39	0.39	0.39		
河池市工商行政管理局汇总	罚没款	自治区财政国库	462.41	462.41	462.41		
河池市工商行政管理局汇总	利息	木单位账户	75	75		75	0
河池市工商行政管理局汇总	房租收入	本单位账户	42.75	42.75		42.75	0
来宾市工商行政管理局汇总合计			2755.41	2755.41	2755.41	2755.41	0
来宾市工商行政管理局汇总	集贸市场管理费	自治区财政国库	510.22	510.22	510.22	510.22	
来宾市工商行政管理局汇总	个体工商户管理费	自治区财政国库	1420.98	1420.98	1420.98	1420.98	
来宾市工商行政管理局汇总	企业注册登记费	自治区财政国库	75.48	75.48	75.48	75.48	
来宾市工商行政管理局汇总	个体工商户注册登记费	自治区财政国库	34.15	34.15	34.15	34.15	
来宾市工商行政管理局汇总	广告经营单位注册费	自治区财政国库	1.58	1.58	1.58	1.58	
来宾市工商行政管理局汇总	合同鉴证费	自治区财政国库	5.13	5.13	5.13	5.13	
来宾市工商行政管理局汇总	罚没收入	自治区财政国库	492.75	492.75	492.75	492.75	
来宾市工商行政管理局汇总			107.56	107.56	107.56	107.56	
来宾市工商行政管理局汇总	房屋租赁转让费	本单位账户	67.5	67.5	67.5	67.5	
来宾市工商行政管理局汇总	银行存款利息收入(收入过渡户)	本单位账户	1.68	1.68	1.68	1.68	

续表

收缴单位	收费项目名称	缴库方式	应收数	实收数	缴库数	支出数	结余数
来宾市工商行政管理局汇总	银行存款利息收入（基本支出户）	本单位账户	3.25	3.25	3.25	3.25	
来宾市工商行政管理局汇总	其他	本单位账户	35.13	35.13	35.13	35.13	
崇左市工商行政管理局汇总合计							
崇左市工商行政管理局汇总	集贸市场管理费	自治区财政国库	671.81	671.81	671.81	0	0
崇左市工商行政管理局汇总	个体工商户管理费	自治区财政国库	1206.14	1206.14	1206.14	0	0
崇左市工商行政管理局汇总	企业注册登记费	自治区财政国库	51.12	51.12	51.12	0	0
崇左市工商行政管理局汇总	个体工商户注册登记费	自治区财政国库	48.13	48.13	48.13	0	0
崇左市工商行政管理局汇总	广告经营单位注册登记费	自治区财政国库	4.73	4.73	4.73	0	0
崇左市工商行政管理局汇总	商标注册费	自治区财政国库	0.28	0.28	0.28	0	0
崇左市工商行政管理局汇总	罚没收入	自治区财政国库	440.16	440.16	440.16	0	0
广西工商行政管理学校汇总合计			470	507.17	447	62.31	0
广西工商行政管理学校	全日制中专学费	自治区财政专户	160	149.76	152.11		
广西工商行政管理学校	成人高校学费收跋	自治区财政专户	65	58.66	58.66		
广西工商行政管理学校	电大开放教育学费学分收费	自治区财政专户	185	181.73	181.73		
广西工商行政管理学校	扩建改建学生宿舍住宿费	自治区财政专户	60	54.73	54.5		
广西工商行政管理学校	教师节、校庆捐赠	本单位账户		22.9		22.9	0
广西工商行政管理学校	存款利息	本单位账户		3.31		3.31	0
广西工商行政管理学校	职工房租	本单位账户		1.06		1.06	0
广西工商行政管理学校	其他收入	本单位账户		23.62		23.64	0
广西工商行政管理学校	食堂商店管理费	本单位账户		11.4		11.4	0

2006年，按照财政部办公厅、国家发改委办公厅、国家工商总局办公厅《关于征求对集贸市场管理费和个体工商户管理费处理意见的函》（财办综〔2005〕177号）要求，自治区工商局向自治区财政厅和国家工商总局办公厅汇报全自治区工商行政管理系统近两年集贸市场管理费和个体工商户管理费（以下简称“两费”）的执收和管理情况，经费保障情况以及“两费”收取过程中存在的一些问题，明确提出：目前取消“两费”的条件尚未成熟，建议继续收取“两费”。若取消“两费”收费项目，请求中央财政能安排专项资金每年10亿元，以弥补因此减少的广西壮族自治区本级财政收入，保障全自治区工商部门不低于现有的经费保障来源的意见和建议。5—6月，自治区财政厅监督检查局对全自治区工商行政管理系统2004年至2005年度非税收入收缴管理使用情况进行全面检查，并重点对自治区工商局本级和南宁、柳州、桂林、玉林、梧州等部分市、县工商局进行实地检查，指出需要改进之处，规范收费行为。收费项目有罚没收入、个体工商户登记费、个体工商户管理费、个体登记费、个体管理费、广告登记费、合同鉴证费、合同文本工本费、集贸市场管理费、企业注册登记费、商标注册费、市场管理费、外资企业登记费、租赁费收入、银行存款利息收入、固定资产报废收入等多项。

同年，根据国家工商总局《关于在全国工商行政管理系统开展行政性收费和罚没款收缴情况清理检查的通知》（工商办字〔2006〕165号）的要求，广西工商部门开展行政性收费和罚没款收缴情况清理检查工作，通过采取以下措施严格执行“收支两条线”管理：一是健全完善财务收支管理各项制度。先后制定《广西壮族自治区工商行政管理单位财务管理办法》《广西壮族自治区工商行政管理系统专用收据管理办法》《广西壮族自治区工商行政管理系统固定资产管理办法》等多项制度，强化制度管理，从源头上堵塞漏洞，提高监管水平。二是强化银行账户管理，规范账户设置；地级市工商局设立三个账户，即系统收入过渡专户、系统经费结算专户和基本结算户；县级工商局（分局）和工商所设立收入过渡专户和基本结算户，全系统的账户设置统一、规范。三是严格按照《关于加强公安、检察院、法院和工商行政管理部门行政性收费和罚没收入收支两条线管理工作的规定》的通知（中办发〔1998〕14号）、《关于发布工商行政管理系统行政事业性收费项目和标准的通知》（价费字〔1992〕414号）、《广西壮族自治区工商行政管理部门现行行政事业性收费项目和收费标准》（广西壮族自治区物价局、财政厅1994年1月5日第二号通告）、《集贸市场管理费定额收取管理暂行办法》和《个体工商户管理费定额收取管理暂行办法》等国家的规定收费、罚款。四是严格执行国家物价局、财政部、自治区财政厅、物价局公布的收费项目、标准、范围实行“阳光收费”，收费人员经培训合格后，持物价部门颁发的收费员证亮证收费，在收费过程中，大部分市、县工商局实行电脑收费和委托银行代扣规费相结合的方式，在定费、收费、打印收据等环节上设置相应权限。五是在承办各类违法案件时，均能以事实为依据，以法律为准绳，遵循公平、公正、合理性原则，严格按照法定程序依法行政，没有以罚代处、以罚代刑现象。工商系统执法人员全部通过培训考试，具备执法资格，领取行政执法证，没有不具备执法资格人员执法办案的现象。六是严格使用自治区财政厅统一印制的票据进行收费和罚款，实行统一领取、逐级发放。在票据管理上，运用现代化的手段对票据的登记入库、发放、领用、使用、核算、缴销、结报等全过程进行系统管理，并对票据使用情况实行定期、不定期核查，切实做到账账相符、账票相符。七是行政性收费和罚没款收入严格执行收缴分离，全额纳入预算管理，逐级汇总，及时、足额上缴国库。没有下达收费、罚款指标并分配到个人，并将收费、罚款情况作为考核、任用干部依据的问题，也不存在截留、挪用收费、罚没款项的情况。2005年以来，全区工商部门共上缴当地财政12.26亿元，上缴中央财政提成款13.57亿元，切实做到应收尽收、应缴尽缴。八是在做好行政性收费项目、标准、依据等公示的基础上，重点抓好收费结果、罚没结果的公示工作。采用电脑和人工相结合两种形式，在收费点显著位置设置公示栏，对已实行电脑管理的，采取将收费、罚没结果清单打印进行公示；对尚未实行电脑管理的，采取填制表格或台账的方式进行公示；对个别有条件的单位，采取张榜方式公示。2006年自治区工商系统收取的各项行政性收费5.9亿元，上缴国家工商总局0.08亿元，上缴自治区国库为5.82亿元。

1992—2006年，自治区工商行政管理系统纳入预算管理的行政事业性收费收入具体项目有：集贸市场管理费、个体工商户管理费、企业注册登记费、外资企业登记费、个体工商户注册登记费、广告经营单位注册登记费、经济合同示范文本工本费、商标注册登记费等。以上收费严格按照《关于加强公安、检察院、法院和工商行政管理部门行政性收费和罚没收入收支两条线管理工作的规定》（中办发〔1998〕14号）、《关于发布工商行政管理系统行政事业性收费项目和标准的通知》（价费字〔1992〕414号）、《广西壮族自治区工商行政管理部门现行行政事业性收费项目和收费标准》（广西壮族自治区物价局、财政厅1994年1月5日第二号通告）、《集贸市场管理费定额收取管理暂行办法》和《个体工商户管理费定额收取管理暂行办法》等国家有关规定进行征收。2005—2006年，自治区工商系统征收行政事业性收费金额分别为5.72亿元、6.65亿元。

2007年，自治区工商部门收取的行政事业性收费与上年一致，仍为8项。2007年上半年，自治区工商系统收取的各项行政性收费3.46亿元，上缴国家工商总局0.03亿元，上缴自治区国库3.43亿元。

2008年，随着社会主义市场经济体制的形成和不断完善，工商管理职能产生了新的变化，主要职责是维持市场经济秩序和监管社会主义大市场，不再参与有形的市场建设和经营，继续收取“两费”已违背初始征收本意，不合时宜。2008年，财政部、国家发展改革委和国家工商总局联合下发《关于停止征收个体工商户管理费和集贸市场管理费有关问题的通知》（财综〔2008〕61号），从2008年9月1日起，全面停止“两费”征收工作。从2008年9月1日起，自治区工商行政管理机关认真贯彻落实国家工商总局停止征收“两费”的要求，在全区统一停止征收个体工商户管理费和集贸市场管理费，从2011年起停止（先暂时停止两年再正式停止）征收企业登记费、外商投资企业登记费、个体工商户登记费、经济合同仲裁费和鉴证费，对已提前预交“两费”的个体工商户进行了退费，确保停征“两费”工作顺利进行。同时，全区工商系统以停征“两费”为契机，推进职能转变，改革监管措施，取得了明显成效。2008年12月，自治区财政厅、自治区物价局印发《转发财政部国家发展和改革委员会公布取消和停止征收100项行政事业性收费项目的通知》（桂财综〔2008〕84号），涉及工商行政管理部门取消和停止征收的行政事业性收费项目有两项：即广告经营单位注册登记费和经济合同示范文本工本费。

2010年，自治区工商局根据自治区财政厅、物价局《关于清理规范涉企行政事业性收费的通知》（桂财综〔2010〕44号）要求，对本系统涉企行政事业性收费进行清理规范。一是对涉及涉企行政事业性收费的有关的收费项目、征收标准、批准级次、文件依据进行重新审核。二是开展涉企行政事业性收费的自纠自查工作，对没有按规定及标准乱收费的进行严肃查处。三是完善涉企行政事业性收费管理制度，要求各市、县工商局将本局负责的行政许可项目进驻各市、县政务服务中心，并按自治区财政厅、物价局核准的收费项目全部进入政务服务中心统一办理。收费项目及收费标准录入政务服务中心行政审批软件规范使用查询，统一定点按收费标准收费。四是对经依法批准的涉企行政事业性收费项目及收费标准，维持保留不变。经过清查，依法收取的涉企行政事业性收费，均已严格按照“收支两条线”管理规定，全额上缴国库，纳入财政预算管理，无截留、坐支、挪用涉企行政事业性收费收入情况，部门预算支出一律通过部门预算统筹安排，没有与涉企行政事业性收费收入挂钩现象。

2012年底，为减轻市场主体负担，财政部、国家发改委下发《关于公布取消和免征部分行政事业性收费的通知》（财综〔2012〕97号），暂停征收企业注册登记费、个体工商户注册登记费，免征期自2013年1月1日至2014年12月31日。2013年，根据《贯彻落实财政部　发展改革委公布取消和免征一批行政事业性收费的通知》（桂财综〔2013〕60号）精神，自2013年8月1日起，自治区工商行政管理部门取消企业年度检验费。2014年底，财政部、国家发改委再次下发《关于取消、停征和免征一批行政事业性收费的通知》（财税〔2014〕101号），决定自2015年1月1日起，继续暂停征收企业注册登记费、个体工商户注册登记费。

2016年2月，随着国务院《关于修改部分行政法规的决定》（国务院令第666号）的发布，企业注册登记费、个体工商户注册登记费正式取消。该决定通过删除《企业法人登记管理条例》第二十六条、《公司登记管理条例》第五十五条和《个体工商户条例》第十三条，即删除企业注册登记费、个体工商户注册登记费的设立依据，从而正式取消了这两项行政收费。此举降低了市场准入成本，减轻了市场主体负担，支持了大众创业、万众创新。

2017—2018 年，自治区工商行政管理部门依法依规收取行政性收费和罚没收入，并按规定纳入各级财政部门管理，为财政收入增长和经济发展作出了积极贡献。

第二节　财务收支与经费保障

1992 年，自治区工商局设立财务处，其前身是自治区工商局办公室财务科，随着管理体制的不断调整，财务人员编制也发生变化，最初为 7 人，最多时达到 14 人(9 个机关编制，5 个基层编制)。

1998 年，自治区工商行政管理局与自治区财政厅联合下发《全区工商行政管理系统行政性收费纳入预算管理办法》和《关于加强我区工商行政管理部门收据管理工作的通知》，将行政性收费、罚没收入纳入预算管理，暂未纳入预算管理的，一律实行进财政专户管理。同时结合年度三大检查和纠风、廉政建设等工作，强化对系统内“收支两条线”工作的监督管理，从源头上遏制了腐败现象和不正之风的滋生蔓延。1999 年之前，自治区工商局财务收入有两个来源，一是自治区财政拨款，二是市县工商局按规定比例上缴的行政性收费收入(先上缴财政再核拨单位使用)，1999 年 1 月 1 日起实行垂直管理，1999 年之后为自治区财政全额拨款。

自治区工商局财务收支管理工作坚持“依法理财、规范管理”的工作方针，结合本单位工作实际加强制度建设，制定具体的财务管理规定、办法，这些制度既有全区工商行政管理系统的，也有自治区工商局本级机关内部的，如预决算管理制度、项目经费管理制度、行政性收费罚没收入管理制度、政府采购管理规定、经费审批规定、收费票据管理规定等，同时根据不同时期要求适时调整。

1998 年，按照“收支两条线”原则，对全区工商行政管理系统的财务经费实行了统一管理。自治区以下各级工商行政管理机关的行政性收费、罚没收入和预算外收入统一由自治区工商局汇缴自治区本级财政或纳入财政预算外资金专户，其中涉及中央财政收入部分，由自治区工商局统一上缴。自治区财政厅根据全区工商行政管理部门的业务支出范围，将人员经费、公用经费、办案经费、装备经费以及基础设施等经费等，纳入自治区财政支出预算，统一核定和拨付。经过多次协商，对本部门纳入财政预算外资金专户的预算外资金，按规定缴纳政府统筹调剂资金后，区财政厅原则上返还自治区工商局统筹使用。全区工商行政管理机关的“人头费”，由自治区财政厅拨给自治区工商局，再下拨给各地、市、县工商局使用，较好地保证了全区工商系统正常经费的开支。为使财务垂直管理落到实处，自治区工商局与区财政厅联合或单独制定了 6 项财务管理制度，进一步规范全区工商系统各类经费的收、管、支、缴和票据管理工作。并对全区工商行政管理机关原有的银行账户进行清理，统一地、市、县工商局的账户设置。建立了工商行政管理系统收入过渡专户，通过银行电子汇划系统，快捷、准确、足额上缴收费和罚没款，保证财务管理新体制的正常运行。

1999 年，对 1996—1998 年各级财政部门对工商部门的经费供给情况进行全面调查、统计、分析，为自治区财政厅经费上划工作提供数字依据。在对各单位历年收费情况进行统计分析的基础上，逐级下达收费收入目标任务，要求各地依法收费，应收尽收，应缴尽缴。着手对 1996 年以来全自治区各级财政部门对工商部门经费供

1998 年，全区工商系统纠正部门和行业不正之风、实施财务收支两条线管理工作会议在南宁召开

给的情况进行全面的调查、统计，并对工商部门财务收支状况进行分析，为制定广西工商行政管理体制改革实施方案和配套文件有关经费保障的规定提供依据。结合工商行政管理体制改革，制定或与自治区财政厅联合制定了一系列财务管理规章制度规范全系统收支管理工作，具体包括:《关于我区工商行政管理体制改革后财务经费管理问题的通知》（桂财预字〔1999〕5号）、《广西壮族自治区工商行政管理单位财务管理办法》（桂财文字〔1999〕22号）、《关于做好工商行政管理部门收据管理工作的紧急通知》（桂财预外字〔1999〕1号）、《关于认真做好全区工商行政管理系统资金管理工作的通知》（桂工商财字〔1999〕36号）、《关于设立收入过渡户的通知》（桂工商财字〔1999〕50号）等等。先后制定下发《关于认真做好全区工商行政管理系统资金管理工作的通知》和《关于设立收入过渡户的通知》，对账户进行彻底清理，做到银行账户由单位财务部门统一管理，按规定设立必需的账户。对账户的设置作出明确的规定，地、市工商局设立三个账户，即收入过渡专户、系统经费结算专户和基本结算户，县级工商机关及基层工商分局、所设立收入过渡专户和基本结算户。为了把全区工商部门的行政性收费和罚没收入及时足额上缴自治区，与自治区建设银行进行合作，利用建行的电子汇划系统上划资金，加快行政性收费和罚没收入的上缴速度。如通过建设银行的电子汇划系统，由县工商局将收费和罚没收入上缴地、市工商局，再由地、市工商局上缴自治区，整个过程仅用半天时间就能完成。在此基础上，《自治区人民政府批转自治区工商行政管理体制改革领导小组关于自治区工商行政管理体制改革实施方案的通知》（桂政办发〔1999〕1号）、《关于我区工商行政管理体制改革后财务经费管理问题的通知》（桂财预字〔1999〕5号），对体制改革后工商部门人员经费、公用经费、业务（办案）经费、装备经费和基础设施建设经费，对经费基数的划转、票据管理、收入和支出管理、过渡时期的经费保障均作出了明确的政策规定。自治区财政厅对工商行政管理体制改革工作给予了充分的理解与支持，在经费基数上划没有到位，各地收取的行政性收费收入没有入库的情况下，采取经费预拨的办法，保障改革初期的经费需要。在各方面的共同努力下，最终使原本工作难度大的经费上划工作在半年时间内基本完成，为整个工商系统的经费保障工作打下了良好的基础。

2000年，自治区工商局根据《关于转发自治区财政厅等五部门关于2000年落实行政事业性收费和罚没收入“收支两条线”规定工作的意见的通知》（桂办发〔2003〕23号）文件精神，落实行政事业性收费和罚没收入“收支两条线”规定的工作，把财务“收支两条线”工作列入议事日程，加强账户管理，推进罚缴、收缴分离工作。县级以上工商行政管理机关按规定设立收入过渡专户，有条件的工商行政管理所也要设立收入过渡专户。所有的收费和罚没收入一律存入该账户，按旬逐级上缴自治区，坚决杜绝超支、挪用的现象。对收费和罚没收入逐步实行“单位开票、银行代收”管理，由缴费单位和受罚者凭收费（罚款）通知单到指定银行缴纳。是年，各级工商行政管理机关根据有关的财政法规和区局制订下发的财务管理制度，制定了相应的措施和办法。南宁地区工商局制定《财务管理规定》《票据管理规定》《内部审计工作规定》等3个财务管理办法印发给基层单位执行，规范工商部门的财务管理工作。

1999—2000年，按照财政部、国家工商（总）局及自治区人民政府的要求，自治区工商局对全区工商部门的财务收支实行统一管理，并在力所能及的情况下，对各级工商行政管理管理部门所需的行政办公经费、业务经费、办案经费、装备经费、基础设施经费给予保障，确保工商行政管理机关正常履行职责及事业发展的需要。全自治区工商部门财务经费的主要来源有两个方面，一是从各地、市、县上划经费基数，二是从工商部门收取的行政性收费和罚收入中统筹安排。其中1999年5.18亿元，2000年7.01亿元，2000年与1999年相比增长35%。由于经费收入增加，财务支出的总量亦增加，1999年为5.31亿元，2000年为6.63亿元，增长25%。

2001年，继续执行“收支两条线”规定，加强财务规范化管理。加强与财政部门的协调，抓好经费保障供应。严格执行新的财政预算管理规定，狠抓增收节支，在合理调整支出结构的同时，进一步抓好收费收入的上缴，超额完成了年度收费预算。工商局机关收费与市场开发服务中心收费实现分离。由于历史的原因，工商局机关收费与市场开发服务中心收费在收取及管理方面，不够规范，特别是基层工商部门存在一定的随意性，甚至个别单位根据需要随意调节两者的收入。因此，自治区工商行政管理局结合市场办管脱钩工作，把工商局机关收费与市场开发服务中心收费分离。编制《广西工商系统收费管理工作实用手册》，主要内容包括收费的政策依据、现行收费标准、票据填写规范及票据管理制度等。过去，财政部门对有关单位的财务经费的管理，原则上分两块进行，一是预算内经费按计划、预算进行供给；二是预算外资金采取财政专户管理的办法，即将收取的预算外资金全额或按一定的比例存入财政专户，根据单位的用款计划进行拨款。自治区财政对工商部门的经费管理，在总结实行垂直管理第一年（即1999年）经费管理工作的基础上，大胆进行改革，改革经费管理模式，促进经费的有效供给。2000年推行综合预算管理，2001年推行部门预算管理。以上两种经费管理方法的共同特征是对工商部门的全年财务经费收支进行全面分析和预测，根据需要与可能的原则确定全年的经费收支预算，按确定的预算进行经费供给。

2002年，印发《关于开展财务收支检查的通知》（桂工商发〔2002〕52号），对各级工商机关2001年预算执行、财务支出管理等情况进行全面检查，强化财务监督，配合物价部门开展工商收费专项检查，组织开展全系统财务收支检查，加强财务规范化管理。11月13日—21日，组织了4个重点调研小组，分赴14个地市的20多个基层单位进行重点调查研究，重点调查的问题有财务支出结构情况、奖励福利发放情况、业务招待费支出情况、基层基础设施建设情况等。认真执行财政预算管理规定，狠抓增收节支，在合理调整支出结构的同时，继续抓好收费收入的上缴，完成年度收费预算。通过贯彻落实“依法理财，规范管理”的方针，加强财务管理体制建设，建立健全了统一领导、统一管理、分级负责的财务管理新体制；加强财务规章制度建设，先后制定《广西壮族自治区工商行政管理单位财务管理办法》《关于做好工商行政管理部门收据管理工作的紧急通知》《关于加强全区工商行政管理系统国有资产管理的通知》《广西壮族自治区工商行政管理部门固定资产办法》《关于认真做好全区工商行政管理系统资金管理工作的通知》《关于设立收入过渡专户的通知》等7项财务制度，规范全系统财务收支管理；狠抓行政规费收缴，促进了经费有效保障。全区近100个单位财会工作全部实现电算化管理，部分地、市实现财会报表网络上报，各地、市工商局会计报表资料实现电子邮件传送。

1998—2002年，收费总额逐年增加，全系统每年上缴自治区财政的行政性收费和罚没款收入都在5亿元以上，2002年实现预算收入约6.2亿元，比1999年增长24%；自治区财政拨款也由1999年的5.1亿元增加到2002年的6.6亿元，增长了29%。2003年，自治区工商局进一步完善了机关财务工作改革措施，继续加强财务规章制度建设；积极配合财政部门实行财政国库集中收付制度改革。同时，加强全系统会计基础工作规范化建设，共有81个单位通过了会计基础工作达标验收。在此基础上，严格按要求做好财务预算、执行、决算工作，为工商行政管理工作顺利开展提供财力保障。认真落实财务收支两条线规定，切实加强收费管理，重点抓了收费人员的岗前培训、完善收费公示制度、推进收费工作现代化建设、完善收入过渡户管理制度等方面的工作。

2004年，按现行财务管理体制，自治区工商局本级为一级预算单位，各市工商局、广西个体私营协会、广西消费者协会、广西商标广告协会、广西市场经济研究所、广西企业登记管理所、广西工商学校作为二级会计单位，县级工商机关为三级会计单位。全区工商系统财务管理工作采取分级管理的办法，也就是“下管一级”。全区各级工商行政管理机关严格执行财政预算管理规定，狠抓增收节支，在合理调整支出结构的同时，抓好收费收入的上缴，较好地完成年度收费预算。严格执行“收支两条线”规定，进一步加强财务制度建设，规范部门预算和财务管理行为，从根本上遏制违纪违规问题的发生；加强领导干部任中和离任经济责任审计工作，防止和纠正挤占、挪用、浪费资金现象，提高了资金的使用效益。2004年，全区工商行政管理系统行政性收费5.93万元，罚没收入0.96亿元，实现的收入已全部按要求上缴自治区财政厅及国家工商总局。2004年，全年累计下拨地市工商局经费7.96亿元，其中，补助基层建设经费及基层单位经费困难0.83亿元，由自治区国库支付中心直接拨付至各市工商局。2005年“工商罚没收入”共0.91亿元。

表 5-3-2　2003—2004 年广西工商系统大额专项资金支出统计表

单位:万元

专项资金名称＼年份	2003 年	2004 年	合计
打假办案费	4001.40	5875.28	9876.68
注册证照费	942.12	1376.07	2318.19
12315 维权费	824.44	1750.36	2574.80
举报制售假冒伪劣奖励经费	627.81	1210.55	1838.36
粮食监督管理经费	463.98	880.64	1344.62
基层工商所规范建设经费	4612.81	4654.6	9267.41
办公楼建设经费	8692.33	6404.62	15096.95
网络建设费	1935.03	1780.07	3715.10
办公自动化设备购置	924.77	1152.60	2077.34
车辆购置经费	1789.36	1322.60	3111.96
文明市场评比费	519.64		519.64
大型维修经费	1429.80	1976.80	3406.61
整顿规范市场经济秩序经费	900.25	1658.77	2559.02
交通费	1640.34	1578.91	3219.25
临时人员经费	1134.26	1585.58	2719.84
合　计	30438.35	33207.42	63645.77

2005 年 1 月，财政部和国家工商总局联合印发《工商行政管理专项补助经费管理办法》，明确工商行政管理专项补助经费实行统一管理、分级负责的原则。专项补助经费范围主要用于工商行政管理部门基础设施维修改造、基本装备、执法办案以及特殊业务等补助支出。申请时间为每年 5 月 1 日至 6 月 30 日。财政部和国家工商总局对各省区市报送的申请报告进行审核，共同确定对各地专项补助经费数额，并于 8 月底前通过财政转移支付方式下达。

1998—2005 年，根据《中共中央办公厅、国务院办公厅关于转发〈财政部、国家发展计划委员会、监察部、公安部、最高人民检察院、最高人民法院、国家工商总局关于加强公安、检察院、法院和工商行政管理部门行政性收费和罚没收入收支两条线管理工作的规定〉的通知》（中办发〔1998〕14 号）、《罚款决定与罚款收缴分离实施办法》（国务院 1997 年第 52 号令）和《国家工商行政管理总局关于转发财政部、中国人民银行〈罚款代收代缴〉管理办法的通知》（工商办字〔1998〕122 号）等文件精神，按照自治区党委、人民政府及有关部门的工作要求，自治区工商行政管理系统严格执行“收支两条线”管理制度，实行收支分户，收缴分离。各基层工商行政管理机关全面启动“阳光收费”，实行了亮证收费，建立阳光收费公示栏，收费标准公示上墙，将所有收费对象及其收费标准建立台账、将收费结果清单摆放在显著位置以便群众随时查阅。同时，各级工商行政管理机关在收取行政性收费及罚没款的过程中，认真落实国家出台的有关下岗职工、残疾人、新分配大中专生、复退军人等人员就业的收费减免政策，不打折扣。自治区工商行政管理系统采取部门集中汇缴的方式上缴政府非税收入，即各基层工商行政管理机关将当月征收的行政性收费和罚没收入及时、全额上缴上级工商行政管理机关，并由自治区工商行政管理局统一汇缴到自治区财政国库。自治区各级工商行政管理机关收取的工商罚没收入分为一般罚没收入和缉私罚没收入，并纳入自治区本级财政预算管理，全额、及时上缴自治区财政国库。因此，自治区各级工商行政管理机关收取的工商罚没收入不存在中央与地方以及地方各级之间的具体分成比例的情况。2005年，工商行政管理系统工商罚没收入共0.91亿元。

2006年，按照年初部门预算逐月平均拨款的做法，逐步改变各市工商局“收支挂钩”“以收定支”的观念，进一步增强预算管理意识，有效提高了预算执行水平。全区工商行政管理系统2006年部门预算控制数为7.64亿元，比2005年部门预算7.45亿元增加0.19亿元，增长2.55%；实际财政拨款8.32亿元（含当年财政追加预算），实际支出8.16亿元。向自治区财政厅争取到车辆交通费和网络建设费等项目的经费支持。百色市工商局取得以政府名义的捐赠收入赞助款5.7万元，用于弥补办公经费不足。2006年，地方财政对工商部门经费保障为8.22亿元。财政厅批复全区工商系统行政性收费和罚没收入预算7.8亿元（含去年超收的0.5亿元和去年收费于今年上缴的0.6亿元）。2006年，各市工商局上缴完成收费7.82亿元（其中：行政性收费6.78亿元，罚没收入1.04亿元），顺利完成年初收费收入预算。经费保障方面，一是对2005年全区工商系统超收的预算收入0.51亿元，争取到自治区财政厅按照58.87%的比例追加业务经费0.3亿元；二是争取自治区财政厅追加0.13亿元，专项用于工商系统换发制服工作；三是赴北京向国家工商总局详细汇报当年全自治区工商部门的经费保障情况和面临的实际困难，当年国家工商总局拨付给自治区工商系统专项补助资金860万元；四是申请得到自治区财政厅追加查处“苏丹红”专项工作经费100万元；五是争取得到自治区财政厅追加广西工商学校96.2万元，其中：基础设施建设经费60万元，住房补贴36.2万元。是年，按照自治区财政厅的总体部署，要求2006年7月起各市工商局实行国库集中支付制度改革，5月，自治区工商局专门组织业务培训班，邀请自治区财政厅相关人员为各市、县财务人员讲解国库集中支付改革的具体业务知识。纳入预算管理的行政事业性收费收入取决于物价部门的有关收费标准，国家有关法律法规及城市经济的发展水平，所取得的收入全额上缴中央国库及自治区国库。为了减轻企业和农民负担，为企业生产经营创造良好的外部环境，促进广西经济持续健康快速发展，自治区人民政府、自治区减负办、自治区物价局、自治区财政厅陆续出台有关政策，降低工商部门的行政性规费的收费标准。随着广西的经济发展、市场的繁荣、经营者户数的增加，在收费政策没有较大变化的前提下，自治区工商系统基本能够按照当年部门预算完成行政事业性收费征收任务。纳入预算管理的罚没收入取决于依法对所辖区域范围内的违法违章行为进行查处。随着工商部门对法律、法规、政策宣传力度的不断加大，社会大众法律意识的不断增强，遵纪守法经营户逐年增多，违法违章的现象逐年减少。此外，本着“教育为主、处罚为辅”的原则，工商部门在行政执法过程中对情节较轻、无社会危害性、影响不大的违章违法行为实行首违不罚，加强教育的方法。因此，该项收入逐年减少。2005年、2006年，自治区工商系统征收行政事业性收费金额分别为5.72亿元、6.65亿元，征收罚没收入分别为0.7亿元、1.2亿元，利息收入、捐赠收入、行政资产出租收入、资产出让收入等其他收入分别为0.24亿元、0.37亿元。工商系统征收行政事业性收费和罚没收入做到应收尽收、应缴尽缴；利息收入首先用于支付银行账户的维护费用；捐赠收入主要用于弥补办公经费不足及基层基础设施建设欠款等；行政资产出租收入主要用于弥补基层基础设施建设的资金不足，支付债务欠款、水电费、电梯维护费、中央空调维护费、各项维修费用、临时人员工资、发放津贴补贴等；资产转让收入全部用于填补基层基础设施建设的资金缺口；其他项目收入主要用于满足大量的一线执法巡查、质量监测、日常事务的运行等方面的资金需求及弥补基层基础设施建设的经费缺口、发放办案人员奖励金等。

2007年，自治区财政厅下达全区工商系统2007年部门预算“二上”财政拨款7.95亿元，比2006年增加0.31亿元，增长4%。2007年上半年，自治区工商系统执罚收入0.45亿元，上缴自治区国库0.45亿元。国有资产有偿使用收入，主要是部分工商部门的办公场所租赁、资产处置等收入，用于办公楼维修费、发放临时人员工资，以及弥补办公经费、基层基础设施建设资金缺口等。同年，南宁市工商局取得以政府名义的捐赠收入赞助款2万元，用于弥补办公经费不足。此外，还有地方政府补助收入、营业执照镜框工本费等其他政府非税收入，主要用于基层基础设施建设及弥补办公经费的缺口。其中，获得地方政府和其他部门奖励赞助款主要是案件协办费、“3·15”活动赞助费、招商引资活动奖励费等。2006年和2007年上半年，自治区工商系统取得部分地方政府、部门补助经费分别为0.07亿元和0.05亿元。

2008年，全区工商行政管理机关认真贯彻落实国家工商总局停止征收“两费”的要求，于2008年9月1日起一律停止征收集贸市场管理费和个体工商户管理费，开展预收“两费”清理工作，认真做好“两费”票据收缴和销毁工作。对已提前预交“两费”的个体工商户进行了退费，确保了停征“两费”工作顺利进行。2008年8月26日开始，要求各地工商机关对预收的“两费”情况进行清理核实、统计汇总、造册登记。据统计，截至2008年8月31日，全区工商机关预收“两费”共计0.44亿元，其中：个体工商户管理费0.39亿元，集贸市场管理费0.04亿元。克服个体工商户流动性较大，部分业主无法联系或退费手续不全等原因，预收的“两费”于9月30日前基本清退完成。自治区工商局采取有效措施加强对原已发放至各收费点的票据登记、封存、缴销工作的管理，各地工商部门于2008年8月29日前做好收费票据的登记造册，8月31日前将收费票据封存。据统计，全区工商系统共登记票据306230册，按规定封存“两费”收据268570册，这些收费票据已全部从各个收费点上缴市、县工商局财务部门。同时，全区工商系统以停征“两费”为契机，积极推进职能转变，着力改革监管措施，取得了明显成效。柳州、桂林、钦州、防城港、来宾、河池、崇左等市工商局全面深入推行限时办结制、严格实施责任追究制、开展机关绩效考评等工作，贵港、贺州等市工商局在当地政府组织开展的行风作风评议中名列前茅。以强化和规范工商所属地综合监管和执法办案职能为重点，制定工商所工作规范和执法办案能力素质标准，开展基层监管执法能力达标活动。加强执法装备配备。为全区基层工商所配备执法车、食品安全检测车300辆，配备食品安全检测箱1780套，加强了对基层检测人员的培训，将过去简单依靠眼看、手摸、鼻闻等主观随机性较强的监测工作行为规范为依靠科学仪器准确测量、专业人员科学判断的监管行为。

自2008年停征“两费”政策实施后，2009年自治区工商局经费保障不再与收费收入挂钩。自治区工商局向自治区财政部门反映工商部门的实际困难，争取更多的理解和支持。因此，自治区工商系统的经费支出水平基本上没有受到影响。2009年，自治区工商系统部门预算财政拨款总支出11.63亿元，比2008年部门预算财政拨款10.97亿元增加0.66亿元，增长6%。2009年，根据自治区财政厅要求，自治区工商系统开展“小金库”专项治理自查自纠工作，在经费支出管理方面，全区工商系统所有预算单位均纳入自治区财政厅国库集中支付系统，所有经费支出均能通过零余额账户进行核算。在部门预算执行过程中，全系统均能按照财政集中支付的要求，现金管理采取备用金制度，严格控制财政资金支出和大额现金的提取，严禁设立“小金库”。财务报销均能严格执行财务纪律，按照财务报账制度和会计基础工作规范化的要求进行财务报账工作，账务凭证和报表均能真实、合法、准确、完整地反映会计信息。经核实，全区工商系统没有以会议费、劳务费、培训费和咨询费等名义套取资金设立“小金库”现象；没有经营收入未纳入规定账簿核算设立“小金库”现象；没有虚列支出转出资金设立“小金库”现象；没有上下级单位之间相互转移资金设立“小金库”现象。

2010年，根据自治区“小金库”专项治理领导小组办公室《关于在全区范围内开展“小金库”专项治理工作“回头看”的通知》（桂治办〔2010〕7号）要求，自治区工商局在全区工商系统开展“小金库”专项治理“回头看”工作，自查面达到100%。各自查单位在2009年“小金库”治理工作的基础上，进一步对各类账户、票据进行清查，对非税收入征缴、银行账户管理、收费票据管理、经费收支管理等情况进行自查。部分单位将“小金库”专项治理工作“回头看”与本单位开展预算执行情况检查、财务收支检查和经济责任审计等工作结合起来，整合力量，整体推进，综合实施。截至2010年6月30日，全自治区工商系统自查自纠的工商行政管理机关共212个，已核查发现小金库1户，涉及金额3.32万元，属用资产处置出租收入设立的小金库，并于2010年7月9日将款项余的2.72万元一并存入单位财务账户统一管理待处理。

2014年，自治区工商局根据国家和自治区现行财务管理规章制度及本局工作实际制定《自治区工商局机关经费支出管理暂行规定》，加强政府采购、“三公”经费、会议费、培训费和公务卡使用管理，进一步强化预算执行约束力，促进依法理财与科学理财。经费开支实行事前审批制度，按照事权、财权相分离原则进行审批。凡是已经局党组会议审定列入当年经费预算的项目，由用款单位编制支出预算报财务处，经财务处审核后，按审批权限审批。未列入当年经费预算支出项目，需要临时增加经费开支的，先由处室、单位提出需求，经财务处审核，按项目审批程序完成后，再按经费支出审批程序报批。经费开支权限审批为：5000 元以下由财务处长审批；0.5 万～ 3 万元报分管财务的局领导审批；3 万元以上报局长或局党组审批；单项支出在 20 万元以上的报局党组会审定。凡涉及各处室、单位大额财务支出的项目（如会议、培训、办公设备购置、信息化建设、办公用房维修改造、车辆购置和维护、工商文化建设、基层经费补助、商品检验抽查、资料印刷、举办大型活动等），由需求单位提出项目申请，于每年 7 月底前报财务部门审核汇总。按程序审批后，作为编制下一年度部门预算的依据。涉及项目评估的，组织全区工商系统决策咨询小组或社会有相应资质的中介机构对项目进行评估。设计项目设计的，通过政府采购或者向社会公开方式选定有相应资质的设计单位进行设计。投资在 100 万元及以上的重大项目，按照《自治区工商局重大财务支出项目管理暂行办法》的规定执行。凡经党组会审的重大事项支出项目，经办部门组织实施时，经费按审批权限报批即可，不再上局党组会审议。实施时涉及政府采购的项目，严格按照政府采购有关规定办理。

2015 年，自治区工商局部门预算批复金额 2.49 亿元，调整后预算指标为 1.81 亿元。2015 年 2 月，自治区工商行政管理局印发《广西壮族自治区工商行政管理局政府采购管理暂行办法》，明确各处室的政府采购工作职责和采购程序，对使用财政性资金或纳入财政管理的其他资金采购集中采购目录以内或者采购限额标准以上的货物、工程和服务的，必须按照有关规定进行政府采购。集中采购方式有协议供货（定点采购）、竞争性谈判、公开招标等方式，集中采购目录以外、采购限额标准以上的采购项目实行分散采购。货物金额 10 万～ 120 万元，可实施协议供货（定点采购）或采用竞争性谈判方式；达到 120 万元以上的采用公开招标方式。工程类金额 30 万～ 200 万元，实行定点采购；200 万元以上的工程项目采用公开招标方式。服务类 10 万～ 80 万元（印刷服务 5 万元以上），可实施协议供货（定点采购）或采用竞争性谈判方式；达到 80 万元以上的采用公开招标方式。

2016 年 5 月，印发《自治区工商局机关财务管理规定》，对会议费管理、培训费管理、公务接待费管理、因公临时出国（境）费管理、维修费管理、公务车辆运行维护费管理、公务卡管理、财务审核进行规定，加强财务管理，严格执行部门预算，推进财务工作规范化和制度化。9 月，新修订并印发《自治区工商局财务管理及经费审批暂行办法》，原 2014 年制定的《自治区工商局机关经费支出管理暂行规定》（桂工商办发〔2014〕227 号）同时废止。对各项支出均要求遵循先有预算，后有支出的原则，严禁超预算或者无预算安排支出。审批权限也相应作了调整：日常开支（办公费、水电费、差旅费、临时聘请人员劳务费等）金额单项开支在 2 万元以下（含 2 万元），由财务处负责人审批；2 万元以上的由分管财务的局领导审批；修缮、物业、办公自动化设备购置等金额单项开支在 2 万元以下（含 2 万元）由财务处负责人审批；2 万～ 5 万元（含 5 万元）由分管财务的局领导审批；5 万～ 10 万元（含 10 万元）经局长同意后，由分管财务的局领导签批；10 万元以上的开支，经局党组会审定后，由分管财务的局领导签批；接待费金额单次 600 元以下（含 600 元）的由财务处负责人审批；600 ～ 3000 元（含 3000 元）的由分管财务的局领导审批；3000 元以上报局长同意后，由分管财务的局领导签批。各项经费的开支必须按审批权限程序审批，严格执行先审批后开支。

第三节　资产管理

2001 年，根据自治区财政厅《关于开展区直预算单位清产核资工作的通知》（桂财统〔2001〕8 号）及区直预算单位清产核资工作会议的精神，自治区工商局组织开展清产核资工作，加强对国有资产的管理。制定《广西工商行政管理机关清产核资工作方案》，成立自治区工商局清产核资工作领导小组，下设办公室。落实组织机构、人员、工作，采取各种切实有效措施，做好清产核资工作报表的编审汇总工作，邀请自治区财政厅统评处的同志进行业务指导，确保这项工作的顺利开展。清产核资对象范围分别为：各级工商行政管理机关；自治区工商局直属机构中与财政部门有经费往来的单位，如广西工商学校、广西商标事务所；挂靠在工商部门的事业单位及各类群众团体，如市场开发服务中心、个体劳动者协会、消费者协会等。清产核资工作的任务包括资产清查，经费和收支状况清理，资金核实，检查验收和建章立制。一是对各预算单位的各项实物资产进行全面清查登记，对债权债务进行认真核实，清理资金来源渠道和支出结构情况，在全面摸清“家底”的基础上做到账账相符、账实相符。二是核实各预算单位人员编制、实有人数和人员经费支出状况，对人员情况登记造册，并做好编制和人员实际情况的核对。三是对资产清查中发现的资产盘盈盘亏、资产损失等问题，按国家有关规定和清产核资政策，经申报和核批后进行账务处理。四是针对清产核资工作中发现的问题，进行自查自纠，建立完善各项管理制度，明确管理职责，堵塞各种漏洞，防止国有资产流失，不断提高国有资产管理水平和使用效益。

2005 年，对自治区工商局本级、各市、县工商局以及广西工商行政管理学校的经营性国有资产进行清产核资工作，清产核资基准日为 2004 年 12 月 31 日。自治区工商行政管理系统按照自治区清产核资工作领导小组的有关工作要求，下发《关于开展经营性国有资产清产核资工作的通知》，成立经营性国有资产清产核资工作领导小组及其办公室，对本系统清产核资工作进行部署，提出工作的目标和要求。为使清产核资工作能够顺利进行，举办了清产核资工作培训班，整体推进清产核资工作的开展。在此次对全区工商系统经营性国有资产清产核资工作中，各市、县工商局分别对本部门本单位经营性国有资产情况进行了统计汇总，其中自治区工商局本级、桂林、钦州等市工商局存在经营性国有资产。全区工商系统用于经营的国有资产总体上分为闲置办公用房出租和招待所的自营或出租，所得收益基本用于资产的日常维护和缓解办公经费紧张问题。随着工商行政管理机关职能的不断深化，市场监管的任务的不断加强，特别是针对部分基层工商行政管理机关目前还没有自己的办公场所的现状，这部分资产将逐步用于改善办公条件，解决基层办公场所紧张等问题。

2006 年，各级工商行政管理机关强化国有固定资产的管理工作，确保全系统现代化办公的正常运转。自治区工商局积极组织全系统开展资产清查和资产核实工作，对全系统 16.11 亿元资产和 1.93 亿元负债进行了清理核实，通过审计机构的审计，摸清全区工商系统的“家底”。

2007 年 2 月，根据自治区财政厅的统一部署，全自治区行政事业单位开展资产清查工作。自治区工商局印发《自治区工商行政管理局关于组织开展资产清查工作的通知》（桂工商发〔2007〕34 号），要求各市、县工商行政管理局于 3 月份之前完成自查上报工作，4 月份接受会计师事务所的审计，5 月 20 日前完成《行政事业单位资产清查报表》《行政事业单位资产清查工作报告》等资料上报工作。为了加强全区工商行政管理系统资产清查工作的组织领导，成立自治区工商局资产清查工作领导小组。同时，成立自治区工商行政管理局机关资产清查工作领导小组及办公室，负责本级机关资产清查工作。各市、县工商行政管理局于 2 月 15 日前相继成立资产清查领导小组，均由各单位负责人担任组长。建立健全资产清查工作机构，配备一批业务能手，专门负责资产清查工作。制定切实可行的资产清查方案，建立完善资产清查工作机制，抓好单位基本情况清理、财务清理、财产清查、制度建设等重点工作，全面开展清查工作。2 月 8 日—9 日，自治区工商局在南宁组织召开全区工商行政管理系统资产清查工作会议，所有具有独立法人资格单位均派出财务人员、资产管理人员参加，市级工商局还派出人事、计算机管理人员参加，确保所有应开展资产清查工作的单位均有 2 人以上参加培训；3 月 12 日—16 日，自治区工商行政管理局资产清查领导小组办公室组成三个督查小组，分赴各市县工商局进行全面督查，促进资产清查工作开展。

2009 年，根据自治区财政厅、监察厅、审计厅《关于开展自治区本级党政机关和参照管理事业单位经营性国有资产清查与核实工作的通知》（桂财资〔2009〕9 号）精神，自治区工商行政管理局按要求开展本级的经营性国有资产清查工作。经清查，全区各市工商局共占有使用的经营性资产总额 8.18 亿元，年收益 0.21 亿元。主要分布在柳州、桂林等 12 个市县。全区各市工商局共有经营性独立核算的经济实体 2 处，资产总额1088万元，负债总额334.63万元，所有者权益467.60万元，利润总额-75.29万元，占地面积8445平方米，主要分布在桂林市和北海市工商局。全区各市工商局共占有使用的非独立核算的经营性资产原值8985.06万元，账面净资产8965.06万元，取得收益2184.35万元，面积817866.85平方米，主要分布在柳州、桂林、梧州、北海、防城港、钦州、玉林、贺州、百色、河池、来宾、崇左市等12个市县。同年，自治区党委办公厅、自治区人民政府办公厅印发《关于自治区本级党政机关和参照管理事业单位经营性国有资产划转移交与接收工作的通知》（桂办发〔2009〕38号），自治区财政厅印发《关于批复自治区本级党政机关和参照管理事业单位经营性国有资产划转移交的函》（桂财资函〔2009〕61号），这是自治区党委、自治区人民政府作出的重大决策，有利于建设广西投融资平台，建立有效的行政事业单位国有资产管理、监督和运营机制，自治区工商局将已核查确认的南宁市工商局培训基地、桂林市工商局南园宾馆、北海市工商局招待所、钦州市工商局办公楼及铺面等经营性资产移交。

2007年2月9日，全区工商行政管理系统资产清查工作会议在南宁召开

2010年，全自治区工商系统通过开展小金库专项治理“回头看”工作，建章立制，进一步加强国有资产管理。一是开展了国有资产的清查工作，建立国有资产管理信息系统，借助信息技术，将国有资产的类别、数量、规格、经营等情况统一纳入计算机进行管理，实现“动态监管”。二是坚持将国有资产有偿使用收入统一归口管理，全额上缴自治区财政专户，实行“收支两条线”管理。三是完善国有资产使用制度。控制国有资产出租、出借等行为，对确需出租、出借、租赁的，严格履行审批程序，防止国有资产收入流失，维护资产的安全和完整。四是加强账户管理。对全系统银行账户进行清查，继续规范银行账户的开立和使用，防止基层单位截流和套取资金。

1999年上半年，市县工商局资产统一上划自治区工商局；1999—2014年垂直管理期间，全区工商行政管理系统资产统一归口财务处管理；2015年上半年，根据“谁使用归谁所有”原则，下划市县工商局资产。

2012年，自治区财政厅印发《自治区本级行政事业单位国有资产使用管理暂行办法》（桂财资〔2012〕9号）（以下简称《办法》），自2012年9月1日起施行。自治区工商局对该办法进行明确：一是实施前后应审批事项的问题。《办法》施行前，未经批准的实施的对外投资、出租出借等事项，不再追溯。请各单位将对外投资、出租出借等事项发生的时间、期限、资金来源、资产状况、所签合同、单位领导办公会议纪要、未报批理由、收益情况等，以正式发文形式，于2012年12月15日前报自治区商局审核认定，并报自治区财政厅备查。需报送的材料包括：《2012年9月以前自治区本级行政事业单位资产出租出借事项汇总表》《2012年9月以前自治区本级行政事业单位对外投资或担保事项汇总表》及有关材料的复印件。《办法》施行后，未按规定报批的，自治区工商局一律不予受理。二是资产短期出租、出借事项审批程序问题。6个月以内（含6个月）的资产出租、出借事项，由自治区工商局审批并报自治区财政厅备案。三是清理上缴国有资产收入问题。2012年及以前年度各单位资产出租出借收入及资产处置收入，尚未按政府非税收入管理的规定上缴的，于2012年12月15前上缴自治区工商局，由自治区工商局统一汇缴自治区国库。

按照自治区财政厅关于资产管理规定要求，制定出台自治区工商局及广西工商行政管理系统资产管理办法，并根据不同时期管理要求及时进行调整完善。

2015 年 3 月，根据广西壮族自治区人民政府办公厅《关于印发广西壮族自治区工商行政管理体制调整实施方案的通知》（桂政办发〔2015〕6 号）精神，工商行政管理体制由自治区以下垂直管理调整为市、县人民政府分级管理，为做好相关资产划转工作，全自治区工商系统 14 个地市工商局进行了资产清查。截至 2014 年 12 月 31 日，自治区工商系统共 14 个地市工商局资产整体划转至属地管理的人民政府，资产划转处置合计 27.48 亿元，包括有流动资产、固定资产、在建工程、无形资产、其他资产等。

2016 年，根据自治区财政厅统一部署，自治区工商行政管理局机关本级、广西钦州保税港区工商局以及广西工商学校全面开展清产核资工作。2016 年清产核资是以 2015 年 12 月 31 日为基准日，对全部资产进行盘点或核对。自治区工商行政管理局机关本级聘请广西众拓会计师事务所协助参与本次资产清查，进行账务清理、资产盘点、财产清查工作。在清查过程中，由处室、单位自查资产并编制盘点表统一报送给财务处汇总，以此对本单位固定资产实物进行全面盘点，盘点工作完成后以固定资产台账与固定资产盘点结果进行逐一核对，根据“先投入使用的固定资产先损毁”的原则，确认资产的盘盈盘亏情况，同时对长期挂账往来款项进行了清理并申报核销。经广西众拓会计师事务所审核后，本单位截至 2015 年 12 月 31 日止的资产清查数为 3.22 亿元，资产清查待处理数为 0.24 亿元，负债清查数为 0.08 亿元，净资产清查数为 3.39 亿元。此次清查共清查出资产盘盈 34.69 万元，资产损失 0.18 亿元，资金挂账 0.08 亿元。广西钦州保税港区工商局落实专人对资产进行核实并录入资产数据，积极做好基本情况调查，财务清理，财务清查和完善制度等各项工作。广西钦州保税港区工商局资产清查数为 62.93 万元，资产清查待处理数为 3.14 万元，负债清查数为 0.13 万元，净资产清查数为 65.93 万元；资产盘盈 0 元，资产损失 3.14 万元，资金挂账 0 元。广西工商学校由各科室负责对本科室所有办公设备进行自查：教学资源科负责所有教学设备（含文体设备及图书）的自查；总务科负责房屋、建筑物及附属设施，所有家具用具（学生课桌椅、学生宿舍家具及电气、食堂所有设备、招待所所有设备）的自查；办公室负责所有车辆的自查工作。广西工商学校资产清查数为 0.49 亿元，资产清查待处理数为 33.14 万元，负债清查数为 559.55 万元，净资产清查数为 4413.12 万元，资产盘盈 0 元，资产损失 33.14 万元，资金挂账 0 元。在 2016 年的资产清查中，发现资产管理存在如下问题：一是固定资产管理不够完善。没有设置固定资产卡片账，并且无法取得 2011 年以前的固定资产明细分类账；以前年度未及时对固定资产进行盘点核对；固定资产采购主要由机关服务中心和经济信息中心统一采购，各处室、单位也存在零星采购的情况，导致部分固定资产实物与财务入账存在时间差异，从而使财务账与固定资产实物不一致；因处室、单位人员变动导致的固定资产实物变动等未及时完善调拨手续，导致固定资产实物与财务账差异很大。二是往来长期挂账。由于本单位过去的工作机制不够完善，以前年度的往来款项已确认无法回收或偿还，未及时对其进行清理。2016 年 9 月，自治区工商局新修订并印发《自治区工商局财务管理及经费审批暂行办法》，对固定资产管理进行规定：财务处负责局固定资产的管理和分配，信息处（信息中心）、机关服务中心负责局固定资产的发放、实物管理和清查等；财务处负责建立固定资产会计总账及明细分类账，信息处（信息中心）、机关服务中心固定资产管理员建立固定资产实物明细账、固定资产卡片；对新购入的固定资产，要及时验收记账；固定资产调出、报废时，要及时办理调出、报废手续。每年由财务处会同信息处（信息中心）、机关服务中心对固定资产进行清查盘点，做到账账相符、账实相符。

至 2018 年 12 月 31 日，自治区工商局本级机关资产达 3.20 亿元，其中：土地、房屋及建筑物 2.40 亿元，通用设备 0.49 亿元，专用设备 0.10 亿元，家具、用具 0.05 亿元，无形资产 0.16 亿元。2018 年贵港市工商局开展固定资产全面摸底清查，对该局机关和各基层工商所进行实地考察，了解基建是否存在纠纷情况，收集土地使用证和房产证等重要资料，并将所有的基建材料移交后勤服务中心统一规范管理，建立起固定资产电子台账，做好相关土地资产进行确权工作。

第四节　审计监督与票据管理

审计机构

1999年机构改革后，为加强全区工商系统内部审计监督管理，自治区工商局在财务处设立财务监督管理办公室，由财务人员兼管内审工作。自治区工商局内审办公室，是根据《审计署关于内部审计工作的规定》（审计署第4号令）第三条的规定，结合工商系统实际情况，由自治区工商局党组研究决定，于2004年5月成立自治区工商局审计委员会，审计委员会下设审计办公室，配备3名专职审计人员，具体负责全系统的内部审计工作。审计委员会监督和评价本单位及所属单位财政收支、财务收支及各项经济活动的真实、合法和效益。其主要职责是负责自治区工商局内部审计工作，对各市工商局内部审计工作实行监督、管理，组织制定内部审计年度工作计划，审定审计项目与审计报告、审计决定，负责管理固定资产投资和基本建设项目的审计工作，组织培训内部审计人员，裁定所属单位复议申请。自治区工商局审计委员会成立后，全区14个市工商局根据需要，也相应成立了各自的审计委员会或审计办公室，配备专职或兼职内部审计人员，负责本部门内部审计工作。

审计规章制度

自治区工商局审计办公室根据《中华人民共和国审计法》以及《审计署关于内部审计工作的规定》（审计署第4号令）等审计法律法规，结合广西工商系统的自身实际制定《自治区工商行政管理系统领导干部任职期间经济责任审计暂行规定》。2002年制定《广西壮族自治区工商行政管理系统内部审计人员职业纪律守则》。2004年制定《广西壮族自治区工商行政管理系统内部审计工作暂行规定》。2005年制定《广西壮族自治区工商行政管理局委托社会中介机构审计管理暂行办法》。2012年制定《广西壮族自治区工商行政管理系统建设项目审计监督管理暂行办法》，主要是对自治区工商局负责投资总额在50万元以上的建设项目、各市工商局负责投资总额在50万元以下的建设项目进行审计，对总投资在500万元及以上重大投资项目，列入自治区工商局审计监督库，自治区工商局对建设项目的预（概）算情况、建设过程及竣工决（结）算进行全过程跟踪审计监督。上述规章制度对领导干部经济责任审计、内部审计人员职业纪律、内部审计工作的职责和权限、委托社会中介机构审计管理等方面建章立制，作出明确规定，规范管理，为内部审计工作的开展提供制度依据。

队伍建设

自治区工商局通过各种形式加强审计队伍建设，提高审计人员的理论和业务水平，促进内部审计工作的健康发展。2001年，举办1期内审人员培训班和2期会计人员业务培训班，地（市）、县工商局财会业务骨干参加培训考虑到内审工作政策性强，业务素质要求高，内审人员培训班重点放在财务审计的基础知识和审计工作程序等方面；财会人员培训班重点放在一些日常的工作上，如工商行政管理系统会计制度的运用、会计基础工作规范、国有资产管理、财务预（决）算编制、会计电算化等，同时安排会计基础工作规范的观摩学习。2002—2018年，共举办10多期内部审计知识培训班，共培训审计人员1000多人次，有效提高审计人员的理论水平和业务技能。积极推广内部审计工作的先进做法。在全系统范围内宣传推广“以审代培”的方式培训内审人员，通过边审计边培训的方式，几年来共培训内审人员400多人次。积极组织内审人员参加各类培训班和理论课题研讨会，学习先进的内部审计理论和工作经验。2012年广西内部审计师协会举办工商系统内部审计人员后续教育培训班，共培训人员146人次。2013年为加强内审队伍建设，提高内审人员综合能力，8月在柳州市为基层单位内审人员举办了一期内部审计业务知识培训班，聘请中国内审协会鲍国明副会长到柳州给学员讲授《内部经济责任审计》，全区工商系统共有20名内审人员参加了培训。当年，自治区工商局开展审计项目时，抽调部分市工商局的内审人员组成审计组进行审计，在审计过程中实现"以审代培"，通过审计作业提高内审人员的业务水平。先后12次组织内审人员参加自治区审计厅举办的内部审计知识培训班和理论课题研讨会，选送论文共获得5个一等奖、17个二等奖和32个三等奖。鼓励内审人员撰写内部审计理论方面的文章，踊跃向新闻媒体、报纸杂志等投稿。十年来共有20多篇理论文章、会议报道、经验介绍等在《中国内部审计》《广西审计》《广西内审信息》《广西工商》等刊物上发表。实行持证上岗制度。至2014年5月，全区工商系统共有286名专（兼）职持证内审人员，符合条件的内审人员拿到了内部审计岗位资格证书，内部审计人员全部做到持证上岗。

内部审计

1999年成立内审办以来，内审人员认真履行内部审计职责，通过认真开展预算执行审计、经济责任审计、基建工程审计、配合审计调查等"四项工作"，充分发挥内部审计的监督管理作用，巩固审计工作成果，内部审计的作用和影响日益显现。

2001年，自治区工商局积极推进内部审计工作，适时对二层机构财务收支情况进行了审计，开展离任领导干部经济责任审计；制定《内部审计人员职业纪律守则》，加强内审工作的制度化建设。

2002年，进一步加强财务监督，完善内部审计工作机构。截至2002年，已有14个市、53个县（市）工商局设立了内审机构。对自治区工商行政管理局二层机构的2001年财务收支情况进行审计。审计对象为：广西信息咨询中心、广西个体协会、广西私营协会、广西商标协会、广西广告协会、广西广告事务所、广西全桂广告公司、广西消费者协会、中国消费者报广西记者站、广西消费者信息咨询公司、广西市场开发服务总公司、广西市场开发有限责任公司、广西永昌有限责任公司。特别是对广西信息咨询中心的经营和财务管理情况进行审计后，针对发现的问题提出改进意见，协助和指导他们规范了会计账目的设置和核算。2002年，对341个单位进行了财务审计，对64名离任领导干部实行了经济责任审计，共查出损失金额33.13万元，纠正违规金额168.83万元。

2003—2004年，加大内部审计工作力度，成立自治区工商局审计委员会及办公室，制定《广西壮族自治区工商行政管理系统内部审计工作暂行规定》，强化对自治区各级工商行政管理机关领导干部的经济责任监督。对工商系统党员干部拖欠公款或利用职权将公款借给亲友的问题进行专项清理，清还22名党员干部借用拖欠的公款12.32万元；清理利用公款购买个人商业保险6288人，清退资金122.45万元。2000—2004年，广西工商系统共有340位领导干部离任，均先后对其进行离任经济责任审计。通过审计，分清了领导干部的经济责任，对领导干部任职期间遵守财经纪律情况、个人廉洁自律情况做出客观公正的评价，对财务管理中存在的问题提出整改意见，解决一些历史遗留下来的问题，促进和完善被审计单位的财务管理。

2004年，自治区工商局聘请会计师事务所和局内的审计人员联合进行审计。在全系统内对任职时间满五年以上的领导干部进行任中经济责任审计，全年共开展审计项目23个，审计领导干部23人，其中市级领导干部9人。自治区工商局在这项工作中，重点是对任期满五年以上的9个市工商局的正职领导干部进行审计。在审计过程中，大胆披露问题，指出存在的隐患，对发现的重大问题及时向局党组汇报。通过审计，纠正了一些违纪违规行为，及时挽回一些经济损失。同时，还对涉嫌严重违纪的问题移送纪检、监察部门或司法部门调查处理。

2005年,根据2005年内部审计工作安排和《自治区工商局关于开展事业单位和协会2002年至2004年度财务收支情况审计的通知》(桂工商发〔2005〕49号)的要求,审计组于2005年3月1日—3月30日,对广西商标协会、广西广告协会、广西全桂广告服务中心、广西广告事务所2002—2004年度的财务收支情况进行了审计,重点审计财务收入、支出的合法性、合规性,以及票据的管理和使用情况,资产、负债的真实性,并对审计发现的问题提出改进意见。审计发现的主要问题有:一是存在无依据收费现象;二是固定资产管理不够完善;三是日常支出手续不全,财务把关不够严;四是会计基础工作不扎实;五是不及时清理往来账。

2007年,自治区工商局共开展工商系统领导干部经济责任审计项目152个,审计查出管理不规范金额1006万元,违纪违规资金169万元,严肃了财经纪律,增强了领导干部廉洁从政的意识。

2013年,自治区工商局本级全年共开展审计项目4个,全区工商系统开展审计项目191个,其中:财务收支审计68个,任中审计38个,离任审计72个,基本建设审计13个。审计查出管理不规范金额805.65万元,违规资金24.57万元,已纠正违规资金4.7万元。审计发现问题292条,提出整改建议273条,审计建议被采纳270条。在全系统开展的财务收支审计68个项目中,主要是对各单位预算资金的收支、专项资金的管理、国有资产的管理、内部控制制度执行等内容进行审计。发现有些单位预算的编制和执行脱节,财务核算不够准确,造成一些科目年度预算与实际支出相差较大;支出结构不合理,主要是交通费、会议费、招待费、教育培训费支出过大;固定资产管理不够规范,有的单位固定资产账实不符,固定资产的账务管理和实物管理出现脱节等问题。针对存在的这些问题,及时指出并要求整改。开展各类经济责任审计项目191个,审计领导干部110人,其中:任中经济责任审计38个、离任经济责任审计72个,审计发现违规资金24.57万元、管理不规范资金805.65万元。审计发现的主要问题是:部分领导干部严格未能按照预算开支,部分科目超预算开支的现象依然存在;固定资产实物管理不够完善,个别单位账实不符,没有定期清查盘点单位资产;还存在部分零星采购的物品没参加政府采购的情况;部分单位往来账长期挂账的问题没有得到有效解决;实行公务卡改革力度有待加强,市级和县级工商局用公务卡结算没得到普及,还存在大量使用现金方式结算。对于审计发现的问题,各市工商局积极进行整改,有些问题在审计期间和审计征求意见稿期间已得到及时整改。

2004—2014年,每年各级内审部门根据工作需要开展以“五查”为主要内容的财务收支审计工作:一查有无乱收费、乱罚款行为,各项规费、行政性收费和罚没款是否应收尽收,应缴尽缴,有无截留、挪用等现象;二查经费开支是否按财务制度规定的范围列支,有无违反规定大吃大喝、乱支滥用等现象;三查奖金、福利的发放是否符合有关规定,有无乱发钱物、违规发放等现象;四查财务管理规章制度是否健全,各项收支是否纳入单位财务管理,有无违反规定私设“小金库”等行为;五查票证管理有无违规使用票证,是否有自购、丢失、被盗等现象。十年来,全区工商系统共完成预算执行审计项目1766个,审计查出管理不规范金额共2826万元,违纪违规金额共458万元。通过开展预算执行审计,及时掌握各单位的财务收支状况,发现问题督促整改,防止同一问题的再次出现,使各单位在财务收支上不敢有违纪违规行为,切实有效地规范了各单位财务收支行为,同时也增强了单位领导和财务人员遵纪守法的法律意识,达到了规范化管理的目的。开展领导干部离任经济责任审计904个,审计领导干部904人,审计发现管理不规范金额共4333万元,违纪违规金额共887万元。开展领导干部任中经济责任审计315个,审计领导干部315人,审计发现管理不规范金额共20907万元,违纪违规金额共3480万元,移交监察部门立案调查一人。委托社会中介机构审计基建项目185个,审计核减金额5240万元。

2004—2014年,广西工商系统每年各级领导干部调任、离任次数较多,按规定任职满3年的需进行任中审计,以便及时发现和纠正问题,防止不廉洁问题的发生。为做好经济责任审计工作,自治区工商局制定了“统一领导、逐级管理、分级负责”的总原则,即由自治区工商局统一领导,从上到下形成了区局、市局、县局(分局)三级负责的工作机制。各级内审部门根据人教部门的要求,对离任的领导干部进行领导干部离任经济责任审计,通过审计领导干部任职期间所在单位的财务收支情况、固定资产管理情况、经济目标完成情况、重大投资项目的决策情况、内部控制制度的建立健全和执行情况、领导干部本人廉洁自律情况等，揭露财务管理存在的隐患，指出存在的问题，客观评价领导干部的经济责任，提出规范整改的建议，达到依法理财、规范管理、促进发展的目的。十年来，全区工商系统共开展领导干部任中经济责任审计277个，审计领导干部277人，审计发现管理不规范金额共20907万元，违纪违规金额共3480万元，移交监察部门立案调查1人。开展领导干部离任经济责任审计832个，审计领导干部832人，审计发现管理不规范金额共4333万元，违纪违规金额共887万元。十年来，全区工商系统共开展离任经济责任审计832个和任中经济责任审计277个，共出具审计报告1109份，为被审计单位提出了5545条审计建议，通过开展领导干部任中经济责任审计，避免了离任审计出现的审计报告落实难、领导责任追究难、经济损失挽回难等问题。审计发现的问题，得到了被审计单位的高度重视和有效整改，纠正了违规行为，及时挽回了一些经济损失，避免了推诿扯皮现象的发生。涉嫌严重违纪的问题移送纪检、监察部门调查处理，加强了对领导干部的监督管理，促进党风廉政建设的发展。十年来，根据工作需要，积极配合、协助其他部门开展审计调查工作，充分发挥内审的审计职能，增强内审工作的影响力。先后配合区纪委、自治区审计厅派出工商审计处、自治区工商局人教处、财务处、监察室等单位和部门，对相应的单位或个人进行审计调查。在审计调查过程中，利用内审人员自身的专业知识，分析问题的性质，为有关部门作出决策提供参考。

基建工程审计

2012年，随着工商系统基层基本建设工程投资项目逐年增多，在基建工程竣工结算上，审计存在滞后的缺陷。针对大型工程投资大、建设周期长的特点，结合自治区工商系统建设工程项目的审计实践，内审办研究制定《广西壮族自治区工商行政管理系统建设项目审计监督管理暂行办法》（以下简称《办法》）下发全区工商系统执行，《办法》第八条规定“总投资金额在500万元及以上的重大投资项目实行全程跟踪审计，分为工程预（概）算审计、建设过程审计、工程竣工决算审计三个阶段进行。”基建项目的审计监督由事后监督转向事前、事中监督，严把大型工程项目资金关口。自治区工商局全程跟踪审计，主要做法是：根据各市工商局要求对工程项目进行跟踪审计的报告，按照《广西壮族自治区工商行政管理局委托社会中介机构审计管理暂行办法》，委托信用高、质量好的中介审计机构对工程项目实施全程跟踪审计，内审部门全程介入，参与监督管理。分三个阶段进行：第一阶段为工程预（概）算审计。在工程开工建设招标前由自治区工商局委托社会审计机构对项目建设单位提供的工程预（概）算控制价进行审计，并出具审计报告，审计结论作为工程招标的依据。第二阶段为工程建设过程审计。在建项目实施过程中涉及工程造价、现场签证、设计变更、支付工程款及与项目有关的财务收支的真实性、合规性进行审计监督。第三阶段：工程竣工决算审计。工程完工后对其造价结算审计和财务决算审计。自治区工商局利用事前、事中审计的资料进行汇总分析，严格把住竣工决算中可能发生的高估冒算、隐蔽工程和易于发生弄虚作假等环节，为决算审计提供真实、合法的资料，提高建设工程决算审计质量和水平。遏制了基本建设项目造价过高、建设单位超付大额工程款等问题，为工程建设项目节约建设资金，切实维护了工商系统的经济利益。

2013年1月—10月，委托社会中介机构对投资在50万元以上的基建项目进行竣工审计的工程有崇左市工商局办公楼建设工程、藤县工商局机关办公楼大型维修等39个工程项目，送审金额共7124.06万元。其中，已出具审计报告16个项目，核减金额581.24万元，核减率13%。同时，对拟投资700万元的靖西县工商局办公楼建设项目和拟投资750万元的田东县工商局办公楼建设项目进行了全程跟踪审计，加强了基建项目的事前监督和事中监督。

2014年1月—6月，组织开展全区工商系统已竣工基建项目委托审计50个，送审金额4300.78万元。加强了对全系统基建项目竣工决算审计的管理。

2004—2014年，制订《广西壮族自治区工商行政管理局委托社会中介机构审计管理暂行办法》和《广西壮族自治区工商行政管理系统建设项目审计监督管理暂行办法》，规定总投资达50万元以上的基建项目的竣工决算审计由自治区工商局审计委员会委托社会中介机构进行。总投资在500万元以上的工程项目，审计关口前移，必须进行跟踪审计，避免工程建设过程中不规范行为发生。委托的社会中介机构直接对审计委员会负责，审计报告须经审计委员会审核批准，接受审计委员会的监督，确保了审计报告的客观公正性。

奖励奖项

自治区工商局内审办成立以来，连续被自治区审计厅评为“2005—2007年度全区内部审计先进单位”“2008—2010年度全区内部审计先进单位”“2011—2013年度广西内部审计先进集体”。

组织内审人员参加自治区审计厅举办的内部审计知识培训班和理论课题研讨会，选送的论文共获得了5个一等奖、17个二等奖和32个三等奖以及优秀组织奖的优异成绩。

2005—2010年，自治区工商局内审办获先进集体的部分牌匾照片

票据管理

1999年之前，自治区工商局机关使用的行政性收费及罚没票据从自治区财政厅领取，按规定申报自治区财政厅核销。由于全区工商行政管理机关收取的行政事业性收费数额大，票据需求量大，由自治区工商局1988年设立的广西红盾印刷厂专门负责全区工商系统专用票据印制工作，印刷数量、领用等手续需自治区财政厅审批。各基层单位所需票据逐级汇总上报至自治区工商局、财政厅，经审批之后领用，自治区工商局、财政厅定期组织票据核销工作。1999年，逐步建立健全工商行政管理体制改革财务管理规章制度，与自治区财政厅联合制订下发《关于做好工商行政管理部门收据管理工作的紧急通知》（桂财预外字〔1999〕1号），对票据管理作了明确的规定。

1998年，根据国家工商总局和自治区财政厅关于票据管理工作要求，结合自治区工商行政管理工作实际，制定下发《广西壮族自治区工商行政管理系统专用收据管理办法》，规范全系统票据管理工作。自治区工商行政管理部门票据管理工作接受自治区财政厅组织管理，票据印制、领用、核销等一系列工作均在其监督指导下开展，使用票据取得的行政事业收费收入纳入财政预算管理。

2000年，自治区工商局落实行政事业性收费和罚没收入“收支两条线”规定的工作，加强对收费票据的管理和使用，严肃有关票据管理的规定，正确使用各种票据，做到填写规范，一律不能使用过期的收费票据。同年，强化对票据的使用和管理，坚持亮证收费和使用财政厅规定的专用票据，做到依照有关规定收费，并加强日常监督检查，及时纠正票据使用不规范的行为。

1998—2005年，自治区工商行政管理系统严格执行《广西壮族自治区专用收据管理办法》，统一使用自治区财政厅印制的《广西壮族自治区工商行政管理行政性收费专用收据》及《广西壮族自治区罚没款收据》，制定《广西壮族自治区工商行政管理系统专用收据管理办法》，建立专用收据领用、发放、核销、结算等一系列制度。严格收据使用审批手续，完善收据领购办法，实行专票专用的管理制度，规范收据的填写。自治区工商行政管理机关收缴罚没收入统一使用由自治区财政厅统一印制的广西壮族自治区罚没款收据，由各市、县工商行政管理局票证会计到上级工商行政管理机关统一领取。罚没款收据分为《广西壮族自治区罚没款收据》《广西壮族自治区行政处罚定额收据》《暂时扣留（或冻结）财物收据》《罚没物资收据》等。自治区各级工商行政管理机关严格执行有关收据管理的规章制度，坚持做到“八不准”：不准单联填写，不准跳号、隔号填写，不准涂改、刮擦，不准各种票证互相代用，不准同时使用几本同类票据，不准多收费少开票，不准开票不收费。各级工商行政管理机关高度重视专用收据的管理，配备了专职收据管理员，设置专用库房，为工商所配备专用箱，严防收据丢失、被盗窃、损坏等事故的发生。加强票据事前、事中和事后三个环节的监督管理，坚决制止使用不合法票据、代开票据、外借票据等违规行为，从源头上防止乱收费。部门条件较好的基层工商行政管理机关对收据发放、审验等工作实行了电脑管理，对每个执收单位领取、使用和未使用票据数量、号段、结存情况以及收入金额、实际入库金额情况进行详细准确的记录，有效增强了对各执收执罚单位票据领取和使用的监管力度。

2008 年 9 月 1 日开始停止征收集贸市场管理费和个体工商户管理费，认真做好“两费”票据收缴和销毁工作。1999—2014 年垂直管理期间，全区工商行政管理系统票据由自治区工商局财务处统一管理，市县工商部门所使用票据经自治区工商局批准后，向自治区财政厅申购，由自治区工商局财务处配合自治区财政厅票据管理中心组织开展全系统票据核销工作。

第六篇 机关党建

机构队伍 社会团体

1992—2018 年,自治区工商行政管理局共经历 6 次机构改革。内设机构由 11 个增至 17 个,直属事业单位由 3 个增至 6 个。其中,1998 年工商所实行公务员管理。1999—2014 年实行省级以下垂直管理;2001 年,彻底实现市场办管脱钩。

2015—2018 年,广西工商行政管理系统重回分级属地管理。

至 2018 年,自治区工商行政管理局通过党的建设、教育培训、文化建设及各种制度建设等进行队伍建设,提高队伍素质。广西工商系统内各协会经 2008 年从工商系统内分离,由属地管理后大量缩减,至 2018 年,保留有广西消费者权益保护委员会等。广西工商学会通过办刊物、举办学术活动、进行课题研究等推动理论水平的提高。

广西工商系统获得多项国家级、自治区级表彰。其中每 4 年全国工商系统评优 1 次,累计获得全国工商行政管理系统先进集体 36 个,全国工商行政管理系统先进工商所 77 个,全国工商行政管理系统先进工作者 13 人,全国工商行政管理系统优秀工商行政管理人员 94 人。另获得多项国家级、省级奖项。

第一章 机 构

1992 年，自治区工商局内设 11 个处室，3 个直属事业单位。全自治区 8 个地区、5 个市、防城港管理区、86 个县（自治县、市）都设立了工商行政管理局。广西工商行政管理系统为分级属地管理。

1994 年，全区工商行政管理系统有各级机构 1655 个，工作人员 18412 人。工商行政管理系统的机构、人员主要集中在基层。县级局占机构总数的 90%。

1995 年，县级机构核定编制及在职人数大幅增长。

1996 年以来，为适应建立社会主义市场经济体制的需要，促进工商行政管理市场监管职能到位，各级工商行政管理机关按照与所办市场在机构、人员、财务、职责“四分离”和“人随市场走，债随市场移”的原则，开始进行市场办管脱钩工作。至 2001 年底，自治区工商行政管理机关自办、联办市场 2159 个，已全部脱钩。

1998 年，工商所原使用的事业编制一律核销，重新核定工商所编制为行政编制，实行公务员管理。1999 年 1 月 1 日开始实行省级以下垂直管理，至 2000 年全自治区工商行政管理系统已基本实现人、财、物的垂直管理。

2000 年，自治区工商局机关进行机构改革，局机关内设机构由原来的 11 个减少到 10 个，行政人员编制精简为 68 名。2002 年进行了地、市、县工商局机关机构改革，在改革过程中共精简分流人员 2300 多人，各地、市工商局机关内设机构由 12 个精简为 8 个，县级工商局机关内设机构精简为 6 个。

2008 年，全自治区工商系统核定机构总数为 2222 个，其中：自治区级工商局 1 个，市级工商局 14 个，县级工商局 76 个；内设机构自治区级局 12 个，市级局 9 个，县级局 6 个；分局 39 个，工商所 1408 个，经济检查队 90 个。全自治区工商系统核定编制总数为 10955 个，其中：机关 1982 个，占核定总数的 18.09%；分局 383 个，占核定总数的 3.50%；工商所 8590 个，占核定总数的 78.41%。全自治区工商系统实有机构数为 2078 个，年内增设外商投资企业注册登记管理科以及企业登记注册分局；在职公务员数为 10014 人。

2013 年后，广西各级工商行政管理机关转变职能，特别是 2014 年，是广西工商行政管理机关全面改革年，自治区党委、自治区人民政府明确由工商行政管理部门牵头实施的 6 项改革任务基本完成。在全国率先开展住所登记制度改革，“先照后证”等 3 项改革做到与全国同步实施。商事制度改革作为全自治区深化改革的重大成效写入 2015 年自治区政府工作报告。完成流通环节食品安全监管职能划转任务。

2015 年后，各级工商行政管理机关顺利完成了机构、体制的改革和调整，商事制度改革全面深入推进。确定自治区工商局内设 15 个处室和机关党委，以及 4 个直属行政机构。2015—2018 年，广西工商行政管理系统重回分级属地管理。

至 2018 年 3 月底，全系统有自治区级工商局 1 个，地级市工商局 14 个，县（市、城区）工商局 114 个，工商所 1309 个，经济检查队 123 个。自治区工商局内设机构 17 个，直属行政机构 3 个，事业单位 6 个。全系统在职公务员 9444 人。同年合并进新组建的广西壮族自治区市场监督管理局，为自治区人民政府直属机构。

第一节 自治区工商行政管理局

1992 年，自治区工商局内设 12 个处室，分别为办公室、人事教育处、市场管理处、个体私营经济管理处、企业登记管理处、经济合同管理处、商标广告管理处、外资企业登记管理处、市场经济研究所（法规政策研究室）、经济检查局（经济检查大队）、法制处，自治区级机构共有人员 104 人，办公地址在南宁市星湖路 37 号。自治区编委批准自治区工商局机关内部增设基建财务处。基建财务处作为自治区工商局独立的内设机构,从办公室的职责中分离出来。广西有直接核准外商投资企业登记权的工商局是:自治区工商局、北海市工商局、桂林市工商局。自治区工商局委托南宁市、柳州市、梧州市工商局初审外商投资企业申请登记注册的文件、证件。

广西壮族自治区工商行政管理局原办公大楼位于南宁市星湖路 37 号

1994 年,国务院有关《国家工商行政管理局职能配置、内设机构和人员编制方案》明确规定:“国家工商局是国务院主管市场监督管理和行政执法的职能部门”。自治区工商行政管理局是自治区人民政府主管市场监督管理和行政执法的职能部门。依法监督检查市场主体的交易活动,查处垄断和不正当竞争、侵犯消费者权益和其他市场交易违法违章案件;依法或经自治区人民政府授权,组织开展全区性的市场监督与行政执法活动;监督管理消费品市场、生产资料市场,参与监督管理金融、劳动力、房地产、技术、信息等生产要素市场和期货市场,以及文化娱乐市场等特种市场。按照《中共中央关于建立社会主义市场经济体制若干问题的决定》中关于“改善和加强对市场的监督和管理”“建立有权威的市场执法和监督机构”的要求,各级工商行政管理局要实现职能转变,主要有:改革企业登记管理制度,将审批设立制度逐步过渡为工商行政管理机关依法核准登记注册制度;拓宽监督管理范围,从侧重于监督管理集贸市场和工业品市场,转变为监督管理和参与监督管理各类市场;调整行政执法对象,从重点查处投机倒把活动转变为依法规范市场交易行为,保护公平竞争;提高管理层次,从侧重于具体业务管理转变为运用法律和行政手段进行宏观监督管理。年内,自治区级机构共有行政编制 54 个,行政编制实有人数 127 人,超编 135%;事业编制数 25 个,事业编制实有人数 38 人,超编 52%。共有人员 165 人,其中干部 120 人,工人 45 人。

1995—2001 年,全自治区工商系统经历了推行公务员制度、市场办管脱钩和省以下垂直管理等重大体制改革,实现了自治区以下工商行政管理机关人、财、物的垂直管理。1995 年设立机关服务中心,负责局机关的后勤供给、老干部服务和全自治区工商系统物资装备供应工作,办公室不再承担机关后勤保障工作职责。11 月,自治区编委、自治区纪委、自治区监察厅联合下发《关于区直机关纪检、监察机构设置和人员编制的通知》,自治区纪委派驻自治区工商局纪检组、自治区监察厅派驻自治区工商局监察室机构正式设置和配备专职纪检监察干部。行政编制数为 110 名,比上年增 104%。1995 年,将商标广告管理处分拆,分别设商标管理处和广告管理处。同年共有办公室、人教处、监察室、机关党委、法制处、公平交易处、企业处、财务处、商标处、广告处、外资处、市场处、个体处等。1998 年,工商所原使用的事业编制一律核销,重新核定工商所编制为行政编制,实行公务员管理。自治区工商系统从 1998 年 3 月—12 月底,从工商所干部中进行人员选配，完成向公务员过渡的工作，广西工商系统共有公务员 1.08 万名。1998 年，原公平交易处已改为公平交易局。1999 年工商机关实行省以下垂直管理。2000 年，自治区工商行政管理局机关进行了机构改革，《自治区人民政府办公厅关于印发广西壮族自治区工商局职能配置内设机构和人员编制规定的通知》明确了全自治区各级工商机关是政府主管市场监督管理和行政执法的直属机构，主要职能是监管社会主义统一市场，包括对市场主体准入、市场竞争行为和市场主体退出行为，进行综合性的、全方位的监督管理和行政执法，维护市场经济秩序，进一步强化工商行政管理职能，突出工商机关监管社会主义统一市场的地位。自治区工商局机关内设机构由原来的 12 个减少到 10 个，分别将商标管理处和广告管理处、企业登记管理处和外资企业登记管理处合并，成立商标广告管理处和企业登记管理处，增设专业市场局、消保处，人教部及机关党委合并改为政治部，法制处改为法规处，公平交易局改为公平交易处。行政人员编制由 1999 年的 117 名精简为 70 名，精简了 40%。同年自治区工商局成立政治部，宣传报道工作职责转由政治部承担。办公室增加了协调全自治区本系统的统计和办公自动化管理工作职责。2000 年，自治区工商局搬至南宁市怡宾路 1 号广西工商大厦办公。

广西壮族自治区工商行政管理局新办公大楼位于南宁市怡宾路 1 号。2001 年正式启用

1999—2003 年，自治区工商局核定行政编制与实有行政编制保持一致，无超编现象。2001 年，工商机关与所办市场彻底脱钩。

2005 年，自治区工商局政治部更名为人事教育处，全自治区本系统宣传报道工作、国有资产管理工作职责转由办公室承担，增设离退休处、审计处。

2006 年，自治区工商局行政编制数为 127 名，比上年的 75 名增加 69%，在职公务员 124 人，比上年的 75 人增加 65%。

2007—2011 年，自治区级行政编制数小幅度增长。2007 年 9 月恢复设立了外商投资企业监督管理处，同时主动向国家工商总局申请获得贵港、百色、河池、贺州、来宾、崇左等 6 个市工商局外商投资企业登记管理的授权，进一步完善了外资登记管理和服务机构。12 月 25 日，自治区工商局企业登记注册分局成立，自治区工商局原企业登记管理所撤销。企业登记注册分局依照机关首长授权，将分散在各职能部门的行政审批事项集中办理，统一审批，从源头上解决中间环节过多、审批监管交叉、审批效率低下的问题，为进一步加强企业登记管理工作创造了有利条件。自治区工商局委派企业登记注册分局进驻自治区人民政府政务服务中心，作为自治区工商局办理行政审批的办事机构。2009 年《自治区党委、自治区人民政府关于自治区人民政府机构设置的通知》规定，自治区工商行政管理局为自治区人民政府直属机构，实行自治区以下垂直管理体制。同时进行了职责调整，取消已由自治区人民政府公布取消的行政审批事项；不再直接办理与企业、个体工商户有关的评比达标活动和广告专业技术职业水平评价工作；加强流通环节食品安全监督管理，服务经济社会发展与保护经营者、消费者合法权益，监测、预警和信息引导的职责；加强和完善工商行政执法，构建市场监督管理长效机制；加强反垄断和反不正当竞争执法，强化直销市场和相关网络市场监督管理。内设 13 个机构，分别为办公室、法规与行政执法督察处、反垄断和打击传销处（反不正当竞争执法局）、消费者权益保护处（12315 消费者投诉举报指挥中心）、市场规范管理处、食品流通监督管理处、企业监督管理处、外商投资企业注册管理处、商标广告监督管理处、个体私营经济监督管理处、人事处（基层工作处）、财务处、信息化管理处，此外还有机关党委、离退休人员工作处。另有直属企业注册分局、专业市场局。自治区工商行政管理局机关行政编制为 89 名。

2011 年，自治区工商局设立信息化管理处，为内设机构，负责全区工商系统信息化建设和管理工作，各市工商局也挂牌成立信息科。

2012 年 9 月，钦州保税港区工商行政管理局正式挂牌成立。11 月，自治区工商局经济检查总队正式挂牌成立。成立食品安全流通监管处；各市、县（区）工商局增设食品流通监管科（股）。

2012 年 9 月 13 日，自治区工商局在钦州保税港区政府办公楼前举办广西钦州保税港区工商行政管理局挂牌仪式

2012 年 11 月 8 日，自治区工商局经济检查总队正式挂牌成立

至 2013 年，编制数增至 198 名，比 2006 年的 127 名增加 71 名，增长 56%。3 月，自治区工商局 12315 消费者投诉举报指挥中心正式挂牌成立。

2014 年 1 月 15 日，自治区工商局机场分局在南宁吴圩国际机场正式揭牌成立。2014 年是广西工商行政管理机关全面改革年，自治区党委、自治区人民政府明确由工商行政管理部门牵头实施的 6 项改革任务基本完成。在全国率先开展住所登记制度改革，“先照后证”等 3 项改革做到与全国同步实施。商事制度改革作为全自治区深化改革的重大成效写入 2015 年自治区政府工作报告。完成流通环节食品安全监管职能划转任务。共划转673名公务员和255名行政编制到各级食品药品监管部门，划转比例为全自治区工商行政管理系统行政总编制数的8.5%。截至12月，自治区工商局成立网监处，还有南宁、柳州、北海、防城港、玉林5个市工商局通过“新三定”设立了网监机构。全自治区网监机构和队伍建设处于起步阶段。

2015年3月11日，自治区工商局网络商品交易监督管理办公室（以下简称网监办）成立，将有关工作从市场处剥离出来，网监办设在直属专业市场局，负责网络商品交易监督管理日常工作。网监办的主要职责为：加强网络商品交易监管业务系统的应用，建立电子数据取证中心和网络经营主体数据库，推广、发放红盾网监电子标识等，促进广西网络市场健康发展。

至2015年底，全自治区工商系统体制调整工作全部完成，确定自治区工商局内设15个处室（含离退休人员工作处）和机关党委，以及4个直属行政机构。内设机构分别为办公室、人事处（对外交流合作处）、财务处、法制处、经济检查处（经济检查局）、消费者权益保护处（12315消费者投诉举报指挥中心）、市场规范管理处、企业注册管理处（外商投资企业注册管理处）、企业监督管理处、商标监督管理处、广告监督管理处、个体私营经济监督管理处（非公有制经济组织党建工作处）、信息化管理处、网络交易监督管理处、机关党委、离退休人员工作处。其中，负责企业管理的两个处由原来按企业的性质来划分设置改为按工商行政管理的职责职能来划分设置，分别是：企业注册管理处（外商投资企业注册管理处）和企业监督管理处；原商标广告处分设为商标监督管理处和广告监督管理处；新成立网络交易监督管理处。4个直属行政机构分别：自治区工商局企业登记注册分局、广西钦州保税港区工商行政管理局、自治区工商局直属专业市场局、自治区工商局机场分局。为工商行政管理体制由垂直管理顺利改为分级管理，自治区工商局核定编制数为218个，在职公务员190人，工勤人员2人。

2016年1月5日，撤销网络商品交易监督管理办公室。2016年底，自治区工商局内设机构16个，直属行政机构4个，事业单位6个。

2017年12月15日，自治区编制委员会办公室印发《关于自治区工商行政管理局机构编制事项调整的批复》，确定撤销直属专业市场局，撤销人事处加挂的对外交流合作处牌子，设立宣传与对外交流合作处。

2018年11月19日，广西壮族自治区市场监督管理局揭牌仪式在原自治区工商行政管理局办公大楼门前进行

截至2018年，自治区工商局内设机构17个，直属机构有3个。办公地址仍在南宁市怡宾路1号。2018年10月，党中央、国务院批准《广西壮族自治区机构改革方案》，组建自治区级市场监管部门，整合了原自治区工商局、质监局、食药监局的职责，以及自治区发展改革委的价格监督检查与反垄断执法职责，自治区商务厅的经营者集中反垄断执法和自治区科技厅的知识产权保护等职责，合并了原自治区工商局、质监局、食药监局3个部门及局属5个行政机构、17个事业单位，划转自治区发展改革委、商务厅、科技厅相关人员，转隶公务员369名，建立了统一的市场监管机构和执法队伍。为自治区人民政府直属机构，11月19日挂牌成立。

历任局长：李元熙（1992年1月—1993年6月），陈章进（1993年6月—1998年9月），蔡永伦（1998年9月—2004年6月），刘君[①]（2004年6月—2008年8月），朱军（2008年9月—2013年2月），张虹（2013年2月—2018年2月），冯学军（2018年2月—2018年11月）。

① 刘君，广西壮族自治区政协原党组成员、副主席。因严重违纪，2018年2月受到开除党籍、行政撤职处分。（来源：广西纪检监察网）

表 6-1-1　1988 年 9 月—2018 年 11 月自治区工商行政管理局历任领导人情况

姓名	性别	职务	任职时间
李元熙	男	局长、党组书记	1988.09—1993.06
周为民	男	副局长、党组副书记	1988.09—1992.07
廖世涛	男	副局长、党组成员	1983.09—1992.07
阮兆江	男	副厅级巡视员	1985.05—1992.08
杜宝成[①]	男	副局长	1992.01—1993.06
黄绍熙	男	副局长	1986.06—2000.10
		党组成员	1985.11—2000.10
		巡视员	2000.10—2002.01
陈章进	男	副局长、党组成员	1991.08—1993.06
蔡玉瑜	男	副局长、党组副书记	1996.09—2003.01
李显光	男	副局长、党组成员	1993.06—2003.01
江建伟	男	副局长、党组成员	1996.09—2009.01
蔡永伦	男	局长、党组书记	1998.09—2004.06
黄有权	男	助理巡视员	2002.07—2010.03
		副巡视员	2010.03—2012.11
吴炳贵	男	副局长、党组成员	2002.09—2004.02
刘　君	男	局长	2004.06—2008.09
		党组书记	2004.06—2008.01
王世光	男	副局长、党组成员	2004.02—2011.03
张剑波	男	副局长、党组成员	2005.04—2013.10
刘　之	男	自治区纪委驻自治区工商局纪检组组长、党组成员	2002.07—2014.01
张　虹	女	副局长、党组成员	2007.11—2009.11
		局长	2013.06—2018.02
		党组书记	2013.05—2018.01
朱　军	男	局长	2008.09—2013.06
		党组书记	2008.01—2013.05
王其贵	男	副局长	2008.12—2016.09
		党组成员	2009.01—2016.08
苏建荣[②]	男	副局长	2009.11—2015.10
		党组成员	2009.12—2015.09
廖和明	男	副局长、党组成员	2011.07—2016.07
廖　斌	男	副巡视员	2012.06—2014.01
		副局长	2014.01—2016.12
		党组成员	2012.06—2016.11
许灌江	男	自治区纪委驻自治区工商局纪检组组长	2014.03—2018.11
		党组成员	2014.04—2018.11

①　杜宝成，南宁市原副市长。因受贿及挪用公款，2001 年 2 月南宁市中级人民法院依法判处有期徒刑 15 年，剥夺政治权利 3 年。（来源：广西纪检监察网）

②　苏建荣，因违规违纪，2020 年受党内严重警告处分。（来源：自治区市场监督管理局）

续表

姓名	性别	职务	任职时间
毛任建	男	副局长、党组成员	2015.10—2018.11
罗凤鸣	女	副巡视员	2014.01—2017.12
易安辉	男	副巡视员	2014.01—2016.09
		副局长、党组成员	2016.09—2018.07
张志安[①]	男	副局长、党组成员	2016.09—2018.11
闭俊东	男	副局长	2016.12—2018.11
		党组副书记	2016.11—2018.11
刘　军	男	副巡视员	2017.01—2018.11
冯学军	男	局长	2018.02—2018.11
		党组书记	2018.01—2018.11

表 6-1-2　1994—2018 年自治区工商局机构队伍情况

年份	内设机构	核定编制数			在职人数		
		小计	行政编制数	事业编制数	小计	干部（公务员）	工人
1994	—	79	54	25	165	120	45
1995	12	126	110	16	126	112	14
1996	14	133	117	16	141	128	13
1997	15	133	117	16	152	137	15
1998	15	133	117	16	153	138	15
1999	14	—	117	—	107	—	—
2000	12	93	70	23	93	81	12
2001	12	93	70	23	93	81	12
2002	12	94	71	23	94	82	12
2003	11	—	71	—	—	72	—
2004	10	—	73	—	—	73	—
2005	10	—	75	—	—	75	—
2006	10	—	127	—	—	124	—
2007	12	—	132	—	—	122	—
2008	12	—	132	—	—	126	—
2009	12	—	132	—	—	127	—
2010	15	—	145	—	—	128	—
2011	17	—	146	—	—	128	—
2012	16	—	158	—	—	142	—
2013	25	—	198	—	—	184	22

① 张志安，因违规违纪，2021 年受党内严重警告处分。（来源：自治区市场监督管理局）

续表

年份	内设机构	核定编制数			在职人数		
		小计	行政编制数	事业编制数	小计	干部（公务员）	工人
2014	17	—	218	—	—	192	2
2015	14	—	218	—	—	190	2
2016	16	—	—	—	—	—	—
2017	—	—	—	—	—	—	—
2018	17	—	—	—	—	—	—

第二节　市级机构

1992年，自治区及以下8个地区、5个市、防城港管理区均设立工商行政管理局。地、市工商行政管理局是地方工商行政管理系统的中间层次，贯彻执行国家工商局和自治区工商行政管理局的决策、指示，实施各项管理业务，指导县（区）工商行政管理局的工作，向自治区工商行政管理局反映情况和问题。自治区直辖市工商行政管理局的职能部门基本上与自治区工商管理局的职能部门对口。地区工商行政管理局则根据编制和工作需要，设立综合性职能部门或专职干部分管。5月15日，国家工商局授权梧州市工商局直接核准登记外商投资企业，梧州增设外商投资企业管理科，从企业科分离出来。

1993年，防城港撤区建市，同年9月25日，自治区机构编制委员会批准设立防城港市工商行政管理局。年内，自治区工商局下放广告经营审批权限，把对地、县级广告经营者的审批权，下放给地区工商局审批；把对广告业务员证的审批发证权，下放给地、市工商局审批发证，提高了工作效率。

1994年7月15日，国务院办公厅《关于调整大中城市工商行政管理体制的通知》规定"全国大中城市（设区的市）区工商行政管理局，一律改为市工商行政管理局的分局，作为市局的派出机构，由市局统一领导、统一管理；关于大中城市所辖县的工商行政管理体制问题，各地可结合实际情况，选择少数有条件的地方，进行市工商行政管理局对县一级工商行政管理局直接领导的试点，以取得经验，逐步完善。"南宁市政府决定郊区工商行政管理局改为南宁市工商行政管理局的分局，原人、财、物全部由南宁市工商行政管理局直接管理。柳州市依照《柳州市人民政府办公室转发市编委办、工商局关于调整我市城区工商行政管理体制的实施意见的通知》《关于郊区工商局改名柳州市工商局郊区分局归市工商局统一管理的批复》，于12月17日在柳州市饭店举行郊区工商局体制调整交接仪式。桂林市、防城港市等相继成立分局。11月，钦州地区撤地设市，钦州地区工商行政管理局更名为钦州市工商行政管理局。12月，撤地设市后，钦州市工商行政管理局印发《关于钦州市工商局所属分局的职能设置、内设机构和人员编制的方案》，确定了内设机构11个，并设钦南分局、钦北分局、钦城分局和钦州港分局。

1995年12月14日，柳州市市场开发服务中心成立，该中心为自收自支事业单位，隶属市工商局。1995年之前，除部分地级市外，地区及县级工商局大多数都没有设置纪检监察机构，也没有配备专职纪检监察人员。至1995年11月，自治区编委、自治区纪委、自治区监察厅联合下发《关于区直机关纪检、监察机构设置和人员编制的通知》，自治区一级成立纪检监察机构。年内，共有地市级工商局14个，内设机构148个，分局43个，工商所132个，专业管理所6个，经济检查队（站）、缉私队（站）22个，核定编制数2309名，在职人数2962人。

1996年2月29日，南宁市工商行政管理局成立南宁市工商局行政管理监察室。9月1日，河池地区各级工商机关经济合同仲裁委员会被撤销，终止仲裁职能。

1997 年 4 月，梧州地区行政区域调整，梧州地区更名为贺州地区，原梧州地区岑溪、藤县、蒙山县工商局划归梧州市工商局管辖，梧州地区工商局更名为贺州地区工商行政管理局，辖贺州市、钟山县、昭平县、富川县工商局、局机关驻地随行署搬迁至八步镇。9 月，玉林撤地设市，玉林地区工商局与县级玉林市工商局合并为地级玉林市工商行政管理局，辖 5 县（市）工商局（北流市工商局、容县工商局、博白县工商局、陆川县工商局、兴业县工商局）、直属 7 个分局（即城中分局、环城分局、郊区工商局、福绵分局、双生分局、工业品市场分局、中药材市场分局）。

1998 年前后，多地开发服务中心相继成立，为自收自支事业单位，具有法人代表资格，实行收支两条线。1998 年 5 月 15 日，贺州地区明确工商所的编制是行政编制，原使用的事业编制一律核销，工商所开支统一列入各级财政供给范围。9 月 1 日，自治区工商局代表国家工商局正式授权玉林市工商局行使外商投资企业核准注册登记工作。11 月 8 日，召开桂林市工商局和桂林地区工商局合并暨副科以上领导干部大会，标志桂林市工商局地市合并工作完成。

1999 年 1 月 1 日，广西壮族自治区人民政府发布《关于广西壮族自治区工商行政管理体制改革的通知》和《自治区工商行政管理体制改革实施方案》，规定自 1999 年 1 月 1 日起，地、市、县（市）工商行政管理局为上一级工商行政管理局的直属机构，工商行政管理所为县（市）工商行政管理局或工商分局的派出机构。全区工商行政管理机关实行垂直领导，各市开始实行公务员过渡，南宁市工商行政管理局对符合公务员条件的 939 名国家干部过渡为国家公务员，其余不符合公务员条件的干部（约 60 余人）和近 500 名工人全部分流到市场开发服务中心，南宁市工商行政管理局与市场开发服务中心正式实现职责、人员、财务、资产“四分离”。梧州市全系统过渡公务员 583 人，分流人员 641 人。玉林市 1261 名干部过渡为国家公务员，另有 2350 名职工分流到市场服务中心。

2001 年，按照《国务院办公厅转发国家工商总局关于工商行政管理机关限期与所办市场彻底脱钩有关问题意见的通知》《自治区政府办公厅转发自治区工商局关于做好工商行政管理机关与市场彻底脱钩工作的实施意见的通知》要求，各地根据“人随市场走，债随市场移”的原则，以市、县工商局为单位，将市场开发服务中心成建制移交给当地政府或政府指定的国有资产经营管理公司；市场资产、债权债务以及人员，按照市、县工商局与市场开发服务中心签订的“四分离”协议进行整体移交，至 12 月中旬，各市、县全部完成了移交工作，实现了工商部门与所办市场彻底脱钩。全自治区共移交市场 2095 个，整体移交市场资产 28.3 亿元，市场开发服务中心人员 1.16 万人。

2002 年，广西工商系统重点抓了市（地）县工商行政管理机关机构改革。4 月 10 日，自治区工商局下发《关于市（地）工商行政管理机关机构改革实施意见》，到 6 月底基本完成机构改革。全自治区市（地）县工商机关共精简分流人员 2300 多人；各地、市工商局机关内设机构由过去的 12 个精简为 8 个。至 6 月底，全自治区共有 14 个地级市工商局，43 个城区工商分局。10 月，撤销贺州地区，成立地级贺州市，贺州地区工商局更名为贺州市工商局，与原县级贺州市工商局合并。11 月 1 日，撤销百色地区、河池地区，设立地级百色市、河池市，百色地区工商局更名百色市工商行政管理局，原县级百色市工商局更名为右江分局，河池地区工商局更名为河池市工商局，原县级河池市工商局更名为金城江分局。12 月来宾市工商行政管理局挂牌成立。同年通过转发自治区纪委、自治区组织部、自治区编办、自治区监察厅联合下发的《关于市（地）县地方税务局、工商行政管理局、质量技术监督局、药品监督管理局纪检监察机构设置和人员编制配备的意见》，指导各市、县工商局建立健全纪检监察机构，配备专职纪检监察人员。机构改革后，地市级内设机构由 2001 年的 181 个减至 126 个，降幅 30%；核定行政编制数由 2001 年的 3757 名降为 2919 名，缩减 22%，事业编制由 2001 年的 43 名增至 370 名，增幅 760%。

2003 年 9 月 17 日，崇左市工商局挂牌成立。12 月 12 日，国家工商总局授权钦州市工商局直接受理外商投资企业注册登记。12 月 21 日，广西壮族自治区司法厅同意成立南宁市工商行政管理局公职律师办公室。

2004年，各地市不再设专业管理所。

2005年9月底，贵港市工商局已将全部市场和连体市场、市场空地以及旧办公宿舍楼、人员移交给市场服务中心，实现了与市场服务中心人、财、物的彻底脱钩。

2006年1月18日，自治区工商局下发《自治区工商行政管理局关于授权地级市工商行政管理局办理煤矿企业注册登记的通知》，授予地级市工商局对煤矿企业的登记管理权。4月8日南宁市工商局成立华侨投资开发区分局。

2007年1月18日，贺州市局成立贺州市工商行政管理局干部学校，印发《贺州市工商行政管理局干部学校管理暂行办法的通知》。6月18日，北海市工商局企业登记科成建制整体搬进市行政政务服务大厅，为群众提供"一站式"企业登记服务，此举在全自治区工商系统中属首创。9月6日，下发《关于下放部分人事管理工作审批权限的通知》，将部分人事管理工作权限下放，交由各市工商局负责。12月19日，下发《关于各地市工商行政管理局增设外商投资企业注册登记管理科的通知》，同意14个地级市增设外商投资企业注册登记科。2008年5月，国家工商总局决定授予贵港、百色、河池、贺州、来宾、崇左6市工商局外商投资企业核准登记权，至此，广西14个地级市工商局可直接受理外商投资企业核准登记注册。年内，南宁市、柳州市相继成立企业登记注册分局。

2009年，地市级经济检查队（站）、缉私队（站）核定机构共有32个，实有仅15个，未到应设的50%。2011年，核定内设机构为206个，比上年的126个增加80个，增长63%。

2011年，《广西壮族自治区人民政府办公厅关于印发广西壮族自治区市、县（市、区）工商行政管理局及工商行政管理所机构改革方案的通知》规定：自治区以下设置市工商行政管理局、县（市、区）工商行政管理局、工商行政管理所三级工商行政管理机构。全自治区各级工商行政管理局实行自治区以下垂直管理。保留南宁市、柳州市、桂林市、梧州市、北海市、防城港市、钦州市、贵港市、玉林市、百色市、贺州市、河池市、来宾市、崇左市等14个市工商行政管理局，均为自治区工商局的直属机构，正处级；其内设机构设置限定在11个职能科（室）以内。一般设置：办公室、法规与行政执法督察科、反不正当竞争执法科、消费者权益保护科、市场与合同规范管理科、食品流通监督管理科、企业与个体私营经济监督管理科、外商投资企业注册管理科、商标广告监督管理科、人事科、财务科和离退休人员工作科。市工商行政管理局设置纪检监察机构，机关党委按有关规定设置。市工商行政管理局直属机构设置：企业登记注册分局，负责本级登记名称的预先核准、企业登记注册、企业年检及提供企业信息咨询服务；专业市场管理分局，负责生产资料和生产要素以及具有特色市场的监督和管理；经济检查支队，负责专业办案工作。经批准设置的经济开发区、工业园区工商行政管理分局为市工商行政管理局的直属机构。市工商行政管理局直属机构均为正科级。全区市、县（市、区）工商行政管理局及工商行政管理所行政编制共10851名。机关后勤服务聘用人员控制数868名。

2013年，地市级机构在职人数为2439人，比上年的3737人少1298人，缩减35%。

2015年，地市级共有14个工商局，内设机构215个，分局33个，工商所121个，核定的经济检查队（站）、缉私队（站）由2012年的45个调整至28个，实现应设数与实设数一致。为使工商行政管理体制由垂直管理顺利改为分级管理，自治区工商局制订《关于全区工商行政管理体制调整工作的实施方案》；3月20日，与自治区编办、人社厅联合下发《关于全区工商行政管理体制调整有关机构编制人员移交的通知》；3月26日，举办了设区市工商局处级干部档案集中移交仪式。会后，将141套处级干部（在职101人，离退休40人）档案全部移交地方党委，并要求各市工商局按照干部管理权限，及时将人事档案进行移交。至年底，全自治区工商系统体制调整工作已全部完成。

表 6-1-3　1994—2015 年广西地市级工商管理机构数量情况

单位：个

年份	工商局		内设机构		派出机构							
					分局		工商所		专业管理所		经济检查队（站）、缉私队（站）	
	核定	实有	核定	实有	核定	实有	核定	实有	核定	实有	核定	实有
1994	14	—	—	—	—	—	—	—	—	—	—	—
1995	14	—	148	—	43	—	132	—	6	—	22	—
1996	15	—	166	—	44	—	248	—	18	—	25	—
1997	15	—	169	—	47	—	254	—	30	—	24	—
1998	14	—	158	—	55	—	280	—	16	—	24	—
1999	14	14	167	173	50	—	271	—	21	—	22	—
2000	14	13	181	187	50	53	266	237	20	20	21	21
2001	14	13	181	176	43	42	258	197	18	18	21	21
2002	14	14	126	126	33	35	215	207	18	18	14	14
2003	14	14	123	128	39	41	273	270	13	13	8	8
2004	14	14	123	125	36	40	289	286	—	—	10	10
2005	14	14	118	120	36	43	289	286	—	—	9	11
2006	14	14	117	124	38	43	413	306	—	—	14	11
2007	14	14	126	122	37	43	414	346	—	—	14	11
2008	14	14	126	126	38	43	415	349	—	—	14	12
2009	14	14	126	126	38	39	346	341	—	—	32	15
2010	14	14	126	126	38	39	348	343	—	—	32	16
2011	14	14	206	206	56	57	326	326	—	—	40	24
2012	14	14	209	209	63	63	326	326	—	—	45	28
2013	—	—	—	—	—	—	—	—	—	—	—	—
2014	—	—	—	—	—	—	—	—	—	—	—	—
2015	14	14	213	215	33	33	138	121	—	—	28	28

注：表内数据为历年统计资料，缺漏数据为原资料所无。

表 6-1-4　1994—2015 年广西地市级工商管理行政机关机构编制人员情况

单位：个

年份	核定小计	实有小计	核定行政编制	实有行政编人数	核定事业编制	实有事业编人数	在职人数
1994			362	523	311	223	746
1995	2309	—	802	—	1507	—	2962
1996	2453	—	495	—	1958	—	4435
1997	3005	—	674	—	2331	—	5355

续表

年份	核定小计	实有小计	核定行政编制	实有行政编人数	核定事业编制	实有事业编人数	在职人数
1998	3445	—	3279	—	166	—	3211
1999	3201		3201	3201	—	—	3059
2000	3713	3713	3657	3657	56	56	3413
2001	3800	3540	3757	3505	43	35	3485
2002	3289	2580	2919	2446	370	134	2550
2003	3912	3835	3476	3532	436	303	3377
2004	—	—	3542	—	—	—	3335
2005	—	—	3689	—	—	—	3526
2006	—	—	4105	—	—	—	3545
2007	—	—	4105	—	—	—	3757
2008	—	—	4116	—	—	—	3847
2009	—	—	4136	—	—	—	3883
2010	—	—	4145	—	—	—	3889
2011	—	—	3931	—	—	—	3715
2012	—	—	3939	—	—	—	3737
2013	—	—	—	—	—	—	2439
2014	—	—	—	—	—	—	2113
2015	—	—	2311	—	—	—	2109

注:表内数据来源为历年统计资料,缺漏数据为原资料所无。

第三节　县级机构

1992 年,广西工商管理系统实行分级管理,全自治区 86 个县(自治县、市)都设立了工商行政管理局。县(自治县、市)工商行政管理局是工商行政管理系统的基层领导单位,工商行政管理的大量管理活动由他们承担,根据编制设立相应的股室或专职管理人员,为加强经常性的监督管理,按经济区划和管理的需要,设立工商行政管理所(处、站)。工商行政管理所是县(自治县、市)工商行政管理局的派出机构,并在其直接领导下开展各项管理活动。

工商行政管理系统的机构、人员主要集中在基层。1994 年,县级局及各级所、队、站共有 1491 个,占机构总数的 90%,工作人员 16874 人,约占人员总数的 92%。其中,工商所(含专业所)1262 个,占机构总数的 76%;人员 13179 人,约占人员总数的 72%。

1995 年,县级机构核定编制及在职人数大幅增长。核定编制数为 12371 名,比 1994 年的 2935 名大幅增加,主要原因为事业编制数激增。1995 年核定事业编制为 10332 名,比 1994 年的 1163 名增加 9169 名,增幅高达 788%。在职人数 15952 人,比上年的 3237 人增加 12715 人。

1996 年,广西壮族自治区机构编制委员会办公室、工商行政管理局《关于冻结基层工商行政管理所人员编制的通知》规定：冻结基层工商行政管理所人员编制。从1996年12月1日起，人员编制、领导职数冻结1年。

1998年，县级机构核定事业编制数为246名，比上年的9889名大幅缩减。

1999年1月1日实行省级以下垂直管理。

2001年初，通过推广桂林市工商局在基层工商所设置兼职纪检监察员的经验做法，把纪检监察的职能和触角延伸至基层工商所，强化对基层工商所的事前监督。年底，全系统有624个基层工商所设置了624名兼职纪检监察员。

2002年，地、市、县工商局机关进行机构改革，在改革过程中共精简分流人员2300多人，县级工商局机关内设机构精简为6个。年内下发《关于市（地）县地方税务局、工商行政管理局、质量技术监督局、药品监督管理局纪检监察机构设置和人员编制配备的意见》，指导各市、县工商局建立健全纪检监察机构，配备专职纪检监察人员。年内核定专业管理所9个，实有15个，核定经济检查队35个，实有50个，专业管理所及经济检查队实有数均大幅超过核定数。县级内设机构由2001年的804个减至492个，减少312个，缩减39%。县级核定事业编制数为628名，比上年的103名增加525名，增幅510%。在职人数由2001年的8127人减少至6557人。

2004年，针对机构改革人员变动较大的情况，印发《关于完善全区工商系统基层工商所兼职纪检监察员的通知》，调整和充实了基层工商所兼职纪检监察员，全自治区共有877个基层工商所配备了兼职纪检监察员。2004年，县级机构不再设专业管理所。

2006年，县级核定经济检查队核定机构数为76个，比2005年的22个增加54个，增长245%，实有机构数24个，仅占核定数的32%。

2011年，《广西壮族自治区人民政府办公厅关于印发广西壮族自治区市、县（市、区）工商行政管理局及工商行政管理所机构改革方案的通知》规定：保留全区75个县（市）工商行政管理局，均为所在市工商行政管理局的直属机构，正科级。县（市、区）工商行政管理局内设机构设置为：县级市、一类县工商行政管理局限定在9个职能股（室）以内，其他县工商行政管理局限定在8个职能股（室）以内。一般设置：办公室、法规与行政执法督察股、反不正当竞争执法与商标广告监督管理股、消费者权益保护股、市场与合同规范管理股、食品流通监督管理股、企业注册与个体私营经济监督管理股、人事股和财务股。城区工商行政管理局内设机构设置限定在6个以内。县（市、区）工商行政管理局设置纪检监察机构。县（市、区）工商行政管理局、经济开发区分局设立经济检查大队。经济检查大队主要负责人配备副科级领导职务。工商行政管理所为县（市、区）工商行政管理局、经济开发区分局的派出机构，按照行政区划或者经济区域设置，工商行政管理所主要负责人配备副科级领导职务。按照国家工商总局关于加强12315行政执法的有关要求，市、县（市、区）工商行政管理局和经济开发区分局设立12315消费者申诉举报中心。全区市、县（市、区）工商行政管理局及工商行政管理所行政编制共10851名。机关后勤服务聘用人员控制数868名。县级工商局共151个，比2010年的76个增加74个，增幅97%。

2012年，县级工商局减至100个，比上年减少51个。根据国家工商总局制定印发的《关于在全国工商行政管理系统基层单位建立纪检监察员制度的意见》和自治区工商局制定印发的《关于在全区工商行政管理系统基层单位建立纪检监察制度实施办法》，规定广西3人以上（其中至少1名中共党员）的工商机关基层单位必须建立纪检监察员制度，选配纪检监察员。同时对基层单位建立纪检监察员制度的领导体制、人员配备、工作职责、工作方式、工作要求等进行具体规定，并以制度形式加以确定，为基层单位反腐倡廉建设提供制度和组织保障。在广西1130个基层工商所（队）中，已建立纪检监察员制度的单位有837个，占总数的74.07%，基层单位配备纪检监察员共841人。2015年广西工商行政系统实行分级管理，有县级分局5个。

至2016年底，全系统有县（市、城区）工商局93个，工商所1288个，经济检查队119个。

表 6-1-5　1994—2015 年广西县级工商管理机构数量情况

单位:个

年份	工商局		内设机构		派出机构					
					工商所		专业管理所		经济检查队(站)、缉私队(站)	
	核定	实有	核定	实有	核定	实有	核定	实有	核定	实有
1994	123	—	—	—	—	—	14	—	—	—
1995	86	—	707	—	1133	—	26	—	74	—
1996	82	—	724	—	1134	—	24	—	69	—
1997	83	—	710	—	1125	—	28	—	73	—
1998	83	—	748	—	1118	—	28	—	55	—
1999	—	—	—	—	—	—	—	—	—	—
2000	82	78	812	813	1061	1041	28	28	38	38
2001	80	79	817	804	1039	1011	25	24	35	34
2002	82	76	492	459	927	933	9	15	35	50
2003	77	77	488	475	878	842	14	15	20	20
2004	77	77	463	468	903	890	—	—	25	25
2005	76	76	465	462	901	892	—	—	22	24
2006	76	76	463	462	995	860	—	—	76	24
2007	76	76	456	462	994	915	—	—	76	47
2008	76	76	456	456	993	931	—	—	76	57
2009	76	76	456	456	967	942	—	—	73	61
2010	76	76	456	456	965	940	—	—	73	61
2011	151	151	690	688	987	983	—	—	78	76
2012	100	100	749	749	988	985	—	—	76	75
2013	—	—	—	—	—	—	—	—	—	—
2014	—	—	—	—	—	—	—	—	—	—
2015	110	105	869	875	1158	1158	—	—	100	98

注:表内数据来源为历年统计资料,缺漏数据为原资料所无。

表 6-1-6　1994—2015 年广西县级工商管理行政机关机构编制人员情况

单位:人

年份	核定编制数小计	实有编制数小计	核定行政编制	实有行政编制	核定事业编制	实有事业编制	在职人数
1994	2935	—	1772	3366	1163	15046	3237
1995	12371	—	1995	—	10332	—	15952
1996	11466	—	2102	—	9364	—	16188
1997	12399	—	2510	—	9889	—	16136

续表

年份	核定编制数小计	实有编制数小计	核定行政编制	实有行政编制	核定事业编制	实有事业编制	在职人数
1998	8401	—	8155	—	246	—	8043
1999	—	—	—	—	—	—	—
2000	8637	8637	8434	8434	203	203	8168
2001	8625	8576	8522	8473	103	103	8127
2002	7690	6846	7062	6609	628	237	6557
2003	7077	6737	6515	6336	562	401	5888
2004	6449	—	—	—	—	—	5953
2005	6303	—	—	—	—	—	5883
2006	6695	—	—	—	—	—	5907
2007	6695	—	—	—	—	—	6018
2008	6695	—	—	—	—	—	6035
2009	6675	—	—	—	—	—	6115
2010	6666	—	—	—	—	—	6047
2011	6880	—	—	—	—	—	6514
2012	6895	—	—	—	—	—	6304
2013	补	—	—	—	—	—	—
2014	补	—	—	—	—	—	—
2015	7884	—	—	—	—	—	7048

注:表内数据来源为历年统计资料,缺漏数据为原资料所无。

第四节　自治区级直属事业单位

1992 年,广西工商行政管理局直属事业单位有广西工商行政管理干部学校、广西工商报社、广西商标事务所。1992 年 12 月,广西商标事务所成立,核定事业编制 10 名。该所被指定为商标代理组织,负责代理国内商标在广西的注册申请及其他有关商标事宜。商标事务所建立后,制定《广西壮族自治区商标事务章程》《广西壮族自治区商标事务所代理办法》,以及有关的规章制度,召开广西商标代理制工作会议,布置推行商标代理制工作,决定从 12 月 15 日起,将原来的商标核转工作转由商标事务所代理。各市、县设立商标事务所代办站,作为开展代理工作的过渡。广西工商行政管理干部学校位于南宁市西乡塘区大岭路 5 号,1985 年初筹建,同年秋季招生。1992 年,学校有教职员工 88 人,其中高级讲师 6 人、讲师 10 人、助理讲师 28 人。

1995 年,广西壮族自治区工商行政管理局机关服务中心成立,是广西壮族自治区工商行政管理局管理的相当正处级财政全额拨款事业单位。

2000 年,自治区工商局经济信息中心成立,负责全区信息化工程建设项目、网络建设、软件开发和硬件购置、管理和维护等工作。经济信息中心主任由办公室一名副主任兼任。在其成立之前,全自治区工商系统的信息化工作先由自治区工商局微机室负责,有 2 名兼职工作人员,均为企业处人员,再由全区工商系统信息化建设工作由自治区工商局办公室下属的信息服务中心负责。

2001 年 7 月,企业登记管理所成立。

2004年，广西商标事务所编制10名，在职人数4人。2005年经济信息中心从办公室独立出来，共有4名公务员，并聘请了15名大专学历以上的技术员，各地也相继成立了信息中心，没有成立信息中心的市工商局也明确该项工作由办公室统一管理。同年，成立培训中心。2007年12月25日，自治区工商局企业登记注册分局成立，企业登记管理所撤销。2007年，培训中心编制数由上年的20名缩减为12名。

2013年3月，12315消费者投诉举报指导中心成立。2015年，信息中心编制数为10名。

2017年4月，设立广西消费者权益保护中心（广西消费者权益保护委员会秘书处），是正处级全额拨款、公益一类事业单位，增挂广西消费者权益保护委员会秘书处牌子，不再保留广西消费者权益保护委员会事业机构。核定事业编制6名，从原广西消费者权益保护委员会连人带编划入。

2018年，广西工商行政管理局直属事业单位有6个，分别是广西壮族自治区工商行政管理局机关服务中心、广西壮族自治区工商行政管理研究所、广西壮族自治区工商行政管理干部培训中心、广西壮族自治区工商行政管理经济信息中心、广西消费者权益保护中心（广西消费者权益保护委员会秘书处）、广西工商学校。广西壮族自治区工商行政管理研究所为广西壮族自治区工商行政管理局管理的正处级财政全额拨款事业单位。职责任务：研究市场经济态势和加强市场监管措施。开展工商行政管理理论和政策法规研究及咨询服务。广西壮族自治区工商行政管理干部培训中心为广西壮族自治区工商行政管理局管理的自收自支、自负盈亏事业单位。职责任务：承担自治区工商行政管理系统干部职工培训事务性工作。广西壮族自治区工商行政管理经济信息中心为广西壮族自治区工商行政管理局管理的相当正处级自收自支事业单位。职责任务是为广西工商行政管理系统信息化建设提供信息技术保障和服务。广西消费者权益保护中心（广西消费者权益保护委员会秘书处）承担消费者投诉的受理、处理工作；分流、转办、移交应由自治区消费者权益保护委员会成员的单位，市、县工商局和消费者权益保护委员会（消费者协会）处理的消费者投诉；承担广西消费者权益保护委员会的日常工作。

表6-1-7　1995—2015年广西工商行政管理系统自治区级事业单位编制人员情况

单位：人

年份	工商学校		报社、杂志社		商标事务所		信息中心		干部学校（培训中心）	
	编制数	在职人数	编制数	在职人数	编制数	在职人数	编制数	在职人数	编制数	在职人数
1995	110	81	25	29	10	8	—	—	—	—
1996	110	89	25	31	10	8	—	—	—	—
1997	110	94	25	31	10	9	—	—	4	4
1998	110	95	25	33	10	8	—	1	8	—
1999	—	—	—	—	—	—	—	—	—	—
2000	110	89	25	35	10	6	10	1	20	1
2001	110	89	25	37	10	6	10	1	20	1
2002	110	93	25	36	10	5	10	1	20	1
2003	110	96	25	36	10	4	10	1	20	—
2004	110	93	—	—	—	—	10	1	20	—
2005	110	102	—	—	—	—	10	2	20	—
2006	110	100	—	—	—	—	10	—	20	—
2007	110	95	—	—	—	—	10	—	12	—
2008	110	108	—	—	—	—	10	—	12	—

续表

年份	工商学校		报社、杂志社		商标事务所		信息中心		干部学校（培训中心）	
	编制数	在职人数	编制数	在职人数	编制数	在职人数	编制数	在职人数	编制数	在职人数
2009	110	101	—	—	—	—	10	—	12	—
2010	—	—	—	—	—	—	—	—	—	—
2011	110	90	—	—	—	—	10	—	12	—
2012	—	—	—	—	—	—	—	—	—	—
2013	125	118	—	—	—	—	10	—	12	1
2014	—	—	—	—	—	—	—	—	12	1
2015	125	—	—	—	—	—	17	—	12	1

广西工商报社

《广西工商报》创刊于1988年3月3日，由自治区工商局主管，国内统一刊号为CN45—0048，报社设总编室、办公室、编辑部、记者通联部、经理部和印刷厂，编制55人，办公地址在南宁市星湖路13号。创刊头年为周刊，当年总发行量共637万份。第二年改为周二刊，年总发行量1000多万份。1990年时为4版4开，每期零售价为0.12元。

1992年，总发行量1924万份。

1995—2003年，广西工商报社编制均为25人，在职人数均多于实有编制，其中最多为2001年，37人，最少为1995年，29人。1996年广西工商报为周二报，每周二、五出版，自办发行，办公地址为南宁市保爱路42号。2001年8月28日，《广西工商报》改为《广西市场报》，划转广西工商行政管理学会、广西消费者协会主管。

2003年，广西工商报社编制25名，在职人数36人。

2004年11月1日，《广西市场报》改为《今商报》，为广西54种公开发行的报纸之一。

2005年9月17日停刊。

广西红盾印刷厂

广西红盾印刷厂成立于1988年，同时注册了企业法人和事业法人资格，按自收自支事业单位进行管理。成立之初主要以服务自治区工商局、广西工商报社为主。由于政策和市场情况的变化，工商部门专用票据和《广西工商报》陆续停印，截至2010年，约有职工80人，无公务员身份人员，其中两名厂领导为副处级级别。在编职工36人（其中内退11人，正式退休4人）；非在编职工44人。主要业务为报纸印刷，业务范围包括《法制快报》《南方科技报》《左江报》《防城港报》《民族医药报》《老年报》《小博士报》等。

广西工商学校

广西工商学校（原广西工商行政管理学校，以下简称学校）经广西区人民政府批准创办于1984年，是由广西工商行政管理局主管的一所全日制省部级重点中等职业学校，为相当正处级财政全额拨款事业单位。1985年开始招收全日制普通中专生。学校办学指导思想：依靠政府办学、服务工商部门、面向市场需求、增强办学能力、提升办学水平。学校精神为“三精”精神，即精益求精，精雕细琢，精忠报国。

1992 年，广西工商学校实有编制 110 名，实有教职工 90 名，其中高级讲师 2 名，讲师 5 名，助理讲师 28 名，教员 8 名。除培养广西工商行政管理中等专业人才，还负责全自治区工商系统干部的业务培训。校址为广西南宁市大岭路 5 号。招生人数 127 名，毕业人数 182 名。开设工商行政管理专业。

1992—1997 年，招生人数持续上升，1997 年为 595 人，毕业人数 1994 年最少，仅为 86 人，比最多的 1996 年 255 人少 169 人。新增工商行政管理统计、工商行政管理经济合同、经济合同管理（成人中专）、物业管理、房地产经营与管理、计算机应用、会计统计等专业。

1998—2000 年，招生人数连年缩减，至 2000 年为 38 人，为 1992 年以来最少。毕业人数分别为 238 人、459 人、443 人。1999 年，广西工商行政管理学校停止招收普通中专学生。

2001—2005 年，继成立广西电大工商分校举办开放教育本专科教育、全日制普通大专教育后，学校又与北京航空航天大学、中南大学、兰州大学、东北财经大学、大连理工大学、华南师范大学、广西师范大学等高等院校开展合作，举办本专科远程教育。同时，在加强原有的与首都经济贸易大学合作办函授教育的基础上，又与湖南商学院合作举办成人函授教育。学校启动五项教育教学改革试验项目，分别荣获自治区举办的全自治区中等职业学校优秀教育教学改革成果一、二等奖，其中 2 项获一等奖、3 项获二等奖，学校获得了优秀组织奖。这是学校建校以来，科研方面获得的最高荣誉。2002 年，学校引入 ISO9000 国际质量管理标准，构建学校的质量管理体系。同年恢复中专招生。2004 年，学校首次实现毕业生批量就业，至年底，在校生达 3900 余人，其中全日制学生 32 个班 1300 人，是学校成立以来的最大规模。2005 年，毕业生推荐就业率达 85% 以上。4 月，学校 ISO 质量管理体系通过国家认证，同月通过了自治区教育厅对学校电大“人才培养模式改革和开放教育试点”试点项目的评估，获得“优秀”等次。

2006—2010 年，新增现代物流管理、电子技术应用、数控技术应用、动漫设计与制作、保安等专业。共招生 4740 人，毕业 3490 人。学校增置了德育与基础教研室、理工教研室和文经教研室，撤销了中职教研部，对成人教育部进行了重组。理财策划专业被评为自治区示范专业。会计电算化初级证、电工上岗资格证通过率达 95%。建立一批新的校外实习实训基地，如海通证券南宁营业部、和强软件公司成为金融专业的实习基地，南宁美网丝印广告制作有限公司成为广告专业实习基地，南宁机械厂成为数控专业实习基地等等。海通证券班及北大青鸟班成为学校示范专业申报中的亮点。新建 4 个实训室，分别是：模拟证券实训室、点钞收银实训室、会计基础实训室、网络布线实训室，其中模拟证券实训室总投资近 5.3 万元，并引进 52 台计算机。2007 级新生录取为 1006 人，其中校本部 923 人、长堽校区 83 人，完成教育厅下达任务的 118%。2004 级大专毕业生就业率达 88.1%；2004 级中职毕业生就业率达 91%。举办首届文化艺术节。与邕宁区体校合作办学，设立广西工商学校邕宁校区，使之成为招生工作的新增长点；通过与美的集团、格兰仕集团、长岛物业公司合作，初步达成双方联合办学的意向，首次展开订单式招生。2010 年上半年学生流失较多，学费收入锐减。2009 年学费收入为 299 万元，2010 年上半年仅为 118 万元。

2011—2015 年，承接自治区工商行政管理局各处室的培训班。与广西艺术学院进行合作，在校本部举办高职教育，是学校与高校合作的第二个项目。学校与广西艺术学院签订了长期合作举办高职教育的协议。中短期举办三期，第一期 2011—2013 年，第二期 2014—2016 年，第三期 2017—2019 年。学校负责高职生教学、管理事宜的具体实施。前三年学校将获得合作收益的 85%。2011 年毕业生 800 人，就业 768 人，就业率达到 96%。重点建设广告设计类专业：开展广告艺术类新进教师的培训，使每位广告艺术类教师都能使用广告制作设备制作广告作品。设立实训作品展示中心，举办艺术教师作品展。2012 年底启动危旧房改住房改造项目。2013 年筹建实训综合楼。编写《广西工商学校优秀教改论文集》一册，收录学校教师 2010 年以来撰写的教改论文 62 篇。广告制作实训中心本学期继续拓展业务，承接斯柯达汽车、北京二锅头等企业单位的广告制作任务，实现了“以机养机”的模式，为学校节约养护实训设备费用。2014 年 1 月—6 月，营业额达 100536.07 元，扣除日常开支、材料、人工等费用，盈利 19542.27 元。继续与广西职业技术学院、拓普公司（“1+2”高中起点班）合作办学，在经济收入、招生规模方面有了一定效果。广告制作实训中心与校企合作单位合作开展在校“学徒工”教学新模式，19位学生报名参与“学徒工”技能学习。在第七届全国教育系统教育教学成果大赛中，有21位老师参赛，分别在教案、论文、课件等三个项目中，共计40个作品获奖，其中：一等奖14个、二等奖19个、三等奖7个。2015年，学校学生直升高职的有102人，单招录取16人。其中广西职业技术学院65人，广西农业职业技术学院22人，广西电力职业技术学院15人。新教学楼项目于2015年4月16日开工。同年12月23日上午召开了中共广西工商学校委员会成立暨选举大会，选举产生了学校第一届党的委员会和纪律检查委员会，这是加强学校党的建设的重大举措。在全自治区的“创新杯”教师信息化教学设计与说课大赛中获得1个一等奖、2个二等奖、2个三等奖。其中，两个项目进入了国赛，分获1个全国一等奖、1个全国三等奖。在2015年广西中等职业学校教师职业技能大赛中，学校9位老师参加了四项技能比赛，分获1个一等奖、2个二等奖、2个三等奖。2015年的全日制招生数有了突破，共招收全日制学生855人，非全日制551人，合计1406人，超额完成了教育厅和学校下达的招生任务。同年联合广西师范大学重点开设学前教育和电子商务专业。

2016—2018年，共招生3214人，毕业3655人。组织学生参加广西第十二届全自治区中等职业学校“文明风采”竞赛活动，获6个一等奖、5个二等奖、1个三等奖；参加广西职业院校技能比赛，获得1个一等奖、1个二等奖、2个三等奖。潘玉老师成为广西第二期中等职业学校名师培养工程培养对象。荣获国家级、省区级各项比赛奖项57项，教改课题6项，获奖级别之高、数量为历年之最。2016—2017年，连续两年在校生达1700人容量峰值。先后承办“全区工商系统业务骨干素质提升培训班”等系统培训8期，共计培训工商干部近600人次。组成广告与信息技术专业科、财经商贸专业科、学前教育专业科和公共基础科4个教学部门，成立10个教学团队，加强了专业建设。2017年学生就业率继续保持为100%，对口率持续上升。有各类各层次学生近3000人，开设有广告设计与制作、电子商务、学前教育、酒店管理、城市轨道交通运营管理、汽修美容与装潢等14个专业，其中广告设计与制作是自治区示范特色专业，也是学校重点打造的专业。各专业均与高职学院按“2+3”一贯制、直通车教育模式开展合作，中职学生可升入高职就读，优秀毕业生可考取本科院校。至年底共向社会其他行业输送人才20000余人。与广西—东盟经济技术开发区管委会签订《南宁教育园区（西片区）入园项目投资协议书》，征用540亩土地作为高职学院和学校新校区。组织撰写、修改筹设高职学院的可行性论证报告、学院建设规划等申报资料，组织教师走访了北京工商大学等区内外10所院校，对高职学院拟开专业、实训室建设规划、师资队伍建设等进行专题调研，编写了专业的教学标准，为筹建中的学院专业设置打下基础。学校还向教育厅申报了遴选广西职业教育培训基地项目和广西中等职业教育示范特色专业及实训基地项目，争取政府对学校办学更大的支持。

2018年，学校有教职员工97人，其中高级讲师17人、讲师35人、助理讲师13人、教员6人、工程师2人。招生人数853人，毕业人数1406人，开设市场营销、会计电算化、电子技术应用、高星级饭店运营与管理、广告设计与制作、美术设计与制作、计算机平面设计、学前教育、电子商务、汽车美容与装潢、城市轨道交通运营与管理等专业，其中汽车美容与装潢、城市轨道交通运营与管理为新增专业。年内推动广西工商学校升级，筹建广西市场监督管理职业技术学院。自治区教育厅批准同意广西工商学校进驻南宁教育园区，自治区工商局正式向自治区人民政府提出筹设申请、签订入园协议书、推进广西工商学校土地盘活处置工作等。与广西—东盟经济技术开发区管委会签订《南宁教育园区（西片区）入园项目投资协议书》，购买540亩土地作为高职学院和学校新校区。组织编制《广西工商学校新校区项目建议书》和撰写《广西工商学校新校区整体搬迁工作基本方案》。共承办“学习习近平新时代中国特色社会主义思想和党的十九大精神专题学习培训班”等干部培训10期，培训600多人次。在得到区直房改办同意并派员到现场指导的情况下，顺利完成外单位申购户的抽签选房工作，清退工作顺利完成。使工程得以恢复到正常施工建设状态。

表 6-1-8　1992—2018 年广西工商学校师资情况表

单位:人

年份	全校教职工	高级讲师	讲师	助理讲师	助理会计师	教员	工程师
1992	90	2	5	28	2	8	—
1993	92	2	5	28	2	9	—
1994	89	2	5	28	2	9	—
1995	88	2	4	26	2	9	—
1996	94	3	5	25	3	14	—
1997	99	3	5	25	3	16	—
2012	—	14	37	7	—	—	—
2013	—	12	40	14	—	—	—
2014	—	12	40	14	—	—	—
2015	—	11	39	13	—	—	—
2016	—	13	37	13	—	4	—
2017	100	13	37	14	—	6	1
2018	97	17	35	13	—	6	2

注:1998—2011 年数据缺失。另,本表为工商学校提供数据,与统计年表数据或有不一致。

表 6-1-9　1992—2018 年广西工商学校招生毕业生情况表

单位:人

年份	招生人数	毕业人数	备注
1992	127	182	其中 30 个是干训班
1993	249	90	
1994	297	86	
1995	208	189	
1996	367	255	
1997	595	196	
1998	268	238	
1999	157	459	
2000	38	443	
2001	198	333	
2002	357	181	
2003	430	101	
2004	465	201	
2005	673	299	
2006	1027	360	
2007	965	465	
2008	635	673	
2009	1025	1027	含成人教育

续表

年份	招生人数	毕业人数	备注
2010	1088	965	含成人教育
2011	943	635	含成人教育
2012	1029	366	含成人教育
2013	1198	1044	含成人教育
2014	1051	539	含成人教育
2015	1406	1029	含成人教育
2016	1074	1198	含成人教育
2017	1287	1051	含成人教育
2018	853	1406	全部全日制

表 6-1-10　1992—2018 年工商管理学校开设专业情况表

年份	开设专业	备注
1992—1995	工商行政管理	
1996	工商行政管理、工商行政管理统计、工商行政管理经济合同	新增：工商行政管理统计、工商行政管理经济合同
1997	工商行政管理、经济合同管理、物业管理、房地产经营与管理、计算机应用、会计统计	新增：经济合同管理（成人中专）、物业管理、房地产经营与管理、计算机应用、会计统计
1998	工商行政管理、物业管理、房地产经营与管理、文秘与档案	
1999	工商行政管理、文秘与档案、计算机应用、会计	
2000	法律	
2001	计算机应用、会计	
2002	物业管理、房地产经营与管理、广告实务、法律实务、市场营销（商务策划方向）、文秘	新增：广告实务、法律实务、市场营销
2003	物业管理、房地产经营与管理、广告实务、法律实务、市场营销（商务策划方向）、文秘、金融事务、计算机应用	新增：金融事务
2004	物业管理、房地产经营与管理、广告实务、法律实务、市场营销（商务策划方向）、文秘、金融事务、计算机应用、饭店服务与管理	新增：饭店服务与管理
2005	物业管理、房地产经营与管理、广告实务、金融事务、市场营销、计算机应用、饭店服务与管理、市场营销与会展策划、会计电算化、中英文秘书、计算机网络技术	新增：市场营销与会展策划、会计电算化、中英文秘书、计算机网络技术
2006	物业管理、房地产经营与管理、广告实务、金融事务、市场营销、市场营销与会展策划、会计电算化、计算机应用、饭店服务与管理、计算机网络技术、中英文秘书、现代物流管理、电子技术应用、数控技术应用	新增：现代物流管理、电子技术应用、数控技术应用
2007	房地产经营与管理、广告实务、金融事务、市场营销、市场营销与会展策划、会计电算化、计算机应用、饭店服务与管理、计算机网络技术、中英文秘书、现代物流管理、电子技术应用、数控技术应用、动漫设计与制作、保安	新增：动漫设计与制作、保安
2008	房地产经营与管理、金融事务、市场营销、会计、会计电算化、计算机应用、计算机网络技术、中英文秘书、现代物流管理、电子技术应用、数控技术应用、动漫设计与制作、保安	

续表

年份	开设专业	备注
2009	房地产经营与管理、市场营销与会展策划、金融事务、会计、计算机应用、中英文秘书、现代物流管理、电子技术应用、数控技术应用	
2010	市场营销、会计电算化、物流服务与管理、计算机应用、电子技术应用、数控技术应用	
2011	市场营销、会计电算化、物流服务与管理、金融事务、计算机应用、电子技术应用、酒店服务与管理、文秘、物流服务与管理	
2012	市场营销、会计电算化、物流服务与管理、金融事务、计算机应用、电子技术应用、酒店服务与管理、广告设计与制作、美术设计与制作、计算机平面设计	新增:广告设计与制作、美术设计与制作、计算机平面设计
2013	市场营销、会计电算化、物流服务与管理、金融事务、计算机应用、电子技术应用、高星级饭店运营与管理、广告设计与制作、美术设计与制作、计算机平面设计	
2014	市场营销、会计电算化、物流服务与管理、金融事务、计算机应用、电子技术应用、高星级饭店运营与管理、广告设计与制作、美术设计与制作、计算机平面设计	
2015	市场营销、会计电算化、金融事务、计算机应用、电子技术应用、高星级饭店运营与管理、广告设计与制作、美术设计与制作、计算机平面设计、学前教育、电子商务	
2016	市场营销、会计电算化、金融事务、计算机应用、电子技术应用、高星级饭店运营与管理、广告设计与制作、美术设计与制作、计算机平面设计、学前教育、电子商务	
2017	市场营销、会计电算化、电子技术应用、高星级饭店运营与管理、广告设计与制作、美术设计与制作、计算机平面设计、学前教育、电子商务	
2018	市场营销、会计电算化、电子技术应用、高星级饭店运营与管理、广告设计与制作、美术设计与制作、计算机平面设计、学前教育、电子商务、汽车美容与装潢、城市轨道交通运营与管理	新增:汽车美容与装潢、城市轨道交通运营与管理

第五节　机构管理体制

1992—1998年,广西工商行政管理系统为分级属地管理。1994年7月15日,国务院办公厅《关于调整大中城市工商行政管理体制的通知》规定,全国大中城市(设区的市)区工商行政管理局,一律改为市工商行政管理局的分局,作为市局的派出机构,由市局统一领导、统一管理。将大中城市区工商局改分局,实行垂直领导。

1998年8月5日,自治区工商局局长陈章进参加自治区党委、自治区人民政府向国务委员吴仪汇报工作情况的汇报会,吴仪在听取广西工作情况汇报后就工商行政管理体制改革强调了两点:一是省、自治区工商行政管理系统实行人、财、物垂直领导;二是一定要坚持实行市场办管脱钩。8月30日,自治区工商局局长陈章进向自治区副主席张文学汇报自治区工商行政管理部门垂直领导前关于加强人财物管理问题。张文学副主席批准了以桂政电〔1998〕20号文下发的《自治区人民政府关于加强我区工商行政管理系统人财物管理紧急通知》。11月24日国务院《批转国家工商行政管理局工商行政管理体制改革方案的通知》,规定:改革现行工商行政管理体制,实行省以下工商行政管理垂直管理,是党中央、国务院加强工商行政管理的一项重大措施。省以下工商行政管理实行垂直管理后,有关人员编制的管理权限收到省一级,即县一级以上工商行政管理局按目前实有编制数上划；工商行政管理所编制按1996年中央机构编制委员会办公室下达各地工商行政管理所的编制数上划。上级工商行政管理局对下级工商行政管理局的编制使用情况进行检查监督。工商行政管理体制改革方案，在国务院的统一领导下，由各省、市、自治区人民政府组织实施。12月1日，自治区副主席张文学、自治区工商局局长蔡永伦、自治区编制委员会办公室副主任沈德海、自治区财政厅副厅长孟春等到北京参加全国工商行政管理体制改革暨工作会议，会期两天。会议的主要议题之一是贯彻落实国务院批转的《工商行政管理体制改革方案》。12月9日，自治区工商局召开全自治区地、市工商行政管理局长会议，传达全国工商行政管理体制改革暨工作会议精神，研究贯彻国务院批转国家工商局《工商行政管理体制改革方案》的措施。12月17日，自治区人民政府成立自治区工商行政管理体制改革领导小组。自治区副主席张文学任组长；自治区人民政府副秘书长杨海林、自治区党委组织部副部长张延吉、自治区工商行政管理局局长蔡永伦、自治区人事厅厅长孙屹任副组长；自治区编制委员办公室主任邵博文、自治区财政厅副厅长孙铭达、自治区劳动厅副厅长张敢、人民银行广西分行副行长龙刚家、自治区工商行政管理局副局长蔡玉瑜为领导小组成员。领导小组下设办公室，办公室设在自治区工商局行政管理局，自治区工商局蔡永伦局长兼任办公室主任，自治区工商局副局长蔡玉瑜兼任办公室副主任。办公室人员从自治区工商局和有关部门抽调。12月18日，自治区工商局召开全体干部职工大会，自治区工商局副局长蔡玉瑜传达国务院以国发〔1998〕41号文批转的《工商行政管理体制改革方案》文件精神，通报自治区工商局实施体制改革工作情况。自治区工商局局长蔡永伦就如何贯彻落实《工商行政管理体制改革方案》和自治区工商行政管理体制改革实施方案作部署。12月21日，自治区人民政府批准自治区工商行政管理体制改革领导小组《关于自治区工商行政管理体制改革实施方案》。12月28日，自治区人民政府召开全自治区工商行政管理体制改革工作会议，传达全国工商行政管理体制改革暨工作会议精神，部署实施自治区工商行政管理体制改革工作。自治区副主席张文学出席会议并作讲话，自治区工商局副局长蔡玉瑜、黄绍熙，自治区党委宣传部、自治区人事厅、自治区财政厅、自治区编委办、中国人民银行广西分行等部门的有关负责人，各地、市分管工商行政管理工作的领导以及各地、市工商局局长（党组书记）出席了会议。

1999年1月1日，《自治区人民政府批转自治区工商行政管理体制改革领导小组关于自治区工商行政管理体制改革实施方案的通知》下发，明确规定："地、市、县（市）工商行政管理局为上一级工商行政管理局的直属机构，工商行政管理所为县（市）工商行政管理局或工商分局的派出机构""县以上工商局按目前实有编制数上划，工商所编制按1998年自治区编办下达给各地工商所的编制上划；自1998年4月29日起至自治区编办重新统一核定编制之日止，全区工商机关冻结进人；严禁趁体制改革之机突击提拔干部。上级工商行政管理局对下级工商行政管理局的编制使用情况进行检查监督。自治区人民政府决定成立自治区工商行政管理体制改革工作领导小组，研究制定广西工商行政管理体制改革有关政策，协调和解决广西工商行政管理体制改革工作中出现的有关问题。"方案即日正式执行，广西工商行政管理机关实行省级以下垂直管理。为保证体制改革积极稳妥地贯彻实施，自治区工商局制定了相关的工作纪律，把体制改革和加强干部管理、财务管理结合起来，严禁趁体

1999年，自治区工商局召开全区工商行政管理体制改革暨工作会议

制改革之机突击进人、突击提干、突击花钱、分钱分物。加强了对体制改革工作的纪检监察，严肃查处违纪行为。为使财务垂直管理落到实处，自治区工商局与区财政厅联合或单独制定了6项财务管理制度，进一步规范了全区工商系统各类经费的收、管、支、缴和票据管理工作。并对全区工商行政管理机关原有的银行账户进行了清理，统一了地、市、县工商局的账户设置。建立了工商行政管理系统收入过渡专户，通过银行电子汇划系统，快捷、准确、足额上缴收费和罚没款，保证了财务管理新体制的正常运行。

2000年6月，自治区政府办公厅批准了自治区工商局“三定”方案，10月，自治区工商局内设机构“三定”和机构工作人员定岗分流基本完成。年内，全自治区工商行政管理系统已基本实现了人、财、物的垂直管理。2011年，《广西壮族自治区人民政府办公厅关于印发广西壮族自治区市、县(市、区)工商行政管理局及工商行政管理所机构改革方案的通知》规定：全区工商行政管理机关实行自治区以下垂直管理，有关机构编制的管理权限在自治区。市、县(市、区)工商行政管理局的设置、变更、撤销，由自治区工商行政管理局提出意见，经自治区机构编制委员会办公室审核，报自治区机构编制委员会审批；其内设机构、派出机构(工商所)的设置、变更、撤销，由自治区工商行政管理局在自治区机构编制部门核定的限额内审批，报自治区机构编制委员会办公室备案。自治区以下各级工商行政管理局的人员编制和领导职数，由自治区机构编制委员会办公室会同自治区工商行政管理局统一核定和管理。

2015年1月29日，广西壮族自治区人民政府办公厅出台《广西壮族自治区人民政府办公厅关于印发广西壮族自治区工商行政管理体制调整实施方案的通知》，广西工商行政管理体制重回分级属地管理模式。下发《自治区工商局党组关于在机构改革和职能转变中加强机构编制人员管理的通知》，明确在改革叠加的关键时期，全自治区各级工商机关必须严守政治纪律和干部人事纪律，做到“四个严禁”，确保全区工商系统思想不乱，队伍不散，工作不断。3月20日，与自治区编办、人社厅联合下发《关于全区工商行政管理体制调整有关机构编制人员移交的通知》，3月26日，举办了设区市工商局处级干部档案集中移交仪式。会后，将141件处级干部(在职101人，离退休40人)档案全部移交地方党委，并要求各市工商局按照干部管理权限，及时将人事档案进行移交。至年底，全自治区工商系统体制调整工作已全部完成。

至2018年，广西工商行政管理系统仍是分级管理。

2015年8月24日，自治区工商局召开全区工商行政管理系统深化改革视频会

第二章　队伍建设

1992—2000 年，制定实施多种人事制度，控制超编现象，加强考核制度。每年开展业务培训，学历教育，其中 1995 年全系统在读的大专生超过千名，2000 年之后，本科教育呈逐年上升趋势，大专教育呈逐年下降趋势。1998 年重新核定全自治区工商行政管理所人员编制，广西工商系统共有公务员 1.08 万名。1999 年自治区工商行政管理系统首次进行录用国家公务员考试。

2001—2010 年，整顿机关队伍，建立了处级后备干部库。2009 年首次开展全员军训活动。

2011—2018 年，首次从基层工商局公开选调 10 名优秀干部充实到自治区工商局机关处室和直属机构，制定实施挂职锻炼、轮岗交流等制度，首次尝试大规模异地办学培训。出台《自治区工商局机关干部职工平时考核暂行办法》。至 2018 年 3 月底，全系统在职公务员 9444 人。至 2018 年底，广西工商行政管理系统及个人获得国家、自治区多种奖项。

第一节　人事制度

1993 年 7 月 17 日，自治区工商局与自治区人事厅、自治区财政厅、自治区编制委员会联合下发《关于工商行政管理部门在严格按编制和条件调入人员确保干部素质的通知》，规定："各地工商行政管理机关调入人员必须控制在编制定员和人事、编制部门核准的增人计划及工资总额之内，不得超编进人，从本文下发之日起对超编调入人员，编制部门不予入编，财政部门不予发工资，同时也不得用市场管理费支付超编人员的工资；工商行政管理机关执法岗位上，一律不得调入工人或'以工代干'人员；要坚持'先培训、后上岗'的原则；各地、市、县工商行政管理部门要按上述规定对去年以来调入人员情况进行一次全面清理。"

1994 年，广西工商行政管理系统进一步建立和健全机关双文明建设岗位目标责任制、干部年度考核制度，同时加强机关内务规范化管理。

2003 年 10 月 23 日，自治区工商局制定印发《自治区工商局副处以上领导干部廉洁从政承诺书》，全自治区工商行政管理系统副处级以上领导干部共 154 人作出廉洁从政承诺。承诺书按干部管理权限，分别存入个人廉政档案。

2004 年 7 月 29 日，自治区工商局制定下发《广西工商行政管理机关队伍教育整顿方案》，决定在全自治区工商行政管理系统开展以树立正确权力观、严格依法行政、做人民满意公务员为主要内容的队伍教育整顿活动。方案还就教育整顿活动的指导思想、方法步骤及工作要求等作了规定。

2005 年 3 月 31 日，自治区工商局机关聘请政务公开监督员颁证仪式在自治区工商局办大楼三楼会议室举行。自治区工商局纪检组组长刘之主持会议，办公室主任宣读《自治区工商局机关政务公开监督员暂行规定》和宣布受聘政务公开监督员名单。

2007 年，自治区工商局建立了处级后备干部库，分别在自治区工商局机关和 14 个地级市工商局开展后备干部推荐考察工作，确定了处级正职后备干部 31 名、副职后备干部 67 名，为广西工商行政管理事业发展提供了人才资源储备；对 14 个市工商局领导班子进行了届中考察，对在地市工商局副处级领导岗位上工作 8 年以上的同志进行了民主推荐和考察，全面掌握各级领导班子和干部的履行职责状况；建立了自治区工商行政管理系统人事档案信息数据化平台，有效整合了全系统人才资源信息，及时、准确、全面掌握全系统人员综合情况，为领导科学用人提供了可靠的决策参考信息。9月6日，自治区工商局下发《关于下放部分人事管理工作审批权限的通知》，将部分人事管理工作权限下放，交由各市工商局负责。

2008年4月29日，自治区工商局印发《广西工商行政管理机关执法质量考评诫勉谈话制度暂行办法》，主要内容包括：诫勉谈话的对象、谈话内容、谈话的组织实施。该暂行办法完善了执法质量考评制度，为及时纠正在执法质量考评中发现的错误或不当的执法行为。

2012年9月，3个调研组分别对全自治区14个市、28个县（区、分）工商局、70个工商所以及4000多个监管服务对象，采取召开座谈会、个别谈话和分别向市、县市（城区）工商局机关、工商所与监管对象发放问卷调查等形式，在全自治区工商系统开展了人事工作调研访谈活动。这是广西工商系统人事部门有史以来组织开展的涉及范围最广、人数最多的活动。调研访谈活动中，自治区工商局派出的3个调研组先后召开了70多个座谈会、个别谈话400多人次、发放系统内问卷2490份、监管服务对象问卷4265份。整个活动上至自治区工商管理局，下至基层工商所，访谈对象从机关处长到工商所普通干部，访谈内容从工作、学习、生活均涵盖。调研组通过调研访谈活动，通过与基层干部交心沟通，收集了大量的来自干部群众的意见建议、数据信息，通过整理分析归纳，形成《关于全自治区工商系统人事工作调研访谈活动的情况报告》。在广泛开展调研访谈活动的基础上，起草《关于在全自治区工商行政管理系统开展阳光人事效能人事服务人事建设的实施意见（征求意见稿）》，为次年全面开展"阳光人事、效能人事、服务人事"建设奠定了基础。年内制定出台《广西壮族自治区工商行政管理系统干部调配管理办法》《广西壮族自治区工商行政管理系统机构编制管理办法》，进一步规范全系统干部"进""出"关口管理。年内首次从基层工商局公开选调10名优秀干部充实到自治区工商局机关处室和直属机构。选调工作经过个人自愿报名、资格审查、各市工商局党组推荐、个人风貌展示和公开演讲、三次公开票决、党组集体研究决定、考察、公示、跟班学习、组织鉴定、正式调任等10多个环节。

2013年，《自治区工商局党组关于选派优秀干部到企业挂职锻炼的通知》下发，自治区工商局共选派26名干部到广东、云南等省（市）工商局和广西10家重点企业开展为期3个月的挂职锻炼。实施挂职锻炼"321"计划，从全自治区基层工商所选派30名所长到各市工商局机关挂任副科长，选派20名自治区、市工商局科级干部到县级工商局挂任副局长，选派10名处、科级领导干部到贫困或发达地区挂职。分批次选派优秀年轻干部到上一级机关进行跟班学习。年内选派两批基层优秀干部到自治区工商局跟班学习工作。从玉林、百色市选调2名处级干部到自治区工商局机关任副处长（副主任），选调2名处级干部到两市任副县长，打破工商系统垂直13年来一直没有与地方进行干部交流的局面。加强了市与市、市与县、县与县的干部调动交流力度，先后办理调动397人次。实施自治区工商局机关岗位轮换制度，对在原岗位工作5年以上的干部进行岗位轮换，对符合《公务员职务任免与职务升降规定》晋升条件的自治区工商局机关科级干部，按规定程序及时晋升。草拟《选准用好优秀干部优化各级班子结构的意见》《加强和改进自治区工商局机关选拔任用干部的实施意见》，及时选配好干部，不断优化班子的年龄、文化、专业、地域结构。

2014年3月，深入开展"阳光人事、效能人事、服务人事"建设，制定《自治区工商局党组关于加强和改进优秀年轻干部选拔培养的实施意见》《自治区工商局机关干部轮岗交流办法》。

2015年，下发《自治区工商局党组关于在机构改革和职能转变中加强机构编制人员管理的通知》，明确在改革叠加的关键时期，全自治区各级工商机关必须严守政治纪律和干部人事纪律，做到"四个严禁"，确保全自治区工商系统思想不乱，队伍不散，工作不断。先后建成"联百帮千扶万"、"百名工商干部进企业"、优秀年轻干部到总局跟班、驻京维稳跟班、系统内跨省挂职、基层挂职、跨部门挂职、县区挂职、扶贫挂职等多个干部实践锻炼平台，基本形成系统内外兼顾、跨部门上下互通、平行交流、挂职时间长短期结合的全方位、多层次、跨领域干部实践锻炼的格局，年内共有10名处级、3名科级干部在外挂职（跟班）。

2016年6月3日，自治区工商局、广西民族大学在自治区工商局正式签署《人才培养建设合作框架协议》，并举行广西民族大学实践教育基地挂牌仪式。

2017年，自治区工商局出台《自治区工商局机关干部职工平时考核暂行办法》，通过考勤情况抽查、在岗情况抽查、请休假、工作日志填写情况抽查等方式落实干部队伍日常作风纪律检查工作。出台《自治区工商局党组驻贫困村党组织第一书记管理暂行规定》和《自治区工商局驻贫困村党组织第一书记专项工作经费资金管理办法》，进一步规范第一书记专项工作经费使用管理。年内安排1人驻京维稳，任命2名直属单位副职兼任基层工商所长，安排2名干部到县（市）、3名干部到企业挂职锻炼、9名干部到党委政府有关部门跟班挂职。

第二节　教育培训

1992年，自治区工商管理局12个培训基地共举办26期培训班，轮训干部232人；召开两次教学研讨会，交流教学工作经验，讨论调整和补充教学内容。1月17日，全区工商行政管理系统教育工作现场会在桂林市召开，会期四天。会议传达贯彻了自治区党委召开的全自治区干部培训工作会议精神，总结交流了全自治区工商行政管理系统1991年干部岗位职务培训工作经验，研究和安排了1992年教育工作任务和“纠风”工作。5月7日，国家工商局经济检查司在南宁举办首期为期15天的部分省、自治区、直辖市工商行政管理经济检查业务培训。参加培训的有16个省、自治区、直辖市经济检查站（队），共150人，广西参加培训的有30人。国家工商局经济检查司司长牛鸿瑞，副司长孙英才等来培训班授课。8月18日，自治区工商局在广西工商学校举办为期4天的全自治区工商行政管理系统外商独资企业登记管理业务培训班，主要内容是：学习外商独资企业登记管理的法律、法规和政策以及初审业务知识。参加培训班的有各地、市、县工商局分管外资工作的干部共93人。9月14日，全自治区工商行政管理系统岗位职务培训教学工作经验交流会议在玉林市召开，会期3天。参加会议的有各地、市工商局人教、政秘科长和部分兼职教员共42人。会议对如何搞好岗位职务培训科学化、规范化管理，提高培训教学质量和如何开展培训教学评估以及工商所初级规范化首批验收工作等进行了研究，并对下一步的廉政建设、纠正行业不正之风工作进行了部署。12月14日，自治区工商局在南宁举办了为期3天的自治区直属企业经济合同管理培训班。参加学习班的有厂长、经理及有关人员共108人。培训内容包括经济合同、技术合同和涉外经济合同知识。

1993年，广西工商系统分级举办培训班，选派干部参加当地党委、政府组织的各种工作队（组）；选派干部参加国务院有关部委局举办的学习班学习和参加“五大”学习；组织考察团（组），由领导带队，分别到广东、山东考察学习。是年，仅干部岗位职务培训就投资了222万元，培训干部职工2909人。9月22日—10月13日，自治区工商局在自治区党委党校举办《社会主义市场经济理论》《期货市场》《证券市场》《关税及贸易总协定与中国经济发展》师资培训班，全自治区工商行政管理系统12个培训基地选派的41名学员参加了学习培训。学员经考试全部合格并取得师资证书。9月24日—10月24日，自治区工商局副局长黄绍熙参加国家工商局在美国组织的市场规则培训班。10月6日，自治区工商局市场处在南宁举办商品交易市场登记学习班，参加学习班的有各地、市工商局市场科科长、各县（市）工商局市场股股长共104人。12月5日—10日，自治区工商局在防城港市防城区举办反不正当竞争法培训班。各地、市工商局分管经检、法制工作的领导、经检科长、法制科长或法规政策室主任，以及各县（市）工商局经检股长、法制股长250多人参加了培训。

1994年，全系统共举办培训班33期，参训人员4218人，占干部职工总数的99.42%。

1995年，自治区工商局举办了一期全自治区商标管理干部培训班，南宁市工商局在企业举办商标法讲座4期，培训企业负责人300多人，到6户企业放映商标法宣传教育录像片，观看人数达3000多人次。各地工商局还举办多期广告法培训班，对广告主、广告经营者、广告发布者和广告管理人员进行培训，并结合广告业务员培训工作，开办广告专业技术岗位资格培训班，参加学习人数达2400多人。是年广西工商管理系统培训率达100%，并根据国家工商局提出的目标，转入学历培训。自治区工商局制定了1995—2000年学历教育计划。

1996年,自治区工商局举办了商标管理岗位资格培训班,对全自治区指定印制商标单位、已办理商标注册申请和已获得注册商标的企事业单位、个体工商户的商标管理人员进行培训。全面推行广告发布前审查制,组织开展广告审查员培训工作。自治区工商局举办了4期广告审查员培训班。年内全面转入学历教育培训,全自治区建立和完善培训网络,与各地大中专院校联合举办大专班、函授班、大专助考班、全科中专班。是年在各类学校就读的人数达2353人。

1997年,自治区工商行政管理局和自治区人事厅联合下发《关于对广西工商行政管理系统公务员进行知识更新培训的意见》,对全自治区工商行政管理系统的公务员业务知识、法律法规、市场经济知识、现代管理知识培训作出了具体安排。4月,自治区工商局举办全区工商所推行国家公务员制度骨干培训班。广西工商管理系统共举办培训班200多期,培训1.4万多人次。同时,采取多种形式,抓好学历培训,全自治区工商系统在读人数达1200多人。

1997年4月,自治区工商局举办全区工商所推行国家公务员制度骨干培训班

1999年,广西工商系统建立知识更新培训基地15个,举办知识更新培训班14期,培训人员1200多人;全系统参加各种大、中专函授学历教育人数1531人。举办广告审查员培训班15期,培训人员819人。

2000年,全系统共举办系统内培训646班次,培训人员3948人次;参加地方组织、人事部门培训97班次,558人次;参加出国(境)培训13班次,15人次。参加在职学历教育共595班次,3159人,其中研究生学历26人、本科605人、大专2528人。2000年之后,本科教育呈逐年上升趋势。大专教育呈逐年下降趋势。

2001年,全系统共举办系统内培训1122班次,比上年多476班次,多74%。

2003年,自治区工商局开展了县级工商局局长任职培训、中青年领导干部培训和基层骨干执法防卫技能培训,自治区工商局全年共举办各类培训班7期,培训人数590人。

2004年,自治区工商局共举办12期行政许可法培训班,培训人员1000多人。在此基础上,组织进行考试或考核,并将考试(考核)的结果作为公务员年度考核、任职、定级和晋升职务的依据,确保达到"三个百分百",即全体干部必须100%参加行政许可法学习,必须100%参加考试,执法人员考试合格率必须达到100%。年内参加系统内培训人数20709人次,比上年7954人次增加12755人次,增160%,参加在职本科教育1960人,为历年最多。

2005年,全系统参加系统内培训12323人次,比上年明显减少。

2006年,自治区工商局将反腐倡廉教育内容纳入全系统公务培训教学计划。全自治区工商系统共举办培训班2367班次,参加培训人员达27508人次。

2007年，自治区工商管理局指导各级工商行政管理机关深入开展以“创文明行业，塑工商形象”为主题的文明行业创建工作，要求各级工商行政管理机关围绕生动活泼的思想道德教育、科学文化教育和诚实守信教育，开展职业责任、职业道德、职业纪律、职业技能的培训教育，全方位开展创建青年文明号、巾帼示范岗、军民共建、计划生育、环境绿化美化等群众性创建活动。同年组织编写《党风廉政建设学习资料汇编》，提供给系统干部学习。设计《培训考试情况分析表》和《问卷调查表》，对培训方案、培训实施、培训保障和培训效果等进行评估，建立培训评估档案和激励约束机制。自治区工商行政管理局全年共培训新录用公务员199人，选送3名厅级领导到自治区党委参加领导学习班，选送9名处级领导到国家工商总局、自治区党委党校参加培训班学习，落实了系统2007年度6个出国（境）培训、考察计划。广西全系统共选送58人出国培训，为历年最多。

2008年，自治区工商管理局制定2008—2011年新的一轮培训规划。自治区工商管理局全年共举办公务员初任培训班、所长、师资培训班等各类培训班11期，培训干部1160人；选送56名地市局和部分县局领导到自治区党委、国家工商总局参加培训班学习，同时做好指导各市局开展好教育培训工作。5月中旬，自治区工商局举办两期流通领域商品质量监管及食品快速检测技术骨干培训班，各市工商局选派360多名业务骨干参加培训；各级工商行政管理机关通过骨干的带动层层开展全员培训，至年底，全系统已培训检测人员3000多名，做到每个市、县、所至少配备检测技术人员两名以上。年内参加在职研究生教育99人，为历年最多；参加在职本科教育133人，比人数最多的2002年390人减少了257人；参加大专教育为37人，比2000年的2528人大幅减少。

2009年，自治区工商管理局首次开展全员军训活动；开展岗位技能大练兵活动。编写了130多万字的《岗位应知识应会手册》，通过集中培训，自学自练，以考促学，以赛促练等多种形式进行岗位练兵，营造浓烈的学业务、强素质氛围。2009年9月底，组织全系统干部职工进行岗位技能大练兵综合考试，参加考试人员达9500多人，各市平均参考率达90%以上。选送了各级领导干部100多人次参加上级和有关部门的学习培训。举办1期骨干培训班，为全员培训培养主讲人、带头人。采取集中学习、专家辅导、领导讲课、个人自学、交流讨论、现场观摩、课题调研、编印简报、板报、观看电教片和理论考试等多种形式。2009年自治区工商局以办案程序和国家工商总局2009年新版行政处罚文书为主要培训内容，以基层法制工作人员及执法人员为培训对象，先后在东兴、桂平、北海和宜州分片组织了四次岗位技能培训班，共培训各市局法规科长、县（分）局分管法制工作的副局长和法规股股长、工商所法制员等行政执法骨干近600人次。

2009年3月，全区工商机关业务骨干集中在广西军区教导大队进行军训

2010 年以执法能力、基层建设、财务管理、信息化管理等内容的培训重点，全年共组织安排培训班次 1700 期，培训干部 60867 人次。对 14 个市工商局法规科科长、法制工作基层联系点负责人及法制员、全系统公职律师等法制工作骨干进行了培训。继续开展军事化训练和军事化管理教育，11 月 18 日，在南宁市举办了有 1600 名工商干部职工、135 辆工商执法专用车参加的“广西工商行政管理系统军事训练汇报大会”，会前，国家总局局长周伯华莅临军事训练场考察；大会当天，自治区主席马飚出席观摩，自治区副主席高雄出席并作重要讲话。

2011 年，自治区工商管理局首次尝试大规模异地办学培训。组织各级工商局领导干部赴中央党校、中国人民大学、国家工商总局行政学院、自治区党委党校培训，这是广西工商行政管理系统历年来规模最大、层次最高的干部集训。年内，全系统共组织培训班 2560 班次，培训干部 41016 人次；参加地方组织、人事部门培训 375 班次，8573 人次；参加出国（境）培训 1 人。

2012 年，在教学模式上，首次实施了“现场教学与激情教学”。全系统共举办各类培训班 1830 期，培训干部 6.47 万人次。自治区工商管理局共组织举办各类干部培训班 10 班次，培训干部 1027 人。其中，处级领导干部“延安党性修养提高班”1 期，培训 42 人；县科级领导干部“中国人民大学素质与能力提高班”2 期，培训 103 人；工商所长“国家工商总局行政学院综合素质与执法能力专题培训班”3 期，培训 470 人；县局副职“自治区党校综合素质与能力提高班”1 期，培训 127 人；新录用公务员初任培训班 3 期，培训 285 人。此外，系统内还组织举办了以食品安全监管职能职责、酒类鉴别、食品检测知识、公文写作、新闻报道和政务信息写作、应对突发事件、服务礼仪等为内容的培训班。9 月，自治区工商局首次联手广西大学举办食品安全监管专家型人才培训班，全系统 100 多名食品安全监管的业务骨干参加了培训。合同管理业务培训采取办班培训、以案代训、组织典型案情研讨等形式，共举办各类培训班 101 期，培训人数达 5075 人次。同年完成了自治区党委组织部对工商管理局 2008—2012 年干部教育培训评估自查工作。

2013 年，自治区工商管理局举办商标广告监管、执法办案、合同监管、行政指导等业务知识培训班 16 期，参加培训干部达 37000 人次。集中开展党的十八大精神学习培训，将党的十八大精神的学习宣传贯穿到全年培训的各个班次。重点抓好处级以上领导干部学习贯彻党的十八大精神集中轮训和理想信念教育，分三批组织全系统处级领导干部赴中央党校、广西党校、中国井冈山干部学院学习。通过视频网络学校举办 2 期党的十八大专题讲座班。首设“红盾讲坛”，邀请区内外高校和有关部门专家教授为全系统干部进行形势教育、群众路线教育、廉政教育、应急管理能力和文化建设等内容专题讲座 6 期，听课人数约 2 万人次。仅人事处、培训中心组织举办和参加的各类培训班共 37 班次，培训干部 33789 人次。自治区工商管理局机关各业务处室根据自身业务需要举办业务培训班，各级工商机关人事部门积极配合业务部门，对科、股、队、所等执法岗位和综合部门的业务骨干，通过以会代训、脱产培训、在职自学、远程教育、网络学习等措施加强培训。

2014 年，全系统共组织开展系统内培训 1456 班次，培训人数 70009 人次，为历年最多。举办各类主题培训班 10 期，先后开办了全自治区工商系统处级干部学习贯彻党的十八届三中全会和习近平总书记系列重要讲话精神专题培训班 2 期、新录用公务员初任培训班 5 期、全自治区工商系统青年干部素质能力提升培训班 1 期、上海浦东全自治区工商系统女干部素质能力提升培训班 1 期、江西井冈山全自治区工商系统干部理想信念教育与党性修养培训班 1 期，共培训 931 人次，特别是上海浦东女干部素质能力提升培训班的开办，得到自治区副主席黄日波的高度肯定。分别组织安排 62 名干部参加国家工商总局行政学院（深圳）、自治区党委组织部、自治区直属机关工作委员会、自治区妇联等部门的各类专业培训。

举办“红盾讲坛”10 期，参训人数 36045 人次。邀请北京大学、自治区党委、国家工商总局商标局、自治区党委宣传部等国内、区内知名专家、教授和领导授课，内容涉及理想信念、政策法规、国防安全、法治建设、公务员心理素质等方面。

2015 年，共举办主题培训班 8 期，培训学员 483 人；开办“红盾讲坛”7 期，参加听课人数达 3 万多人次；组织全自治区工商系统干部职工参加上级开办的网络培训班 11 期，受训学员共 4083 人次，举办业务培训班24期，培训学员1580人次；组织40名干部参加国家总局举办的“监管执法骨干培训班”等各类专业培训。特别是受自治区组织部委托，在国家工商管理总局深圳行政学院举办“2015年广西地方党政领导干部工商行政管理专题培训班”，培训全自治区副县（区）长等副处级以上干部学员55人。11月13日—19日，自治区工商管理局在北京航空航天大学举办了广西工商系统首届信息化管理人才培训班，自治区工商局机关、直属单位、工商学校及各市工商局的69名干部参加了培训。年内参加在职研究生教育34人，参加在职本科教育93人，参加在职大专教育34人。

2016年，落实《干部教育培训条例》，以局党组名义出台《贯彻条例的意见》，大力开展政校合作，与广西民大、北航签订合作框架协议，探索干部教育培训新路子。全年开展各类培训班58期，培训干部31898人次，其中，主题培训班9期，培训干部602人次；业务培训班29期，培训干部2800人次；“红盾讲坛”9期，培训干部24300人次；网络培训班11期，培训干部4059人次；选派干部参加上级各类调训137人次。

2017年，在培训经费大幅度压减的情况下，全年共举办各类培训班41期，培训干部3.08万人次。其中，主题培训班8期，培训干部550人次；业务培训班22期，培训干部1700人次；举办“红盾讲坛”6期，培训干部16200人次；网络视频培训班5期，培训干部7597人次，选派118人次参加工商总局和自治区党委组织部、公务员局、区直机关工委等各类调训。

2018年，自治区工商局全年共举办各类培训班26期，培训人数6200人次。全年共选派6位领导干部参加了由自治区党委组织部举办的6期“党的十九大精神集中轮训”，举办3期“党的十九大精神专题培训班”。

表6-2-1 2000—2015年广西工商行政管理系统人员培训情况

年份	系统内培训		参加地方组织、人事部门培训		出国（境）培训	
	班次	人次	班次	人次	班次	人次
2000	646	3948	97	558	13	15
2001	1122	4827	46	404	17	21
2002	367	6072	182	738	6	15
2003	392	7954	82	1090	4	8
2004	1102	20709	336	3968	14	31
2005	1084	12323	200	5327	14	14
2006	2367	27508	334	8766	13	43
2007	1315	23435	322	6928	20	58
2008	1559	20776	215	5573	3	3
2009	1987	37882	360	5522	11	11
2010	1974	37538	330	6805	2	2
2011	2560	41016	375	8573	1	1
2012	2600	55928	349	9997	6	6
2013	1905	50364	203	8689	1	1
2014	1456	70009	178	6842	—	3
2015	1597	64164	60	3998	3	11

表 6-2-2　2000—2015 年广西工商行政管理系统在职学历教育情况

年份	研究生		本科		大专	
	班次	人次	班次	人次	班次	人次
2000	9	26	122	605	464	2528
2001	9	21	196	522	625	1828
2002	16	31	390	1302	288	1283
2003	21	56	223	1742	108	875
2004	40	72	381	1960	120	412
2005	29	52	351	1460	82	313
2006	29	62	248	1008	65	293
2007	33	65	162	416	25	55
2008	67	99	133	262	26	37
2009	39	75	96	154	18	17
2010	49	77	78	107	6	9
2011	31	50	45	90	3	3
2012	35	51	41	43	2	3
2013	32	42	13	55	—	14
2014	12	39	4	22	—	—
2015	4	34	2	93	1	34

第三节　公务员队伍

1996 年，中央机构编制委员会、人事部、国家工商局《关于重新核定工商行政管理所人员编制及有关问题的通知》规定，按 1994 年实有人数进行核定，对工商所现有干部，依据公务员的基本要求和任职条件，完成向公务员过渡。同年，在人事部、国家工商局下发《关于印发〈工商行政管理所推行国家公务员制度实施方案〉的通知》后，广西壮族自治区工商行政管理局、人事厅下发《关于印发〈广西壮族自治区工商行政管理所推行国家公务员制度方案〉的通知》，规定实施对象为除临时工、协管员以外的工商所正式职工。过渡范围是工商所现有干部。过渡工作必须在培训合格的基础上进行，未参加培训或培训不合格人员不得过渡或暂缓过渡；过渡要与近两年年度考核和过渡考核进行，年度考核和过渡考核不合格人员，不得过渡或暂缓过渡。“以工代干”人员在国家增干下进行考试考核，合格录用为国家公务员，不合格分流出工商所。培训由自治区工商局下达。工商所原使用的事业编制一律核销，重新核定工商所编制为行政编制，实行公务员管理。

1998 年，广西壮族自治区机构编制委员会办公室、人事厅、工商行政管理局《关于重新核定我区工商行政管理所人员编制及有关问题的通知》规定：核编以 1996 年底统计为依据。对现有工商所干部，依据公务员的基本要求和任职条件，选配完成向公务员的过渡。工人在国家增干计划下通过考试考核，合格者录用为国家公务员，不合格分流出工商所。自治区工商系统从 1998 年 3 月—12 月底，按照“公开、平等、竞争、择优”的原则，在自治区有关部门核定的工商所行政编制数范围内，依据公务员的基本要求和任职条件，从工商所现有干部中进行人员选配，完成了向公务员过渡的工作。至此，广西工商系统共有公务员 1.08 万名。

1999年8月10日，自治区工商行政管理系统首次进行从大专以上学历应届毕业生中录用国家公务员的考试。1100名考生在南宁参加公共科目、专业科目两大类的笔试考试。笔试后，根据考试成绩，各职位从高分到低分按1∶3的比例（工商行政管理专业按1∶2的比例）择优确定进入面试人选。计划接收工商、法律、会计、金融等14个专业的300名大专以上学历应届生，以充实全自治区各级工商行政管理队伍，逐步扩大高校毕业生在公务员中的比例。

2005年8月11日，自治区工商局在南宁召开全区工商行政管理系统改革公务员工资制度和规范公务员收入分配秩序工作会议，会期两天。会议上，自治区工商局副局长王世光传达自治区改革公务员工资制度和规范公务员收入分配秩序工作会议精神，自治区工商局副局长张剑波部署全自治区工商行政管理系统清理津贴补贴工作。各市、县工商局和工商学校分管领导、人教科（股）长和财务科（股）长共350人参加会议。

2007年7月22日，全自治区工商行政管理系统公务员招录面试在广西工商学校举行，来自南宁、柳州、桂林等13个市工商局的面试考官和人事厅委派的13名面试考官组成13个面试小组，对480多名考生进行了面试，最终录用公务员373名。

2010年，全系统录用公务员81名，比上年256名大幅缩减，少175名。

2011年，在职公务员数为历年最多，共10357名。

2012年，全系统共录用新公务员226名。新公务员全部充实到基层工商所，为基层履职提供必要的人才支撑。

2013年，自治区工商局实施“招硕引博”工程。通过向自治区党委组织部申请，引进一批硕士、博士选调生；通过面向全国公开遴选的方式，从自治区内外、系统内外，实施急需紧缺高层次人才引进工程，引进一批法律、计算机、人力资源、经济管理等高素质专业人才。年内，引进1名清华大学法律专业硕士定向选调生，遴选到1名具有法律硕士学位的公务员充实到自治区工商局机关。计划考试录用437个职位、606名基层工商所公务员，实际拟录用新公务员580名，是历来招录人数最多的一次。

2014年，为局机关相关处室增派6名选调生进行跟班学习。

2015年，全系统共划转673名公务员和255名行政编制到各级食品药品监管部门，划转比例为全自治区工商行政管理系统行政总编制数的8.5%。年内，共有在职公务员9347人。

至2018年3月底，全系统在职公务员9444人。

表6-2-3　2004—2015年广西工商行政系统公务员人数

年份	在职公务员（人）	录用公务员（人）
2004	9361	369
2005	9484	165
2006	9576	76
2007	9897	373
2008	10014	198
2009	10131	256
2010	10064	81
2011	10357	498
2012	10201	175
2013	10108	—
2014	9601	—
2015	9347	—

第四节　表彰先进

据不完全统计，1992—2018年间，广西工商系统单位、个人获得多项国家级、自治区级表彰。其中每4年全国工商系统评优1次，累计获得全国工商行政管理系统先进集体36个，全国工商行政管理系统先进工商所77个，全国工商行政管理系统先进工作者13人，全国工商行政管理系统优秀工商行政管理人员94人。此外，获得的集体荣誉称号有人民满意的公务员集体、全国未成年人保护工作先进集体、全国青年文明号、全国文明单位以及全国工商行政管理系统多项专项工作先进集体奖，获得的个人荣誉称号有全国杰出青年卫士、全国红盾护农先进个人、全国"巾帼建功标兵"、全国流通环节产品质量和食品安全专项整治工作先进个人、全国反走私先进个人、全国"打假"先进个人称号等。

先进集体

表6-2-4　1998—2018年全国先进集体名录

单位	荣誉称号	授誉机关	授誉时间
桂平市工商局	人民满意的公务员集体	人事部	1998年
贵港市工商局	全国创建文明行业工作先进单位	中央精神文明建设指导委员会	1999年
柳州市"12315"指挥中心	全国未成年人保护工作先进集体	中央宣传部、全国人大内务部、共青团中央、教育部、司法部	1999年
桂林市工商局巡查大队	全国青年文明号	共青团中央	2000年
南宁市工商局"12315"指挥中心	全国青少年维权岗	共青团中央、国家工商总局等十三个部门	2001年
柳州市工商局巡查大队	全国青少年维权岗	共青团中央、国家工商总局等十三个部门	2001年
贵港市工商行政管理局港北分局城中工商所甘化办事处	"巾帼建功"先进集体	全国妇联	2003年
荔浦县工商局荔城工商所	全国巾帼文明示范岗	全国妇联	2003年
贵港市工商局	全国精神文明建设工作先进单位	中央精神文明建设指导委员会	2005年
桂平市工商局	全国精神文明建设工作先进单位	中央精神文明建设指导委员会	2005年
梧州市工商局	全国军民共建社会主义精神文明先进单位	全国双拥工作领导小组、中央宣传部、中央文明办、民政部、解放军总政治部	2005年
南宁市工商行政管理局江南分局	全国文明单位	全国文明委	2005年
自治区工商局消费者权益保护处	全国优秀"青少年维权岗"	共青团中央、国家工商总局等十三个部门	2006年
桂林市全州县东门工商所	全国优秀"青少年维权岗"	共青团中央、国家工商总局等十三个部门	2006年

续表

单位	荣誉称号	授誉机关	授誉时间
贵港市覃塘分局办照大厅	全国巾帼文明岗	全国妇联、全国“巾帼建功”领导小组	2007年
梧州市工商局	全国爱国拥军模范单位	全国双拥工作领导小组、中华人民共和国政治部、中国人民解放军总政治部	2007年
贵港市工商行政管理局(机关)	全国文明单位	中央文明委	2009年
南宁市工商局	全国文明单位	中央文明委	2015年
柳州市工商局注册分局	全国青年文明号	共青团中央	2015年
贺州市八步区灵峰工商所	巾帼建功先进集体	全国妇联	2015年
南宁市工商局高新技术产业开发区分局	2014—2015年度全国“青少年维权岗”	共青团中央	2016年
防城港市防城区工商局城南工商所	2014—2015年度全国“青少年维权岗”	共青团中央	2016年
自治区工商局企业登记注册分局服务窗口	全国巾帼文明岗	全国妇联	2017年
自治区工商局(机关)	全国文明单位	中央文明委	2017年
柳州市工商行政管理局	全国文明单位	中央文明委	2017年
南市工商局12315申诉举报指挥中心	2015—2016年度“全国青年文明号”	共青团中央	2017年
广西壮族自治区桂林市象山区工商局城南工商所	2016—2018年度全国“青少年维权岗”	共青团中央	2018年
广西壮族自治区乐业县工商行政管理	2016—2018年度全国“青少年维权岗”	共青团中央	2018年

注:因资料不全,本表或有缺漏。

表6-2-5　1992—2018年全国工商行政管理系统先进集体名录

单位	授誉机关	授誉时间
桂林市工商局	国家工商局	1992年
南宁市工商局	国家工商局	1992年
玉林市工商局	国家工商局	1992年
梧州市工商经济检查科	国家工商局	1992年
宾阳县工商局	国家工商局	1992年
浦北县工商局企业登记股	国家工商局	1992年
鹿寨县工商局财务股	国家工商局	1992年
桂林市工商局	国家工商局	1996年
北流市工商局	国家工商局	1996年
岑溪市工商局	国家工商局	1996年

续表

单位	授誉机关	授誉时间
隆安县工商局	国家工商局	1996 年
都安瑶族自治县工商局	国家工商局	1996 年
南宁市工商局	国家工商局	2000 年
桂林市工商局	国家工商局	2000 年
桂平市工商局	国家工商局	2000 年
田阳县工商局	国家工商局	2000 年
玉林市工商局中药材市场分局城站工商所	国家工商局	2000 年
钦州市工商局钦城分局城北工商所	国家工商局	2000 年
南宁市工商局江南分局	人事部、国家工商总局	2004 年
桂平市工商局	人事部、国家工商总局	2004 年
灵山县工商局	人事部、国家工商总局	2004 年
桂林市工商局	人事部、国家工商总局	2004 年
靖西县工商局	人事部、国家工商总局	2004 年
岑溪县工商局	人事部、国家工商总局	2004 年
南宁市工商局江南分局	人力资源和社会保障部、国家工商总局	2008 年
柳州市工商局	人力资源和社会保障部、国家工商总局	2008 年
梧州市工商局	人力资源和社会保障部、国家工商总局	2008 年
北海市工商局	人力资源和社会保障部、国家工商总局	2008 年
灵山县工商局灵城工商所	人力资源和社会保障部、国家工商总局	2008 年
贺州市工商局八步分局灵峰工商所	人力资源和社会保障部、国家工商总局	2008 年
百色市工商局	国家工商总局	2013 年
贵港市工商局	国家工商总局	2013 年
合浦县工商局	国家工商总局	2013 年
隆安县工商局	国家工商总局	2013 年
东兴市工商局	国家工商总局	2013 年
东兰县工商局	国家工商总局	2013 年

表 6-2-6　1992—2018 年全国工商行政管理系统先进工商所名录

单位	授誉机关	授誉时间
容县工商局容州工商所	国家工商局	1992 年
南宁市工商局交易场管理处	国家工商局	1992 年
柳州市工商局驾鹤工商所	国家工商局	1992 年
桂林市工商局第一分局南站工商所	国家工商局	1992 年

续表

单位	授誉机关	授誉时间
梧州市工商局蝶山工商所	国家工商局	1992年
北海市工商局西塘工商所	国家工商局	1992年
崇左县工商局城关工商所	国家工商局	1992年
浦北县工商局北通工商所	国家工商局	1992年
靖西县工商局龙邦工商所	国家工商局	1992年
宜山县工商局德胜工商所	国家工商局	1992年
岑溪县工商局岑城工商所	国家工商局	1992年
象州县工商局象州工商所	国家工商局	1992年
柳州市工商局鱼峰分局前进工商所	国家工商局	1996年
梧州市工商局南中工商所	国家工商局	1996年
北海市工商局南珠工商所	国家工商局	1996年
防城港市东兴经济开发区工商局东兴工商所	国家工商局	1996年
贵港市工商局城中工商所	国家工商局	1996年
鹿寨县工商局城关工商所	国家工商局	1996年
兴安县工商局城关工商所	国家工商局	1996年
陆川县工商局九洲市场管理所	国家工商局	1996年
平果县工商局马头工商所	国家工商局	1996年
南宁市工商局江南分局福建工商所	国家工商局	2000年
兴安县工商局城关工商所	国家工商局	2000年
柳州市工商局红光工商所	国家工商局	2000年
梧州市工商局南中工商所	国家工商局	2000年
贵港市工商局港北分局城中工商所	国家工商局	2000年
兴业县工商局太平山工商所	国家工商局	2000年
上思县工商局思阳工商所	国家工商局	2000年
贺州市工商局八步工商所	国家工商局	2000年
河池市工商局南桥工商所	国家工商局	2000年
鹿寨县工商局鹿寨工商所	国家工商局	2000年
凭祥市工商局交易场工商所	国家工商局	2000年
北海市工商局巡查大队	国家工商局	2000年
田东县工商局金穗市场工商所	国家工商局	2000年
宾阳县工商局商贸城工商所	人事部、国家工商总局	2004年
桂林市工商局七星（高新）分局屏风工商所	人事部、国家工商总局	2004年
柳江县工商局新城工商所	人事部、国家工商总局	2004年
梧州市工商局南中工商所	人事部、国家工商总局	2004年

续表

单位	授誉机关	授誉时间
梧州市工商局蝶山分局新兴工商所	人事部、国家工商总局	2004 年
钦州市工商局钦北分局城北工商所	人事部、国家工商总局	2004 年
防城港市防城区工商局城南工商所	人事部、国家工商总局	2004 年
贵港市工商局港北分局城中工商所	人事部、国家工商总局	2004 年
来宾市工商局兴宾分局来宾工商所	人事部、国家工商总局	2004 年
凭祥市工商局浦寨工商所	人事部、国家工商总局	2004 年
贺州市八步区工商分局灵峰工商所	人事部、国家工商总局	2004 年
玉林市工商局工业品市场工商所	人事部、国家工商总局	2004 年
平果县工商局马头工商所	人事部、国家工商总局	2004 年
南丹县工商局城关工商所	人事部、国家工商总局	2004 年
南宁市工商局青秀分局桃源工商所	人力资源和社会保障部、国家工商总局	2008 年
武鸣县工商局标营工商所	人力资源和社会保障部、国家工商总局	2008 年
柳州市工商局鱼峰分局箭盘工商所	人力资源和社会保障部、国家工商总局	2008 年
灵川县工商局八里街工商所	人力资源和社会保障部、国家工商总局	2008 年
梧州市工商局长洲分局长洲工商所	人力资源和社会保障部、国家工商总局	2008 年
合浦县工商局常乐工商所	人力资源和社会保障部、国家工商总局	2008 年
防城港市工商局港口分局港口工商所	人力资源和社会保障部、国家工商总局	2008 年
钦州市工商局钦北分局小董工商所	人力资源和社会保障部、国家工商总局	2008 年
贵港市工商局港北分局附城工商所	人力资源和社会保障部、国家工商总局	2008 年
玉林市工商局玉州分局东岳工商所	人力资源和社会保障部、国家工商总局	2008 年
来宾市工商局兴宾分局八一工商所	人力资源和社会保障部、国家工商总局	2008 年
昭平县工商局城厢工商所	人力资源和社会保障部、国家工商总局	2008 年
百色市工商局右江分局四塘工商所	人力资源和社会保障部、国家工商总局	2008 年
河池市工商局金城江分局河南工商所	人力资源和社会保障部、国家工商总局	2008 年
凭祥市工商局浦寨工商所	人力资源和社会保障部、国家工商总局	2008 年
南宁市江南区工商局福建工商所	国家工商总局	2013 年
柳州市柳北区工商局北站工商所	国家工商总局	2013 年
全州县工商局城区工商所	国家工商总局	2013 年
岑溪市工商局城西工商所	国家工商总局	2013 年
北海市银海区工商局银滩工商所	国家工商总局	2013 年
防城港市港口区工商局企沙工商所	国家工商总局	2013 年
钦州市钦南区工商局沙埠工商所	国家工商总局	2013 年

续表

单位	授誉机关	授誉时间
桂平市工商局金田工商所	国家工商总局	2013 年
容县工商局杨梅工商所	国家工商总局	2013 年
金秀瑶族自治县工商局桐木工商所	国家工商总局	2013 年
富川县工商局富阳工商所	国家工商总局	2013 年
田阳县工商局城关工商所	国家工商总局	2013 年
南丹县工商局大厂工商所	国家工商总局	2013 年
大新县工商局硕龙工商所	国家工商总局	2013 年

表 6-2-7　1995—2008 年全国专项工作先进集体名录

单位	荣誉称号	授誉机关	授誉时间
自治区工商局	全国“打假”先进单位	—	1995 年
梧州市工商局	全国工商系统行政执法先进单位	国家工商局	1999 年
浦北县工商局小江工商所	全国粮食市场管理先进单位	国家工商局	1999 年
梧州市工商局外资科	全国企业登记工作先进单位	国家工商局	2000 年
百色地区平果县工商局	粮食收购市场管理工作先进单位	国家工商局	—
百色市工商局右江分局	“2005 红盾护农”先进单位	国家工商总局	2005 年
上思县工商局市场股	全国红盾护农行动先进单位	国家工商总局	2005 年
贵港市工商局	全国清理整顿劳动力市场秩序专项行动先进单位	国家工商总局	2005 年
梧州市工商局	2001—2005 年全国工商行政管理系统法制宣传教育先进单位	国家工商总局	2006 年
梧州市工商局	全国清理整顿劳动力市场秩序专项行动先进单位	国家工商总局	2006 年
桂林局叠彩分局观音阁工商所	全国工商系统流通环节产品质量和食品安全专项整治工作先进单位	国家工商总局	2008 年
梧州市工商局市场合同科	全国工商行政管理系统“红盾护农”先进单位称号	国家工商总局	2008 年
柳州市工商局	全国工商行政管理系统陈化粮监管工作先进集体	国家工商总局	2008 年
南丹县工商行政管理局公平交易与消费者权益保护股	全国工商系统 12315 行政执法体系建设工作先进单位	国家工商总局	2008 年
都安县工商局	全国工商行政管理系统陈化粮监管工作先进集体	国家工商总局	2008 年
贺州市工商局八步分局	全国工商行政管理系统“红盾护农”先进单位	国家工商总局	2008 年
贺州市工商局八步分局灵峰工商所	全国工商系统 12315 行政执法体系建设工作先进单位	国家工商总局	—
钟山县工商局	全国工商行政管理系统陈化粮监管工作先进集体	国家工商总局	2008 年
百色市工商局市场科	全国工商行政管理系统陈化粮监管工作先进集体	国家工商总局	2008 年
钦州市工商局钦城分局城西工商所	全国工商行政管理系统陈化粮监管工作先进集体	国家工商总局	2008 年

续表

单位	荣誉称号	授誉机关	授誉时间
自治区工商局消费者权益保护处	全国12315行政执法体系建设先进集体	国家工商总局	2008年
南宁市工商局12315消费者申诉举报指挥中心	全国12315行政执法体系建设先进集体	国家工商总局	2008年
桂林市工商局12315消费者申诉举报指挥中心	全国12315行政执法体系建设先进集体	国家工商总局	2008年
南丹县工商局公平交易与消费者权益保护科	全国12315行政执法体系建设先进集体	国家工商总局	2008年
容县工商局12315消费者申诉举报中心	全国12315行政执法体系建设先进集体	国家工商总局	2008年
贺州市工商局八步分局灵峰工商所	全国12315行政执法体系建设先进集体	国家工商总局	2008年
北海市工商局城西工商所	全国12315行政执法体系建设先进集体	国家工商总局	2008年

注:因资料不全,本表或有缺漏。

先进个人

表6-2-8　1992—2018年全国工商行政管理系统优秀工商行政管理人员名录

姓名	单位及职务	授誉机关	授誉时间
黄福贤	南宁市工商局兴宁分局民族商行工商所所长	国家工商局	1992年
王守贤	平乐县工商局党组书记	国家工商局	1992年
肖家顺	柳州市工商局市场管理科干部	国家工商局	1992年
周桂良	桂林市工商局象鼻山风景点工商所所长	国家工商局	1992年
云兴旺	合浦县工商局常乐工商所所长	国家工商局	1992年
韦　熙	都安县工商局安阳分局副局长	国家工商局	1992年
唐肇培	桂平县工商局城区工商所干部	国家工商局	1992年
李文定	昭平县工商局市场管理股股长	国家工商局	1992年
黄　成	防城各族自治县工商局滩营工商所所长	国家工商局	1992年
黄兆汉	南宁市工商局新城分局星湖工商所	国家工商局	1996年
覃菊华	柳州市工商局柳北分局雀儿山工商局	国家工商局	1996年
罗有生	桂林市工商局市场管理科	国家工商局	1996年
邬雷鸣	梧州市工商局万秀分局	国家工商局	1996年
陈恩玉	合浦县工商局	国家工商局	1996年
钟　华	防城港市工商局港口分局港口工商所	国家工商局	1996年
秦学强	灵山县工商局灵城分局	国家工商局	1996年
谢伟忠	平南县工商局城区工商所	国家工商局	1996年
甘守强	扶绥县工商局渠黎工商所	国家工商局	1996年

续表

姓名	单位及职务	授誉机关	授誉时间
林武文	凭祥市工商局	国家工商局	1996 年
刘贵华	象州县工商局象州工商所	国家工商局	1996 年
阳士福	灵川县工商局	国家工商局	1996 年
陈明群	富川县工商局	国家工商局	1996 年
邱德聪	北流市工商局新圩工商所	国家工商局	1996 年
陈相强	玉林市工商局	国家工商局	1996 年
韦卫健	宜州市工商局庆远工商所	国家工商局	1996 年
杨英杰	靖西县工商局经济检查队	国家工商局	1996 年
张家栋	南宁市工商局郊区分局局长	国家工商局	2000 年
唐广华	兴安县工商局局长	国家工商局	2000 年
谭泽义	桂林市工商局第一分局局长	国家工商局	2000 年
李　雄	博白县工商局局长	国家工商局	2000 年
周品彪	柳州市工商局生产资料市场管理分局局长	国家工商局	2000 年
施　皓	梧州市工商局法制科科长	国家工商局	2000 年
李永强	钦州市工商局钦城分局副局长兼城北工商所所长	国家工商局	2000 年
韦俊平	桂平市工商局新城工商所所长	国家工商局	2000 年
尹文显	天峨县工商局老鹏工商所所长	国家工商局	2000 年
陆安俊	昭平县工商局文竹工商所所长	国家工商局	2000 年
苏家旺	灵山县工商局局长	国家工商局	2000 年
苏学东	武宣县工商局禄新工商所所长	国家工商局	2000 年
张建团	田林县工商局局长	国家工商局	2000 年
农德飞	横县工商局局长	国家工商局	2000 年
李吉杰	宾阳县工商局市场巡查中队队长	国家工商局	2000 年
席　扬	防城港市工商局局长	国家工商局	2000 年
唐国礼	防城港市防城区工商局大录工商所所长	国家工商局	2000 年
黄乃煜	北海市工商局城中工商所所长	国家工商局	2000 年
黄振磊	南宁市工商局江南分局福建工商所所长	人事部、国家工商总局	2004 年
金　果	南宁市工商局企业注册与个体私营经济管理科副科长	人事部、国家工商总局	2004 年
徐细龙	桂林市工商局秀峰分局局长	人事部、国家工商总局	2004 年
王凤英	荔浦县工商局副局长	人事部、国家工商总局	2004 年
覃祚超	柳州市工商局鱼峰分局局长	人事部、国家工商总局	2004 年
李　开	梧州市工商局长州分局局长	人事部、国家工商总局	2004 年
黄若虹	北海市工商局经济检查支队支队长	人事部、国家工商总局	2004 年
陈斯来	钦州市工商局钦南分局局长	人事部、国家工商总局	2004 年

续表

姓名	单位及职务	授誉机关	授誉时间
黄　军	东兴市工商局城南工商所所长	人事部、国家工商总局	2004 年
陈贵全	贵港市工商局局长	人事部、国家工商总局	2004 年
廖世林	来宾市工商局兴宾分局来宾工商所所长	人事部、国家工商总局	2004 年
邓文伟	扶绥县工商局东门中心工商所所长	人事部、国家工商总局	2004 年
张　军	博白县工商局局长	人事部、国家工商总局	2004 年
潘建宏	巴马瑶族自治县工商局巴马工商所所长	人事部、国家工商总局	2004 年
黄　孟	田阳县工商局田州工商所所长	人事部、国家工商总局	2004 年
苏元安	钟山县工商局清塘工商所所长	人事部、国家工商总局	2004 年
聂邕坪	广西壮族自治区工商局法规处处长	人事部、国家工商总局	2004 年
崔建军	南宁市工商局财务科科长	人力资源和社会保障部、国家工商总局	2008 年
李　鑫	柳州市工商局柳北分局雀儿山工商所所长	人力资源和社会保障部、国家工商总局	2008 年
谢怀忠	柳江县工商局副局长	人力资源和社会保障部、国家工商总局	2008 年
莫志军	阳朔县工商局公消商广股股长	人力资源和社会保障部、国家工商总局	2008 年
黄容芳	荔浦县工商局荔城工商所所长	人力资源和社会保障部、国家工商总局	2008 年
李夏宁	梧州市工商局万秀分局大东工商所所长	人力资源和社会保障部、国家工商总局	2008 年
李明辉	北海市工商局法规科科长	人力资源和社会保障部、国家工商总局	2008 年
王执宪	上思县工商局公正工商所所长	人力资源和社会保障部、国家工商总局	2008 年
陈　东	浦北县工商局张黄工商所所长	人力资源和社会保障部、国家工商总局	2008 年
夏利民	贵港市工商局港南分局局长	人力资源和社会保障部、国家工商总局	2008 年
钟　刚	容县工商局局长	人力资源和社会保障部、国家工商总局	2008 年
伍思恩	陆川县工商局公平交易、商标广告与消费者权益保护股股长	人力资源和社会保障部、国家工商总局	2008 年
罗祥雄	来宾市工商局兴宾分局来宾工商所所长	人力资源和社会保障部、国家工商总局	2008 年
罗裕渊	贺州市工商局八步分局局长	人力资源和社会保障部、国家工商总局	2008 年
苏本强	隆林各族自治县工商局局长	人力资源和社会保障部、国家工商总局	2008 年

续表

姓名	单位及职务	授誉机关	授誉时间
周宝国	罗城仫佬族自治县工商局城西工商所所长	人力资源和社会保障部、国家工商总局	2008 年
黄忠伟	崇左市工商局江州分局城关工商所所长	人力资源和社会保障部、国家工商总局	2008 年
周　明	南宁市工商局高新技术产业开发区分局相思湖新区工商所所长	国家工商总局	2013 年
谭　英	南宁市西乡塘区工商局副主任科员	国家工商总局	2013 年
黄修平	鹿寨县工商局局长	国家工商总局	2013 年
蒋以宏	桂林市工商局办公室主任	国家工商总局	2013 年
林　静	桂林市秀峰区工商局局长	国家工商总局	2013 年
钟海文	藤县工商局经济检查大队副队长	国家工商总局	2013 年
颜昌罡	北海市海城区工商局城中工商所所长	国家工商总局	2013 年
许其和	防城港市防城区工商局城南工商所所长	国家工商总局	2013 年
黄开琼	钦州市工商局市场与合同规范管理科科长	国家工商总局	2013 年
李红平	贵港市港北区工商局副局长	国家工商总局	2013 年
邱海富	博白县工商局局长	国家工商总局	2013 年
陈　军	玉林市玉州区工商局龙船工商所所长	国家工商总局	2013 年
谢雪梅	合山市工商局里兰工商所所长	国家工商总局	2013 年
和　频	贺州市八步区工商局办公室主任	国家工商总局	2013 年
林盛庄	德保县工商局副局长	国家工商总局	2013 年
罗茂荣	宜州市工商局局长	国家工商总局	2013 年
梁　伟	崇左市工商局办公室主任	国家工商总局	2013 年

表 6-2-9　1992—2018 年全国工商行政管理系统先进工作者名录

姓名	单位及职务	授誉机关	授誉时间
吕映保	宁明县工商局峙浪工商所所长	国家工商局	1992 年
戴云明	资源县工商局大合工商所副所长	国家工商局	1992 年
郑广进	钦州市工商局钦州工商所 *	国家工商局	1996 年
刘建国	凤山县工商局城关工商所 *	国家工商局	1996 年
覃广富	大化县工商局镇南工商所副所长	国家工商局	2000 年
冯尹伊	南宁市工商局新城分局经济检查中队队长	国家工商局	2000 年
何仕良	武鸣县工商局局长	人事部、国家工商总局	2004 年
陈　军	富川瑶族自治县工商局城关工商所所长	人事部、国家工商总局	2004 年

续表

姓名	单位及职务	授誉机关	授誉时间
庞绍忠	桂林市工商局旅游管理分局批发城工商所副所长	人力资源和社会保障部、国家工商总局	2008 年
庞恩立	防城港市防城区工商局滩营工商所所长	人力资源和社会保障部、国家工商总局	2008 年
杨伟清	钦州市工商局经检支队队长	国家工商总局	2013 年
罗　倩	桂林市象山区工商局局长	国家工商总局	2013 年
陈启豪	梧州市长洲区工商局长洲工商所所长	国家工商总局	2013 年

* 注:1996 年表彰文件无职务。

表 6-2-10　1995—2015 年全自治区工商系统获其他先进个人名录

姓名	单位及职务	荣誉称号	授誉机关	授誉时间
聂邕坪	自治区工商局 *	全国“打假”先进个人称号	国家经贸委、国家工商局、国家技术监督局	1995 年
晏文谦	自治区工商局 *	全国“打假”先进个人称号	国家经贸委、国家工商局、国家技术监督局	1995 年
邓其明	灵山县工商局石塘工商所所长	1998—1999 年全国粮食市场监督管理先进工作者	国家工商局	1999 年
邓绪耀	浦北县个体户	全国光彩之星	国家工商局、中国个体劳动者协会、私营企业协会	1999 年
谢佐长	灵山县檀圩镇个体水果购销大户	全国劳动模范	党中央、国务院	2000 年
黄顺作	百色市工商局龙川工商所副所长	粮食收购市场管理先进个人	国家工商局	2000 年
曾令海	南宁市工商局郊区分局市场管理员	革命烈士	自治区人民政府	2001 年
席　扬	防城港市工商局党组书记、局长	全国反走私先进个人	国家人事部、海关部署、公安部、工商行政管理总局	2003 年
崔家玉	桂平市个体户	全国妇女巾帼建功标兵	全国妇联	2003 年
廖仲清	平南县个体户	全国光彩之星	全国妇联	2003 年
黄振磊	南宁市江南分局福建工商所所长	自治区优秀共产党员 中国杰出青年卫士	共青团中央、国家工商总局	2005 年
梁朝利	灵山县工商局武利工商所所长	2005 年度全国红盾护农先进个人	国家工商总局	2005 年
黄明杰	扶绥县工商局副局长	2005 年度全国红盾护农先进个人	国家工商总局	2005 年
陈和平	东兰县工商局	2005 年度全国红盾护农先进个人	国家工商总局	2005 年
喻元元	柳州市工商局党组书记、局长	全国工商行政管理机关治理商业贿赂工作先进个人	国家工商总局	2008 年
张　韬	柳州市工商局经检支队	全国工商行政管理机关治理商业贿赂工作先进个人	国家工商总局	2008 年

续表

姓名	单位及职务	荣誉称号	授誉机关	授誉时间
卢艳贞	百色市右江分局四塘工商所所长	全国流通环节产品质量和食品安全专项整治工作先进个人	国家工商总局	2008 年
易安辉	贺州市工商局局长	全国流通环节产品质量和食品安全专项整治工作先进个人	国家工商总局	2008 年
谭　英	—	全国 12315 行政执法体系建设先进个人	国家工商总局	2008 年
喻元元	柳州市工商局党组书记、局长	全国 12315 行政执法体系建设先进个人	国家工商总局	2008 年
陈立军	—	全国 12315 行政执法体系建设先进个人	国家工商总局	2008 年
熊军胜	—	全国 12315 行政执法体系建设先进个人	国家工商总局	2008 年
兰耀春	—	全国 12315 行政执法体系建设先进个人	国家工商总局	2008 年
陆永康	—	全国 12315 行政执法体系建设先进个人	国家工商总局	2008 年
黄元勇	—	全国 12315 行政执法体系建设先进个人	国家工商总局	2008 年
伍思恩	—	全国 12315 行政执法体系建设先进个人	国家工商总局	2008 年
周晓华	—	全国 12315 行政执法体系建设先进个人	国家工商总局	2008 年
黎建武	扶绥县工商局	全国 12315 行政执法体系建设先进个人	国家工商总局	2008 年
谢纯杰	—	全国 12315 行政执法体系建设先进个人	国家工商总局	2008 年
黄汉强	—	全国 12315 行政执法体系建设先进个人	国家工商总局	2008 年
吕文荣	柳州市工商局法规科科长	第四届广西十大杰出青年卫士		2009 年
赵康雄	天等县工商局	2010—2011 年全国消协组织消费维权先进工作者	中国消费者协会	2011 年
贺基隆	—	2012—2013 年全国消协组织消费维权先进工作者	中国消费者协会	2014 年
王锦华	柳州市工商局企业注册分局局长	全国“巾帼建功标兵”	全国妇联	2015 年

注:因资料不全,本表或有缺漏;* 为 1995 年表彰文件无职务。

第三章　机关党建

1992—2000 年，开展“三严四自”“三讲”等活动。2000 年 9 月—10 月间，利用胡长清、成克杰等重大典型案件在全系统对党员、干部广泛进行警示教育。

2001—2010 年制定完善多种党建制度。2001 年全系统共有 768 个工商所成立了党支部。2006 年自治区工商局将反腐倡廉教育内容纳入全系统公务培训教学计划。2009 年 5 月 15 日选举产生了第一届纪律检查委员会。

2011—2018 年，开展党的群众路线教育实践、“三严三实”、“两学一做”等党建专项工作。

第一节　组织建设

1999 年 6 月 4 日，自治区工商局召开党性党风分析评议大会，剖析自治区工商局领导班子党性党风方面存在的问题，发动群众开展民主评议。自治区工商局党组将领导班子党性党风剖析材料、领导干部个人剖析材料以及《“三讲”教育民主测评表》分发给自治区工商局机关全体干部职工和二层机构中层以上领导干部，开展无记名民主评议。6 月 18 日，自治区工商局党组召开民主生活会。自治区工商局党组成员和自治区党委派驻自治区工商局“三讲”教育巡视组组长林宝光以及巡视组成员出席了会议。自治区工商局党组书记、局长蔡永伦主持会议。巡视组组长林宝光代表巡视组对民主生活会作出了较高的评价，对自治区工商局党组工作提出了建议。

2000 年，自治区工商局下发《关于加强广西工商行政管理系统基层建设的决定》，组织开展“支部一面红旗，党员一名标兵”活动。

2001 年全系统共有 139 个工商所推行了所长竞争上岗，768 个工商所成立了党支部，520 个工商所实行了“三式三制”监管模式。

2007—2009 年，各级工商行政管理机关与各级党委组织部门联合开展了“双培双促”（把农村优秀经纪人培养成为党员，促进农村党员队伍建设；把农村党员骨干培养成为经纪人，促进农村经纪人队伍建设）活动。开展以“支部红旗、党员标兵”活动为主要内容的基层党建工作。2007 年选出南宁市武鸣县工商局标营工商所等 23 个工商所党支部为“红旗支部”，南宁市横县工商局城北工商所党支部书记、所长谢建英同志等 51 名党员为“党员标兵”；2008 年授予 6 个部门（单位）为先进集体、42 名个人为先进工作者，授予 6 个党支部为先进党支部、53 名同志为“优秀共产党员”称号，授予 24 名同志“党员标兵”称号；四川汶川抗震救灾捐助活动共组织捐款 62153.30 元，组织全局党员交纳“特殊党费”126715 元。2009 年 5 月 15 日进行了自治区工商局机关党委换届选举，选举产生了中共广西壮族自治区工商行政管理局直属机关第五届委员会和第一届纪律检查委员会。选送 3 名入党积极分子到区直工委党校参加培训，发展了 6 名同志为中国共产党预备党员 1 名同志由中国共产党预备党员转为正式党员。做好“党组织服务年”活动，自治区工商局机关党委号召各基层党组织积极开展“党组织服务年”活动，各职能业务处党支部重点联系大中企业、个体和服务北部湾经济发展，其他党支部（党总支）重点联系局机关联系点——宾阳县个体私营企业。继续和自治区党委组织部联合开展“支部一面红旗、党员一名标兵”活动外，在全系统开展“创先争优”以及“和谐创建在基层”活动，通过抓好基层党组织建设，进一步促进基层各项工作的开展。

2011 年，自治区工商局党组树立了武鸣县工商局党委等 25 个单位为全区工商系统创先争优活动示范点，树立“红旗支部”25 个、“党员标兵”50 名。

2013 年 12 月 18 日，自治区工商局局长张虹参加自治区工商局人事处党支部专题组织生活会，提出坚持民主集中制，开好党组民主生活会，开好党支部组织生活会，开展批评和自我批评，发扬党的优良传统和作风，营造严肃活泼的政治氛围。制订《自治区工商局开展谈心活动工作方案》，积极协调相关部门开展谈心活动。

2014 年 3 月，完成了机关党委换届选举，局党组书记担任机关党委书记。制定《自治区工商局党组关于执行党风廉政建设责任制的实施细则》，落实全面从严治党主体责任，把党风廉政建设纳入领导班子、领导干部目标管理，与业务工作紧密结合，一起部署，一起落实，推进了反腐倡廉工作。

2015 年，按照“三严三实”专题教育工作方案安排，11 月 9 日，局党组选取原办公室副调研员、广西工商学会秘书长何云翔离岗失联为典型案例，深刻进行党性分析，班子成员集体会诊，分析原因，查摆党员干部中存在的不严不实作风问题。11 月底至 12 月初，局党组成员、副处以上党员干部开展了 1 次大谈心活动，广泛征求群众意见，查找自身问题，开展自我剖析。12 月 30 日局党组召开了民主生活会，对照党章、党纪、国家法律，联系个人思想、工作、生活和作风实际，严肃认真地开展了批评和自我批评，取得了很好的效果。同时，局机关党委还组织各党支部，以践行“三严三实”和“忠诚干净担当”为主题，召开组织生活会，进行党性剖析，开展批评和自我批评，切实增强了党内生活的政治性原则性战斗性。同年规范各党支部的设立和换届选举。年内局机关各党支部书记、委员、党员岗位调整变动较大，机关 50% 以上党支部已届满，1 月组织局机关各党支部统一换届选举。2 月完成各党支部的换届，重新确定党支部的名称、支部书记、支委和党员，做到党组织与部门同步设立、同步更名、同步撤并。9 月 10 日，局机关党委组建了党员志愿者服务队。65 名党员参加了志愿服务队，分为政策宣传、扶贫帮困、便民利民、公益服务等 4 个小组开展“一对一”精准扶贫党旗红活动，30 多名党员对三江县独洞乡 26 名孤儿、贫困孩子进行“一对一”帮扶。在春节、七一、国庆等节日期间，开展老党员、生活困难党员慰问活动，建立困难党员帮扶台账，关心党员生活。10 月，自治区工商局安排 16 名同志赴美国开展培训，局机关党员及时成立临时党支部，确立临时支委会，确保培训团在出国培训期间党的领导。12 月，广西工商学校党总支届满，根据区直工委关于同意广西工商党校成立党委的批复，局机关党委积极指导广西工商学校召开党员大会，12 月 23 日，广西工商学校召开党员大会，顺利完成学校党委换届成立选举工作。年内发展新党员 3 名。

2016 年，自治区工商局党建研究成果获广西机关党建一等奖和优秀组织奖。自治区工商局机关第七党支部荣获自治区、区直工委授予的先进基层党组织，3 名党员荣获区直机关优秀党务工作者和优秀党员荣誉称号。同年顺应自治区直属机关纪检监察工作体制改革，新设立机关纪委，将原由机关党委专职副书记兼任机关纪委书记改成专设一

2017 年 7 月 10 日，自治区工商局召开“自治区工商局机关党委表彰 2013—2016 年先进基层党组织优秀共产党员大会暨专题党课”党员大会

名机关纪委书记。

2017 年 7 月 10 日，自治区工商局召开表彰 2013—2016 年先进基层党组织、优秀共产党员大会，并举办专题党课。自治区工商局党组书记、局长、机关党委书记张虹主持表彰会并上党课。

第二节　思想建设

1994 年，广西工商系统结合实际情况，对学习中国特色社会主义理论，特别是学习《邓小平文选》第三卷进行了认真的安排。

1995 年 5 月底，在自治区党委召开的学习理论座谈会上，自治区工商局介绍了开展理论学习的做法和经验。8 月 21 日—24 日，自治区工商局机关举行学习《邓小平文选》《邓小平同志建设有中国特色社会主义理论学习纲要》骨干培训班开学典礼。自治区党委宣传部副部长阳国亮为局机关干部职工作了学习《邓小平同志建设有中国特色社会主义理论学习纲要》的辅导讲课。8 月 30 日，自治区党委宣传部、自治区直属机关工委、自治区党委讲师团在自治区工商局召开理论学习现场会。自治区直属机关各厅局党组（或机关党委）书记 90 多人参加了会议。会议通过图片展览、录像、经验介绍等形式向与会代表展示了自治区工商局理论学习取得的成果。自治区工商局局长陈章进在会上介绍了自治区工商局党组抓理论学习等情况，自治区党委宣传部副部长阳国亮作了总结发言。

1996 年 5 月 23 日，自治区工商局党组书记、局长陈章进代表局党组参加自治区党委召开的有各地、市委领导参加的全区党员“双学”活动汇报会，并在会上作了题为《抓好“双学”活动，推动机关党的建设》的汇报发言。自治区工商局是自治区直属机关唯一参加汇报会，并在会上发言的单位。

1999 年 7 月 23 日，根据自治区党委办公厅的紧急通知精神，自治区工商局机关党委开展为期三天的专题党日活动。共产党员认真学习《中共中央关于共产党员不准修炼“法轮大法”的通知》，并座谈讨论。

2000 年 9 月 13 日，自治区工商局党组下发《关于在全区工商行政管理系统开展利用胡长清、成克杰等重大典型案件对党员干部进行警示教育的意见》，决定在 9—10 月两月间，利用胡长清、成克杰等重大典型案件在全系统对党员、干部广泛进行警示教育。

2001 年，灵山县工商局的“三个代表”教育学习活动得到了全国“三个代表”督查组和自治区党委的肯定。各地结合开展“三个代表”教育和建党 80 周年纪念活动，在干部中广泛开展了警示教育、职业道德教育、法纪教育和党史教育活动。

2005 年，自治区工商局 150 多名党员分两批赴百色革命老区开展“缅怀先烈，重温誓词”学习红七军舍生取义为人民解放事业献身为主题的教育活动。1 月 19 日，自治区工商局党组召开扩大会议。会议传达自治区保持共产党员先进性教育活动电视电话会议精神，学习自治区党委关于在全自治区开展以实践“三个代表”重要思想为主要内容的保持共产党员先进性教育活动的实施方案等有关文件精神。自治区工商局机关各处室、各有关单位负责人参加了会议。1 月 28 日，召开个体工商户私营企业迎新暨先进性教育活动座谈会。来自全自治区的个体工商户私营企业代表 32 人和自治区工商局有关业务处室的领导参加了会议。会上，自治区工商局向代表征求对自治区工商局开展保持共产党员先进性教育活动及服务个私经济发展方面的建议和意见。1 月 31 日，自治区工商局召开局机关保持共产党员先进性教育活动动员大会。自治区保持共产党员先进性教育领导小组第五督导组一行 5 人到会指导。2 月 23 日，自治区直属机关保持共产党员先进性教育活动汇报会在自治区工商局召开。自治区工商局及自治区发改委、自治区审计厅、自治区商务厅、自治区粮食局等 5 个单位领导在会上作了汇报。3 月 7 日，自治区工商局在三楼会议室召开座谈会。60 多名妇女代表畅谈“如何争当新时期先进党员”以及开展“健康、美感、进步、发展”的主题活动，共度“三八”妇女节。4 月 13 日，自治区工商局在南宁召开保持共产党员先进性优化投资环境工作座谈会。会议是自治区工商局进入先进性教育活动第二阶段后召开的广泛征求意见和建议的座谈会。自治区工商局副局长江建伟主持会议，自治区 50 家个体工商户、内外资企业代表应邀参加会议。6 月 15 日，自治区工商局在局机关办公大楼三楼会议室召开自治区工商局保持共产党员先进性教育活动群众满意度测评座谈会。测评结果总满意率为 97.4%。参加座谈会的人员有：自治区工商局机关部分处室的负责人，企业、个体经营户的代表共 34 人。8 月，自治区工商局组织局机关党员干部 128 人参加自治区纪委、宣传部联合举办的《实施纲要》和《“三个代表”重要思想反腐倡廉理论学习纲要》知识考试，优秀率达 100%。

2006 年 4 月 15 日，自治区工商局作为主办单位之一，在民族广场参与举办了“扬荣抑耻 我们同行”广西各界“践行‘八荣八耻’基本要求 树立社会主义荣辱观”主题宣传系列活动。2006 年 8 月 2 日，自治区工商局在举办以“学党章、守纪律、知荣辱”为主题的党课报告会。8 月 8 日，自治区工商局党组发出《贯彻落实国家工商总局〈关于深入学习实践社会主义荣辱观　大力加强思想道德建设实施意见〉的任务分工的通知》（桂工商党组发〔2006〕11 号）。先后开展以学习实践“八荣八耻”为主题的“八桂先锋行”和“学习黄振磊，做一名合格工商干部”等学习教育活动，举办专题学习报告会，知识竞赛和演讲比赛等。

2006 年 4 月 15 日，自治区工商局作为主办单位之一，在民族广场举办“扬荣抑耻 我们同行”广西各界“践行‘八荣八耻’基本要求 树立社会主义荣辱观”主题宣传系列活动启动仪式

2010 年，自治区工商局把“创先争优”和加强领导班子、党员干部教育管理相结合，制定并实施工作方案，举办“以事业为重，以岗位为荣，以工商为家”为主题的党课，召开“讲党性、重品行、作表率”主题党课报告会，举办中国共产党党员领导干部廉洁从政若干准则辅导讲座。

2015 年 5 月开始，自治区工商局开展“三严三实”专题教育。起草《自治区工商局处级以上领导干部“三严三实”专题教育实施方案》，成立专题教育协调工作组，开展局机关“不严不实”问题的问卷调查，协调机关党委下发副处级以上干部下基层调研方案。落实自治区工商局在专题教育中完成的“两个一”（一本工作日记、一篇调研报告）任务。完成“严以修身”“严以律己”“严以用权”三个专题学习研讨和学习交流。在学习研讨中，自治区工商局主要领导带头上党课，党组成员、副局长、正副巡视员在参加党组中心组的同时，以普通党员的身份参加各党支部的学习交流、过组织生活。机关各党支部书记带头在本单位开展了学习，副处级以上干部在学习中带头发言，谈体会，作剖析，撰写学习心得体会。全局 22 个党支部，在职副处级干部 70 人，每位处级干部完成心得体会 3 篇，共 210 多篇，均记录了学习笔记、工作日记。自治区工商局拨出专款，购置《“三严三实”专题教育学习读本》等必读书籍 2515 本，发到每位党员干部手上。经过 2 次发放机关作风调查问卷，反复征求意见，自治区工商局机关党委制定印发《自治区工商局开展“三严三实”专题调研活动工作方案》，从 7 月开始，结合专题教育的“换位沉底”调研活动，组织副处级以上干部，分三批次在全区范围内开展以“进基层、进企业、进市场、进农户、进社区”为主要内容的“五进”走访行动。调研时间为期一星期。通过深入基层一线开展调研，宣传国家政策和法律法规，零距离服务群众，面对面破解难题，为基层群众办一件实事。同时在专题教育中，以“法治工商推进年”

为主题、开展红盾亮剑市场大整治,以“非公党建推进年”为载体、开展百名处级干部大走访,以“改革攻坚推进年”为平台、推进行政权力事项大公开、以大众创业万众创新为目标、开展谋事便民服务大行动,以打造“五型”机关为抓手、促进能力素质形象大提升等“五项行动”。全局22个党支部撰写了22篇调研文章,形成了调研成果。机关党委将其编辑成《广西工商》特刊“三严三实”专题调研报告专辑,在全国工商系统内部发行。

2016年,自治区工商局在全自治区“两学一做”学习教育座谈会、区直工委“两学一做”学习教育典型交流会上作了典型发言。

2018年,自治区工商局建立每周1小时学习制度,抓机关政治建设,组织全局党员干部每周坚持利用工作和业余时间到红盾书屋读1小时书,学习政治理论和业务知识。至年底,全体党员干部100%完成读书任务。

第三节 作风建设

1996年6月25日,自治区工商局机关召开开展党纪政纪条规教育和实施“三严四自”工程动员大会。1996年6月28日,自治区直属机关在自治区政府礼堂召开红旗机关党委、红旗机关党委书记表彰暨实施“三严四自”工程动员大会,自治区工商局机关党委被授予“红旗机关党委”称号,自治区工商局机关党委副书记张乐祥受表扬。9月5日,自治区工商局召开工商行政管理系统实施“三严四自”工程座谈会。9月10日,自治区党委组织部、自治区实施“三严四自”工程办公室、自治区直属机关工委、自治区工商局联合在西园饭店礼堂召开自治区区直机关实施“三严四自”工程现场经验交流暨第二阶段工作部署大会。自治区党委组织部副部长吴汉,自治区党委组织部副部长、自治区人事厅党组书记兼厅长孙屹,自治区党委组织部副部长兼自治区实施“三严四自”工程办公室主任王法雄,自治区直属机关工委书记郑忠诚,自治区工商局领导陈章进、蔡玉瑜、黄绍熙、李显光以及自治区直属机关100多个厅局单位近400名代表出席了大会。自治区工商局陈章进局长在会上作典型发言。9月16日,自治区工商局召开贯彻自治区党委关于“三严四自”工程第二阶段工作动员大会。9月25日,广西工商行政管理系统部署实施“三严四自”工程(第二阶段)工作会议在南宁召开,自治区工商局党组副书记、副局长蔡玉瑜及各地市工商局人教科长出席了会议。蔡玉瑜强调指出,第二阶段的工作必须联系实际找准自己存在的问题,认真开展批评和自我批评,解决突出问题,否则就会走过场。同时就如何提高干部队伍的素质和实施第二阶段“三严四自”工程提出了具体要求。10月3日,自治区党委宣传部副部长程贞生应邀到自治区工商局作“三严四自”第二阶段辅导报告。11月12日,中央组织部全国基层办《基层组织建设情况通报》第25期刊发了广西工商行政管理局实施“三严四自”工程,把“双学”活动引向深入的做法和经验。11月26日,自治区“三严四自”工程检查组到自治区工商局检查实施“三严四自”工程第二阶段的工作情况。检查组查阅了自治区工商局开展这项活动的文件、资料,并进行了座谈。他们对自治区工商局实施“三严四自”工程第二阶段的工作给予充分的肯定。12月26日,在自治区人民政府召开的全区文明市场建设暨工商行政管理工作会议期间,自治区工商局举办自治区工商行政管理系统学习贯彻六中全会精神,深入实施“三严四自”工程工商形象杯知识竞赛。自治区工商局机关和各地、市工商局共16支代表队参加了比赛。经过两天的比赛,玉林地区工商局代表队荣获一等奖,自治区工商局、钦州市工商局、南宁地区工商局代表队夺得二等奖,百色地区工商局、河池地区工商局、北海市工商局、贵港市工商局代表队捧走三等奖。

1999—2000年,广西工商系统开展了以“三讲”为主要内容的党性党风教育。广西工商行政系统处级干部系统学习了毛泽东、邓小平、江泽民同志关于党性党风方面的重要论述,查摆和剖析了领导班子、领导干部党性党风方面存在的突出问题;开展批评与自我批评;在较大范围内广泛征求群众意见,自党接受群众监督；坚持边学边改，促进了党风廉政建设。经民主评议，自治区工商局领导班子的满意、基本满意率达99.51%，领导干部的满意、基本满意率最高达100%，最低达97.1%。1999年3月30日，自治区工商局成立“讲学习、讲政治、讲正气”（以下简称“三讲”）教育领导小组。自治区工商局党组书记、局长蔡永伦任组长，自治区工商局党组副书记、副局长蔡玉瑜任副组长，自治区工商局副局长黄绍熙、李显光、江建伟为领导小组成员。领导小组下设办公室，负责“三讲”教育活动的日常工作。成员由自治区工商局办公室、机关党委、纪检监察室、人教处的负责人组成。4月12日，自治区工商局召开领导班子、领导干部“三讲”教育动员大会。自治区工商局领导班子成员、局机关全体干部、二层机构主要负责人、1992年以后离退休干部中的历届领导班子成员参加了大会，自治区赴自治区工商局“三讲”教育巡视组7位成员出席动员大会。5月4日自治区工商局“三讲”教育活动开始转入第二阶段。这一阶段的主要任务是自我剖析、听取意见、查摆存在的突出问题。7月2日，自治区工商局召开领导班子、领导干部“三讲”教育总结大会。自治区副主席张文学、自治区赴自治区工商局“三讲”教育巡视组组长林宝光出席大会并作了讲话。张副主席、林宝光组长认为，自治区工商局按计划较好地完成了“三讲”教育工作任务，取得了成效。自治区工商局党组书记、局长蔡永伦作工作总结。7月14日，自治区工商局在南宁举办为期两天的“三讲”教育巡视组成员、办公室主任培训班。参加这次培训的人员有50多人。7月15日，自治区工商局在南宁召开全自治区地、市工商局领导班子、领导干部深入开展“三讲”教育动员大会。自治区工商局党组书记、局长蔡永伦在会上作动员报告。地、市、县工商局局长，自治区工商局机关及二层机构全体处级干部，自治区工商局派驻各地、市工商局“三讲”教育巡视组成员，各地、市工商局“三讲”教育办公室主任230人参加了会议。8月13日，自治区工商局派驻13个地市工商局“三讲”教育巡视组组长，集中南宁向自治区工商局党组汇报各地市工商局“三讲”教育第一阶段情况。全自治区各地、市工商局第二阶段“三讲”教育于8月16日全面展开。9月4日，自治区工商局在南宁召开全自治区地市工商局党组书记、局长“三讲”教育专题会议，研究部署地市工商局领导班子、领导干部“三讲”教育第二阶段的工作。各地市工商局党组要切实把“三讲”教育列入重要的议事日程。一把手亲自动员部署。9月23日，自治区工商局第二次召开全区地市工商局“三讲”教育巡视组组长汇报会，各巡视组组长汇报了所到地市工商局“三讲”教育第二阶段的工作情况。10月9日，自治区“三讲”办派督查组到自治区工商局检查“三讲”

1999年，自治区工商局召开第三批领导班子、领导干部“三讲”教育动员大会

2013年11月15日，自治区工商局召开局机关作风纪律整顿工作动员会

教育工作。主要检查自治区工商局领导班子、领导干部“三讲”教育整改情况和地市工商局领导班子、领导干部“三讲”教育情况。自治区工商局党组书记、局长蔡永伦，副局长蔡玉瑜汇报了党组关于党风廉政建设、人事管理、提高执法水平、广西工商学校办学、群众反映的热点问题和加强班子建设方面的整改情况。督查组听取汇报后，对自治区工商局“三讲”教育工作给予充分肯定，并对下一步工作提出了要求。10月18日，自治区工商局召开第三批“三讲”教育动员大会。自治区工商局党组副书记、副局长蔡玉瑜代表局党组作动员报告。这批“三讲”教育对象为自治区工商局机关党员处级干部，广西工商报社、广西工商行政管理学校，防城港市工商局领导班子领导干部。自治区工商局机关和二层机构全体干部职工以及防城港市工商局主要领导共220人参加了动员大会。10月25日，自治区工商局组织第三批“三讲”教育党员处级干部集中学习，学习于11月3日结束。学习的主要内容是：《中共中央关于在县级以上党政领导班子、领导干部中深入开展“三讲”为主要内容的党性党风教育的意见》、中央下发的“三讲”教育读本，以及其他文件材料。在8天的学习中，各学习小组分别召集大家进行了四个专题的讨论：开展“三讲”教育的重要性和必要性；如何讲学习；讲政治；讲正气。通过学习讨论，较为系统地掌握了毛泽东同志、邓小平同志和江泽民同志关于党性党风方面的重要论述。11月4日，自治区工商局召开局机关“三讲”学习小组组长和派驻广西工商行政管理学校、广西工商报社、防城港市工商局巡视组长会议，各小组组长汇报了第一阶段学习情况。11月10日，自治区工商局党组召开局机关党员处级干部“三讲”教育第二阶段动员大会。对第一阶段学习情况进行了总结，对下一步工作作了部署。12月24日，自治区工商局局长蔡永伦主持召开自治区工商局机关办公会，通报“三讲”教育情况。12月27日，自治区工商局召开自治区工商局机关党员处级干部“三讲”教育评议大会，蔡玉瑜副书记就局机关处级干部“三讲”教育转入第二阶段以来的情况进行了总结，并就如何搞好局机关处级干部党性党风分析材料民主评议进行动员。2000年10月11日，自治区工商局党组制定下发《关于在全区工商系统中开展“三讲”专题学习活动的实施意见》，决定从10月中旬开始，集中一个半月时间，对全系统未参加过“三讲”教育的共产党员干部开展以“三讲”为主要内容的专题学习活动。

2007年6月14日，自治区工商局党组召开局机关全体党员会议，对中央纪委5月底制定下发的《中共中央纪委关于严格禁止利用职务上的便利谋取不正当利益的若干规定》提出具体贯彻要求，做出专门部署，要求全体干部、各级工商行政管理机关党组织部署自查自纠和清理纠正工作。

2013—2014年，自治区工商局开展党的群众路线教育实践活动。2013年7月11日自治区工商局在机关和直属单位全体党员干部中开展以为民务实清廉为主要内容的党的群众路线教育实践活动，成立了党的群众路线教育实践活动领导小组，组长由党组书记、局长担任，领导小组下设办公室。自治区工商局建立完善联系群众等“七项制度”、开展市场准入“五放宽两下放”等“七项行动”、推行完善一批监管执法规范等“七个一批”。自治区教育实践办两次以简报形式推广广西工商局开展群众教育实践活动的经验，自治区主席陈武肯定自治区工商局改革措施得力具体。2013年11月15日，自治区工商局召开局机关作风纪律整顿工作动员会。2014年围绕“走基层、转作风、改方法”，自治区工商局开展了局领导到工商所担任“第一所长”活动，深入基层，联系群众，解决服务群众“最后一公里”问题。“第一所长”活动被国家工商总局评为群众路线教育实践活动案例第一名。

2014 年 1 月 26 日，自治区工商局召开党的群众路线教育实践活动总结会议

2015 年，自治区工商局组织先进模范到延安、井冈山现场接受革命教育。

2015 年 8 月 17 日，自治区工商局在江西省工商干部井冈山培训中心举办广西工商系统女干部理想信念教育与党性修养培训班

2018年，自治区工商局党组下发《自治区工商局机关基层党组织“转作风强责任勤学习善作为”活动方案》，集中在5月和10月开展“转作风、强责任、勤学习、善作为”主题活动和回头看活动，组织各基层党组织针对党员干部存在的作风问题开展检查剖析，批评和自我批评，评议和整改等工作，全局214名党员干部职工撰写了自我剖析材料，170多名在职党员以《强责任善作为我该怎么办》为题，撰写了回头看心得体会，17个基层党组织提交了“回头看”工作总结。开展“六讲一守”作风建设活动。

2018年6月1日，自治区工商局召开“转作风、强责任、勤学习、善作为”主题活动总结大会

第四节　廉政建设

1992年，自治区工商局重新修订、印发《全区工商行政管理系统廉政制度》。各地把纠正行业不正之风作为廉政建设的重点，突破解决“案、费、证、照、摊”等与群众直接接触的环节中以权谋私和“吃拿卡要”问题。

1993年10月5日，自治区工商局制定下发《广西工商行政管理系统廉政制度》，强调通过廉政纪律、监督制约、考核奖惩等措施，促进全自治区工商行政管理系统党风廉政建设工作的开展。

1994年，自治区工商局规定县工商局局长以上干部为廉洁自律对象；并对全系统的行政事业性收费项目和标准再次进行了认真清理。各级工商行政管理部门重点抓了县工商局局长以上干部的廉洁自律，继续对“案、费、证、照、摊”等权力运行的关键环节进行专项治理。在反腐倡廉工作中，各地工商行政管理部门对所办经济实体在经费、职能、人员、名称上实行脱钩。1994年8月，中央反腐败检查组对广西检查时评价说：“广西工商行政管理系统廉政、纠风工作抓得好，特别是采取的措施具体有力，比较好操作，因此取得比较明显的效果。”

1995年，桂平市工商局开展了“刹酒风、树新貌”活动，全局干部职工不准带酒意、酒气、酒味上岗，机关工作人员下基层就餐不得上酒类。自治区工商局于5月份召开了全系统的纪检、监察工作会议，对全系统反腐倡廉工作进行了全面部署，通过派出工作组检查、查处案件、健全制度、交流经验、表彰先进等方式方法，落实会议精神。1996年以来，桂林市工商局每年召开一次廉政监督员座谈会。

1996年，桂林市工商局召开廉政监督员座谈会

1999年，自治区工商局建立健全领导成员定期述职、年度考核、接受群众评议等制度。抓好制止奢侈浪费，落实中央八项规定，制定了加强廉政建设的四条规定，重点抓好严禁用公款吃喝玩乐、严格实行接待费审批和核算制度、严格管理公费出国（境）活动。

2003年9月25日，自治区工商局组织局机关副科级以上党员、干部参加了自治区纪委组织的廉洁从政党纪政纪条规测试，共有122人参加考试，其中厅级干部5人、处级干部56人、科级干部61人，优秀（90分以上）率达100%。各市、县工商局也分别参加由当地市、县纪委组织的党纪政纪条规测试，有1106名副科级以上干部参加考试，优秀率达98%以上。

2004—2007年，自治区工商局每年3月召开工商行政管理系统党风廉政工作会议。各市工商局党政一把手、纪检组组长、监察室主任和县工商局负责人或分管监察工作的领导参加会议。2004年9月25日，自治区工商局党组印发《广西壮族自治区工商行政管理局党组关于廉洁自律的公开承诺》，向全自治区工商行政管理系统作出六项承诺，自觉接受全系统各级党组织和广大工商行政管理干部的监督。2006年，自治区工商局将反腐倡廉教育内容纳入全系统业务培训教学计划。

2008年，自治区工商局建立健全《党风廉政责任制考核办法》等制度，完善反腐倡廉长效工作机制；将各级领导干部任中、离任经济责任审计监督关口前移，对任职5年以上的领导干部进行经济责任审计；推行述职述廉制度，由基层工商所实行辖区（段）管理的责任人向监管服务对象代表进行述职述廉，现场接受监管服务对象的提问和质询，将干部监督的重点向基层延伸。

2010年，自治区工商局在全区工商系统全面推行廉政风险防范管理工作，进一步对照《中国共产党党员领导干部廉洁从政若干准则》规定的“52个不准”和认真剖析本系统十七大以来发生的违纪违法典型案例，分析查找廉政风险和监管风险两个风险可能发生的岗位或工作环节，查找廉政风险点，并进行风险评估，有针对性地提出防范措施。做到在开展业务工作过程中实现防范和监督，变事后监督为事前、事中、事后的全过程监督，增强了对行使职权的监督和制约，降低了风险。2011年，全自治区各级工商机关共查找出涉及93类岗位的廉政风险点2579个。其中，自治区工商局机关共查找出廉政风险点143个，制定防范措施157条。在此基础上，自治区工商局还积极进行增加廉政风险点防范管理科技含量尝试，以桂林市工商局作为试点单位，依托自治区工商局红盾综合业务应用平台的“案件管理”模块，研发执法办案风险预警防控网络系统，利用现代科技手段具有公开性、严密性、程序性等特点，实现执法风险由人工提醒向电子提醒，由传统监督向科技监督，由事后监督向全程监督的“三个转变”。

2011 年，全区工商系统有 3377 人向市场主体和服务对象代表述职述廉，其中正、副所长 1187 人，参加“双述”活动的评议代表 13836 人次。

2014 年，驻自治区工商局纪检组长同下级工商行政管理机关主要负责人谈话 68 人次，任前廉政谈话 30 人次，诫勉谈话 22 人次，领导干部述职述廉 146 人次，函询 13 人次。

2015 年，自治区工商局党组与机关各处室签署了党风廉政建设责任书，开展“两个责任”约谈。10 月 22 日，自治区工商局在南宁监狱举办领导干部廉政警示教育现场会。

2016—2017 年，自治区工商局均召开全系统党风廉政建设工作会议。2016 年自治区工商局领导和局机关 25 个处室、单位主要负责人签订了党风廉政建设责任书。会后，制定印发 2016 年自治区工商局《机关党建和党风廉政建设工作要点》《纪检监察工作要点》，对本年度党风廉政工作任务、责任单位等进行具体明确和部署。

2018 年，自治区工商局落实政治建设六项重点任务的自查整改工作，抓党风廉政建设。从 9 月开始，对驻纪检组在落实政治建设六项重点任务情况检查中反馈的问题进行整改，对一些属于短期的问题完成了立行立改，对一些属于长期性的问题，建立完善了相关的制度，持续加以整改。

第五节　制度建设

1992 年，自治区工商局重新修订、印发《广西工商行政管理系统廉政制度》。

1993 年，自治区工商局修改下发了《广西工商行政管理系统廉政制度》，各级工商局成立反腐倡廉领导小组，建立廉政建设责任制，保证制度落实；抓住主要矛盾，对容易产生腐败现象的“案、费、证、照、摊”五个权力运行的关键环节进行专项治理；分别把廉政建设列为各级工商行政管理机关双文明建设岗位目标责任制和基层工商所规范化建设的一项内容，常抓不懈。通过廉政建设，行业不正之风得到遏制，“三乱”得到了治理，机关办的经济实体及其人员已与机关脱钩。

2002 年制定《广西工商行政管理系统党支部工作考评标准》，进一步健全基层党组织。

2003 年 6 月 10 日，自治区工商局制定颁布了适用于自治区工商行政管理系统所有工作人员的“六条禁令”，即严禁利用办理“案、费、证、照”之机吃拿卡要，以权谋私；严禁工作时间、工作日早晨、中午饮酒和酒后执法、驾驶机动车；严禁参与赌博和色情活动；严禁着工商制服到公共娱乐场所参加非公务活动；严禁截留、挪用、坐收坐支规费和罚没款；严禁在收费、罚款中使用非正规票据。同时，制定颁布“六条禁令”的实施办法，对每条禁令的具体内容及相应罚则予以细化。并组织印制“六条禁令”小册子 12500 册，发给全系统工作人员人手一册，随身携带。4 月 11 日，自治区工商局党组印发《广西壮族自治区工商行政管理系统开展学习贯彻〈中国共产党党内监督条例（试行）〉和〈中国共产党纪律处分条例〉的实施方案》，明确了学习的意义、内容和步骤，成立了学习、宣传、贯彻“两个条例”领导小组，领导小组组长由局党组书记、局长担任，副组长由局党组其他成员担任，各处室负责人为领导小组成员。领导小组下设办公室，由纪检组、监察室、政治部、机关党委负责具体工作。同时，方案要求各市、县工商局也要相应成立领导小组，制定具体学习方案，确保“两个条例”的学习贯彻在全系统范围内有序开展。8 月 20 日，自治区工商局党组理论学习中心组围绕贯彻落实自治区党委《关于加强领导干部廉洁自律六条规定》开展学习。

2005 年 8 月 29 日，自治区工商局党组制定下发《广西壮族自治区工商行政管理局党组关于落实〈建立健全教育、制度、监督并重的惩治和预防腐败体系实施纲要〉》及《广西壮族自治区工商行政管理局党组关于落实〈建立健全教育、制度、监督并重的惩治和预防腐败体系实施纲要〉的实施意见的任务分工方案》，要求全区工商系统各级党组织要结合工商行政管理工作的实际，认真组织实施。自治区工商局机关党委、各处室、单位党(总)支部要按照实施意见和任务分工方案的要求，抓紧制定贯彻落实的具体措施，确保各项任务落实到位。各市工商局党组要按照地方党委、政府的部署和自治区工商局党组实施意见的要求，参照自治区工商局机关任务分工，采取有效工作措施，细分任务，明确责任，抓好落实。同月，自治区工商局组织对局机关各党(总)支部贯彻落实“三项法规”(《中国共产党党内监督条例(试行)》《中国共产党党员权利保障条例》《关于实行党风廉政建设责任制规定》)的情况进行督促检查，促进局机关各党(总)支部按要求积极学习贯彻“三项法规”，认真进行自查和整改。

2006年2月17日，中共中央下发《建立健全教育、制度、监督并重的惩治和预防腐败体系实施纲要》，自治区党委、国家工商总局党组下发《关于落实〈实施纲要〉的具体意见》，自治区工商局党组制定《广西壮族自治区工商行政管理局党组关于落实〈建立健全教育、制度、监督并重的惩治和预防腐败体系实施纲要〉2007年底前工作要点》下发全自治区工商行政管理系统贯彻执行。

2008年，推行领导干部“三谈两述”制度；将各级领导干部任中、离任经济责任审计监督关口前移，对任职5年以上的领导干部进行经济责任审计；推行述职述廉制度，以柳州市工商局先行试点，由基层工商所实行辖区(段)管理的责任人，向监管服务对象代表进行述职述廉，现场接受监督服务对象的提问和质询，将干部监督的重点向基层延伸。

2011年，继续坚持推行领导干部“三谈两述”制度，加强对全区各级工商机关领导干部的监督。全区工商系统纪检组长同下级工商机关主要负责人谈话533人次，领导干部述职述廉1106人次，任前廉政谈话134人次，诫勉谈话13人次，函询1人次。以柳州市工商局为试点，探索推行巡察制度。柳州市工商局的试点已取得初步成效，有效地促进了被巡察单位党风廉政建设，强化了对领导班子尤其是“一把手”的监督检查。这种做法得到国家工商总局的充分肯定，并在红盾信息网上全文刊登宣传。在此基础上，自治区工商局制定印发《广西壮族自治区工商行政管理局巡察工作制度》，在全区工商系统逐步推开这项工作，进一步加强对各市、县工商局领导班子及其成员的监督。

2014年3月—5月，落实党员干部直接联系群众制度，开展领导干部到工商所担任“第一所长”活动，每位局领导到基层担任为期4天的“第一所长”，直接参与工商所的注册登记、市场巡查、案件查办等工作，与企业、消费者、群众面对面交流交谈，了解实情、总结经验、解决困难。在此基础上，制定《广西工商行政管理系统进一步加强工商所规范化建设的意见》，明确工商所规范化建设的标准和措施，切实加强工商所的基础设施、基本装备、基本保障、基本素质、基本技能建设。同年制定了贯彻落实《建立健全惩治和预防腐败体系2013—2017年工作规划》的实施办法、《自治区工商局党组关于执行党风廉政建设责任制的实施细则》，落实全面从严治党主体责任，把党风廉政建设纳入领导班子、领导干部目标管理。

2015年，制定《自治区工商局党组关于落实党风廉政建设党组主体责任和纪检监督责任的实施意见》，进一步细化明确“一把手负总责，分管领导各负其责，班子成员齐抓共管、纪检组组织协调”的领导体制和工作机制。3月10日，召开了全区工商系统党风廉政建设工作视频会议。4月23日—28日，驻局纪检组组长许灌江分别对各处室(单位)负责人，就落实“两个责任”情况进行了一对一的约谈。5月22日，在“三严三实”专题教育党课后，举行了2015年党风廉政建设责任书签订仪式，局党组书记、局长张虹与25个处室(单位)主要负责人逐一签订责任书，层层传导压力，逐级落实责任。制定《自治区工商局党组关于执行党风廉政建设责任制的实施细则》《自治区工商局纪律作风问责暂行办法》

2016年，出台《关于加强机关基层党组织建设的意见》《自治区工商局党组工作规则》《关于进一步加强和规范党员干部日常监督管理的暂行规定》等3项制度，把纪律、规矩挺在前面。同时，全年服务党组召开会议34次，加强贯彻执行局党组决议的督办力度，对不按要求执行的相关处室单位予以通报。以问题为导向，落实全面从严治党主体责任，建立完善《自治区工商局纪律作风问责暂行办法》、《自治区工商局机关纪律检查委员会主要工作职责》《自治区工商局机关纪律检查委员会书记工作职责》等28项相关制度，完成了巡视整改任务，并在自治区党委第三次巡视工作首批通过验收，得到巡视组肯定。

第四章　宣传与精神文明建设

1992—2000年，自治区工商局通过多种媒体平台以新闻发布会、记者招待会等多种形式宣传工商法制、工商重点工作等。同时在个体私营经济宣传月活动“3·15”消费者权益日等集中开展宣传活动。部分地级市成立宣传部门以加强宣传工作。举办多种文体活动。

2001—2010年，宣传形式更多样化。开通广西消费者维权网站(www.gx315.ort)，建立广西工商行政管理系统宣传和新闻发言人制度，参与电视直播等。2000—2007年，自治区工商局连续7年荣获广西宣传报道先进单位甲等奖，是自治区直属厅局机关唯一获甲等奖的单位。2009年，全系统在自治区级以上媒体发表新闻报道和文章19750篇(幅、条)。其中，在省级以上十大主要新闻媒体发表新闻稿件9443篇(幅、条)。开展一系列向黄振磊同志学习活动，注重工商文化建设，建设学习型机关。

2011—2018年，自治区工商局进一步创新宣传形式，以手机短信、公益广告、宣传短片、电视系列片、微信公众号，进社区、学校等进行现场宣传活动等形式，以打击传销、宣传法治、引导消费等为主题开展宣传。以“红盾讲坛”为学习品牌推进工商文化建设。2018年自治区工商局全年共向主流媒体推送稿件450多篇(次)，其中9篇为头版头条，发表于《人民日报》12篇。

第一节　宣　传

1992—1995年，自治区工商局通过《广西日报》、《广西工商报》、广西人民广播电台等平台，以新闻发布会、记者招待会等多种形式宣传《中华人民共和国经济合同法》实施十周年(1982—1992)、《自治区人民政府关于进一步加快我区个体私营经济发展的决定》《商品交易市场登记管理办法》《中华人民共和国反不正当竞争法》《中华人民共和国消费者权益保护法》《中华人民共和国公司法》《中华人民共和国广告法》《广西壮族自治区企业法人登记管理条例》《广西壮族自治区个体工商户条例》《广西壮族自治区私营企业条例》等。1993年3月6日，广西工商报社举行创刊五周年座谈会。5月8日，自治区工商局在邕州饭店召开广西商标事务所成立新闻发布会暨广西著名商标颁奖大会。同年，岑溪县工商局被各级新闻单位用稿达518篇；其中中央级专业报刊用稿5篇；自治区级报刊、广播电台用稿达202篇。工商行政管理专业报刊用稿达156篇；其中《广西工商报》用稿达80篇。岑溪县工商局对新闻报道工作要求形成文件，并首次列为各股、所、站、协会双文明目标责任制考核内容之一，作为单位年终评奖选优的一个重要条件，还成立新闻报道工作领导小组，主管新闻报道宣传工作的副局长当组长，在政工股还配备主管新闻报道工作的干部。1995年1月9日，自治区工商局与南宁市工商局联合举办为期一周的《中华人民共和国广告法》宣传活动周。3月15日，广西工商报社在南宁召开1995年度《广西工商报》通联工作会议，广西工商报社驻各地、市记者站站长、记者，1994年新闻报道先进个人及好新闻获得者70多人参加了会议。6月12日，广西消费者协会在南宁召开第三届广西维护消费者权益“康佳杯”好新闻评比会，从1993年、1994年两年各级电视、广播、报纸中刊播的近90篇参评作品中评出获奖作品30篇，其中一等奖5篇、二等奖10篇、三等奖15篇。7月26日，广西电视台《广西新闻》节目播放自治区工商局局长陈章进接受记者采访，介绍了自治区典当行业发展现状、存在问题以及工商行政管理部门贯彻自治区党委指示，开展清理整顿典当行业工作的情况。8月

2 日，自治区工商局局长陈章进就邕宁县假稻种案件接受了《中国青年报》和《广西工商报》记者联合采访。8 月 17 日，自治区工商局局长陈章进接受广西电视台记者采访，介绍了自治区工商行政管理部门与所办各类市场脱钩的打算和做法。《广西新闻》节目播放了陈章进局长的讲话。

1996—2000 年，自治区工商局联合其他单位或单独举办了以《广西经纪人管理条例》、整治保健食品市场、企业登记综合管理系统软件功能演示、"12315" 投诉指挥中心成立等为主题的新闻发布会。1996 年 1 月 11 日，自治区工商局被中国工商报社授予 1995 年度 "通讯报道先进单位" 称号，中国工商报社驻玉林地区、钦州市、南宁市通联站被授予 "1995 年度先进通联站" 称号。同年，广西记者站获 1996 年度《中国工商报》《工商行政管理》发行综合特等奖。9 月 9 日，新华通讯社第 2542 期 "国内动态清样" 刊登《广西工商局针对关键环节遏制腐败现象》；新华社 "每日电讯" 9 月 13 日刊登《采取有力措施，防止以权谋私，广西工商管理部门强化管理》；9 月 20 日新华社 "内部参考" 第 74 期刊登《广西工商局抓关键反腐败》。这三篇文章充分肯定自治区工商行政管理系统在纠正行业不正之风、反腐倡廉方面取得的成果，具体做法与经验。1997 年 1 月 16 日，广西消费者协会在南宁举办 1997 年名优商品颁证授匾大会。广西电视台、广西有线电视台、《广西日报》、《南国早报》、《广西工商报》、《广西法制报》等 12 家新闻舆论单位分别作了宣传报道。5 月 28 日，南宁市个体户与下岗职工开展 "一帮一"（即一个个体工商户帮助一名下岗职工实现再就业）创业的新闻被《人民日报》头版头条并加评论员文章刊登。1998 年 3 月 3 日，广西工商报社在南宁举行《广西工商报》创刊十周年庆祝活动。5 月 1 日，自治区工商局局长陈章进就严禁传销经营活动发表电视讲话，提出了广西贯彻落实国务院通知精神，坚决禁止传销经营活动的具体办法和措施。9 月 3 日，自治区工商局在柳州市召开工商行政管理体制改革后首次全自治区工商行政管理系统宣传工作会议，要求新闻宣传工作要注意围绕党的路线方针政策搞好新闻宣传；围绕自治区党委、自治区人民政府的重大决策搞好新闻宣传；围绕党和国家重大节庆活动搞好新闻宣传；围绕精神文明建设搞好新闻宣传；围绕工商行政管理职能搞好新闻宣传。柳州市、桂平市、钦州市、桂林市、梧州市、南宁地区等六个工商局在会上介绍了宣传报道工作、思想政治工作和坚持学历教育的经验。与会代表还观摩了柳州市工商局摄制的电视专题栏目《经济卫士》，各地、市工商局局长和书记、人教科科长以及部分县（市）工商局局长等 70 多人参加会议。1999 年 11 月 1 日，南宁市工商局增设宣传科。12 月 23 日南宁市工商局、消费者协会在南宁国际大酒店举办推荐 2000 年国有企业 "消费者喜爱名优商品" 暨国有企业与工商行政管理联合 "打假" 网络成立新闻发布会。南宁市四大班子领导和自治区、南宁市工商局领导以及 35 家国有企业负责人和区、市 10 多家新闻媒体 120 多人参加新闻发布会。其中有 18 家国有企业产品被推荐为 2000 年度南宁 "消费者喜爱名优商品"，有 35 家国有企业参加南宁联合 "打假" 网络。

2000 年，梧州电视台驻工商局记者站正式挂牌。同年，柳州市工商局停刊四年的《柳州工商行政管理》复刊。2000 年 3 月 1 日，人民日报社、中央电视台、中央人民广播电台、中国消费者报社等中央新闻单位的记者一行 10 人，赴广西对南宁、北海、柳州、桂林四地的 "12315" 进行了为期五天的采访。1 日上午，自治区副主席张文学、自治区工商局副局长李显光及有关领导和记者一起进行了座谈。张文学和李显光分别向记者介绍了广西 "12315" 建设的情况。3 日，柳州市工商局在柳州饭店七号楼会议室召开座谈会，就柳州市工商行政管理系统 "12315" 的工作开展情况与中央新闻媒体采访团的记者们举行座谈。国家工商局副局长、中国消费者协会会长曹天玷，自治区工商局副局长蔡玉瑜，柳州市副市长朱润娟出席了座谈会。座谈会后，采访团到 12315 指挥中心现场跟踪报道了指挥中心工作人员受理消费者投诉、调解、出勤等工作流程。2000 年，《中国工商报》驻南宁市、桂林市、梧州市、钦州市、防城港市、南宁地区等通联站被中国工商报社评为 1999 年度先进通联站。广西的先进通联站被表彰数量位居全国各省、市、自治区榜首。

2001—2005 年，自治区工商局举办个体私营经济宣传月活动，宣传《无照经营查处取缔办法》、《中华人民共和国反不正当竞争法》、新修订《中华人民共和国商标法》及其实施条例。2001 年，梧州市工商局建立了《广西市场报》、《梧州日报》、梧州电视台驻局记者站，斥资 40 多万元购买了电视编辑系统一套。2002 年 4 月 16 日，在南宁市朝阳广场举行广西工商系统 2002 年发展个体私营经济宣传月活动，自治区有关部门、南宁市工商局及个体工商户和私营企业的代表约800人参加了活动,活动内容有个体私营经济法律、法规、政策宣传咨询、文艺演出等。2003年继续组织开展个体私营经济宣传月活动,举办了广西个体私营经济发展论坛,邀请全国著名经济学家魏杰、钟朋荣举行报告会;组织个体私营企业代表与经济发达地区个体户、私营企业交流。同年3月27日,中国工商报全国记者通联会议在北海举行。各省、自治区、直辖市、计划单列市、副省级市工商局记者站、通联站站长130多人出席会议。2004年1月12日,广西消费者维权网站(www.gx315.ort)开通。3月22日,南宁市工商行政管理局撤销广西市场报驻本局记者站。3月25日,自治区工商局与定点联系点宾阳县人民政府联合举办了"乡村全民拒伪劣"宣传服务活动,生产经营者代表宣誓承诺:永不坑农、害农、损农;永不生产、销售假货等。农民消费者代表发出了倡议书:自觉抵制购买、使用假冒伪劣商品,积极举报制假售假的违法行为,全体消费者行动起来,共同努力构建和谐社会。同时,举行了万人拒伪劣签名仪式。4月,自治区工商局在全系统开展主题为"支持引导,优化服务,促进发展,勇争先进"的服务个体私营经济发展宣传月活动。2005年自治区工商局公布了10起违法广告典型案件,在《广西日报》等主要媒体上公告。同年10月13日,全自治区工商行政管理系统宣传工作会议在柳州市召开。同年11月25日,自治区工商局副局长张剑波带领公平交易处、消保处、商广处、个体处、法规处等业务处室的负责人到广西电台卫星广播"政风行风热线"栏目直播现场,接听群众投诉电话,接受咨询,回答群众提出的热点、难点问题。

2006—2010年,广西工商行政管理局每年开展服务个体私营经济发展宣传月活动,开展纪念工商行政管理机关恢复建制30周年、治理整顿非法"性药品"广告和性病治疗广告、打击传销等宣传,并建立了广西工商行政管理系统宣传和新闻发言人制度。2006年3月23日,广西工商行政管理系统服务个体私营经济宣传月活动仪式在玉林举行。国家工商总局个体司巡视员胡修干,自治区政协副主席、自治区工商业联合会会长章崇任,自治区工商局局长主要负责人,玉林市委书记高雄、市长金湘军等领导参加了活动仪式。仪式上自治区工商局、玉林市工商局与帮扶企业签约,玉林市工商局领导班子率县(市)工商局(分局)、直属所领导及机关干部向玉林市委、市人民政府和广大市民做出服务承诺,玉林市个体私营经济成果展示车队游行;有关领导检阅玉林市个体私营经济发展成果(30辆游行彩车);举行文艺表演和玉林市企业名优产品展示,参加活动人员参观扶持个体私营经济发展宣传板报一条街。5月28日,广西广告协会正式开通广西广告网站。12月11日,自治区工商局局长主要负责人应新华社广西分社社长杜新邀请,就广西中小企业如何关注、参与"一轴两翼"区域经济合作问题进行深入探讨,探讨内容以《对话:中小企业如何关注"一轴两翼"》为题在新华网上刊登。12月20日,中央电视台记者采访团一行到柳州市采访柳州市工商局查处辣椒粉掺苏丹红一案,自治区工商局副局长江建伟、柳州市副市长文和群参加了在柳州饭店召开的汇报会。汇报会后,中央电视台的记者到现场实地拍摄就地扣留的掺有苏丹红的辣椒粉。2007年2月28日,广西消费者协会通过各大媒体发布2007年第一号消费提示:返券促销暗藏陷阱,不仅扰乱正常的市场竞争秩序,也严重侵犯消费者的合法权益,易使广西商业秩序陷入怪圈。3月31日,自治区工商局派出6个工作组,深入南宁市马山县、横县、武鸣县、宾阳县、上林县和邕宁县开展2007年全自治区服务个体私营经济宣传月活动。4月4日,自治区工商局在贵港市召开全自治区"惠农工程进乡村"活动现场会。现场会曝光了广西2006年农资打假十大案例,进一步部署了全系统实施"五项"惠农工程等工作。6月22日,自治区工商局副局长张剑波与业务部门的负责同志走进广西人民广播电台"政风行风热线"节目,就工商行政管理有关问题通过卫星直播的方式与听众朋友互动交流。12月6日,自治区工商局召开广西电视台等11个新闻媒体负责人会议,向各媒体单位通报了国家对非法"性药品"广告和性病治疗广告整治的时间及有关规定,并通过在电台、电视台、报纸发布《关于进一步治理整顿非法"性药品"广告和性病治疗广告的通告》,要求各网站、媒体立即开展自查自纠。12月18日,自治区工商局、自治区党委宣传部、自治区人民政府新闻办公室、自治区公安厅、自治区监察室厅、自治区纠风办、自治区通信管理局、自治区卫生厅、自治区广播电影电视局、自治区新闻出版局、自治区食品药品监督局联合转发国家工商总局等部门联合印发的《关于进一步治理整顿非法“性药品”广告和性病治疗广告的通知》。该通知提出工商行政管理部门是本次专项行动的牵头单位，负责专项整治工作的协调、文件的拟写发送、材料的收集汇总整理上报，负责媒体“性药品”广告和性病治疗广告的监测工作；实行分期整治，到2008春节前结束，分三个阶段组织实施。2007年的服务个私经济发展宣传月活动向社会各界广泛宣传党和国家促进非公经济发展的有关政策，宣传月中，全系统共设宣传咨询点754个，出动宣传车1151辆次，印发宣传资料60多万份，出宣传专栏440多版，制作宣传板报、墙报1005期，悬挂横幅465条，张贴标语5665条、图片290张，广播宣传650次，接受群众咨询7.3万人次，宣传面遍及城镇、村寨和企业。2000—2007年，自治区工商局连续7年荣获广西宣传报道先进单位甲等奖，是自治区直属厅局机关唯一获甲等奖的单位。2007年，全自治区工商系统在省级以上媒体上稿7353篇，在中央电视台、《人民日报》、新华社、《中国工商报》等主要媒体上稿4477篇。2008年全系统在自治区级以上媒体发表文章、信息7623篇（条）（其中，在《人民日报》及其网站、新华社及其网站、中央电视台、中央人民广播电台、《中国工商报》、《广西日报》、广西电视台等主要媒体发表文章4651篇）。围绕改革开放暨工商行政管理机关恢复建制30周年，开展了一系列宣传纪念活动，在《中国工商报》、《广西日报》重点刊登专版纪念文章；在政务信息资源网开辟纪念工商行政管理机关恢复建制30周年专栏，刊登各级工商行政管理机关报送的纪念文章及信息80余篇（条）；与广西电视台联合拍摄、制作、播出了5集纪念工商行政管理机关恢复建制30周年系列报道；编辑出版《广西工商》特刊（纪念工商行政管理机关恢复建制30周年专辑）和《广西工商行政管理大事记(1979—2008)》；举办了全系统的书法、绘画、摄影作品展览等。4月，自治区工商局开展了主题为“继续解放思想、加强‘四化’建设、服务北部湾经济区建设”的服务个体私营经济宣传月活动。宣传月活动期间，全系统共发放宣传资料44.2万多份，设置宣传专栏499个，张贴宣传单、悬挂标语7200多条。10月20日，广西红盾网开通网上申请行政复议系统，并率先在自治区工商局、南宁市工商局和柳州市工商局试运行。网上行政复议系统的开通，使申请人可以在网上向复议机关提交复议申请。此举得到国家工商总局的充分肯定，《中国工商报》11月11日刊登了相关信息。2009年，全系统在自治区级以上媒体发表新闻报道和文章19750篇（幅、条）。其中，在省级以上十大主要新闻媒体发表新闻稿件9443篇（幅、条）。发表的文稿得到中央领导批示的1篇，得到自治区领导批示的1篇。2010年在省级以上十大主要新闻媒体发表稿件9939篇（幅、条），在《中国工商报》见报篇数跃居前10名。南宁市工商局荣获第四届“工商新闻百星”璀璨群星奖；建立广西工商行政管理系统宣传和新闻发言人制度，并通过新闻发言人制度的实施；创办《广西工商法制通讯》，通过及时报道工商行政管理法制工作新动态，交流基层法制工作经验，评析典型案例，为基层执法工作提供更准确的咨询、帮助与服务；自治区工商局与公安部门联合编写并发放《剑指传销——广西打击传销实录》5万册，开展街头宣传、张贴标语、发布警示信息、举办座谈会等活动，组织播放《黑梦》《广西，绝不是传销的乐土》等打击传销宣传片；以“服务与民生”的主题，开展服务个体私营经济发展宣传月活动，宣传月期间，共发放宣传资料23.56万份，出动宣传车549台次，宣传人员2878人次，悬挂横幅691条，张贴标语宣传画1854张，制作摆放宣传板报、宣传专栏376个，接受咨询9157人次。

2011—2015年，广西工商系统开展非公有制经济发展宣传月活动，以打击传销、服务微型企业发展、在加强流通领域食品安全监管、“美丽广西”、新修改的商标法和《个体工商户条例》等为主题进行宣传。2011年全自治区工商系统1—9月共在省以上主要新闻媒体发表6570篇（条、幅），自治区工商局连续11年被广西日报社评为新闻报道先进单位甲等奖，连续8年被广西电视台评为先进单位；全面开展服务微型企业发展的宣传和信息工作，配合自治区政府召开新闻发布会、服务微型企业发展座谈会、南宁市首批微型企业颁证仪式等系列宣传活动。组织协调中央电台、《人民日报》及网站、新华网、《广西日报》、中国工商报等区内外媒体发表了200多篇稿件；重点宣传全自治区工商系统在加强流通领域食品安全监管，严厉打击制售假冒伪劣食品违法行为，加大对查处大案要案的宣传力度；宣传打击假冒伪劣农资等坑农害农行为；各级工商行政管理机关会同当地通信部门进行打击传销宣传，发送手机短信420.2万条，开展宣传活动2174场（次），发布公益广告、宣传短片900场（次），发布警示提示信息500条（次），张贴宣传画报、发放宣传材料 37 万余份，自治区工商局、公安厅在新华网广西频道开设“打击传销”栏目，刊登、链接有关打击传销文章 700 余篇，组织新华社、《人民日报》、《中国工商报》、《广西日报》、广西人民广播电台等媒体对全自治区打击传销活动现场会进行报道。2012 年围绕党的十八大精神、创优争先活动和食品安全监管、扶持发展微企等中心业务工作，以及社会公众关心的热点、焦点、难点问题开展全方位的宣传。全系统呈现出上中央级媒体报道多、上稿量大、头版头条多的良好态势。年内，全系统在省级以上主要新闻媒体发表文章 7900 篇多(幅、条)，在《中国工商报》见报文章跃居全国工商系统前 10 名。在广西电视台、广西电台、《南国早报》等主流新闻媒体开设“打击霸王条款，工商在行动”专栏，对工商行政管理机关开展专项整治行动进行及时的宣传报道。各级工商行政管理机关还通过举办座谈会、现场咨询活动、编印格式条款案例汇编等各种方式，累计发放宣传材料 4.23 万份，在各级新闻媒体上宣传报道专项整治行动 199 次，引起社会各界广泛关注，为专项整治行动营造有利的舆论氛围。年内各级工商行政管理机关宣传《个体工商户条例》等相关法律法规，为验照工作营造良好氛围。广泛验照期间，全系统共发放通知书 17.38 万多份，印发宣传资料 12.81 万多份，张贴通告 4200 多份，在报纸、网站宣传 30 多次，在电视台播放公告 30 多天次，手机短信、电话提醒 20000 多次。在各媒体发表《创新活动载体争创党建品牌　广西立足岗位为民服务创先争优》《办实事　解难题　促发展——广西“结对共建先锋同行”活动见成效》等文章，中国工商报对柳州、东兴等创先争优典型进行专题报道。对扶持微企进行了全方位、多角度报道，全系统发表扶持微企报道达 40 多篇，分别在《中国工商报》、《广西日报》头版头条及专版推出《八桂大地百舸争流千帆竞发——广西工商系统促微企发展工作纪实》《草根微企星火燎原暖壮乡》《既要顶天立地的大中企业也要铺天盖地的小微企业》等系列报道，为微企发展凝聚了人心、提振了信心。新华社广西分社写的微型企业调查领导参考得到自治区主席马飚、副主席高雄的批示。由广西工商管理局监制并推荐的反映基层党员维护消费者权益的电视系列片《钦城 3·15》荣获自治区党委组织部 2012 年《幸福八桂》百部党员教育电视系列片优秀节目三等奖，自治区工商局荣获电视系列片摄制工作组织奖，自治区各厅局中仅有两个单位获此奖项。2013 年发布打击传销公益广告 1.04 万条次、短信 848 万余条，开展现场咨询 239 次，印发宣传材料 25.67 万份，发布警示提示 6.19 万条。发放“美丽广西 · 净化市场”宣传资料 65.36 万册；组织企业和个体工商户在经营场所发布 LED 电子屏标语 3275 条，发布大型户外广告 2 处。2013 年以“创业增收”主题，开展服务非公有制经济发展宣传月活动，编印《全区微型企业、个私业主创业典型实例》、消费者权益保护法等宣传材料。活动期间，全系统共发放宣传资料 1.8 万多份，接受群众咨询 2753 人次，悬挂宣传横额 56 条，出版宣传专栏 27 期，召开个体私营业主座谈会 17 次。开展“讲文明树新风”公益广告宣传活动。协调动员媒体 138 户次，发布公益广告 96.99 万条次。其中，广西日报传媒集团发布公益广告 303 次，169.11 个版面；广西电视台发布公益广告 5.07 万条次，累计时长 2.61 万分钟，广西电台发布公益广告 9.35 万条次。桂林市文化创意企业——坤鹤文化传媒公司的《可可小爱》成功登上 CCTV 少儿频道、CCTV 戏曲频道，荣获 2013 年南宁“讲文明树新风”公益广告一等奖。2014 年，自治区工商局每季度召开新闻发布会，解读行政执法、消费维权和工商登记制度改革等重大决策和法律法规。局主要领导和相关业务部门负责人做客广播电视节目，现场解答群众疑问，接受群众咨询。创新方式方法，扎实推动法治宣传教育进机关、进乡村、进社区、进学校、进企业、进单位。全自治区工商行政管理系统发布打击传销警示提示 468 万条，印发打击传销宣传资料 98 万份。组织编印《新消费者权益保护法亮点解读及消费维权岗位应知应会手册》，广泛开展“送戏下乡”“送课下乡”“送法下乡”活动等。全系统集中开展“美丽广西 · 清洁乡村 · 净化市场”整治行动，发放活动宣传资料 13.3 万册。以“提质与扩量”的主题开展服务非公有制经济发展宣传月活动，大力宣传国家鼓励支持非公有制经济发展和注册登记制度改革的各项政策措施。2014 年，以新修改的《中华人民共和国商标法》颁布实施为契机，开展商标法律知识宣传，1—5 月，在《广西日报》、广西电视台等媒体刊登、播出商标服务公益广告 570 条(次)。围绕知识产权保护开展咨询服务。全系统共开展宣传咨询服务活动 371 场次，受理咨询 3.6 万人次，悬挂横幅标语及展示板报 257 幅(版)，向群众发放宣传资料 10.1 万份；自治区工商局汇编印制了《商标知识宣传手册》1.2 万份，下发市、县工商局和基层工商所。各市、县工商局通过电视、移动、电信等信息平台，运用横幅、海报等形式，向社会广泛宣传商标法修改的目的、意义，以及修改的主要内容等，引导生产者、经营者按照新商标法规范使用商标。自治区工商局在第十期“红盾讲坛”举办了“商标战略与新修订商标法”专题讲座，通过视频会议的方式向全系统广大干部解读、宣传新商标法的相关精神。2015 年 7 月 2 日，自治区工商局局长张虹受中国工商报社邀请，在北京与中国工商报社领导和全国工商系统近 90 名宣传工作骨干进行了座谈。张虹提出，必须把宣传工作作为一把手工程，当作一项政治任务来抓，切实抓出成效；必须围绕大局和中心工作创造性地开展宣传。2015 年，自治区工商局联合《中国工商报》、广西电视台等多家媒体，聚焦基层工商部门的“平凡人、闪光事”，广泛发动社会各界推选“红盾之星”。活动历时 8 个多月，点击量近 200 万人次，从全自治区工商系统 1 万多名干部中综合评选出 10 名“红盾之星”。2015 年 12 月 18 日晚，自治区工商局与广西电视台联合主办市场卫士红盾增辉——广西首届“红盾之星”颁奖典礼。

2016 年，自治区工商局组织新闻发布会、吹风会 15 次，省级以上媒体发布新闻稿件 1200 多篇，组织开展了“红盾杯”好新闻活动，并借助红盾网、微信公众号、政务平台发布政务信息 4500 多条。组织开展知识产权宣传周商标系列活动，自治区工商局筹备建设了广西商标网，该网面向社会提供商标工作的相关政务信息，依法发布商标注册、商标侵权行为查处信息，提供相关业务服务，展示广西著名商标、企业商标品牌的风采，是展示广西商标工作整体形象的窗口；全年共印制发放《〈中华人民共和国商标法〉漫画图解工作备忘录》等宣传资料 5 万余份，商标品牌战略志愿服务队发放宣传资料 1.07 万份。宣传《中华人民共和国广告法》和《互联网广告管理暂行办法》。组织自治区各级新闻媒体、官网平台以及户外 LED 电子显示屏、出租汽车等展示平台，开展公益广告宣传活动，共发布《互联网广告管理暂行办法》公益广告 10 余万条(次)。7 月 22 日，自治区工商局召开全区工商部门宣传思想工作视频会议，要求全自治区工商部门构建全员参与“大宣传”工作格局。

2017 年，自治区工商局机关第一季度在《人民日报》及网站、新华网、中央人民广播电台、《中国工商报》、《广西日报》、广西电视台等中央及省级以上主要媒体发表稿件 858 篇(条)。年内全自治区共开展打击传销宣传活动 82 场(次)，发布打击传销公益广告 4505 条、短信 13.48 万条、印发宣传材料 10.84 万份，发布警示提示 3795 条。2017 年自治区工商局联合广西电视台广告部制作并播出广告法系列宣传短片共 552 条次。同时，结合广告监管工作重点，在《广西日报》刊登了涉及食品广告相关知识的文章。

2018 年，全年共向主流媒体推送稿件 450 多篇(次)，被采用、转载 3300 多篇，其中《人民日报》12 篇，《经济日报》3 篇、《广西日报》130 篇、广西卫视《广西新闻》48 条、《中国工商报》103 篇，其中 9 篇为头版头条。组织、协办 6 场新闻发布会。组织报道了本局 11 次重大活动，其中论坛宣传成效显著，新华社共发通稿 2 条，另有《人民日报》等 170 多家中外媒体报道，并首次在凤凰卫视播出。组织录制了 3 个政策解读视频并上线播放。组织 3 次重大活动网络视频直播，总点击数近 800 万人次。在公众号上开通了企业年报等 4 项服务功能，助推营商环境优化。制定了轮值制度，每天指导微信制作发布，抓好信息推送工作，年内已发布图文消息 465 条，平均阅读量达到 1300 人次 / 条，在全国市场监管系统公众号排行榜中稳居上游，11 月份排全国第 7。

第二节　精神文明建设

1992 年，广西首届个体劳动者文艺节目调演在南宁举行。自治区工商局组织全自治区工商行政管理系统“双先”（先进集体、先进工作者）代表巡回报告团，到全自治区 13 个地、市和防城港区以及自治区工商局机关、广西工商学校作为期 20 天的先进事迹巡回报告。报告团成员 5 人，报告团共作报告 16 场次，听众达 4800 多人。广西区个体工商户文艺表演团参加了由国家工商局和中国个体劳动者协会在北京联合举办为期六天的首届全国个体劳动者文艺会演。广西选送参加汇演的3个节目全部获奖。其中桂林市代表队演出的文场《月圆情深》获一等奖，南宁市代表队的独唱《五彩缤纷舞霓裳》和宜山县代表队演出的渔鼓《李贵凉粉》获三等奖。另外，《月圆情深》和《李贵凉粉》还分别获导演奖，自治区个体劳动者协会获组织奖。

1993年12月25日，自治区工商局举行纪念毛泽东同志诞辰100周年歌咏比赛。

1994年10月28日，由自治区工商局主办的全区公司法电视知识竞赛总决赛在广西电视台演播厅举行。

1996年，自治区工商局机关举行"双学"演讲比赛。7月中旬，广西部分地区遭受特大洪涝灾害，自治区工商局领导先后四次召开各处室、协会、二层机构负责人会议，发动干部职工为灾区群众捐款捐物，共捐赠衣物2904件，现金40多万元。7月23日，自治区工商局赈灾慰问团赴柳州市、柳州地区对受灾的工商行政管理系统干部职工进行慰问，随慰问团运往灾区的有大米、面粉、冬瓜、矿泉水等救援物资共20吨(4大卡车)。赈灾慰问团到柳州、柳城、融安、融水、三江等县、市，实地察看灾情。自治区工商局、广西个体劳动者协会、广西私营企业协会发出紧急通知，要求各地个体工商户、私营企业主踊跃捐钱捐物支援灾区；要求受灾地区的工商行政管理机关充分发挥职能作用，加强市场监督管理，维持市场正常秩序；实行倾斜政策，扶持灾区群众、企业和个体工商户开展生产自救；号召非灾区和轻灾区工商行政管理干部职工要发扬一方有难，八方支援的社会主义道德风尚，踊跃捐赠物资援助灾区，帮助灾区群众渡过难关。自治区工商局及时对灾区灾情进行了解，通报有关情况，并在较短时间内筹集了40万元救灾资金，用于援助遭受重灾的12个地市、县工商行政管理部门。1996年12月，广西第一所瑶寨光彩小学，在南丹县八圩乡落成。

1996年12月，全区个体工商户、私营企业主捐资兴建的广西第一所瑶寨光彩小学在南丹县八圩乡落成

1998年1月20日，自治区工商局、广西军区政治部在自治区政府礼堂举办1998年春节军民联欢晚会。6月6日，自治区工商局、南宁市工商局、南宁烟草专卖局、柳州烟草专卖局、广西电视台等单位联合

举办以实施下岗职工“再就业”工程为主题的“路在脚下”文艺晚会。出席晚会的有自治区党委副书记陆兵，自治区副主席、自治区人民政府副秘书长等。1998 年 9 月 18 日，自治区工商局举办《红盾法铸市场》六集电视系列片开拍仪式。

1998 年 9 月 18 日，自治区工商局举办《红盾法铸市场》六集电视系列片开拍仪式

1999 年 3 月 21 日，自治区工商局团委赴融水职业中学，启动“龙城红盾希望女童班”捐资助学工程。此次捐助由自治区工商局团员自愿筹资，每年 9000 元，资助融水县职业中学 99 级红瑶女童班全班 50 名同学直至初中毕业。

2000 年 9 月 12 日，自治区工商局在南宁举办全自治区工商行政管理系统第一届“红盾艺术奖”文艺汇演暨颁奖晚会。全自治区 14 个地、市工商局共选出 40 个节目，320 名演员分别参加了小品、舞蹈和声乐 3 个类型的比赛。12 月 15 日，自治区工商局与广西电视台在广西电视台演播厅联合举办“商海红盾”电视现场直播文艺晚会。

2001 年 6 月 19 日，全区工商行政管理系统庆祝建党八十周年“为党旗增辉”演讲比赛在南宁市举行。

2005 年，全自治区各级工商行政管理机关党组织、全体共产党员和干部职工开展向黄振磊同志学习活动。团中央、国家工商总局、自治区党委在自治区党委礼堂举行追授黄振磊同志为“中国杰出青年卫士”荣誉称号暨命名表彰大会，并在南宁市人民大会堂举行《振磊之歌》大型话剧首演式。南宁市工商局协助广西电影制片厂拍摄反映黄振磊英雄形象的电影《红盾忠魂》。

2005 年，自治区工商局召开黄振磊同志先进事迹报告会

2006 年 3 月 22 日，自治区工商局下发《全区工商行政管理系统岗位技能大练兵方案》。经国务院批准，全国工商行政管理系统从 2006 年 7 月 1 日起统一换发新式工商制服。7 月 4 日南宁市工商局在南宁

国际会展中心广场举行南宁市工商系统换发新式工商制服换装仪式。7 月 10 日，柳州工商局执法人员全部更换新制服。11 月 17 日，广西工商行政管理系统法规岗位练兵理论知识竞赛在南宁举行。12 月 5 日，自治区工商局在南宁举行为期两天的广西工商行政管理系统岗位练兵能手和标兵考试。14 个市工商局的 220 名选手参加了 8 个项目的考试与考评。

2006 年 7 月 4 日，南宁市工商局举办换发新式工商制服仪式

2008 年 5 月 19 日，自治区工商局机关举行悼念四川汶川大地震遇难同胞活动，自治区工商局党组号召全自治区工商行政管理系统的共产党员自愿交纳“特殊党费”，支援灾区抗震救灾。截至 5 月 27 日，自治区工商局机关、工商学校 255 名党员缴纳“特殊党费”共 12.5 万余元，全自治区工商行政管理系统党员共缴纳“特殊党费”近 60 万元。

2009 年，自治区工商局组织全区工商系统先进典型事迹报告团在自治区工商局及全区 14 个市局进行巡回报告，广泛宣传全区工商系统先进典型的先进事迹，弘扬他们的高尚品德，报告团先后进行了 15 场报告，现场听报告人数达 4100 多人，听视频报告 580 多人。同时，将先进事迹有关材料编成《广西工商行政管理系统先进典型事迹选编》，将录像资料刻录成光碟发到各市、县（分）局、工商所。年内组织全自治区工商系统办公室岗位练兵培训和岗位技能竞赛活动，参加区直机关“柳钢杯”公文处理知识竞赛，单位荣获三等奖。

2010 年，自治区工商管理局印发《全自治区工商系统加强学习型机关建设工商文化建设实施方案》，广西工商行政管理政务资源信息网开设了“工商文化学习平台”。各级工商行政管理机关通过岗前培训、学历教育、岗位技能大练兵等形式，分级、分类、多层次大规模培训干部，大大改善了干部的专业结构、知识结构和文化结构。防城港、贺州、梧州、柳州和南宁市工商局开展“比学习、比纪律、比创新、比敬业、比服务和比效率”的“六比”活动，通过推行晨读制度、打造“工商夜校”“网上办案”平台，开展学习型机关建设。在系统内大力弘扬“国徽头上戴、责任肩上挑”的红盾精神和工商文化，邀请自治区党委原副书记潘琦作主题为“弘扬中国传统文化构建工商行政管理文化”的报告。

2014 年，自治区工商管理局制定《自治区工商管理局关于加强工商文化建设的实施意见》，抓好精神文化、制度文化、廉政文化、窗口文化、履职文化等“五项建设”。继续打造以“红盾讲坛”为主的学习品牌，每月邀请知名专家、学者授课，加强对干部的理想信念教育和综合知识培训。年内举办“红盾讲坛”8 期，全系统参加讲坛的党员干部职工 3.2 万多人次。组织编写《岗位应知应会丛书》，全套共 20 册，由中国工商出版社出版发行 1 万套，成为指导工商业务（包括党建、廉政文化建设）的工具书。

2016 年，自治区工商管理局加强“一馆一厅一平台”的日常维护。利用现代图书管理软件，及时将馆内图书、报纸、杂志录入电脑，形成“红盾图书馆”数据库，提高馆内图书、文献资源的利用率，实现馆藏资源数字化。从《人民日报》《光明日报》《广西日报》摘取最新时政热点、改革资讯、文学、艺术等方面的内容，每天更新“工商文化学习平台”的剪报文摘，供领导参阅，供干部职工学习。同时，不断增加美容、美食等干部职工感兴趣的内容，丰富平台文化内涵。加强对工商文化展厅的日常维护，确保正常运转，全年接待各级领导、参观人员 120 人。为弘扬中华文明，传播正能量，围绕“廉政文化建设”“政策解读”“理论学习”“国学”“中国传统节日”和“中国传统文化”等主题，定期制作、更换局机关宣传板报，努力营造机关良好的文化氛围。举办主题为“讲道德、有品行”的第一期道德讲堂。2017 年 11 月，自治区工商局机关荣获第五届全国文明单位。2017 年 3 月 24 日，自治区工商局召开 2017 年自治区工商局党的建设暨创全国文明单位动员大会。

2017 年 3 月 24 日，自治区工商局召开 2017 年自治区工商局党的建设暨创全国文明单位动员大会

2018 年，编纂《广西工商行政管理志(1992—2018)》被列为自治区工商局 2018 年十项重点工作之一。年内制定编纂实施方案、篇目设计和编纂项目经费预算；完成了编纂出版服务项目公开招标政府采购，开展工商志编纂业务培训，基本完成资料收集等。工商行政管理局图书馆共有藏书 6356 册，党组中心组学习室共有理论书籍 1648 册，年内入库新书 800 册。自 4 月每周 1 小时读书活动以来，图书馆为全局干部提供上班 8 小时、下班 3 小时的开放读书时间。

第五章　理论研究与社会团体

1992年，《广西工商行政管理》（双月刊）共出版了34期。同年，广西工商行政管理系统有协会4种，分别是个体劳动者协会、私营劳动者协会、消费者协会、广告协会，部分市县将个体劳动者协会与私营劳动者协会合并为1个协会；学会1种，即工商学会。1995年开始编印《广西壮族自治区工商行政管理局统计汇编》，之后每年统计汇编系统内业务及人事等相关信息。

1998年，《广西工商行政管理年鉴》1998年卷（创刊号）正式出版发行，开全国工商行政管理系统省级地方性部门年鉴之先河。同年成立广西商标协会。年内全自治区共有消费者协会157个，为历年最多；共有7个工商管理学会。

2015年，自治区工商局首次面向全国公开招标研究30项课题。

2006年，全自治区共有私营企业协会38个，为历年最多。2007年广西消费者协会更换为广西消费者权益保护委员会，负责对商品和服务进行社会监督，保护消费者合法权益，属于社会公益性组织。

2009年7月，自治区民政厅注销了广西个体劳动者协会、广西私营企业协会。

2017年，广西广告协会与广西工商行政管理局完成各项脱钩工作。

至2018年，广西工商行政管理系统内部编印或公开出版多种重要文献资料，召开多次研讨会。广西工商行政管理系统有广西消费者权益保护委员会（消费者协会）、广西工商学会。

第一节　理论研究

内部编印或公开出版重要文献资料

1993年，自治区工商局编辑出版《“重合同、守信　用企业”金榜集》。

1995年，自治区工商局编印《广西壮族自治区工商行政管理局1994年统计汇编》，此后每年统计汇编系统内业务及人事等相关信息。

1995年1月16日，自治区工商局研究员尹福伦、自治区法制局副研究员曹平与中国政法大学副教授张蕾合编的《中国仲裁法》一书，由漓江出版社出版并向全国发行。12月8日，自治区工商局研究员尹福伦等主编《商海竞辉——玉林市个体私营经济要览》一书，由广西人民出版社出版，并在全自治区发行。12月，第一轮《广西通志·工商行政管理志》由广西人民出版社出版。

1998年，《广西工商行政管理年鉴》1998年卷（创刊号）正式出版发行，开全国工商行政管理系统省级地方性部门年鉴之先河。该书由广西人民出版社出版，着重记载1997年广西工商行政管理系统发生的事情。主体内容包括特辑、专稿、自治区工商行政管理、地市县工商行政管理、广西工商行政管理大事记、典型案例、理论研究、规章文件选编、统计资料、附录等12个部分，全书共80万字。

2002年，自治区工商局组织编写《工商行政管理行政执法常用手册》和《工商行政管理行政执法文书手册》。8月30日，梧州市工商局和梧州市工商学会召开“打假维权”专题理论学术研讨会。会议内容是对全市工商系统为期5个多月的“打假维权”专题理论学术研讨活动进行小结，并对在活动中获奖的优秀论文予以表彰。召开广西民营经济发展（宾阳）研讨会暨小商品展销会。

2003年5月8日，自治区工商局在对一系列规章制度进行汇总、整理、充实的基础上，修订、编印了《广西工商行政管理规章制度（汇编）》一书，用以指导、规范机关和基层的工作。该书内容包括行政执法办事制度、行政执法监督制度、政务管理制度、人事教育管理制度、财务及内审制度、纪检监察制度等7个方面共53项制度。2003年7月，自治区工商局编印《改善投资环境促进对外开放有关规章制度汇编》。

2008年，自治区工商局编辑出版《广西工商》特刊（纪念工商行政管理机关恢复建制30周年专辑）和《广西工商行政管理大事记（1979—2008）》。

2009年，自治区工商局编印《广西工商行政管理系统先进典型事迹选编》，将录像资料刻录成光碟发到各市、县（分）局、工商所。

2010年，自治区工商局创办《广西工商法制通讯》，通过及时报道工商行政管理法制工作新动态，交流基层法制工作经验，评析典型案例，为基层执法工作提供更准确的咨询、帮助与服务；自治区工商局与公安部门联合编写并发放《剑指传销——广西打击传销实录》5万册；编印了工商廉政文化建设优秀论文集，收录优秀论文45篇。

2012年，自治区工商局编印《广西壮族自治区工商行政管理局2011年统计汇编》。

2015年，自治区工商局编印《岗位应知应会丛书》（共10册，约140万字）培训教材，通过工商出版社公开出版发行。由自治区工商行政管理研究所内部编印《八桂红盾铸辉煌——纪念工商行政管理机关垂直管理16周年》。

2016年，内部编印《2015年广西工商行政管理课题研究论文集》。至2016年，已持续编印广西壮族自治区工商行政管理局统计汇编21年。

2018年5月，内部编印《2017年广西工商行政管理课题研究论文集》《广西市场监管大数据研究初探》《营商环境——基础与入门初探》《世界银行2015年全球营商环境报告》《世界银行2015年中国营商环境报告》。6月自治区人民政府唐宁副秘书长、自治区工商局张虹局长主编《广西商事制度改革的理论与实践探索》一书，由广西师范大学出版社出版，并公开发行。该书总结了2013年到2018年广西商事制度改革的做法和取得的经验，存在的不足及对策进行的研究。内容从商事制度的立法、登记、监管、信用等方面系统梳理了国内外与广西理论与实践，并对广西做法进行了定量与定性评估，提出了深化广西商事制度改革的总体设想与建议。

《广西工商》内刊

1987年8月，广西壮族自治区工商行政管理局创办《广西工商通讯》（季刊），其前身是《广西工商行政管理通讯》（季刊）。内容包括：理论研讨，工作研究，经验交流，服务与管理，基层建设，市场动态，案例分析，问题解答，文件选登，文摘，评论资料，表扬批评，知识讲座等栏目。

1989年，由广西壮族自治区工商行政管理局与广西工商行政管理学会共同创办，并更名为《广西工商行政管理》（双月刊），属内部刊物。至1991年，《广西工商行政管理》出了17期（含研讨会论文专辑），登载了理论研究、调查报告、经验总结类文章共186篇。

1988—1990年，围绕在治理整顿、深化改革中如何发挥工商行政管理职能作用问题，先后刊登了30多篇文章，阐述了工商行政管理部门必须转变观念与发挥职能作用、支持改革的问题。

1992年，《广西工商行政管理》在广西社会科学联合会举办的广西社科联系统期刊评比中，被评为优秀期刊。邓小平南方谈话后，刊物以较大篇幅刊登一批从思想观念上、管理方式上、作风上、组织上阐述工商行政管理工作适应社会主义市场经济需要的文章。5月刊登了《实现“三个转变”支持改革开放》一文，提出从服务于产品经济转向服务社会主义市场经济；从不注意研究改革开放中的新情况、新问题、单纯“唯本”办事，转向行政执法、为深化改革、扩大开放服务；从只注意研究国内监督管理方式转向既研究国内的、也借鉴国际通用的管理方式。《论社会主义市场经济与工商行政管理》一文提出“在管理领域方面，应当从侧重监督管理集贸市场向监督管理整个社会主义大市场转变；在管理对象方面应当从对非公有制主体的监督管理向对多种所有制形式的主体进行监督管理转变；在管理方式方面，应当从直接管理为主向以间接管理为主转变；在管理方法方面，应当从事后查处向全过程监督管理转变”。

1994 年，《广西工商行政管理》每期印数 4000 本，《广西工商行政管理简报》印数 2100 本。

1995 年，由广西工商学会 1 名副会长和秘书长专管《广西工商行政管理》，定期研究办刊情况，增加栏目、以发动会员定稿与发动干部职工写稿结合，发动通讯员写稿与特约领导、专家专稿结合等方式增加稿源，提高稿件质量。

1996 年，《广西工商行政管理》在广西社会科学联合会举办的广西社科联系统期刊评比中，被评为优秀期刊。本刊执行主编、研究员尹福伦自创刊以来一直担任刊物的主要领导，在办刊工作和社会科学研究工作中有突出贡献，被评为首届全国工商系统优秀新闻出版工作者。工商行政管理职能从监督管理农村集贸市场逐步转向监督管理社会主义大市场。队伍的扩大、任务的增加、管理层次的提高，使工商行政管理队伍的素质问题成为各级工商行政管理机关和每个干部职工共同关心的问题，为此，刊物开辟了“队伍建设”“基层建设”等栏目，集中宣传报道广西各级工商行政管理部门在实施干部教育、开展基层建设方面的经验、意见和建议。1996 年，国家工商局要求全国工商系统实施“公平交易执法年和工商形象建设年”，为配合这一活动的开展，刊物从第一期的“卷首语”开始，就以大量的篇幅加以宣传报道，并开设“形象建设”等专栏，及时介绍经验、反馈信息和动态。至 1997 年 10 月，共刊登有关稿件 13 篇，约 4.3 万字，为“两年”活动开展打造舆论。

1997 年，刊物的采编人员共有 12 人，全部具有大专以上文化程度，其中具有高级职称 3 人，具有中级职称 3 人，40 岁以下有 9 人。1 月，向自治区党委宣传部提交《关于要求将〈广西工商行政管理〉内刊更名为〈广西红盾〉并公开出版发行的请示》，计划由双月刊改为月刊，并公开发行。6 月，自治区工商局召开全自治区个体、私营先进营销户表彰会。本刊及时报道了这次表彰会的情况和部分先进事迹。截至 10 月，《广西工商行政管理》共出版 64 期，共选登了有关工商行政管理法律、法规、规章和规范性文件 207 个，刊登各类文章 1105 篇，其中，理论探讨与工作研究文章 385 篇，调查报告 28 篇，经验与做法文章 128 篇，领导讲话 91 篇，法规讲座、案例分析等文章 16 篇。自创刊以来获得的省级奖有广西社会科学研究优秀成果二等奖一篇，三等奖三篇，佳作奖三篇；获得中华全国新闻工作者协会工商分会第一、二、三届好新闻、好文章的有：一等奖一篇，二等奖一篇，三等奖两篇。

2001 年，《广西工商行政管理》所设栏目：卷首语、研究与探索、个体私营经济监督、企业登记、市场监督、法治建设、商标广告监督、基层建设、调查报告。

2004 年 1 月，改名《广西工商》，所设栏目：卷首语、领导讲话、红盾论坛、反腐倡廉、商标广告、执法研究、经验交流。

2008 年 1 月，《广西工商》改版，所设栏目：卷首语、述职述廉、局长论坛、注册登记、监督管理、以案说法、红盾论坛、学会园地、基层平台、工商链接。

2010 年，在办好“红盾论坛”“党风廉政建设”和“经验交流”等精品栏目的基础上，先后开辟了“贯彻落实四个只有，创新思维理论研讨”“工商文化建设”和“读书心得”等新栏目。2010 年基层工商干部向《广西工商》投稿的数量和质量明显高于上年，在学会组织开展的工商廉政文化建设征文活动和第五届“学会杯”优秀论文评选活动中累计有 300 多篇论文参评。

2012 年，在办刊工作中，突出刊物的理论前瞻性和工商特色，不断强化组稿、约稿、审稿和编印工作，优化版面设计、提高编辑质量。在切实办好“红盾论坛”“经验与做法”“案例分析”“工商简讯”等精品栏目的基础上，先后开辟了“七个工商”“学习心得”等专栏，及时介绍和推广全区工商机关推进“七个工商”建设中取得的好做法、新思路。

2014 年，在切实办好“红盾论坛”“经验与做法”“以案说法”“基层实践”等精品栏目的基础上，先后开辟了“群众路线教育活动”等专栏，及时介绍和推广全自治区工商机关推进“五个创新”深化效能建设、全面履行“五大职能”、服务“五位一体”建设中取得的好做法、新思路。年内召开《广西工商》改版研讨会。

2015年，广西工商学会以“改进文风、内容提质”为目标对《广西工商》进行改版，改版后的《广西工商》图文并茂、风格高雅。所设栏目有：卷首语、关注、工商新闻、人物、工作经验、基层报道、解读、以案说法、探索、东盟视窗、文化、镜头。在办好“探索”“工作经验”“以案说法”等精品栏目的基础上，开辟了“人物”“文化”“镜头”等专栏。在“人物”专栏中开辟“寻找‘红盾之星’”板块，为自治区工商局寻找首届广西“红盾之星”活动宣传造势。《广西工商》坚持“必须把宣传工作作为一把手工程，当作一项政治任务来抓，切实抓出成效；必须围绕大局和中心工作创造性地开展宣传”的工作理念，及时瞄准工商改革、反映基层干部、展现工商特色文化，为工商行政管理工作建言献策。全年出版12期《广西工商》，每期内部发放4500份。

2016年，开辟了“我为工商献一策”等新专栏。围绕高效维权及各地“3·15活动”、深化商事制度改革、规范与创新市场监管、深化建设法治工商、深入推进商标品牌战略及分级管理后的工商执法遇到的问题做重点报道。全年共出版12期《广西工商》，每期内部发放4300份。

2017年，由于机关内部职能整合，自治区工商局统筹广西工商行政管理研究所与工商学会的人员安排，由研究所和工商学会共同编辑出版《广西工商》刊物。《广西工商》在2017年的编辑工作，由6期双月刊改为了3期专刊，分别是“打传专刊”“商标专刊”以及“五年工作总结”。

2018年，总结内刊编印创出新特色。工商学会配合研究所把办好《广西工商》作为一项政治任务，围绕“讲好工商故事、传播工商声音、推介工商文化、展示工商形象”的办刊目标，优化版面设计、提高编辑质量，根据自治区工商局的重点工作和突出成绩编辑专刊，在停发系统内人员稿费后稿源紧张的情况下，保障了内刊质量。在相关部门印发支付内部刊物文字作品稿酬的通知后，制定《广西工商》改版方案。

学术活动

1989年7月，在广西行政工商管理学会成立的同时，召开了以“如何发挥工商行政管理的职能作用”为题的第一次研讨会；1990年4月，召开“如何发挥企业登记管理宏观调控作用”研讨会；1990年7月，研讨“如何坚持以公有制为主体，促进各种经济成分协调发展问题”；1991年6月召开“如何建立和完善市场体系”研讨会；至1991年，共召开4次研讨，共收到论文190篇，出版了两期研讨会论文集，有12篇论文被省、部级报刊采用。

1992年8月，召开“如何支持农村经济发展”研讨会。

1993年3月5日，自治区工商局法规政策研究室评选出全自治区工商行政管理系统优秀论文17篇。年内召开全区企业监督管理调研会，会议以对企业的年检为重点，如何加强企业登记和监督管理为主题进行了研讨。社会主义市场经济与工商行政管理理论研讨会，共收到论文、调查报告、工作研究等文章共58篇。研讨会围绕建立社会主义市场经济体制，加强和改善工商行政管理，发挥宏观调控作用等问题进行了讨论。举办全自治区经济合同管理工作研讨会，会期五天。参加研讨会的人员有各地、市、县工商局合同科、股长及部分企业的厂长（经理）共108人。11月23日，自治区工商局副局长黄绍熙参加自治区人民政府召开的“边贸经济发展研讨会”，并在会上作了发言。

1995年下半年，召开加强市场监督管理和加快个体私营经济发展中小型研讨会。11月21日，中国工商行政管理学会在北海市举办为期6天的全国工商行政管理学会工作研讨班。全国各省、自治区、直辖市、计划单列市工商学会的会长、副会长、秘书长共198人参加了研讨活动。研讨班围绕学习贯彻党的十四届五中全会精神，就工商行政管理学会的工作情况进行了交流。

1996年9月9日，由国家工商局与《工商行政管理》半月刊联合举办的全国性学术论文征文比赛评比揭晓，梧州市工商局论文《关于中外合作经营企业适用〈公司法〉问题的探讨》一文获三等奖。该文为近年来广西工商系统学术论文征文比赛获得的较高奖项，将被中央一级出版社收集到大型理论文集《改革与求是》中。11月下旬，自治区工商局聘请专家对1995年度自治区各级工商局领导干部所撰写的446

篇调研文章和论文进行了评选，共评出一等奖7篇、二等奖16篇、三等奖34篇、佳作奖37篇。自治区工商局给获奖作者颁发了证书，并将获奖的部分文章选编成书出版。自治区工商局局长陈章进写的《发挥工商行政管理职能，促进两个根本性转变》一文在自治区直属机关工委主办的自治区直属机关中心组理论学习征文评选活动中荣获二等奖。

1997年9月，第九届沿海开放城市、经济特区外商投资企业登记管理工作研讨会在北海举行，十八个沿海城市、经济特区代表和十三个特邀省市代表共60余人参加了会议。国家工商总局企业注册局副局长徐长浩、自治区工商局副局长李显光到会指导。自治区工商局在会上作了题为《在外资企业登记中实行企业承诺保证制度的实际回顾》的发言。

2002年，首次开展"学会杯"优秀论文评选活动，每两年举办一届。8月30日，梧州市工商局和梧州市工商学会召开"打假维权"专题理论学术研讨会。会议内容是对全市工商系统为期5个多月的"打假维权"专题理论学术研讨活动进行小结，并对在活动中获奖的优秀论文予以表彰。

2003年4月16日，广西个体私营经济发展论坛在南宁举行，为期两天。本次论坛由自治区工商局、广西工商行政管理学会主办，广西个私协会、广西市场报社协办。参加对象为政府官员、专家学者，自治区内外个体工商户、私营企业代表，新闻记者及有关单位代表500多人。自治区及有关部门领导袁凤兰、徐文彦、张红伟、何宪等参加了论坛活动。著名经济学家魏杰、钟朋荣在论坛上作了主题演讲。浙江省工商局、自治区工商局、浙江省私营企业家、广西私营企业家在论坛上作了专题报告。全区工商行政管理系统理论和调查研究工作先进表彰会暨理论研讨会在南宁召开，会期三天。会议总结2001年以来自治区工商行政管理系统理论和调查研究工作情况，布置2004年的任务；表彰2001—2002年度全系统理论和调查研究工作先进单位12个和优秀调研文章92篇；进行理论和调查研究工作经验交流及"改善投资环境促进对外开放"专题调研论文交流。各市工商局分管理论和调查研究工作的领导、2001—2002年度全系统理论和调查研究工作先进单位及优秀调研文章作者代表共60多人参加了会议。

2003年7月，贵港市工商行政管理局获"全区工商行政管理系统2001—2002年度理论和调查研究工作先进单位"三等奖，有7名同志的调研文章分别获得了全区工商系统优秀调研论文一、二、三等奖。12月3日，全区工商行政管理系统理论和调查研究工作先进表彰会暨理论研讨会在南宁召开。

2004年10月，罗城仫佬族自治县工商行政管理学会会员李裕才、谢代懿的论文《打造"五型工商"落实"三个代表"》在《广西工商》杂志发表后，又入选全国公开发行的《腾飞的中国》大型系列丛书。8月2日，柳州市工商局局史荣誉陈列室正式对外开放，陈列室从不同时期，不同角度，记录了柳州市工商行政管理事业五十多年的创业与发展史，展现了近年来全市工商行政管理系统所取得的各项荣誉。

2005年12月28日，由自治区工商局主办的广西企业战略性运用商标、广告促进经济研讨会在南宁召开。

2005年12月28日，广西企业战略性运用商标、广告促进经济研讨会在南宁召开

2006 年 6 月 28 日，广西工商学会第四届会员代表大会暨第三届“学会杯”优秀论文表彰大会在南宁召开。

2007 年 3 月 2 日，自治区工商局在南宁召开广西工商行政管理系统 2007 年推进社会主义新农村建设研讨会，研究 2007 年全区工商行政管理系统推进社会主义新农村建设工作方案，研究培育发展农村经纪人的工作方案。4 月 18 日，中国—东盟博览会期间，《瞭望》周刊、广西壮族自治区工商行政管理局、新华社广西分社和南宁市委宣传部，联合举办中国—东盟中小企业投资发展论坛。6 月 21 日，全区工商行政管理学会工作会议暨理论研讨会在贺州召开，会期两天。2007 年 6 月 27 日，全自治区工商学会工作会议暨理论研讨会在贺州召开，全自治区 14 个地市工商学会秘书长参加会议。

2007 年 4 月 18 日，《瞭望》周刊、广西壮族自治区工商行政管理局、新华社广西分社和南宁市委宣传部，联合举办中国—东盟中小企业投资发展论坛

2008 年 5 月上旬，广西工商行政管理机关继续解放思想服务北部湾经济区开发建设座谈会在北海召开，研究如何将国家工商总局给予广西“四放宽、一支持”的专项政策落实到位，全力服务广西北部湾经济区开发建设。2008 年 5 月 29 日，柳州市工商局召开扶持企业发展论坛，290 多家企业的负责人参加，本次论坛以商标品牌为主要讨论内容，主要讲授以商标权益为重点的知识产权保护理论和务实经验，由柳州市工商局党组书记、局长喻元元主讲。11 月 25 日、26 日，自治区工商管理局在南宁举办了全自治区工商系统“坚持以科学发展观为统领，进一步推进工商工作”研讨会，收到调研文章一批。

2009 年，广西工商学会对 65 篇全自治区工商系统申报年度优秀论文进行评选。

2010 年，广西工商学会撰写的《突出特色把握重点大力推进广西特色工商廉政文化建设》调研文章被《中国工商管理研究》出版的《工商文化建设理论研讨专刊》收录，并在全国工商系统工商文化建设理论研讨会上作了经验介绍。工商学会组织开展的工商廉政文化建设征文活动和第五届“学会杯”优秀论文评选活动中累计有 300 多篇论文参评。

2012 年，第六届“学会杯”优秀论文评选活动召开。开展推进“七个工商”建设专题调研活动，各地工商干部结合实际积极开展调研活动，先后撰写了 80 多篇调研文章，《广西工商》还开辟了专栏，积极选登调研文章。6 月初，广西工商学会在金秀县举办了专题研讨会，部分调研文章作者做了专题发言。会后还编印了“七个工商”研讨论文集，广西工商学会会同局消保处开展了消费维权专题调研活动。调研活动期间共收到各地理论调研文章 130 多篇，经组织专家评审，共有 35 篇文章被评为优秀理论调研文章；部分优秀调研文章作者在专题理论研讨会上作了专题发言。会同柳州市工商局开展“柳州市商标发展战略研究”

课题研究。年内广西工商学会先后指导和帮助柳州市、崇左市在全市范围内开展了专题理论研讨活动，协调做好优秀论文评审工作。

2014 年，以“五大职能”、商事登记改革和职能划转为主题开展专题调研活动，各地工商干部全年撰写 1000 多篇调研文章，《广西工商》选登了部分调研文章。会同消保处开展了消费者权益保护法颁布实施二十周年纪念征文活动，共收到各地有关消费维权的理论调研文章 150 多篇，经组织专家评审，共有 30 篇文章被评为优秀理论调研文章；部分优秀调研文章作者在专题理论研讨会上作了专题发言。广西工商学会会同市场处开展“网络市场监管”征文活动。各级工商干部共撰写了调研文章近 200 篇，其中报送中国工商学会的 12 篇得到总局有关领导的表扬。自治区工商局和广西工商学会在全区工商系统开展了评选第七届“学会杯”优秀论文评选工作。共收到基层干部申报参评文章 203 篇，评选出一等奖 5 篇、二等奖 10 篇、三等奖 25 篇。广西工商学会会同柳州市工商学会和北海市工商学会举办“理论骨干培训班”。年内发文向全区工商系统征集理论研究课题，为建设“工商智库”做准备；承接自治区政府《广西个体工商户地域和行业分布特点研究》课题。年内与自治区党委组织部联合举办了工商行政管理专题研讨班，与各市分管副市长及相关厅局负责人通过研讨交流，达成了推进工商行政管理体制改革的共识。围绕注册资本登记制度改革、网络市场监管、新修改的消费者权益保护法颁布等重点工作和重大事件，在全系统组织开展多个专题理论调研活动，广大干部积极踊跃参与，共收到理论调研文章近 500 篇，并召开了相应的理论研讨会，编印出版了相应的专题论文集。

2015 年，自治区工商局首次面向全国公开招标 30 项研究课题。广西工商行政管理课题研究招投标工作小组办公室设在工商学会和研究所。《2015 年度广西工商行政管理课题研究招标公告》5 月 12 日在广西红盾网发布，5 月 13 日、14 日先后在《广西日报》《中国工商报》发布。广西工商学会还与各大高校的科研处联系，同时在相关微博、微信上进行宣传。到投标截止日，有效投标人共达 177 人，无一课题流标。拟定《广西工商行政管理课题研究招投标管理暂行办法》和《广西工商行政管理课题研究招投标评标细则》并与中标人签署《广西工商行政管理课题研究招投标合同》。年内受广西统计局统计学会委托，开展题为“广西个体工商业发展现状与问题思考”的课题研究。

2016 年，广西工商学会联合研究所举办“全区工商系统理论研究培训班”。组织桂林工商学会、柳州工商学会以及北海工商学会参加中国市场监督管理学会在重庆召开市场监督理论研讨会。自治区工商局与广西民族大学等院校合作开展“中国—东盟商标培育与管理比较研究”“广西商标史研究”“推动商标监管理论研究深入发展”“广西治理商标侵权行为对策研究”“广西农产品地理标志品牌战略研究”等 5 个课题的研究。此外，为配合推进商事制度改革，组织开展了“证照分离”课题研究；结合“两学一做”学习教育，开展了“强化机关文化的政治引领功能研究”和“提高党组织履职能力研究”。其中，《自治区工商管理局抓好“小个专”党建工作提升工商系统党组织履职能力——如何提高工商系统党组织履职能力的探讨》论文获得广西机关党的建设研究会 2016 年度优秀研究成果一等奖，自治区工商管理局机关党委获优秀组织奖。编印出版《2015 年广西工商行政管理课题研究论文集》。2016 年 9 月 12 日，第二届中国—东盟工商论坛在南宁举办，主题为“商标品牌保护与发展”。10 月 16 日，广西地方党政领导干部工商行政管理专题研讨班在国家工商总局行政学院开班。

2018 年 9 月 13 日，自治区工商局协同各有关单位，在南宁红林大酒店举办中国—东盟商标品牌论坛。2018 年，开展广西营商环境现状及优化对策研究、构建企业信用协同监管机制研究、广西市场监管风险指数研究、广西商品交易市场监管现状及对策研究、广西消费维权社会共治研究、广西消费维权指数研究、广西网络交易市场消费维权存在问题及对策研究等 7 个课题研究。完成《广西商事制度改革研究报告》《广西营商环境现状及优化对策研究》。

第二节 社会团体

个体劳动者协会

1981年10月8日，自治区人民政府《关于贯彻〈国务院关于城镇非农业个体经济若干政策性规定〉的补充通知》指出："个体经营者协会，四市和大的县城，按会员多少和有利于管理的原则，可按行业组织，也可以几个行业联合组织；一般县城和大的集镇，可以统一组织一个个体经营者联合协会。个体经营者协会，由各地人民政府指定工商行政管理部门或其他部门领导"。1983年9月2日，自治区人民政府《贯彻执行国务院关于加强市场和物价管理的通知的补充通知》要求："在今年内把市、县、公社（镇）的各级个体劳动者协会普遍建立起来"。至1984年底，全自治区已建立了市、县级个体劳动者协会81个，乡（镇）级个体劳动者分会749个。自治区人民政府办公厅于1985年1月10日发出《关于成立广西个体劳动者协会筹备组的通知》。1985年3月28日—31日，广西个体劳动者第一届代表大会在南宁召开，大会审议通过《广西个体劳动者第一届代表大会工作报告》；审议通过《广西个体劳动者协会章程》；选举产生了广西个体劳动者协会（以下简称广西个协）第一届委员会（以后改为理事会），常务委员7名，委员37名。讨论通过《致全区个体劳动者的倡议书》。

1989年8月26日—28日，广西个体劳动者第二届代表大会在南宁召开。广西个协副会长廖世涛受第一届理事会的委托，作了工作报告。大会审议通过了第一届理事会的工作报告和财务收支情况报告，通过了倡议书，选举产生了广西个协第二届理事会。理事35名、常务理事11名。

1994年9月4日，广西个协第三次代表大会在南宁召开，会期两天。会议讨论了第二届理事会的工作报告，通过了第三次代表大会代表资格审查报告，选举产生了个协第三届理事会。

1995年5月11日，自治区工商局、共青团广西壮族自治区委员会、广西个体劳动者协会、自治区私营企业协会联合以桂工商办字〔1995〕153号文向各地、市、县、自治县工商行政管理局、团委、个体劳动者协会及私营企业协会发出《关于加强个体劳动者协会、私营企业协会团组织建设的通知》。该通知指出：①要充分认识加强个体劳动者协会私营企业协会团组织建设的重要性；②个体劳动者协会、私营企业协会团组织的设置，可以按照有利于加强团员青年的教育与管理，有利于正常开展团的活动，有利于个体工商户、私营企业青年素质的提高和积极分子的培养的原则灵活设置；③加强对个体劳动者协会、私营企业协会团组织的领导。

1996年8月19日，钦州市个协第一届代表大会在钦州召开，出席大会正式代表96人，特邀代表11人，大会选举产生第一届理事会理事。同日，钦州市私营企业协会召开第一次代表大会，正式代表28人，列席代表4人，选举产生了第一届理事会理事25名，常务理事14名。

2006年6月20日，柳州市个体劳动者第七次代表大会在市工商局三楼会议室隆重召开，大会民主选举产生了新一届会长和理事，会长为市工商局机关党组书记李小云担任。8月12日，贺州市个体劳动者私营企业者协会召开了第二届常务理事会第一次全体会议。

广西各级工商部门按照2007年下发的《广西壮族自治区人民政府办公厅下发关于印发行业协会和中介组织与行政职能部门脱钩工作方案的通知》，将成立的各级个协、私协先后注销。2009年7月，自治区民政厅注销了广西个协、广西私协。至2017年，广西个体私营企业群体没有统一的协会组织。

2017年4月，广西多家民营企业牵头成立筹委会，6月2日，自治区民政厅批复同意成立广西个体私营企业协会。8月30日，广西个体私营企业协会成立大会在广西南宁沃顿国际大酒店举行。该协会由国家工商总局直接部署，在自治区工商局的指导下，全国首家由社会力量创办的个私协会。

2017 年 8 月 30 日，广西个体私营企业协会成立暨第一次会员代表大会在南宁召开

截至 2018 年 7 月，广西个体私营企业协会有会员单位 250 个。

私营企业协会

1991 年 12 月 10 日—11 日，广西私营企业协会第一次代表大会于在南宁召开，大会审议并通过了《广西私营企业协会章程》，讨论通过《广西私营企业第一次代表大会倡议书》，选举产生了广西私营企业协会第一届理事会。常务理事 9 名，理事 19 名。

1992 年 1 月 11 日，梧州市私营企业协会成立。6 月，自治区私营企业协会及博白县私营企业协会会同博白县总工会，在博白喷施宝有限责任总公司进行了工会组织的试点工作，建立了广西第一个私营企业工会组织。8 月 27 日，自治区工商局、自治区私营企业协会在横县召开广西私营企业协会常务理事暨部分县、市工商局主管局长会议，会议研究了如何发展广西私营经济以及已有 20 户以上私营企业的县（市）年底前成立私营企业协会有关事宜。截至年末，全自治区共有 24 个市县成立了私营企业协会。

1995 年 5 月 11 日，自治区工商局、共青团广西壮族自治区委员会、自治区个体劳动者协会、自治区私营企业协会联合以桂工商办字〔1995〕153 号文向各地、市、县、自治县工商行政管理局、团委、个体劳动者协会及私营企业协会发出《关于加强个体劳动者协会、私营企业协会团组织建设的通知》。该通知指出：个体劳动者协会、私营企业协会团组织的设置，可以按照有利于加强团员青年的教育与管理，有利于正常开展团的活动，有利于个体工商户、私营企业青年素质的提高和积极分子的培养的原则灵活设置；加强对个体劳动者协会、私营企业协会团组织的领导。12 月 23 日，自治区工商局、广西私营企业协会在南宁召开私营企业家座谈会，在自治区工商局登记注册的数十家私营企业主参加了座谈会，会上选举产生了出席第二届私营企业代表大会的代表。

1996 年 5 月 13 日，广西私营企业协会第二次代表大会在南宁召开，会期两天。大会审议并通过《广西私营企业协会第一届理事会工作报告》《广西私营企业协会章程（修改草案）》；选举产生广西私营企业协会第二届理事会；选举新一届会长、副会长以及常务理事；通过关于聘请广西私营企业协会名誉会长、顾问的决定。8 月 19 日，钦州市召开私营企业协会第一次代表大会，正式代表 28 人，列席代表 4 人，选举产生了第一届理事会理事 25 名，常务理事 14 名。

2001 年，广西共有私营企业协会 22 个，在职人数 27 人。

2003 年，广西共有私营企业协会 17 个，比上年少 8 个，在职人数 5 人。

2006 年，广西共有私营企业协会 38 个，为历年最多，编制 2 名。

从 2007 年 4 月开始，自治区人民政府办公室厅下发《关于印发行业协会和中介组织与行政职能部门脱钩工作方案的通知》，开展所属行业协会与工商部门脱钩工作，全自治区各级工商部门成立的各级个私营企业协会开始先后到民政部门办理注销手续。广西共有私营企业协会 11 个，在职人员 1 名。

2008 年 12 月 16 日，广西私营企业协会在南宁召开广西私营企业协会二届六次常务理事会议。会议传达了《广西壮族自治区人民政府办公厅关于印发行业协会和中介组织与行政职能部门脱钩工作方案的通知》精神；通报了广西私营企业协会与自治区工商局脱钩工作进展情况；审议通过了注销广西私营企业协会及协会资产处置原则的决议。

2009 年 7 月，自治区民政厅注销了广西私营企业协会。

至 2017 年初，广西个体私营企业群体没有统一的协会组织。2017 年 6 月 2 日，自治区民政厅批复同意成立广西个体私营企业协会。截至 2018 年 7 月，广西个私营企业协会有会员单位 250 个。

表 6-5-1　2000—2007 年广西私营企业协会情况

年份	机构数（个）	编制数（个）	在职人数（人）
2000	25	—	4
2001	22	—	27
2002	25	4	14
2003	17	—	5
2004	22	7	6
2005	30	5	—
2006	38	2	—
2007	11	—	1

消费者协会

广西消费者协会于 1986 年 3 月 13 日成立。按照消费者协会章程每 4 年换届的规定，1990 年 1 月 13 日，广西消费者协会召开了换届会议。会议产生了第二届理事会，推选出理事 100 名，常务理事 32 名。

1992 年 5 月 19 日，广西消费者协会第二届第二次理事会在南宁召开，会议通过了增补和更换理事名单。同年，梧州地区工商局批复同意梧州地区消费者协会申请登记，至 12 月底，梧州地区成立乡镇消协分会 83 个，其中藤县 18 个，岑溪 17 个，贺县 16 个，钟山 16 个，昭平 11 个，蒙山 5 个。至 1992 年底，各级消费者协会还在乡镇、企业、街道、学校等建立基层组织——分会、监督站共 590 个，受到上级表彰的先进集体有 163 个，先进个人 191 人。

1994 年 1 月 1 日施行的《中华人民共和国消费者权益保护法》规定了消费者协会履行的七项职能，分别为：向消费者提供消费信息和咨询服务；参与有关行政部门对商品和服务的监督、检查；就有关消费者合法权益的问题，向有关行政部门反映、查询，提出建议；受理消费者的投诉，并对投诉事项进行调查、调解；投诉事项涉及商品和服务质量问题的，可以提请鉴定部门鉴定，鉴定部门应当告知鉴定结论；就损害消费者合法权益的行为，支持受损害的消费者提起诉讼；对损害消费者合法权益的行为，通过大众传播媒介予以揭露、批评。9 月 26 日，广西消费者协会第三届理事会在南宁市召开，会期两天。会议选举产生消协第三届理事会，审议通过《广西消费者协会章程》，表彰全区保护消费者权益先进集体和先进个人。10 月 23 日，梧州地区消费者协会改称为梧州地区消费者工作指导委员会。

1995 年，广西工商行政管理系统共有消费者协会 90 个，编制 93 名，在职人数 160 人，其中大学本科 1 人、大专 17 人。

1997 年 5 月 1 日，贺县消费者协会更名为贺州市消费者协会。

1998 年，广西工商行政管理系统共有消费者协会 157 个，编制数 128 个，在职人数 195 人，均为历年最高值。

1999 年，广西工商行政管理系统消费者协会机构数、编制数及在职人数锐减，分别为 66 个、18 个、69 人。2000 年，在职人数再次锐减为 24 人。

2005 年 12 月 1 日，柳州市消费者协会农机产品监督投诉站正式成立。

2006 年，柳州全市已有县级以上组织 13 个，消协分会 68 个，消费者投诉接待站 56 个，联络站 89 个，基本上形成了遍布全市、县并延伸到乡镇、社区、学校、商场的维权网络。11 月 22 日，贺州市八步区消费者协会成立，同日召开了第一届理事会。至 2006 年底，广西工商行政管理系统共有消费者协会 133 个，编制数 57 名，在职人员 14 人。

2007 年 4 月 5 日，依据《广西消费者权益保护条例》的规定，经自治区机构编制委员会批准广西消费者协会更换为广西消费者权益保护委员会(简称广西消委会)。广西消委会是对商品和服务进行社会监督，保护消费者合法权益的社会公益性组织。至 2008 年河池、贵港、北海、防城港、贺州、梧州、玉林等市建立了消委会组织机构。

2009 年 8 月 27 日，《中华人民共和国消费者权益保护法(2009 年修正本)》施行，其对消费者协会和其他消费者组织的职能未作调整。

2011 年，广西工商行政管理系统共有消费者协会 14 个，编制数 15 个，在职人员 7 人。

2013 年 2 月，自治区工商局、自治区高级人民法院、广西消委会联合印发《关于建立消费纠纷行政调解与司法调解衔接机制的意见》(桂工商发〔2013〕6 号)，在全自治区推进建立行政与司法调解衔接机制。截至年底，全区 14 个市、109 个县(区)工商局、消委会全部与当地人民法院联合制定建立消费纠纷行政调解与司法调解衔接机制的实施方案，人民法院在市、县工商行政管理机关或消委会设立消费纠纷流动法庭 59 个。

2014 年 3 月 15 日，《全国人民代表大会常务委员会关于修改〈中华人民共和国消费者权益保护法〉的决定》施行，其对消费者协会的职责作了部分修改，其中增加“参与制定有关消费者权益的法律、法规、规章和强制性标准”职能，并将“向消费者提供消费信息和咨询服务”补充为“向消费者提供消费信息和咨询服务，提高消费者维护自身合法权益的能力，引导文明、健康、节约资源和保护环境的消费方式”，将“就损害消费者合法权益的行为，支持受损害的消费者提起诉讼”补充为“就损害消费者合法权益的行为，支持受损害的消费者提起诉讼或者依照本法提起诉讼”，将“各级人民政府对消费者协会履行职能应当予以支持”补充为“各级人民政府对消费者协会履行职责应当予以必要的经费等支持。”将“投诉事项涉及商品和服务质量问题的，可以提请鉴定部门鉴定，鉴定部门应当告知鉴定结论”调整为“投诉事项涉及商品和服务质量问题的，可以委托具备资格的鉴定人鉴定，鉴定人应当告知鉴定意见”，在八项职责之后，增加“消费者协会应当认真履行保护消费者合法权益的职责，听取消费者的意见和建议，接受社会监督。”

2015 年 11 月，广西消委会机场分会成立。12 月 22 日，广西消委会第一届一次全体会议在广西人民会堂召开。经全体委员审议通过《广西消费者权益保护委员会组织管理办法》。2015 年，广西共有消费者协会 19 个，编制数 6 个，在职人员 6 人。

2015 年 12 月 22 日，广西消费者权益保护委员会第一届一次会议在南宁召开

2016 年，召开全区消委会系统工作会议。传达并贯彻落实中消协第五届理事会二次会议精神，下发文件部署基层消委会（消协）换届选举工作。向自治区编办、人社厅、财政厅汇报消委会组织建设情况。5 月、8 月分别向自治区编办、人社厅、财政厅汇报消委会组织建设情况以遇到的困难，并就机构性质及人员编制问题与自治区编办沟通。2017 年 4 月，设立广西消费者权益保护中心（广西消费者权益保护委员会秘书处），不再保留广西消费者权益保护委员会事业机构。

2017 年，钦州市、来宾市消委会和德保县分别召开了地方消委会第一届一次全体会议，按照中消协、自治区消委会架构完成换届工作。广西基层各级消委会组织不健全不完善，换届工作不平衡，大部分没有按程序完成。同时市、县两级消委会普遍存在无工作机构和无专职工作人员、无专项经费配备的实际困难。

表 6-5-2　1995—2015 年广西消费者协会基本情况统计

年份	机构数（个）	编制数（人）	在职人数（人）
1995	90	93	160
1996	90	47	82
1997	94	49	111
1998	157	128	195
1999	66	18	69
2000	67	19	24
2001	70	18	85
2002	64	13	23
2003	41	9	13
2004	64	19	12
2005	70	9	9
2006	133	57	14
2007	64	20	7
2008	17	15	7

续表

年份	机构数（个）	编制数（人）	在职人数（人）
2009	23	15	7
2010	23	15	7
2011	14	15	7
2012	12	—	—
2013	7	1	6
2014	7	6	6
2015	19	6	6

广告协会　商标协会

1986 年 8 月 14 日，自治区人民政府同意成立广西壮族自治区广告协会。1987 年 4 月 22 日，广西壮族自治区广告协会正式成立。大会选举了协会理事 26 名，常务理事 16 名。截至 1987 年年底，申请加入广西壮族自治区广告协会并经批准的新老会员共有 56 家，换发了统一的中国广告协会会员证书。1989 年 12 月，自治区工商行政管理局、自治区广告协会以《关于桂林等四市成立广告协会基层指导小组的批复》，同意成立桂林、柳州、梧州、北海 4 市广告协会基层指导小组。1991 年 6 月 18 日、10 月 26 日，南宁、桂林市分别成立了广告协会。

1992 年 7 月 16 日，自治区广告协会在南宁召开第一届第六次理事会议。

1993 年 6 月 28 日，成立柳州市广告协会。8 月 18 日，广西广告协会在南宁召开第二次会员代表大会。会议审议通过了第一届理事会的工作报告以及《广西壮族自治区广告协会章程》；选举产生了第二届理事会理事 57 名，常务理事 31 名。

1994 年 9 月 9 日，中南六省（自治区）广告协会联席会在北海召开，会期两天。中国广告协会秘书长时学志到会指导、自治区工商局副局长江建伟出席会议。会议就加强广告监管信息交流，规范广告行业竞争秩序问题达成共识。9 月至 10 月，梧州市工商局成立梧州市广告协会。

1998 年 5 月 26 日，广西商标协会在南宁举行成立大会。

2006 年 5 月 28 日，广西广告协会正式开通广西广告网站。

2007 年 12 月 31 日，广西商标协会注销。

2016 年，自治区党委办公厅、自治区人民政府办公厅印发《广西行业协会商会与行政机关脱钩实施方案》，之后，广西工商行政管理局再次清理行业协会商会。2017 年广西广告协会与广西工商行政管理局完成各项脱钩工作。

工商行政管理学会

1989 年 7 月 27 日，广西工商行政管理学会在南宁成立。它是研究工商行政管理科学理论的群众性学术团体，挂靠广西壮族自治区工商行政管理局。广西工商行政管理学会第一届代表大会选举产生学会理事 51 名。大会通过《广西壮族自治区工商行政管理学会章程》。发展个人会员 170 名，团体会员 4 个。

1993 年 7 月 25 日，广西工商行政管理学会在南宁召开第二届会员代表大会。会上总结了第一届学会理事会的工作，作关于修改学会章程的说明。大会讨论通过了新的《广西工商行政管理学会章程》，选举产生了第二届广西工商行政管理学会理事会理事、常务理事。

1995 年，分别建立常务理事会、理事会工作制度和会员联谊制度。至年底，全自治区共有工商行政管理学会 17 个。

1997 年底，广西工商行政管理学会共有团体会员 5 个，即南宁、柳州、桂林、北海四市及南宁地区工商行政管理学会，有个人会员 210 人。

1998 年，全自治区共有 7 个工商行政管理学会，编制数 5 个，在职人数 10 人。

2001 年，梧州市工商局成立了工商行政管理学会。

2002 年，全自治区共有 3 个工商行政管理学会，在职人数 1 人。

2004 年，全自治区共有 15 个工商行政管理学会，在职人数 32 人，在职人数为历年最多。

2005 年 11 月 10 日，全区工商行政管理学会工作会议在南宁召开，各市工商行政管理局分管学会工作的领导及学会秘书长参加了会议。

2006 年 5 月 18 日，贺州市工商行政管理学会成立并召开第一次理事会会议。6 月 28 日，广西工商行政管理学会第四届会员代表大会暨第三届“学会杯”优秀论文表彰大会在南宁召开。审议并通过学会工作报告；通过学会新的章程；选举产生新一届理事会及领导机构；表彰第三届“学会杯”优秀论文作者。

2010 年，基层工商学会存在机构不全、人员少、经费少的突出现象。

2012 年，广西工商行政管理学会按机关机构改革和新“三定”方案，帮助和指导各级工商行政管理学会切实加强自身建设，到基层调查研究，及时听取各级学会加强学会建设的意见和建议，积极与市、县工商局领导沟通，协调解决基层学会机构建设、人员配备、经费保障等方面问题，切实帮助各级学会解决工作中遇到的问题。

2014 年 10 月，广西工商行政管理学会第五届会员代表大会在南宁召开，会议选举产生新一届学会理事会。

2015 年 12 月 21 日，召开广西工商行政管理学会第五届理事会第二次会议。学会负责人积极参加民政厅主办的非营利性组织负责人培训班。全自治区共有 3 个工商行政管理学会，在职人数 1 人。

2018 年 11 月 9 日上午，召开广西工商行政管理学会第五届会员代表大会暨理事会，通过了对学会章程进行的修改，增加党的建设和社会主义核心价值观的有关内容，使学会章程适当新时代新形势的需要。

2014 年 10 月 29 日，广西工商行政管理学会第五届会员代表大会在南宁召开

大事纪略

大事纪略

1992 年

1 月 20 日 自治区工商局下发《关于外商投资企业和外国(地区)企业登记注册有关问题的通知》(桂工商外字〔1992〕6 号)。明确了对外商投资企业实行国家工商局登记管理和授权登记管理的原则。未经国家工商局授权的地方工商局,不能直接核准登记外商投资企业。当年,广西有直接核准外商投资企业登记权的工商局有 3 个:自治区工商局和北海市工商局、桂林市工商局。自治区工商局委托南宁市、柳州市、梧州市工商局,初审外商投资企业申请登记注册的文件、证件。

3 月 14 日 自治区工商局为进一步推进支持搞好国营大中型企业工作,经自治区人民政府同意,在桂工商字〔1991〕88 号《关于支持企业搞活生产经营,推动各类市场发展若干问题的规定》的基础上,制定了《广西壮族自治区工商行政管理局关于支持搞好国营大中型企业的意见》(桂工商字〔1992〕67 号)下发各地执行。要求各级工商行政管理机关进一步采取灵活措施,积极支持搞好国营大中型企业发展。(1) 支持国营大中型企业转换经营机制,增强活力,促进企业产业结构和产品结构的调整。(2) 积极参与培育市场体系,鼓励工贸企业兴办市场,为企业平等竞争创造良好的市场环境。(3) 加强经济合同管理,完善合同制度,整顿交易秩序,促进企业经营行为的规范化。(4)指导企业运用商标、广告策略,开拓市场,发展生产,提高效益。(5) 经济检查工作要为建立和维护正常的经济秩序、搞好国营大中型企业服务。

3 月 26 日 自治区工商局在南宁召开“打假冒、保名牌”专项斗争会议。参加会议的有各地、市和部分县工商局局长及有关人员。会议传达了全国专项斗争会议精神,对广西如何开展专项斗争工作作了部署。自治区工商局局长李元熙,副局长周为民、廖世涛、黄绍熙、陈章进等领导到会并讲了话。

3 月 国家工商局发布《关于表彰全国工商行政管理系统先进工商所和优秀工商行政管理人员的决定》。对全国各级工商行政管理机关在加强基层干部队伍建设,维护社会主义市场经济秩序中涌现出来的先进工商所和优秀工商行政管理人员进行表彰。广西被授予“全国工商行政管理系统先进工商所”称号的有 12 个:容县工商局容州工商所、南宁市工商局交易场管理处、柳州市工商局驾鹤工商所、桂林市工商局第一分局南站工商所、梧州市工商局蝶山工商所、北海市工商局西塘工商所、崇左县工商局城关工商所、浦北县工商局北通工商所、靖西县工商局龙邦工商所、宜山县工商局德胜工商所、岑溪县工商局岑城工商所、象州县工商局象州工商所;被授予“全国工商行政管理系统优秀工商行政管理人员”称号的有 9 人:黄福贤、王守贤、肖家顺、周桂良、云兴旺、韦熙、唐肇培、李文定、黄成。

4 月 23 日 国家工商局在四川成都召开全国工商行政管理信息工作会议。会议对各省、区、市、计划单列市和经济特区工商局,1991 年统计年报工作进行评比。自治区工商局企业登记统计、市场统计、经检统计、合同统计、个体统计、私企登记统计工作,分别获得单项先进奖。

4 月 30 日 自治区 1991 年度“重合同、守信用企业”考核评审工作结束,共评选出“重合同、守信用企业”697 户。其中,53 户连续 5 年、339 户连续 3 年被评为“重合同、守信用企业”,305 户企业新获得“重合同、守信用企业”称号。同时,评选出企业主管部门优秀合同管理干部 28 名,企业优秀合同管理员 171 名。

5 月 2 日 自治区工商局局长李元熙随同自治区党委书记赵富林、自治区主席率领的广西代表团,赴广东省部分市、县进行为期 10 天的参观学习。14 日,李元熙局长给自治区工商局机关干部职工作了此次参观学习的情况报告。

6月11日 自治区工商局副局长、自治区消协会长周为民等一行6人，参加了国家工商局在云南昆明召开的中南、西南、西北等省、区、市消费者协会消费理论研讨会，会期3天。会议进行了保护消费者权益工作理论探讨及工作经验交流。

6月23日 自治区工商局下发《关于城乡集贸市场分类的规定》（桂工商市字〔1992〕120号），对全区集贸市场进行如下分类（共21类）：(1)城乡综合集贸市场。(2)城乡农副产品（包括药材、木材、水产品、矿产品）批发市场。(3)日用小商品市场。(4)牲畜产品市场。(5)金融市场。(6)日用杂品市场。(7)机动车船交易市场。(8)旧货市场。(9)旅游商品市场。(10)文化市场。(11)花鸟市场。(12)各种手工业品专业市场。(13)夜市。(14)边境贸易市场。(15)各类生产资料市场（包括煤炭、钢材、木材、水泥、废旧金属等）。(16)自然形成的交易点。(17)闲置商品市场。(18)建筑材料市场（砂石、石灰、砖瓦、平板玻璃等）。(19)家具市场。(20)技术市场。(21)房地产市场。

6月25日 广西消费者协会、广西新闻工作者协会联合组织第二届全区维护消费者权益好新闻评选活动，共评出获奖作品30篇（其中一等奖5篇、二等奖10篇、三等奖15篇）。

6月30日 为纪念《中华人民共和国经济合同法》实施10周年（1982—1992年），自治区工商局向自治区人大常委会、人民政府作专题汇报，并在《广西日报》《广西工商报》发表了专版文章。李元熙局长还在广西电视台发表了专题讲话。

7月15日 自治区工商局制定下发《广西城乡个体工商户、私营企业规范化管理达标活动办法》（桂工商个字〔1992〕128号）。该办法针对各地在执行桂工商个字〔1991〕148号《关于城乡个体工商户、私营企业规范化管理达标活动试行方案》过程中出现的具体问题进行了修改和完善，对全区城乡个体工商户、私营企业规范化管理达标活动提出了新要求，并制定了规范化管理达标考核和奖励办法。要求各市、县每年组织考核一次，自治区每两年组织一次考评。该办法比试行方案，更加科学化、制度化、规范化。

7月16日 广西广告协会第一届第六次理事会议在南宁召开。会议传达了中国广告协会福州全国广告协会秘书长会议精神，总结了1991年工作情况，研究布置了1992年工作任务，讨论了参加全国第三届优秀广告作品展评和建立广西广告协会主委会等有关事宜。

8月6日 经自治区人民政府批准，自治区工商局和自治区人事厅联合召开全区工商行政管理系统先进集体和先进工作者表彰大会，会期2天。自治区人大常委会副主任黎济武、自治区副主席韦继松、自治区政协副主席韦瑞霖到会祝贺。自治区工商局局长李元熙，副局长周为民、廖世涛、黄绍熙、陈章进，以及自治区有关部门领导出席了大会。自治区副主席韦继松，自治区工商局局长李元熙和副局长陈章进分别在大会上讲话。桂林市工商局等59个单位荣获"全区工商行政管理系统先进集体"称号；吕映保等51名个人荣获"全区工商行政管理系统先进工作者"称号。

8月8日 自治区工商局"广西著名商标"评选工作会议在南宁召开。自治区工商局和部分地、市工商局，以及自治区经委、自治区轻工业厅等部门的18人组成评委会，评出"广西著名商标"65个，并从中选送50个报国家工商局参加1992年度"中国驰名商标"评选活动。自治区工商局局长李元熙到会并讲话。

8月18日 自治区工商局在广西工商学校举办为期4天的全区工商行政管理系统外商独资企业登记管理业务培训班。培训的主要内容：学习外商独资企业登记管理的法律、法规和政策，以及初审业务知识。参加培训的有各地、市、县工商局分管外资工作的干部，共93人。自治区工商局局长李元熙和副局长陈章进分别在培训班开学和结业仪式上讲话。

8月21日 自治区工商局组织全区工商行政管理系统"双先"（先进集体、先进工作者）代表巡回报告团，到全区13个地、市和防城港区工商局，以及自治区工商局机关、广西工商学校作先进事迹巡回报告，为期30天。报告团有岑溪县工商局副局长邓振洲、都安瑶族自治县工商局副局长唐廷业、容县容州市场工商所指导员黄伟林等先进集体代表和全国、全区工商行政管理系统先进工作者吕映保、戴云明等5人组成。报告团先后作报告16场次，听众达4800多人。

9月10日 自治区工商局制定下发《广西工商行政管理系统廉政制度》（桂工商人字〔1992〕183号）。

通过制定工商行政管理人员的“八要”“八不准”，办事公开制度的“九公开”和内部制约制度、考核制度，以及奖励制度、惩处制度和采取相应措施，切实纠正行业不正之风，提高工作透明度和依法行政效率，促进全区工商行政管理机关廉政建设。

9月11日 自治区工商局以桂工商企字〔1992〕184号文，答复钦州地区工商局钦地工商字〔1992〕63号文《关于对东兴开发区工商行政管理局行使县级工商局职权的请示》。同意设立防城各族自治县东兴开发区工商行政管理局，委托代行辖区内外商投资企业登记注册初审手续和辖区内企业法人、个体工商户、私营企业的注册登记与监督管理。

9月16日 以自治区工商局顾问、自治区个体劳动者协会会长廖世涛为团长的广西区个体工商户文艺表演团，参加了由国家工商局和中国个体劳动者协会在北京联合举办的首届全国个体劳动者文艺会演，为期6天。广西选送的3个节目全部获奖：桂林市代表队演出的文场《月圆情深》获一等奖；南宁市代表队的独唱《五彩缤纷舞霓裳》和宜山县代表队演出的渔鼓《李贵凉粉》获三等奖。另外，《月圆情深》和《李贵凉粉》还分别获导演奖，广西区个体劳动者协会获组织奖。

9月21日 自治区工商局下发《关于进一步开展打击走私贩私活动的通知》（桂工商检字〔1992〕216号）。该通知要求：(1)进一步提高对打击走私贩私斗争的思想认识。(2)狠抓大案要案，严厉打击走私贩私活动。(3)严格按照《办案程序》办案。(4)工商行政管理人员要加强组织纪律性，严格遵纪守法，不准为走私贩私活动提供方便，更不允许参与走私贩私违法活动，对违反者，要进行严肃处理。

10月4日 自治区工商局下发《关于实行“广告经营八项管理制度”的通知》（桂工商标广字〔1992〕206号）。“八项制度”：(1)广告业务登记审查验证制度。(2)广告经营合同制度。(3)存档制度。(4)广告送样备案制度。(5)广告统计报表制度。(6)广告收费标准备案制度。(7)单独立账制度。(8)法规学习制度。

10月6日 自治区工商局起草《广西壮族自治区工商行政管理局关于给企业放宽政策简政放权的意见》，上报自治区人民政府。

10月13日 自治区工商局下发《关于支持加快发展第三产业的意见》（桂工商办〔1992〕212号）。要求各级工商行政管理机关认真履职，以加快广西第三产业的发展，进一步发挥第一、第二产业的潜力和效益，加快整个经济发展速度和改善经济结构，推动经济运行机制向社会主义市场经济转变上发挥应有作用。要切实做到：(1)支持企业大力发展第三产业。(2)支持发展与科学技术进步相关的新兴咨询业、信息业和各类技术服务业。(3)鼓励党政机关和事业单位兴办第三产业。(4)支持发展广告产业。(5)支持建立健全多形式、多功能的农业产前、产中、产后社会化服务体系。(6)鼓励个体私营经济发展第三产业。(7)积极发展和培育市场体系。(8)支持企业到外地和欢迎外地企业到我区兴办发展第三产业。(9)积极吸引和利用外资兴办第三产业。(10)简化登记手续，提高办事效率。(11)加强监督管理，保护企业的合法权益。

10月13日 由自治区工商局副局长、私营企业协会会长陈章进为顾问，自治区工商局顾问、自治区个协会会长廖世涛为团长的参展团，赴深圳参加全国20个省（自治区、直辖市）个体、私营企业名优新特产品联展会，展期4天。广西参加联展会的个体工商户、私营企业有52户，展出的产品有80多种，成交签约额达1200多万元。

11月3日 自治区工商局副局长黄绍熙参加国家工商局在武汉市召开的全国市场工作会议，会期4天。会上，命名表彰了1991年至1992年度“全国文明集贸市场”。广西荣获“全国文明集贸市场”称号的有南宁市南宁交易场、南宁市和平商场、横县横州市场、灵山县丰江市场、北海市南珠市场、合浦县石康镇红星市场、容县容州市场、玉林市龙船服装专业市场、玉林市中药材市场、梧州市文澜市场、岑溪县岑城中心市场、桂林市瓦窑市场、桂林市南站市场、兴安县兴安市场、象州县象州市场、柳州市驾鹤日用工业品市场、河池市金城江市场、百色市东风市场、防城县民族市场、贵港市北门市场等20个市场。

11月9日 广西广告协会选送41件优秀广告作品，组织全区广告协会会员单位和广告管理人员80多人，赴江西南昌参加中国广告协会举办为期10天的“全国第三届广告作品展”暨评比会。广西荣获优秀奖1件，佳作奖1件。

11 月 自治区工商局推选王受成、袁良平等 20 名个体长途贩运户先进代表，参加自治区人民政府召开的“全区流通领域表彰大会”。

12 月 经自治区机构编制委员会同意，成立广西商标事务所，核定事业编制 10 名。

1993 年

2 月 3 日 最高人民检察院副检察长冯锦汶带领中央、国务院打击走私贩私检查团一行 14 人，在自治区政法委副书记赵乙生陪同下，到自治区工商局检查打击走私贩私工作。自治区工商局局长李元熙、副局长黄绍熙分别向中央检查组汇报了广西工商行政管理部门打击走私贩私有关工作情况。

2 月 15 日 自治区人民政府在香港举办“广西投资项目介绍会”，会期 4 天。自治区工商局副局长黄绍熙，带领外资处负责人和南宁市、柳州市、桂林市、北海市、梧州市工商局外资管理干部 13 人，到香港和深圳现场办理“三资”企业审批办照手续。共核准登记“三资”企业 255 户（其中，自治区工商局核准登记 204 户，南宁市工商局核准 10 户，柳州市工商局核准 22 户，桂林市工商局核准 14 户，北海市工商局核准 4 户，梧州市工商局核准 1 户）。合同投资总额 13.1 亿美元，注册资金 7.6 亿美元（外方认缴出资额为 2.94 亿美元）。

2 月 28 日 自治区工商局协同自治区人民检察院等有关单位，联合在南宁市朝阳广场开展纪念商标法实施十周年宣传日活动。自治区人大常委会副主任黎济武莅临现场并发表了讲话，自治区工商局局长李元熙，副局长黄绍熙、陈章进参加了宣传日活动。

3 月 2 日 自治区工商局与自治区编制局，在南宁联合召开有地、市工商局政秘科长和各地、市编制局机关编制科长参加的工作会议，部署“工商行政管理机构改革”课题研究。自治区工商局局长李元熙、副局长陈章进和自治区编制局主任马海波到会讲话。

3 月 6 日 广西工商报社举行创刊 5 周年座谈会。杨基常、王祝光、黎济武等自治区领导及李元熙、黄绍熙、陈章进等自治区工商局领导参加了座谈会。

3 月 11 日 自治区工商局下发《关于统一实行市场固定摊位租用招标的通知》（桂工商市字〔1993〕87 号）。要求在全区范围内统一执行市场固定摊位租用公开招标。凡在市场内租用固定摊位的，不论何种经济成分，一律平等参加公开投标，不应加设其他优惠政策。

4 月 5 日 自治区工商局副局长陈章进和周为民顾问陪同国家工商局、国家编制委员会联合组成的工商所编制核查组，赴桂林市、柳州市工商局核查工商所编制，听取了 15 个县工商局有关情况的汇报，核查工作于 4 月 10 日结束。

4 月 30 日 自治区 1992 年度“重合同守信用企业”考核评审工作结束。在评审中，共评选出“重合同守信用企业”856 户。其中，35 户连续 6 年、335 户连续 5 年、318 户连续 3 年被评为“重合同守信用企业”，170 户企业新获得“重合同守信用企业”称号。同时，评选出企业优秀合同管理员 131 名。

5 月 自治区工商局人教处完成国家工商局、自治区编制委员会布置的关于体制和机构改革调查任务，草拟《广西壮族自治区工商行政管理系统体制和机构改革的意见》上报国家工商局。

6 月 14 日 自治区工商局、广西个体协会、广西私营企业协会在南宁召开全区先进个体劳动者、先进私营企业者表彰大会。授予钟友彰等 773 人“全区先进个体劳动者”称号，授予杨熙初等 69 人“全区先进私营企业者”称号。自治区党政领导赵富林、雷宇、黎济武、卢燕南，国家工商局副局长甘国屏、个体私营经济司副司长屈建民，广西个协名誉会长骆明、林中到会祝贺。自治区工商局、广西个协、广西私协的领导李元熙、陈章进、黄绍熙、廖世涛，以及自治区有关部门的领导出席了大会。赵富林、雷宇、甘国屏、李元熙、陈章进等领导分别在大会上讲话，为先进代表颁发荣誉证书并合影留念。

6 月 18 日 国家工商局副局长甘国屏一行，应邀来南宁参加全区先进个体劳动者和先进私营企业者表彰大会。会后，甘国屏分别到南宁、北海、桂林等 10 个市、县进行考察，听取了自治区和 7 个县工商局关于发展个体私营企业情况汇报。在全国文明市场——南宁市和平商场考察时，甘国屏深入了解个体私营经济发展情况并鼓励个体工商户合法经营，发家致富；在龙胜、资源考察时，与县委、县政府领导和个体工商户、私营企业主代表，就如何加快民族地区、边远地区个体私营经济的发展进行座谈。

6月20日 自治区人民政府任命陈章进为自治区工商局局长。

7月15日 中纪委正厅级专员张厚模一行3人到自治区工商局调研打击走私贩私工作情况。自治区工商局局长陈章进介绍了广西工商行政管理工作基本情况，副局长黄绍熙汇报了自治区工商行政管理部门打击走私贩私工作情况。

7月17日 自治区工商局与自治区人事厅、自治区财政厅、自治区编制委员会联合下发《关于工商行政管理部门严格按编制和条件调入人员确保干部素质的通知》（桂工商人字〔1993〕185号）。

7月26日 越南国家经济仲裁委员会主席黎才率领代表团一行5人，到广西南宁进行为期3天的工作访问。自治区副主席陆兵会见了越南客人。自治区工商局经济合同仲裁委员会领导与越南客人就经济合同仲裁工作和边境贸易问题交换了意见。中方参加座谈的有国家工商局合同司副司长张经，自治区工商局局长陈章进等领导。

8月2日 自治区工商局下发《关于印发"八五"规划后三年广西个体私营经济发展规划的通知》（桂工商个字〔1993〕200号）。规划从广西的区情出发，全面估量了广西经济发展的现状和趋势，以"七五"期间及1992年个体私营经济的发展速度为参数，对今后3年内全区个体私营经济发展的方向、任务及政策作了总体部署，并规定了部分量化指标。

8月20日 自治区工商局组织5个检查小组，分别赴柳州市、桂林市、梧州市、北海市、防城港市、柳州地区、桂林地区、梧州地区等8个地、市工商局进行廉政建设、执法工作检查，检查工作于30日结束。

8月28日 自治区工商局下发《关于贯彻执行〈商品交易市场登记管理暂行办法〉具体实施意见的通知》（桂工商市字〔1993〕223号）。要求凡有固定场所、设施，有若干个经营者入场实行集中、公开交易的各类生活消费品、生产资料市场，以及多个单位和个人参加经营的商场，均应进行市场登记；形成集中交易的生产要素市场，也要进行市场登记，由工商行政管理部门按市场登记管辖规定核发市场登记证。

9月22日 自治区工商局在自治区党委党校举办《社会主义市场经济理论》《期货市场》《证券市场》《关税及贸易总协定与中国经济发展》师资培训班，全区工商行政管理系统12个培训基地选派的41名学员参加了学习培训。培训班于10月13日结束，学员经考试全部合格取得师资证书。自治区工商局副局长李显光出席开学典礼并讲话。

9月25日 自治区机构编制委员会批准设立防城港市工商局，核定局机关编制12名。

10月5日 自治区工商局下发《广西工商行政管理系统廉政制度》（桂工商人字〔1993〕263号）。强调要通过采取廉政纪律、监督制约、考核奖惩等措施，不断促进全区工商行政管理系统党风廉政建设工作的有序开展。

10月7日 全国保护消费者权益先进集体、先进工作者和保护消费者权益活动家表彰会议在北京召开。南宁市、全州县、陆川县、宾阳县、贺县、柳江县等6个消费者协会被评为先进集体，王志明、陈柏林、钟守阳、黄秀萍等4位个人被评为先进工作者。

10月8日 自治区工商局局长陈章进陪同自治区副主席雷宇、黄蓉贞等领导到柳州市参加广西食糖市场开业典礼。广西食糖期货批发市场是经自治区人民政府批准，由柳州市工商局筹备建立，柳州市工商局负责管理，设有综合部、交易部、信息部、结算部、财务部等部门，市场运用计算机网络进行中远期现货批发交易的方式经营白糖批发。

10月23日 自治区工商局制定《关于贯彻〈自治区人民政府关于进一步加快我区个体私营经济发展的决定〉（桂政发〔1993〕88号）的具体实施意见》（桂工商个字〔1993〕272号），下发各地执行。《实施意见》提出：全区各级工商行政管理部门要按照自治区人民政府决定要求，认真分析本地区个体私营经济发展情况和存在主要问题，把发展个体私营经济，使之上规模、上档次作为工作的出发点和落脚点及新的经济增长点。要用好、用足、用活决定的各项规定，抓住机遇，务求发展。

11 月 13 日 自治区人民政府在南宁召开新闻发布会，自治区人民政府副秘书长刘军代表自治区人民政府发布《自治区人民政府关于进一步加快我区个体私营经济发展的决定》；自治区工商局局长陈章进受自治区人民政府委托，就如何宣传贯彻国家工商局《商品交易市场登记管理办法》作了讲话。自治区工商局副局长黄绍熙、李显光，自治区党委政策研究室副主任梁明春等领导出席了新闻发布会。

11 月 16 日 自治区工商局局长陈章进到广西工商行政管理学校，为全体师生员工和科、局长培训班学员作形势报告。

11 月 27 日 国家工商局原局长、中个协会长任中林应自治区领导和自治区工商局邀请，到南宁开展考察和指导工作。11 月 29 日，在自治区工商局机关召开了座谈会。

11 月 29 日 自治区工商局局长陈章进应广西人民广播电台专题部邀请，就宣传贯彻反不正当竞争法的有关问题发表专题广播讲话。

12 月 1 日 国家工商局原局长、中个协会长任中林在自治区工商局顾问廖世涛陪同下，分别到南宁市、北海市、防城港市和桂林地、市进行了为期 15 天的工作考察，重点了解个体私营经济发展方面的工作。

12 月 7 日 自治区工商局副局长李显光赴武汉参加中国消费者协会第二届第四次理事会，以及国家工商局分片召开的省、自治区、直辖市工商局长会议。会议的主要议题是讨论修改刘敏学局长将在 1994 年 1 月召开的全国工商行政管理工作会议的工作报告，会议于 12 月 14 日结束。

12 月 28 日 自治区工商局会同自治区消费者协会，在南宁联合举行宣传贯彻《中华人民共和国消费者权益保护法》座谈会。与会人员为有关新闻单位、自治区消协部分理事及消费者代表，共 60 多人。自治区人大常委会副主任、自治区消协名誉会长黎济武，自治区工商局局长陈章进、副局长李显光，消协会长周为民等领导在会上讲话，有关领导及部分消协理事在会上发言。

1994 年

1 月 4 日 广西个协、私协在柳江县召开理事会暨经验交流会，会期 3 天。自治区政府特邀顾问、私协名誉会长陈仁，自治区工商局局长、私协会长陈章进，自治区工商局副局长黄绍熙，自治区工商局特邀顾问李元熙，自治区工商局顾问、广西个协会会长廖世涛等领导出席会议并讲话。

2 月 14 日 自治区技术监督局、自治区商业厅、自治区粮食局、自治区供销社、自治区工商行政管理局，联合以桂技监字〔1994〕17 号文转发国家技术监督局、国内贸易部、国家工商局发〔1993〕26 号文《零售商品称重计量监督规定》。要求自治区工商局做好如下工作：⑴通过各种渠道，大力宣传该规定，使生产、经营者和广大消费者熟悉、了解该规定。⑵负责培训各地、市执行《规定》的计量的工商行政管理骨干人员。⑶加强对生产、销售商品的计量监督检查，对违反规定者依照计量法给予行政处罚。

5 月 23 日 自治区对外经济贸易委员会、自治区工商局，联合以桂外贸综〔1994〕第 43 号文印发对外贸易经济合作部、国家工商局《关于加强桑蚕茧统一收购管理工作的通知》。通知明确自治区工商局任务：组织力量，采取有效措施，加强蚕茧统一收购管理工作，迅速扭转目前收购管理秩序较为混乱的现象，保证当地桑蚕茧收购任务的完成。

5 月 31 日 广西个体劳动者协会会同自治区工商局、共青团区委、南宁市工商局、南宁市个协、共青团南宁市委，在区政府礼堂隆重召开广西出席全国先进青年个体劳动者表彰大会报告会。自治区人大常委会副主任黎济武，自治区政府特邀顾问陈仁，自治区政协副主席卢燕南，自治区工商局局长陈章进、副局长黄绍熙，团区委副书记黄体先，广西个协会长廖世涛，南宁市副市长曾宁等领导到会，并为广西荣获“全国先进青年个体户”称号的 9 名个体户颁发了牌匾和证书。

6 月 24 日 自治区工商局局长陈章进代表自治区工商局，在自治区党委组织的自治区直属机关单位向灾区捐赠仪式上捐款 30 万元。

6 月 28 日 自治区工商局隆重举行为抗击洪涝灾害捐款捐物仪式，共捐款 53.5 万元。其中，部职工个人捐款 8.5 万元。

7月12日 自治区人民政府下发《关于培育和发展市场体系的通知》，对工商行政管理部门监督管理商品市场，参与监督管理生产要素市场予以明确，提出了一系列培育和发展市场体系的优惠政策。

8月5日 自治区工商局局长陈章进、副局长黄绍熙向中央反腐败工作调查组汇报了广西工商行政管理系统开展反腐败工作的情况。调查组听取汇报后，认为广西工商行政管理系统廉政、纠风工作所采取的措施具体得力，效果显著。

8月14日 自治区工商局局长陈章进一行赴北京参加全国工商局长座谈会，会期6天。陈章进局长代表自治区工商行政管理系统，向在抗洪救灾中给予广西大力支持的国家工商局，以及安徽、西藏、海南、贵州、云南、河南、新疆、四川、北京、天津、上海、青岛、宁波等13个省、区、市工商局赠送锦旗。

9月8日 自治区工商行政管理系统第一次调研工作会议在陆川县召开，会期3天。会议传达了国家工商局第21次调研工作会议精神，交流了调研工作经验。自治区工商局副局长李显光出席会议并讲话。

9月9日 中南六省(自治区)广告协会联席会在北海召开，会期2天。中国广告协会秘书长时学志到会指导、自治区工商局副局长江建伟出席会议。会议就加强广告监管信息交流，规范广告行业竞争秩序等问题达成共识。

9月30日 自治区工商行政管理局、自治区经济体制改革委员会联合以桂工商企字〔1994〕232号文印发《关于办理1994年7月1日前已审批设立的股份有限公司登记注册的通知》。通知就1994年7月1日前，由自治区体改委审批设立的70家股份有限公司的注册登记问题提出意见：(1)尊重事实，先登记，后规范。(2)分期审批，限期办理登记注册。(3)密切配合搞好咨询服务。(4)严格执行法规，加强和规范公司登记。

10月13日 自治区工商局副局长李显光参加自治区党委、自治区人民政府在南宁召开的自治区1994年抗洪救灾先进集体和先进个人表彰大会。自治区工商局被评为先进单位。

10月28日 自治区工商局主办的全区公司法电视知识竞赛总决赛在广西电视台演播厅举办。此次竞赛，对广泛宣传公司法起到积极的促进作用。

11月 经国务院批准，钦州地区撤地设市，钦州地区工商行政管理局更名为钦州市工商行政管理局，下辖灵山县、浦北县两个县级工商局和钦南、钦北、钦城、钦州港4个分局。市局机关内设办公室等11个机构。全市工商行政管理系统有干部职工1193人。其中，市局机关27人，县局机关156人，工商所1010人。

12月24日 广西工商行政管理学校举行建校10周年庆祝大会。来自全区工商系统代表400余人和在校师生900余人欢聚一堂贺校庆。国家工商局发来贺电，刘敏学局长、杨培青副局长题词；自治区副主席雷宇到校庆贺并作了重要讲话；自治区副主席陆兵观看了校庆文艺演出。自治区工商局局长陈章进在讲话中充分肯定了建校10年来取得的成绩，强调培养一支高素质队伍是建立有权威的市场执法和监督机构的决定因素，要求继续把学校办好。

1995年

1月5日 自治区工商局、广西个体劳动者协会、广西私营企业协会、玉林地区工商局联合在玉林举办自治区首届个体私营名优特新产品暨年货展销会，会期16天。自治区副主席雷宇、自治区政府副秘书长黄泉寿，自治区工商局局长陈章进出席展销会开幕式并讲话。参加展销会的有个体工商户、私营企业600多家，展品3000多种，总交易额达1.5亿元。

1月17日 自治区人大法制委、自治区工商局在南宁召开实施《广西壮族自治区个体工商户条例》《广西壮族自治区私营企业条例》新闻发布会。自治区人大常委会副主任黎济武、自治区副主席雷宇，自治区工商局局长陈章进出席新闻发布会并讲话。

1月26日 自治区副主席雷宇在自治区工商局局长陈章进的陪同下，前往遭受特大洪涝灾害的桂平市、平南县、藤县、梧州市对节日市场生活物资供应情况进行检查，为期3天。看望慰问春节期间坚守岗位的工商行政管理系统干部职工。雷宇副主席充分肯定了工商行政管理部门在抗洪救灾、保证市场供应工作中做出的成绩，同时就如何稳定市场物价，加强队伍建设作重要指示。

2 月 10 日　自治区人民政府办公厅以桂政办〔1995〕18 号文，下发《转发自治区工商行政管理局关于委托地区工商行政管理局办理企业登记管理意见的通知》，布置开展委托地区工商局办理地区直属企业登记管理工作。

2 月 19 日　自治区工商局、自治区司法厅和广西消费者协会，组队参加司法部、国家工商局、中国消费者协会联合在广州举办的全国消费者权益保护法知识竞赛复赛，获优胜奖。

2 月 25 日　国家工商局副局长曹天玷在自治区工商局副局长李显光陪同下，分别到广西贵港、玉林、北海、防城港、东兴等地，对市场培育、企业登记、个体私营经济发展等工作进行检查，为期 4 天。

3 月 2 日　自治区工商局局长陈章进、梧州市委书记徐瑞村，应邀到香港对市场监督管理情况进行考察，为期 9 天。

3 月 13 日　南宁市新城区人民政府召开 1994 年度社会治安综合治理工作总结表彰大会。自治区工商局被评为新城区 1994 年度综合治理工作红旗单位，自治区工商局副局长李显光被评为综治工作优秀领导工作者，办公室副主任马日民被评为综治工作标兵。

6 月 12 日　广西消费者协会在南宁召开第三届广西维护消费者权益“康佳杯”好新闻评比会。会上，从 1993 年、1994 年各级电视、广播、报纸中刊播的近 90 篇参评作品中，评出获奖作品 30 篇。其中，一等奖 5 篇，二等奖 10 篇，三等奖 15 篇。自治区工商局副局长、广西消费者协会会长李显光到会讲话。

6 月 16 日　自治区工商局副局长黄绍熙接受广西人民广播电台记者采访，介绍自治区工商局搞好扶贫工作当好后盾的工作情况。6 月 17 日，广西人民广播电台《抓党建，促经济》栏目播出了黄绍熙副局长的讲话。

6 月 21 日　自治区工商局举行党建理论演讲比赛，局机关及二层机构的 5 位选手参赛，企业处黄建军获第一名，广西工商报社尹玲获第二名，广西个协赖建春获第三名。自治区党委宣传部副部长阳国亮，自治区工商局党组书记、局长陈章进，副局长黄绍熙，自治区政协常委、自治区工商局特约顾问李元熙参加活动，并为获奖选手颁奖。

7 月 18 日　自治区工商局、广西个体劳动者协会、广西私营企业协会，联合以桂〔1995〕176 号文发布《关于在个体工商户、私营企业中实行收费明白卡制度的通知》。通知要求各地、市工商局、个体劳动者协会、私营企业协会，根据自治区物价局、财政厅于 1994 年联合发布的第一号至第五号行政管理事业性收费项目和标准的通告规定，在个体工商户、私营企业中实行“收费明白卡”制度，坚持做好以下工作：(1) 要充分认识实行收费明白卡制度的重要性。(2) 各级工商行政管理部门和各级个协、私协要积极做好实行收费明白卡制度的宣传、教育工作，组织会员学习有关法律、法规证词，增强自觉履行缴费义务和用法律法规政策保护自己合法权益的意识和能力。(3) 在实行“收费明白卡”制度的同时，对经自治区物价局、财政部门公布尚未列入“收费明白卡”的，以及今后国家、自治区人民政府出台的收费项目都要按规定收缴。

8 月 5 日　自治区“二五”普法检查验收组，到自治区工商局检查验收“二五”普法工作。经检查验收，自治区工商局获得 97.3 分，被评为“二五”普法合格单位。

8 月 22 日　自治区工商局局长陈章进、副局长黄绍熙参加自治区人民政府召开的全区部分地、市、县打击走私工作会议。会上，自治区工商局经济检查局被评为自治区打击走私先进集体，江建伟、谢家进、黄可华、陈波 4 人被评为先进个人。

8 月 23 日　自治区工商局副局长黄绍熙赴北京参加全国“打假”工作会议，会期 5 天。国家经贸委、国家工商局、国家技术监督局联合表彰了一批全国打击生产和经销假冒伪劣商品违法行为先进单位和先进个人。自治区工商局荣获全国“打假”先进单位称号，聂邕坪等 10 名个人荣获全国“打假”先进个人称号。

8 月 24 日　自治区工商局与自治区人大法制委联合召开实施《广西壮族自治区企业法人登记管理条例》新闻发布会。自治区人大常委会副主任黎济武、自治区工商局局长陈章进在新闻发布会上讲话，自治区工商局副局长李显光以及自治区人大法制委的有关领导出席了会议。

9月6日 自治区工商局机关召开募捐大会，为1995年广西扶贫行动筹集善款。自治区工商局局长陈章进在会上作动员讲话，自治区工商局副局长黄绍熙传达了自治区党委书记赵富林在全区扶贫工作会议上的讲话精神，副局长李显光主持会议。会上，局机关干部职工踊跃捐款，共筹集个人捐款21288元，集体捐款22.5万元。会后，自治区工商局局长陈章进接受了广西电视台等记者的采访，介绍了从部门职能出发，搞好扶贫工作的做法和打算。

9月30日 自治区工商局局长陈章进到百色参加自治区党委、自治区人民政府举行的南昆铁路南宁至百色段通车典礼，随后参加了自治区人民政府召开的现场办公会，积极为解决百色地区经济发展中的困难出谋划策。

10月6日 自治区工商局局长陈章进到四川省万县市，参加全国工商行政管理系统对口支援三峡库区移民工程暨援藏工作座谈会，为期9天。

11月11日 自治区工商局机关干部参加自治区党委组织部、自治区人事厅组织的区直机关国家公务员制度基本知识考试。自治区工商局平均分91.3分，及格率100%。

11月12日 自治区第一所由广西个体劳动者协会、广西私营企业协会会员捐资40万元兴建的学校——广西瑶寨光彩小学，在南丹县八圩乡瑶寨村举行奠基仪式。自治区副主席、广西个协名誉会长韦继松发来贺信，自治区工商局副局长、广西个协会会长黄绍熙出席了奠基仪式。

11月14日 自治区工商局党组书记、局长陈章进参加自治区直属机关党代会，选举自治区直属机关出席自治区第七次党代会代表。陈章进当选为自治区第七次党代会代表。

11月16日 自治区工商局副局长黄绍熙到长沙市参加中国广告协会召开的全国第四届优秀广告作品评选大会，会期4天。广西获金奖1个，银奖1个，优秀奖2个，佳作奖4个。

11月27日 自治区编委、自治区纪委、自治区监察厅联合下发《关于区直机关纪检、监察机构设置和人员编制的通知》(桂编〔1995〕36号)，自治区纪委、监察厅向区直机关28个部门派驻纪检、监察机构。自治区纪委派驻自治区工商局纪检组和自治区监察厅派驻自治区工商局监察室正式成立。

12月20日 自治区工商局下发《关于在全区工商行政管理系统使用工商企业监管卡(IC卡)系统的通知》(桂工商办字〔1995〕343号)，布置推广使用IC卡工作。

12月22日 自治区工商局在广西科技馆举办“广西保护名优产品、打击假冒伪劣商品展览”开幕式。自治区副主席雷宇、自治区政协副主席马明龙，以及自治区党委办公厅原秘书长张光皓出席了开幕式。自治区工商局局长陈章进致开幕词，副局长黄绍熙主持开幕式。展览展示了自治区各级工商行政管理机关自1993年以来，在打击制售假冒伪劣商品，保护名优产品，维护生产者、经营者和消费者合法权益方面作出的努力和取得的成绩。同时，展示了自治区内外名优特新产品，展览于1996年1月3日结束。

12月23日 广西个协在南宁举办广西首届个体劳动者时装模特大赛，大赛为期3天。南宁市、柳州市、桂林市、梧州市、北海市、钦州市和玉林地区代表队参加了决赛。比赛分设服装套装设计、系列服装设计、模特表演一、二、三等奖和优秀奖，设7个组织奖。自治区人大常委会副主任、广西个协会名誉会长韦继松，自治区工商局局长陈章进，自治区工商局副局长、广西个协会会长黄绍熙观看了决赛，并为获奖单位代表和获奖选手颁奖。

1996年

1月11日 自治区工商局被中国工商报社授予1995年度“通讯报道先进单位”，中国工商报社驻玉林地区、钦州市、南宁市通联站被授予1995年度先进通联站。

1月29日 自治区工商局副局长黄绍熙参加南宁市人民政府“创三城文明单位”表彰大会。自治区工商局机关获南宁市“创三城文明单位”。

2月12日 自治区工商局机关召开1995年度总结表彰大会。自治区副主席张文学发来贺电，自治区政府副秘书长黄泉寿、自治区党委组织部副部长张延吉、自治区直属工委纪检书记韦宗赏到会讲话，自治区工商局局长陈章进作总结报告。自治区工商局副局长黄绍熙、李显光参加了会议。会议表彰了6个先进党支部、44名优秀党员，6个先进集体、83名先进工作者。

2月12日 自治区工商局在自治区政府礼堂举办1996年全区工商行政管理系统迎春晚会。来自南宁市、桂林市、柳州市、北海市、防城港市、南宁地区、百色地区等7个地市工商局代表队参加了演出。自治区人大常委会副主任黎济武、韦继松，自治区政协副主席卢燕南，自治区工商局局长陈章进，副局长黄绍熙、李显光，南宁市、南宁地区领导代表，以及自治区直属机关、自治区工青妇等有关部门负责人观看了演出。

3月6日 自治区工商局与自治区体改委联合召开股份公司规范工作会议。会议按照公司法规定，对自治区150家股份有限公司进行规范和重新登记注册。自治区工商局局长陈章进、副局长黄绍熙到会讲话。

3月14日 广西消费者协会成立10周年庆祝大会在南宁召开。自治区人大常委会副主任、广西消协名誉会长黎济武，自治区政协副主席卢燕南，自治区政府副秘书长、广西消协顾问黄泉寿，自治区工商局局长、广西消协顾问陈章进，自治区工商局副局长、广西消协顾问黄绍熙，自治区工商局副局长、广西消协会长李显光，以及各有关单位负责人和企业代表150多人出席了大会。自治区党委书记赵富林、副书记丁廷模，自治区人大常委会副主任黎济武，自治区副主席张文学，自治区政协副主席卢燕南，自治区工商局局长陈章进题词祝贺。李显光会长在会上作了题为《风雨十春秋　回眸堪欢颜》的工作报告。会上，广西消协向消费者推荐45家企的52种商品为“1996年广西消费者协会推荐商品”，并举行了颁证授匾仪式。

3月15日 自治区工商局召开局机关全体干部职工大会，宣布自治区工商局按照“三定”方案确定新的机构、人员配置方案和名单。自治区工商局局长陈章进、副局长黄绍熙、李显光出席了会议。

3月16日 自治区工商局、广西消费者协会在南宁梦之岛购物中心联合发起百万消费者签名驱假活动。活动现场向消费者散发资料，宣传消费者权益保护法等法律、法规，受理投诉，开展咨询，以此纪念“3·15国际消费者权益日”。自治区人大常委会副主任黎济武、自治区政协副主席卢燕南，自治区工商局局长陈章进，副局长黄绍熙、李显光等领导参加了活动。自治区工商局、广西消协现场散发各种宣传资料6万多份，接受投诉和咨询千余人次，同时为百余厂家提供了服务。

3月22日 “范宗平事迹报告团”成员在广西工商学校为自治区工商局、南宁市工商局机关干部职工和工商学校的师生作报告。自治区工商局局长陈章进在报告会结束时讲话，要求干部职工迅速掀起向范宗平同志学习的热潮，为推动“公平交易执法年”和“工商形象建设年”活动的开展作出更大贡献。

3月27日 自治区工商局按照新“三定”方案，完成了新一轮的机构改革工作，通过了自治区编制委员会的验收。从4月起，自治区工商局机关按新机构新机制运行。

4月5日 自治区工商局局长陈章进参加区直机关机构改革总结会。自治区党委副书记马庆生在总结报告中表扬了自治区工商局。

4月9日 自治区人大常委会、自治区工商局联合召开实施《广西经纪人管理条例》新闻发布会。自治区人大常委会副主任黎济武、自治区副主席张文学、自治区工商局局长陈章进出席新闻发布会并讲了话。出席会议的还有自治区人大常委会副主任韦继松、自治区人大法制委员会主任周民霖、自治区工商局副局长黄绍熙、李显光和有关厅局领导。

4月15日 原属玉林地区管辖的县级贵港市升格为地级市，县级贵港市工商局也相应升格为地市级工商局。地级贵港市工商局下辖桂平市（县级）工商局、平南县工商局，直辖港北、港南、覃塘三个分局，市局机关内设办公室、人教科、财务科、商广科、合同科、市场科、公消科、企业和个体科等9个职能科室和监察室，全市工商行政管理系统共有87个工商所。

5月9日 中纪委驻国家工商局纪检组、监察部驻国家工商局监察局二室主任蓝海带领检查组成员，到广西检查工商行政管理部门治理公路“三乱”工作，检查工作于5月23日结束。检查组听取了自治区工商局副局长黄绍熙汇报治理公路“三乱”工作情况，先后对国道321线、322线、207线、214线和5条省市道及南宁、武鸣、凭祥、防城港、东兴、北海、合浦、玉林地区、梧州、桂林等10多个地、市、县工商局治理公路“三乱”工作进行了检查。检查组对广西工商行政管理部门治理公路“三乱”工作给予了充分肯定,同时指出工作中还存在的问题,提出进一步做好治理公路“三乱”工作意见。

5月12日 自治区工商局召开整治保健食品市场新闻发布会。自治区副主席张文学出席会议并发表讲话,他强调各级工商行政管理部门要在政府的领导下,加大执法力度,对重点地区、重点部位、重大案件要集中精力,一抓到底。自治区工商局局长陈章进在部署工作时强调,保健食品市场整治工作是国家工商局部署的全年六大工作之一,各级工商行政管理部门要高度重视。陈章进从整治工作的目标、内容、实施步骤和方法等提出具体的要求,还就保健食品市场整治问题接受了新闻记者采访。自治区工商局副局长李显光以及局机关各处室、协会、直属单位负责人参加了会议。

5月16日 自治区工商局机关举办“双学”演讲比赛。自治区党委宣传部副部长阳国亮,自治区政协常委李元熙,自治区直属机关纪工委书记韦宗赏等应邀到会指导。自治区工商局局长陈章进、副局长黄绍熙,以及局机关、直属单位党员干部90多人观看了演讲比赛。经评委审定,企业处黄建军荣获第一名,工商学校阚丽萍获第二名,办公室何静获第三名,赖建春、陶耀峰、陆清、吴映获优秀奖。自治区党委宣传部副部长阳国亮、自治区直属机关纪工委书记韦宗赏、自治区工商局局长陈章进为获得前三名的选手颁奖,并在活动结束时分别作了讲话。

5月25日 自治区工商局局长陈章进参加全区军转干部安置工作表彰会。自治区工商局被评为自治区军转工作先进单位。

5月27日 自治区工商局局长陈章进到北京参加全国工商行政管理座谈会,会期5天。会议内容:⑴汇报开展“两年一脱钩”工作情况。⑵汇报和交流关于市场办管脱钩工作进展情况,研究解决市场办管脱钩工作中存在的问题。⑶汇报和交流开展公平交易执法年和工商形象建设年活动的主要情况。自治区工商局市场办管脱钩和加强市场管理工作得到国家工商局的肯定和表扬。

5月29日 自治区工商局、中国人民银行广西区分行联合以桂〔1996〕120号文,发布《关于加强金融广告监督管理的通知》。通知对发布金融广告作出了规定,明确了金融广告定义、金融企业发布金融广告的内容要求、审批部门以及应提交的证明文件,并列举禁止发布金融广告的情形和对违反通知要求的处罚规定。

5月31日 自治区工商局在玉林市举办广西首期消费品市场经纪人培训班,为期2天。这是自治区工商局为贯彻落实《广西经纪人管理条例》而进行的一次示范性培训。来自玉林地区、贵港市的90多名经纪人参加了培训,各地、市工商局市场科长应邀参加观摩、学习。经培训、考试,有88人取得经纪人资格证书,他们依法登记注册,成为首批消费品市场合法的经纪人。这标志着自治区工商行政管理部门对经纪人的登记,以及经纪人活动的管理逐步走向正轨。

6月20日 全区依法行政总结表彰会议在南宁召开。全区工商系统有17个单位荣获全区依法行政“百佳”单位称号,占被表彰单位的16.8%;6名干部荣获“百佳”工作者称号。自治区工商局经济检查局和赵瑞昌分别获得全区依法行政“百佳”单位、“百佳”工作者称号。

6月25日 自治区工商局机关召开开展党纪政纪条规教育和实施“三严四自”工程动员大会。自治区纪委常委、自治区监察厅副厅长曹明燕、自治区直属机关工委副书记郑忠诚出席大会并讲话。自治区工商局局长陈章进,在会上作了题为《实施干部队伍建设“三严四自”工程,进一步巩固“双学”成果》的动员讲话,自治区工商局副局长李显光主持,局机关干部职工参加。

6月26日 自治区工商局组织8个检查组,分赴各地、市、县对市场办管脱钩工作进行检查验收,为期5天。检查结果表明,自治区工商局市场办管脱钩工作进展顺利。

6月28日 自治区工商局在南宁召开纪念公司法贯彻实施两周年座谈会。自治区人大常委会副主任黎济武、自治区副主席张文学出席座谈会并作了重要讲话。自治区工商局局长陈章进,在座谈会上作了题为《深入贯彻〈公司法〉深化企业登记管理制度改革》的发言。自治区工商局副局长黄绍熙、李显光,以及广西斯壮股份有限责任公司、广西建工集团有限责任公司等多家企业主要负责人参加座谈会。

6月28日 自治区直属机关工委在自治区政府礼堂召开红旗机关党委、红旗机关党委书记表彰暨实施“三严四自”工程动员大会。自治区工商局机关党委被授予“红旗机关党委”称号；自治区工商局机关党委副书记张乐祥受到表扬。

6月 卫生部、国家医药局、国家中医药管理局、国家工商局，在玉林市召开“首批中药材市场发证现场会”。玉林市中药材市场被定为首批获证的8个市场之一。

7月中旬 广西部分地区遭受特大洪涝灾害的消息，牵动着自治区工商局干部职工的心。自治区工商局领导先后4次召开各处室、协会、二层机构负责人会议，发动干部职工为灾区群众捐款捐物，共捐赠衣物2904件，现金40多万元。

7月23日 自治区工商局副局长李显光率领自治区工商局赈灾慰问团，赴柳州市、柳州地区对受灾的工商系统干部职工进行慰问，为期5天。随慰问团运往灾区的有大米、面粉、冬瓜、矿泉水等救援物资共20吨(4辆大卡车)。赈灾慰问团深入柳州、柳城、融安、融水、三江等市、县(自治县)，实地察看灾情，看望受灾工商干部，并代表自治区工商局向日夜奋战在抗洪抢险第一线的干部职工表示亲切的慰问，勉励大家在取得抗洪救灾初步胜利的基础上，再接再厉，战胜困难，重建家园，争取抗洪救灾的全面胜利。自治区工商局、广西个体劳动者协会、广西私营企业协会发出紧急通知，要求各地个体工商户、私营企业主踊跃捐钱捐物支援灾区；要求受灾地区的工商机关充分发挥职能作用，加强市场监督管理，维持市场正常秩序；实行倾斜政策，扶持灾区群众、企业和个体工商户开展生产自救；号召非灾区和轻灾区工商干部职工要发扬一方有难，八方支援的社会主义道德风尚，踊跃捐赠物资援助灾区，帮助灾区群众渡过难关。自治区工商局及时了解灾情，通报有关情况，在较短时间内筹集了40万元救灾资金，用于援助遭受重灾的12个地市、县工商部门。

8月2日 自治区人大法制委员会、自治区工商局联合召开实施《广西壮族自治区商品交易市场管理条例》(以下简称《条例》)新闻发布会。自治区人大常委会副主任黎济武、自治区副主席张文学、自治区工商局局长陈章进出席会议并讲话。黎济武、张文学，要求工商部门广泛宣传《条例》，正确领会《条例》的主要内容，严格执行《条例》规定，各有关部门要相互配合、相互支持，共同形成监管市场执法合力。陈章进对《条例》的有关问题作了说明，就如何贯彻实施《条例》谈了几点意见，要求各级工商部门认真组织干部职工学习《条例》，采取多种形式向社会各界宣传《条例》，通过履行对商品交易市场登记注册的职责，培育完善市场体系，强化对市场交易行为的监督管理工作。自治区工商局副局长黄绍熙、李显光，自治区直属机关有关单位领导，以及自治区工商局机关各处、室、协会、直属单位负责人出席了新闻发布会。

8月6日 自治区工商局草拟《广西壮族自治区反不正当条例》，经广西壮族自治区第八届人民代表大会常务委员会第23次会议审议通过。

8月12日 国家工商局市场办管脱钩检查验收组，分两批到广西(另一批为8月20日)对市场办管脱钩工作进行检查验收。自治区工商局局长陈章进、副局长李显光分别向检查验收组汇报了市场办管脱钩工作情况，陪同检查验收组到南宁市、北海市、玉林地区、北流市、梧州市、桂林市等地进行检查验收。检查组对广西的市场办管脱钩工作评价为认识明确、领导重视、措施有力、完成任务、达到目的。

8月31日 1996年广西工商系统“工商形象杯”男子篮球赛在南宁市体育馆拉开战幕。来自自治区工商局和14个市工商局的150名运动员参加比赛。自治区人大常委会副主任黎济武，自治区副主席袁凤兰，自治区政府副秘书长黄泉寿，自治区党委办公厅副主任黄桐华，自治区工商局局长陈章进，副局长蔡玉瑜、黄绍熙、李显光，以及自治区直属机关工委、自治区商检局、自治区人事厅、自治区体委、自治区总工会、南宁市体委等单位领导出席了开幕式。经过6天激烈角逐，北海市、桂林市、南宁市工商局代表队分别获得前3名，梧州地区、玉林地区、柳州地区、梧州市、桂林地区、百色地区工商局代表队获得精神文明奖。

9月9日 新华通讯社第2542期“国内动态清样”刊登《广西工商局针对关键环节遏制腐败现象》；新华社“每日电讯”9月13日刊登《采取有力措施，防止以权谋私，广西工商管理部门强化管理》；9月20日，新华社《内部参考》第74期刊登《广西工商局抓关键反腐败》。这三篇文章充分肯定了全区工商系统在纠正行业不正之风、反腐倡廉方面取得的成果。具体做法与经验在全区乃至全国都产生了积极影响，得到了自治区领导和国家工商局领导的肯定。

9月10日 自治区党委组织部、自治区实施“三严四自”工程办公室、自治区直属机关工委、自治区工商局，联合在西园饭店礼堂召开自治区区直机关实施“三严四自”工程现场经验交流暨第二阶段工作部署大会。自治区党委组织部副部长吴汉，自治区党委组织部副部长、自治区人事厅党组书记兼厅长孙屹，自治区党委组织部副部长兼自治区实施“三严四自”工程办公室主任王法雄，自治区直属机关工委书记郑忠诚，自治区工商局领导陈章进、蔡玉瑜、黄绍熙、李显光，以及自治区直属机关100多个厅局单位近400名代表出席了大会。自治区工商局局长陈章进在会上作典型发言，介绍了实施“三严四自”工程取得的成绩以及做法和经验，得到了自治区党委组织部和自治区直属机关工委的充分肯定。

10月16日 国家工商局派出检查组，分别到桂林、玉林、北海、钦州和南宁五地、市，对保健食品市场整治工作进行检查，为期一周。自治区工商局局长陈章进陪同检查组，到玉林、北海、钦州三地进行检查。自治区副主席张文学在钦州与检查组成员见面，并对检查组带来其他地方整治工作的先进经验表示感谢。检查组与自治区工商局副局长江建伟就整治工作交换了意见，检查组对广西整治保健食品市场所取得的成绩给予了充分肯定。

10月21日 自治区副主席张文学在自治区工商局局长陈章进的陪同下到钦州调研。张文学对工商系统在培育市场体系方面的做法给予肯定，同时希望钦州市把握钦州撤地设市的机遇，进一步培育完善市场体系，改善流通环境，为钦州经济发展打牢基础。

10月22日 自治区工商局在北海市举办“广西工商行政管理系统听证培训班”，为期3天。来自各地、市、县工商局代表共180多人参加了培训。培训期间，自治区副主席张文学就如何加强社会主义精神文明建设和工商法治建设作了讲话。自治区工商局局长陈章进作《加大办案力度，提高办案水平》的专题报告。国家工商局法制司派员到培训班指导，并上了工商行政管理机关行政处罚程序和听证规则辅导课。培训班辅导、讲课与实际听证演示相结合方式进行，收到了良好的效果。

10月23日 自治区工商局召开企业登记综合管理系统软件功能演示暨新闻发布会。自治区副主席张文学出席会议并讲话。张文学对自治区工商局率先把计算机技术运用于工商管理工作上给予很高的评价，他希望工商行政管理部门大力加强信息网络建设，不断提高现代化管理水平。自治区工商局局长陈章进，就如何抓好计算机信息的基础建设作了工作布置。自治区工商局副局长黄绍熙和各地、市工商局分管企业登记管理的领导，以及企业登记管理科长参加会议。《广西日报》、广西电视台、广西人民广播电台、《广西法制报》、《广西工商报》等新闻单位应邀参加新闻发布会。

11月12日 中央组织部全国基层办《基层组织建设情况通报》第25期刊发了广西工商行政管理局实施“三严四自”工程，把“双学”活动引向深入的做法和经验。

11月11日 国家工商局执法监察检查组对广西工商行政管理部门开展执法监察工作情况进行了检查，为期10天。自治区工商局副局长蔡玉瑜、江建伟等陪同检查组，深入桂林市、桂林地区和南宁市进行检查。通过检查，检查组认为广西工商行政管理系统执法监察工作真正做到了领导重视，贯彻认真，重点明确，措施得力。

11月26日 自治区“三严四自”工程检查组到自治区工商局检查实施“三严四自”工程第二阶段工作情况。自治区工商局党组书记、局长陈章进，局党组副书记、副局长蔡玉瑜，分别向检查组汇报了实施“三严四自”工程有关情况。检查组查阅了自治区工商局开展这项活动的文件、资料，并进行了座谈。检查组对自治区工商局实施“三严四自”工程第二阶段的工作给予了充分的肯定。

11月29日 自治区工商局党组研究决定，成立自治区工商局加强精神文明建设领导小组。陈章进局长任组长，蔡玉瑜、黄绍熙副局长任副组长，领导小组下设办公室。

11月下旬 自治区工商局聘请专家，对1995年度全区各级工商局领导干部撰写的446篇调研文章和论文进行评选。评选出一等奖 7 篇，二等奖 16 篇，三等奖 34 篇，佳作奖 37 篇。自治区工商局为获奖作者颁发了证书，还将获奖的部分文章选编成书出版。自治区工商局局长陈章进撰写的《发挥工商行政管理职能，促进两个根本性转变》文章，在自治区直属机关工委主办的自治区直属机关中心组理论学习征文评选活动中荣获二等奖。

12 月 3 日 人事部、国家工商局联合以工商宣字〔1996〕第 388 号文，下发《关于表彰全国工商行政管理系统先进集体和先进工作者的决定》。广西获得“全国工商行政管理系统先进集体”称号的有：桂林市工商局、北流市工商局、岑溪市工商局、隆安县工商局、都安瑶族自治县工商局；获得“全国工商行政管理系统先进工作者”称号的有：郑广进（钦州市工商局钦州工商所）、刘建国（凤山县工商局城关工商所）。

12 月 3 日 自治区工商局在南宁举办广西首期信息市场经纪人培训班，为期 3 天。自治区工商局副局长蔡玉瑜、黄绍熙出席了培训班开班典礼，黄绍熙副局长讲了话。参加学习的 105 名学员通过考试考核，全部获取经纪人资格证书，成为自治区首批信息市场持证上岗经纪人。

12 月 8 日 由自治区个体工商户、私营企业主捐款 50 多万元兴建的南丹县八圩瑶族乡“广西瑶寨光彩小学”竣工。自治区副主席张文学发来贺信，自治区工商局局长、广西私营企业协会会长陈章进，自治区工商局副局长、广西个体劳动者协会会长黄绍熙出席了落成典礼。在庆典仪式上，陈章进宣读了张文学的贺信。张文学对全区广大个体工商户和私营企业经营者致富不忘国家、不忘贫困山区失学儿童成长、热心社会公益事业、无私奉献的精神给予很高的评价。黄绍熙代表自治区工商局、广西个体劳动者协会和私营企业协会及全区 130 万个体劳动者、私营企业主，向瑶乡同胞和瑶寨的孩子们表示祝贺。河池地区副专员黎文，南丹县县长韦家团也出席了竣工庆典。广西个体劳动者协会、私营企业协会捐送了彩电 1 台，以及其他学习用品，价值 2.2 万元。

12 月 9 日 自治区工商局局长陈章进到北京参加全国工商行政管理工作暨先进集体、先进工作者表彰大会，会期 4 天。广西工商行政管理系统获得国家工商局表彰的有 5 个先进集体、2 个先进工作者、9 个先进工商所、17 名优秀工商行政管理局人员。先进集体代表李涛、先进工作者代表郑广进、先进工商所代表唐萍田、优秀工商行政管理人员代表陈相强出席了表彰大会。

1997 年

1 月 1 日 自治区工商局局长陈章进、副局长蔡玉瑜陪同自治区副主席张文学，到柳州市和柳江、融水、融安县、古亭山开发区，对灾后节日市场物资供应和市场监督管理工作进行检查，为期 4 天。慰问节日期间坚守工作岗位的干部职工。张文学检查了柳州市农产品批发市场、白云市场和融水县民族市场、融安县城东市场等 7 个市场。考察了柳州市私营经济开发区、柳州市工贸中心及融水县益桂有限公司，融安县福民凉果厂、新安竹业开发有限公司等企业。张文学对柳州市和柳江、融水、融安县重视发展个体私营经济的做法予以充分肯定，同时要求各级政府重视和支持工商行政管理工作。陈章进指出，全区工商行政管理工作的重点要放在基层，基层工商所的工作做好了，才能取得主动和稳定发展。

1 月 12 日 自治区工商局局长陈章进参加以自治区副主席张文学为团长的政府慰问团河池地区分团，赴大化县岩滩水电站、河池军分区、南丹县等地进行为期 5 天的慰问。慰问途中，张文学一行在大化县看望了农村贫困户，在河池市看望了困难企业的员工，接见了部分工商局负责人，还在河池地委书记沈北海等陪同下考察了河池市南桥市场。陈章进分别同河池地区、大化县、河池市、南丹县工商局负责人进行了座谈。陈章进要求工商行政管理部门，抓紧贯彻落实全区文明市场建设暨工商行政管理工作会议精神，认真实施“一二三四五”工程，推动各项工作开展。

1 月 16 日 广西消费者协会在南宁举办 1997 年名优商品颁证授匾大会。自治区人大常委会副主任、广西消协会名誉会长黎济武，自治区副主席、广西消协名誉会长张文学，自治区政协副主席、广西消协名誉会长马明龙，自治区工商局局长、广西消协顾问陈章进，自治区工商局副局长、广西消协会会长李显光，以及自治区工商局、技术监督局、商检局、卫生厅等单位领导和企业代表近 170 人出席名优商品颁证授匾大会。黎济武、张文学分别作了讲话。广西消协从1985年始开展推荐名优商品活动，目的在于引导合理消费、扶优限劣，切实保护消费者合法权益。活动赢得了消费者的赞誉。广西电视台、广西有线电视台、《广西日报》、《南国早报》、《广西工商报》、《广西法制报》等12家新闻舆论单位分别进行了宣传报道。

1月27日 自治区工商局在广西军区礼堂隆重举行1997年全区工商系统迎春联欢晚会。自治区党委副书记杨基常、自治区人大常委会副主任黎济武、自治区副主席张文学、广西军区副政委毛国斌、广西军区副司令员邱达雄等党政军领导与自治区工商局、南宁市工商局、南宁地区工商局干部职工欢度良宵。杨基常代表自治区党委、自治区人大常委会和自治区人民政府，向全区工商系统干部职工拜年。他充分肯定了工商部门所取得的成绩，并对今后的工作寄予厚望。自治区工商局局长陈章进代表全区工商系统2万多名干部职工，欢迎自治区领导和嘉宾光临晚会，感谢一直以来对工商行政管理工作的鼓励与支持。出席晚会的还有自治区直属机关工委书记郑忠诚，自治区政府副秘书长黄泉寿，自治区政协常委、自治区工商局顾问李元熙，广西军区后勤部副部长李绍庄，南宁市人大常委会副主任何富民，南宁市政协副主席杨永安，南宁地区行署副专员吴淑兴，自治区工商局副局长蔡玉瑜、黄绍熙、李显光、江建伟等领导。

1月30日 自治区工商局召开1996年度局机关工作总结表彰大会。大会表彰了5个先进党支部、34名优秀共产党员；8个先进集体、65名先进工作者。自治区人大常委会副主任黎济武、自治区副主席张文学和自治区编制委员会办公室副主任马海波等领导出席了大会并分别作了讲话，还与先进代表合影留念。张文学代表自治区人民政府向全区工商系统干部职工拜年，他充分肯定了1996年全区工商行政管理工作所取得的成绩，同时对1997年的工作提出了要求和希望。自治区工商局局长陈章进作总结报告，副局长黄绍熙主持大会，副局长蔡玉瑜宣读表彰决定，副局长江建伟出席表彰大会。

1月31日 自治区工商局局长陈章进陪同自治区党委书记赵富林，自治区党委常委、南宁市委书记李兆焯，自治区副主席张文学等领导到南宁市春节中心年货市场、淡村农贸市场、南宁百货大楼检查节日市场物价和商品供应情况。

3月15日 自治区工商局、广西消费者协会在南宁梦之岛购物中心广场举办纪念"3·15国际消费者权益日"宣传咨询服务活动。自治区人大常委会副主任黎济武，自治区副主席张文学，自治区工商局局长陈章进和副局长蔡玉瑜、黄绍熙、李显光、江建伟，自治区技术监督局、商检局等部门领导参加了以"讲诚信、反欺诈"为内容的宣传服务活动。张文学、陈章进作了讲话。广西消费者协会会长李显光宣读了广西消费者协会向南宁梦之岛购物中心、南宁百货大楼股份有限公司2家企业授予"消费者信得过企业"荣誉称号的决定。黎济武、张文学、陈章进、蔡玉瑜等领导为企业颁证授匾。活动现场受理消费者投诉、曝光假冒伪劣商品、解答有关问题，还通过开展消费知识有奖问答，文艺表演和时装表演等活动进行宣传，受到自治区领导的充分肯定和广大消费者的欢迎。

3月15日 自治区工商局、自治技术监督局、自治卫生厅、广西消费者协会、广西电视台和南宁市烟草专卖局联合举办"3·15行动"电视专题晚会，广西卫视通过《综艺舞台》栏目现场直播。自治区人大常委会副主任何彬、自治区副主席张文学、自治区政协副主席龙川、自治区工商局局长陈章进和副局长蔡玉瑜、黄绍熙、李显光、江建伟，自治区技术监督局局长雷尊巍、自治区卫生厅厅长蓝芳馨、自治区烟草专卖局副局长陈尧等领导观看了文艺晚会。

3月26日 国家工商局以工商市字〔1997〕第88号文，答复自治区工商局《关于从事期货经纪咨询服务、培训等业务的企业是否作为经纪人管理问题的请示》。答复如下：(1)经核准只从事期货经纪咨询服务、培训服务的企业不是经纪人，不属《经纪人管理办法》的调整范围。(2)经核准只从事期货经纪咨询服务、培训服务的企业，一律不得从事期货经纪业务。(3)工商行政管理机关应加强对从事期货经纪咨询服务、培训服务企业的监督管理。

3月31日 自治区人民政府以桂政发〔1997〕27号文，批转自治区工商局《关于在全区建立工商企业卡网络系统的意见》，要求各市、县(自治县)人民政府，柳铁、自治区直属各委办厅局认真贯彻执行。

4月2日 广西个体劳动者协会三届四次、私营企业协会二届二次理事会暨秘书长工作会议在南宁召开。自治区人大常委会副主任韦继松、自治区副主席张文学出席会议并讲话。自治区工商局局长、广西私协会长陈章进对个协、私协工作提出了要求，自治区工商局副局长、广西个协会会长黄绍熙布置了1997年广西个协、私协工作任务。自治区工商局副局长江建伟以及各地、市个协、私协秘书长等80多人参加了会议。

4月 经国务院批准，自治区党委、自治区人民政府决定，调整梧州地区行政区域。梧州地区更名为贺州地区，原梧州地区岑溪、藤县、蒙山县工商局划归梧州市工商局管辖。梧州地区工商局更名为贺州地区工商行政管理局，辖贺州市（县级）、钟山县、昭平县、富川瑶族自治县工商局，局机关驻地随行署搬迁至八步镇。贺州地区工商行政管理系统编制数599人，行政编制数151人，事业编制数448人；在职人数707人，干部517人，工人190人。

5月9日 自治区工商局在南宁召开全区商标座谈会。会上，自治区工商局副局长李显光为全区商标管理工作先进单位（1个）、先进个人（26人）、达标单位（9个）代表，颁发证书和锦旗。

5月10日 国家工商局组织全国第一届人民满意公务员“模范工商所长”景志刚、人民满意集体“模范工商所”上海南京东路工商所事迹报告团，在自治区工商局副局长江建伟的陪同下，到北海市作了一场生动的先进事迹报告。

5月23日 自治区党委宣传部、自治区工商局、广西个协、广西私协组织的“光彩的足迹”演讲报告团，先后到柳州市、桂林市、梧州市、玉林市、贵港市、南宁市作巡回演讲。6月2日，演讲团回到南宁，在区政府礼堂作最后一场报告。自治区工商局副局长黄绍熙主持会议，自治区党委副书记杨基常出席报告会并讲话，他充分肯定广西个体私营经济在振兴经济中的重要地位，要求大家学习先进个体工商户、私营企业者乐于奉献精神。自治区工商局副局长蔡玉瑜到会讲话，对报告会的圆满成功表示祝贺。

5月28日 南宁市个体户与下岗职工开展“一帮一”（即一个个体工商户帮助一名下岗职工实现再就业）创业的新闻，被《人民日报》头版头条并加评论员文章刊登，在社会上引起轰动效应。

6月4日 国家工商局副局长李建中在自治区工商局局长陈章进、副局长蔡玉瑜等陪同下，到南宁交易场看望开展“一帮一”活动的个体工商户和新就业下岗职工，了解开展“一帮一”活动情况，认真听取南宁市工商局工作汇报。李建中副局长指出：“一帮一”活动抓住了重点，值得推广。

6月5日 国家工商局副局长李建中到自治区工商局检查指导工作。他在认真听取自治区工商局局长陈章进、副局长蔡玉瑜的工作汇报后，赞扬自治区工商局领导班子团结、干事。他说，在基层听到很多表扬自治区工商局领导的话。领导班子一手抓物质文明，一手抓精神文明，内强素质，外树形象。广西工商行政管理工作得到了自治区党委、自治区人民政府的高度重视和支持，取得了令国家工商局、当地政府和人民满意的成绩。

6月5日 自治区工商局在南宁召开全区工商行政管理统计、信息、保密、装备工作会议，会期2天。会议传达了全国工商行政管理统计、政务信息、保密会议和装备会议精神，研究和部署自治区工商系统1997年办公室和装备工作，贯彻落实《自治区人民政府批转自治区工商局关于在全区建立工商企业卡网络系统的意见》精神。自治区工商局局长陈章进和副局长蔡玉瑜、江建伟参加会议并讲话。

6月16日 自治区工商局在南宁召开全区个体私营先进营销户表彰会。会前，自治区领导丁廷模、马庆生、黎济武、张文学、钟家佐等接见了与会代表，与他们合影留念。会上，丁廷模、张文学分别代表自治区党委、自治区人民政府讲话，自治区工商局局长陈章进也在会上作讲话。自治区工商局副局长蔡玉瑜、黄绍熙、江建伟，各地市副专员、副市长、工商局局长，部分县市的副县长、副市长，以及自治区直属机关领导和50名个体私营先进营销户共130人出席了会议。会上，表彰了黄家强等100名个体私营先进营销户。

8月5日 自治区党委书记曹伯纯到南宁交易场看望重新安置从事个体经营的下岗职工，还专门接见在开展“一帮一”帮助下岗职工再就业活动中做出突出贡献的先进个体户周小容和蒋全娣。

9月4日 自治区党委宣传部、自治区工商局、自治区广播电视厅、自治区新闻出版局，联合以桂工商广字〔1997〕285号文，转发中共中央宣传部等四部局《关于做好公益广告宣传的通知》。通知要求：(1)广告媒介单位要充分认识公益广告宣传的重要意义，把公益广告宣传作为促进社会主义精神文明建设事业的一项重要工作来抓，统筹合理安排好公益广告发布时间和版位。(2)广播、电视媒介每套节目用于发布公益广告的时间应不少于全年发布商业广告时间的3%。(3)电视媒介在19:00—21:00时间段，每套节目用于发布公益广告的时间，应不少于该时间段发布商业广告时间的3%。(4)报纸、期刊媒介每年刊出公益广告的版面，应不少于发布商业广告版面的3%。(5)户外广告经营者发布一定比例的户外公益广告，具体数量由当地工商行政管理部门会同有关部门共同制定，统一规划。(6)发布公益广告时，应当认真审核内容，凡违反国家法律、法规、政策规定和社会主义道德规范要求的，不得发布。(7)对于企业出资设计、制作、发布的公益广告，可以标注企业名称，但不得标注企业产品名称和商标标识，不得涉及与该企业商品或提供的服务有关的内容。(8)电视公益广告标注企业名称显示时间不应超过5秒，标注面积不超过电视广告画面的1/5。报刊、户外公益广告标注企业名称面积不超过报刊、户外广告版面的1/10。

9月30日　自治区工商局局长陈章进、副局长蔡玉瑜陪同自治区副主席张文学，到杭州路水果市场、南宁交易场、淡村农贸市场察看节前市场情况。张文学对工商行政管理部门在市场管理和价格平抑方面做出的贡献予以充分肯定。陈章进指出，全区工商行政管理部门认真贯彻党的十五大精神，以培育、完善市场体系，加强市场管理、做好服务工作，继续抓创建文明市场活动等五个方面，办好市场，搞活流通，促进地方经济发展。

9月　玉林撤地设市，玉林地区工商局与县级玉林市工商局合并为地级玉林市工商局，辖5个县（市）工商局，即北流市工商局、容县工商局、博白县工商局、陆川县工商局、兴业县工商局；直属7个分局，即城中分局、环城分局、郊区工商局、福绵分局、双生分局、工业品市场分局、中药材市场分局。

10月8日　全国企业登记管理培训班在北海市举办。国家工商局企业注册登记司司长侯林、自治区工商局副局长李显光出席培训班开班仪式。来自全国各省、自治区、直辖市工商局企业处长共70人参加了培训班学习。培训内容主要是企业法人登记管理条例、传销企业审批和监管、投资公司登记。

10月20日　自治区工商局、自治区国家税务局、自治区地方税务局联合以桂工商企字〔1997〕314号文下发《关于加强工商税务登记管理的通知》。通知指出：(1)已经工商登记注册、领取营业执照的企业和个体工商户，自领取之日起30日内持工商营业执照到企业所在地的国家税务机关和地方税务机关办理税务登记手续。(2)工商、税务年检验照（证）应同步进行。(3)企业和个体工商户的工商登记事项和税务登记事项发生变化的，应及时到工商、税务机关变更登记。(4)企业和个体工商户因种种原因发生解散、破产、撤销以及其他情形无法继续生产经营的，应及时向工商、税务机关申请注销登记。

11月11日　《广西工商行政管理年鉴》编辑出版工作会议在南宁召开，会期两天。自治区工商局局长陈章进和副局长黄绍熙、江建伟出席会议，陈章进和黄绍熙在会上作了讲话。会议主要研究《广西工商行政管理年鉴》的编撰、组稿及征订发行等工作。各地、市工商局和自治区工商局机关各处、室领导及编辑人员40多人参加会议。广西社会科学院研究员王斌、广西人民出版社经济编辑室负责人应邀到会指导。

11月14日　自治区工商局局长陈章进、副局长黄绍熙陪同自治区副主席张文学，到广西工商报社、印刷厂考察工作。张文学副主席对报社和印刷厂的工作给予了赞扬，对今后的工作提出要求和希望。

11月28日　自治区工商局局长陈章进主持召开全区地、市工商局局长座谈会。会议总结全区文明市场检查评比工作，研究如何完善市场办管脱钩工作。自治区副主席张文学到会讲话，自治区工商局副局长蔡玉瑜、黄绍熙、李显光、江建伟参加了座谈会。

12月17日　自治区副主席张文学在自治区工商局局长陈章进陪同下，到钦州市对个体私营经济发展情况进行调研。张文学对钦州市工商局引导个体私营经济发展工作给予高度评价，并要求工商行政管理部门根据自治区人民政府的部署，解放思想，继续做好个体私营经济的引导发展工作，促进当地经济快速发展。

12月18日　自治区工商局、自治区公安厅、自治区国家税务局、自治区地方税务局联合以桂工商个字〔1997〕373号文，发布《贯彻国家工商行政管理局、公安部、国家税务总局对无照经营进行综合治理的通知》。要求如下：(1)加强组织领导。(2)提高认识，狠抓落实。(3)协同作战，标本兼治。(4)加强教育、引导。(5)各地要做好综合治理的总结工作。为加强此项工作的领导，成立了自治区无照经营综合治理领导小组，全面负责组织全区无照经营综合治理工作。自治区工商局副局长黄绍熙任领导小组组长。

12月28日 广西消费者协会在南宁召开1997年广西消费者协会推荐消费者信得过名优商品颁证授匾大会。自治区人大常委会副主任黎济武、自治区副主席张文学，自治区工商局副局长蔡玉瑜、李显光及有关厅局领导出席会议，为被推荐的85个商品生产企业颁证授匾。20多家新闻单位和企业代表共150多人参加了大会。

1998年

1月20日 自治区工商局、广西军区政治部在自治区政府礼堂举办1998年春节军民联欢晚会。自治区党委副书记杨基常、自治区副主席张文学、广西军区副司令员欧阳延生、副政委刘代文出席了晚会。广西军区政治部主任刘勋发，自治区工商局局长陈章进、副局长蔡玉瑜、黄绍熙、李显光，自治区工商局、南宁市工商局、南宁地区工商局干部职工及广西军区政治部官兵共700多人参加了联欢晚会。张文学、陈章进、刘勋发分别讲了话。自治区工商局和广西军区政治部作为军民共建单位，相互赠送了锦旗。

1月21日 自治区工商局机关召开1997年度工作总结暨表彰大会。自治区副主席张文学、自治区直属机关工委书记郑忠诚到会讲话，自治区工商局局长陈章进主持会议，副局长蔡玉瑜在会上作总结报告。会上，表彰了5个先进党支部、42名优秀党员，6个先进集体、58名先进工作者。自治区工商局副局长黄绍熙、李显光参加了会议。

1月24日 自治区党委书记曹伯纯、自治区副主席张文学等领导在自治区工商局局长陈章进、副局长蔡玉瑜陪同下，到星湖市场、南方大厦、南宁年货市场了解春节市场供应情况。

2月8日 自治区工商局召开处级以上干部紧急会议。会议由自治区工商局副局长蔡玉瑜主持，副局长黄绍熙、李显光、江建伟参加了会议。会议传达了江泽民总书记对山西朔州市假酒案的指示，以及国家工商局关于严厉打击制售假酒和其他假冒伪劣商品违法行为的紧急通知。蔡玉瑜对全区工商部门贯彻落实江总书记的指示和国家局的紧急通知精神作了布置。中午，自治区工商局起草了转发文，将国家工商局的紧急通知和自治区工商局的贯彻意见转发各地、市、县工商局贯彻执行。下午，自治区工商局副局长江建伟组织带领公平交易监督局和南宁市工商局干部，对南宁市的2400多个经销食用酒门店、摊点和部分生产白酒的作坊进行突击检查。查获无证经营门店72家，查封有问题或来路不明的散装白酒1万多公斤、酒精75千克，查封地下小酒坊59家，拆除酿酒设备18套。自治区工商局把贯彻紧急通知精神的情况，及时向国家工商局作了汇报。

2月12日 自治区党委、自治区人民政府以桂发〔1998〕4号文，颁发《关于贯彻落实党的十五大精神发展个体私营经济新突破的决定》。决定根据党的十五大和自治区党委七届四次、五次全会精神，为调整和完善所有制结构，切实解决非公有经济比重偏低的问题，进一步解放和发展生产力，加快广西社会主义现代化建设步伐，对发展个体私营经济问题作出了相应规定。主要内容包括：(1)把发展个体私营经济的认识提高到一个新的高度。(2)正确分析自治区个体私营经济的形势。(3)进一步放宽注册登记条件。(4)实行优惠政策。(5)保护个体工商户和私营企业的合法权益。(6)加强监督管理工作。(7)营造宽松、有序、富有吸引力的良好发展环境。(8)切实加强领导。

3月3日 广西工商报社在南宁举行《广西工商报》创刊10周年庆祝活动。自治区党委副书记杨基常、自治区人大常委会副主任甘幼玶、自治区副主席张文学、自治区党委宣传部副部长王其鹏、自治区新闻出版局副局长蓝怀廷；自治区工商局局长陈章进，副局长蔡玉瑜、黄绍熙、江建伟，以及广西新闻工作者协会、广西报刊协会等单位领导到会祝贺。部分地、市工商局局长、副局长、通联站领导、优秀通讯员、发行员，县（市）工商局、记者站及南宁30多家新闻单位领导，共400多人参加了庆祝活动。杨基常、张文学、王其鹏、蓝怀廷、陈章进分别作了讲话。杨基常、甘幼玶、张文学等领导还给获得1997年度先进记者站、先进通联站和新闻报道先进个人代表颁奖。

3月11日 自治区工商局、广西消费者协会和邕宁县工商局、邕宁县消费者协会在邕宁县举办“为了农村消费者”为主题的1998年“3·15”国际消费者权益日宣传咨询服务活动。自治区人大常委会副主任覃日飞、自治区副主席张文学、自治区政协副主席袁正中；自治区工商局局长陈章进，副局长蔡玉瑜、李显光、江建伟，以及有关部门领导参加活动。

3月19日 自治区党委常委、南宁市委书记李克考察南宁市旧货物资市场和南宁市物资机电产品市场，检查南宁市专业批发市场创建国家级卫生城工作。李克对工商行政管理部门为南宁创建卫生城工作作出的贡献表示感谢。

4月8日 全国部分大中城市汽车市场管理座谈会在桂林市召开，会期3天。会议就新形势下如何加强汽车市场管理，以及对即将出台的《旧机动车市场管理暂行办法》展开了讨论。

4月28日 广西消费者协会在南宁召开第三届二次理事会暨第三届全区保护消费者权益先进集体、先进个人表彰会，会期2天。自治区人大常委会副主任张敦颢、自治区副主席张文学、自治区政协副主席袁正中参加会议，自治区工商局局长陈章进到会讲了话，到会领导向获得第三届全区保护消费者权益先进集体、先进个人颁证授匾。自治区工商局副局长、广西消费者协会会长李显光作了工作报告。

5月1日 自治区工商局局长陈章进就严禁传销经营活动发表电视讲话，提出了广西贯彻落实国务院通知精神，坚决禁止传销经营活动的具体办法和措施。

5月6日 自治区工商局在南宁召开全区工商系统纠风工作暨实施财务收支两条线管理工作会议，会期两天。会上，传达贯彻全国工商系统纠风工作会议和财务收支两条线管理工作会议精神，总结交流近年来自治区工商系统纠风工作和实施财务收支两条线管理的经验和做法，研究部署下一阶段的工作。自治区工商局局长陈章进在会上作工作报告。自治区监察厅副厅长韦干、自治区直属机关工委书记郑忠诚和自治区工商局副局长蔡玉瑜、黄绍熙、李显光、江建伟等领导出席了会议。

5月6日 自治区工商局召开传销企业主要负责人会议。自治区工商局副局长李显光宣读国务院《关于禁止传销经营活动的通知》。自治区工商局副局长江建伟讲话，要求传销企业坚决执行国务院决定，立即停止传销经营活动，并表示支持传销企业做好善后处理和转制工作。

5月11日 经局党组研究决定，自治区工商局成立禁止传销经营活动小组。陈章进局长任组长，蔡玉瑜、黄绍熙、李显光、江建伟副局长任副组长，企业处、公平交易监督局、个体处、办公室负责人为领导小组成员，领导小组下设办公室，具体负责查禁传销活动的日常工作。

5月14日 国家工商局原副局长、中国消费者协会会长曹天玷到自治区工商局听取广西消费者协会工作汇报。自治区政协副主席袁正中出席会议讲了话，自治区工商局局长陈章进，副局长蔡玉瑜、黄绍熙、李显光和自治区工商局机关有关处室负责人参加了汇报会。

5月18日 自治区工商局召开干部制度改革与机关作风整顿动员大会。自治区副主席张文学、自治区党委宣传部副部长李新明、自治区直属机关工委副书记谢文富、自治区纪委常委、监察厅副厅长韦干等领导出席会议并讲话。自治区工商局局长陈章进作动员报告，自治区工商局副局长蔡玉瑜、黄绍熙、李显光、江建伟和局机关及二层单位干部职工，共120多人参加动员大会。3—11月，自治区工商局分4个阶段进行干部制度改革与机关作风整顿工作。

5月26日 广西商标协会在南宁举行成立大会。国家工商局原局长、中华商标协会会长刘敏学、自治区副主席张文学到会祝贺。刘敏学、赵富林、陈辉光、张文学和自治区工商局局长陈章进分别为广西商标协会题词祝贺。自治区工商局副局长蔡玉瑜、黄绍熙、李显光、江建伟出席了会议。

6月1日 在广西考察工作的中央政治局常委、中央书记处书记、中纪委书记尉健行听取了自治区工商系统和自治区公检法“收支两条线”管理工作汇报。自治区工商局局长陈章进向尉健行汇报了近年来自治区工商系统贯彻落实中央和国务院有关规定，以及行政收费、罚没款收入实行收支两条线管理的情况。尉健行听取汇报后，评价广西工商系统“收支两条线”管理工作抓得早、抓得好。

6月6日 自治区工商局、南宁市工商局、南宁烟草专卖局、柳州烟草专卖局、广西电视台等单位，联合举办以实施下岗职工“再就业”工程为主题的“路在脚下”文艺晚会。出席晚会的有自治区党委副书记陆兵，自治区人民政府副秘书长、自治区广播电视局局长朱炎，自治区党委宣传部副部长王其鹏，自治区直属机关工委书记郑忠诚，自治区劳动厅副厅长张敢，自治区总工会副主席谢柳生，自治区工商局局长陈章进、副局长江建伟。陈章进在晚会上作了讲话。

6月29日 自治区工商局副局长江建伟到桂平市、平南县、苍梧县、梧州市、藤县、蒙山县、三江侗族自治县、柳州市等地指导抗洪救灾工作，为期一周。其间，江建伟亲切看望慰问奋战在抗洪救灾第一线的工商行政管理干部职工。自治区工商局委派了3个工作组，分别到柳州市、柳州地区、贺州地区转入当地抗洪救灾工作。

8月19日 自治区工商局举行抗洪赈灾捐款捐物仪式，自治区工商局机关及二层机构干部职工踊跃捐款。共收到捐款10.6万元(其中单位捐款6.5万元、个人捐款4.1万元)。

8月30日 自治区工商局局长陈章进向自治区副主席张文学汇报自治区工商行政管理部门垂直领导前加强人财物管理问题。张文学批准了以桂政电〔1998〕20号文下发的《自治区人民政府关于加强我区工商行政管理系统人财物管理紧急通知》。

9月5日 自治区党委下发桂委会〔1998〕216号通知，任命蔡永伦为自治区工商局党组书记，免去陈章进的自治区工商局党组书记职务。

9月15日 自治区工商局、广西私营企业协会联合组织的广西私营企业赈灾捐赠仪式在自治区工商局机关举行。自治区副主席张文学出席捐赠仪式并讲话，自治区工商局副局长黄绍熙主持会议。来自全区43家私营企业共捐献款物价值8万多元。

10月8日 自治区人民政府下发桂政干〔1998〕156号通知，任命蔡永伦为自治区工商局局长；免去陈章进的自治区工商局局长职务。

10月 桂平市工商局被人事部授予“人民满意的公务员集体”荣誉称号，这是全国工商行政管理系统唯一获此殊荣的单位。

11月16日 自治区工商局成立粮食市场监督管理工作领导小组。自治区工商局局长蔡永伦任组长，副局长蔡玉瑜任副组长，副局长黄绍熙、李显光、江建伟为领导小组成员。领导小组下设办公室，负责日常工作。

12月2日 自治区工商局以桂工商个字〔1998〕157号文印发《关于停止收取私营企业管理费的通知》。根据《广西壮族自治区人民代表大会常务委员会关于修改〈广西壮族自治区私营企业条例〉的决定》精神，决定废止《广西壮族自治区私营企业条例》第二十七条“私营企业应当履行下列义务”中的第(三)项“按时缴纳私营企业管理费”的规定，要求各地立即停止收取私营企业管理费。

12月15日 中国个体劳动者协会向广西个体劳动者协会、广西私营企业协会转赠救灾捐款45万元(人民币)受款仪式在南宁举行。中国个体劳动者协会秘书长马元凯主持受款仪式。自治区副主席张文学，自治区工商局局长蔡永伦、副局长黄绍熙及个体工商户代表出席了受款仪式。

12月17日 自治区人民政府成立自治区工商行政管理体制改革领导小组，自治区副主席张文学任组长，自治区人民政府副秘书长杨海林、自治区党委组织部副部长张延吉、自治区工商局局长蔡永伦、自治区人事厅厅长孙屹任副组长，自治区编制委员办公室主任邵博文、自治区财政厅副厅长刘铭达、自治区劳动厅副厅长张敢、中国人民银行广西分行副行长龙刚家、自治区工商局副局长蔡玉瑜为领导小组成员。领导小组下设办公室，办公室设在自治区工商局，蔡永伦兼任办公室主任，自治区工商局副局长蔡玉瑜兼任办公室副主任。

12月28日 自治区人民政府在南宁召开全区工商体制改革工作会议，传达全国工商体制改革暨工作会议精神，部署实施自治区工商体制改革工作任务。

12月 《广西工商行政管理年鉴》1998年卷(创刊号)正式出版发行，开了全国工商系统省级地方性部门年鉴之先河。该书由广西人民出版社出版，着重记载1997年广西工商系统所发生的事情。主体内容包括特辑、专稿、自治区工商行政管理、地市县工商行政管理、广西工商行政管理大事记、典型案例、理论研究、规章文件选编、统计资料、附录等12个部分，全书共80万字。

1999年

1月1日 自治区人民政府以桂政发〔1999〕1号文，批转自治区工商行政管理体制改革领导小组关于《自治区工商局管理体制改革实施方案》。从1999年1月1日起执行。

3月20日 自治区工商局以桂工商市字〔1999〕88号文，下发《关于加强我区生产资料、生产要素和特种市场监督管理工作的通知》。要求：(1)以重要商品为重点，加强生产资料市场监督管理。(2)以规范经纪人管理为重点，继续拓宽对生产要素市场的监督管理。(3)发挥职能作用，主动参与监督管理文化、旅游等特种市场。(4)发挥工商行政管理整体职能，确保监督管理市场职能到位。号召全区工商机关学习南宁市工商局，在全市个体工商户和市场、经营场所中推行"五个一"(即摊前一个桶、一把扫帚、一块抹布、一把苍蝇拍、一瓶灭四害喷剂)工作创新，"五个一"工程成为首府一道独特、亮丽的风景线，创造了"讲文明、树新风"的有效形式，取得了显著效果。此做法被中央电视台等新闻媒体广泛宣传，引起强烈的社会反响。

3月30日 自治区工商局成立深入开展"讲学习、讲政治、讲正气"教育领导小组。自治区工商局党组书记、局长蔡永伦任组长，自治区工商局党组副书记、副局长蔡玉瑜任副组长，副局长黄绍熙、李显光、江建伟为领导小组成员。领导小组下设办公室，负责"三讲"教育活动的日常工作。成员由自治区工商局办公室、机关党委、纪检监察室、人教处负责人组成。

4月1日 中国工商报社表彰自治区工商局为"1998年度宣传报道先进单位"，中国工商报社广西记者站为"1998年度中国工商报社先进记者站"。

5月9日 自治区工商局党组召开座谈会，坚决拥护和支持中国政府的严正声明，严厉谴责北约轰炸中国驻南斯拉夫使馆。自治区工商局和广西个协、私协发出通知，号召全区工商行政管理干部职工和个体工商户、私营企业主紧密地团结在以江泽民同志为核心的党中央周围，认真做好当前的各项工作，共同维护稳定发展局面。

5月15日 自治区工商局局长蔡永伦在琅东主持召开现场办公会，研究解决琅东新办公楼、生活区设施配套、物业管理及办公楼收尾工程等问题。自治区工商局副局长蔡玉瑜、黄绍熙、李显光及办公室、基建办、后勤服务中心、广西市场开发总公司、局机关"三讲"办负责人参加会议。

5月20日 自治区工商局、自治区发展计划委员会、自治区粮食局、自治区农业厅、柳州铁路局、自治区交通厅联合以桂工商市字〔1999〕203号文，转发国家工商局等六部门《关于进一步搞好粮食市场管理及有关问题的通知》(工商市字〔1999〕第33号文)。要求坚决贯彻有关文件精神，并结合广西实际，认真做好以下工作：(1)统一思想认识，坚决执行国家粮改方针政策。(2)加强部门协作，形成齐抓共管的合力。(3)加大执法力度，切实管住粮源。

6月4日 自治区工商局召开党性党风分析评议大会，剖析自治区工商局领导班子党性党风方面存在的问题，发动群众开展民主评议。自治区工商局党组将领导班子党性党风剖析材料、领导干部个人剖析材料，以及《"三讲"教育民主测评表》分发给自治区工商局机关全体干部职工和二层机构中层以上领导干部，开展无记名民主评议。自治区工商局党组书记、局长蔡永伦在会上作"三讲"教育情况小结和民主评议动员，宣读了领导班子党性党风剖析材料。自治区"三讲"教育巡视组组长林宝光在会上讲话，肯定了自治区工商局"三讲"教育取得的成果，对如何搞好民主评议提出了意见。自治区工商局党组成员、局机关全体干部、二层机构单位领导干部和自治区党委派驻自治区工商局"三讲"教育巡视组成员参加了大会。

6月16日 自治区工商局成立个体私营经济工作领导小组。自治区工商局局长蔡永伦任组长，副局长黄绍熙任副组长。领导小组主要职责：(1)制定自治区个体私营经济发展规划。(2)调查研究个体私营经济发展现状，为政府宏观决策服务。(3)组织落实自治区人民政府提出的个体私营经济工作目标。(4)指导、协调引导个体私营经济发展和监督管理工作。

6 月 19 日 国家工商局市场规范管理司副司长谢林率领工商系统粮食市场管理省际交叉检查第四组一行 5 人，先后到南宁市、南宁地区、玉林市、贵港市、柳州市、柳州地区、桂林市等 7 个地、市，对粮食市场管理情况进行检查，为期一周。截至 5 月底，全区各级工商机关抽调人员 5118 名，组成粮食市场巡查队（组）903 个，出动检查人员 14.22 万人次，查处违法经营粮食案件 1324 起，依法查扣违法经营粮食 489.81 万千克，案值 796.66 万元，没收非法收购的粮食 307.09 万千克，罚没金额 131.64 万元，取缔无照经营户 1196 户，吊销营业执照 487 个。检查组肯定了自治区党委、自治区人民政府和工商部门的工作：对粮食市场管理高度重视，认识统一；方向明确，思路清晰；职责分明，措施得力；集中了主要力量，突出了监管重点，做到了严防死守，取得了显著效果。同时，指出了广西粮食市场管理工作中存在的问题，提出了改进意见。自治区工商局副局长蔡玉瑜代表自治区工商局向检查组汇报了粮食市场管理工作情况。

6 月 25 日 自治区工商局召开“12315”投诉指挥中心成立新闻发布会。自治区工商局局长蔡永伦宣布成立自治区工商局 12315 投诉指挥中心，将于 7 月 1 日在全区各市、县开通“12315”投诉电话。蔡永伦担任 12315 投诉指挥中心指挥长，副局长李显光担任副指挥长。投诉中心负责组织、协调和指挥广西工商行政管理机关打击假冒伪劣商品、维护消费者权益工作。自治区副主席张文学和中国消费者协会秘书长杨坚昆出席新闻发布会并讲话。自治区工商局副局长李显光、江建伟以及自治区邮电管理局、南宁市电信局等有关部门负责人参加了新闻发布会。

6 月 30 日 自治区工商局和广西个体劳动者协会、广西私营经济协会筹资 15 万元兴建的广西三江侗族自治县合华侗族光彩小学举行落成典礼。在落成典礼上，自治区工商局和广西个协、广西私协向学校捐赠了彩电、VCD 影碟机、书籍等价值 1 万余元的物品。自治区副主席张文学给光彩小学发了贺信。自治区工商局副局长黄绍熙参加了落成典礼。

7 月 12 日 自治区工商局以工商办字〔1999〕第 154 号文，转发国家工商局《关于认真贯彻落实“收支两条线”规定全国电视电话会议精神，全面做好“收支两条线”管理工作的通知》，根据自治区实际提出了贯彻意见：⑴认真学习《通知》精神，切实把“收支两条线”管理工作当作大事来抓，列入议事日程。⑵认真清理银行账户，并按规定设立相应的账号，将所有财务收支一律纳入单位财务统一管理。⑶认真对照“收支两条线”管理的政策规定，积极开展自查自纠。

8 月 4 日 自治区工商局以桂工商公字〔1999〕294 号文，下发《关于进一步做好查禁传销和变相传销经营工作的通知》，部署开展查禁传销经营活动工作，要求各级工商行政管理机关进一步做好查禁传销及变相传销经营活动：⑴加强日常监督，实现长效管理；⑵加大宣传力度，教育广大群众自觉抵制传销经营活动；⑶加强领导，密切配合，加大打击传销经营活动的力度；⑷加强对当前传销经营活动的动态及特点研究，对症下药，提高执法效力。

8 月 10 日 全区工商行政管理系统首次进行从大专以上学历应届毕业生中录用国家公务员考试。1100 名考生在南宁参加公共科目、专业科目两大类的笔试考试。笔试后，根据考试成绩，各职位从高分到低分按 1∶3 的比例（工商行政管理专业按 1∶2 的比例）择优确定进入面试人选。1999 年计划招收工商、法律、会计、金融等 14 个专业的 300 名大专以上学历应届生，以充实全区工商行政管理队伍，逐步扩大高校毕业生在公务员中的比例。

9 月 27 日 自治区文明办、自治区工商局决定，授予冯亚红等 93 人为自治区文明市场优秀管理员；授予何艳柳等 193 人为自治区文明市场经营户荣誉称号。

10 月 12 日 自治区工商局在南宁召开全区第二批“文明市场”命名暨工业品批发市场整治工作会议，会期两天。会上，共授予自治区文明市场 27 个，市场优秀管理员 93 名，市场文明经营户 193 户。会议肯定了在工业品市场整治工作中摸索形成的“经济户口”管理新模式，决定在各类市场监管中全面推广，不断完善，实现综合职能到位；会议还交流了工业品市场整治经验。与会代表参观了南宁市和平市场。自治区工商局局长蔡永伦讲话，副局长蔡玉瑜作工作报告。自治区工商局副局长黄绍熙、江建伟和自治区文明办副主任覃久宏、南宁市副市长汪春伟等领导出席了会议。

11 月 24 日 国家工商局副局长甘国屏到凭祥市考察工作，为凭祥市工商局题词“依法而治，为振兴凭祥经济服务”。

11 月 28 日 柳州市“12315”指挥中心被中央宣传部、全国人大内务部、共青团中央、教育部、司法部六部门评为“全国未成年人保护工作先进集体”。

12 月 15 日 自治区工商局与广西电视台联合举办“商海红盾”电视现场直播文艺晚会。自治区党委副书记杨基常，自治区党委常委、宣传部部长潘琦，自治区人大常委会副主任甘幼玶，自治区政协副主席卢湖山等出席了文艺晚会。晚会展示了近年来全区工商系统精神文明建设的丰硕成果，得到出席晚会的自治区领导和有关厅局领导的赞扬，受到社会各界人士的好评。

2000 年

3 月 11 日 自治区工商局、广西消费者协会、南宁市工商局、南宁市消费者协会等 10 多个部门的 400 余人，在南宁朝阳花园举办“3·15”国际消费者权益日纪念活动，为期两天。自治区政协副主席袁正中，自治区工商局副局长蔡玉瑜、李显光等领导，以及 100 多家企业代表参加了此项活动。有关职能部门接待消费者大量的信息咨询，散发宣传资料 10 万余份。

4 月 共青团中央授予桂林市工商局巡查大队全国“青年文明号”称号。这是广西工商行政管理系统第一个荣获团中央命名的全国“青年文明号”先进集体。

10 月 14 日 在南宁召开全区个体工商户、私营企业种养、营销、创汇、纳税大户表彰大会。自治区副主席张文学，自治区工商局局长蔡永伦等领导出席会议并讲话。自治区工商局副局长、广西个体劳动者协会会长黄绍熙宣读表彰决定。会上，为广西北海强盛集团进出口有限公司等 66 家私营企业、邹德泰等 35 户个体工商户颁发了金字牌匾。

11 月 8 日 自治区工商局局长蔡永伦到南宁市工商局及部分基层单位，就各级工商行政管理部门落实“三式三制”和监管“大市场”有关情况进行检查，为期两天。武鸣县工商局标营工商所是全区工商系统推行“三式三制”（一是内勤管理职能实行一站式服务制，侧重于经济户口管理；二是外勤管理职能实行流动式巡查制，侧重于日常监督管理；三是综合管理职能实行监督式督察制，侧重于对内外勤工作的督导和检查）监管模式的试点所，蔡永伦参观检查了工商所办证大厅、内勤组、外勤组和综合组的运作情况，留下良好的印象。他鼓励大家一定要学好、用好电脑，运用现代化管理手段监管“大市场”。

11 月 20 日 自治区工商局为进一步做好企业注册管理工作，充分发挥登记职能作用，完善“经济户口”管理，建立健全企业登记管理制度，以桂工商企字〔2000〕439 号文发布《关于改革和规范全区企业注册管理制度的通知》。要求：(1) 统一企业名称审核，实行分级管辖管理。(2) 理顺企业注册关系，实行分级登记注册。(3) 改革企业管理方式方法，实行属地管理。(4) 做好移交和衔接工作，保证平稳过渡。

12 月 8 日 国家工商局以工商人字〔2000〕第 295 号文，下发《关于表彰全国工商行政管理系统先进工商所和优秀工商行政管理人员的决定》。广西被授予“全国工商行政管理系统先进工商所”称号的有：南宁市工商局江南分局福建工商所、兴安县工商局城关工商所、柳州市工商局红光工商所、梧州市工商局南中工商所、贵港市工商局港北分局城中工商所、兴业县工商局太平山工商所、上思县工商局思阳工商所、贺州市工商局八步工商所、河池市工商局南桥工商所、鹿寨县工商局鹿寨工商所、凭祥市工商局交易场工商所、北海市工商局巡查大队、田东县工商局金穗市场工商所等 13 个工商所；被授予“全国工商行政管理系统优秀工商行政管理人员”称号的有：张家栋、唐广华、谭泽义、李雄、周品彪、施皓、李永强、韦俊平、尹文显、陆安俊、苏家旺、苏学东、张建国、农德飞、李吉杰、席扬、唐国礼、黄乃煜等 18 名个人。

12 月 14 日 人事部、国家工商局联合以人发〔2000〕第 119 号文，下发《关于表彰全国工商行政管理系统先进集体和先进工作者的决定》。广西被授予“全国工商行政管理系统先进集体”荣誉称号的有：南宁市工商局、桂林市工商局、桂平市工商局、田阳县工商局、玉林市工商局中药材市场分局城站工商所、钦州市工商局钦城分局城北工商所，被授予“全国工商行政管理系统先进工作者”荣誉称号的有：覃广富（大化县工商局镇南工商所副所长）、冯尹伊（南宁市工商局新城分局经济检查中队队长）。

2000 年　中国工商报社驻南宁市、桂林市、梧州市、钦州市、防城港市、南宁地区工商局通联站，被中国工商报社评为 1999 年度先进通联站，数量位居全国各省、自治区、直辖市工商局先进通联站榜首。

2000 年　按照党中央、国务院和自治区党委、自治区人民政府部署，自治区工商局机关进行了新一轮的机构改革。自治区工商局机关内设机构由原来的 11 个减少到 10 个，行政人员编制精简为 68 名，精简了 39%，人员结构进一步得到了优化。处级领导干部平均年龄由原来的 48.9 岁降到 43.4 岁；干部交流面达到 36.7%。处级干部交流换岗达到 47.8%。

2001 年

1 月 15 日　自治区工商局印发《关于推行市场预警警示制度试点实施方案的通知》（桂工商发〔2001〕23 号），部署在全区各类商品交易市场开展市场预警警示制度试点工作。通知对推行市场预警警示制度试点工作的指导思想、实施范围和内容、实施的时间和步骤、实施的方法和要求，以及如何加强实施工作的领导等，作了具体、明确的规定。

5 月 6 日　自治区工商局局长蔡永伦到天峨县工商局开展工作调研。在调研过程中，对增设天峨县工商局龙滩工商所进行了研讨，计划下拨 80 万元基建专款用于天峨县工商局修缮办公楼和职工宿舍楼，以改善基层单位的办公和生活条件。同时，要求工商行政管理部门充分发挥职能作用，加强市场监管，为龙滩电站开工建设提供优质服务，保证建设者和消费者安全消费。

5 月 8 日　自治区工商局局长蔡永伦到自治区工商局援建单位——大新县下雷镇中心小学检查援助建设项目（学生宿舍楼建设）落实情况。蔡永伦对援建项目进度之快、质量之好表示满意，同时要求施工单位和学校保质保量完成好建设项目，让下雷镇中心小学的学生尽快入住崭新、舒适的宿舍。

5 月 21 日　自治区工商局在武鸣县召开全区工商系统“三式三制”工作现场会。会上，将武鸣县工商局首创的“塔式”管理模式，纳入全区工商系统“双文明”建设考核范围，要求全区工商系统全面实施。

8 月 24 日　南宁市工商局郊区分局市场管理员曾令海到南宁市邕武路高峰农贸市场进行巡查时，发现该市场肉行中无照经营不法屠商黄某在销售私宰猪肉。在依法查扣私宰肉过程中，不法屠商黄某突然取出一把尖刀暴力抗法。为了保护同事们的生命安全，曾令海置自己的生死于不顾，毫不畏惧地冲上前与黄某展开搏斗。在搏斗中，曾令海不慎被一辆摩托车绊倒，黄某对准倒在地上的曾令海左胸部猛刺两刀，随后仓皇逃跑。曾令海被刺中心脏不幸遇难。曾令海同志在整顿和规范市场经济秩序中，为保护工商行政执法人员生命安全，保护人民群众合法权益，维护市场经济秩序，因公殉职，谱写了一曲壮丽的正气歌。自治区人民政府批准曾令海为革命烈士。

8 月 31 日　自治区人民政府以桂政发〔2001〕58 号文向各地区行署，各市、县、自治县人民政府，自治区直属各委、办、厅、局批转自治区工商局《关于发挥企业登记职能作用支持企业发展促进西部大开发若干意见的通知》。主要内容：(1)试行公司注册资本认缴制。(2)支持以高新技术成果作价出资兴办企业。(3)放宽投资主体条件。(4)降低企业名称直冠“广西”的注册资本金限额。(5)放宽公司累计对外资比例的限制。(6)适当放宽企业集团注册条件。(7)改革前置审批手续。(8)积极支持国有企业改革。(9)允许企业在原有经营范围之外申请临时性（一次性）商品经营。(10)放宽中方经营与外商合资合作主体条件。(11)降低外商投资企业名称中冠“广西”的投资额。(12)放宽外商投资企业的经营范围。(13)放宽外商投资企业设立分支机构的条件。(14)鼓励自治区外的外商投资企业到广西再投资。(15)积极支持私营企业及个体工商户发展。(16)进一步改进工作作风，提高办事效率。

11 月 5 日　自治区工商局为贯彻执行《自治区人民政府批转自治区工商行政管理局关于发挥企业登记职能作用支持企业发展促进西部大开发的若干意见的通知》精神，落实有关企业登记优惠政策，制定了《关于发挥企业登记职能作用支持企业发展促进西部大开发的若干意见实施办法》。

12 月 11 日　自治区人民政府召开全区市场办管脱钩工作会议，部署工商行政管理机关与所办市场彻底脱钩工作。要求各级人民政府及有关部门严格执行国务院和自治区人民政府的有关规定，在 2001 年 12 月中旬前完成市场开发服务中心的接收任务。到 12 月 18 日，全区 9 个地级市、81 个县（市、区）政府，或者与当地工商局签署了移交协议，或者在工商局的书面移交报告上签署了同意接收的意见，办理了有关移交手续。至此，全区工商机关自办、联办的 2159 个市场已全部脱钩。其中，通过股权转让、拍卖、组建有限公司等形式进行改制，实现脱钩的市场 64 个，市场资产 2.54 亿元；通过市、县工商局将代管的市场开发服务中心成建制移交给当地政府或政府指定的国有资产经营管理公司，实现脱钩的市场 2095 个，整体移交市场资产 28.34 亿元，全区工商机关分流到市场开发服务中心的人员 1.16 万人。

2001 年　全区工商行政管理系统，全面完成市场办管脱钩工作。8 月，根据朱镕基总理关于工商行政管理机关与所办市场必须彻底脱钩的指示精神以及国家工商总局的部署，各级工商机关加大了市场办管脱钩工作力度。9 月，自治区工商局连续下发有关脱钩和“四分离”（工商行政管理机关与所办市场实行机构、人员、财务、职责彻底分离）问题的通知，稳步推进市场办管脱钩工作。10 月中旬，各市、县工商局均把市场的资产、债权、债务、人员移交给了市场开发服务中心，做到了工商机关不管理中心事务，不负责代管市场经营，不承担代管市场的债权债务，不在市场开发服务中心兼职，实现了内部“四分离”到位，为最终实现办管彻底脱钩奠定了坚实的基础。

2002 年

2 月 2 日　全区工商行政管理系统网上年检观摩演示会在桂林市举行。自治区工商局局长蔡永伦、桂林市副市长孙中文及各地、市工商局业务科室负责人参加了观摩演示会。即日起，广西工商行政管理系统网上年检工作全面启动。推行网上年检是自治区工商局按照国务院领导的指示，适应我国加入世贸组织新形势的需要，是实现企业登记注册简化程序、减少环节、提高效率而推出的市场监管执法五项制度改革之一。

4 月 10 日　自治区工商局以桂工商发〔2002〕42 号文，发布《关于市（地）工商行政管理机关机构改革实施意见》。要求各地、市工商行政管理局坚决贯彻《自治区党委、自治区人民政府关于市（地）县党政机构改革的意见》《自治区党委、自治区人民政府关于乡镇机构改革的意见》和《自治区人民政府办公厅关于印发广西壮族自治区市（地）县乡工商行政管理机关机构改革方案的通知》精神，认真抓好以下几个方面工作：(1) 指导思想。以邓小平理论和江泽民同志“三个代表”重要思想为指导。(2) 组织实施的原则。统一领导原则、转变职能原则、精简、统一、效能的原则、坚持“公开、公平、公正”的原则、人随事走的原则、按重新核定的编制定员定岗的原则。(3) 内设机构。市（地）工商行政管理局设 8 个职能科（室）。(4) 明确组织实施的办法、步骤。(5) 机关行政科（室）、工商所定岗定员。(6) 明确正副科长、工商所正副所长选拔任用的办法。(7) 机关后勤服务机构职能、人员定岗定员。(8) 明确人员分流安排的主要途径。(9) 明确工作要求。

8 月 13 日　自治区工商局为加强全区工商机关机构编制管理工作，巩固机构改革的成果，根据全国、自治区编制工作会议的有关精神，以桂工商发〔2002〕102 号文发布《关于加强全区工商行政管理机关机构编制管理的通知》。规定：(1) 按照核定的编制进行定岗定员，不许超编进人。(2) 全区工商行政管理机关机构编制实行机关、工商所分类管理，原则上不许混用。(3) 确因工作需要而要求调剂工商所编制或机关借调工商所人员的，必须报自治区工商局批准，借调到局机关工作的人员名单还需报自治区工商局备案，自治区工商局行使监督权。(4) 跨县调动、交流的，须报自治区工商局批准，按程序报自治区编办、自治区人事厅审批后，方能办理调动手续，违反程序调动者不予办理人事、工资变动、户口、医疗保险关系转移等事宜。(5) 随着全区工商行政管理机关机构改革顺利实施，各级工商行政管理部门机关减少、人员精减，任务更重，各地在吸收优秀人才的同时，着力于提高人员素质，提高工作效率，保证工商行政管理职能到位。

9 月 5 日　国家工商总局消保司司长母建华率领国务院七部委局集贸市场专项整治检查组，到桂林督促检查集贸市场整治工作。检查组在自治区工商局副局长李显光、桂林市人民政府副秘书长朱名华及市有关部门负责人的陪同下，到桂林国际旅游商品批发城检查市场整治工作，听取了桂林市政府集贸市场专项整治工作情况汇报。通过实地检查，检查组对“整治与规范并举、标本兼治、着力治本”的举措给予肯定，指出这是行之有效的规范市场的途径，值得推广。

9月6日 国家工商总局、税务总局、公安部等七部委联合组成全国集贸市场专项整治工作督察组，到南宁市开展督察工作。由国家工商总局消保司司长母建华任组长的督察组一行4人，在自治区“整规办”领导，自治区工商局局长蔡永伦、副局长李显光，南宁市副市长张冬梅，南宁市人民政府副秘书长查晓剑等陪同下，实地考察南宁市装饰材料市场。母建华组长赞扬南宁市开展的集贸市场专项整治做到了领导重视，措施得力。南宁市的“一个主体、两个环节、三项措施”的做法抓住了专项整治的关键，做到了从源头抓起；发挥了市场开发商的积极作用，提高了工商行政管理部门监管执法的工作效率。希望有关部门继续加大工作力度，发挥行业协会的自律作用，通过整治进一步促进经济发展。

9月25日 全区地市工商局办公室主任会议暨规范化管理工作现场会在桂林召开。会议主要内容：交流经验，表彰2000—2001年度全区工商系统政务信息工作先进单位，现场观摩办公室规范化管理的做法，会议强调新形势下要进一步加强和改进办公室工作，不断提高办公室工作水平。自治区工商局局长蔡永伦、副局长江建伟及有关领导，各地、市工商局分管办公室工作的副局长和办公室主任出席了会议。

10月 经国务院批准，撤销贺州地区，设立地级贺州市。贺州地区工商局更名为贺州市工商局，与原县级贺州市工商局合并。经有关部门核定，贺州市工商行政管理机关公务员编制为401人。

11月1日 经国务院批准，撤销河池地区，设立地级河池市。原所辖的县级河池市改为金城江区，河池地区工商局更名为河池市工商局，原县级河池市工商局改为河池市工商局金城江分局。河池市工商局下辖10个县（市）工商局和86个工商所，包括市工商局本级（含分局）在内，全市工商行政管理系统行政编制764个，事业编制75个；公务员750人，工勤人员25人。

11月1日 经国务院批准，撤销百色地区，设立地级百色市。百色地区工商局更名为百色市工商局，原县级百色市工商局更名为右江分局。更名后的百色市工商局下设办公室、政治处（挂机关党委牌子）、法规科、公平交易与消费者权益保护科（加挂“12315”举报中心牌子）、市场与合同规范管理科、企业注册与个体私营经济管理科（加挂个体私营经济发展办公室牌子）、商标广告管理科、财务科（加挂内部审计办公室牌子）、经济检查支队等9个内设机构和右江分局、机关后勤服务中心2个直属机构，按桂编办〔2002〕27号文要求设立了监察室。

11月30日 广西民营经济发展（宾阳）研讨会暨小商品展销会在宾阳县城文化广场隆重举行。自治区和南宁地区、南宁市的有关领导与来自香港、广东、湖北、重庆、厦门等地的嘉宾，以及宾阳县各界代表参加开幕仪式。自治区工商局局长蔡永伦等领导为开幕式剪彩。

12月4日 《新中国工商行政管理大记录》编撰工作会议在桂林召开。来自全国各省、自治区、直辖市工商局的39位代表共同研究和探讨了《新中国工商行政管理大记录》编撰工作。会议由国家工商总局办公厅巡视员徐长主持，国家工商总局研究中心主任谭小英、中国工商出版社社长王景明、自治区工商局局长蔡永伦等有关领导出席会议，并作了讲话。

12月23日 经国务院批准，撤销南宁地区，设立地级崇左市。南宁地区工商局更名为崇左市工商局。

12月24日 自治区工商局决定，在全区工商行政管理系统广泛深入开展向黄志昌同志学习活动。（黄志昌，1974年11月出生，1994年7月毕业于广西工商学校，分配到都安瑶族自治县工商局，先后在工作条件艰苦的都安瑶族自治县工商局保安、百旺等工商所工作，2000年调到红贸工商所任外勤组组长、市场巡查队队长。他工作中秉公执法，不徇私情，2001年至2002年9月共参与查处各类违法违章案件198件，亲自办理的案件65件，处罚金额13620元，案值10余万元，所有参与办理的案件没有一起提起复议或诉讼。他善于总结工作经验，勤于思考，积极投身工商行政管理事业宣传报道工作。2001年至2002年9月，黄志昌共向各类报刊投稿65篇，被采用28篇。他撰写的《试论西部大开发与商标战略》一文参加河池市西部大开发与商标广告战略理论研讨会获一等奖。他在工作8年间，勤勤恳恳、尽职尽责，始终把全心全意为人民服务当作自己崇高的职责，连年被评为都安瑶族自治县工商局先进工作者。2001 年 6 月 12 日，加入了中国共产党。2002 年 9 月 14 日，因病殉于工作第一线。遗体告别仪式举行当天，212 名个体户自发订做或自制花圈，表达他们对黄志昌的感激和哀思。）

12 月 29 日　自治区工商局巡视员黄绍熙出席来宾市工商局成立揭牌仪式。来宾市工商局下辖金秀、象州、武宣、忻城、合山五市、县（自治县）工商局和兴宾分局（原来宾县工商局）。原柳州地区工商局撤销，其下辖的三江、融安、融水、鹿寨四县（自治县）工商局，以及古亭山经济开发区工商局划归柳州市工商局管辖。市局机关设办公室、政治处、监察室、法规科、公平交易与消费者权益保护科、企业注册登记与个体私营经济管理科、市场与合同规范管理科、商标与广告管理科、个体私营经济发展办公室、财务科等 10 个业务科室，行政编制 33 人，定编 33 人；事业编制 13 人，在编 4 人。

2003 年

1 月 10 日　自治区工商局党组成员、纪检组组长刘之到防城港市工商局检查工作。刘之强调，春节临近，工商行政管理机关要加强廉政建设和安全防范工作，严格遵守党政机关一律不准搞走访等活动的规定。要认真贯彻中央纪委、监察部《关于 2003 年元旦、春节期间弘扬艰苦奋斗精神，禁止铺张浪费的通知》精神，认真学习胡锦涛总书记在西柏坡考察时的讲话精神。禁止节日期间以各种名义用公款相互宴请，大吃大喝，进行高消费娱乐活动。刘之还深入中越边境贸易点进行检查，看望慰问基层工商行政管理干部。他强调东兴与越南贸易频繁，促进了当地经济的发展，工商行政管理部门要认真履行职责，以发展作为第一要务，热情做好服务工作，树立国门工商形象。

1 月 16 日　自治区工商局召开 2002 年度局机关总结表彰大会。自治区工商局局长蔡永伦对 2003 年自治区工商局机关工作提出了要求，副局长蔡玉瑜对 2002 年度局机关工作进行了总结。会议表彰了 2002 年度自治区工商局机关 10 个先进集体、37 名先进工作者、11 个先进党支部、42 名优秀共产党员、38 名工会积极分子。

1 月 25 日　自治区工商局副局长李显光到防城港市亲切慰问节日期间坚守工作岗位的工商行政管理干部。李显光一行分别到东兴市工商局及所辖的城南工商所、防城区工商局及所辖的峒中工商所和那良工商所，看望慰问全体干部职工。李显光勉励大家要继续认真学习贯彻党的十六大精神，为服务地方经济建设多作贡献。春节即将来临，工商行政管理机关要加强节日市场的监管，让人民群众过上一个欢乐祥和的新春佳节。

2 月 11 日　自治区工商局局长蔡永伦到上思县工商局开展工作调研。召开局机关干部座谈会，深入思阳工商所、那勤工商所慰问工作在第一线的干部职工，了解他们的工作、生活情况。在听取上思县工商局负责人汇报后，蔡永伦就如何进一步做好工商行政管理工作提出了要求。他强调当前工商行政管理部门要认真学习贯彻党的十六大精神，按照全面建设小康社会的总体要求，围绕建设服务型、法治型、智能型工商目标，认真做好各项工作。

2 月 18 日　自治区工商局召开宣传《无照经营查处取缔办法》新闻发布会。自治区工商局副局长吴炳贵主持发布会，自治区副主席杨道喜出席发布会并讲话，自治区工商局局长蔡永伦以《依法行政、维护社会主义市场经济秩序》为题作了报告。自治区工商局副局长李显光、江建伟，自治区直属机关有关厅局领导，各新闻单位记者，各地、市工商局分管法规、企业登记和个体私营经济管理工作的副局长，以及自治区工商局机关各处室、协会、学会代表等 80 多人出席会议。

2 月 24 日　自治区工商局以桂工商发〔2002〕153 号文，发布《关于商品交易市场登记管理有关问题的通知》。规定：取消市场登记职能，将商品交易市场准入统一纳入企业登记管理范畴，使市场准入行为法定化，停止核发市场登记证。

3 月 2 日　广西消费者协会在南宁召开新闻发布会。会议介绍和通报了 2003 年“营造放心消费环境”年主题和“3·15”宣传活动的安排情况。广西电视台、《广西日报》、《广西市场报》、《南国早报》等 13 家新闻媒体30多名记者参加了发布会。

4月14日 自治区工商局副局长江建伟到北京参加全国整顿和规范市场经济秩序工作会议，会期两天。国务院总理温家宝、副总理吴仪在会上作了重要讲话。会议强调统一思想，再接再厉，继续加大整顿和规范市场经济秩序力度。

4月22日 自治区工商局召开防治非典工作会议。会上，蔡永伦局长传达了中共中央办公厅、国务院办公厅和自治区党委、自治区人民政府关于开展防治"非典"的有关文件和国家工商总局关于加强市场监管，做好防治"非典"工作的通知精神，全面部署了全区工商系统开展防治"非典"的工作，提出了具体要求：(1)统一思想，提高认识，充分认识开展防"非典"工作的重要性。(2)加强领导，建立健全防"非典"工作统一领导机制。(3)强化市场监管，确保群众消费安全。

4月24日 自治区工商局成立非典型肺炎防治工作领导小组，自治区工商局局长蔡永伦任组长，副局长吴炳贵、江建伟等为领导小组成员。主要职责：负责统一领导自治区工商局机关各单位及二层机构非典型肺炎防治工作，协调解决有关问题；指导各地、市、县工商局开展非典型肺炎防治工作。

5月6日 自治区工商局审定，对2002年度符合"守合同、重信用"条件的1443家企业，在广西新闻媒体和"广西红盾网"上予以公示。同意继续保持"守合同、重信用企业"称号的复申报企业1194家，新申报企业有249家。同时，推选出"守合同、重信用"企业优秀合同管理员104人。另外，根据国家工商总局要求，自治区工商局推选柳州钢铁集团公司等46家"守合同、重信用企业"，在全国新闻媒体和国家工商总局"红盾网"上予以公示。

5月8日 自治区工商局在对近年来一系列规章制度进行汇总、整理、充实的基础上，修订、编印了《广西工商行政管理规章制度（汇编）》一书，用以指导、规范机关和基层工作。该书内容包括行政执法办事制度、行政执法监督制度、政务管理制度、人事教育管理制度、财务及内审制度、纪检监察制度等7个方面共53项制度。

6月10日 自治区工商局围绕贯彻落实全国工商系统党风廉政工作会议精神，着重从转变机关工作作风，严肃工作纪律，加强队伍建设入手，制定颁布了适用于广西工商系统所有工作人员的"六条禁令"[(1)严禁利用办理"案、费、证、照"之机吃拿卡要，以权谋私。(2)严禁工作时间、工作日早晨、中午饮酒和酒后执法、驾驶机动车。(3)严禁参与赌博和色情活动。(4)严禁着工商制服到公共娱乐场所参加非公务活动。(5)严禁截留、挪用、坐收坐支规费和罚没款。(6)严禁在收费、罚款中使用非正规票据]。同时，制定颁布了"六条禁令"的实施办法，对每条禁令的具体内容及相应罚则予以细化。组织印制"六条禁令"小册子12500册，发给全区工商系统工作人员人手一册，便于随身携带。

6月27日 自治区工商局印发《自治区工商局党组书记、局长蔡永伦关于自治区工商局机关开展行政效能建设活动的讲话》《自治区工商行政管理局机关行政效能建设实施方案》和《自治区工商局机关行政效能建设宣传提纲》等文件，对开展机关行政效能建设的指导思想、目标内容、工作措施和工作要求等作出具体规定。

6月30日 自治区工商局制定颁布《广西工商行政管理系统处理行业不正之风试行办法》。对工商行政管理机关工作人员在办理各项登记注册、审批、年检、验照，行使市场监督管理，查处经济违法违章案件，财务管理，廉洁勤政，政容风纪等工作中出现不正之风行为时，应受到相应的责任追究，作了具体的规定。

7月4日 自治区工商局在南宁召开崇左市工商局成立大会。南宁市工商局、原南宁地区工商局全体干部职工参加大会。自治区工商局局长蔡永伦在会上宣读关于刘文新等同志任免文件。根据自治区人民政府《关于撤销南宁地区设立地级崇左市并调整南宁市行政区划有关问题的通知》精神，原南宁地区工商局管辖的横县、宾阳县、上林县、马山县、隆安县工商局交由南宁市工商局管辖。

8月26日 自治区工商局局长蔡永伦、副局长江建伟，各处、室、单位负责人前往武鸣县，参加南宁市工商局干部培训中心武鸣基地封顶仪式。

9月17日 自治区工商局局长蔡永伦参加崇左市工商局成立揭牌仪式。崇左市工商局设置办公室、政治处、法规科、公平交易与消费者权益保护科、市场与合同规范管理科、企业注册与个体私营经济管理科、商标广告管理科、财务科、监察室等11个职能科室,另设有经济检查支队、机关后勤中心等事业单位。市工商局机关有行政编制40个,事业编制12个,直属工商所编制15个。崇左市工商局管辖扶绥县、天等县、大新县、宁明县、龙州县、凭祥市工商局,全市工商行政管理系统共有行政编制455个,事业编制59个。

9月25日 自治区工商局组织局机关122名副科级以上党员、干部,参加自治区纪委组织的廉洁从政党纪政纪条规测试考试。其中,厅级干部5人,处级干部56人,科级干部61人;优秀(90分以上)率达100%。各市、县工商局也分别参加由当地市、县纪委组织的党纪政纪条规测试,参加考试的有1106名副科级以上干部,优秀率达98%以上。

10月23日 自治区工商局印发《自治区工商局副处以上领导干部廉洁从政承诺书》,全区工商系统副处级以上领导干部共154人作出廉洁从政承诺。承诺书按干部管理权限,分别存入个人廉政档案。此项措施,对本系统领导干部廉洁自律起到了较好的促进作用。

10月 自治区纪委驻自治区工商局纪检组组长刘之,参加国家工商总局在西安市召开的全国部分省(区、市)工商局纪检组长座谈会。刘之在会上作《以令明纪打造新形势下的工商公仆形象》的发言,介绍了广西工商系统贯彻落实“六条禁令”的经验和做法,得到了国家工商总局的肯定。国家工商总局在总结各地制定贯彻“禁令”取得经验的基础上,制定发布《国家工商行政管理总局依法行政、文明执法六项禁令》(即严禁无法定依据处罚、收费;严禁不出具有效票据收费、罚款和扣押物品;严禁索要、收受监管服务对象的钱物,接受、参加可能影响公正执行公务的宴请及各种消费娱乐活动;严禁野蛮执法和刁难、报复监管服务对象;严禁酒后执法;严禁着工商行政管理制服或使用执法车辆到经营性场所消费)。禁令,自2003年10月1日起施行。

11月27日 全国广告监管执法培训班在北海市举办,国家工商总局广告监管司有关领导,以及各省、自治区、直辖市、计划单列市、副省级市工商局广告监管执法人员等近200人参加培训。国家工商总局副局长刘凡到现场指导培训班的工作。

11月 自治区纪委驻自治区工商局纪检组组长刘之赴自治区直属机关工委,参加自治区直属机关加强源头治理营造良好政务环境促进对外开放工作经验交流会。刘之在会上作了题为《围绕营造良好投资软环境积极推进建设服务型工商》的发言。

2004年

1月12日 广西消费者维权网站(www.gx315.ort)开通。

3月15日 全区各级工商行政管理机关按照国家工商总局部署,本着保护环境和充分利用再生资源的原则,采取不同方式,集中统一销毁了一大批假冒伪劣商品,包括农资、食品、钢材、日用品、烟、酒、服饰和各种盗版光碟等,共有130多种,案值1000多万元。

3月28日 国家工商总局副局长甘国屏一行在自治区工商局局长蔡永伦等陪同下,到大新县考察边贸市场。甘国屏对大新县工商局在监管边贸市场方面取得的成绩给予充分肯定,并题词:“加强监管繁荣边陲”。

4月7日 广西工商行政管理系统“12315维权窗口”先进单位表彰大会在南宁召开。出席会议的领导有:国家工商总局消保局12315督导处负责人,自治区工商局局长蔡永伦,副局长王世光、江建伟,纪检组长刘之,助理巡视员、政治部主任黄有权。王世光主持会议。各市工商局分管12315工作的副局长和“12315维权窗口”先进单位的代表参加了会议。会议对全区工商系统近年来在维护消费者合法权益方面作出突出成绩的60个“12315维权窗口”单位给予了表彰。

4月7日 自治区工商局印发《广西壮族自治区工商行政管理局机关首问责任制(试行)》等13项制度,进一步完善了政务制度建设。

4月11日　自治区工商局党组印发《广西壮族自治区工商行政管理系统开展学习贯彻〈中国共产党党内监督条例（试行）〉和〈中国共产党纪律处分条例〉的实施方案》（桂工商党组发〔2004〕20号），明确了学习的意义、内容和步骤，成立了学习、宣传、贯彻“两个条例”领导小组，领导小组组长由局党组书记、局长担任，副组长由局党组其他成员担任，各处室负责人为领导小组成员。领导小组下设办公室，由纪检组、监察室、政治部、机关党委负责具体工作。同时，方案要求各市、县工商局也要相应成立领导小组，制定具体学习方案，确保“两个条例”的学习贯彻在全系统范围内有序开展。

4月23日　自治区第十届人大常委会第二十七次会议，审议通过了《广西壮族自治区商品交易市场管理条例》修订案。该条例的重新修订发布实施，对于全区各级工商行政管理部门依法对各类商品交易市场进行规范管理，意义十分重大。为此，自治区工商局就宣传贯彻执行该条例，规范商品交易市场管理作出部署：布置取消市场登记证后的市场监管后续工作，对投资建设和经营服务管理商品交易市场的市场开办者实行企业注册登记制度，依法核发营业执照。

5月25日　自治区工商局通过新闻媒体发布公告，授予广西柳州钢铁（集团）公司等1648户企业为2003年度广西“守合同、重信用企业”。同时，表彰了103名企业“优秀合同管理员”；对151户不符合诚实守信公示条件的原“守合同、重信用企业”，公告撤销其称号。

5月25日　全区工商系统纪检监察干部培训班在贵港开班，为期4天。来自各地、市、县工商局的80多名纪检监察干部，参加了以案件工作审理、信访举报、案件检查等为主要内容的培训。自治区工商局局长蔡永伦在开班仪式上讲话。

5月26日　全区工商系统贯彻自治区党委、自治区人民政府关于加快民营经济发展决定工作会议在南宁召开，会期2天。会议总结了近年来广西工商系统引导、扶持个体私营经济发展工作情况，部署贯彻落实《自治区党委自治区人民政府关于加快民营经济发展的决定》工作任务。会议动员全区工商系统干部职工立足本职，加大工作力度，促进广西个体私营经济快速健康发展。随后，举行了自治区工商局落实联系点工作制度签字仪式。出席会议的有自治区经贸委副主任李万富，自治区工商局局长蔡永伦，副局长王世光、江建伟，以及各市、县工商局分管个体私营经济工作的领导、联系点单位代表和有关新闻单位记者等。

6月10日　自治区工商局副局长王世光，深入扶绥县自治区工商局定点联系企业——广西福源剑麻股份有限公司，与董事长朱永清签订帮扶责任书。6月11日，听取了崇左市工商局工作汇报，看望了一线的干部职工，实地考察了崇左市工商局办公建设用地。王世光副局长对崇左市工商局工作给予了充分肯定，鼓励干部职工克服困难，做好工作。要求广大干部职工不断创新，做好服务，不断为地方经济发展作出新贡献。

6月16日　自治区工商局在南宁举办全区第三批荣获国家级“守合同、重信用企业”称号企业授匾仪式。自治区工商局局长蔡永伦出席仪式并作讲话。同时，给荣获国家级“守合同、重信用企业”称号的19家企业颁发牌匾和证书。

7月29日　自治区工商局下发《广西工商行政管理机关队伍教育整顿方案》，决定在全区工商系统开展以树立正确权力观、严格依法行政、做人民满意公务员，为主要内容的队伍教育整顿活动。方案还就教育整顿活动的指导思想、方法步骤，以及工作要求等方面作出了规定。

8月17日　自治区工商局为扎实推进全工商系统政务公开工作，成立推行政务公开工作领导小组。领导小组下设办公室，地点设在自治区工商局办公室。

9月25日　自治区工商局党组印发《广西壮族自治区工商行政管理局党组关于廉洁自律的公开承诺》（桂工商党组发〔2004〕37号）。以此，向全区工商系统作出六项承诺，自觉接受全系统各级党组织和广大工商行政管理干部监督。

9月27日　自治区工商局在南宁召开全区工商行政管理系统队伍教育整顿工作会议。

9月28日　自治区政务公开领导小组办公室印发的《关于在区直部门开展政务公开试点工作的通

知》（桂政开办发〔2004〕2号），确定了自治区工商局机关为自治区直属机关开展政务公开的试点单位之一。为做好试点工作，自治区工商局印发了《自治区工商行政管理局机关政务公开工作实施方案》。

10月25日 自治区工商局为确保中国—东盟博览会期间食品质量安全，抽调南宁、梧州、田阳等市、县工商局的4台“工商流动监测车”，对南宁市农贸市场、超市的餐桌食品进行质量监督抽查，为期6天。共抽查12个市场、4个超市的276个样品。合格样品243个、不合格33个，合格率为88%。

11月3日 首届中国—东盟博览会、中国—东盟商务与投资峰会，以及2004年南宁国际民歌艺术节在南宁举行，为期4天。自治区工商局负责浙江、江苏、江西、上海、无锡、宁波等6个省、市客商代表团的接待联络工作，接待客商近1000人。自治区工商局以服务“两会一节”为己任，以高度的政治责任感，周密安排，热情服务，顺利完成了接待联络任务，得到了与会客商的高度赞扬，展现了广西人民热情好客的风貌，为“两会一节”圆满举办做出了应有的贡献。

11月25日 人事部、国家工商总局联合以国人部发〔2004〕100号文，下发《关于表彰全国工商行政管理系统先进集体和先进工作者的决定》。广西被授予“全国工商行政管理系统先进集体”荣誉称号的有：南宁市工商局江南分局、桂平市工商局、灵山县工商局、桂林市工商局、靖西县工商局、岑溪县工商局；被授予“全国工商行政管理系统先进工作者”荣誉称号的有：何仕良（武鸣县工商局局长）、陈军（富川瑶族自治县工商局城关工商所所长）。

12月1日 国家工商局以工商人字〔2004〕第193号文，下发《关于表彰全国工商行政管理系统先进工商所和优秀工商行政管理人员的决定》。广西被授予“全国工商行政管理系统先进工商所”称号的有：宾阳县工商局商贸城工商所、桂林市工商局七星（高新）分局屏风工商所、柳江县工商局新城工商所、梧州市工商局南中工商所、梧州市工商局蝶山分局新兴工商所、钦州市工商局钦北分局城北工商所、防城港市防城区工商局城南工商所、贵港市工商局港北分局城中工商所、来宾市工商局兴宾分局来宾工商所、凭祥市工商局浦寨工商所、贺州市八步区工商分局灵峰工商所、玉林市工商局工业品市场工商所、平果县工商局马头工商所、南丹县工商局城关工商所等14个工商所，被授予“全国工商行政管理系统优秀工商行政管理人员”称号的有：黄振磊、金果、徐细龙、王凤英、覃祚超、李开、黄若虹、陈斯来、黄军、陈贵全、廖世林、邓文伟、张军、潘建宏、黄孟、苏元安、聂邕坪等17人。

12月27日 根据自治区人民政府2002年1月8日第1号令《广西壮族自治区著名商标认定和保护办法》精神，经广西著名商标评审委员会评审确认，自治区工商行政管理局认定“万利来”等58件注册商标具有广西著名商标资格，有效期自2004年12月到2007年12月。

2005年

1月5日 自治区工商局召开处理市场办管脱钩遗留问题工作会议。会议就工商行政管理机关贯彻落实《广西壮族自治区人民政府办公厅关于抓紧处理市场办管脱钩遗留问题的通知》（桂政办发〔2004〕12号）文件精神进行部署。自治区工商局市场办管脱钩领导小组成员、各市工商局局长和负责市场办管脱钩工作的负责人参加了会议。

1月28日 自治区工商局召开个体工商户私营企业迎新春暨先进性教育活动座谈会。来自全区个体工商户、私营企业代表32人和自治区工商局有关业务处室负责人参加了会议。会上，自治区工商局向代表征求对自治区工商局开展保持共产党员先进性教育活动及服务个私经济发展方面的建议和意见。

2月1日 自治区工商局组织开展对南宁市年货市场大检查。自治区副主席杨道喜，自治区工商局主要负责人、副局长江建伟，南宁市副市长肖莺子，以及自治区农业厅、自治区卫生厅、自治区食品药品监督管理局等部门领导和自治区工商局有关业务处室负责人参加了检查活动。

2月21日 自治区工商局机关100多名党员赴百色革命老区开展缅怀先烈，重温誓词，学习红七军舍生取义为人民解放事业献身为主题的教育活动，活动为期2天。自治区工商局副局长江建伟，纪检组长刘之等领导参加了活动。

5月9日 自治区工商局召开全区工商系统“五项清理”（清理执法案件、清理行政收费情况、清理消费者申诉处理情况、清理对工商执法人员举报办理情况、清理执法人员）工作座谈会。会议内容：总结各市工商局开展“五项清理”工作情况，交流工作经验，通报自治区工商局队伍教育整顿领导小组办公室到有关市工商局调研情况，研究解决“五项清理”工作中遇到的问题。自治区工商局纪检组长刘之，“五项清理”对口处室负责人和各市工商局队伍教育整顿领导小组常务副组长等22人参加了会议。截至队伍教育整顿活动结束，全区工商系统共清理执法案件近10万件，回访涉案当事人近10万人，纠正存在问题案件3401件；清理违规收费问题25项，清理违规收费金额70.65万元；清理消费者申诉3.32万件，清理并纠正问题438个；清理对执法人员的举报445件，向署名举报人反馈结果133件，经查实给予党纪处理4人，政纪处理12人；清理出执法岗位上不具备执法资格的执法人员243人，清理出不依法行政行为5件。通过清理整顿，增强了工商行政管理人员文明执法、依法监管意识，规范了行政执法行为，提高了执法监管能力，进一步树立了工商行政管理部门的良好形象。

5月26日 南宁市工商局江南分局福建工商所所长黄振磊（广西贵港市东龙镇人，男，1984年7月到南宁市工商局工作，2000年11月加入中国共产党），因连续工作劳累过度，在专项行动中突发大面积脑出血，经抢救无效殉职。黄振磊生前曾任南宁市工商局高新分局企业登记注册科科长、市场巡查支队第一工商所所长、江南分局福建工商所所长等职。他参加工作21年来，认真贯彻执行党的路线方针政策，时刻牢记党的全心全意为人民服务的根本宗旨，严格执法，不徇私情，清正廉洁，忘我工作，心系群众，甘于奉献。他在平凡的岗位上做出了不平凡的业绩，先后16次被评为南宁市工商系统先进个人。2002年以来，连续三年被评为南宁市工商系统“优秀党员”；2004年，被评为“全国优秀工商行政管理人员”；2005年，被授予第三届“广西优秀青年卫士”称号。他所在福建工商所多次被评为南宁市工商系统“先进集体”和“十佳工商所”。黄振磊因公殉职后，中共南宁市委追授黄振磊同志为南宁市优秀共产党员；南宁市人民政府追授黄振磊同志为南宁市优秀公务员；自治区党委追授黄振磊同志为“自治区优秀共产党员”。

6月24日 自治区工商局通过新闻媒体发布公告，授予广西柳州钢铁（集团）公司等1883户企业为2004年度广西“守合同、重信用企业”（新发展393户）。同时，表彰了113名企业“优秀合同管理员”；对208户不符合诚实守信公示条件的原“守合同、重信用企业”，公告撤销其称号。

8月1日 自治区工商局印发《广西壮族自治区工商行政管理局关于优化投资环境促进经济发展的若干措施》，从“深化改革，降低门槛，优化政策环境”“加强引导，创新措施，优化经营环境”“标本兼治，科学监管，优化市场环境”“依法行政，规范执法，优化法制环境”“转变作风，加强监督，优化政务环境”5个方面，制定改善投资软环境，服务经济发展的56条政策措施。

8月 自治区工商局机关党委组织对局机关各党支部（党总支），贯彻落实“三项法规”（《中国共产党党内监督条例（试行）》《中国共产党党员权利保障条例》《关于实行党风廉政建设责任制规定》）情况进行督促检查，促进基层党组织按要求学习贯彻“三项法规”，认真进行自查和整改。

10月 贵港市工商局被中央精神文明建设指导委员会评为“全国精神文明建设工作先进单位”。

11月25日 自治区工商局副局长张剑波带领公平交易处、消保处、商广处、个体处、法规处等业务处室负责人，到广西电台卫星广播《政风行风热线》栏目直播现场，接听群众投诉电话，接受咨询，回答群众提出的热点、难点问题。通过参加“政风行风热线”节目直播，进一步加强了工商行政管理机关与人民群众的联系，也为工商行政管理机关接受社会监督提供了一个很好的机会和平台，对工商行政管理机关改进工作作风，提高服务质量，更好地履行职责必将产生很大的促进作用。

11月29日 全区工商行政管理信息化建设现场会暨信息化工作会议在桂林市召开。自治区工商局副局长张剑波出席会议。参加会议的还有自治区工商局机关各业务处室负责人，各市、县工商局分管信息化工作的领导、办公室负责人、技术员等近100人。此次会议，主要是总结近年来全区工商系统信息化建设工作情况，展示信息化建设成果，交流信息化建设经验，部署2006年信息化建设工作。

12月21日 自治区工商局对落实《广西工商系统个体工商户私营企业联系点制度》成绩突出的自

治区工商局个体私营经济监管处等53个单位和谭建星等166位个人，予以通报表彰。

12月28日 自治区工商局和广西日报社、广西电视台、广西人民广播电台、广西卷烟总厂、索芙特股份有限公司，联合举办"广西企业战略性运用商标广告促进经济发展研讨会"，会期2天。会议邀请国家工商总局、中国人民大学、自治区政府发展研究中心等单位有关专家、学者进行授课。来自全区的广西著名商标企业、广告经营单位、工商行政管理系统的代表350人参加了研讨会。

2006年

1月1日 根据国家工商总局《关于对公司注册登记启用〈企业法人营业执照〉等四种新版证照的通知》（工商企字〔2005〕第197号）精神，广西从2006年1月1日起，办理公司设立登记的，一律核发新版执照；同时，原有的公司也将在规定时限内换发新的营业执照。

1月17日 自治区纪律检查委员会、自治区人事厅、自治区监察厅，联合下发《关于给予全区纪检监察系统集体和个人记二等功奖励的决定》（桂人发〔2006〕1号）。自治区纪委驻自治区工商局纪检组、自治区工商局监察室获记集体二等功。

1月18日 自治区工商局下发《自治区工商行政管理局关于授权地级市工商行政管理局办理煤矿企业注册登记的通知》（桂工商发〔2006〕10号），授予地级市工商局对煤矿企业的登记管理权。

1月19日 自治区党委副书记李纪恒，自治区党委常委、宣传部部长沈北海及南宁市委领导，在自治区工商局主要负责人的陪同下，看望、慰问"广西杰出青年卫士"黄振磊的妻子郭伟华及其家人。

2月17日 自治区工商局党组制定《广西壮族自治区工商行政管理局党组关于落实〈建立健全教育、制度、监督并重的惩治和预防腐败体系实施纲要〉2007年底前工作要点》（桂工商党组发〔2006〕2号），下发全区工商系统贯彻执行。

3月7日 自治区工商局成立治理商业贿赂领导小组，以指导全区工商系统开展治理商业贿赂工作。

3月13日 自治区工商局在武鸣县举办以"维权进乡村，红盾护三农"为主题的"2006红盾护农"宣传周启动仪式及相关活动。自治区人大常委会副主任袁凤兰、自治区政协副主席张文学，在自治区工商局副局长江建伟陪同下出席启动仪式。启动仪式上，一是发布广西工商系统2006年第一季度流通领域农资商品质量检测结果及消费提示。二是曝光"2005红盾护农"行动中，各级工商机关查处的十大农资打假典型案例。三是向与会代表、农民、农资经营户散发自治区工商局印制的"红盾护农"宣传专刊。四是由农民代表宣读倡议书。五是由广西富满地农资股份有限公司代表农资经营业主，作经营农资商品质量保证的承诺宣言。六是由近50名农资经营户代表在"拒售假冒农资商品承诺签字幅"上郑重签名，表达自觉拒售假冒伪劣农资的决心。七是举行假冒伪劣农资产品销毁活动，在武鸣县城郊共销毁劣质种子、化肥等假冒伪劣农资21吨。

3月16日 自治区工商局为加强内部执法监督，落实执法责任，提高执法质量，制定下发《广西壮族自治区工商行政管理机关执法质量考评规定》（桂工商发〔2006〕56号）。该规定共有24条，对执法质量考评原则、考评的内容、考评的要求、考评评分方法、考评的程序、考评的组织实施以及考评结果运用等作出了明确的规定。

3月20日 自治区工商局、广西消费者协会与广西电视台在南宁联合举办广西"3·15"暨消费者协会成立20周年大型综艺晚会。自治区主席陆兵、自治区党委副书记李纪恒，自治区工商局相关领导与维权先进代表、各市消费者协会秘书长以及自治区工商局机关工作人员共200多人观看了晚会。

5月16日 国家工商总局副局长王东峰、办公厅主任李建昌等一行5人先后到北海市工商局和城西工商所、自治区工商局机关、南宁市工商局和唐山工商所等单位，对食品安全等工作进行检查指导和考察调研，为期两天。考察期间，王东峰副局长对广西各级工商机关工作给予了充分肯定。同时，要求各级工商机关加快改革创新步伐，充分发挥职能作用，切实提高食品安全等工作的监管水平，为促进经济社会协调发展创造新佳绩。在南宁期间，王东峰副局长与自治区党委副书记、纪委书记马铁山，自治区副主席刘新文，自治区人民政府副秘书长何国林等领导，就有关工作情况进行了交流。

5月22日 自治区工商局在南宁召开流通领域商品质量监测企业整改座谈会。50多家在流通领域商品质量监测中被检出产品质量不合格的生产企业代表应邀参加了座谈会。

5月24日 自治区工商局下发《广西壮族自治区工商行政管理机关个体工商户分类监管实施意见（试行）》（桂工商发〔2006〕123号），进一步推进工商行政管理机制体制和监管方式方法的改革，完善市场主体信用监管体系，从制度上切实规范工商行政管理机关个体工商户分类监管行为，促进个体工商户分类监管科学化、规范化。

5月25日 共青团中央、国家工商总局联合发文，决定追授原广西南宁市工商局江南分局福建工商所所长黄振磊为“中国杰出青年卫士”。

5月28日 广西广告协会正式开通广西广告网站。

7月4日 自治区工商局主要负责人及副局长江建伟、张剑波和南宁市有关领导，出席在南宁国际会展中心举行的南宁市工商局队伍换装仪式。经国务院批准，全国工商行政管理系统从7月1日起统一换发新式工商制服。南宁市工商局600名干部，组成3个方阵展示新式工商制服。张剑波副局长在换装仪式上作了讲话。

7月12日 由国家工商总局法规司副司长王景明任组长的总局基层工商行政管理工作调研组到宜州市进行调研。王景明副司长在宜州市调研时强调，工商行政管理干部要胸怀大局意识，找准工商行政管理工作与服务地方经济发展的结合点，努力为构建和谐社会多作贡献。

7月19日 自治区工商局举办内部审计知识培训班，为期3天。全区工商行政管理系统120多名内部审计人员参加了培训。自治区工商局纪检组长刘之在开班仪式上作了讲话。

7月24日 自治区工商局为规范全区工商行政管理机关办案执法行为，提高办案执法水平，避免行政处罚的随意性，制定下发《广西工商行政管理机关行使行政处罚自由裁量权的规定（试行）》（桂工商发〔2006〕166号）。该规定主要包括行使自由裁量权的基本原则和要求，从轻处罚、从重处罚的界定，以及从轻、从重处罚所应具备的情形等内容。

9月6日 共青团中央、国家工商总局等13个部门授予北京市第一中级人民法院等568个单位为全国优秀“青少年维权岗”称号，全国工商行政管理系统有54个单位获得该项荣誉。广西被授予全国优秀“青少年维权岗”称号的单位分别是：广西壮族自治区工商局消费者权益保护处、桂林市全州县东门工商所。

10月16日 自治区工商局、广西个体劳动者协会、广西私营企业协会组织各地个私企业主赴玉林参加经贸洽谈会。洽谈会共签订7亿元人民币的经贸合同。

11月15日 自治区工商局纪检组组长刘之一行到柳州市工商局“双生”（生产资料和生产要素市场管理）分局，对开展工商所公务人员述职述廉工作进行调研。在听取汇报后，刘之肯定了柳州市工商局在开展工商所公务人员述职述廉工作中所取得的成效。同时强调开展这项工作既要收到成效，又不能影响其他工作，在操作中，可以采取每年召开一两次业户代表座谈会或分发一些测评表的方式，通过和业户更多接触和充分交流，找出自身存在的问题和不足，加以整改，从而推动述职述廉工作的扎实开展。

12月8日 国家工商总局直销监管局局长张辉率领由国家工商总局、公安部、全国整顿和规范市场经济秩序领导小组办公室联合组成的国家打击传销工作检查组，到来宾市检查指导打击传销工作。来宾市副市长卢运福向检查组汇报了有关工作情况。检查组充分肯定了来宾市打击传销的做法和取得成效，认为来宾市由党委、政府牵头，部门密切配合，形成打击合力，通过施行端窝点、抓头目等手段，给传销组织以严厉打击，收到了良好的效果。同时，还对打击传销工作提出了要求：一是继续保持高压打击态势；二是要总结经验，健全打击传销综合管理机制；三是要加强日常检查，及时发现和解决新问题。

12月20日 自治区工商局下发《关于严格执行企业登记管理有关纪律规定的通知》（桂工商发〔2006〕227号），就企业登记管理工作有关纪律规定提出要求：一是严禁企业登记管理机关及工作人员与中介机构有任何形式的利益联系。二是全区企业登记管理人员要按照“五个严禁”的要求，严格执行廉政纪律守则。三是认真落实行政许可法规定的审批时限和"当场登记"的要求，切实提高工作效率。四是加强责任监督，完善考评机制。

12月20日 中央电视台记者采访团一行到柳州市采访柳州市工商局查处辣椒粉掺苏丹红一案，自治区工商局副局长江建伟、柳州市副市长文和群参加了在柳州饭店召开的汇报会。11月15日，柳州市工商局柳南分局南站工商所执法人员在市场巡查中发现，其个体工商户的辣椒粉加工场成品辣椒粉颜色异常，现场有大量用于掺入辣椒粉的"红粉"。12月1日下午3时，自治区疾病预防控制中心电告柳州市工商局送检的样品含有苏丹红四号成分。柳州市人民政府立即成立以郑俊康副市长为组长，各有关单位领导为成员的领导小组，对柳州市"涉红"商品开展拉网式检查。截至12月19日，柳州市工商局共暂扣或就地封存可疑辣椒粉6.79万千克；送检样品93份，收到反馈结果65份，其中检测结果呈阳性（含苏丹红四号）的6份（代表量1092.25千克），检测结果呈阴性的59份（代表量846.25千克），余下28份（代表量6.59万千克）待检。

12月22日 参加国家工商总局举办的第二届全国外资企业登记机关英语竞赛的广西工商行政管理系统代表队载誉归来。在全国工商行政管理系统24个参赛队中，广西代表队以总分338的成绩位列第8名，并荣获本届团体协作奖，黄德华获个人最佳人气奖，廖晓珺和杨海艺荣获个人优秀奖。

12月28日 自治区副主席杨道喜到自治区工商局开展工作调研。召开座谈会，听取自治区工商局工作汇报，同时对如何做好下年工作做指示。自治区工商局处级以上干部参加了座谈会。

2007年

1月16日 自治区主席陆兵在自治区党委常委、中共南宁市委书记马飚，自治区副主席杨道喜，自治区人民政府秘书长王跃飞，南宁市市长林国强等领导陪同下到自治区工商局对非公有制经济发展情况进行专题调研。陆兵主席深入基层了解个体私营业主办照情况，看望慰问登记注册窗口的工商行政管理干部。陆兵主席在听取了工商系统服务非公有制经济工作的专题汇报后，就如何抓好非公经济发展工作作了讲话。他在讲话中充分肯定了工商行政管理机关的工作，就如何贯彻落实温家宝总理对工商行政管理工作的重要批示，进一步做好服务、扶持非公有制经济发展工作提出了明确要求：(1)要以科学发展观为统领，正确引导个体私营经济发展。(2)要放手发展个体私营经济。(3)要放宽个体私营经济市场准入。(4)要落实政策推动个体私营经济发展。(5)要依法保护个体私营经济合法权益。(6)要营造个体私营经济发展的良好社会氛围，大力宣传个体私营经济的先进典型和经验，大张旗鼓地表彰先进民营企业家。

2月5日 自治区工商局副局长张剑波一行深入"分层分类"试点所——河池市河南工商所慰问一线干部职工，了解河南工商所个体企业分层分类信息化管理建设情况。

2月14日 自治区工商局召开局机关工作表彰大会。会议表彰了2006年度局机关6个先进集体，34名先进工作者；4个先进党支部，41名优秀共产党员和15名党员标兵。

2月26日 自治区工商局以桂工商发〔2007〕41号文，下发《关于进一步规范全区守合同重信用企业认定公示活动管理的通知》，就进一步规范守合同重信用企业认定公示活动管理提出三点要求：(1)提高认识，加强领导，确保活动规范有序开展。(2)严格规范认定公示行为。(3)加强对企业合同信用自律组织或行业协会的联系和指导。

2月28日 广西消费者协会通过各大媒体发布2007年第一号消费提示。提醒广大消费者，返券促销暗藏陷阱，不仅扰乱正常的市场竞争秩序，也严重侵犯消费者的合法权益，容易使广西商业秩序陷入怪圈。

3月7日 自治区工商局纪检组长刘之一行，对桂林市工商局屏风工商所探索"规范行政执法程序"工作进展情况进行实地检查指导。在听取汇报和查阅《屏风工商所探索'规范行政执法程序'材料汇编》后，刘之要求屏风工商所凭借桂林特有的历史文化底蕴，在探索"规范行政执法程序"工作中，进一步总结提升基层工作经验做法，提升课题研究内涵，为促进基层工商所规范化建设作出应有的贡献。

3月8日　自治区工商局以桂工商发〔2007〕52号文，下发《关于印发广西工商行政管理系统集中开展转变干部作风加强机关行政效能建设实施方案的通知》。该通知明确了全区工商系统集中开展转变干部作风，加强机关行政效能建设活动的指导思想、工作目标、工作步骤、保障措施和工作要求等内容。

3月12日　自治区工商局资产清查工作领导小组办公室组成3个督查小组，分赴12个市工商局，对各市工商局资产清查工作进行指导和全面督查，为期5天。

3月20日　自治区工商局制定印发《2006—2010年广西壮族自治区工商行政管理系统干部教育培训工作规划》。对2006—2010年全区工商系统干部教育培训工作的指导思想、基本原则、总体目标、主要工作任务和保障措施等内容，作出了具体明确的规定和安排。

3月20日　自治区工商局印发《2006—2010年广西壮族自治区工商行政管理系统人才队伍建设工作规划》。该规划是为贯彻落实全国工商行政管理系统基层建设和人才工作会议精神，加强全区工商系统人才队伍建设，建设一支能胜任新形势的工商行政管理工作规模适当、结构合理、素质较高的工商行政管理人才队伍，根据中央组织部、人事部《关于贯彻落实"十一五"规划纲要，加强人才队伍建设的实施意见》和国家工商总局《2006—2010年全国工商行政管理系统人才队伍建设规划》精神制定的。内容包括：(1)广西工商行政管理系统人才队伍建设的现状。(2)广西工商行政管理人才队伍建设的指导思想、总体要求和目标。(3)以德才兼备为标准，建设一支高素质的领导人才队伍。(4)建设一支高素质的行政执法人才队伍。(5)加强领导，创新机制，努力营造人才队伍建设的良好环境。

3月20日　自治区工商局以桂工商发〔2007〕59号文，下发《关于印发〈广西壮族自治区工商行政管理局企业登记审批办法〉的通知》，决定简化企业登记环节，放宽自治区工商局登记企业审批权限，使登记工作进一步提速。除注册资本5000万元以上，以及部分特种行业企业设立登记仍然实行"三级核准"外，其余企业的设立登记由原来局领导审批改为业务部门负责人审查批准；企业名称预先核准、企业年检、企业变更登记（法定代表人、注册资本、经济性质、股权变更登记除外）则由窗口经办人员直接审查核准。

3月26日　自治区工商局以桂工商发〔2007〕64号文，下发《关于印发自治区工商行政管理机关优化政务环境服务承诺的通知》，就进一步改善政务环境，提高服务质量和水平，作出9项承诺。

3月27日　国家工商总局党组成员、中纪委派驻国家工商总局纪检组组长石见元一行6人，到桂林市工商局七星（高新）分局屏风工商所检查验收该所对"规范执法程序"这一课题的探索实施情况。石见元对联系点工商所如何开展工作明确指出：(1)作为国家总局联系点的工商所应起到"示范、调研、实验"作用。(2)屏风工商所"规范执法程序"工作方面很有典型意义，可以在分局以及整个桂林市局范围内推广。(3)各联系点工商所要发挥优势，相互交流，取长补短。石见元还提出，可以借鉴深圳市南山分局的做法，把信息化技术运用到"规范行政执法程序"上来，设计流程规范的业务软件，把以往的"用制度管理人"变为"用机器管理人"，减少行政执法的随意性。石见元还到永福县、兴安县，考察了当地新农村建设工作和农产品商标、地理证明商标申报、注册、管理等情况。

3月31日　自治区工商局派出6个工作组深入南宁市马山县、横县、武鸣县、宾阳县、上林县和邕宁县，开展2007年全区服务个体私营经济宣传月活动。自治区工商局副局长王世光以及《广西日报》、广西电视台、《南国早报》、新华社驻广西记者站等6个新闻单位记者，出席了马山县的一系列宣传活动。

4月2日　自治区工商局以桂工商发〔2007〕74号文，下发《关于印发流通领域农资商品质量监测管理制度和农资经营户绿黑名单公示制度的通知》，将《广西工商行政管理机关流通领域农资商品质量监测管理制度（试行）》和《广西工商行政管理机关农资经营户绿黑名单公示制度（试行）》印发各市、县工商局，为规范全区工商机关对流通领域农资商品质量监测工作，进一步加大对农资商品质量的监督力度，更加规范广西农资市场经营秩序提供可靠的制度保障。

4月16日　中共中央委员、原国家工商总局局长王众孚一行3人，先后到广西崇左、百色等地开展工作调研，为期11天。4月25日，自治区党委书记刘奇葆会见了王众孚。王众孚分析了全国工商行政管理发展形势，同时对广西工商行政管理部门的工作给予了充分肯定。双方就如何进一步发挥工商职能，服务地方经济进行了深入交流。

4月18日 自治区工商局、《瞭望新闻周刊》新华社广西分社、南宁市委宣传部在南宁共同举办“中国—东盟中小企业投资发展论坛”。论坛主题为中国—东盟“一轴两翼”战略构想背景下的商机前瞻。国家工商总局副局长钟攸平、自治区人大常委会副主任袁凤兰、自治区工商局主要负责人等领导出席论坛开幕式并致辞。应邀参加论坛的中央政策研究室、国务院研究室、国务院发展研究中心、商务部以及来自东盟国家的专家，对中国和东盟企业相互开拓市场的机遇、障碍、困难和对策等一系列问题进行深入探讨，为中小企业在自由贸易区大市场中正确把握商机提供决策参考。中国农业银行广西分行、梧州远东美容保健用品有限公司、柳州五菱汽车有限责任公司负责人，就如何把握自由贸易区催生的全新商机，建立与东盟各国企业的商务关系，大力开展经贸合作与相互投资提出了自己的独特思路。

4月18日 以“中国杰出青年卫士”“广西壮族自治区优秀共产党员”黄振磊为原型的大型话剧《苍天有泪》，作为“第五届全国话剧优秀剧目展演”剧目，在中央戏剧学院逸夫剧场隆重首演。自治区工商局副局长张剑波，南宁市委常委、宣传部部长、副市长肖莺子带领广西观演团出席首演式。国家工商总局副局长刘玉亭和总局机关、北京市工商局，以及首都各界代表等共700余人一道观看了演出。

4月26日 自治区工商局以桂工商发〔2007〕86号文，下发《广西工商行政管理机关商品展销会登记管理办法（试行）》，对全区工商机关商品展销会登记管理行为提出规范性要求。该办法明确了广西商品展销登记管理依据，举办商品展销会单位的条件，申请办理商品展销会登记手续提交的材料，受理范围、机构和监督管理，审批程序及步骤，办理时限以及服务收费。同时，还列举出不予受理的情形。

4月28日 自治区人民政府办公厅以桂政办发〔2007〕59号文，印发《2006年广西50强私营企业广西50强个体工商户评选表彰活动工作方案》，明确了评选表彰活动的指导思想、评选条件、评选程序、表彰奖励等事项，同时决定成立“广西50强私营企业”“广西50强个体工商户”评选表彰活动组委会，以加强对评选表彰活动的组织领导。组委会由自治区副主席杨道喜任主任，自治区人民政府副秘书长王德伦、自治区工商局局长任副主任，自治区经委、自治区财政厅、自治区劳动保障厅等有关部门领导任成员。组委会下设办公室，办公室设在自治区工商局，具体负责组织实施评选表彰工作。方案要求各地各部门领导提高思想认识，加强领导，认真抓好组织实施，确保评选活动工作顺利进行。

4月下旬 全区各级工商行政管理机关按照国家工商总局消费者权益保护局和自治区工商局工作部署，重点对市场上销售的“宝灵通A1200明尚品PDA、亚洲星PDAV120、CECT中电手机P168、MYPAEY1200灵尚品PDA（MOTONOLA）、中讯— A1200、A1200明PDA”6款手机进行检查。全区工商系统出动检查人员4640人次，检查经营户4539户，查获不合法移动电话机144部（上述6款手机31部），查处案件27件，案值11.464万元，受理和处理消费者申诉举报42万件，为消费者挽回经济损失3万元。

5月20日 全区工商行政管理系统自月初集中开展的为期20天儿童食品市场专项执法检查，共出动执法人员13530人次、检查经营户34009户、查处无照经营户237户、捣毁制假售假窝点4个、查处制售假冒伪劣食品案件87件，查处假冒伪劣食品价值10.94万元。查获假冒伪劣婴幼儿奶粉和奶制品278.9千克、饮品饮料1743.4千克、糕点447.5千克、小食品1493.2千克、其他食品3345千克。有471个基层单位与辖区内中小学校建立了联系点。

5月22日 自治区工商局在全区各级工商机关及干部中推行转变干部作风、提高机关行政效能公开承诺制度，结合机关职能和岗位职责，主动向社会就整改、服务、办实事好事、建章立制方面进行公开承诺。

5月31日 《广西壮族自治区消费者权益保护条例》经广西壮族自治区第十届人民代表大会常务委员会第二十六次会议审议通过，于2007年10月1日正式实施。该条例分为6章，共50条。该条例从广西实际出发，细化了消费者权益保护法的原则性规定，增强了可操作性，同时对消费者权益保护法没有规定而在实际消费维权工作中的热点、难点问题做出了较为详细的规定。该条例的颁布实施，将使消费者权益得到更有效的保护。

6月21日 全区工商行政管理学会工作会议暨理论研讨会在贺州召开，会期2天。自治区工商局副巡视员黄有权出席会议。各市工商学会秘书长及相关人员参加了会议。

6月22日　自治区工商局副局长张剑波与业务处负责人走进广西人民广播电台《政风行风热线》栏目，就工商行政管理有关问题通过卫星直播的方式与听众朋友进行互动交流，有效增进了社会各界与工商部门的相互了解、理解，实现政府部门与社会有益沟通。

7月13日　自治区工商局机关工会组织开展“热心公益、积极献血”活动，除了本单位干部职工积极参与外，还有部分负责办公大楼外墙装修工人，以及前来办事的外单位人员也主动加入献血队伍。在2个小时内，有30名符合条件人员，献出血液10000毫升。

7月22日　全区工商系统2007年公务员招录面试在广西工商学校举行。来自南宁、柳州、桂林等13个市工商局的面试考官和自治区人事厅委派的13名面试考官，组成13个面试小组，对480多名考生进行面试。

7月26日　自治区工商局以桂工商发〔2007〕160号文，下发《关于印发执行自治区行政机关首问负责制度等三项试行制度实施办法试行政务公开等四项制度的通知》，将执行自治区行政机关首问负责制、限时办结制、责任追究制等三项试行制度的具体实施办法和广西工商行政管理机关一次性告知制度、来函必复制度、政务公开制度、优化政务环境服务承诺等四项试行制度，印发各市、县工商局和自治区工商局机关各处室、单位贯彻执行。

8月1日　自治区工商局召开庆祝建军80周年座谈会。自治区工商局相关领导以及各处室负责人、全体军队转业干部、复退军人，共有60多人参加座谈会。

8月6日　自治区工商局以桂工商发〔2007〕169号文，下发《关于印发广西工商行政管理机关保护奥林匹克标志专有权行动方案的通知》，计划从2007年8月开始，到2008年底开展三次集中整治行动。在商品流通领域和商标印制领域全面检查奥林匹克标志使用情况，严厉打击非法使用奥林匹克标志、销售侵犯奥林匹克标志商品和非法印制奥林匹克标志的行为。

8月10日　自治区工商局、共青团广西区委联合以桂工商发〔2007〕172号文，下发《关于命名表彰2006年度广西工商系统广西青年文明号的决定》。该决定新命名桂林市工商局企个科等11个青年集体，继续命名南宁市工商局等39个青年集体，为2006年度广西青年文明号。

8月13日　国家工商总局打击传销集中行动督查组一行3人在直销监管局副局长王树燕带领下，到贵港市、来宾市、桂林市对打击传销工作进行检查指导，为期5天。自治区工商局副局长江建伟全程陪同检查。督查组对广西打击传销整体工作给予充分肯定，同时也提出了工作意见和建议：(1)各地要清醒认识传销本质。(2)要坚持政府统一领导，各部门联合行动工作格局。(3)继续保持高压态势，坚决打击各种传销行为，查处传销案件。(4)建立打击传销有效机制。(5)加强直销监管。

8月20日　自治区工商局以桂工商发〔2007〕176号文，下发《关于设立外商投资企业注册登记管理处的通知》。

8月23日　自治区工商局以桂工商发〔2007〕180号文，下发《关于取消发放企业法定代表人证书的通知》。规定即日起全区各级工商行政管理机关停止发放企业法定代表人证书，已发放的企业法定代表人证书自2007年10月1日起废止。

8月27日　自治区工商局主要负责人及副局长江建伟带队赴国家工商总局汇报，请求支持广西北部湾经济区建设等工作。国家工商总局局长周伯华、副局长王东峰听取了工作汇报。周伯华局长表示，要对广西北部湾经济区开发建设给予大力支持，切实服务地方经济的发展。

8月30日　自治区工商局转发国家工商总局《关于开展打击“傍名牌”不正当竞争行为专项执法行动的通知》。要求在2007年8月—12月期间，组织开展打击“傍名牌”不正当竞争行为专项执法行动。

8月30日　自治区工商局转发国家工商总局《关于贯彻〈国务院关于加强食品等产品安全监督管理的特别规定〉的实施意见》。要求各市、县工商局在贯彻执行中做到：高度重视，确保学习宣传到位；充实人员，确保执法到位；完善制度，确保监管到位；加强领导，确保检查落实到位。

9 月 4 日　自治区工商局在南宁召开全区工商系统流通环节产品质量和食品安全专项整治动员大会。会上部署全系统产品质量和食品安全专项整治工作，要求全区各级工商机关统一思想认识，进一步提高加强产品质量和食品安全监管自觉性，增强责任感，通过重点开展“三大战役”（“清理规范经营主体，取缔无照经营，打好市场主体准入阻击战”“引导经营者建章立制，依法经营，打好食品安全监管攻坚战”“开展专项整治，打好食品安全保卫战”），把产品质量和食品安全专项整治行动落到实处。实现县城以上经营食品的批发市场、集贸市场、商场、超市 100% 建立进货索证索票制度，乡镇、街道和社区食品经营店铺 100% 建立进货台账制度，彻底解决乡镇政府所在地及县城以上城市小食杂店、小摊点无照经营问题等 3 个 100% 的预期目标。自治区工商局与各地市工商局签订《广西工商行政管理系统 2007 年下半年流通领域产品质量和食品安全专项整治工作目标责任书》，进一步明确开展流通领域产品质量和食品安全专项整治工作责任。

9 月 5 日　自治区工商局、自治区交通厅、自治区公安厅、自治区经济委员会、自治区质量技术监督局联合以桂工商发〔2007〕192 号文，发布《关于开展打击车辆非法改装行为市场专项整治行动的通知》。《通知》要求：(1) 加强领导，落实责任，确保专项整治行动取得明显成效。(2) 突出重点，周密部署，扎实开展专项整治行动。(3) 加强协调、强化执法，进一步整顿和规范车辆改装秩序和行为。(4) 加强专项整治信息沟通。

9 月 5 日　自治区党委组织部与自治区工商局在南宁联合召开农村党员经纪人“双培双促”（即“把农村优秀经纪人培养成为党员，促进农村党员队伍建设；把农村党员骨干培养成为经纪人，促进农村经纪人队伍建设”）工作座谈会。参加座谈会的有自治区党委组织部、南宁市委组织部、武鸣县委组织部、自治区工商局、南宁市工商局、武鸣县工商局有关人员。

9 月 6 日　自治区工商局以桂工商发〔2007〕190 号文，下发《关于下放部分人事管理工作审批权限的通知》。该通知将部分人事管理工作权限下放，交给各市工商局负责。

9 月 11 日　广西壮族自治区人民政府隆重召开表彰大会，表彰 2006 年度广西 50 强私营企业、50 强个体工商户。自治区主席陆兵发表讲话，对广西工商行政管理部门服务地方经济，特别是服务个体私营等非公经济发展采取的措施，给予了充分肯定。这是广西首次以自治区人民政府名义对个体私营企业和个体工商户进行的表彰。这次表彰大会，在南宁设立主会场，全区 14 个市 75 个县设立分会场。自治区党委、人大、政府、政协有关领导和各市政府领导，以及自治区直属机关等各委、办、厅、局领导，私营企业、个体工商户代表等共 400 多人参加了大会。

9 月 28 日　自治区工商局行政审批业务进驻广西政务服务中心集中办理。自治区工商局将原来由企业注册管理处、外商投资企业注册管理处、商标广告管理处、市场规范管理处分担的行政审批职能全部归拢，授权给企业登记管理所集中办理，以企业登记所为单位，成建制进入政务中心。

11 月 14 日　自治区人民政府下文，任命张虹为自治区工商局副局长。

11 月 28 日　自治区工商局副局长王世光带队，到宾阳县开展《建设社会主义新农村“百村百品”电视片》赠送暨巡回播放活动，当晚在该县武陵镇白沙村举行了赠送暨巡回播放活动仪式。自治区工商局办公室、个体处、市场处、广告处负责人、南宁市委组织部、宾阳县委、县人大、县人民政府主要领导，以及县委组织部和工商局、武陵镇的干部、群众，共有 800 多人参加活动仪式。

12 月 4 日　国家工商总局产品质量和食品安全检查组到广西对流通环节产品质量和食品安全专项整治工作进行检查验收，为期 4 天。广西工商系统如期完成了“三项工作目标”任务，全区 2521 个县城以上经营食品的批发市场、集贸市场、商场、超市，100% 建立了进货索证索票制度；90212 个乡镇、街道和社区食品经营店铺，100% 建立了进货台账制度；乡镇政府所在地及县城以上城市小食杂店、小摊点，100% 实现了持照经营。广西工商系统“三项工作目标”工作取得了良好成效，得到国家工商总局检查组的肯定。

12 月 6 日　自治区工商局组织召开广西电视台等 11 个新闻媒体负责人会议。会议向各媒体单位通报了国家对非法“性药品”广告和性病治疗广告整治的时间及有关规定，并通过在电台、电视台、报纸发布《关于进一步治理整顿非法“性药品”广告和性病治疗广告的通告》，要求各网站、媒体立即开展自查自纠。

12 月 19 日 自治区工商局以桂工商发〔2007〕335 号文，下发《关于各地级市工商行政管理局增设外商投资企业注册登记管理科的通知》。该通知同意在 14 个地级市工商行政管理局增设外商投资企业注册登记科。

12 月 20 日 自治区工商局副局长张虹带队，由自治区人民政府办公厅、各市人民政府办公室等相关成员单位，组成产品质量和食品安全专项整治检查验收工作组，对柳江县工商局工作情况进行检查验收。工作组在柳江县拉堡镇农贸市场、北大街、三都镇等地进行实地检查，对该县农村地区专项整治行动作出了客观评估。同时，有针对性地指出，巩固取得的成果，探索建立长效机制，全面提高该县产品质量和食品安全整体水平，将是该县工商局下一步工作的关键。

12 月 25 日 自治区工商局以桂工商发〔2007〕340 号文，下发《关于设立自治区工商行政管理局企业登记注册分局的通知》。由此，自治区工商局企业登记注册分局成立，自治区工商局原企业登记管理所撤销。

12 月 25 日 根据《自治区人民政府办公厅关于印发广西壮族自治区工商行政管理局配置内设机构和人员编制规定的通知》、自治区机构编制委员会《关于自治区工商行政管理局单独设立外商投资企业注册登记管理处的批复》《关于设立自治区工商行政管理局企业登记注册分局有关问题的批复》精神，自治区工商局决定委派企业登记注册分局进驻广西政务服务中心，为自治区工商局办理行政审批事项的办事机构。

12 月 25 日 自治区党委组织部、自治区工商局党组联合以桂组通字〔2007〕124 号文，下发《关于表彰全区工商行政管理系统“红旗支部、党员标兵”的决定》。该决定对 2006 年 1 月以来，在全区工商系统基层党组织和广大党员开展争创“红旗支部、党员标兵”活动中，加强基层党组织的思想、组织、作风和制度建设，努力提高广大党员履行职责、服务发展、科学监管、执政为民的能力，积极发挥基层党组织战斗堡垒和党员先锋模范作用，成绩突出的“红旗支部”和“党员标兵”进行表彰。授予南宁市武鸣县工商局标营工商所等 23 个党支部为“红旗支部”荣誉称号；授予谢建英等 50 名同志为“党员标兵”荣誉称号。

2008 年

1 月 10 日 自治区工商局举办全区工商系统贯彻实施《中华人民共和国物权法》动产抵押登记业务培训班。来自全区 14 个市工商局分管市场与合同监管工作的领导、市场科长和部分县工商局市场股的业务骨干，近 100 人参加培训。

1 月 25 日 国家工商总局对北京市工商局西城分局等 300 个流通环节产品质量、食品安全专项整治工作先进单位和张俊生等 402 名流通环节产品质量、食品安全专项整治工作先进个人进行通报表扬。广西获得全国流通环节产品质量和食品安全专项整治工作先进单位称号的有 9 个：自治区工商局消费者权益保护处、南宁市工商局、柳州市工商局、梧州市工商局、玉林市容县工商局、桂林市工商局叠彩分局观音阁工商所、北海市合浦县工商局城东工商所、防城港市防城区工商局那梭工商所、河池市都安县工商局高岭工商所。广西获得全国流通环节产品质量和食品安全专项整治工作先进个人称号的有 12 人：罗凤鸣、李永干、易安辉、徐瑞雪、吴旭坤、朱绍成、劳业坚、黄必斌、周敏强、刘冀伟、彭峰、卢艳贞。

2 月 19 日 自治区工商局召开局机关干部职工大会。自治区党委组织部副部长李志鹏受自治区党委委派，在会上宣布自治区工商局主要领导职务调整的决定：朱军任自治区工商局党组书记，刘君任自治区工商局党组成员、局长。

2 月 19 日 自治区工商局印发《广西区工商行政管理局行政处罚核审案件的类型和范围的规定》。《规定》按照行政处罚案件的性质、类型，分别确定工商所法制员及各级工商局法制机构核审行政处罚案件的范围。

4 月 17 日 越南广宁省商务厅副厅长阮登长率领越南广宁省工商市场管理支局考察团一行 7 人，到自治区工商局进行考察。自治区工商局副局长张虹全程接待考察。

4月23日 自治区工商局党组书记朱军主持召开局机关干部职工大会，就贯彻落实周伯华局长在广西考察期间的重要讲话精神，进一步开创工商行政管理改革发展的新局面，以优异成绩迎接自治区成立50周年作出具体部署。

4月29日 自治区工商局印发《广西工商行政管理机关执法质量考评诫勉谈话制度暂行办法》。《暂行办法》主要内容：诫勉谈话的对象、谈话内容、谈话的组织实施。有效完善了执法质量考评制度，及时纠正在执法质量考评中发现的错误或不当执法行为，为提高全区工商行政管理机关执法质量提供制度保障。

4月30日 自治区工商局根据国务院《政府信息公开条例》和自治区人民政府、国家工商总局关于政务公开的要求，结合广西工商行政管理工作实际，制定下发《关于印发广西工商行政管理系统政务公开管理办法的通知》（桂工商发〔2008〕45号）。该办法分为总则、政府信息的主动公开、政府信息的依申请公开、考核奖励、责任追究和附则6章，共38条。对全区各级工商行政管理机关实行政务公开的基本原则和要求、组织领导、经费保障，主动公开政府信息内容、范围以及方式、方法和渠道，依申请公开政府信息的范围、方式、方法、程序及办理时限，政务公开工作考核奖惩的内容、方式、方法、程序、制度及组织管理，责任追究的范围、方式、基本原则和要求等内容，作了详细具体的规定。

5月4日 国家工商总局授予广西贵港、百色、河池、贺州、来宾、崇左等6个市工商局外商投资企业核准登记权。至此，广西14个地级市工商局可直接受理外商投资企业核准登记注册。自治区党委书记郭声琨、自治区主席马飚在自治区工商局《关于贵港、百色、河池、贺州、来宾、崇左6个市工商局获外商投资企业核准登记权的情况汇报》上作出批示，要求各地把握好这个机遇，加大宣传力度，扩大开放合作、招商引资，彰显广西投资环境的进一步改善。

5月15日 自治区工商局机关举行抗震救灾捐款仪式。在捐款仪式上，自治区工商局机关以及工商学校、印刷厂等二层机构干部职工，共捐款5.15万元。据不完全统计，截至5月18日，全区工商行政管理系统共捐款108万余元。

5月19日 自治区工商局机关举行悼念四川汶川大地震遇难同胞活动，沉痛哀悼四川汶川大地震遇难同胞。自治区工商局党组书记朱军等领导参加了悼念活动。自治区工商局党组号召，全区工商系统的共产党员要积极发扬“一方有难，八方支援”的精神，自愿交纳“特殊党费”，支援灾区抗震救灾。据不完全统计，截至5月27日，自治区工商局机关、工商学校255名党员缴纳“特殊党费”，共计12.5万余元；全区工商系统党员，共计缴纳“特殊党费”近60万元。

5月19日 国家工商总局通报表扬北京市工商局12315消费者投诉举报中心等224个先进集体和陈盟等386名先进个人。广西获得全国12315行政执法体系建设先进集体称号的有7个：广西壮族自治区工商局消费者权益保护处、南宁市工商局12315消费者申诉举报指挥中心、桂林市工商局12315消费者申诉举报指挥中心、南丹县工商局公平交易与消费者权益保护科、容县工商局12315消费者申诉举报中心、贺州市工商局八步分局灵峰工商所、北海市工商局城西工商所。广西获得全国12315行政执法体系建设先进个人称号的有12人：谭英、喻元元、陈立军、熊军胜、兰耀春、陆永康、黄元勇、伍思恩、周晓华、黎建武、谢纯杰、黄汉强。

6月11日 自治区工商局印发《广西壮族自治区工商行政管理局关于贯彻国家工商总局专项政策支持广西北部湾经济区建设的实施意见》（桂工商发〔2008〕74号）。该实施意见将国家工商总局给予广西北部湾经济区的“四放宽、一支持”专项政策，细化为涵盖工商行政管理部门各项工作的24条具体政策和服务措施。具体内容：一是支持广西北部湾经济区企业实施“名称拓展”策略，增强企业名称的品牌效应。二是优化市场准入环境，积极培育广西北部湾经济区市场主体。三是积极推进外商投资便利化，促进境外资本向广西北部湾经济区流动。四是加大引导扶持力度，推动广西北部湾经济区全民创业和区域经济协调发展。五是创新市场监管和行政执法工作机制，努力营造广西北部湾经济区和谐发展的市场环境。六是加强服务体系建设，为广西北部湾经济区市场主体提供优质高效服务。

7月10日 经自治区司法厅批准，全区工商行政管理系统建立公职律师队伍，成立公职律师办公室，

24 名取得律师资格和通过司法考试人员办理了公职律师手续。

8 月 26 日　自治区工商局为贯彻执行国务院批准由财政部、国家发改委、国家工商总局制定下发的《关于停止征收个体工商户管理费和集贸市场管理费有关问题的通知》精神，决定从 2008 年 9 月 1 日起，全区工商行政管理系统停止征收个体工商户管理费和集贸市场管理费（简称“两费”）。同时，就做好停征“两费”有关工作提出了具体要求：⑴加强组织领导，精心部署安排。⑵严格执行规定，坚决停征“两费”。⑶积极扩大宣传，自觉接受监督。⑷认真组织力量，做好票据的管理工作。⑸严格责任制度，切实加强监督。⑹加强请示汇报，认真做好总结。

8 月 27 日　自治区工商局召开全区工商系统停止征收个体工商户管理费和集贸市场管理费专题会议。会议对全区工商系统停征“两费”工作进行具体部署。自治区工商局党组书记朱军和副局长江建伟、张剑波、张虹出席会议。朱军书记和张剑波副局长分别讲话。各市、县工商局主要领导和自治区工商局相关处室负责人参加会议。

9 月 15 日　自治区工商局副局长张虹带领工商执法人员，对南宁市部分超市和批发市场销售三鹿牌婴幼儿配方奶粉情况进行检查。执法人员详细查看各销售点三鹿牌婴幼儿配方奶粉进货台账，对已经撤柜的三鹿牌婴幼儿配方奶粉进行检查，要求相关经营者对 2008 年 8 月 6 日前生产的三鹿牌婴幼儿配方奶粉立即停止销售，全部下架，对已经销售的不合格产品要立即召回，确保人民群众身体健康和生命安全。

9 月 17 日　国家工商总局下发《关于表彰全国工商行政管理系统先进工商所和优秀工商行政管理人员的决定》（工商人字〔2008〕第 200 号）。广西被授予“全国工商行政管理系统先进工商所”称号的有 15 个：南宁市工商局青秀分局桃源工商所、武鸣县工商局标营工商所、柳州市工商局鱼峰分局箭盘工商所、灵川县工商局八里街工商所、梧州市工商局长洲分局长洲工商所、合浦县工商局常乐工商所、防城港市工商局港口分局港口工商所、钦州市工商局钦北分局小董工商所、贵港市工商局港北分局附城工商所、玉林市工商局玉州分局东岳工商所、来宾市工商局兴宾分局八一工商所、昭平县工商局城厢工商所、百色市工商局右江分局四塘工商所、河池市工商局金城江分局河南工商所、凭祥市工商局浦寨工商所；被授予“全国工商行政管理系统优秀工商行政管理人员”称号的有 17 人：崔建军、李鑫、谢怀忠、莫志军、黄容芳、李夏宁、李明辉、王执宪、陈东、夏利民、钟刚、伍思恩、罗祥雄、罗裕渊、苏本强、周宝国、黄忠伟。

9 月 19 日　人力资源和社会保障部、国家工商总局，联合下发《关于表彰全国工商行政管理系统先进集体和先进工作者的决定》（人社部发〔2008〕76 号）。该决定授予北京市工商局海淀分局等 200 个单位为“全国工商行政管理系统先进集体”荣誉称号；授予张承桂等 100 名个人为“全国工商行政管理系统先进工作者”荣誉称号，享受省部级劳动模范和先进工作者待遇。广西被授予“全国工商行政管理系统先进集体”荣誉称号的有：南宁市工商局江南分局、柳州市工商局、梧州市工商局、北海市工商局、灵山县工商局灵城工商所、贺州市工商局八步分局灵峰工商所；被授予“全国工商行政管理系统先进工作者”荣誉称号的有：庞绍忠（桂林市工商局旅游管理分局批发城工商所副所长）、庞恩立（防城港市防城区工商局滩营工商所所长）。

9 月 20 日　自治区工商局在田阳县举办农村经纪人师资培训班，为期 2 天。国家工商总局市场司处长陈祥林和自治区党委组织部有关人员，各市、县工商局分管领导，农村经纪人代表，共 130 多人参加培训班。通过培训，学员们系统地学习了农业订单合同知识、国家工商总局改革情况、农村经纪人和工商行政管理及市场营销知识。着重对农产品收购、销售领域中的谋略、技巧以及谈判和合同签订等问题做了深入的研究和探讨。

9 月 25 日　国家工商总局在北京召开全国工商系统纪念改革开放 30 周年和工商机关恢复建制 30 周年暨“双先”表彰电视电话会议。自治区工商局及各市、县工商局认真组织干部参加了电视电话会议。在自治区工商局分会场，自治区工商局局长朱军和副局长江建伟、张虹等局领导，离退休老领导，自治区工商局机关全体干部，南宁市工商局领导和机关干部，南宁市工商局受表彰的全国工商行政管理系统先进集体、先进工作者和先进工商所、优秀工商行政管理人员代表参加了会议。

9 月 27 日 自治区工商局草拟的《广西壮族自治区个体工商户条例》《广西壮族自治区私营企业管理条例》修订稿，经广西壮族自治区第十一届人民代表大会常务委员会第四次会议修订通过。

10 月 20 日 广西红盾网开通网上申请行政复议系统，首先在自治区工商局、南宁市工商局和柳州市工商局试运行。网上行政复议系统的开通，使申请人可以在网上向复议机关提交复议申请。此举得到国家工商总局的充分肯定，《中国工商报》11 月 11 日 “报眼” 刊登了相关信息。

10 月 27 日 中国西部国际博览会在四川省成都市举行，会期 4 天。为了以实际行动支援四川地震灾区灾后重建，在国家工商总局统一组织下，全国 17 个省、区、市工商局组织当地企业到西博会中的 “中国个体私营经济发展馆” 参展参会。广西由自治区工商局副局长王世光带队，组织了自治区个体私营企业主及从事个体私营经济监管工作的干部约 70 人前往参展参会。开幕式当天，国家工商总局副局长钟攸平在王世光副局长陪同下，巡视了广西个私企业在中国个体私营经济发展馆的展位，接见了参展企业代表。

10 月 30 日 自治区工商局印发《广西工商行政管理机关涉案财物管理和处理制度》，建立健全以办案机构与财物管理分离，监察、法制机构全程监督为主要内容的涉案财物管理制度，为实现涉案财物管理工作的 “制度化、规范化、程序化、法治化” 奠定了基础。

10 月 30 日 自治区工商局印发《广西工商行政管理所实施行政处罚程序规定》，对工商所以自己名义适用一般程序查办的案件，从立案到处罚决定的执行，每一环节的程序都作出了明确规定，从工商所的实际出发，调整了工商所的办案权限。

11 月 3 日 广西工商系统第六届红盾体育运动会在桂林市第一体育馆隆重举行。自治区工商局副局长王世光、张剑波、张虹，桂林市人大常委会副主任汤杰、副市长巫家世，自治区工商局原局长蔡永伦等领导出席了开幕式。本届运动会由自治区工商局主办，桂林市工商局承办，共有 16 支代表队 400 多名运动员参赛，比赛分为篮球、羽毛球和乒乓球等 3 个项目。

11 月 19 日 自治区党委常委、统战部部长黄道伟带领《加快广西非公有制经济发展的政策研究》课题组，到自治区工商局就广西非公有制经济发展情况进行调研。黄道伟充分肯定了广西工商系统服务非公有制经济发展工作取得的成绩，强调要充分发挥工商行政管理职能作用，推动非公有制经济工作再上新台阶。

11 月 25 日 自治区工商局召开广西工商系统 “坚持以科学发展观为统领进一步推进工商工作” 研讨会，会期 2 天。自治区工商局局长朱军，副局长王世光、江建伟、张剑波、张虹，纪检组长刘之，副巡视员黄有权出席会议。参加会议的有各市工商局主要负责人、分管执法工作的副局长、部分县（区）工商局主要负责人和工商所所长，自治区工商局各处室、单位负责人。朱军在讲话中要求各级工商机关以此为契机，以 “五个创新”（即维权联动机制创新、基层工商所工作思路创新、目标管理责任制创新、干部培训方法创新和干部考核制度创新）为切入点，树立新观念，确定新目标，以科学发展观为统领，全面开创广西工商行政管理工作的新局面。

11 月 26 日 自治区党委书记郭声琨和自治区有关领导车荣福、黄道伟、杨道喜，在自治区工商局局长朱军陪同下，先后到佛山塑料集团南宁分公司、广西皇氏乳业有限公司进行实地调研，详细了解在全球金融危机冲击下，广西中小企业的生产经营情况，并与企业代表座谈，了解企业生产经营情况，听取企业的意见和建议，以便更好地解决广西中小企业发展面临的问题和困难。

11 月 27 日 广西工商系统个体私营经济监管工作会议在南宁召开。会议传达了 “全国工商系统强化个体私营经济监管工作和推进农民专业合作社健康发展座谈会” 精神，学习了国家工商总局《关于在深入学习实践科学发展观活动中落实国务院扩大内需促进经济增长十项措施进一步突出实践特色的若干意见》《个体工商户验照办法》，对前一阶段广西个体私营经济监管工作进行总结，研究布置下一步工作。自治区工商局机关相关处室负责人，14 个市及部分县工商局分管个体私营经济监管工作的领导、企业注册与个体私营经济管理科科长（或发展办主任）等共 30 多人参加了会议。

12月16日 广西私营企业协会在南宁召开广西私营企业协会二届六次常务理事会议。会议传达《广西壮族自治区人民政府办公厅关于印发行业协会和中介组织与行政职能部门脱钩工作方案的通知》（桂政办发〔2007〕52号）精神；通报了广西私营企业协会与自治区工商局脱钩工作进展情况；审议通过了注销广西私营企业协会及协会资产处置原则的决议。会议充分肯定了广西私营企业协会自1991年成立以来，在自治区党委、自治区人民政府的领导下，在自治区工商局的指导下，认真履行“自我教育、自我管理、自我服务”的基本职责，较好地发挥了群众自治、桥梁纽带、监管助手、中介组织的作用，在宣传教育、发展引导、协调服务、规范自律等方面所取得的成绩，为促进私营经济的健康发展，为广西经济建设作出了积极贡献。

12月18日 自治区人事厅、自治区工商局联合下发《关于表彰全区工商行政管理系统记集体和个人二等功的单位和个人的决定》（桂人发〔2008〕84号），自治区工商局下发《关于表彰全区工商行政管理系统记集体和个人三等功的单位和个人的决定》（桂工商发〔2008〕167号）。两个决定，对近年来全区各级工商机关和广大工商干部，在深入贯彻落实科学发展观，努力做到国家工商总局提出的“四个统一”（即监管与发展的统一、监管与服务的统一、监管与维权的统一、监管与执法的统一），为维护社会主义市场经济秩序，促进经济社会又好又快发展方面作出突出贡献的先进集体和先进个人进行表彰。分别给予武鸣县工商局等50个单位记集体二等功，给予黎桂临等92名同志记个人二等功；给予南宁市工商局人事教育科等100个单位记集体三等功，给予李欣等119名同志记个人三等功。

12月23日 自治区工商局副局长张剑波深入环江县下南乡下塘村检查指导定点扶贫工作，慰问驻村新农村建设指导员，同时对工商部门定点扶贫工作提出了新的要求。

2009年

1月16日 自治区工商局企业登记注册分局为来自柳州的十一冶建设有限责任公司颁发了《企业名称变更核准通知书》。该公司成为全区首家通过红盾网络远程直接申请核准，不含行政区划内资企业名称变更的企业。

2月1日 自治区副主席高雄在自治区政府副秘书长郭文强陪同下，到自治区工商局看望慰问全体干部职工，与局领导及副处以上干部进行座谈。

4月20日 自治区工商局、南宁市工商局和中信银行南宁分行，围绕“工商搭桥、银企携手、坚定信心、共同发展”主题，在南宁市举办政银合作签字仪式暨银企座谈会。

4月22日 全区工商系统商品交易市场信用分类监管工作现场会在梧州市召开。各市、县工商局分管领导和有关工商人员共230人参加了会议。

6月11日 美国印第安纳大学法学院院长、体育法专家盖瑞·罗伯茨教授和印第安纳大学法学院副院长、消费者权益法专家詹姆士·尼赫夫教授、副院长顾可莉教授应广西律师协会邀请来到南宁，与广西各界法律职业工作者代表就体育法和食品安全法进行了学术交流与座谈。自治区工商局组织全区工商系统25名公职律师，以及负责食品安全监督管理机构的代表参加座谈与交流。

6月23日 自治区工商局召开全区工商系统服务农村改革发展电视电话会议。会议的顺利召开，标志着广西工商系统的自治区及市、县三级视频会议系统，正式开通启用。

7月1日 自治区工商局召开贯彻实施《广西工商行政管理所工作规范》动员大会（区、市、县三级同步视频会议）。

10月30日 第十六届中国国际广告节在南宁隆重举行，为期3天。国家工商总局副局长刘凡出席开幕式并致辞。开幕式后，刘凡副局长在自治区工商局局长朱军等领导的陪同下参观了广告节展馆。

11月16日 全区工商行政管理系统规范化建设现场会在柳州市召开，会期2天。

11月19日 自治区打击传销工作领导小组在自治区工商局召开新闻发布会。会议通报了全区持续严厉打击传销违法犯罪行动的相关情况。

11 月 26 日 自治区工商局召开全区打击传销百日联合执法行动总结表彰暨打击传销违法犯罪专项整治行动动员电视电话会议。自治区党委常委、政法委书记温卡华，自治区副主席、公安厅厅长梁胜利出席会议并讲话。

12 月 11 日 国家工商总局副局长王东峰专程来到百色，参加由自治区党委、自治区人民政府和广西军区召开的百色起义龙州起义 80 周年纪念大会。国家工商总局向百色起义纪念公园捐赠 35 万元。

2010 年

1 月 15 日 自治区工商局举办发放新版工商执法证新闻发布会及换证宣誓仪式。

3 月 16 日 自治区工商局举行《行政复议法》实施以来的首例行政复议案件审理听证会。

8 月 5 日 自治区工商局与农行广西区分行举行全面合作协议签字仪式。

10 月 22 日 自治区工商局副局长张剑波会见来访的泰国商业部外贸司副司长维蓬拉女士一行 5 人。

11 月 13 日 国家工商总局局长周伯华一行 5 人到广西就认真学习贯彻党的十七届五中全会精神，推进“创先争优”活动和基层建设情况进行考察调研，为期 4 天。自治区主席马飚、副主席高雄，自治区政府秘书长王跃飞，自治区工商局党组书记、局长朱军等领导陪同考察。

11 月 18 日 全区工商系统军事训练汇报会在南宁隆重举行。自治区主席马飚、副主席高雄观看汇报表演。

11 月 22 日 全区工商系统第七届红盾运动会在梧州隆重举办。自治区工商局党组书记、局长朱军，副局长王其贵，纪检组组长刘之，梧州市委常委、市委秘书长黄振饶，梧州市政府副市长关远芳等领导，以及来自各市工商局负责人、参赛队员参加了开幕仪式。

12 月 24 日 自治区工商局召开广西规范直销市场座谈会。自治区工商局副局长王其贵出席会议并讲话。

12 月 29 日 自治区工商局召开全区工商行政管理工作会议，会期 2 天。自治区工商局局长朱军作工作报告。自治区副主席高雄出席会议并讲话。

2011 年

1 月 18 日 自治区工商局召开绩效考评工作汇报会，迎接自治区绩效办第六考评工作组现场审核。自治区工商局党组书记、局长朱军会见了考评组一行，同时向考评组介绍了绩效考评工作完成情况。

5 月 28 日 自治区人民政府在北海召开广西北海千亿元产业现场办公会，自治区主席马飚主持会议，自治区党委常委、副主席陈武，自治区副主席杨道喜出席会议，自治区工商局党组书记、局长朱军出席会议并发言。

6 月 16 日 自治区党委常委、组织部部长周新建在桂林市委副书记、组织部部长潘永建等陪同下，深入资源县工商局考察调研基层党建和开展创先争优活动情况。

6 月 29 日 自治区微企办主办，南宁市微企办承办的南宁市首批微型企业营业执照颁发仪式在南宁市工商局会议厅举行。自治区副主席、自治区发展微型企业领导小组副组长高雄，自治区人民政府副秘书长张振东，自治区工商局党组书记、局长，自治区微型企业发展工作领导小组办公室主任朱军等出席仪式。

7 月 15 日 自治区工商局再次受到自治区人口与计划生育领导小组表彰，荣获 2010 年度人口与计划生育领导小组成员单位履职贡献奖。这是自治区工商局自 2006 年以来连续五年获得此项荣誉。

9 月 16 日 自治区工商局受到自治区精神文明建设委员会表彰，获得 2010 年度全区未成年人思想道德建设工作创新案例积极参与奖、第四届广西未成年人思想道德建设工作创新案例三等奖。

9 月 22 日 自治区党委常委、政法委书记温卡华在自治区打击传销工作领导小组办公室主任、自治区工商局局长朱军等陪同下，到国家工商总局汇报广西打击传销工作情况。

12 月 7 日 自治区工商局举办主题党课。自治区工商局党组书记、局长朱军以“弘扬延安精神锻炼坚强党性”为题，结合工商工作实际和全区工商系统党员干部思想现状，以视频形式向全区工商系统党员干部讲授党课，使广大党员干部深受教育和启发。

12 月 16 日　广西著名商标评审会在自治区工商局召开。会上，评选出一批新的广西著名商标。自治区工商局副局长王其贵出席会议并讲话。

12 月 29 日　自治区工商局召开全区工商行政管理工作会议，会期 2 天。自治区副主席高雄出席会议并讲话。自治区工商局党组书记、局长朱军作工作报告。

2012 年

1 月 6 日　自治区工商局在南宁召开广西规范直销市场秩序座谈会。自治区工商局副局长王其贵出席会议并讲话。安利、雅芳、玫琳凯、宝健、如新、宁波三生、新时代、完美、康宝莱、无限极、天狮、康力、富迪等 13 家直销及相关企业代表参加了会议。

2 月 13 日　自治区工商局在 2011 年价格调控工作中措施得力，成绩突出，获得自治区人民政府通报表扬。

2 月 15 日　国家工商总局副局长甘霖一行在自治区工商局党组书记及局长朱军及副局长苏建荣陪同下，先后到南宁市、钦州市和防城港市开展考察调研活动，为期 3 天。在南宁期间，自治区政法委书记温卡华、自治区人大常委会副主任刘新文、自治区副主席高雄等分别会见了甘霖副局长一行。

2 月 16 日　全区工商系统基层工商所长综合素质与执法能力提升培训班在深圳国家工商总局行政学院正式开班。为自治区工商局 2012 年举办的第一期基层所长培训班。

2 月 17 日　广西召开全区老干部工作会议暨老干部工作先进集体和先进工作者表彰大会。自治区党委副书记危朝安、自治区副主席高雄出席会议，自治区工商局离退处被荣记集体二等功，权跃被荣记个人二等功。

4 月 26 日　广西政务服务中心工商窗口为进驻广西凭祥综合保税区内的广西飞翔腾达橡胶贸易进出口有限公司颁发营业执照。这是自治区工商局为进驻广西凭祥综合保税区企业颁发的首张营业执照。

5 月 11 日　广西工商系统县（市、区）局级领导干部素质与能力提升班在中国人民大学开班。自治区工商局副局长廖和明和人教处负责人、中国人民大学中国经济改革与发展研究院付申主任出席开班仪式。

8 月 2 日　自治区工商局召开全区工商行政管理系统机构改革总结会议。自治区工商局党组书记、局长朱军和副局长张剑波、王其贵，纪检组组长刘之，副巡视员黄有权出席会议。

9 月 13 日　广西钦州保税港区工商行政管理局在钦州保税港区正式挂牌成立。自治区工商局党组书记、局长朱军，钦州保税港区工委书记、管委会主任、市委常委王乃学，钦州市委副书记唐咸仪，钦州市副市长李杏，钦州保税港区工委委员、管委会副主任覃开宏，钦州港经开区管委会副主任黄杏鼎，自治区工商局副局长苏建荣、纪检组长刘之、副巡视员廖斌等领导出席挂牌仪式。

11 月 8 日　新组建的自治区工商局经济检查总队正式挂牌成立。自治区工商局党组书记、局长朱军和副局长王其贵，纪检组组长刘之，副巡视员廖斌出席挂牌仪式。朱军等领导为经济检查总队揭牌。

2013 年

3 月 25 日　自治区工商局在北京大学举办广西工商系统人力资源管理骨干人才培训班，为期 7 天。北京大学政府管理学院院长助理、MPA 中心主任常志霄副教授，自治区工商局副巡视员、人事处（基层工作处）处长廖斌，出席开班仪式。

3 月 27 日　自治区工商局 12315 消费者投诉举报指挥中心正式挂牌成立。自治区工商局党组书记、局长朱军等领导出席挂牌仪式并为 12315 指挥中心揭牌。

3 月 29 日　中纪委驻国家工商总局纪检组组长何昕一行到桂林市工商局检查工作，自治区工商局纪检组长刘之全程陪同。

6 月 7 日 张虹到任自治区工商局局长。

10 月 25 日 自治区工商局荣获“2012 年度公务员网络培训优秀组织单位”称号。

10 月 28 日 自治区工商局组织召开2013年广西著名商标评审会议。自治区工商局、农业厅、质监局、工信委、商务厅、财政厅、广西大学等单位代表和专家组成评审委员会，对 271 件注册商标开展审查确认。

11 月 12 日 七省市工商合同争议行政调解与司法调解对接机制研究专家论证会，由国家工商总局研究中心组织在桂林召开，会期 3 天。来自北京、上海、山西、福建、湖南、广西、沈阳等地工商系统合同监管专业人员参加了会议。自治区工商局局长张虹会见参会人员，桂林市市长黄俊华出席会议并致辞。

12 月 30 日 自治区工商局召开全区工商行政管理工作会议。自治区副主席蓝天立出席会议，并为荣获全国工商系统先进工商所和优秀工商行政管理人员代表颁奖。自治区工商局局长张虹作工作报告，王其贵、刘之、廖斌等局领导出席会议。

2014 年

1 月 15 日 自治区工商局机场分局在南宁吴圩国际机场正式揭牌成立。自治区工商局局长张虹和副局长王其贵、廖和明，纪检组组长刘之，副巡视员廖斌以及广西机场管理集团党委书记、董事长、广西民航机场管理局局长唐琮沅出席揭牌仪式。

2 月 12 日 自治区工商局获得廉政文化进机关示范点称号，成为获此称号的两个区直单位之一。

2 月 24 日 自治区工商局与南宁市政府签订《推进南宁广告产业发展战略合作协议》。自治区工商局局长张虹与南宁市市长周红波分别代表自治区工商局和南宁市政府签约。

2 月 26 日—28 日 国家工商总局局长张茅一行到广西就全面实施注册资本登记制度改革的准备工作进行调研，自治区党委书记彭清华、自治区主席陈武等会见，自治区副主席蓝天立、副秘书长黄武海一同调研。

3 月 15 日 在“3·15”国际消费者权益日暨新消费者权益保护法实施的第一天，自治区工商局、南宁市工商局在南宁市工商局办公大楼前，联合举办“3·15 消费维权领导大接访”活动。自治区工商局局长张虹、副巡视员罗凤鸣，南宁市工商局领导，以及自治区、市工商局消保、12315 中心、消委会、企业管理等相关处(科)室负责人参加现场接访活动。

3 月 15 日 自治区纠风办、自治区工商局、广西人民广播电台新闻 910 共同主办《阳光在线之厅长在线》“阳光护航新消费”户外直播活动。自治区工商局局长张虹及自治区工商局消保处、企业处、注册登记分局负责人参加直播活动，与消费者面对面交流。

3 月 18 日 自治区工商局举办全区工商系统 2014 年第一期新录用公务员初任培训班。来自全区工商系统 116 名新录用公务员参加培训。

3 月 19 日 在广西政务服务中心 2013 年度评比中，自治区工商局注册分局再次荣获广西政务服务中心政务工作先进窗口单位、群众最满意服务窗口单位称号，这是注册分局连续 6 年获得此项殊荣。

3 月 25 日—28 日 自治区工商局党组书记、局长张虹到田阳县那满镇工商所担任第一所长。

9 月 16 日 自治区工商局在指挥中心举行“职工书屋”“红盾图书馆”揭牌仪式。国家工商总局副局长刘俊臣、区直机关工委常务副书记邓金玉、自治区总工会巡视员黄宇群和自治区工商局领导班子成员，机关各处室工作人员参加活动。

9 月 17 日 由国家工商总局、自治区人民政府主办的第一届中国—东盟工商论坛在南宁举行，主题是“公司注册改革与合作”。自治区主席陈武出席并致辞，国家工商总局副局长刘俊臣、文莱工业和初级资源部部长叶海亚、缅甸商务部部长吴温敏分别发表主旨演讲。柬埔寨、印度尼西亚、泰国等东盟国家商务、贸易部官员分别作主题发言。自治区副主席黄日波主持开幕式。新加坡国家发展部兼贸工部高级政务部长李奕贤、自治区政府秘书长莫恭明出席开幕式。

9 月 18 日 世界知识产权组织有效利用马德里商标国际注册体系巡回研讨会在南宁举办，自治区工商局党组书记、局长张虹介绍广西工商部门帮助广西企业注册马德里国际商标、不断推进商标战略实施的工作亮点。

9月28日 自治区工商局召开机关党委换届选举大会。自治区工商局党组书记、局长张虹，党组成员、副局长王其贵、廖和明，党组成员、纪检组组长许灌江，副巡视员刘之、易安辉出席大会，局机关各党支部、广西工商学校党总支全体党员参加大会。自治区工商局党组成员、副局长、机关党委第五届委员会书记王其贵主持大会。大会选举产生了新一届机关党委和机关纪委。

11月10日 中组部、国家工商总局联合在国家工商总局行政学院举办2014年地方党政领导干部工商行政管理专题研究班，为期10天。全国24个市（州）的常务副市长、副市长，国家工商总局相关司局领导、部分省工商局副局长等，共有31人参加研究班。自治区工商局局长张虹应邀给研究班学员授课。

11月20日 自治区工商局在桂林召开全区工商系统改革市场监管模式，开展"天眼工程"建设工作现场会。现场会交流推广桂林市工商局"天眼工程"建设工作经验，部署全区工商系统实施"天眼工程"建设，依托网络信息技术构建现代化管理手段支撑，提升全区工商市场监管整体水平等工作任务。会议期间，自治区副主席黄日波，在自治区工商局局长张虹、桂林市副市长徐锋陪同下，先后考察了桂林市工商局信息枢纽管理中心和实施"天眼工程"建设的象山景区旅游市场，给予了高度评价。

2015年

1月29日 自治区工商局召开全区工商系统消费维权工作会议。自治区工商局副局长副巡视员罗凤鸣，消保处、12315中心、消委会全体人员，各市工商局分管局领导，消保科科长、12315中心主任和消委会负责人等共90多人参加会议。

2月4日 自治区工商局在南宁国际会展中心隆重举行全区工商系统基层执法装备发放仪式。自治区副主席黄日波，自治区政府办公厅副主任唐宁，自治区工商局领导张虹、王其贵、廖和明、廖斌、罗凤鸣、易安辉，以及各市政府分管工商工作的副市长出席发放仪式。

2月4日 自治区工商局召开推行权力清单制度工作会议。自治区工商局局长张虹出席会议并讲话。

3月13日 自治区工商局商标处给南宁市滨湖路小学颁发2014年度"广西著名商标"牌匾。这是广西教育机构中第一个被认定的广西著名商标。

5月22日 自治区工商局举行2015年度党风廉政建设责任书签订仪式。局机关25个处室、单位主要负责人与局党组书记、局长张虹签订党风廉政建设责任书，认领本年度党风廉政建设中应当承担的主体责任。

6月19日 自治区党委办公厅、自治区人民政府办公厅发文，通报2014年度全区机关绩效考评结果。在自治区直属机关绩效考评中，自治区工商局被评为二等等次。

7月22日 自治区副主席黄日波率领自治区人民政府办公厅、自治区工商局、自治区政管办等部门负责人，到北京市考察"三证合一、一照一码"、"先照后证"和加强事中事后监管等商事制度改革工作，为期2天。自治区人民政府办公厅副主任唐宁，自治区工商局局长张虹、副局长廖斌，自治区政管办副主任钟穗陪同考察。

8月31日 自治区党委书记、自治区人大常委会主任彭清华到自治区工商局。就深化商事制度改革、推动工商行政管理工作，更好服务发展大局开展工作调研。

9月1日 自治区人民政府召开全面实施"三证合一"登记制度改革新闻发布会。自治区工商局局长张虹向媒体发布：自9月1日起，"三证合一"登记制度和"一照一码"登记模式在广西正式实施。同时，为广西林业集团林融资产管理有限责任公司，颁发广西第一张加载全国统一代码的"三证合一、一照一码"营业执照。

9月19日 中国—东盟投资环境与投资便利化研讨会在南宁举行，来自东盟9国的代表以及部分企业代表参加研讨会。国家工商总局副局长刘俊臣、自治区副主席黄日波出席会议并致辞。

12 月 18 日 由自治区工商局和广西电视台联合主办的市场卫士红盾增辉——广西首届“红盾之星”颁奖典礼在广西电视台演播大厅举行，10 位工商干部获得“红盾之星”荣誉。自治区人大常委会副主任高雄、自治区副主席黄日波出席颁奖典礼。

2016 年

3 月 18 日 自治区工商局举行“互联网 + 市场监管”指挥中心平台启用仪式。自治区副主席黄日波出席启动仪式并讲话，自治区人民政府副秘书长唐宁主持启动仪式，自治区工商局局长张虹介绍了指挥中心平台建设总体情况。启动仪式结束后，黄日波、唐宁等领导参观了广西消费教育中心。自治区商务厅巡视员、副厅长黄焕升，自治区工信委副主任徐莉青，自治区发改委相关部门负责人，自治区工商局廖和明、廖斌、许灌江、毛任建、罗凤鸣、易安辉等领导出席启动仪式。

4 月 13 日 自治区党委召开全区“两学一做”学习教育工作座谈会，对全区学习教育工作进行部署。自治区党委书记彭清华出席会议并讲话。自治区工商局党组作为区直机关单位的代表在会上作交流发言。

4 月 18 日 自治区工商局召开“两学一做”学习教育动员暨培训会。会上，深入学习习近平总书记关于“两学一做”学习教育的重要指示精神，传达贯彻自治区“两学一做”学习教育座谈会、自治区人民政府廉政工作会议精神，安排部署开展“两学一做”学习教育。自治区工商局党组书记、局长、机关党委书记张虹作动员讲话。自治区工商局领导廖和明、许灌江、罗凤鸣、易安辉，机关全体党员、干部，广西工商学校班子成员、两委委员参加会议。

4 月 22 日 自治区工商局局长张虹一行到广西民族大学联系人才培养建设、商标品牌发展等方面合作事项。自治区工商局副巡视员易安辉，局办公室、人事处、商标处负责人随同前往。

4 月 26 日 自治区副主席黄日波在自治区工商局局长张虹陪同下，到国家工商总局联系第二届中国—东盟工商论坛筹备工作事宜。国家工商总局局长张茅会见了自治区副主席黄日波一行。

5 月 24 日 自治区工商局在玉林举办全区小微企业个体工商户和专业市场经济组织座谈会、小微企业个体工商户和专业市场党务工作示范培训班等活动，为期 3 天。座谈会由自治区工商局副局长廖和明主持，自治区工商局局长张虹作讲话。玉林市委常委、组织部部长覃天卫出席座谈会并致辞。会前，玉林市委书记王凯、副市长吕剑枫与张虹就非公经济发展和“小个专”党建工作交换了意见。

6 月 1 日 自治区党委常委、组织部部长喻云林到贵港市工商局就“两学一做”学习教育开展调研。贵港市钟畅资、张壮、黄卫平等市委和市政府领导陪同调研。

6 月 3 日 自治区工商局、广西民族大学在自治区工商局正式签署《人才培养建设合作框架协议》，举行广西民族大学实践教育基地挂牌仪式。签约仪式后，自治人民政府副秘书长唐宁、自治区工商局局长张虹、广西民族大学校长谢尚果等领导共同为“广西民族大学实践教育基地”揭牌。自治区工商局副局长廖和明主持签约仪式，广西民族大学副校长李珍刚主持揭牌仪式；自治区工商局副局长廖斌、广西民族大学副校长吴尽昭，以及合作双方有关部门、单位负责人参加上述活动。

6 月 17 日 自治区法制办、自治区工商局联合举办的《广西壮族自治区消费者权益保护条例（修订草案）》立法听证会在自治区工商局召开。自治区工商局副巡视员罗凤鸣出席了会议，自治区法制办、自治区工商局、广西消委会、自治区商务厅、自治区住建厅、自治区质监局有关负责人，消费者代表，主要媒体单位代表和自治区工商局相关处室负责人，近 70 人参加听证会。

6 月 23 日 自治区人大常委会副主任、党组书记危朝安深入三江县就精准扶贫工作进行调研，为期两天。危朝安强调产业扶贫是贫困群众增收的基础和关键，扶贫移民搬迁是贫困群众摆脱贫困的有效途径。自治区工商局局长张虹参与调研全过程。

6 月 28 日 广西区直机关庆祝建党 95 周年“知党恩 · 跟党走”歌咏比赛决赛在广西政协同心会堂礼堂圆满落幕。自治区工商局机关合唱团参赛节目荣获大赛优秀奖。

7 月 5 日 在局党组书记、局长、机关党委书记张虹带领下，自治区工商局机关 160 多名党员带着敬仰先辈的深厚感情，带着执政为民的神圣职责，带着如何做合格党员的思考，赴百色爱国主义教育基地，开展“讲规矩、有纪律”“两学一做”现场教育暨专题党日活动，为期2天。

7月11日 自治区工商局、广西民族大学举行广西商标品牌人才培训基地授牌仪式。同时，自治区工商局依托培训基地，在广西民族大学举办第一期全区工商系统商标业务培训班。自治区工商局局长张虹、广西民族大学校长谢尚果出席仪式并分别致辞。

7月13日 自治区纪委驻自治区工商局纪检组举行挂牌仪式。自治区工商局局长张虹，自治区纪委驻自治区工商局纪检组组长许灌江为派驻纪检组挂牌。自治区工商局领导班子其他成员，局办公室、人事处、机关党委主要负责人，派驻纪检组全体人员共同见证。

8月12日 第二届中国—东盟工商论坛新闻发布会在北京召开。国家工商总局办公厅主任、新闻发言人于法昌主持发布会，广西壮族自治区人民政府副秘书长唐宁、广西壮族自治区工商局副局长、新闻发言人毛任建，出席发布会并分别发布相关信息。

9月12日 第二届中国—东盟工商论坛在广西南宁隆重举行。国家工商总局副局长刘俊臣、自治区副主席黄日波、自治区工商局局长张虹分别发言，柬埔寨商务部国务秘书欧克·帕奇先生、老挝科技部副部长洪潘·因塔拉先生、马来西亚国内贸易、合作与消费事务部副部长亨利·逊·阿贡先生、缅甸教育部副部级常务秘书索·温先生等东盟国家高级别政府官员、来自中国和东盟国家的学者、企业代表，以“商标品牌保护与发展”为主题，分别发表热情洋溢的致辞和演讲。

10月25日 广西消委会携手广西银监局、广西证监局、广西保监局走进广西民族大学相思湖学院，开展“我的金融　我做主——广西消费教育大讲堂进高校”活动。广西民族大学相思湖学院400多名大学生参加本次活动。

11月1日 经国家工商总局商标局批准，国家工商总局商标局广西商标受理窗口在广西工商局办公大楼一楼大厅正式启用。

11月10日 自治区工商局党组书记、局长张虹，带队赴三江侗族自治县独峒镇平流村、八协村开展扶贫攻坚党旗红“一帮一联”入户走访及党员活动中心揭牌活动，为期3天。自治区工商局党组成员、副局长易安辉参加活动。12日上午，张虹一行参加在三江县城举办的“党旗领航，我为家乡代言”电商脱贫开幕式。

12月1日 国家工商总局竞争执法局在广西南宁举办中欧反不正当竞争研讨会。国际合作司副司长陈卓、欧盟代表团驻中国和蒙古国代表团贸易处公使衔参赞罗本诺、自治区工商局副局长易安辉出席会议。中欧知识产权合作项目(IP Key)相关专家，欧盟法院和律师代表，国家工商总局商标局和商标评审委员会代表，中国高校专家和地方工商机关、市场监督管理部门执法人员代表参与大会讨论交流，部分省市竞争执法人员参加会议。

12月29日 区直机关“金湖片区职工之家”在自治区工商局揭牌启用，区直机关工委常务副书记邓金玉、自治区工商局局长张虹以及金湖片区职工之家成员单位职工，共有50多人出席揭牌仪式。

12月29日 自治区工商局举办主题为“讲奉献、有作为”第二期道德讲堂。自治区工商局张虹、闭俊东、许灌江、易安辉、罗凤鸣等领导出席会议，区直部分单位机关党委专职副书记和工会主席现场观摩，自治区工商局机关全体党员干部、广西工商学校党员代表参加道德讲堂。

2017年

1月20日 自治区工商局机关党委组织召开2016年度机关基层党组织书记述职与民主评议大会。自治区工商局张虹、闭俊东、毛任建、易安辉、罗凤鸣等领导以普通党员身份参加大会。局机关全体党员、干部，以及广西工商学校班子成员参加大会。

1月22日 自治区工商局局长张虹陪同自治区人大常委会副主任危朝安到三江侗族自治县老堡乡慰问贫困户，组织自治区“美丽广西”乡村建设三江工作队后盾单位，召开脱贫攻坚工作交流会，共商脱贫工作大计。

2月6日 自治区工商局党组书记、局长张虹率自治区工商局领导班子成员和相关处室负责人，到百色市开展接受革命传统和优良作风教育活动，为期2天。结合深入学习宣传贯彻党的十八届六中全会和自治区第十一次党代会精神，回顾百色起义的光辉历程，缅怀邓小平等老一辈革命家的丰功伟绩；集体学习《"十三五"市场监管规划》，对2017年全区工商工作要点进行研究；深入基层开展大走访、大调研，听取工商干部和企业、群众的意见建议。自治区工商局副局长闭俊东、毛任建、易安辉，副巡视员罗凤鸣、刘军，自治区工商局办公室、人事处、财务处、消保处、市场处、商标处、个私处、信息处、机关党委负责人参加学习调研。百色市副市长石国怀以及百色市工商局负责人陪同调研。

2月28日 全区工商系统2017年第一期主体班——处级干部思想政治教育培训班在广西民族大学正式开班。自治区工商局党组副书记、副局长闭俊东出席开班仪式并作动员讲话。各市工商局和自治区工商局机关共50名处级干部参加培训。广西民族大学党委副书记、纪委书记宁耀在开班仪式上致辞。开班仪式后，广西民族大学校长谢尚果给全体学员上了一堂题为《领导干部的法治意识和法治思维》专题理论课。

3月2日 国家工商总局与自治区人民政府签署了《关于推进广西建设商标品牌强区合作框架协议》，这是工商总局与省级政府签订的第二个商标品牌建设合作协议。在国家工商总局党组书记、局长张茅，自治区党委副书记、自治区主席陈武的共同见证下，总局党组成员、副局长刘俊臣，自治区副主席黄日波分别代表总局和自治区人民政府签署协议。根据协议，双方将通过"部区合作"的模式，在深入实施商标品牌战略等5个领域13项具体事项开展密切合作。

3月2日 自治区工商局机关工会召开换届选举大会。会议审议通过了机关工会第六届委员会工作报告和经费审查委员会工作报告；投票选举产生了局机关工会第七届委员会和经费审查委员会。自治区工商局副巡视员罗凤鸣到会指导并讲话，局机关工会180名会员参加会议。

3月14日 自治区工商局局长张虹前往广西社会科学院走访座谈。广西社会科学院党组书记、院长李海荣主持座谈会。双方围绕政院合作进行了充分交流，就共同推进《广西工商》杂志转型和联合编写工商蓝皮书等事项达成了共识。自治区工商局和广西社会科学院相关处室、单位负责人参加座谈。

3月14日 自治区工商局副局长毛任建率队到南宁国家广告产业试点园区开展调研。毛任建先后到园区内的创客城和产业大楼了解情况，与南宁高新区管委会、企业代表及有关单位负责人进行座谈，了解园区运营基本情况，听取企业代表对园区发展建设的意见建议，现场解答园区企业相关业务咨询。南宁市高新区管委会主任李耕、广西电视台副台长李培军和自治区工商局广告处、南宁市工商局负责人陪同调研。

3月22日 自治区工商局联合自治区供销社在柳州市三江侗族自治县老堡乡曲村举办"红盾护农促春耕 供销送肥保生产"送肥下乡、送知识下乡活动。自治区工商局副局长闭俊东、自治区供销社相关负责人，以及三江侗族自治县、自治区工商局市场处、自治区工商局驻三江扶贫工作队相关人员参加活动。

4月7日 自治区工商局局长张虹与来局机关跟班学习的9名选调生进行集体见面。见面会上，她强调实现"地气"和"天线"衔接，做到"五个一"，在跟班学习中增长才干，增强素质。自治区工商局副局长闭俊东主持见面会，自治区工商局副巡视员、办公室主任刘军及相关处室、单位负责人参加会议。

4月22日 自治区工商局企业登记注册分局服务窗口，被中华全国妇女联合会授予"全国巾帼文明岗"称号。

4月23日 自治区党委宣传部、自治区直属机关工委在广西电视台演播厅举办第二届区直机关"书香机关 阅读圆梦"朗读会。自治区工商局局长张虹作为区直机关领导干部代表，现场朗读了习近平总书记的文章《提倡"经济大合唱"》，受到与会者的好评。

4月24日 防城港市举行"一照通"登记制度改革启动仪式，自治区工商局局长张虹把全国首张34证合一的"一照通"营业执照颁发给了广西桂海鑫进出口代理有限公司。

4月27日 自治区工商局消保处(12315消费者权益保护指挥中心)，被自治区总工会授予"广西工人先锋号”称号。

5月2日 自治区工商局召开驻贫困村党组织第一书记工作汇报会。自治区工商局副局长毛任建出席会议并讲话，强调驻村第一书记要从党建工作入手，尽心尽力，扎实工作，切实完成扶贫工作各项任务，确保脱贫摘帽的定点扶贫村准时脱贫摘帽。

5月4日 自治区工商局副局长毛任建到三江侗族自治县定点帮扶贫困村老巴、平流村，贯彻落实习近平总书记视察广西的重要讲话精神、调研指导脱贫摘帽工作，为期3天。调研中，主要检查自治区召开的支持三江县精准脱贫工作协调会和自治区工商局召开的自治区驻三江侗族自治县定点帮扶后盾单位精准帮扶工作座谈会精神的落实情况；出席三江侗族自治县商标富农促进产业脱贫座谈会，与县市场监督管理、农业、旅游、畜牧、供销社等部门和有关协会、企业负责人，共同研讨品牌提升助推脱贫的对策等。

5月5日 自治区纪委常委符燕带队到自治区工商局，检查驻局纪检组开展派驻机构规范化建设年等工作情况。自治区工商局党组书记、局长张虹代表自治区工商局党组对符燕常委一行表示热烈欢迎，同时表示会一如既往支持、配合好驻局纪检组的规范化建设工作。驻自治区工商局纪检组组长许灌江向检查组汇报了开展派驻机构规范化建设年、纪律审查和安全工作情况。自治区工商局党组副书记、副局长闭俊东陪同迎检全过程。

5月8日 自治区党委办公厅、自治区人民政府办公厅联合公布2016年度全区机关绩效考评结果。自治区工商局喜获一等奖，这是全区开展绩效考评工作以来，自治区工商局首次获得一等奖。

5月9日 自治区工商局、崇左市人民政府在南宁签署《关于商事制度改革及建设商标品牌强市合作框架协议》。自治区工商局副局长毛任建主持签约仪式。

5月10日 自治区工商局召开商事制度改革领导小组会议。自治区工商局局长张虹强调，全区各级工商机关要以学习贯彻习近平总书记视察广西重要讲话精神为动力，迅速落实自治区党委书记、自治区人大常委会主任彭清华5月5日听取自治区工商局工作汇报后所做的重要指示，围绕自治区工商局党组提出的“三个推进、三个聚力”的总体部署，秉承“一个班子一条心、一个梦想一起拼；全局人一盘棋、一个目标一起赢”的理念，唱好商事制度改革这台重头戏，推动“放管服”改革取得新成效，以优异成绩迎接党的十九大胜利召开。自治区工商局闭俊东、毛任建、罗凤鸣等领导，以及自治区工商局商事制度改革领导小组成员出席会议。

6月1日 自治区工商局局长张虹到自治区党委党校，与参加全区处级女干部培训班的学员交流从政体会。张虹认为，女干部要崇德向善，修身齐家，厚植个人素质能力，在营造广西“三大生态”、实现“两个建成”目标中贡献女性的智慧和力量，在实现中国梦伟大实践中建功立业。

6月16日 自治区工商局和自治区法制办召开座谈会，双方就《广西市场主体信息归集公示管理办法》增列政府立法项目事宜、“放管服”改革专项督察发现问题核查整改工作，以及村民合作社登记问题等重点工作进行交流与研究。自治区工商局局长张虹、自治区法制办主任雷震出席会议并讲话。

6月27日 经自治区人民政府同意，自治区工商局发布了《广西壮族自治区政府部门涉企信息归集资源目录》。

6月29日 广西北海市发出全国首张“53证合一、一照一码”营业执照。颁发此照，标志着广西北部湾沿海三市全部实现“多证合一”。

6月30日 自治区党委常委、自治区常务副主席蓝天立一行，到广西科技大学“双创”示范性基地考察调研。蓝天立对柳州市工商局城中区分局在“双创”基地内设立的“一站式”服务点工作，给予了充分肯定。

7月1日 广西个体工商户农民专业合作社登记全程电子化系统在试点城市——桂林市和梧州市正式上线。7月3日，在梧州市发出全区第一张通过电子化系统办理的个体工商户营业执照。

7月3日 自治区工商局局长张虹到三江县老堡乡老巴村开展扶贫工作调研。调研中，张虹以普通党员身份参加了机关第二、第三党支部与老巴村党支部联合开展的庆祝建党96周年“脱贫攻坚党旗红”

主题党日活动。柳州市委常委、三江侗族自治县委书记袁东升参加相关活动。

7月6日 国家工商总局分别在广西防城港和南宁两地召开全国工商和市场监管部门放心消费创建经验交流会。此次交流会，是自2015年9月在江苏省苏州市举办放心消费创建现场会以来，国家工商总局第三次举办放心消费创建活动现场推进会。国家工商总局副局长唐军在会上讲话，自治区副主席黄日波出席会议并致辞，自治区工商局局长张虹作经验介绍。

7月10日 自治区工商局召开2013—2016年先进基层党组织、优秀共产党员表彰大会。表彰大会后，举办了专题党课。

8月3日 广西小微企业个体工商户专业市场党组织书记示范培训班在浙江大学继续教育学院举办，为期6天。来自全区各市工商部门分管"小个专"党建工作负责人、全区优秀"小个专"党组织书记，共有62人参加培训。

8月19日 广西壮族自治区人民政府主办，自治区工商局、发改委、工信委、旅发委、农业厅、商务厅、质监局、广西驻京办等8个部门联合承办的"遍行天下 心仪广西——广西品牌神州行"系列活动启动仪式在北京广西大厦隆重举行。国家工商总局副局长刘俊臣，自治区副主席黄日波，全国政协委员、原国家民委副主任罗黎明及特邀嘉宾，国家工商总局相关司局和直属单位负责人，北京市、天津市商务、工商、市场监管部门代表，广西地方政府代表、各市工商局局长，广西知名品牌企业代表，有关协会、商会负责人出席活动。

8月30日 广西个体私营企业协会成立大会在广西南宁举行。这是在国家工商总局直接部署、自治区工商局的指导下，全国首家由社会力量创办的个私协会。自治区副主席黄日波，全国政协委员、中国个体劳动者协会会长钟攸平，自治区党委统战部副部长熊春寒，自治区工商局局长张虹等领导到会祝贺。

9月2日—4日 由中华商标协会和自治区工商局共同主办的2017中国国际商标品牌节、中华商标博览会在桂林举行，以"商标品牌保护 创新共享发展"为主题，这是广西第一次举办国际商标品牌节。国家工商总局副局长兼商标局局长刘俊臣，全国政协常委、中华商标协会会长刘凡，自治区人大常委会副主任高雄、自治区副主席黄日波出席会议。同期举办"遍行天下 心仪广西——广西品牌成果展"。

9月14日 自治区工商局局长张虹率队到南宁国际会展中心检查自治区、南宁市工商局进驻第十四届中国—东盟博览会展会现场开展联合执法工作情况。检查中，张虹局长先后到广西、山东、河南、海南及部分东盟国家展馆，考察参展企业，指导企业依法经营，调研工商机关深度服务东博会的途径和方法。

10月17日 广西玉林市"小个专"党群活动服务中心举行揭牌仪式。标志着全区首个市级"小个专"党群活动服务中心正式启用。

11月7日 自治区工商局商务厅联合召开"2017广西规范网络集中促销活动促进电商发展座谈会"。对"电商"讲规则、提要求，防范网络集中促销期间出现网络交易违法违规问题。自治区工商局副局长毛任建出席座谈会并讲话。

11月17日 新华社受权发布第五届全国文明城市、文明村镇、文明单位和第一届全国文明校园名单。自治区工商局荣获全国文明单位称号，是此次唯一获此殊荣的广西区直机关单位。

11月29日 国家工商总局信息中心副主任洪筠带领全面建成国家企业信用信息公示系统验收组，对国家企业信用信息公示系统（广西）全面建成情况进行现场验收。验收后，洪筠组长高度肯定了广西的经验和做法，验收工作为期2天。

11月30日 全区建设平安广西活动表彰大会在南宁召开。大会表彰了2015—2016年度建设平安广西活动先进单位和先进个人。自治区工商局个体私营经济监管处被授予"2015—2016年度建设平安广西活动先进集体"称号。

12月1日 重新修订的《广西壮族自治区消费者权益保护条例》经广西壮族自治区第十二届人大常委会第三十二次会议审议通过。2018年1月1日，正式实施。

12月4日 自治区工商局举行升国旗暨宪法宣誓仪式，以此激励教育机关工作人员忠于宪法、遵守宪法、维护宪法，依法履职尽责。自治区工商局局长张虹领誓，全局干部职工一同进行宪法宣誓。

12月6日 自治区工商局在广西工商学校举办处级干部学习党的十九大精神专题培训班，为期3天。通过专题培训，推动领导干部在学懂弄通做实上下功夫、见成效。自治区工商局局长张虹参加结业仪式并讲话。

12月7日 中国·巴马论坛—2017中国—东盟传统医药健康旅游国际论坛在巴马瑶族自治县开幕。自治区副主席张晓钦、中国国家旅游局副局长王晓峰，以及中国与东盟国家的政企界人士、专家、企业家代表，共有350多人参加论坛。

12月8日 自治区工商局举办贯彻落实党的十九大精神推动绩效管理升级发展培训会，邀请自治区绩效办专职副主任施汉飞及考评二处、三处负责人作专题培训。自治区工商局局长张虹主持培训会并讲话。

12月11日 国家工商总局广告监管司司长刘敏带队，国家卫生计生委、中国人民银行等部门组成的整治虚假违法广告部际联席会议联合督查组，对广西开展2017年虚假违法广告整治工作进行督查，为期3天。督查组在听取汇报和到南宁市工商局、南宁日报社、广西电视台等单位召开工作座谈会与实地检查后，对广西广告市场监管工作给予充分肯定。

12月13日 国务委员王勇率领国务院调研组，在国家工商总局局长张茅、国家质监总局局长支树平陪同下，深入广西调研工商、质监改革发展工作，为期3天。在工商部门调研时，由自治区党委常委、南宁市委书记王小东，自治区副主席张晓钦陪同，自治区工商局局长张虹汇报了广西商事制度改革等工作情况。

2018年

1月8日 广西工商学校举办2017年办学成果展，充分展示了学校在2017年取得的主要成绩，展现了学生专业技能。自治区工商局副局长闭俊东参加成果展，为获奖教师颁奖。

1月22日 自治区工商局党组召开2017年度领导班子民主生活会。会上，自治区工商局党组书记、局长张虹作了动员讲话，党组副书记、副局长闭俊东通报了自治区工商局党组2017年度民主生活会征求意见情况。其他党组成员先后对照检查，开展批评与自我批评。

2月9日 自治区工商局召开干部大会。会上，受自治区党委委派，自治区党委组织部副部长宋晓天宣布自治区党委关于调整自治区工商局主要领导的决定：冯学军任自治区工商行政管理局党组书记、局长，免去张虹自治区工商行政管理局党组书记、局长职务。张虹主持会议，冯学军出席会议并讲话。

2月11日 自治区副主席李彬在自治区工商局局长冯学军陪同下，深入南宁会展中心年货市场、南宁市淡村农贸市场检查春节期间市场监管工作。自治区政府副秘书长李芳源，自治区旅游发展委、工商局、质监局、食品药品监管局等部门，南宁市人民政府以及有关部门负责人一同参与检查。

2月22日 自治区常务副主席秦如培一行到广西政务服务中心考察。自治区工商局局长冯学军陪同考察，一同到工商登记服务窗口看望慰问工作人员。秦如培副主席对工商部门牵头实施的商事制度改革工作给予充分肯定。

3月12日 国家工商总局网监司副司长韦犁率领网监调研组一行10人，对全国网监交易平台监管服务系统（广西专版）实施情况进行专项调研，为期4天。自治区工商局局长冯学军与调研组就如何做好广西网络交易监管工作交换了意见，自治区工商局副局长毛任建汇报了广西网络交易监管工作基本情况。

4月2日 广西推进“证照分离”改革试点启动仪式在南宁高新区举行。自治区副主席李彬出席启动仪式，自治区工商局局长冯学军向企业代表颁发了营业执照，南宁市副市长伍娟向企业代表颁发许可证。

4月2日 自治区人大常委会副主任卢献匾率队到三江侗族自治县开展工作调研，为期2天。调研中，卢献匾副主任着重了解该县脱贫攻坚进度，就进一步推进该县脱贫攻坚提出指导意见。自治区人大常委会副秘书长严丽萍，自治区人大内司委主任委员蒋明红，三江侗族自治县脱贫攻坚后盾单位领导—自治区工商局局长冯学军、副局长毛任建，以及有关单位负责人陪同调研。

4月24日 广西市场监督管理工作培训班在苏州大学开班。自治区工商局局长冯学军出席开班式并讲话。苏州大学党委常委、总会计师周高出席开班式并致辞，自治区工商局副局长闭俊东和副巡视员刘军出席开班式。来自14个设区市工商局及部分县区工商质监局局长，自治区工商局各处室单位主要负责人，广西工商学校教师代表，共有65名学员参加培训。

5月14日 “广西实施商标品牌强桂战略大宣讲”暨国家知识产权局商标局“地理标志精准扶贫”西部首场宣讲在南宁举行。自治区副主席李彬出席活动，国家知识产权局商标局党委书记、副局长崔守东出席活动并讲话，自治区工商局局长冯学军介绍了全区实施商标品牌强桂战略工作情况。国家知识产权局商标局副局长陈文彤，自治区工商局副局长易安辉，自治区农业厅副厅长塔娜，自治区党委宣传部部务委员李剑思，国家知识产权局商标局西部宣讲团成员，广西商标品牌战略实施工作厅际联席会成员单位有关负责人，各设区市人民政府分管副市长，各县（市）人民政府分管副县长（副市长）、各设区市工商局局长及县（市）工商局局长代表、地理标志商标持有人、企业代表等近400人参加会议。

6月25日 自治区工商局举办以挂点帮扶村村干村民为对象的脱贫攻坚（乡村振兴）专题培训班，助推产业脱贫，为期5天。柳州市三江侗族自治县独峒镇平流村、八协村，老堡乡老堡村、老巴村、曲村等5个挂点帮扶村的党支书、村主任、扶贫骨干、致富带头人、贫困户代表、驻村工作队员参加了培训。

6月26日 自治区工商局召开脱贫攻坚（乡村振兴）专题座谈会，与扶贫点村干村民和驻贫困村党组织第一书记共商脱贫大计。自治区工商局局长冯学军出席并主持会议。自治区工商局副局长闭俊东、毛任建，相关处室主要负责人及扶贫工作人员，柳州市三江侗族自治县独峒镇平流村、八协村，老堡乡老巴村、曲村等4个定点扶贫村，以及“美丽广西”帮扶村老堡乡老堡村的党支书、村主任、扶贫骨干、致富带头人、贫困户代表、驻村工作队员参加座谈会。

6月27日 广西工商系统网络市场监管业务培训班在柳州举办，为期3天。本次培训班，得到了国家市场监督管理总局和福建厦门市场监管局的大力支持。来自全区工商系统各地市分管局领导、网监部门负责人、业务骨干，以及柳州市工商局网监执法人员，共有100多人参加培训。

6月27日 自治区副主席李彬到来宾市工商局就推进“证照分离”改革等工作开展调研。李彬强调，要深入贯彻落实习近平新时代中国特色社会主义思想，按照中央、自治区党委、自治区政府部署，深入推进商事制度改革，推动市场监管改革创新，加强信息资源共享，进一步落实“放管服”改革，优化营商环境，给市场增添活力，给群众添便利。调研组深入到来宾市政务服务中心、基层工商所和企业进行调研。来宾市市长雷应敏、副市长罗勇、自治区政府副秘书长李盛、来宾市工商局主要领导和自治区工商局相关业务处负责人等陪同调研。

6月29日 全国广告业发展工作座谈会（南片会），在南宁召开。市场监管总局副局长甘霖出席并讲话，广告司司长刘敏主持会议，自治区工商局局长冯学军出席会议并致辞。副局长甘霖充分肯定了全国工商和市场监管部门指导广告业发展取得的成绩。冯学军代表自治区工商局向出席会议的代表们表示热烈欢迎，详细介绍了广西广告业发展的现状和取得的成绩。市场监管总局广告司副司长黄新民、刘辉、乔宏出席座谈会，自治区工商局副局长易安辉参加座谈会。

7月12日 自治区副主席李彬一行到桂林开展商事制度改革工作调研。李彬肯定了桂林市商事制度改革工作成效，要求继续深化改革，争取更大成绩。调研组到桂林国家高新区工商局办证大厅，实地查看、随机询问窗口工作人员，观看专题片，了解桂林国家高新区实施“证照分离”改革情况；到桂林市工商局调研“证照分离”“多证合一”和全程电子化登记等商事制度改革工作；还到该局信息指挥中心考察了“天眼工程”建设；看望了12315指挥中心工作人员；到桂林雁山区工商局雁山镇工商所了解基层工商部门证照办理等情况。自治区工商局局长冯学军、桂林市副市长樊新鸿等陪同调研。在桂林期间，冯学军和自治区工商局相关业务处负责人到桂林国家高新区召开了工作座谈会，到桂林雁山区企业调研商标品牌发展情况；听取了桂林有关方面关于“证照分离”改革、“减证提速”、打击传销、广告监管和商标品牌建设方面工作汇报。

7月18日 自治区工商局举办第二期习近平新时代中国特色社会主义思想和党的十九大精神专题培训班，为期4天。局机关各处室、单位副处级以上干部参加培训。

7月19日 自治区工商局召开党组会议，专题听取驻自治区工商局纪检组关于监督执纪工作中发现的突出问题和贯彻落实自治区纪委部署的重点工作情况通报。同时，针对纪检组提出的问题，研究部署了下阶段党风廉政建设和反腐败工作。自治区工商局党组成员参加会议，副巡视员和各处室、单位负责人列席会议。

7月26日 全自治区工商行政管理工作座谈会在南宁召开。会上，传达学习了全区年中工作会议和全国市场监管工作座谈会精神，全面总结上半年工作，研究部署下半年重点工作任务。自治区工商局党组书记、局长冯学军代表局党组在会上作工作报告。冯学军强调，要按照全区年中工作会议和全国市场监管工作座谈会精神，统一思想，凝聚力量，确保全年工作目标任务圆满完成。自治区工商局副局长闭俊东作会议小结，自治区工商局纪检组组长许灌江，自治区工商局副局长毛任建、易安辉，自治区工商局副巡视员刘军出席会议。

7月26日 自治区工商局举办第三期习近平新时代中国特色社会主义思想和党的十九大精神专题培训班，为期3天。局机关各处室、单位副处级以上干部参加培训。

8月21日 自治区工商局、自治区烟草局2018年“双随机、一公开”联合检查启动仪式，在自治区工商局举行。自治区工商局和自治区烟草局的领导出席启动仪式。

8月29日 自治区工商局召开优化营商环境三年行动计划新闻发布会，现场发布了《自治区工商局深化改革优化营商环境三年行动计划》。按照行动计划，自治区工商局将充分发挥工商、市场监管职能作用，利用3年时间，努力打造国际化、法治化、便利化的营商环境，推动广西经济高质量发展。自治区工商局副局长闭俊东出席新闻发布会。

9月4日 国家市场监管总局委托的第三方专家评估组一行5人对南宁广告产业园申报认定国家广告产业园区开展考察评估工作。评估组先后对南宁广告产业园核心区及初创区进行了实地考察，听取广告园项目运营情况汇报，召开评估会议。自治区工商局副巡视员刘军、南宁市高新区管委会领导陪同考察。

9月12日 自治区工商局与京东集团签署《战略合作框架协议》。充分发挥工商部门行政职能优势和京东集团的网络经营资源优势，开展信息互联共享、服务电商发展、市场风险防范、消费维权系统对接等方面的深度合作，进一步挖掘广西经济转型升级新动能，服务乡村振兴战略，为促进广西经济高质量发展注入新的动力。自治区工商局局长冯学军、京东集团副总裁曲越川出席签约仪式。自治区工商局副局长毛任建、京东集团华南区公共事务总监赵蕊出席签约仪式并代表双方签字。自治区工商局副巡视员刘军主持签约仪式，自治区工商局相关处室、单位负责人，京东集团相关部门负责人等参加签约仪式。

9月13日 国家市场监督管理总局、国家知识产权局、广西壮族自治区人民政府共同主办的中国—东盟商标品牌论坛在广西南宁隆重举办。论坛主题是“商标品牌战略与经济发展”。来自东盟9个国家的政府机构相关部门负责人，非政府组织、企业和专家学者代表，世界知识产权组织中国办事处负责人，国家相关部委、全国部分省（区、市）工商局负责人、国内知名经济学家、企业家等近300人齐聚绿城，共襄盛举。论坛期间，国家市场监督管理总局党组成员、国家知识产权局党组书记、副局长刘俊臣，广西壮族自治区副主席李彬会见了前来出席2018年中国—东盟商标品牌论坛的外国嘉宾代表。

10月31日 广西“3个工作日完成企业开办”启动仪式在南宁经开区政务服务中心举行。自治区副主席李彬出席活动，自治区工商局局长冯学军主持启动仪式。按照计划，2018年底在南宁市市区范围内实现“企业开办手续3个工作日内完成”，2019年覆盖全区14个设区市辖区，2020年，全区范围内全面实现“企业开办3个工作日”的奋斗目标。

11月12日 广西工商学校在南宁广告产业园区举行广告设计与制作专业校企合作实训基地签约授牌仪式。基地的设立，将为广西工商学校的老师跟岗培训、学生跟岗实习和顶岗见习，以及积极参与园区广告教育和培训平台建设、产学研一体化研究提供一个良好的平台；同时，通过利用园区的优质资源和便利条件提高学生实际操作技能，达到发展壮大学校广告专业群和为园区企业、广西广告业源源不断输送后备人才的校企双赢目的。

11 月 19 日 广西壮族自治区市场监督管理局举行揭牌仪式，宣告正式成立。自治区党委常委、自治区常务副主席秦如培，副主席李彬，自治区市场监督管理局党组书记、副局长冯学军，自治区市场监督管理局局长巫家世，共同为自治区市场监督管理局揭牌。自治区市场监督管理局、自治区药品监督管理局有关领导，以及原自治区工商局、自治区质监局、自治区食药局机关各处室、单位负责人，各直属单位、二层机构负责人，自治区市场监督管理局综合部门全体人员参加仪式。

广西壮族自治区市场监督管理局是由原广西壮族自治区工商行政管理局、广西壮族自治区质量技术监督管理局、广西壮族自治区食品药品监督管理局和广西壮族自治区科技厅下属的广西知识产权局整合建制，广西壮族自治区物价局价格分局、广西壮族自治区发展改革委员会反垄断职能划转的三局三部门组成。

同日，原广西壮族自治区工商行政管理局完成历史使命。

附录

附　录

自治区工商行政管理局关于印发《广西壮族自治区工商行政管理局规范性文件备案审查制度》的通知

桂工商发〔2006〕186 号

局机关各处、室：

现将《广西壮族自治区工商行政管理局规范性文件备案审查制度》印发给你们，请认真贯彻执行。

广西壮族自治区工商行政管理局
2006 年 9 月 22 日

广西壮族自治区工商行政管理局规范性文件备案审查制度

第一条　为保证本局制定的规范性文件的合法性和规范性，根据《广西壮族自治区规范性文件制定程序规定》，制定本制度。

第二条　本制度所称规范性文件是指本局各处室在职权范围内，以法律、法规、规章为依据，为有效实施行政管理，针对不特定的人、不特定的事而制定并以本局的名义颁布实施的具有普遍约束力的决定、命令、通告等文件。

第三条　本局颁布实施的规范性文件，由本局各职能处室起草草案，规范性文件草案提交局长办公会议审议前，应当经法规处进行合法性审查。

第四条　负责起草规范性文件草案的处室，送法规处审查的规范性文件材料应当包括：规范性文件草拟稿、起草说明、制定规范性文件的依据、汇总的意见、听证会笔录、调研报告等。

起草说明应包括：制定规范性文件的必要性和可行性，规定的主要措施及其依据，起草规范性文件调研的情况，向相关处室、相关部门或社会各界征求的意见及对意见的处理等内容。

第五条 法规处应在收到送审规范性文件材料之日起15日内进行审查并提出书面意见。

审查意见包括下列内容：送审的材料是否齐备；是否超越制定机关的法定职权；是否与法律法规规章和上级规范性文件相抵触；是否与相关的规范性文件相协调、衔接；其他需要审查的内容。

第六条 法规处应当设置规范性文件送审登记本，及时记录送审规范性文件处理情况。

第七条 法规处在对送审规范性文件审查过程中，认为需要有关处室提出意见，提供有关法律依据或协助审查的，有关处室应当积极配合。必要时，由法规处召集相关处室进行协调。

第八条 法规处经审查发现起草的规范性文件存在的问题，按以下情况分别处理：

（一）送审的材料不齐全的，通知负责规范性起草的处室补充材料；

（二）规范性文件与法律、法规、规章或上级规范性文件相抵触的，建议负责规范性文件起草的处室自行纠正；

（三）违反制定程序的，建议负责规范性文件起草的处室补正；

（四）规范性文件规定的内容超出制定部门职责、权限范围的，建议负责规范性文件起草处室进行修改；

（五）可行性或者适当性存在问题的，可以提出建议和意见；

（六）各处室拟定的规范性文件之间对同一事项的规定不一致的，建议负责规范性文件起草的处室与相关处室协调，经协调不能取得一致意见的，报局长办公会议决定。

第九条 经审议后发布的规范性文件，应按规定报送广西壮族自治区人民政府备案，报送备案工作由法规处具体承办。负责规范性文件起草的处室，应协助法规处做好规范性文件报送备案工作。

第十条 各处室应当在每年10月对由本处室负责起草的现行的规范性文件进行清理，并将清理的结果送法规处备案。

第十一条 违反本制度规定，不认真履行规范性文件送审、审查、备案及清理职责，造成严重后果的，依法追究直接责任人及其主要负责人行政责任。

第十二条 本制度自2007年1月1日起施行。

自治区工商局关于印发《广西壮族自治区工商行政管理机关执法质量考评规定》和《广西壮族自治区工商行政管理机关行使行政处罚自由裁量权的规定》的通知

桂工商发〔2008〕134号

各市、县工商局，自治区工商局机关各处室、单位：

为了更好地贯彻落实国家工商总局《工商行政管理机关行政执法评议考核办法》和《关于正确行使行

政处罚自由裁量权的指导意见》精神,自治区工商局结合实际,对《广西壮族自治区工商行政管理机关执法质量考评规定》和《广西壮族自治区工商行政管理机关行使行政处罚自由裁量权的规定》进行了修改,现印发给你们,请认真贯彻执行。

2008 年 10 月 15 日

广西壮族自治区工商行政管理机关执法质量考评规定

第一条 为了加强内部执法监督,落实执法责任,提高执法质量,促进工商行政管理机关及其执法人员严格、公正、文明执法,根据《工商行政管理机关执法监督暂行规定》《工商行政管理机关行政执法评议考核办法》《广西壮族自治区工商行政管理机关执法监督暂行办法》制定本规定。

第二条 执法质量考评是指各级工商行政管理机关对本级或者下级机关及其人员的行政执法活动的合法性、规范性、适当性进行检查与评判的监督活动。

第三条 执法质量考评,坚持实事求是、客观公正、奖优罚劣的原则。

第四条 各级工商行政管理局应当成立由局领导负责,法制、人事、监察等有关机构参加的执法质量考评领导小组,负责本机关、本系统的执法质量考评。

法制部门负责本规定的组织实施,人事、监察等相关部门配合。

各级工商行政管理机关的主要负责人是本机关执法质量考评工作的第一责任人。

第五条 工商行政管理机关执法质量考评的主要内容:

(一)办理行政许可及其他审批、备案事项的执法情况;

(二)对市场主体及其经营行为开展日常监督管理和专项治理的执法情况;

(三)处理消费者申诉、举报的执法情况;

(四)实施行政强制措施的执法情况;

(五)实施行政处罚的执法情况;

(六)行政性收费的执法情况;

(七)办理行政复议、行政诉讼、行政赔偿案件以及申诉案件的情况;

(八)开展内部执法监督和执法过错责任追究的情况;

(九)工商行政管理机关开展的其他行政执法情况。

第六条 工商行政管理机关在行政执法活动中应当合法、公正、公开、高效、不得滥用职权、玩忽职守、徇私枉法。

第七条 办理行政许可事项,应当符合以下要求:

(一)实施行政许可有法定依据,已依法取消的行政审批项目不再进行审批或者变相审批;

(二)实施行政许可的主体及权限合法;

(三)对符合法定条件的行政许可申请及时予以受理;

（四）在办公场所依法公示行政许可的有关材料；

（五）在受理、审查、决定行政许可过程中，向申请人、利害关系人履行法定告知义务；

（六）申请人提交的申请材料不齐全、不符合法定形式，一次性告知申请人必须补正的全部内容；

（七）依法说明不予行政许可的理由，并告知申请人享有依法申请行政复议或提起行政诉讼的权利；

（八）依法对行政许可事项举行听证；

（九）准予行政许可的符合行政许可的法定条件；

（十）在法定期限内作出准予行政许可的决定；

（十一）无截留、挪用、私分或者变相私分实施行政许可依法收取的费用的情形。

第八条　开展日常监督管理和专项整治，应当符合以下要求：

（一）定期检查、日常检查、专项检查有工作计划，检查中主动出示执法证件，发现问题及时处理，并将检查、处理记录归档备查；

（二）依法办理年检、验照，对不按规定参加年检、验照的依法予以处理，并将监督检查情况和处理结果归档备查；

（三）按要求组织开展专项整治，有相关作记录，并及时上报工作情况。

第九条　处理消费者申诉举报事项，应当符合以下要求：

（一）查明申诉举报内容，有管辖权的及时受理，不具有管辖权的，移送有管辖权的部门或者告知申诉人、举报人向有管辖权的机关申诉、举报；

（二）查明申诉举报内容是否超出法定时效，并将是否受理情况告知申诉举报人；

（三）依法及时履行职责，无应当履行而不履行或拖延履行职责的情形；

（四）处理申诉举报事项的情况和结果有工作记录并归档备查。

第十条　采取行政强制措施，应当符合以下要求：

（一）有证据表明拟扣留、封存的财物与涉嫌违法的行为相关；

（二）有法律法规依据，并按规定办理审批手续；

（三）相关法律文书制作规范，扣留、封存财物清单完备，送达合法；

（四）妥善保管扣留、封存财物，无挪用、私分、损毁等情形；

（五）对扣留、封存财物在法定期限内依法作出处理决定，并有相关物品处理记录归档备查。

第十一条　工商行政管理机关办理各类经济违法违章案件的基本要求：

（一）符合立案条件的，及时立案；

（二）执法主体合法，符合管辖规定，无越权办案的情形；

（三）事实清楚，证据充分、确凿、合法；

（四）行政执法人员在执法办案中，无违法预先收取当事人的罚没抵押金、保证金的情形；

（五）调查取证合法、及时、客观、全面，无因故意或者严重过失导致案件证据无法取得等情形；

（六）定性及处罚依据适用正确，处罚适当，无违法销案以及应当处罚而不予处罚、随意从轻或减轻处罚、随意从重或加重处罚、不应当处罚而予以处罚等情形；

（七）按国务院《行政执法机关移送涉嫌犯罪案件的规定》的要求，及时将案件移送司法机关，无应当移送而不移送的情形；

（八）严格执行《行政处罚法》《工商行政管理机关行政处罚程序规定》《广西壮族自治区行政执法程序规定》，办案程序合法；

（九）依法执行罚缴分离规定；

（十）对处罚决定依法执行或申请强制执行，无因故意或重大过失致使罚没款无法追缴、违反罚没财物管理规定处置财物等情形；

（十一）法律文书规范、完备，案卷装订规范。

第十二条　行政性收费,应符合下列基本要求:

(一)行政性收费项目范围、标准必须严格按照省级以上人民政府的有关文件规定执行;

(二)执行省级以上人民政府有关减、免收费的有关政策;

(三)严格执行《广西壮族自治区收据管理办法》和《广西壮族自治区工商行政管理系统专用收据管理办法》;

(四)严格执行"收支两条线"规定,行政性收费收入全额纳入预算管理。

第十三条　办理行政复议、行政诉讼、国家赔偿和申诉案件,应当符合以下要求:

(一)依法办理行政复议,对符合复议受理条件的依法受理并及时作出复议决定;

(二)行政诉讼案件积极应诉,提交诉讼证据和答辩意见并按时出庭;

(三)依法办理行政赔偿,对违法行为无拖延确认、不予确认或不依法理赔等情形。

第十四条　开展执法监督和执法过错责任追究工作,应当符合以下要求:

(一)上级机关在业务指导和执法监督中,发现下级机关有执法违法、执法不当或者不履行法定职责等情形的,应依据有关规定提出纠正意见,及时交由下级机关执行,或者直接予以纠正,无工作失察指导不力或指导错误等情形;

(二)严格执行上级机关的监督决定,无拒不执行、拖延执行等情形;

(三)对已发现错误的执法行为及时纠正,无故意隐瞒、拒不纠正的情形;

(四)按照《工商行政管理机关行政执法过错责任追究办法》及时追究过错责任人的过错责任,无应当追究而不追究或降格追究的情形。

第十五条　在登记、统计、上报各类执法情况过程中,严格遵守有关规定,实事求是,无弄虚作假、隐瞒不报的情形。

第十六条　被考评单位应按考评内容建立和完善市场巡查、处理申诉举报、强制措施、立案、处罚决定执行情况、复议应诉等工作基础台账,如实记录各项执法工作情况。

执法工作基础台账的建立另行规定。

第十七条　执法质量考评分为平时考评和年度考评。

平时考评由自治区工商局各业务处结合日常指导各市局工作,按执法质量考评评分办法的规定,如实详细记录执法质量情况,每季度末由各业务处室送法规处汇总,法规处将其记入被考评单位执法质量考评档案作为年度考评的依据。

年度考评由自治区工商行政管理局执法质量考评领导小组办公室于当年下半年分期分批组织实施。考评以全面检查执法工作基础台账、抽查档案资料、召集座谈会、巡查暗访等方式进行。年度考评实行滚动检查,被考评单位本年度执法质量检查后发生的执法行为,纳入下一年度考评。

市局对所辖各内设机构、县(市)工商局、城区分局的考评依上述规定执行。

第十八条　执法质量考评领导小组按照年度考评评分办法,对各被考评单位评分。执法质量考评实行百分制,考评结果分为优秀、合格、基本合格、不合格四档,85分以上为优秀,75分以上84分以下为合格,60分以上74分以下为基本合格,60分以下为不合格。每年度的考评项目及具体评分办法另行制定。

第十九条　被考评单位有下列情形之一的,实行一票否决,考评结果确定为不达标:

(一)具体行政行为引发国家赔偿,对公民个案赔偿金额在三万元以上,对法人或者其他经济组织个案赔偿金额在三十万元以上的;

(二)因违法执法造成管理相对人残疾、死亡等严重后果的;

(三)被考评单位的执法人员因执法中的违法行为受到开除处分或被追究刑事责任的;

(四)被考评单位因执法中出现重大问题,被人大监督质询或被新闻媒体曝光,造成社会负面影响,经查证属实的。

第二十条　考评工作领导小组应当在考评结束之日起30日内向被考评单位通报考评结果。

被考评单位对考评结果有异议的，可以在收到考评结果之日起 10 日内提出书面异议。考评工作领导小组进行复核后，将复核结果书面通知被考评单位。

第二十一条 对在执法质量考评中被评为优秀的单位，由考评单位予以通报表彰、奖励。连续两年被评为优秀的，对单位及主要领导给予嘉奖。参加自治区级以上先进集体评比的单位，执法质量考评结果必须达到优秀。

执法质量考评未达到优秀档次的单位。当年工作目标管理考核不得评定为一等奖。

对执法质量不达标单位予以通报批评，责令限期整改，取消当年评优受奖资格，并由上一级工商行政管理局行政首长及纪检监察负责人对未达标单位行政首长进行告诫谈话，连续两年不达标的，由上一级工商行政管理局行政首长及纪检监察负责人对未达标单位行政首长进行诫勉谈话；连续三年不达标的，对负有责任的单位行政首长和副职领导按《广西壮族自治区行政执法责任制实施办法》等相关规定处理。

第二十二条 在执法质量考评过程中，发现已办结的案件或者其他执法行为确有错误、不适当的，应当按照《工商行政管理机关执法监督暂行规定》和《广西壮族自治区工商行政管理机关执法监督暂行办法》及时纠正，有关领导或者直接责任人员执法有过错的，依照《工商行政管理机关行政执法过错责任追究办法》追究其执法过错责任。

第二十三条 本规定由自治区工商行政管理局执法质量考评领导小组负责解释。

第二十四条 本规定自发布之日起施行。

广西工商行政管理机关
行使行政处罚自由裁量权的规定

为规范我区工商行政管理机关办案执法行为，提高办案执法水平，避免行政处罚的随意性，确保行政处罚的合法性、合理性，根据国家工商行政管理总局《关于工商行政管理机关正确行使行政处罚自由裁量权的指导意见》，现就行使行政处罚自由裁量权作如下规定：

一、行使行政处罚自由裁量权的基本原则

（一）以事实为依据，以法律为准绳；

（二）公平、公开、公正；

（三）处罚与教育相结合。

二、行使行政处罚自由裁量权的分类

（一）违法行为轻微并能及时纠正，没有造成危害后果的，不予行政处罚；

（二）违法行为情节与危害后果较轻，并能主动消除或者减轻违法行为危害后果的应当从轻处罚；

（三）违法行为情节恶劣或造成严重危害后果的应当从重处罚。

三、不予行政处罚、从轻处罚、从重处罚的界定

（一）本规定所称的不予行政处罚是指因有法定事由存在，行政机关依法对特定的违法行为不给予处罚；

（二）本规定所称的从轻处罚，是指在法定的处罚种类和幅度内，适用较轻的处罚种类，或者选择法定幅度中较低的部分予以处罚。一般地在实施罚款这一行政处罚时，选择最低限的处罚，或者在从最低限到

最高限这一幅度当中,选择较低的 30% 部分处罚;

(三)本规定所称的从重处罚,是指在法定的处罚种类和幅度内,适用较重的处罚种类,或者选择法定幅度中较高的部分予以处罚。一般地,在实施罚款这一行政处罚时,选择最高限处罚,或者在从最低限到最高限这一幅度当中选择较高的 30% 部分处罚。

四、行使行政处罚自由裁量权的程序

(一)办案机构在案件调查终结报告和行政处罚决定审批表中,对违法行为人拟不予行政处罚或作出从轻或从重处罚时应说明依据的事实和证据。

违法行为人对拟作出的行政处罚提出陈述和申辩意见后,办案机构改变原拟行使自由裁量权作出的行政处罚的亦应说明改变的事实和证据。

(二)核审机构在接到办案机构的核审材料后,对办案机构拟行使自由裁量权作出的行政处罚,依照本《意见》相关规定进行核审。核审机构不同意办案机构意见的亦应说明的事实和证据。

(三)作出不予行政处罚决定或从轻处罚的,可由分管的局领导签发;从重处罚的,必须由局长签发或交由同级案件审议委员会讨论通过。

五、具有下列情形的违法行为不予行政处罚

(一)不满十四周岁的人有违法行为的;

(二)精神病人在不能辨认或者不能控制自己行为时有违法行为的;违法行为轻微并能及时纠正,没有造成危害后果的。

六、具有下列情形的违法行为应当从轻处罚

(一)企业注册资本不实,但达到最低法定数额,在工商行政管理机关处罚前,能主动补足的;

(二)企业已经具备开业条件(包括需前置审批的手续已完备),尚未取得营业执照从事经营活动,未造成较大危害后果并且不存在安全隐患的;

(三)企业不按照规定接受年度检验,但能在限期内及时补办的;

(四)企业(公司除外)超范围经营,不涉及法律、法规规定须经许可审核的项目,并能在限期内改正的;

(五)国有特困企业以及以残疾人、下岗失业人员为主要从业人员的其他企业发生的一般违法行为,尚未造成较大社会危害后果的;

(六)企业在使用企业名称过程中,将企业登记注册的名称简略或增加字样,企业名称无实质性变化,未造成误认,对他人企业名称不构成侵权的;

(七)广告用语不当但并非蓄意虚假宣传的一般违法案件;

(八)其他违法行为情节与危害后果较轻并能及时纠正的。

对上列从轻处罚的违法行为,必须符合下列条件:

1. 首次实施违法行为;

2. 行为人主动消除或者减轻违法行为危害后果;

3. 违法经营额数较小。

下列首次违法行为免予罚款:

(一)无意使用国家明令禁止的或不合格的计量器具的;

(二)对有固定经营场所,并且符合个体工商户经营条件,其所经营项目、经营范围符合法律、法规的规定,尚未取得营业执照从事经营活动,但能在限期内改正的;

(三)企业或个体工商户变更经营地点不涉及行政许可,未按照规定办理有关变更登记,并能在限期内及时补办的;

(四)个体工商户超范围经营,不涉及法律、法规规定须经许可审核的项目,并能在限期内改正的;

(五)合伙企业不按规定接受年度检验,在限期内能及时补办的;

(六)个人独资企业未将营业执照正本置放在企业住所醒目位置,在限期内能及时改正的;

（七）其他违法行为情节与危害后果显著轻微并能及时纠正的。

七、具有下列情形的违法行为应当从重处罚

（一）传销和变相传销；

（二）制售危及人体健康、人身财产安全或者坑农害农的假冒伪劣商品的；

（三）在市场上销售走私商品数量较大或者违法经营额较大的；

（四）利用广告或其他方法，对食品、药品、保健品、化妆品、医疗、医疗器械、农资、房地产等商品或服务进行虚假宣传以及政治、社会影响大的广告违法行为；

（五）侵犯驰名商标、著名商标专用权违法经营额较大的；

（六）公用企业的限制竞争行为造成较大社会反应或涉案范围较广的；

（七）商业贿赂金额较大的；

（八）利用合同进行欺诈，损害国家利益、社会公共利益的；

（九）无照经营行为规模较大、社会危害严重的；

（十）其他具有主观恶意，违法行为情节与危害后果严重的。

对上列从重处罚的违法行为，必须符合下列条件：

（一）违法行为情节恶劣或造成严重危害后果；

（二）不听劝阻，继续实施违法行为，或者多次实施违法行为，屡教不改；

（三）故意转移、隐匿、伪造证据或者对举报人、证人打击报复；

（四）违法经营额数额较大的。

自治区工商局关于印发《广西壮族自治区工商行政管理局关于贯彻国家工商总局专项政策支持广西北部湾经济区建设的实施意见》的通知

桂工商发〔2008〕74号

各市、县工商行政管理局，本局各处室（分局）、单位：

今年2月，国家工商行政管理总局专门以函件形式，提出了放宽广西北部湾经济区企业登记、个体工商户登记、外商投资企业登记、商品展销会登记和支持工商系统信息化建设等“四放宽、一支持”的专项政策，充分体现了国家工商总局对全面推进广西北部湾经济区建设的重视和支持，为我区工商行政管理机关在服务广西北部湾经济区建设中发挥积极作用提供了强有力的政策支持和工作指导。为了结合实际，贯彻落实国家工商总局的专项政策，围绕推进广西北部湾经济区建设的目标，全面提升工商行政管理工作水平，我局制定了《广西壮族自治区工商行政管理局关于贯彻国家工商总局专项政策支持广西北部湾经济区建设的实施意见》（以下简称《实施意见》），现印发给你们。广西北部湾经济区的各级工商行政管理机关要认真履行职责，抓好《实施意见》的贯彻落实。区内其他地方的工商行政管理机关要参照执行《实施意见》的政策规定和工作要求，结合开展继续解放思想大讨论活动，不断探索总结加强监管和服务发展的新经验、新办法，大力推进工商行政管理工作制度化、规范化、程序化、法治化建设，围绕中心，服务大局，更好地发挥职能作用，为促进广西经济社会又好又快发展做出积极贡献。

2008年6月11日

广西壮族自治区工商行政管理局
关于贯彻国家工商总局专项政策
支持广西北部湾经济区建设的实施意见

为贯彻落实国家工商行政管理总局支持广西北部湾经济区建设的专项政策，巩固开展继续解放思想大讨论活动的成果，充分发挥工商行政管理职能作用，积极服务和促进广西北部湾经济区建设，提出如下实施意见：

一、支持广西北部湾经济区企业实施“名称拓展”策略，增强企业名称的品牌效应

（一）允许符合条件的企业名称不受行政区划限制。

企业注册资本（或注册资金）在5000万元人民币以上的，可以申请使用不含行政区划的企业名称。广西北部湾经济区内的各级工商行政管理机关要建立此类企业数据库，指导符合条件的企业通过自治区工商局向国家工商总局申报无行政区划的名称。

在连通国家工商总局企业登记数据库的基础上，由自治区工商局行使不冠行政区划企业名称的受理权，直接进行字号查重，对予以受理的不含行政区划的企业名称，从网上向国家工商总局申报，并视总局的核准情况向申请人核发相应法律文书。

经国务院批准在广西北部湾经济区设立的企业，可申请冠以“中国”“中华”“全国”“国家”等字样的名称。各级工商行政管理机关要帮助、指导符合条件的企业向国家工商总局申请名称预先核准。

（二）放宽企业名称登记条件。

在广西北部湾经济区内，凡企业经济活动性质分别属于国民经济行业3个以上大类、企业注册资本达到5000万元人民币以上或者是企业集团的母公司，与同一工商行政管理机关核准或者登记注册的企业名称中字号不相同的，企业名称可以使用“发展”“实业”等不明确表述行业的用语或省略行业用语。

允许经营范围中含有投资内容的企业在名称中与投资的主要领域连用“发展”字样；允许从事进出口经营的企业在名称中使用“国际贸易”“国际技术贸易”“对外贸易”等行业用语；允许使用法律、行政法规和规范性文件中有关新兴行业的表述作为企业名称中的行业用语，如“创业投资”“破产清算”等。以上企业名称由各级工商行政管理机关按登记权限依法核准。

（三）下放广西北部湾经济区企业名称核准权限。

自治区与市、自治区与县行政区划连用的企业名称直接由市、县工商局核准，不需报自治区工商局

审批。

（四）实行企业、个体工商户名称当场核准制。

申请人申请名称登记，提交的申请材料齐全、符合法定形式，且不需要实质审查的，工商行政管理机关当场作出预先核准或者驳回决定，核发《名称预先核准通知书》或《名称驳回通知书》。

二、优化市场准入环境，积极培育广西北部湾经济区市场主体

（五）放宽住所（经营场所）证明的限制。

广西北部湾经济区的企业和个体工商户在办理登记注册时，由于特殊原因，无法提供房地产管理部门出具的住所（经营场所）权属证明的，拟注册的住所（经营场所）的合法占有人出具的证明可以作为登记注册的有效材料。

在农村地区，村民委员会出具的在本村范围内的住所（经营场所）使用文件，可作为企业和个体工商户的住所（经营场所）证明；在有形市场内设立企业或从事个体经营，市场主办单位出具的住所（经营场所）使用文件，可作为该企业或个体工商户的住所（经营场所）证明。

除法律、法规明令禁止在住宅经营的项目外，企业和个体工商户以住宅作为住所（经营场所）在办理登记注册时，无法提供当地居民委员会或业主委员会出具的有利害关系的业主同意将住宅改变为经营性用房的证明文件的，可凭住宅所在单位的房产管理机构（包括行政机构、后勤服务机构等），或负责该住宅小区物业服务的企业出具的同类证明文件办理。

（六）依法保障企业和经营者的自主权利。

投资者在广西北部湾经济区申办企业或个体工商户，可按照国民经济行业分类标准自主选择经营范围；涉及前置审批的事项，经依法审批后核定。企业、个体工商户申请从事尚未纳入国民经济行业分类标准的行业经营活动的，参照相关政策和政府规范性文件中有关新兴行业的表述作为核定经营范围的用语。

企业法人异地设立办事处或存放生产原材料、半成品的仓库等，不对外从事经营活动的，不需办理工商登记。

（七）放宽公司注册资本条件。

公司申请增加注册资本，除一人有限公司和以募集方式设立的股份有限公司外，可依照公司设立的有关规定实行分期缴付。新增注册资本中，货币资本所占比例达到 30% 以上的，不限定增资后公司注册资本总额中非货币资本的比例；增资后，公司股东货币出资总金额不低于公司注册资本 30% 的，不限定新增注册资本中非货币资本的比例。

非公司企业按公司法改制为公司、有限责任公司变更为股份有限公司的，原非公司企业、有限责任公司的净资产既可由具有资格的资产评估机构评估作价，也可由具有审计资格的机构审计确认，并由验资机构进行验资。

（八）放宽企业集团登记条件。

集团母公司注册资本在 3000 万元人民币以上、具有 3 个以上控股或参股子公司、母子公司注册资本合计 5000 万元人民币以上的，可成立企业集团。其中，私人投资并控股的企业组建集团的，其母公司注册资本放宽到 500 万元人民币，母公司和子公司注册资本总额放宽到 1000 万元人民币。

母公司注册资本在 6000 万元人民币以上，具有至少 1 个但不足 3 个子公司的，可用集团其他成员单位补足子公司条件，办理集团登记。母公司注册资本达到本款规定条件，但子公司与集团其他成员单位合计不足 3 个，经母公司申请并承诺在 2 年内补足条件的，可允许母公司名称冠以“集团”字样（名称中的“集团”不需加注括号），但不办理集团登记，待其在承诺期间达到条件后，方可办理企业集团登记。承诺期满仍不具备条件的，取消其母公司“集团”字样。

（九）实行企业筹建登记制度。

对企业申请登记的项目涉及前置审批而暂时无法提交许可证书或批准文件的，除涉及国家安全、公民人身安全、影响环境以及国家严格控制的项目外，可先办理登记，确认主体资格，经营范围核定为“XX

项目筹建(筹建期间不得开展生产经营活动)”,核发有效期为3个月至1年的营业执照。待企业取得相关批准文件或许可证后,再申请办理经营范围变更登记,由登记机关核准相应的经营范围,确认其经营资格。

营业执照有效期届满仍无法取得前置审批许可证书或批准文件的,经企业申请并提交前置审批部门出具的该企业正在办理相关审批手续的证明,可再延长1年筹建期;筹建期满仍不能取得前置许可证书或批准文件,也不能转为非前置审批项目生产经营的,依法办理注销手续。企业在筹建期间开展生产经营活动的,依照《无照经营查处取缔办法》的规定予以处罚。

前款所称涉及国家安全、公民人身安全、影响环境以及国家严格控制的项目主要包括:煤矿、非煤矿山,文化娱乐和上网服务场所,金融、保险、证券机构,交通运输、易燃易爆物品、危险化学品、食品、药品生产经营企业,法律、行政法规、国务院决定明确规定须提交环保部门许可证书或批准文件方可办理企业登记的项目等。

三、积极推进外商投资便利化,促进境外资本向广西北部湾经济区流动

(十)放宽外商投资企业主体限制。

允许自然人作为中方投资者,在广西北部湾经济区投资设立中外合资、合作企业。自然人作为中方投资者应于设立登记前缴付不低于认缴出资额20%的出资。

外商投资者并购境内企业,原境内企业的,股东为自然人的,其股东地位可维持不变。

外国(地区)具备法人资格的社团组织和财团组织经审批机关批准,可以在广西北部湾经济区投资设立外商投资企业。

(十一)扩大外商投资企业“就地登记”范围。

经国家工商总局授权,自治区工商局可以登记中央部委审批的各类外商投资企业。对于中央部委批准在广西北部湾经济区设立的外商投资企业,可由企业所在地的地级市工商局向国家工商总局提出申请,经总局授权后,由市工商局办理登记。

对于自治区有关部门批准在广西北部湾经济区设立的外商投资企业,除“股份”和“集团”有限公司外,均由企业所在地的地级市工商局办理登记。

新获得国家工商总局外商投资企业登记授权的贵港、百色、河池、贺州、来宾、崇左市工商局要及时充实人员,完善机构、设施,建立健全各项工作制度,正式行使国家工商总局授权范围内的外商投资企业核准登记权。从6月中旬开始,上述6市辖区内的外商投资企业由当地的地级市工商局办理登记。

鼓励和支持广西北部湾经济区内、外商投资企业相对集中的县(市)工商局向国家工商总局申请外资企业登记授权。对符合以下条件:1. 辖区内实有外商投资企业100户以上;2. 设有外资企业登记管理专职机构;3. 具备相应办公条件的县(市)工商局,指导其做好申请授权工作。

(十二)放宽常驻代表机构驻在期限。

外国(地区)企业在广西北部湾经济区设立的常驻代表机构申请登记,需要审批部门审批的,工商行政管理机关以审批部门批准的该机构驻在期限核定其登记证的有效期;不需要审批部门审批的,以企业申请期限为据核定登记证的有效期,不再限定1年的有效期限。

四、加大引导扶持力度,推动广西北部湾经济区全民创业和区域经济协调发展

(十三)支持公民依法自主创业。

鼓励和支持科技人员、大中专毕业生、留学归国人员以及拥有资金、技术、管理等生产要素的各类人员在广西北部湾经济区开办经济实体和个体工商户。留学归国人员持有的中国护照可作为投资主体资格证明。

在注册大厅或工商所设立下岗失业人员、退役军人、大中专毕业生、残疾人、刑释解教人员申办个体工商户、私营企业登记专窗,实行一站式服务;认真落实国家和自治区在引导发展、市场准入、收费减免等方面的优惠政策,鼓励、扶持特殊主体实现自主创业。

（十四）完善个体工商户分层分类登记管理制度。

允许广西北部湾经济区县（市、区）工商局依法委托工商所办理涉及前置审批的个体工商户登记。县（市、区）工商局应重新下达委托书，并对委托登记的工商所进行相应培训。

逐步推行个体工商户滚动验照改革。县（市、区）可结合实际选择集中、滚动或两者相结合的验照方式，选择滚动验照方式应向上一级登记机关备案。实行滚动验照的，可按个体工商户成立月份确定验照时段；可与日常监管结合，在巡查时一并办理验照。验照材料齐全、符合法定形式的，应当当场办理验照手续。

（十五）支持加快广西北部湾经济区农业产业化进程。

积极做好农民专业合作社准入工作，实行"零收费""无障碍"服务。对农民专业合作社免收登记注册费和工本费，免予年检。农民专业合作社的业务范围，既可以开展单项农产品生产、加工、销售的合作与服务，也可以开展生产、加工、销售一体化的合作与服务；既可以在本行政区域内合作，也可以跨地域合作。

加大政策扶持力度，培育壮大广西北部湾经济区农村经纪人队伍，进一步挖掘经纪活农的潜力。对农民季节性从事农产品流通中介服务和经纪活动的，免于工商登记，免于申办经纪执业人员的备案手续，免收工商行政管理各项规费。

（十六）放宽商品展销会登记权限。

市、县人民政府在广西北部湾经济区内举办的商品展销会，由举办商品展销会所在地的工商行政管理机关办理登记。

市、县人民政府举办商品展销会，可以委托政府相关部门或事业单位、社会团体、企业作为协办方、承办方，向举办地工商行政管理机关申请登记，并领取《商品展销会登记证》。

（十七）支持出口型企业发展国际商标品牌。

在广西北部湾经济区做好定牌加工企业、加工出口企业、经销出口产品企业的调查摸底工作，建立企业档案，定期组织企业的商标管理人员进行培训，指导企业建立健全商标管理制度。

逐步推行商标注册建议书、商标使用意见书、商标保护提示书等指导文书，充分发挥行政指导作用，指导出口型企业及时到境外注册商标，引导企业创立、使用自主品牌，努力做到商品出口商标先行。对出口龙头企业、创汇大户，优先推荐申报驰名商标或认定为著名商标。

五、创新市场监管和行政执法工作机制，努力营造广西北部湾经济区和谐发展的市场环境

（十八）切实维护经营者、消费者的合法权益。

以保障广西北部湾经济区公平竞争和消费安全为重点，进一步加大整顿和规范市场经济秩序工作力度，严厉打击仿冒名优产品、商业欺诈等违法行为，制止地方保护和行业垄断，在公平、公正的原则下，保护广西北部湾经济区外来投资者的合法权益。强化 12315 申诉举报网络依法受理、现场咨询、及时反馈等基本职能，建立消费提示警示、快速反应、综合执法机制，完善广西北部湾经济区消费维权网络。建立健全农资、汽车等重要商品市场监管制度，开展重要商品定向监测，查处假冒伪劣商品，促进广西北部湾经济区市场规范繁荣。

（十九）依法保护东盟国家农产品在广西的经营权。

督促和指导相关经营者建立健全协议准入、索票索证、进货查验等制度，建立东盟国家农产品专门购销台账。

指导和引导外商通过注册普通商标、证明商标或集体商标等方式，保护东盟国家农产品商标权。坚决制止以不正当手段抢注东盟国家农产品知名商标的行为，依法查处假冒东盟国家农产品、假冒其产地以及虚假广告和商标侵权等违法行为。

（二十）进一步规范执法程序和执法行为。

围绕公平公正和依法行政，完善案件查办程序、市场巡查程序、行政处罚程序；全面开展执法质量考评，建立健全行政执法责任制和过错追究制，强化执法监督检查，防止行政行为的随意性和无序性。

对公民、法人和其他组织的经营行为，凡是法律、法规和规章没有明文禁止的，工商行政管理机关一律不得干预，对无法律依据的检查一律取消。严格实行执法持证检查制度，工商执法人员对企业和个体工商户进行检查时，必须出示《工商行政管理行政执法证》。建立科学的检查制度，统筹安排检查工作，避免多头检查和重复检查。

（二十一）坚持教育引导与行政处罚相结合。

对市场主体的违法行为，采取教育为主的原则，实行教育引导和行政处罚相结合。对下岗失业人员、失地农民、残疾人等弱势群体无重大危害、无明显主观恶意的轻微违法行为，以教育为主，实行“首违不罚”，并督促、引导其办理相关手续，合法经营。对违法行为轻微并能及时纠正、没有造成危害后果的，按照《广西工商行政管理机关行使行政处罚自由裁量权的规定》，不予处罚。对故意实施违法行为、累犯、危害人身健康和公共安全、破坏环境资源的违法行为，依法从重处罚。

六、加强服务体系建设，为广西北部湾经济区市场主体提供优质高效服务

（二十二）推行和完善五项服务措施。

为国有企业改革提供超前服务。按照当地国有企业改组转制的总体方案，建立国有企业改制资料库，提前介入，专题调研，制定促进企业改制的规范性措施。

为重大招商引资项目企业提供预约服务。对相关企业预约办理登记的，实行专设窗口、专人负责、专项研究，全程跟踪服务。

为园区企业提供上门服务。针对经济技术开发区、工业园区、产业集群区企业分布特点，主动深入园区集中办理企业年检和相关业务。

为重点行业企业提供定向服务。在重点支持发展的先进制造业、现代物流业、信息交流、高新技术、现代服务等行业企业建立工商联络员制度，定点掌握企业登记需求，及时提供登记指导。

为重点项目企业提供快捷服务。世界500强企业在广西北部湾经济区的投资项目和各级政府确定的招商引资重大项目的申请登记事项，材料齐全、符合法定形式的，当场予以受理；自准予登记之日起，2个工作日内核发营业执照。

（二十三）简化企业登记审核程序。

以授权审批为前提，实行“一审一核”和“审核合一”制度。对各类分支机构的注销登记；各类企业及其分支机构（分公司）的变更登记；名称预先核准、企业年检、非登记事项备案、补发营业执照、企业迁出证明的出具、企业登记档案移送等简易事项，由经办人一人审查、受理、核准。除此之外的企业登记事项，由经办人审查受理后，提交给登记窗口首席代表核准。

（二十四）提高信息化技术服务水平。

加强信息化规划研究，积极协调国家工商总局经济信息中心，争取全国工商系统“金信工程”二期工程项目对广西北部湾经济区工商信息化建设的立项和资金保障工作。

加强红盾信息网和电子政务建设，加快登记软件开发、应用，年底之前实现广西北部湾经济区城市企业直冠“广西”名称网上核准，同时开通企业网上提交申请材料的渠道，拓宽工商网上服务范围，逐步实现远程受理、网上登记、网上年检，进一步提高服务质量和服务效率。

本意见自印发之日起实行。自治区工商局此前制定政策的有关条款与本意见相应规定不一致的，以本意见为准。

自治区工商局关于印发广西工商系统推进工商行政管理工作制度化规范化程序化法治化建设实施方案的通知

桂工商办发〔2008〕37号

各市、县工商局，自治区工商局机关各处室、单位：

现将《广西工商系统推进工商行政管理工作制度化规范化程序化法治化建设实施方案》印发给你们，请认真贯彻执行。

2008年4月1日

广西工商系统推进工商行政管理工作制度化规范化程序化法治化建设实施方案

为认真贯彻落实国家工商总局《关于大力推进工商行政管理工作制度化、规范化、程序化、法治化建设的意见》（工商办字〔2008〕33号，以下简称《意见》），扎实有效推进我区工商行政管理工作制度化、规范化、程序化、法治化（以下简称“四化”）建设，全面提高全区工商系统市场监管服务能力和水平，结合实际，特制定本实施方案。

一、指导思想

坚持以党的十七大精神为指导，全面贯彻落实科学发展观，围绕贯彻实施《意见》精神，紧密结合实际，求真务实，开拓进取，积极开展“四化”建设。通过开展“四化”建设，进一步创新市场监管服务体制机制，全面提升全区工商系统监管执法和服务发展的水平，努力实现监管与发展、服务、维权、执法“四个统一”，促进我区工商行政管理工作再上新台阶。

二、组织机构

为加强全区工商系统推进“四化”建设工作的领导，确保“四化”建设各项工作落到实处，取得明显成效，自治区工商局决定成立由局主要领导担任组长的全区工商系统推进“四化”建设工作领导小组（详见附件），负责组织领导全区工商系统“四化”建设。

各市、县工商局要结合实际，加强领导，建立健全本单位推进“四化”建设领导机构。

三、推进“四化”建设的重点

结合我区工商系统实际，在贯彻《意见》工作中重点抓好以下工作：

（一）以规范市场主体准入行为为重点，全面提高登记管理和服务广西经济发展的能力和水平。

1. 推进企业登记工作制度化、规范化建设。以强化企业登记“窗口”规范化建设为重点，进一步完善首问负责、一次告知、限时办结、政务公开、责任追究“五项制度”建设，切实做到“五个规范”，即规范受理方式，保障法定受理渠道畅通；规范登记审查方式，以申请材料是否齐全、是否符合法定形式作为审查的主要内容；规范登记格式文本，使用统一的企业登记文书格式；规范登记时限，在承诺时限内办结登记事项；规范登记公示制度，按要求公开企业登记和年检的事项、依据、条件、程序、期限、收费标准，以及申请需要提交的材料目录及办理结果等，统一登记标准和登记要求。

2. 推进企业登记管理工作法治化、程序化建设。严格按照法律法规规定的程序办理登记注册事项，不随意增减程序，确保登记审批行为合法有效；完善企业登记管理程序软件功能，把企业登记管理法律法规规定的条件、统一的登记程序、标准和要求纳入自动化系统，充分利用现代信息技术手段加强登记辅助审查，着力解决“不同的企业登记机关政策不一，同一登记机关不同工作人员口径不一”的问题，努力做到登记注册政策一致、口径一致、操作一致。

3. 推进登记服务制度化建设。加快建立并推广企业登记疑难问题会商制度、核准名称提示制度、新型企业登记指导制度、名称核准反馈管理制度，切实做好登记前的咨询服务、登记中的指导服务、登记后的跟踪服务。建立和完善企业工商联络员制度，以国有大型企业、重大招商引资项目企业、非公有制联系企业为重点，加强对企业工商联络员的法律法规教育、培训和业务指导。建立支持广西北部湾经济区建设的服务机制，坚决贯彻落实国家工商总局支持广西北部湾经济区发展的政策和自治区的工作部署，掌握统一的政策尺度，用好、用足、用活各项扶持政策，统一企业登记服务标准，增强企业登记绿色通道的功能，为北部湾经济区招商引资提供便捷高效优质的服务。建立企业登记信息发布制度，通过召开新闻通气会、发布投资信息、编写分析报告等形式，定期公布、提供企业登记信息，发挥企业登记信息在政府宏观调控、企业投资兴业中的服务作用。

4. 加快个体工商户分层分类登记管理制度化建设。全面推行“委托到所、授权到人”的基本管理模式，建立健全个体商户管理“一审一核”登记审核制度；进一步完善个体工商户分层登记分类监管应用软件功能，扩充港澳台居民申办个体工商户注册登记、年检验照和行政许可备案功能，设立个体私营经济日常监管巡查业务专区，做到登记监管工作的统一。

5. 推进企业登记监督管理法治化建设。完善企业注册登记、改制、变更和注销登记等监督管理制度，强化依法审查和依法执行国家产业政策工作力度，严把企业市场准入关；完善企业日常监管和年检制度建设，强化企业属地监管和日常巡查措施，积极推进网格化管理，进一步加大对虚报注册资本、虚假出资、抽逃出资等损害企业和社会公众利益行为的处罚。积极推进企业分类监管制度。修订企业信用分类和风险分级标准，制定企业分类监管实施办法，完善企业信息数据库建设责任制度，完善企业信用信息管理使用和公示制度；加强对从事涉及人民生命财产安全的重点企业行业的监督检查，建立与企业分类监管有机结合的监管机制，完善企业登记管理软件系统功能，完善对涉及企业登记前置许可项目、注册资本缴付、企业变更、年检等事项的预警机制，加快建立健全企业登记预警制度。

（二）以整顿和规范市场秩序为重点，切实提高市场监管执法能力和水平。

1. 推进食品市场监管制度和机制建设。进一步健全食品市场准入机制，完善和规范食品经营者索证索票和进货台账制度，大力推进食品安全示范店建设，促进食品经营者与生产基地和加工企业建立场厂挂钩、场地挂钩和协议准入制度，严格规范经营者自律行为；建立健全食品质量分类监管和食品市场信用分类监管制度，完善食品质量监测、不合格食品退市、食品安全追溯管理、食品安全预警和应急处置等制度；积极推进食品安全和商品质量监管信息化网络建设。

2. 推进商品交易市场信用分类监管制度建设。制定贯彻国家工商总局《关于建立商品交易市场信用分类监管制度建设意见》的实施方案，将商品交易市场信用分类监管工作同市场信息化建设、网络化建设结合起来，加快建立全区市场信用数据库、市场信用分类认定标准和信用信息网络服务平台，完善市场违法经营行为预警警示制度和信用分类公示制度，建立健全日常监管综合分析和反馈体系，提高商品交易市场的监管水平和效能。

3. 深化商品准入制度改革，完善农资、汽车、成品油、粮食等重要商品的市场监管制度。继续深入实施农资市场监管“四项制度”和推进农资商品连锁经营，加强重要商品市场监管定向监测工作，查处假冒伪劣商品；继续修改完善汽车交易服务合同文本，规范汽车商品交易服务行为；贯彻落实自治区人民政府有关推广使用乙醇汽油和加强粮食流通管理的工作部署，积极开展乙醇汽车推广使用和粮食流通市场监管工作；继续加强经纪行为监管，完善经纪人组织执业人员备案公示制度；加强合同行政监管，修改完善农业订单合同文本和旅游服务合同文本，完善合同争议申请受理、调解笔录、制作调解书文本、调解案件回访等工作制度；加强商品房购销经纪合同、职业介绍中介服务合同、农业种养服务合同的监管，严厉打击合同欺诈行为。

4. 强化反垄断和反不正当竞争执法，推进公平交易执法机制建设。以贯彻实施《反垄断法》为契机，积极开展对垄断性行业限制竞争行为专项执法工作，严厉查处供电、供水、供气、交通运输、专营专卖等与人民群众生活密切相关的行业企业滥用垄断地位强制交易、强制服务和零售商供应商滥用垄断地位不公平交易等行为，加快建立健全反垄断协作机制和监管执法机制。以强化对重点地区、重点行业的监管和查办传销大要案件为重点，继续加大打击传销和规范直销行为监管执法力度，加快建立健全信息通报、案件移送、应急处置和大要案件协查等机制，探索建立以工商所、派出所为基础的打击传销联合监控网络和执法联动机制。以完善商业贿赂举报受理机制和强化商业贿赂案件督办为重点，继续深入开展治理商业贿赂专项工作，进一步建立健全防治商业贿赂的长效监管机制。以强化部门协调、联合执法为重点，积极协调公安、海关、文化、新闻出版等部门加强打击走私贩私、扫黄打非专项斗争联席会议制度建设，开展专项执法工作。

5. 以强化商标专用权保护和规范广告市场秩序为重点，推进商标广告监管“四化”建设。围绕强化奥林匹克标志、驰名商标、地理标志、会展商标和食品、药品、农资等商品和服务商标行政保护和商品批发市场、企业商标管理为重点，继续完善商标监管执法、案件督办、商标印制企业监管等制度建设，进一步规范商标执法监管行为和企业商标所有权转让、许可等行为，整顿和规范商标市场秩序。以继续强化对食品、药品、农资等关涉人民群众身体健康和消费安全的重要商品和服务的广告监管执法为重点，积极推进广告监管联席会议制度建设、媒体广告发布责任制和广告案件督办制度建设，整合执法资源，强化联合执法，加大依法打击虚假违法广告执法力度；继续完善广告监测制度，强化广告发布源头和媒体发布环节的监管，逐步实现广告监管执法由集中突击整治向全面强化日常监管转变；积极稳妥推进网络广告监管工作，探索建立媒体广告单位信用监管制度，逐步建立健全广告活动主体信用监管体系。

6. 继续严格执法程序、规范执法行为、落实责任追究制度，全面推进依法行政制度建设。认真贯彻实施《工商行政管理处罚程序规定》《工商行政管理行政处罚听证规定》，创新行政处罚案件核审方式，规范行政执法行为，促进行政执法工作程序化。积极开展地方性法规、规章立法调研，进一步完善工商行政管理地方性法规体系；加强对基层法制工作人员的培训，建立健全法制人员跟班学习培育制度和法律法规数据库，切实提高基层执法水平。依据《工商行政管理机关行政处罚程序规定》，制定《广西工商行政管理所实施行政处罚权限和程序规定》，明确工商所执法监督权责，规范工商所执法行为；围绕公平公正和依法行政，完善案件查办程序、市场巡查程序、行政处罚程序，规范自由裁量权；继续建立健全行政执法责任制，认真落实行政执法过错责任追究制度，全面推进执法质量考评。进一步加强复议工作，强化执法监督和检查。以提高服务水平，方便相对人为重点逐步建立网上受理行政复议申请制度。

7. 推进服务个体私营经济发展的法治化、制度化建设。建立和完善查处取缔无照经营工作机制。围绕建立政府组织领导、工商部门牵头，相关部门各负其责的方针，积极推动自治区人民政府制定查处取缔无照经营工作制度，切实加大对小煤矿、食品经营、网吧、学校周边等重点行业和地区无照经营取缔力度，维护个体私营企业合法权益。继续推行帮扶个体私营企业发展联系点工作制度，进一步明确各级工商机关帮扶个体私营企业发展联系人工作责任、分类指导和定点帮扶工作职责。进一步完善个体私营企业登记服务制度，改革和完善下岗失业人员、大中专毕业生、城镇退役士兵等人员登记注册绿色通道建设，探索建立个体私营企业招商引资协调服务工作机制。

（三）加强队伍建设，切实提高队伍依法行政和服务发展的能力和水平。

1. 加强各级领导班子和干部队伍培训教育制度建设。结合开展继续解放思想大讨论，认真抓好各级领导干部和干部队伍学习贯彻党的十七大精神的学习培训工作；加强各级领导班子建设，继续完善体现科学发展观和正确政绩观的干部考核评价体系，选好配强各级领导班子；继续加强基层党组织建设，落实党建工作责任制，创新党建活动方式；加强基层队伍建设，进一步抓好干部教育培训工作；以强化和规范工商所属地综合监管和执法办案职能为重点，合理规范工商所职责权限，制定工商所工作规范和执法办案能力素质标准，开展基层监管执法能力达标活动；抓好四年一度的全国工商系统先进集体、先进个人评选工作，继续开展新一轮的“支部一面红旗、党员一名标兵”创建活动。

2. 继续加强机关效能各项工作制度建设，切实提高执政能力和服务水平。进一步强化行政效能监察，加强对各单位为落实自治区“三项制度”所制定的绩效考评制度、重大事项督办制度等项制度的监督检查；继续推行和深化政务公开制度，认真贯彻落实《政务信息公开条例》，不断扩大政务公开的范围和层次，规范公开内容，丰富公开形式。加强行政执法公示，重点推行行政审批、行政执法、行政收费结果公开；加快建立健全行政效能电子监察系统的运行机制和管理制度，强化实时监控、预警纠错，促进和规范依法行政，提高行政效率；继续深入推行基层执法人员向监管服务对象代表述职述廉制度，推进依法行政和廉洁从政；总结推广南宁市工商局开展行政执法督察队试点工作经验，制定自治区工商局机关执纪执法情况回访制度、执法督察实施办法等相关配套措施，稳步推进“四级执法监察”网络建设，规范行政管理和执法行为。

3. 深化干部人事制度改革，推进人事工作规范化、制度化建设。坚持和完善干部监督工作联席会议制度，进一步探索、完善在干部选拔任用全过程加强监督的有效做法；建立和完善干部交流制度和对干部进行经常性考察监督的制度；建立干部廉政档案，进一步健全并落实党政领导干部选拔任用工作责任追究制度。

4. 推进全区工商系统信息网络工作制度化、规范化建设。加强市场主体登记监管信息录入工作的指导，规范数据录入工作，开发和推广使用数据质量检查系统软件，实现用数据质量检查软件查找出数据的错误；完善商品交易市场信用分类监管信息化系统软件功能；加快建设外资登记管理数据联网及监测分析系统，逐步建立重要商品市场监管、商品质量监管系统；加强直销监管信息化工作；推进公平交易执法办案信息化和联网应用；进一步完善食品安全监测监管系统功能、个体工商户分层分类登记管理系统功能等，加强企业信用分类信息化监管工作，不断完善全区黑牌企业数据库和一人有限公司数据库，逐级汇总全系统数据；建立完善全区传销人员档案库；加快全区“12315 综合网络执法系统”的建设进度，进一步推进 12315 行政执法信息化工作。加强对网上行为监管方法的调研，积极探索网上监管执法。

5. 建立健全财务规章制度和监管机制。推进工商行政管理预算管理规范化、法治化建设。严格执行国家和自治区有关财经法律法规和规章制度，建立健全预决算、会计基础工作、财务收支、财务监管、国有资产、收费收据管理等各项规章制度，强化预算管理，严格会计审核、预算执行，提高依法理财水平；严格执行收支两条线管理，坚持重要资金分配使用情况监督检查机制、政府采购和工程建设项目招标投标等制度；严格执行国家和自治区规定的有关收费项目、标准和对象范围，规范使用收费收据，完善机关经费预算和经费开支审批管理程序。不断提高经费使用效率；加强对基层单位会计工作的监督和指导，规范会计工作秩序，健全内部稽查制度、内部审计制度。

6. 积极开展“四化”建设理论调研工作，发挥理论调研在促进“四化”建设中的积极作用。针对我区市场监管面临的新情况、新问题，组织开展推进“四化”建设理论调研工作。2008年部署各市工商局和自治区工商局各业务处室开展推进“四化”建设专题调研活动，年内每个市工商局提交2篇调研报告或经验材料，自治区工商局各业务处室提交1篇调研报告。

7. 加强工商学会建设，积极开展理论调研工作。围绕贯彻落实国家工商总局提出的“四个统一”和自治区工商局提出的“六个重点”“六个推进”的工作部署，加强学会组织建设，指导各市工商局在县以上工商局建立工商学会，举办宣传理论骨干培训班，开展专题调研活动；继续举办第四届“学会杯”优秀理论文章评选活动。

四、工作要求

（一）加强领导、明确责任。开展“四化”建设是工商行政管理机关贯彻落实党的十七大精神，全面推进科学发展观，实现市场监管与发展、服务、维权“四个统一”的重要举措。各级工商机关要切实把推进“四化”建设作为当前和今后一个时期的重要工作来抓，坚持把推进“四化”建设与履行职责和推动工作紧密结合起来，加强领导，精心组织、周密部署。各级工商机关一把手要亲自抓、亲自管，分管领导具体抓，明确相关职能机构的职责和任务，分工协作，层层落实责任，严格实行领导责任制、工作责任制和责任追究制度，确保“四化”建设扎实开展，取得明显成效。

（二）周密部署，扎实开展。在推进“四化”建设工作中，各级工商机关要围绕落实《意见》提出的工作目标、原则和要求以及自治区工商局明确的工作重点，紧密结合本单位实际，认真研究，及时制定切实可行的工作方案和措施，明确工作目标、工作责任，建立健全相应组织机构，确保“四化”建设工作扎实开展。

（三）加强指导和监督检查。各级工商机关要切实加强对所属单位开展“四化”建设工作的指导，及时了解基层工作情况，帮助解决实际困难；要加强监督检查，建立健全考核检查机制，确保推进“四化”建设的组织领导、工作目标、工作措施、工作责任落到实处。

（四）注重推广典型经验，提升“四化”建设水平。各级工商机关在开展“四化”建设中要注重建立健全鼓励改革创新的制度和措施，鼓励基层执法人员和机关干部立足本职岗位，在思维理念、工作思路、工作措施上不断探索和创新；要加强调查研究工作，善于发现好的经验和做法，及时推广典型经验；要注意学习借鉴兄弟单位的经验和做法，不断提升本单位“四化”建设的水平。

（五）各市工商局和自治区工商局各处室请于2008年4月25日、6月30日、12月1日前分别将部署开展“四化”建设的情况书面报送自治区工商局办公室。

关于印发广西工商行政管理系统政务公开管理办法的通知

桂工商发〔2008〕45号

各市工商行政管理局，本局机关各处室：

为认真贯彻落实全面推进全区工商政务公开工作的规范化、制度化、程序化、法治化建设，自治区工商局根据《中华人民共和国政府信息公开条例》，制定《广西工商行政管理系统政务公开管理办法》，现印发给你们，请结合实际，认真组织实施。各单位在组织实施过程中，如遇到新问题或有工作建议，请与自治区工商局政务公开领导小组办公室联系。

2008年4月30日

广西工商行政管理系统
政务公开管理办法

第一章 总则

第一条 为规范广西工商行政管理系统政务公开工作，方便公民、法人和其他组织获取工商行政管理机关政府信息，监督工商行政管理机关依法履行行政管理职能，根据国务院《政府信息公开条例》和自治区人民政府、国家工商总局关于政务公开的要求，结合广西工商行政管理工作实际，制定本办法。

第二条 本办法所称的政务公开，是指广西各级工商行政管理机关在依法履行行政管理职能、提供公共服务和实施内部管理过程中，依据法律、法规规定，向管理、服务对象和社会公众，以及机关内部公开相关信息，并接受监督的活动。

第三条 政务公开按照“公开是原则，不公开是例外”的要求，遵循合法、全面、真实、及时、便民的原则。

除本规定第九条所列依法不予公开的信息外，凡是运用行政权力办理的各类事项，均应依照法律、法规和本办法规定主动公开或者依申请予以提供。

第四条 县级以上工商行政管理机关负责组织实施本单位、本系统政务公开工作，应当成立政务公开工作领导小组。其主要职责是：贯彻上级有关政务公开工作的指示、要求，研究部署和指导协调本单位、本系统政务公开工作；拟定政务公开工作计划和方案；建立健全政务公开的规章制度；研究解决政务公开工作中的重大问题；对政务公开工作进行监督检查。

政务公开领导小组下设办公室，其主要职责是：在领导小组的领导下，就政务公开内容、方式、程序、监督保障提出建议方案；加强部门之间的协调配合，督促、检查和考核政务公开工作的落实情况；及时总结经验，不断提高政务公开的质量和水平。政务公开领导小组办公室成员由机关各部门及直属单位的负责同志组成。政务公开日常管理和协调工作，由各级办公室牵头，监察部门监督。

机关各部门应确定专人办理政务公开的具体工作。

第五条 按照“谁主管、谁负责”的原则，实行政务公开工作责任制。各级机关主要领导对本机关政务公开工作负全面领导责任；分管领导对其职责范围内的政务公开工作负直接领导责任；各职能部门领导对本部门政务公开工作负领导责任。

第六条 政务公开工作所需经费纳入各级机关年度预算，以保障政务公开工作的正常进行。

第二章 政府信息的主动公开

第七条 下列政府信息应当主动向社会公开：

（一）本机关的职责权限、机构设置、办公地址、联系方式、领导成员分工以及办事人员的姓名、职务、职责权限等；

（二）工商行政管理法律、法规、规章及本机关制定的规范性文件；

（三）行政许可和行政审批的事项、依据、条件、程序、期限以及需要提交的材料目录和示范文本；

（四）行政处罚依据、程序、时限及重要典型案件处理结果；

（五）行政收费的项目、标准、依据和缴纳时限；

（六）涉及公众利益的非行政许可审批事项的管理制度；

（七）重大突发事件及其处理；

（八）本机关工作纪律、服务承诺和监督渠道；

（九）法律、法规、规章规定应当公开的其他政府信息。

第八条　各级工商行政管理机关应当编制政府信息公开目录和政府信息公开指南。

政府信息公开目录应当将依法主动向社会公开的政府信息编入目录，并及时调整更新。其内容包括政府信息的名称、索引、主题、基本内容的基本描述及其产生日期、查询途径等。

政府信息公开指南应当明确本机关政府信息申请受理机构、办公地址、咨询电话、传真号码、电子邮箱以及申请信息公开的具体程序、方法。

第九条　下列事项的相关信息不向社会公开：

（一）涉及国家秘密的；

（二）涉及商业秘密、个人隐私的；

（三）正在调查、讨论、审议、处理过程中的信息，但法律、法规另有规定的除外；

（四）与行政执法有关，公开后可能会影响检查、调查、取证等执法活动的信息；

（五）其他法律、法规规定不得公开的信息。

第十条　向社会公开政府信息的渠道：

（一）电子政务网站；

（二）报刊、广播、电视等公共媒体；

（三）召开新闻发布会、听证会、咨询会、评议会，发放征求意见函、问卷调查等；

（四）政务公开服务热线；

（五）在机关主要办公地点等地设立公共查阅室、资料索取点、政务公开栏、电子显示屏、电子触摸屏等场所或者设施；

（六）印制办事指南等；

（七）其他便于公众及时准确获取政府信息的形式。

第十一条　下列信息应向机关内部公开：

（一）机关重大决策、重要部署；

（二）干部交流、考核、培训、任免、奖惩情况；

（三）机关内部政务管理规章制度和执行情况；

（四）机关内部财务收支情况，包括预算、决算，债权债务，日常费用开支；大宗物资设备采购，大额资金运作，各种会议经费开支结算等情况；

（五）固定资产的配置与管理情况，包括固定资产的购置、出租、转让、变卖、报损等情况；

（六）基本建设项目的建设和运行情况，包括重点工程项目方案、审批及招投标 7 项目预算、决算及专项资金使用；房屋建设、维修及有关基建项目的计划、预算、决算、支付等情况；

（七）领导干部廉洁自律情况；

（八）其他需要向机关内部公开的事项。

第十二条　向机关内部公开信息的渠道：

（一）广西工商资源信息网；

（二）机关全体人员会议、局务会等会议；

（三）文件、信息简报；

（四）机关公告板、公开栏；

（五）其他适当渠道。

第十三条 各级办公室负责向社会公开政府信息和向机关内部公开信息的归口管理和审核把关。

机关各部门在起草文件时应对是否公开和公开范围、形式提出初步意见，办公室在审核文稿时一并提出审核意见，并报本机关领导审定。

文件形式以外的重要政府信息需要公开的，由各部门提出公开范围、形式，经办公室审核，并报本机关领导审定后提供发布；一般政府信息由各部门提出公开范围、形式，经办公室审核确认后提供发布。

第十四条 主动公开的政府信息应在信息产生后20个工作日内按规定程序通过适当渠道发布。

已公开的政府信息内容发生变化的，应当在20个工作日内更新。

第十五条 各级工商行政管理机关拟作出的决策、编制的规划、制定的规范性文件等，涉及个人或组织的重大利益，或者有重大社会影响的，应当在正式决定前，实行预公开制度。对拟决定的方案和理由应当采用下列一种或者几种方式公开征求意见；并在充分听取意见后进行调整、作出决定：

（一）征集、听取管理和服务对象、相关单位以及社会公众或内部人员的意见和建议；

（二）依法举行听证会；

（三）组织有关方面的专家进行咨询、论证；

（四）其他适当的方式。

第三章 政府信息的依申请公开

第十六条 公民、法人和其他组织向各级工商行政管理机关申请提供政府信息的，可以采用信函、传真、电子邮件等形式书面申请，也可以当面申请，由各级办公室统一受理。当面申请的，由办公室接待人员当场记录。申请书或申请记录应包括以下内容：

（一）申请人的基本情况，包括姓名或名称、身份证明、通信地址及联系方式等；

（二）所需政府信息的内容描述及用途；

（三）申请时间。

第十七条 办公室受理要求提供政府信息的申请后，应及时转告承办该政府信息的有关部门办理。有关部门除可以当时答复或提供的外，应当自受理之日起10个工作日内区别下列情况予以答复或提供：

（一）属于已经公开的政府信息，直接告知申请人获得该政府信息的渠道；

（二）属于公开范围但尚未公开的，应向申请人提供该信息，并同时将该信息公开发布；

（三）被申请的政府信息中含有不予公开的内容，能够区别处理的，应当提供可以公开的部分；

（四）属于不予公开范围的，直接告知申请人；

（五）不属于工商行政管理机关掌握范围的，直接告知申请人，如能够确定掌握该信息机关的，告知联系方式；

（六）申请公开的政府信息不存在的，直接告知申请人；

（七）申请公开的政府信息内容不明确的；告知申请人更改、补充申请。

第十八条 有关部门对申请公开的政府信息的内容是否涉密不能确定的，应提交本机关保密管理机构依照《中华人民共和国保守国家秘密法》有关规定或提请上级机关对其性质予以审查认定后，再决定予以保密或公开。

第十九条 依申请公开的政府信息可以下列形式向申请人提供：

（一）以文书、图片、照片等形式存在的信息，可供复印或者安排查阅；

（二）以计算机可读取形式存在的信息，可根据申请提供打印记录、电子邮件或给予磁盘复制；

（三）提供内容摘要或摘录；

（四）口头告知相关内容。

第二十条 各级工商行政管理机关根据本办法提供政府信息，只能向申请人收取预先确定标准的检索、复制等成本费用，不得收取其他费用。

第四章 考核奖惩

第二十一条 政务公开工作考核实行分级负责制度。自治区工商局政务公开领导小组负责全区工商系统政务公开工作考核的组织领导，对自治区工商局机关各部门及各市工商局政务公开工作进行考核；各市、县局政务公开领导小组负责本系统政务公开工作考核的组织领导，分别对本级机关各部门及下一级机构政务公开工作进行考核。

政务公开工作考核在各级政务公开领导小组统一领导下，由各级政务公开领导小组办公室负责具体实施。

第二十二条 政务公开考核采取日常考核与年度考核相结合的方法。日常考核随机进行；年度考核于每年年末或次年年初进行。年度考核以日常考核为基础。各级政务公开领导小组办公室对本机关各部门及下级机关政务公开日常工作进行监督检查。

政务公开的考核要纳入整体工作目标考核和党风廉政建设责任制考核之中，考核结果作为评定实施政务公开单位及其领导人员工作实绩的重要依据。

第二十三条 政务公开工作考核的内容主要有：

（一）政务公开组织领导情况，包括组织机构和各项工作制度建立；领导责任制落实，开展政务公开的组织协调、综合指导、检查监督、考核评比等情况；

（二）政府信息公开目录和政府信息公开指南编制情况；

（三）依照本暂行规定所规定的内容、形式、程序和要求，实施主动公开、依申请公开的情况；

（四）群众评价情况；

（五）上级规定的其他考核内容。

各级工商行政管理机关对下级机关按上述内容进行全面考核，对本机关各部门重点考核上述第（二）、（三）项内容。

第二十四条 年度考核的基本程序是：

（一）政务公开领导小组办公室起草年度考核方案及量化标准，经领导小组审定后安排部署；

（二）被考核单位进行自我总结，并形成书面材料；

（三）考核小组采取实地考核、综合评议等方式对被考核部门和单位进行考核；

（四）考核小组综合日常考核与年度考核情况，提出考核意见，上报政务公开领导小组会议确定考核等次，经党组审定后通报结果，实施奖惩。

第二十五条 建立政务公开工作奖惩制度。依据政务公开工作的考核结果实施奖惩。

（一）对政务公开年度考核中被评为优秀等次的单位给予表彰。

（二）对政务公开年度考核中被评为不合格等次的单位给予通报批评。对考核不合格且不认真整改的单位，视情节取消本年度被评为文明、先进、模范等各种综合性荣誉称号的资格。主要领导人和直接负责人，当年不得评先受奖。

第五章 责任追究

第二十六条 对各级工商行政管理机关及其工作部门、工作人员在履行职责时，违反政务公开有关规定，造成不良影响或产生严重后果的，进行责任追究。

政务公开责任追究在各级政务公开工作领导小组的领导下，由各级纪检监察部门分级负责实施。

第二十七条　公民、法人和其他组织发现工商行政管理机关及其工作人员在政务公开工作中违反本办法规定，有权向该机关纪检监察部门投诉。

纪检监察部门对于群众投诉举报的违反政务公开制度的行为，以及政务公开工作领导小组检查中发现的违反政务公开制度的问题，要及时认真进行调查、核实、认定和处理。处理结果要及时向投诉人反馈。

第二十八条　政务公开责任追究坚持实事求是、有错必纠、惩处与教育相结合、追究责任与改进工作相结合、过错责任与处理处罚相适应原则。

第二十九条　具有下列情形之一的，追究单位负责人和直接责任人的责任：

（一）未实施政务公开制度、履行政务公开义务的；

（二）违反本规定中关于公开内容、方式、程序、时限的规定，该公开的内容未公开，公开的内容不完整、不真实，未及时更新主动公开内容，未按规定方式、程序、时限和范围进行公开的；

（三）违反保密法律法规，泄露国家秘密，或以政务公开名义泄露商业秘密、个人隐私的；

（四）不及时处理群众的举报投诉，对有关责任人员包庇纵容，不向群众公开处理结果的；

（五）在政务公开中有打击报复、侵犯公民民主权利的；

（六）违反规定向公开权利人收费的；

（七）对已经决定不予公开的政府信息以有偿或变相有偿的形式向公开权利人提供的；

（八）其他违反政务公开有关规定的问题。

第三十条　工商行政管理机关工作人员违反政务公开有关规定，发生下列行为之一的，追究有关责任人的责任：

（一）无正当理由延误正常公务，拒绝办理正常公务的；

（二）对公开办理的事项该办不办，或在办理过程中违反办事条件、程序、时限、权限、纪律等规定的；

（三）服务工作中，以任何借口敷衍搪塞、推诿扯皮，刁难服务对象的，无理拒绝服务对象提出的合理建议和正当要求的；

（四）不履行服务承诺的；

（五）拒绝、干扰、阻挠政务公开主管机构的检查与监督，或者编造假情况、隐瞒问题的；

（六）其他违反政务公开有关规定的行为。

第三十一条　对违反政务公开有关规定的单位和个人，按以下办法追究责任：

（一）责任区分：

1. 未报单位主管领导审核批准而做出的违反政务公开有关规定的行政行为，由承办人承担责任；

2. 经单位主管领导审核批准或同意后做出的违反政务公开有关规定的行为，由该主管领导和承办人承担责任；但承办人向主管领导说明了行为错误或提出了正确意见的，可减轻或免除责任；

3. 经过单位领导集体讨论决定做出的违反政务公开有关规定的行为，由主要领导和承办人承担主要责任，班子其他成员承担次要责任；但承办人或班子其他成员向主要领导说明了行为错误或提出了正确意见的，可减轻或免除责任。

（二）责任追究：

1. 情节轻微、影响较小的，对直接责任人给予告诫或批评教育，并限期改正。

2. 影响正常工作，或者给群众造成损失的，对单位提出批评；对有关责任人给予通报批评，责令做出书面检查，取消其当年评优受奖资格。

3. 情节严重、影响较大的，对单位给予通报批评，责令限期整改，取消年度评优受奖资格；对领导给予通报批评，取消年度评优受奖资格，视情节给予相应的党纪政纪处分；对直接责任人给予相应的党纪政纪处分，取消年度评优受奖资格。

4. 触犯刑律的，移送司法机关处理。

5. 违反政务公开有关规定情节较重、影响较大，或一年中有三次违反政务公开规定的，对直接责任人员可作出待岗、调离工作岗位等组织处理。组织处理可单独使用，也可与党纪政纪处分合并使用。

6. 隐匿或提供虚假的政府信息，或者泄露商业秘密、个人隐私，给公开权利人造成经济损失的，应当依法予以赔偿。

第三十二条 政务公开责任追究涉及组织处理的，由纪检监察部门会同人事部门提出处理意见。

第三十三条 政务公开领导小组和纪检监察部门做出追究决定前，应当全面、客观地调查取证，查清事实，认真听取有关责任人的陈述和申辩，并根据情节与后果，准确区分责任，作出相应处理。

第三十四条 被追究政务公开责任的单位和个人如果对处理结果有异议，应于被告知处理结果后5个工作日内向纪检监察部门申请复核或向政务公开领导小组提出申诉。纪检监察部门接到复核申请或政务公开领导小组受理申诉后，应于10日内完成复核，做出裁决。

第六章　附则

第三十五条 基层工商分局（工商所）的政务公开工作参照本办法执行。

第三十六条 自治区级以下各级工商行政管理机关可以根据本办法制定实施细则。

第三十七条 本办法由自治区工商局政务公开工作领导小组负责解释、修订。

第三十八条 本办法自印发之日起施行。

自治区工商局关于对临近保质期食品规范管理的指导意见

桂工商发〔2012〕108号

各市、县（区）工商局：

为进一步加强对流通环节食品安全监管，规范食品经营者的经营行为，提高食品经营者诚信守法和自律意识，切实保护食品市场消费安全，根据《中华人民共和国食品安全法》等相关法律法规和《广西壮族自治区人民政府关于贯彻国务院加强食品安全工作决定的行动计划的通知》（桂政发〔2012〕80号）规定，现就临近保质期食品的规范管理提出如下指导意见：

一、本指导意见所称的保质期，是指预包装食品在标签指明的贮存条件下保持品质的期限；临近保质期食品，是指临近包装物上标注的最后保质日期的期限但尚未超过保质期的预包装食品。

二、根据食品保质期的不同，对临近保质期界定如下：

（一）保质期在一年以上的（含一年，下同），临近保质期为45天；

（二）保质期在半年以上不足一年的，临近保质期为30天；

（三）保质期在90天以上不足半年的，临近保质期为20天；

（四）保质期在30天以上不足90天的，临近保质期为10天；

（五）保质期在10天以上不足30天的，临近保质期为2天；

（六）保质期在 10 天以下的，临近保质期为 1 天。

鼓励食品经营户制订严于以上界定食品临近保质期的标准。

国家有关标准允许不标明保质期的食品，不设临近保质期。

三、各地工商部门应将临近保质期食品管理纳入日常管理工作，建立属地监管责任制，明确工商所把临近保质期食品列为日常巡查的主要内容，在辖区食品经营者中开展行政指导，引导经营者按照本意见对临近保质期食品进行规范管理，提高经营者的诚信守法和自律意识。

四、各地工商部门加强监督临近保质期食品管理的落实情况和保质期到期食品的退市情况，依法查处销售超过保质期的食品、擅自篡改食品生产日期或保质期、过期食品改换包装等违法行为，并将不良行为记入信用档案。

五、督促商场、超市设立“临近保质期食品专区”，其他食品经营户设立专柜或相对集中的存放处，将临近保质期食品集中陈列和销售，并作醒目提示。

六、指导食品经营者统一按照下列标准制作“临近保质期食品专区（柜）”明示牌：

专区（柜）明示牌，固定在货架上方，明示牌宽度：大于 10cm。牌面底色：黄色；明示牌内容：“临近保质期食品销售专区”或“临近保质期食品销售专柜”，字体：黑体字；字体颜色：红色。明示牌的长度和字体大小由经营者自行确定。

同时，在专区（柜）的醒目位置需用黄底黑字制作内容为“请消费者购买后在保质期内食用完毕”的提示牌。

七、进入临近保质期食品专区（柜）的食品应当在保质期限到达当天闭市后撤出货架，严禁更换（改）包装和生产日期、保质期再行销售。

八、与其他商品一起捆绑搭售的食品临近保质期时，或者将临近保质期食品作为赠品的，须在该临近保质期食品上粘贴“临近保质期食品”标签提示，且不得隐藏食品的生产日期和保质期。

九、督促食品经营者按照本指导意见履行临近保质期食品管理义务，建立健全内部临近保质期管理机制。

（一）设立专职或兼职的临近保质期食品管理人员，加强对临近保质期食品管理人员的食品安全管理的培训。食品数量大、批次多的大型商场、超市还应当建立完备的电子台账管理系统。

（二）建立并执行进货查验制度，确保购入食品来源正规可靠。实行定时、定人检查库存和待销售食品自查制度，发现食品达到临期界限的，通知食品经营负责人，及时转至临近保质期食品专区（柜）。

（三）专职或兼职临近保质期管理人员应每天闭市前对临近保质期食品进行检查，对尚未售出但当天保质期到期的食品，立即停止销售，撤出货架，并按规定处理。

2012 年 11 月 14 日

自治区工商局办公室关于印发广西工商系统推进工商登记制度改革工作实施方案的通知

桂工商办发〔2014〕40号

各市、县工商局，自治区工商局机关各处室、单位：

经自治区工商局同意，现将《广西工商系统推进工商登记制度改革工作实施方案》印发给你们，请认真贯彻执行。

广西工商系统推进工商登记制度改革工作实施方案

根据自治区十二届人民政府第25次常务会议审并通过的《广西工商登记制度改革工作方案》，为进一步细化广西工商系统登记改革有关工作，特制定本方案。

一、改革目标

通过放宽市场准入管制，降低准入门槛，激发市场活力，优化营商环境，推动市场主体自律自治，带动新型市场监管体系的重新构建，建立"宽进严管"的企业监管体系，推进企业诚信经营，健全完善企业信用制度，服务经济社会持续健康发展。改革计划分两步完成，第一步(2014年3月1日开始)：实行注册资本认缴登记制、简化住所登记手续、企业年报制度、建设统一规范的市场主体信用信息公示系统。第二步(2014年7月以后)：推行"先照后证"、推行电子营业执照和全程电子化登记管理。

二、组织机构

为加强全区工商系统推进工商登记制度改革工作的领导，确保改革的各项工作落到实处，取得明显成效，自治区工商局成立由张虹局长担任组长的全区工商系统推进工商登记制度改革工作领导小组，负责组织领导全区工商系统工商登记制度改革工作。

各市、县工商局要结合实际，加强领导，建立健全本单位推进工商登记制度改革领导机构。

三、推进工商登记制度改革的重点

结合我区工商系统实际，在工作中重点抓好以下工作：

（一）以建立企业信用信息公示平台为重点，全面提高企业登记信息化水平。

1. 完善硬件基础保障，为改革奠定物质基础。以现有中心机房正常运转为重点，进一步完善电源、电路等基础设施，整合现有硬件资源，对运行公示系统的硬件和网络等进行技术评估和测试，在保证系统正常运行的同时，预估各类风险，做好各项工作预案。（信息中心牵头，后勤中心配合）

2. 扩展软件业务功能，满足改革启动的基本需求。依托现有的业务系统及红盾平台，各业务处室根据国家总局的标准与要求，向信息部门提出具体业务需求。由信息部门统筹软件开发商及网络运营商，确保今年2月下旬完成业务系统的升级，初步建立企业信用信息公示系统。（信息处牵头，企业处、个私处、外

资处、注册分局配合）

3. 启动《广西市场主体信用信息公示系统建设项目》招标工作。根据建设项目立项及招标的有关规定，起草准备《技术方案》、项目预算等相关材料，向自治区财政厅申报政府采购等工作，确保在今年 7 月 1 日形成较为完整的公示系统，为“先照后证”及全程电子化登记管理奠定基础。（信息处牵头，财务处、监察室配合）

（二）以立法工作为重点，建立良好的法律环境。

1. 组织清理自治区工商局代起草或制定的涉及工商登记制度改革的地方法规、规章及规范性文件。清理工作实施制定机关负责制，按照“谁制定、谁清理”和“谁起草实施、谁提出清理意见”的方法进行。各级工商机关规范性文件清理工作完成后，应及时向上一级机关报告清理结果，并向社会公布。（法规处牵头，企业处、个私处、外资处、注册分局配合）

2. 协调做好涉及工商登记制度改革的地方立法工作。协调各业务部门，在充分调研的基础上，提出制定广西住所和经营场所登记管理规定的具体意见。根据改革工作的需要，逐步将具体意见形成更高效力的政府指导性意见或地方性法规。（法规处牵头，企业处、个私处、外资处、注册分局配合）

（三）以平稳过渡为重点，切实提高队伍依法行政和服务发展的能力和水平。

1. 加强各级工商登记机关干部队伍培训工作。结合新修订的公司法及陆续出台的各项涉及工商登记法规，结合升级后的业务系统及新建成的公示系统，认真抓好各登记机关的学习培训工作。自治区工商局拟在今年 2 月中下旬召开全区登记制度改革工作动员部署视频会议，并视软件开发进展情况及国家总局出台的相关文件，同时开展培训工作。（企业处、信息处牵头，信息中心、个私处、外资处、注册分局、法规处配合）

2. 根据国家总局的部署和要求，稳步推进工商登记制度改革工作。针对注册资本认缴制、年度报告制度、电子营业执照制度等改革措施，逐项制订与之相关的指导意见或实施细则，优化审批流程，推动工商登记制度改革后的常态工作运作。（企业处牵头，法规处、个私处、外资处、注册分局配合）

（四）以宣传引导为重点，营造良好改革氛围。

1. 出台本系统的工商登记制度改革宣传方案。第一阶段（即日至 5 月）要坚持正确舆论导向，合理引导社会预期，充分利用各种渠道、各种方式，广泛宣传，做好政策宣传和解读工作，营造全社会关心、重视、支持改革的良好氛围。第二阶段(6—12 月）充分利用各种媒介，做好工商登记制度改革各项政策的宣传解读，及时解答和回应社会关注的热点问题，引导社会全面了解“先照后证”的意义，了解市场主体信用信息公示制度的作用，引导社会广泛参与市场主体信用体系建设，在全社会形成理解改革、关心改革、支持改革的良好氛围，确保改革向下一阶段顺利推进。（办公室牵头，企业处、个私处、外资处、注册分局配合）

2. 筹备广西工商登记制度改革首批营业执照发放仪式。联合自治区政务中心，于今年 3 月 3 日举行广西工商登记制度改革首批营业执照发放仪式。制定工作方案，邀请自治区有关领导出席仪式并发表讲话，正式启动全区工商登记制度改革。（办公室牵头，注册分局配合）

四、工作要求

（一）加强领导、明确责任。开展工商登记制度改革是工商行政管理机关贯彻落实党的十八大精神，转变政府职能的一个重要举措，同时也是激发市场活力的有效途径。各级工商机关要切实把推进工商登记制度改革作为当前和今后一个时期的重要工作来抓，坚持把推进工商登记制度改革与履行职责和推动工作紧密结合起来，加强领导，精心组织、周密部署。各级工商机关一把手要亲自抓、亲自管，分管领导具体抓，明确相关职能机构的职责和任务，分工协作，层层落实责任，严格实行领导责任制、工作责任制和责任追究制度，确保工商登记制度改革工作扎实开展，取得明显成效。

（二）周密部署，扎实开展。在推进工商登记制度改革工作中，各市、县工商局要紧密围绕自治区工商局出台的各项政策，结合本单位实际，认真研究，及时制定切实可行的工作方案和措施，建立健全相应组织机构。对改革进程中可能出现的各种困难和问题要充分预判，做好工作预案，不仅要做好人员及设施的配备，还要做好心理上的准备，确保工商登记制度改革工作扎实开展。

（三）加强宣传及沟通。各市、县工商局要根据自治区工商局制订的宣传方案，结合本地实际，在做好面向本辖区市场主体宣传工作的同时，也要加强向当地政府及各部门的宣传及沟通工作，争取政府领导的支持及各部门的配合，形成推动改革的合力。

（四）加强指导和监督检查。各业务部门及各级工商机关要切实加强对所属单位及对口部门开展工商登记制度改革工作的指导，及时了解基层工作情况，帮助解决实际困难；要加强监督检查，建立健全考核检查机制，确保推进工商登记制度改革的组织领导、工作目标、工作措施、工作责任落到实处。

自治区工商局办公室关于加强 12315 服务窗口受理和处理消费者投诉举报工作意见

桂工商办发〔2014〕121 号

各市、县（区）工商局：

为深入贯彻落实新修改的《中华人民共和国消费者权益保护法》、《工商行政管理部门处理消费者投诉办法》（国家工商行政管理总局令 62 号），切实履行 12315 消费维权工作职责，进一步畅通消费者投诉举报渠道，及时解决消费诉求和矛盾，提高消费投诉举报行政效能和服务质量，经自治区工商局同意，现就 12315 服务窗口受理和处理消费者投诉举报工作提出如下意见：

一、充分认识加强 12315 服务窗口工作的重要意义，切实增强工作的责任感和使命感

各地工商机关 12315 服务窗口处在依法行政、服务发展的第一线，与群众有着最直接和最密切的联系，是工商机关秉持公平正义、解决社会矛盾、促进社会和谐的重要平台。目前一些市工商局 12315 服务窗口不同程度存在消费者电话打不通或等待时间过长、未及时处理投诉信件、未按规定履行告知和督办义务等问题；一些基层工商所存在延时处理投诉举报，对消费纠纷调解简单应付、流于形式，处理结果未及时告知消费者等问题处理不当，从而引起行政复议。针对这些问题，各地工商机关要高度重视，采取有力措施，认真进行自查自纠，及时纠正和整改。各级工商机关要站在以人为本、关注民生、维护社会稳定的政治高度，深刻认识加强 12315 消费维权工作的重要性，进一步增强依法履职的责任感和为民服务的使命感，不断提升消费维权的行政效率和服务质量，以实际行动践行党的群众路线，满足人民群众的期盼和最基本愿望，促进社会和谐和稳定。

二、采取有效措施，全面提高 12315 服务窗口受理和处理消费者投诉举报工作效能和服务水平

（一）畅通消费者投诉举报渠道，确保提高 12315 电话一次性接通率

各地要按照自治区工商局 12315 文明窗口规范化建设的要求，改善办公环境，不断提高 12315 投诉举报现代化和信息化水平。各级工商机关要根据 12315 电话日流量，合理安排工作人员接听 12315 专线电话，工作人员要坚守岗位，实行 AB 岗值班制度，确保消费者每一个电话都接听得到，消费者的每一个诉求都不会遗漏。工作人员接听 12315 电话和接待来访人员时应文明礼貌、要耐心和热心，解答问题准确规范、通俗易懂，依法依规为消费者排忧解难，解决实际问题和困难。

各地在处理消费者投诉举报时要确保“三个畅通”:一是12315专线和固定投诉电话畅通;二是12315消费者投诉举报网络系统的畅通;三是投诉举报转办分流渠道的畅通。除了传统的通过12315电话投诉、来人来信投诉方式之外,各地应根据实际情况,拓宽消费者诉求渠道,加强互联网、QQ、微信、短信等投诉的受理方式,让消费者投诉举报不受时间地点的限制,更加方便快捷地维护自己的合法权益。

为了随时掌握各市12315申诉举报中心电话接通情况,自治区工商局从今年开始,要加大对各市12315申诉举报中心电话一次性接通情况的抽查力度,采取不定时间、不定次数进行抽查,并公布抽查结果。

(二)加强12315消费者投诉举报处理工作,确保提高消费诉求的处理效率

各级工商部门要在消费者投诉举报处理工作上狠下功夫,要使消费者诉求电话打得进来、转得下去、处理得及时,解决得满意。对受理的每一件消费诉求,严格按照受理、分流、办理、反馈、督办、回复、回访、归档等程序,根据职责分工,依照《工商行政管理部门处理消费者投诉办法》、《12315消费者申诉举报中心工作规则》(工商消字〔2011〕217号)进行处理。

一是各级12315中心应当对诉求人、被诉求人的姓名、联系方式、住址(营业地址)等基本情况和主要事由进行准确完整地登记,经审核后按照管辖权原则、业务管辖原则,及时将消费者的投诉举报分送到有管辖权的工商行政管理部门处理,同时告知消费者分送情况。告知记录应当留存备查。

二是有管辖权的工商行政管理部门应当自收到消费者投诉之日起七个工作日内,予以处理并告知投诉人受理或不予受理,以及不受理的理由。

三有管辖权的工商行政管理局应当在消费者投诉之日起60日内按照消费者权益保护法、产品质量法等有关法律法规进行调解,60日内调解不成的应当终止调解。同时告知消费者可通过仲裁机构仲裁或向人民法院提起诉讼,以维护其合法权益。

四是建立和落实“诉转案”工作机制,在处理消费者投诉过程中发现经营者有违法行为的,或者消费者举报经营者违法行为的,依照《工商行政管理机关行政处罚程序规定》进行处理。

五是消费者直接到基层工商所投诉的,按照《工商行政管理部门处理消费者投诉办法》的有关规定处理,并将基本情况和处理结果录入12315信息系统。

各地要建立消费投诉举报案件台账,按照“谁受理、谁录入,谁处理、谁录入”的原则,准确完整地采录投诉、举报、咨询等数据信息,及时汇总到上一级工商局数据中心。各地要落实个人责任,杜绝不作为、乱作为、办事拖延、推诿扯皮等现象发生。

(三)加强消费者投诉举报案件督办工作,确保消费者诉求事事有着落,件件有回音

各地工商机关12315中心要加强对消费者投诉举报案件的督办力度,提高督查实效。要一级抓一级,层层抓落实。对未按时处理或未按时将处理结果反馈的投诉举报,12315中心应当进行督办,督促承办单位尽快办理;特别是对于重大、疑难的投诉举报,12315中心应当进行全程跟踪督办和记录,随时掌握案件处理进展情况,确保每个诉求都有处理结果。

(四)加强投诉举报工作指标的量化考核,确保消费维权工作取得实效

各级工商部门12315服务窗口要紧紧围绕受理、处理、督办的工作重点,同时做好咨询、录入、统计分析、归档等工作。各地要根据实际情况,采取有力措施,加强对诉求处理率、诉求办结率、成功调解率、消费者满意率等指标的量化考核督查,力争消费者诉求处理率达100%,诉求办结率、成功调解率、消费者满意率等指标每年都有提高,让12315在消费维权工作中不断取得新成效。

三、工作要求及工作保障

各级工商部门要深刻领会全国、全区工商系统消费者权益保护工作会议的精神,结合各地消费维权工作实际,加强12315消费者投诉举报工作。

(一)加强领导,改进作风。目前,正值市一级开展党的群众路线教育实践活动,各级工商部门的主要领导要加强对12315服务窗口工作的组织领导,不断改进工作作风,提高工作效率和服务水平。同时,各

级工商部门要合理配备12315工作人员，确保12315工作人员相对稳定，避免因人员严重不足或人员频繁变动带来工作困境和影响工作的顺利开展。

（二）强化学习，提高素质。各级工商部门要组织好12315工作人员学习和培训，全面提高工作人员综合素质；要熟练运用新消费者权益保护法等有关消费维权的法律法规，提高现场解答和处理消费者投诉举报的能力，避免工作人员因业务不熟、处理不当、诉求处理超时等原因导致工作失职和渎职。

（三）专人维护，提供保障。各市工商局应保证12315申诉举报中心平台的正常使用及运转，明确各种12315专门设备和网络的使用要求，指定专人负责软硬件设备的日常管理和维护，确保设备和网络的正常运行。如各市工商局12315申诉举报网络系统发生故障，请及时向自治区工商局信息中心报修，同时报告自治区工商局12315指挥中心，联系人及联系电话：班茜，0771-5531315。

2014年4月22日

自治区工商局办公室关于进一步深化消费教育引导工作的意见

桂工商办发〔2014〕207号

各市、县工商局：

近年来，我区各级工商部门围绕职能责任，以学习贯彻落实新消费者权益保护法为契机，依托各类消费教育基地，不断强化经营者自律意识和消费者的维权能力，通过引导文明、健康、节约、环保、反对浪费的消费方式，为促进经济社会又好又快发展，维护社会和谐稳定做出了积极的贡献。经自治区工商局同意，为促使消费教育引导工作更加规范化、常态化、高效化，现就进一步深化消费教育引导，提升维权实效提出以下意见。

一、充分发挥示范点核心作用，带动消费教育均衡发展

目前，全区已经建立了100个消费教育示范点，示范点的硬件、软件比较完善。各地要充分利用消费教育示范点设施比较齐全的优越条件，带动消费教育均衡发展，让消费教育的辐射面更广、力度更大，通过全方位、多角度、立体式宣传引导，形成横向到边、纵向到底的消费教育网络，促使消费者树立科学的消费观念，掌握基本的维权技能，让消费者充分感受和体验消费教育与消费维权的关系，进一步凝聚消费维权正能量。

二、建立统一高效规范的县级工商消费教育巡回教学队伍，提高消费教育质量和效能

2014年上半年，自治区工商局在宁明、田阳县工商局开展试点工作，通过抽调业务骨干，建立相对固定的巡回教学队伍，有效地整合了师资力量，提高了消费教育质量和效能。自治区工商局决定，大力推广宁明、田阳县工商局建立巡回教学队伍的经验，积极整合资源，建立健全消费教育新模式。要在辖区范围

内开展巡回教学活动，采取理论授课、案例研讨、示范教学、引导互动等方式，在巡回教学的同时，指导和帮助基层工商所开展消费教育引导工作，提高消费教育质量和效能。

三、结合实际，统一编制有特色的消费教育教材

各市、县工商部门要以自治区工商局消保处编印的“消费教育教案”和课件为蓝本，结合本地、本民族消费者需求和商品、服务市场实际情况，以县（区）为单位，制定消费教育大纲（计划），编写符合实际的、有特色的消费教育引导教材，运用科技手段，把法律法规、消费维权常识、消费纠纷案例制作成课件，使抽象的理论转换成直观的效果，通过主题式的教学，增强消费教育引导的针对性和有效性，切实提升教育引导的政治效果和社会效果。

四、强化对经营者的教育

依托行业协会等组织和消费教育基地，强化对经营者的教育，倡导诚信经营，保障消费者的合法权益。坚持行政执法与教育引导相结合，对消费侵权案件或消费纠纷案进行案后回访，通过与经营者代表座谈、举办行业协会讲座、发整改建议和进行行政指导等教育形式督促其改正；采取以查促纠、以案促教的方式，对消费者反映较强烈的热点和难点问题进行整治，提升消费教育引导的层次，强化经营者的法律责任意识。

五、完善工作机制，促进消费教育引导工作规范化、常态化、高效化，提升消费维权效能

各级工商部门要把开展消费教育引导作消费维权工作的重要内容之一，不断完善工作机制、工作制度，稳定教学队伍，创造条件培训提升师资力量；县级工商部门要制定建立消费教育巡回教学队伍工作方案，明确职责、目标、任务、措施和师资队伍，强化工作部署，并进行适当的量化和绩效考评。要依托消费教育示范点，构建本辖区的消费教育组织网络，使消费教育引导工作走上规范化、常态化和高效化的道路。

六、强化消费教育引导和维权宣传

国家工商总局消保局、中消协、中消报构建的“三消”协作工作平台，是总局建立健全消费维权长效机制的重要内容，也是消费教育引导工作的重要平台。各地工商部门要依托这个平台，加强与《中国消费者报》、《中国工商报》和广西各级新闻媒体的合作，按照“信息互通、工作互动、活动互联”的原则，健全协作机制，发挥各自优势，丰富活动载体，扩展协作内容，充分发挥新闻媒体宣传优势，将消费维权、商品质量抽样检验、消费教育引导和相关消费维权知识，通过电视、报纸、网络等媒体及时进行宣传报道，在更加广泛和更高的层面上强化消费教育引导和维权宣传，把我区的消费教育引导工作推向一个新的阶段。

2014 年 7 月 22 日

自治区工商局办公室关于印发全区工商系统开展12315消费争议企业直通车工作实施方案的通知

桂工商办发〔2015〕104号

各设区市工商局：

经自治区工商局领导同意，现将《全区工商系统开展“12315消费争议企业直通车”工作实施方案》印发给你们，请结合工作实际，认真贯彻执行。

2015年4月17日

全区工商系统开展“12315消费争议企业直通车”工作实施方案

为深入贯彻实施新消费者权益保护法，大力推进12315体系建设，创新工作机制，不断提高12315工作的公信力、影响力和工作效率，便民快捷，积极营造安全放心的消费环境，特制定本实施方案。

一、工作目标

通过在全区选择规模较大、投诉量较集中的大中型企业建立“12315消费争议企业直通车”队伍，将12315受理的消费者投诉，直接转送到直通车企业，由企业主动解决纠纷，化解矛盾。初步搭建起行政监管、行业自律、社会监督为一体的基层消费维权网络体系。把消费纠纷化解在源头，解决在现场，做到节约行政成本同时为消费者提供高效的维权途径，提高消费纠纷的处置效能。

二、工作内容

（一）成为“12315消费争议企业直通车”成员单位的条件

1. 企业在行业内应具有示范作用，经营规模较大，有一定的社会影响力。

2. 企业重视消费者权益保护工作，有较高的消费维权意识和管理水平，能够积极配合各市12315消费投诉举报中心处理消费争议、开展有关消费者权益保护方面的教育、培训、宣传等活动。

3. 有符合本行业和本企业特点的、完善的消费者投诉管理制度，有健全的消费者投诉处理机构和相对稳定的工作人员，能够依法及时解决消费者投诉，有企业领导负责日常管理工作，并有1—2名工作人员负责处理日常工作。

（二）成为“12315 消费争议企业直通车”所需材料及审核程序

1. 申请加入“12315 消费争议企业直通车”的企业向 12315 中心提交营业执照（正副本）复印件，及开展消费者权益保护工作情况说明（包括组织机构、人员、相关制度、工作流程及商业承诺等）等材料。

2. 各市 12315 中心自接到企业材料后进行审核，并到申请企业进行实地考察，确定符合条件后，由企业签订《诚信经营承诺书》。

（三）“12315 消费争议企业直通车”成员单位工作职责

1. 受理和处理消费者投诉，对各市 12315 中心分转的消费者投诉及时依法处理，并做好和解记录，按时反馈处理结果。

2. 定期汇总、报送和分析消费者诉求情况，有针对性地加强行业自律和企业诚信管理，按年度向各市 12315 中心报送消费者投诉年度统计分析，每年 12 月 10 日前报送本年度统计分析材料。

3. 参加 12315 中心组织的总结、座谈、约谈、指导、培训、调研等会议。

4. 对本单位员工进行有关消费维权的法律法规培训。

（四）“12315 消费争议企业直通车”成员单位受理和处理消费投诉工作流程

1. 投诉受理：依照法律法规和相关制度，认真受理市工商局 12315 中心系统转办的消费者投诉，应按商定的处理方式签收转办单。如遇紧急情况，12315 中心先通过电话通知，成员应迅速反应，立即联系消费者处理。

2. 投诉处理：对受理的投诉应自收到转办单之日起 3 个工作日内处理完毕，成员单位工作人员要耐心听取消费者的诉求，依据法律法规的规定提出处理意见，与消费者进行协商和解。

3. 结果反馈：成员单位工作人员应及时反馈处理结果，并做好台账备查。遇复杂情况或疑难投诉需延长处理时间的，向 12315 中心电话申请并说明理由。

4. 如消费者与“12315 消费争议企业直通车”成员单位之间不能达成和解再次投诉到 12315 中心投诉举报系统时，12315 中心按规定逐级分派到属地工商部门处理。

（五）12315 消费者投诉举报中心工作职责和要求

1. 接受企业加入“12315 消费争议企业直通车”的材料，并按程序进行审核；

2. 依法受理消费者投诉并及时向“12315 消费争议企业直通车”单位分转；

3. 对“12315 消费争议企业直通车”成员单位进行培训和指导；

4. 定期巡访“12315 消费争议企业直通车”成员单位，帮助企业规范经营行为；

5. 定期召开会议，通报和沟通相关情况，做好信息交流；

6. 对“12315 消费争议企业直通车”成员单位处理消费者投诉情况采取抽查、电话回访消费者复核等方式进行监督检查；

7. 组织开展对“12315 消费争议企业直通车”成员单位工作落实情况的综合评价。对加入“12315 消费争议企业直通车”且处理比较好、消费者比较满意、成功调解率比较高的企业，在媒体上宣传报道，充分调动企业加入“12315 消费争议企业直通车”和主动解决纠纷的积极性。对反馈的处理结果严重失实或和解率不高或多次处理不当造成恶劣影响、出现严重违法行为的；不重视“12315 消费争议企业直通车”工作的企业，取消其“企业直通车”成员单位资格；

8. 开展其他业务指导工作。

三、时间安排

2015 年年内建立“12315 消费争议企业直通车”队伍，并能顺利开展此项工作。

四、工作要求

（一）加强领导，高效履职。各市工商局要高度重视，加强对“12315 消费争议企业直通车”工作的组织领导，围绕高效、优质、便民的服务宗旨，明确工作责任，做好指导督查和组织协调工作，切实保障相关工作落实到位。

（二）精心组织，务求实效。各市工商局要按照工作内容，结合本单位实际情况，精心组织、分步实施，提高履职能力和服务水平，总结经验、宣传典型。

（三）反馈情况，加强沟通。各市工商局要结合“12315 消费争议企业直通车”工作开展的情况，指定专人及时总结、收集相关资料和图片。请各市工商局 2015 年 9 月 18 日、12 月 18 日分别将“12315 消费争议企业直通车”工作报表上报至自治区工商局消保处。从 2016 年度起，“12315 消费争议企业直通车”工作报表随半年报、年报报表同时上报。

自治区工商局办公室关于印发全区工商系统推行“全城通、就近办”企业登记制度改革实施方案（试行）的通知

桂工商办发〔2015〕188 号

各市、县（区）工商局：

现将《全区推行“全城通、就近办”企业登记制度改革实施方案（试行）》印发给你们，请认真贯彻落实。

2015 年 7 月 10 日

全区工商系统推行“全城通、就近办”企业登记制度改革实施方案（试行）

为创新工商服务方式，提升服务能力，根据国家工商总局有关商事制度改革的总体部署和自治区人民政府《关于千方百计做好稳增长工作的意见》（桂政发〔2015〕19 号）、自治区人民政府办公厅《关于印发 2015 年推进简政放权放管结合转变政府职能工作方案的通知》（桂政办发〔2015〕45 号），结合我区实际，特制定本实施方案。

一、指导思想

为深入贯彻落实党的十八届三中、四中全会精神，深化行政审批制度改革，扎实推进工商注册制度便利化，着力解决企业办理工商登记的登记区域限制，拓宽登记渠道，为全区各类企业营造更加宽松、便利、

规范、有序的市场准入环境和发展环境，提供更加优质、高效、全方位和人性化的服务。

二、基本原则

（一）以人为本原则。打破管辖区域限制，解决企业办照过程中遇到的实际困难，由企业自主选择登记机关，方便企业办事，提高为民服务效率。

（二）规范统一原则。严格按照相关法律、法规进行登记管理，对企业实行统一的登记程序、登记要求和等同的登记事项，规范登记条件、登记材料。

（三）便捷高效原则。提高准入效率，简化登记手续，优化登记流程，提高管理服务效能，为企业提供优质、便捷、高效的服务。

三、工作内容和目标

（一）工作内容："全城通、就近办"企业登记制度改革是指根据企业登记管理权限划分的有关规定，结合行政区划设置，以工商业务信息系统为依托，将原来由各城区局、专业分局分别登记的各类企业及分支机构的名称预先核准以及设立、变更（股东变更除外）、注销等登记注册业务，打破地域限制，由申请人自主选择市内城区局、专业分局任一登记窗口办理的登记管理模式。

（二）工作目标：通过试行全新的市场准入登记管理模式，打破市场准入的区域限制，提升准入效率，最大限度地实现便民、利民、高效，有利于工商登记窗口工作压力均衡，形成登记区域无限制、服务区域全覆盖的工商登记新模式，激发潜在的市场主体活力。

四、实施步骤

（一）试点先行准备阶段（2015 年 8 月底前）

1. 第一批推行"全城通、就近办"企业登记制度改革的桂林市、柳州市、北海市、防城港市、玉林市、贵港市工商局要在上述时间期限内制定具体的推进工作方案，明确职责分工，制定应急处理方案，完成窗口人员设置。桂林市工商局适用原制定的工作方案，条件具备的其他地市也可增加作为第一批试点推行城市。

2. 桂林市工商局在此期间筹备全区推行"全城通、就近办"企业登记制度改革现场会，全区十四地市工商局参加会议现场观摩学习。在桂林市工商局试点的经验总结下，研究制定支撑改革需求的信息化软件系统和登记业务操作规范。

3. 第一批推行改革的地市工商局要对内开展窗口登记人员业务培训，明确"全城通、就近办"登记业务操作规范，编写业务指南，全面部署改革推行工作。通过多种方式加强改革政策宣传，发布推行相关通告，同时启动"全城通、就近办"改革。

（二）扩大试点提升阶段（2015 年 11 月 30 日前）

全区未列入第一批启动改革的其他各市工商局要在 2015 年 11 月 30 日前在市区正式启动企业登记业务"全城通、就近办"企业登记制度改革。各单位应结合实际制定实施方案，按照职责分工，全力推进各项工作的落实，有序建立企业"全城登记、属地监管"新模式。

（三）全面提高总结阶段（2015 年 12 月 1 日—12 月 31 日）

制定督查总结计划，开展对各地市、各单位"全城通、就近办"推行实施情况专项督查，查找存在的问题和不足，总结分析推行的经验成果，完善相关措施，为进一步深入推行"全城通、就近办"夯实基础。

五、工作要求

（一）加强组织领导。推行"全城通、就近办"企业登记制度改革是行政审批制度改革的重大举措，是工商部门不断优化营商环境，推动大众创业、万众创新稳增长的又一重要措施，是列入自治区党委、自治区政府重点改革工作的重点项目，各地市工商局、各单位要充分认识此项工作的重要性，加强组织领导，按照各自职责，确定组织机构，明确联络员，建立工作制度，切实抓好各项改革工作的落实。

（二）强化工作保障。各级工商登记机关应紧密结合当前的改革实际，以"有利于方便办事人、有利于工商登记管理工作、有利于提高为民服务水平"为出发点，按照要求做好工作人员、硬件设备、窗口设置和软件技术服务等调整工作，确保各个登记窗口人员配备到位，确保技术服务支撑到位，确保电子档案及时扫描，书式档案定时定点移交，确保登记注册工作优质、高效运转。

（三）实行标准化服务。窗口登记人员应当按照规范、便捷、高效、文明的原则，按照统一的工作流程、标准和要求为办事人员提供优质服务，坚决杜绝拖拉和相互推诿现象。办照窗口要严格履行服务承诺制、首办责任制、一次性告知制，认真执行服务标准和服务时限，确保“全城通就近办”新旧业务平稳过渡。

（四）加强宣传培训。要充分利用多种渠道，加大宣传力度，帮助办事人知晓办理“全城通、就近办”的各登记机关地址与通办业务范围，告知办事人在具体业务操作过程中的注意事项，确保“全城通、就近办”业务平稳运行；强化对窗口登记人员的培训辅导，使登记人员更好地掌握业务流程和操作规范，及时处理企业“全城通、就近办”登记事项的咨询，解答企业提出的具体问题，确保各项业务顺利推进。

（五）抓好督促检查。各地市、各单位要加强改革实施情况的掌握和检查指导，总结经验，查找不足，及时发现问题，针对性地找到解决问题的方法和对策，推动此项工作深入开展。自治区工商局根据本实施方案提出的相关要求，对实行企业“全城通、就近办”涉及的各项工作，按照责任单位和工作目标的要求，对各单位改革落实情况进行督查、检查。对不认真履行职责，影响改革实施工作推进的，依法依规追究相关单位和人员的责任；对举报的互相推诿，不作为、慢作为、乱作为和索拿卡要等违纪行为，一经查实，一律严处。

自治区工商局办公室关于印发广西工商局推进电子营业执照和全程电子化登记管理工作方案的通知

桂工商办发〔2015〕277号

各市、县（区）工商局：

为贯彻落实全国工商信息化会议精神，根据《广西注册资本登记制度改革方案》和《自治区党委全面深化改革领导小组2015年工作要点》关于“推行电子营业执照和全程电子化登记管理”的工作安排，依据国家工商总局9月22日下发的《电子执照技术方案》，结合我区商事制度改革的实际，自治区工商局编制了《广西壮族自治区工商行政管理局推进电子执照和全程电子化登记管理工作方案》，现将工作方案印发你们。

2015年11月12日

广西壮族自治区工商行政管理局推进电子营业执照和全程电子化登记管理工作方案

为贯彻全国工商信息化会议精神，根据《广西注册资本登记制度改革方案》关于“推行电子营业执照和全程电子化登记管理”的工作安排及国家工商总局有关工作计划，结合我区商事制度改革的实际情况，特制定本方案。

一、工作目标

根据国家工商总局的统一部署和技术指标要求，依托工商行政管理综合业务系统，建立全区统一、布局合理、运行有序、安全可靠的电子营业执照系统，实现电子营业执照与全国同步、通用；为实施商事制度改革、建设市场主体信用公示系统、推进电子营业执照应用提供技术支撑；创新工商行政管理方式方法，拓展工商行政管理服务手段和途径，提高行政审批效能；为电子政务和电子商务提供市场主体身份识别服务。

二、工作原则

深化商事制度改革，大胆求实创新，以有利于方便企业申请、有利于提高商事主体登记效率、有利于营造良好投资环境为准则，按照“试点先行、逐步推广、稳步推进”的思路，推进全程电子化登记管理。

三、工作内容

推行电子营业执照和全程电子化登记管理，是要通过互联网信息技术，将现有的企业登记全部流程、步骤转为电子化流程，实行“网上提交材料、网上智能比对、网上审查核准、网上核发执照、网上亮照公示、网上自动存档”的电子化登记模式。通过第三方认证方式实现申请人身份认证和数据认证，并完善相关制度，逐步减少纸质材料的提交范围，最终实现真正意义的全程电子化、无纸化登记。其主要内容包括以下几个方面：

（一）简化登记材料。按照商事制度改革的要求，依照“能减则减、能并则并”的原则，对企业登记网上申报材料进行整合简化，为企业提供简便明了的网上登记服务。

（二）提供标准化的网上登记服务。改革名称核准流程，开设“网上名称预先核准”模块，扩大申请人对企业名称的自主选择权。规范“经营范围”及“住所登记”的表述，在登记环节实行标准化、模块化。探索建立“网上登记咨询”互动模块，根据申请人提出的咨询问题，自动开具相应的一次性告知单，解决网上登记的交流问题。同时，为方便电子营业执照推行过渡期企业生产经营，试行纸质与电子营业执照核发双轨制，对企业需要纸质营业执照的，借助邮政服务提供营业执照寄递服务，切实为企业提供过渡期无障碍服务。

（三）实现数据链接传输畅通性。完善全程电子化网上登记管理系统平台，实现与其他工商业务平台的无缝连接，使其具备快速传输、智能比对、审查提示、结果反馈、公示公告、网上归档、统计分析、查询信息等基本功能，促进网上登记服务综合效能的提升。

（四）实现档案存储自动化。根据国家工商总局的整体部署，适时出台相关政策或规范性文件，赋予企业电子登记申请材料与纸质材料同等法律效力。申请人通过网上登记平台提交的登记申请材料，由网上登记平台自动转入电子档案系统进行电子归档，不再进行企业登记纸质材料归档。

（五）实现照后监管即时性。设置“电子营业执照异常列表”等模块，与企业信息公示系统的经营异常名录、严重违法企业名单建立同步关联，增强电子营业执照在后续监管中应用，进一步落实“一处违规、处处受限”的监管效能。

（六）实现执照核发电子化。按照国家工商总局的统一安排及相关标准规范，完成电子营业执照系统的部署，向申请人核发不可更改、不可伪造、不可复制，不可抵赖，具有排他性、唯一性、可认证的电子执照，拓宽电子营业执照在商务交易、行政事务等过程中的应用范围。

四、工作步骤和时间安排

第一阶段：2015年5月—6月，成立推进电子营业执照和全程电子化登记管理领导小组，完成电子营业执照和全程电子化登记管理系统业务需求方案、工作方案及技术方案的制定，启动方案招标工作。

第二阶段：2015年7月—8月，完成电子营业执照和全程电子化登记管理系统建设的设计单位招投标工作及设计工作。

第三阶段：2015年9月—10月，完成《电子营业执照和全程电子化登记管理系统项目初步设计报告（送审稿）》，签订采购项目委托代理协议，进入项目实施单位招投标阶段。

第四阶段：2015年11月底前，完成电子营业执照和全程电子化登记管理系统软件开发、系统测试及培训，并在南宁、防城港、桂林、北海等4个试点城市完成系统的测试环境的搭建及试用。

第五阶段：2015年12月底前，电子营业执照系统在试点城市正式启用。

五、强化组织实施

（一）提高思想认识。推进全程电子化网上登记和颁发电子营业执照，是全国商事制度改革的重要内容，是注册便利化的大势所趋和必然选择。具体组织实施单位要加强调查研究，学习先进经验，通过从合法性、可行性上进行分析研究，建立便民、高效、低成本的登记服务机制，以此推动商事制度改革。

（二）加强组织领导。自治区工商局专门成立推进工作领导小组，推进工作领导小组成员单位按照工作职责和任务，确定一名分管处室领导和业务骨干，主动参与，积极配合，互通信息，通力合作，及时研究解决推进过程中遇到的问题，切实做到认识到位、观念到位、措施到位、行动到位。

（三）要明确工作时间进程。推进工作领导小组成员单位要按照时间节点，提出具体推进工作方案、完成网上预审批系统优化升级、电子化网上登记调测和全面实施全程电子化网上登记并颁发电子营业执照等问题。

自治区工商局办公室关于印发网络交易管理工作制度（试行）的通知

桂工商办发〔2015〕299号

各设区市工商局，自治区工商局各处室、单位：

经自治区工商局同意，现将《广西工商行政管理系统网络交易管理工作制度（试行）》印发给你们，请认真遵照执行。

2015年12月25日

广西工商行政管理系统
网络交易管理工作制度(试行)

第一条 为规范全区工商系统网络商品交易及有关服务监督管理工作,促进网络商品交易及有关服务监督管理工作制度化、规范化、程序化、法治化,建立规范有序的网络交易秩序,根据《网络交易管理办法》等有关法律法规等规定,结合我区实际,制定本工作制度。

第二条 依据消费者权益保护法、《网络交易管理办法》等法律法规规章,对通过互联网(含移动互联网)从事网络商品交易和提供有关服务的经营活动进行监督管理,规范网络商品交易及有关服务,保护消费者和经营者的合法权益。

第三条 依据国家工商行政管理总局《网络交易管理办法》的规定,网络商品交易及有关服务的监督管理由县级以上工商行政管理部门负责。

第四条 网络商品交易及有关服务违法行为由发生违法行为的经营者住所所在地县级以上工商行政管理部门管辖。对于其中通过第三方交易平台开展经营活动的经营者,其违法行为由第三方交易平台经营者住所所在地县级以上工商行政管理部门管辖。

第三方交易平台经营者住所所在地县级以上工商行政管理部门管辖异地违法行为人有困难的,可以移交违法行为人所在地县级以上工商行政管理部门处理。

第五条 两个以上工商行政管理部门因网络商品交易及有关服务违法行为的管辖权发生争议的,应当报请共同的上一级工商行政管理部门指定管辖。

第六条 从事网络商品交易及有关服务的经营者应当依法办理工商登记。

第七条 从事网络商品交易的自然人,应当通过第三方交易平台开展经营活动,并向第三方交易平台提交其姓名、地址、有效身份证明、有效联系方式等真实身份信息。具备登记注册条件的,依法办理工商登记。

从事网络商品交易及有关服务的经营者销售的商品或者提供的服务属于法律、行政法规或者国务院决定规定应当取得行政许可的,应当依法取得有关许可。

第八条 已经工商行政管理部门登记注册并领取营业执照的法人、其他经济组织或者个体工商户,从事网络商品交易及有关服务的,应当在其网站首页或者从事经营活动的主页面醒目位置公开营业执照登载的信息或者其营业执照的电子链接标识。

第九条 县级以上工商行政管理部门负责辖区内网络商品交易及有关服务经营主体的监督管理。

第十条 各县(市、区)工商行政管理局、基层工商行政管理分局要通过企业登记注册、日常检查、投诉受理、案件查办、实地走访、其他部门提供等途径,全面掌握辖区内网络经营主体的数量、类别、规模等情况,建立辖区网络经营主体经济户口数据库,并及时更新完善。

第十一条 网络商品交易及有关服务监督管理的重点对象是辖区网络经营主体开设的第三方交易平台、交易型网站(B2B、B2C、C2C 等网络交易平台)、重点商品信息发布网站(特别是提供医疗、食品、保健食品、药品、医疗器械、化工产品、品牌服饰、电子产品等关系人民群众身体健康、生命安全、公共安全的商品信息服务的专业广告网站)、发布商务信息较多的综合性信息网站,投诉、举报较多的其他从事网络商品交易及有关服务的经营者,以及其他需重点监管的网络经营主体的网站(网页)

第十二条 网络商品交易及有关服务监督管理的重点内容是网络交易经营主体资格、经营行为以及遵守有关法律法规规章和履行《网络交易管理办法》规定义务等有关情况,包括:

(一)从事网络商品交易及有关服务的经营者,是否依法办理了工商登记,是否擅自改变营业执照核准登记的有关事项。

（二）经工商行政管理部门登记注册并领取营业执照的网络经营主体是否按照规定在其网站首页或者从事经营活动的主页面醒目位置公开营业执照登载信息或其营业执照的电子链接标识。

（三）不具备登记注册条件，从事网络商品交易的自然人，是否通过第三方交易平台开展经营活动，并向第三方交易平台提交其姓名、地址、有效身份证明、有效联系方式等真实身份信息。

（四）第三方交易平台经营者是否对申请进入平台销售商品或者提供服务的经营主体及暂不具备工商登记注册条件的自然人真实身份信息进行审查和登记，并加载真实合法身份信息证明标记；是否制定交易规则、交易安全保障、消费争议处理、不良信息处理等有关规章制度等。

（五）网络商品交易经营者、有关服务经营者是否存在销售假冒伪劣商品、虚假宣传、不正当竞争、侵犯注册商标专用权和企业名称权等损害经营者和消费者合法权益的违法经营行为。

（六）网络商品交易经营者、有关服务经营者在经营活动中使用的电子格式合同条款是否符合法律、法规、规章的规定。

（七）网络商品交易经营者、有关服务经营者在经营活动中是否存在其他违反法律法规规章的行为。

第十三条　各级工商行政管理部门网络交易监管工作人员应当掌握广西工商综合业务平台、广西络商品交易监管服务网和广西网络商品交易监管系统的各个组成模块及其功能内容，并能够熟练操作使用。开展网络经营主体经济户口数据建档、修改、取消、搜索、日常监督管理、专项整治、执法办案和信息报送等工作。

第十四条　各级网络交易监管人员应当在每个工作日登录网络监管平台，查看上级通过系统发布的工作信息，及时处理有关业务和反馈有关情况。同时掌握包括对常用工具网站定位、特定主体搜索、政策法规查询、网站登记备案信息查询以及国家工商总局工商专搜、垂直搜索、网络商品交易和有关服务监管平台等工具使用。

第十五条　营业执照电子链接标识是工商部门对已登记注册的网络经营主体，依其申请发放并在其网站首页或从事经营活动的主页面醒目位置公开其营业执照登载信息的电子链接标识。

第十六条　县级及以上工商部门应通过广西络商品交易监管服务网“待办事项”菜单（或“营业执照电子链接标识管理”菜单），对收到管辖网络经营主体提交的营业执照电子链接标识申请之日起7个工作日内，对其申报的登记信息和涉网信息完成审核。审核通过，及时发放营业执照电子链接标识并督导“网上亮照”经营；审核不通过，并告知原因。

第十七条　一个营业执照电子链接标识对应一个网站域名。网络经营主体有多个网站的，应逐一办理。

第十八条　存在以下情形的，电子标识发放机关应当注销其电子标识：

（一）网络经营者主动申请办理电子标识注销的；

（二）网络经营者已被吊销或注销营业执照的；

（三）网站关闭或者域名失效超过6个月的；

（四）网店关闭或者网店所在网络交易平台已停止向其提供交易服务或信息发布服务超过6个月的；

（五）无正当理由逾期未在主页页尾醒目位置贴置电子标识，经工商行政管理部门或市场监督管理部门责令限期改正且无正当理由拒不改正的；

（六）有前款（三）、（四）情形的，使用电子标识的网络经营者应当向电子标识发放机关申请办理注销手续；

（七）其他应当注销电子标识的情形。

第十九条　各市、县（区）级工商行政管理部门在上级部门的指导下，开展网络商品交易及有关服务监管工作，做好网络经营主体经济户口数据库的维护完善，及时完成本地经济户口数据的认领排查和搜索建档，做好网络监管服务平台内的网络经营主体网上申报审核、网络经营主体数据审核、涉网信息录入、网络交易平台经营情况统计等工作，建立健全辖区网络经营主体数据库，并及时将本地经济户口数据库中的新增和变更数据录入网络交易监管平台中，录入数据要及时、准确、完整、有效。

第二十条 各市、县(区)工商行政管理部门在每年1月15日前对辖区内网络交易平台情况进行统计，自治区工商行政管理部门和各设区市工商行政管理部门每个统计年分别对下级工商行政管理部门网络交易监管平台应用及日常监管情况进行统计分析，将有关工作进展情况通报下级工商行政管理部门，并上报上级工商行政管理部门。

第二十一条 各级工商行政管理部门在日常监管工作中，要注意收集整理网络交易监管工作有关信息材料(包括图片信息、工作动态、典型案例、警示信息、工作交流等)，并及时上报上级部门，上报的信息材料应及时、准确、规范、有效。

第二十二条 各级工商行政管理部门要加强与辖区公安、通信管理等部门的协作，及时沟通信息，积极争取支持配合，提高监管效能。在执法办案过程中，对违反相关法律法规规定、情节严重需要采取措施制止违法网站继续从事违法活动的，可以依照有关规定，提请网站许可或者备案地通信管理部门对该违法网站的接入服务予以屏蔽或者停止，直至依法关闭。

第二十三条 各级工商行政管理部门对发现的涉嫌违法的网络商品交易及有关服务行为，应当及时调查处理。情节较轻微的，可以对网络经营主体作出提示、警告、告诫、责令限期改正等处置措施；需要立案查处的，应当将采集的网络商品交易及有关服务活动的技术监测记录资料等作为电子数据证据留存，并通过网络监管平台转入案件管理系统进入案件办理流程。

第二十四条 县级以上工商行政管理部门查处涉嫌违法的网络商品交易及有关服务行为，可以行使下列职权：

(一)询问有关当事人，调查其涉嫌从事违法网络商品交易及有关服务行为的相关情况；

(二)查阅、复制当事人的交易数据、合同、票据、账簿以及其他相关数据资料；

(三)依照法律、法规的规定，查封、扣押用于从事违法网络商品交易及有关服务行为的商品、工具、设备等物品，查封用于从事违法网络商品交易及有关服务行为的经营场所；

(四)法律、法规规定可以采取的其他措施。

第二十五条 县级以上工商行政管理部门要严格按照工商行政管理部门行政处罚程序的相关规定，依法办理网络商品交易及有关服务违法案件，做好相关证据(包括电子证据)的取证工作，做到程序合法，证据确凿，事实清楚，定性准确、适用法律准确，处罚措施得当，案卷资料规范，并按照规定公示有关案件信息。

对按规定应当移交公安部门和其他部门、其他地区工商行政管理部门的案件线索要及时移交，并积极配合调查。

第二十六条 各级工商行政管理部门要加强与辖区公安、通信管理等部门的协作，及时沟通信息，积极争取支持配合，提高监管效能。在执法办案过程中，对违反相关法律法规规定、情节严重需要采取措施制止违法网站继续从事违法活动的，可以依照《关于建立境内违法互联网站黑名单管理制度的通知》(工信部联电管〔2009〕371号)等文件有关规定，提请网站许可或者备案地通信管理部门对该违法网站的接入服务予以屏蔽或者停止，直至依法关闭。

第二十七条 县级以上工商行政管理部门应当建立网络商品交易及有关服务信用档案，记录日常监督检查结果、消费争议处理、违法行为查处等情况。根据信用档案的记录，对网络商品经营者、有关服务经营者实施信用分类监管。要建立经营异常名录制度和严重违法企业名单制度。

第二十八条 县级以上工商行政管理部门采取书面检查、实地核查、网络监测等方式，对网络经营主体通过企业信用信息公示系统公示的企业网站以及从事网络经营的网店的名称、网址等年度报告信息进行抽查，并根据抽查情况实施信用分类监管。

第二十九条 网络商品交易及有关服务活动中的消费者向工商行政管理部门投诉的，依照《工商行政管理部门处理消费者投诉办法》《广西工商行政管理部门12315消费者咨询投诉举报工作规范》等规定处理。

第三十条 消费者通过网络交易平台购买商品或者接受服务，其合法权益受到损害的，可以向销售者或者服务者要求赔偿。网络交易平台提供者不能提供销售者或者服务者的真实名称、地址和有效联系方式的，消费者也可以向网络交易平台提供者要求赔偿；网络交易平台提供者作出更有利于消费者的承诺的，应当履行承诺。网络交易平台提供者赔偿后，有权向销售者或者服务者追偿。

第三十一条 网络交易平台提供者明知或者应知销售者或者服务者利用其平台侵害消费者合法权益，未采取必要措施的，依法与该销售者或者服务者承担连带责任。

第三十二条 消费者因网络交易发生消费争议的，可以向经营者所在地工商行政管理部门投诉，也可以向第三方交易平台所在地工商行政管理部门投诉。

第三十三条 各级工商行政管理部门要加强本辖区范围内网络商品交易及有关服务的消费咨询、投诉和举报案件线索有关数据的统计分析，了解网络消费纠纷的热点和难点，并根据网络交易监管和受理投诉举报中发现的问题，及时发布消费警示，提高经营者和消费者网络消费风险防范意识和能力，引导科学安全网购，保障网络消费安全。

第三十四条 自治区工商行政管理局负责统筹管理和组织开展广西辖区流通领域商品质量抽检工作，抽检工作程序按照《流通领域商品质量抽查检验办法》（国家工商总局令第61号）执行。

第三十五条 各市工商行政管理部门按照自治区工商行政管理局规定实施流通领域商品质量抽检及相关工作。

第三十六条 抽检应当依据法律法规、强制性标准和其他有关规定，以及商品或者其包装上注明采用的产品标准或者产品说明、实物样品等方式表明的质量状况进行商品质量判定。

第三十七条 抽检不得向经营者收取检验费用。抽检工作所需经费按照国家有关规定列入同级财政预算。

第三十八条 各级工商行政管理部门要加强对辖区内网络商品交易及有关服务经营主体的指导，了解网站运营情况，广泛宣传消费者权益保护法、商标法、广告法、反不正当竞争法、产品质量法、网络交易管理办法等相关法律法规，强化其第一责任人意识，引导其自觉诚信守法经营。

第三十九条 各级工商行政管理部门应当采取提醒、建议、示范、公示、辅导、规劝、约谈等方式，积极指导、监督辖区网络交易平台经营者建立健全各项管理制度，并以显著的方式提请平台内经营者和消费者注意，方便用户阅览和保存。

第四十条 各级工商行政管理部门应当指导、监督网络交易平台经营者与通过平台开展经营活动的网络交易平台内经营者签订网络服务合同，合同应当明确双方的权利义务、违约责任、争议解决、平台准入和退出、商品质量安全保障、消费争议处理、不良信息处理等内容。

第四十一条 全区各级工商部门应配备网络交易监管工作所需的计算机等硬件设备，并明确专人负责维护管理使用。

第四十二条 自治区工商局、各市工商局信息机构负责网络商品交易和有关服务监管系统网络线路技术保障工作，保障网络商品交易和有关服务监管系统安全、稳定地运行。

第四十三条 全区各级工商部门要建立健全网络商品交易和有关服务监管系统应用的工作责任制度和考核制度，加强组织领导，严格履行职责，有效开展网络交易监管工作，提高“以网管网”水平。

第四十四条 自治区工商局对网络商品交易和有关服务监管平台的操作用户进行授权和管理。自治区工商局负责本级用户及市工商局网络商品交易和有关服务监管系统管理员授权，以及市、县（区）工商局和工商所用户审核。市工商局负责对管辖区域县（区）工商局及工商所用户管理。

按照“谁管理、谁负责，谁录入、谁负责”的原则，用户权限应与其工作岗位相对应，工作岗位变动后应及时取消授权。严禁将自己的用户权限交与他人使用。

第四十五条 全区各级工商部门及工作人员违反本工作规范，使网络交易监管工作产生不良影响、出现严重问题或造成重大损失的，依照有关规定追究当事人责任。

第四十六条 本制度由自治区工商局负责解释。

自治区工商局办公室关于印发
自治区工商局网络市场监管工作机制的通知

桂工商办发〔2016〕148号

自治区工商局机关各处室、单位：

经自治区工商局领导同意，现将《自治区工商局网络市场监管工作机制》印发你们，请贯彻执行。

2016年8月4日

自治区工商局网络市场监管工作机制

网络市场监管工作是推进创新驱动发展、拓展网络经济发展新空间的重要保障，是推进法治国家建设、营造健康法治网络环境的必然要求，是协同推进“放管服”、实现政府职能转变的重要举措，着力营造促进网络经济健康发展的良好市场环境。为了推进网上网下一体化监管工作，构建工商全业务领域分工协作、实现市场监管网上网下全覆盖的格局，制定以下工作机制。

一、机构设置

成立自治区工商局网络市场监管工作领导小组，组长由分管副局长担任，副组长由网络交易监督管理处处长担任。

成员单位为网络交易监督管理处、法制处、经济检查处、消费者权益保护处、市场规范管理处、企业注册管理处、企业监督管理处、商标监督管理处、广告监督管理处、个体私营经济监督管理处组成。

领导小组下设办公室，承担日常工作。办公室设在网络交易监督管理处，主任由网络交易监督管理处处长兼任。工作实行联络员制度，各成员单位指定一名业务骨干担任并成为领导小组办公室工作人员开展相关工作。

二、工作职责

（一）领导小组工作职责

贯彻执行国家工商总局、自治区党委、自治区人民政府和自治区工商局对网络交易进行监督管理的部署和要求，研究网上网下监管交织问题，制定网上网下共性层面的一体化监管工作意见和实施方案。

研究解决全区网上网下行政执法任务协同、工作计划和其他重大事项。

协调、解决全区使用管理全国网络交易平台监管服务系统工作中的重大问题。

每半年向局党组或在局务会上报告一次工作情况。

（二）领导小组办公室工作职责

研究、起草全区网络市场监管建设工作所需的规范性文件和跨部门相关协议。

组织、实施全国网络交易平台监管服务系统的培训以及网络交易行政执法等工作中的重要问题。

负责记录、收集整理领导小组及其办公室会议纪要，上报、发布相关工作信息等日常工作。

（三）领导小组成员单位工作职责

强化责任落实。网络市场监管是全口径的市场监管，各业务条线都要守土负责，依据职责部署工作要同时涵盖网上网下。

执行领导小组工作部署。负责组织网上网下统一行动和任务协同配合工作；研究制定稳妥的实施措施和工作对策，提出具体实施意见并督促贯彻落实；协调、指导业务条线全局性的工作，组织处置复杂问题；按照业务条线工作部署开展督促、检查工作，并及时上报有关情况。

三、领导小组工作规则

（一）领导小组的活动安排要紧紧围绕全区网络商品交易监管工作的总体部署，原则上每半年召开一次会议，通报情况，交流经验，研究工作。根据工作需要，也可临时召开会议；

（二）领导小组议题由领导小组办公室征求各成员单位意见后提出，报分管局领导审定；

（三）提交领导小组研究的有关文件、事项，领导小组办公室书面印发各成员单位；

（四）领导小组以纪要形式明确议定事项，成员单位按要求予以落实，领导小组办公室督办并汇总完成情况。

四、领导小组工作要求

（一）建立工作信息定期上报制度。领导小组各成员单位要加强工作情况的沟通反馈。原则上，每半年要形成一次工作情况总结，及时反映网络商品交易监管工作的推进情况、存在问题及有关意见建议，并分别于每年 6 月底、12 月底前报领导小组办公室；

（二）各成员单位要按照职责分工，认真研究网络商品交易监管工作的有关问题，落实领导小组议定的事项。

（三）按职能分工，各成员单位充分发挥业务自身优势，协同配合。在工作协作过程中，以“职能负责、层级负责、协议负责、指定负责”为原则，解决具体工作中业务边界重叠问题。

（四）树立全局一盘棋的思想，互通信息，相互配合，相互支持，形成合力，充分发挥好领导小组协调的作用。

自治区工商局办公室关于印发落实企业信用信息公示政务公开任务实施方案的通知

桂工商办发〔2016〕163号

各市、县(区)工商局,自治区工商局机关各处室、单位:

经自治区工商局同意,现将《自治区工商局落实企业信用信息公示政务公开任务的实施方案》印发你们,请认真贯彻执行。

广西壮族自治区工商行政管理局
办公室
2016年8月23日

自治区工商局落实企业信用信息公示政务公开任务实施方案

根据《国务院办公厅关于印发2016年政务公开工作要点的通知》(国办发〔2016〕19号)以及《广西壮族自治区人民政府办公厅关于贯彻落实国务院办公厅2016年政务公开工作要点的通知》的有关要求,为推动我区企业信用信息公示政务公开任务的落实,结合工作实际,特制定本实施方案。

一、总体目标

坚持业务、技术双轮驱动的总体思路,加快推进国家企业信用信息公示系统(广西)建设,建立健全企业信用信息的共享、归集、发布机制,力争2016年底前初步实现与其他行业主管部门之间的信息传递和无障碍交换,实现行政许可、行政处罚、抽查检查、严重违法失信等信息的归集与公示。

二、工作内容

(一)加快推进国家企业信用信息公示系统(广西)建设

加快推进国家企业信用信息公示系统(广西)建设。切实抓好基础设施、标准规范体系、信息化平台三大重点;进一步优化系统架构,完善系统功能,整合各类信息,扎实做好各阶段、各项主要建设任务,形成国家与地方一体化、权责明确、逻辑清晰、互为支撑的信息化基础平台。企业监管业务部门要结合深化商事制度改革和加强事中事后监管的需要,认真研究提出系统建设的业务需求;信息化管理部门要根据总局统一下发的技术方案和标准,全力做好系统建设和运行保障等工作。

（二）加快完善企业信用信息归集

要认真贯彻自治区人民政府办公厅《广西实施“先照后证”改革后加强事中事后监管的工作方案》（桂政办〔2015〕138号）中对企业信用信息统一归集工作的明确部署与要求，切实发挥工商行政管理部门的牵头作用。一是建立健全信用信息归集共享机制。加快制定、完善《广西壮族自治区企业信用信息征集和使用管理办法》及《广西市场主体信用信息征集目录》，全面归集企业信用信息，落实部门信息归集职责，明确信息归集的方式和期限，确定信息管理职责，以提高信息归集共享效率。二是加快建设广西企业信用信息交换平台，强化信息化支撑。项目建设立足广西实际，牢牢把握记于企业名下和实现部门间横向传递两个要点，兼顾信息归集和共享应用两项职责任务，搭建渠道畅通、信息全面、功能强大的节约、集约型信息化工作平台。三是强化与各部门协商对接。按照“谁产生、谁提供、谁负责”的原则，积极协调各有关政府部门，强化沟通协作，有序实施归集，力争年底前实现归集各政府部门行政许可、行政处罚以及其他依法应当公示的企业信息。

（三）推动信用信息依法统一公示

一是认真履行工商法定职责，做好本部门信息公示工作。严格按照《企业信息公示暂行条例》规定，继续做好企业注册登记备案、动产抵押登记、股权出质登记、行政处罚、经营异常名录、严重违法失信企业名单、抽查检查信息等统一记于企业名下，并通过国家企业信用信息公示系统（广西）对社会公示，确保企业信用信息的公示率、及时率和准确率。二是积极推动其他政府部门及时公示企业信用信息。推动其他政府部门统一通过国家企业信用信息公示系统（广西），向社会公示其在履职过程中产生的涉及企业行政许可准予、变更、延续信息和行政处罚信息及其他依法应公示的信息，并对其公示信息的真实性、及时性负责。三是督促企业履行信息公示义务。企业应通过国家企业信用信息公示系统（广西）向社会公示年度报告和企业即时信息，并对其公示信息的真实性、及时性负责。各级工商部门、市场监督管理部门负责督促企业履行信息公示义务。

（四）强化协同监管和联合惩戒

一是认真贯彻国家工商总局颁布的《严重违法失信企业名单管理暂行办法》（工商总局令第83号），做好严重违法失信名单的管理、公示、应用工作。二是严格履行“双告知”职责。做好企业前端告知服务工作，做好企业信息共享至相关审批部门、行业主管部门，形成信息共享、互联互通、齐抓共管的新格局，推动各部门提高事中事后监管水平。三是建立健全部门联动响应和信用约束机制。全面落实《失信企业协同监管和联合惩戒合作备忘录》，做好失信企业当事人的市场准入和任职资格限制工作。联合各部门研究制定针对失信主体的联合惩戒措施，鼓励地方政府积极应用信用信息进行社会治理、风险防控。

三、工作要求

（一）强化认识，主动担当。要充分认识到国家企业信用信息公示系统（广西）既是创新监管方式、推进部门协调、优化企业服务的基本技术支撑，完善企业信用信息归集共享机制、加强企业信用信息统一公示力度，是构建科学高效的市场监管体系和完善的社会诚信体系的重要环节。工商部门不仅要强化对系统建设、信息归集与公示重要性的认识，更要义无反顾承担起相应的牵头推进任务，以扎实的作风、强烈的责任担当确保企业信用信息公示政务公开任务的落实。

（二）强化协调协作，形成工作合力。工商部门要抓好牵头工作，充分发挥商事制度改革部门联席会议制度的作用，全力争取党委、政府的重视、关注和支持，确保政策支持、强化机制保障和经费保障，全面组织、协调各相关部门形成齐抓共管、协同推进的工作局面。

（三）加强督促检查，严格考核标准。自治区人民政府已将国家企业信用信息公示系统（广西）的建设纳入对自治区工商局的绩效考评指标，更为细化的信息归集、技术保障任务也列为自治区工商局内部相关业务处室的重点考核内容。各地工商部门要加强向地方政府沟通汇报，积极争取通过出台法规或制定规章等方式落实各部门信息归集责任，探索运用通报机制，定期将各地各部门归集情况通报政府，严格考核标准，加大问责力度。

2016 年 8 月 23 日

自治区工商局关于印发《广西壮族自治区工商行政管理系统企业信用黑名单管理制度（试行）》的通知

桂工商发〔2017〕37 号

各市、县（区）工商局，自治区工商局各处室、单位：

现将《广西壮族自治区工商行政管理系统企业信用黑名单管理制度（试行）》印发给你们，请结合实际，认真贯彻执行。

2017 年 9 月 30 日

广西壮族自治区工商行政管理系统企业信用黑名单管理制度（试行）

第一章 总则

第一条 为加快构建我区社会信用体系，促进企业诚信自律，强化企业信用约束，扩大社会监督，依据《中华人民共和国公司法》《中华人民共和国企业法人登记管理条例》《企业信息公示暂行条例》《严重违法失信企业名单管理暂行办法》等相关法律、法规、规章，及《国务院关于建立完善守信联合激励和失信联合惩戒制度加快推进社会诚信建设的指导意见》《国务院关于印发“十三五”市场监管规划的通知》《失信企业协同监管和联合惩戒合作备忘录》等合作备忘录的有关规定，制定本制度。

第二条 本制度所称企业信用黑名单，是指通过信息化手段将企业和相关当事人严重违反法律、法规的行为进行的信息记录。

第三条 本制度所称企业信用黑名单管理，是指依据企业信用黑名单信息记录，对企业和相关当事人实施工商行政管理约束，以及通过国家企业信用信息公示系统（广西）统一向社会公示黑名单信息。

第四条 本制度所称相关当事人，是指根据相关法律法规规定对企业严重违法行为负有责任的企业法定代表人、自然人股东和其他相关人员。

本制度所称登记委托代理人，是指受企业、农民专业合作社、外国企业常驻代表机构等委托办理工商登记注册、备案事宜的自然人、法人和其他组织。

第五条 本制度所称工商行政管理部门，包括履行工商行政管理职能的市场监督管理部门。

第二章　分类

第六条 黑名单分为工商系统内部黑名单和工商系统外部黑名单。

工商系统内部黑名单是指工商行政管理部门在履职过程中记录的黑名单。

工商系统外部黑名单是指其他部门履职过程中记录的，根据部门联合惩戒合作备忘录规定需由工商行政管理部门实施联合惩戒措施的黑名单。

第七条 工商系统内部黑名单包括：

（一）严重违法失信企业黑名单；

（二）被吊销企业营业执照黑名单；

（三）登记委托代理人黑名单；

（四）法律法规规定可以记录的其他黑名单。

第八条 工商系统外部黑名单包括：

（一）部门联合惩戒合作备忘录涉及各相关领域黑名单；

（二）法律法规规定可以记录的其他黑名单。

第九条 企业有下列情形之一的，由工商行政管理部门形成严重违法失信企业黑名单信息记录：

（一）被列入经营异常名录届满3年仍未履行相关义务的；

（二）提交虚假材料或者采取其他欺诈手段隐瞒重要事实，取得公司变更或者注销登记，被撤销登记的；

（三）组织策划传销的，或者因为传销行为提供便利条件两年内受到三次以上行政处罚的；

（四）因直销违法行为两年内受到三次以上行政处罚的；

（五）因不正当竞争行为两年内受到三次以上行政处罚的；

（六）因提供的商品或者服务不符合保障人身、财产安全要求，造成人身伤害等严重侵害消费者权益的违法行为，两年内受到三次以上行政处罚的；

（七）因发布虚假广告两年内受到三次以上行政处罚的，或者发布关系消费者生命健康的商品或者服务的虚假广告，造成人身伤害的或者其他严重社会不良影响的；

（八）因商标侵权行为五年内受到两次以上行政处罚的；

（九）被决定停止受理商标代理业务的；

（十）违反工商行政管理法律、行政法规，有上述第（三）项至第（八）项规定行为之一，两年内累计受到三次以上行政处罚的；

（十一）国家工商行政管理总局规定的其他违反工商行政管理法律法规且情节严重的。

第十条 企业被工商行政管理部门依法吊销营业执照的，由工商行政管理部门形成被吊销企业营业执照黑名单信息记录。

第十一条 有下列情形之一的，由工商行政管理部门形成登记委托代理人黑名单信息记录：

（一）登记委托代理人制作或参与制作虚假材料的；

（二）登记委托代理人帮助隐瞒真实情况的；

（三）登记委托代理人明知是虚假文件、材料仍然代理的。

第十二条 其他部门通过信息化手段推送的相关领域严重违法企业和相关当事人信息记录，形成工商系统外部黑名单信息记录。

第三章 管理

第十三条 各级工商行政管理部门依照国家工商总局《严重违法失信企业名单管理暂行办法》及配套文件规定的程序将企业列入或移出严重违法失信企业名单。

企业自被工商行政管理部门作出列入或移出严重违法失信企业名单决定之日起，10个工作日内由工商行政管理部门形成或移出严重违法失信企业黑名单信息记录。

第十四条 企业自被工商行政管理部门作出吊销营业执照决定之日起，10个工作日内由工商行政管理部门形成被吊销企业营业执照黑名单信息记录。

工商行政管理部门作出吊销企业营业执照的决定被依法撤销的，自撤销之日起，移出被吊销企业营业执照黑名单。

第十五条 因违反本制度第十一条规定导致企业被撤销登记的，自该企业被撤销登记之日起，办理该企业登记申请委托代理人由工商行政管理部门10个工作日内形成登记委托代理人黑名单信息记录。届满一年未再发生本制度第十一条规定情形的可以移出黑名单。

第十六条 工商系统内部黑名单数据的采集分为两种，一种是系统自动形成，一种是由各级工商行政管理部门手工录入。

各级工商行政管理部门通过监管系统作出严重违法失信企业列入决定，以及作出吊销营业执照决定后，监管系统自动形成黑名单信息记录数据。

企业登记委托代理人黑名单信息由作出撤销登记决定的各级工商行政管理部门通过业务系统手工录入。

第十七条 其他部门将相关领域黑名单信息推送至国家企业信用信息公示系统（广西）协同监管平台之日起，由系统自动形成黑名单信息记录数据，纳入工商系统外部黑名单管理，并通过国家企业信用信息公示系统（广西）统一公示。

其他部门将移出相关领域黑名单信息推送至国家企业信用信息公示系统（广西）协同监管平台之日起，系统自动移出。

第十八条 各级工商行政管理部门对企业或登记委托代理人形成的黑名单信息记录，应当告知企业或登记委托代理人，通过国家企业信用信息公示系统（广西）公告送达。

第十九条 对形成黑名单信息记录有异议的，可以自公示之日起30日内向记录黑名单信息的部门提交书面申请并提交相关证明材料，由该部门进行核实。经核实情况确实有误的，由该部门将修正后黑名单信息推送至国家企业信用信息公示系统（广西）协同监管平台，由系统自行修正黑名单信息记录数据，并由该部门将核实结果书面告知申请人。

第四章 惩戒

第二十条 对形成严重违法失信企业黑名单信息记录的，各级工商行政管理部门应当采取下列惩戒措施：

（一）列为重点监督管理对象；

（二）列入严重违法失信企业黑名单的企业的法定代表人、负责人，3 年内不得担任其他企业的法定代表人、负责人；

（三）不予通过“守合同重信用”企业公示活动申报资格审核；

（四）不予授予相关荣誉称号；

（五）将严重违法失信黑名单信息与其他政府部门互联共享，实施联合惩戒。

第二十一条 对形成被吊销企业营业执照黑名单信息记录的，各级工商行政管理部门应当采取下列惩戒措施：

（一）担任因违法被吊销营业执照的企业法定代表人，并对该企业违法行为负有个人责任，自该企业被吊销营业执照之日起未逾三年的，不得担任法定代表人，企业登记机关不予核准登记；

（二）担任因违法被吊销营业执照、责令关闭的公司、企业的法定代表人，并负有个人责任的，自该公司、企业被吊销营业执照之日起未逾三年的，不得担任公司的董事、监事、高级管理人员。

第二十二条 形成登记委托代理人黑名单信息记录的，各级工商行政管理部门应当采取下列惩戒措施：

（一）属于登记委托代理人的失信行为，向委托方通报，并建议更换委托代理人；

（二）各级登记机关可以依法公开被撤销企业登记的信息，包括登记委托代理人黑名单信息。

第二十三条 对形成工商外部系统黑名单信息记录的，各级工商行政管理部门按照部门联合惩戒合作备忘录规定的联合惩戒措施实施惩戒，并依据法律法规或者部门联合惩戒合作备忘录规定的期限予以限制或禁止。

第五章 附则

第二十四条 本制度印发后，《广西壮族自治区工商行政管理局严重违法企业名单管理制度（试行）》废止，广西壮族自治区工商行政管理局发布的其他相关制度、规定与本制度相抵触的，以本制度为准。

第二十五条 本制度由广西壮族自治区工商行政管理局负责解释。

第二十六条 本制度自 2018 年 1 月 1 日起施行。

广西壮族自治区消费者权益保护条例

（2007 年 5 月 31 日广西壮族自治区第十届人民代表大会常务委员会第二十六次会议通过 2017 年 12 月 1 日广西壮族自治区第十二届人民代表大会常务委员会第三十二次会议修订）

广西壮族自治区人大常委会公告

（十二届第 81 号）

《广西壮族自治区消费者权益保护条例》已由广西壮族自治区第十二届人民代表大会常务委员会第三十二次会议于 2017 年 12 月 1 日修订通过，现将修订后的《广西壮族自治区消费者权益保护条例》公布，自2018年1月1日起施行。

广西壮族自治区人民代表大会常务委员会
2017年12月1日

第一章 总则

第一条 为保护消费者的合法权益，维护社会经济秩序，促进社会主义市场经济的健康发展，根据《中华人民共和国消费者权益保护法》和其他有关法律、行政法规，结合本自治区实际，制定本条例。

第二条 消费者在本自治区行政区域内，为生活消费需要购买、使用商品或者接受服务，适用本条例。

经营者为消费者提供商品或者服务，应当遵守本条例。

农民购买、使用直接用于农业生产的生产资料，适用本条例有关规定。

第三条 经营者与消费者进行交易，应当遵守法律、法规，遵循自愿、平等、公平、诚实信用的原则。

第四条 各级人民政府应当加强对消费者权益保护工作的领导，组织、协调和督促有关行政部门依法履行保护消费者合法权益的职责。

县级以上人民政府工商行政管理、质量技术监督、食品药品监督、卫生计生、价格、商务、工业和信息化、旅游等有关行政部门应当依照法律、法规的规定，在各自的职责范围内对经营者进行监督，查处侵害消费者合法权益的违法行为，并支持消费者权益保护委员会的工作。

第五条 任何组织和个人有权对损害消费者合法权益的行为进行监督。

大众传播媒介应当做好保护消费者合法权益的宣传工作，对损害消费者合法权益的行为进行舆论监督。

行业组织应当加强行业自律，建立健全行业规范，引导经营者依法诚信经营，提高商品和服务质量；其制定的行业规范，应当体现对消费者合法权益的保护。

第二章 消费者的权利与经营者的义务

第一节 一般规定

第六条 消费者依法享有《中华人民共和国消费者权益保护法》等有关法律、法规以及本条例规定的各项权利。

第七条 消费者有权要求经营者提供的商品或者服务符合保障人体健康和人身、财产安全的国家标准、行业标准或者地方标准。没有相关标准的，应当符合商品或者服务明示的标准和社会普遍公认的质量、安全、卫生要求。

第八条 经营者和消费者有约定的，应当按照与消费者的约定提供商品或者服务，但是其约定不得违反法律、法规的规定。

经营者以商业广告、产品说明、实物样品或者通知、声明、店堂告示等公示方式，对商品或者服务的质量、价格、售后责任等向消费者作出承诺的，其提供的商品或者服务应当与承诺相一致。消费者受上述承诺引导购买商品或者接受服务的，该承诺对经营者有法律约束力。

约定或者承诺的内容有利于保障消费者合法权益且对经营者义务的要求高于法律、法规规定的，按照约定或者承诺履行。

第九条 经营者在经营活动中，不得以暴力、胁迫等手段强迫消费者购买商品或者接受服务；不得违背消费者意愿搭售商品、服务或者附加其他不合理的条件。

经营者提供附带性可选择商品或者服务并单独收费的，应当事先征得消费者同意。未征得消费者同意而提供商品或者服务的，消费者可以拒付相关费用；消费者已支付相关费用的，经营者应当退还。

经营者不得以垄断协议、滥用市场支配地位等方式损害消费者的合法权益。

第十条 经营者应当使用符合国家规定的计量、计费器具，提供的商品数量不得短缺，不得将包装物、捆绑物、容器等非商品本身的物品计入商品净含量，不得拒绝消费者对商品计量复核的要求。

第十一条 经营者应当建立并严格执行商品进货检查验收制度，对购进商品的标识、包装、合格证明等进行检查验收。

经营者不得销售没有商品名称、生产厂厂名、厂址等中文包装标识和质量检验合格证明的商品。

第十二条 经营场所的经营者应当为消费者提供安全的消费环境和场所，其经营场地、设施、设备、店堂装饰、商品陈列、网络环境等，应当符合保障消费者人身、财产安全的要求。对可能危及人身、财产安全的场地、设施、设备，应当设置显著的警示标志，说明或者标明正确使用场地、设施、设备的方法和防止发生危险的注意事项，并采取相应的防护措施。消费者人身、财产安全受到危害时，经营者应当及时给予必要的救助。

高风险娱乐项目的经营者，应当具备保障消费者人身安全的技术条件，配备相应专业技术人员，并制定应急预案。

因经营场地、设施、设备不完善或者经营者疏于防范，致使消费者本人或者他人的人身、财产受到损害的，经营者应当依法承担民事责任。

第十三条 经营者发现其提供的商品或者服务存在缺陷，即使正确使用商品或者接受服务仍然有危及人身、财产安全危险的，应当立即向有关行政部门报告，通过大众传播媒介、店堂告示以及电话、传真、短信息等有效方式及时告知消费者，并采取停止销售、警示、召回、无害化处理、销毁、停止生产或者服务等措施。

采取商品召回措施的，经营者应当承担消费者因商品被召回支出的必要费用。

第十四条 经营者提供商品或者服务，应当按照规定明码标价，做到价签价目齐全，标价内容真实明确，字迹清晰，货签对位，标识醒目。价格变动时，应当及时调整。不得收取未标明的费用。

经营者不得虚构原价、谎称降价或者将要提价，以及以虚假的清仓价、甩卖价、优惠价、折扣价或者其他欺骗性价格表示销售商品或者提供服务。

第十五条 经营者应当在其经营场所、网站首页或者从事经营活动的主页面等显著位置标明真实名称和标记。标明经营者真实名称和标记的位置、字体、颜色等，应当便于识别、查询。

通过加盟等形式从事商业特许经营的经营者，应当标明特许人和被特许人的真实名称和标记。

网络交易平台提供者应当依法审查、登记经营者的真实身份、地址和联系方式等信息，并在经营者从事经营活动的主页面的醒目位置予以公开。

第十六条 商品交易市场的经营管理者、展销会举办者和柜台、场地的出租者，应当核验场内经营者、承租者的营业执照、许可证等资料，保存复印件，在交易场所的显著位置设立公示牌，公示场内经营者、承租者的名称（姓名）、经营（租赁）期限、经营项目、监督机构的地址、联系方式等事项，并如实向查询场内经营者、承租者情况的消费者提供上述信息。

第十七条 经营者提供商品或者服务，应当按照国家有关规定或者商业惯例向消费者出具发票等购货凭证或者服务单据。

消费者要求经营者提供原产地证明、收费清单的，经营者应当提供，不得拒绝。

第十八条 除国家规定实行包修、包换、包退（以下简称三包）的商品外，自治区质量技术监督部门应当会同自治区工商行政管理部门和有关行政部门，根据本自治区实际规定实行三包的商品目录以及相应商品的三包有效期限、三包责任。

经营者按照国家、自治区的有关规定，对商品承担三包责任的，应当向消费者提供三包凭证并履行三包义务。三包凭证应当注明消费者的权利、经营者的义务，并指定具备条件的维修单位。

经营者与消费者约定或者承诺对商品承担三包责任的，应当按照前款规定提供三包凭证，并按照约定或者承诺履行三包义务。约定、承诺的三包期限超过国家、自治区规定期限的，按照约定、承诺履行。

第十九条 实行三包的商品符合退货、更换条件的，经营者应当在接到消费者提出的退货、更换要求之日起三日内，予以退货、更换。消费者购买商品时经营者送货上门的，经营者应当免费上门退货、更换或者承担消费者运送商品支付的必要费用。

经营者按照三包规定、约定、承诺对商品承担退货责任的，应当按照购货凭证的金额一次退清货款，不得收取折旧费等任何费用。

经营者按照三包规定、约定、承诺对商品承担更换责任的，应当免费为消费者更换同型号、同规格的商品。更换商品的三包期限从更换之日起重新计算。无同型号、同规格商品的，应当更换不低于原产品性能的同品牌商品。既无同型号、同规格商品，也无不低于原产品性能的同品牌商品，消费者要求退货的，经营者应当按照购货凭证的金额一次退清货款，不得收取折旧费等任何费用。有同型号、同规格商品或者不低于原产品性能的同品牌商品，消费者要求退货的，经营者应当予以退货，并按照国家规定的折旧率收取折旧费；国家未规定折旧率的商品，按照商业惯例或者当事人之间的协议收取折旧费。

经营者按照三包规定、约定、承诺对商品承担修理责任的，应当自收到修理的商品之日起三十日内修复，并不得收取材料费、人工费等任何费用。经营者应当在三包凭证上如实记录每次接受修理的日期、修理部位、故障原因等情况，在三包有效期限内不得删除修理记录。商品在三包有效期限内修理或者部件更换的，其修理部位或者更换部件自商品交付消费者之日起重新执行原规定的包修期限；其他部位的保修期限应当扣除维修占用的时间。到期未能修复商品的，经营者应当根据消费者的要求退货或者更换同型号、同规格的商品；在三包有效期限内经两次修理仍不能正常使用的，经营者应当根据消费者的要求更换或者退货。

第二十条 经营者提供的商品或者服务不符合质量要求的，消费者可以依照法律、法规规定、当事人约定要求退货，或者要求经营者履行更换、修理等义务。经营者应当在法律、法规规定或者其承诺的期限内，及时履行退货、退款、更换、重作、修理等义务。履行义务的期限自消费者收到商品或者接受服务之日起计算。需要安装、调试、组装、测试等后方能使用的商品，履行义务的期限自安装、调试、组装、测试等完成之日起计算，但是因消费者原因未能及时完成的除外。

消费者在前款期限内向有关行政部门投诉或者主张权利的，视为已经提出要求。

第二十一条 经营者采用网络、电视、电话、邮购等方式销售商品，消费者有权依据《中华人民共和国消费者权益保护法》的规定自收到商品之日起七日内退货，且无需说明理由。对符合七日内无理由退货规定的，经营者不得以任何理由拒绝。

不适用无理由退货的，经营者应当事先通过显著方式告知消费者，并采取措施或者技术手段，单独设置提示程序，供消费者在购买结算前确认。

消费者退回的商品应当完好。消费者为检查、试用商品而拆封且商品本身没有污损的，属于商品完好。经营者应当自收到退回商品之日起七日内返还消费者支付的商品价款，消费者应当同时返还该次消费获得的奖品、赠品或者等值价款。退回商品的运费由消费者承担；经营者和消费者另有约定的，按照约定。

第二十二条 经营者以降价销售、有奖销售、附赠等形式提供的商品、奖品、赠品、免费服务等，应当保证质量，不得免除其应当承担的修理、重作、更换以及其他民事责任。

经营者对有瑕疵但是不影响使用性能的商品，且存在该瑕疵不违反法律强制性规定的，应当在消费者购买前告知并在购物凭证上注明。

经营者因其提供商品或者服务不符合质量要求依法承担退货、退还货款或者服务费用责任时，不得要求消费者退还奖品、赠品，不得将奖品、赠品、免费服务等折价抵扣退款。

第二十三条 经营者对消费者提出的修理、重作、更换、退货、退还货款或者服务费用、补足商品数量或者赔偿损失的要求，应当按照法律、法规规定或者约定履行，并承担相应的运输、修理、重作、更换等必要费用，不得故意拖延或者无理拒绝。

有下列情形之一的视为故意拖延或者无理拒绝：

（一）自消费者提出履行义务要求之日起明确表示拒绝或者超过五日不作答复的；

（二）自国家规定或者当事人约定期满之日起超过十五日，无正当理由拒不履行修理、重作、更换、退货、退还货款或者服务费用、补足商品数量或者赔偿损失等义务的；

（三）接到有关行政部门或者消费者权益保护委员会要求处理消费者投诉通知之日起超过五日不作答复的；

（四）经有关行政部门依法认定为不合格商品，自消费者提出退货要求之日起超过十五日未退货的；

（五）对于适用国家规定的无理由退货的商品，自收到消费者退货要求之日起超过五日不办理退货手续，或者自收到退货商品之日起超过十五日无正当理由不返还消费者支付的商品价款的。

第二十四条 经营者向消费者提供商品或者服务使用格式条款的，格式条款的制定、使用应当遵守《中华人民共和国合同法》《广西壮族自治区合同格式条款监督管理条例》的有关规定，对与消费者权益有重大关系的条款，应当以显著方式提示消费者，并按照消费者的要求予以说明。

第二十五条 经营者采用网络、电视、电话、邮购等方式销售商品或者提供服务的，应当向消费者提供经营地址、联系方式、商品或者服务的数量和质量、价款或者费用、履行期限和方式、支付形式、退换货方式、安全注意事项和风险警示、售后服务、民事责任等信息，采取安全保障措施确保交易安全可靠，并按照承诺提供商品或者服务。

第二十六条 经营者自营业执照核准登记之日起六个月后，方可发放单用途商业预付凭证。以预付款方式提供商品或者服务的，应当与消费者订立书面合同，具体约定经营地址、联系方式、商品或者服务的名称、种类、数量、功能、质量、价款或者费用、履行期限和方式、安全注意事项和风险警示、售后服务、争议解决方式、解除合同、退款方式和民事责任等事项。未作约定或者约定不明确的，应当作有利于消费者的解释。

预付凭证包括磁条卡、芯片卡、纸券等实体预付卡，或者以密码、串码、图形、生物特征信息、电子数据等为载体的虚拟预付凭证。磁条卡、芯片卡、纸券等所附条款应当与书面合同的约定一致；不一致的，以书面合同为准，但是所附条款有利于消费者的除外。

法人经营者提供的单张记名预付凭证金额不得超过五千元，单张不记名预付凭证金额不得超过一千元；其他经营者对同一消费者提供的单张记名预付凭证金额不得超过两千元，单张不记名预付凭证金额不得超过五百元。但是，预付款存入第三方支付平台并且凭消费者指令支付的除外。

预付凭证金额超过前款规定的最高限额的，消费者有权要求退还超过限额部分的款额，经营者不得因此减少或者取消已经承诺的优惠。

经营者应当保存合同以及履行合同的相关资料，方便消费者查询、复制；相关资料应当至少保存至合同履行完毕后三年。

经营者以预付款方式提供商品或者服务的，除双方另有约定的以外，不得设定有效期限。双方约定的使用期限届满后，经营者应当退还预付款余额或者延长使用期限，并不得收取额外费用。

经营者未按照约定提供商品或者服务的，应当按照消费者的要求履行约定义务或者退回预付款；未消费的，应当全额退款并承担预付款的利息；已经消费的，扣除已经消费的金额，予以退款并承担退款部分的利息，消费者已享受的折扣等优惠，经营者不得在消费者的预付款余额中扣减。

经营者不能正常提供商品或者服务的，应当提前三十日以电话、短信息、电子邮件、公告等形式告知消费者，消费者选择解除合同的，经营者应当在三日内按照约定扣除已消费金额后退还余款。

本条所称预付凭证，不包括限于乘坐城市公共交通工具的预付凭证。

第二十七条 经营者收集、使用消费者个人信息，应当遵循合法、正当、必要原则，明示收集、使用信息的目的、方式和范围，并事先征得消费者同意；消费者要求经营者删除其个人信息的，经营者应当及时删除;但是,法律、法规另有规定的除外。

经营者应当依法履行保护消费者个人信息的义务,建立健全信息保密和管理制度,制定信息安全事件应急预案,确保信息安全,防止消费者个人信息泄露、丢失。在发生或者可能发生信息泄露、丢失的情况时,经营者应当立即启动应急预案,采取补救措施,并及时通知消费者。

经营者不得要求消费者提供与该项消费无关的个人信息;不得泄露、出售或者非法向他人提供所收集的消费者个人信息;未经消费者同意或者请求不得向消费者发送商业性信息。

消费者个人信息是指经营者提供商品或者服务过程中收集的消费者的姓名、肖像、性别、出生日期、身份证号、联系方式、职业、学历、居住地址、账号、密码、婚姻状况、收入和财产状况、家庭状况、指纹、血型、病史、健康状况、消费状况等能够单独或者与其他信息结合识别消费者的信息。

第二节　特别规定

第二十八条　医疗机构及医护人员应当尊重患者对病情、诊断、治疗的知情权和治疗的选择权,尊重患者的隐私权。未经患者或者其委托的近亲属同意,不得公开患者就医信息。

医疗机构应当允许患者或者其委托的近亲属查阅、复印或者复制检验检查报告、手术及麻醉记录、护理记录、医嘱单、处方以及国务院卫生计生行政部门规定的其他病历资料。

医疗机构应当如实公布医疗服务价格和药品、耗材等价格信息。除实施紧急抢救外,应当事先向患者或者其委托的近亲属告知需要进行的检验检查项目及收费标准、需要使用的药品和医疗器械的作用及价格。使用贵重药品或者特殊器械的,应当事先征得患者或者其委托的近亲属同意。医疗机构按照有关规定收取医疗费用后,应当向患者详列收费细项,并出具收据。对住院的患者,医疗机构应当按日向其提供医疗费用清单。

第二十九条　取得预售许可或者销售现房的商品房经营者,应当在销售前一次性公开全部销售房源,并对每套商品房明码标价。按照建筑面积或者套内建筑面积计价的,还应当标示建筑面积或者套内建筑面积单价。销售过程中,对已销售的房源,商品房经营者应当明确标示。

商品房经营者应当在商品房销售合同中列明商品房的地址、土地使用期限、容积率、绿化率、建筑结构、建筑面积、套内建筑面积、交付标准、装饰标准、计价方式、付款方式、交付使用日期、配套设施、产权证书办理、前期物业管理等内容。

第三十条　商品房经营者有下列情形之一,消费者提出退房要求的,应当予以退房,退还消费者已付购房款及利息,并依法承担其他民事责任:

(一)故意隐瞒未取得商品房预售许可证的事实或者提供虚假商品房预售许可证预售商品房的;

(二)订立商品房销售合同后又将该房屋抵押或者销售的;

(三)将被依法查封、限制转移的商品房销售给消费者的;

(四)将未经竣工验收或者验收不合格的商品房交付使用的;

(五)故意隐瞒商品房已经被抵押、销售或者属于征收补偿安置房屋的事实订立商品房销售合同的;

(六)房屋建筑面积或者套内建筑面积与合同约定不符,未约定面积误差处理方式,面积误差比绝对值超过百分之三的;

(七)违反合同约定擅自变更房屋结构、户型、层高、朝向、楼层、配套设施、装修标准的;

(八)小区绿化率、房屋间距、容积率等外部环境以及其他配套设施与承诺严重不符的;

(九)违反合同约定,迟延交付,经催告后三个月内仍未交付的;

(十)由于经营者的原因导致在合同约定期限届满后超过一年无法办理产权证书的;

(十一)因房屋质量问题严重影响正常使用的。

第三十一条　房屋装饰装修经营者应当与消费者订立书面合同,具体约定施工方案、期限、费用,质量、环保标准,质量保证方式,保修事项,违约责任等内容。经营者提供装饰装修材料或者设备的,还应当在合同中约定材料或者设备的名称、规格、环保和安全指标、等级、价格等,材料应当经消费者认可。

经营者违反约定需要返工、重作的，应当返工、重作，所需费用由经营者承担。

装饰装修工程的保修期限自装饰装修工程竣工验收合格之日起不少于两年；屋面防水工程、有防水要求的卫生间、房间和外墙面的防渗漏保修期限为五年。保修期限内因维修产生的费用由经营者承担。

第三十二条 物业服务经营者应当与业主或者业主委员会订立物业服务合同，书面约定物业服务等级、服务内容、服务标准、收费标准、长期空置物业的管理、电梯日常维护保养和维修、违约责任等内容。物业服务项目、收费依据和标准，应当向全体业主公示。

在业主、业主大会选聘物业服务经营者之前，建设单位选聘物业服务经营者的，应当依据前款规定订立书面前期物业服务合同。

第三十三条 供水、供电、供气、电视、邮政、电信、公共交通运输、互联网、殡葬、证券、保险、银行等公用服务行业和其他具有独占地位的经营者，应当按照国家规定或者与消费者的约定提供商品和服务，并遵守下列规定：

（一）不得限定消费者向其指定的经营者购买商品，不得违背消费者意愿搭售商品或者提供有偿服务；

（二）不得擅自提高收费标准或者增加收费项目；未提供材料的，不得收取材料费；铺设管道、管线等公用设施的费用不得由消费者负担，法律、法规另有规定的除外；

（三）因消费者要求暂停服务的，不得收取暂停手续费，但是占用资源或者需要另外提供服务的除外；

（四）收取费用时出具项目收费清单；

（五）不得规定最低使用限额；

（六）不得因部分用户不按时交纳费用而停止向其他用户提供商品或者服务；

（七）对设备进行维护、检修的，不得影响公用服务正常进行；公用服务确实无法正常进行的，至少提前三日告知消费者；

（八）因消费者未及时支付费用等原因停止提供商品或者服务的，应当事先告知消费者，并给予消费者必要的准备时间；

（九）对消费者有关质量、计量等问题的投诉，应当自接到投诉之日起七日内查明原因，并将处理结果告知消费者；水、电、气、通话时间、网络流量等计量异常增加，经营者没有证据证明是消费者责任的，不得要求消费者承担由此产生的费用。

第三十四条 洗染业经营者应当按照约定提供服务，在出具的取货凭证中注明承揽洗染物品的质地、规格、颜色、价值以及有无瑕疵等内容。造成物品变形、损坏、串染色、遗失的，经营者应当退还收取的费用，并根据物品的实际购买价格、物品折旧等因素承担相应的赔偿责任。有特殊要求的，经营者可以与消费者另行约定。

洗染业经营者对酒店、餐厅、医院的洗涤品应当进行分类清洗，不得与其他普通被服混洗。

第三十五条 从事摄影、摄像、冲印、刻录等服务的经营者，应当保证拍摄、冲印、刻录等服务的质量。不符合质量要求的，应当根据消费者的要求退还拍摄、冲印、刻录等服务的费用，或者免费重新拍摄、冲印、刻录等。经营者提供服务后，照片、底片、磁带、磁卡、存储卡及其存储的数据资料等，应当交付消费者，不得自行保留和擅自传播、使用。

经营者造成消费者的胶卷、底片、数码卡、磁带、磁卡等存储介质损坏或者丢失的，应当退还消费者拍摄、冲印、刻录等服务的费用，并依法承担民事责任。

拍摄、冲印、刻录等内容有特殊价值的，经营者可以与消费者达成保价约定，保价费不得超过保价额的百分之三。

第三十六条 旅游服务业经营者应当与消费者订立书面旅游合同，明确旅游线路、游览景点、日程安排、食宿标准、交通工具、旅游价格、自费项目、违约责任等事项。安排旅游购物的，应当在合同中明确规定购物的地点、次数、时限，不得强制消费者购物。

旅游合同事项发生变更的，应当事先征得消费者的同意。经营者擅自改变合同约定，增加游览景点、娱乐、医疗保健、购物等项目或者提高食宿、交通工具标准的,由经营者承担因此增加的全部费用并依法承担民事责任。擅自减少旅游项目或者降低标准的,应当退还相应费用并依法承担民事责任。

第三十七条 食品生产经营者应当依照法律、法规和食品安全标准从事生产经营活动,按照食品安全标准向消费者提供食品。发现其提供的食品不符合食品安全标准的,食品生产经营者应当立即停止生产经营、召回食品、给予更换或者退款,给消费者造成人身、财产损害或者其他不良后果的,应当依法承担民事责任。

餐饮业经营者应当以清晰明确的方式向消费者明示商品的单价、数量和规格。对消费者选定的商品以及价款应当预先经消费者确认;未经消费者确认发生争议的,按照有利于消费者的原则处理。

餐饮业经营者应当为消费者提供符合卫生标准的餐具。

第三十八条 美容、美发、美体、保健、洗浴业经营者,应当使用、销售符合国家有关产品质量和安全卫生规定、标准的材料和用品,并事先向消费者告知美容、美发、美体、保健、洗浴达到的效果和应当注意的事项。美容、美发、美体、保健、洗浴达不到约定或者承诺效果的,应当按照消费者的要求给予重作或者退还已收取的费用。给消费者造成人身伤害或者其他不良后果的,应当依法承担民事责任。

第三十九条 职业介绍、婚姻介绍、房屋买卖租赁、出国留学、出国劳务等中介服务经营者应当在经营场所明示营业执照和有关许可证,向消费者提供真实、准确、完整的信息,明示服务项目、收费标准,如实发布广告,按照法律、法规规定和合同约定提供服务,不得向消费者超标准收取中介费用、提供虚假信息或者以其他欺诈手段进行中介活动。

中介服务经营者以虚假信息误导消费者或者其他欺骗手段损害消费者权益的,应当退还消费者所付全部费用,并依法承担民事责任。

第四十条 家政服务机构应当与消费者订立书面家政服务合同,并不得有下列行为:

(一)不按照服务合同的约定提供服务;

(二)唆使家政服务人员哄抬价格或者骗取服务费用;

(三)发布虚假广告或者隐瞒真实信息误导消费者;

(四)利用家政服务之便强行向消费者推销商品或者提供其他服务;

(五)其他侵害消费者合法权益的行为。

第四十一条 养老服务机构应当具有符合国家环境保护、消防安全、卫生防疫等要求的生活用房、设施设备和活动场所,具有与开展服务相适应的管理人员、专业技术人员和服务人员,并配备适合老年人安全保护要求的设施设备以及用具。

养老服务机构应当与接受服务的老年人或者其代理人订立服务协议,明确双方的权利、义务。

养老服务机构应当制定突发事件应急预案,做好老年人安全保障工作。

第四十二条 加工、修理业经营者应当告知消费者加工、修理所需的零配件以及材料的性能、修理期限、费用、修理风险等真实情况;应当在向消费者出具的取货凭证上载明加工或者修理的商品名称、数量、项目、识别码、条形码、费用以及消费者提出加工或者修理的规格、款式、质量要求、所需材料和取货日期等内容,保证加工、修理质量,按期交货。

经营者在加工、修理过程中不得偷换加工、修理的商品或者商品的原材料、零配件,不得更换不需要更换的零配件,不得虚列加工、修理项目或者虚报更换的零配件,不得擅自提高收费标准,所使用的零配件和材料不得以假充真、以次充好、以不合格产品冒充合格产品,不得无故拖延和拒绝消费者的合理要求。

经营者对已经加工、修理的部位应当予以包修,包修期限不得少于三十日,包修期限自商品加工、修复完成交付消费者之日起计算。

第四十三条 家用汽车产品自销售者开具机动车销售统一发票之日起六十日内且行驶里程未超过三千公里,有下列情形之一的,销售者或者生产者应当根据消费者的要求予以整车更换或者退货,并依法赔偿损失：

（一）转向系统失效、制动系统失效、安全装置失效、车身开裂、燃油泄漏或者车辆自燃的；

（二）发动机、变速器的主要零件出现产品质量问题的；

（三）因其他质量问题引起车辆失控的。

家用汽车产品自销售者开具机动车销售统一发票之日起两年内且行驶里程未超过五万公里，有下列情形之一的，销售者或者生产者应当根据消费者的要求予以整车更换或者退货，并依法赔偿损失：

（一）因严重安全性能故障累计进行两次修理，严重安全性能故障仍未排除或者又出现新的严重安全性能故障的；

（二）因质量问题，发动机整体或者其主要零件分别或者合计更换两次后、变速器整体或者其主要零件分别或者合计更换两次后、发动机和变速器整体合计更换两次后，仍不能正常使用的；

（三）转向系统、制动系统、悬架系统、车桥、车身的主要零件因质量问题，分别更换两次后仍不能正常使用的。

汽车经营者不得强制消费者购买、使用其配套产品和相关服务，不得限制、指定保险公司和强制购买保险险种。

第四十四条 家用二手汽车销售应当订立书面合同，经营者应当对二手汽车的来源是否合法、行驶里程、维修记录、交易记录、车辆存在问题等重要信息在出售前进行全面核查、检测，并将核查、检测的结果以书面或者其他可以确认的方式告知消费者。二手汽车的行驶里程、维修等情况无法核查的，应当将无法核查的事实和可能存在的隐患以书面或者其他可以确认的方式告知消费者。

经营者应当保证其销售的二手汽车安全性能良好；自开具二手汽车销售统一发票之日起六十日内且行驶里程未超过三千公里，二手汽车发生安全性能故障的，经营者应当承担保修责任，使二手汽车达到国家规定的机动车运行安全技术条件。

第四十五条 从事非学历培训教育服务的经营者，应当向消费者如实告知培养目标、课程设置、师资状况、教学地址、收费项目和标准等情况。法律、行政法规对其有资质资格要求的，应当依法取得资质资格。

经营者有下列行为之一的，应当自消费者提出退学退款要求之日起五日内，退还全部或者部分学费、培训费以及其他费用，并依法承担其他民事责任：

（一）不具备法定招生资格而进行招生的；

（二）以虚假的教学、生活设施条件，保证升学或者就业等欺诈手段诱骗消费者的；

（三）擅自提高收费标准或者增加收费项目的；

（四）降低教学水平，安排不合格的教师从事教学活动，不提供相应的教学场所、设施、设备或者教学场所、设施、设备不符合安全、卫生规定的；

（五）以不正当手段迫使受教育者提前终止或者迟延学业的；

（六）有辱骂、体罚学员等严重违反教育规范行为的。

第四十六条 农业生产资料的经营者应当对其经营的农业生产资料的质量负责，向消费者如实介绍农业生产资料的使用效果、使用条件和使用方法，并提供书面说明。对有可能危及使用者人身安全、农作物生长安全的，应当在物品包装或者物品上的显著位置设立警示标志，并告知危害发生时的紧急救助方式。

农业生产资料的经营者不得销售假冒伪劣农业生产资料，不得用虚假广告诱骗消费者购买农业生产资料，不得以附加不合理条件要求消费者购买农业生产资料，不得违背售后服务承诺。

经营者销售的种子、肥料、农药、兽药、饲料、种畜禽或者农业机械等农业生产资料，因质量问题造成减产、绝收、畜禽死亡或者其他损害的，经营者应当依法承担民事责任。

第三章　国家保护

第四十七条　本自治区制定有关消费者权益的地方性法规、政府规章和地方标准，应当听取消费者和消费者权益保护委员会等组织的意见。

各级人民政府及有关行政部门制定供水、供电、供气、电信、电视、交通、医疗、教育、物业管理等涉及消费者权益的重大政策时，应当通过召开座谈会、听证会等形式听取消费者权益保护委员会、其他消费者组织和消费者代表的意见。出席座谈会、听证会的消费者代表人数不得少于参加会议总人数的二分之一。

第四十八条　工商行政管理部门和其他有关行政部门在各自的职责范围内，应当定期或者不定期对经营者提供的商品和服务进行抽查检验，并通过部门门户网站等途径及时向社会公布抽查检验结果。对涉及人身、财产安全或者消费者投诉集中的商品、服务，应当进行重点抽查检验。

大众传播媒介使用抽查检验结果应当全面、客观，并注明出处。

第四十九条　工商行政管理部门和其他有关行政部门在依法保护消费者合法权益时，可以行使下列职权：

（一）向有关单位和人员调查、了解与涉嫌侵害消费者合法权益经营行为有关的情况；

（二）进入涉嫌侵害消费者合法权益的场所实施检查；

（三）查阅、复制与涉嫌侵害消费者合法权益有关的合同、票据、账簿以及其他资料；

（四）对涉嫌侵害消费者合法权益的商品或者服务依法进行抽样检验；

（五）对有根据认为危害消费者人身、财产安全的有严重缺陷的商品，依照有关法律、行政法规予以查封、扣押。

工商行政管理部门和其他有关行政部门依法行使前款规定的职权时，当事人应当予以协助、配合，不得拒绝、阻挠。

第四章　消费者权益保护组织

第五十条　消费者权益保护委员会是依法成立的对经营者提供的商品和服务进行社会监督的保护消费者合法权益的公益性社会组织。消费者权益保护委员会委员由消费者代表和社会各界代表担任。

自治区、设区的市、县（市、区）依法成立消费者权益保护委员会。消费者权益保护委员会按照章程和工作需要设立专门机构开展工作，配备与其履行法定职责相适应的人员。

县级以上人民政府应当对消费者权益保护委员会履行法定职责予以支持，将所需经费列入本级预算。

第五十一条　消费者权益保护委员会除履行《中华人民共和国消费者权益保护法》规定的公益性职责以外，还履行下列公益性职责：

（一）宣传保护消费者合法权益的法律、法规，义务开展消费知识教育；

（二）对商品和服务的质量、价格、售后服务和消费者的意见进行调查、比较试验、分析和评议，并公布结果，必要时向有关行政部门反映；

（三）针对商品或者服务存在严重缺陷，约谈经营者，提出整改建议，并向有关行政部门报告；

（四）组织由消费者、经营者、行业协会、专业机构、相关部门等多方参加的协调会，研究解决涉及消费者合法权益的突发情况；

（五）参与关系消费者切身利益的公用事业、公益性服务、垄断经营的商品价格听证会，并发表意见；

（六）推动跨境消费者权益争议解决，促进信息互通共享；

（七）发布消费者投诉分析报告并向社会披露消费者投诉情况、发布消费警示，对损害消费者合法权益的行为，提请有关行政部门或者征信机构记入经营者的信用档案；

（八）引导、协调行业组织和经营者就商品售后服务或者经营性服务作出自律性规范。

消费者权益保护委员会可以根据需要，在乡镇、街道、商场、商品交易市场等消费者集中的地方，设立投诉点。

第五十二条 消费者权益保护委员会应当强化服务意识，规范自身行为，不得从事商品经营和营利性服务，不得以牟利为目的向社会推荐商品和服务。

第五章 争议的解决

第五十三条 消费者与经营者采取和解的方式解决消费者权益争议的，不得违反法律、法规的规定，不得损害社会公共利益和他人合法权益。

第五十四条 消费者请求消费者权益保护委员会就消费者权益争议进行调解的，消费者权益保护委员会应当自收到调解请求之日起五个工作日内，决定是否受理。对不属于其职责范围的，应当向消费者告知不能受理的理由。

消费者权益保护委员会决定受理后，应当在三十日内进行调查、调解。经调解达成协议的，消费者权益保护委员会根据争议双方的要求，可以制作调解协议书；调解不成的，应当告知当事人其他解决途径。

消费者权益保护委员会认为经营者有损害消费者合法权益的违法经营行为的，应当书面告知有关行政部门。

第五十五条 对消费者的投诉或者消费者权益保护委员会转交的投诉以及有关消费者权益事项的书面查询，有关行政部门应当在接到投诉或者转交投诉、查询之日起七个工作日内作出书面答复，需要进行检测、鉴定的，检测、鉴定时间不计算在内。无故拖延或者拒不答复的，消费者和消费者权益保护委员会可以向其上级部门反映，要求答复。

争议双方同意调解的，有关行政部门应当组织调解，并在受理消费者投诉之日起六十日内终结调解。达成调解协议的，有关行政部门应当制作调解书；未能达成调解协议的，在终止调解后七个工作日内处理并告知消费者。需要进行检测、鉴定的，检测、鉴定时间不计算在内。

有关行政部门发现经营者有违法行为的，应当依法作出处理决定；经营者的违法行为造成消费者损失的，有关行政部门应当督促经营者对消费者依法承担赔偿损失等民事责任。

就同一消费者权益争议，消费者向两个以上有管辖权的行政部门投诉的，由最先接受投诉的行政部门受理。行政部门因管辖权发生争议的，应当协商解决，协商不成的，应当报请共同的上一级行政部门指定管辖。

受理的行政部门处理投诉，需要其他有关行政部门配合的，有关行政部门应当予以配合。

第五十六条 各级人民法院、行政部门、消费者权益保护委员会应当建立消费者权益纠纷联合调解机制。

行政部门、消费者权益保护委员会主持达成的调解协议，双方当事人认为有必要的，可以自调解协议生效之日起三十日内共同向人民法院申请司法确认。

经人民法院确认调解协议有效的，一方当事人不履行或者不适当履行的，另一方当事人可以向人民法院申请执行。

第五十七条 对侵害众多消费者合法权益的行为，自治区消费者权益保护委员会可以向人民法院提起诉讼。

自治区消费者权益保护委员会对前款规定的诉讼收集证据确有困难的，可以要求有关行政部门协助。

第五十八条 消费者与经营者因商品或者服务的质量问题发生争议需要进行检测、鉴定的，可以由双方约定或者消费者权益争议受理部门委托的具有法定资质的检测、鉴定机构进行检测、鉴定。检测、鉴定费用由检测、鉴定申请者先行垫付，最终由双方按照责任比例承担。

第六章 法律责任

第五十九条 经营者提供商品或者服务有下列行为之一的,应当按照消费者的要求增加赔偿其受到的损失,增加赔偿的金额为消费者购买商品的价款或者接受服务的费用的三倍;增加赔偿的金额不足五百元的,为五百元。法律另有规定的,依照其规定:

(一)销售掺杂、掺假、以假充真、以次充好的商品,或者以不合格商品冒充合格商品的;

(二)销售侵犯他人注册商标权的商品的;

(三)销售伪造或者冒用产地、他人厂名、厂址的商品的;

(四)销售伪造或者冒用认证标志等质量标志的商品的;

(五)销售伪造或者篡改生产日期、有效期、保质期的商品的;

(六)销售残次品、等外品等商品未作说明或者谎称是正品的;

(七)伪造商品检验、检疫结果的;

(八)采取虚假或者其他不正当手段使提供的商品数量短缺、服务计量不实的;

(九)利用虚假的或者使人误解的价格手段,诱骗消费者与其进行交易的;

(十)以虚假的广告、说明、标准、样品、演示等方式提供商品或者服务的;

(十一)提供服务时使用假冒伪劣商品、以次充好的;

(十二)偷换加工、修理的商品或者商品的原材料、零配件,故意损坏或者更换不需要更换的零配件的;

(十三)被退回的商品经过翻新、修理后再销售,隐瞒翻新、修理的情况的;

(十四)家用二手汽车销售经营者隐瞒、谎报二手汽车核查、检测结果的;

(十五)中介服务经营者以虚假信息误导消费者或者以其他欺骗手段损害消费者权益的;

(十六)其他欺诈行为。

前款第二项、第三项、第四项和第五项所列的行为,经营者能够证明自己无过错的,可以免除相应的赔偿责任。

经营者依照本条第一款规定赔偿消费者后,不免除其依照法律、法规规定应当承担的其他责任。

第六十条 经营者有下列行为之一,法律、法规对处罚机关和处罚方式有规定的,从其规定;法律、法规对处罚机关和处罚方式没有规定的,由工商行政管理部门或者其他有关行政部门责令改正,可以根据情节单处或者并处警告、三万元以下罚款:

(一)违反本条例第十条规定,短缺商品数量,将包装物、捆绑物、容器等非商品本身的物品计入商品净含量或者拒绝消费者对商品计量复核要求的;

(二)违反本条例第十五条规定,未标明真实名称、标记的;

(三)违反本条例第十六条规定,未履行核验、公示义务的;

(四)违反本条例第二十六条规定,发行超过规定限额预付凭证、未履行退款义务、不能正常提供商品或者服务未提前告知消费者的;

(五)违反本条例第二十八条第三款规定,不按照规定收取医疗费用,使用贵重药品或者特殊器械,未征得患者或者其委托的近亲属同意的;

(六)违反本条例第三十四条第二款规定,未将酒店、餐厅、医院的洗涤品进行分类清洗,与其他普通被服混洗的;

(七)违反本条例第四十五条第一款规定,未如实告知培养目标、课程设置、师资状况、教学地址、收费项目和标准等情况的。

第六十一条 经营者有下列情形之一,法律、法规对处罚机关和处罚方式有规定的,从其规定;法律、法规对处罚机关和处罚方式没有规定的,由工商行政管理部门或者有关行政部门责令改正,可以根据情节单处或者并处警告、没收违法所得,违法所得不足一万元、没有违法所得或者违法所得难以计算的,处以五千元以上五万元以下罚款;违法所得一万元以上的,处以违法所得五倍以上十倍以下罚款:

（一）违反本条例第九条第一款、第二款规定，违背消费者意愿提供商品或者服务的；

（二）违反本条例第四十二条第二款规定，偷换商品或者商品的原材料、零配件，更换不需要更换的零配件，虚列加工、修理项目或者虚报更换的零配件，使用的零配件和材料以假充真、以次充好、以不合格产品冒充合格产品的；

（三）违反本条例第四十三条第三款规定，强制消费者购买、使用其配套产品和相关服务，限制、指定保险公司和强制购买保险险种的。

第六十二条　经营者违反本条例规定的其他行为，由有关行政部门依照《中华人民共和国消费者权益保护法》等法律、法规的规定予以处罚。

经营者违反本条例规定，对消费者合法权益造成损害的，应当依法承担相应的民事责任；构成犯罪的，依法追究刑事责任。

第六十三条　经营者违反本条例规定受到行政处罚的，作出行政处罚的行政部门应当将处罚信息记入经营者的信用档案，并通过企业信用信息公示系统向社会公布。

第六十四条　国家机关工作人员在保护消费者合法权益工作中玩忽职守、滥用职权、徇私舞弊或者包庇侵害消费者合法权益的经营者的，由其所在单位或者上级主管部门依法给予行政处分；构成犯罪的，依法追究刑事责任。

第六十五条　消费者权益保护委员会工作人员不履行职责或者偏袒、包庇侵害消费者合法权益的经营者的，由其所在的消费者权益保护委员会依据章程和有关规定处理。

第七章　附则

第六十六条　本条例自 2018 年 1 月 1 日起施行。

索 引

目标题和子目标题索引

12315 投诉举报指挥系统 398
4S 店违反约定使用非原厂零部件维修汽车纠纷案（柳州市） 316
OA 办公系统 400

B

不正当竞争行为的查处 203
不正当竞争行为的认定 202

C

成品油市场 149
传销行为的查处和直销行为的规范 209
传销行为的认定 207
传销和合法直销的区别 208

D

地理标志证明商标培育 187
队伍建设 453
对车辆非法改装的专项治理整顿 79
对废旧金属收购站点的专项治理整顿 80
对其他行业的专项治理整顿 80
对私人经营的旅馆、娱乐场所、按摩服务场所等服务业的专项治理整顿 77
对“网吧”、电子游戏经营场所等服务业的专项治理整顿 77
对学校周边环境安全的专项治理整顿 80
对印刷行业的专项治理整顿 79
“多证合一” 106

F

法律法规宣传 179
房地产公司无预售许可证销售商品房引起群体纠纷案（防城港） 316

G

个体工商户 55
个体劳动者协会 536
工商行政管理学会 541
广告协会 商标协会 541
《广西工商》内刊 530
广西工商报社 478
广西工商学校 478
广西红盾网 395
广西红盾印刷厂 478
广西某投资管理集团有限公司发布违法广告案（南工商经检处字〔2018〕76 号） 318
广西某装饰有限公司防城港分公司使用虚假荣誉牌匾进行商业宣传案（防工商处字〔2018〕73 号） 318
桂林某网络科技有限公司未能保存并提供第三方交易平台原始数据案［桂市（七）工商罚字〔2017〕第 B018018 号］ 317
桂林秀峰区某装饰装潢店违法向消费者进行商业性推销案（工商罚字〔2018〕第 178173 号） 318

H

红盾综合业务系统 394

J

基本情况 292
基建工程审计 456
计算机设备 391
建立长效监管机制 235
江苏某广告有限公司以不合格产品冒充合法产品销售案（百工商处字〔2017〕15 号） 317
奖励奖项 457
节假日食品市场专项整治 239
靖西市某贸易有限公司擅自收购无证开采铝土矿案（靖工商处字〔2018〕155 号） 318

L

利用“老年人健康课堂”夸大宣传误导老年人购买保健品案（南宁市） 316
粮食市场 147
林某组织、策划传销活动案［桂市（七）工商罚字〔2018〕第

A001001 号〕 317
“六证合一” 105
旅游市场 153

N

内部编印或公开出版重要文献资料 529
内部审计 454
年检验照 70
农产品市场 144
农民专业合作社 66
农资产品案例（来宾、桂林） 315
农资市场 137

P

票据管理 457

Q

企业电子档案系统 394
企业信用信息公示系统（广西） 396
企业信用信息公示系统建设 123
汽车市场 151
取缔无照经营 73
“全城通、就近办” 110

R

日常监管 172
软件开发 409
软件升级 410

S

“三证合一” 101
商标认定 185
商标印制管理 171
商标注册 168
商标注册运用指导 181
商品交易市场信用分类监管软件 399
商事登记全程电子化业务系统 399
商业贿赂行为的查处 226
商业贿赂行为的认定 226
摄影室预付押金消费套餐群体投诉案（梧州岑溪市） 317
审计规章制度 453
审计机构 453
食品整治专项行动 237
食品准入 229
视频会议系统 393
数据服务 406
数据信息共享 408
数据质量管理 404
数据中心机房 391
私营企业 62
私营企业协会 537
四级联网信息化网络体系 393

T

淘宝某会员虚构交易额提升商业信誉案（贺州市） 316
天眼工程指挥中心系统 401
投机倒把行为的查处 220
投机倒把行为的认定 220
团购商品房引纠纷 315

W

网络宽带 392
武宣县某环保再生资源有限公司提交虚假材料骗取公司登记案（武市监处字〔2018〕58 号） 318

X

先进个人 501
先进集体 495
“先照后证” 99
消费者协会 538
消费者咨询、申诉、举报内容 302
信息化应用培训 403
信息化制度 402
信息系统软件 394
许某销售侵犯他人注册商标专用权商品案（靖工商处字〔2018〕304 号） 318
学术活动 532

Y

以假充真销售假冒名酒侵害消费者权益案（桂林市） 316
玉林市玉州区某木地板经营部侵犯消费者权益案（玉工商处〔2017〕219 号） 317
园区建设 198
园区运营 200

Z

质量监测 230
质量监管 232
重点领域、重点食品专项整治 241
专项整治 175
专项治理整顿 77
走私贩私行为的查处 223
走私贩私行为的认定 223

后 记

《广西工商行政管理志(1992—2018)》从2018年4月开始筹划,自治区市场监管局(原自治区工商行政管理局),先后两次召开局务会议讨论修志工作方案并经公开招标确定了广西人民出版社为出版承包商。广西人民出版社中标后,成立编纂小组并进行修志工作分工。自治区市场监管局指定副巡视员(现为副局长)刘军分管修志工作,由广西市场监管研究所牵头抽调退休人员和相关处室人员组建编辑室。2018年5月确定大纲后开始收集资料,2018年9月,整理出《广西工商行政管理大事记(1992—2018)》,作为进一步收集资料的索引。2018年10月撰写完成第一个篇目,2019年6月撰写完成第一稿,2019年10月撰写完成第二稿,2019年12月撰写完成第三稿,2020年4月撰写完成第四稿,2021年10月完成第五稿,2022年12月完成第六稿,2023年7月完成第七稿,2023年10月完成第八稿并确认定稿。

2020年4月,根据第四稿写出《广西工商行政管理志(1992—2018)》征求意见稿,先在本局内部征求意见,邀请本局的老领导、顾问和离退休的老同志以及各处、室的负责同志参加评稿。2020年6月,邀请自治区方志办黄家接等修志专家参加评稿会,根据专家提出的修改意见对书稿反复进行修改和补充。2020年8月编写成送审稿交广西人民出版社编印。

本志各篇、章的编纂分工如下,编辑说明:蒋相之;概述:蒋相之;第一篇市场准入的第一、二章:任凤芝,第三、四章:高雪君;第二篇市场监督管理的第一、二章:覃志婷,第三、四章:杨镇火;第三篇消费者权益保护:林建超;第四篇法治建设:姚显;第五篇基础建设:韦言;第六篇组织机构:王小霞;附录:钟汝银;大事记:蒋相之、杨鑫鑫;后记:蒋相之;照片:钟汝银、李占平、杨彪等。另有谢凯明、杨兆松、吴凤丹参与相关数据资料的整理。

本志由副主编蒋相之承担总纂工作,主编刘军对全书进行审定,自治区地方志编纂委员会审查验收。参加审查验收的有唐中克、晏源源、覃世进、莫仁力、黄家接。专家对志稿提出修改意见并指导对志稿进行统改。

在收集资料过程中,由于广西的工商行政管理机构经过隶属地方到垂直管理,又再隶属地方,到转为广西市场监管局,经多次搬家,许多资料已经散失或销毁。经过修志人员的努力,共收集到2000多万字的文字资料,共计800G的图片等资料。本志在编修过程中得到自治区档案局、自治区图书馆、自治区方志办、广西人民出版社,以及湖南、云南、贵州、湖北等省,武汉、沈阳等市和广西各级工商行政管理局的大力支持,提供了不少参考资料。同时为本志的一些章、节提供资料的有玉林市、北海市、桂林市、南宁市、柳州市工商行政管理局的修志人员。在此,对上述给予我们修志工作指导和帮助的单位和同志,表示衷心的感谢!

由于资料不全,加上修志人员经验不足,存在的缺漏和错误之处,请读者批评指正。

《广西工商行政管理志(1992—2018)》编辑室

2023年10月